WBC 성경주석

레위기

솔로몬

WORD BIBLICAL COMMENTARY

Volume 4

Leviticus

JOHN E. HARTLEY

WORD BOOKS, PUBLISHER · DALLAS, TEXAS

목 차

저자 서문

나는 성경의 한 책에 대한 주석을 쓰는 것이 사람을 겸손케 하는 경험이라는 것을 알고 있다. 왜냐하면 나는 언제나 나의 제한된 지식의 장애물에 부딪히기 때문이다. 그럼에도 불구하고 그것은 나를 풍성케 하는 경험인데, 이는 내가 성경 본문으로부터 생명을 불어넣어 주는 의미를 씨름하며 찾아내기 위해 하나님의 말씀을 한 줄 한 줄 숙고할 커다란 특권을 갖게 되기 때문이다.

오경의 중심에 가장 무미건조하지만 가장 숭고한 성경의 책들 가운데 하나가 위치해 있다. 그것은 현세의 문제들에 대해 말하며, 더불어 독자들을 거룩의 영역으로 이끈다. 희망해 보건대, 아마도 이 주석에 제공된 통찰들은 그 밖의 다른 독자들로 하여금 레위기에 대한 자연적 반감을 극복하고 이 책의 세계로 들어가 그것의 풍성함을 발견하게 만들 것이다. 레위기는 하나님-인간관계의 본질적 요소들인 거룩-죄-속죄에 대한 이해를 제공한다. 아울러서 이스라엘이 열방에 대해 왕 같은 제사장들로서의 역할을 하기 위해 거룩한 나라가 되라는 소명을 받았던 것처럼, 교회는 왕 같은 제사장으로서 세상의 모든 민족을 섬기기 위해 거룩한 백성이 되라는 소명을 받았다. 그 소명과 역할에 대한 더욱 완전한 이해가 레위기 연구를 통해 주어진다.

이 연속 출판물(WBC-역자주)의 구성은 다양한 관점에서 레위기의 풍부한 메시지를 검토할 기회를 마련해 준다. 저자 자신의 문자적 번역은 "원문주해" 항목에 있는 본문과 어휘에 대한 전문적 정보의 지원을 받는다. "주석" 항목에서는 본문의 의미가 정경적 문맥 속에서 탐구된다. 이어서 각 구절의 개념이 성경신학적 관점에서 상세히 설명되며, 이 신학적 주제들은 "해설" 항목에서 신약으로 이어져 추적된다. "양식/구조/배경"이라 칭한 항목은 본문의 각 문단의 구상에 대한 특별한 관심을 가지고 그것들의 구조를 살펴볼 기회를 제공하는데, 왜냐하면 이 본문 자료가 회중의 구두(口頭) 교육을 위해 작성되었기 때문이다. 이 항목에서 그 본문 자료의 문학적 역사에 대한 몇 가지 관찰 사항이 주어지며 그 해당 구절들에 대한 전승사적 연구와의 어떤 상호 작용이 있다. 그렇지만 전승사와 관련된 문제들은 지면의 한계와 능숙하지 못한 솜씨로 인해 광범위하게 다루지 않았다.

나는 이 주석을 쓰도록 나를 초대해 주시고 줄곧 끈기 있는 격려를 보내 주신 것에 대해 존 와츠(John D. W. Watts) 박사에게 매우 감사를 드린다. 여러 중대한 대목에서 그는 지혜롭고 유익한 조언을 해주었다.

나를 격려해 주신 클레몬트(Claremont) 대학 신학부의 구약학 교수이자 클레몬트 대학원의 종교학 교수이신 크니림(Rolf P. Knierim) 박사에게 가장 뜨거운 감사를 드리고 싶다. 그는 자신의 구약 세미나들에 내가 참석하도록 흔쾌히 허락해 주었으며, 그 세미나들에서 발표된 강의 초고들의 일부를 이용할 수 있게 해주었다. 그리고 내가 본문의 단락의 이해에 결정적으로 중요한 자료를 포함시키도록 적절한 문서 작업으로 나를 지원해 주었다. 1장과 4:1-5:13의 구조적 개요는 그의 세미나에서 이루어진 연구에 크게 의존하고 있다. 아울러 나는 크니림 박사의 여러 제자들을 통해 그가 연구한 것을 배웠다. 그들은 활기 차고 대단히 협동심이 좋은 그룹이라는 것을 알게 되었다. 성결법전(Holiness Code)에 대한 학위 논문을 쓴 헨리 선(Henry Sun) 박사는 아주 큰 도움이 되었다. 그는 줄곧 나에게 방대한 참고문헌을 제공해 주었다. 자신의 학위 논문이 완성되었을 때 나에게 복사본 한 권을 주어서, 나는 그것을 상당히 비중 있게 사용했다. 그는 또한 생각을 교환할 수 있어서 유익했다. 윌리엄 야킨(William Yarchin)은 레위기의 연구사를 기술하여 이 주석에 중요한 기여를 했다. 그는 또한 1-14장의 내용을 평론해 주었다. 스티븐 리드(Stephen A. Reed)는 24장의 여러 부분을 작성하는 데 도움을 주었는데, 특히 두 개의 문단 즉 등잔대를 살피고 임재의 상(the table of Presence: 진설상)에 떡을 준비하는 것에 대한 본문 자료와 싸움하는 중에 사람이 여호와를 저주하는 사건과 일반적인 신성 모독죄에 관한 본문 자료를 맡아 주었다. 그는 또한 16-27장의 "양식/구조/배경"에 대한 통찰력 있는 검토를 해주었다. 나의 동료들 중 한 사람인 스티븐 윌킨스(Steven Wilkens) 박사는 두 개의 부록을 작성하는 데 도움을 주었다. 하나는 23장에 있는 절기들에 관한 것이고, 다른 하나는 25장에 있는 희년에 관한 것이다. 학생 시절의 티모시 드와이어(Timothy Dwyer) 박사는 몰렉에 관한 원고 하나를 준비했는데, 그것은 20장에서 볼 수 있는 부록을 위해 편집되고 확장되었다. 런던 대학의 로스 연구소(Ross Institute)에서 받은 열대 의학과 위생학 학위를 소유한 친구 로버트 베닝거(Robert Benninger) 박사는 12-15장의 내용을 검토하여 의사의 관점에서 소중한 제안들을 제공해 주었다. 이분들 모두에게 진심으로 감사를 드린다.

나는 이 원고를 세심하게 편집 작업을 한 라크 릴링(Rark Rilling) 부인에게 빚을 졌다. 또한 나의 아내가 이 저작의 여러 판본들을 타이핑하는 데 수고를 아끼지 않은 것에 대해 감사를 표하고 싶다. 아주사 퍼시픽 대학(Azusa Pacific University)의 도서관 직원들이 많은 중요한 소논문들과 책들을 찾아 주신 것에 대해서도 매우 감사를 드린다.

나는 아주사 퍼시픽 대학의 행정부, 특히 하가드 신학부(C. P. Haggard School of Theology)의 학장이신 레스 블랭크(Les Blank)와 교무처장이신 도널드 그랜트(Donald Grant) 박사에게 감사드리고 싶다. 그들은 많은 사소하고도 중요한 방식으로 나의 용기를 북돋아 주었다. 많은 학생들과 동료들이 이 주석의 여러 부분을 읽고 의견을 제시해 준 것을 포함하여 발벗고 나서서 다양한 방식으로 도움을 주었다. 나는 마일스 반 펠트(Miles Van Pelt)가 많은 수고를 해준 것에 대해 고마운 마음을 가진다. 클리포드 앤더슨(Clifford Anderson)은 어떤 핵심적인 참고문헌 정보와 중요한 저작들의 복사본들을 갖다주었다.

이 원고를 쓰는 여러 해 동안 나는 중병을 앓았다. 이 과업을 완료할 수 있도록 힘을 주신 자비롭고 거룩하신 하나님께 영광 돌린다.

캘리포니아 주 글렌도라에서
존 하틀리(John E. Hartley)

편집자 서문

본 성경 주석 전집(WBC: Word Biblical Commentary)이 세상에 나오기까지는 수년 간의 기획 과정이 필요했다. 1977년에 본 전집의 편집위원회 위원들은 발행인들과 회합한 자리에서 몇 가지 뚜렷한 특징을 지닌 새로운 성경 주석의 발간 가능성을 면밀하게 검토했다. 그러한 특징이 무엇인지는 독자들이 이 주석서들을 진지한 자세로 읽어 내려가는 과정에서 금방 알게 될 것이다. 하지만 본 성경 주석이 당초에 목표로 삼은 것이 과연 얼마나 완벽하게 성취되었는지는 오로지 시간만이 말해 줄 수 있을 것이다.

우선, 우리는 우리와 뜻을 같이하면서 세계 도처의 대학교, 신학교 등에서 가르침의 사역에 종사하고 있는 학자들을 되도록 폭 넓게 선발하여 본 성경 주석의 기고자로 삼기 위해 많은 노력을 기울여 왔다. 매우 다양한 교단적 배경을 지닌 본서 기고자들의 폭 넓은 시야는 가히 "복음주의적" – 성경을 하나님의 계시로 받아들이고 기독교 복음의 진리와 능력을 자신의 생명처럼 여긴다는 적극적이고 역사적인 의미에서 – 이라 불려지는 것이 마땅하다.

다음으로, 본 전집에 포함된 주석서들은 처음부터 『WBC 성경주석』의 일환으로 쓰여진 책들이다. 오늘날 성경 주석 분야에서 상당한 호평을 받고 있는 몇몇 전집들이 영어 이외의 언어로 쓰여진 저작들을 영어로 번역한 것에 비하여, 본 성경 주석은 오로지 처음부터 영어로 쓰여진 책들만이 포함되어 있다. 또한 본 전집의 주석가들은 성경 원문을 각자 나름대로 영어로 번역한 다음, 그 번역된 성경 본문을 자신들의 주해와 주석의 바탕으로 삼는 것을 원칙으로 삼았다. 나아가서 본 전집의 대표적인 특징으로는, 그 내용이 어디까지나 성경적인 언어를 바탕으로 하면서도 각계각층의 독자들 – 공부하는 학생들, 현재 목회 사역에 종사하고 있는 교역자들 그리고 이 분야를 전공하는 학자들이나 교수들 – 이 성경에 대한 신학적 이해를 학문적이면서도 실제적으로 쌓아 나갈 수 있고, 또 그들에게 현실적인 도움이 될 수 있도록 구성되어 있다는 점을 들 수 있다.

마지막으로, 본 성경 주석의 구성 양식에 관하여 몇 마디 말을 덧붙이고자 한다. 우리는 여러 계층의 – 그리고 상이한 수준의 – 독자들을 의식하여 확실하게 구분되는 몇 개의 단락으로 나누어 책의 내용을 구성했다. 예를 들어, 번역된 성경 본문의 바탕을 이루는 [히브리어와 헬라어] 원문에 관하여 좀더 깊이 있게 공부하려는 독자들은 본 성경 본문의 "원문주해"를 살펴보고, 현대 신학자들이 어떠한 해석을 내리고 있는지에 관심이 있다면 "참고문헌" 및 "양식/구조/배경"을 참조하면 될 것이다. 또한 어떤 성경 본문의 의미 및 그 본문에 포함된 성경적 계시를 좀더 폭 넓은 관점에서 이해하려면 "주석"과 "해설"을 보면 된다. 그러므로 본 성경 주석을 펼쳐 든 사람이라면 누구나 자신에게 유익한 자료들을 얻을 수 있으리라 믿어 의심치 않는다.

이상과 같은 우리의 목표가 상당히 만족스러운 수준까지 달성될 때, 우리 편집자들이 당초에 의도했던 것들이 구체적으로 실현됨과 아울러 본 전집의 기고자들이 흘린 땀방울도 충분한 보상을 받을 수 있게 될 것이다.

책임 편집자 : **데이비드 허바드**(David A. Hubbard)
글렌 바커(Glenn Barker)
구약 편집자 : **존 와츠**(John D. W. Watts)
신약 편집자 : **랠프 마틴**(Ralph P. Martin)

약어표

정기 간행물, 연속 간행물 및 참고 자료

AASOR	Annual of the American Schools of Oriental Research
AB	Anchor Bible
AER	*American Ecclesiastical Review*
AfO	*Archiv für Orientforschung*
AHw	*W. von Soden (ed.), Akkademisches Handwörterbuch* (Wiesbaden: Otto Harrassowitz, 1965-81)
AI	R. de Vaux, *Ancient Israel*, tr. J. McHugh (New York: McGraw-Hill Book Co., 1965)
AJSL	*American Journal of Semitic Languages and Literature*
AJT	*American Journal of Theology*
ALUOS	Annual of Leeds University Oriental Society
AnBib	Analecta biblica
ANET	J. Pritchard (ed.), *Ancient Near Eastern Texts*, 3rd ed. (Princeton: Princeton UP, 1969)
Ang	*Angelicum*
AnOr	Analecta orientalia
AOAT	Alter Orient und Altes Testament
ArOr	*Archiv orientální*
ARW	*Archiv für Religionswissenschaft*
ASOR	American Schools of Oriental Research
ASTI	*Annual of the Swedish Theological Institute*
ATAbh	Alttestamentliche Abhandlungen
ATD	Das Alte Testament Deutsch
ATR	*Anglican Theological Review*
ATSAT	Arbeiten zur Text und Sprache im Alten Testament
AUMSR	Andrews University Monographs, Studies in Religion
AuS	G. H. Dalman, *Arbeit un Sitte in Palästina*, 1928-42 (reprint, Hildesheim: G. Olms, 1987)
AUSS	*Andrews University Seminary Studies*
BA	*Biblical Archaeologist*
BAR	*Biblical Archaeology Review*
BASOR	*Bulletin of the American Schools of Oriental Research*

BBB	Bonner biblische Beiträge
BDB	F. Brown, S. Driver, and C. A. Briggs, *Hebrew and English Lexicon of the Old Testament*
BHS	*Biblia hebraica stuttgartensia*
BHT	Beiträge zur historischen Theologie
Bib	*Biblica*
BibB	Biblische Beiträge
BibOr	Biblica et orientalia
BJRL	*Bulletin of the John Rylands University Library of Manchester*
BKAT	Biblischer Kommentar: Altes Testament
BN	*Biblische Notizen*
BO	*Bibliotheca orientalis*
BSac	*Bibliotheca Sacra*
BT	*The Bible Translator*
BTB	*Biblical Theology Bulletin*
BVC	*Bible et vie chrétienne*
BWANT	Beiträge zur Wissenschaft vom Alten und Neuen Testament
BZ	*Biblische Zeitschrift*
BZAW	Beihefte zur *ZAW*
BZNW	Beihefte zur *ZNW*
CAD	*The Assyrian Dictionary of the Oriental Institute of the University of Chicago*
CB	The Century Bible
CBC	Cambridge Bible Commentary
CBQ	*Catholic Biblical Quarterly*
CJT	*Canadian Journal of Theology*
COT	Gispen commentar
CRAIBL	*Comptes rendus de l'Académie des inscriptions et belles-lettres*
CTM	*Concordia Theological Monthly*
DBAT	*Dielheimer Blätter zum Alten Testament*
DBSup	*Dictionnaire de la Bible, Supplément*
EncJud	*Encyclopaedia judaica (1971)*
ErbAuf	*Erbe und Auftrag*
ETR	*Etudes théologiques et religieuses*
EvQ	*Evangelical Quarterly*
EvT	*Evangelische Theologie*
ExpTim	*Expository Times*

FF	*Forschungen un Fortschritte*
FRLANT	Forschungen zur Religion und Literatur des Alten und Neuen Testaments
GKC	*Gesenius' Hebrew Grammer*, ed. E. Kautzsch, tr. A. E. Cowley
HAR	*Hebrew Annual Review*
HAT	Handbuch zum Alten Testament
HKAT	Handkommentar zum Alten Testament
HR	*History of Religions*
HSAT	Die Heilige Shrift des Alten Testaments
HSM	Harvard Semitic Monographs
HSS	Harvard Semitic Series
HTR	*Harvard Theological Review*
HUCA	*Hebrew Union College Annual*
IBHS	B. Waltke and M. O'Connor, *An Introduction to Biblical Hebrew Syntax* (Winona Lake, IN: Eisenbrauns, 1990)
ICC	International Critical Commentary
IDB	G. A. Buttrick (ed.), *Interpreter's Dictionary of the Bible*
IDBSup	Supplementary volume to *IDB*
IEJ	*Israel Exploration Journal*
ILR	*Israel Law Review*
Int	*Interpretation*
ISBE	G. Bromiley et al. (eds.), *The International Standard Bible Encyclopedia*, revised
JA	*Journal asiatique*
JAAR	*Journal of the American Academy of Religion*
JANESCU	*Journal of the Ancient Near Eastern Society of Columbia University*
JAOS	*Journal of the American Oriental Society*
Jastrow	M. Jastrow, *A Dictionary of the Targumim, the Talmud Babli and Yerushalmi, and the Midrashic Literature*, 2 vols. (Brooklyn, NY: Traditional Press, Inc., n.d.)
JBL	*Journal of Biblical Literature*
JBR	*Journal of Bible and Religion*
JCS	*Journal of Cuneiform Studies*
JJS	*Journal of Jewish Studies*
JNES	*Journal of Near Eastern Studies*
Joüon	P. P. Joüon, *Grammaire de l'hebreu biblique* (Rome: Pontifical Biblical Institute, 1947)
JPOS	*Journal of the Palestine Oriental Society*

JQR	*Jewish Quarterly Review*
JRE	*Journal of Religious Ethics*
JRelS	*Journal of Religious Studies*
JSJ	*Journal for the Study of Judaism*
JSOT	*Journal for the Study of the Old Testament*
JSOTSup	Journal for the Study of the Old Testament Supplement Series
JSS	*Journal of Semitic Studies*
JTS	*Journal of Theological Studies*
KAT	E. Sellin (ed.), Kommentar zum Alten Testament
KB	L. Köhler and W. Baumgartner, *Hebräisches und aramäisches Lexicon zum Alten Testament* (Leiden: Brill, 1967-90)
KD	*Kerygma und Dogma*
KEH	Kurzgefasstes exegetisches Handbuch zum Alten Testament
KHC	Kurzer Hand-Commentar zum Alten Testament
LTQ	*Lexington Theological Quarterly*
MIO	*Mitteilungen des Instituts für Orientforschung*
MRS	Mission de Ras Shamra
MTZ	*Münchener theologische Zeitschrift*
NBC	New Bible Commentary
NCB	New Century Bible
NICOT	New International Commentary on the Old Testament
NRT	*La nouvelle revue théologique*
NT	*Novum Testamentum*
OBT	Overtures to Biblical Theology
OLZ	*Orientalische Literaturzeitung*
Or	*Orientalia* (Rome)
OTL	Old Testament Library
OTS	*Oudtestamentische Studiën*
PAAJR	*Proceedings of the American Academy of Jewish Research*
PEQ	*Palestine Exploration Quarterly*
PG	J. Migne, *Patrologia graeca*
PIR	Preliminary and Interim Report on the Hebrew Old Testament Text Project, vol. 1, Pentateuch, 2nd ed. (New York: United Bible Societies, 1979)
PL	J. Migne, *Patrologia latina*
PLS	D. N. Freedman and K. A. Mathews, *The Paleo-Hebrew Leviticus Scroll (11QpaleoLev)*(American Schools of Oriental Research: Winona Lake,

	IN: Eisenbrauns, 1985)
POS	Pretoria Oriental Series
RB	*Revue biblique*
RBibIt	*Rivista biblica italiana* (Rome)
REJ	*Revue des études juives*
RevQ	*Revue de Qumran*
RHPR	*Revue d'histoire et de philosophie religieuses*
RHR	*Revue de l'histoire des religions*
RIDA	*Revue Internationale des Droits de l'Antiquité*
RSR	*Recherches des sciences religieuses*
Sal	*Salesianum*
SANT	Studien zum Alten und Neuen Testament
SBLASP	Society of Biblical Literature Abstracts and Seminar Papers
SBLDS	SBL Dissertation Series
SBLMS	SBL Monograph Series
SBS	Stuttgarter Bibelstudien
SBT	Studies in Biblical Theology
ScEc	*Sciences ecclésiastiques*
SCTT	J. Milgrom, *Studies in Cultic Terminology and Theology*, SJLA 36 (Leiden: Brill, 1983)
SJLA	Studies in Judaism in Late Antiquity
SJT	*Scottish Journal of Theolgoy*
ST	*Studia theologica*
StBib	*Studia Biblica et Theologica*
StLit	*Studia liturgica*
StMor	*Studia Moralia*
SWJT	*Southwest Journal of Theology*
TBü	Theologische Bücherei
TDNT	G. Kittel and G. Friedrich (eds.), tr. G. W. Bromiley, *Theological Dictionary of the New Testament*
TDOT	G. Botterweck and H. Ringgren (eds.), tr. D. Green, *Theological Dictionary of the Old Testament*
TGUOS	*Transactions of the Glasgow University Oriental Society*
THAT	E. Jenni and C. Westermann (eds.), *Theologisches Handwörterbuch zum Alten Testament*, 2 vols. (Munich: Kaiser; Zurich: Theologischer Verlag, 1971-76)
TLZ	*Theologische Literaturzeitung*

TOTC	Tyndale Old Testament Commentaries
TQ	*Theologische Quartalschrift*
TRE	G. Krause and G. Muller (eds.), *Theologische Realenzyklopädie* (Berlin: de Gruyter, 1983)
TRu	*Theologische Rundschau*
TToday	*Theology Today*
TWOT	R. L. Harris et al. (eds.), *Theological Wordbook of the Old Testament*, 2 vols. (Chicago: Moody, 1980)
TynBul	*Tyndale Bulletin*
TZ	*Theologische Zeitschrift*
UCOP	University of Cambridge Oriental Publications
UF	*Ugaritische Forschungen*
UT	C. Gordon, *Ugaritic Textbook*
VT	*Vetus Testamentum*
VTSup	*VT* Supplements
WBC	Word Biblical Commentary
WMANT	Wissenschaftliche Monographien zum Alten un Neuen Testament
WZKM	*Wiener Zeitschrift für die Kunde des Morgenlandes*
ZAW	*Zeitschrift für die alttestamentliche Wissenschaft*
ZDPV	*Zeitschrift des deutschen Palästina-vereins*
ZKT	*Zeitschrift für katholische Theologie*
ZLTK	*Zeitschrift für die gesamte lutherische Theologie und Kirche*
ZST	*Zeitschrift für systematische Theologie*
ZTK	*Zeitschrift für Theologie und Kirche*

히브리어 문법

abs	absolute	impf	imperfect
acc	accusative	impv	imperative
adj	adjective	indir obj	indirect object
conj	conjunction	inf	infinitive
constr	construct	masc	masculine
dir obj	direct object	niph	niphal
fem	feminine	obj	object
gen	genitive	pass	passive
hiph	hiphil	pf	perfect
hoph	hophal	pl	plural

prep	preposition	sg	singular
ptcp	participle	subj	subject

사본

Akk	Akkadian	LXX^B	LXX ms, Vatican Codex
Arab	Arabic	LXX*	LXX ms, original reading
Aram	Aramaic	ms(s)	manuscript(s)
Eng	English	MT	Masoretic Text
Eth	Ethiopic	Sam	Samaritan Pentateuch
Gk.	Greek	Syr	Syriac
Heb.	Hebrew	Ugar	Ugaritic
LXX	Septuagint	Vg	Vulgate
LXX^A	LXX ms, Alexandrian Codex		

성경과 외경

Gen	Genesis	Jer	Jeremiah
Exod	Exodus	Lam	Lamentations
Lev	Leviticus	Ezek	Ezekiel
Num	Numbers	Dan	Daniel
Deut	Deuteronomy	Hos	Hosea
Josh	Joshua	Joel	Joel
Judg	Judges	Amos	Amos
Ruth	Ruth	Obad	Obadiah
1-2 Sam	1-2 Samuel	Jonah	Jonah
1-2 Kgs	1-2 Kings	Mic	Micah
1-2 Chr	1-2 Chronicles	Nah	Nahum
Ezra	Ezra	Hab	Habakkuk
Neh	Nehemiah	Zeph	Zephaniah
Esth	Esther	Hag	Haggai
Job	Job	Zech	Zechariah
Ps(s)	Psalm(s)	Mal	Malachi
Prov	Proverbs	Tob	Tobit
Eccl	Ecclesiastes	Jdt	Judith
Cant	Canticles, Song of Solomon	Sir	Ecclesiasticus or The Wisdom of Jesus son of Sirach
Isa	Isaiah		

1-3 Macc	1-3 Maccabees	Col	Colossians
Matt	Matthew	1-2 Thess	1-2 Thessalonians
Mark	Mark	1-2 Tim	1-2 Timothy
Luke	Luke	Titus	Titus
John	John	Phlm	Philemon
Acts	Acts	Heb	Hebrews
Rom	Romans	Jas	James
1-2 Cor	1-2 Corinthians	1-2 Pet	1-2 Peter
Gal	Galatians	1-3 John	1-3 John
Eph	Ephesians	Jude	Jude
Phil	Philippians	Rev	Revelation

성경 이외의 유대교와 기독교 서적

b.	Babylonian Talmud	11 QpaleoLev	The Paleo-Leviticus Scroll from Cave 11
CD	Cairo Damascus Document		
Ḥul.	*Ḥullin*	Qidd.	*Qiddušin*
Jos., *Ant.*	Josephus, *Antiquities*	*Sanh.*	*Sanhedrin*
Jub.	Jubilees	*Ta'an.*	*Ta'anit*
m.	Mishna	*T. Gad*	*Testament of Gad*
Meg.	*Megilla*	Tg	Targum
Menaḥ.	*Menaḥot*	*Tg. Onq.*	*Targum Onqelos*
Neg.	*Nega'im*	*Tg. Neof.*	*Targum Neofiti 1*
Nid.	*Niddah*	*Tg. Ps.-J.*	*Targum Pseudo-Jonatham*
Pesaḥ.	*Pesaḥim*	*Yebam.*	*Yebamot*
1 QS	Manuel of Discipline	*Zebah*	*Zebahim*

기타

A.D.	*Anno Domini*	E	the Elohistic source
ANE	Ancient Near East	ET	English translation
AV	Authorized Version	FS	Festschrift
B.C.	Before Christ	H	Holiness Code
chap(s).	chapters(s)	J	the Yahwistic source
cols.	columns	JB	*Jerusalem Bible*
diss.	dissertation	KJV	King James Version
ed(s).	edition; edited by; editor(s)	lit.	literally

ms(s)	manuscript(s)	OT	Old Testament
n.	note	repr.	reprint
n.d.	no date	RSV	*Revised Standard Version*
NEB	*New English Bible*	Sem	Semitic
n.f.	neue folge	tr.	translated; translator
NIV	*New International Version*	trans.	translation
NJPS	New Jewish publication Society Translation	v(v)	verse(s)
		§	section/paragraph
n.s.	new series	√	root
NT	New Testament		

주석류 참고문헌

Allis, O. T. "Leviticus." In *New Bible Commentary.* Grand Rapids: Eerdmans, 1970. **Baentsch, B.** *Exodus, Leviticus, Numeri.* HKAT. Göttingen: Vandenhoeck & Ruprecht, 1903. **Bamberger, B. J.** *The Torah: A Modern Commentary. III. Leviticus.* New York: Union of American Hebrew Congregations, 1979. **Bertholet, A.** *Leviticus.* KHC. Tübingen/Leipzig: Mohr, 1901. **Bonar, A. A.** *A Commentary on the Book of Leviticus.* Grand Rapids: Baker, 1978. **Calvin, J.** *Commentaries on the Four Last Books of Moses.* Grand Rapids: Eerdmans, reprint of 1852 translation. **Cazelles, H.** *Le Lévitique.* La Bible de Jérusalem. Paris: Cerf, 1958. **Chapman, A. T.**, and **Streane, A. W.** *The Book of Leviticus in the Revised Version.* The Cambridge Bible for Schools and Colleges. Cambridge: UP, 1914. **Clamer, A.** *Le Lévitique.* La Sainte Bible. Paris: Letouzey et Ané, 1940. **Clements, R. E.** "Leviticus." In *The Broadman Bible Commentary.* Ed. C. Allen. Vol. 2. Nashville: Broadman, 1970. **Coleman, R. O.** "Leviticus." In *Wycliffe Bible Commentary.* Chicago: Moody, 1962. **Damrosch, D.** "Leviticus." In *The Literary Guide to the Bible.* Ed. R. Alter and F. Kermode. Cambridge, MA: Belknap, 1987. 66-77. **Dillmann, A.** *Das Bucher Exodus und Leviticus* KEH. Leipzig: S. Hirzel, 1880. **Driver, S. R.**, and **White, H. A.** *The Book of Leviticus.* New York: Dodd, Mead, and Co.; Stuttgart: Deutsche Verlags-Anstalt, 1898. **Eerdmans, B. D.** *Alttestamentliche Studien: 4. Das Buch Leviticus.* Giessen: Töpelmann, 1912. **Elliger, K.** *Leviticus.* HAT Tübingen: Mohr, 1966. **Erdman, C. R.** *The Book of Leviticus.* New York: Revell, 1951. **Faley, R. J.** "Leviticus." In *Jerome Bible Commentary.* Englewood Cliffs, NJ: Prentice Hall, 1968. **Ginsburg, C. D.** "Leviticus." In *Ellicott's Commentary.* Reprint. Grand Rapids: Baker, 1954. **Gispen, W. H.** *Het Boek Leviticus.* Commentaar op het Oude Testament. Kampen: Kok, 1950. **Harris, R. L.** "Leviticus." In *The Expositor's Bible Commentary with the New International Version of the Holy Bible.* Grand Rapids: Regency Reference Library; Zondervan, 1990. 2:499-654. **Harrison, R. K.** *Leviticus: An Introduction and Commentary.* TOTC. Downers Grove, IL: Inter-Varsity, 1980. **Heinisch, P.** *Das Buch Leviticus.* HSAT. Bonn: Hanstein, 1935. **Hertz, J. H.** *Leviticus.* The Pentateuch and Haftorahs. London: Oxford UP, 1932. **Hoffmann, D.** *Das Buch Leviticus I-II.* Berlin: Poppelauer, 1905/06. **Holzinger, H.** "Leviticus." In *Die*

Heilige Shrift des Alten Testament. Ed. A. Bertholet. Tübingen, 1922/23. **Keil, C. F.**, and **Delitzsch, F.** *Biblical Commentary on the Old Testament. 2. The Pentateuch.* Tr. J. Martin. Grand Rapids: Eerdmans, 1956. **Kellogg, S.** *Leviticus.* The Expositor's Bible. New York: Funk & Wagnalls, 1900. **Kennedy, A. R. S.** *Leviticus and Numbers.* CB. Edinburgh: T. C. & E. C. Jack: New York: Henry Frowde, 1910. **Kinlaw, D.** "Leviticus." In *Beacon Bible Commentary.* Kansas City: Beacon Hill, 1969. **Knight, G. A. F.** *Leviticus.* Edinburgh: Saint Andrews Press: Philadelphia: Westminster Press, 1981. **Kornfeld, W.** *Das Buch Leviticus.* Die Welt der Bible. Kleinkommentare zur Heiligen Schrift 15. Dusseldorf: Patmos, 1972. ______. *Levitikus.* Die neue Echter-Bibel. Würzburg: Echter, 1983. **Lamparter, H.** "In Gottes Schuld: Ausgewählte Texte aus den dritten und vierten Buch Moses übersetzt und ausgelegt." In *Die Botschaft des Alten Testaments* 7. Stuttgart, 1980. 5-174. **Lange, J. P.**, and **Gardiner, F.** *Leviticus.* Reprint. Grand Rapids: Zondervan, n.d. **Levine, B. A.** *Leviticus* ויקרא. The JPS Torah Commentary. Philadelphia: The Jewish Publication Society, 1989. **Lofthouse, W. F.** "Leviticus." In *A Commentary on the Bible.* Ed. A. Peake. New York: Thomas Nelson and Sons, 1919. **Maarsingh, B.** *Leviticus.* De Prediking van het Oude Testament. Nijkerk: G. F. Callenbach, 1974. **Micklem, N.** "The Book of Leviticus." In *The Interpreter's Bible.* Ed. G. A. Buttrick. New York: Abingdon-Cokesbury Press, 1953. 2:3-134. **Milgrom, J.** "The Book of Leviticus." In *The Interpreter's One Volume Commentary on the Bible.* Ed. C. Laymon. Nashville: Abingdon, 1971. ______. *Leviticus 1-16.* AB 3. New York: Doubleday, 1991. **Noordtzij, A.** *Leviticus.* Bible Student's Commentary. Tr. R. Togtman. Grand Rapids: Zondervan, 1982. **North, C. R.** "Leviticus." In *The Abingdon Bible Commentary.* Ed. F. Eiselen, E. Lewis, and D. Downey. New York: Abingdon, 1929. ______. "Leviticus." In *A Commentary on the Bible.* Ed. J. Dummelow. New York: MacMillan, 1908. **Noth, M.** *Leviticus: A Commentary.* Philadelphia: Westminster: London: SCM, 1965. **Payne, J. B.** "Leviticus." In *The Biblical Expositor.* Ed. C. Henry. Vol. 1. London: Pickering & Inglis, 1960. **Porter, J. R.** *Leviticus.* CBC. Cambridge: UP, 1976. **Rashi.** *Leviticus: Pentateuch with Targum Onkelos, Haphtaroth and Rashi's Commentary.* Tr. M. Rosenbaum and A. Silbermann. Jerusalem: The Silbermann Family, 1965. **Rendtorff, R.** *Leviticus.* BKAT 3/1. Neukirchen-Vluyn: Neukirchener, 1985. **Saalschutz, J. L.** *Das Mosaische Recht.* 1853: repr. Berlin: Heymann, 1974. **Saydon, P. P.** "Leviticus." In *A Catholic Commen-*

tary on Holy Scripture. Ed. B. Orchard. London: Thomas Nelson and Sons, 1953. 229-44. **Snaith, N. H.** *Leviticus and Numbers.* NCB. London: Oliphants, 1977. **Wenham, G. J.** *The Book of Leviticus. NICOT.* Grand Rapids: Eerdmans, 1979.

주요 참고문헌

본문과 원문 비평

Angerstorfer, A. "Ist 4QTgLev das Menetekel der neueren Targumforschuung?" *BN* 15(1981) 55-75. **Birnbaum, S. A.** "The Leviticus Fragments from the Cave." *BASOR* 118(1950) 20-27. **Callaway, P.** "'RBYH in the Temple Scroll XXIV,8." *RevQ* 12/46 (1986) 269-70. **Déaut, R. le.** "A propos d'une lecon du codex *Neofiti 1*(Lev. v 21)." *VT* 17(1967) 362-63. ______. "Lévitique xxii 26-xxiii 44 dans le Targum palestinien: De l'importance des gloses du *codex Neofiti 1.*" *VT* 18(1968) 458-71. **Emerton, J. A.** "Unclean Birds and the Origins of the Peshitta." *JSS* 7(1962) 203-11. **Freedman, D. N.** "Variant Readings in the Leviticus Scroll from Qumran Cave 11." *CBQ* 36(1974) 525-34. ______. and **Mathews, K. A.** *The Paleo-Hebrew Leviticus Scroll(11 QpaleoLev).* ASOR; Winona Lake, IN: Eisenbrauns, 1985. **Grossfeld, B.** *The Targum Onqelos to Leviticus and the Targum Onqelos to Numbers.* The Aramaic Bible 8. Wilmington, DE: Glazier, 1988. **Kellermann, D.** "Nachlese." *ZAW* 88(1976) 414-15. **Kornfeld, W.** "Ein unpublizierter Levitikustext." *ZAW* 87(1975) 211-12. **Lane, D. J.** "'The best words in the best order': Some Comments on the 'Syriacing' of Leviticus." *VT* 39(1989) 468-79. **Mathews, K. A.** "The Leviticus Scroll(11 QpaleoLev) and the Text of the Hebrew Bible." *CBQ* 48(1986) 171-207. ______. "The Paleo-Hebrew Leviticus Scroll from Qumran." *BA* 50(1987) 45-54. **Mulder, M. J.** ed. *Mikra: Text, Translation, Reading and Interpretation of the Hebrew Bible in Ancient Judaism and Early Christianity.* Compendia Rerum Iudaicarum ad Novum Testamentum 2/1. Assen/ Maastricht: Van Gorcum; Philadelphia: Fortress, 1988. **Owens, R. J.** "Aphrahat as a Witness to the Early Syriac Text of Leviticus." In *The Peshitita: Its Early Text and History. Papers read at the Peshitta Symposium held at Leiden 30-31 August 1984.* Ed. P. B. Dirksen and M. J. Mulder. Monographs of the Peshitta Institute Leiden 4. Leiden: Brill, 1988. 1-48. **Ploeg, J. P. M. van der.** "Lév ix,23-x,2 dans un texte de Qumran." In *Bibel und Qumran: Beiträge zur Erforschung der Beziehungen zwischen Bibel und Qumranwissenschaft.* Ed. S. Wagner. Berlin: Evangelische Haupt-Bibelgesellschaft zu Berlin, 1968. 153-55. **Puech, É.** "Notes en marge de 11QPaléolévitique: Le fragment L, des fragments inédits et une jarre de la grotte 11*(Planches I-III)*." *RB* 96(1989) 161-83. **Rapallo, U.** *Calchi Ebraici nelle Antiche Versioni del «Levitico»(Studio sui Settanta, la Vetus Latina e la Vulgata)*. Studi Semitici 39. Rome: Istituto di Studi del Vicion Oriente, Università di Roma, 1971. **Tov, E.** "The Textual Character of the Leviticus Scroll from Qumran Cave 11"(Heb.). *Shnaton la-Mikra* 3(1978/79) 238-44. **Wevers, J. W.** *Leviticus.* Septuaginta Vetus Testamentum Graecum Auctoritate. Academiae Scientiarum Gottingensis editum. Göttingen: Vandenhoeck & Ruprecht, 1986. ______. *Text History of the Greek Leviticus.* Mitteilungen des Septuaginta-Unternehmens 19. Göttingen: Vandenhoeck & Ruprecht, 1986.

비평적 연구들

For an extended bibliography on the Holiness Code, see *Bibliography* for chaps. 17-26.

Allis, O. T. *The Old Testament, Its Claims and Its Critics.* Nutley, NJ: Presbyterian and Reformed, 1972. **Amsler, S.** "Les documents de la loi et la formation du Pentateuque." In *Le Pentateuque en question: Les origines et la composition des cinq premiers livres de la Bible à la lumière des recherches récentes.* Ed. A. Pury. La Monde de la Bible. Genève: Éditions Labor et Fides, 1989. 235-57. **Begrich, J.** "Die priestliche Tora." In *Werden und Wesen des Alten Testaments.* BZAW 66. Berlin: Alfred Töpelmann, 1936. 63-88. **Blenkinsopp, J.** "Structure of P." *CBQ* 38(1976) 275-92. **Blum, E.** *Studien zur Komposition des Pentateuch.* BZAW 189. Berlin: de Gruyter, 1990. **Brin, B.** "Concerning Some of the Uses of the Bible in the Temple Scroll." *RevQ* 12(1987) 519-28. **Cassuto, U.** *The Documentary Hypothesis and the Composition of the Pentateuch.* Jerusalem: Magnes, 1961. **Childs, B. S.** "Die theologische Bedeutung der Endform eines Textes." *TQ* 16(1987) 242-51. **Clines, D.** *The Theme of the Pentateuch. JSOT* Sup 10. Sheffield: University of Sheffield, 1978. **Cross, F. M.** "The Priestly Work." In *Canaanite Myth and Hebrew Epic: Essays in the History of the Religion of Israel.* Cambridge, MA: Harvard UP, 1973. 293-325. **Dussaud, R.** "Du Problème Littéraire au Problème Religieux." *HUCA* 23(1950/51) 605-10. **Elliger, K.** "Sinn and Ursprung der priesterlichen Geschichtserzählung." *ZTK* 49(1952) 121-43. **Freedman, D. N.** "Son of Man, Can These Bones Live?" *Int* 29(1975) 171-86. **Friedman, R. E.** *The Exile and Biblical Narrative: The Formation of the Deuteronomistic* *and Priestly Works.* HSM 22. Chico, CA: Scholars Press, 1981. **Grelot, P.** "La dernière étape de la rédaction sacerdotale." *VT* 6(1956) 174-89. **Grintz, J. M.** "'Do not eat on the blood': Reconsiderations in Setting and Dating of the Priestly Code." *ASTI* 8(1972) 78-105. ______. "Archaic Terms in the Priestly Code"(Heb.). *Leshonenu* 39(1974/75) 5-20, 163-81; 40(1975/76) 5-32. **Hals, R. M.** "Is There a Genre of Preached Law?" SBLASP 1(1973) 1-12. **Haran, M.** "Shiloh and Jerusalem: The Origin of the Priestly Tradition in the Pentateuch." *JBL* 81(1961) 156-65. ______. "The Idea of Centralization of the Cult in the Priestly Apprehension." *Beer-Sheva* 1(1973) 114-21. ______. "Behind the Scenes of History: Determining the Date of the Priestly Source." *JBL* 100(1981) 321-33. ______. "The Character of the Priestly Source: Utopian and Exclusive Features." In *Eighth World Congress of Jewish Studies.* Jerusalem: Magnes, 1983. 131-38. **Henry, M.-L.** *Jahwist und Priesterschrift: Zwei Glaubenszeugnisse des Alten Testaments.* Arbeiten zur Theologie 3. Stuttgart: Calwer, 1960. **Hurvitz, A.** "The Usage of שׁשׁ and בוץ in the Bible and Its Implication for the Date of P." *HTR* 60(1967) 117-21. ______. "Linguistic Observations on the Biblical Usage of the Priestly Term ʿ*Eda*(עֵדָה)"(Heb.). *Tarbiz* 40(1971/72) 261-76; *Immanuel* 1(1972) 21-23. ______. "The Evidence of Language in Dating the Priestly Code—A Linguistic Study in Technical Idioms and Terminology." *RB* 81(1974) 24-56. ______. *A Linguistic Study of the Relationship between the Priestly Source and the Book of Ezekiel: A New Approach to an Old Problem.* Cahiers de la RB 20. Paris: J. Gabalda, 1982. ______. "The Language of the Priestly Source and Its Historical Setting—The Case for an Early Date." In *Proceedings of the Eighth World Congress of Jewish Studies.* Jerusalem: World Union of Jewish Studies, 1983. 83-94. **Kapelrud, A. S.** "The Date of the Priestly Code." *ASTI* 3(1964) 58-64. **Kaufmann, Y.** *The Religion of Israel: From Its Beginnings to the Babylonian Exile.* Tr. M. Greenberg. New York: Schocken Books, 1956. **Kilian, R.** "Die Priesterschrift—Hoffnung auf Heimkehr." In *Wort und Botschaft.* Ed. J. Schreiner. Würzburg, 1967. 226-43. **Kitchen, K. A.** *Ancient Orient and Old Testament.* London: Tyndale, 1966. **Knierim, R. P.** "The Composition of the Pentateuch." SBLASP 24(1985) 393-415. ______. "Criticism of Literary Features, Form, Tradition, and Redaction." In *The Hebrew Bible and Its Modern Interpreters.* Ed. D. Knight and G. Tucker. Philadelphia: Fortress; Chico, CA: Scholars Press, 1985. 123-65. **Knight, D. A.** *Rediscovering the Traditions of Israel: The Development of the*

Traditio-Historical Research of the Old Testament, with Special Consideration of Scandinavian Contributions. SBLDS 9. Missoula, MI: Scholars Press, 1975. ______. "The Pentateuch." In *The Hebrew Bible and Its Modern Interpreters.* Ed. D. Knight and G. Tucker. Philadelphia: Fortress; Chico, CA: Scholars Press, 1985. 263-96. **Koch, K.** "Die Eigenart der priesterschriftlichen Sinaigesetzgebung." *ZTK* 55(1958) 36-51. ______. *Die Priesterschrift von Exodus 25 bis Leviticus 16: Eine überlieferungsgeschichtliche und literarkritische Untersuchung.* FRLANT 71. Göttingen: Vandenhoeck & Ruprecht, 1959. ______. "P – kein Redaktor! Erinnerung an zwei Eckdaten der Quellenscheidung." *VT* 37(1987) 446-67. **Kraus, H.-J.** *Geschichte der historisch-kritischen Erforschung des Alten Testaments.* 2d ed. Neukirchen-Vluyn: Neukirchener, 1969. **Kuhl, C.** "Die »Wiederaufnahme« –ein literarkritisches Prinzip?" *ZAW* 64(1952) 1-11. **Labuschagne, C. J.** "The Pattern of the Divine Speech Formulas in the Pentateuch: The Key to Its Literary Structure." *VT* 32(1982) 268-96. **Levine, B. A.** "Comments on Some Technical Terms of the Biblical Cult"(Heb.). *Leshonenu* 30(1965) 3-11. ______. "Priestly Writers." *IDBSup* 683-87. ______. "To the Study of the Priestly Source: The Linguistic Aspect"(Heb.). *Eretz Israel* 16(1982) 124-31. ______. "Late Language in the Priestly Source: Some Literary and Historical Observations." In *Proceedings of the Eighth World Congress of Jewish Studies.* Jerusalem: World Union of Jewish Studies, [1983]. 69-82. **Long, B. O.** "Recent Field Studies in Oral Literature and Their Bearing on OT Criticism." *VT* 26(1976) 187-98. **Lord, A. B.** *The Singer of Tales.* Harvard Studies in Comparative Literature 24. Cambridge: Harvard UP, 1960. **McBride, S. D., Jr.** "The Role of Moses in Old Testament Traditions." *Int* 44(1990) 229-39. **McEvenue, S. E.** *The Narrative Style of the Priestly Writer.* AnBib 50. Rome: Biblical Institute, 1971. **Millard, A. R.** "The Practice of Writing in Ancient Israel." *BA* 35(1972) 98-111. **Muilenburg, J.** "A Study of Hebrew Rhetoric: Repetition and Style." VTSup 1(1953) 1-18. **Neusner, J.** "Translating a Midrash-Compilation: Some New Considerations(Leviticus Rabbah)." *HAR* 7(1983) 187-201. **Nielsen, E.** *Oral Tradition: A Modern Problem in Old Testament Introduction.* SBT 11. London: SCM Press, 1954. ______. "Moses and the Law." *VT* 32(1982) 87-98. **Noth, M.** *A History of Pentateuchal Traditions.* Tr. and intro. B. Anderson. Chico, CA: Scholars Press, 1981. **Ploeg, J. van der.** "Le rôle de la tradition orale dans la transmission du texte de l'Ancien Testament." *RB* 54(1947) 5-41. **Polzin, R.** *Late Biblical Hebrew: Toward* *an Historical Typology of Biblical Hebrew Prose.* HSM 12. Missoula, MT: Scholars Press, 1976. **Rad, G. von.** *The Problem of the Hexateuch and Other Essays.* Tr. E. Dicken. New York: McGraw-Hill, 1966. **Rendtorff, R.** *Die Gesetze in der Priesterschrift.* FRLANT 62. 2d ed. Göttingen: Vandenhoeck & Ruprecht, 1963. ______. "Traditio-Historical Method and the Documentary Hypothesis." In *Proceeding of the Fifth World Congress of Jewish Studies.* Jerusalem: World Union of Jewish Studies, 1969. 5-11. ______. "Mose als Religionsstifter? Ein Beitrag zur Diskussion über die Anfänge der israelitischen Religion." In *Gesammelte Studien zum Alten Testament.* TBü 57. Munich: Chr. Kaiser, 1975. 152-71. ______. *Das überlieferungsgeschichtliche Problem des Pentateuch.* BZAW 147. Berlin: de Gruyter, 1977(=*The Problem of the Process of Transmission in the Penteteuch.* Tr. J. Scullion. JSOTSup 89. Sheffield: JSOT, 1990). ______. *The Old Testament: An Introduction.* Tr. J. Bowden. Philadelphia: Fortress, 1986. **Ringgren, H.** "Oral and Written Transmission in the Old Testament: Some Observations." *ST* 3(1949) 34-59. **Sæbø, M.** "Priestertheologie und Priesterschrift: Zur Eigenart der priesterlichen Schicht im Pentateuch." VTSup 32(1981) 357-74. **Sanders, J. A.** *Torah and Canon.* Philadelphia: Fortress, 1978. ______. *Canon and Community: A Guide to Canonical Criticism.* Philadelphia: Fortress, 1984. **Sandmel, S.** "The Haggada within Scripture." *JBL* 80(1961) 105-22. **Segal, M. H.** "The Composition of the Pentateuch: A Fresh Examination." *Scripta Hierosolymitana* 8(1961) 68-114. ______. "The Religion of Israel before Sinai." *JQR* 53(1962/63) 226-56. ______. *The Pentateuch: Its Composition and Its Authorship and Other Biblical Studies.* Jerusalem: Magnes, 1967. **Speiser, E. A.** "Leviticus and the Critics." In *Y. Kaufmann Jubilee Volume.* Ed. M. Haran. Jerusalem: Magnes, 1960. 29-45(=*Orientale and Biblical Studies.* Philadelphia: University of Pennsylvania Press, 1967. 123-42). **Thompson, R. J.** *Moses and the Law in a Century of Criticism since Graf.* VTSup 19. Leiden: Brill, 1970. **Vaux, R. de.** "A propos du second centenaire d'Astruc réflexions sur l'état actuel de la critique du Pentateuque." VTSup 1(1953) 182-98(=*Bible et Orient.* Paris: Cerf, 1967. 41-57). **Vink, J. G.** "The Date and Origin of the Priestly Code in the Old Testament." *OTS* 15(1969) 1-144. **Wagner, N. E.** "Pentateuchal Criticism: No Clear Future." *CJT* 13(1967) 225-32. **Weinfeld, M.** "Julius Wellhausen's Understanding of the Law of Ancient Israel and Its Fallacies"(Heb.). *Shnaton la-Miqra* 4(1980) 81-87. ______. "Social and Cultic Institutions in the Priestly Source against Their Ancient Near

Eastern Background." In *Proceedings of the Eighth World Congress of Jewish Studies.* Jerusalem: World Union of Jewish Studies, 1983. 95-129. **Whybray, R. N.** *The Making of the Pentateuch: A Methodological Study.* JSOTSup 53. Sheffield: JSOT Press, 1987. **Winnett, F.** *The Mosaic Tradition.* Toronto: University of Toronto Press, 1949. **Zevit, Z.** "Converging Lines of Evidence Bearing on the Date of P." *ZAW* 94(1982) 481-510. **Zimmerli, W.** "Sinaibund und Abrahambund: Ein Beitrag zum Verständnis der Priesterschrift." *TZ* 16(1960) 268-80(=*Gottes Offenbarung: Gesammelte Aufsätze zum Alten Testament.* TBü 19. Munich: Chr. Kaiser, 1969. 205-16).

문화적 · 역사적 연구들

For more bibliography on sacrifice see *Bibliography* at chaps. 1-7, on the priesthood at chaps. 8-10, and on ritual purity at chaps. 11-15 and *Excursus* on clean and unclean.

Albright, W. F. "Moses in Historical and Theological Perspective." In *Magnalia Dei: The Mighty Acts of God.* FS G. E. Wright. Ed F. Cross, W. Lemke, and P. Miller, Jr. Garden City, NY: Doubleday, 1976. 120-131. **Amusin, J. D.** "Die Gerim in der sozialen Legislatur des Alten Testaments." *Klio* 63(1981) 15-23. **Anderson, G. A.** *Sacrifices and Offerings in Ancient Israel: Studies in Their Social and Political Importance.* HSM 41. Atlanta: Scholars Press, 1987. **Brichto, H. C.** "On Slaughter and Sacrifice, Blood and Atonement." *HUCA* 47(1976) 19-55. **Büchler, A.** *Studies in Sin and Atonement in the Rabbinic Literature of the First Century.* London: Oxford UP, 1928. **Buss, M.** "The Meaning of 'Cult' and the Interpretation of the OT." *JBR* 32(1964) 317-25. **Clements, R. E.** *God and Temple.* Philadelphia: Fortress, 1965. **Coleman, J. E.** "Origins of the OT Sacrifice." *CBQ* 2(1940) 13-44. **Cross, F. M.** *Canaanite Myth and Hebrew Epic.* Cambridge, MA: UP, 1973. **Davis, D.** "An Interpretation of Sacrifice in Leviticus." *ZAW* 89(1977) 387-99. **Douglas, M.** *Purity and Danger.* London: Routledge & Kegan Paul, 1966. **Eberharter, A.** "Das Horn im Kult des Alten Testament." *ZKT* 51(1927) 394-99. **Fishbane, M.** *Biblical Interpretation in Ancient Israel.* Oxford: Clarendon Press, 1988. **Fretheim, T. E.** "The Priestly Document: Anti-temple?" *VT* 18(1968) 313-29. **Goodsir, R.** "Animal Sacrifice–Delusion or Deliverance?" In *Studia Biblica 1978. I. Papers on Old Testament and Related Themes.* Ed. E. Livingstone. Sixth

International Congress on Biblical Studies, Oxford, 3-7 April 1978. JSOTSup 11. Sheffield: JSOT Press, 1979. 157-60. **Gottwald, N. K.** *The Tribes of Yahweh: A Sociology of the Religion of Liberated Israel 1250-1050 B.C.E.* Maryknoll, NY: Orbis Books, 1979. **Gray, G. B.** *Sacrifice in the Old Testament: Its Theory and Practice.* Oxford: Clarendon, 1925; repr., ed. H. M. Orlinsky, New York: KTAV Publishing House, 1971. **Gray, J.** "Cultic Affinities between Israel and Ras Shamra." *ZAW* 62(1950) 207-20. **Grayford, S. C.** *Sacrifice and Priesthood: Jewish and Christian.* 2nd ed. London: Methuen, 1953. **Haran, M.** "Priesthood, Temple, Divine Service: Some Observations on Institutions and Practices of Worship." *HAR* 7(1983) 121-35. ______. *Temples and Temple-Service in Ancient Israel.* Winona Lake, IN: Eisenbrauns, 1985. **Haupt, P.** "Babylonian Elements in the Levitic Ritual." *JBL* 19(1900) 55-61. **Herbert, A. S.** *Worship in Ancient Israel.* Richmond, VA: John Knox, 1959. **Hermisson, H. J.** *Sprache und Ritus im altisraelitischen Kult.* WMANT 19. Neukirchen-Vluyn: Neukirchener, 1965. **Hurowitz, V.** "The Priestly Account of Building the Tabernacle." *JAOS* 105(1985) 21-30. **Janowski, B.** *Sühne als Heilsgeschehen: Studien zur Sühnetheologie der Priesterschrift und zur Wurzel KPR im Alten Orient und im Alten Testament.* WMANT 55. Neukirchen-Vluyn: Neukirchener, 1982. **Kaufmann, Y.** *The Religion of Israel.* Tr. and abridged M. Greenberg. Chicago: University of Chicago Press, 1960. **Kennett, R. H.** *Ancient Hebrew Social Life and Custom as Indicated in Law Narrative and Metaphor.* The Schweich Lectures of the British Academy 1931. Munich: Kraus Reprint, 1980. **Knauf, E. A.** "Zur Herkunft und Sozialgeschicte Israels: 'Das Böckchen in der Milch seiner Mutter.'" *Bib* 69(1988) 153-69. **Kraus, H.-J.** *Worship in Israel: A Cultic History of the Old Testament.* Tr. G. Buswell. Richmond, VA: John Knox, 1965. **Leach, E. R.** *Culture and Communication, The Logic by Which Symbols Are Connected: An Introduction to the Use of Structuralist Analysis in Social Anthropology.* Cambridge: Cambridge UP, 1976. **Levine, B. A.** *In the Presence of the Lord.* SJLA 5. Leiden: Brill, 1974. **Milgrom, J.** *Studies in Cultic Terminology and Theology.* SJLA 36. Leiden: Brill, 1983. ______. "Day of Atonement." *EncJud* 5:1384-87. ______. 'Kipper.' *EncJud* 10:1039-44. ______. *Cult and Conscience.* SJLA 18. Leiden: Brill, 1976. ______. *Studies in Cultic Theology and Terminology.* SJLA 36. Leiden: Brill, 1983. **Neufeld, E.** "The Socio-economic Background to *Yōbēl* and *Šemiṭṭā*." *Rivista degli Studi Orientali* 33(1958) 53-124. **Neusner, J.** *The Idea of Purity in Ancient*

Judaism. Leiden: Brill, 1973. **Obbink, H.** "The Horns of the Altar in the Semitic World, Especially in Jahwism." *JBL* 56(1937) 45-49. **Pedersen, J.** *Israel Its Life and Culture I-IV.* Copenhagen: Branner OG Korch: London: Geoffrey Cumberlege, Oxford UP, 1964. **Rendtorff, R.** *Studien zur Geschicte des Opfers im Alten Israel.* WMANT 24. Neukirchen-Vluyn: Neukirchener, 1967. ______. "Der Kultus im Alten Israel." Jahrbuch für Liturgik und Hymnologie 2(1956) 1-21(=*Gesammelte Studien zum Alten Testament.* TBü 57. Munich: Chr. Kaiser, 1975. 89-109). **Rigby, P.** "A Structural Analysis of Israelite Sacrifice and Its Other Institutions." *Église et Théologie* 11(1980) 299-351. **Ringgren, H.** *Israelite Religion.* Tr. D. Green. Philadelphia: Fortress, 1968. **Rivièe, J.** "Satisfactio Vicaria." *RSR* 26(1952) 221-57. **Rodriguez, A. M.** *Substitution in the Hebrew Cultus.* Andrews University Doctoral Dissertation Series 3. Berrien Springs, MI: Andrews UP, 1979. **Rowley, H. H.** "The Meaning of Sacrifice in the OT." *BJRL* 33(1950) 74-110. ______. "The Religious Values of Sacrifice." *ExpTim* 58(1946/48) 69-71. ______. *Worship in Ancient Israel: Its Forms and Meaning.* London: SPCK, 1978. **Schaeffer, H.** *The Social Legislation of the Primitive Semites.* New Haven: Yale UP, 1915. **Smith, W. R.** *The Religion of the Semites: The Fundamental Institutions.* New York: Schocken, 1972. **Snaith, N. H.** "Sacrifices in the OT." *VT* 15(1965) 73-80. **Thompson, R. J.** *Penitence and Sacrifice in Early Israel outside the Levitical Law.* Leiden: Brill, 1963. **Turner, V. W.** *The Ritual Process.* London: Routledge & Kegan Paul, 1969. **Vaux, R. de.** *Studies in OT Sacrifice.* Cardiff: University of Wales, 1964. ______. *Ancient Israel.* 2 vols. New York: McGraw-Hill, 1965. **Wellhausen, J.** *Prolegomena to the History of Israel.* Preface by W. Smith. Gloucester, MA: Peter Smith, 1973. **Wolff, H. W.** *Anthropology of the Old Testament.* Tr. M. Kohl. Philadelphia: Fortress, 1974. **Yerkes, R. K.** *Sacrifice in Greek and Roman Religion and Early Judiaism.* New York: Scribner, 1952.

고대 이스라엘의 법에 관한 연구들

Alt, A. "The Origins of Israelite Law." In *Essays on Old Testament History and Religion.* Tr. R. Wilson. Garden City: Doubleday, 1968. 101-71. **Auerbach, E.** "Das Zehngebot—Allgemeine Gesetzes-Form in der Bibel." *VT* 16(1966) 255-76. **Begrich, J.** "Die priesterliche Tora." In *Werden und Wesen des Alten Testaments.* Ed. P. Volz. BZAW 66. Berlin: Töpelmann, 1936. 63-88(=*Gesammelte Studien zum Alten Testa-*

ment. TBü 21. Munich: Chr. Kaiser, 1964. 232-60). **Boecker, H. J.** *Redeformen des Rechtslebens im Alten Testament*. WMANT 14. Neukirchen: Neukirchener, 1970. ______. *Law and the Administration of Justice in the Old Testament and the Ancient East*. Tr. J. Moiser. Minneapolis: Augsburg, 1980. **Brauner, R. A.** "Some Aspects of Offense and Penalty in the Bible and the Literature of the Ancient Near East." *Gratz College Annual of Jewish Studies* 3(1974) 9-18. **Buss, M.** "The Distinction between Civil and Criminal Law in Ancient Israel." In *Proceedings of the Sixth World Congress of Jewish Studies I*. Jerusalem: Academic Press, 1977. 51-62. ______. "Logic and Israelite Law." In *Thinking Biblical Law*. Ed. D. Patrick. *Semeia* 45(1989) 49-65. **Cazelles, H.** "Le sens religieus de la loi." In *Populus Dei I*. Ed. H. Cazelles et al. Communio 10. Rome: L. A. S., 1969. 177-200. **Clark, W.** "Law." In *Old Testament Form Criticism*. Ed. J. Hayes. San Antonio: Trinity UP, 1974. 99-139. **Daube, D.** *Studies in Biblical Law*. Cambridge: Cambridge UP, 1947; New York: KTAV, 1969. **Dion, P.-E.** "Une inscription araméenne en style *awīlum ša* et quelques textes bibliques datant de l'exil." *Bib* 55(1974) 399-403. **Ercole, G.** "The Juridical Structure of Israel from the Time of Her Origin to the Period of Hadrian." In *Populus Dei I*. Ed. H. Cazelles et al. Communio 10. Rome: L. A. S., 1969. 389-461. **Falk, Z. W.** *Hebrew Law in Biblical Times*. Jerusalem: Wahrmann Books, 1974. **Feldman, E.** *Biblical & Post-Biblical Defilement: Law as Theology*. New York: KTAV, 1977. **Fensham, F. C.** "The Possibility of the Presence of Casuistic Legal Material at the Making of the Covenant at Sinai." *PEQ* 93(1961) 143-46. **Finkelstein, J. J.** "The Goring Ox: Some Historical Perspectives on Deodards, Forfeitures, Wrongful Death and Western Notion of Sovereignty." *Temple Law Quarterly* 46(1973) 169-290. **Fohrer, G.** "Das sogenannte apodiktisch formulierte Recht und der Dekalog." *KD* 11(1965) 49-74(=*Studien zur alttestamentlichen Theologie und Geschichte[1949-1966]*. BZAW 115. Berlin: de Gruyter, 1969. 120-48). **Frymer-Kensky, T.** "Law and Philosophy: The Case of Sex in the Bible." In *Thinking Biblical Law*. Ed. D. Patrick. *Semeia* 45(1989) 89-102. **Gemser, B.** "The Importance of the Motive Clause in Old Testament Law." VTSup 1(1953) 50-66(=*Adhuc Loquitur*. POS 7. Leiden: Brill, 1958. 96-115). **Gerstenberger, E. S.** *Wesen und Herkunft des »apodiktischen Rechts«*. WMANT 20. Neukirchen-Vluyn: Neukirchener, 1965. **Gese, H.** "Beobachtungen zum Stil alttestamentliche Rechtsatze." *TLZ* 85(1960) 147-50. **Gilmer, H. W.** *The If-You Form in Israelite Law*. SBLDS 15.

Missoula, MT: Scholars Press, 1975. **Gnuse, R.** *You Shall Not Steal: Community and Property in the Biblical Tradition.* Maryknoll, NY: Orbis, 1985. **Good, E. M.** "Capital Punishment and Its Alternatives in Ancient Near Eastern Law." *Stanford Law Review* 19(1967) 947-77. **Gowen, D. E.** "Reflections on the Motive Clauses in Old Testament Law." In *Intergerini Parietis Septum(Eph. 2:14)*. FS M. Barth. Ed. D. Hadidian. Pittsburgh Theological Monograph Series 33. Pittsburgh: Pickwick, 1981. 111-28. **Greenberg, M.** "Some Postulates of Biblical Criminal Law." In *Y. Kaufmann Jubilee Volume.* Ed. M. Haran. Jerusalem: Magnes, 1960. 5-28. ______. *The Jewish Experience.* Ed. J. Goldin. Repr. New York: Bantam Books, 1970. 18-37. ______. "More Reflections on Biblical Criminal Law." In *Scripta Hierosolymitana 31: Studies in Bible.* Ed. S. Japhet. Jerusalem: Magnes, 1986. 1-17. **Haas, P.** "'Die He Shall Surely Die': The Structure of Homicide in Biblical Law." In *Thinking Biblical Law.* Ed. D. Patrick. *Semeia* 45(1989) 67-87. **Haran, M.** "Seething a Kid in its Mother's Milk." *JJS* 30 (1979) 23-35. **Hayes, J. H.** "Restitution, Forgiveness, and the Victim in Old Testament Law." *Trinity University Studies in Religion* 11(1982) 1-23. **Hentschke, R.** *Satzung und Setzender: Ein Beitrag zur israelitischen Rechtssterminologie.* BWANT 83. Stuttgart: W. Kohlhammer, 1963. **Hermann, S.** "Das apodiktische Recht." *MIO* 15(1969) 249-61. **Hoebel, E. A.** *The Law of Primitive Man: A Study in Comparative Legal Dynamics.* New York: Atheneum, 1983. **Horton, F. L., Jr.** "A Reassessment of the Legal Forms in the Pentateuch and Their Functions." SBLASP 2(1979) 347-96. **Jackson, B. S.** *Theft in Early Jewish Law.* Oxford: Clarendon, 1972. ______. *Essays in Jewish and Comparative Legal History.* Leiden: Brill, 1975. **Japhet, S.** "The Relationship between the Legal Corpora in the Pentateuch in Light of Manumission Laws." *Scripta Hierosolymitana* 31(1986) 63-89. **Jirku, A.** *Das weltliche Recht im Alten Testament.* Gütersloh: Bortelsmann, 1927. **Kilian, R.** "Apodiktisches und kasuistisches Recht im Licht ägyptischer Analogien." *BZ* 7(1963) 185-202. **Knierim, R. P.** "The Problem of Ancient Israel's Prescriptive Legal Traditions." In *Thinking Biblical Law.* Ed. D. Patrick. *Semeia* 45(1989) 7-25. **Köhler, L.** "Justice in the Gate." In *Hebrew Man.* Nashville: Abingdon, 1956. **Liedke, G.** *Gestalt und Bezeichnung alttestamentlicher Rechtssätze.* WMANT 39. Neukirchen-Vluyn: Neukirchener, 1971. **Martin-Achard, R.** "Brèves remarques sur la signification théologique de la loi selon L'Ancien Testament." *ETR* 57(1982) 343-59. **Mendenhall, G.** *Law and Covenant in Israel and the*

Ancient Near East. Pittsburgh: Biblical Colloquium, 1955. ______. "Ancient Oriental and Biblical Law." *BA* 17(1954) 26-46. ______. "Covenant Forms in Israelite Tradition." *BA* 17(1954) 50-76(=*The Biblical Archaeologist Reader* 3. Ed. E. Campbell and D. Freedman. Garden City: Doubleday, 1970. 3-53). **Milgrom, J.** "The Legal Terms *šlm* and *br'šw* in the Bible." *JNES* 35(1976) 271-73. **Nielsen, E.** "Moses and the Law." *VT* 32(1982) 87-98. **Noth, M.** "The Laws in the Pentateuch: Their Assumptions and Meaning." In *Laws in the Pentateuch and Other Studies.* Tr. D. R. Ap-Thomas. Edinburgh: Oliver & Boyd, 1966. 1-107. **Patrick, D.** *Old Testament Law: An Introduction.* Atlanta: John Knox, 1985. ______. "Studying Biblical Law as Humanities." In *Thinking Biblical Law.* Ed. D. Patrick. *Semeia* 45(1989) 27-47. **Paul, S.** *Studies in the Book of the Covenant in the Light of Cuneiform and Biblical Law.* VTSup 18. Leiden: Brill, 1970. **Phillips, A.** *Ancient Israel's Criminal Law: A New Approach to the Decalogue.* New York: Schocken, 1970. ______. "Types of Formulation in Biblical and Mesopotamian Law"(Heb.). *Leshonenu* 34(1970) 257-66. **Ploeg, J. van der.** "Studies in Hebrew Law: I. The Terms." *CBQ* 12(1950) 248-59; "II. The Style of the Laws." *CBQ* 12(1950) 416-27; "III. Systematic Analysis of the Contents of the Collections of Laws in the Pentateuch." *CBQ* 13(1951) 28-43; "IV. The Religious Character of the Legislation." *CBQ* 13(1951) 164-71; "V. Varia: Conclusions." *CBQ* 13 (1951) 296-307. **Rabast, K.** *Das apodiktische Recht im Deuteronomium und im Heiligkeitsgesetz.* Berlin: Heimatdienstverlag, 1949. **Rapaport, I.** "The Origins of Hebrew Law." *PEQ* 73(1941) 158-67. **Rendtorff, R.** *Die Gesetze in der Preisterschrifl.* FRLANT 62 Göttingen: Vandenhoeck & Ruprecht, 1963. **Schottroff, W.** *Der altisraelitische Fluchspruch.* WMANT 30. Neukirchen-Vluyn: Neukirchener, 1969. **Schultz, H.** *Das Todesrecht im Alten Testament: Studien zur Rechtsform der Mot-Jumat-Sätze.* BZAW 114. Berlin: Töpelmann, 1969. **Wagner, V.** *Rechtssätze in gebundener Sprache und Rechtsatzreihen im israelitischen Recht.* BZAW 127. Berlin: de Gruyter, 1972. **Welch, J. W.** *A Biblical Law Bibliography: Sorted by Subjects and by Authors.* Provo, UT: J. Reuben Clark Law School, Brigham Young University, 1989. **Westbrook, R.** *Property and the Family in Biblical Law.* JSOTSup 113. Sheffield: JSOT, 1991.

신학적 연구들

Brichto, H. C. "On Slaughter and Sacrifice, Blood and Atonement." *HUCA* 47(1976) 19-55. **Brueggemann, W.** "The Kerygma of the Priestly Writers." *ZAW* 84(1972) 397-414. **Childs, B. S.** *Old Testament Theology in a Canonical Context.* Philadelphia: Fortress, 1986. **Clements, R. E.** *Old Testament Theology: A Fresh Approach.* Marshalls Theological Library. London: Marshall, Morgan & Scott, 1978. **Crawford, R. G.** "Is the Penal Theory of the Atonement Scriptural?" *SJT* 23(1970) 257-72. **Davidson, A. B.** *The Theology of the Old Testament.* Ed. S. Salmond. International Theological Library. Edinburgh: T. & T. Clark, 1961. **Eichrodt, W.** *Theology of the Old Testament.* Tr. J. Baker. 2 vols. Philadelphia: Westminster, 1961. **Feldman, E.** *Biblical and Post-Biblical Defilement and Mourning: Law as Theology.* New York: KTAV, 1977. **Firmage, E.** "The Biblical Dietary Laws and the Concept of Holiness." In *Studies in the Pentateuch.* Ed. J. Emerton. *VTSup* 41. Leiden: Brill, 1990. 177-208. **Fuhs, H. F.** "Heiliges Volk Gottes." In *Unterwegs zur Kirche: Alttesstamentliche Konzeptionen.* Ed. J. Schreiner. Quaestiones Disputatae 110. Freiburg: Herder, 1987. 143-67. **Gammie, J.** *Holiness in Israel.* OBT. Minneapolis: Fortress, 1989. **Gese, H.** *Essays on Biblical Theology.* Tr. K. Crim. Minneapolis: Augsburg, 1981. **Henrix, H. H.** "Von der Nachahmung Gottes: Heiligkeit und Heiligsein im biblischen und jüdischen Denken." *ErbAuf* 65(1989) 177-87. **Henry, M.-L.** *Jahwist und Priesterschrift: Zwei Glaubenszeugnisse des Alten Testaments.* Arbeiten zur Theologie 3. Stuttgart: Calwer, 1960. **Hodgson, R.** "1 Thess 4:1-12 and the Holiness Tradition(HT)." SBLASP 21(1982) 199-215. **Imschoot, P. van.** *Theology of the Old Testament. I. God.* Tr. K. Sullivan and F. Buck. New York: Desclée, 1954. **Jacob, E.** *Theology of the Old Testament.* Tr. A. Heathcote and P. Allcock. New York: Harper & Row, 1958. **Keller, J.** "Theological Linguistics: A Suggestion." *JRelS* 12(1985) 46-55. **Klein, R. W.** "The Message of P." *Die Botschaft und die Boten.* FS H. W. Wolff. Ed. J. Jeremias and L. Perlitt. Neukirchen-Vluyn: Neukirchener, 1981. 57-66. **Knierim, R. P.** *Die Hauptbegriffe für Sünde im Alten Testament.* Gütersloh: Mohn, 1965. ______. "The Problem of an Old Testament Hamartiology." Review of Š. Porúbčan's *Sin in the Old Testament.* *VT* 16(1966) 366-85. **Lyonnet, S.** *Sin, Redemption, and Sacrifice: A Biblical and Patristic Study.* AnBib 48. Rome: Biblical Institute Press, 1970. **McCarthy, D. J.** *Treaty and Covenant.* Rome: Pontifical Biblical Institute, 1963. **Milgrom, J.** "Ethics and Ritual:

The Foundations of the Biblical Dietary Laws." In *Religion and Law: Biblical-Judaic and Islamic Perspectives.* Ed. E. Firmage, B. Weiss, and J. Welch. Winona Lake, IN: Eisenbrauns, 1990. 159-98. **Monty, V.** "La nature du peché d'après le vocabulaire hébreu." *ScEc* 1(1948) 95-108. **Otto, R.** *The Idea of the Holy: An Inquiry into the Non-rational Factor in the Idea of the Divine and Its Relation to the Rational.* Tr. J. Harvey. London: Oxford UP, 1967. **Paul, S. M.** *Studies in the Book of the Covenant in the Light of Cuneiform and Biblical Law.* VTSup 18. Leiden: Brill, 1970. **Perlitt, L.** *Bundestheologie im Alten Testament.* WMANT 36. Neukirchen-Vluyn: Neukirchener, 1969. **Porúbčan, Š.** *Sin in the Old Testament: A Soteriological Study.* Aloisiana 3. Rome: Herder, 1963. **Rad, G. von.** "Die Theologie der Priesterschrift." In *Die Priesterschrift in Hexateuch.* BWANT 65. Stuttgart: W. Kohlhammer, 1934. 166-89(=*Gesammelte Studien zum Alten Testament II.* Ed. R. Smend. TBü 48. Munich: Chr. Kaiser, 1973. 165-88). ______. "The Promised Land and Yahweh's Land in the Hexateuch." In *The Problem of the Hexateuch and Other Essays.* Tr. E. Dicken. New York: McGraw-Hill, 1966. 77-93. ______. *Old Testament Theology.* Tr. D. M. G. Stalker. Vol. 1. New York: Harper & Row, 1962. **Roach, C. C.** "Book of Leviticus." *Int* 4(1950) 458-69. **Sabourin, L.** *Redemption Sacrificielle: Une Enquête Exégétique.* Montreal: Desclée de Brower, 1961. **Schenker, A.** *Versöhnung und Sühne: Wege gewaltfreier Konfliktlösung im Alten Testament: Mit einem Ausblick auf Neue Testament.* BibB 15. Freiburg: Schweizerisches Katholisches Bibelwerk, 1981. **Terrien, S.** *The Elusive Presence: Toward a New Biblical Theology.* Religious Perspectives 26. San Francisco: Harper & Row, 1978. **Toorn, K. van der.** *Sin and Sanction in Israel and Mesopotamia: A Comparative Study.* Assen/Maastricht: Van Gorcum, 1985. **Vriezen, Th. C.** *An Outline of Old Testament Theology.* Newton Centre, MA: Branford, 1966. **Wyatt, N.** "Atonement Theology in Ugarit and Israel." *UF* 8(1976) 415-30. **Zimmerli, W.** "Ich bin Yahweh." In *Geschichte und Altes Testament.* BHT 16. FS A. Alt. Tübingen: Mohr(Siebech), 1953. 179-209. ______. "I Am Yahweh." In *I Am Yahweh.* Tr. D. Stott. Atlanta: John Knox, 1982. 1-28. ______. *Old Testament Theology in Outline.* Tr. D. Green. Atlanta: John Knox, 1978. ______. "'Heiligkeit' nach dem sogenannten Heiligkeitsgesetz." *VT* 30(1980) 493-512. **Zink, J. K.** "Uncleanness and Sin." *VT* 17(1967) 354-61.

레위기

서론

레위기의 히브리어 본문

레위기의 마소라 본문은 아주 믿을 만한 본문 가운데 하나다. 권위가 인정되는 히브리어 성경의 첫 부분인 오경의 일부로서 레위기는 초기부터 신중하게 복사되어 왔다.

가장 길고 가장 오래된 레위기의 히브리어 본문은 쿰란의 11QpaleoLev(고대 레위기 두루마리)인데, 그것은 레위기 22-27장 부분을 담고 있다. 그것은 고대 히브리어 필체(paleo-Hebrew script)로 쓰여진 레위기의 가죽 필사본이다. 그것의 연대는 주전 100년경으로 거슬러 올라간다. 매튜스(Mathews, *BA* 50[1987] 50)는 그 사본의 고대 히브리어 필체의 사용은 다른 특징들과 더불어 그것이 에센파 사람들과 공동의 이해관계가 있었던 한 서기관에 의해 만들어졌다는 것을 시사한다고 지적한다. 가장 잘 보존된 부분은 한 개가 공백인 일곱 개의 연속적인 단들(columns)로서 그것들은 여러 단락을 담고 있다. 11QpaleoLev(고대 레위기 두루마리)에는 마소라 본문(MT)보다 열등한 15개의 독특한 독법이 있기 때문에, 매튜스는 11QpaleoLev가 레위기에 대한 최상의 증거물은 아니라고 결론짓는다(*CBQ* 48[1986] 196-97). 사해 두루마리들에 있는 다른 레위기 필사본들은 단지 작은 파편들로만 남아 있는데, 히브리어 본 아홉 개, 그리스어(헬라어) 본 두 개 그리고 탈굼 본 하나가 여기에 포함된다.

대부분의 역본들은 마소라 본문(MT)을 지지한다. 가장 중요한 것은 사마리아 오경과 70인경(LXX)이다. 웨버스(Wevers)는 그리스어 레위기 본문의 훌륭한 비평적 판본과 그 본문의 철저한 분석을 함께 내놓았다. 「본문 역사」(*Text History*, 72)에서 그는 레위기에 대한 최상의 그리스어 본문을 확립하는 일은 두 가지 요인에 의해 어려워진다고 지적한다. (1) 그리스어 본문들 중 남아 있는 것이라곤 바티칸 사본 이전의(pre-Vaticanus) 자그마한 파편들 몇 개뿐이다. 이러한 희소성은 알렉산드리아 사본(A)과 바티칸 사본(B)이 자주 "압도적인 대중적 전승"에 제한된 지지만을 보여 주면서 이차적인 것으로 증명된 한 본문 전승을 보여 주기 때문에 더욱 난감해진다. (2) 어려움을 일으키는 다른 요인은 70인경(LXX) 번역자가 일관성 있는 번역 방식을 따르지 않았다는 것이다. 웨버스의 판단으로는, 그 번역자는 변화를 주기 위해 번역을 다양하게 바꾸었다. 예를 들어, "둘"이 3:4에서는 뒤오(*δύο*, "둘"), 3:10에서는 암포테루스(*ἀμφοτέρους*, "함께"), 5:11에서는 쥬고스(*ζεῦγος*, "쌍")이다. 그렇지만 마소라 본문(MT)은 사마리아 오경(Sam)과 70인경(LXX)이 겪었던 편집 활동을 많이 벗어났는데, 이는 마소라 본문의 전승이 그것들보다 늦게 등장했다는 것을 암시한다(Wenham, 15). 그 밖의 역본들 중에 시리아어 페쉬타(Peshitta)와 아람어 탈굼들, 그리고 라틴어 벌게이트(Vulgate)가 포함된다. 레인(Lane, *VT* 39[1989] 468-79)은 시리아어 필사본들을 세 개의 계열로 분류한다: 34개의 필사본으로 구성된 "네스토리안"(Nestorian) 또는 "모술"(Mosul), 이집트에 있는 와디 나트룬(Wadi Natrun)에서 나온 6개의 필사본으로 구성된 타크릿(Takrit) – 이것은 티그리스 강에 있는 한 도시의 이름을 따른 것이다. 서방 계열로서 티우르 압딘(Tiûr ʿabîdn)이라 불리는 야곱파(Jacobite) 수도원 지역으로 확인되는 한 필사본에서 유래한 것(470-71).

그는 또한 시리아 본문의 번역자(들)가 용어 선택과 어순에서 공히 매우 능숙하게 히브리어를 번역했다고 주장한다. 예를 들어, 게르(גר, "나그네")는 "스스로 나에게 돌이켜 너희 안에 거주하는 사람들"이라는 숙어로 번역된다. 레인(Lane, 477)은 그 번역자(들)가 시리아어 역본(Syr)에서 구르(גור)가 전달하는 함축적 의미를 제거하기 위해 숙어를 사용했다고 추론한다. 나아가 이러한 번역이 증거하는 바는 그 번역이 그 당시 랍비 전승에서 통용되던 여러 가지 용어의 의미에 대한 토론들에 정통해 있었다는 것이다(478). 결과적으로, 이러한 시리아어 역본은 마소라 본문보다 더욱 정밀하고 체계적인 본문을 갖는다.

그렇다면 레위기 본문들 사이에 많은 차이가 있는 것은 아니다. 몇몇 중요한 변형들과 수많은 사소한 변형들이 "원문주해"에 인용된다. 매튜스(Mathews, *CBQ*, 48 [1986] 198-99)는 레위기 본문들의 법적인 성격이 그것들의 일치에 대한 이유가 된다고 주장한다. 공동체 내의 여러 본문들의 사용으로 인해 그것들이 표준화될 필요가 있었다.

레위기의 구조

오경의 세 번째 책의 히브리어 이름은 책의 제목을 첫 번째 나오는 단어로 이름 짓는 고대의 관습에서 왔는데, 그에 따라 봐이크라(ויקרא, "그리고 그가 불렀다")이다. 70인경(LXX)에서 그것의 이름은 레위티콘(*Λευιτικον*) 혹은 레위에이티콘(*Λευειτικον*)인데, 그것은 "레위인의 책"이라는 명사다. 벌게이트 역본은 이 그리스어 이름을 라틴어 *Liber Leviticus*로 번역했다. 분명히 이 책에 대한 그 영어 이름은 벌게이트 역본을 거쳐서 온 것이다. 역본들이 사용한 그 이름은 그 자료가 레위인의 제사장직에 관심을 갖는다는 것을 암시한다. 놀랍게도 "레위인"이라는 용어는 단지 25:32-34에서만 나타나는데, 그 언급에서 오로지 땅과 집의 소유권에 주목할 뿐이다. 그렇지만 이 책의 관심은 아론의 아들들인 제사장들에 의해 지도되는 정결한 예배와 거룩한 삶이다. 오경의 중심에 놓인 이 책의 위치는 이 주제가 이스라엘의 존재 이유(*raison d'être*)에 대해 지닌 중대한 의의를 입증해 준다.

레위기가 담고 있는 자료는 출애굽기 25:1부터 민수기 10:10까지에 이르는 제사장적 주제들에 관한 하나의 거대한 자료 뭉치 속에 위치하고 있다. 그럼에도 불구하고, 표제(標題)와 두 개의 요약적 진술(26:46; 27:34)은 레위기를 자체적인 하나의 책으로 분리시킨다. 레위기는 1:1-2에서 복합적인 서론과 함께 시작된다. 이 표제는 이중적 임무를 수행한다: 그것은 첫 번째 연설(1:3-3:17)과 책 전체의 서론을 동시에 시작한다. 그것은 모세가 성막을 세웠으며 여호와의 영광이 그 위에 강림했다고 보고하는 출애굽기의 마지막 장과의 직접적인 연결을 확립한다. 여호와께서는 이제 이 회막으로부터 모세에게 새로운 성소에서의 예배를 위한 규정과 지침, 그리고 법들을 전해 준다. 26:46의 요약적 진술은 마찬가지로 이중적인 임무를 갖는데, 거룩한 삶을 위한 법(성결법－역자주)들과 전체의 책을 함께 마무리짓는다. 27장의 추가와 더불어 나타난 27:34의 또 다른 요약 진술은 이제 책의 마무리를 표시한다. 그것이 26:46의 요약 진술보다 덜 상세할지라도 말이다.

레위기는 대부분 모세가 회중에게 선포하는 여호와의 연설들로 구성되어 있다. 이 연설들은 일반적으로 여호와께서 모세에게 말씀하셨고, 또한 그에게 다른 무리들에게 말하라고 명령하셨다는 진술을 표제로 단다. 도입 형식문(introductory formula)은 일반적으로 봐예다베르 아도나이 엘 모쉐 레모르: 따베르 엘…봐아마르타(레모르)(וידבר יהוה אל־משה לאמר: דבר אל…ואמרת 〈לאמר〉, "여호와께서 모세에게 일러 가라사대: …에게 고하여 …을 이르라")로 표현된다(4:1-2aα; 5:20[6:1]; 6:17-18aα[24-25aα]; 7:22-23a; 12:1-2aα; 17:1-2a; 18:1-2a; 19:1-2aα; 20:1-2aα; 21:1a-bα[ויאמר－봐요메르, "그리고 그가 말했다"], 16-17a; 22:1-2aα, 17-18a; 23:1-2a, 9-10aα, 23-24a, 33-34a; 24:1-2aα; 25:1-2aα; 27:1-2aα). 간헐적으로 이 형식문에 대한 약간의 변형이 존재한다. 예를 들어, 두 개의 위탁 형식문은

따베르(דבר, "고하라") 대신 짜브(צו, "명하라")를 사용하며(6:2aα [9aα]; 24:2aα), 25:1의 도입 형식문은 베하르 시나이(בהר סיני, "시내 산에서")를 추가한다. 때로 도입 형식문은 위탁 형식문이 없이 나타난다-봐예따베르 아도나이 엘-모쉐 레모르(וידבר יהוה אל־משה לאמר, "여호와께서 모세에게 일러 가라사대": 5:14; 6:12[19]; 8:1; 14:1; 16:1; 22:26; 23:26; 24:13). 한 도입문은 "여호와께서 아론에게 일러 가라사대"(10:8)라는 형식을 갖는다. 중요한 전환이 여호와께서 모세와 아론 두 사람 모두에게 말씀하신 의식적 정결에 관한 문단에서 발생한다(11:1; 13:1; 14:33; 15:1-2a). 아론이 모세와 짝을 이루는 것은 의식적 정결 문제들로 백성들을 지도하는 데 있어서 제사장들의 역할의 중요성을 강조한다. 모세가 위탁을 받아 이러한 여호와의 말씀들을 전하게 될 청중은 일반적으로 베네이 이스라엘(בני ישראל, "이스라엘 족속")이다(4:2aα; 7:23a, 29a; 11:2a; 12:2aα; 18:2a; 19:2aα[עדת-아다트, "…의 회중"이 포함된다]; 20:2aα; 23:2aα, 10aα, 24a, 34a; 25:2aα). 때로는 아론과/또는 그의 아들들이 위탁된 연설의 청중으로 확인된다: 아론(6:2aα[9aα]; 21:17a; 참조. 6:12-13a[19-20a]), 아론과 그의 아들들(6:2aα [9aα], 18aα[25aα]; 22:2aα), 아론의 아들들로서의 제사장들(21:1a), 또한 아론, 그의 아들들 그리고 이스라엘 족속(17:2a; 22:18a).

모세에게 아론과 제사장들에게 고하라고 지시하는 연설 위탁 형식문들(the commission-to-speak formulae)은 현재 여러 설교들 사이에 위치해 있는데, 그 설교들은 그것들의 정경적 정황으로 보자면 전체 회중에게 선포되는 것이었다. 이것은 아론과/또는 그의 아들들을 위한 이 설교들이 때로 전체 회중에게 선포되었다는 것을 의미한다. 17:2a과 22:18a에서 아론, 그의 아들들 그리고 이스라엘 백성이라는 삼중적 청중이 이 입장을 지지해 준다. 달리 말하자면, 아론의 계승자인 대제사장과 제사장들은 때로 이 말씀들을 개인적인 전문적 지침이 아닌 회중의 일원으로서 들었다. 회중은 마찬가지로 제사장들을 위한 이 지침들을 들었으며, 성소에서의 거룩하신 하나님께 대한 봉사를 위해 그들에게 부여된 특별한 요구 사항들을 숙지하게 되었다. 회중은 이러한 지식을 갖게 됨으로써 제사장들이 이러한 법들과 일치한 삶을 살도록 도와야 하는 어떤 책임을 갖게 되었다. 제사장들과 평민들 사이의 이러한 유대는 이스라엘 나라에서 자유를 누리게 하는 원동력이었다. 평민들은 지식이 있었기 때문에 제의에 대한 지식을 철저히 봉쇄된 비밀로 간직하는 제사장들에 의해 쉽게 지배되거나 억압받지 않을 수 없었다. 이스라엘에서 하나님께서는 선택된 소수가 아닌 온 이스라엘 사람들에게 말씀하셨다. 따라서 이러한 전문적 지식에 대한 회중 교육은 백성들을 지배하고 착취할 수 있는 부유한 제사장 계급의 성장을 감시하였다. 오히려, 이스라엘에서 제사장들은 백성들의 예배와 법규 준수를 지도하고 돕는 여호와의 종이었다.

몇 개의 설교와 문단들의 끝은 요약적 진술(7:35-36, 37-38; 11:46-47; 13:59; 14:32, 54-57; 15:32-33; 23:37-37; 26:46; 27:34) 혹은 순응 보고들(8:36; 10:7b; 16:34b; 21:24; 23:44; 24:23b)이 특징을 이룬다. 이러한 구조적 지표들은 이 주석에서 레위기 자료의 구조를 세우기 위한 골격으로 사용된다.

더불어, 레위기는 출애굽기 25-40장에 도입된 지침-순종의 패턴을 이어받는다. 그 형식 속에서 여호와께서 모세에게 지시를 내리시고, 이어서 모세가 충실히 그것들을 성취했다는 것이 보고된다. 이러한 패턴들 중 하나가 출애굽기 25-40장과 레위기를 연결시켜 준다. 출애굽기 29장에서는 여호와께서 모세에게 아론의 위임을 지시하셨으며(출 29장), 레위기 8장은 그 지침의 성취를 상세히 이야기한다. 그 위임식이 8장에 위치하는 이유는 오직 희생에 대한 규정들이 주어진 후에야 그 의식이 수행될 수 있기 때문이다. 더불어, 성결케 된 제단 위에서 이루어진 최초의 희생제들에 대한 기사는 바로 직전의 1-7장에서 주어진 다양한 희생들에 부속된 규정들의 성취로 간주될 수 있다.

제사장 자료의 또 다른 문체적 특징에 대해서는 다음을 주목하는 것이 중요하다: 출애굽기-민수기 전체에 걸쳐 역사와 법들이 서로 뒤엉켜 있다. 율법 수여는 이스라엘과 여호와의 조우(遭遇) 속에 있었던 사건들에 기반을 두고 있다. 레위기의 대부분이 규정과 지침, 또한 법들로 구성되어 있지만, 역사적 자료가 8:1-10:20과 여호와 모독 사건이 상술된 24:10-23에서 발견될 수 있다. 서사(narrative)에 법들을 첨부한 것이 선호된 문체라는 것은 10:1-20과 24:10-23에 나오는 두 번의 비극적 사건의 보고에 법령들을 부속시키는 특징에 의해 확증된다. 하나의 삽화(episode)가 지침들을 제공하기 위한 알맞은 골격으로서의 역할을 한다. 8장, 9장 그리고 16장에서는 서사와 규정들이 뒤섞여 있다. 8장과 9장에는 서사가 지배적이다. 그럼에도 불구하고, 이 보고들은 아론의 후임자들과 다른 제사장들의 위임을 비롯하여 어떤 새로운 성소의 봉헌을 위한 규정들로서의 역할을 하는 이차적인 기능을 갖는다. 속죄일에 대한 규정과 관련된 경우는 그 반대가 가능하다(16장). 이 연설은 분명히 그 엄숙한 날에 대한 규정을 내놓지만, 그것은 아마도 속죄일의 첫 번째 준수에 대한 보고 위에 세워졌을 것이다.

덧붙여서 도입 형식문은 중요한 신학적 기능을 갖는다. 그 형식문의 용어들은 그것들이 여호와께서 모세에게 말씀하셨던 것으로 거슬러 올라가기 때문에 권위적이다. 연설-위탁 형식문이 더해진 도입 형식문의 이러한 이중적인 형식은 모세가 여호와로부터 말씀을 받았을 뿐만 아니라, 그가 그것을 선포하도록 위탁받았다는 것을 의미한다. 이때 레위기의 목적은 제의적 사안들과 윤리적 사안들 모두에 대한 회중 교육을 위하여 신적인 설교들을 보존하는 것이다. 제의법들은 대부분 1-17장에, 그리고 도덕법들은 18-27장에 나타난다. 그렇지만 고대인들은 현대인들처럼 이 두 가지 사이에 명확한 구별을 두지 않았다. 결과적으로, 고상한 도덕법들이 제의법들 사이에 마련되어 있다.

이 설교들은 회중에 대한 구두 교육을 위해 구성되고 보존되어 왔다. 그것들이 선포된 한 가지 정황은 종교 순례 절기들이었다. 어떤 설교가 어떤 절기에 얼마나 자주 있었는지는 알려지지 않았다. 비록 신명기 31:10-11이 매 칠 년마다 그러한 법들이 초막절에 낭독되어야 한다고 지시하고 있지만 말이다. 레위기에 있는 설교의 선포에 대한 한 가지 제안된 정황은 비록 학자들 사이에 논쟁이 있긴 하지만 언약 갱신 예식이다(참조. Reventlow, *Das Heiligkeitsgesetz formgeschichtlich untersucht*, WMANT 6[Neukirchen: Neukirchener, 1961] 163-66; von Rad, *The Form-Critical Problem of the Hexateuch and Other Essays*, tr. T. Dicken[New York: McGraw-Hill, 1966] 33-40; Weiser, *The Psalms*, tr. H. Hartwell, OTL[Philadelphia: Westminster, 1976] 35-52). 만일 그 설교들이 그 정황에서 선포되었다면, 그것만이 설교 선포를 위한 유일한 정황은 아닐 듯하다. 시의 적절한 설교가 사적이거나 공적인 행사를 위해 지방 성소에 모였던 씨족이나 집단을 지도하고자 선포되었다고 상상하는 것이 더 낫다. 예를 들어 번제에 대한 설교나 적절한 문단(1장)이 혈족이 번제를 드리는 행사에서 선포되었을지도 모르며, 또는 그것이 공동체가 번제를 드리기 전에 중요한 공적인 모임에서 선포되었을 수도 있다. 그렇다면 레위기가 담고 있는 자료는, 제사장들이나 전통이 그 지침을 적절한 의전 규약(protocol)이라고 판단한 시점이 언제였든지 간에, 공동체 구성원들에 대한 구두 교육을 위한 것이었다.

현재의 책의 구조에 관해 말하자면, 그것은 일차적으로 여섯 분할(Bertholet, v-viii; Baentsch, 306; Elliger, 7-10; Noth, 5-6)이나 두 분할(M. Segal, *The Pentateuch*, 45-57; 참조. H. T. C. Sun, "An Investigation into the Compositional Integrity of the So-called Holiness Code(Leviticus 17-26)"[Diss., Claremont, 1990] 487-96)로 구성되는 것으로 간주된다. 일부 주석가들은 다른 방식의 분할을 제시한다:

예를 들어, 웬함(Wenham, 3-6)은 네 개를 발견한다 – 1-7장; 8-10장; 11-16장; 17-27장. 누르체(Noordtzij, 2-4)는 아홉 개로 파악한다 – 1-7장; 8-10장; 11-15장; 16장; 17장; 18-20장; 21-25장; 26장; 27장.

선(Sun, "Investigation," 487-96)은 레위기의 두 분할을 지지하는 강력한 사례를 내놓는다: 1-10장과 11-26+27장. 몇 가지 지표가 1-10장이 함께 속한다는 것을 보여 준다. 7:37-38은 부기(附記, subscription)로서 1-7장과 8-10장을 한데 묶는데, 이는 그것이 이전의 장들에 나열된 희생들의 목록을 제공하며, 또한 그것이 위임 제사에 대한 언급과 더불어 이어지는 하위 단위(subunit)에 나오는 제사장들의 위임을 지시하기 때문이다. 6-7장 역시 양 방향으로 연결된다. 그 장들은 1-6장에 규정된 희생들에 대한 추가적인 정보를 제공하며, 또한 그것들이 일차적으로 제사장들에게 전해지면서 제사장들이 행위의 중심에 서 있는 8-10장을 준비한다. 따라서 1-10장은 7:38에서 좀더 경미한 단절을 포함하고 있는 하나의 분할이다.

두 번째 분할(11-26장+27장)은 26:46에 있는 부기(附記)에 의해 한계가 설정되는데, 그것은 그 문단의 상이한 부분들에 사용된 세 가지 용어를 나열한다. 그 부기는 18-26장에 나타나는(예를 들어, 18:4, 5, 26; 19:15, 35, 37; 20:22 등) 용어인 미쉬파팀(משפטים, "법도들")과 16-27장에서 그 형태들이 흔하게 나타나는(예를 들어, 16:29, 31, 34; 17:7; 18:3, 4, 5, 26, 30; 19:19, 37 등) 후킴(חקים, "규례들")을 포함함으로써 16-27장 전체를 어우른다. 이 용어들 중 어느 것도 11-15장에서 발생하지 않는다. 그렇지만 그 부기는 역시 하토로트(התורת, "법들"; 개역 성경의 규례)를 사용하는데, 그 용어는 11-15장에 나타나는 반면(11:46; 12:7; 13:59; 14:2, 32, 54, 57; 15:32)에 16-26장에는 보이지 않는다. 26:46은 이 세 가지 용어 모두를 포함함으로써 11-15장을 16-26장과 결합시킨다. 이 두 문단의 또 다른 결속은 11:43-45과 20:25 사이의 상호 작용이다. 역시 하나의 중요한 연결고리가 10:10-11에서도 발견되는데, 그 단락절(passage)은 정한 것과 부정한 것, 그리고 거룩한 것과 속된 것을 구별해야 하는 제사장들의 의무를 묘사한다. 용어들의 첫 번째 짝인 정/부정은 11-15장과 묶이고, 두 번째 짝인 성/속은 16-27장과 묶인다. 선(Sun)은 어근 타메(טמא, "부정한")와 타헤르(טהר, "정결한")의 어휘군들이 11-15장과 16-27장에서 공히 흔하게 발생한다는 증거를 덧붙인다. 그는 일련의 부기들이 11-15장을 한데 묶으며, 16:34b에 순응 보고가 있다는 것에 주목하지만, 이러한 표식들이 "최상의 구조 층"이라고 판단하지는 않는다(492). 이러한 측면에서 그는 11-27장이 두 개의 하위 단위, 즉 11-15장과 16-26장으로 구성된다고 주장한다. 27

장에 대해 말하자면, 그것은 부기(附記)된 것으로서 두 번째 분할을 만드는 보충물이다. 그 부기는 26:46에 있는 부기를 대체하도록 고안되었다(492). 선의 연구는 17-26장에 집중하기 때문에, 그가 16-27장에서 다음과 같은 문단들을 발견한다는 보고는 가치가 있다: 16장; 17-22장; 23장; 24:1-9; 24:10-23; 25:1-26:45; 27:1-33).

세갈(Segal)과 선(Sun)의 지지를 받는 그 분석은 수정할 것이 많지만, 이 책을 여섯 분할로 나누는 것을 찬성하는 몇 가지 요인이 있다. 첫째, 속죄일 자료를 가진 단락(16:29-34a)에 덧붙여진 서사, 즉 속죄일 기사를 확장하는 서사의 도입은 이 연설을 독자적인 분할로 떼어놓는다. 둘째, 8-10장의 서사 장르는 이 장들을 앞의 장들 및 이어지는 설교들과 뚜렷이 구별짓는다. 따라서 그것들은 하나의 분할을 형성한다. 셋째, 11-15장은 의식적 정결에 관한 법의 동질성 때문만이 아니라, 여호와께서 모세와 아론 둘 다에게 말씀하시는 도입 형식문, 곧 그 장들에서만 발견되는 독특한 도입 형식문 때문에 하나의 분할로 분류된다. 넷째, 26:46의 부기에서 하토로트(התורת, "법들": 개역 성경의 규례)의 사용으로 인해 그 부기는 11-15장뿐만 아니라 6-7장(6:2[9], 7[14], 18[25]; 7:1, 11, 37)에도 효력을 미친다. 이것은 그 부기에서 사용된 하후킴(החקים, "법령들")에 의해 확증되는데, 이는 16-26장이 이 용어의 여성형을 선호하는 반면, 1-10장은 이 용어의 남성형을 선호하기 때문이다(26:46에 관한 "주석"을 보라). 선은 이러한 사실들을 인정하지만, 불행히도 그 중요성에는 제한을 가한다. 그는 26:46의 요약적 진술이 11-26장을 한 분할로 통합하는 역할을 하지 않고 책 전체를 끝맺는 역할을 한다고 결론짓는다. 다섯째, 1-7장과 27장은 각각 분명한 표제나 도입문, 그리고 부기를 갖는다(7:37-38과 27:34). 그러므로 그것들은 두 개의 분할을 구성한다. 이것은 17-26장을 남겨 둔다. 이 분할 부분은 다른 분할들의 특징이 되는 구조적인 표식이 없지만 하나의 단위로 간주되어야 한다. 왜냐하면 그 자료가 거룩의 주제와 여호와의 자기 소개(self-introduction) 형식문에 의해서 함께 묶이기 때문이다(17-26장의 서론을 보라). 이러한 요인들은 레위기를 여섯 개의 분할로 나누는 것을 지지한다. 이 분할들은 논리적인 순서를 이룬다. 각각은 필수적으로 선행된 것을 따르는데, 왜냐하면 선행하는 분할에 있는 자료가 해당 문단에 대한 적합한 이해에 결정적이기 때문이다.

이 여섯 분할은 다음과 같은 개요를 갖는다.

I. 희생에 대한 규정 1:1-7:38

A. 희생 법제 및 책 전체에 대한 표제 1:1-2
B. 세 가지 일반적 희생에 대한 규정 1:3-3:17
1. 번제에 대한 규정 1:3-17
2. 소제에 대한 규정 2:1-16
3. 화목제에 대한 규정 3:1-17
C. 속죄제에 대한 규정 4:1-5:13
D. 속건제에 대한 규정 5:14-26(6:7)
E. 다양한 희생들에 대한 추가적 지침 6:1(8)-7:38

II. 회막에서의 제사장 위임식과 최초의 희생 8:1-10:20
A. 아론의 대제사장 위임과 그의 아들들의 제사장 위임 8:1-36
B. 회막에서의 최초의 공적 희생 9:1-24
C. 두 제사장의 죽음과 그에 따른 규정 10:1-20

III. 의식적 정결에 대한 법 11:1-15:32
A. 동물들의 정/부정 분류에 대한 지침 11:1-47
B. 출산한 여자의 의식적 정결에 대한 규정 12:1-8
C. 심각한 번식들에 대한 지침 13:1-14:57
D. 신체적 유출로 인한 부정결에 대한 지침 15:1-32

IV. 속죄일에 대한 규정 16:1-34

V. 거룩한 삶을 위한 법 17:1-26:46
A. 가축의 희생과 피에 대한 법 17:1-16
B. 확대된 범위의 가족을 통제하는 법 18:1-30
C. 거룩한 삶을 위한 법과 권면 19:1-37
D. 몰렉 희생, 마술, 성적 범죄에 대한 징계와 관련된 법 20:1-27
E. 제사장을 위한 특별한 규정 21:1-24
F. 거룩한 음식을 먹는 제사장들에 대한 규정 22:1-16
G. 희생으로 사용될 짐승들에 대한 규정 22:17-33
H. 절기 월력 23:1-44
I. 등잔 기름과 진설병에 대한 규정 24:1-9
J. 신성 모독의 사례와 개인적 상해에 대한 법 24:10-23

K. 칠 년 주기의 역법과 축복/저주 25:1-26:46
  1. 칠 년 주기: 안식년과 희년 25:1-55
  2. 신실한 예배에 대한 몇 가지 일반적 계명 26:1-2
  3. 축복과 저주 26:3-46

VI. 십일조와 제물에 대한 법 27:1-34

첫 번째 분할은 다양한 희생들에 대한 규정을 제시한다(1-7장). 두 번째 분할(8-10장)에서는 아론과 그의 아들들의 위임식(8장) 및 제의의 개시(9장)와 더불어 제의가 완전하게 가동되기 시작한다. 비록 아론의 두 아들의 죽음이 있지만 말이다(10장). 이 사건은 일련의 규정들과 그것들의 성취에 대한 기사들을 훼방하는데, 이는 추정컨대 이 사건이 최초의 희생들이 드려진 직후의 어느 시점에 발생했기 때문이다. 10:10-11에서는 백성들에게 거룩한 것과 속된 것, 정한 것과 부정한 것을 가르쳐야 하는 제사장의 지도 임무가 묘사된다. 제사장에게 부여된 이러한 책임의 도입은 뒤잇는 두 개의 거대한 자료 뭉치를 가리키는 표지판 역할을 한다. 그 자료들은 의식적 정결에 관한 지침을 제공하는 세 번째 분할(11-15장)과 거룩한 삶을 위한 법과 지침들을 제시하는 다섯 번째 분할(17-26장)이다. 바로 이 두 개의 자료 뭉치 사이에 네 번째 분할인 속죄제를 위한 규정(16장)이 있다. 마찬가지로 이 규정은 가능한 범위 내에서 가장 빠른 지점에 위치하는데, 이는 그 규정이 제의의 가동(9장)과 위임된 제사장직(8장)을 전제하고 있기 때문이다. 또한 그것은 의식적 정결에 대한 법들(11-15장) 이후에 나오는데, 이는 속죄일의 주된 목적이 부정하게 만드는 다양한 사건들로 인해 발생한 부정결로부터 성소를 정화하는 것이기 때문이다. 다섯 번째 분할(17-26장)은 다양한 주제들에 대한 자료를 갖는다. 따라서 그것은 가장 적은 동질성을 지닌 분할이다. 비록 아이러니컬하게도 그 분할이 "성결법전"(Holiness Code)이라는 이름으로 불리면서 오로지 독특한 자료집(corpus)으로만 연구되어 왔을지라도 말이다(17-26장의 서론을 보라). 여섯 번째 분할은 서원, 자발적 예물, 십일조에 대한 것으로 하나의 첨부물이다(27장). 그런 예물들은 자발적이기 때문에 레위기의 끝에 등장하는 것이 적절한데, 앞서 나온 모든 것들은 의무적이다. 신학적 관점에서 보면 거룩한 삶은 사람을 감동시켜 베푸는 마음을 갖게 한다.

구조의 축은 16장, 속죄일이다. 전체 개요에 붙인 번호는 그것을 중심에 놓고 있지 않지만, 자료의 논리적 배열이 그렇게 만든다. 아론의 대제사장 위임과 준비 완료된 제의의 가동에 대한 보고들에 덧붙여 희생과 의식적 정결에 대한 지침들은 속죄일에서 그 정점에 이른다. 이어서 거룩한 삶을 위한 법들(성결법)이 16장 이후에 등장한다. 왜냐하면 죄를 용서받고 정결하게 된 제사장들과 회중이 "너희는 거룩하라 나 여호와 너희 하나님이 거룩함이니라"(19:2)는 권면에 유의할 영적인 준비를 갖추기 때문이다. 달리 말하면, 제사장들과 회중은 회개와 더불어 엄숙하게 여호와의 자비를 구하여 거룩한 삶을 위한 법들(성결법)에 나타난 하나님의 뜻에 따라 살 수 있는 힘을 부여받게 되기를 원했다.

구조에 대한 이러한 토론은 레위기가 매우 주의 깊게 오경의 중심적인 책으로 구성되었다는 것을 보여 준다.

저작권과 기원

레위기의 저작권과 기원에 대한 견해는 광범위하게 다양하다. 이러한 사실은 최근에 주도적인 학자들이 출판한 저작들에서 분명하게 증명된다. 그것들이 레위기의 일부를 연구했든, 아니면 그 책에 핵심적인 주제들을 연구했든지 말이다. 이러한 다양성을 부른 원인들 중에 중요한 두 가지는 (1) 이스라엘 예배와 제사장 제도를 재구성하는 데 이용될 수 있는 자료의 희소성과 (2) 고대의 본문들을 이해하는 상이한 방법론들의 발전이다.

여호와께서 모세에게 말씀하셨다고 진술하는 연설 형식문들은 이 말씀들의 권위를 강조하기 위해 레위기 전반에 걸쳐 등장한다. 이 자료들이 작성되고 함께 결합된 방식이 그 외의 다른 방식으로는 제시되지 않는다. 직접적인 증거가 희박한 것을 고려해 볼 때, 레위기의 구성과 발전을 재구성하려는 노력들이 그렇게 서로 전혀 다른 결과를 산출해 왔다는 것은 별로 이상한 일이 아니다.

이 개관은 레위기의 모세 저작권을 고수하는 보수적인 견해로 시작한다. 그 견해의 옹호자들 중에는 아처(A. Archer), 기스펜(W. H. Gispen), 해리슨(R. K. Harrison)을 포함하는 복음주의적 학자들과 호프만(D. Hoffmann)과 세갈(M. Segal)을 포함하는 유대인 학자들이 있다. 이 입장은 합리적인 논증들을 갖춘 고도의 성경 영감설에 근거해 있다. 웬함(Wenham, 8-9)은 네 가지 주요 논증으로 이 입장을 요약한다. 첫째, 레위기 본문은 자주 여호와께서 이 말들을 모세에게 일러 주셨다고 말한다(1:1-2; 7:37-38; 26:46; 27:34; 또한 수많은 도입 형식문들도 마찬가지다). 이러한 많은 여호와의 전언(傳言)은 광야 정황을 전제하는 자료를 배경으로

삼는다: 예를 들어, 희생들은 성전이 아닌 회막 앞에서 만들어진다. 악성 피부병을 가진 사람의 검진을 위한 지침들은 회중이 진영에서 함께 가까이 사는 것을 전제한다(예를 들어, 16:26-28). 둘째, 레위기에 있는 정교한 의식들은 이스라엘 주변의 제의적 관행들과의 비교를 통해 증명될 수 있듯이 광야 시대에 부적절한 시대 착오적인 것들이 아니다. 셋째, 레위기의 법들은 포로기 이후 공동체의 정황에 적절하지 않다. 예를 들어, 18장과 20장의 성적인 법들은 에스라와 느헤미야 시대의 심각한 논쟁거리였던 잡혼(雜婚)의 문제를 다루지 않는다. 넷째, 에스겔은 레위기를 알고 인용했는데, 그것은 그가 레위기를 정경으로 인정했다는 것을 의미한다.

어떤 보수적인 학자들은 모세가 쓴 그 책이 수정, 보완되고 재편되었다고 주장한다. 세갈(Segal)은 이렇게 말한다.

> 후대의 선지자들의 연설과 마찬가지로, 모세의 이러한 법제적 연설들은 일정 기간 계속 구전(口傳)으로 보존되어 오다가, 그 후 그 선지자(모세-역자주) 자신과 그의 제자들에 의해 문전(文傳)으로 넘어왔을 것이다. 연설들이 기록된 문서들은 한 묶음의 연설들이나 여러 연설 모음집들을 담고 있었을 텐데, 그것들은 최종적으로 한데 모아져 오경 서사(narrative) 속에 계획에 따라 배열되었다. 모세의 모든 가르침이 기록되었던 것은 아닐 것이다. 그 중 일부는 고대의 유대 전승에 남아 있는 바와 같이 모세의 법들로서 계속 구전으로 전수되어 내려갔을 것이다. 시간이 흐르면서 나중에 진정한 모세 전승 중 이렇게 남은 부분에 구전으로 발전되었으나 역시 모세의 것으로 돌려진 새로운 법안 자료가 추가되었다. 그 법안 자료는 오래 전에 문전(文傳)이 된 모세의 연설들을 설명하거나 확장, 혹은 보충하는 역할을 했다. 이 새로운 자료의 일부는 어쩌면 문전으로 먼저 전환된 뒤 나중에 오경 속에 모세의 교훈으로 삽입되었다(*Pentateuch*, 47).

그렇다면 세갈(Segal)에게 레위기는 일차적으로 모세가 여호와로부터 받은 말씀 선집이다. 그는 이 자료의 일부가 구전으로 회람되었을 것이며, 그것이 문전으로 최종적 형태를 갖게 되기 전에 확장되었을 것이라고 주장한다.

보수적 입장에 맞서, 오경이 네 개의 자료로 구성된다는 전통적인 문서설이 있다. 이 이론은 벨하우젠(Wellhausen)에 의해 능숙하게 만들어졌다. 그는 이스라엘의 사상과 경험을 헤겔주의의 노선에 따라 설명했다. 그에게 이스라엘의 초기 시대는 자발적이고 영적인 능력에 사로잡힌(charismatic) 예배였다. 예를 들어, 사무엘서는 백성들이 어느 곳이든 그들이 원하는 장소에서 희생을 드리는 장면을 그린다(참조. 삼상 16:2). 시대가 흐르면서 관습과 관행들이 형식화되었다. 포로기 이후 시대에 대제사장이 공동체의 지도자로서 다윗의 한 후손의 자리를 대신했다. 이러한 제사장들의 신분 상승은 오경을 구성했던 네 개의 주요 문서 중 마지막 것인 제사장(P) 문서의 작성을 통해 견고해졌다. 오경이 작성될 때 제사장 자료는 야웨주의자(Yahwist)와 엘로힘주의자(Elohist)의 자료와 엮어졌다. 레위기의 세 가지 실례가 이러한 재구성에 비추어 설명 가능한 것으로 인용될 수 있다. (1) 이 책에서 대제사장은 대단히 중요한데, 그는 포로기 이후의 공동체에서 그와 같은 역할을 했다. 4:3-12에서는 심지어 그가 기름부음 받은 제사장으로 불리면서 일종의 다윗적인(Davidic) 칭호를 취한다(예를 들어, 8장; 16:3, 32; 21:16-23). (2) 어떤 법들은 제사장들의 제물 몫을 늘린다(예를 들어, 7:28-36). (3) 왕정 시대 이전에는 절기들의 날짜가 각 추수의 실제적인 마무리에 맞추어 가변적이었지만, 나중에 23장에서 그것들은 월력에 따라 고정된 날짜가 되었으며, 이로써 온 이스라엘 족속이 함께 이러한 절기들을 준수하는 것이 당연시되었다. 비평적 학자들에 따르면, 이러한 변화들은 모두 포로기 이후 공동체의 표징을 갖는다.

이 이론에서 핵심 질문은 P가 그 자체로 존재한 적이 있었는지의 여부다. 노트(Noth)는 그것이 역사적 서사로서 독자적으로 존재했으며(*Pentateuchal Traditions*, 8-19, 228-51), 법 조항과 제의적 규정들이 나중에 추가되었다고 주장한다(Clemets, 103). 그렇지만 크로스(Cross)는 제사장 문서 층은 결코 "독자적인 서사 문서"로 존재한 적이 없다고 확신한다(*Canaanite Myth*, 324). 그의 입장은 세 가지 방식의 증거에 근거해 있다: 기초적인 오경 전승들의 부족(특히 중요한 언약 예식), 틀을 만드는 장치들의 사용 그리고 고대화하는 언어의 존재(Knight, 285). 그에게 있어서 "제사장 전승자는 제사장의 민간 전승(lore)을 가지고 JE의 틀을 만들어 그것을 체계화시켰으며, 특히 특정한 관심들에 집중하여 JE를 크게 보완했다"(*Canaanite Myth*, 325). 이러한 편집적 작품을 만들어 내기 위해 이 학파는 문전과 구전 문서를 모두 사용했다(*Canaanite Myth*, 324).

대다수의 비평적 학자들은 레위기의 대부분이 P와는 상관없이 독자적으로 발생했다고 주장한다. 그 책은 각자 자체적인 기원, 성장 그리고 유통의 과정을 겪은 거대한 자료집들로 구성되는데, 그것들이 레위기 내에서 각자 현재의 위치에 보존되어 있다: 희생에 대한 규정(1-7장), 의식적 정결에 대한 법(11-15장) 그리고 성결법전(Holiness Code, [16-17] 18-26장; 참조. E. Sellin and G. Fohrer, *Introduction to the Old Testament*, tr. D. Green[Nashville: Abingdon Press, 1968] 137-43). 노트(Noth)는 이러한 부분들은 P의 정돈된 설명으로는 도무지 생각해 볼 여지도 없을 정도로 P와 다른 것으로 판단한다(14). 나아가 그는 오직 레위기 8-10장만 P

에 할당하지만, 더욱 엄밀하게는 오직 9장만이 본래의 P 서사에 속한다고 판단한다(12-13장).

또한 비평적 학자들은 P의 연대를 두고 논쟁을 벌인다. 예를 들어, 크로스(Cross, *Canaanite Myth*, 325)는 그것의 연대를 포로기 마지막 무렵의 6세기로 정한다. 빙크(Vink, *OTS* 15[1969] 1-44)와 같은 다른 학자들은 에스라의 개혁 시점을 지지한다(주전 4세기 초).

몇몇 학자들은 P가 오경 구성에서 마지막 자료층이라는 문서설의 신조에 맹렬히 반대한다. 가장 포괄적인 도전들 중 하나가 유대인 학자 카우프만(Y. Kaufmann)에게서 나왔다. 그는 자신의 연구물을 1937-1956년까지 현대 히브리어로 된 여덟 권의 책으로 출판했다. 그의 저작의 일부는 그린버그(M. Greenberg)에 의해 영어로 요약 번역되었는데, 「이스라엘의 종교」(*The Religion of Israel*)라는 제목이 붙었다. 카우프만은 P가 D 문서보다 앞선 연대라는 것을 증명함으로써 문서설을 뒤집으려 했다. 그에 따르면, "모든 세부적인 면에서 P는 자체의 고대성을 드러내 준다"(206).

웬함(Wenham, 12)은 카우프만의 입장을 세 가지 원리적 논증으로 간결하게 요약했다. 첫째, P의 용어와 법, 그리고 의식들은 포로기 이후 공동체보다 이른 시대를 지시한다. 레위기가 포함하고 있는 단어들은 그 의미가 포로기 이후 공동체 시대 즈음에는 사라졌는데, 어떻게 그것이 그토록 후대의 것일 수 있는가? 둘째, 카우프만은 신명기와 여호수아가 레위기를 인용하지만 그 반대는 아니라는 것을 지적한다. 이 논증은 논의의 한계선을 그어 주는 독자적인 자료들의 부족으로 인해 실증도 반박도 어렵다. 최근의 크놀의 저작(참조. Knohl, *HUCA* 58[1987] 65-117)은 생생하게 이 난점을 증명한다. 그는 성결법전이 레위기 17-26장보다 훨씬 더 광범위하며 매우 후대의 것이라고 주장함으로써 대부분의 학자들과 정면으로 맞선다. 그의 저작은 학자들이 어느 전승이 다른 전승에 영향을 주었는지 최종적으로 확정하는 데 어려움을 겪어 왔다는 명백한 증거다. 셋째, 카우프만은 희생의 법들, 특히 17:2-4과 피 섭취에 대한 법들은 사사기 시대와 가장 밀접하게 상호 관련되어 있다고 주장한다. 불행히도, 이 논증에 무게를 실어 주어 저울이 한쪽으로 기울어지게 할 만한 충분한 자료가 없다. 브리히토(Brichto)는 카우프만의 많은 논증들이 갖고 있는 편향성을 증명한다(*HUCA* 47[1976] 36-55). 비록 카우프만이 자신의 재구성을 찬성하는 많은 지지자를 얻지는 못했을지라도, 그는 그 토론에 의미 있는 영향을 끼쳤으며, P에서 발견되는 법과 관습, 그리고 규정들의 고대성을 보여 주기 위해 많은 역할을 했다.

다른 학자들은 P의 문학적 특징을 분석함으로써 그것의 연대를 정해 보려 했다. 폴진(Polzin)은 P의 비전문적 정보와 구문론적 스타일, 그리고 그 외의 내적 특징들을 분석함으로써 P 저자의 언어학적 특징을 철저히 연구했다(Haran, "The Priestly Source," 89). 그는 이 P 자료가 고전 히브리어 이후의 단계와 명확히 역대기 저자의 언어 이전의 단계를 반영한다고 결론지었다(*Late Biblical Hebrew*, 159). 후르비쯔(Hurvitz)는 P의 숙어들과 용어 연구에 대한 몇 가지 연구를 통해 P 자료가 에스겔보다 앞선 시대라고 결론지었다. 그는 이렇게 쓴다. "P에 있는 것은 초기(=포로기 이전)의 것이며, 거기에 없는 것은 특징적으로 후대(=포로기와 포로기 이후)의 것이다. 따라서 언어적 증거는 P가 포로기와 포로기 이후 시대를 특징짓는 상황들과 조건들을 반영하거나 예견하지 않는다는 것을 증명한다. P의 '역사적 지평'(historical horizon: Kaufmann)과 그것의 '삶의 자리'(Sitz im Leben: Gunkel)는 단정적으로 포로기 이전 시대를 지시한다"(*RB* 81[1974] 55="The Priestly Source," 88). 후르비쯔는 레빈의 몇몇 소논문들에서 도전을 받았다. 현재 후르비쯔의 저작이 보여 주는 여러 실례들과 범위로 인해 그것이 레빈의 것보다 권장된다.

P가 에스겔보다 시대적으로 앞선다는 후르비쯔의 주장은 하란(Haran)과 와인펠트(Weinfeld)에 의해 지지를 받는데, 그들은 이스라엘 제의와 관습들을 고대 중동의 다른 제의들과 비교해서 연구했다. 하란은 P의 법적, 제의적 그리고 역사적 전제들은 포로기 이후 시대의 관행들과 일치하는 것이 아니라 더 초기의 시대로 거슬러 올라가야 한다는 것을 증명했다. 나아가 그는 P가 오랜 기간 동안 점차적으로 나타났다고 보기에는 너무 광범위하고 독특하다고 주장한다(*JBL* 100[1981] 330-31). 그러므로 그는 그것이 역사의 중대한 순간이었던 아하스-히스기야 시대에 생성되었다고 추론한다(주전 8세기 후반: *JBL* 100[1981] 331-33). 제빗(Zevit)은 P의 작성의 최종 시점(*terminus ad quem*)을 확립하는 것이 유익하다고 제안함으로써 이 토론에 뛰어들었다. 그는 카우프만, 폴진, 후르비쯔 그리고 밀그롬의 연구 결과들뿐만 아니라, 사회-제의적(socio-cultic), 언어학적 그리고 문학적 정보를 분석하면서 P가 본질적으로 포로기 이전에 작성되었다고 결론지었다(*ZAW* 94[1982] 510). 따라서 그는 주전 586년을 P의 작성의 최종 시점으로 설정한다.

자료 비평 이론에 훈련된 일련의 다른 학자들은 양식 비평과 전승사적 방법론을 P에 적용한다. 마찬가지로 그들은 고대의 자료가 레위기를 포함한 P의 근저를 이룬다는 것을 발견했다. 궁켈(Gunkel)은 작은 문학적 단위들의 기원과 성장에 대한 연구를 주도했다. 노트와 폰 라드와 같은 다른 사람들은 이 접근 방식을 더 큰 자료집들에 적용했다. 폰 라드는 오경의 발전을 독자적으로 유통되었던 전승들 탓으로 돌렸다(원 역사, 족장 이야기, 출애굽 전승, 시내 산 전승, 정착 전승; Rendtorff, *Introduction*, 160). 이 학자들은 벨하우젠의 입장의 수용을 연구의 기반으로 삼았다 할지라도, 렌토르프는 그들의 방법론적 결과들은 더 이상 문서설과 양립할 수 없다고 판단한다(*Introduction*, 160). 그는 또한 오경 내의 전승들에 대한 연구를 착수했다. 자신의 저서(*Introduction*, 161)에서 그는 자신의 입장을 요약한다.

> 개별적 단위들이 매우 상이한 관점들과 주류적인 사상들로부터 수집되고 형성되었다. 시내 산 단원의 가장 기본적인 특징은 서사와 율법 수여의 상호적 관계다. 이것은 한편으로는 모세의 특별한 지위를 보여 주고, 다른 한편으로는 언약의 파기와 그것의 회복을 보여 준다. 덧붙여서 다른 제의법 전집들이 추가되었는데, 그것들은 비슷한 방식으로 전반적인 주류적 사상들 아래 결합되었다.

렌토르프가 이 인용에서 지적한 대로, P는 연속적인 서사에 첨부되어 있는 법들로 구성된다. 그것이 바로 레위기가 시내 산에서 이스라엘의 체류 서사에 배치되어 있는 이유다. 나아가 8-10장에서 서사의 등장은 문맥을 단절시키는 것이 아니라, 희생과 의식적 정결에 대한 법들의 문맥에 꼭 필요한 요소다. 지금까지 알려져 있는 바로는, 이러한 문체는 특징상 이스라엘적이다. 그렇다면 그 문체의 중요성은 P에 대한 비평적 연구와 더욱 완전하게 연합될 필요가 있다(참조. Amsler, "Les documents," 241-44). 그러므로 양식 비평과 전승사 비평의 결과로, 오경이 독특한 기원과 전수 역사를 가진 자료집들로 이루어져 있다는 것이 발견된다. 어떤 학자들은 여전히 이 자료집들이 처음에는 서로 뒤섞인 독특한 자료들로 통합되었다고 주장하지만, 렌토르프와 윈넷(Winnett)과 같은 다른 사람들은 오경이 "앞서 존재하던 문전(文傳)의 일련의 연속적인 보충들"로부터 생겼다고 논증한다(Knight, 280-81, 274-75). 고대 문헌에 대한 방법론적 접근법들이 벨하우젠 이후 비약적으로 발전했기 때문에, 와이브레이(Whybray, *The Making of the Pentateuch*[JSOTSup 53])와 같은 어떤 학자들은 문서설이 오경 연구를 위한 기초로 더 이상 유효하지 않다고 결론내린다.

이 즈음에 이러한 방법론의 본보기로 코흐(Koch)에 의한 출애굽기 25장-레위기 16장에 대한 광범위한 전승사적 연구의 결과를 요약하는 것이 유익할 것이다. 코흐의 연구 결과들은 이 자료의 기초적 형태의 고대성과 여러 세기에 걸친 확장과 표준화를 증명한다. 출애굽기 25장-레위기 16장에 대한 광범위한 연구로부터, 코흐는 고어체(archaic) 본문이 공인 본문에 속한다는 것을 인식한다. 그것의 특징은 보통 와우 완료형이 앞에 위치한 서너 개의 짧은 문장들로 구성된 짧은 문장들이다. 단조롭고 판에 박힌 문체는 이 규정들이 구전을 통해 전수되어 왔다는 것을 증언한다. P 저자는 이러한 문체적 형식을 지닌 규정들을 넘겨받은 다음, 그것들을 공적인 제의에 사용하기 위해 짜임새 있는 문서로 체계화시켰다(참조. Koch, *Priesterschrift*, 99). 이러한 고대의 문서들의 제의적 관행들에 대한 광범위한 기술은 왕국 설립 이전의 거대한 제의의 중심지에서 그 문서가 기원되었다는 것을 지적한다(97).

코흐의 판단으로는, 제사장 저자(Pg)는 법규 모음집과 더불어 대단히 광범위한 제의 전승들을 끌어모아 이러한 체계를 만들었는데, 그렇게 해서 출애굽기 25장-레위기 16장에서 발견되는 바와 같이 하나님과 인간의 지속적인 상호 관계를 위한 프로그램이 작성되었다(Koch, *Priesterschrift*, 97-102). 이 자료들에 제사장들에 대한 전래담(레 10:1-5), 기본적 어록(출 31:1 이하), 인식 진술(출 29:46; 31:13), 반복적인 선언 형식문(예를 들어, 1:9, 13, 17), 제사장을 위한 율법(*torah*, 예를 들어, 2:11-13; 6:20b[27b]; 7:23f, 26; 11:8)이 포함되었다. 또한 제의 공동체 내의 어떤 갈등에서 비롯된 필연법들(apodictic laws)이 포함되었다(6:6a, 10a[11], 16, 20a; 7:7, 7-10, 14, 15f, 19; 11:24f, 32-34; 14:46f; 15:5-13, 19-22, 28; 16:26a, 18). 짧은 문장들은 확장되어 단조로움을 탈피하고 추가적 정보를 포함하게 되었다. 결과적으로 필연법들은 자료의 체계화의 일부로서 사례법적인(casuistic) 문체로 각색되었다(흔히 casuistry를 "결의론", casuistic을 "결의론적"으로 번역하나 매우 추상적이며, 역자의 견해로는 "사례법적/사례론적"이 더 나은 번역으로 보인다-역자주). 또한 제사장 저자들은 정확히 무슨 일이 언제, 어디서, 어떻게 발생했는지에 관하여 더욱 정밀함을 갖추도록 그 자료를 편집했다(Koch, *Priesterschrift*, 100-102). 코흐는 P 저자가 예루살렘 성소 출신이라고 추론하는데, 왜냐하면 그 본문이 이 제의 중심지의 관행들에 맞도록 편집되었기 때문이다.

이러한 프로그램의 기본 형태는 추가적인 편집 단계들을 거쳤다. 여기에 코흐에 의해 Pe로 명명된 어떤 편집자가 하나님의 명령의 집행을 설명하는 자료를 추가시켰다. 레위기에서는 이러한 손길이 8장; 9:1-21; 10:12-14[15]에서 관찰된다(Koch, *Priesterschrift*, 102-3). 이 편집자에게 성소의 거룩은 제사장들의 거룩보다 우선시된다(8:10-12). 그는 또한 제사장들의 중요성을 부각시킨다. 그들은 그들의 아버지와 마찬가지로 기름부음을 받았다(8:30; 참조. 7:28-36; 16:6-7). 그들에게 희생들의 추가적인 몫이 할당된다(6:11[18], 22[29]; 7:6, 34; 10:15). 또 다른 편집자(Ps)로 인해 사회적 관심사를 법들로 함께 엮은 하나의 층이 형성되었는데, 예를 들면 가난한 사람이 더 열등한 희생을 바칠 수 있도록 허락한 법이 그렇다(4:32-35; 5:7-13; 12:8; 14:21-32; Koch, 103). 역시 6:12-16(19-23); 11:44-45; 16:1, 33에서 발견되는 자료뿐만 아니라, 첨부물들(11:46-47; 13:59; 14:54-55, 57a; 15:32)이 그 편집자에게 속한다. 유사한 견해를 갖는 5:1-6, 20-26(6:1-7); (7:8f); 10:16-20은 더 후대의 어떤 편집자(Pss)로부터 유래한다. 5:17-19은 훨씬 더 후대의 것이다. 코흐(Koch, 103-4)는 이 자료집들의 고대성을 증명하고 그것이 변천해 왔던 많은 경로들을 밝혀 냈는데, 그는 이런 작업을 통해 그 본문이 각각의 의식 절차를 설명하고, 또한 고전적(archaic) 형식들과 관행들에 새로운 생명을 불어넣기 위해 활발히 각색되었다는 것을 지적했다(성결법전[17-26장]을 이해하는 다양한 접근 방식들에 관한 광범위한 토론에 대해서는 제V문단의 성결법들의 표제를 다룬 토론을 보라).

이러한 여러 연구들은 확실하고 결론적인 답변을 얻기 어려운 많은 질문들을 일으켰다. 모세가 여호와께 받은 말씀들이 어떻게 보존되었을까? 그것들은 구전으로 간직되었을까, 아니면 문전(文傳) 형식으로 간직되었을까? 많은 학자들은 옛 규정들이 구전 형식으로 몇 세기 동안 존재했다는 가정하에 연구한다. 이러한 가정은 다양한 민족들의 전래담과 전승들이 기록되기 이전에 오랜 시간 동안 구전으로 보전되어 있었다는 사실이 밝혀짐으로써 지지된다. 한편, 이스라엘 이전의 많은 고대 근동 사회들이 문전으로 자신들의 법들과 이야기들을 보존했다. 따라서 많은 학자들은 문전과 구전 자료가 공히 오경을 형성하기 위해 사용되었다고 주장한다(참조. Knierim, "Criticism of Literary Features," 146). 설사 이 자료가 처음에 문자로 기록되었을지라도, 수많은 수사학적 장치들의 사용－핵심 단어들, 유운법(類韻法, assonance), 법들을 다발로 묶기 등－은 그 자료가 기억과 구두적 전달을 위해 작성되었다는 것을 분명하게 만든다. 덧붙여서 레위기와 오경 내의 다른 책들이 고대 자료의 모든 것을 담고 있을까, 아니면 단지 부분만 있을 뿐일까? 이를테면, 보존되어 온 것보다 더 많은 "설교들"이 있었을까? 이 자료가 어떻게 복사되고 전수되어 왔을까? 여러 복사본들이 존재했으며, 그것들이 결국 서로 상이한 판본들로 이어졌을까? 고대 이스라엘 전반에 걸쳐 많은 성소들이 있었고, 각 성소가 공식적인 사본을 갖고 있었을 가능성을 고려해 볼 때 많은 사본들이 존재했을 개연성이 매우 높다. 이러한 사본들은 지역적 색깔을 띄게 되어 시간이 지나면서 서로 상이한 판본들을 낳게 되었을 것이다. 어떻게 이 본문들과 판본들이 이스라엘이 경험한 많은 사회적 파장들을 헤치고 살아남게 되었을까? 전쟁, 특히 실로의 파괴, 제1성전 건설과 요시야의 개혁과 같은 제의의 여러 극적인 변화들, 후기 왕국 시대의 어두운 배교, 또한 유배(포로)로 인한 엄청난 파멸을 말이다. 이스라엘 서기관들이 제의 의식들과 법들에 대한 권위 있는 표준적 본문을 마련하기로 결정했을 때, 어떻게 그들은 자신들이 확보할 수 있었던 여러 본문들과 판본들, 그리고 본문들로부터 그것을 만들어 냈을까?

이러한 질문들의 다중성과 복합성에 비추어 볼 때, 학자들이 P의 범위, 기원 그리고 구성 역사에 대해 서로 상이한 판단을 하기에 이르렀다는 것은 별로 놀랄 일이 아니다. 제사장들과 레위인들의 발전에 대한 엄격한 정보 자료의 부족과 제의의 운영에 대한 정보, 특히 아랏(Arad) 성소와 같은 지방 성소들과 예루살렘 성전 사이의 관계에 대한 정보의 부족으로 인해 학자적 합의가 진전될 가능성은 거의 없다(참조. Levine, "Priestly Writers," 684). 그렇다면 분명히 오경과 P는 사람들의 유용한 작업 가설들과 상관없이 계속되는 연구를 위한 풍부한 토양으로 남는다.

본 주석자의 관점에 대해 몇 가지 소견이 순서대로 제시될 것이다. 보수적인 학자들과 일치하게 형식문 "여호와께서 모세에게 말씀하시기를"이 진지하게 취해진다. 이것은 이 자료가 모세에 대한 여호와의 계시와 더불어 왔다는 것을 의미한다. 이 입장은 다양한 방식으로 해석에 영향을 준다. 두 가지 예가 언급될 수 있다. (1) 법들과 규정들(예를 들어, 희년을 위한 프로그램)이 이러한 고대의 시대로부터 흘러온 것으로 생각된다. (2) 분명히 많은 제의적 관행들이 이스라엘의 기원보다 앞서 존재했지만, 여호와께서 모세에게 새로운 성막에서 드려지는 희생에 대한 규정들의 지침을 전달하여 자신의 거룩한 성품에 일치하게 희생 제도가 운영될 수 있도록 한 것으로 믿어진다. 사실상 이스라엘의 독특한 신앙이 모세와 같은 어떤 형식을 만드는 지도자 없이 탄생될 수 있으리라고는 상상할 수도 없다. 왜냐하면 혁신적인 사회적 변화는 보통 비범한 능력을 지닌(charismatic) 지도자를 요구하기 때문이다. 모세는 초월해 계시는 거룩한 하나님이신 여호와께서 자신과 직접 의사소통을 하셨던 특별한 방식으로 인하여 그런 형식을 만드는 역할을 맡았다. 따라서 계시된 말씀이 이스라엘 제의에 선행하여 그 제의의 창설을 지시했다는 성경의 증거는 사회적 발전 과정의 성격에 부합한다(참조. von Rad, *The Problem of the Hexateuch*, 22).

본 주석은 비평적 학자들에 의한 주의 깊은 작업의 결과들을 인정하여 이음새

(예를 들어, 8:6과 7절 사이), 단절(예를 들어, 7:8-10), 균열(24장의 위치), 충돌되는 진술(17:15-16을 신 14:21a 및 레 7:24과 비교하라) 그리고 본문에서 발견되는 부풀리기를 진지하게 취급한다. 단위들의 구조에 내포된 이러한 난점들은 본 주석의 "양식/구조/배경" 항목에서 취급된다. 이러한 어설픈 위치 배열을 발생시켰던 많은 원인들 중 세 가지가 언급될 수 있다. (1) 본문은 오랜 전승사의 흔적들을 간직하고 있다. (2) 구전으로 유통되었던 아주 수준 높은 법들이 핵심 단어들과 주제들을 기준으로 엉뚱한 곳들에 첨부되었다. 예를 들어, 기름을 먹는 것에 관한 법들이 3:17과 7:22-27에 첨부되었으나, 그 역할이 문맥에 맞지 않는다. (3) 그 전승이 모세에게 주신 여호와의 계시에서 유래했다는 확신을 가지고, 이스라엘 공동체는 여러 세기에 걸쳐 변화하는 사회적 환경들에 적용될 수 있도록 그 고대의 자료를 계속해서 첨부, 확장 그리고 조정해 왔다. 이러한 그 본문에 대한 개작의 증거들은 이스라엘의 광야 체류의 문화와는 전혀 다른 것을 반영하는 용어와 절차, 그리고 법들에서 확인될 수 있다. 누르체(Noordtzij, 12)는 정확하게 관찰하여 말한다. "이스라엘이 가나안에 정착한 후에, 모세 시대에서 기원한 규정들의 일부를 당시 조성된 새로운 환경에 적응시킬 필요가 한 차례 이상 발생했다."

고대 이스라엘 사회가 현대 사회에 비해 아주 천천히 바뀌긴 하지만, 그럼에도 불구하고 변화는 발생했던 것이다. 이런 변화들의 일부는 이스라엘의 역사에서 파장이 컸던 사건들로 인해 야기되었다. 이를테면, 부족 동맹체에서 왕정으로의 전환, 두 왕국으로 나누어진 민족의 분열, 예루살렘으로의 예배의 중앙화, 다윗 가문의 붕괴 그리고 포로기 이후 공동체에서 대제사장 지도권의 부상이다. 어떤 조건들 하에서는 규정된 관행들의 변동이 용인되었다는 사실이 몇몇 구약 본문들에 예시되어 있다. 예를 들어, 아론과 그의 아들들은 나답과 아비후의 죽음 후에 속죄 제물(purification offering)의 자기 몫을 먹지 않았다(10:16-20). 역시 히스기야 왕이 주도한 개혁의 정점에서 개최된 유월절은 1월이 아닌 2월에 지켜졌다(대하 30장). 어떤 사회적 변화들은 너무 중대해서 제사장들이 그 법이 준수될 수 있도록 어쩔 수 없이 본문을 추가하고 수정할 필요를 느꼈을 것으로 추론된다. 이러한 본문의 발전들은 모세가 받은 계시를 변화하는 사회에 적용하는 시대 정신 속에서 이루어졌다.

어떤 본문들의 충실한 내용이 가리키는 바와 같이, 추가물들이 그 본문 속에 통합될 때는 대체로 자료가 삭제되지 않았다. 레위기 17:3-7은 문학적 관점에서 볼 때 아주 복잡한 본문인데, 하나의 법이 변화하는 사회에 적응될 수 있도록 이해를 돕는 단어들과 어구들이 추가된 한 가지 사례다. 또 다른 예는 상환(무르기) 법안이다(25장). 그 법은 가나안 정착 후에 발전 과정을 겪은 것으로 보이는데, 왜냐하면 그것이 도시의 인구 증가로 인한 당면 과제들을 해결할 법들, 예를 들어 성벽으로 둘러싸인 도시 안에서 집을 사고 파는 일에 대한 법들을 제공하기 때문이다(25:9-34). 본문이 전승되는 동안 그것의 미세한 부풀리기와 조정하기의 한 가지 예는 70인경이 속해 있는 본문 전통에서 관찰된다. 여러 곳에서 대명사가 명사로 대체되었으며, 몇몇 동사들의 수(즉 단수/복수)가 선행 단어와 관련된 어떤 불확실성을 제거하기 위해 변화되었다. 예를 들어, 이러한 변화들로 인해 1-5장에서 제단에서의 책무가 후대의 관행에 맞추어 평민에서 제사장에게 다시 부여되었다.

대부분의 추가는 분명히 본문의 정경화 이전에 발생했다. 그렇지만 이러한 추가와 조정들이 "여호와께서 모세에게 말씀하셨다"라는 진술의 가치를 감소시키지는 않는다. 왜냐하면 이러한 변화들은 여호와께서 그들이 매일의 삶 속에서 자신이 모세에게 부여한 그 법들을 성취할 방도를 간파할 수 있게 하면서 자기 백성들 가운데 행동하신다는 확신과 더불어 이루어졌기 때문이다. 정경화 이전에 본문과 공동체 사이의 상호 작용의 요소들은 문전(文傳) 본문의 일부가 되었다. 정경화 이후에 이러한 해석 과정은 훨씬 더 역동적으로 지속되었다. 그것은 미쉬나(Mishnah)와 탈무드가 된 전집류에 보존되었다.

아마도 포로기의 충격이 제사장과 서기관들이 고대의 전승과 법들의 표준판, 즉 오경이라 불리는 판본 제작 착수에 박차를 가하도록 했던 원동력이었다고 생각하는 것이 가장 그럴듯하다. 이 지도자들은 페르시아 제국의 관료들의 후원에 용기를 얻어 그 일에 매진했을 텐데, 당시 페르시아는 다양한 민족에게 각자의 전승 자료들을 찾아서 보존하라고 지시하여 제국 도처에 퍼져 있는 민족적·종교적 다양성을 장려했다. 불행하게도 고대의 서기관들이 입수할 수 있었던 본문들의 숫자, 다양성, 질적 수준은 알려지지 않았으며, 또한 그들이 어떻게 본문들을 대질해서 여러 이문들을 손질했는지가 알려지지 않고 있다. 이스라엘 서기관들이 한 주제에 대해 둘 이상의 전승이나 법들을 발견할 때마다, 그들은 고대 전승에 대한 경외심 때문에 그것들을 모두 보존했던 것이 분명하다. 레위기의 현재의 형식이 증언하는 대로, 그들은 발견한 자료를 엮어 책들로 만들었을 것이다.

더불어 본 주석은 비평적 학자들의 작업을 무시하지 않으면서 하나님 말씀의 완전한 권위를 지지한다. 그들의 작업이 가져온 엄청난 혜택 중 하나는 그들이 고대 이스라엘 공동체를 형성하는 데 있어서 본문이 했던 역할을 소생시킨 점이다. 그들의 주장과 가설적 재구성은 바로 그 자체의 속성상 논쟁거리가 될 만하고, 어떤 경우에는 그들의 제안이 납득하기 어렵고 억측에 불과하다. 그럼에도 불구하고 비평적 학자들의 작업은 말씀과 공동체 사이의 상호 작용과 그것들이 서로 영향을 끼친 방식에 빛을 비춰 주었다. 따라서 그들의 작업은 연구자들로 하여금 본문 형성과 그것의 이해에서 공동체가 했던 중요한 역할에 유의하게 만들며, 그것에 근거하여 연구자들은 현 시대의 믿음의 공동체들이 공인된 하나님의 말씀에 의해 형성되고 능력을 부여받을 수 있는 방편들을 발견하게 된다. 오경은 광야에서 전달받아 박물관의 통제된 환경 속에 안치해 놓은 어떤 것이 아니라, 이스라엘의 특성과 문화를 형성하는 주요 원동력이었다는 것이 기억되어야 한다. 또한 공인 본문은 하나님의 말씀하심과 인간의 반응의 상호 작용에서 나온 결과라는 것이 기억되어야 한다. 사려 깊은 해석가들은 이러한 두 가지 요소를 함께 고려해야 하며 다른 것을 배척하고 하나만을 택해서는 안 된다.

레위기 주석사

(William Yarchin, M.A.에 의한 소고)

성경 해석사에서 레위기에 관심을 가진 주경은 창세기나 이사야, 혹은 시편의 경우처럼 흔하지도 상세하지도 않았다. 그럼에도 불구하고, 레위기에 대한 언급과 그것의 인용은 유대교와 기독교의 주석 전통 전반에 걸쳐 광범위하게 흩어져 있다. 그 범위 내에서 레위기 해석은 두 가지 극단의 길을 달려왔다. 한편으로는 유대 주석가들이 있는데, 그들은 동물 희생과 다른 제의적 규정들의 의미를 그 규정들을 준수할 수 없었던 세대들에게 설명할 필요를 느꼈다. 유대교 주석은 또한 레위기의 법령들에 대한 기독교적 해석들에 대응해야만 했다. 다른 한편으로는 기독교 주경학자들이 있다. 그들은 히브리서의 지도를 따르면서 레위기의 규정들을 그리스도의 희생에 비추어 설명할 필요가 있었으며, 특히 역사적 우선성의 장점을 지녔던 유대교의 레위기 해석에 맞서야 했다. 따라서 기독교 주석가들에게 레위기는 기독교 신학과 성례(liturgy)에 있어서 구약 전체의 역할과 권위라는 더욱 폭넓은 문제의 일부였다. 여러 세기 동안 이 두 가지 해석학적 입장은 대체로 구약 연구와, 특별히 레위기 연구에서 방법론적으로 다른 길을 걸어가게 되었다. 몇 가지 예외가 있지만 유대교 주경학자들은 풍유적 방법들을 거의 사용하지 않았던 반면, 기독교 주석들에는 풍유법과 모형론이 풍성했다. 놀랍게도 레위기 규정들에 대한 최초의 풍유적 이해가 나타난 것은 다름아니라 기독교 이전의 오래된 유대 문서들에서이다.

약 주전 2세기의 것으로 가명 위작(pseudepigraphy)의 하나인 「아리스테아스 서신」(*Letter of Aristeas*)은 레위기의 음식법에 대한 교훈적인 풍유적 해석을 포함한다: 예를 들어, 레위기의 음식에서 금지된 새들은 다른 새들에게 난폭한 행동을 하는 것들이다(레 11:11-19). 그러한 풍유는 난폭한 인간 행위의 금지를 가르치는 역할을 한다(145-48). 「아리스테아스 서신」에 있는 이러한 풍유의 목표는 레위기의 법들이 이성에 부합한다는 것을 증명하는 데 있다(161).

알렉산드리아의 필로(Philo)는 천 년이 전환되는 시기에 레위기 자체의 주석이 아닌 70인경(LXX) 오경에 대한 방대한 주석을 작성했다. 레위기의 제의 규정들에 대한 필로의 주석들 중 많은 것이 그의 문집의 관련 부분들에서 나타난다. 그 부분들에서 필로는 레위기의 교훈들을 십계명의 일반적인 원리의 구체적인 상술(詳述)로 취급하면서 십계명과 관련된 주제들을 논의한다. 필로의 교훈을 받는 대상은 의식적(ritual) 경건에 비판적이었던 시대, 또한 레위기의 희생의 법들이 그런 비평의 잠재적인 과녁이었던 그의 시대의 철학적 청중들이었던 것이다. 그의 대응은 레위기의 제사장직과 성막, 그리고 희생들을 자신의 토라(Torah)의 해석 속에서 영적으로 만드는 것이었다. 필로의 주석은 제사장을 철학적 숙고를 통해 영혼의 희생을 바치는 현자(賢者)와 동등하게 여긴다. 희생은 순서를 따라 영혼의 완전성을 방해하는 것으로부터 영혼을 정화시킨다. 예배자의 내적 완전성을 고양하려고 레위기에 있는 제의적 규정들을 그러한 도덕적·철학적 체계로 풍유화하는 것은 교부들과 중세 기독교의 레위기 주석에서 규범적 접근이 되었다.

주후 3세기의 오리겐(Origen)의 성경 주석은 기독교 교회 안에서 특별한 몇몇 성경 저작들에 대한 주석의 가장 초기 사례들에 속한다. 그의 「레위기 강론」(*Homilies on Leviticus*[PG, 405-574])은 필로와 더 후대의 많은 고대 해석가들의 특징이었던 성경의 풍유적 의미에 호감을 보인다. 오리겐의 레위기 주석은 16개의 소고들(essays)로 된 형식을 취하는데, 그것들은 각각 성경 본문에서 뽑은 짧은 구절들을 토대로 삼았다. 아마도 이러한 소고들은 문학적 혹은 역사적 의미가 아닌 본문의 영적 의미의 해설에 집중하면서 설교나 성례(liturgy)의 문맥에 맞도록 만들어졌을 것이다.

「레위기 강론」(*Homilies on Leviticus*)은 대부분 아론 가문의 제사장직에 대한 오리겐의 기독론적 이해를 명료하게 설명한다. 그것은 기독교적 이해를 유대적 해석과 구별되는 것으로 명확히 규정하려는 노력의 일환이었다. 오리겐의 출발점은 풍유적이고 모형론적인(혹은 영적인) 의미와 상치되는 본문의 문자적(혹은 육적)

의미였다. 기독교인들은 레위기의 베일에 쌓인 더욱 깊은 진리들을 식별할 수 있는 반면, 유대인들은 단지 더욱 문자적인 의미만을 감지할 수 있다. 그러므로 유대인들은 레위기 법들에 있는 충만한 기독교적 의미를 이해하지 못한다. (오리겐은 모세 자신이 레위기 규정들의 이런 깊은 의미에 대해 특별한 지식을 가졌던 것으로 생각했다.) 예를 들어, 화목제의 고기를 그것을 드리는 날에 먹도록 요구하는 레위기 7:15을 주석할 때 오리겐은 이렇게 주장했다.

> 신적 말씀은 우리로 하여금 어제의 고기가 아니라 항상 신선하고 새로운 고기를 먹게 하신다. 제사장들에게 할당된 이러한 희생의 고기는 그들이 교회에서 가르치는 하나님의 말씀이다. 그러므로 그들은 신비한 의미를 내포하는 형식들로 인하여 이 구절에서 문자에 얽매여 진부한 교리들을 제시해서는 안 되며, 하나님의 은혜로 언제든 새로운 진리를 제공하고 영적인 교훈들을 발견하라는 경고를 받는다. 만일 당신이 어제 유대인들에게서 배웠던 것을 교회에서 내놓는다면, 이것은 단지 어제의 희생의 고기를 먹는 셈이다(*Lev Hom.* 5:8).

오리겐의 주석에 뒤이어 레위기에 대한 풍유적 접근법(대부분의 성경에 대해서도 마찬가지)이 지배적인 레위기 해석 방법이 되었는데, 특히 아프리카와 유럽의 교부 해석가들 사이에서 그러했다. 예를 들어, 자신의 신학적 연구의 프로그램이 5세기부터 12세기에 이르기까지 기독교계에 엄청난 영향력을 끼쳤던 어거스틴은 레위기에 대한 두 개의 짤막한 주석을 썼는데(*Locutionum in Heptateuchum liber tertius*, PL, 34, 515-22; *Quaestionum in Heptateuchum liber tertius*, PL, 34, 673-716), 여기서 그는 문자적인 의미보다 영적인 의미를 선호했다. 그러나 어거스틴은 대체로 풍유적인 의미를 본문의 문자 내에 신중히 접목시켜 후자가 전자를 어떻게 지시하는지를 보여 주려 했다. 레위기에 대한 이러한 저작들은 단편적 구절들을 그것들의 정경적 순서에 따라 짤막하게 주해하는 형식을 취하면서 특정한 사안들을 그것들의 의미에 비추어 설명하려고 했다. 이것이 어거스틴 이전에 필로가 사용했고 중세의 주석가들이 광범위하게 따랐던 주석의 형식이었다.

레위기에 대한 최초의 고전적인 랍비 주석은 「시프라」(*Sipra*, Jerusalem: Maker, 1971)에서 등장하였다. 그것은 아마도 3-4세기부터 시작된, 사실상 레위기 전체를 연이어서 다룬 미드라쉬 주석으로서 랍비 아키바(Akiba) 학파의 것으로 돌려진다. 「시프라」의 주석적 관심은 히브리어 본문의 세부 사항들을 지나칠 정도로 다루는데, 종종 레위기 본문에 있는 단 하나의 단어나 어구에서 엄청난 분량의 할라카적(halachic) 토론이 양산된다. 전형적인 미드라쉬 방식을 보자면, 어떤 레위기 구절에 드러난 채택된 주제 하나가 구약의 다른 곳에 있는 그 주제에 대한 확장된 언급들에 의해 조명되어 이해된다.

「시프라」에서 발견되는 주석들은 일반적으로 풍유적인 해석들의 특징을 갖지 않는다. 도리어 그것의 주석적 의도는 본문의 문자적 의미의 규명인 듯하다. 왜 해당 구절이 현재의 본문대로 기록되었는지에 대한 이유를 설명하면서 말이다. 예를 들어, 레위기 19:10에서 본문은 이스라엘에게 가난한 자가 거두도록 포도원의 과실을 남겨놓으라고 요구했다. 「시프라」는 이스라엘 사람들이 가난한 자들을 위해 수확을 하는 것이 아니라, 가난한 자들이 자신의 수확을 거두는 것이라는 추론을 덧붙인다. 또한 레위기 19:4의 "너희는 헛것을 위하지 말며 너희를 위하여 신상들을 부어 만들지 말라 나는 너희 하나님 여호와니라"에 대해 우리는 「시프라」에서 다음을 발견한다.

> "너는 우상들에게 돌이키지 말라" – 그것들을 섬기기 위해 그것들에게 돌이키지 말라. R. 유다(R. Judah)는 이렇게 말했다. "그들을 응시하기 위해 돌이키지 말라. 처음에는 그것들이 우상들이지만, 만일 네가 그것들을 따라 돌이키면, 너는 그것들을 하나의 신적 주권자(godhead)로 만드는 것이다."

「시프라」에서는 레위기에 있는 모든 개별적 단어와 그것의 배열이 중요하다고 가정된다. 그렇지만 토론거리가 되는 것이 항상 레위기 본문인 것은 아니다. 오히려 「시프라」의 많은 것들은 전반적인 정치적, 신학적 그리고 법적인 쟁점들에 대한 광범위한 랍비적 토론들을 보여 주는데, 그 모든 것들은 레위기의 내용들에 의해 지정된 구조를 따라 편성되었다. 이것은 많은 미드라쉬 문헌들에 특징적인 것으로, 그 중에는 「레위기 랍바」(*Leviticus Rabbah*, Jerusalem: Mosad Harav Kook, 1976; ET, London: Soncino Press, 1939)로 알려진 또 다른 초기의 유대 레위기 주석이 포함된다.

5세기 팔레스타인의 유대인 학자들은 37개의 장으로 된 「레위기 랍바」를 편집하여 엮었다. 이 히브리어 문서는 레위기에 대한 축절식 주석(한 구절씩 주석하는 것 – 역자주)을 보여 주지 않으며, 또한 그것은 쟁점상의 구절들에 초점을 맞추지도 않는다. 그 대신 「레위기 랍바」의 각각의 장은 레위기의 어떤 장의 한두 구절로 구성된 하나의 기초 본문에 근거를 둔 주제별 소고(小考)를 제시한다. 예를 들어, 「레위기 랍바」 제20장은 아론의 아들들이 나답과 아비후의 죽음을 언급하는 레위기 16:1의 문구를 인용함으로써 시작된다. 이어서 이 문구에 있는 여러 가지 단어들과 또한 구약의 많은 다른 구절들 속에 있는 그런 단어들의 의미에 대한 확장된 일련의 미드라쉬적 고찰을 통해, 이 장은 논점을 벗어나 아론의 아들들이 겪은 죽음의 의미에 관한 소고로 발전한다. 그들의 죽음은 궁극적으로 레위기 16장의 주제 -즉 속죄일-에 알맞은 결론인 대속적 죽음으로 간주된다. 그렇다면 「레위기 랍바」는 레위기에 대한 체계적인 해석이 아닌 다양한 주제들에 대한 랍비적 토론들의 편찬물인데, 그것의 발판은 레위기의 각 장에서 순서대로 뽑은 구절이다. 비록 풍유법이 「레위기 랍바」에서 발견되는 지배적인 주석은 아닐지라도, 이 전집을 작성한 그 무명의 랍비는 사실상 본문 내의 어떤 단어나 어구가 구약의 여타 부분에서 발견되는 어떤 다른 어구나 주제를 거의 전부 지시할 수 있도록 레위기를 연구하였다. 이러한 미드라쉬 주석의 관행으로 인해, 레위기의 해석은 예를 들어 메시아 논쟁이나 종말론 논쟁과 같이 레위기 자체를 이탈해서 발달된 관심사안의 틀을 따르게 되었다. 이런 특별한 주석을 위해 레위기가 선택된 이유는 그것이 토라의 1/5을 차지하면서 광야에서 이스라엘의 거룩의 보존을 위한 핵심적 매커니즘들(mechanisms)을 제시하기 때문이다. 「레위기 랍바」가 레위기를 사용하여 더 후대의 고대 유대 공동체에게 전달해 준 것은 그들이 이방 민족들에 의한 오랜 지배의 황폐함 속에서 주님께 거룩한 백성이라는 자신들의 신분 유지가 중요하다는 것을 깨닫는 것이 그들에게 지속적으로 필요하다는 것이었다.

5세기에는 알렉산드리아 교부 씨릴(Cyril)이 어떤 오경 구절들에 대한 몇 가지 주해를 기록했다(*Glaphyra*). 그런 "격조 높은 주해"의 저작은 레위기에 대해 쓴 것이었다: 레위기 강해(*Glaphyrorum in Leviticum liber*[PG, 69, 539-90]). 구약의 법률 구절들과 역사적 구절들에 대한 씨릴의 주석은 자신의 알렉산드리아 선구자들의 주석에 비해 훨씬 더 자유로이 본문의 문자적 의미를 고려하지만, 전반적으로 볼 때는 문자적인 것이 영적인 의의보다 덜 중요했다. 소제(곡식제)에 관해 언급하는 레위기 2:14에 대해, 씨릴은 그 본문의 문자적 의미가 아주 분명하여 아무런 영적인 해석도 요구하지 않는다고 주장한다. 그러나 이스라엘 사람들이 먹을 수 있는 동물과 먹을 수 없는 동물의 구별을 언급하는 11:1-8, 13-19에 대해 씨릴은 그 법이 영적으로 이해되어야 한다고 단언하면서, 이러한 구별이 우리의 인간관계에서 피해야 할 사람들의 부류를 가르친다고 도덕적으로 설명한다. 그리하여 씨릴은 오리겐과는 달리 구약에서 발견되는 모든 세부적 사항들이 영적인 의미나 지시를 만들어 낸다고 고집하지 않는 레위기의 교부적 주석을 내놓는다.

주후 450년경에 예루살렘의 기독교 사제 헤시키우스(Hesychius)는 긴 분량의 축절식 레위기 주석(*Commentarius in Leviticum*[PG, 93, 787-1180])을 썼다. 그 주석은 단지 6세기 라틴어 판본으로만 보존되어 있다. 그의 레위기 주석은 비록 덜 교훈적이긴 하지만 오리겐의 영향을 강하게 받았다. 역시 5세기에 안디옥 학파의 지도를 이끈 신학자들 중의 한 명인 싸이러스의 데오도렛(Theodoret of Cyrus)은 레위기 난제 해설집(*Quaestiones in Leviticus*[PG, 80, 297-350])을 작성했는데, 자신의 더 큰 분량의 팔경(Octateuch)에 관한 저작 중 비교적 적은 부분이다. 레위기에 관한 이 저작은 단순히 문답 형식으로 어떤 어려운 구절들에 대해 주해한 내용으로 구성되어 있다.

6세기경 가자의 프로코피우스(Procopius of Gaza)는 이전의 알렉산드리아 전통의 주석가들로부터 팔경의 특정 구절들에 대한 주석적 인용들을 발췌하여 편찬물을 만들었다. 레위기에 대한 그의 주석(*Commentarii in Leviticum*[PG, 87, 687-794])은 드문드문 된 것이고 자신의 참고자료들의 과도한 풍유적 경향을 반영한다.

비록 입수할 수 있는 결정적인 판본은 없을지라도, 마인쯔의 라반 마우어(Raban Mauer of Mainz)에 의한 칠경(Heptateuch) 주석은 후대의 기독교적 레위기 주석들을 위한 하나의 중대한 원천인 것으로 입증되었다. 라반은 후대의 저자들이 방대한 레위기 주석(*Expositiones in Leviticum*[PL, 108, 247-258])을 이용할 수 있게 해주었다. 그 주석은 어거스틴과 헤시키우스와 같은 더 초기의 주석가들의 주해들을 편찬한 저작이었다. 유사하게 스페인어 기독교 백과사전 편찬자인 세빌의 이시도르(Isidore of Seville)는 7세기에 성경 언어에 대한 지식이 없이 레위기에 대해 쓴 두 권의 책인 구약 난제 해설(*Quaestiones in Vetus Testamentum*)을 작성했다(PL, 83, 321-40). 그 책은 대부분의 내용이 문제 구절들에 대한 더 초기의 견해들을 선별해서 수집한 것에 불과했다.

위대한 유대인 주석가 라쉬(Rashi)는 11세기 후반에 엄청난 영향을 끼친 축절식 구약 주석들을 저술했다. 그의 레위기 주석은 그가 자주 참고한 「탈굼 옹켈로스」(*Targum Onqelos*)의 주석적 해석뿐만 아니라, 「시프라」(*Sipra*)와 「레위기 랍바」, 탈무드 그리고 다른 미드라쉬 자료들에 보존된 랍비 전승들의 영향을 크게 받았다. 그리하여 라쉬의 레위기 주석은 유대 공동체들과 추후의 주석가들이 레위기의 거의 모든 구절들의 의미에 대한 랍비적 견해를 전문적으로 편찬한 저작물을 이용할 수 있게 해주었으며, 오늘날에도 수많은 히브리어 오경의 대중판들에서 이용되고 있다(ET: *The Pentateuch with Rashi's Commentary*, tr. M. Rosenbaum과 Silbermann [Jerusalem, 1973]). 라쉬는 자신의 할라카 자료들에 부합하도록 어떤 해석적 확장들 – 풍유까지는 아니지만 – 을 포함하는 레위기 구절들에 대한 문자적 해석을 선호한다. 예를 들어, 레위기 19:3에서 라쉬는 "너희 각 사람은 부모를 경외하고"라는 말씀을 주석하기를, 이 본문의 문자적 의미, 즉 페샤트(פשת: 이 히브리어 단어의 뜻은 "평평한, 단순한, 분명한"인데, 랍비들의 주석 방법론에 대한 용어의 하나로 문자적 주석을 지칭한다 – 역자주)는 자명하다고 말한다. 그러나 그는 도출된 의미, 즉 미드라쉬(מדרש)는 여자의 행동을 남자에 대한 언급("모든 남자들")에 통합시키는데, 왜냐하면 여자의 행동은 남자의 통제하에 있기 때문이라고 한다. 그러므로 본문이 문자적으로 단지 가족의 남자("모든 남자들")에게만 부모를 경외하라고 요구한다 해도, 여자 역시 이 법규에 포함되는 것이다. 이러한 미드라쉬는 「시프라」(*Sipra*)에서 온 것이다. 라쉬는 여기에 덧붙여 동사 "경외하다"가 복수로 주어지며, 따라서 남녀가 공히 그 서술 형식에 포함된다고 말한다.

라쉬밤(Rashibam)의 레위기 주석은 페루쉬 하토라 레라쉬밤(*Perush Hattorah Lerashbam*, Jerusalem, 1965)에 포함되어 있는데, 그것은 그의 조부 라쉬의 영향을 크게 받았다. 비록 라쉬밤이 훨씬 더 본문의 문자적이고 평이한 의미를 강조했지만 말이다. 둘 사이의 또 다른 차이는 라쉬가 한 본문에 대해 다각적인 해설을 하지만, 그는 단 한 가지 설명만을 제시한다는 점이다.

12세기 저작물인 「베코르 쇼르」(Bekhor Shor, Joseph B. Isaac)는 라틴 벌게이트 성경의 기독교적인 풍유적 해석을 반박하기 위해 히브리어 레위기 본문의 문자적 의미를 사용하곤 했으며, 자신의 문자적 해석의 합리적 토대를 제공하려고 애썼다. 비슷하게, 같은 세기의 더 후대 저작물인 「리캄」(Rikam, Joseph Kimchi)은 레위기에 대한 할라카적이거나 교훈적인 해석이 아닌 페샤트(*pešat*)를 강조했다.

12세기의 이반 에스라(Ibn Ezra)는 자신의 오경에 대한 방대한 저작의 일부로 레위기 주석을 썼다(*The Commentary of Abraham Ibn Ezra on the Pentateuch*: Vol. 3: *Leviticus*, tr. J. Schachter[Hoboken, NJ: KTAV, 1986). 이반 에스라의 주석은 종종 시도된 자신의 고유한 해석을 지지하는 상세한 문법적 설명들을 포함한다. 예를 들어, 라쉬(Rashi)가 가족의 남녀를 공히 포함하기 위해서 복수형 "너희는 경외하라"가 사용되었다고 주장한 레위기 19:3에 대해, 이반 에스라는 그 복수형은 이 법의 위반을 증언할 증인들이 그 범법자 앞에 마주 서야 하는 것을 암시하는 것이라고 논박한다(역시 레 10:19에 있는 "해석"을 보라). 그의 레위기 해석에는 문자적인 방식 이외의 다른 방식의 주해는 거의 드물게 있을 뿐이다.

12세기에 도이츠의 루페르트(Rupert of Deutz)는 두 권의 책을 레위기를 강해하는 데 바쳤다(*In Leviticum Commentariorum*[PL. 167, 743-836]). 이 저작들은 다른 수도사들을 위해 수도원에서 쓴 책이며, 따라서 그것들은 성경의 도덕적 의미를 강조하기 위해 특징적으로(풍유적인 해석에서 비롯된) 수도적 경향을 띄는데, 이는 수도사의 끊임없는 육적인 악습과의 싸움을 지원하기 위함이었다. 루페르트는 압도적으로 레위기에 대한 풍유적 접근법을 선호했다.

따라서 중세 초기의 유대교-기독교 논쟁 가운데, 대부분의 수도사들에게는 유독 레위기가 특히 유대교의 평이한 의미에 관한 주장에 맞서 기독교적 의미로 이해하기가 어려운 책이 되었다. 빨레의 랄프(Ralph of Plaix)로 알려진 13세기의 한 수도사가 6년 이상을 소요하여 라틴어 본문의 레위기에 대한 20권짜리 주석을 만들어 냈다(*Maxima Bibliotheca veterum Patrum* XVII[Lyouns, 1677]). 그 책은 당대의 수도사들에게 유대식 본문 이해를 반박하는 레위기 해석을 제공하려는 의도를 가졌다. 이 저작은 몇 세대에 걸쳐 레위기에 대한 스콜라 철학적 강해에 막대한 영향을 끼친 것으로 입증되었다.

랄프는 어거스틴의 두 저작 *Locutiones*와 *Quaestiones*를 광범위하게 사용하면서 레위기의 법적인 교훈들이 비밀스러운(풍유적인) 상징 언어(sign language)에 담겨져 있으며, 따라서 본문의 문자는 본문의 정신을 밝히려는 것이 아니라 감추려는 의도를 갖는다고 주장했다. 그의 논증은 본문의 문자적 의미는 이해를 돕지 않으며, 따라서 본문은 유대식 주석에서 파악될 수 없는 더 깊은 의미를 가진 신비한 것으로 이해되어야 한다고 고집한다(예를 들어, 레 2:11에서 유교병이 제물에서 제외되지만, 7:13에서는 제물로 명령되는 명백한 불일치: "발효"의 영적인 의미는 그 문제를 해결해 준다). 그러므로 이러한 영적인 강조와 함께, 랄프의 레위기 주석은 교부들의 주석에 의해 설정된 해석의 방향과 상당히 일치한다.

랄프의 해석학적 접근법은 그의 동시대 인물인 성 빅토르 휴(Hugh of St Victor)의 해석 방식과 대조된다. 휴는 자신의 레위기 주석(*Adnotations elucidatoriae in Leviticum*[PL. 175-84])에서 히브리어 본문의 문자적 의미에 더욱 초점을 맞추었으며, 또한 권위 있는 유대교적 주석들을 참조하여 반영했다. 그렇지만 휴의 레위기에 관한 저작은 완전한 주석이 아니라 자신의 더 큰 분량의 오경에 관한 저작의 일부로서 희생제 및 그와 관련된 레위기의 제의 문제들에 대한 소고(小考)일 뿐이다. 그의 레위기 주해는 개개의 구절이나 단어가 아닌 주제들과 장들을 다룬다.

위대한 유대인 학자 마이모니데스(Maimonides)는 특별히 레위기 주석을 만들지는 않았다. 레위기 구절들에 대한 마이모니데스의 가장 직접적인 논설들은 광범한 영향력을 끼친 그의 저서 「세페르 하미쯔보트」(*Seper Hamizvot*)에서 발견된다(보통 그의 더 큰 분량의 작품인 「미쉬네 토라」[*Mishneh Torah*, Israel: Pardes, 1955]에 대한 서론으로 출판된다). 그 책에서 그는 토라에 있는 248개의 긍정적 법령과 365개의 부정적 법령을 친히 상세하게 열거하였다. 이 저작은 1170년에 최초로 출판되었으며 레위기 이해에 대한 폭넓은 랍비적 견해의 방대한 지식을 반영해 준다. 마이모니데스는 거론된 법에 대한 표면적 의미를 간략히 설명한 후, 더 진전된 설명을 위해 대체로 독자들에게 그것에 해당되는 탈무드의 소고(小考)를 언급하는 방식을 따른다.

13세기 중반에 람반(Ramban) 혹은 나흐마니데스(Nahmanides)가 오경에 대한 주석을 썼다(*Perush Haramban Al Hattorah*[Jerusalem: Mosad Harav Kook, 1970]). 그의 레위기 주석은 초기 랍비의 견해들뿐만 아니라 자주 라쉬와 이반 에스라의 견해를 활용하지만, 보통 비판적 방법으로 그렇게 한다. 예를 들어, 레위기 10:3에서 모세는 이렇게 말한다. "모세가 아론에게 이르되 이는 여호와의 말씀이라 이르시기를 나는 나를 가까이 하는 자 중에 내가 거룩하다 함을 얻겠고 온 백성 앞에 내가 영광을 얻으리라 하셨느니라." 람반은 라쉬(Rashi－그는 *Sipra*를 따른다)가 하나님께서 아론에게 지금 나답과 아비후가 아론보다 더 거룩하다고 말씀하셨다고 단언한 것으로 여긴다. 이반 에스라는 앞 부분에 기록이 안 된 대화 내용이 있었을 것으로 추론하면서, 그 대화에서 하나님께서 모세에게(이러한 방식으로) 자신 앞에 가까이 온 자들 가운데서 자신의 거룩을 드러내실 것을 말씀하셨다고 생각한다. 그러나 람반은 이러한 견해들을 거부하면서 "이것은 여호와의 말씀이라"의 분명한 의미는 하나님께서 이 말씀을 모세나 아론에게 전달했음을 요구하는 것이 아니라, 단순히 하나님께서 이 사건을 예견하면서 이 발언을 스스로에게 하셨던 것이라고 단언한다. 람반은 레위기의 음식법의 일부를 건강 규례들로 설명한 반면, *카쉬룻*(*kašrut*, 유대인의 음식법－역자주)의 다른 법규들은 이스라엘로 하여금 영적인 민감성에 부정적인 영향을 끼치는 음식 섭취를 멀리하라는 것으로 해석했다.

13세기에 헤즈카이어 B. 메노아(Hezekiah B. Menoah)는 오경 주석을 작성했다(*Al Hamishah Humshei Torah*[Jerusalem: Mosad Harav Kook, 1981]). 그것의 레위기 주석은 주로 라쉬와 베코르 쇼르에 의한 견해와 어떤 미드라쉬적 해석들의 한계 내에 있었다. 나중에 13세기에 들어서 바야 B. 아쉐르(Bahya B. Asher)는 오경에 대한 방대한 주석을 썼는데(Bomberg ed. [Warsaw, 1852]), 그것은 때로는 어떤 구절의 문자적 의미를 강조하고 때로는 더욱 신비적이거나 상징적인 의미를 강조한다. 예를 들어, 레위기 10:1은 나답과 아비후가 각자의 향로에 향을 피웠다고 말하는데, 바야는 그 구절에 대한 몇 가지 다른 해석들을 단순하게 나란히 열거하면서 제시한다: 먼저 *페샤트*(*pešat*, 그들은 제단에서 가져오지 않은 불을 사용했다), 다음은 *미드라쉬*(*midraš*, 그들은 술에 취했다), 그 다음은 *카발라*(*qabbalah*, 그들은 해 오던 방식대로 각자의 향로에 향을 피우지 않고 그 불 위에다 향을 피웠다)이다. 같은 시기에 그레고리우스 바르헤브라에우스(Gregorius Barhebraeus)는 시리아 성경 레위기 주석을 만들었다(*Scholia in Leviticum syriace*, 편집. G. Kerber [Leipzig: Drugulin, 1895]).

14세기의 기독교인 성경 주석들 중에 니콜라스 리라누스(Nicholas Lyranus)의 작품(*Postilla litteralis super totam Bibliam*[Lyons: Vincent, 1545])은 라쉬와 마이모니데스에 의해 전수된 랍비적 본문 해석들의 풍부한 사용으로 인해 특별한 관심을 끈다. 따라서 니콜라스의 레위기 주석은 앞선 여러 세기의 기독교 주석들과는 달리 자주 히브리어 본문의 있는 그대로의 의미에 관심을 갖는다.

14세기에 스페인의 제이콥 B. 아쉐르(Jacob B. Asher)가 오경 주석을 작성했는데, 그것은 레위기 구절들과 관련해서 라쉬와 람반에게 특별한 관심을 가졌다(*Rezmai Baal Hatturim*[Constantinople, 1500]).

아이작 B. 모세스(Isaac B. Moses, 아라마〈Arama〉로도 불린다)는 15세기의 스페인 랍비로서 철학적이고 풍유적인 설교 형식의 오경 주석(*Aqedat Yitzhiaq*[Pressburg, 1849])을 썼다. 희생제의 필요성에 대한 소고(小考) 하나가 그의 레위기 설교 중에 포함되어 있는데(레위기 랍바에 있는 한 미드라쉬〈*midraš*〉로부터 동기 부여를 받은 것이다), 거기에서 아라마는 토라의 희생들이 이방의 제의 체계들과는 달리 하나님께 유익함이 있거나 필수적인 것이 아니라 인간의 도덕적 함양으로 그들에게 유익을 주기 위함이라고 주장한다.

알론조 토스타도(Alonzo Tostado)의 레위기 주석(*Commentaria in Leviticum* [Venice: Paulinum Berti Lucensem, 1615])은 장문의 책이다.

디오니시우스 데 리켈(Dionysius de Ryckel)이 쓴 저작(*Enarrationes piae ac eruditae in quinque Mosaicae legis libros*[Cologne: Quental, 1534])의 일부분이 레위기를 해설하는 데 할애되었으며, 마찬가지로 토마스 데 비오 카제탄의 저술(Tomas de Vio Cajetan, *Commentarii ilustres in quinque mosaicos libros*[Paris: Boulle, 1539])과 다음 세기의 프란시스쿠스 바타블루스의 작품(Franciscus Vatablus, *Annotationes in Vetus Testamentum*[Paris, 1729])도 레위기에 대한 것이었다. 이들 16

세기 주석들에는 기독교의 레위기 주해에서 점차적인 히브리어 본문 사용의 증가가 반영되어 있다.

위대한 프로테스탄트 신학자 존 칼빈(Jean Calvin)은 신구약 성경 전체를 주해한 놀라운 주석가였다. 칼빈은 구약을 강해할 때 주로 그 당시의 히브리어 본문을 가지고 연구했으며, 때로는 랍비들과 동의하기도 하고 때로는 반대하기도 하면서 자주 유대 전통의 주석적 공헌들을 인정하였다. 칼빈의 레위기 연구는 그가 모세의 삶과 교훈들을 조화시킨 작업의 일부로 나타난다(영역본: J. Haroutunian & L. P. Smith[Philadelphia: Westminster, 1958]). 예를 들어, 칼빈은 먼저 어떤 레위기 구절(19:36-37과 또한 20:8 및 22:31)을 신명기에서 뽑은 다양한 구절들과 함께 출애굽기 20:1-2의 주해에 대한 후속물로 다룬다. 제8계명("도적질하지 말라")은 해당되는 레위기 본문들을 다음과 같은 순서로 주석하는 기회를 부여한다: 19:11, 13, 35, 36(도적질과 속임수); 25:35-38(고리대금의 금지); 19:15(법정에서의 공정한 재판에 관하여); 24:18, 21(배상에 관하여); 19:9-10; 23:22(가난한 사람을 위해 남겨 두어야 할 이삭) 그리고 25:39-55; 23-34(희년에 대해). 이 모든 본문들과 그것들에 대한 주석은 출애굽기, 민수기 그리고 신명기에서 가져온 다양한 구절들에 대한 주석과 얼기설기 엮어져 있다.

칼빈의 주해는 어떤 해석학적 선이해들의 한도 내에서 본문의 문자적 의미를 추구한다: 그 법은 역사적으로 고대 이스라엘에게 부여되었지만, 특별히 교회를 위해 거룩한 삶에 대한 지침을 제공한다. 어떤 상징적 해설과 동떨어진 문자적 의미가 교회에 대한 지침에 쉽게 들어맞을 경우, 칼빈은 거짓 맹세에 대한 레위기 19:12의 해설에서와 같이 스스로 평이한 주해에 국한시킨다. 그러나 유럽 기독교인 독자들에게 적실한 강해를 하기가 더욱 어려운 부분들의 경우, 칼빈은 마지못해서 레위기 11:2에서와 같이 풍유적 해석에 의존하려 한다: 정결한 음식(kosher food)이 가진 "갈라진 굽"의 특징은 "성경의 비밀들을 분별하는 작업의 신중함"에 대해 말해 주며, "새김질"은 "천상의 교리들에 대한 진지한 묵상"을 지시한다.

16세기의 또 다른 주석으로 풍유법은 단지 신중히 사용하는 가운데 문자적 의미를 강조하는 코넬리우스 젠슨(Cornelius Jansen)의 작품이 있다(*Pentateuchus sive commentarius in quinque libros Moysis*, Lyons: Beaujollin, 1677). 이 유작(遺作)은 대체로 히브리 본문으로 작업한 것이긴 해도 라틴어 레위기에 대한 교부적 견해들을 광범위하게 활용했다. 역시 페드로 세라노(Pedro Serrano)의 저작도 주목하라 (*In Levitici librum commentaria*[Antwerp: Plantin, 1572]).

17세기 초에 에브라임 룬쉬쯔(Ephraim Lunshitz)가 오경에 대한 주석서(*Keli Yakar*[Lublin, 1602])를 펴냈는데, 그것은 광범위한 유대 주석가들의 풍부한 지식을 보여 주었다. 그의 레위기 주해의 어떤 부분들은 유대교에 대항한 기독교의 논박을 분쇄하는 역할을 한다.

또한 존 로리누스의 방대한 저작(John Lorinus, *Commentarii in Leviticum* [Lyons: Cardon, 1619)과 예수회 히브리 사상가 자크 봉프레르의 오경 주석(Jacques Bonfrere, *Pentateuchus Moysis commentario illustratus*[Antwerp: Plantin, 1625])뿐만 아니라, 코넬리우스 라피데의 여러 권으로 된 성경 주석(Cornelius Lapide, *Commentaria in Scripturam Sacram*, 편집. A. Crampon[Paris: Vives, 1868])도 참고하라. 이 세 가지의 17세기 작품들 중 마지막 책은 그 이전의 중세의 주석들에서 더욱 풍미했던 성경의 사중적(문자적, 풍유적, 교훈적, 영적) 의미에 따라 히브리어 본문의 레위기를 강해하며 자주 교부들로부터 인용한다.

기독교의 레위기 주석가들 중에 히브리어 본문의 문자적 의미에 더욱 충실하게 유의하는 추세가 계속되었는데, 여기에 장 르 끌레르(Jean Le Clerc, *Mosis prophetae libri quinque*[Amsterdam: Wetstein-Smith, 1696]), 어거스틴 칼멧(Augustin Calmet, *Commentarius literalis in omnes libros Veteris Testamenti*, Latin tr. J. D. Mansi[Wurzburg: Reinner, 1789]) 그리고 E. F. K. 로센뮬러(E. F. K. Rosenmuller, *Scholia in Vetus Testamentum*[Leipzig: Barth, 1788])가 포함된다.

더욱 신비주의적인 유대식 레위기 주석 방법론이 18세기 중반에 하임 이반 아타르(Hayyim ibn Attar)에 의한 오경 주석 오르 하하임(*'Or Haḥayyim*, Venice, 1742)의 출판과 더불어 등장했다. 이반 아타르의 레위기 강해는 신비적(qabbalistic) 해석에 전형적인 간접적 표현 방식에 익숙지 않은 사람들에게는 모호하다. 유대교의 하시딤 전통이 이반 아타르의 레위기 주석을 선호해 왔다.

1770년경에 유대 성경 주석사에서 매우 영향력 있는 인물인 모세스 멘델손(Moses Mendelssohn)은 히브리어 성경의 독일어 번역판과 주석을 출판하기 시작했다. 이 기획 중 주석 부분은 멘델손이 위임한 다른 사람들에 의해 수행되었다. 그 레위기 주해는 납탈리 히르쯔 웨슬리(Naphtali Hirz Wessely)에게 넘겨졌는데, 그의 강해(멘델손이 편집함)는 18세기 후반의 더욱 비평적인 성경 연구 분위기를 반영한다(St. Peterburg: Buchdruckerei der kaiserlichen Akademie der Wissenshaften, 1852). 따라서 웨슬리는 전통적인 유대 주석가들의 견해가 어느 부분에서 적절한지를 인용하면서 역사적이며 철학적인 문제들에 깊은 관심을 기울인다.

또 다른 유대적 레위기 주석 하나는 더욱 비평적인 접근법을 보여 주는데, 샤달(Shadal) 또는 새뮤얼 데이빗 루짜토(Samuel David Luzzatto)의 저서다(*Hattorah*, vol. 3, *Vayyiqra*[Padua:Francisco Sacchetto, 1874]). 이 간략한 책은 대부분 히브리어 레위기 본문으로 구성되어 있으며, 선별된 단락들에 대한 이탈리아어 번역과 간단한 주해가 포함되어 있다.

가장 대중적인 유대 레위기 주석들 중 하나가 18세기의 러시아 유대인 마이어 라입 B. 예히엘 미카엘(Meir Laib B. Yehiel Michael〈Malbim〉)의 작업을 통해 나왔는데, 그는 구약 전체를 주석했다. 비록 말빔은 대부분의 유대 주석가들이 그렇게 하는 것처럼 유대식 레위기 주석 전통의 철저한 지식을 보여 주긴 하지만, 그 당시 최신의 주도적인 비-유대 사상가들의 저술들에 아주 정통해 있었다. 예를 들어, 사랑의 계명(레 19:18)에 대한 그의 논의는 칸트의 정언 명령의 개념에 정통했음을 반영하며, 레위기의 미드라쉬적 해석들(*Sipra*에 있는 아키바〈Akiba〉)은 칸트를 예견했다고 지적한다. 이러한 방식으로 말빔(Malbim)은 유대교 내의 증가하는 개혁파에 맞서 레위기에 대한 전통적인 유대식 이해를 주석학적으로 강화하려고 애썼다. 시종일관 말빔은 고집스럽게 문자적인 주석 방법론을 채택하여 전통적인 유대 성경 해석의 많은 부분을 특징지었던 교훈적 해석들을 벗어났다.

앤드류 A. 보나르(Andrew A. Bonar)는 장황한 레위기 주석(*Commentary on the Book of Leviticus*, 5d ed.[London: Nisbet, 1875])을 썼는데, 그것은 보수적인 프로테스탄트 해석가들 사이에 인기가 있었던 것으로 알려졌다. 보나르는 레위기의 모세 저작권을 인정하며 레위기 법제에 대한 모형론적 해석을 주장한다. 훨씬 더 광범위한 영향을 끼친 것은 카일(C. F. Keil)이 델리취(F. Delitzsch)와 함께 작업한 구약 성경 주석(*Biblical Commentary on the Old Testament*, tr. J. Martin[Edinburgh: Clark, 1872])에 포함된 레위기 주석이었다. 카일의 레위기 주석은 히브리어 본문에 대한 상세한 관심을 보여 주며, 18세기와 19세기에 대륙에서 풍미한 철학 연구의 최상의 내용을 간추려 실었다. 카일의 주석에서는 모형론이 훨씬 미약한 역할을 한다. 비록 레위기 1-5장에 대한 대체적인 견해에 있어서는 그가 분명히 레위기의 희생 제도에 대한 기독론적 해석을 허용하지만 말이다. 카일은 레위기가 모세의 손에서 온 것으로 받아들인다.

유사하게, F. 가디너(f. Gardiner)가 여러 권으로 된 「랑 성경 주석」(*Lang's commentary on the Holy Scriptures*, vol. 2 Anglo ed.[New York: Scribner, Armstrong, & Co., 1876])의 한 작품으로 쓴 레위기 주석 역시 모세 저작권을 인정한다. 이 작

품은 교리적, 실천적 그리고 수많은 본문 비평적 소견들을 포함한 비평적 문제들에 대하여 18세기와 19세기 주석가들에게 의존할 뿐만 아니라 교부들을 대단히 자주 인용한다. 또 다른 학식 있는 보수적인 프로테스탄트 레위기 주석은 조지 부시(George Bush)가 쓴 저작이었다(*Notes, Critical and Practical on the Book of Leviticus*[Chicago: H. A. Sumner & Co., 1881]). 이 광범위한 축절식 주석에서 부시는 희생의 법들이 적법한 신약의 모형론적 해석과는 별도로 "무의미한 제례들의 과도한 반복"에 지나지 않는다고 평가한다. 같은 선상에 있는 켈로그(S. H. Kellogg)의 방대한 레위기 주석(*The Book of Leviticus*[London: Hodder & Stoughton, 1891])을 참고하라.

18세기와 19세기의 몇 가지 논문들에 나타난 대로, 오경에 대한 참신한 비평적 연구는 약 19세기 중반부터 현대에 이르기까지 레위기 주석서들에 끼친 비평주의의 영향력을 보여 주기 시작했다. 1869년에 이르러, 뇔데케(Th. Nöldeke)는 제사장 서사를 확인했다. 그것은 레위기 전부를 포함했으며, 다른 고대 자료들인 J와 E와 더불어 오경 전체에 얼기설기 엮어져 있었다(*Untersuchungen zur Kritik des Alten Testament*[Kiel: Schwers'sche Buchhandlung, 1869]). P의 연대는 대단한 위세로 벨하우젠(J. Wellhausen)에 의해 포로기 이후로 주장되었으며, 그로 인해 레위기의 모세 저작권은 많은 사람들에 의해서 질문이 필요 없게 되었다(*Die Composition des Hexateuchs und der historischen Bücher des Alten Testaments*, 2d ed.[Berlin: G. Reimer]). P에 대한 비평적 분석은 나아가 레위기 내에 있는 어떤 문학적 구성물들을 찾아내어 분리시켰다. 1877년에 클로스터만(A. Klostermann)은 레위기 17-26장을 독자적인 한 단위로 확인했으며, 그것을 성결법전(Holiness Code)이라 이름붙였다("Beitäge zur Entstehungsgeschichte des Pentateuchs," *ZTK* 38[1877] 401-5). 그 명칭은 이 레위기 장들에 여러 차례 나타나는 "나 여호와 너희의 하나님은 거룩하니 너희도 거룩하라"는 형식문에서 유래한 것이었다. 레위기에 있는 비-모세적 문학적 산물인 H와 P의 관점은 점점 많은 주석들에서, 특별히 20세기에 들어와 지지를 받는 견해가 되었다.

1880년에 딜만(A. Dillmann)은 쿠르쯔게파스테스 구약 성경 주석 시리즈(Kurzgefasstes exegetisches Handbuch zum Alten Testament series)를 위해 크로벨(A. W. Krobel)의 1857년도 출애굽기와 레위기 주석의 개정판을 만들었다. 딜만은 나중에 이 작품을 리셀의 저작(*Die Bücher Exodus und Leviticus*[Leipzig: Hirzel, 1897])으로 보완하여 증보판을 내놓았는데, 20세기로 이어지는 수십 년 동안 유럽

에서 레위기의 비평적 주석에 상당한 영향을 끼친 신중하고 상세한 책이었다.

역시 다음 주석들을 참고하라: 헤르만 L. 스트랙(Hermann L. Strack)의 출애굽기-레위기-민수기 주석(*Die Bücher Exodus-Leviticus-Numberi*, Kurzgefasster Kommentar[Munich: Beck, 1894]), 프란쯔 본 훔라우어(Franz von Hummelauer)의 출애굽기와 레위기 주석(*Commentrius in Exodum et Leviticum*[Paris: Lethielleux, 1897]), 알프레드 버톨렛(Alfred Bertholet)의 레위기 주석(*Leviticus*, Tübingen: Mohr, 1941), 브루노 바엔취(Bruno Baentsch)의 출애굽기, 레위기, 민수기 주석(*Exodus, Leviticus, Numeri*[Göttingen: Vandenhoeck & Ruprecht, 1903]), 그리고 데이비드 호프만(David Hoffmann)의 두 권 짜리 레위기 강해집(*Das Buch Leviticus übersetzt und erklart*[Berlin: Poppelauer, 1905 &1906]). 호프만의 저작은 에리히(A. B. Erlich)의 것(*Randglossen zur hebräischen Bibel*, vol. 2[Leipzig: Hinrichs, 1909])과 더불어 가장 충실한 분량의 최신 유대 레위기 해석을 보여 주었는데, 그것은 예리하게 독창적이고 학식 있는 주석을 하면서 전통적인 랍비적 견해들을 일정하게 활용한다. 에리히는 자주 히브리어 본문의 교정을 제안한다.

레위기에 대한 간략한 주석이 드라이버(S. R. Driver)와 화이트(H. A. White)에게서 나왔는데, 그것은 하우프트의 히브리어 다색 성경(*Hebrew Polychrome Bible* [ET: London: Clark, 1898]) 중 한 권이었다. 그것은 다양한 문학적 자료들(H, P, 후대의 삽입)을 나타내기 위해 항목별로 색깔 표시를 한 영어 번역을 보여 준다. 그 책은 레위기 각 장에 대한 역사적이고 철학적인 주해를 포함한다. 비슷한 자료비평적 입장에 나란히 서서, 케네디(A. R. S. Kennedy)는 1910년에 새 시대 성경(New Century Bible)을 위한 주석을 썼는데(Leviticus-Numbers[New York: Oxford, 1910), 그것은 1914년에 채프만(A. T. Chapman)과 스트리안(A. W. Streane)이 케임브리지 성경(Cambridge Bible)을 위한 레위기 주석에서 그렇게 했던 것과 마찬가지로 히브리어 본문에 대한 간단한 설명만을 제공한다.

아빙돈 성경 주석(*The Abingdon Bible Commentary*[New York: Abingdon, 1920], 278-97)에 있는 노쓰(C. R. North)의 레위기 주석은 레위기의 더 큰 부분들에 대한 간결한 설명을 제공하는데, 레위기 내의 P와 H를 후대의 비-모세적 문학 작품들로 여기는 견해가 표준적인 비평적 관점이 되기에 이르렀다는 것을 반영한다. 로프트하우스(W. F. Lofthouse)가 피크 성경 주석(*Peake's Commentary on the Bible*[London: Thomas Nelson & Sons, 1937] 196-212)에 기고한 레위기 해설도 역시 마찬가지다. 로프트하우스는 레위기 11-14장에 관하여 제의적 정결에 관한 짤막한 비교 인류학적 소견을 포함시킨다. 역시 빌렌의 구약성경(Beelen's Het Oude Testament[Brugge: Beyaert, 1934])에 포함된 쿼팡의 레위기 개요(F. L. Ceuppens, *Het boek Leviticus*)와 보너 성경(Bonner Bible[Bonn: Hanstein, 1935])에 있는 폴 하이니쉬의 레위기 개요(Paul, Heinisch, *Das Buch Leviticus*)를 참고하라.

1940년에 나온 누르체의 레위기 주석(A. Noordtzij, *Het boek Leviticus*[Kampen: Kok, 1940])은 특별히 주목할 만한 보수적인 프로테스탄트의 레위기 주석으로 최근에 영어로 이용할 수 있게 되었다(*Leviticus* translated for The Bible Student's Commentary by R. Togtman[Grand Rapids, MI: Zondervan, 1982]). 누르체는 레위기에 담긴 내용들의 많은 것들을 광야 시대까지 추적하지만 이스라엘이 구약 시대를 지내오면서 기본적인 모세 율법의 본체에 추가했을 가능성을 인정한다. 또한 이 네덜란드 학자는 포로기 이후의 두드러진 유대 사회 구조는 왕정 체제가 아니었다는 것을 지적한다. 그의 주석은 고대 사람들의 의식(意識)에 대한 명석한 소견들을 제공하는데, 그 의식은 종교와 예배에서 나타나며 레위기의 제의 법규들의 목적과 관련되어 있다.

다른 국제적 주해들에 포함되는 것들은 다음과 같다: 바커리의 레위기 강해(Alberto Vaccari, *Levitico tradatto connote in La Sacra Biblia del Pontificio Instituto Biblico*[Florence: Salani, 1943] 275-340), 클레머의 레위기-민수기-신명기 주석(A. Clamer, *Levitique, Nombres, Deuteronome*, vol. 2 of L. Pirot's Saints Bible [Paris: Letouzey et Ane, 1946] 1-207), 기스펜의 구약 레위기 주석(W. H. Gispen, *Het boek Leviticus verklaard for the Commentar op het Oude Testament*, ed. G. Aalders, W. Gispen, and J. Ridderbos[Kampen: Kok, 1950]) 그리고 쉬나이더의 모세의 책 2-5권: 레위기(Heinrich Schneider, *Das 2-5 Buch Moses: Leviticus*, for F. Notscher's Das Alte Testament[Wurzburg: Echter-Verlag, 1952]).

미클렘(Nathaniel Micklem)은 인터프리터 성경 제2권(*The Interpreter's Bible*, vol. 2[Nashville: Abingdon-Cokesbury, 1953] 1-134)에 레위기에 대한 주해와 교훈적 단원들을 작성했다. 새이든(P. P. Saydon)은 가톨릭 성경 주석(*A Catholic Commentary on Holy Scripture*, ed. B. Orchard, E. F. Sutcliffe, R. C. Fuller, R. Russell[London: Thomas Nelson, 1953] 229-44)에서 레위기를 주해했다.

1962년에 마틴 노트(Martin Noth)가 레위기 주석을 썼는데(*Das dritte Buch Mose, Leviticus* in the Alte Testament Deutsch series[Göttingen: Vandenhoeck & Ruprecht, 1962]), 3년 후에 그 책을 영어로 볼 수 있게 되었다(*Leviticus: A Com-*

mentary, tr. J. E. Anderson, OTL[Philadelphia: Westminster, 1965]). 칼 엘리거(Karl Elliger)는 HAT에 방대한 레위기 주석을 내놓았다(*Leviticus*, Tübingen: Mohr[Siebeck], 1966). 엘리거의 저작은 레위기에 포함된 최신의 문학적 자료들에 대한 매우 철저한 분석을 제공한다. 20세기의 오경에 대한 비평적 연구는 대체로 기본 서사(basic narrative)와 의식적 법규들 사이에서 나타나는 제사장 자료의 특징을 계속 주장해 왔다. 레위기에서 일차적인 서사(종종 "Pg"로 표기한다)는 아론과 그의 아들들의 성별식을 보고하는 8-10장에서 시작되는데, 그 의식은 출애굽기 39장에서 발견되는 바, 그 앞의 제사장적 서사 문단에 있는 신적 지시들을 따라 거행되었다. 레위기 16장 역시 많은 사람들에 의해 Pg에 속한 것으로 간주된다. 레위기 1-7장의 의식법들과 11-14장의 정결법들은 나중에 포로기나 포로기 이후의 편집자들에 의해 서사에 삽입된 것이라고 주장된다. 엘리거의 주석은 레위기 1-7장 속의 추가물들에 두 가지의 주요 문학적 작업의 손길이 있음을 확인해 준다(Po^1과 Po^2). 엘리거는 정결법 장들(chapters)의 배후에는 동일한 문학적 작업 과정이 있었다고 보지 않고, 오히려 그것들을 다소간에 주제적으로 나열된 전혀 다른 제사장적 정결 규정들의 총합이라고 생각한다. 엘리거는 레위기 17-26장의 성결법전에 네 가지 문학적 층을 할당한다(Ph^1-Ph^4). 많은 학자들은 H를 레위기 1-16장과 무관한 독자적인 편찬물이었다고 생각한다. 엘리거는 H가 더 오랜 시기인 포로기 이전의 제사장 전승들의 많은 부분을 통합시켰으나 P를 증보할 목적으로 포로기 이후에 문학적 형식을 취했던 것으로 간주한다. 대부분의 학자들은 레위기 27장에 대해서는 훨씬 더 늦은 추가물이라고 여긴다.

노트의 작업처럼 전승사적 접근에서든, 아니면 엘리거처럼 문학 비평적 관점에서든 20세기의 비평적 주석들은 대체로 레위기가 왕정 이후의 이스라엘 역사 속에서 뒤얽힌 전승 과정의 결과라는 견해를 공유한다.

뛰어나면서도 간결한 레위기 주석은 성경 전체를 한 권으로 주해한 펄리(R. J. Faley)의 제롬 성경 주석(*The Jerome Biblical Commentary*[Englewood Cliffs, NJ: Prentice Hall, 1968] 67-85)과 밀그롬(Jacob Milgrom)이 쓴 성경 주석(*The Interpreter's One Volume Commentary on the Bible*[Nashville: Abingdon, 1971] 68-84)에서 발견할 수 있다. 이 저작들은 레위기에 대한 최근의 연구 경향을 반영하는데, 바로 제의적 자료의 많은 것들이 고대 이스라엘의 초기 시대에서 비롯되었다고 설명하고 있다는 점이다. 비록 P 학파가 그것들을 포로기 이후에 문학적으로 배열했다고 말하지만 말이다.

현대의 더욱 짧은 주석들로는 다음과 같은 것들이 포함된다: 메이즈의 레위기 주석(J. L. Mays, *The Book of Leviticus*, vol. 4 of The Layman's Bible Commentary [Richmond: John Knox Press, 1963]), 스네이스의 레위기와 민수기 주석(N. H. Snaith's *Leviticus and Numbers*, CBC[London: Nelson, 1967]), 번스의 출애굽기-레위기-민수기 주석(Rita J. Burns, *Exodus, Leviticus, Numbers* in the Old Testament Message series[Wilmington, DE: Michael Glazier, 1983]).

최근에 프로테스탄트 학자들에 의한 몇 권의 주석서가 나타났는데, 그들은 히브리어 본문을 역사적으로, 그러나 현대의 기독교인 레위기 독자들에게 적실성을 갖도록 주해하는 참신한 관심을 보여 주었다. 고든 웬함(Gordon J. Wenham)은 *NICOT* 시리즈의 레위기 주석을 썼는데(*The Book of Leviticus*[Grand Rapids: Eerdmans, 1979]), 그것은 유행하던 모형론적 해석을 하지 않으면서 법규들에 대한 기독교적 이해의 눈을 가진 충실한 주석을 제공한다. 웬함은 모세 저작권을 고집하지 않지만, 레위기의 연대를 포로기 이후라고 인정하지 않는다. 해리슨(R. K. Harrison, *Leviticus: An Introduction and Commentary* for the Tyndale Old Testament Commentary series[Downers Grove, IL: Inter-Varsity Press, 1980])은 모세 저작권을 옹호한다. 웬함과 해리슨은 둘 다 고대 사회의 의식(儀式)에 대한 최근의 인류학적 연구들을 이용했다. 특별한 기독교 신학적인 레위기 주해에 대한 관심은 나이트의 주석도 마찬가지인데(G. A. F. Knight's *Leviticus* in The Daily Bible Study Series [Philadelphia: Westminster Press, 1981]), 그것은 일부 레위기 자료에 대한 모세적 기원을 허용한다.

레위기에 대한 가장 최근의 주석은 렌토르프(Rolf Rendtorff)에 의해 쓰여져 BKAT 주석 시리즈에 포함되어 있는 것이다. 그것은 현재까지 레위기 1:1-5:26 (6:7)까지 다루고, 또한 1-7장에 대한 서론을 제공하는 서론격의 두 개의 분책(分冊)만 쓴 상태다(Neukirchen-Vluyn: Neukirchener, 1985).

레위기 해석사는 본문의 평이한 이해 혹은 유대 학자들이 *페샤트*(*pešat*, 히브리어로 "평이한, 평범한"이란 뜻 – 역자주)라고 부르는 것에서 출발점을 갖는다. 성경 시대(biblical period) 동안의 어떤 시점에서 레위기의 제의적 · 사회적 법규들은 실질적으로 페샤트 이상의 다른 의미를 갖지 않았다. 그러나 우리가 살펴본 대로 일찍이 주전 100년경에 평이한 의미는 많은 유대인들에게 여러 가지 문제를 안겨 주었으며, 따라서 페샤트와 병행하여 풍유적인 해석들이 등장하게 되었다. 영적인 혹은 풍유적인 해석은 계속해서 기독교 레위기 주해에서 선호되는 방법론이 되었다.

특히 기독교 주석가들이 레위기 본문들을 각자의 시대의 윤리적이고 사회적인 쟁점들에 적용하려 했을 때 그러했다. 그렇지만 유대인들은 이윽고 풍유법을 내던지고 처음에 시프라(*Sipra*)에서 보았던 것처럼 미드라쉬(*midraš*)를 통해 레위기의 페샤트(*pešat*)를 확대하기를 배웠으며, 이것은 최근까지 유대인의 실존을 위한 그들의 일차적인 레위기 주해의 접근법으로 남아 있다.

미드라쉬, 풍유법, 모형론은 18-19세기 이후 성경 해석에서 역사 비평론이 점차 지배하기 이전에 이미 레위기의 의미 있는 해석을 위한 가치를 상실하기 시작했다. 질문되어야 할 사안들이 조정되었다. 하나님 앞에서의 실존을 위해 레위기의 의미를 배우려고(이러한 방법들은 고대 이후로 충분할 만큼 많았다) 주석가들은 점차적으로 비평적으로 고찰된 페샤트(*pešat*)로 회귀해야 했다. 현대 주석가들에게 이것은 여러 가지 질문, 즉 저작권과 문학적 자료들, 삶의 정황 그리고 인류학적이며 종교사학파적 쟁점에 대한 질문 등을 수반한다. 그리하여 유대적이든 기독교적이든 대부분의 현대 레위기 주석들은 거의 풍유법이나 미드라쉬적 해석을 시도하지 않으며, 단지 우리는 이따금씩 열정적으로 모형론적인 해석을 하는 최근의 주석가들을 보게 될 뿐이다.

따라서 요즈음 레위기 주석가들은 페샤트(*pešat*) 주변에 머물러 있으며, 현대의 주석들은 보통 두 가지 범주 중의 하나에 속한다. 먼저, 현대의 비평적 방법론들(자료 비평, 양식 비평, 전승 비평 등)이 찾아낼 수 있는 페샤트(*pešat*)의 가장 명백한 의미의 제시에 일차적 관심을 두는 사람들이 있다(Noth, Elliger, Rendtorff). 다음으로, 보통 기독교 주석가들이 현대의 신자들을 위해 페샤트의 신학적 · 도덕적 적실성을 규명하는 데 목적을 두고 쓴 저작들이 있다(Knight, Wenham, Harrison).

덧붙임: 레위기에 대한 두 권의 저술이 최근에 등장했다. 레빈(B. Levine)은 유대 출판 협회에서 출간한 JPS 토라 주석(The JPS Torah Commentary published by The Jewish Publication Society[1989])의 하나로 레위기 주석(*Leviticus* ויקרא – 봐이크라)을 썼다. 이것은 대단히 깔끔하고 명쾌한 주석이다. 이 책은 한쪽 단에는 레닌그라드 사본(Leningrad Codex B 19^{A})이 수록되어 있고, 그 옆에 있는 단에는 NJPS 번역을 담았다. 레빈은 고대 중동의 비교 자료들과 풍부한 랍비 전통들을 수록함으로써 본문을 보는 통찰력을 제공한다. 그 책은 중요한 주제들에 대한 11개의 부록들로 더욱 가치를 높인다. 해리스(R. L. Harris)는 얼마 전에 존더반 출판사(Zondervan Publishing House)에서 출간한 NIV 성경 주석(*The Expositor's Bible Commentary with the New International Version of the Holy Bible*, 1990)에 "레위

기"를 썼다. 보수적이고 복음주의적 관점에서 쓰여진 이 훌륭한 저작은 방대한 서론을 제공한다.

레위기의 메시지

레위기의 메시지는 성경 신학에 중요하다. 왜냐하면 그것은 하나님의 백성이 어떻게 거룩한 하나님과의 관계를 유지할 수 있는지에 대한 기초적인 논점을 전해 주기 때문이다. 이 레위기 주석 전반에서 각 본문의 신학적 토론이 "주석"과 "해설" 항목에서 수행된다. 해당 자료에 어떤 통일성을 주기 위해, 또한 독자들이 상세하게 설명된 주석과 해설에 쉽게 접근하도록 돕기 위해 몇 가지 핵심적인 주제들에 대한 간략한 소고(小考)가 여기에 제시된다: 거룩, 하나님의 임재, 언약, 희생 그리고 레위기와 신약.

1. 거룩

레위기에서 여호와께서는 자신을 이스라엘에게 그들의 거룩한 하나님으로 알리신다. 거룩은 여호와의 여러 다른 속성들 중의 하나가 아니다. 오히려 그것은 여호와의 하나님으로서의 근원적인 본성이다. 이것은 그분의 이름이 거룩하다는 선언에 의해 지지된다. 왜냐하면 아히로트(Eichrodt)가 말한 대로, [하나님의] 본성과 사역(operation)은 그 신적인 이름에 집약되어 있기 때문이다(*Theology of the OT*, 1:274). 그러므로 거룩은 여호와를 다른 모든 피조물로부터 구별시킨다(삼상 2:2). 여호와께서 자신을 나타내실 때, 그분의 거룩은 가시적인 영광스러운 모습으로 드러난다. 프리젠(Vriezen)은 카보드(כבוד, "영광")를 "방사되는 그의 존재의 권능"(the radiant power of His Being: *An Outline*, 150)으로 정의한다. 반 임슈트(van Imshoot)의 말을 빌자면(*Theology of the OT*, 47), "영광은 거룩과 동일하지 않다. 그것은 거룩에 내재되어 있는 권능을 강조한다. 나아가 영광은 흔히 여호와 자신의 권능과 거룩의 외적인 현시다. 반면에 거룩은 항상 여호와의 내밀한 본성을 의미하며, 흔히 형식상으로 영광의 개념에 포함되지 않는 도덕적 양상을 갖는다." 그러므로 "거룩"은 여호와의 내적 본성을, "영광"은 그분의 외적 출현을 지시한다. 그분의 거룩이 "세상 위의 그분의 절대적 권능"을 함축하기 때문에(Vriezen, 151) 자연 속의 엄청난 격동이 하나님의 출현에 동반된다.

여호와께서 그 처소에서 나오시고 강림하사
　　땅의 높은 곳을 밟으실 것이라.
그 아래서 산들이 녹고
　골짜기들이 갈라지기를
불 앞의 밀 같고
　비탈로 쏟아지는 물 같을 것이니(미 1:3-4; 참조. 삿 5:4-5).

그러한 현시 속에서 여호와는 진실로 "거룩 중에 위엄스러우시고 장엄한 행위들 중에 거룩하시다"(출 15:11; 참조. Henrix, *ErbAuf* 65[1989] 178-79). 거룩한 하나님의 목격이 경외심을 불러일으키고 동시에 두렵고 떨린다는 것은 이상할 것이 없다(9:23-24). 인간은 두려움 중에 뒤로 물러나거나, 아니면 회개의 예배 중에 경배를 드린다. 그분의 영광은 소멸시키는 것이기 때문에, 하나님께서는 자신을 섬기고 예배하는 사람들을 보호하기 위해 구름과 깊은 어둠 속에 자신을 감추셔야만 한다(시 97:2-3).

거룩하신 여호와는 "열정 있는"(קַנָּא - 카나) 하나님이시다(신 4:24). 그분의 열정은 창조와 구원의 동기가 된다(사 48:9-11). 반대로 그분은 배척당하실 때는 바로잡아 주시며 징벌을 내리신다(26:14-39). 카나(קַנָּא)는 또한 "질투"를 함축한다. 그것은 "바로 그 성품의 심연에서 솟구치는 감정이다: 열정에 관한 한 여호와는 가능한 한 최고에 이르신 분이시다"(von Rad, *OT Theology*, 1:207). 여호와는 자신의 완전한 하나님 되심에 열정이 있기 때문에 배타적인 예배를 요구하신다. 그래서 십계명의 첫 번째 계명은 이스라엘 다른 신을 두지 말라고 명령한다(출 20:3). 이 문제에 대해 폰 라드는 말하기를, "여호와의 열정은 그분이 단지 이스라엘을 위한 하나님이기를 원하시며, 또한 예배와 사랑에 대한 자신의 요구를 그 어떤 다른 신적 세력과 나누려 하지 않으신다는 사실에 놓여 있다"(1:207-8)고 한다. 즉 여호와의 거룩한 본성은 그분으로 하여금 자기 백성이 다른 신이나 대상을 섬기는 것을 참지 못하게 할 것이다(19:4; 26:1). 불경죄는 이와 동일한 관점에 포함된다. 하나님을 거스르는 맹세는 오만의 극치이며, 그분의 이름을 헛되이 사용하는 것은 그분의 거룩한 성품에 대한 모독이다. 그러므로 불경죄는 죽음의 형벌을 불러올 만큼 주권자이신 주님에 대한 뻔뻔한 모독이다(24:10-23).

오직 여호와만이 본질상 거룩하시기 때문에, 어떠한 사람이나 사물도 단지 그가(그것이) 그분과 관련되어 있을 때만 거룩하다. 그러므로 물품이나 사람의 여호와에 대한 접근성에 의존하여 거룩의 등급이 존재하게 된다. 거룩의 등급은 회막과 구약 예배의 형식에 대한 묘사에서 분명하게 증거된다. 사람이나 사물이 하나님께 가까이 갈수록 그것은 더 거룩해지며, 또한 반드시 더 거룩해야 한다. 그렇지 않으면, 그것은 그분의 거룩에 의해 소멸되기 때문이다. 거룩의 등급은 광야의 진에 대한 묘사에서 드러난다.

지성소(가장 거룩한 곳)	대제사장
내성소(거룩한 곳)	제사장
번제단	레위인
마당	예배를 위한 회중
진	회중과 거주하는 이방인
진 밖	일시적으로 부정한 사람들
진 밖 먼 곳	지속적인 부정함을 가진 사람들
광야	아사셀, 악귀들, 매우 부정한 짐승들과 새들

(참조. E. Leach, *Culture and Communication*, 84-87)

진 중앙에는 성소가 있었다. 그 구역은 거룩했다. 성소 안에는 회막이 세워져 있었다. 그것은 두 구획으로 나누어져 있었다. 앞 마당은 매우 거룩했다. 성소의 가장 깊숙한 부분, 즉 여호와께서 현존하시는 지성소는 "거룩들 중의 거룩", 다시 말해 가장 거룩한 장소였다. 진 자체는 속되었던 반면, 광야는 진에서 가장 먼 영역이며 사악한 영들의 거주지로 두려운 장소였다. 거룩의 등차는 회중의 서열에서도 반영되었다. 백성들은 거룩했다(출 19:4-6). 그러므로 그들은 이웃 백성들보다 더 높은 규범을 따라 살아야 했다(18:2-5, 24-30). 그들은 진 안에서 살았으며, 의식적 정결 상태에 있을 때 성소 마당에 들어갈 수 있었다. 제사장은 더 거룩해서 제단에서 섬길 수 있었으며, 직무 수행이 요청될 때 성막의 거룩한 구역에 들어갈 수 있었다. 따라서 그들은 회중보다 더 엄격한 규범을 따라 살아야만 했다. 특별히 제사장의 결혼 대상과 부정을 타게 하는 죽은 자에 대해서 그러했다(21:1-7). 공동체의 가장 거룩한 구성원이었던 대제사장은 훨씬 더 높은 규범을 따라 살아야 했다. 그는 처녀와 결혼해야 했으며, 아마도 자신의 아내가 죽는 경우를 제외하고는 어떤 사람의 시체로도 스스로를 더럽혀서는 안 되었다(21:10-15). 단지 대제사장만이 특별한 때에 한해서 지성소에 들어가도록 허용되었다(16:1-2). 여호와께서는 제사장들의 거룩한 신분을 확증하셨다. 왜냐하면 그분께서 대제사장(21:15)과 모든 제사장들(22:9, 16)을 거룩하게 만들었다고 말씀하셨기 때문이다. 반대로, 지속적인 부정함을 지닌 사람은 진 밖에서 살아야 했다. 아사셀을 위한 염소와 같이 불결한 것은 광야로 추방되어 거기서 죽었다.

나아가 육상 동물의 분류는 회중의 등급과 병행을 이룬다: 오직 흠이 없는 크고 작은 가축만이 제단에 드려질 수 있었다(1:2; 22:18-29). 이스라엘 족속은 약간 더 큰 반추 동물 종류를 먹도록 허용되었다(11:2-8). 그들을 위해 일할 수 있었던 동물들, 즉 낙타나 말과 같은 것들은 좀더 큰 종류였다(참조. Milgrom, "Ethics and Ritual," in *Religion and Law*[Winona Lake, IN: Eisenbrauns, 1990] 179-80). 어떤 동물들, 특히 육식을 하거나 사체를 먹는 것들은 이스라엘 족속에게 혐오스러운 것으로 간주되었다.

거룩/세속의 양극에 기반을 둔 법들은 거룩의 의미에 한층 더 통찰력을 제공한다. 어떤 장소나 물품은 여호와의 존전에 있기에, 아니면 그에게 바쳐진 것이기에 거룩했다. 속된 것은 영속적인 의의를 지니지 않은 일상적인 인간 활동의 영역이었다. 세속은 정/부정에 관한 법들로 통제되었다. 정결한 것은 세속의 영역에 거주할 수 있었다. 부정한 것은 무엇이든지 규정된 시간 내에 의식적으로 정하게 되거나 진 밖으로 제거되어야만 했다.

사람들은 의식적 정결 상태에서만 여호와께 예배드리러 성소에 들어올 수 있었다. 이것은 사람들이 매일의 일상적인 삶의 과정 속에서 어쩔 수 없이 부정하게 되기 때문에 중대한 사안이었다. 이 시점에서 부정결의 등급이 있었다는 것을 언급하는 것은 중요하다. 그 등급은 보통 무언가가 어떤 것을 부정하게 만든 시간의 길이로 매겨졌다. 사람은 하루, 한 주, 몇 주 혹은 불확실한 기간 동안 부정해질 수 있었다. 그것은 부정결의 강도에 달려 있었다. 예를 들어, 부정한 동물의 사체와 정상적인 신체의 성적인 유출과의 접촉은 사람을 저녁까지 부정하게 만들었다(예를 들어, 11:27-28, 31; 15:16-18). 가장 길게 규정된 부정의 기간은 여자가 출산할 때 적용되었다. 여자가 남아를 낳으면 40일, 여아를 낳으면 80일 동안 부정하게 되었다(12:2-5). 기간이 불분명하면서 지속되는 부정결은 생식기로부터의 비정상적인 유출로 인해, 혹은 심한 피부 질환에 의해 발생되었다(예를 들어, 13:46; 15:3, 25). 부정한 것들은 어떤 부분에서 불완전하거나, 혹은 죽음의 그림자가 드리워졌다. 사람이 죽음에 가까이 접근할수록 부정결은 더욱 짙어지거나 심해졌다.

의식적 부정결은 몇 가지 방식에서 발생할 수 있었다. 그것은 죽은 동물의 처리와 같이 그렇게 필연적으로 해야 할 자질구레한 일로 인해 발생할 수 있었다(11:24-28). 정액의 유출과 월경을 포함한 몇 가지 자연적인 현상들은 사람을 부정하게 만들었다(15:16-23). 그러므로 그 누구도 잠시 동안 부정하게 되는 것을 피할 수 없었다. 일시적인 부정에는 어떤 위험이나 치욕도 없었다는 것을 강조하는 것이 중요하다. 그런 조건은 일상의 삶에 놓인 지배적인 장애물이었다. 이러한 정결법의 주요 관심은 부정한 사람은 누구든지 성소 마당에 들어가지 않는다는 것을 분명히 해두려는 것이었다. 힘과 위험은 부정결이 아닌 거룩에 수반되었다. 거룩한 것은 자기 앞에 다가오는 그 어떤 부정한 것이든지 소멸시켰다.

사람이 일상의 반복되는 삶의 과정 속에서 부정하게 될 때마다, 그가 진영 내에서 계속 살기 위해서는 정결하게 되도록 규정된 의식들을 수행해야만 했다. 온건한 부정결의 경우에 그 사람은 단지 저녁까지(예를 들어, 11:24, 31), 즉 새 날이 시작될 때까지 기다리면 되었다. 좀더 심각한 부정결의 경우에는 당사자가 목욕을 하고 저녁까지 기다려야만 했다(11:25; 15:5-8). 이러한 정결 의식이 계속해서 회중에게 상기시켜 준 것은 성소에 올라오기를 원하는 모든 사람들이 거룩한 구역에 들어가기 위해 스스로 준비해야 한다는 것이었다. 그들이 무심코 하나님의 현존 앞에 들어간다는 것은 감히 상상할 수 없었을 것이다. 의식적(儀式的)으로 자신을 준비함으로써, 그들은 하나님께서 예배 받으실 것을 기대하면서 확신을 가지고 그분의 면전에 가까이 나아갈 수 있는 상태에 있게 되었다.

만일 사람이 의식적으로 정결하게 되는 단계를 밟지 않을 경우 부정하게 된 상태로부터 심각한 결과가 초래될 수 있었다. 시간이 지난 후에는 그런 실패가 고의적인 것으로 간주되었다. 그 사람은 다시는 하나님 앞에 들어가고 싶은 마음이 도무지 없다고 선언하고 있는 셈이다(참조. 17:16). 따라서 그 죄 값은 제명되는(끊어지는) 형벌이었다.

의식적 정결에 관한 법들은 고대 이스라엘 공동체 안에서 거룩한 것을 속된 것으로부터 분리시킬 필요를 규정지어 주었다. 사실상 분리는 거룩의 중대한 차원이다. 거룩한 것은 무엇이든지 일상적인 영역에서 제거되어 하나님께 분리되어 놓여 있어야 한다. 이 과정은 성화라고 불린다(참조. 27:14-27). 거룩한 나라가 되기 위해 이스라엘은 자신을 다른 나라들과 분리시켜야만 했다. 특히 이웃 나라가 추구하는 모든 형태의 우상 숭배와 부도덕으로부터 그러해야만 했다(18:2-5, 24-25; 20:23-26). 밀그롬(Milgrom, "Ethics and Ritual," 188)은 이러한 요구에 대한 이유를 명확하게 지적한다. "부정결은 말할 것도 없이, 부도덕의 본질은 우상 숭배자들의 제의 탓으로 돌려진다." 피를 먹지 않는 것과 같은 그런 제의법들과 음식법들은 이스라엘을 이웃들로부터, 특히 그들의 제의 행위들에 참여하는 것으로부터 차단시키는 역할을 했다(20:24-25). 서로 다른 월력(月曆)은 실질적으로 이스라엘이 자신들의 절기를 이웃 나라의 절기와 융합시키지 못하게 만들었다. 이러한 분리는 더 높은 목적, 즉 이스라엘이 거룩하게 될 목적을 성취하기 위한 것이었다.

이스라엘은 모든 형태의 점술과 사술(邪術), 그리고 마법 행위를 피하라는 진지한 명령을 받았다(19:3, 26; 26:6, 27). 하나님께 가장 역겨운 것은 몰렉 신에게 자녀를 희생으로 드리는 행위였다. 이러한 희생 제사는 성소를 불결하게 만들고 동시에 하나님의 이름을 더럽히는 일이었다(20:3). 사술(邪術)에 수반되는 행위들에는 종종 아무런 성스러운 특징이 없는 공간이 연루되었다(20:2-5; 사 65:2-3, 7). 마법 행위는 죽음에서 중단되는 생명, 미래 그리고 보이지 않는 세계에 대한 여호와의 독점적인 주권을 부정했다. 그런 행위들은 잡신들을 초월한 어떤 물질적 세력, 즉 비인격적일 뿐더러 비인격적인 수단으로 조종될 수 있었던 세력이 존재한다는 전제를 기초로 이루어졌다(Y. Kaufmann, *The Religion of Israel*, 23-24). 그러나 인격적인 하나님이신 여호와는 마술적 수단을 통해서가 아니라 말씀 안에서 가까워지는 분이시다.

이쯤에서 다른 측면을 살펴보는 것이 유익할 것이다. 대부분의 이 시대의 독자들은 레위기의 법과 규정들이 무미건조하고 지루하다는 것을 보게 된다. 폰 라드(von Rad)의 통찰력 있는 인용은 이 법들이 고대 이스라엘 사람들에게 생명 없는 것이 아니었다는 것을 지적한다.

> 두 가지 상반된 영역인 정결과 부정결 사이의 접선 부분은 전혀 고정되어 있지 않았다－그것은 일상 생활, 특히 평신도의 생활 전반에서 불규칙하게 움직이는 하나의 전선(戰線)이었다. 학개는 한 개인의 매일의 가정 생활 속에서 일어나는 한 가지 사례를 보존하여 매우 유익한 정보를 전해 준다(학 2:10-23). 성별된 고기와 접촉하게 된 보통 음식은 그로 인해 거룩하게 되었을까? 제사장의 답변은 그것이 아니라는 것이다. 두 번째 질문이 이어진다. 만일 사체와 접촉하여 부정을 탄 어떤 사람이 그것을 만진다면, 그것은 부정하게 될까? 답변은 그렇다는 것이다. 우리는 두 질문 배후에 한 가지 문제가 놓여 있다는 것을 볼 수 있다. 인간의 삶은 두 영역 속에서 영위된다. 부정한 것의 잠재력이 거룩한 것보다 더 크다는 사례들이 있다. 그러나 다른 경우들에 있어서, 이를테면 대속(expiation)의 모든 과정에서 그런 것처럼 거룩이 더 강력하다. 이 질문들은 사실 관계를 면밀히 따져 보자는 것이 아니었다. 반대로, 개인의 삶 속에서 끊임없이 신앙고백의 상황(status confessionis: 이 용어는 주로 교회사 토론이나 기독교 윤리학에서 불신앙적 도전들이 있을 때 이를 저지하기 위한 분명한 신앙고백이 요구되는 상황을 지칭한다－역자 주)이 발생했다는 것이다. 바로 그 상황 속에서 이런저런 방식으로 내려진 결정들에 잠재적으로 유대교 전체와 하나님 앞에서 개인의 제의적 실존 전체의 문제가 달려 있었다(*OT*

Theology, 1:273).

이 정결법은 무수한 일상의 문제들을 통제함으로써 거룩의 개념을 사람들의 사회적 관념 속에 스며들게 만들었다. 정결한 것, 즉 깨끗하고 완전하고 바른 것은 거룩한 것과 일치하고, 반면에 부정한 것은 불완전하고 혼동되고 거짓된 것이다. 일상에서의 의식법 준수를 통해 사람은 자신을 거룩하게 만들고, 도덕법과 잘 어울리는 고결한 성품을 발달시킨다(Milgrom, "Ethics and Ritual," 188). 밀그롬은 윤리와 제의가 복잡하게 얽혀 상호 결합되어 있다고 강조한다. "성경적 관점에서 볼 때, 만일 십계명이 정례적으로 준수되는 의식에 뿌리박고 있지 않다면, 그것은 실패로 돌아갈 것이다. 가정과 식탁에서 중심적 위치에 놓여 있으며 감각과 지성 모두에 영향을 주고 그에 따라 반사 작용을 일으켜 윤리적 행동 방식에 이르게 하는 그 의식에 말이다"(191).

거룩에 내재하는 또 다른 양극은 온전함/결함이다. 흠이 없는 온전하고 완전한 것은 거룩을 증거한다. 결함은 불완전하고 흠이 있고 부패한 것이다. 그것은 더 이상 거룩의 의도나 목적에 완전하게 부합하지 않은 것이다. 그러므로 흠이 없는 짐승들만 제단에 바쳐질 수 있었다(22:20-24). 유사하게 신체적 흠이 없는 제사장들만이 제단에서 섬길 수 있었다(21:17-21). 이를테면, 팔다리가 부러졌거나 불구로 사지가 짤막해진 그런 신체적 결함을 지닌 제사장은 제단에서 직무를 수행할 수 없었다. 이러한 규범들은 이스라엘 안에 열등한 집단을 조성하거나 약점을 지닌 사람들을 이등급 시민으로 만들려는 의도가 있는 것이 아니었다. 왜냐하면 법 규정들은 신체적으로 자격을 상실한 제사장이 제단으로부터 수입을 받아야 한다고 분명하게 명시했기 때문이다(21:22-23). 다만 그런 규범들은 하나님의 백성들에게 거룩의 본질과 그것의 양보할 수 없는 순수성을 전달해 주기 위해 부여된 것이다.

이러한 양극을 표현하는 또 다른 방식은 생명/죽음이다. 거룩은 생명을 증진시키고, 부패는 생명을 강탈한다. 거룩의 반대인 죽음은 가장 불결한 것이다. 몇몇 법들은 송장과 사체의 문제를 언급한다. 짐승의 사체를 만지는 사람은 누구든지 일시적으로 부정하게 되었다(참조. 11:24-28, 39-40). 또한 인간의 송장과 접촉한 사람은 누구든지 7일 간 지속되는 특별한 정결 의식을 통과해야만 했다(민 19:11-19). 제사장들은 장례식을 멀리해야 했으며, 가장 가까운 친척들을 제외하고는 시신과 접촉하는 것을 피해야만 했다(21:1-4). 대제사장은 아무리 가까운 친척의 시신이라도 부정을 타지 않도록 멀리해야만 했다(21:10-12). 죽음은 전혀 여호와의 거룩과 양립할 수 없었다.

부정결하고/하거나 사악한 행위가 죽음의 영역에 관여한다는 것을 강조하기 위해 몇몇 법들은 어떤 행위들을 가장 비난할 만한 것으로 분류하는 선언적(declaratory) 진술을 포함시킨다. 몇 가지 용어들이 이러한 진술들에서 사용된다. 그 지침들은 일부 부정한 생물들을 쉐케츠(שֶׁקֶץ, "가증한 것, 역겨운 것"; 11:11, 12, 13, 20, 23, 41, 42)로 선언하면서, 짐승들을 정/부정으로 분류한다. 이러한 짐승들을 먹음으로써 백성들은 스스로를 가증하게 만들었다(11:45; 20-25). 성관계를 규정하는 법들에서 토에바(תועבה, "역겨움"; 개역 성경: 가증)는 다산(多產) 의식과 불법적인 성행위, 그리고 사술(邪術)을 묘사하는 표현이다(18:26-30; 또한 18:22; 20:14). 토에바는 이러한 관행들에 수반되는 결과가 하나님의 백성의 신분 하락이라는 것을 말해 준다. 자마(זמה, "사악한, 외설적인, 음란한")는 모친 및 딸과의 성관계를 공히 특징짓는다(18:17; 20:14). 아버지가 딸을 창녀로 만들면, 그것이 땅에 영향을 끼쳐 땅을 "음란"으로 가득하게 한다고 묘사한다(19:29). 테벨(תבל, "혼합"; 개역 성경: 문란)은 부자연스러운 행위, 즉 정해진 경계선을 가로질러 넘어가는 행위로 수간(獸姦), 그리고 품종의 혼합이나 사회적 역할의 뒤섞임과 같은 것들이다(18:23; 20:15-16; 신 27:21). 헤쎄드(חסד, "수치, 어떤 부끄러운 것"; 참조. 잠 14:34, 이것은 "인자, 신실, 성실"이란 뜻의 헤세드와 같은 철자의 다른 단어다 -역자주)는 남매나 이복누이와의 성관계를 묘사하고, 니다(נדה, "혐오스러운, 썩은"; 개역 성경: 더러운)는 형제의 아내와의 성관계(20:21)를 분류하는 용어다. 이러한 부류의 용어들은 부도덕이 공동체의 영적인 생명력을 향해 쏟아내는 파괴력과 이러한 법들의 위반에 의한 공동체의 연대 책임을 드러내 준다. 이러한 관행들은 그러한 짓들이 하나님의 거룩하신 이름을 더럽히는 행위가 될 정도로 거룩과는 전혀 정반대에 서 있었다(18:21; 19:12; 20:3, 21; 21:6; 22:2, 32). 여담으로 말하자면, 오늘날 우리 사회는 고대 이스라엘에 비해 이러한 법들이 정죄하는 행동 방식들에 대하여 훨씬 관대하다. 그럼에도 불구하고 현 사회는 어떤 행동 방식들, 이를테면 지나친 마약 복용과 같은 행위는 서서히 그리고 지속적으로 당사자의 건강을 해치고 죽음을 재촉한다는 것을 여전히 인식하고 있다. 과다한 마약 복용자들이 증가하는 지역은 썩은 구렁텅이가 된다. 고대 이스라엘에서 여호와께서는 이스라엘 민족이 자신을 배반할 때 자기 백성들에게 일련의 규율들을 도입함으로써 그들의 도덕적·영적 부패를 막아 보려 하셨다(참조. 26:14-39).

이러한 법들의 일부가 심한 징벌을 불러오는 것은 전혀 의아스러운 일이 아니다.

그런 중징계로는 사형에 처하는 것(20:2, 10-16), 공동체로부터 제명되어 추방되는 것(개역 성경: 끊어짐-역자주: 17:4, 9, 14; 19:8; 20:3, 5, 6, 17, 18; 토론을 위한 참조, 7:20), 그리고 무자녀 신세로 죽는 것(20:20-21)이 해당된다. 제명(끊어짐) 처벌의 형식 구성은 하나님 자신이 그것을 집행하는 분이신 것으로 간주되었음을 시사한다. 공동체가 하나님을 거들어 드렸는지의 여부는 결정하기가 어렵다. "무자녀"의 형벌은 그 자체의 속성상 하나님께서 집행하신 것이었다. 거룩은 하나님께서 죄와 사악함을 징벌하도록 요구했다(10:1-2; 24:10-12, 23).

긍정적인 측면에서 거룩은 사람을 하나님과 고귀한 상태로 이끈다. 백성들이 여호와의 거룩을 경험하는 일상적인 방법은 사랑에 의해서다. 하나님께서 이스라엘 족속을 이집트의 속박으로부터 구원하심으로써 자기 백성을 창조하도록 행동하시게 만든 것은 바로 자신의 거룩한 열심이었다. 이 위대한 사건에서 여호와께서는 자신의 거룩은 자비롭고 자유케 하는 것임을 증명해 보이셨다(11:45; 19:36; 22:33; 23:43; 25:38, 42, 55; 26:13, 45). 더불어 여호와께서는 자신이 창조한 백성과의 친교를 갖기를 열망하셨다. 그러므로 그분은 그들에게 권고하셨다: "너희는 거룩하라. 너의 하나님 여호와가 거룩하신 것같이"(19:2; 11:44-45; 20:7, 26a; 참조, 신 7:6; 14:2; 마 5:48). 그들이 거룩할 때, 여호와께서는 그들 가운데 현존하여 그들을 축복하실 수 있다.

여호와처럼 거룩하라는 요청은 백성들이 스스로 그분 자신과 비슷한 성품들을 발달시키라는 것이다. 이러한 자질들을 발전시키는 과정이 성화다. 그 과정은 상호적이다: 여호와께서 백성들을 거룩하게 하시며(20:8; 21:8, 15, 23; 22:9, 16, 32), 백성들은 스스로를 거룩하게 해야 한다(11:44; 20:7). 그 법을 준수함으로써, 또한 예배를 통해 백성들은 스스로를 거룩하게 만들고 여호와를 회중 가운데 거하시는 거룩하신 분으로 경외한다(22:32). 또한 여호와께서는 친히 백성들의 삶 속에서 작용하는 자신의 거룩한 힘으로 그들을 거룩하게 하면서 고귀한 자들을 확증하시고 타락한 자들을 제거하신다. 폰 라드(von Rad)는 이렇게 말했다. "여호와의 거룩은 인간의 전 존재를 꿰뚫고 지나가기를 원하시지 단순히 그의 영혼만으로 만족스러워하지 않으신다"(*OT Theology*, 1:207). 복종은 활기 있는 헌신과 마음의 정결을 증진시킨다.

여호와께서는 율법을 통해 자신의 거룩의 성격을 드러내셨다. 이러한 사실은 18-22장에서 법들과 더불어 나타나는 여호와의 자기 소개 형식문(formulae of self-introduction)인 "나는 여호와라" 혹은 "나는 여호와 너의 하나님이라"의 빈번한 발생으로 강조된다(18:4에 있는 부록을 보라). 이 법들은 이스라엘을 향해 여호와의 거룩의 속성에 부합되는 행동을 설명해 주었다. 그러므로 이 법들에 대한 연구는 거룩의 속성에 대한 통찰력을 제공한다.

17-26장에 있는 법들에 따르면 두 가지 특질이 양극단에서 거룩한 삶을 동여매고 있는데, 그것은 바로 공의와 사랑이다. 공의는 공평을 의미한다. 이것은 눈에는 눈, 이에는 이, 생명에는 생명이라는 동해복수법(lex talionis)의 근본 원리로서 진술된다(24:20). 이러한 원리는 징벌이 동일한 신체적 상해를 입힘으로써 수행된다는 것이 아니라, 어떤 사람에게 입힌 상해에 대한 징벌이 복수심에 불타 더 크게 상해를 입히지 않을 뿐더러, 적당히 넘어가고 싶은 마음으로 더 적게 입히지도 않음으로써 균형을 맞추려는 의도를 내포하고 있다. 이 원리는 율법 조항들에 있어서 엄청난 발전이었다. 왜냐하면 그것이 개인적 상해를 민사상의 사적 조치로부터 형사상의 법으로 끌어올려 한 시민에 대한 사회적 가치를 높였기 때문이다(참조. 24:19-20에 대한 "주석"을 보라). 이러한 법들 전반에 걸쳐 각 개인의 가치가 확언된다.

이스라엘에게 공의는 여호와의 말씀에 따라 사안들을 해결하는 것이었다. 몇몇 특별한 법들은 공의의 척도를 설정해 주었다. 물품 매매에서는 정확한 무게와 치수, 그리고 정확한 저울추가 사용되어야 한다(19:35-36). 상인은 거짓된 도량형으로 입수한 물건의 양을 줄이거나 값을 높이는 수단으로 손님에게 바가지를 씌어서는 안 되며, 두 가지 수단을 동시에 써먹는 것은 말할 것도 없다(참조. 암 8:5). 공의는 고용주가 고용된 노동자에게 제때 임금을 지불하도록 요구한다. 구약의 경제에서 그 규범은 노동자가 그 날의 마감 시간에 임금을 지불 받아야 하며 나중의 어느 시점은 안 된다는 것을 의미했다. 왜냐하면 그는 자신의 가족의 만찬을 위해 음식을 살 돈이 필요하기 때문이었다. 공의에 충실한 사람은 다른 사람의 명예를 훼손하거나 법정에서 이웃을 상대로 승소하기 위해 그 사람에 대해 악담을 하지 않는다(19:16). 재판을 할 때 이스라엘의 법정은 편파적으로 판결을 내려서는 안 되었다. 세력가이든 극빈자이든 편애해서는 안 되었다(19:15). 나아가 다른 사람의 약점이나 결점을 이용하는 것은 금지되었다. 한 율법은 "귀 먹은 자를 저주하지 말라"고 말한다(19:14).

그 법은 사랑 안에서 공의를 행할 것을 요구한다. 19:18에 있는 위대한 계명은 이렇게 말한다. "원수를 갚지 말며 동포를 원망하지 말며 이웃 사랑하기를 네 몸과 같이 하라 나는 여호와니라." 19:33-34에서 그 법은 확대되어 이스라엘이 예전의 자신과 마찬가지로 체류 중인 이방인을 포함시킨다. 여기에서 명령된 사랑은 일차적으로 자선 행위로 표현된다. 다른 사람을 향한 느낌이 아니라 실제로 돕는 것에 강조가 주어진다. 이스라엘은 또한 이방인에게서 이익을 얻으려는 자연스러운 경향을 극복해야만 했다. 이 법은 이스라엘의 구원사 속에서 든든한 기둥을 토대로 삼고 있다(19:34). 이스라엘이 이집트에서 노예로 있었을 때 여호와께서는 그들에게 자비를 보여 주셨기 때문에, 그들은 동일한 방식으로 약자의 위치에 있는 사람들에게 자비를 보여 주어야만 했다. 따라서 증오심을 품거나 원수를 갚는 것이 금지되었다(19:18). 다른 법들은 타인을 향한 사랑을 표현하는 구체적이고 실천적인 방도들을 규정한다. 예를 들어, 농부는 밭의 끝자락까지 추수를 하거나 모든 이삭을 거두어선 안 되었다. 또한 그는 자신의 과수원과 포도원의 모든 수확물을 거두지 말아야 했다. 이삭은 가난한 자나 체류하는 이방인들이 밭을 뒤져 궁핍함 가운데 음식을 구할 수 있도록 남겨 두어야만 했다(19:9-10).

분명히 사랑에 반대되는 것은 혈족이나 민족의 구성원을 미워하는 것이다. 혈족 내에서 공의와 사랑은 구성원들 간의 성적인 관계에서 온전함을 요구했다(18:6-17; 20:11-14, 17, 19-21). 그런 약정은 남자가 가족 내의 아내나 딸, 모친 혹은 자매와 성관계를 갖는 일로 인해 위협을 받지 말아야 했다. 덧붙여서 여자와 그녀의 모친과의 성관계(18:17; 20:14)와 수간과 같은 어떤 성적인 행위들은 정상을 넘어선 것이었고, 따라서 불건전한 것이었기 때문에 그런 행위들은 사악한 것으로 금지되었다.

두려운 경외심이 거룩하신 하나님의 현시에 대한 적절한 인간의 반응이기 때문에, "하나님에 대한 경외"는 신약의 용어 "믿음"과 다소 비슷한 히브리식 표현으로서 거룩한 삶을 사는 사람의 내적인 태도다. 경외는 사랑, 존경 그리고 경의의 혼합이다. 공의와 자비의 법들을 실천함으로써 백성들은 하나님에 대한 경외를 보여 준다(19:14). 어르신들과 존경받을 만한 모든 사람에 대한 존경심을 보여 주는 가운데 백성들은 하나님을 경외한다(19:32). 인간은 부모를 경외해야(ירא – 야레) 한다(19:3). 부모에 대한 경외는 하나님에 대한 경외와 비슷한 것이다(19:30). 덧붙여서 하나님에 대한 경외는 인간이 다른 사람을 해치지 못하게 막아 주며(25:17), 또한 그가 이웃의 평화로운 삶을 보장하도록 독려한다. 그런 경외로 인해 주인은 종을 잔인하게 다루지 못하게 되었다(25:43). 그러므로 하나님에 대한 경외는 거룩한 성품을 함양하기 위한 필수적인 내적 성향이다.

레위기에서 드러난 대로, 거룩은 허공에 달려 있는 추상적이고 은유적인 개념이 아니다. 도리어 그것은 여호와를 섬기는 일에 영구적 의미를 부여하는 본질적인 특질이다. 하나님처럼 거룩하게 되라는 요청은 삶의 모든 영역에 영향을 끼친다. 이러한 요청은 상상력을 사로잡아 회전체(gyroscope)와 같이 여호와의 현존 속의 거룩한 삶이라는 목표에 열중하도록 방향을 설정해 준다. 거룩한 삶의 요청이 전면적이긴 하지만, 자기 백성에게 힘을 불어넣어 주는 하나님의 임재의 약속이 그 요청을 추구하도록 장려한다. 거룩한 삶은 복된 삶이자 인격적 성장이 있는 삶이며, 또한 의미와 기쁨이 있는 삶이다. 그것이 거룩하신 하나님과의 교제 속에서 영위하는 삶이다.

2. 임재

거룩하신 하나님의 임재는 레위기에 있는 법제에 핵심적이다. 코흐(Koch, *Priesterschrift*, 101)는 제사장 자료의 모든 부분에 하나님께서 곁에 계심으로 인한 깊은 두려움뿐만 아니라 여호와의 임재의 행복과 놀람의 흔적이 있다고 자신 있게 말한다.

여호와께서는 성막 건설을 명령하셨다(출 26장). 성소와 관련하여 그분은 이렇게 말씀하셨다. "내가 내 장막을 너희 중에 세우리니"(26:11a; 참조. 출 29:46). 거기서 그분은 모세에게 직접 말씀하셨으며(1:1), 자기 백성과 만나셨다. 때로 하나님께서는 장관을 이루는 모습으로 자신의 임재를 나타내셨다. 그분의 영광이 내려와 온 회중으로 하여금 자신이 가까이 왔음을 알 수 있게 해주셨다(출 40:34-36; 레 9:23; 16:2). 또한 여호와께서 백성들 가운데 "왕래하셨다"는 용어 히트할레크(התהלך; 개역 성경: 행하셨다)가 밝혀 주는 대로(26:12aα), 그분은 그들 중에 임재하여 계셨다. 그러므로 삶 전체가 내재하시는 여호와의 임재를 의식하는 가운데 영위되어야 했다. 웬함(Wenham, 17)은 이러한 특별한 방식으로 여호와의 임재에 대해 말하는 것은 이스라엘이 여호와가 그들 중에 계시는 일반적인 임재와 지성소에 국한되어 계시는 임재를 구별했다는 것을 보여 준다고 설명했다. 이스라엘은 또한 특별한 영광의 현시(顯示)들을 하나님의 임재에 대한 두 가지 표현 방식과 다른 것으로 구별했다.

주님의 영광스러운 강림은 마음을 들뜨게 하는 경험이었다. 그럼에도 불구하고 그 영광은 부정결하고 합당하지 않게 거룩한 것에 접근한 사람은 누구든지 삼킬 것이다. 이것은 아론의 두 아들인 나답과 아비후의 사건에 생생하게 묘사되어 있다.

그들은 성소의 거룩을 침해한 이유로 불을 맞고 죽었다(10:1-7). 대제사장이 지성소에 들어갔던 속죄일에, 그는 여호와가 장엄하게 임재하시는 내실(內室)로 들어간다는 것을 인식하고 있어야만 했다(16:2). 지성소에 들어가기 직전에 대제사장은 향로의 뜨거운 숯불 위에 향을 피웠다. 그것은 향로에서 올라온 연기 구름이 여호와의 임재 속에서 대제사장을 보호할 목적에서였다(16:12-13).

성막에서의 모든 활동은 여호와의 임재 가운데 이루어졌다. "여호와 앞에서"라는 어구가 희생 규정들 전반에 걸쳐 등장하는데, 그것은 회막 앞을 명시할 뿐 아니라 다양한 의식들이 여호와의 임재 속에서 거행되었다는 것을 인정한다. 희생들은 각자 자신들을 위해서가 아니라 여호와께서 자신들을 받아 주시도록 드려졌다(참조. 1:4). 여호와께서 희생을 받으시는 것은 그 희생이 영적인 목적을 달성할 능력이 부여되었음을 의미하면서 다양한 방식으로 상징화되었다. 제단으로부터 올라가는 연기는 여호와께 레아흐 니호아흐(ריח ניחח, "흠향되는 향기"; 개역 성경: 향기로운 냄새)였다. 제사장들은 여러 제물들로부터 취한 고기를 먹었는데, 그것은 여호와에 의한 희생의 열납을 상징해 주었다. 고기가 거룩하기 때문에 그들은 거룩한 장소에서, 즉 여호와의 임재 가까이에서 그것을 먹어야 했다.

연중의 특별한 때와 시기가 거룩하다고 선언되었다. 그런 날들은 사람이 노동을 쉬고 여호와께 예배드리는 때였다. 이스라엘은 여호와께 예배드림으로써 안식을 지켜야 했다(19:3, 30; 26:2). 안식일 준수는 자유를 주는 큰 원동력이었다. 안식일은 주인이든 종이든 이스라엘의 모든 거주민들을 세속의 잡다한 일로부터 자유롭게 하여 그들이 여호와께 예배드리고 그들의 노동의 산물을 즐기며, 또한 이웃들과 함께 친교를 나누도록 해주었다. 세 차례의 연례적인 종교 순례 절기에는 지파들이 중앙 성소의 여호와 앞에 한 회중으로 한데 모였다(23장). 이 절기들은 새로운 추수 수확물을 기뻐하고 그 추수를 축복해 주신 여호와를 찬양하기 위한 때였다. 이 절기들에는 백성들이 여호와께서 자기 백성을 부르시어 존재하게 해주신 일을 회상했다. 그들은 하나님께서 행하셨던 일을 단순히 낭송하기만 한 것이 아니었다. 그들의 현재의 경험 속에서 그러한 과거의 사건들에 의해 성취된 많은 혜택들이 실현되고 있다는 것을 기억한다. 이러한 절기들은 여호와의 임재 속에서 계속되는 참으로 기쁨에 넘친 행사들이었다.

여호와의 임재에 접근하는 또 다른 방도는 그분의 말씀을 듣는 것이다. 여호와께서는 모세를 통해 이스라엘에게 자신의 뜻을 말씀해 주셨다. 그 이래 성소 앞의 다양한 집회에서 이 설교가 전해질 때 후세대들이 여호와로부터 이 말씀을 들었다.

말씀의 전달을 통한 여호와의 임재는 흔하게 관찰되는 자기 소개(self-introduction), 즉 "나는 여호와라" 혹은 "나는 여호와, 너의 하나님이라"는 형식문으로 강조된다(이 진술들은 18-20장에 집중되어 있고, 11, 21-26장에는 산발적으로 흩어져 있다). 그것들은 여호와께서 이러한 법들과 규정들 속에서 자신을 드러내시고 있다는 것을 강조한다.

3. 언약

언약은 여호와와 이스라엘 사이의 관계에 형식을 갖추게 했다(참조. 출 19-24장). 그것은 하나님께서 이집트인의 속박으로부터 이스라엘을 구원하신 사건에 기초해 있다. 그러므로 언약은 자연스러운 과정이 아닌 여호와께서 행하셨던 일 위에 세워졌다(Vriezen, *An Outline*, 141). 이 언약은 종주권 조약과 비슷했다. 왜냐하면 더 높은 측인 여호와가 자신을 예배하는 민족을 소유하고자 그것을 발의하셨기 때문이다. "나는 너희의 하나님이 되고 너희는 나의 백성이 될 것이다"(26:12)라는 명제는 언약의 목표에 대한 말이다.

베리트(ברית, "언약")란 용어는 레위기에서 단지 여덟 번 나타나지만(2:13; 24:8; 26:9, 15, 25, 42[세 번], 44, 45; 참조. Wenham, 29), 그 책 전체가 시내 산 언약의 틀 속에 문학적 배경을 갖는다(출 19:1-민 10:10). 레위기의 언약 문맥은 26장이 집중적으로 조명해 주는데, 그것은 하나님께 대한 순종의 대가로 축복을, 불순종의 대가로 저주를 명시한다. 이 본문은 심지어 시내 산 언약의 핵심적인 구성요소일 수 있다(Cross, *Canaanite Myth*, 318-19). 그렇다면 언약은 레위기의 이해와 제의에 속한 규정 및 법 전체의 이해에 필요한 법적인 틀이다.

양측이 언약 관계로 들어가는 일차적인 이유는 지속적인 교제를 위함이다. 이스라엘의 경우 그들은 "하나님의 생명의 영역 가운데로 받아들여졌다"(Vriezen, *An Outline*, 141). 하나님은 거룩하시기 때문에, 이스라엘은 이 영역에 접근하기 위해 성화되어야 했다. 이것이 가능하도록 하기 위해 여호와께서는 자비롭게 율법에서 자신을 계시해 주셨으며, 죄의 습성을 지닌 백성들이 언약적 관계를 유지할 수단으로 제의를 주셨던 것이다. 성막에서 드려진 희생은 이스라엘이 자신의 죄로부터 속죄함을 얻어 여호와께 계속적으로 받아들여질 수 있기 위해 필수적이었다. 또한 성막에서 특별히 중요한 순례 절기 때에 축복을 내리신 하나님께 경배와 찬양을 드리기 위해 지파들이 한데 모였다. 이러한 절기들의 제의 행사들은 지파들을 이스라엘로 함께 결속시켜 주었다. 이스라엘 제의의 특별한 성격이 브리젠에 의해 분명하게 밝혀진다. **"이스라엘의 하나님은 자신이 유익을 얻기 위한 제의를 요구하지 않으시며, 반대로 그분은 자기 백성이 속죄의 수단으로 자신과 교제를 유지할 수 있도록 그들에게 제의를 허락하셨다"**(Vriezen, *An Outline*, 281). 제의는 백성들이 여호와께 나아갔던 장소였을 뿐만 아니라, 여호와가 이스라엘에게 오셨던 장소였다(Vriezen, 286). 화친은 하나님이 이스라엘과 언약을 체결하신 목표였다. 그러므로 제의는 그 자체의 권위를 지녔으며, 언약 구조 속에서 충분한 의의를 지니고 있었다.

언약의 주요 보급물은 여호와께서 이스라엘에게 주신 땅의 선물이다. 그 땅은 이스라엘이 나라가 될 기회를 마련해 주었다. 나라의 모든 구성원들은 언약의 약속들에 충실한 참여자로 서로를 돌보면서 형제 자매처럼 살 수 있었다. 신학적으로는 여호와가 계속해서 그 땅의 소유자이셨으며(25:23), 그분은 그들이 율법을 지키는 한 계속해서 거기에 살 수 있도록 허락하셨다. 그 땅은 지파들에게, 이어서 각 가문들에게 분배되었다. 각각의 토지 구획은 각 가문의 양도할 수 없는 상속 자산이었다. 율법은 땅이 팔리거나 빚으로 인해 상실되지 않도록 보호해 주었다.

그럼에도 불구하고 땅의 선물은 위험을 수반했다. 브루그만(Brueggemann)이 쓴 대로, "땅은 공의를 왜곡할 기회다. 땅은 형제나 자매의 가치와 심지어 그들의 존재 자체를 미약하게 만들기 쉽다"(*The Land*, OBT[Philadelphia: Fortress, 1977] 66; 신 24:17-18; 참조. 암 5:10-12). 그리고 "땅을 가진 백성은 안식일 없는 사회를 만들라는 유혹에 빠진다. 그런 사회 속에서는 땅은 결코 쉬지 못하고, 빚이 탕감되는 일이 없으며, 노예는 영원히 해방되지 못하고, 현재 그대로 혹은 항상 그래 왔던 방식에서 아무것도 바뀌지 않는다"(Brueggemann, *The Land*, 65). 레위기에서 안식년 법과 희년 법은 정착에 뒤따라오는 이러한 경향, 즉 손쉽게 탐욕과 노예화에 빠지는 경향에 대해 말해 준다. 그 법들은 이스라엘을 위한 여호와의 목적들이 좌절되지 않고 달성되도록 하기 위해 땅의 사용을 규정지었다. 매 안식년마다 땅은 묵혀 두어야 했다. 이 법의 실천을 통해 백성들은 앞서 6년 동안의 중노동으로부터 재충전되었다. 7년째 되는 해에 백성들은 개인적 용도로 스스로 자란 것을 거둘 수 있었으나, 그 해의 농산물은 수확, 저장 또한 매매될 수 없었다. 그럼에도 불구하고 극빈자, 과부, 고아, 체류 이방인, 동물 그리고 소유주가 매일의 필요를 위해 스스로 자란 것을 취할 수 있었다. 그러므로 안식년은 소수의 가문에게 나라의 부가 집중되는 것을 막는 방지책이었다. 이러한 안식년 준수는 회중이 분명하게 여호와를 신뢰하는 것을 필요로 했다. 즉 그들은 하나님께서 휴작하는 해와 그 다음의 파종하는 해를 위해 충분한 식량을 저장할 수 있도록 6년째의 추수를 축복하실 것이라고 믿어야 했다(25:18-22). 안식년은 또한 그들에게 삶에는 물질의 축적을 넘은 훨씬 더 많은 것들이 있다는 것을 가르쳐 주었다.

희년, 즉 매 일곱 번째의 안식년은 빚에 찌든 이스라엘 사람이 자신의 땅이나 자유의 회복을 요구할 방도를 마련해 준 상환(무르기) 규정들과 결부되어 있었다. 만일 어떤 이스라엘 사람이 빚을 갚기 위해 자신이나 혹은 가문의 상속 부동산을 팔았다면, 그 사람이나 그의 상속 자산은 그의 가장 가까운 친척 역할을 하는 사람에 의해 회복될 수 있었다. 보통 그 친척은 형제였지만, 이러한 책임을 감당했던 친척의 서열이 있었다(25:48-49). 어떤 사람은 또한 스스로 회복할 수 있었다(25:26-27). 그러나 만일 그 채무자나 상속 부동산이 상환되지 못했다면 그 사람은 희년에 자유를 얻을 수 있었으며, 그의 상속 부동산은 희년에 빚이 변제되어 되찾을 수 있었다. 이러한 해방 선포의 해는 이스라엘 내에 평등 사회가 유지될 수 있도록 고안되었다. 그러므로 모든 가문이 각각 아무리 불행한 일이 있더라도 결코 상실될 수 없는 한 필지의 땅에 대한 권리를 가졌다. 더불어 그 사면 법안은 이스라엘의 노예 집단이 증가하는 것을 막기 위해, 또한 세월이 흐를수록 이스라엘 내에서 가난한 자와 부자들 사이의 사회적 골이 점점 깊이 패이지 않도록 하기 위해 고안되었다.

나아가 레위기는 땅과 도덕 사이에 관련성이 있었다고 가르친다. 이스라엘이 여호와께 순종했을 때, 그분은 땅을 축복했으며 땅은 소유자를 부양하기 위해 풍부한 소출을 내주었다(26:3-13). 한편, 이스라엘이 율법에 불순종하거나 주변 국가를 따를 때는 그들의 죄가 성막에 접근할 수 없게 만들 뿐만 아니라 땅을 더럽히는 부정결을 방출했다(18:24-28; 20:22-24). 브루그만은 이러한 개념을 통찰력 있게 이렇게 표현한다. "이스라엘의 불순종과 부주의는 진노 가운데 응답하실 여호와를 분노하게 할 뿐만 아니라 땅에 영향을 끼친다. 땅은 그 자체의 생명과 의미를 간직하고 있으며, 불순종하는 이스라엘이 가져올 말썽은 그 자체의 한계선을 넘어간다. 최종적으로 능욕을 당하는 것은 바로 땅이다"(*The Land*, 119). 다른 본문들은 우상 숭배, 음란 행위 그리고 마술이 강력한 오염원이었다고 말한다(18:17, 21-23; 20:3, 17, 21). 오염된 땅은 비옥함을 잃어버린다. 더 이상 땅의 거주민들을 지원할 수 없으며, 땅은 거주민들을 뱉어낼 만큼 치명적인 중병을 앓게 된다(18:24-28; 20:22). 이러한 경고는 언약 아래 주어진 궁극적인 저주에 상응한다. 땅은 황폐하게 될 것이며, 이스라엘은 적들 앞에서 그 땅의 사방으로 흩어질 것이다(26:27-33).

레위기 26장에 상술된 축복과 저주는 아주 고대의 중동 지역의 조약 형식에 들어맞는다. 더 높은 측이 조약 대상자의 복종을 축복해야 할 의무가 있으며 불순종에 대해서는 저주를 내린다고 위협한다. 여기서 여호와께서는 그들을 축복하기로 약속하신다. 그러나 만일 이스라엘이 그분께 불순종한다면, 그들에게 책임을 물어 벌을 내린다고 단언하셨다. 여호와께서는 자비로운 은총 가운데 자기 백성들이 회개할 것을 계속 희망하면서 그들을 여러 단계로 채찍질할 것이라고 경고하셨다. 그러나 그들이 회개하지 않는다면, 여호와께서는 최종적 징벌인 땅으로부터의 추방을 시행할 때까지 점차 징계를 늘려 가실 것이다. 하지만 이스라엘이 유배 중에 있을 때, 여호와께서는 결코 자기 백성을 잊지 않으실 것이다. 사로잡혀 있는 상태에서 이스라엘은 자신의 방종을 회개하고 여호와를 찾으면서 그분께서 약속의 땅으로 자신들을 인도해 주실 가능성을 품고 용서를 빌 수 있을 것이다.

그리하여 레위기는 여호와께서 주셨던 땅을 이스라엘이 계속해서 차지할 권리를 분명하게 밝혀 준다. 즉 약속의 땅에 대한 이스라엘의 소유권은 그들의 점령이 아닌 언약에 의해 보장되었다.

4. 희생

왕권 이전의 여러 세기 동안 제의는 지파들을 하나님의 백성인 이스라엘로 한데 엮어 주는 구심력이었다. 이스라엘의 정체성과 성격이 형성된 것은 바로 여기에서였다. "제의"란 신에 대한 모든 범주의 조직화된 예배(service)를 지시한다. 이스라엘에서는 그것이 의식과 희생, 그리고 신성한 절기들뿐만 아니라, 회막과 비품, 장식품 그리고 제사장들을 포함했다. 여호와께서는 모세에게 희생에 대한 규정뿐만 아니라 회막과 그것의 비품들을 만들도록 설계 도면을 주셨으며, 또한 그분은 이스라엘이 모든 방면에서 자신의 거룩한 본질과 일치하는 제의를 갖도록 안식일과 중요한 날들과 절기들을 설정하셨다(출 25장-레 16장). 회막은 여호와께서 자신의 임재를 나타내고 자기 백성을 축복하겠다고 약속하신 장소였다(참조. 9:22-24). 성소에서 준수된 의식들은 하나님과 공동체 사이에 영적인 교제를 도모하도록 고안된 예배의 형식적 측면이었다. 이러한 예배가 형식적이라는 것은 그것이 부적절하거나 죽은 것이라는 사실을 의미하지 않는다. 아히로트(Eichrodt)의 말에 의하면, 제의는 "살아 있는 종교에 대한 진정한 표현"이었다(*Theology of the OT*, 1:98). 더불어 예식들은 "여호와의 영광스러움과 그분과의 교제의 지속, 그리고 죄로부터의 정결을 증진시켰다"(Vriezen, *An Outline*, 286).

정교한 희생 제도는 제의의 주된 구성 요소였다. 다양한 희생들에 대한 규정과 지침들이 주로 레위기에서 발견된다. 이러한 규정들은 희생의 유형과 각 희생에 적합한 재료, 그리고 다양한 의식 절차를 확립해 준다. 그것들은 희생 제도의 근저에 흐르는 신학(ideology)을 구체적으로 설명해 주지는 않는다. 이러한 설명의 부재로 인해 희생의 의미에 대해 다채로운 해석이 만들어졌다. 그렇지만 모든 이론들은 폰 라드가 인식한 장벽에 부딪히게 된다. "하나님께서 희생을 가지고 무슨 일을 행하셨는가 하는 것은 침묵과 비밀의 영역이다"(OT *Theology*, 1:260). 여기서는 이러한 여러 이론들에 대한 논쟁 속으로 들어가는 대신 레위기에서 발견되는 여러 희생제와 관련된 주요 신학적 주제들의 일부가 제시될 것이다.

고대 이스라엘의 희생에 대한 관점을 꿰뚫어 보는 통찰력은 이러한 규정들에 있는 핵심 용어들과 그것들이 들어 있는 구조로부터 파악될 수 있다. 1:1-5:26(6:7)의 구조에 근거하자면, 희생들은 두 가지 범주로 구성되었다. 첫 번째 범주에는 번제, 소제 그리고 화목제와 같이 사람이 원하는 대로 바칠 수 있는 희생들이 속했다(1-3장). 번제는 공동체에 의해 드려진 주요 희생이었다. 매일 아침의 번제가 있었으며, 민수기 28:3, 8은 매일 저녁의 번제에 대해 말한다. 안식일(민 28:9-10)과 속죄일(16:3, 5), 그리고 순례 절기(민 28:16-29:38)와 같은 중요한 날에는 많은 추가적인 번제들이 공동체 전체를 위해 드려졌다. 공동체가 여호와께 긴급한 청원을 해야 하는 위기의 시기에는 추가적인 번제가 시행되었다(렘 14:12; 시 20:2-5[1-4]). 구약에서는 개인이 번제를 드리는 경우에 대해서는 거의 언급되지 않는다. 비록 1장의 규정들이 개인이 바치는 번제에 대한 것이긴 하지만 말이다. 22:18의 본문은 서원이나 자원(개역 성경: 낙헌)의 제물로 번제를 드리는 것에 대해 말한다. 번제의 희생이 그러한 목적들의 하나로 드려지게 되었을 때, 화목제로 그런 목적을 성취하는 것보다 훨씬 비싼 비용이 들었다. 왜냐하면 화목제와 대조해 볼 때 번제의 희생으로 드리는 짐승은 어떤 부위도 바치는 자의 몫으로 돌아가지 않았기 때문이다.

소제(곡식제)는 독자적인 제사로 드려질 수 있었지만(참조. 6:7-11[14-18], 12-16[19-23]; 민 5:11-31), 보통은 떡과 고기를 필요로 하는 짐승 희생에 수반된다(예를 들어, 7:12, 13; 민 15:2-5; 28:19-20, 27-29). 칠칠절에는 백성들이 새로운 소제(מנחה חדשה - 민하 하다샤), 즉 새로운 추수로부터 얻은 첫 수확물을 바쳤다. 그것은 누룩이 섞인 고운 밀가루로 구운 두 개의 떡으로 구성되었다(23:16-17, 20;

민 28:26). 누룩의 허용은 공동체가 추수의 때에 느꼈던 넘치는 기쁨을 증언해 준다. 많은 본문들이 전제와 소제를 함께 규정하지만(예를 들어, 23:13, 18, 37; 민 6:15, 17), 전제에 대한 규정은 구약에서 전혀 발견되지 않는다.

보통 개인이 여호와께 경의를 표하기 위해 화목제를 드렸다. 레위기 23:19은 칠칠절을 기념하는 축전에서 이 제사를 규정하는데, 그것이 공적인 화목제를 규정하는 유일한 본문이다. 왕의 대관식(삼상 11:15)이나 성전 봉헌식(왕상 8:64)과 같은 특별한 경우에 화목제의 희생들이 자유롭게 드려졌다. 두 가지 이유가 이것을 설명해 준다. (1) 흥겨운 화목제의 성격이 그 축전 행사에 잘 어울렸으며, 또한 (2) 그 희생 자체가 향연을 위한 고기를 제공해 주는 방편이었다. (고기는 아주 고대의 사람들에게 매우 귀한 음식이었다는 것을 기억할 필요가 있다). 세 가지 종류의 화목제가 있었다: 찬양제(7:11-12, 개역 성경: 감사제, 즉 감사함으로 드리는 화목제다-역자주), 서원제 그리고 자원제(7:11-18; 22:21, 개역 성경: 낙헌제). 찬양제는 어떤 특별한 축복을 인하여 여호와를 찬양하기 위해 드렸다. 서원제는 여호와께서 어떤 특정한 방식으로 자신을 구해 주시거나 축복해 주시기를 기원하면서 약속한 서원을 이행할 때 바쳤다. 자원(낙헌)제는 기쁨에 넘쳐서 감사한 마음으로 드렸다.

이 세 가지 일반적인 제사(즉 번제, 소제, 화목제-역자주)는 또한 레아흐 니호아흐(ריח ניחח, "흠향되는 향기"; 개역 성경: 향기로운 냄새)라는 어구, 즉 기름과 다른 부위를 태울 때 발생하는 연기라는 기준에 따라 한 부류로 분류된다(1:9, 13, 17 등; 그러나 4:31에서는 그 어구가 속죄제에 대해 사용된다[그러나 "주석"을 참조하라]). 레아흐 니호아흐(ריח ניחח)라는 그 어구는 희생물로부터 올라오는 향기가 여호와의 마음을 움직여 그분이 바치는 자에게 호의를 품으시게 했다는 것을 의미한다(저자 하틀리는 이것을 "soothing aroma"로 번역했는데, 이는 "진정시키는, 누그러뜨리는 향"이라는 의미다. 역자는 그것의 어감이 부적절해서 "흠향되는 향"으로 번역했다. 개역 성경에서는 "향기로운 냄새"로 번역했다-역자주). 만일 여호와께서 분노를 품으실 경우, 향기가 그분의 분노를 누그러뜨렸다. 더욱 중요하게는 그것이 그분의 기억을 자극했다. 냄새와 기억 사이에는 친밀한 연관성이 있다. 기억은 여호와와 그의 백성 사이의 역동적인 상호 관계 속에서 핵심적인 촉매였다. 이스라엘 백성이 여호와의 기억을 되살리고자 했을 때, 그들은 그분께서 과거의 약속-아브라함에게 했던 약속으로 시작된(창 12:1-3; 참조. 26:42)-에 비추어 자신들을 위해 행동해 주실 것을 바랐다. 기억은 여호와로 하여금 바치는 자(들)를 향해 은혜로 행동하시도록 만들었다. 여호와께서는 바로 그 기억해 둔 사람을 축복하셨다. 더불어 이러한 그림은 희생이 직접 여호와께 드려졌다는 것을 알려 준다. 혹은 다른 방식으로 말하자면, 희생의 드림은 하나님의 응답과 별 상관없이 수행되는 상투적인 일로 생각되지 않았다.

두 번째 범주에는 죄를 대속하는 희생들이 포함된다: 속죄제(חטאת – 하타트: 4:1-5:13)와 속건제(אשם – 아샴: 5:14-19, 20-26[6:1-7]). 이 두 가지 유형의 희생은 특별한 죄로 인하여 개인이나 회중에 의해 드려졌다. 속죄제는 우연히 혹은 인간의 약함으로 인해 지은 죄를 대속하기 위해 바쳤다. 속건제는 배상이 가능한 범죄나 어떤 신성한 것의 침해를 대속하기 위한 것이었다.

이 두 가지 희생이 대속(כפר – 카파르)을 성취하는 것들로 분류된다(4:20, 24, 31, 35; 5:16, 18). "대속하다"가 의미하는 것은 죄로 인해 발생된 부정결을 정화하는 것, 용서를 베풀어 죄인의 죄책을 제거하는 것 그리고 죄인과 하나님 사이의 관계를 회복시키는 것을 의미한다(참조. 4:20-21에 있는 부록). 죄를 지은 사람마다 규정된 희생(들)을 바쳤으며, 제사장은 피를 다루었다. 전승은 바치는 자가 깊이 뉘우치는 참회의 심정으로 제단에 접근해야 한다고 가르친다. 피의 취급은 의식의 가장 중요한 부분이었다. 피는 이러한 힘을 지녔는데, 이는 여호와께서 그 힘을 부여하셨기 때문이며, 또한 피가 짐승의 생명력을 담지하고 나아가 그 피가 바치는 자의 생명을 대신해서 거룩하신 분에게 드리는 생명을 나타내기 때문이다(참조. 17:11-12). 만일 이러한 희생들 중 하나가 규정에 따라 드려지고, 여호와께서는 그것을 받으신다면(1:4) 대속이 이루어진 것이었다. 이 토대 위에서 여호와께서는 죄인을 용서하셨다. 용서는 자동적으로 희생의 제물에 수반되는 것이 아니었다. 그것은 여호와의 주권적 뜻에 달려 있었다.

1:4에 따르면, 번제 역시 대속을 이루었다. 그것이 어떤 유형의 죄를 대속하는지에 대해서는 아무런 언급이 없다. 흥미롭게도 니슬라흐 로(נסלח לו, "그는 용서받았다")가 번제와 더불어 사용되지 않는다. 더불어 번제와 속죄제 사이에는 피 의례에서 차이가 있다. 번제의 피는 제단을 향해 끼얹어 부었지만(예를 들어, 1:5b), 속죄제의 피 취급은 그것의 가치 수준에 따라 달랐다. 어떤 것은 지성소 앞의 휘장 앞에 뿌리고 내성소 안에 있는 향단 뿔에 발랐으며(예를 들어, 4:5-7a), 다른 것은 주 제단 뿔 위에 발랐다(예를 들어, 4:25a). 이러한 피의 취급은 죄로부터 방출되어 각각의 성전 비품에 엉겨붙은 죄의 독기를 정화하고 죄책을 제거하기 위한 것이었다. 나머지 피는 제단을 향해 끼얹어 붓지 않고 제단 아래 쏟았다(예를 들어, 4:7b,

25b). 이 두 제물의 또 다른 주요 차이점은 번제물은 가죽을 제외한 전체가 제단 위에서 태워졌으나, 속죄제의 경우는 기름과 내장만이 태워졌다는 것이었다(예를 들어, 4:8-10). 속죄제의 짐승의 나머지 부위는 진영 밖에서 태워졌다(예를 들어, 4:11-12). 이러한 차이들은 번제와 속죄제/속건제의 효력이 큰 차이가 있었다는 것을 시사한다. 번제가 특정한 죄들을 위해 드려졌다는 그 어떤 암시도 법규들 속에 전혀 나타나지 않는다. 번제가 대속의 힘을 가졌기 때문에, 그것은 바치는 자나 공동체가 가진 인간으로서의 기본적인 죄성을 대속했을 것이 분명하다.

희생은 여러 가지 목적을 위해 드려졌지만, 우선적인 목적은 하나님과 탄원자(들) 사이의 지속적인 친교를 위해서다. 희생이 전달하는 다양한 목적이 다음 세 가지 제목하에 토론될 수 있다: 하나님께 드리는 예물로서의 희생, 대속의 수단으로서의 희생 그리고 여호와와 공동체 구성원들 사이의 교제의 수단으로서의 희생.

a. 하나님께 드리는 예물로서의 희생

희생은 여호와께 드리는 예물의 증정이었다. 잘 정의된 용어들이 이것을 명확하게 말해 준다. 다양한 희생에 대한 총칭적인 용어는 코르반(קרבן, "예물, 봉헌물")이다. 희생 의식에서 첫 번째 의례는 히크리브(הקריב, "바치다")인데, 물론 그것은 코르반(קרבן, "예물")과 동일한 어근에서 유래한 것이다. 이와 아도나이(ליהוה אשה)라는 용어는 "여호와를 위한 화제(火祭)" 혹은 "여호와께 드리는 예물"을 의미한다(참조. "원문주해" 1:9.g.). 후자의 의미에 근거하자면, 이 어구는 희생을 예물로 보는 데 더 큰 무게를 둔다.

희생은 여호와의 주권적 통치를 인정하면서 그분께 드리는 예물이었다. 한 개인이 예물 없이 왕의 존전(尊前)에 들어간다는 것은 상상할 수 없을 것이다. 예배자 또한 예물 없이 이스라엘의 왕이신 여호와 앞에 나아갈 수 없을 것이다. 엄밀하게 제의적 문맥 속에서는 "소제"(곡식제)를 의미하는 민하(מנחה)는 희생에 대한 이러한 관점의 증거일 수 있다. 왜냐하면 다른 구절들에서는 그 단어가 높은 자에게 바치는 "예물"(창 43:11)과 "공물"(왕상 5:1[4:21])의 의미로 사용되며, 더불어 제반 유형의 제물들에 대해 사용되기도 하기 때문이다(삼상 2:29). 짐승은 고대의 가족에게 생활의 기반이었는데, 그것을 희생으로 바칠 때 드는 비용은 그 가족이 여호와의 주권을 승인한다는 증거가 된다. 희생으로 허용된 짐승은 그것이 흠 없는 수컷이어야 했다는 점에서 훨씬 더 비싼 것이었다. 그러므로 이스라엘 사람이 제물을 바칠 때마다 가족들은 비용 부담을 느꼈다.

다양한 희생은 서로 다른 종류의 예물들을 의미했다. 번제의 드림은 경의와 헌신의 행위였다(de Vaux, *Studies*, 370; Kraus, *Worship in Israel*, 113-14). 속죄제나 속건제는 참회와 탄원의 예물이었다. 화목제는 기쁨이 넘치는 찬양이나 감사의 예물이었으며, 때로는 은혜에 보답하는 서원의 예물이었다.

b. 대속의 수단으로서의 희생

희생은 개인이나 공동체 전체가 죄로 인한 잘못을 극복하기 위한 일차적인 수단이었다. 이러한 희생의 역할을 이해하기 위해서는 죄의 본질을 고려하는 것이 도움이 된다. 레위기가 그 문제를 직접적으로 알려 주지 않을지라도, 죄에 대한 많은 개념들이 본문들로부터 수집될 수 있다. 본문들은 죄에 등급이 있음을 추정하게 한다. 이를테면 민수기 15:27-31은 높은 손으로 하는 행위, 즉 고의적인 범죄와 우연하고 무의식적인(שְׁגָגָה－쉐가가) 죄 사이를 구별한다. 민수기 15:30에 따르면, 높은 손에 의한 행위는 "제명"(끊어짐)의 징벌을 불러온다(참조. 7:21). 그것은 그 행위가 다른 몇 가지 경우와 더불어 희생 제도의 치유 효력을 넘어서 있다는 것을 의미한다. 그러나 대속할 수 있는 죄의 종류는 비고의적인 죄와 속이는 죄를 포함하고 있었다(5:1-4과 5:21-22[6:2-3]). 5:21-22(6:2-3)에서 대속이 가능한 죄의 목록에는 다른 사람의 재산을 갈취하기 위한 은밀한 행위들－심지어 그런 행위들을 거짓 맹세로 감추기까지 하는데도－을 비롯해서, 목격자인 어떤 사람이 긴급한 공동체의 문제에 대해 증언할 것을 요구하는 공적인 서약을 지키지 않는 행위가 포함되었다. 비록 현재의 관점에서 보면 이러한 죄들은 고의적이고 중대한 것으로 간주될지라도, 고대의 희생 제도 하에서는 그것들을 위한 대속이 마련될 수 있었다. 과실로 인한 범죄를 속하는 속죄제와 우연한 성물(聖物)의 침해 및 배상 가능한 위반 행위를 속하는 속죄제 사이에는 구별이 있는데, 이는 죄의 종류에 등급이 있다는 증거다. 등급에 대한 또 다른 증거는 속죄일에 대한 규정에서 두 번 사용된 어구 미피쉬에이헴 레콜 하토탐(מִפִּשְׁעֵיהֶם לְכָל־חַטֹּאתָם, "그들의 악행과 그들의 모든 범죄에 이르기까지"; 개역 성경: 이스라엘 자손의 부정과 그 범한 모든 죄를 인하여)에서 볼 수 있다(16:16, 21). 파샤(פשׁע, "반역하다")는 그 배경을 정치적 영역에 두고 있지만, 더불어 그것은 여호와에게 적대적인 행위의 고집스럽고 악의적인 성격을 지시하는 개인적인 악행에도 적용될 수 있다. 한편, 하타(חטא, "죄짓다")는 사소한 사건에서 중대한 범죄에 이르는 어떠한 유형의 일탈 행위든 모두 포함한다(참조. 4장에 대한 "주석"의 서두에 있는 하타〈חטא – 하타〉에 대한 부록). 그리하여 율법은 더 경미한 죄와 더 중대한 죄를 인정한다. 어떤 특정한 희생들이 더 경미한 죄를 대속하는 반면, 속죄일은 회중 전체를 위해 모든 죄에 대한 일반적인 대속을 제공했다. 중요한 통찰력이 밀그롬에 의해 마련되었는데(*Cult*, 104-27), 그는 의도적인 죄가 대속 받을 수 있는 방법을 발견했다. 그는 율법에 따라 한 개인이 깊은 참회와 속건제를 통해 악랄한 죄를 대속할 수 있는 죄로 감소시킬 수 있는 선택권을 가졌다고 설명한다(참조. 5:14-26[6:7]에 대한 "주석"에 있는 아샴〈אשם〉에 대한 부록).

앞서 살펴본 것에 비추어 볼 때 죄를 범하는 것은 복합적 형태를 가진 결과들을 산출한다. 그것은 하나님께서 주신 율법의 불순종이기 때문에 죄는 사람과 여호와와의 관계를 위기에 처하게 한다. 만일 죄가 다른 사람에 대하여 저질러졌다면, 그것은 또한 관련된 당사자들의 관계를 손상시킨다. 그러므로 어떤 죄라도 공동체의 평화와 결속에 해를 입힌다. 다른 요소는 모든 죄가 각기 자체의 징벌을 불러온다는 것이다. 이러한 개념은 이중적이다. 한편으로는 지정된 징벌이 특정한 법 위반에 수반되며(예를 들어, 20장에 있는 법들), 다른 한편으로는 응보의 원리가 존재하는데, 다시 말해 모든 죄는 각기 자체의 결과를 잉태하게 된다(예를 들어, 욥 20:12-18). 어떤 관점에서든 범죄 행위는 그 죄인의 머리 위에 책임을 부과한다. 행위자는 자신의 행동에 대한 책임이 있다. 나사 아본(נשׂא עון, 문자적으로는 "사람이 죄악을 운반한다": 참조. 5:1, 17)이라는 숙어는 모든 죄에 수반되는 짐에 대해 증언한다. 그 짐은 범죄 행위에 뒤따르는 징벌 혹은 보응의 처벌이다. 당사자는 그 짐을 죄의 책임으로 경험한다. 어떤 사람이 죄를 지은 뒤 당사자는 응당 치러야 할 징벌을 피하기 위한 어떠한 내적인 힘도 없다(참조. von Rad, OT *Theology*, 1:268). 덧붙여서 죄악된 행위는 부정결이 흘러나와 성소에 달라붙게 한다(참조. J. Milgrom, "Israel's Santuary: The Priestly 'Picture of Dorian Gray,'" *RB* 83[1976] 390-99와 *SCTT*, 75-84).

적절한 희생제는 이스라엘 민족이 죄로 인해 발생한 이러한 다중적인 결과들을 처리하는 방도였다. 죄를 지은 사람이 제단에서 짐승을 바칠 때, 그 사람은 그 짐승의 머리에 손을 얹었다. 그것은 그 동물과 자신을 동일시하는 행위였으며, 그 희생의 성취가 바치는 자의 성의에 대한 보답으로 생긴다는 것을 확인해 주었다. 제물을 바치는 일에 있어서는 그 어떤 대리자도 가능할 수 없었다. 이 제사 절차에서 바치는 자가 죄 고백이나 찬양의 발언을, 혹은 제사의 목적에 대한 진술을 했을 것으로 추정된다. 예언서들과 선별된 시편들, 그리고 랍비 전승은 개인적인 참회와 뉘우침이 대속의 희생의 효력을 발생하게 하는 데 필수적이었다고 강력하게 가르친다. 죄가 재산에 손해를 입힐 때마다 희생에 추가적으로 죄책이 있는 당사자가 그 재산을 갚아 주거나 배상을 해주되 20퍼센트의 벌과금을 지불해야만 했다. 배상은 특별히 인간적 차원에서 긴장 관계의 해소를 도왔다. 더불어 대속의 성취는 죄인과 하나님 사이, 그리고 죄인과 공동체 사이의 관계를 복원시켰다. 그것이 바로 카파르(כפר)가 자주 "속죄"로 번역되는 이유다. 하나님께서는 그 죄인을 용서하시고 양측의 관계를 회복시키셨다. 용서는 또한 그 사람이 죄에 뒤따라오는 죄책으로부터 해방되었다는 것을 의미했다. 참으로 대속은 "죄와 재난의 연결축(nexus)"을 깨뜨렸다(von Rad, *OT Theology*, 1:271). 더 이상 죄책을 가진 사람이 어떤 수준의 응보든 두려워할 필요가 없었으니, 이는 죄에서 비롯된 모든 해악이 적절한 희생을 드림으로써 처리되었기 때문이다.

죄의 또 다른 측면은 범죄한 사람의 신분과 관련된다. 범죄한 사람의 영적 지도권이 높을수록 그 죄의 파괴력은 더욱 컸다. 대제사장과 회중 전체는 그들의 죄가 더욱 심하게 오염을 일으키기 때문에 높은 수준의 속죄제를 드려야 했다(4:1-21). 정치 지도자와 일반 시민은 더 열등한 속죄제를 드렸는데, 이는 그들의 죄가 공동체와 하나님의 관계에 더 적은 충격을 가했기 때문이다(4:22-35). 첫 번째 부류의 사람들이 범한 죄로부터 방출된 더 큰 오염으로 인해 희생에서의 피 의례가 내성소 안에서 수행되어야 했으며(4:5-7a, 16-18a), 또한 짐승의 고기 중 어느 것도 먹을 수 없었다(4:11-12, 21). 귀인(prince)이나 개인이 지은 죄의 경우에는, 피 의례가 주 제단에서 수행되었는데, 이는 그들이 범한 죄에서 방사된 독기가 내성소 안으로 스며들지 않았기 때문이다(4:25a, 30a, 34a). 그리고 그 고기는 제사장의 몫이 되었다(6:19, 22[26, 29]). 이 고기를 먹음으로써 제사장은 바치는 자를 위해 하나님께서 그 희생을 받으셨다는 것을 보여 주었다.

c. 여호와와 공동체 구성원들 사이의 교제의 수단으로서의 희생

희생은 또한 식사였다. 그것이 바로 사람이 짐승과 더불어 소제물(곡식 제물), 소금, 기름 그리고 술을 드린 이유였다(예를 들어, 7:12-13). 폰 라드는 이렇게 말한다. "참여자들은 여호와께서 가시적으로 고귀한 손님으로 임재해 계신다는 것을 알았다"(OT *Theology*, 1:257). 교제가 희생의 의도였다는 사실은 레헴 엘로힘(לחם אלהים, "하나님의 음식")이라는 어구에서 엿보인다(21:6, 8, 17, 21; 참조. 3:11; 민 28:2; 겔 44:7). 구약에서 이 은유의 사용은 놀라운 것이다. 왜냐하면 이스라엘 이웃들의 제의에서는 신들이 사람들의 희생 제물로 살아가는 반면, 여호와는 결코 식량을 먹기 위해 희생의 음식에 의존하시는 것으로 생각되지 않기 때문이다(시 50:12-13). 여호와와 희생 사이의 유일한 연관은 제단에서 올라오는 연기의 향긋한 냄새였다. 이것이 사실이었을지라도 여호와는 또한 자기 백성과의 친교를 원하시는 인격적인 하나님이신 것으로 믿어졌다. 여호와와 한 가족 사이의 공동 식사를 위한 우선적인 희생은 화목제였다. 왜냐하면 그 고기의 대부분이 바치는 자의 몫으로 돌아갔기 때문이다. 그 희생의 고기는 여호와와 그 가족의 영적인 결속을 강화시켰다. 아히로트(Eichrodt)의 말에 의하면, "함께 먹는 행위는 공동적인 생명의 원천에의 참여, 그리고 특별한 대상의 힘과의 공동적인 접촉에의 참여를 의미하며, 아주 심각한 문제들이 없다면 깨뜨려질 수 없는 친교를 의미한다"(Eichrodt, *Theology of the OT*, 1:155). 더불어 짐승은 정해진 격식에 따라 도살했기 때문에, 그런 행사는 하나의 성례(sacrament)였다(1:154).

5. 레위기와 신약성경

레위기는 신약을 이해하는 데 몇 가지 중요한 기여를 한다. 레위기에 나오는 주제들이 "해설"이라고 세목을 붙인 항목들 전반에서 신약에 이르기까지 추적된다.

이러한 기여 중 네 가지가 여기서 조명될 것이다. 첫째, 희생 제도에 대한 정보는 예수의 희생의 죽음을 이해하는 데 절대적으로 중요하다. 그 제도의 죄와 속죄에 대한 개념은 예수의 희생의 필요와 그것을 통해 효력을 갖게 된 혜택들에 대한 필수적인 통찰력을 제공한다. 그분의 희생을 통해 그분을 믿는 모든 사람들이 죄 사함을 받고 영생을 얻는다(롬 3:21-28; 요 6:47).

둘째, 신약에 따르면 예수는 최후의 대제사장이시다. 레위기는 이러한 대제사장의 역할이 예수에게 무엇을 의미했으며, 그분의 지상 사역과 더불어 아버지 우편에 좌정하신 가운데 수행하시는 이 역할을 성취하기 위해 그분에게 어떤 특별한 요구 조건들이 부여되었는지를 통찰할 수 있게 해준다(히 3-5장; 7-10장). 덧붙여서 신약은 예수를 믿는 모든 신자들이 제사장이라고 가르친다(벧전 2:9; 계 2:6; 20:6). 레위기는 신자들의 제사장 역할이 무엇인지에 대해 중요한 통찰력을 제공하는데,

제사장들에게 부여된 특별한 요구 사항들을 신자들 앞에 제시하여 거룩한 삶을 살게 한다. 그것은 신자들이 제사장적 역할을 효과적으로 수행하는 데 필요한 영적인 신분을 갖게 하기 위함이다.

셋째, 성막과 그것의 운용은 언약 아래 주어진 선물로서 회중이 끊임없이 거룩하신 하나님께 접근할 수 있게 해주었다. 새 언약에서 예수께서는 스스로가 자신을 믿는 모든 사람을 위한 성소가 되셨다. 규정과 법들은 이스라엘이 어떻게 하나님께 나아갔는지를 가르쳤기 때문에, 그것들은 신자들이 어떻게 하나님께 가까이 나아가 예배드릴 수 있는지를 통찰하게 만든다. 죄를 범했던 사람이 옛 언약 하에서 적절한 희생을 통해 용서받을 수 있었던 반면, 이제는 죄를 지은 신자들이 그들의 성소이신 예수를 통하여 죄 사함을 얻기 위해 하나님께 나아간다. 예수께서는 그들의 대언자요 대제사장으로 일하시어 그들이 죄의 속박에서 풀려나고 영원한 기업의 소망을 품고 축복의 삶을 누릴 수 있게 하신다. 예수님을 통해 얻을 수 있게 된 위대한 영적 유익들은 레위기 연구를 통해 더욱 잘 평가될 수 있다.

넷째, 여호와처럼 거룩하라는 요청이 신약에서 분명하게 재진술된다. 예수께서는 "하늘에 계신 너희 아버지께서 온전하신 것같이 너희도 온전하라"고 가르치셨다(마 5:48). 베드로 역시 이 말씀을 들었는데, 이는 그가 이 요청을 자신의 첫 번째 서신의 초석으로 삼고 있기 때문이다(벧전 1:15-16). 거룩은 예수 안에 있는 모든 신자들의 목표다. 그들은 호이 하기오이(*οἱ ἅγιοι*, "거룩한 자들, 성도들")로 불렸다(행 9:13, 32; 롬 8:27; 12:13; 엡 2:19 등). 레위기에 있는 모든 법들이 거룩의 속성에 대한 통찰을 주기 때문에, 이러한 법들에 대한 연구는 그리스도인들에게 유익할 수 있다. 예수께서 의식적 정결의 법들을 제거하셨지만(예를 들어, 마 15:10-20//막 7:14-23), 그분은 거룩한 삶에 대한 요청을 강화시키셨다. 인격적 관계의 법들은 거룩한 삶에 필수적인 원리들을 밝혀 주기 때문에 계속해서 그리스도인들에게 전수된다. 비록 한 시대로부터 다른 시대로, 또한 한 문화에서 다른 문화로 재해석되어야 하지만 말이다. 덧붙여서 고대의 법에 대한 연구를 통해 우리는 이 원리들이 어떻게 구체적인 상황들에 적용되었는지를 알게 된다. 따라서 우리는 현 시대의 사회에서 그러한 원리들을 구체적인 상황들에 적용하는 데 있어서 여러 가지 패러다임을 갖게 된다.

레위기

I. 희생에 대한 규정(1:1-7:38)

참고문헌

Abba, R. "The Origin and Significance of Hebrew Sacrifice." *BTB* 7(1977) 123-38. **Albright, W. F.** *Penitence and Sacrifice in Early Israel.* Leiden: Brill, 1963. **Anderson, G. A.** *Sacrifices and Offerings in Ancient Israel: Studies in Their Social and Political Importance.* HSM 41. Atlanta: Scholars Press, 1987. **Baker, D. W.** "Division Markers and the Structure of Leviticus 1-7." *Studia Biblica 1978. I. Papers on Old Testament and Related Themes.* Ed. E. Livingstone. Sixth International Congress on Biblical Studies, Oxford, 3-7 April 1978. JSOTSup 11. Sheffield: JSOT Press, 1979. 9-15. ______. "Leviticus 1-7 and the Punic Tariffs: A Form Critical Comparison." *ZAW* 97(1987) 188-97. **Bertholet, A.** "Zum Verstandnis des alttestamentlichen Opfergedankens." *JBL* 49(1930) 70-78. **Blome, F.** *The Opfermaterie in Babylon und Israel.* Vol. 1. BibOr 4. Rome: Apud. Pont. Institutum Biblicum, 1934. **Boer, P. A. H. de.** "An Aspect of Sacrifice: II. God's Fragrance." In *Studies in the Religion of Ancient Israel.* VTSup 23. Leiden: Brill, 1972. 37-47. **Branden, A. van den.** "Lévitique 1-7 et le Tarif de Marseille, CIS I, 165." *Rivista degli Studi Orientali* 40(1965) 107-30. **Büchler, A.** *Studies in Sin and Atonement in the Rabbinic Literature of the First Century.* London: Oxford UP, 1928. **Caquot, A.** "Un sacrifice expiatoire à Ras Shama." *RHPR* 42(1962) 201-11. **Coleman, J. E.** "Origins of Old Testament Sacrifice." *CBQ* 2(1940) 130-44. **Couturier, G.** "Le sacrifice d' «action de Gràces»." *Eglise et théologie* 13 (1982) 5-34. **Davidson, A. B.** *The Theology of the Old Testament.* Edinburgh: T. & T. Clark, 1961. **Davies, D. J.** "An Interpretation of Sacrifice in Leviticus." *ZAW* 89 (1977) 387-99(=*Anthropological Approaches to the Old Testament.* Ed. B. Lang. Philadelphia: Fortress: London: SPCK, 1985. 151-62). **DeGuglielmo, A.** "Sacrifice in the Ugaritic Texts." *CBQ* 17(1955) 76-96(196-216). **Dion, P. E.** "Early Evidence for the Ritual Significance of the 'Base of the Altar': *around Deut 12:27 LXX.*" *JBL* 106(1987) 487-90. **Donohue, J. J.** "Sin and Sacrifice: Reflections on Leviticus." *AER* 141(1959) 6-11. **Durand, X.** "Du rituel sacrificiel au sacrifice biblique." In *L'Ancien Testament Approches et Lectures.* Ed. A. Vanel. Le point théologique 24. Paris: Editions Beauchesne, 1977. 31-61. **Dussaud, R.** *Les Origines cananéennes du sacrifice israelite.* 3rd ed. Paris: Presses Universitaires de France, 1941. **Fevrier, J. G.** "Les rites sacrificiels chez les Hebreux et a Carthage." *RÉJ* 3(1964) 7-18. **Fransen, I.** "La loi du sacrilège (Lévitique 1,1-10,20)." *BVC* 30(1959) 21-30. **Gayford, S. C.** *Sacrifice and Priesthood.* London, 1924. **Goodsir, R.** "Animal Sacrifice—Delusion or Deliverance?" In *Studia Biblica 1978. I. Papers on Old Testament and Related Themes.* Ed. E. Livingstone. Sixth International Congress on Biblical Studies, Oxford, 3-7 April 1978. JSOTSup 11. Sheffield: JSOT Press, 1979. 157-60. **Gray, G. B.** *Sacrifice in the Old Testament: Its Theory and Practice.* Oxford: Clarendon, 1925. Reprint, ed. H. M. Orlinsky with a prologomenon by B. Levine. New York: KTAV Publishing House, 1971. **Gray, J.** "Cultic Affinities between Israel and Ras Shamra." *ZAW* 52(1949/50) 207-20. **Haldeman, I. M.** *The Tabernacle, Priesthood and Offerings.* New York: Revell, 1925. **Hamilton, V. P.** "Recent Studies in Leviticus and Their Contribution to Further Understanding of Wesleyan Theology." In *A Spectrum of Thought.* Ed. M. Peterson. Nashville: Parthenon Press, 1982. 146-56. **Haran, M.** "The Ark and the Cherubim." *IEJ* 9(1959) 30-94. ______. "The Nature of the 'ʾŌhel Môʿēdh' in Pentateuchal Sources." *JSS* 5(1960) 50-65. ______. "The Complex of Ritual Acts Performed inside the Tabernacle." *Scripta Hierosolymitana* 8(1961) 272-301. ______. "The Symbolic Significance of the Complex of Ritual Acts Performed inside the Israelite Shrine"(Heb.). In *Y. Kaufmann Jubilee Volume.* Ed. M. Haran. Jerusalem: Magnes, 1960. 20-41. **Hendel, R. S.** "Sacrifice as a Cultural System: The Ritual Symbolism of Exodus 24,3-8." *ZAW* 101(1989) 366-90. **James, E. O.** *Sacrifice and Sacrament.* New York: Barnes & Noble, Inc., 1962. ______. *The Origins of Sacrifice.* Port Washington, NY: Kennikat Press, 1971. **Janowski, B.** *Sühne als Heilsgeschehen.* WMANT 55. Neukirchen-Vluyn: Neukirchener, 1982. **Kidner, F. D.** *Sacrifice in the Old Testament.* London: Tyndale, 1952. ______. "Sacrifice—Metaphors and Meaning." *TynBul* 33(1982) 119-36. **Knierim, R.** *Die Hauptbegriffe für Sünde im Alten Testament.* 2nd ed. Gütersloh: Mohn, 1967. **Koch, K.** *Die Priesterschrift von Exodus 25 bis Leviticus 16: Eine überlieferungsgeschichtliche und literarkritische Untersuchung.* FRLANT 71. Göttingen: Vandenhoeck & Ruprecht, 1959. **Kraus, H.-J.** *Worship in Israel: A Cultic History of the Old Testament.* Tr. G. Buswell. Richmond, VA: John Knox Press, 1965. **Kurtz, J. H.** *Sacrificial Worship of the Old Testament.* Tr. J. Martin. Grand Rapids: Baker Book

House, 1980. **Leach, E.** "The Logic of Sacrifice." In *Culture and Communication: The Logic by which Symbols Are Connected: An Introduction to the Use of Structuralist Analysis in Social Anthropology*. Cambridge: Cambridge UP, 1976. 81-93(=*Anthropological Approaches to the Old Testament*. Ed. B. Lang. Philadelphia: Fortress; London: SPCK, 1985. 136-50). **Levine, B. A.** "Ugaritic Descriptive Rituals." *JCS* 17 (1963) 105-11. ______. "The Descriptive Tabernacle Texts of the Pentateuch." *JAOS* 85(1965) 309-18. ______. *In the Presence of the Lord*. Leiden: Brill, 1974. **Lods, A.** "Israelitische Opfervorstellungen und -bräuche." *TRu* 3(1931) 347-66. **Löhr, M.** *Das Raucheropfer im Alten Testament: Eine Archäeologische Untersuchung*. Schriften der Königsberger Gelehrten Gesellschaft. Geisteswissenschaftliche Klasse 4/4. Halle: Max Niemeyer, 1927. **Lyonnet, S.,** and **Sabourin, L.** *Sin, Redemption and Sacrifice: A Biblical and Patristic Study*. AnBib 48. Rome: Pontifical Biblical Institute, 1970. **McCarthy, D. J.** "The Symbolism of Blood and Sacrifice." *JBL* 88(1969) 166-76. **Médebielle, A.** "Le symbolisme du sacrifice expiatoire en Israel." *Bib* 2(1921) 146-69, 273-302. **Merx, A.** "Kritische Untersuchung über die Opfergesetze Lev I-VII." *Zeitschrift für wissenschaftliche Theologie* 6(1863) 41-84, 164-81. **Milgrom, J.** "Sacrifices and Offerings, OT." *IDBSup* 763-71. **Motyer, J. A.** "Priestly Sacrifices in the Old Testament." In *Eucharistic Sacrifice*. Ed. J. Packer. London: Church Book Room Press, 1962. **Oesterley, W. O. E.** *Sacrifices in Ancient Israel*. London: Hodder & Stoughton, 1937. **Ottosson, M.** "Sacrifice and Sacred Meals in Ancient Israel." In *Gifts to the Gods: Proceedings of the Uppsala Symposium 1985*. Ed. T. Linders and G. Nordquist. Acta Universitatis Upsaliensis. Boreas. Uppsala Studies in Ancient Mediterranean and Near Eastern Civilizations 15. Uppsala: Academiae Ubsaliensis, 1987. 133-36. **Rainey, A. F.** "The Order of Sacrifices in Old Testament Ritual Texts." *Bib* 51(1970) 485-98. ______. "Sacrifice and Offerings." In *The Zondervan Pictorial Encyclopedia of the Bible*. Ed. M. C. Tenney. Grand Rapids: Zondervan, 1975. 194-211. **Rendtorff, R.** *Die Gesetze in der Priesterschrift*. FRLANT 62. 2nd ed. Göttingen: Vandenhoeck & Ruprecht, 1963. ______. *Studien zur Geschicte des Opfers im Alten Israel*. WMANT 24. Neukirchen-Vluyn: Neukirchener, 1967. **Rigby, P.** "A Structural Analysis of Israelite Sacrifice and Its Other Institutions." Eglise et théologie 11(1980) 299-351. **Ringgren, H.** *Sacrifice in the Bible*. New York: Association Press, 1963. **Rodriguez, A. M.** *Substitution in the Hebrew Cultus*. Andrews University Doctoral Dissertation Series 3.

Berrien Springs, MI: Andrews UP, 1979. 75-232. **Rost, L.** *Studien zum Opfer im Alten Israel.* BWANT 113. Stuttgart: W. Kohlhammer, 1981. **Rowley, H. H.** *Worship in Ancient Israel: Its Forms and Meanings.* London: SPCK, 1967. ______. "The Meaning of Sacrifice in the Old Testament." *BJRL* 33(1950) 74-110. **Sirard, L.** "Sacrifices et rites sanglants dans L'Ancien Testament." *ScEc* 15(1963) 173-97. **Snaith, N. H.** "Sacrifices in the Old Testament." *VT* 7(1957) 308-17. ______. "The sin offering and the guilt offering." *VT* 15(1965) 73-80. ______. "The Sprinkling of Blood." *ExpTim* 82 (1970/71) 23-24. **Steinmueller, J. E.** "Sacrificial Blood in the Bible." *Bib* 40(1959) 556-67. **Stevenson, W. B.** "Hebrew 'Olah and Zebach Sacrifices." FS A. Bertholet. Ed. W. Baumgartner. Tübingen: Mohr, 1950. 488-97. **Thompson, R. J.** *Penitence and Sacrifice in Early Israel outside the Levitical Law.* Leiden: Brill, 1963. **Urie, D. M. L.** "Sacrifice among the West Semites." *PEQ* 81(1949) 67-82. **Vaux, R. de.** *Studies in Old Testament Sacrifice.* Cardiff: University of Wales, 1964. **Wyatt, N.** "Atonement Theology in Ugarit and Israel." *UF* 8(1976) 415-30. **Yerkes, R. K.** *Sacrifice in Greek and Roman Religion and Early Judaism.* New York: Scribner, 1952.

양식/구조/배경

레위기 1-7장은 다양한 종류의 희생들을 제시하는 규정과 각각의 희생의 범주 안에서 여러 상이한 종류의 짐승들을 드리는 규정을 담고 있다. 특별한 관심을 끄는 것은 의식들에서 제사장들의 역할과 그들의 수입원으로 그들의 몫이 되는 부위들에 대한 것이다. 그렇지만 다양한 희생들이나 희생 일반의 신학적 중요성에 대한 광범위한 설명이 전혀 없다. 강조되는 것은 희생 재료의 종류와 형식, 그리고 각각의 종류의 희생 의식에 대해서이다.

이 단원은 두 개의 단위인 1-5장과 6-7장으로 구성되어 있다. 둘 다 동일한 희생들에 관심을 갖지만, 희생들은 다른 순서로 나열되면서 다른 관점에서 취급된다. 1-5장에서 희생들은 다음과 같은 순서로 나타난다.

번제(1장)
소제(2장)
화목제(3장)
속죄제(4:1-5:13)
속건제(5:14-26[6:1-7])

6-7장에서 발견되는 순서는 다음과 같다.

번제(6:1-6[8-13])
소제(6:7-11[14-18])
위임식에서의 소제(6:12-16[19-23])
속죄제(6:17-23[24-30])
속건제(7:1-10)
화목제(7:11-21, 28-34)

이 두 목록 사이의 일차적인 차이점은 화목제의 위치와 두 번째 목록에서 위임제의 포함이다. 렌토르프(*Lev, 8*)는 그 순서가 여러 다른 시대마다 각기 다른 희생이 강조된 데서 비롯된 것이라고 제안한다. 그렇지만 화목제가 두 번째 목록에서 마지막 제사로 나타나는데, 그 이유는 실천적 관점에서 볼 때 혈족이나 가족이 그 날의 다양한 희생 의식들 후에 축제의 식사를 할 수 있도록 그것이 보통 다른 희생들 후에 드려졌기 때문이다. 덧붙여서 레이니(Rainey, *Bib* 51[1970] 486-88)는 두 단위의 의도에 따라 두 목록에 차이를 둔다. 1-5장은 교훈적이고 6-7장은 집행상의 세부 사항에 대한 묘사들이다.

1-5장은 두 부분으로 나뉜다: 1-3장과 4-5장. 1-3장에 있는 제물들은 레아흐 니호아흐 라도나이(ריח־ניחוח ליהוה, "여호와께 향기로운 냄새")로 드려지는 희생들에 관심을 갖는다 – 번제(עלה – 올라), 소제(מנחה – 민하) 그리고 화목제(זבח שלמים – 제바흐 쉘라밈). 짐승을 수반하는 두 가지의 제사를 위한 의식들이 바쳐진 짐승의 종류에 따라 배열된다. 이러한 희생들은 평신도에 의해 자유롭게 드려졌기 때문에 그 제사들을 위한 어떠한 특정한 시기도 지정되어 있지 않다. 4-5장에 묘사된 제물들은 특정한 죄들을 "대속하는"(כפר – 카파르) 희생들에 관심을 갖는다: 속죄제(חטאת – 하타트)와 속건제(אשם – 아샴). 전자의 제물은 희생을 드리도록 요구된 사람의 신분에 따라, 후자의 제물은 범죄의 성격에 따라 규정이 주어진다. 이 후자의 규정은 그것이 의식적 법규가 부족하다는 점에서 여타의 것들과 다르다. 4-5장에 있는 제물들과 더불어 이러한 희생들이 요구되는 전형적인 경우들을 묘사하는 두 개의 단원이 있다(5:1-7; 5:20-26[6:1-7]). 누구든 죄를 지은 사람이라면 이 제물들 중 하나를 바치는 것은 선택 사항이 아니었다. 그 사람은 언약 공동체의 일원으로 남기 위해 그런 제물을 드려야 했다.

1:2aβ+b에 있는 형식문(formula)은 1-5장에 있는 자료 전체를 지배하지만, 그것은 1장과 3장에 대한 특별한 표제(標題) 역할을 한다. 번제와 화목제(3:1-7)에

대한 규정들은 사례 진술인 아담 키 야크리브 미켐 코르반 라도나이(אדם כי־יקריב מכם קרבן ליהוה, "너희 중 누구든지 여호와께 예물을 드리려거든")에 의존한다. 그 사례는 키(כי, …하려거든)에 의해(1:2), 규정들은 임(אם, …이면)에 의해 도입된다(1:3; 3:1). 이러한 패턴은 하나의 단계에서 이 두 가지 제사가 서로를 뒤따랐다는 것을 시사한다. 소제(곡식제)에 대한 규정들(2장)은 지금 이 두 종류의 규정들을 분리한다. 소제(곡식제) 규정이 번제와 화목제 규정과 별개라는 사실은 사례 형식문에 의한 표제와 그 형식문의 어법인 네페쉬 키(נפש כי, "…하려는 사람": 개역 성경: 누구든지…하려거든)에 의해 증거된다. 2장의 현재의 위치는 번제와 더불어 소제(곡식제)를 드리는 관례적인 행위에서 비롯된 것이다.

권위적인 형식문인 봐예다베르 아도나이 엘 모쉐(וידבר יהוה אל־משה, "여호와께서 모세에게 말씀하셨다")는 1-3장으로부터 4장을, 그리고 4:1-5:13로부터 5:14-26(6:7)을 따로 분리시킨다. 그럼에도 불구하고 2장의 형식문은 4:2에 있는 속죄제의 형식문과 일치한다. 비슷한 문체인 네페쉬 키(נפש כי, "만일 사람이…")는 5:14-26(6:7)과 더불어 2장과 4장을 함께 연결시킨다. 그렇다면 레위기의 현재의 순서에서 1-5장은 사례들에 대한 형식문의 교호적 방식인 a:b::a:b로 함께 엮어진다(1장:2장::3장:4-5장).

6-7장에서 발견된 자료는 희생들에 대한 그 밖의 세부 사항들에 관심을 갖는 지침들(תורות－토로트)의 복합체다. 그것은 특히 희생물의 거룩성에, 또한 희생 의식이 수행된 후에 남은 부분들의 적당한 처리에 관심을 둔다. 나아가 제사장들이 받는 부분들에 대하여 특별한 관심을 둔다. 하나의 주요 삽입 부분이 있는데, 그것은 제사장 위임식에서 그가 드리는 매일의 소제(곡식제)를 다룬다. 이 문단에는 다양한 희생들과 관련된 다섯 가지의 지침이 들어 있다: 번제(6:1-6[8-13]), 소제(6:7-11[14-18]), 속죄제(6:17-23[24-30]), 속건제(7:1-10) 그리고 화목제(7:11-21). 화목제에 대한 지침은 또한 평신도의 지침에 관한 거대한 자료집(corpus, 1장부터 7:21을 일컫는다－역자주)을 확장해서 두 부분을 추가시켰다. 첫 번째 단원은 기름과 피를 먹는 것에 대한 규정을 담고 있으며(7:22-27), 두 번째 것은 다양한 종류의 화목제에 대한 더욱 많은 세부 사항을 제공한다(7:28-34). 현재의 배경 속에 제사장들에게 전달하는 이 자료가 포함되는 이유는 제의 중심부에서 수행되는 절차들에 대한 평신도의 지식을 확대하기 위함이다. 이러한 입장은 1:1aα의 표제가 범위가 더욱 넓은 것으로서 이스라엘 사람들에게 전달한 전체 연설의 표제라는 사실에 의해 지지를 받는다. 즉 그 표제는 레위기의 최종 본문 형태에서 1-7장 전체에

적용된다. 이러한 입장의 장점은 7:23aα와 28aα에 있는 "이스라엘 자손에게 고하라"는 지시에 의해 확증되는데, 그 소절들은 6:2aα(9aα)와 18aα(25aα)에서 볼 수 있는 아론과 그의 아들들에게 말하는 제한적인 표제들을 보충해 준다. 이러한 후대의 단원들이 6-7장의 자료집에 포함되었다는 것은, 단지 최종 편집자가 이 장들의 청중이 공동체 전체라는 것을 인식했다는 가정이 있어야만 이해가 된다. 이러한 점에 비추어 볼 때 6-7장은 제사장 자료집에서 취한 자료로 구성되며, 제의 절차들에 대한 평신도의 교육을 강화하기 위해 여기에 배치되었다. 제사장들에게 전달된 두 표제가 보존되어 온 목적은 아마도 평신도들에게 제사장들이 멋대로 변경할 수 없는 전문적 지식을 그들이 배우고 있다는 사실을 전해 주기 위함이다. 평신도들은 왜 제사장들이 어떤 특정한 일을 하는지, 또한 제물의 어떤 부분이 제사장의 정당한 수입이 되는지를 배운다. 덧붙여서 이러한 가르침은 평신도들로 하여금 제사장들이 그들의 업무를 적합하게 수행하고 있는지를 확인할 수 있게 해준다. 이것은 여호와의 예배 의식에서 평신도가 제사장들에게 의존하고 성소에서의 의식들에서 수동적이 되기보다는 더욱 활발하게 참여하도록 유도한다.

이 문단의 말미에 복합적인 요약 진술이 있다(7:35-38). 35-36절은 6-7장에 대한 결론인 반면, 37-38절은 1-7장을 마무리짓는 역할을 한다. 37-38절은 거슬러 올라가 1:1과 연결되어 있으나 양자는 차이가 있다. 왜냐하면 37-38절의 요약 진술에서는 모세가 회막이 아닌 시내 산에서 율법을 받았기 때문이다. 호프만(Hoffmann, 1:20-24)은 6-7장에서 발견되는 자료집이 출애굽기 25-31장과 더불어 시내 산에서 주어졌다는 입장을 피력한다. 그 자료집은 시내 산에 대해 언급함으로써 출애굽기 24:15-18에 있는 모세의 시내 산 등정에 대한 보고와의 연관성을 확립한다. 나아가 6:12-16[19-23]은 1-7장 범위 내에서 위임제 희생에 대해 언급하는 유일한 부분이며, 요약 진술(7:35-38)의 목록에서 위임제의 위치는 6:12에서 보는 바와 같이 소제(곡식제) 뒤가 아닌 속건제 뒤인데, 이러한 사실들은 이 목록이 단지 6-7장에 대한 요약만은 아니라는 추가적인 증거들인 것이다. 오히려 이 요약은 1-7장을 출애굽기 29-40장과 연결시키며, 또한 나중에 나오는 레위기 9장을 지시한다. 이러한 결론 형식문의 구상은 모세가 회막에서 계시를 받는 1:1과 상충되는 것이 아니며, 오히려 1-7장을 더 거대한 자료집인 출애굽기 25장 – 민수기 10장과 결부시킨다.

이러한 여러 희생 규정들의 역사적 배경은 무엇인가? 그것들은 시내 산에서 탄생한 나라로서의 이스라엘의 기원으로 거슬러 올라간다. 이스라엘이 언약 하에 하나님의 백성이 된 즉시, 그 기원이 족장 시대로까지 거슬러 올라가는 그들의 희생제 관행은 이제 한 분이신 참 하나님의 예배에 맞도록 규정을 마련해야 했다. 순수한 예배는 "너희는 내 앞에서 다른 신들을 두지 말라"(출 20:3)는 계명을 성취하기 위해 필수적이었다. 인간의 죄의 성향을 고려한다면, 언약의 궁극적 목적인 거룩하신 하나님과의 지속적인 교제는 단지 백성들이 속죄의 수단에 원활히 접근할 때에만 가능했을 것이다. 희생 제도는 그러한 접근을 허용하기 위해 도입되었다. 바꾸어 말하면, 여호와를 섬겼던 공동체나 나라는 처음부터 그들의 거룩하신 하나님이신 여호와의 독점적인 명령들에 상응하도록 규정된 제의와 희생의 규범들을 가져야만 했다. 전승은 이러한 필요성을 인식하고 있는데, 왜냐하면 전승은 규칙적으로 "여호와께서 모세에게 고하셨다"는 형식문으로 이러한 규정들의 권위를 강조하기 때문이다.

이러한 희생에 대한 지침들은 희생 규정들, 특히 개인이 바치는 희생의 규정에 대해 평신도를 훈육하기 위해 작성되었다. 그 훈육은 제의 의식에서 이루어졌을 것이다. 제사장은 의식을 시작하기 전에 드려질 희생에 대한 특정한 규정을 낭독했을지도 모른다. 아니면 제사장이 공적인 희생물을 받기 시작하는 날이 되면 매번 그 지침들을 전해 주었을 수도 있다. 코흐(Koch, *Priesterschrift*, 45-61)가 증명한 대로, 기본적인 의식이 짧은 단순한 문장들로 구성되어 있다는 사실은 이러한 의식들이 본래는 구두(口頭) 지침으로 구성되어 있었다는 것을 시사한다. 포로기 이전에는 이 지침들이 중앙 성소와 그 땅 전역의 다른 제단들에 속해 있었을 것이다. 따라서 그 약속의 땅에 흩어져 있었던 평신도들은 그 지침들에 친숙했을 것이다. 예루살렘이 제의의 중심지가 되었을 때, 한 사본이 표준 사본이 되어 성전에 간직되었을 것이다.

분명히 이 규정들은 고대 이스라엘 역사 속에서 여러 차례의 배교의 시대에 용도 폐기되었을 듯하다. 그리고 다양한 시대 속에서 그 규정들이 위에서 제시된 것과는 다르게 사용되었다고 추측될 수 있다. 따라서 그것들은 현재의 형식 속에 들어오기 전에 오래되고 복잡한 전승의 역사를 가졌다. 추가 사항들이 지방의 관행들에 권위를 부여하기 위해 통합되었다. 그 밖의 변화들이 만들어졌는데, 그 규정들을 사회적 변화와 제의 관행들의 변화에 맞춰 조정하기 위함이었다. 특정한 이방의 관행들이 진정한 여호와의 예배로 침식해 들어와 갈등이 발생했을 때, 여러 가지 법령과 교훈이 백성들에게 그런 관행들의 위험성을 경고하기 위해 통합되어 들어왔다. 더불어 여러 단어들과 어구들이 세부 사항들을 명료하게 만들고 고어체 용어들을 설명해 주며, 또한 다양한 관행들을 좀더 세밀하게 규정하기 위해 자료집에 추가되었다.

그런 편집 활동은 사사 시대와 왕국 시대 전체에 걸쳐 발생했다. 나아가 제의에는 중대한 변화의 시기들, 즉 제의 자료집의 그런 편집 작업에 영감을 불어넣어 주었을 순간들이 있었다. 그러한 시기들 중 일부가 언급될 수 있다. 다윗은 법궤를 예루살렘으로 가지고 옴으로써 그 도시를 제의의 중심지로 삼았다(삼하 6장; 대상 15-16장). 그는 이 새로운 제의 중심지에서 섬길 제사장들과 레위인들의 서열을 대폭 개편하였으며, 또한 제의 성가대를 조직하였다(대상 15:10-24; 16:37-42; 23:1-24:3). 솔로몬은 새로운 성전에서 다윗의 지령들을 따랐다(대하 8:14-15). 그럼에도 불구하고, 솔로몬은 아버지 다윗이 했던 것만큼 제사장들의 서열과 예배의 사안들에 대해 강력한 변화를 주지 않았다. 후대에 여러 번의 개혁 운동들이 있었을 때, 특히 히스기야(대하 29-31장)와 요시야(대하 34:1-35:19) 시대에 성전에서 갖가지 변화가 발생했다. 어떤 관행들은 강조되었을 것이고, 또한 새로운 절차들이 부적절한 관행들을 교정하고 동시에 혼합주의나 이방의 악습을 방지할 장벽들을 세우기 위해 도입되었을 것이다. 히스기야가 느후스단, 즉 모세가 독뱀에 물린 백성들을 치료하기 위해 광야에서 세웠던 놋뱀을 산산조각 내야 했다는 사실(왕하 18:4; 민 21:4-9)은 신성한 유물이 어떻게 우상의 대상으로 전락할 수 있었는지를 증언하며, 또한 개혁 운동을 했던 그 왕들이 순수한 여호와의 예배를 확립하기 위해 떠맡았던 근본적 변화들을 증언한다. 특별히 예루살렘을 유일한 제의의 중심지로 삼았던 개혁들, 즉 히스기야의 개혁과 나아가 요시야의 개혁 하에서 고대의 규정들이 서로 다른 고대의 규정들이 허용되었던 지방 성소들의 관행들을 표준화하기 위해, 또한 혼합주의로 판명된 색다른 관행들을 금지하기 위해 편집되어만 했다. 즉 그 기원이 모세에게로 거슬러 올라갔던 그 규정들은 포로기 시대 즈음에 오경으로 정경화될 때까지 진행 중인 전승으로 취급되었다. "진행 중"이라는 용어는 이 규정들이 변화하는 관행들을 편입시키기 위해 조정되었다는 것을 의미한다. 기본적인 규정들은 시내 산에서 언약의 계시로부터 그 권위를 부여받는다. 그럼에도 불구하고 하나님께서는 계속해서 이스라엘에게 말씀하셨다. 그러므로 모든 변화들과 조정안들은 전적으로 권위적인 것으로 간주되었으며, 따라서 그것들은 "여호와께서 모세에게 말씀하셨다"는 권위적인 표제(標題) 아래 보존되었다.

하나님의 백성으로서 이스라엘의 존재를 위험에 빠뜨린 유배의 충격과 함께 제사장들은 다양한 제의 전승들과 규범들이 수집, 정돈, 보존될 필요가 있다는 것을 인식했다. 그들의 작업은 오경이라 불린 문서 속에 그들의 조상들의 전승들을 보존해 두었다.

레위기에서 이 부분(1:1-7:38)의 장르에 관해 말하자면, 이 규정들은 의식들로 분류될 수 있다(Rendtorff, *Lev*, 18-20). 그것들을 위한 다른 가능한 범주는 훈시들(תּוֹרוֹת – 토로트)이다. 그러나 누가 훈시를 받고 있는 것인가? 레이니(Rainey, *Bib* 51[1970] 486)는 이 자료집이 "성직자 훈련을 위한 교육학적 범주"라고 말한다. 이러한 분류가 가능하지만, 그 자료는 아담(אדם, "사람"; 1:2; 3:1) 그리고 네페쉬(נפשׁ, "누구"; 2:1; 4:2)가 암시하는 바와 같이 평신도들에게 전달된다. 덧붙여서 이 자료집의 내용은 훈시적이지만 상세하지도 철두철미하지도 않다. 이것은 토라(תּוֹרה, "훈시, 지침")의 사용이 6-7장에서 제사장에게 전달된 부분에는 나타나지만, 백성들에게 전달된 1-5장이나 7장의 그 부분들에는 나타나지 않는다는 사실로 확증된다. 예를 들어, 다음과 같은 특정한 세부 사항들이 빠져 있다: 평신도가 제사장과 짐승을 사이에 두고 어디에 서야 하는지, 도살에서 사용되는 칼의 종류와 상세한 도살 방식은 무엇인지, 그리고 평신도와 제사장이 무슨 말을 하는지. 제사장들은 이 모든 상세한 내용들을 알고 있어야 했다. 따라서 이 본문들이 제사장을 위한 교육 편람이었다고 이해하기는 어렵다. 오히려 그것들은 평신도와 제사장에 의해 수행된 의식 행위들에 강조를 두는 희생 절차의 기본적 개요다. 노트(Noth, 20)가 진술한 대로, 평신도들은 희생을 드림에 있어서 그들이 맡은 일들과 그들이 제사장에게 맡겨야 하는 행위들에 대해 배웠다. 그러므로 레이니가 말한 대로 1-5장에 있는 이 규정들은 훈시적이며, 6-7장에 있는 규정들은 집행상의 세부 사항들에 대한 여러 묘사들이다.

이러한 희생 규정들의 문학적 정황은 회막 건설(출 40장)과 제사장 위임(8, 9장) 사이에 있다. 코흐(Koch, *Priesterschrift*)에 따르면, 이 위치는 제단에 드려지는 최초의 여러 가지 희생제(9장)가 합당한 규범에 따라 수행되도록 하기 위해 필수적이다. 이것에 비추어 볼 때, 희생 의식이 출애굽기 25-40장의 서사가 레위기 8-10에 연결되는 것을 방해하는 장애물이라고 판단하는 것은 부적절하다.

A. 희생 법안 및 책 전체에 대한 표제(1:1-2)

참고문헌

레위기 1:1-7:38에 대한 참고문헌을 보라.

본 문

1 여호와께서 회막에서 모세를 부르시고 그에게 일러 가라사대
2 이스라엘 자손에게 고하여 이르라 너희 중에 누구든지 여호와께 예물을 드리려거든 생축 중에서 소나 양으로 예물을 드릴지니라

1 Yahweh[a] called to Moses and spoke to him from the Tent of Meeting,
2 "Speak to the people of Israel and say to them: When anyone[a] among you presents an offering to Yahweh, you are to present as your offering[b] an animal from either the herd or the flock."

원문주해

1.a. 시리아역(Syr)은 주어 여호와를 봐이크라(ויקרא, "그리고 그가 불렀다") 뒤에 놓는다.

2.a. 형식문 아담 키(אדם כי, "만일 누구든지")는 구약에서 드문 것으로 다른 곳에서는 오직 13:2과 민 19:14에서만 나타난다. 일반적으로 그 형식문은 네페쉬 키(נפש כי, "만일 누구든지": 예를 들어, 2:1; 4:2), 혹은 이쉬 이쉬 아쉐르(איש איש אשר, "만일 …한 사람이"; 예를 들어, 17:3, 8, 10, 13)이다.

2.b. 사마리아 오경(Sam), 70인역(LXX) 그리고 시리아역(Syr)은 복수 명사 코르브네이켐(קרבניכם, "너희의 제물들")으로 읽는다.

양식/구조/배경

이 표제는 특별히 첫 번째 하위 문단인 1:3-3:17을 도입하는 역할을 한다. 그러나 레위기의 최종 판에서 그것은 책 전체에 대한 표제 역할을 한다.

1절에서 봐예다베르(וידבר, "말하다")와 봐이크라(ויקרא, "부르다")가 공히 나타난 것은 서두 형식문(opening formula)의 복합적 성격을 드러내 준다. 두 동사 모두 제의 입법 도처에서 나타나는 도입 형식문들에서 찾아볼 수 있다. 가장 흔히 나타

나는 표제는 봐예다베르 아도나이 엘 모쉐 레모르(וידבר יהוה אל־משה לאמר, "그리고 여호와께서 모세에게 고하여 이르기를")이다(예를 들어, 4:1; 5:14, 20[6:1]; 6:1[8], 12[19], 17[24]; 7:22, 28 등). 그렇지만 봐이크라 엘라이브 아도나이 민(ויקרא אליו יהוה מן, "그리고 여호와께서 그를 …로부터 부르셨다")이라는 표현은 출애굽기에서 단 세 번 나타날 뿐이다[3:4(אלהים – 엘로힘, "하나님"); 19:3; 24:16(마소라 본문은 그 주어를 구체적으로 지시하지 않는 반면, 70인경은 아도나이〈יהוה, "여호와"〉로 읽는다)]. 따라서 이 후자의 형식문은 특별한 상황들을 위해 보존된다. 레위기 1:1-2aα과 출애굽기 19:3bα을 비교해 보는 것은 유익하다.

ויקרא אליו יהוה מן־ההר לאמר
(봐이크라 엘라이브 아도나이 민 하하르 레모르)
ויקרא אל־משה וידבר יהוה אליו מאהל מועד לאמר
(봐이크라 엘 모쉐 봐예다베르 엘라이브 모헬 모에드 레모르)

이러한 비교는 모세를 향한 여호와의 발언의 일반적인 형식문이 드물게 사용되는 특별한 계시 형식문과 결합되어 있다는 것을 보여 준다. 여기서 특별한 형식문에서 나타나는 어구 "산에서"가 아닌 다른 어구 "회막에서"가 나타나는데, 이는 모세가 바로 직전에 시내 산 아랫자락에 회막을 세웠기 때문이다(출 40:34-37). 그 형식문은 모세가 여호와의 말씀을 들으러 더 이상 시내 산을 등정할 필요가 없게 된 가운데 회막에서 여호와와 직접적인 교통을 통해 이 규정들을 받았다고 말한다. 사실상 이 규정들이 새로운 성소에서 여호와께서 주신 첫 번째 지침이었다.

2절은 희생 드리기에 대한 일반적인 진술이다. 모든 동물 희생들은 코르반(קרבן, "봉헌물, 제물 혹은 예물")으로 분류된다. 이러한 분류는 예루살렘의 제1성전 건립 시기나 에스라 주도하의 종교 개혁 시기와 같이 제의 절차들을 표준화하는 시대에 발생했을지도 모른다.

그 표제는 또한 출애굽기 25-40장과 레위기 1-16장 사이에서 문학적 연결 고리로서의 역할을 한다.

주석

[1] 이 도입문은 부피가 큰데, 이는 편집자가 여호와로부터의 특별한 계시에 대한 그 형식문과 보통의 연설 위탁 형식문(commission-to-speak formula, 이것은 레위

기에서 발견되는 제의 규정들의 권위를 강조하기 위해 다양한 제의 규정들의 서두에 나타난다)을 한데 엮기 때문이다. 하나님에 대한 이스라엘의 고유명사인 아도나이(יהוה, "여호와")가 사용되는데, 이는 하나님께서 회막에서 직접 자신의 종 모세에게 말씀을 전하고 계시기 때문이다.

출애굽기 25-31장에서 여호와께서는 모세에게 "회막"(אהל מועד – 오헬 모에드)에 대한 설계를 주셨다. 출애굽기 40장은 모세가 회막과 모든 비품들을 설치함으로써 이 설계를 실천에 옮겼다고 기록한다. 회막은 또한 "장막"(שׁכן – 미쉬칸)으로 불리기도 했다. 레위기에서는 이 용어가 네 번밖에 나오지 않는다(8:10; 15:31; 17:4; 26:11). 제의 자료집에서는 두 단어가 공히 동일한 건물을 지시하지만, 각기 다른 강조점을 갖는다. "장막"(שׁכן – 미쉬칸)은 하나님이 "거주하시는"(שׁכן – 샤칸) 장소를 함축하는 반면, "회막"(אהל מועד – 오헬 모에드)은 여호와께서 자신이 선택한 특별한 때에 지도자나 백성들을 "만나시는"(יעד – 야아드) 신성한 막사다(출 29:42). 크로스(Cross, *Canaanite Myth*, 300)는 회막의 의미인 "회의 혹은 모임의 막"은 제사장 저자에 의해 "신-인간의 만남의 막", 즉 "계시의 막"으로 이해되었다고 지적한다. 이 장들에 있는 회막의 그림은 솔로몬이 지은 제1성전의 그림과 매우 밀접하게 일치한다(그림 1을 보라).

회막은 수를 놓은 휘장으로 덮여 있는 작은 직사각형 건물이었다. 그것은 두 개의 방으로 나뉘었다. 서쪽 끝에는 "언약궤"(ארן העדות – 아론 하에두트)를 안치했던 지성소라 불리는 작고 네모난 방이 있었다. 바깥쪽의 직사각형 방에는 진설병을 위한 "탁자"(השלחן – 하슐한; 참조. 24:5-9), "금 제단"(מזבח הזהב – 미즈바흐 하자하브) 그리고 "분지형 촛대 혹은 장식 촛대"(מנרה – 메노라; 24:2-4)가 있었다. 입구 바깥의 성전 뜰은 동쪽을 향해 있었는데, 거기에는 "번제단"(מזבח העלה – 미즈바흐 하올라)과 "물두멍"(הכיור – 하키요르)이 세워져 있었다. 모세가 그 곳에 모든 설치 작업을 완료했을 때, 하나님의 임재를 나타내는 "그 구름"(הענן – 헤아난)이 성막을 덮었으며, "여호와의 영광"(כבוד יהוה – 카보드 아도나이)이 성막을 채웠다. (참조. F. Cross, "The Priestly Tabernacle", in *Old Testament Issues*, ed. S. Sandmel [London: SCM Press, 1969] 39-67; M. Görg, *Das Zelt Begegnung: Untersuchungen zur Gestalt der sakralen zelttraditionen Altisraels*, BBB 27[Bonn: Peter Hanstein Verlag G.mb.H., 1967]; M. Haran, *Temples and Temple-Service in Ancient Israel* [Oxford: Clarendon Press, 1978] 260-75; idem, *JSS* 5[1960] 50-65; J. Morgenstern, "The Ark, the Ephod and the 'Tent of Meeting,'" *HUCA* 17[1942/43] 153-

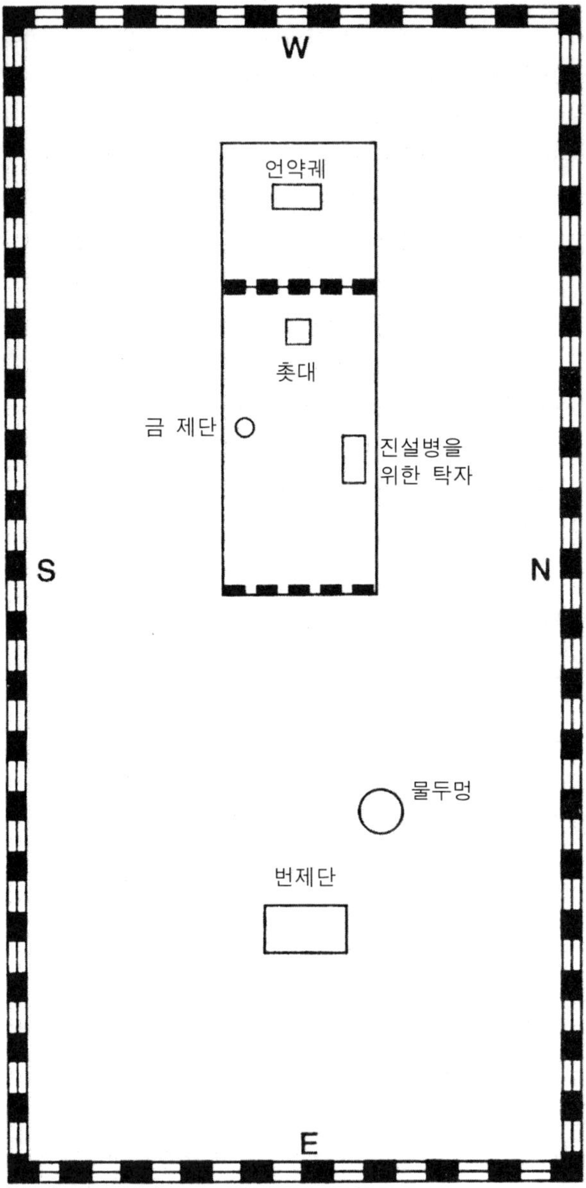

Courtesy of the American Schools of Oriental Research

그림 1. 성막과 성막 뜰의 도면

266; 18[1944] 1-52; G. von Rad, "The Tent and the Ark," in *The Problem of the Hexateuch and Other Essays*[Edinburg: Oliver & Boyd, 1966] 103-24.)

2 브네이 이스라엘(בני ישראל, "이스라엘 백성")은 흔히 "이스라엘의 자손"으로 번역된다. 그러나 레빈(Levine, 4)이 지적한 대로, 그 번역은 이스라엘이 언약으로 함께 결속된 한 민족이라는 것을 전달해 주지 않는다. 조건절은 아담(אדם, "사람, 어떤 누구")을 주어로 사용한다. 이 단어는 제의 법안에 있는 조건절들에서는 드물게 사용된다. 이 단어의 사용은 하나님께서 자신의 형상대로 사람을 창조하시되, 남자와 여자로 창조하셨다고 말하는 창세기 1:26-27과의 연결을 확립한다(참조. 창 5:2). 아담(אדם)의 사용은 인간이 갖는 높은 가치를 주목하게 한다(F. Maass, "אדם *'ādhām*," *TDOT* 1:84-85). 인간이 하나님께 예배드리고 그분에 의해 죄 사함을 받고 축복을 누릴 수 있는 것은 그들이 하나님의 형상을 지녔기 때문이다. 덧붙여서 아담은 남자와 여자를 포함한다. 고대 이스라엘은 가부장적 사회이기 때문에 남자가 제의에서 주도적이면서 여자는 제외되었다. 출산 후에(12:6-8) 혹은 주기적인 유출로부터의 회복 후에(15:28-30) 여자는 희생을 바쳐야만 했다. 신앙의 패역을 어떻게 대속할 것인지를 설명하는 민수기 5:5-7은 명시적으로 여자를 포함한다. 민수기 30장은 여자들이 서원하는 서약을 규정한다. 이 서약들은 서원의 제물로 화목 제물을 포함했을 가능성이 있다(7:16-17). 주목할 필요가 있는 것은 제의와 제사장 저자가 여성들에게 부여한 장소다(참조. M. I. Gruber, "Women in the Cult," in *Judaic Perspectives on Ancient Israel*, ed. J. Neusner, B. Levine, and E. Frerichs[Philadelphia: Fortress, 1987] 36-40). 아담(אדם)과 네페쉬(נפש)의 사용을 볼 때, 그 율법 수여자는 무성적인(nonsexist) 총칭어를 골라서 쓰고 있는 것이다. 나아가 아담은 인종적인 총칭어다. 그것은 대부분의 용례들에서 특정하게 "이스라엘 족속"을 의미하지 않는다. 오히려 그것은 보편적인 용어이며, 특히 창세기 1-11장에서 그러하다(Maass, *TDOT* 1:83-84). 그러므로 이 용어는 언약의 모든 규준을 따르는 이방인들이 여호와께 희생을 드리는 것을 가능하게 만든다.

짐승 바치기에 해당하는 단어인 카라브(קרב, "가까이 가져오다")는 희생 규정들에서 제물을 "바치다"를 의미하는 전문 용어다(참조. J. Kühlewein, "קרב *qrb* sich nähern," *THAT* 2:679; Rendtorff, Studien, 90-92, 113). 여기서 특히 제물이 여호와께(ליהוה – 라도나이) 드려진다는 것이 진술된다. 이러한 진술은 회막 앞에서 어떤 다른 신이나 하급의 천상 피조물에게 희생을 드린다는 개념을 전적으로 배척한다. 제의법 전체에 나타나는 이 어구 및 이와 비슷한 어구들은 제의 법안의 절대적인 유일신관을 강조한다. 예배는 지극히 높으신 하나님께 직접 드려졌다. 그 어떤 천상의 중재자들도 그 제물들로부터 결코 유익을 얻을 수 없는 것으로 간주된다. 동사 히크리브(הקריב, "바치다")와 관련된 용어는 코르반(קרבן, "봉헌물, 예물")이다. 이 용어는 동물(1:2), 채소와 곡식(2:1, 5) 그리고 귀금속 품목(민 7:13; 31:50)을 포함하여 모든 희생의 제물들을 포괄한다(Dillmann, 428). 이 단어는 에스겔서에서 두 번 나타나는 것을 제외하면(20:28; 40:43), 단지 레위기와 민수기에서만 나타난다. 이 용어는 그리스어로 음역되어 마가복음 7:11에서 나타난다. 많은 영어 번역본들은 그것을 "korban"(고르반)으로 음역했다(참조. 마 15:5-6; 27:6). 이 구절에서 고르반은 서원에 의해 성전에 헌납한 물품이나 재산을 의미한다. 자녀들이 부모가 자신들에게 부양을 의존할 수 없게 하려고 그런 서원을 드렸을 것이다. 그들은 부모를 모시지 않기 위해 율법을 이용한 것이다(참조. V. Taylor, *The Gospel according to St. Mark*[London: MacMillan, 1972] 340-42).

해설

표제가 제의 법안을 위한 최고의 권위를 수립한다: 여호와께서 회막에서 직접 모세와 말씀하셨다. 이 법안은 모세에게 주어졌는데, 이는 그와 그의 후계자들인 제사장들이 모든 이스라엘 족속에게 하나님께 희생을 바치는 정확한 절차를 가르치도록 하기 위해서였다. 피 희생은 소 떼나 가축 떼에서 취한 짐승들에 국한되었다. 그 이유는 이스라엘 사람은 자신의 가축에서 가져온 제물을 바쳐야 했기 때문이다. 각각의 제사는 당사자가 대가를 막중하게 치르는 일이었다. 그것은 사냥의 경우와 같이 어쩌다 죽인 짐승으로 드려서는 안 되었다.

이 법안은 평신도와 제사장 사이에 밀접한 결속이 있었다는 것을 시사한다. 제사장은 제의의 기본 지식과 절차에 대해 평신도를 가르쳐야 했다. 따라서 제사장이 지식을 활용해서 백성들을 다스리려고 지식을 독점해서는 안 되었다. 오히려 희생을 드릴 때, 최소한 가장 오랜 고대의 시대에는 평신도가 제사장과 함께 입회했다. 제사장은 제단에서 의례들을 수행하고 하나님께 평신도를 인도하면서 그들이 희생을 정확히 드리도록 돕는 역할을 했다. 그들의 일차적인 역할은 희생을 바치는 당사자를 위해 대속을 실행하여 그가 용서를 받고 여호와와 화해할 수 있게 하는 것이었다. 노역에 대한 대가로 그들은 다양한 희생들의 특정 부위를 수령했다. 이러한 제의 법안은 제사장과 평신도를 언약 아래서 결속시키길 원하는 방식에서 주어진다.

B. 세 가지 일반적 희생에 대한 규정(1:3-3:17)

1. 번제에 대한 규정(1:3-17)

참고문헌

Boer, P. A., de. "An Aspect of Sacrifice." VTSup 23(1972) 37-47. **Hultgård, A.** "The Burnt-Offering in Early Jewish Religion: Sources, Practice and Purpose." In *Gifts to the Gods: Proceedings of the Uppsala Symposium 1985.* Ed. T. Linders and G. Nordquist. Acta Universitatis Upsaliensis. Boreas. Uppsala Studies in Ancient Mediterranean and Near Eastern Civilizations 15. Uppsala: Academiae Ubsaliensis, 1987. 133-36. **Loss, N. M.** "La partecipazione dei laici al rite dell' olocausto sec ondo Lv 1,3-13." *Sal* 23(1961) 353-62. **Rendtorff, R.** *Leviticus.* BKAT 3/1. Neukirchen-Vluyn: Neukirchener, 1985. **Rüger, H. P.** "'Dann entfernt er seinen Kropf samt dessen Federn': Zur Auslegungsgeschichte von Lev 1,16." In Wort und Geschichte. FS K. Elliger. *AOAT* 18(1973) 163-72.

본 문

3 그 예물이 소의 번제이면 흠 없는 수컷으로 회막 문에서 여호와 앞에 열납하시도록 드릴지니라	**3** "If his offering is a whole offering,[a] he is to present a male from the herd without defect. He is to present it at the entrance to the Tent of Meeting that it may be acceptable[b] before Yahweh.
4 그가 번제물의 머리에 안수할지니 그리하면 열납되어 그를 위하여 속죄가 될 것이라	**4** He is to lay his hand on the head of the whole offering[a] so that it may be acceptable on his behalf to make atonement[b] for him.
5 그는 여호와 앞에서 그 수송아지를 잡을 것이요 아론의 자손 제사장들은 그 피를 가져다가 회막 문 앞 단 사면에 뿌릴 것이며	**5** He is to slaughter[a] the bull[b] before Yahweh, and Aaron's sons,[c] the priests, will present the blood[d] and will dash the blood against the altar all around, which is at the entrance to the Tent of Meeting.
6 그는 또 그 번제 희생의 가죽을 벗기고 각을 뜰 것이요	**6** He is to skin[a] the whole offering and cut[a] it into pieces.

7 제사장 아론의 자손들은 단 위에 불을 두고 불 위에 나무를 벌여놓고

7 Aaron's sons,[a] the priests,[b] are to put fire on the altar and arrange wood on the fire.

8 아론의 자손 제사장들은 그 뜬 각과 머리와 기름을 단 윗불 위에 있는 나무에 벌여 놓을 것이며

8 Aaron's sons, the priests, will then arrange the pieces, the head,[a] and the suet[b] on the wood which is on the altar-fire.

9 그 내장과 정갱이를 물로 씻을 것이요 제사장은 그 전부를 단 위에 불살라 번제를 삼을지니 이는 화제라 여호와께 향기로운 냄새니라

9 He is to wash[a] its entrails and legs[b] with water, and the priest[c] will burn[d] all of it on the altar.[e] It is a whole offering,[f] a gift for a soothing aroma to Yahweh.[g]

10 만일 그 예물이 떼의 양이나 염소의 번제이면 흠 없는 수컷으로 드릴지니

10 "If his offering[a] for a whole offering[b] is from the flock, a lamb or a goat offered as a whole offering[c] from either the rams or the goats, he is to present a male without defect.[d]

11 그가 단 북편에서 여호와 앞에서 잡을 것이요 아론의 자손 제사장들은 그 피를 단 사면에 뿌릴 것이며

11 He is to slaughter[a] it before Yahweh at the north side of the altar, and Aaron's sons, the priests, will dash its blood against the altar on all sides.

12 그는 그것의 각을 뜨고 그 머리와 그 기름을 베어 낼 것이요 제사장은 그것을 다 단 윗불 위에 있는 나무에 벌여 놓을 것이며

12 He is to cut[a] it into pieces, and the priest will arrange[b] them, including its head and its suet, on the wood which is on the altar-fire.

13 그 내장과 정갱이를 물로 씻을 것이요 제사장은 그 전부를 가져다가 단 위에 불살라 번제를 삼을지니 이는 화제라 여호와께 향기로운 냄새니라

13 He is to wash[a] the entrails and the legs with water; then the priest will present all of it by burning it on the altar. It is a whole offering, a gift for a soothing aroma to Yahweh.

14 만일 여호와께 드리는 예물이 새의 번제이면 산비둘기나 집비둘기 새끼로 예물을 삼을 것이요

14 "If his offering to Yahweh is a whole offering of birds, he is to present[a] for his offering either doves[b] or young pigeons.[c]

15 제사장은 그것을 단으로 가져다가 그 머리를 비틀어 끊고 단 위에 불사르고 피는 단 곁에 흘릴 것이며

15 The priest will present it at the altar, wring off its head, burn it on the altar, and drain[a] its blood against[b] the side of the altar.

16 멱통과 그 더러운 것은 제하여 단 동편 재 버리는 곳에 던지고

16 He will remove its crop and its contents[a] and cast[b] them[c] to the east side of the altar where the fat ashes are placed.

17 또 그 날개 자리에서 그 몸을 찢되 아주 찢지 말고 제사장이 그것을 단 윗불 위의 나무 위에 살라 번제를 삼을지니 이는 화제라 여호와께 향기로운 냄새니라

17 He will tear it open by its wings, without severing[a] it completely. Then the priest will burn it on the wood of the altar-fire. It is a whole offering, a gift for a soothing aroma to Yahweh."

원문주해

3.a. 술어 주격(predicate nominative)이 강조를 위해 먼저 위치해 있다: 참조. "원문주해" 3:1.a.

3.b. 대명사 접미어는 목적격인가, 주격인가? 이것은 그것의 선행사가 제물일 수도 바치는 자일 수도 있기 때문에 해석하기 나름이다. 다음 구절은 그것이 그를 위해(נרצה לו – 니르짜 로) 열납될 것이라고 말하는데, 이것은 이 구절에서 제물이 선행사라는 것을 암시한다.

4.a. 시리아역(Syr)은 마소라 본문(MT)의 하올라(העלה, "번제") 대신에 코르바노(קרבנו, "그의 제물")로 읽는다. 흥미롭게도 안수 행위는 다른 번제 의식들(양, 염소, 비둘기의 번제 – 역자주)에서는 언급되지 않는다. 렌토르프(Rendtorff, 48)는 본문이 짐승을 바치는 자가 "수소"가 아니라 "번제물의 머리 위에 자신의 손을 얹는다"고 말한다. 이 어구는 세 가지의 모든 의식들을 위한 안수 행위를 일반화한다.

4.b. 부정사 연계형이 그 목적을 진술한다. 주어는 표현되지 않는다. 대부분의 사람들은 그 희생물이 주어라고 추론한다(참조. 17:11). 딜만(Dillmann, 432)은 그것이 레카페르 (하켄) 알라이브 보(לכפר ⟨הכן⟩ עליו בו, "그 제사장이 그것을 가지고 그를 위해 대속을 시행한다")의 축약된 표현이라고 제안한다.

5.a. 70인경(LXX)은 샤흐투(שׁחטו, "그들이 도살해야 한다")로 읽는데, 이것은 주어가 바치는 자가 아니라 제사장들이라는 것을 전제한다.

5.b. 벤(בן, "아들")은 어떤 부류나 종(種)에 속한 것들을 표현하는 데 사용될 수 있다(H. Haag, "בן, *bēn*," *TDOT* 2:152-53). 더 오래된 견해는 그것을 그 짐승의 후손, 즉 수송아지를 의미하는 것으로 간주했다.

5.c. 카이로 게니자(Cairo Geniza)에서 나온 필사본들(mss)에는 브네이 아하론(בני אהרן, "아론의 아들들")이 빠져 있다. 이것은 아마도 더 오래된 본문 전통에 대한 증거다.

5.d. 카이로 게니자에서 나온 필사본들(mss)에는 에트 하담(את־הדם, "그 피를")이 빠져 있다. 이것은 단순히 유사종결(homoioteleuton)일 수 있다.

6.a. 사마리아 오경(Sam)과 70인경(LXX)은 제사장들을 주어로 간주하면서 복수 동사로 읽는다. 참조. "원문주해" 5.a.

7.a. 시리아역(Syr)은 하코하님 브네이 아하론(הכהנים בני אהרן, "제사장들, 곧 아론의 아들들")으로 읽는데, 그것은 순서가 도치된 오류이며 복수 주어 하코하님(הכהנים, "제사장들")이 동사 및 동격어구(בני אהרן – 역자주)와 어울리게 만든다.

7.b. 몇몇 히브리어 필사본들(mss), 사마리아 오경, 70인경, 시리아역 그리고 탈굼 필사본들(Tg^{mss})은 5, 8절에서와 같이, 또한 주어인 브네이 아하론(בני אהרן, "아론의 아들들")에 의해 요구되는 바와 같이 복수 명사로 읽는다. 일반적으로 그 어구는 브네이 아하

론 하코하님(בני אהרן הכהנים, "아론의 아들들, 곧 제사장들": 5, 8, 11절), 혹은 단순히 브네이 아하론(בני אהרן, "아론의 아들들": 3:5, 8, 13), 혹은 하코헨(הכהן, "그 제사장": 9, 12, 13, 15, 17절)이다. 그러나 여기서는 독법이 브네이 아하론 하코헨(בני אהרן הכהן, "아론의 아들들, 곧 그 제사장")이다. 아마도 이문병합된 독법에서 비롯된 본문상의 오류가 있다(참조. S. Talmon, "Conflate Readings(OT)," *IDBSup* 170-73). 렌토르프(Rendtorff, 37)가 보기에는 그것이 6:1-6과 대조되어 하코헨(הכהן, "그 제사장")이 본래의 것이며 문맥에서 브네이 아하론(בני אהרן, "아론의 아들들")을 끌어들인 것이다.

8.a. 몇몇 히브리어 필사본들(mss), 사마리아 오경(Sam), 70인경(LXX), 시리아역(Syr) 그리고 탈굼 필사본들(Tg^{mss})은 에트(את) 앞에 와우(ו)가 있는 것으로 읽는다. 참조. "원문주해" 12.a. 이것은 이러한 단어들의 추가를 본문으로 통합시키기 위한 후대의 변경일 수도 있다. 가장 오래된 본문은 단순히 그 각뜬 조각들이 정렬되었다고 진술했을지도 모른다. 그 이후 에트 하로쉬 붸에트 하페다르(את־הראשׁ ואת הפדר, "그 머리와 그 기름")라는 어구가 각뜬 조각들을 제단 위에 항상 바른 순서로 놓는 것을 명확히 해두기 위해 추가되었다.

8.b. 페데르(פדר, "기름")는 구약에서 단지 번제와 함께 사용된다(이 곳과 12절; 8:20).

9.a. 참조. "원문주해" 6.a. 와우(ו) 완료로 시작하는 문장의 순서 대신 이 문장의 동사는 미완료인데, 이는 직접목적어가 그것에 선행하기 때문이다. 이러한 문법은 이 행위가 순서상 다음에 이어지는 의례가 아니라 함께 이루어지는 행위라는 사실을 알리려는 의도일 수 있다.

9.b. 직접목적어들이 강조를 위해 동사 앞에 위치한다. 심지어 이러한 명사들이 한정적(definite, 소유대명사가 붙어 있으므로 – 역자주)임에도 불구하고, 그것들은 고대의 문체를 나타내 주는 직접목적어 표시(את – 에트)를 갖고 있지 않다. 케라임(כרעים)은 무릎부터 다리까지의 다리의 아랫부분이다(Dillmann, 436). 이 용어는 단지 소, 가축, 동물 그리고 메뚜기와만 관련되어 나타난다(11:21).

9.c. 원 70인경(LXX^*)은 복수형으로 읽는다: 붸히크티루 하코하님(והקטירו הכהנים, "그 제사장들이 태울지니라"). 이것은 그 의례들이 제사장들에 의해 수행되도록 하기 위한 의례들의 표준화를 증거한다.

9.d. 아카드어 *카타루*(*qaṭāru*)는 "연기를 내다, 연기를 피우다"를 의미하며, 히브리어 동족어 코테레트(קטרת, "향")와 키토르(קיטור, "짙은 연기")는 히크티르(הקטיר)가 "어떤 것이 연기나게 만들다"를 의미한다는 것을 확증한다.

9.e. 방향 지시사 헤(ה)가 여기에서 행위의 장소를 지시한다(GKC §90d).

9.f. 몇몇 히브리어 필사본들(mss), 사마리아 오경(Sam), 70인경(LXX), 시리아역(Syr) 그리고 탈굼 위-요나단(*Tg. Ps.-J.*)은 후(הוא)를 연결사(copula)로 추가한다. 참

조. 13:17.

9.g. 레아흐 니호아흐(ריח־ניחוח, "흠향되는〈진정시키는〉 향")라는 어구는 자주 이쉐(אשה, "예물")와 다양한 조합을 이루면서 함께 쓰인다: 이쉐 레아흐 니호아흐 라도나이(אשה ריח־ניחוח ליהוה: 14회), 레아흐 니호아흐 이쉐 라도나이(ריח־ניחוח אשה ליהוה: 2회: 출 29:18, 41. 그 외에 레 23:13에서 뒤바뀐 순서로), 이쉐 레레아흐 니호아흐(אשה לריח־ניחוח: 2회: 레 3:16; 민 18:17). 레아흐 니호아흐(לריח־ניחוח)가 이쉐(אשה) 없이는 24회 나타난다. 이 어구의 의미에 관해 말하자면, 레아흐(ריח)는 들판의 냄새(창 27:27)와 향료의 향(아 4:10) 따위와 같은 "향기, 냄새, 향" 그리고 레바논 백향목과 같은 자연의 향기를 의미한다(호 14:7[6]). 니호아흐(ניחוח)는 단지 레아흐 뒤에서만 나타나는데, "누그러뜨리는, 가라앉히는"을 의미하는 것으로 간주된다(*BDB*, 629). 드 보어(de Boer, *VTSup* 23[1972] 45-46)는 그것을 누아흐(נוח)의 부정사 폴렐형(po'lel)으로 여긴다. 이 어구에서 그것은 명사(substantive)로서의 역할을 한다. 따라서 그 어구는 "누그러뜨리는 냄새 혹은 향"을 의미한다(역자는 그것의 어감이 부적절해 "흠향되는 향"으로 번역했다. 개역 성경에서는 "향기로운 냄새"다 – 역자주).

이쉐(אשה)는 신 18:1; 삼상 2:28; 왕상 9:25에서 볼 수 있는 바와 같이 초기부터 희생들과 관련되었다. "불로 드려지는 제물"을 의미한다는 견해는 보통 어근 에쉬(אש, "불")에서 취해졌었다. 탈굼(Tg)이 그것을 "바침"(presentation)으로 번역하는 반면, 라쉬(Rashi)와 이반 에스라(Ibn Ezra)와 같은 중세의 유대 주석가들은 그것을 화제(a fire oblation)로 간주한다. 다른 가능성은 그것을 "친한 관계를 맺다"를 의미하는 어근 아나쉬(אנש)와 관련시키는 것이다(G. B. Gray, *Sacrifice*). 최근에 그것은 "음식 제물"(a food-offering)로 번역된다(NEB). 이러한 번역은 그 단어를 아카드어 에쎄수(*eššešu*, "〈에쎄수 축제에서 드려지는〉 제물들")와 관련시킨다(*CAD* 5:371-73). 이것은 몇몇 구절에서 레헴(לחם, "떡, 음식")이 이쉐(אשה)와 동격 관계에서 발견된다는 사실에 의해 지지를 받는다: 예를 들어, 에트 이쉐이 아도나이 레헴 엘로헤이헴 헴 미크라빔(אלהיהם הם מקריבם יהוה לחם, "그들은 여호와의 예물들, 즉 그들의 하나님의 음식을 바치고 있다": 21:6; 참조. 3:11, 16; 민 28:2, 24). 만일 레헴(לחם)이 생소한 단어 이쉐(אשה)를 정의하기 위한 삽입이라면, 이러한 견해는 추가적 지지를 얻는다. 그러나 만일 이 두 용어가 다른 제물들을 지시하고 레헴(לחם)이 음식 제물이라면, 이쉐(אשה)는 다른 의미를 갖는다. 이쉐(אשה)가 제단 위에서 전체를 태우는 번제 및 제사장들이 먹는 소제와 함께 나타난다는 사실을 고려해 볼 때(2:3, 10), 이쉐(אשה)는 음식 제물에 국한되지 않는다. 호프티저(J. Hoftijzer, "Das sogenannte Feueropfer," *VTSup* 16[1967] 114-34)는 이쉐(אשה)를 우가릿어 *iṯt*와 관련시킨다(*UT* 431). 그것은 의미가 불확실한 단어인데, 드라이버(G. R. Driver, *Ugaritica* 6[1969] 181-84)는 "넉넉한, 풍부한 예물"로 번역한다. 그러므로 렌토르프(Rendtorff)는 이쉐(אשה)가 희생물로부터 여호와께 드려지는 것, 그래서 그분께 속한 것을 의미한다고 결론짓는다. 그러므로 이쉐(אשה)는 "예물"을 의미하는 것으로 간주된다.

10.a. 사마리아 오경(Sam)은 올라(עלה, "번제")를 추가한다. 참조. "원문주해" 10.c., 14절.

10.b. 사마리아 오경과 70인경(LXX)은 14절처럼 라도나이(ליהוה, "여호와께")를 추가한다. "원문주해" 10.a.의 변경과 더불어 이러한 변경은 14절과 맞추기 위한 본문의 표준화 작업의 일환이다. 그러나 3절을 참조하라.

10.c. 사마리아 오경에는 이 어구 레올라(לעלה, "번제를 위해")가 빠져 있는데, 이는 그 본문이 이 문장의 앞에서 올라(עלה)를 읽기 때문이다(참조. "원문주해" 10.a.).

10.d. 사마리아 오경은 엘 페타흐 오헬 모에드 야크리브(אל־פתח אהל מועד יקריב, "회막문에서 그는 그것을 바쳐야 한다")를 추가한다. 참조. "원문주해" 3.b. 70인경(LXX)은 그 부분에서 카이 에피데세이 텐 케이라 에피 텐 케팔렌 아우투(*καὶ ἐπιθήσει τὴν χεῖρα ἐπὶ τὴν κεφαλὴν αὐτοῦ*, "그리고 그가 그것의 머리 위에 안수할지니라")를 추가하는데, 이것은 이 구절을 4절에 맞춘다.

11.a. 참조. "원문주해" 5.a.

12.a. 참조. "원문주해" 6.a.

12.b. 사마리아 오경(Sam)은 미완료 야아라크(יערך, "그는 가지런히 놓아야 한다")로 읽지만, 이것은 단순히 와우(ו)를 요드(י)로 혼동하는 빈번한 실수다. 70인경과 벌게이트역(Vg)은 붸아르쿠 하코하님(וערכו הכהנים, "제사장들이 가지런히 놓을지니라")으로 읽는다. 참조. "원문주해" 5.a.

13.a. 참조. "원문주해" 9.a.

14.a. 와우 완료형의 붸히크리브(והקריב, "그리고 그는 드려야 한다")는 조건절 뒤에 귀결절을 시사한다(GKC §112 이하).

14.b. 시리아역(Syr)은 라도나이(ליהוה, "여호와를 위해")를 추가한다.

14.c. 마소라 본문(MT)의 브네이 하요나(בני היונה)는 아마도 다양한 종류의 비둘기를 포괄하는 것이 틀림없다. 벤(בן), 문자적으로 "아들"은 여기서 "…의 종류"를 의미한다. 벤(בן)은 전통적으로 "어린 것"이라는 의미로 간주되어 왔다(예를 들어, Talmud, Rashi). 그러나 그 의미를 요구하는 언어적 증거는 전혀 없다(참조. 5:6). 렌토르프 역시 브네이 요나(בני יונה)가 종이 아닌 개별적인 새들을 지칭한다고 제안한다.

15.a. 사마리아 오경(Sam)은 드물게 사용되는 이 히브리어 단어의 철자를 헤(ה) 대신 알렙(א)으로 쓴다. 70인경(LXX)과 벌게이트역(Vg)은 능동태 동사를 갖는다. 이것이 니팔형의 난점(본 주석은 니팔형으로 번역했다) 때문에 기인한 번역자의 선호인지, 아니면 그들의 히브리어 본문이 붸마짜(ומצה, "그리고 그가 바를지니라")로 읽는지는 말하기가 어렵다. 참조. 5:9.

15.b. 어려운 마소라 본문 알(על, "…위에") 대신 사마리아 오경(Sam)은 엘(אל, "…

에게")로 읽는데, 아마도 그것은 또한 70인경(LXX)의 프로스(*πρός*, "…를 향하여")보다 늦은 것이기도 하다.

16.a. 마소라 본문의 베노차타(בנצתה) 대신 사마리아 오경(Sam)과 시리아역(Syr), 탈굼 그리고 탈굼 위-요나단(*Tg. Ps.-J.*)은 베노차토(בנצתו)로 읽는다. 베노차타(בנצתה)의 의미는 불확실하다. 고대로부터 노차(נוצה)는 "깃털"(겔 17:3, 7; 욥 39:13; 참조. Rendtorff, 76-78) 혹은 모이 주머니(개역 성경: 멱통)나 그것의 내용물과 같은 가증한 어떤 것(*b. Zebaḥ* 63b)을 의미하는 것으로 간주되어 왔다. 뤼거(H. Rüger, *Wort und Geschichte*, 163-72)는 노차타(נצתה)의 의미로 "깃털"이 아닌 다른 것을 찾는 것에 주의를 주는데, 왜냐하면 그 단어가 나타나는 구약의 다른 곳에서 "깃털"이 분명한 의미이기 때문이다. 이러한 지적은 상당히 논쟁이 되지만, 그것이 레위기에 있는 그 단어가 동음이의어라는 가능성을 배제하지는 않는다. 제사장이 각각의 새의 깃털을 뽑았을 가능성은 거의 없을 것 같기에, 또한 가축 동물의 내장과 다리에서 모든 찌꺼기가 씻겨져야 했기 때문에, "내용물"(개역 성경: 더러운 것)이라는 번역이 부분적으로 소화된 음식부터 배설물에 이르는 소화 과정에 있는 음식을 지칭하기 위해 채택된다. 그렇다면 아마 그것은 어근 야차(יצא, "나오다")에서 온 것일 수 있다(참조. Snaith, 32).

16.b. 동사 히쉴리크(השליך, "던지다, 버리다")는 제의 용어로는 생소하다(참조. 출 22:30[31]). 그것은 모이 주머니와 배설물 혹은 깃털의 확실한 폐기를 의미하는 것으로 보인다(Rendtorff, 76).

16.c. 사마리아 오경(Sam), 시리아역(Syr) 그리고 탈굼 위-요나단(Tg. Ps.-J.)은 마소라 본문의 오타(אתה, "그녀를")가 아닌 남성 대명사 오토(אתו, "그를")로 읽는다. 그것은 무르아토(מראתו, "그것의 모이 주머니")가 아닌 새들 중 한 마리를 선행사로 받는다. 영어 번역은 복합 목적어이기 때문에 복수 대명사를 요구한다.

17.a. 어떤 히브리어 필사본들(mss)과 역본들은 마소라 본문(MT)의 로(לא, "아니다")가 아닌 벨로(ולא, "그리고 아니다")로 읽는다. 마소라 본문이 더 어려운 독법이지만, 연결사(copula)가 중자탈락의 오류로 누락되었다. 이 어구 로 얍딜(לא יבדיל, "자르지 않고")은 와우(ו)로 시작하지 않고 대신 로(לא, "아니다")가 서두에 오는 상황절의 한 가지 예이다(Joüon § 159c; GKC § 156 이하).

양식/구조/배경

번제 규정의 구조는 다음과 같다.

번제 규정(1:3-17)

I. 소 드리기(3-9절)

A. 기본 사례(3aα절)
B. 의식 절차(3aβ-9bα절)
1. 평신도에 의한 드림(가져오기 – 역자주), 안수 그리고 도살(3aαβ-5a절)
2. 제사장에 의한 피의 취급(5b절)
3. 평신도에 의한 가죽 벗기기와 각 뜨기(6절)
4. 제사장에 의한 불의 준비(7-8절)
5. 평신도에 의한 특정 부위 세척(9a절)
6. 제사장에 의한 짐승 태우기(9bα절)
C. 제사의 목적에 대한 진술(9bβ절)
II. 양이나 염소 드리기(10-13절)
A. 기본 사례(10a절)
B. 의식 절차(10b-13절)
1. 평신도에 의한 짐승의 드림과 도살(10b-11a절)
2. 제사장에 의한 피의 취급(11b절)
3. 평신도에 의한 짐승 각 뜨기(12a절)
4. 제사장에 의한 짐승 정렬과 불의 준비(12b절)
5. 평신도에 의한 특정 부위 세척(13a절)
6. 제사장에 의한 짐승 태우기(13bα절)
C. 번제의 희생과 그것의 목적에 대한 진술(13bβ절)
III. 새 드리기(14-17절)
A. 기본 사례(14절)
B. 의식 절차(14b-17절)
1. 평신도에 의한 새의 드림(14b절)
2. 제사장에 의한 희생 의례들의 수행(15-17a절)
C. 번제의 희생과 그것의 목적에 대한 진술(17b절)

(이 개요는 R. Knierim의 세미나에서 발표된 초고에 근거한 것이다.)

이 규정은 드려지는 짐승에 따라 세 문단으로 나뉜다.

1. 소를 드림(3-9절)
2. 양이나 염소를 드림(10-13절)

3. 작은 새를 드림(14-17절)

첫 번째 의식은 다른 두 개의 의식보다 더 내용이 충실하다. 이것에 대해서는 두 가지 이유가 있다. 첫째, 첫 번째 의식의 세부 사항들이 양이나 염소에 대한 의식으로 이양되는 것으로 추측된다. 둘째, 불의 준비에 대한 것과 같은 그런 정보는 단지 여기에서만 언급되는데, 이는 번제가 새로 건립된 회막에서 드려진 최초의 희생이기 때문인 것으로 추측된다.

기본 의식은 일곱 단계로 구성된다.

1. 드리기(가져오기)(הקריב – 히크리브: 3, 10, 14절)
2. 짐승의 머리에 안수하기(סמך – 싸마크: 4a절)
3. 도살(שחט – 샤하트: 5a, 11aβ절)
4. 피의 취급(זרק – 자라크: 5b, 11b절)
5. 짐승 각 뜨기(נתח – 나타흐: 6, 12절)
6. 내장과 다리 세척(רחץ – 라하츠: 9a, 13a절)
7. 기름 태우기(הקטיר – 히크티르)(9b, 13b, 17aβ절)

[참조. Rendtorff, *Studien*, 89-111; idem, *Gesetze*, 5-7, 11-12]. 큰 짐승을 위한 의식의 특징적인 방식은 바치는 자와 제사장 사이의 행위의 교대다. 초기 시대에는 바치는 자가 희생제에서 능동적인 참여자였다. 그러나 제의가 더욱 형식적인 면모를 갖추게 되었을 때, 제사장들이 바치는 자가 짐승의 머리에 안수한 후 임무를 떠맡았다(참조. 대하 29:34; 겔 44:11).

"새"를 드리는 의식은 그것이 부록으로 보일 만큼 앞에 나온 두 의식과 중대한 차이가 있었다. 이 의식에서 제사장은 모든 의례를 담당했으며, 바치는 자가 새의 머리에 안수한다는 언급이 없다. 그러한 차이점들은 이 의식이 앞서 나온 의식들보다 훨씬 후대에, 즉 제사장들이 희생제의 모든 절차에 대한 완전한 책임을 떠맡았던 제2성전 시대에 발생했다는 가정으로 설명될 수 있을 법하다(Elliger, 37; Porter, 23). 이러한 예외는 또한 포로기 이후의 예루살렘의 사회적 특징, 즉 소규모의 가난했던 공동체에 부합한다. 그렇지만 의식 절차에서의 차이점은 단순히 새가 소나 양보다 훨씬 작은 동물이라는 사실로 설명될 수도 있다. 가난한 사람에게 대안적인 번제를 마련해 줄 필요성을 고려한다면, 이 문제는 어느 시대를 막론하고 발생할 수 있다. 아모스가 주전 8세기 상황을, 사사기가 주전 12세기 상황을 증언하듯이, 여러 시대에 많은 인구가 가난에 직면했다. 따라서 이 부록은 초기에 유래했을 수 있다.

이 규정의 연대에 관해 말하자면, 짧고 단순한 문장들이 증거하고 또한 많은 의식 행위들이 평신도에 의해 수행된다는 사실이 증거하는 대로 기본적인 의식은 아주 고대의 것이다(참조. Koch, *Priesterschrift*, 46-48; 참조. Rendtorff, 6-9). 그 핵심 부분은 시내 산 언약의 형성에까지 거슬러 올라간다고 주장될 수 있다.

여러 세기에 걸쳐 이 규정은 당대의 관행들에 부합하도록 여러 가지 수정과 변화를 겪었다. 중대한 수정은 이 의식을 수행해야 하는 제사장들을 명확하게 확인시켜 주기 위한 "아론의 아들들"이라는 어구의 삽입이었다(5, 7, 8절). 이러한 수정이 이루어졌을 때, 원래의 단어 "제사장"이 동사와 함께 복수로 바뀌었다. 7절에서 "제사장"이란 단어가, 그리고 동격인 어구가 전혀 없는 단수 주어가 더 오래된 본문임을 증언한다. 70인경(LXX)은 한층 더 심한 수정이 이루어졌다. 몇 군데에서 그것은 다양한 동사들의 선행사가 평신도들이 아닌 제사장들이라고 이해한다: 6절 "그들은 가죽을 벗겨야 한다", "그들은 각을 떠야 한다"; 9절 "그들은 씻어야 한다"; 12절 "그들은 각을 떠야 한다"; 13절 "그들은 씻어야 한다." 70인경은 바치는 자가 짐승의 머리에 안수를 한 뒤 제사장들이 모든 의례를 떠맡았던 시대를 증언한다.

또 다른 삽입은 양과 염소를 도살하는 장소에 대한 구체적 명시인 알 에레크 하미즈베하 짜포나(על ירך המזבח צפנה, "제단 북편에서")이다(11a절). 이러한 추가는 제단 주변의 영역이 제물의 양이 증가함에 따라 더욱 신중하게 규정지어져야 할 필요가 있었던 시대, 예를 들어 제1성전 건립 시기와 같은 그런 시대에 이루어졌을 것이다.

코흐(Koch, *Priesterschrift*, 48)는 의례들을 표준화하려는 일환으로 세 가지 의례가 다른 의식들로부터 번제로 도입되었을 것이라는 논지를 편다: 안수, 제단에 피 붓기 그리고 짐승 각 뜨기. 렌토르프(Rendtorff, *Studien*, 92-93, 214-16)는 짐승의 머리에 안수하는 행위가 원래는 속죄제 의식에 속해 있었다는 것을 광범위하게 논증한다. 그러나 자신의 주석(39-40)에서 그는 이 이론을 지지할 견고한 증거가 없다는 것을 인정한다. 그렇지만 엘리거(Elliger, 34)는 이 행위가 원래부터 번제에 속해 있었다고 주장한다. 피 의례에 관하여 렌토르프(*Studien*, 97-99)는 동사 자라크(זרק, "붓다, 끼얹다, 내던지다")로 정의되는 이 의례가 화목제의 필수적인 행위라는 것을 찾아낸다(예를 들어, 17:6). 그렇지만 그는 화목제에 있어서 이 의례가 어떤 의의를 지니는지를 발견하지는 못한다. 분명히 번제물 피의 적합한 취급에 엄청난 관심이 있는 것과 마찬가지로 거기에는 어떤 의의가 있었을 것이다. 그러므로 번제가 시내 산 언약 아래서 제의에 통합되었을 때, 특정한 지침들이 번제물의 피 취급을 위해 부여되었다는 것은 아주 그럴듯하게 보인다. 짐승의 각 뜨기에 관해 말하자면, 이 규정은 본래부터 있던 희생의 표준화로 거슬러 올라갈 수 있다. 그것의 고대성은 엘리야가 갈멜 산에서 그의 대단한 희생을 준비한 것을 묘사한 부분에서 포착된다(왕상 18:23, 33; 참조. *Studien*, 105). 그러나 두 부위인 머리와 기름(8a, 12a절)에 대한 특정한 언급은 이 부위들이 적절하게 제단 위에 놓인다는 것을 보증하기 위한 삽입인 것으로 보인다.

기본 규정은 희생 자료집이 수집되어 현재의 위치에 놓이게 되었을 때 체계화되고 신학화되는 과정을 겪었다. 번제는 제물 혹은 예물로 분류되었다(קרבן – 코르반; 2, 3, 10, 14절). 번제는 피의 취급으로 인해 대속의 힘(כפר; 4b절)을 부여받았다. 역시 흠향되는(진정시키는) 향(ריח ניחוח – 레아흐 니호아흐; 9b, 13b, 17b절)이 되어 올라가는 연기는 바치는 자를 위해 여호와의 환심을 샀다. 제물을 정확히 드리는 것에 대한 강조가 집중적으로 부각되는데, 이는 그 제물이 분명하게 받아들여질 만한 것이 되도록(נרצה – 니르차; 3b, 4b절; 개역 성경: 열납하시도록) 하기 위함이었다. 오직 열납될 만한 제물만이 그것을 바친 사람을 위해 혜택을 줄 수 있었다.

주석

부록: 올라(עלה, "번제")

올라(עלה, "번제")는 어근의 의미(문자적) "올려놓다(offer up), 올라가다(go up)"에서 비롯되었다. 이것은 짐승 전체가 불에 태워지는 것과 일치한다. 올라(עלה)는 종종 몰살(沒殺)을 의미하는 "홀로코스트"(holocaust)로 번역되었다. 그러나 오늘날 이 단어는 특별한 역사적 의미, 즉 히틀러 정권 하에서 유대인들이 겪은 폭압적 만행이라는 의미를 지니고 있다. 그러므로 "몰살"은 더 이상 올라(עלה)에 대한 좋은 번역은 아니다. "전체제"(whole offering)가 번역어로 선택되었는데, 그 이유는 동물 전체가 제단에서 태워지기 때문이다(올라에 대한 번역은 전체제〈whole offering〉, 전번제〈whole burnt offering〉, 번제〈burnt offering〉 등 다양하다. 저자 하틀리는 whole offering을 채택했으나, 이 번역서에서는 특별한 경우를 제외하고는 그것을 전체제 대신 널리 통용되는 "번제"로 번역하였다 – 역자주).

번제는 이스라엘 제의(cult)의 주요 희생이다. 제의의 중심부에서 번제가 매일 아침 드려졌다. 일부 본문들은 번제는 매일 아침, 소제(곡식제)는 매일 저녁 드려졌다고 말한다(겔 45:13-15; 왕하 16:15; 대상 16:40; 대하 2:3[4]; 13:11). 그러나 몇몇 본문에서 번제는 아침 저녁으로 드려졌다(민 28:3-8; 대상 16:40). 저녁 번제의 관행이 시대가 흐르면서 변경되었을지도 모른다.

절기들과 특별한 금식의 날들에 번제가 요구되었다. 월삭과 유월절의 각 날(7일 간－역자주), 그리고 칠칠절을 위한 규준은 황소 두 마리, 숫양 한 마리, 어린 숫양 일곱 마리였다(민 28장). 초막절에는 많은 번제가 있었다: 첫날에 황소 열세 마리, 숫양 두 마리, 어린 숫양 열네 마리(민 29:12-16). 동일한 숫자의 번제가 뒤이어 매일 드려졌는데, 다만 황소는 매일 한 마리씩 줄어 7일째에는 일곱 마리의 황소가 드려졌다(민 29:17-35). 그 절기의 마지막 날에는 황소 한 마리, 숫양 한 마리 그리고 어린 숫양 일곱 마리가 드려졌다(민 29:35-38). 속죄일에는 대제사장이 두 번의 번제를 올렸는데, 하나는 자신을 위해, 다른 하나는 백성을 위한 것이었다. 이 두 번제는 그가 자신과 백성 각각의 하타트(חטאת, 속죄제, purification offering)를 드린 이후에 드려졌다(레 16:5). 그 날 이러한 일차적인 번제들에 더하여 다른 번제들이 드려졌는데, 그것은 황소 한 마리, 숫양 한 마리 그리고 어린 숫양 일곱 마리로 구성되었다(민 29:7-11).

왕이 특별한 희생들을 드릴 때는 먼저 번제를 드리고 난 후 화목제(שלמים－쉘라밈; 삼하 6:17-18)를 드리는 것이 통상적인 방식이었다. 열왕기상 9:25은 솔로몬이 매년 번제와 화목제를 세 차례 드렸다고 말한다. 솔로몬이 따른 것이 절기 월력이었는지, 아니면 궁중 월력이었는지는 기록되어 있지 않다. 번제가 자유롭게, 또한 풍성하게 드려졌던 유일한 때는 히스기야가 선포했던 축일이다. 그것은 유다로부터 이방 관습의 제거와 성전 정화를 기념하기 위한 날이었다(대하 29:20-28). 번제는 또한 여호와에 대한 기쁨과 뜨거운 헌신의 표현으로 절기 때에 자유롭게 드려졌다. 블레셋 족속이 내보낸 법궤가 벧세메스에 도착했을 때, 그 성읍의 주민들은 기쁨에 겨워 여호와께 번제를 올렸다(삼상 6:14).

언약 공동체 전체를 위해 바치는 번제 외에 각 개인이 번제를 드릴 권리를 가졌다. 레위기 1장에 있는 의식(儀式) 지침에는 개인이 번제를 드리는 때가 전혀 언급되어 있지 않다. 따라서 각 사람은 찬양이나 기원을 올리며 자유롭게 번제를 바칠 수 있었을 것이다. 다른 구절로부터 번제가 다양한 목적으로 드려진다는 것을 알 수 있다. 이를테면, 서원의 성취(22:18)나 그 밖의 법 조항의 준수와 같은 것들이다. 예를 들어, 산모는 자녀를 낳은 후에 정결 의식의 일부로 번제를 드렸으며(12:6-8), 피부병에서 회복된 사람이 정결 의식의 일부로 번제를 드렸다(14:19, 20, 22, 31; 1:14, 15, 29, 30). 나아가 나실인 서원을 할 때 후보자가 번제와 속죄제, 그리고 화목제를 바쳤다(민 6:14, 16). 나실인이 죽은 사람 곁에 있어서 더럽혀진다면, 그는 자신을 정결케 하기 위해 번제물로 비둘기나 집비둘기를 포함하는 몇 가지 제물을 드려야 했다(민 6:9-12).

번제의 중요성은 역시 번제와 제단 사이의 밀접한 결속에서도 엿보인다(Rendtorff,

Studien, 86-88). 제단이 지어진 뒤 그 위에 번제를 바침으로써 그것이 거룩하게 되었다(예를 들어, 창 8:20; 삿 6:26; 21:4; 삼하 24:25; 왕상 18:30-38). 번제가 제단 위에 드려져야 한다는 것이 명확히 언급된다(신 12:27).

번제의 기원은 먼 고대로 올라가는데, 그것은 이스라엘에 제의가 수립되기 오래 전이다. 하나님께서는 이스라엘 제의에서 이 제사의 지속적인 사용을 허용하셨다. 그러나 번제 의식은 이스라엘의 유일신 신앙에 맞게 주의 깊게 조정되었다(1:4). 번제는 속죄의 희생으로, 특정한 죄보다는 각 개인과 사회 전체의 기본적 죄성을 위해 드려졌다. 개인은 자주 특정한 죄의 대속을 추구해야 하기 때문에, 흔히 속죄제(חטאת – 하타트)가 번제에 앞서 드려졌다(9:7-14, 15-16; 대하 29:20-36). 결론적으로 빈번하게 있었던 번제의 제사는 인간의 죄의 성향에도 불구하고, 언약 공동체로 하여금 거룩하신 하나님과 친교를 유지할 수 있게 해주었다.

3 소 떼 중에 한 마리를 가져올 때 흠이 없는 수컷이 번제로 드려질 수 있다. 가장 귀중한 재산인 소는 희생 짐승으로서 현격한 탁월성을 갖는다. 소는 노동용 가축으로서의 역할을 했으며, 우유와 고기, 그리고 가죽으로 인해 소중하게 여겨졌다(참조. B. Beck, "בקר bāqār," *TDOT* 2:209-16). 수컷이 요구된 이유는 고대 사회가 수컷에 부여한 더 높은 가치 때문이었다. 그 짐승은 타밈(תמים, "완전한, 온전한" 것), 다시 말하면 출생할 때부터 또는 사고나 병으로 인한 흠이나 결함이 없는 것이어야 했다. 레위기 22:22-24에서 전형적인 흠에 포함되는 것들은 눈이 먼 것, 다친 것, 사지가 절단된 것, 돌연변이, 부스럼이나 고름이 나는 종기가 있는 것, 고환이 상한 것이었다(정확한 번역은 역본들마다 약간씩 다르다–역자주). 이러한 기준은 약하고 손상되거나 혹은 불구가 된 짐승, 즉 가치가 많이 떨어진 짐승을 바치지 못하도록 막았다. 더욱 중요하게는 짐승의 흠 없음은 하나님의 거룩한 특성과 일치한다.

수소는 회막 입구(אל־פתח אהל מועד – 엘 페타흐 오헬 메오드; 참조. 17:3-9)에서 도살되어야 한다. 이 어구는 정문과 제단 사이의 성막 뜰을 지시한다. 평신도들은 이 구역에 들어갈 수 있다. 그러나 제단과 회막 사이의 구역은 더 높은 등급의 거룩을 간직했다. 오직 제사장만이 이 구역으로 들어가는 것이 허용된다(참조. M. Haran, *Temples and Temple-Service in Ancient Israel*, 184-87). 이 구역은 또한 "여호와 앞에서"라는 어구로 지시된다. 이 후자의 어구는 특정한 위치를 지시할 뿐만 아니라, 다른 구절들은 그것이 또한 어떤 일이 여호와의 임재 가운데 이루어진다는 것을 의미한다. 따라서 이 어구는 위치와 더불어 그 희생이 그 위치에서 수행되는 이유를 공히 명시해 준다.

그 희생은 그것이 여호와 앞에서 "받아들여질 수 있도록"(רצון – 라촌) 지정된 의식에 따라 드려져야만 한다. 라촌(רצון)은 희생의 효력을 확인해 주는 전문적인 제의 용어로서의 역할을 한다. 희생이 그 목적을 확실히 달성할 수 있도록 모든 일이 적절하게 수행되어야 했다. 이러한 점에서 두 가지 요소가 번제의 효력 발휘에 필수적이다: 짐승은 흠이 없어야 했으며, 바치는 자가 직접 짐승의 머리에 안수를 해야 했다(참조. 22:17-30). 추가적인 어구 붸키페르 알라이브(וכפר עליו, "그를 위해 대속을 이루기 위해")가 "그것이 그를 위해 받아들여질 수 있도록"이라는 절을 더 보충해서 설명하기 위해 여기에 놓여 있다. 카파르(כפר)의 의미에 관해서는 4장에 있는 부록을 보라. 제의 법안에서 카파르(כפר)는 오직 이 언급 속에서만 번제와 함께 나타난다(그 외에는 겔 45:15에서 유일하다). 이 용어의 포함은 이 번제의 희생에 대한 신학적 해석을 구성한다. 특정한 죄에 대한 언급이 전혀 없기 때문에, 대속은 바치는 자의 일반적인 죄의 성향을 위해 만들어진 것으로 추론된다. 인간은 지속적으로 여호와의 임재 가운데 예배를 드리기 위해 죄의 부정결로부터 정결케 될 필요가 있다.

번제는 "흠향되는 향"(ריח ניחוח – 레아흐 니호아흐: 개역 성경: 향기로운 냄새, 9b, 13b, 17b절)을 올려 보냄으로써 하나님의 호의에 호소한다. 하나님께 자비를 구하는 이러한 호소는 또한 하나님과의 교제를 위한 간청이기 때문에, 이러한 희생에 카파르(כפר, "속죄를 시키다, 대속하다")를 사용하는 것은 적절하다. 왜냐하면 번제의 희생이 평민과 하나님 사이의 화해를 증진시키기 때문이다.

4 회막에 희생을 가져온 후에 바치는 자가 그 소의 머리에 안수를 한다(סמך ידו – 사마크 야도). 사마크는 "…에 기대다, …에 두다"를 의미한다(삿 16:29; 암 5:19; 참조. F. Stolz, "סמך *smk* stützen," *THAT* 2:160-62). 예배자는 기대는 동작으로 그 짐승의 머리에 강한 압박을 가했다.

부록: 안수

참고문헌

Merwe, B. J., van der. "The Laying on of Hands in the O.T." In *New Light on Some Old Testament Problems: Papers Read at 5th Meeting of Die O.T. Werkgemeen-*

kap in Suid-Afrika. Pretoria, South Africa, 1962. 34-43. **Péter, R.** "L'imposition des mains dans l'Ancien Testament." *VT* 27(1972) 48-55. **Sansom, M. C.** "Laying on of Hands in the Old Testament." *ExpTim* 94(1982/3) 323-36. **Volz, P.** "Handauflegung beim Opfer." *ZAW* 21(1901) 93-100. **Wright, D. P.** "The Gesture of Hand Placement in the Hebrew Bible and in Hittite Literature." *JAOS* 106(1986) 433-46. **Zeitlin, S.** "The Semikhah Controversy between the School of Shammai and Hillel." *JQR* 56 (1965) 240-44.

이 의례의 의미에 대해서는 다양한 설명들이 있었다. 안수는 다양한 희생들에서 발견되는 의례다: 번제, 화목제(3:2, 8, 13) 그리고 속죄제(4:4, 15, 24, 29, 33). 속건제에는 아무런 의식도 제시되어 있지 않을지라도, 이 안수 의례가 역시 그 희생 의식의 일부였던 것으로 추측될 수 있다. 사람이 짐승의 머리에 한 손을 올렸는지 아니면 두 손을 올렸는지는 논쟁이 되고 있다. 몇 군데에서 사람이 바치는 대상 위에 두 손을 모두 올린다고 명시적으로 진술된다(16:21; 참조. 민 27:23; 신 34:9). 일반적인 용어인 야도(ידו, "그의 손")는 짐승에게 한 손을 대는 것을 의미하는 것으로 받아들여진다. 탈굼역(Tg)은 레위기 1-4장에 있는 야도(ידו)를 "그의 오른손"으로 번역한다. 그렇지만 미쉬나(Mishnah)는 두 손의 안수를 요구한다(*m. Menaḥ.* 9.8).

이 의례의 의미를 밝혀 보려고 그 동안 많은 의견들이 제안되었다. 한 입장은 희생을 드리는 사람이 자신의 죄를 짐승에게 전가한다는 것이다(Noordtzij, 22-23). 이것은 속죄일의 아사셀 염소의 경우에 해당되지만(16:21), 그 의례의 의미를 다른 희생들에 적용하는 것에는 심각한 난관들이 있다. 아사셀의 경우에는 대제사장이 한 손이 아닌 두 손으로 그 염소 위에 안수하며, 그 염소는 회중의 죄를 짊어진 채 더럽혀진다. 로드리게즈(Rodriguez, *Substitution*, 217-19)와 키우치(Kiuchi, *Purification Offerings*, 115)는 이러한 주장에 이의를 제기하면서, 10:17을 토대로 속죄제의 고기가 죄를 짊어지면서 동시에 가장 거룩한 것으로 분류될 수 있다고 주장한다. 그들의 입장은 속죄제의 고기가 죄로 오염되었다는 결정적인 증거가 없기 때문에 수용하기 어렵다. 속죄제의 고기는 제단에서 태우지 않지만, 제사장들이 먹거나 아니면 진 밖의 정결한 장소에서 태웠다(4:12). 게다가 안수 의례는 죄의 대속에는 거의 관심이 없는 희생제인 화목제 의식의 일부다(3:2).

그렇지만 노트(Noth, 22)는 사람이 자신의 인격을 그 짐승에게 전가한다고 생각한다. 이 입장의 변형인 또 다른 견해는 이러한 몸짓으로 사람이 제물을 통해 얻는 영적인 힘이나 거룩을 스스로 요청하고 있다는 것이다(J. Pederson, *Israel*, 3-4:366). 그러나 여전히 이러한 두 가지 해석을 화목제에 적용하기는 어렵다.

또 다른 이론은 바치는 자와 희생물 사이에 동일화가 형성된다고 주장한다(W. R. Smith, *Religion of the Semites*, 325; R. K. Yerkes, *Sacrifices in Greek and Roman Reli-*

gions and Early Judaism, 134). 페터(R. Péter, *VT* 27[1972] 48-55)는 제물에 한 손을 얹는 것은 바치는 자가 그 짐승을 자신과 동일시하는 몸짓인 반면, 두 손을 올리는 행위(예를 들어, 레 16:21; 24:14)는 한 편에서 다른 편으로의 어떤 것의 전이를 의미한다고 주장한다 – 이를테면, 한 사람이 갖는 특별한 신적 능력을 다른 사람에게 부여하는 행위(신 34:9; H. H. Rowley, *Worship in Ancient Israel*, 133; 참조. Hoffmann, 1:122). 동일화의 범위는 이 견해를 주장하는 사람들 사이에 다양하다. 로울리(Rowley)의 제안에 의하면, 바치는 자는 자신과 하나님 사이에 어떤 장벽이 있든지 짐승의 죽음이 그것을 제거하고, 또한 바치는 자가 이 의례로써 감사와 충성 속에 하나님께 자신을 양도하는 것을 상징하는 방식으로 자신을 짐승과 동일시한다(133). 게세(H. Gese, *Essays on Biblical Theology*, tr. K. Crim[Minneapolis: Ausgburg, 1981] 104-8)가 믿는 바는, 희생을 가져오는 당사자가 안수로 자신을 그 짐승과 동일시함으로써 그것이 자신을 대신해서 역할하게끔 한다는 것이다. 거룩한 제단 위에 짐승의 생명을 양도할 때, 역시 바치는 자의 생명이 그렇게 상징적으로 양도된다. 야노브스키(B. Janowski, *Sühne*, 220-21)는 비슷한 해석을 한다. 그의 말에 의하면, 짐승의 대체가 상징적으로 하나님께 대한 당사자의 생명의 양도를 나타낸다는 점에서 바치는 자는 안수를 통해 그 짐승의 죽음에 동참한다. 속죄일에 아사셀을 위한 염소에게 죄들을 전가하는 의례와 대조적으로, 이 의례는 주체적인(subjective) 전가를 표현한다(아사셀 염소는 불특정 다수의 죄와 관련되지만, 번제의 안수는 개인이 주체가 되어 직접적인 전가가 된다는 의미 – 역자주). 즉 짐승의 네페쉬(נפש, "생명력")가 바치는 자의 네페쉬를 대신한다(참조. 레 17:11). 키우치(*Purification Offering*, 116-19)는 마찬가지로 그 의례가 대체를 상징하는 것으로 해석한다. 그는 이 견해의 근거를 "열납"이라는 라촌(רצון)의 의미에 두었지만(참조. 7:18), 본문은 대체의 성격에 대해 어떤 분명한 증거도 제공하지 않는다는 것을 지적한다. 이 의례가 화목제에서 사용된다 할지라도(3:2), 이러한 입장들은 속죄제에 적합할 수 있다(4:1-5:13). 그러나 그 제물이 어떤 방식으로 대체하는 제물로 간주되었는지 아무것도 암시되어 있지 않다(de Vaux, *AI*, 416, 448-49; Bertholet, 2-3). 대체의 개념이 원래의 안수 행위 배후에 있었는지의 여부는 구약 본문들로부터 결정짓기가 불가능하다.

3장과 4장에 있는 규정들에서 안수 행위가 짐승의 도살 뒤에 따르는데, 렌토르프(Rendtorff, 35-40)는 번제 규정 단락(1:3-17)의 4절에서 뒤따르는 단어들이 "그리하면 열납되어 그를 위하여 속죄가 될 것이라"는 사실을 주목한다. 그는 이 절이 안수 의례에 대한 설명이라고 해석한다. 즉 이 의례는 희생이 짐승을 바치는 개인에게 영적인 효과를 발휘하도록 하는 데 필수적이다. 바꾸어 말하면, 안수는 희생의 혜택이 바치는 자에게 발휘되는 것을 보증한다. 나아가 유대 전승이 강조하는 대로(참조. *b. Menaḥ*. 93b), 이 의례는 대리자가 다른 사람을 위해 제물을 드리지 못하게 만든다.

아마도 분명히 바치는 자는 번제물의 머리에 안수하면서 연약한 한 인간으로서 자신의 무가치함과 죄성을 고백하고, 또한 기도를 읊거나 시편을 인용함으로써 하나님께 대한 믿음을 진술한다. 그런 경우들을 위한 가능한 시편들로서 남아 있는 것들은 시편 40, 51 그리고 66편이다. 또한 제사장은 시편 30편이나 50편과 같은 어떤 시편을 사용하여 응답해 주었을지도 모른다(Wenham, 53). 죄의 대가가 죽음이기 때문에 바치는 자는 분명하게 짐승의 죽음이 필요하다는 것을 인식한다.

[5] 바치는 자는 직접 짐승의 목을 베어 도살한다(שחט – 샤하트). 샤하트(שחט)는 특별히 희생을 드리기 위해 짐승을 죽이는 데 사용된다. 성경 이후의 히브리어에서 그것은 의식법에 따라 짐승의 목을 베어 도살하는 것을 의미하게 되었다(Jastrow, 1546; Milgrom, "Ethics and Ritual," 172-74).

제사장은 여기서 특별히 벤 아하론(בן אהרן, "아론의 아들"), 즉 중앙 성소의 제단에서 의식을 집례할 수 있는 지위를 가진 제사장인데, 그는 "피"(דם – 담)를 다루었다. 피는 속죄의 수단으로서(참조. 17:11) 희생의 가장 신성한 요소이며, 오직 제사장에 의해서 취급될 수 있다. 제사장은 피를 "그릇"(מזרק – 미즈라크; 참조. 출 27:3; 38:3)에 담아 응고되지 않도록 젓는다. 이어서 그는 피를 성막 뜰에 있는 큰 제단에 뿌린다(또는 끼얹는다, זרק – 자라크). 제2성전에서 피가 제단 측면에 홈이 파진 통로를 통해 제단 아래로 쏟아 부어졌다. 전승에 따르면(*m. Tamid* 4.11; b. *Zebaḥ* 5.3b), 제사장은 제단 북서쪽의 모퉁이로 가서 피가 제단의 양쪽에 떨어지도록 부었다. 이어서 그는 우회해서 남서쪽 모퉁이로 가서 제단의 양쪽에 피를 부었다. 이러한 방식으로, 그는 제단 전체(על־המזבח סביב – 알 하미즈바흐 싸비브)를 포함해서 다룬다. 미쉬나 타미드(*m. Tamid* 4.1)에 따르면, 제사장은 제단의 기초 부분에 나머지 피를 쏟았다.

[6] 바치는 자는 번제용 짐승의 가죽을 벗긴다(הפשיט – 히프쉬트). 가죽은 제단에서 태워서는 안 된다. 짐승의 가죽을 벗기는 행위는 단지 번제를 드리는 것과 관련해서만 언급된다. 그것의 언급은 가죽이 집례하는 제사장의 재산이 된다는 7:8의 지시와 일치한다. 후대에 제사장들은 일반적으로 레위인들의 도움을 받아 제물들의 가죽을 벗겼다(대하 29:34; 참조. 35:11). 이러한 변화는 단순히 희생물의 양이 엄청나게 증가했을 때 정확한 제의 절차를 안전하게 지키려는 열망에서 비롯되었다. 이어서 바치는 자는 그 짐승을 여러 조각으로 잘랐다(נתח אתה לנתחיה – 니타흐 오타 리느타헤이하). 니타흐(נתח)는 살아 있는 짐승을 각 뜨는 것을 지시한다(Levine, 7). 짐승을 어림짐작으로 조각 냈다는 것은 의심스럽다. 아마도 표준화된 전

통들을 따라 손질되었을 것이다(참조. *m. Tamid* 4.2, 3). 그 짐승의 내장은 제거되었다고 추측해 볼 수 있다.

7 제사장은 제단 위에 불을 준비한다. 불을 준비하는 이 행위는 희생 제의들에서 단지 여기에서만 언급되는데, 왜냐하면 이 행위가 바로 최초의 제사를 다루기 위해 기록되기 때문이다. 이후로는 계속 제단의 불이 결코 꺼져서는 안 된다(참조. 6:1-6[8-13]). 제사장은 규정된 순서대로 나무를 쌓은 다음, 제단 위에 놓인 몇 개의 잔불이 타는 숯을 취해 쌓아 놓은 나무 더미 중앙에 놓는다. 제단은 규모가 컸으며, 아마도 제단의 상단 표면에 많은 불이 놓였을 것이다. 열왕기상 8:64에는 제단 불판이 희생 제물의 양을 감당할 수 없을 때 또 다른 불이 성전 뜰에서 마련되었다는 것이 발견된다.

8 제사장은 신중하게 나무 더미 위에 각을 뜬 조각들을 가지런히 놓았다(ערך – 아라크). 머리(ראש – 로쉬)와 기름(פדר – 페데르)을 제단 위에 두는 것에 대해서는 특별한 언급이 있다. 이 부위들(특별히 이 구절과 12절 및 8:20에서만 언급된다)은 독점적으로 하나님께 속한다. 머리는 짐승의 가죽을 벗길 때 떼어냈을 것이다. 페데르(פדר)는 짐승의 내장을 감싸고 있는 기름 덩어리를 지시한다. 미쉬나 타미드(*m. Tamid* 4.2f)에 따르면, 이 기름은 머리의 상처를 덮는 것과 같은 방식으로 제단 위에 놓여진다.

9 오물과 배설물이 제단을 더럽히기 때문에, 내장(קרב – 케레브)과 다리(כרעים – 케라아임)는 그것들이 완전히 깨끗하다는 것이 보장되어야 한다. 내장이 잘 타고 제단을 더럽히지 않도록 그 안의 액상 내용물과 덜 소화된 음식물 찌꺼기가 깨끗이 제거되어야 한다. 역시 오물과 그 외의 다른 찌꺼기로 더럽혀졌을 다리도 깨끗하게 되어야 한다. 카라(כרע)는 (문자적으로) "구부리다"를 의미하며 가장 가능성 있게는 "뒷다리 아랫부분"을 지시한다. 세척을 하는 사람은 명시되어 있지 않다. 그 다음에 나오는 동사와 더불어 제사장에 대한 명시적인 언급이 등장해 이 의식에서 평신도와 제사장 간에 주어가 바뀐다. 이것은 바치는 자가 현재의 동사("씻다" – 역자 주)의 주어라는 것을 시사한다.

이제 제사장은 제단 위에서 그 짐승 전체를 태운다. 이것은 번제이기 때문에, 본문은 각별히 제사장이 "모든 것"(את-הכל – 에트 하콜)을 태운다고 언급한다. 히크티르(הקטיר)는 문자적으로 "연기로 만들다"이다. 번제는 "여호와께 향기로운 냄새를 위한 예물"(אשה ריח-ניחוח ליהוה – 이쉐 레아흐 니호아흐 라도나이)로 확인된다(개역 성경: 이는 화제라 여호와께 향기로운 냄새니라). 이쉐(אשה)는 자진해서든 의무적이든 하나님께 드리는 희생물의 부위들을 지시한다(저자 하틀리는 이 단어를 "예물"로, 그러나 개역 성경은 "화제"로 번역한다 – 역자주). "예물"(אשה – 이쉐)에는 "흠향되는(진정시키는) 향"(ריח ניחוח – 레아흐 니오아흐) 혹은 "향기로운 냄새"(de Boer, *VTSup* 23[1972] 40)라는 어구가 밀접히 연관되는데, 이는 후자의 그 어구가 이 예물의 의도를 나타내 주기 때문이다. 상쾌하면서도 기분을 달래는 희생의 향기는 하늘로 올라가 하나님을 기쁘시게 한다. 이 은유는 신인동형론적인데, 이를테면 "하나님의 손"과 같이 구약에 있는 그 밖의 많은 다른 어구들과 다르지 않다. 현대의 서구 문화는 후각이 인간의 삶 속에서 감당하는 강력한 역할을 간과하는 경향이 있다. 냄새는 사람의 기억을 되살리며 인간의 감정 속으로 깊숙이 침투한다(B. Gibbons, "The Intimate Sense of Smell," *National Geographic* 170 [1986] 324-28, 337). 그것은 유쾌한 경험에 두드러지게 강력한 영향을 끼치는 요인이 되거나 강한 역겨움을 일으킬 수 있다. "누그러뜨리는 향, 흠향되는 향"이라는 은유는 매우 적절하다. 왜냐하면 희생을 드리는 이유가 하나님의 마음을 움직여 그분께서 그것을 드린 사람을 자비로운 마음으로 기억하시도록 하기 위함이기 때문이다. 일반적으로 번제는 하나님의 진노를 누그러뜨리기 위해서가 아니라, 그분의 진노의 불이 떨어지기 전에 그분이 선의를 베푸시도록 하기 위해 바쳤다. 덧붙여서 이러한 은유로 인해 하나님께서 각 제물들이 효력을 발휘하도록 그것들을 친히 받으시는 것이 틀림없다고 말해도 무방하다. 하나님께서 생존을 위해 이러한 제물들에 의존하신다는 어떠한 암시도 없이 말이다. 드 보어(De Boer, *VTSup* 23[1972] 47)는 레아흐 니호아흐(ריח ניחוח)가 "신이 희생을 받아들이다"를 가리키는 전문용어라고 생각한다.

10-13 이 규정에 있는 두 번째 의식은 양이나 염소를 번제로 바치는 것에 대해서이다. 이 의식의 세부 내용은 위에 나온 의식과 매우 비슷하다. 이 의식 행위들의 몇 가지 – 예를 들어, 안수, 피 취급, 가죽 벗기기, 불 준비 – 는 언급되지 않지만, 암시는 되어 있다.

10 번제물(עלה – 올라)은 또한 떼에서(מן־הצאן – 민 하촌) 가져온 양(מן־הכשבים – 민 하케사빔)이나 염소(מן־העזים – 민 하이짐)일 수 있다. 양은 구약에서 가장 흔하게 알려진 희생 짐승이다. 양 역시 흠(תמים – 타밈) 없는 수컷이어야 한다. 때로 어린양은 일 년생이라고 언급된다(레 12:6; 23:12; 민 6:14; 28:3). 염소가 허용되지만, 그것이 번제로 드려진다는 언급은 거의 없다. 염소는 아주 흔하게 속죄제를 위해 사용된다(4:23, 28).

[11] 이번에는 바치는 자가 "제단 북쪽에서"(על ירך המזבח צפנה – 알 예레크 하미즈바흐 차포나) 짐승을 잡아야 한다는 내용이 진술된다. 성막은 동쪽으로 개방되어 있었고, 물두멍은 서쪽에 있었으며, 또한 제단으로 나아가는 방향은 남쪽이었다. 따라서 북쪽은 논리적으로 도살 행위를 위한 위치였다. 노트(24)는 제단 북쪽은 작은 짐승들을 위한 장소였을지도 모른다고 제안한다. 큰 짐승은 제단 앞에서 준비되었을 것이다. 이러한 특정 장소의 확인은 속죄 제물(חטאת – 하타트)이 번제물을 잡은 곳에서 도살되어야 한다고 말하는 4:24, 29, 33과 일치한다. 의식의 나머지는 본질적으로 소의 번제와 동일하다.

[14] 너무 가난해서 소 또는 양이나 염소를 번제로 드릴 수 없는 사람들을 위해 약관이 만들어진다. 그들은 "비둘기"(מן התרים – 민 하토림)나 "산비둘기"(מן־בני היונה – 민 브네이 하요나)를 가져올 수 있다. 유대 전승은 비둘기는 완전히 자란 것을, 산비둘기는 어린 것을 요구한다. 그런 새들은 얼마든지 있었기 때문에 가장 극빈자라도 즉시 구할 수 있었다. 이것들이 제의 의식에서 희생을 위해 허용된 유일한 새들이었다고 생각되는데, 왜냐하면 그것들은 히브리인들이 집에서 기른 유일한 새였기 때문이다(참조. 왕하 6:25; 아 2:12; Noordtzij, 40-41). 새가 흠이 없어야 한다거나 수컷이어야 한다는 언급은 전혀 없다. 아마 이것은 가난한 자가 번제물을 구하는 데 있어서 선택의 폭을 더 넓혀 주었을 것이다(G. Dalman, *AuS*, 7:256-58).

[15] 이러한 새들 중 하나를 드릴 때, 제사장이 모든 희생 의식의 절차를 집행해야 한다. 그는 머리를 비틀거나 조여서(מלק – 말라크) 새를 죽인다. 이어서 그는 적은 양의 피를 짜내기 위해 제단 위에다 그 새를 짓누른다(נמצה – 님짜).

[16] 제사장은 "모이 주머니 혹은 소화관"(מראתו – 무르아토, 개역 성경: 멱통)과 "오물"(נוצתה – 노차타)을 제거한다. 노짜타는 보통 노차(נוצה)에 근거하여 "깃털"로 번역된다. 그러나 제사장이 그렇게 작은 새의 깃털을 뽑았을 것 같지는 않다. 다른 가능성은 탈굼역(Tg)이 그런 것처럼 이 단어를 히브리어 어근 차아(צאה, "오물")에서 온 것으로 보는 것이다. 레빈(8)은 그것을 모이 주머니의 내용물이라고 믿는다. 이러한 의미는 소화 과정 중에 음식물을 담고 있는 식도의 주머니같이 생긴 부분인 "모이 주머니"(מראה – 무르아)와 잘 어울린다. 제사장은 이 제거물들을 제단 동쪽에 있는 쓰레기 더미에 던졌다(השליך – 히쉴리크). 그 곳은 회막 입구에서 멀리 떨어져 있었으며, 데쉔(דשן, "기름 섞인 재"; 참조. 4:12), 즉 태운 희생물에서 나온 기름과 잔뜩 혼합된 재를 버리는 장소였다(역시 6:3[10]; 참조. A. Negoita-H. Rringgren, "דשן *dāshan*," *TDOT* 3:310-12). 재는 진 밖의 정결한 장소에 폐

기하려고 치울 때까지는 여기에 쌓아 두었다. 성전 시대에 이 재는 기드론 골짜기에 처분되었다.

17 제사장은 새를 자르거나 토막내지 않고(לא יבדיל – 로 얍딜) 날개를 잡고 찢어(שסע – 샤싸) 속을 드러낸 뒤, 그것을 완전히 태우기 위해(הקטיר – 히크티르) 불에 통째로 넣는다.

이 작은 짐승의 희생은 "여호와께 향기로운 냄새를 위한 예물"이라는 어구가 시사하는 대로, 소나 양/염소와 동일한 효과를 발휘하는 가치를 지닌다. 따라서 가난한 예배자는 여호와께 자신의 충분한 헌신을 표현하고, 더불어 부자들과 똑같이 번제를 요구하는 모든 의무를 이행할 기회를 갖는다.

해설

번제는 중앙 성소에서 가장 정기적으로 바치는 제사였다. 그럼에도 불구하고, 이 규정은 개인적인 번제에 초점을 맞추었다. 가장 큰 관심은 그 희생이 하나님께서 그것을 받으시는 방식으로 드려진다는 것이었다. 따라서 예배자는 성소 입구에서 흠 없는 수컷을 바쳐야 하고, 이어서 지정된 의식을 신중하게 따라야 했다. 열납되는 희생은 여호와께서 바치는 자의 죄의 성향을 위한 대속으로 그 짐승을 받으신다는 것을 의미했다. 당사자는 자신의 제물을 통해 속죄되면서 확신을 가지고 거룩하신 하나님의 존전에 나아갔을 것이다. 그는 그 외의 다른 제물들을 자유롭게 드릴 수 있었다. 보통 번제를 드린 후에 사람들은 화목제를 바쳤는데(3장), 그것은 자신의 가족이나 혈족을 위한 축제 음식으로 쓰여졌다.

번제 드리기가 여호와의 개인적 예배의 중대한 부분이었기 때문에, 너무 가난해서 소나 양/염소를 바칠 수 없는 사람들을 위한 약관이 만들어졌다. 그런 사람은 비둘기나 산비둘기를 바칠 수 있었다. 이러한 새들은 매우 흔한 것이어서 쉽게 구할 수 있었을 것이다. 새의 작은 크기를 감안해 볼 때 의식 절차는 눈에 띄게 달랐으나 효력은 동일했다.

번제를 드리는 가운데 이스라엘 사람들은 자신의 완전한 죄성과 하나님의 전적인 생명에 대한 주권을 인정했다. 왜냐하면 번제는 전체를 하나님께 드리는 것이었기 때문이다. 제사장이나 바치는 자에게는 어떤 것도 돌아가지 않았다. 그것은 목자나 농부의 기본 재산에서 취한 값비싼 예물이었다. 이 제물을 가져와 바치는 자는 여호와께서 일용할 양식을 채워 주실 것을 신뢰하면서 믿음으로 행동했다.

이 제물을 통하여 하나님은 당사자에게 인간의 일반적인 죄성에 대하여 용서를 부여했다. 그런 용서는 주기적으로 필요했다. 타락한 인간은 세상에서 하나님의 저주 아래 살기 때문에 하나님의 모든 율법을 다 지키지 못하면서 매일 죄를 짓는다. 온갖 인간관계 속에서 존재하는 갈등들은 인간의 기본적 죄성에 대한 증거가 된다. 모든 사람이 이 죄성에 굴복하기 때문에, 인간은 하나님과의 교제를 유지하기 위해 정기적으로 자신의 죄성을 대속해야 한다. 고대의 이스라엘 사람이 얼마나 자주 그런 제물을 바쳤을까? 아마 각 사람의 죄에 대한 자각과 여호와를 향한 열심의 정도에 따라 몹시 다양했을 것이다. 최소한의 기준은 아마도 절기에 바치는 연례적인 희생이었을 것이다.

번제에 대한 이해는 신약의 많은 구절들을 조명해 준다. 그리스도의 희생적 죽음에 대한 신약의 언어 중 많은 것들이 일반적인 것이기에 구약의 제의 법안의 특정한 희생들과 관련짓기가 어렵지만, 그리스도의 죽음은 번제에 비견될 수 있다. 이 제사에 요구된 짐승과 마찬가지로 그분은 흠 없는 남성이었다(벧전 1:18-19). 그분은 하나님께 완전한 복종의 삶을 살면서 결점이 없으셨다. 이러한 이유로 그분의 희생은 옛 언약 하에서 바친 그 어떤 제물보다 훨씬 뛰어난 것이었다(히 9:23-26). 십자가의 제단 위에서 예수께서는 자신을 성부 하나님께 완전히 드리셨다(롬 8:32). 번제와 마찬가지로 그리스도의 죽음은 하나님께 "향기로운 냄새"였다(엡 5:2). 빈번하게 드린 번제와는 달리, 그리스도께서는 단번에 영원한 제사로 자신을 드리셨다(히 10:12). 그리스도의 최종적인 죽음은 하나님께 대한 신실한 예배의 일부인 짐승 제사를 종결시켰다.

그리스도의 죽음으로 인해 믿는 자는 더 이상 매일 번제가 드려지는 손으로 만든 성소에서 예배를 드리지 않아도 된다(히 7:27). 오히려 예수께서는 하늘의 지성소로 자신의 피를 가져가심으로써 자신을 따르는 자들을 위한 영원한 구원을 보증해 주셨다(히 9:11-14). 그렇지만 믿는 자는 구약의 성도들과 마찬가지로 여전히 매일의 속죄를 필요로 한다. 그리스도의 죽음만으로 충분하다. 요한이 쓴 대로 "그 아들 예수의 피가 우리를 계속적으로 모든 죄에서 깨끗하게 한다"(요일 1:7).

신약의 신자가 더 이상 성소에 짐승을 가져오지 않을지라도, 그리스도를 통해 하나님께 드리는 예배는 여호와의 예배가 그러했던 것처럼 완전한 헌신을 요구한다. 구약의 신자는 자신의 가축 떼에서 가져온 희생을 드림으로써 자신의 헌신과 믿음을 표현했다. 자신이 제사장인 신약의 신자는 마찬가지로 하나님께 대한 자신의 사랑과 신뢰를 자발적으로 표현했다. 짐승을 대신해서 그는 영적인 희생을 드렸다(벧전 2:5). 히브리서 13:15-16에 따르면, 믿는 자는 찬양의 희생제와 선행의 제사, 그리고 자신의 소유를 이웃에게 베푸는 나눔의 제사를 드린다. 사람이 이러한 전심으로 희생들을 드릴 때, 그의 제물은 하나님께 받아들여질 수 있다. 하나님께서 제물을 받으실지에 대한 관심은 신구약 모두에서 공통적이다.

바울은 신자들을 위해 희생의 은유를 확대시킨다. 그는 신자들에게 자신의 몸을 살아 있는 희생(개역 성경: 산 제사)으로 드리라고 말한다(롬 12:1, 2). 그가 염두에 두고 있는 제사는 번제다. 왜냐하면 번제물 전체가 제단에서 완전히 태워지는 것처럼, 신자는 자신을 전적으로 드려야 하기 때문이다. 그래서 짐승이 흠이 없어야 하는 것처럼 신자도 역시 거룩해야 한다. 이러한 개인적인 제물이 효력을 갖기 위해 번제와 마찬가지로 그 제물이 하나님께 받아들여질 만한 것이어야 한다. 신자의 삶은 살아 있는 번제로서 계속적으로 하나님을 기쁘시게 해야 한다.

2. 소제에 대한 규정(2:1-16)

참고문헌

레위기 1:1-7:38에 대한 참고문헌을 보라.

본 문

1 누구든지 소제의 예물을 여호와께 드리려거든 고운 가루로 예물을 삼아 그 위에 기름을 붓고 또 그 위에 유향을 놓아	**1** "When anyone presents an offering of grain to Yahweh, his offering is to be of fine flour. He is to pour oil on it and put incense[ab] on it.
2 아론의 자손 제사장들에게로 가져올 것이요 제사장은 그 고운 기름 가루 한 줌과 그 모든 유향을 취하여 기념물로 단 위에 불사를지니 이는 화제라 여호와께 향기로운 냄새니라	**2** Then he is to bring it to Aaron's sons, the priests.[a] From it[b] he is to take a handful of fine flour and oil with[c] all of its incense, and the priest will burn it for a memorial on the altar, a gift[d] for a soothing aroma to Yahweh.
3 그 소제물의 남은 것은 아론과 그 자손에게 돌릴지니 이는 여호와의 화제 중에 지극히 거룩한 것이니라	**3** The rest of the grain offering belongs to Aaron and his sons: it is a most holy portion from the gifts for Yahweh.

4 네가 화덕에 구운 것으로 소제의 예물을 드리려거든 고운가루에 기름을 섞어 만든 무교병이나 기름을 바른 무교전병을 드릴 것이요

4 "When you present an offering of dough baked in an oven,[a] it is to be of fine flour, unleavened bread mixed with oil, or unleavened wafers spread with oil.

5 번철에 부친 것으로 소제의 예물을 드리려거든 고운 가루에 누룩을 넣지 말고 기름을 섞어

5 If your offering is a grain offering cooked on a griddle, it is to be from fine flour, mixed with oil, without yeast.

6 조각으로 나누고 그 위에 기름을 부을지니 이는 소제니라

6 You are to crumble[a] it and pour oil on it. It is a grain offering.

7 네가 솥에 삶은 것으로 소제를 드리려거든 고운 가루와 기름을 섞어 만들지니라

7 If your offering is a grain offering cooked in a pan, it is to be made from fine flour with oil.

8 너는 이것들로 만든 소제물을 여호와께로 가져다가 제사장에게 줄 것이요 제사장은 그것을 단으로 가져다가

8 You are to bring[a] the grain offering which is made[b] out of these ingredients to Yahweh. Present it[c] to the priest, and he will bring it to the altar.

9 그 소제물 중에서 기념할 것을 취하여 단 위에 불사를지니 이는 화제라 여호와께 향기로운 냄새니라

9 The priest will offer up a memorial from the grain offering and burn it on the altar as a gift for a soothing aroma to Yahweh.

10 소제물의 남은 것은 아론과 그 자손에게 돌릴지니 이는 여호와의 화제 중에 지극히 거룩한 것이니라

10 The rest of the grain offering belongs to Aaron and his sons; it is a most holy portion from the gifts for Yahweh.

11 무릇 너희가 여호와께 드리는 소제물에는 모두 누룩을 넣지 말지니 너희가 누룩이나 꿀을 여호와께 화제로 드려 사르지 못할지니라

11 "You are not to prepare[a] any grain offering which you present to Yahweh with leaven, because you must never burn[b] any yeast or any honey as a gift for Yahweh.

12 처음 익은 것으로는 그것을 여호와께 드릴지나 향기로운 냄새를 위하여는 단에 올리지 말지며

12 As an offering of firstfruits you may present them to Yahweh, but they are not to be offered up on the altar as a soothing aroma.[a]

13 네 모든 소제물에 소금을 치라 네 하나님의 언약의 소금을 네 소제에 빼지 못할지니 네 모든 예물에 소금을 드릴지니라

13 You are to season[a] every offering of your grain offering[b] with salt. Do not let the salt of the covenant with your God[c] be lacking from your[d] grain offerings; you[d] are to present all your[d] offerings with salt.[e]

14 너는 첫 이삭의 소제를 여호와께 드리거든 첫 이삭을 볶아 찧은 것으로 너의 소제를 삼되

14 "If you present a grain offering of first ripe grain to Yahweh, you are to present new ears roasted in fire or a paste of the rich yield[ab] as your grain offering[c] of first ripe grain.

15 그 위에 기름을 붓고 그 위에 유향을 더할지니 이는 소제니라

15 You are to add oil to it and put incense on it. It is a grain offering.

16 제사장은 찧은 곡식 얼마와 기름의 얼마와 모

16 The priest will burn as a memorial some of

든 유향을 기념물로 불사를지니 이는 여호와께 드리는 화제니라

the paste and some of the oil on all the incense as a gift to Yahweh."

원문주해

1.a. 사마리아 오경(Sam)과 70인경(LXX)은 정체 확인에 대한 진술을 추가한다: 민하 히(מנחה היא, "그것은 소제물이다").

1.b. 레보나(לבנה, "향")는 십중팔구 "하얀"을 의미하는 어근 라반(לבן)에서 왔을 것이다. 많은 사람들은 향은 그것의 하얀 색깔 때문에 이러한 이름을 갖는다고 추정하지만, 스네이스(Snaith, 33)는 그리스인들은 리바노스 나무(*libanos*-tree)에서 나오는 리바노토스(*libanotos*)라 불리는 향을 사용했다고 지적한다. 해리슨(Harrison, 50)은 그 향을 보스웰리아(genus *Boswellia*) 속(屬)의 관목에서 나오는 방향성 수지(樹脂)로 여긴다.

2.a. 시리아역(Syr)은 단수 "제사장, 아론의 아들"로 읽는다. 참조. "원문주해" 1:7.b.

2.b. 사마리아 오경(Sam), 70인경(LXX)은 미샴(משם, "거기로부터") 대신 미메나(ממנה, "그것으로부터")를 갖는다. 마소라 본문(MT)은 서기관이 그 근처에 있는 일련의 멤(מ)들 때문에 무의식적인 실수를 한 것이 아니라면 더 어려운 독법이다. 참조. 가까이 있는 우미샤무나(ומשמנה, "그리고 그것의 기름으로부터").

2.c. 알(על, "…위에")은 여기서 "…에 추가로, …과 함께"라는 의미를 갖는다(*IBHS* § 11.2.13c).

2.d. 이쉐(אשה)에 대해서는 "원문주해" 1:9.g.를 참조하라.

3.a. 이 어구는 최상급을 의미하기 위해 동일한 단어의 복수 절대형이 뒤따라오는 단수 연계형의 한 가지 예이다(GKC § 133i).

4.a. 70인경(LXX)은 도론 퀴리오 에크(δῶρον κυρίῳ ἐκ, "…로부터의 주님을 위한 예물").

6.a. 70인경(LXX)은 부정사 절대형 파토트(פתות, "조각냄")를 분사 카이 디아드뤼페이스(καὶ διαθρύψεις, "그리고 네가 조각내야 한다")로 번역한다. 그것은 아마도 우파토트(ופתות)로 읽었거나 혹은 주석적 번역일 수도 있다. 마소라 본문(MT)은 더 어려운 독법이지만, 그 이문(variant)은 단지 구두점의 문제일 뿐이다. 8절의 와우(ו) 연속법 완료는 70인경이 더 나은 독법이라는 것을 암시한다. 나아가 부정사 절대형이 이 위치에서 소위 강조적 명령법으로 사용되었다는 것은 상상하기 어렵다(GKC § 113dd). 왜냐하면 여기서 필수적으로 강조할 것이 없으며 부정사 절대형은 희생 법안의 어떤 곳에서도 이러한 의미로 나타나지 않기 때문이다.

8.a. 2인칭 단수 붸헤베타(והבאת, "그리고 너는 가져와야 한다") 대신 70인경(LXX)은 3인칭 단수 카이 프로소이세이(καὶ προσοίσει, "그리고 그는 가져와야 한다")를 갖는다.

문맥은 2인칭 형식에 우호적이다.

8.b. 니팔형 예아세(יֵעָשֶׂה, "그것이 만들어져야 한다") 대신 70인경(LXX) 안 포이에(ἂν ποιῇ)는 칼형 야아세(יַעֲשֶׂה, "그것이 만들어야 한다")를 번역한 것이다. 그러나 아마도 70인경은 별도의 히브리어 본문의 문제라기보다는 번역상의 문제일 것이다. 니팔형을 비인칭적(impersonal)으로 사용된 수동태로 설명하는 것이 가능하다(GKC § 121a; Baentsch, 316).

8.c. 히브리어 성경(*BHS*)은 복수형 붸히크리바(וְהִקְרִיבָהּ, "그리고 그는 그것을 바칠지니라"; 개역 성경: 가져갈지니라)를 명령형 붸하크리바(וְהַקְרִיבָהּ)로 구두점을 다시 찍기를 제안한다. 그것은 처음의 동사 붸헤베타(וְהֵבֵאתָ)와 인칭을 맞추기 위해서다. 이 제안은 가능한 수정이며 이 주석에서 채택되었다.

11.a. 니팔형 3인칭 여성 단수 테아세(תֵעָשֶׂה, "너는 준비해야 한다") 대신 70인경(LXX)은 명백하게 칼형 2인칭 남성인 포이에세테(ποιήσετε)=타아세(תַעֲשׂוּ, "준비하라")로 읽는다.

11.b. 마소라 본문(MT)의 타크티루(תַקְטִירוּ, "너는 태울지니라") 대신 몇몇 히브리어 필사본들(mss), 사마리아 오경(Sam), 70인경(LXX) 그리고 탈굼 위-요나단(Tg. Ps. -J.)은 타크리부(תַקְרִיבוּ, "너는 바칠지니라〈가져올지니라〉")로 읽는다. 이 이문(variant)은 그것이 본문 전승에서 아주 초기에 발생했다는 것을 암시하는 훌륭한 본문상의 지지를 받는다. 마소라 본문(MT)이 선호할 만한데, 이는 아마도 그 이문(MT와는 다른 본문들 – 역자주)이 선행하는 타크리부(תַקְרִיבוּ)에 의해 영향을 받은 실수일 것이기 때문이다. 엘리거(Elliger, 39)는 그 이문을 교리적 수정으로 간주한다.

12.a. 70인경(LXX)은 퀴리오(κυρίῳ, "주님께")를 추가하는데, 그 어구는 그 본문에 이 희생 법안의 자료집에 있는 보다 일반적인 표현에 수준을 맞춘다.

13.a. 70인경은 팀라흐(תמלח)를 니팔형 3인칭 여성 할리스데세타이(ἁλισθήσεται, "사람이 소금을 쳐야 한다")로 읽는 반면, 마소라 본문(MT)은 그 자음 본문의 모음 구두점을 칼형 2인칭 단수로 찍는다. 마소라 본문 형태는 다음에 나오는 동사들과 일치한다.

13.b. 70인경은 마소라 본문의 2인칭 단수와는 달리 2인칭 복수 접미어로 읽는다.

13.c. 70인경은 마소라 본문의 엘로헤이카(אֱלֹהֶיךָ, "너의 하나님의") 대신 퀴리우(κυρίου)= 아도나이(יהוה, "주님의")로 읽는다. 마소라 본문이 가장 예상 밖의 독법으로서 선호된다.

13.d. 70인경은 마소라 본문의 2인칭 단수형 대신 2인칭 복수형으로 읽는다.

13.e. 70인경은 퀴리오 토 데오 휘몬(κυρίῳ τῷ θεῷ ὑμῶν, "주 너의 하나님께")을 덧붙인다.

14.a. 한 줄로 이어진 어구 아비브 칼루이 빠에쉬 게레스 카르멜(אָבִיב קָלוּי בָּאֵשׁ גֶּרֶשׂ כַּרְמֶל)은 번역하기가 어렵다. 구문론적으로 그것은 직접목적어 민하트 비쿠레이카(בִּכּוּרֶיךָ

מנחת, "너의 첫 익은 곡식의 소제물")와 병치되어 있는 미정격(*casus pendens*)이다. 아마도 게레스(גרש)와 카르멜(כרמל)은 앞의 탈곡된 곡식 낟알들에 대한 동의어들인데, 카르멜이 게레스보다 더 명확한 단어다(Hoffmann, 1:160). 이 한 줄의 어구는 일련의 제물들의 이름을 거명하는 것일 수 있다. "불에 구운 햇이삭, 빻은 밀가루, 햇곡식." 혹은 그것은 한 사슬로 된 하나의 어구로 번역될 수 있다. "불로 구운 햇곡식의 빻은 이삭들"(NIV). 후자의 의미에서 그것은 아마도 뜰의 소산물의 어떤 것을 갈아서 만든 반죽을 지칭할 것이다.

14.b. 70인경(LXX)은 토 퀴리오(τῷ κυρίῳ)=라도나이(ליהוה, "주님께")를 추가한다. 참조. "원문주해" 12.a.

14.c. 70인경은 마소라 본문(MT)의 비쿠레이카(בכוריך, "너의 소제물들") 대신 명백히 2인칭 소유대명사를 갖지 않는 명사 하비쿠림(הבכורים)으로 읽는 "소제물들"을 갖는다. 70인경이 이 구절에서 두 번 나오는 이 용어가 동일하도록 이 본문을 각색했을지도 모른다.

양식/구조/배경

소제(곡식제) 규정의 구조는 다음과 같다.

소제에 대한 규정(2:1-16)

I. 소제에 대한 규정(1-3절)
  A. 사례(1a절)
  B. 의식 절차(1b-2절)
  C. 남은 소제물의 처분(3절)
II. 확장된 구운 소제물에 대한 규정(4-10절)
  A. 세 종류의 구운 소제물(4-7절)
    1. 화덕에 구운 것(4절)
    2. 번철에서 준비한 것(5-6절)
    3. 솥에 요리한 것(7절)
  B. 의식 절차(8-10절)
    1. 의식 절차 자체(8-9절)
    2. 남은 소제물에 대하여(10절)
III. 보충 규정들(11-16절)
  A. 누룩과 꿀의 사용 금지(11절)

B. 첫 수확물과 관련된 금지(12절)
C. 소금에 대한 조항(13절)
D. 첫 이삭에 대한 규정(14-16절)

소제(곡식제) 의식에 대하여 렌토르프(Rendtorff, *Studien*, 182; 참조. Gesetze, 19)는 네 가지 단계를 밝혀 낸다.

1. 준비(יצק – 야차크: 1, 6절)
2. 드림(가져옴)(הביא – 헤비: 2aα, 8a절)
3. 기념물 바치기(קמץ – 카마츠, "선별하다" 혹은 הרים – 헤림, "올려 바치다": 9aα절)
4. 태우기(הקטיר – 히크티르: 2b, 9aβ절)

1-2절과 8-9절에 진술된 소제(곡식제)에 대한 기본적 규정은 이스라엘 제의의 가장 초기 시대에서 유래한 것이다. 코흐(Koch, *Priesterschrift*, 49-50)에 따르면, 짧은 문장들과 비인칭적인 3인칭 형태들 그리고 카마쯔(קמץ, "뽑아 내다")와 같이 흔치 않은 단어들은 이 규정이 아주 고대의 것임을 시사한다. 그럼에도 불구하고, 1-2절의 충실한 내용의 특징은 소제(곡식제)를 더욱 정밀하게 규정짓기 위해 자료가 추가되었다는 것을 시사한다. 2b, 8절 그리고 16절에 있는 바와 같은 원래의 하코헨(הכהן, "제사장")은 1장에서처럼(예를 들어, 5절) 브네이 아하론(בני אהרן, "아론의 아들들")이라는 어구의 삽입과 함께 복수로 바뀌었다. 이 어구는 나중에 본문 속으로 통합된 여백 주해였을지도 모른다. 역시 번제(עלה – 올라: 1장)와 마찬가지로 그것은 제물이나 예물(קרבן – 코르반)로 분류된다. 노트(Noth, 27)를 포함한 많은 사람들은 소제물에 향을 놓으라는 지침을 후대의 각색으로 받아들인다. 코흐는 이러한 변화의 연대를 왕국 시대로 잡는다. 노트(27)와 엘리거(Elliger, 44)와 같은 대부분의 비평 학자들은 남은 소제물을 제사장에게 준다는 진술(3절과 10절)을 후대의 추가로 받아들인다. 그들은 아주 초창기에는 소제물이 절기 식사에서 먹도록 바치는 자에게 되돌아갔다고 생각한다. 그러나 이 진술은 그 학자들이 수용한 연대보다 더 빠를 수 있다. 단지 소제물의 일부만이 바쳐졌기 때문에, 아주 초창기의 규정에서 그 나머지 소제물의 처리에 관한 어떤 지침이 필요했을 것이다.

코흐(Koch)는 고대의 규정은 단지 날곡식 제사만을 취급했다고 주장하지만, 구운 곡식의 소제(곡식제)를 드렸을 가능성은 바치는 과정과 굽는 과정의 단순성을 고려해 볼 때 가장 이른 시기부터 존재했을지도 모른다. 그럼에도 불구하고 구운 반죽에 대한 조항들은 확장되어 여러 지방의 관행들에 공식적인 권위를 부여하기 위해 다양한 종류의 떡을 포함시켰다(5-7절). 아마도 이러한 통합은 지방 관행들을 표준화시킬 필요가 있다고 간주되었을 시기인 예루살렘 성전의 초기 시대에 완료되었을 것이다. 렌토르프(Rendtorff, *Gesetze*, 20)는 4-6절을 **토라**(*torah*) 문체로 분류하지만, 코흐(Koch, *Priesterschrift*, 51)는 이 구절들이 1:2; 2:1, 14에 나오는 체계화하는 문체에 잘 어울린다고 판단한다. 코흐(51)는 에스겔 46:20을 검토하여 이 구절이 예루살렘 관행이라고 추측한다. 번제(עלה; 참조. 1:9)와 마찬가지로, 구운 소제물은 이쉐 레아흐 니호아흐 라도나이(אשה ריח ניחח ליהוה, "여호와께 향기로운 냄새를 위한 예물"; 개역 성경: 화제; 9b절)로 분류된다.

말미에 확장된 부록, 즉 소제(곡식제)를 규제하는 일련의 조항들이 있다(11-16절): 소제물에 누룩이나 꿀 사용의 금지(11절), 제단 위에 첫 수확물 올리기의 금지(12절), 모든 소제물에 소금 사용을 요구하는 조항(13절) 그리고 소제물과 같은 첫 수확물의 제사에 대한 추가적 규정(14-16절). 이 조항들의 2인칭 문체는 그것들이 제사장들에 의해 회중에게 전달된 명령들이라는 것을 시사한다. 렌토르프(Rendtorff, *Gesetze*, 20)에 따르면, 그 조항들은 제사장의 지침(תורה-토라)에 속한다. 코흐는 이러한 분류에 동의한다. 2인칭 복수 형태들을 갖는 11-12절은 2인칭 단수 형태들을 갖는 13-15절과 구분된다. 이러한 차이는 11-12절이 그 규정의 나머지와 다른 기원을 가졌다는 것을 시사한다. 의심할 여지가 없이 12절의 로쉬트(ראשית, "첫 수확물"; 개역 성경: 처음 익은 것)에 대한 언급이 곡식의 첫 수확물(בכורים - 비쿠림; 개역 성경: 첫 이삭)에 대한 더 긴 규정들의 삽입을 끌어들였을 것이다. 그 외의 다른 제의 자료에서 가져온 이 조항들은 많은 차이가 나는 관행들을 정돈할 필요가 있던 시기에 포함되었을 것이다. 그렇다면 그것들이 삽입된 시기는 다양한 유대의 왕들의 후원 하에 국토 전역에서 순수한 여호와의 예배를 확립하기 위해 진행된 여러 개혁 운동들의 어느 한 시기였을 수 있다.

주석

부록: 민하(מנחה)

민하(מנחה)는 구약에서 광범위한 용도를 갖는다. 비제의적 본문들에서 그것은 다른 사람들에게 주는 "예물(들)"을 의미할 수 있는데, 특히 어떤 사람이 다른 사람에게 의무적으로 바쳐야 하거나 다른 사람의 호의를 얻기 위해 드리는 선물이다(예를 들어, 삼상 10:27; 창 32:14[13]; 43:11). 그것은 또한 "어떤 나라가 그들의 통치자에게 바치는 공물"(왕상 5:1[4:21])을 지시한다. 제의적 배경에서 민하(מנחה)는 드리는 품목이 구체적으로 지시되지 않은 제물에 대해 사용된다. 예를 들어, 창세기 4:3-5에서 그것은 땅의 소산 중에서 드리는 제물과 가축 떼 중에서 드리는 제물에 공히 사용된다. 그러나 제의적 본문들에서 민하(מנחה)의 의미는 보통 제한적 의미인 "곡식 제물"이다. 이 제물을 지칭하기 위해 민하(מנחה)가 선택된 것은 곡식 제물이 여호와의 주권과 예배자의 생명에 대한 그분의 전적인 요구를 인식하는 가운데 드리는 예물이라는 사실을 추가적으로 지시한다.

시편 20:4(3)에서 민하(מנחה)는 올라(עלה, "번제")와 병행을 이룬다. 민하는 여호와께 바치는 일종의 곡식 제물을 지시하고 올라는 제단에서 태워지는 제물을 지시할 것이다(참조. H.-J. Kraus, *Psalmen 1-59*, BKAT 15/1[Neukirchen-Vluyn: Neukirchener, 1978] 311). 이 두 단어는 함께 성소에서 드려지는 다양한 제물들을 수반한다. 그러나 더욱 빈번하게 민하는 전반적인 제물을 포함하는 제바흐(זבח)와 짝을 이룬다(삼상 2:29; 3:14; 사 19:21; 암 5:25; 시 40:7[6]). 함께 나타나는 이 두 단어가 "곡식"과 "짐승"을 의미하는 것이 가능하지만, 더욱 그럴듯한 것은 민하(מנחה)가 올라(עלה, "번제")를 대신하는 용어라는 것이다(참조. Rendtorff, *Studien*, 191-192). 그렇다면 민하는 하나님께 전적으로 바치는 희생물을 지시하고, 제바흐는 절기 식사가 되는 제물들을 나타낸다. 후기 예언서인 말라기에서 민하는 일반적으로 희생물의 의미로 사용된다(1:10, 11, 13; 2:12, 13; 3:3, 4). 따라서 민하는 폭넓은 의미론적 범위를 갖는다. 그 결과 민하의 엄밀한 의미가 의심스러운 몇몇 구절들이 있다(예를 들어, 슥 3:10). 이것은 민하가 또 다른 용도로 사용된 사례다. 그것은 때로 매일 특정 시간에 바치는 제물에 대한 언급으로서 하루 중 어떤 시간을 지칭하는 문구에서 사용되기도 한다. 대체로 올라(עלה, "번제")는 이러한 방식으로 사용되는데, 그러나 몇 군데에서는 저녁의 민하에 대한 언급이 있으며(왕상 18:29; 스 9:4, 5; 단 9:21), 한 군데는 아침의 민하다(왕하 3:20). 민하(מנחה)의 폭넓은 의미론적 범위를 고려하면, 이러한 매일 드리는 민하의 정확한 성격은 불확실하다. 그것은 동물 희생, 특히 제단에서 완전히 태우지 않는 제물을 지시하거나 혹은 가능하게는 소제(곡식제)를 지시할 수도 있다.

제의 법안에서는 민하가 일반적으로 소제물(곡식 제물)을 나타낸다. 적은 양이 제단 위에서 태워지며, 나머지는 제사장들의 몫이 된다. 그것은 거의 매번 올라(עלה, "번제")를 수반하며(삿 13:15-16, 19; 왕하 16:13, 15; 렘 14:12; 대상 21:23), 또한 자주 제바흐 쉘라밈(זבח שלמים, "화목제")도 수반한다(레 7:12-13; 민 6:17). 흔히 나싸크(נסך, "전제〈奠祭〉물": 붓는 제물 – 역자주)가 소제물과 함께 드려진다(민 15:1-21; 28-29장).

일부 본문들은 독자적인 민하에 대해 말한다. 제사장의 소제(곡식제)가 6:12-16(19-

23)에서 묘사된다. 이 단락은 제사장 위임식 날과 그 이후에 날마다 민하가 드려진 것을 지시하는 것처럼 보인다. 민수기 5:11-15에는 질투의 소제(מנחת קנאת – 민하트 키느앗: 개역 성경: 의심의 소제)에 대한 언급이 있다. 그것은 자신의 아내가 의심스럽다고 염려하는 어떤 남편이 아내의 정절을 시죄법(試罪法, 범죄 여부를 시험하는 의식 – 역자주)으로 시험해 볼 것을 요구할 때 제사장에게 가져오는 제물이다. 칠칠절에는 회중이 햇곡식의 제물을 드린다(מנחה חרשה – 민하 하다샤: 23:16-17: 민 28:26). 이때 또한 번제가 이에 수반되는 소제(곡식제) 및 전제와 더불어 드려진다(23:18).

[1] "사람"(נפש – 네페쉬)은 "고운 가루"(סלת – 쏠레트)의 소제물을 준비한다. 네페쉬는 남자와 여자를 아우르는 포괄적 용어다(참조. 1:2에 대한 주석). 소제(곡식제)는 밀을 빻은 뒤 체로 걸러서 준비한다. 그래서 NEB는 솔레트를 "밀가루"로 번역한다. 레빈(Levine, 9)은 솔레트가 세몰리나(semolina, 밀가루 종류 중 최상품에 속한다 – 역자주), 즉 외피가 섞이지 않은 낟알로 만든 밀가루라고 주장한다. 따라서 고대 사회에서 사치품이었던(참조. 겔 16:13) 쏠레트(סלת)는 외피까지 통째로 대충 빻아 섞어서 만든 카마흐(קמח, "곡식 가루")와 구별된다. "감람나무(올리브) 기름"(שמן – 샤만)이 가루 위에 부어졌으며, "향료 또는 유향"(לבנה – 레보나)이 그 위에 뿌려졌다.

[2] 제사장인 "아론의 아들"(בן אהרן – 벤 아하론)은 한 줌을 집어들고(קמץ – 카마츠) 그것을 제단 위에 "기념"(אזכרה – 아즈카라)으로 태운다(הקטיר – 히크티르). 아즈카라(אזכרה, "기념")는 또한 민하(9, 16절: 5:12: 6:8[15]: 민 5:26)와 진설병(24:7)과 더불어 나타난다. 아즈카라의 어근은 학자들에 의해 합의가 되지 않았다. 역본들은 그것을 자카르(זכר, "기억하다")에서 끌어와 "기념"의 의미로 이해한다. 그렇지만 드라이버(G. R. Driver, *JSS* 1[1956] 99-100)는 그것을 "증표"(token)로 번역한다. 그러나 만일 그것이 "증표"라면, 그것은 제단 위에서 "태우거나 연기를 피우는"(הקטיר – 히크티르) 어떤 것에 대한 매우 약한 용어일 것이다. 엄밀히 "기념"은 제단 위에 태워지는 바로 그 부분을 지시하지 소제물 전체는 아니다. "기념"이란 용어는 이 제물을 드리는 사람이 자신에게 일용할 양식을 주시는 하나님의 은혜를 기억하는 개념을 담고 있다. 바치는 자는 하나님을 좋은 것들을 주시는 분으로 찬양한다(Hoffmann, 1:147). 그렇지만 아이싱(H. Eising)은 아즈카라(אזכרה)가 소제(곡식제)의 일부를 제단 위에서 태우는 동안 여호와의 이름이 소리내어 불려졌다는 것을 시사하는지 모른다고 제안한다(זכר – 자카르, "*zākhar*," *TDOT* 5:80). 이 순간에 비는 자는 여호와를 뜨거운 마음으로 기억한다. 쇼트로프(W.

Schottroff)는 아즈카라가 단지 제단 위에서 태워지는 소제물 부분만 해당한다고 언급한다(*"Gedenken" im Alten Orient und im Alten Testamentum: Die Wurzel Zākar im semitischen Sprachkreis*, WMANT 15[Neukirchen-Vluyn: Neukirchener, 1964] 337). 그에게 아즈카라의 가장 오래된 의미는 "(이름을 부르는) 기원"인데, 다시 말해 여호와의 이름이 태워지는 소제물 위에서 소리내어 불러졌다(335-37). 그는 나아가 어떤 시편, 예를 들어 시편 38편이나 70편을 이 의례에서 노래로 불렀을지도 모른다고 제안한다. 왜냐하면 이 두 시편의 제목이 레하즈키르(להזכיר, "찬양하다, 고백하다")이기 때문이다(337). 한편, 그 제물이 하나님의 기억을 불러일으킴으로써 그분은 자신의 지난 약속에 근거하여 자신이 기억하고 있는 사람을 향해 은혜를 베푸실 것이다(참조. B. Childs, *Memory and Tradition in Israel*, SBT series 1, 37[1962] 31-34). 쇼트로프는 이것이 아즈카라의 의미라는 것에 동의하지만, 그는 이 의미가 시간이 흐른 뒤 이 단어에 첨가되었다고 주장한다. 아크카라는 소제(곡식제)의 묘사에서 중대한 단어인데, 왜냐하면 그것은 이러한 유형의 제물이 카파르(כפר, "대속")와 라차(רצה, "열납되다")와 같은 영적인 가치를 알려 주며, 올라(עלה, "번제")의 영적인 장점을 의미해 주기 때문이다(1:4).

3 "소제물의 나머지"(הנותרת-하노테레트)는 아론 가계의 제사장들에게 속하여 그들의 수입으로 충당된다(참조. 10절; 7:6-9). 그것은 제사장들에게 속하기 때문에 "지극히 거룩한 부분"(קדש קדשים-코데쉬 코다쉼)으로 규정된다. 한 제물에 대한 이러한 등급화가 의미하는 바는 그 지극히 거룩한 부분이 오로지 의식적으로 정결한 제사장들에 의해 성전 구역의 제한된 구역 내에서만 음식으로 섭취될 수 있었고, 그들의 아내나 자녀 혹은 성전의 종들은 그것을 먹을 수 없었다는 것이다(참조. 겔 42:13).

4 날곡식 이외에 떡 혹은 과자가 구워져 "소제"(מנחה-민하)로 드려졌을 것이다. 언급되어 있는 첫 번째 종류의 구운 소제물은 화덕, 즉 큰 도기 그릇에 구운 반죽이다. 그러한 그릇은 옮길 수 있는 것이었다. 그것은 집안에서 땅에 판 아궁이에 놓여 있었다. 연료는 보통 건초나 말린 곡식 그루터기였다. 반죽은 불에 달궈진 안쪽의 원통에 붙여서 구워졌다(Noth, 25).

떡이란 단어 할라(חלה)는 꼬아서 혹은 둥글게 만든 빵 덩어리였다(개역 성경: 무교병). 탈굼역(Tg)은 그것을 여러 겹으로 꼬아 만든 "떡"(גריצה-게리차)으로 번역한다. 그것은 "기름"(שמן-샤만)과 함께 만들어야 하는데, 그러나 누룩은 사용되지 않았을 것이다. 해리슨(Harrison, 54)은 고대에 누룩이란 앞서 떡을 굽고 남아서 상한 반죽 덩어리였다고 말한다. 누룩이 제외된 이유는 언급되지 않았지만, 그것의 발효 특성과 상하기 쉬운 성질 때문인 것이 가장 그럴듯하다.

사람은 또한 반죽을 짓눌러 얇게 펴서 만든 "전병들"(רקיק – 라키크)을 드린다(개역 성경은 라키크도 위에 언급된 할라〈חלה〉와 똑같이 "무교병"으로 번역해 구분이 되지 않으나, 대다수의 역본들은 이것을 "과자"〈cake〉로 번역해 양자를 구분한다 – 역자주). 전병들 위에다 기름을 바른다. 전병 위에 약간의 기름을 붓는 것인지, 아니면 그것을 기름에 통째로 넣는지는 분명하지 않다.

5 다른 유형의 구운 소제물은 번철(공동 번역: 빵 굽는 판)에서 구운 마하바트(מחבת, "납작한 과자 혹은 둥글 납작한 과자")이다. 에스겔은 자신이 만든 포위된 예루살렘의 모형에서 철판으로 된 그 도시의 견고한 성벽을 보여 주었다(겔 4:3). 이어서 그 전병을 깨뜨리거나 잘게 부수고 그것을 소제로 드리기 전에 그 위에 기름을 붓는다.

7 세 번째 유형의 구운 소제물은 뚜껑이 있는 속이 깊은 냄비(מרחשת – 마르헤쉐트: 참조. 7:9)에다 깊이 집어넣어서 튀긴 반죽으로 구성된다. 그 반죽은 아마도 끓는 기름에 넣어 바삭바삭해질 때까지 튀겼을 것이다.

11 "누룩"(שאר – 세오르)과 "꿀"(דבש – 데바쉬)은 일부분이 제단 위에서 태워질 소제물에 결코 섞일 수 없을 것이다. 구약에서 꿀의 종류는 문맥 속에서 그 물질을 "벌꿀"이라고 밝히는 사사기 14:8-9을 제외하고는 명시되어 있지 않다. 데바쉬에 대한 구약의 언급들은 대부분 과일즙, 특히 대추야자 열매와, 가능하게는 그 밖의 과일들로 만든 즙을 의미한다. 꿀은 고대에 기본적인 감미료였기 때문에, "당분"(sweet substance)이 데바쉬(דבש)에 대한 더 나은 번역일 수 있다(참조. A. Caquot, "דבש *d^ebhash*" *TDOT* 3:128-31). 물론 데바쉬는 제단 위에서 태워야 하는 제물에 벌꿀을 사용하는 것을 제외시켰다. 남은 부분들을 준비할 때 누룩은 섞을 수 없지만(6:9-10[16-17]), 아마도 꿀은 그것들 위에 뿌려질 수 있을 것이다.

그러나 누룩을 섞어 구운 첫 수확물의 떡은 테누파(תנופה, "거제〈擧祭〉 혹은 요제〈搖際〉")로 드려질 수 있다(거제는 제물을 위로 올리는 동작의 제사법, 요제는 흔드는 동작의 제사법이다. 이 둘은 제사의 종류가 아닌 제물을 드리는 동작 방식에 따른 명칭이다. 개역 성경을 포함한 여러 역본들은 히브리어 테누파〈תנופה〉는 요제로, 테루마〈תרומה〉는 거제로 구분하는데[참조. 7:34], 이 주석의 저자 하틀리는 다른 역본들을 따라 테누파를 들어 올리는 제사, 즉 "거제"로 보는 반면, 테루마는 단순히 "봉헌물, 선물"로 간주한다. 현재의 구절에서는 저자가 아직 테누파에 대해 토론하지 않은 상태이기에 잠정적으로 테누파를 "거제 혹은 요제"로 지칭할 뿐이다 – 역자주). 물론 이 떡들 중 어느 것도 제단 위에서 태우지 않는다(참조. 23:17). 덧붙여서 꿀은 역대하 31:5에서 하나님께 바치는 첫 수확물 중에 포함된다. 이 규정은 이스라엘 이웃들의 제의 의식에서 공통적인 꿀 사용과 현저하게 대조된다.

12 "첫 수확물"(ראשית – 레쉬트; 개역 성경: 처음 익은 것)은 독점적으로 여호와께 속한다(참조. 출 34:26). 레쉬트라는 단어는 로쉬(ראש, "머리, 꼭대기, 첫 번째")라는 어근에서 온 것이다. 그것은 첫 소산물 혹은 최상품을 의미한다. 첫 수확물은 누룩과 꿀을 포함한다. 이 수확물은 하나님께 드려야 하는데, 그러나 제단 위에서 태우지는 않는다. 그것은 보통 칠칠절에 드려졌다(23:15-22; 출 34:22). 예배자가 첫 수확물을 바칠 때, 그는 하나님의 구원의 행위들에 대한 이야기를 읊었다(신 26:1-11). 그렇게 함으로써 그는 새로운 곡식의 선물이 어떤 다산 의식이 아닌 하나님의 축복으로부터 온 것임을 인정했다.

13 모든 소제물은 "소금"(מלח – 멜라흐)과 함께 드려져야 한다. 소금은 고대 세계에서 가장 우선적인 방부제였다. 소금의 사용은 소제를 적합하게 만든다. 누구도 누룩과 꿀의 금지로 인해 소금이 제외된다는 생각을 하지 않도록 소금의 사용이 특별하게 언급된다. 아랍인들과 그리스인들 중에서는 함께 소금을 먹음으로써 확고한 언약의 결속을 기념하는 것이 관례였다. 구약에서 "소금 언약"(ברית מלח – 베리트 멜라흐)은 두 번 나타나는데, 그것은 하나님과 그의 백성 혹은 그의 종 사이의 언약의 영속적 성격을 강조하기 위해서다(민 18:19; 대하 13:5).

14-16 이 조항은 최초로 익은 곡식(בכורים – 비쿠림)의 제사를 규정한다. 이 히브리어 단어는 어근 바카르(בכר, "일찍 혹은 최초로 낳다")에서 왔다. 비쿠림(בכורים)이 땅과 과일 나무의 첫 소산을 포함할 수 있지만(참조. 느 10:36[35]; Snaith, 34), 그것은 특정하게 곡식을 지시한다. 아비브(אביב, "어린 새 이삭")란 단어는 갓 익은 곡식을 지시한다. 그것은 보통 보리에 대한 지칭에서 사용되지만, 아마도 현재의 구절에서 보는 바와 같이 그것은 그 밖의 다른 곡물을 포함할 수 있다. 새 이삭은 바치기 전에 구워야 한다(קלוי באש – 칼루이 빠에쉬). 그 후 게레스(גרש, "찧은 곡식" 혹은 "빻은 곡식")란 단어가 지시하듯이 이삭을 간다. 카르멜(כרמל)은 "풍부한 수확"으로 번역된다. 카르멜은 또한 도단(Dothan) 평지로부터 하이파(Haifa) 남쪽의 지중해에 이르는 낮은 산악 지대를 지칭하는 지명이다. 어떤 사람은 이 지역이 대단히 비옥한 까닭에 카르멜(Carmel, 갈멜)로 불린다고 생각한다.

그렇지만 쾰러 바움가트너 사전(KB, 475)은 כרמל IV, "새 곡식"을 목록에 올린다. 찧어서 구운 곡식 위에 얼마간의 기름과 유향이 가미되었다. 이렇게 마련된 민하(מנחה)는 그 뒤 제단 위에서 기념이 되는(אזכרה – 아즈카라; 참조. 2절) 연기를 내도록(הקטיר – 히크티르) 태운다. 이러한 제물은 이쉐 라도나이(אשה ליהוה, "여호와를 위한 예물"; 개역 성경: 화제)로 분류된다.

해설

소제는 날곡식이나 구운 반죽으로 구성되었다. 누룩이 사용되지 않은 반면, 감람나무(올리브) 기름이 그 밀가루에 첨가될 수 있었다. 또한 유향이 날곡식의 소제에 가미되었다. 이어서 집례하는 제사장이 모든 내용물(개역 성경: 기름 가루)을 한 줌 취하여 제단 위에 태운다. 그 불타는 희생물은 그 제물을 드리는 사람을 위한 기념물이 되었다. 즉 그것은 하나님께서 충실한 언약 준수 가운데 이 사람을 기억하시게끔 만들었다. 하나님께서는 기억하신 그 사람을 축복하셨다.

소제는 언제든지 드려질 수 있었지만, 그것은 거의 항상 번제를, 또한 자주 화목제를 수반했다. 날 것이든 구운 것이든 두 종류 모두 남은 곡물은 가장 거룩한 것으로 분류되었다. 그것이 의미하는 것은 소제물이 독점적으로 아론 집안의 소유가 되었으며 지정된 성전 구역에서 먹어야 했다는 것이다. 첫 수확물을 여호와께 드리는 것은 의무적이었다. 모든 첫 수확물은 거룩한 장소로 가져가 거기에 두었다. 이러한 행위로써 바치는 자는 자신의 추수 전체를 하나님께 헌정했으며, 동시에 모든 소산물에 대한 그분의 주권을 인정했다. 하나님께서는 그 소산물을 받으셨으며, 추수물의 나머지는 농부에게 돌아가 그가 마음대로 사용하도록 허용해 주셨다. 그렇지만 첫 수확물은 처음 익은 곡식의 소제를 제외하고는 흠향되는 향처럼 제단 위에 드려지는 것이 아니었다. 이러한 종류의 소제를 위해 특별한 규정이 있다. 그것을 바치는 자는 이어서 그 소제물 위에 올리브(감람나무) 기름을 뿌리고 유향을 가미한다. 제사장은 모든 유향 위에 얼마간의 기름과 함께 그 반죽의 일부를 여호와에 대한 예물로 태웠다.

이 구절에 온 이스라엘이 지켜야 하는 특별한 규정이 있다. 누룩을 포함하는 것은 그 어떤 것도 결코 제단 위에 올릴 수 없었다. 또한 꿀, 즉 어떠한 당분이든지 역시 금지되었다. 누룩과 꿀이 금지된 이유는 전혀 제시되어 있지 않기 때문에 모든 제안은 추측에 따른 것이다. 가장 광범위하게 주장되는 설명은 이러한 성분들이 발효가 되는 특징 때문에 곡물의 기본적 성질을 변형시켰다는 것이다. 이와 반대로 누룩과 꿀의 사용은 다른 고대 근동의 제의들에서는 흔한 것이었다. 이집트, 바벨론 그리고 우가릿에서 나온 본문들에는 희생 제의용 꿀에 대한 언급들이 있다. 바벨론의 의식에 대한 본문들은 꿀을 곡물과 버터에 혼합하는 것에 대해 언급한다(참조. Caquot, *TDOT* 3:130). 그러므로 이러한 금지에 대한 두 번째 동기는 이스라엘 제단에서 이교의 제사 방법의 사용을 금지하기 위한 것이었을 수도 있다.

덧붙여서 소금이 모든 소제물에 추가되어야 했다. 향료의 추가 외에도 소금은 방부제로 작용하여 부패를 막았다. 이 조항 속에는 드물지만 중요한 의미를 지닌 어구 "언약의 소금"이 나타난다(13절; 참조. 민 18:19; 대하 13:5). 소금은 언약의 결속력, 즉 어떤 증오감이 양측의 언약 당사자들 사이의 동맹을 깨뜨리지 못하도록 방지하는 연대감의 상징이었다. 예수님의 인상 깊은 금언(金言)인 "너희는 세상의 소금이다"(마 5:13)는 언약의 소금에 대한 이미지를 암시한다. 소제와 예수님의 "나는 생명의 떡이다"(요 6:35, 48-51)라는 주장 사이에는 또한 어떤 관련성이 있을 것이다. 그러므로 예수께서는 자신을 믿는 모든 사람들이 자신의 살과 피를 먹고 영생을 얻도록 그들을 초대하실 때 희생의 음식에 마음껏 동참하라고 그들을 독려하신다(요 6:47-58).

3. **화목제에 대한 규정**(3:1-17)

참고문헌

Charbel, A. "La portata religiosa degli *šᵉlāmîm*." *RBibIt* 18(1970) 185-94. ______. זבח שלמים: *Il sacrificio pacifico nei suoi riti e nel suo significato religioso e figurativo*. Bethlehem, Jerusalem, 1967. ______. "Posizione degli *šᵉlāmîm* nella scrittura." *Sal* 36(1974) 431-41. **Janowski, B.** "Erwägungen zur Vorgeschichte des israelitischen šᵉlamîm-Opfers." *UF* 12(1980) 231-59. **Médebielle, A.** "Le symbolisme du sacrifice expiatoire en Israel." *Bib* 2(1921) 141-69, 273-302. **Moor, J. C. de.** "The Peace Offering in Ugarit and Israel." In *Schrift en Uitleg*. FS W. Gispen. Kampen: Kok, 1970. 112-

17. **Moraldi, L.** *Espiazione sacrificale e riti espiatori nell'ambiente biblico e nell'Antico Testamento.* AnBib 5. Rome: Pontificio Istituto Biblico, 1956. **Schmid, R.** *Das Bundsesopfer in Israel: Wesen, Ursprung und Bedeutung der alttestamentlichen Schelamim.* SANT 9. Munich: Kösel-Verlag, 1964.

본 문

1 사람이 만일 화목제의 희생을 예물로 드리되 소로 드리려거든 수컷이나 암컷이나 흠 없는 것으로 여호와 앞에 드릴지니	**1** "If a person's offering[a] is an offering of well-being and if he presents an animal from the herd, whether it is male or female,[b] he is to present an animal without defect before Yahweh.
2 그 예물의 머리에 안수하고 회막 문에서 잡을 것이요 아론의 자손 제사장들은 그 피를 제단 사면에 뿌릴 것이며	**2** He is to lay his hand on the head of his offering and slaughter it[a] at the entrance to the Tent of Meeting, and Aaron's sons, the priests, will dash the blood against the altar[b] on all sides.
3 그는 또 그 화목제의 희생 중에서 여호와께 화제를 드릴지니 곧 내장에 덮인 기름과 내장에 붙은 모든 기름과	**3** And from the offering of well-being he[a] is to present a gift to Yahweh: the fat which covers the entrails and all the fat which is on the entrails,
4 두 콩팥과 그 위의 기름 곧 허리 근방에 있는 것과 간에 덮인 꺼풀을 콩팥과 함께 취할 것이요	**4** the two kidneys and the fat which is around them on the sinews[a] and the long lobe of the liver he is to remove[b] with the kidneys.
5 아론의 자손은 그것을 단 윗불 위에 있는 나무 위 번제물 위에 사를지니 이는 화제라 여호와께 향기로운 냄새니라	**5** Then Aaron's sons[a] will burn it[b] on the altar on[c] the whole offering, which is on the wood on the fire.[d] It is a gift for a soothing aroma to Yahweh.
6 만일 여호와께 예물로 드리는 화목제의 희생이 양이면 수컷이나 암컷이나 흠 없는 것으로 드릴지며	**6** "If his offering is from the flock for an offering of well-being to Yahweh, he is to present a male or female without defect.[a]
7 만일 예물로 드리는 것이 어린양이면 그것을 여호와 앞으로 끌어다가	**7** If he presents a lamb[a] as his offering, he is to present it before Yahweh.
8 그 예물의 머리에 안수하고 회막 앞에서 잡을 것이요 아론의 자손은 그 피를 단 사면에 뿌릴 것이며	**8** He is to lay his hand on the head of his offering and slaughter it before[a] the Tent of Meeting. Then Aaron's sons[b] will dash its blood[c] against the altar on all sides.
9 그는 그 화목제의 희생 중에서 여호와께 화제를 드릴지니 그 기름 곧 미려골에서 벤 바 기름진 꼬리와 내장에 덮인 기름과 내장에 붙은 모든 기름과	**9** From the offering of well-being he is to present a gift to Yahweh:[a] he is to remove[b] its fat[c] and the entire[d] fat tail cut off close to the backbone, also[e] the fat which covers the entrails and all the fat which is on the entrails,[f]

10 두 콩팥과 그 위의 기름 곧 허리 근방에 있는 것과 간에 덮인 꺼풀을 콩팥과 함께 취할 것이요

10 the two kidneys and the fat which is around them on the sinews and the long lobe of liver, which he is to remove[a] with the kidneys.

11 제사장은 그것을 단 위에 불사를지니 이는 화제로 여호와께 드리는 식물이니라

11 The priest will burn it[a] at the altar. The food sacrifice[b] is a gift to Yahweh.

12 만일 예물이 염소면 그것을 여호와 앞으로 끌어다가

12 "If his offering is a goat, he is to present it before Yahweh.

13 그 머리에 안수하고 회막 앞에서 잡을 것이요 아론의 자손은 그 피를 단 사면에 뿌릴 것이며

13 He is to lay his hand on its head and slaughter[a] it before[b] the Tent of Meeting. Then Aaron's sons[c] will dash its blood against the altar on all sides.

14 그는 그 중에서 예물을 취하여 여호와께 화제를 드릴지니 곧 내 장에 덮인 기름과 내장에 붙은 모든 기름과

14 He is also to present[a] a part of his offering as a gift to Yahweh: the fat which covers the entrails and all the fat which is on the entrails,

15 두 콩팥과 그 위의 기름 곧 허리 근방에 있는 것과 간에 덮인 꺼풀을 콩팥과 함께 취할 것이요

15 the two kidneys and the fat which is around them on the sinews and the long lobe of the liver, he is to remove[a] with the kidneys.

16 제사장은 그것을 단 위에 불사를지니 이는 화제로 드리는 식물이요 향기로운 냄새라 모든 기름은 여호와의 것이니라

16 The priest will burn them on the altar: the food sacrifice[a] is a gift for a soothing aroma.[b] All the fat belongs to Yahweh.

17 너희는 기름과 피를 먹지 말라 이는 너희 모든 처소에서 대대로 영원한 규례니라

17 "This is a perpetual decree for your generations in all your settlements: never eat any fat or any blood."[a]

원문주해

1.a. 70인경(LXX)은 2:12처럼 토 퀴리오(*τῷ κυρίῳ*, "주님에게")를 추가한다.

1.b. 여기에는 이중적 표제가 있다. 첫 번째의 임(אם)이 이끄는 절은 전체 규정을 도입하고 앞으로 되돌아가 1:2과 결부된다. 두 번째의 임(אם) 절은 이 규정의 첫 번째 문단의 서두(표제)다.

2.a. 70인경 바티칸 사본(LXX[B])은 우쉐하토(ושחטו, "그리고 그가 그것을 도살해야 한다") 뒤에 에난티온 퀴리우(*ἐναντίον κυρίου*, "주님 앞에서")를 추가한다.

2.b. 70인경(LXX)은 이 제단을 뒤시아스테아리오 톤 홀로카우토마톤(*θυσιαστηαριο τῶν ὁλοκαυτωμάτων*, "번제의 제단")으로 정의한다.

3.a. 70인경과 벌게이트역(Vg)은 아론의 아들들, 제사장들을 이 동사의 선행사로 받아들이면서 복수형으로 읽는다.

4.a. 레빈(Levine)은 케살림(כסלים)의 더욱 정확한 번역이 "힘줄"(sinews, tendons)이라고 주장한다(16).

4.b. 동사에 붙은 대명사 접미어는 강조를 위해 동사 앞에 선행하는 복합적인 직접목적어를 받는다.

5.a. 벌게이트역(Vg)은 "아론의 아들들"을 빠뜨리는 반면, 70인경(LXX)은 2절처럼 "아론의 아들들" 뒤에 호이 히에레이스(*οἱ ἱερεῖς*, "그 제사장들")를 덧붙인다. 참조. "원문주해" 8.b. 70인경은 이 본문을 다른 구절에 맞게 평준화하고 있다. 이 어구의 삽입에 관해서는 "원문주해" 1:7.b를 보라.

5.b. 대명사가 단수인데, 왜냐하면 이 모든 기름 덩어리들이 모두 헬레브(חלב, "기름")로 불리기 때문이다(참조. "원문주해" 9.c.).

5.c. 레빈(Levine)은 전치사 알(על)을 "…와 함께"로 받아들이면서 대안적 독법을 제시한다. 그것은 알(על)이 이러한 제의 법안에서 자주 갖는 의미다. 더욱 문자적인 번역인 "…위에"는 이 제물이 번제물 위에서 태워지는 것이 아니라, 화목제를 드리기 전날 번제가 드려질 필요가 있다는 것과 또한 화목 제물의 부분들이 그을려 타고 있는 남은 번제물 위에 놓인다는 것을 암시한다.

5.d. 사마리아 오경(Sam)과 70인경(LXX)은 1:8, 13처럼 아쉐르 알 하미즈바흐(אשר על־המזבח, "제단 위에 있는")를 추가한다. 그러나 70인경은 관계대명사 아쉐르(אשר)를 읽지 않을 수도 있다.

6.a. 타밈(תמים, "온전한, 흠 없는")이 강조를 위해 동사 앞에 나온다. 그것은 동사에 붙은 대명사 접미어가 받아서 반복된다.

7.a. 어떤 히브리어 필사본들(mss)은 케세브(כשב) 대신 케베스(כבש)로 읽는데, 그것은 "양"에 대한 다른 히브리어 철자다.

8.a. 70인경(LXX)은 2절처럼 "회막" 앞에 타스 뒤라스(*τὰς θύρας*, "문들")를 추가한다. 마소라 본문(MT)은 자주 "회막"이라는 어구 앞에서 페타흐(פתח, "문")를 읽지만, 세 번(또한 13절과 4:14)은 단순히 리프네이 오헬 모에드(לפני אהל מועד, "회막 앞에서")로 읽는다. 70인경은 매번 "문"을 포함하는 다른 독법을 갖는다. 이것 역시 70인경 번역자에 의한 평준화 작업으로 보인다. 시리아역(Syr)은 "…입구(에) 여호와 앞에서"로 읽으며, 하나의 히브리어 필사본(ms)만이 단순히 리프네이 아도나이(לפני יהוה, "여호와 앞에서")로 읽는다.

8.b. 70인경(LXX)은 "제사장들"을 추가한다. 참조. "원문주해" 5.a.

8.c. 마소라 본문(MT)의 다모(דמו, "그것의 피") 대신 사마리아 오경(Sam)은 하담(הדם, "그 피")으로 읽는다. 십중팔구 70인경 또한 그렇다. 하지만 70인경은 아마 차이가 나는 히브리어 본문의 증거보다는 선호할 만한 그리스어 본문일 것이다.

9.a. 라도나이(ליהוה, "여호와에게") 대신 70인경은 토 데오(*τῷ θεῷ*, "하나님께")로 읽는다.

9.b. 참조. "원문주해" 4.b.

9.c. 단어 헬레브(חלב, "기름")는 뒤이어 나열되는 모든 태우는 부분들을 지시한다(Hoffmann, 1:168).

9.d. 이 규정의 다른 부분들에서 타밈(תמים)은 "흠 없는"을 의미한다(1, 6절). 여기서는 그것이 "전적인, 온전한"을 의미한다.

9.e. 어떤 히브리어 필사본들(mss), 사마리아 오경(Sam) 그리고 탈굼 위-요나단(*Tg. Ps.-J.*)은 직접목적어의 지시사인 에트(את)에 붙은 접속사 "그리고"가 빠져 있다. 참조. 4절.

9.f. 마소라 본문은 붸에트 하헬레브 하메카쎄 에트 하케레브 붸에트 콜 하헬레브 아쉐르 알 하케레브(ואת־החלב המכסה את־הקרב ואת כל־החלב אשר על־הקרב, "그리고 그 내장을 덮은 기름과 내장에 붙은 모든 기름")이지만, 70인경(LXX)은 그것 대신 훨씬 더 짧은 본문인 카이 토 스테아르 테스 코일리아스(*καὶ τὸ στέαρ τῆς κοιλίας*, "그리고 그 내장의 기름")를 갖는다. 70인경은 아마도 유사종결(homoioteleuton)의 오류로 인해 나타난 결과였거나 혹은 70인경이 유사종결로 인한 누락이 발생한 선행본(Vorlage)을 가졌을지도 모른다. 왜냐하면 히브리어 필사본들(mss)도 현재 구절의 이 부분을 빠뜨리고 있기 때문이다.

10.a. 참조. "원문주해" 4.b.

11.a. 참조. "원문주해" 5.b.

11.b. 마소라 본문(MT)의 레헴(לחם, "떡, 음식〈희생〉") 대신 70인경(LXX)은 오스메 유오디아스(*ὀσμὴ εὐωδίας*, "누그러뜨리는 향, 흠향되는 향")로 읽는다(참조. 5절). 이것은 하나님께서 제물을 먹는다는 개념을 피하려는 욕구에서 비롯된 결과일지 모른다. 분명히 마소라 본문(MT)은 더 어려운 독법이다.

13.a. 70인경(LXX)은 복수로 읽는다. 참조. "원문주해" 3.a.

13.b. 70인경은 에난티 퀴리우 파라 타스 뒤라스(*ἔναντι κυρίου παρὰ τὰς θύρας*, "…으로 향하는 문, 여호와 앞에서")로 읽는다. 참조. "원문주해" 8.a. 한 개의 히브리어 필사본이 리프네이 아도나이 오헬 모에드(לפני יהוה אהל מועד, "여호와 앞, 회막")로 읽는다.

13.c. 사마리아 오경(Sam)과 70인경(LXX)은 "그 제사장들"을 추가한다. 참조. "원문주해" 5.a.

14.a. 70인경에서는 카이 아노이세이(*καὶ ἀνοίσει*, "그리고 그는 올릴지니라")인데, 이것은 마소라 본문의 붸히크리브(והקריב, "그리고 그가 드릴지니라〈가져올지니라〉")를 붸히크티르(והקטיר, "그리고 그가 태울지니라")로 잘못 읽었던 것으로 보인다.

15.a. 참조. "원문주해" 4.b.

16.a. 70인경(LXX)은 레헴(לחם, "떡, 음식")이 빠져 있다. 참조. "원문주해" 11.a.

16.b. 두 개의 히브리어 필사본이 11.b.와 마찬가지로 이쉐 라도나이(אשה ליהוה, "여호와를 위한 예물")로 읽는다. 그러나 사마리아 오경(Sam)과 70인경(LXX)은 마소라 본문

의 레레아흐 니호아흐(לריח ניחח, "흠향되는 향이 되도록") 대신 표준 형식문인 레아흐 니호아흐 라도나이(ריח ניחח ליהוה, "여호와께 흠향되는 향⟨진정시키는 향⟩")로 읽는다(그 외의 다른 곳에서는 단지 민 18:17). 마소라 본문(MT)은 더 어려운 독법이며 어쩌면 근접해서 두 번 나오는 라도나이(ליהוה, "여호와께")의 사용을 피하기 위해 이러한 방식으로 작성되었을지도 모른다.

17.a. 복합적인 직접목적어가 강조를 위해 동사 앞에 선행한다.

양식/구조/배경

화목제 규정의 구조는 다음과 같다.

화목제에 대한 규정(3:1-17)

I. 소 드리기(1-5절)
  A. 기본 사례(1a절)
  B. 규정(1b-5절)
    1. 짐승의 조건(1b절)
    2. 의식 절차(2-5a절)
      a. 평신도에 의한 안수와 도살(2a절)
      b. 제사장에 의한 피의 취급(2b절)
      c. 평신도에 의한 기름 제거(3-4절)
      d. 제사장에 의한 기름 태우기(5a절)
    3. 분류에 대한 진술(5b절)
II. 양이나 염소 드리기(6-16ba절)
  A. 기본적 진술(6절)
  B. 이중적 구분(7-16bα절)
    1. 양 드리기(7-11절)
      a. 기본 사례(7절)
      b. 의식 절차(8-11a절)
        1) 평신도에 의한 안수와 도살(8a절)
        2) 제사장에 의한 피의 취급(8b절)
        3) 평신도에 의한 기름 제거(9-10절)
        4) 제사장에 의한 기름 태우기(11a절)

c. 분류에 대한 진술(11b절)

2. 염소 드리기(12-16bα절)

a. 기본 사례(12절)

b. 의식 절차(13-16a절)

1) 평신도에 의한 안수와 도살(13a절)

2) 제사장에 의한 피의 취급(13b절)

3) 평신도에 의한 기름 제거(14-15절)

4) 제사장에 의한 기름 태우기(16a절)

c. 분류에 대한 진술(16bα절)

III. 기름과 피를 먹는 것에 대한 일반적 금지(16bβ-17절)

A. 기름에 대한 진술(16bβ절)

B. 금지 명령 자체(17절)

이 규정은 짐승의 종류에 따라 두 문단으로 나뉜다. 첫 번째 문단은 소의 화목제에(1-5절), 두 번째 문단은 양이나 염소의 화목제에 관심을 갖는다(6-16절). 이 두 번째 문단은 두 개의 의식으로 세분된다. 하나는 양 드리기(7-11절), 다른 하나는 염소 드리기에 대한 것이다(12-16절). 각 문단은 비슷한 구조를 갖는다: 기본 진술(1a, 6, 7, 12절), 희생 의식의 규정(2-5a, 8-11a, 13-16a절) 그리고 정의 진술(5b, 11b, 16bα절). 규정에 대한 부록으로 기름과 피의 섭취에 대한 금지가 있다(17절).

이 의식은 여섯 가지 단계를 갖는다.

1. 드리기(가져오기)(הקריב – 히크리브: 1b, 6b, 7, 12b절)
2. 짐승의 머리에 안수하기(סמך – 싸마크: 2aα, 8aα, 13aα절)
3. 도살(שחט – 샤하트: 2aβ, 8aβ, 13aβ절)
4. 피의 취급(זרק – 자라크: 2b, 8b, 13b절)
5. 기름 제거(הסיר – 헤씨르: 3-4, 9-10, 14-15절)
6. 기름 태우기(הקטיר – 히크티르: 5b, 11b, 16b)

(참조. Rendtorff, *Studien*, 153-61)

번제 의식에서와 마찬가지로 평신도가 순서 1-3과 5를, 제사장은 순서 4와 6을 수행한다. 희생 의식의 세부 사항은 짐승 도살과 그것의 내장과 기름 부위의 바치기에 집중된다.

코흐(Koch, *Priesterschrift*, 51-52)는 자신의 분석에서 화목제 규정에 대한 이러한 구조에 동의한다. 그렇지만 그는 바치는 자의 짐승 안수의 순서가 이 의식을 번제의 안수에 맞추려고 애쓴 데서 비롯된 것이 아닌지 의심한다. 이 입장은 두 가지의 우선적인 관찰에 근거한다. 첫째, 이 본문은 안수를 할 때 1:4과 4:4, 15처럼 특정한 짐승 위가 아니라, 제사장 저자들이 선호한 단어인 봉헌물(קרבן - 코르반)의 머리에 한다고 읽는다. 둘째, 전이(轉移)의 행위로서의 이러한 몸짓이 화목제에서는 아무런 의의를 갖지 않는다. 그러나 1장에서 지적한 대로 이 의례의 원래의 배경을 밝히는 것은 거의 불가능하며, 또한 그것을 전이의 상징으로 이해하는 것은 정확하지 않다.

1장과 2장에서 발견되는 편집 작업이 여기서도 나타난다. 더 오래된 독법인 하코헨(הכהן, "그 제사장")은 2절에서 브네이 아하론 하코하님(בני אהרן הכהנים, "아론의 아들들인 제사장들")으로 변경되었다. 아마도 원래의 것인 "그 제사장"이 5a, 8b, 13b절에서 "아론의 아들들"로 바뀌었을 것이다. 번제 및 소제와 비슷하게, 이 제물은 코르반(קרבן, "예물")으로 분류된다(1, 2, 6, 7, 8, 12a). 한편, 노트(30)는 1장에서는 "여호와 앞에서"가 사용되는 반면에(5a, 11a) 여기서는 "회막"(2aβ, 8aβ, 13aβ)이란 단어가 나타난다는 것을 관찰한다. 이것은 후대에 대체된 결과다.

각 의식의 말미에 나오는 이 제사에 대한 정의 진술들은 다소 다르다. 첫 번째 것(5b절)은 화목제가 단지 이쉐 레아흐 니호아흐 라도나이(אשה ריח ניחח ליהוה, "여호와께 향기로운 냄새를 위한 예물")라고 진술한다. 두 번째 것(11b절)은 상당히 다르다: 레헴 이쉐 라도나이(לחם אשה יהוה, "여호와께 드리는 예물로서의 음식": 개역 성경: 식물). "예물"이란 단어에 바로 뒤이어 "여호와"의 사용은 드물며 아마도 본문상의 오류임을 암시한다. 세 번째 것은 이 화목제 희생을 레헴 이쉐 레레아흐 니호아흐(אשה לריח ניחח, "향기로운 냄새를 위한 예물로서의 음식")로 확인해 준다(16bα절). 이 제물을 규정짓는 레헴(לחם, "음식")이라는 단어의 사용은 훨씬 더 오래된 것으로 보이며, 그것이 고대의 규정으로부터 잔존하게 된 것임을 시사한다.

첫 번째 의식(소의 화목제 - 역자주)에서 이 제물의 지정된 부분을 번제물 위에다 태운다는 언질이 있다(5a절). 이러한 명시가 다른 의식들에는 없기 때문에(11a, 16a절), 그것은 본문 속으로 들어온 여백 주해(marginal note)였을지도 모른다. 언제든지 이 규범이 채택되었을 때는 항상 바치는 짐승의 종류에 상관없이 모든 화목제에 적용되었을 것이 분명하다.

이 규정의 말미에 두 개의 추가 사항이 있다. 16bβ절의 라도나이 콜 헬레브(כל־חלב ליהוה, "모든 기름은 여호와께 속한다")라는 문장은 번제단 위에 태워야 하는 부위들을 강조한다(참조. Elliger, 49-50). 이 문장은 전혀 다른 곳에서 유래한 것 같지 않기 때문에, 아마 이것은 최종 본문으로 유입된 여백 주해의 한 사례일 가능성이 있다. 그것의 목적은 특별한 지방 부위가 기름 제거에 대한 묘사들에 포함되는지, 아니면 그것이 규정에서 제외되어 바치는 자에게 돌아갈 수 있는 것인지를 해결하기 위함이었을지도 모른다. 두 번째 추가는 위 어구의 포함으로 인해 이 곳에 위치하게 되었을지도 모르는데, 그것은 기름이나 피의 섭취를 범주적으로 금지하는 법령이다(17절). 엘리거(Elliger, 51)는 이 구절과 7:22-27을 동일한 출처 자료에 할당한다. 현재의 법령은 전체를 포괄하는 용어들의 집중적인 사용에 의해 전달되는 강력하게 전반화시키는 어조를 갖는다: 올람(עולם, "영원히"), 레도로테이켐(לדרתיכם, "너희 자손 대대로"), 베콜 모쉐보테이켐(בכל מושבתיכם, "네가 어디에 거하든지"). 이 법령의 이러한 총괄적 문체와 범주적 특징은 이 규정의 나머지 부분들과는 확연히 다른데, 그것은 이 법령이 본래 다른 정황에서 유래했다는 것을 시사한다. 그것은 짐승의 태우지 않은 기름을 바치는 자에게 돌려주어 고기와 함께 먹게 하는 일부 성소들의 관행을 반대하기 위해 포함되었다(참조. 삼상 2:12-15). 이 진술(두 개의 추가 사항－역자주)의 연대와 정황은 결정하기가 어렵다. 대부분의 학자들은 그것을 포로기 이후 시대로 할당하지만, 그런 추가들은 아마 제의 관행들을 표준화하던 어떤 시기들, 이를테면 히스기야(주전 705년)나 요시야의 개혁 운동 시기(주전 622년)에 포함될 수 있었을 것이다.

주석

부록: 화목제

히브리어 어구 제바흐 쉘라밈(זבח שלמים)은 다양하게 번역된다. "평화의 희생"(a sacrifice of peace: AV RSV), "친교제"(a fellowship offering: NIV), "나눔제"(a shared-offering: NEB), "친교의 희생"(communion sacrifice: JB), "평안의 희생"(a sacrifice of well-being: Harrison, 56).(이 책의 저자가 채택한 The offering of well-being은 "평안제"로 해석될 수 있으나, 역자는 개역 성경을 따라 "화목제"로 번역하고 있음을 밝힌다－역자주). 제바흐(זבח)는 희생을 위해 어떤 짐승을 "죽이는 것"을 의미하지만, 쉘라밈(שלמים)은 확인하기가 더 어렵다. 만일 그것이 어근 샬람(שלם, "완전하다, 건전하다, 온전하다, 건강하다")에서 온 것이면, 복수형은 "번영, 평안"을 의미할 수 있다. 히브리어는 흔히 어떤 명사가 전달하는 추상적 개념을 갖도록 하기 위해, 혹은 그 어근의 개념에 내재된 다양한 특질들(qualities)을 전달하거나 그 어근의 개념을 확장하기 위해 그 단어를 복수형으로 사용한다. 예를 들어, 욥기 17:1에서 케바림(קברים, "무덤들")은 아마도 "묘지"를 의미하고, 사무엘상 2:3에서 데오트(דעות, 문자적으로 "지식들")는 "철저한 지식"을 의미한다(참조. GKC § 124b-f; *IBHS* § 7.4.2). 그러므로 우리는 "평안제"(개역 성경: 화목제)라는 번역을 채택한다. 큰 장점을 지니는 또 다른 번역은 "나눔제" 혹은 "친교의 희생"이다. 이러한 입장은 이 희생이 바치는 자의 가족과 집례하는 제사장, 그리고 하나님이 함께 나누는 먹는 제물이라는 사실을 강조한다. 레빈(15)은 쉘라밈(שלמים)을 우가릿어 샬라무마(*šalamūma*)와 아카드어 슐마누(*šulmānu*, "사례물")에 비추어 "공물, 사례품"으로 규정한다. 샬라무마는 케렛 왕(King Keret)이 자신을 공격하는 군대 사령관에게 제공한 것이었다. 따라서 그는 제바흐 쉘라밈(זבח שלמים)을 "사례품"으로 번역하기를 선호한다.

레위기 7:12-16에 따르면, 화목제는 세 가지 유형으로 세분될 수 있다: 찬양제(개역 성경: 감사제), 서원제 그리고 자원제(개역 성경: 낙헌제). 화목제를 드리는 경우는 다양하지만, 그 의식은 7장에서 언급되듯이 상이한 유형들에 따라 약간의 차이만 있을 뿐이다. 이 희생의 주요 목적은 바치는 자와 그의 가족 혹은 소속 집단 – 초대받은 손님을 포함하여 – 이 그들 몫으로 돌아온 고기를 절기 축제의 식사에서 먹기 위한 것이다. 식사에 참여하는 모든 사람은 의식적으로 정결해야 한다(레 7:15-16). 만일 그것이 찬양제의 제물이라면 그것을 잡은 당일에 먹어야 하며, 반면에 다른 유형의 화목제들에 있어서는 이틀날까지는 그 고기를 모두 먹어야 한다(레 7:15-16). 이러한 축제의 식사는 공동체의 사람들이 하나님 앞에서 함께 연대감을 확인하는 언약 갱신의 표현이다.

화목제는 어느 때라도 드리기에 적절했기 때문에 가장 자주 드리는 희생이었는데, 최소한 아주 오랜 옛 시대에는 그러했다. 그것은 이스라엘의 삶 속에서 절정의 시기들에 드려졌다. 그 중 일부에 포함되는 것은 다음과 같다: 시내 산에서 언약을 체결할 때(출 24:5), 사울이 이스라엘 왕으로 취임할 때(삼상 11:15), 다윗이 언약궤를 예루살렘으로 가져올 때(삼하 6:17-18) 그리고 솔로몬의 성전 봉헌식 때(왕상 8:64).

화목제는 완전한 용어인 제바흐 쉘라밈(זבח שלמים)으로, 혹은 이 두 단어 중 어느 하나만으로도 지칭될 수 있다: 쉘라밈(שלמים: 예를 들어, 레 6:5[12]; 7:14, 33; 민 6:14; 15:8) 혹은 제바흐(זבח: 예를 들어, 레 17:5, 7, 8; 19:6; 23:37; 민 15:3, 5, 8; 수 22:26, 27). 제의 자료는 완전한 이름을 선호하는 반면, 단일 용어는 일반적으로 구약의 다른 부분들에서 발견된다. 아마도 제바흐(זבח, "희생")는 가장 오래된 용어일 것이다. 비록 제바흐가 희생에 대한 일반적인 용어라 할지라도 이 용어는 일차적으로 화목제를 지시하는데, 이는 화목제가 가장 흔한 희생이기 때문이다. 완전한 용어는 제사들이 법전으로 성문화될 때 등장하여 사용되었다. 나중에 쉘라밈(שלמים, "안녕, 평화")이란 용어가 그 자체로 이 희생을 지시하기 위해 사용될 수 있었다. 그럼에도 불구하고, 각각의 용어는 자체적인 고유한 어감을 지니고 있었을 것이다. 예를 들어, 레위기 17:5, 7에서 제바흐(זבח, "희생")는 야외의 들판에서 짐승을 잡는 것에 대해 사용되지만, 제바흐 쉘라밈(זבח שלמים, "평안제": 개역 성경: 화목제)은 회막의 입구에서 드려진 희생을 지시한다.

렌토르프(Rendtorff, *Studien*, 119-68)는 이러한 희생제의 역사적 발전을 추적한다. 그는 본래 세 가지의 구별된 희생들이 있었다고 주장한다: 쉘라밈(שלמים, "마무리짓는 희생"), 제바흐(זבח, "희생") 그리고 제바흐 쉘라밈(זבח שלמים, "평안의 희생"). 렌토르프에게 가장 오래된 희생은 쉘라밈(שלמים) 제사다. 그는 쉘라밈이 항상 번제(עלה – 올라)와 연관되어 거명된다는 것을 관찰한다. 그것은 특별히 제왕적 희생(royal sacrifice)이며 제단용 희생, 즉 제단 성별을 위한 희생이다. 또한 쉘라밈은 항상 축일에서 마지막에 드려진 공적인 희생이다. 이때 그것의 이름은 일련의 제사들 속에서 그것이 갖는 순서상의 위치와 일치한다. 따라서 그것의 의미는 "완성, 완료"로서의 샬람(שלם)의 의미에서 유래한다. 이 희생을 위한 의식은 피의 취급을 강조한다. 피가 제단에 끼얹어진다.

쉘라밈(שלמים) 제사가 일차적으로 "마무리짓는" 희생이라는 렌토르프의 입장을 지지하기 위해 충분한 타당성을 가진 다양한 본문들을 뒤져서 찾아내기란 너무 어려운 일이다. 기껏해야 성대한 공적 집회를 마무리짓는 그 희생에 대한 몇몇 언급만이 있을 것이다. 렌토르프가 희생 목록들 중에 쉘라밈이 항상 마지막에 나타난다는 것을 강조하지만, 아마도 이것은 다른 근거에 입각해서 설명될 수 있을 것이다. 달리 말하자면, 희생 목록들에 있는 희생들의 순서는 각각의 희생의 목적에 따라 편성되었다는 것이다. 인간의 죄를 속죄했던 희생은 그것이 번제이든 속죄제이든 가장 먼저 드려졌다. 단지 가장이 자신과 가족의 죄를 위해 대속을 시행하여 그들이 하나님께 받아들여지게 된 후에야, 그들은 하나님 앞에서 축일의 음식을 즐길 수 있는 입장에 설 수 있게 되었다. 그러므로 희생 제도의 신학은 왜 화목제가 거의 항상 희생들의 순서의 마지막에 나타나는지를 설명해 주는 데 도움된다.

렌토르프에 따르면, "희생"에 대한 가장 오래된 용어인 제바흐(זבח)는 사적이고 특별한 때 – 예를 들어, 가족(참조. 삼상 1:21)이나 혈족(삼상 20:6)을 위해 – 에 잡는 희생의 특징을 갖는다. 그것은 결코 공적인 제사가 아니다. 이 희생은 서원의 성취를 위해(예를 들어, 시 116:17-18) 쌍방 언약(parity covenant)을 조인하기 위해(예를 들어, 창 31:54) 드릴 수 있었다. 이 희생에서 피는 단순히 쏟아 붓는다. 즉 피의 세속적인 사용을 삼가한 것이다. 거기에는 피를 취급하는 특정한 의례는 없다. 렌토르프는 이러한 중대한 차이점들로부터 두 가지의 독자적인 희생이 있었다고 결론내린다.

렌토르프는 이어서 제바흐 쉘라밈(זבח שלמים)은 "마무리짓는 희생"과 "희생"이 통합되어 유래되었다고 주장한다. 그는 이러한 새로운 희생이 기본적으로 쉘라밈 제사의 피 의례가 거기에 추가된 제바흐(זבח) 희생이라고 단정한다. 그 제바흐 쉘라밈(זבח שלמים)

의식에서 가장 눈에 띄는 단계는 쉘라밈(שלמים) 희생에서 넘어온 것인데, 바로 제사장이 기름을 태우는 것이다. 쉘라밈이 공적인 제사이기 때문에, 제사장이 항상 이 기능을 수행했다. 그래서 새롭게 조합된 희생에서도 평민은 희생물을 준비했으며, 제사장이 그 의식의 나머지를 수행했다. 그 새로운 제바흐 쉘라밈(זבח שלמים)에서 제바흐는 본래의 고유한 특징을 상실했으며, 쉘라밈 제사는 더 이상 축일 행사의 마무리 단계에서 드려지는 특별한 때의 희생으로 존속되지 않았다고 말할 수 있다. 공식적인 제바흐 쉘라밈의 발전 이후, 단일한 용어인 쉘라밈이든 복합적 어구인 제바흐 쉘라밈이든 둘 중 하나로 화목제를 지시하는 것은 적절했다.

렌토르프의 재구성을 통해 많은 것을 배우지만, 그 희생제의 용어들이 구약 전체를 통해 그런 의식적(ritualistic) 정밀성을 가지고 사용되었는지는 의심스럽다. 예를 들어, 솔로몬 성전 봉헌식에서 이 희생이 세 가지 방식으로 언급된다. 제바흐(זבח), 제바흐 쉘라밈(זבח שלמים) 그리고 헬베이 쉘라밈(חלבי שלמים) – 왕상 8:62-66. 렌토르프가 동일한 문맥에서 이러한 상이한 용어들이 출현하는 것을 설명하기 위해서는 후대의 한 편집자가 이 본문에 추가시켰다고 가정해야만 한다. 그런 추론에 의존하는 것은 이러한 가정된 세 가지의 개별적 희생들에 대한 그의 역사 재구성이 지닌 약점을 드러낸다.

렌토르프보다 더 단순하게 이 세 가지 용어의 용법을 설명할 방법이 있을 법하다. 제바흐(זבח)는 대체로 희생에 적용되는 용어인 것으로 보인다. 일차적으로 그것은 바치는 자가 축일의 식사를 즐기는 것을 허용하는 희생에 대해 사용된다. 그것은 특히 비-의식적인 본문들에서 자주 사적인 희생을 지시하지만, 또한 그것은 공적인 제사에 대해 사용될 수 있다(예를 들어, 왕하 10:19; 느 12:43). 쉘라밈이란 용어는 공식적인 화목제에 대한 가장 오래된 이름이다. 희생 의식들이 법전으로 성문화될 때 그 두 용어가 결합되어 평신도를 위한 축일의 식사로 고안된 희생에 대한 정확한 용어를 갖게 되었다.

[1] 화목제를 위해 한 개인이 암수 상관없이 소 떼로부터 가져와 바칠 수 있다. 이 범주에 속하는 희생을 위한 일반적인 요구들은 보다 느슨한데, 그 이유는 이것이 흔히 자발적으로 바치는 찬양제이기 때문이다. 딜만(Dillmann, 450)은 이러한 유형의 제사에서 짐승의 성에 대한 언급을 하는 본문들을 살피면 항상 그것이 수컷이라는 사실을 지적한다(예를 들어, 출 24:5; 29:19; 민 6:14; 7:88; 말 1:14). 여기서 짐승의 나이에 대해서는 아무런 언급이 없다.

[2] 그 짐승은 "회막 입구(문)"에서 도살된다. 고기의 대부분이 평신도의 소유로 남기 때문에 그 짐승 자체는 거룩한 구역으로 반입되지 않는다. 어떤 제물이든지 내성소(holy place) 안으로 들어가면 그것은 하나님께 성별되고 잔존물을 제거할 때를 제외하고는 다시 밖으로 빼낼 수 없다(참조. 4:12).

[3] 제단 위에서 태워지는 부위들에 대한 특별한 관심이 주어진다. 특히 "기름"(חלב – 헬레브)은 여호와께 속한다. "내장을 덮고 있는 기름"(החלב המכסה את הקרב – 하헬레브 하메카쎄 에트 하케레브)과 "내장에 붙어 있는 모든 기름"(כל־החלב אשר על הקרב – 콜 하헬레브 아쉐르 알 하케레브)이라는 어구는 모든 기름에 대한 총괄적 표현이다. 이러한 어법은 복강내의 망(網), 즉 내장을 싸고 있고 기름이 붙어 있는 막을 지칭한다. 이 모든 부위가 오로지 "기름"이라는 단어만으로 지칭될 수 있다. 복수형 헬라빔(חלבים, "기름")은 화목 제물 자체를 지칭하는데, 즉 환유법으로 쓰인다. 예를 들어, 역대하 7:7에 그 목록이 있다: "그 번제물들"(העלות – 하올로트), "그 소제물들"(המנחות – 하민호트) 그리고 "그 기름"(החלבים – 하헬라빔), 즉 화목 제물들(참조. 대하 35:14; 사 1:11; 43:24). 이 제물을 지칭하는 또 다른 방법은 "화목제의 기름"(חלבי שלמים – 헬베이 하쉘라밈)이라는 어구다(왕상 8:64 //대하 7:7; 참조. G. Münderlein, "חלב *chēlebh*," *TDOT* 4:391-97).

[4] 두 개의 콩팥과 그 옆의 힘줄에 붙은 기름(שתי הכליות ואת החלב אשר עלהן אשר על הכסלים – 쉐테이 하켈라요트 붸에트 하헬레브 아쉐르 알레헴 아쉐르 알 하케쌀림), 또한 간엽(היתרת על הכבד – 하요테레트 알 하카베드; 간꺼풀)은 통째로 제거되어야 한다. 카베드(כבד, "간")는 문자적으로는 "무거운 기관"이다. 그것은 피로 꽉 차 있으며 무게가 3.5파운드 정도 된다. 탈무드는 하요테레트 알 하카베드(היתרת על הכבד)라는 어구를 "간의 손가락"으로 번역한다. 이 부위는 보통 로부스 카우다투스(*lobus caudatus*), 즉 꼬리 달린 간엽(the caudate lobe; 개역 성경: 간꺼풀)으로 간주된다(L. Rost, *ZAW* 79[1967] 35-41). 고대인들은 간과 콩팥을 감정적 생활의 중심지이자 풍미 있는 음식으로 높은 가치를 부여했다. 히브리인들은 간을 극히 중대한 기관으로 간주했다. 예를 들어, 만일 화살이 그것을 관통하면 죽음이 뒤따랐다(잠 7:23). 구약에서 "콩팥"(כליות – 켈라요트)은 자주 한 개인의 감정, 깊은 생각 그리고 양심과 관련된다(시 16:7; 73:21; 렘 11:20; 17:10). 그것은 메소포타미아 문헌에서도 마찬가지다. 그것이 바로 구약에서 "콩팥"이 자주 "마음"(לב – 렙)과 병행을 이루는 이유다(렘 17:10; 참조. 20:12; 시 7:10[9]; 26:2; *CAD* 8:11-14). 또한 히브리인들은 깊은 슬픔과 기쁨의 감정을 간과 결부시켰다(애 2:11; 참조. 시 16:9). 고대 근동의 사람들은 신들이 특별한 동물들의 내장, 특히 간에 징조가 되는 사건들에 대한 메시지를 기록한다고 믿었다. 다양한 시기에 제사장들은 신들의 뜻을 분별하기 위해 이러한 동물들의 내장을 읽었다(겔 12:21; 참조. H. Wolff, *Anthropology of the Old Testament*, 64-66). 간엽(간꺼풀)은 특히

바른 해석을 위해 중대했다. 그렇지만 그런 점술은 이스라엘에서 엄격히 금지되었다(참조. 신 18:9-13). 점술을 위해 간엽(간꺼풀)을 꺼내 옆에 두는 대신에, 화목 제물의 내장들은 여호와께 소중한 예물로 제단에서 태웠다. 이러한 희생 규범은 고대 이스라엘에서 그러한 점술 관행을 막는 방어벽을 세웠다.

[5] 소각하도록 명시된 화목 제물의 부위들은 이미 타고 있던 번제물 위에 놓아야 한다. 그 부위들은 "여호와께 흠향되는 향을 위한 예물"(אשה ריח ניחח ליהוה – 이쉐 레아흐 니호아흐 라도나이: 개역 성경: 이는 화제라 여호와께 향기로운 냄새니라)로 분류된다. 이 어구는 하나님께서 바치는 자를 위해 그 희생을 기쁘게 받으신다는 것을 의미한다.

[9] "기름진 꼬리"(אליה – 알야)가 양과 관련하여 특정하게 언급되는데, 이는 그것이 팔레스타인에서 기르는 넓은 꼬리를 가진 양의 특별한 특징을 내포하기 때문이다. 그 양은 15파운드가 넘는 무게의 꼬리를 가졌다. 따라서 이러한 꼬리 기름을 제단에 바쳐 먹지 않도록 하는 것은 필수적이었다.

[11] 구체적으로 "떡"을 의미하는 레헴(לחם)은 자주 "음식" 일반을 지칭하는 데 사용된다. 본래 그것은 "고기"를 의미했다. 이러한 사실은 희생들에서 이 단어의 사용이 오래된 것임을 암시한다(Noordtzij, 51). 몇몇 구절에서 레헴(לחם)은 자주 이쉐(אשה, "예물들")와 병치되거나 밀접히 관련되면서 제물 일반을 지칭한다(예를 들어, 21:6, 8, 17, 21, 22; 22:25; 민 28:2; 겔 44:7). 구약 본문 중에는 다른 고대 근동의 만신전의 잡신들이 그런 것처럼 여호와께서 음식이 필요하여 희생물들에 의존하신다는 것을 지시하는 것이 전혀 없다(참조. 시 50:7-15). 이러한 사실을 고려한다면, 이 용어의 사용은 처음 읽을 때 우리를 놀라게 한다. 아마도 이 용어의 사용은 여호와 자신이 희생을 바치는 자 및 그의 혈족들과 함께 화목제로부터 만들어진 음식을 함께 나누신다는 것을 강조하기 위한 것일 수 있다. 이러한 해석은 왜 희생 법안(1-7장)에서 레헴(לחם, "떡")이 단지 화목제와 함께 사용될 뿐인지를 설명해 줄 수 있다. 그 이유는 화목제가 축제 음식을 위해 쓰도록 반드시 평신도에게 속한 유일한 희생이기 때문이다.

[12]-[16] 독자적인 규정이 "염소"(עז – 에즈)를 바치기 위해 주어지는데, 이는 그것이 기름진 꼬리를 가진 양과 구별되기 때문이다. 염소에 대한 이 단어는 주로 암컷을 지칭하고, 또한 "수컷"과 "암컷"이라는 용어들이 이 문단에는 없기 때문에(참조. 1, 6절) 단지 암염소만 허용된다고 보는 것이 가능하다. 이 규정에 있는 절차는 7-11절에서 발견되는 양을 위한 절차와 일치한다.

17 이 구절은 일반화시키는 어구들의 집중적인 사용이 말해 주듯이 모든 상황하에서 "기름"과 "피"의 섭취를 금지하는 일반 법령이다: "영원한 규례"(חקת עולם –후카트 올람), "너희 대대로"(לדרתיכם –레도로테이켐) 그리고 "너희 모든 처소에서"(בכל מושבתיכם –베콜 모쉐보테이켐). 이 조항에 대해 특별한 시간이나 장소의 상황들, 이를테면 중앙 성소에서 거리가 멀다는 이유로 인해 만들어지는 예외란 전혀 없다. 어떤 주석가들은 이러한 표현은 이스라엘 족속이 팔레스타인 밖에서 살고 있었을 때, 예를 들어 포로기 동안에 나타난 것이라고 추정한다. 그렇지만 포터(Porter, 31)는 그 어법이 17:3에서 명시적으로 진술되어 있는 대로 단순히 진 "안 혹은 밖에서", 즉 팔레스타인에 있는 여하한 장소를 의미할 것이라고 지적한다(참조. 겔 6:6, 14). 피 섭취를 금지하는 진술들은 또한 7:26-27; 17:10; 19:26에서도 발견된다(참조. 창 9:4; 신 12:16, 23; 15:23).

기름은 어떤 것이든 먹지 말라는 금지에 대한 구체적인 이유가 전혀 제공되지 않는다. 그 이유는 아마도 "용사의 기름"(חלב גבורים –헬레브 게부림)이라는 표현이 시사하는 바와 같이 고대 이스라엘 민족이 짐승의 기력을 기름에 두었기 때문일 것이다(삼하 1:22; 참조. J. Heller, "Die Symbolik des Fettes im AT," *VT* 20[1970] 106-8). 힘의 근원으로서 기름은 힘의 부여자이신 여호와의 독점적인 특권이었다. 그렇지만 신명기 32:14은 하나님께서 백성들에게 맛있는 요리로 기름을 주셨다는 것을 시사한다. 이것은 제단에 바치도록 지정되지 않은 기름일 것이다. 나아가 제단 위에 바치는 기름에 대한 세부적인 묘사는 그 희생 법규들의 아주 초기 단계들에서 기름의 다른 부위들이 바치는 자나 제사장들에게 먹거리로 돌아갔다는 것을 암시할 수 있다. 이후에 이러한 후대의 삽입이 여하한 기름이든 먹는 것을 금지했다(참조. 7:23-25).

해설

화목제는 하나님께 대한 찬양 가운데 드린다. 그런 제사는 행운이나 성공 때문에, 서원을 완수했을 때 혹은 하나님께 대한 자발적인 사랑의 표현으로 하나님을 찬양하려고 바칠 수 있었다. 사실 "평안(well-being), 화목"에 대한 히브리어 단어는 하나님의 축복에 뒤따르는 다양한 생활의 혜택들, 건강 그리고 번영을 지칭한다. 손님들이 그런 축제 행사에 참여하도록 초대받을 수 있었다(삼상 9:12-13; 16:2-5; 신 12:18; 참조. 슥 1:7). 그렇지만 구약에는 화목제가 하나님의 도움을 기원하기 위해 고난의 시기에 드려졌다는 몇몇 언급이 있다(예를 들어, 삿 20:26; 21:4; 삼상 13:9; 삼하 24:25).

화목 제물에서 나온 고기의 많은 양이 축제 식사가 되도록 바치는 자에게 되돌아갔다. 이러한 식사는 그 혈족과 여호와 사이의 깊고 지속적인 관계를 표현해 주었다. 누르체(Noordtzij, 48)에 따르면, 그것은 또한 언약을 상기시켜 주는 역할을 했다. 단지 기름과 두 콩팥, 대망막(大網膜) 그리고 간엽(간꺼풀)만이 제단에서 태워졌다. 짐승의 생명 중심인 이런 귀중한 부위들은 하나님의 특권이었다. 기름과 피가 하나님께 속했기 때문에, 이스라엘 사람들이 이러한 부위들을 섭취하는 것은 엄격히 금지되었다. 타는 기름의 냄새는 흠향되는(진정시키는) 향기로 올라가 여호와의 계속적인 은혜를 간청했다. 헨델(Hendel, *ZAW* 101[1989] 384)은 바치는 자의 삶아 먹는 고기와 대조적으로 여호와께 속한 특정한 부위들을 태우는 것은 거룩하신 하나님이신 여호와와 바치는 자 사이의 간극을 상징했다는 것을 발견한다. 따라서 이 제물의 의식적 절차는 여호와와 인간 사이의 결속과 간극 모두를 알려 주었다. 집례하는 제사장은 또한 그 짐승의 적은 몫을 받았다(7:31-34).

화목 제물의 헌납 부위들은 번제물 위에서 태워졌다. 모든 경우에 다 그런 것인지 확실한 것은 아니지만, 이것은 화목제를 바치는 사람은 누구든지 먼저 번제를 바쳤다는 것을 시사한다. 그것은 또한 화목제가 아침의 번제 후에 준비되었다는 것을 의미했다. 신학적으로 이러한 절차는 속죄의 효력을 가진 번제가 친교를 강조했던 제사에 기초적이었다는 것을 시사한다. 번제는 바치는 자가 하나님께 받아들여지도록 만들었다. 뒤이어 그는 화목 제물의 남은 부분들로 특징을 이루는 축제의 식사를 할 때 하나님 앞에서 자신의 가족 혹은 혈족과 마음껏 친교를 나눈다. 그 식사에 동참하는 가운데 참여자들은 자신들 위에 하나님의 축복이 임하도록 빌었다. 자신들의 노동을 번성케 하고 가족들을 보호하여 해를 입지 않게 할 축복을 말이다. 이 화목제 희생이 환란 중에 드려질 때는 그 의도가 하나님의 임재가 재현되도록 하기 위한 것이었다. 왜냐하면 하나님의 함께 하심은 고난의 원인을 제거할 것이기 때문이다.

이 규정에는 큰 짐승을 가져올 수단이 없는 사람들을 위해 어떤 조건의 완화도 주어지지 않는다. 이 희생이 요구되는 것이 아니라 자발적으로 드리는 것이었기 때문에 가난한 자를 위한 예외를 만들 필요가 없었다. 또한 비둘기나 집비둘기와 같은 작은 새들은 이 제사의 본질적인 의도였던 친교의 식사를 준비하기에 부적절했을 것이다.

"화목제"라는 용어는 신약에서 나타나지 않는다. 그럼에도 불구하고 이 제사를 염두에 둔 몇몇 언급들이 있다: 예를 들어, 마태복음 9:13; 12:7; 사도행전 21:23b-26; 가능하게 로마서 12:1과 히브리서 13:15-16. 나아가 아마도 이 제사와 초대 교회 신자들의 친교 식사 사이에 병행이 만들어질 수 있을 것이다.

신약에서 믿음의 공동체는 빈번히 자신들의 집에서 함께 떡을 뗐다(행 2:46). 사도행전 2:45-47a은 그들이 "기쁨과 순전한 마음으로 음식을 먹고 하나님을 찬미하며 또 온 백성에게 칭송을 받았다"고 말한다. 그렇게 함으로써 그들은 화목제의 의도를 성취하고 있었다. 고린도전서 11:17-34로부터 알 수 있는 것은 신자들이 식사 시간에 친교를 위해 함께 모일 때 성만찬이 기념되었다는 것이다. 떡과 포도주에 동참하는 것은 그리스도의 임재를 경험하는 행위였다. 그것은 화목 제물에서 나온 축제 음식을 먹는 사람들과 하나님이 함께 하시는 것과 비슷했다. 두 예식의 최고의 목적은 하나님의 찬양이다(참조. 고전 10:16). 구약의 예배자들에게 피가 엄격히 금지된 반면, 그리스도의 피를 상징하는 잔은 성만찬에 참여한 모든 사람들이 마음껏 마실 수 있었다. 화목제의 의도는 새 언약에서도 지속되었으며, 그것은 그리스도의 죽음을 통해 모든 신자들이 얻는 충만한 축복과 특권들을 향유하도록 바뀌었다.

C. 속죄제를 위한 규정(4:1-5:13)

참고문헌

Anderson, M., and **Culbertson, P.** "The Inadequacy of the Christian Doctrine of Atonement in Light of Levitical Sin Offering." *ATR* 68(1986) 303-78. **Bailey, J. W.** "The Usage in the Post Restoration Period of Terms Descriptive of the Priest and High Priest." *JBL* 70(1951) 217-25. **Elliger, K.** "Zur Analyse des Sündopfergesetzes." In *Verbannung und Heimkehr: Beiträge zur Geschichte und Theologie Israels im 6. und 5. Jahrhundert v. Chr.* FS W. Rudolph. Ed. A. Kuschke. Tübingen: Mohr(Paul Siebeck), 1961. 39-50. **Geller, M.** "The Šurpu Incantations and Lev. V.1-6." *JSS* 25(1980) 181-92. **Hamilton, V. P.** "Recent Studies in Leviticus and Their Contribution to Further Understanding of Wesleyan Theology." In *A Spectrum of Thought.* Ed. M. Peterson. Nashville: Parthenon Press, 1982. 146-56. **Kiuchi, N.** *The Purification Offering in the Priestly Literature.* JSOTSup 56. Sheffield: JSOT Press, 1987. **Knierim, R.** "חטא *ḥṭ'* sich verfehlen." *THAT* 1:541-49. ______. "שגג *šgg* sich versehen." *THAT* 2:869-72. **Koch, K.** "חָטָא *chāṭā'.*" *TDOT* 4:309-19. **Loss, N. M.** "La terminologia e il tema del peccato in Lv 4-5." *Sal* 30(1968) 437-61. **Marx, A.** "Sacrifice pour les péchés ou rite de passage? Quelques réflections que la fonction du *ḥaṭṭā't.*" *RB* 96(1989) 27-48. **Matthes, J. C.** "Der Sühnegedanke bei den Sündopfer." *ZAW* 23(1903) 97-119. **Milgrom, J.** "The Cultic שגגה and Its Influence in Psalms and Job." *JQR* 58(1967) 115-25 and in *SCTT* 122-32. ______. "The Function of the *Ḥaṭṭā't* Sacrifice"(Heb). *Tarbiz* 40(1970) 1-8. ______. "Sin-offering or purification-offering?" *VT* 21(1971) 237-39 and in *SCTT*, 67-69. ______. "Two kinds of *Ḥaṭṭā't.*" *VT* 26(1976) 333-37 and in *SCTT*, 70-74. ______. "Israel's Sanctuary: The Priestly 'Picture of Dorian Gray.'" *RB* 83(1976) 390-99 and in *SCTT*, 75-84. ______. "The Graduated Sin Offering of Lev 5:1-13"(Heb). *Beth Mikra* 29(1983/84) 139-48. ______. "The Graduated *Ḥaṭṭā't* of Leviticus 5:1-13." *JAOS* 103(1983) 249-54. ______. "The Two Pericopes on the Purification Offering." In *The Word of the Lord Shall Go Forth.* FS D. N. Freedman. Ed. C. Meyers and M. O'Connor. Winona Lake, IN: Eisenbrauns, 1983. 211-15. ______. "The *Modus Operandi* of the *Ḥaṭṭā't*: A Rejoinder." *SBL* 109(1990) 111-13. **Saydon, P. P.** "Sin-offering and Trespass-offering." *CBQ* 8(1946) 393-98. **Schenker, A.** "Das Zeichen des Blutes und die Gewissheit der Vergebung im Alten Testament." *MTZ* 34(1983) 195-213. **Schötz, P. D.** *Schuld- und Sündopfer im Alten Testament.* Breslauer Studien zur historischen Theologie 18. Breslau: Müller & Seiffert, 1930. **Spiro, A.** "A Law on the Sharing of Information." *PAAJR* 28(1959) 95-101. **Vriezen, Th. C.** "The Term *Hizza*: Lustration and Consecration." *OTS* 7(1950) 201-35. **Weinberg, Z.** "חטאת ואשם." *Beth Mikra* 55(1973) 524-30. **Zohar, N.** "Repentance and Purification: The Significance and Semantics of חטאת in the Pentateuch." *JBL* 107(1988) 609-18.

본 문

1 여호와께서 모세에게 일러 가라사대	1 Yahweh spoke to Moses,
2 이스라엘 자손에게 고하여 이르라 누구든지 여	2 "Speak to the Israelites: When anyone sins[a]

호와의 금령 중 하나라도 그릇 범하였으되

inadvertently against any of Yahweh's commandments which may not be broken[b] and breaks[b] any[c] of them:

3 만일 기름부음을 받은 제사장이 범죄하여 백성으로 죄얼을 입게 하였으면 그 범한 죄를 인하여 흠 없는 수송아지로 속죄 제물을 삼아 여호와께 드릴지니

3 "If the anointed priest sins, bringing guilt[a] on the people, he is to bring a young bull[b] without defect to Yahweh as a purification offering[c] for his sin which he has committed.

4 곧 그 수송아지를 회막문 여호와 앞으로 끌어다가 그 수송아지 머리에 안수하고 그것을 여호와 앞에서 잡을 것이요

4 He is to bring the bull to the entrance of the Tent of Meeting before Yahweh. He is to lay his hand on the bull's head[a] and then slaughter the bull before Yahweh.

5 기름부음을 받은 제사장은 그 수송아지의 피를 가지고 회막에 들어가서

5 The anointed[a] priest will take some of the bull's blood and bring it into the Tent of Meeting.

6 그 제사장이 손가락에 그 피를 찍어 여호와 앞 곧 성소 장 앞에 일곱 번 뿌릴 것이며

6 The priest will dip his finger in the blood and sprinkle some[a] of the blood seven times[b] before Yahweh, before the curtain of the sanctuary.

7 제사장은 또 그 피를 여호와 앞 곧 회막 안 향단 뿔에 바르고 그 송아지의 피 전부를 회막문 앞 번제단 밑에 쏟을 것이며

7 The priest will put some of the blood on the horns of the altar of fragrant incense[a] before Yahweh which is in the Tent of Meeting. The rest[b] of the bull's blood he will pour out at the base[c] of the altar of the whole offering which is at the entrance to the Tent of Meeting.

8 또 그 속죄 제물 된 수송아지의 모든 기름을 취할지니 곧 내장에 덮인 기름과 내장에 붙은 모든 기름과

8 He will remove all the fat from the bull of the purification offering: the fat which covers[a] the entrails and all the fat which is on the entrails,

9 두 콩팥과 그 위의 기름 곧 허리 근방에 있는 것과 간에 덮인 꺼풀을 콩팥과 함께 취하되

9 the two kidneys and the fat around them by the loins, and the long lobe of the liver he will remove with the kidneys

10 화목제 희생의 소에게서 취함같이 할 것이요 제사장은 그것을 번제단 위에 불사를 것이며

10 just as it is removed from a member of the herd[a] for the offering of well-being. Then the priest will burn them[bc] on the altar of the whole offering.[d]

11 그 수송아지의 가죽과 그 모든 고기와 그 머리와 다리와 내장과

11 But[a] the bull's hide and all its meat together with[b] its head and its legs, and its entrails and its offal[cd] –

12 똥 곧 그 송아지의 전체를 진 바깥 재 버리는 곳인 정결한 곳으로 가져다가 불로 나무 위에 사르되 곧 재 버리는 곳에서 사를지니라

12 the rest[a] of the bull he will bring[b] outside the camp to a clean place where the fat ashes are poured out[c] and burn it on a wood fire:[d] it is to be burned on the place of the fat ashes.[c]

13 만일 이스라엘 온 회중이 여호와의 금령 중 하나라도 그릇 범하여 허물이 있으나 스스로 깨닫지 못하다가

13 "If the whole congregation[a] of Israel sins in error[b] and the matter be hidden from the assembly's eyes, for they break[c] any of Yahweh's commandments which are not to be broken,[c] they realize guilt,

14 그 범한 죄를 깨달으면 회중은 수송아지를 속죄제로 드릴지니 그것을 회막 앞으로 끌어다가

14 and when the sin which they have committed becomes known, the assembly is to present[a] a young bull[b] for a purification offering and bring it[c] before[d] the Tent of Meeting.

15 회중의 장로들이 여호와 앞에서 그 수송아지 머리에 안수하고 그것을 여호와 앞에서 잡을 것이요

15 The elders of the congregation are to lay their hands on the bull's head before Yahweh, and one of them is to slaughter[a] the bull before Yahweh.

16 기름부음을 받은 제사장은 그 수송아지의 피를 가지고 회막에 들어가서

16 The anointed priest will bring some of the bull's blood into the Tent of Meeting.

17 그 제사장이 손가락으로 그 피를 찍어 여호와 앞 장 앞에 일곱 번 뿌릴 것이며

17 The priest will dip his finger into the blood and sprinkle some of the blood[a] seven times before Yahweh, before the curtain.[b]

18 또 그 피로 회막 안 여호와 앞에 있는 단 뿔에 바르고 그 피 전부는 회막문 앞 번제단 밑에 쏟을 것이며

18 Some of the blood[a] he[b] will put on the horns of the altar[c] which is before Yahweh, which is in the Tent of Meeting. The rest of the blood[d] he will pour out at the base of the altar of the whole offering which is at the entrance to the Tent of Meeting.

19 그 기름은 다 취하여 단 위에 불사르되

19 He will remove all its fat and burn it on the altar.[a]

20 그 송아지를 속제죄의 수송아지에게 한 것같이 할지며 제사장이 그것으로 회중을 위하여 속죄한즉 그들이 사함을 얻으리라

20 Then he is to do with this bull just as he did with the bull for the purification offering. Thus he will do with it. And the priest will make expiation for them, and they will be forgiven.

21 그는 그 수송아지를 진 밖으로 가져다가 첫 번 수송아지를 사름같이 사를지니 이는 회중의 속죄제니라

21 Then he is to bring the bull outside the camp and burn[a] it just as he burned[a] the first bull. It[b] is a purification offering for the community.

22 만일 족장이 그 하나님 여호와의 금령 중 하나라도 부지중에 범하여 허물이 있었다가

22 "Whenever[a] a leader sins and breaks[b] any[c] of the commandments of Yahweh his God which may not inadvertently be broken,[b] he realizes guilt,

23 그 범한 죄에 깨우침을 받거든 그는 흠 없는 숫염소를 예물로 가져다가

23 or when he is made aware[a] of his sin which he has committed, he is to bring as his offering a male goat without defect.

24 그 숫염소의 머리에 안수하고 여호와 앞 번제

24 He is to lay his hand on the goat's head and

희생을 잡는 곳에서 잡을지니 이는 속죄제라

slaughter it in the place where the whole offering is slaughtered[a] before Yahweh. It is a purification offering.[b]

25 제사장은 그 속죄 희생의 피를 손가락에 찍어 번제단 뿔에 바르고 그 피는 번제단 밑에 쏟고

25 Then the priest will take some of the blood of the purification offering with his finger and put it on the horns of the altar of the whole offering, and he will pour out the rest of[a] the blood at the base of the altar of the whole offering.

26 그 모든 기름은 화목제 희생의 기름같이 단 위에 불사를지니 이같이 제사장이 그 범한 죄에 대하여 그를 위하여 속죄한즉 그가 사함을 얻으리라

26 He will burn all its fat on the altar,[a] like the fat of the offering of well-being. So the priest will make expiation for him because of[b] his sin, and he will be forgiven.

27 만일 평민의 하나가 여호와의 금령 중 하나라도 부지중에 범하여 허물이 있었다가

27 "If any member of the community[a] sins inadvertently by breaking[b] any of the commandments[c] which are not to be broken,[b] he realizes guilt,

28 그 범한 죄에 깨우침을 받거든 그는 흠 없는 암염소를 끌고와서 그 범한 죄를 인하여 그것을 예물로 삼아

28 and when he is made aware[a] of his sin which he has committed,[b] he is to bring as his offering[c] a female goat without defect for his sin which he has committed.

29 그 속죄제 희생의 머리에 안수하고 그 희생을 번제소에서 잡을 것이요

29 He is to lay his hand on the head of the purification offering and slaughter[a] the purification offering[b] in the place[c] of the whole offering.

30 제사장은 손가락으로 그 피를 찍어 번제단 뿔에 바르고 그 피 전부를 단 밑에 쏟고

30 Then the priest will take some of its blood with his finger and put it on the horns of the altar of the whole offering, and he will pour out the rest of the blood at the base of the altar.[a]

31 그 모든 기름을 화목제 희생의 기름을 취한 것 같이 취하여 단 위에 불 살라 여호와께 향기롭게 할지니 제사장이 그를 위하여 속죄한즉 그가 사함을 얻으리라

31 He will remove all its fat, just as the fat of the offering of well-being is removed,[a] and the priest will burn it on the altar[b](for a soothing aroma to Yahweh).[c] The priest will make expiation for him, and he will be forgiven.

32 그가 만일 어린양을 속죄 제물로 가져오려거든 흠 없는 암컷을 끌어다가

32 "If he brings a lamb as his offering for his purification offering, he is to bring a female without defect.

33 그 속죄제 희생의 머리에 안수하고 번제 희생을 잡는 곳에서 잡아 속죄제를 삼을 것이요

33 He is to lay his hand on the head of the purification offering[a] and slaughter[b] it in the place where one slaughters[b] the whole offering.

34 제사장은 그 속죄제 희생의 피를 손가락으로 찍어 번제단 뿔에 바르고 그 피는 전부를 단 밑에

34 Then the priest will take some of the blood of the purification offering with his finger and

쏟고

put it on the horns of the altar of the whole offering and pour out the rest of the blood at the base of the altar.[a]

35 그 모든 기름을 화목제 어린양의 기름을 취한 것같이 취하여 단 위 여호와의 화제물 위에 불사를지니 이같이 제사장이 그의 범한 죄에 대하여 그를 위하여 속죄한즉 그가 사함을 얻으리라

35 He will remove all its fat, just as the fat of the lamb from an offering of well-being is removed,[a], and the priest will burn it[b] on the altar[c] on top of the gifts to Yahweh. The priest. will make expiation for him for the sin which he has committed, and he will be forgiven.

5:1 누구든지 증인이 되어 맹세시키는 소리를 듣고도 그 본 일이나 아는 일을 진술치 아니하면 죄가 있나니 그 허물이 그에게로 돌아갈 것이요

5:1 "If a person sins in that he hears[a] a public oath and he has been a witness[a] or has seen or has come to know the matter, yet he does not make it known,[a] he will be held responsible.[b]

2 누구든지 부정한 들짐승의 사체나 부정한 가축의 사체나 부정한 곤충의 사체들 무릇 부정한 것을 만졌으면 부지중에라 할지라도 그 몸이 더러워져서 허물이 있을 것이요

2 Or if[a] a person touches anything unclean, such as the corpse of an unclean animal, wild or domestic, or the corpse of an unclean creature that moves on the ground, and it is hidden from him, he has become unclean,[b] and he realizes guilt.[c]

3 혹시 부지중에 사람의 부정에 다닥쳤는데 그 사람의 부정이 어떠한 부정이든지 그것을 깨달을 때에는 허물이 있을 것이요

3 Or if he touches any human uncleanness, any[a] uncleanness by which one becomes unclean, and it is hidden from him, when he comes to know it, he realizes guilt.

4 혹 누구든지 무심중에 입으로 맹세를 발하여 악을 하리라 하든지 선을 하리라 하면 그 사람의 무심중에 맹세를 발하여 말한 것이 어떠한 일이든지 깨닫지 못하다가 그것을 깨달을 때에는 그 중 하나에 허물이 있을 것이니

4 Or if a person swears rashly[a] to do evil or to do good, any sort of rash oath that a human swears, and it is hidden from him, when he is made aware of it, he realizes guilt for any of these oaths.

5 이 중 하나에 허물이 있을 때에는 아무 일에 범과하였노라 자복하고

5 Whenever one realizes guilt[ab] in any of these cases, he must confess how he has sinned,

6 그 범과를 인하여 여호와께 속건제를 드리되 양떼의 암컷 어린양이나 염소를 끌어다가 속죄제를 드릴 것이요 제사장은 그의 허물을 위하여 속죄할지니라

6 and he must bring as his penalty[a] to Yahweh for his sin which he has sinned a female lamb[b] from the flock or a goat for a purification offering, and the priest will make expiation for him because of his sin.[c]

7 만일 힘이 어린양에 미치지 못하거든 그 범과를 속하기 위하여 산비둘기 둘이나 집비둘기 새끼 둘을 여호와께로 가져가되 하나는 속죄 제물을 삼고 하나는 번제물을 삼아

7 "If one cannot afford[a] a lamb, he is to bring to Yahweh[b] as his penalty[c] for the sin which he has committed two doves or two young pigeons, one for a purification offering and one for a whole offering.

8 제사장에게로 가져 갈 것이요 제사장은 그 속죄 제물을 먼저 드리되 그 머리를 목에서 비틀어 끊고 몸은 아주 쪼개지 말며

8 He is to bring them to the priest, and the priest[a] is to offer first the one for the purification offering. He[b] will wring its head from its neck without severing it.

9 그 속죄 제물의 피를 단 곁에 뿌리고 그 남은 피는 단 밑에 흘릴지니 이는 속죄제요

9 He will sprinkle some of the blood of the purification offering on the side of the altar, and the rest of the blood will be drained out[a] at the base of the altar. It is a purification offering.[b]

10 그 다음 것은 규례대로 번제를 드릴지니 제사장이 그의 범과를 위하여 속한즉 그가 사함을 얻으리라

10 He will then make a whole offering of the second according to the regulation,[a] and the priest will make expiation for him because of the sin which he has committed, and he will be forgiven.

11 만일 힘이 산비둘기 둘이나 집비둘기 둘에도 미치지 못하거든 그 범과를 인하여 고운 가루 에바 십분 일을 예물로 가져다가 속죄 제물로 드리되 이는 속죄제인즉 그 위에 기름을 붓지 말며 유향을 놓지 말고

11 "If one cannot afford[a] two turtledoves or two young pigeons, he is to bring as his offering for his sin a tenth of an ephah of fine flour[b] for a purification offering. He may not put[c] oil on it, nor may he put incense on it, because it is a purification offering.

12 그것을 제사장에게로 가져갈 것이요 제사장은 그것을 기념물로 한 움큼을 취하여 단 위 여호와의 화제물 위에 불사를지니 이는 속죄제라

12 He is to bring it to the priest, and the priest[a] will pinch off a handful as a memorial. He will burn it on the altar with the gifts of Yahweh.[b] It is a purification offering.

13 제사장이 그가 이 중에 하나를 범하여 얻은 허물을 위하여 속한즉 그가 사함을 얻으리라 그 나머지는 소제물같이 제사장에게 돌릴지니라

13 The priest will make expiation for him for any[a] of these sins that he has committed, and he will be forgiven. The rest[b] is for the priest as is the grain offering."[c]

원문주해

2.a. 70인경은 에난티 퀴리우(ἔναντι κυρίου, "여호와 앞에서")를 추가한다.

2.b. 히브리어는 일반적 용어 아사(עשׂה, "행하다")를 사용한다. 제의 법안에서 어떤 계명을 "행하기"를 실패하는 것은 "그것을 지키는 것"의 실패가 아니라 "그것을 깨뜨리려는" 결심이다.

2.c. 아하트(אחת)와 함께 부분의 용법(partitive force)으로 사용된 전치사 민(מן, "…로부터")은 "누구든지"를 의미한다(GKC § 119w, n.2).

3.a. 아쉬마트(אשׁמת, "죄책을 가져오면": 개역 성경: 죄얼을 입게 하면)는 아샴(אשׁם)의 여성 부정사 연계형이다(KB, 92; GKC § 45d).

3.b. 파르 벤 빠카르(פר בן־בקר)는 "송아지", 문자적으로는 "황소 종류의 어린 수소"이다. 이 어구가 에겔(עגל, "송아지")이라는 용어 대신 사용된다. 벡(Beck, "בקר bāqār," *TDOT* 2:216)은 이 법안의 저자가 여로보암 1세에 의해 세워진 단과 벧엘의 성소(왕상 12:28-33)와 같은 이방 제의 성소들과 연관되는 용어를 피하기를 원했다고 추론한다.

3.c. 이 구절에서 하타트(חטאת)는 두 가지 방식으로 사용된다. 그것은 법령을 어기는 것을 나타내며, 또한 저지른 죄를 대속하기 위해 바치는 제물을 지칭한다.

4.a. 70인경(LXX)은 2.a.에서처럼 에난티 퀴리우(*ἔναντι κυρίου*, "여호와 앞에서")를 추가한다.

5.a. 사마리아 오경(Sam)과 70인경은 아쉐르 밀레 에트 야도(אשר מלא את־ידו, "성별된")를 추가하는데, 그것은 마쉬아흐(משיח, "기름부음 받은")에 대한 설명적 어구다(참조. 8:33). 이 추가는 이 본문이 전수되는 동안 그것을 채우려는 경향이 있었음을 증거한다.

6.a. 전치사 민(מן, "…로부터")이 이 부분의 용법으로 사용된다.

6.b. 사마리아 오경(Sam)과 70인경 바티칸 및 알렉산드리아 사본(LXX^{BA})은 브에츠바오(באצבעו, "그의 손가락으로")를 추가한다.

7.a. 아마도 하싸밈(הסמים)은 유향, 약 혹은 독약을 지칭하는 외래어일 것이다. 여기서 그것은 향료와 혼합한 나무진(gum), 수지(resin), 오니카(onycha, 진주 조개류의 껍질 – 역자주) 그리고 풍자향(楓子香, galbanum)을 똑같은 양을 취해 만든 특별한 유향을 지칭한다(출 30:34-36 NIV; 참조. M Haran, *Temples*, 242-45).

7.b. 콜(כל, 문자적으로는 "모든")은 그 짐승의 피 대부분을 지칭하는데, 이는 적은 양만이 피 의례에서 사용되었기 때문이다.

7.c. 디온(P. Dion, *JBL* 106[1987] 489-90)은 제2성전에서 기부(基部)가 제단으로부터 위로 1.5피트 융기해서 – 그 경사면이 제단을 가로막지 않은 채 – 튀어나와 있었고, 또한 밖으로 1.5피트 돌출했다는 것을 보여 준다(참조. *m. Zebaḥ* 2:1; 3:2). 이것은 피가 전혀 유실되지 않는 것을 보장하도록 건축되었다.

8.a. 알(על, "…위에") 대신 많은 히브리어 필사본들(mss)과 사마리아 오경(Sam), 탈굼 필사본들($Tg.^{mss}$), 그리고 탈굼 위-요나단(*Tg. Ps.-J.*)은 직접목적어를 지시하는 불변사인 에트(את)로 읽는데, 이는 그것이 분사의 목적어로 자리하고 있기 때문이다(참조. 3:3, 9). 이 오류는 제거되어야 하는 기름의 목록들에서 알(על)의 빈번한 사용으로부터 비롯되었을 수 있다.

10.a. 쇼르(שור, "황소, 수소, 소")는 집합적으로 사용될 수 있을지라도, 보통은 성별에 상관없이 소 한 두를 지칭한다. 여기서 그것은 이 의식에서 요구되는 희생 짐승인 파르(פר, "수소")와 구별된다.

10.b. 70인경(LXX)은 마소라 본문(MT)의 붸히크티람(והקטירם, "그리고 그가 그것들

을 태울지니라") 대신 붸히크티르(והקטיר, "그리고 그가 태울지니라")로 읽었을지도 모른다(참조. 19, 35절).

10.c. 이 대명사의 선행사는 단지 8-9절에서만 나열되는 다양한 기름 덩어리들과 내장들이다.

10.d. 20, 26, 31, 35절에 비추어 우리는 붸카파르 알라이브 하코헨 붸니쓸라흐 로(וכפר עליו הכהן ונסלח לו, "그리고 제사장이 자신을 위해 대속을 시행할 것이며, 그는 사함을 받을 것이다")라는 진술을 기대한다. 그 진술의 부재는 매우 이상한 것이다. 노트(Noth, 41)는 그것이 한때 여기에 위치해 있었으나 서기관의 실수로 누락되었다고 생각한다. 더 어려운 독법의 원칙은 이러한 설명을 지지하지 않는다. 나아가 키우치(Kiuchi, *Purification Offering*, 126-28)는 이 줄의 누락에 대한 복잡한 설명을 하는데, 그것을 평가하기는 어렵다. 그는 자신의 입장을 연구 과정에서 떠오른 전제 위에 세운다. 그 전제란 "죄책을 지는 것"이 카파르(כפר, "대속")의 필수적인 요소라는 것이다. 대제사장은 자신의 죄책을 질 수 없기 때문에, 대제사장을 위한 이 의식이 성소를 효과적으로 정결케 하지만 자신의 죄책을 제거하지는 못한다. 그 제거는 속죄일에 자신의 죄책과 회중의 죄책을 지고 떠나는 아사셀을 위한 염소 의식에 의해 성취된다. 키우치의 판단에 의하면(129-30), 그 동안에는 대제사장 자신의 속죄제를 위한 이 의식이 효험을 발휘하는데, 이는 피 뿌리기 의례가 속죄일에 있는 피 뿌리기 의례들의 전조가 된다는 점에서 효력을 갖기 때문이다. 키우치의 이론은 충분하지 않은 것으로 보인다. 왜냐하면 대제사장이 자신의 무의식적인 죄를 위한 완전한 대속과 사함을 얻기 위해 속죄일까지 기다려야 한다고 상상하는 것은 특별히 그가 제의를 계속 이끌어야 한다는 사실에 비추어 볼 때 불가능하기 때문이다.

11.a. 와우(ו)는 가벼운 반대 용법이다.

11.b. 전치사 알(על, "…위에")은 추가를 표현한다(BDB, "על 4.c.," 755).

11.c. 케레브(קרב)와 페레쉬(פרש) 사이의 구별은 불분명하다. 엘리거(Elliger, 70)는 케레브가 귀중한 내장, 예를 들어 심장과 폐를 지칭하고, 페레쉬는 천한 부위들, 즉 창자들과 그 내용물들을 지칭한다고 제안한다.

11.d. 이 전체 구절은 12절에 있는 동사 호치(הוציא, "그가 가지고 나갈지니라")의 목적어로서 기능하는 확장된 미정격(*casus pendens*)이다. 이러한 특이한 문법적 형식은 11절이 "수소의 남은 부분"이라는 어구에 무엇이 포함되는지를 상세히 한정짓기 위해 후대에 추가된 구절이라는 사실을 암시한다.

12.a. 참조. "원문주해" 7.b.

12.b. 70인경(LXX)은 복수 동사로 읽는다.

12.c. 이 어구 쉐페크 데쉔(שפך דשן, 문자적으로는 "기름 섞인 재를 쏟음"; 참조. 6:4 [11])은 영어에 맞는 의미를 전달하기 위해 서로 다르게 번역되었을지라도 두 차례의 사용에서 모두 동일한 것이다. 그것은 구약에서 단지 여기에서만 나타난다. 그 어구의 두

번째 것에서 전치사 알(על, "…위에")이 엘(אל, "…를 향해")을 대신해서 사용된다. 이는 만일 그 당시에 진영 밖의 정결한 장소에 기름 섞인 재가 전혀 없어야 한다면 속죄 제물의 이 부분들의 소각을 허용하기 위해서다.

12.d. 붸사라프 오토 알 에침 빠에쉬(ושרף אתו על־עצים באש)는 문자적으로 "그가 그 것을 나무 장작 위에 놓고 불로 태울지니라"이다.

13.a. 밀그롬(Milgrom)은 이스라엘 민족에 대한 에다(עדה)의 용법의 귀착점(*terminus ad quem*)을 강력한 민족국가(nation-state)를 수립한 하나님의 백성의 회중(총회)으로 설정한다("Preistly Terminology and the Political and Social Structure of Pre-monarchic Israel," *JQR* 69[1978] 72-76=*SCTT* 8-12). 그는 나아가 포로기 이후의 편집자들이 그 고대어의 의미를 분명하게 만들기 위해 선별된 곳들에서 고어체 에다(עדה)을 카할(קהל)로 대체했다고 추론한다. 덧붙여서 말하자면, 70인경(LXX)은 에다(עדה)를 쉬나고게(*συναγωγη*)로, 카할(קהל)을 에클레시아(*ἐκκλησία*, "종교적 공동체"; 교회 – 역자주)로 번역한다. 포로기 이후 시대의 후반기에 유대인 저자들은 두 개의 이 그리스어 단어들을 구별했다: 쉬나고게(*συναγωγη*, "회당")는 현재의 이스라엘을, 에클레시아(*ἐκκλησία*, "종교적 공동체")는 이상적 이스라엘을 지칭했다.

13.b. 동사 이쉬구(ישגו, "실수로 죄짓다")는 어근 샤가(שגה)에서 온 것이다. 호프만(Hoffmann, 1:183)은 샤가(שגה)를 이론적인 죄 즉 생각의 죄로, 샤가그(שגג)를 죄짓는 행위로 양자를 구별한다.

13.c. 참조. "원문주해" 2.b.

14.a. 딘수 하카할(הקהל, "회중"〈총회〉)을 주어로 갖는 동사는 복수형인데, 이것은 여러 지도자들이 각자 그 짐승을 도살하는 데 참여했다는 것을 암시한다. 동사에 붙은 와우(ו)는 연속의 와우(ו)다(Joüon § 117d).

14.b. 사마리아 오경(Sam)과 70인경(LXX)은 타밈(תמים, "흠 없는")을 추가하는데, 이것은 이 구절을 3절과 일치시킨다. 이 형용사는 서기관의 실수로 인해 누락되었을 가능성이 아주 크다.

14.c. 참조. "원문주해" 14.a.의 첫 부분.

14.d. 마소라 본문(MT)의 리프네이(לפני, "…앞에") 대신 70인경(LXX)은 파라 타스 뛰라스(*παρὰ τὰς θύρας*, "그 문들에서")로 읽는다. 이것은 이 본문을 4절과 일치하도록 평준화한 것이다.

15.a. 70인경(LXX)은 복수형 동사로 읽는다. 단수가 복수 동사 대신 사용되는데(참조. "원문주해" 14.a.), 이는 단지 장로들 중 한 사람만이 소를 잡았기 때문일 것이다(참조. Hoffmann, 1:185). 그렇지만 PIR(163)은 그것을 비인칭적인(impersonal) 단수로 이해한다.

17.a. 몇몇 히브리어 필사본들(mss)과 사마리아 오경(Sam)은 민 하담(מן־הדם, "그 피

의 일부")을 추가한다. 이러한 독법은 6절과 일치한다. 동사 타발(טבל, "담그다") 뒤에 나오는 마소라 본문(MT)의 독법인 민 하담(מן־הדם)은 6절에 있는 빠담(בדם, "그 피 속에")과 부자연스럽게 대조된다. 그러므로 이 구절은 아마도 6절처럼 읽도록 재구성되어야 할 것이다: 빠담 붸하제 민 하담(בדם והזה מן־הדם). 중자탈락(haplography)과 자음치환의 복합적인 실수가 담(דם, "피")을 한 번 빠뜨린 결과를 가져왔을 가능성이 있다.

17.b. 프네이 하파로케트(פני הפרכת, "휘장 앞에서") 대신 사마리아 오경(Sam)과 70인경(LXX)은 프네이 하코데쉬(פני הקדש, "내성소 앞에서")로 읽는다.

18.a. 민 하담(מן־הדם, "피의 일부")이라는 어구가 강조를 위해 동사 앞에 위치한다.

18.b. 사마리아 오경(Sam)과 70인경(LXX)은 하코헨(הכהן, "그 제사장")을 추가한다.

18.c. 하미즈바흐(המזבח, "그 제단") 대신 사마리아 오경과 70인경은 미즈바흐 코테레트 하사밈(מזבח קטרת הסמים, "향단")으로 읽는다. 참조. 7절.

18.d. 이 어구는 강조를 위해 동사 앞에 위치한다(참조. "원문주해" 18.a.; 또한 참조. "원문주해" 7.b.).

19.a. 하미즈베하(המזבחה, "그 제단 위에")는 어떤 일이 발생하는 장소를 지시하는 방향 지시사 헤(ה)를 갖는다(GKC § 90d).

21.a. 70인경(LXX)은 12절에서와 마찬가지로 복수 동사로 읽는다.

21.b. 사마리아 오경(Sam)은 마소라 본문의 후(הוא) 대신 히(היא)로 읽는데, 이는 하타트(חטאת, "속죄제")가 여성 명사이기 때문이다.

22.a. 이 사례는 "…할 때마다"(개역 성경: 만일)의 의미를 가진 아쉐르(אשר)로 시작됨으로써 다른 세 가지 사례와 다르다.

22.b. 참조. "원문주해" 2.b.

22.c. 참조. "원문주해" 2.c.

23.a. 게세니우스 문법(GKC § 69w)은 호다(הודע)에 있는 와우(ו)를 호팔형에서 오(ֹ)가 우(ֻ)를 대신해서 나타나는 한 가지 예로 취한다. 마소라 본문(MT)의 오 호다(או־הודע) 대신 70인경(LXX)은 카이 그노스데(*καὶ γνωσθῇ*)=임 노다(אם נודע, "만일 그것이 알려지면")로 읽으며 시리아역(Syr) 또한 그렇다. 불변사 오(או, "혹은")는 히브리어 문법에서 어려운 것이지만, 이 어구는 즉각 수정되지 말아야 한다. 왜냐하면 그것이 28절에서 다시 나타나기 때문이다.

24.a. 70인경(LXX)은 복수 동사로 읽는다. 70인경은 선호할 만한 독법일 수 있는데, 이는 히브리어에서 자주 복수 동사가 실질적인 수동태(virtual passive) 역할을 하기 때문이다.

24.b. 사마리아 오경(Sam)과 탈굼역(Tg)은 마소라 본문의 후(הוא) 대신 히(היא)로 읽는다. 참조. "원문주해" 21.b.

25.a. 많은 히브리어 사본들(mss)과 70인경(LXX)은 7, 18, 30, 34절에서처럼 콜(כל,

"모든")을 추가한다. 이해를 돕기 위해 이 주석의 영어 번역은 그 이문을 따라 읽지만, 마소라 본문(MT)은 더 어려운 본문이기 때문에 더 나은 본문을 보여 준다.

26.a. 참조. "원문주해" 19.a.

26.b. 민(מן)은 "…때문에"라는 의미를 갖는다(GKC § 119z). 그것은 "…로부터," 즉 그 대속이 그 죄를 제거한다는 것을 의미할지도 모르지만, 그것은 그러한 개념을 표현하는 이상한 방식이다. 키우치(Kiuchi, *Purification Offering*, 88; 참조. Janowski, *Sühne*, 187, 특별히 n. 12)는 전치사 알(על, "…로 인해") 혹은 알(על) 뒤에 나오는 민(מן)은 속죄를 위한 동기나 이유를 소개한다는 점을 지적한다. 또 하나의 강력한 가능성은 이것이 16:30에서와 같이 예카페르 알 레타헤르 에트… 민(יכפר על־לטהר את… מן, "그는 … 로부터 …를 정결케 하기 위해 …을 위한 대속을 시행할지니라")에 대한 축약된 표현이라는 것이다.

27.a. 마소라 본문(MT)에서는 문자적으로 "그 땅의 백성"(עם הארץ – 암 하아레츠)이다.

27.b. 참조. "원문주해" 2.b.

27.c. 미미츠보트(ממצות, "그 계명들로부터") 대신 어떤 히브리어 필사본들(mss), 사마리아 오경(Sam) 그리고 70인경(LXX)은 미콜 미츠보트(מכל מצות, "모든 계명들로부터")로 읽는다.

28.a. 참조. "원문주해" 23.a.

28.b. 사마리아 오경(Sam)과 70인경은 전치사구 알레하(עליה, "그것 위에")를 추가한다. 전치사구 빠흐(בה, "그것 안에")가 이와 동일한 동사를 뒤따르는 23절을 참조하라.

28.c. 70인경(LXX)에는 코르바노(קרבנו, "그의 제물")가 빠져 있다.

29.a. 70인경은 복수 동사로 읽는다. 참조. "원문주해" 24.a.

29.b. 70인경은 텐 키마이란(τὴν χίμαιραν)=세이라(שעירה, "그 염소")를 추가한다.

29.c. 사마리아 오경(Sam)과 70인경(LXX)은 마소라 본문(MT)이 24, 33절에서 그런 것처럼 아쉐르 이쉬하투 에트 하올라(אשר ישחטו את־העלה, "그 번제물이 도살되는 곳")로 읽는다.

30.a. 두 개의 히브리어 필사본, 사마리아 오경 그리고 시리아역(Syr)은 7, 18, 25절에서처럼 미즈바흐 하올라(מזבח העלה, "그 번제단")로 읽는다.

31.a. 사마리아 오경(Sam)은 후싸(הוסר, "그것이 제거되어야 한다") 대신 야시르(יסיר, "그가 제거할지니라")로 읽는다.

31.b. 참조. "원문주해" 19.a.

31.c. 레아흐 니호아흐 라도나이(ריח ניחח ליהוה, "여호와께 흠향되는〈진정시키는〉 향")라는 어구는 1-3장의 번제, 소제 그리고 화목제에서 빈번히 나타나는데, 4-5장의 속죄제와 속건제의 규정들에서는 단지 여기에서만 볼 수 있다. 누르체(Noordtzij, 63)는 아

마도 올바르게 그것이 화목제로부터 이 규정으로 옮겨왔을지 모른다고 의심한다. 그러므로 이 어구를 삽입으로 묶어 두는 것이 가장 좋다.

33.a. 70인경(LXX)에는 레하타트(לחטאת, "속죄제를 위해")가 빠져 있다.

33.b. 70인경은 복수 동사로 읽는다. 참조. "원문주해" 24.a.

34.a. 사마리아 오경(Sam)과 70인경은 미즈바흐 하올라(מזבח העלה, "번제단")로 읽는다. 참조. "원문주해" 30.a.

35.a. 참조. "원문주해" 31.a.

35.b. 사마리아 오경은 오탐(אתם, "그들을")을 빠뜨리며 70인경(LXX)은 단수 아우토(*αὐτο*)=오타(אתה, "그것을")로 읽었던 것 같다. 마소라 본문(MT)의 "그들을"이 모든 지방 덩어리들을 지칭하는 반면, 70인경(LXX)의 "그것을"은 기름을 집합적으로 지칭한다.

35.c. 참조. "원문주해" 19.a.

5:1.a. 명사 네페쉬(נפש, "영혼, 사람")가 한 대명사의 선행사로 위치하고 있을 때 성(性)의 변동이 있다. 왜냐하면 그것이 여성 명사일지라도 보통 남성 주격을 나타내기 때문이다.

1.b. 나사 아보노(נשא עונו)는 (문자적으로) "그는 자신의 죄악을 져야 한다"를 의미한다. 그러한 개념은 죄가 다양한 수준에서 죄의 빚을 만들어 낸다는 것이다 – 개인에게, 공동체에게, 하나님에게. 그래서 죄를 짓는 사람은 누구든지 자신의 죄로 인해 발생된 빚을 완전히 갚을 책임을 떠안게 된다. 어떤 문맥들에서는 이 어구가 "죄악을 제거하다" = "용서하다"를 의미할 수 있지만, 레위기와 에스겔에서는 그렇지 않다.

2.a. MT의 아쉐르(אשר, "…한 자")를 히브리어 필사본과 사마리아 오경은 키(כי, "…한 바")로 읽는다. 그 이문은 1절과 4절에 동의한다. 이것은 병행적 표현을 선호한다.

2.b. 타메(טמא, "그는 불결하게 되었다") 대신 카이로 게니자에서 온 사본들은 3, 4절에서처럼 야다(ידע, "그는 알게 되었다")로 읽는다. 엘리거(Elliger, 56)는 이러한 선택적 독법을 제안한다. 이것은 추천할 만하다. 마소라 사본은 좀더 어려운 독법으로 나온다.

2.c. 원 70인경(LXX*)은 무심코 붸네을람 미메누 붸후 타메 붸아쉠(ממנו והוא טמא ואשם ונעלם, "그리고 그것이 그로부터 감추어진다. 그는 부정하게 되어 유죄가 된다")을 생략한다.

3.a. 레(ל)는 이 동격 어구를 도입하는 역할을 한다.

4.a. "무심중에"는 어구 레바테 비스파타임(לבטא בשפתים)의 번역이다. 바테(בטא)는 "무심코 혹은 생각 없이 말하다"를 의미한다(BDB, 104). 비스파타임(בשפתים, "그의 입술로")과의 조합은 서약의 경솔함을 강조한다. 그 말들이 심장, 즉 마음에서가 아니라(참조. 잠 15:28) 단지 입술에서 나올 뿐이다(참조. 시 106:33).

5.a. 카이로 게니자(Cairo Geniza)에서 나온 코덱스 사본들과 원 70인경(LXX*), 그리고

벌게이트역(Vg)은 유사종결(homoioteleuton)의 실수로 인해 붸하야…메엘레(מאלה… והיה)가 빠져 있다.

5.b. 예샴(יֶאְשַׁם, "그가 죄책을 깨닫다") 대신 사마리아 오경(Sam)은 예헤타(יחטא, "그가 죄짓다")로 읽는다. 밀그롬(Milgrom, *Cult*, 10)은 여기서 아쉠(אשם)이 강조적으로 "죄책을 느끼다"를 의미한다고 주장한다.

5.c. 탈굼 위-요나단(*Tg. Ps.-J.*)과 70인경은 히트봐다(התודה, "그가 고백해야 한다") 뒤에 하타토(חטאתו, "그의 죄")를 추가한다. 이것은 그 본문이 충분히 채워지게 된 경향을 반영한다.

6.a. 아쉠(אשם, "죄책, 유죄")은 범죄와 그것의 결과 둘 다를 지칭할 수 있다. 여기서는 그것이 죄에 대한 징벌을 의미한다(Milgrom, *Cult*, 6). 아쉠(אשם, "죄책, 속건〈배상〉 제물")이 하타트(חטאת, "죄, 속죄 제물")와 동시에 나타나는 것은 이해하기 어려우며, 이 구절에서 이 두 용어의 정확한 의미를 혼동하게 만든다.

6.b. 키스바(כִּשְׂבָּה, "암양")는 이러한 철자를 가지고 구약에서는 유일하게 여기에서만 나타난다. 그것은 의심할 바 없이 케세브(כֶּשֶׂב)로 철자를 쓰는 "숫양"이 현재의 규정들에서 수시로 사용된 것에 의해 영향을 받았다.

6.c. 메하타토(מחטאתו, "그의 죄로부터") 대신 사마리아 오경(Sam)과 70인경(LXX)은 4:35에서와 같이 알 하타토 아쉐르 하타 붸니쓸라흐 로(על חטאתו אשר חטא ונסלח לו, "그가 지은 그의 죄에 대하여, 그리고 그가 사함을 받을 것이다")로 읽는다. 마소라 본문(MT)이 더 짧은 독법으로서 선호된다. 민(מן)의 의미에 대해서는 "원문주해" 4:26.b.를 참조하라.

7.a. 사마리아 오경(Sam)은 마소라 본문(MT)의 타기아(תגיע) 대신 11절과 마찬가지로 타시그(תשיג)로 읽는다. 두 단어는 현재의 표현에서 실질적으로 동의어인데, 이 어구는 문자적으로 "그의 손이 어린양에게 충분히 이를 수 없다", 즉 그가 어린양을 준비할 수 없거나 감당할 수 없다는 것을 의미한다.

7.b. 시리아역(Syr)은 라도나이(ליהוה, "여호와께")를 빠뜨린다.

7.c. 에트 아샤모(את־אשמו, "그의 속건 혹은 죄 값") 대신 70인경(LXX)은 페리 테스 하마르티아스 아우투(*περὶ τῆς ἁμαρτίας αὐτοῦ*)=에트 하타토(את־חטאתו, "그의 죄를 위해")로 읽는다. 마소라 본문(MT)이 더 어려운 독법으로서 수용되지만, 그 이문은 아샴(אשם, "속건〈배상〉, 죄책")의 폭넓은 셈어적 의미 영역으로 인해 발생된 혼동에 뿌리내리고 있다. 마소라 본문은 "원문주해" 6.a.에서처럼 에트 아샤모 알 하타토 아쉐르 하타(את־אשמו על חטאתו אשר חטא, "그가 저지른 그의 죄를 위한 그의 속건〈배상〉")의 생략된 형식일 수 있다(Elliger, 56).

8.a. 70인경(LXX)은 호 히에류스(*ὁ ἱερεύς*, "그 제사장")를 추가한다. 마소라 본문(MT)은 하코헨(הכהן)이 없으며 선호되는 본문이긴 하지만, 영어 번역에서는 명료한 이

해를 위해 그것이 주어로 명시되는 것이 요구된다.

9.b. 사마리아 오경(Sam)과 70인경은 마소라 본문의 후(הוא)와 달리 히(היא)로 읽는다. 참조. "원문주해" 4:21.b.

11.a. 하시그(השיג)는 보통 목적격을 지배하지만, 여기서는 그 목적어가 레(ל)에 의해 이끌어진다. 호프만(Hoffmann, 1:204)의 주장에 의하면, 이 동사는 그 전치사와 더불어 한 사람이 두 마리의 비둘기를 구입할 수단을 갖고 있지 않는 것을 의미하지만, 만일 이 동사에 목적격이 뒤따라왔다면 그것은 그가 비둘기 두 마리 가격 정도를 소유하지 못했다는 것을 의미했을 것이다. 참조. "원문주해" 7.a.

11.b. 이 어구는 코르바노(קרבנו, "그의 제물")와 동격으로서 그것의 특별한 특질을 정의한다.

11.c. 야심(ישים, "그가 놓을지니라") 대신(참조. 2:15) 사마리아 오경(Sam), 70인경(LXX) 그리고 시리아역(Syr)은 2:1, 6과 마찬가지로 야차크(יצק, "그가 쏟을지니라")로 읽는다. 마소라 본문(MT)이 더 어려운 독법으로서 선호된다.

12.a. 사마리아 오경에는 하코헨(הכהן, "그 제사장")이 빠져 있다.

12.b. 에트 에즈카라타 붸히크티르 하미즈베하 알 이쉐 아도나이(את־אזכרתה והקטיר המזבחה על אשי יהוה, "기념물로. 그리고 그가〈그것을〉 여호와의 예물들〈개역 성경: 화제물〉과 함께 제단 위에서 태울지니라")에 대하여 70인경(LXX)은 잘못된 독법을 갖는다: 토 므네모쉬논 아우테스 에피데세이 에피 토 뒤시아스테리온 톤 홀로카우토마톤 퀴리오(*τὸ μνημόσυνον αὐτῆς ἐπιθήσει ἐπὶ τὸ θυσιαστήριον τῶν ὁλοκαυτωμάτων κυρίῳ*, "그는 그것의 기념물을 주님께 드리는 번제물의 제단 위에 놓을지니라"). 아마도 이러한 독법은 4장에서 자주 사용되는 미즈바흐 하올라(מזבח העלה, "번제단")라는 용어에 의해 영향을 받았을 것이다(18, 25, 30, 34절).

13.a. 참조. "원문주해" 4:2.c.

13.b. 70인경(LXX)은 이 주석의 영어 번역과 마찬가지로 토 데 카타레이프덴 에스타이(*τὸ δὲ καταλειφθὲν ἔσται*)=붸하야 하노타르(והיה הנותר, "그리고 남은 것은 …될지니라")로 읽는다. 70인경은 주어가 보다 구체적으로 명시될 필요성을 느꼈다.

13.c. 카민하(כמנחה, "소제물처럼") 대신 70인경(LXX)은 호스 헤 뒤시아 테스 세미달류스(*ὡς ἡ θυσία τῆς σεμιδάλεως*, "고운 가루의 희생처럼")로 읽는다.

양식/구조/배경

속죄제(חטאת – 하타트)를 위한 규정의 구조는 다음과 같다.

I. 도입 형식문(4:1-2a*α*)

II. 연설(4:2-5:13)

A. 연설 위탁(4:2aα)
B. 연설 자체(4:2aβ-5:13)
  1. 일반 속죄제를 위한 규정(2aβ-35절)
    a. 기본 사례(2aβ+b절)
    b. 범법자의 지위에 따른 이 제물의 네 가지 분류(3-35절)
      1) 기름부음 받은 제사장의 경우(3-12절)
        a) 기본 지침(3절)
          (1) 사례(3a절)
          (2) 규정(3b절)
        b) 의식 절차(4-12절)
          (1) 소 드리기(4a절)
          (2) 안수(4bα절)
          (3) 도살(4bβ절)
          (4) 피 취급(5-7절)
          (5) 기름 태우기(8-10절)
          (6) 남은 것의 처분(11-12절)
      2) 회중의 경우(13-21절)
        a) 기본 지침(13-14a절)
        b) 의식 절차(14b-21a절)
          (1) 회중의 행위(14b-15b절)
            (a) 소 드리기(14b절)
            (b) 안수(15a절)
            (c) 도살(15b절)
          (2) 제사장의 행위(16-21a절)
            (a) 절차 지침(16-20a절)
              (i) 피 취급(16-18절)
              (ii) 기름 태우기(19절)
              (iii) 첫 번째 소와 비슷한 취급(20a절)
            (b) 대속과 용서의 진술(20b절)
            (c) 남은 것의 처분(21a절)
        c) 희생의 종류를 확인하는 진술(21b절)

3) 귀인의 경우(22-26절)
a) 기본 지침(22-23절)
b) 의식 절차(위의 사례와 유사함)(23b-26절)
4) 개인의 경우(27-35절)
a) 기본 진술(227-28a절)
b) 의식 절차(28b-35절)
(1) 염소를 위한 기본 절차(위의 사례와 유사함)(28b-31절)
(2) 대안적인 양의 제물(염소 드리기와 유사함)(32-35절)
2. 등급화된 속죄제에 대한 규정(5:1-13)
a. 등급화된 속죄제를 요구하는 네 가지 경우(1-6절)
1) 네 가지 경우(1-4절)
a) 증언을 하지 않는 증인에 관한 첫 번째 경우(1절)
b) 부정결한 어떤 것을 만지는 것에 관한 두 번째 경우(2절)
c) 사람의 부정결과의 접촉에 관한 세 번째 경우(3절)
d) 무분별한 서약에 관한 네 번째 경우(4절)
2) 이러한 사례들의 해결책(5-6절)
a) 죄의 고백(5절)
b) 제사 드리기(6절)
(1) 요구되는 희생 짐승(6a절)
(2) 제사장의 행위(6b절)
b. 이러한 종류의 제사를 위한 대안적 제물들(7-13절)
1) 첫 번째 대안(7-10절)
a) 희생 짐승들의 종류 확인(7절)
(1) 자격 조건(7aα절)
(2) 짐승들의 성격(7aβ-b절)
(a) 두 마리의 산비둘기나 혹은 두 마리의 어린 비둘기(7aβ절)
(b) 희생들의 유형(7b절)
(i) 하나는 속죄제를 위해(7bα절)
(ii) 하나는 번제를 위해(7bβ절)
b) 의식 절차(8-10절)
(1) 속죄제에 대하여(8-9절)

(2) 번제를 위하여(10절)

2) 두 번째 대안(11-13절)

a) 대안 재료들의 종류 확인(11절)

(1) 자격 조건(11aα절)

(2) 희생 재료의 정의(11aβ절)

(3) 밀가루에 기름과 유향을 사용하는 것을 금지하는 제한(11b절)

b) 의식 절차(12-13a절)

c) 남은 소제물을 위한 지침(13절)

(이 개요는 R. Knierim의 세미나에서 발표된 초안에 기초한 것이다.)

기본적인 분석은 속죄제에 두 가지 기본적인 종류가 있다는 것을 보여 준다. 4:2aβ-35에 있는 정규적인 속죄제와 5:1-13에 있는 등급화된 속죄제. 정규적인 속죄제는 두 개의 주요 범주로 다시 세분된다: 언약 백성으로서 백성을 위한 더 큰 것과 개인을 위한 더 작은 것. 공동체의 영적 수장인 대제사장은 더 큰 범주에 놓이는 반면, 나시(נשׂיא) 곧 지파의 지도자인 "귀인"(prince: 개역 성경: 장로들)은 더 낮은 범주에 놓인다. 기름부음 받은 제사장과 회중을 위한 속죄제는 더 큰 범주로 분류되는데, 그 이유는 그것이 회막으로 침투하는 더 많은 잠재적 오염을 정화하고 또한 그것이 더욱 정교하기 때문이며, 나아가 그 짐승을 전혀 먹을 수 없기 때문이다. 열등한 속죄제는 지도자나 개인의 열등한 잠재적 죄들로 인해 발생된 오염으로부터 주 제단(번제단-역자주)을 정화한다.

이 규정의 첫 번째 부분은 속죄제를 위한 다섯 가지 의식을 규정한다. 이 의식들은 네 부류의 사람들에 따라 분류된다: 기름부음 받은 제사장(הכהן המשיח-하코헨 하마쉬아흐: 3-12절), 이스라엘 전 회중(כל־עדת ישׂראל-콜 에타트 이스라엘: 13-21절), 귀인(נשׂיא-나시: 22-26절: 개역 성경: 장로들) 그리고 공동체의 어떤 구성원(נפשׁ אחת-네페쉬 아하트: 27-35절). 마지막 의식은 드려진 짐승의 종류를 토대로 하위의 두 부분으로 세분된다. 암염소(27-30절) 혹은 암양(31-35절).

이 의식들은 모두 본질적으로 동일한 형식을 갖는다. 각각은 속죄제를 요구하는 경우, 즉 사람이 무의식적으로 여호와의 계명들 중 하나를 범한 경우에 대한 언급과 더불어 시작된다. 또한 백성들에게 죄책을 가져다주는 기름부음 받은 제사장의 경우를 제외하고는(3a절) 죄를 지은 사람에게 죄책이 있다는 사실이 진술된다. 이어서 낱낱이 열거되는 그 의식의 세부적인 절차가 나온다.

1. 드리기(히크리브⟨הקריב⟩ + 헤비⟨הביא⟩: 3-4, 14절; 23, 28b, 32절⟨단지 הביא⟩)
2. 그 짐승의 머리에 안수(סמך – 싸마크: 4bα, 15a, 24aα, 29a, 33a절)
3. 도살(שחט – 샤하트: 4bα, 15b, 24aα, 29b, 33b절)
4. 피 취급:
   a. 큰 속죄제:
      1) 회막 안으로 피의 일부를 취하기(헤비⟨הביא⟩ + 라카흐⟨לקח⟩ + 라카흐⟨לקח⟩: 5, 16절⟨단지 הביא⟩)
      2) 휘장 앞에서 그것을 일곱 번 뿌리기(הזה – 히자: 6, 17절)
      3) 향단 뿔에 일부를 바르기(끼얹기)(נתן – 나탄: 7, 18절)
      4) 제단 밑에 나머지를 쏟기(שפך – 샤파크: 7b, 18b절)
   b. 작은 속죄제:
      1) 번제단의 뿔에 피의 일부를 바르기(나탄⟨נתן⟩ + 라카흐⟨לקח⟩: 25a, 30a, 34a절)
      2) 번제단 밑에 나머지를 쏟기(שפך – 샤파크: 25b, 30b, 34b절)
5. 기름 제거(헤시르⟨הסיר⟩ + 헤림⟨הרים⟩: 8-10a, 19a⟨단지 הרים⟩, 31aαβ⟨단지 הסיר⟩, 35aαβ⟨단지 הסיר⟩)
6. 기름 태우기(הקטיר – 히크티르: 10b, 19b, 26a, 31aγδ, 35aγδ)
7. 그 짐승의 남은 부분의 처분(단지 큰 속죄제의 경우):
   a. 진영 밖으로 그 부분들을 가져감(הוציא – 호치: 11-12a, 21aα절)
   b. 이 부분들을 태우기(שרף – 사라프: 12b, 21aβ절)

기름부음 받은 제사장을 위한 의식을 제외한 각각의 의식 절차의 결론 부분에는 제사장이 죄가 있는 당사자를 위한 대속을 시행하고 그 사람이 사함을 받는다는 진술이 있다(20b, 26b, 31b, 35b절). 그 예외를 고려해 보자면, 기름부음 받은 제사장이 자신의 용서를 선포한다는 것이 적절하게 간주되지 않았을 수 있다.

이 규정은 전수되는 과정에서 완전하고 자연스러운 본문을 구성하도록 계속 채워졌다(참조. Koch, *Priesterschrift*, 53). 기본 의식이 염소를 바치는 귀인을 위한 의식이나 개인을 위한 의식 어디에서나 발견된다(22-31절). 개인을 위한 의식은 암양 바치기를 허용하도록 확장되었다(32-35절). 이러한 추가가 초기 연대라는 사실이 전문용어 히크리브(הקריב, "바치다, 드리다⟨가져오다⟩")의 회피와 첫 줄의 짧은 문장들(32절)로부터 파악된다.

큰 속죄제에 있어서 기조를 이루는 고대 의식을 파악하기는 더욱 어렵다. 코흐(Koch, *Priesterschrift*, 55)와 엘리거(Elliger, 60-62, 67)는 회중을 위한 것을 더 오래된 것으로 받아들인다. 그럼에도 불구하고 두 의식에 모두 와우(ו)로 시작되는 많은 짧은 문장들이 있다. 두 의식 모두 가장 초기의 시대로 거슬러 올라가는 것으로 보인다. 그러나 그 의식들은 오랜 본문 전승 과정에서 내용이 채워져 왔다. 가장 두드러진 추가들은 언급할 가치가 있다. 14절에 있는 문장 붸히크리부 하카할 파르 벤 빠카르 레하타트(והקריבו הקהל פר בן־בקר לחטאת, "회중은 속죄제를 위해 수소〈개역 성경: 수송아지〉를 가져와야 한다")는 단순히 다음에 이어지는 문장, 곧 헤비(הביא, "그가 가져올 것이다")에 의해 더 오래된 것으로 간주될 수 있는 문장의 반복이다. 이 단어들의 편집자는 구체적이기를 바랐으며 전문 용어 히크리브(הקריב, "바치다, 드리다〈가져오다〉")의 삽입을 원했다. 회중을 위한 의식에서 지크네이 하에다(זקני העדה, "회중의 장로들")라는 어구는 수소에 안수하는 사람들을 확인해 주기 위해 삽입되었다(15절). 그 위에 피를 뿌렸던 작은 제단은 더 자세하게 아쉐르 리프네이 아도나이 아쉐르 베오헬 모에드(אשר לפני יהוה אשר באהל מועד, "여호와 앞, 곧 회막에 있는")로 확인된다(18a절; 참조. 7a절). 다른 구절들에서는 주 제단, 곧 미즈바흐 하올라(מזבח העלה, "번제단": 15, 18, 25[2회], 30, 34절)가 시종일관 아쉐르 페타흐 오헬 모에드(אשר־פתח אהל מועד, "회막 입구에 있는 것": 7b, 18b절)로 확인되었다.

코흐(Koch, *Priesterschrift*, 54-55)는 나아가 원래 화목제를 위한 의식의 일부였던 남은 피의 처분(7b, 8b절)과 기름 태우기(9b-10, 19절) 의례들은 나중에 속죄제 의식에 추가된 것들이라고 믿는다. 이러한 이해에 대한 실마리는 속죄일에 대한 규정들에서 피의 처분을 위한 의례가 속죄제 의식으로부터 빠져 있다는 것이다(16:18-19). 이러한 의례들이 후대에 속죄제 의식에 추가된 것이라는 그의 주장은 옳을지 모르지만, 그것들은 그가 인정한 것보다 더 이른 시기에 포함되었을 가능성이 있다. 적절한 피의 처분에 대한 큰 관심은 아주 초기부터 사실이었을 것이다. 제단 위에서 완전히 태우지 않았던 어떤 희생물을 위한 기름의 처리는 기름이 결코 먹을 수 없는 것이었기 때문에 중요했다(3:17). 이러한 중대 요소들에 대한 일부 진술은 고대 의식에서 필수적이었을 것이다. 그 의례들이 화목제로부터 건너온 것일 수도 있지만, 그러한 사실이 그것들이 아주 초창기에 이 의식에 통합되었다는 사실에 부정적 영향을 끼치는 것은 아니다. 나아가 코흐(Koch)는 자신의 주장의 일부를 이 의례들에 대해 사용되고 있는 동사들이 완료형이 아닌 미완료형들로 나타난다는 사실 위에 세운다. 그러나 여기서는 직접목적어가 강조를 위해 동사 앞에 놓여 있기 때문에, 그 동사는 마땅히 미완료형으로 나온다.

본문은 또한 다양한 의례들이 진행되는 장소를 더욱 정확히 명시하기 위해 보충되어 왔다. 가장 오래된 본문 층은 그 의식을 위한 장소를 리프네이 아도나이(לפני יהוה, "여호와 앞")로 확인해 준다. 그러나 제의의 확립과 더불어 이러한 일반적 용어는 엘 페타흐 오헬 모에드(אל־פתח אהל מועד, "회막 입구에서": 4a절), 혹은 아쉐르 빠오헬 모에드(אשר באהל מועד, "회막에 있는": 7a, 18a절), 혹은 에트 프네이 파로케트 하코데쉬(את־פני פרכת הקדש, "거룩한 휘장 앞": 6b, 17b절[הקדש 없이])로 구체화되었다. 전자의 어구는 더욱 일반적인 것이며 여호와께 헌정된 제단이라면 그 어떤 곳이든 거기에 드린 희생에 적용될 수 있는 반면, 첨가된 어구들은 희생 드리기를 중앙 성소로 제한한다.

회중을 위한 의식(20b절)에서 두드러지는 것은 대속이 성취되어 사람이 용서를 받는다는 선언들이 수소의 남은 부분들의 처분에 대한 지침(21a절) 앞에 위치해 있다는 점이다. 코흐(Koch, *Priesterschrift*, 57)에 따르면, 그 위치는 대속의 이해에 있어서의 전환을 반영한다. 가장 오래된 전승에서는 대속은 오직 죄짐을 진 짐승이 완전히 처분된 후에야 성취되었다. 후대에 가서는 대속이 우선적으로 피의 처리를 통해 성취되는 것으로 간주되었다. 따라서 짐승의 처분 의례는 그 중요성을 상실했다. 현재의 명령은 분명히 짐승의 처리가 아니라 피의 취급이 대속의 방편임을 지시한다. 그러나 이러한 사실 때문에 신학적 전환이 있었다고 추론할 필요는 없는데, 이는 열등한 속죄제 의식에 제사장들이 고기를 먹는다는 언급이 없기 때문이다(참조. 6:19[26], 22[29]).

향단(מזבח קטרת הסמים – 미즈바흐 코테레트 하싸밈: 7a, 18a절)에 대한 언급은 많은 논란을 불러왔다. 속죄일의 속죄제 의식에는 이 제단에 대한 언급이 전혀 없기 때문에(16장), 향단이 고대의 내성소의 일부가 아니었다는 것이 학자들의 합의다. 향단이 도입된 가장 이른 시기는 솔로몬 성전이었다(참조. Haran, *Temples*, 226, 228-29, 235-37). 출애굽기 30:1-10에 있는 향단에 대한 언급은 광야 성막을 솔로몬 성전에 맞게 각색한 것으로 간주된다(Haran, *Temples*, 191-92). 이 제단에 대한 드문 언급은 그것의 역사를 추적하기 어렵게 만든다. 침묵으로부터의 주장은 신뢰할 수 없기 때문에, 향단의 고대성이 너무 쉽게 간과되어서는 안 된다(참조. 출 30:1-10; 40:5, 26-27). 계속해서 코흐(Koch, *Priesterschrift*, 56)는 피가 지성소에 뿌려졌기 때문에 더 낮은 거룩의 영역에 있었던 향단에 피를 뿌리는 것은 필요 이상의 행위였을 것이라고 주장한다. 그럼에도 불구하고 만일 죄로부터 온 부정결이 지성소를 오염시킨다면, 그것은 또한 내성소를 오염시킬 것이다. 따라서 내성소에 비치된 향단 뿔을 정화하는 것이 필요했을 것이다. 그러므로 두 가지 피 의례가 회막 전체를 정결케 했다.

다음은 대제사장이 바친 속죄제의 독특한 의식의 기원에 관한 질문이다. 대부분의 비평학자들은 그것을 이 규정의 편집의 최종 단계인 포로기 이후 시대의 어떤 시점에 할당한다. 그 시대에 대제사장은 예루살렘 주변에서 생존을 위해 분투 중이었던 소규모의 신앙 공동체의 지도권을 쥐었다. 그는 다윗 집안의 특권들 중 많은 것을 자신에게 취하면서 그 공동체에 대한 제한된 정치적 힘을 갖고 있었다. 특이한 호칭인 하코헨 하마쉬아흐(הכהן המשיח, "기름부음 받은 제사장")는 이러한 해석에 우호적인데, 왜냐하면 그 동사적 형용사 하마쉬아흐(המשיח, "기름 부어진")는 특정하게 다윗 가문의 왕을 지칭할 수 있기 때문이다. 이 호칭은 이 의식의 연대를 결정하는 열쇠다. 그것이 왕정 시대에 제사장을 위해 사용되었으리라는 것은 의심스럽다. 이러한 사실은 이 규정의 편집 연대를 다윗 왕조 이전이 아니면 그 왕조의 몰락 이후로 보게끔 만든다. 대부분의 학자들이 후자의 입장을 취하지만, 가장 초기의 대제사장들이 기름부음을 받았을 가능성이 있다(참조. 8장). 만일 그렇다면 이 의식은 아주 초기에 존재했을지도 모른다. 와우(ו) 연속 완료가 이끄는 짧은 문장들의 빈번한 사용(4, 5, 6, 7aα절)은 고대의 선행본(Vorlage)이 현재의 그 의식의 토대가 된다는 입장을 지지한다. 대제사장을 지칭하기 위한 "기름부음 받은"이라는 용어의 선택은 이 규정을 대제사장의 성별과 기름부음에 강조점을 두는 출애굽기 25장-레위기 16장의 문맥과 연결시킨다(출 28:41; 29장; 30:30; 40:14-15; 레 8장). 나아가 이 의식은 8장에서 등장하는 대제사장의 위임식을 내다본다. 그러므로 "기름부음 받은 제사장"이라는 용어는 레위기 4장의 문학적 문맥에 적절하며, 그것이 이 의식의 연대를 반드시 후대로 결정짓지는 않는다.

11-12절과 21절에 있는(참조. 16:27) 그 짐승의 나머지를 진영 밖으로 처분하라는 구체적인 명시도 역시 엘리거에 의해 후대의 삽입으로 간주되는데, 왜냐하면 그것이 열등한 속죄제에서 빠져 있기 때문이다. 그러나 코흐(Koch, *Priesterschrift*, 57)는 근간을 이루는 짧은 문장들이 연속 와우(ו)로 시작된다는 사실을 관찰하면서 그것을 기본적 의식의 일부로 간주한다. 그럼에도 불구하고, 더 오래된 형식은 진영 밖의 장소를 "기름 섞인 재를 쏟는 곳"(12aβ절)으로 규정하는 설명과 그 위치를 세밀하게 지정하기 위한 표현인 "그것이 기름 섞인 재의 장소에서 태워져야 한다"(12b절)는 지침에 의해 확장되었다. 열등한 의식에서 이 의례가 빠진 것은 중요하지 않다. 왜냐하면 열등한 제물의 고기는 제사장들이 먹음으로써 처분되었기 때문

이다. 더구나 11절의 세부적인 성격과 미정격(*casus pendens*)으로서의 그것의 문법적 기능은 11절이 진영 밖에서 처분되는 부분들을 구체적으로 나열하는 세부화된 확장이라는 것을 증거한다. 21a절에서 장소의 지정이 상호 참조(cross-reference)의 진술로 만들어진다. 이와 동일한 의도를 가지고 기름 제거에 관한 상호 참조의 진술이 화목제 규정에 대하여 만들어졌다(10a, 26a, 31a, 35a절).

기본적 규정에 전승 속에서 등급화된 속죄제로서 알려진 또 다른 정화(속죄)에 대하여 추가적으로 구체적 내용을 부여하는 세 개의 단락이 첨부되어 있다(5:1-13, Milgrom, *JAOS* 103[1983] 249-54). 밀그롬은 이 문단이 자체적인 기원을 가졌다는 몇 가지 증거를 나열한다(249). (1) 첫 번째로 제시되는 법을 이끄는 어구 붸네페쉬 키(ונפש כי, "그리고 만일 사람이")는 4:27-35의 연속이라기보다는 4:2aβ+b에 있는 도입문으로 구성된다. (2) 이 규정은 고백이 필수적이라고 명시하지만, 그와 같은 것이 4장에는 진술되어 있지 않다. (3) "이 중 하나"라는 어구(5절)는 4장에 있는 어떤 것이 아니라 앞의 1-4절을 지시한다. (4) "무심코"(שגגה - 쉐가가) 지은 죄의 범주가 연속되어 있지 않다. 오히려 그 용어는 네을람(נעלם, "감추어진": 개역성경: 부지중에)이 사용된다. 사실상 1절에 있는 죄는 고의적인 반면, 2-4절에 있는 죄들은 고의성 여부에 따라 정의되지 않는다. 그러므로 이것은 그것의 최종적인 문학적 배경과 별도로 자체적으로 존재했던 규정이다.

첫 번째 단락은 속죄제를 요구하는 네 가지 구체적인 범죄를 나열한다(5:1-6). 이러한 사례들은 특히 평신도를 위한 지침인데, 그들은 주어진 상황을 위해 어떤 희생을 바쳐야 하는지를 알아야 한다. 뒤이은 두 개의 단락은 속죄제를 위한 대안적인 제물로서 짐승을 드릴 수 없는 사람들이 바칠 제사 재료를 허용한다. 두 마리의 비둘기나 두 마리의 산비둘기(5:7-10), 혹은 고운 가루 1/10에바(약 3.64리터 – 역자주, 5:11-13). 이러한 조건 완화는 그 제물들이 가장 가난한 언약의 구성원들의 속죄제의 요구를 채울 수 있게 해주기 때문에 가장 초기 시대부터 필수적이었을 것이다. 곡식으로 속죄 제물을 만들었을 가능성은 더 이른 초기 시대로부터 오는데, 왜냐하면 제의 규범들에 몰두했던 엄격한 제사장들이 피 뿌림이 없는 대속의 제물을 허용했으리라는 것은 의심스럽기 때문이다. 이러한 제물이 다른 기초 자료에 보존되어 있다가 레위기 1-7장이 편집될 때 여기에 위치하게 되었을지도 모른다.

그렇다면 속죄제를 위한 현재의 규정은 이스라엘의 기원의 초기 시대로 거슬러 올라가는 두 개의 상이한 지침으로 구성된다. 그것들은 구체적인 내용을 갖추도록 어떤 성장 과정을 거쳤을 것이다.

주석

부록: 속죄제

"속죄제"(purification offering)에 해당되는 용어 하타트(חטאת)는 어근 하타(חטא, "실패하다, 죄짓다")에서 유래한다(역자주 – 저자 하틀리가 채택한 번역 purification offering은 "정화제"로 번역하는 것이 더 타당하다. 하지만 역자는 특별한 경우를 제외하고는 개역 성경을 따라 일괄적으로 이것을 "속죄제"로 번역했다). 이 어근은 셈족 언어들에서 광범위하게 발견된다: 아카드어 하투(*ḫaṭū*), 하뚜(*ḫaṭṭū*), 히투(*ḫīṭu*), "결함, 손상, 죄"; 우가릿어 하타(*ḫṭ'*), 아랍어 하티아(*ḫaṭi'a*), "잘못하다"(K. Koch, "חטא chāṭā" *TDOT* 4: 310). 그것은 공동체의 규범을 위반한 행위를 묘사한다. 하나님께서 이러한 규범을 정하셨기 때문에, 하타(חטא)는 일차적으로 이탈 행위에 대한 종교적 심판이다. 이 단어는 비고의적인 위반에서 가장 중대하고 심각한 행위에 이르기까지 잘못된 행위에 대한 폭넓은 범위를 포괄한다(출 32:30-32; 신 20:18; 대하 33:19). 어떤 구약 문맥들에서는 하타가 "표적을 빗나가다"를 의미하기 때문에(예를 들어, 삿 20:16; 잠 8:35-36; 19:2), 많은 학자들은 이것을 이 어근의 문자적 의미로 취한다. 그러나 코흐(Koch, *TDOT* 4:311)는 이 단어가 셈어에서 오랜 역사 동안 종교적 자격 박탈을 묘사하는 데 사용되어 왔다는 점을 지적하면서 이러한 견해에 반대한다.

많은 제의적 구절들에서, 특히 4장에서 비쉐가가(בשגגה, "무심코"; 개역 성경: 그릇, 혹은 부지중에)라는 단어가 하타(חטא, "죄짓다")와 결합되어 있는데, 이는 그 단어를 무지나 인간적 연약함으로 저지른 범죄 행위로 한정짓기 위함이다(4:27; 5:27[6:6]). 민수기 15:22-31에서 무심코 지은 죄는 베야드 라마(ביד רבה, "높은 손"), 즉 고의적이고 반항적으로 지은 죄와 대조된다. 부지중의 죄는 부정하게 된 음식을 모르고 먹는 경우와 같이 그렇게 전적인 무지 가운데 저지를 수도 있다(참조. 시 19:13[12]). 그것은 또한 사람이 우연히, 혹은 부주의해서, 혹은 약한 의지로 인해 저지른 잘못을 포함한다. 따라서 비쉐가가 하타(בשגגה חטאת, "무심코 죄짓다")는 무지 가운데 지은 것이 아닌 다른 범죄들도 포함한다(민 35:11, 15).

전통적으로 하타트(חטאת)는 "속죄제"(sin offering)로 번역되어 왔다. 그러나 밀그롬은 하타트(חטאת)가 하타(חטא)의 피엘형 – 이것은 칼형의 정반대의 의미, 즉 "탈죄시키다(de-sin), 척결하다, 때를 벗기다, 정결케 하다"라는 의미를 지닌다 – 을 토대로 만들어졌다는 사실에 근거하여 그 번역에 반대하면서 조금 더 정확한 번역인 "정화제"(purification offering)를 제안했다(*VT* 21[1971] 237=*SCTT* 67-69). 이러한 입장은 하타트(חטאת, "정화제"; 개역 성경: 속죄제)를 드리는 행위에 대한 묘사에서 볼 수 있는 히테(חִטֵּא, "깨끗케 하다")의 사용에 의해 지지 받는다. 예를 들어, 에스겔 43:20-23(참조. 레 8:14-15)에서 하타(חטא, 4회)는 카파르(כפר, "대속")의 행위에 의한 "탈죄"를 묘사한다.

즉 이 의례들이 실시된 지 7일 후에 제단이 "깨끗케 되고"(טהר – 타헤르) "성별된다"(מלא יד – 말레 야드, 겔 43:26). 에스겔 45:18은 하타트(חטאת, "정화제"〈=속죄제〉)를 드릴 때 하타(חטא, "깨끗케 하다")의 목적어로 미크다쉬(מקדש, "성소")를 갖는다. 그 뒤 20절에서는 성소를 위한 카파르(כפר, "대속")가 이루어진다고 언급된다(참조. 레 14:49, 52). 민수기 19:17-19에 따르면, 사체와의 접촉으로 인해 부정을 탄 사람은 정화제(חטאת, 속죄제)의 잿가루를 섞은 용액으로 제3일과 7일에 두 번 뿌린 뒤 "정결해지고"(חטא – 하타) "깨끗해진다"(טהר – 타헤르). 나아가 하타(חטא)의 히트파엘형은 "스스로를 정화하다"란 의미를 포함한다. 민수기 19:12, 13, 20에서 사체를 만진 사람은 깨끗해지기 위해 자신을 정결하게 하는 과정을 밟아야 한다(참조. 민 31:19, 20, 23; 8:21). 하타트(חטאת)를 "정화제"로 번역하자는 밀그롬의 제안은 이 용어에 대한 영어 번역어로는 훨씬 나은 것이다. 불행히도 영어는 이 용어의 문자적 의미인 "탈죄시키다"에 더 근접한 단어를 갖고 있지 않다. 정화제라는 명칭은 이러한 속죄제 희생의 특정한 기능을 확인해 줌으로써 여러 가지 죄를 대속하기 위해 드리는 다른 희생들, 특히 속건제(אשם – 아샴)와 혼동을 일으키지 않게 한다.

속죄제(=정화제)는 다양한 때와 상황을 위해 마련된다. 마르크스(Marx, *RB* 96[1989] 29-38)는 이것들을 네 가지 범주로 정리한다. 첫 번째 범주에서는 비고의적인 죄(4:1-35)나 어떤 연고로 감추어지게 된 죄(5:1-7)를 위해 하타트(חטאת, "속죄제")가 드려진다. 두 번째 범주에서는 어떤 사람이 자신을 부정하게 만드는 어떤 것과 접촉하여 장기간에 걸쳐 부정하게 되었을 때, 그 당사자를 위해 행하는 회중의 의례의 일부로서 속죄제가 규정된다: 예를 들어, 사체와의 접촉으로부터의 청결(민 19:11-22), 어떤 지속적인 성적 유출이나(15:13-15, 28-30) 악성 피부병(14:2-32), 또는 출산 후(12장)의 청결. 세 번째로, 속죄제는 성별 의식에서 핵심적 자리를 차지한다. 이 의식들은 매우 특별한 때만 시행된다. 마르크스(*RB* 96[1989] 33-34)는 세 가지의 그런 시기들을 나열한다. (1) 레위인의 임직식(민 8:1-36, 5-22), (2) 아론의 위임식(8:11, 15; 출 29:36-37//출 29:1-37) 그리고 (3) 제단의 성별(8:11, 15; 출 29:36-37; 참조. 겔 43:18-27). 여러 속죄제들이 제2성전의 봉헌식에서 드려진 것은 이러한 목적을 위해서다(스 6:16-17). 반대의 경우로, 나실인은 자신의 서원이 종료될 때 속죄제를 드리도록 요구받는다(민 6:13-20). 어떤 학자들은 이 예식을 탈-성화(脫-聖化)로 이해하는 반면, 마르크스는 그것을 통과 의례로 간주한다. 그렇지만 키우치(Kiuchi, *Purification Offering*, 55-56)는 이 예식을 레위기 8-9장에 있는 제사장 위임식에 비추어 – 특히 9장에 있는 바, 제사장들이 성소에 격리되어 있는 기간(7일간 – 역자주)이 종료될 때 시행되는 예식 – 해석한다. 왜냐하면 그가 판단하기에 나실인의 신분은 대제사장의 신분과 병행을 이루기 때문이다. 그러므로 키우치는 나실인은 대제사장처럼 하나님께 가까이 가기 때문에(민 6:13) 대속이나 정결함을 얻기 위해 이 예식에서 속죄제를 드려야 한다고 결론내린다. 네 번째 범주에서는 한 가지 혹은 그 이상의 속죄제가 어떤 중대한 날들과 큰 절기에(예를 들어, 민 28-29장), 즉 때의 변화를 나타내는 날들이나 계절에 드리는 제사들 가운데 속해 있는 것으로 규정된다. 의미심장하게도 이 순례 절기들 중 두 가지는 계절의 변화를 지시하는 추분과 춘분에 생겼다.

마르크스는 한 가지 혹은 그 이상의 속죄제가 규정되는 네 가지 상이한 상황들은 공통적으로 이전의 상태나 조건에서 새로운 상태나 조건으로의 전환을 이룬다고 판단한다. 그에게 있어서 정화(속죄), 성별 그리고 탈-성화의 의식들은 분리에 강조를 두고 있다(*RB* 96[1989] 46). 추가적인 증거로 마르크스(34)는 속죄제로 발생된 효력을 묘사하는 동사들이 이중적인 동작을 묘사한다는 것을 관찰한다: 분리(טהר – 타헤르, "깨끗케 하다": חטא – 하타, "탈죄시키다")와 통합(קדש – 카다쉬, "거룩하게 만들다": מלא יד – 말라 야드, "헌정하다": 통합〈aggregation〉이란 사회학적 용어로서 공동체로부터 제외된 어떤 대상을 받아들이는 의식을 말한다 – 역자주). 그는 하타트(חטאת, "속죄제")가 하나의 "통과의례"로 드려지는 것이며 그것의 가장 좋은 번역은 "분리의 희생"이라고 결론내린다.

이 네 가지 범주를 각각 참고하면서 마르크스의 제안을 생각해 보자. 첫 번째 범주에서 하타트(חטאת)의 제사는 범죄한 사람을 죄에 대한 책임과 죄로 인해 발생된 부정결로부터 분리시키지만, 초점은 카파르(כפר, "대속")와 쎌라흐(סלח, "용서")에, 즉 사회적 신분의 변화가 아닌 제의적 변화에 있다. 중간의 두 가지 범주, 즉 부정결한 상태에서 정결한 상태로의 전환과 성소에서 섬기는 사람의 성별, 곧 집결 예식은 마르크스가 언급한 대로 복잡하고 상세하다(*RB* 96[1989] 41-43). 만성적인 성적 유출(15:14-15, 29-30)이나 출산(12:6, 8)으로부터의 회복은 당사자가 두 마리의 짐승을 의식적 정결로의 복귀의 일부로 바칠 것을 요구한다. 한 마리는 번제를 위한 것이고 다른 한 마리는 속죄제를 위한 것이다. 어떤 사람이 악성 피부병으로부터 회복되는 경우 상세한 집결 예식이 있는데(14:2-32), 그것은 다양한 제사와 일주일 간의 시작과 끝에 실시되어야 하는 씻는 의식을 요구한다. 아론의 제사장 위임식에는 몇 가지 의식이 있는데, 속죄제는 단지 그것들 중 하나에 불과하다(8장). 덧붙여서 아론과 그의 아들들은 통과 의례의 일부로 한 주간 내내 성소에 머물러 있었다. 요구된 희생들 외에 지정된 시간의 경과가 이러한 통과 의례들에서 중대한 요소다. 만일 속죄제가 일차적으로 "분리의 희생"이라면, 분명히 상세한 의식에 더해진 시간적 기간에 대한 규정은 필요 이상의 내용일 것이다. 마르크스는 속죄제가 통과 의례의 핵심에 놓여 있다는 입장을 가지고 이러한 반론에 정면으로 맞선다. 그러나 그와 반대로, 요구된 격리 기간은 속죄제가 통과 의례를 구성하기에는 미흡하다는 증거를 제공한다. 연중 절기의 본문들에 있는 속죄제 규정에서 속죄제의 유별난 점을 찾아보기가 어렵다. 왜냐하면 많은 번제와 소제(곡식제)들에 대한 규정에 비해 보통 단지 하나의 속죄제만이 규정되기 때문이다(참조. 민 28-29). 마르크스는 하타트(חטאת)가 이러한 절기들에서 특별한 위치를 차지한다고 주장한다(*RB* 96[1989] 43). 그는 이러한 주장의 근거를 속죄제가 이러한 모든 절기들에서 드려지도록 요구된 유일한 희생이라는 사실에 둔다(43). 그의 논지는 안식일이나 월삭에 하타트(חטאת, "속죄제")에 대한 어떠한 규정도 없다는 사실에 의해 강화된다(민 28:9-15). 그렇지만 이러한 중요한 날들과 절기들의 초점은 시간이나 계절의 변화를 표시하는 것에 있지 않고 이러한 희생들이 필수적인 요소가 되는 여호와의 예배에 있다.

만일 중간의 두 범주에 대한 이러한 평가가 정확하다면, 하타트(חטאת, "속죄제")는 통과 의례에서 한 부분을 차지한다. 단지 복합적 의식의 한 요소로서 그렇긴 하지만 말이다. 다시 말해, 속죄제는 그 자체로 통과 의례를 이루지 못한다. 그러나 첫 번째와 마지막 범주에서는 하타트가 분리 의례와 거의 상관이 없다. 이러한 다양한 때에 드려지는 하타트의 의의는 이전의 상태나 상황으로부터 분리를 특징짓는 데 있기보다는, 죄와 부정결로부터 정결케 하는 수단이라는 하타트의 본질 속에 들어 있다. 제의 본문들은 인간들이 열정적인 기쁨을 가지고 거룩하신 하나님의 존전에 설 수 있도록 부정결을 깨끗케 하고 죄를 대속하는 제사들을 지속적으로 가질 필요성을 증언한다. 마지막으로, 마르크스가 하타트(חטאת)에 대해 제안한 명칭인 "분리의 희생"은, 그것이 기껏해야 이 희생의 제한된 목적에 초점을 맞추고 있다는 것을 제외하면, 사회학을 공부하지 않은 대부분의 사람들에게는 거의 의미를 갖지 못한다. 이러한 여러 가지 고려 사항들을 고찰해 볼 때, 밀그롬이 제안한 "정화제"(개역 성경: 속죄제)라는 명칭이 이 책에서 하타트(חטאת)에 해당한 용어로 채택된다.

불행히도 레위기 4-5장 외에는 사실상 하타트의 한도와 속성에 대해 더 많은 것을 언급해 주는 참고 본문들이 없다.

1 속죄제를 위한 이 규정의 서두에서 그것에 대한 몇 가지 전반적인 설명은 도움이 될 것이다. 이 법안의 첫 부분에(4:2-35) 속죄제를 위한 두 개의 기본 규정이 있다: 제사장과 회중을 위해 바치는 큰 속죄제(2-21절) – 이 제사에서는 희생 짐승의 피를 성막 내실로 반입하여 휘장 앞에 뿌리고 내성소에 있는 제단(향단 – 역자주) 뿔에 끼얹는다(개역 성경: 바른다). 더불어 그 짐승의 고기는 진영 밖의 정결한 장소에서 태운다. 귀인(개역 성경: 족장)이나 개인을 위한 열등한 속죄제(22-35) – 이 경우에는 희생 제물의 피를 성막 마당에 있는 제단(번제단 – 역자주) 뿔에 바르고 고기는 제사장들이 먹는다.

카우프만(Kaufmann)은 이 두 가지 유형의 제사 사이에 나타나는 태우는 의례의 차이를 지적한다(Milgrom *VT* 26[1976] 334=*SCTT* 71). 그는 큰 속죄제는 짐승이 바치는 자의 죄로 오염된 상태가 되지만, 작은 속죄제는 그렇지 않다고 주장한다. 그러나 어떤 경우라도 그 짐승이 오염된 상태가 된다는 것은 의심스러운데, 왜냐하면 그 짐승의 피는 내성소로 반입되고 짐승의 대부분이 진영 밖의 **정결한** 장소에서 처분되기 때문이다. 정결한 장소는 오염된 어떤 것을 받아들이는 것이 허용되지 않았을 것이다(그러나 다른 입장에 대해서는 Rodriguez, *Substitution*, 216-19를 보라). 레빈은 그것들의 효과에 기초하여 두 속죄제를 구별한다: 큰 속죄제는 성소를 정화하고 동시에 성소와 집례하는 제사장을 죄의 오염력으로부터 보호하는 반면, 작은 속죄제는 백성들이나 그들의 지도자들이 범한 죄를 대속한다(Levine, *In the Presence of the Lord*, 103-8). 그러나 밀그롬(Milgrom, *VT* 336=*SCTT* 73)이 증명한 대로, 이 두 종류의 희생 제물은 모두 정화 기능을 갖는다. 열등한 속죄제는 바깥의 마당을 정화하는 반면, 큰 속죄제는 내부의 성소를 정화한다. 밀그롬은 죄를 지은 사람의 제의적 지위가 높을수록 죄로부터 방출된 부정결이 성소로 더 깊숙이 침투한다고 주장한다. 큰 속죄 제물이 더 전염성이 강한 더욱 심한 부정결을 청소해야 하기 때문에, 밀그롬은 이러한 부정결이 이 속죄 제물의 사체를 오염시켜 소각이 요구된다고 가정한다. 불행히도 이 마지막 논점은 밀그롬에 의해 충분히 발전되지 못했으나, 그것은 조하르(Zohar)가 제시한 또 다른 설명을 위한 기초가 된다.

조하르의 해석에서(*JBL* 107[1988] 613-15), 죄인은 주로 "의지와 욕망의 좌소"인 네페쉬(נפשׁ)에 거하고 있는 죄로부터 발생된 부정결을 제거한다. 그것은 죄인이 희생 짐승의 머리 위에 안수할 때 그 부정결이 짐승에게 전가됨으로써 이루어진다. 이것은 분리의 과정이다. 죄인은 동회함으로써 자신의 죄를 뉘우치고 그 죄를 짐승에게 내던진다. 부정결은 우선적으로 그 짐승의 피에 달라붙고 약간은 살에 붙는다. 피 의례들을 통해 그 죄인은 "피로 들어가 있는 구체적으로 버린 죄"를 하나님께 내놓는다. 조하르는 계속해서 주장하길, 그 부정결이 두 가지 방식 중 한 가지로 제단으로부터 제거된다고 말한다. (1) 하나님께서 자신의 능력으로 그것을 닦아 없애시든지, (2) 내던져짐으로써 세력이 약화된 "오염의 찌꺼기"는 하나님께서 간직하고 계시다가 최종적으로 속죄일에 아사셀을 위한 염소에 의해 제거된다. 이러한 해석의 견지에서 조하르는 하타(חטא, "정화하다, 청소하다")를 기본적으로 "전가하다, 대체하다, 바꾸어 놓다"라는 의미로 받아들인다(*JBL* 107[1988] 616). 부정결이 전염성이 있다는 것은 사실이지만, 속죄제 의식에는 그 부정결이 피를 제외하고 희생 짐승을 오염시킨다고 시사하는 것이 별로 없다. 왜냐하면 그 짐승의 피는 휘장 앞에 뿌리고 제단 뿔에 바르며, 엄선된 내장들은 제단 위에서 태우기 때문이다. 피를 가지고 수행되는 이러한 다양한 의례들은 조하르의 주장, 즉 대속이 이루어지는 그 부정결이 짐승과 그 피에 침투된다는 입장과 맞지 않는다. 그렇지만 속죄제의 짐승이 바치는 자의 죄와 긴밀하게 동일시된다는 생각은 정확하다. 왜냐하면 그 짐승의 피를 번제단에 끼얹어 붓지 않고 단지 제단 밑에 쏟으며, 또한 고기는 제단에서 태우지 않기 때문이다. 불행히도 본문은 이 의식에 나타나는 이러한 차이점들에 대해 더 이상 아무런 설명을 제공하지 않는다. 바치는 자의 죄가 제거된다는 것은 제사장이 제사를 바치는 자를 위해 "대속"(כפר – 카파르)을 시행하여 그가 "용서"(סלח – 쌀라흐) 받도록 한다는 형식문에 의해 강조된다(4:20, 26, 31, 35; 다른 해석에 대해서는 Koch, *TDOT* 4:317을 참조하라). 이러한 다양한 설명들을 고려해 볼 때, 밀그롬의 입장 즉 피의 취급이 죄악된 행위에 의해 방출되어 성소에 유입된 부정결을 제거한다는 주장은 그 의식의 다양한 측면과 잘 부합한다.

덧붙여서 밀그롬은 통찰력 있게 주장하길(*VT* 26[1976] 337=*SCTT* 74), 제사장들이 열등한 속죄제의 고기를 먹도록 허용하는 관행은 제의와 관련된 마술적인 관행들에 치명타를 가했다고 말한다. 왜냐하면 다른 종교들은 정화력을 지니고 있던 그 어떤 것이든 파괴하려고 부단히 애썼기 때문이다. 큰 속죄제의 고기를 먹지 않고 처분해야 하는 이유는 제의법들에 의해 제사장들이 자신들의 죄나 언약 공동체의 죄로부터 유익을 얻는 것이 원천 봉쇄되기 때문이다(참조. 6:23[30]). 주 제단(번제단 – 역자주)에서의 짐승 소각은 속죄제 의식에 속한 의례가 아니기 때문에, 성별된 큰 속죄제의 고기는 진영 밖의 정결한 장소에서 태움으로써 적절한 방식으로 처분되어야 한다.

제의 법안에서 속죄제는 현저한 역할을 하는데, 이는 제사장들이 죄로 인해 야기된 오염의 제거와 매우 중대하게 관련되어 있기 때문이다. 그렇지만 제의 법안 밖에서는 속죄제에 대한 언급이 별로 없다. 그것은 특히 번제와 화목제에 관한 언급들과 비교된다. 이것은 아마도 이 제사가 우선적으로 특정한 죄를 위해, 또한 의식적 부정결로부터의 정화를 위해 바치는 개인적인 것이었기 때문일 수 있다. 그러한 것들은 현재까지 보존되어 온 여러 유형의 고대 히브리어 문헌들에서는 흔하게 표면화된 문제들이 아니었다. 비쉐가가(בשגגה, "실수로, 무심코")는 하타(חטא, "죄짓다")와 결부되는데, 이는 이 속죄제의 목적을 무지나 인간적 연약함으로 저지른 범죄의 교정에 국한시키기 위함이다(4:27; 5:25[6:6]; 참조. Milgrom, *JQR* 58 [1967] 118=*SCTT* 125). 민수기 15:22-31에서 무심코 저지른 죄는 "높은 손"으로 행한 행동, 즉 고의적이고 반항적인 행위와 대조된다. 여전히 오늘날에도 움켜쥔 주먹은 작심한 공공연한 반항을 상징한다. 레빈(Levine, 19)은 랍비들이 비고의적인 죄가 두 가지 측면을 갖는 것으로 이해했다는 점을 지적한다. (1) 법의 사실들과 관련된 실수, (2) 어떤 행위가 법을 어겼다는 사실을 알지 못하는 것. 어떤 음식이 부정하게 되었다는 사실을 알지 못한 채 그것을 먹는 것은 비고의적인 죄의 한 가지 예다(참조. 시 19:13[12]). 그런 비고의적인 죄들은 또한 우연히 혹은 무지하거나 약한 의지로 인해 지은 범죄를 포함한다. 어떤 사람이 알지 못한 채 어떤 일을 할 수 있으나, 동시에 그는 자신이 무엇을 했는지 알 수 있다. 예를 들어, 신명기 19:4-5은 어떤 사람이 나무를 패는 중에 자신의 도끼 날이 빠져 날아가 고의성이 없이 동료를 죽인 사례를 보여 준다. 그 일꾼은 자신이 어떤 사람을 죽였다는 사실을 인지하지만, 자신의 행동에 대해 사전에 꾸민 계획은 전혀 없다. 따라서 그는 살인에 대한 죄책이 없다. 이러한 점에 비추어 밀그롬(*JQR* 58[1967] 117-18=*SCTT* 124-25)은 자각의 개념이 쉐가가(שגגה, "실수")라는 단어에 나타난다고 주장한다. 쉐가가(שגגה)는 분명히 사고로, 또한 무의식적으로 저지른 죄에 대해 사용된다. 그럼에도 불구하고, 키우치(Kiuchi, *Purification Offering*, 26)는 후자가 4장에서 쉐가가(שגגה)에 대한 일차적인 의미라고 주장한다.

3 이 규정에는 네 가지 의식이 있는데, 그것들은 죄를 범한 그룹이나 개인의 신분에 따라 차이가 난다. 첫 번째 의식은 하코헨 하마쉬아흐(הכהן המשיח, "기름부음 받은 제사장")에 대한 것이다. 이것은 대제사장에 대한 다른 용어다. 이 구절과 레위기 6:15(22) 외에서는 구약에서 대제사장이 결코 기름부음 받은 제사장으로 일컬어지지 않는다. 다른 곳에서 그는 하코헨 하가돌(הכהן הגדול, "대제사장": 21:10; 민 35:25, 28; 수 20:6) 혹은 하코헨 하로쉬(הכהן הראש, "총제사장"〈chief priest〉; 왕하 25:18; 대하 19:11; 24:11; 26:20; 31:10; 스 7:5)로 불린다.

첫 번째 사례는 대제사장이 저지른 비고의적인 죄를 다룬다. 비록 본문은 그가 무심코 죄를 지었다고 말하지 않을지라도, 이 수식어구(즉 "비의도적으로, 부지중에": 역자주)가 암시되고 있는데, 이는 이 의식의 다양한 사례들 전반에 걸쳐 그 어구가 사용되기 때문이며, 또한 무엇보다 이 범주의 모든 사례들에 적용되는 선행하는 일반적 사례(2절)에 의해 암시된다. 대제사장은 죄를 범할 때마다 백성들을 유죄하게 만든다(לאשמת העם – 레아쉬마트 하암). 이러한 유죄의 표현은 죄를 짓는 사람이 죄책을 초래한다는 이어지는 사례들과 다르다. 기름부음 받은 제사장은 하나님 앞에서 공동체 전체를 대표하기 때문에, 그가 지은 어떤 죄라도 회중 전체를 연루시킨다. 만일 그가 죄로 더럽혀지게 된다면, 온 회중이 오염의 위험에 놓인다. 기름부음 받은 제사장이 부정결한 상태로 있는 한, 백성들은 자신들을 하나님께로 이끌 사람을 전혀 갖지 못한다. 하나님과의 언약 관계에 있는 공동체에게 그런 상황은 중대하다. 그러므로 대제사장이 자신의 죄를 대속하는 것은 시급한 일이다.

한 가지 난해한 질문이 떠오른다. 기름부음 받은 제사장은 어떤 방식으로 무심코 죄를 지었다는 혐의를 받았을까? 하나의 가능한 추론은 백성들이 아마도 불행한 일, 예를 들어 가뭄이나 역병으로 인해 하나님 앞에 서기를 염려하게 되었다는 것이다. 큰 고통을 당하는 가운데 백성들은 대제사장이 하나님께 구원을 빌도록 요청할 것이다. 그가 하나님의 도움을 구하는 동안 아마도 우림과 둠밈을 통해(출 28:30) 대제사장이 무심코 범죄했다는 사실이 그에게 드러났을지도 모른다. 일단 대제사장이 자신의 잘못을 깨닫게 되면, 그는 백성들로부터 그 죄책을 제거하기 위해 자신의 비의도적인 죄를 위해 대속을 시행해야 했다.

범죄한 사람의 지위가 높을수록 희생에 요구된 짐승은 더욱 비쌌다. 기름부음 받은 제사장은 흠(תמים – 타밈) 없는 "수송아지"(פר בן בקר – 파르 벤 빠카르)를 바쳐야 한다. 3절에서 파르(פר, "수소")라는 용어의 삼중적 반복은 이것이 대제사장의 속죄제를 위해 허용된 유일한 짐승이라는 것을 강조한다. 그는 수소를 회막 입구로 가져간다. 거기서 그는 그 짐승을 자신의 제물로 확인하기 위해 그 수소의 머리를 누른다(참조. 1:4). 추측컨대 이러한 행동을 하는 동안 그는 어쩌면 참회의 시를 읊으면서 자신의 죄를 고백하고 슬픔을 표현하며 하나님의 주권을 인정할 것이다.

5-7 대제사장(הכהן המשיח – 하코헨 하마쉬아흐)이 친히 피를 다루는데, 이는 하나님 앞에서 그를 대신할 더 높은 사람이 없기 때문이다. 이 번제물의 피 취급은 다른 제물들과 사뭇 다르다. 대제사장은 피를 그릇에 모은다. 번제물(עלה – 올라; 1:5)과 화목 제물(זבח שלמים – 제바흐 쉘라밈; 3:2)의 경우처럼 제단 사면에 그 피를 끼얹는(זרק – 자라크) 대신, 대제사장은 그것을 내성소로 취하여 들인다(לקח – 라카흐). 거기서 그는 피의 일부를 휘장 앞에(את פני פרכת הקדש – 에트 프네이 파로케트 하코데쉬) 일곱 번 뿌린다(הזה – 히자). 피를 "뿌리기"(הזה – 히자)와 피를 "붓기" 혹은 "바르기"(נתן – 나탄) 사이의 차이점은 본문에서 설명되고 있지 않다. 프리젠(Vriezen, *OTS* 7[1950] 231-33)은 히자(הזה)를 피를 여호와께 바침으로써 "피를 신성화"하기 위한 예식으로 해석한다. 야노브스키(Janowski, *Sühne*, 226-27)는 프리젠의 논증을 폄하한다. 성소의 두 방, 즉 지성소와 내성소를 나누는 휘장은 그 위에 케루빔(개역 성경: 그룹들) 무늬를 가졌는데, 그것은 휘장과 속죄판(כפרת – 카포레트; 개역 성경: 속죄소) 사이를 연결시킨다. 하란(Haran, *Temples*, 161)에 따르면, 휘장은 일종의 카포레트(כפרת)의 "투영과 '그림자'" 역할을 했다. 대제

사장이 휘장에 피를 뿌렸을 때, 그는 간접적으로 속죄판에 뿌린 것이다(Kurtz, *Sacrificial Worship*, 216-17). 이 피 의례에서 그러한 연관성이 의도되었다는 것은 하카도쉬(הקדש, "그 성소")가 가리개와 더불어 사용되는 사실로부터 분명한데, 이는 하카도쉬가 여타의 곳에서는 단지 16:2에서만 "휘장"과 함께 나타나기 때문이다(Kiuchi, *Purification Offering*, 125). 키우치에게 있어서 피가 지성소 방향으로 뿌려진다는 추가적인 증거는 히자(הזה, "뿌리다")의 목적어가 하나의 전치사가 아닌 직접목적어의 지시어(את – 역자주)에 "…의 얼굴"이 추가된 전치사 에트 페니(פני את)에 의해 이끌어진다는 것이다(125). 히자(הזה, "뿌리다")는 성막의 정화(17절; 16:14-16; 민 19:4)와 더불어, 또한 16:15b과 19절에서 제단과 더불어 발생된다. 이러한 사실은 키우치(Kiuchi, 130)로 하여금 이 의례가 나탄(נתן, "붓다 혹은 바르다")보다 더 강력하다는 결론을 내리게 만든다. 뿌리기는 일곱 번 수행되는데, 그것은 완전성을 함축한다.

다음에 대제사장은 피의 일부를 향단 뿔 위에(על קרנות מזבח קטרת הסמים – 알 카르노트 미즈바흐 케토레트 하싸밈) 붓는다(נתן – 나탄, 혹은 끼얹는다 – 역자주). 이 제단은 내성소 안에서 휘장(פרכת – 파로케트) 앞에 세워져 있다. 출애굽기 30:1-10에 따르면, 그것은 아카시아나무(개역 성경에서는 조각목)로 만들어져 금으로 입혀져 있다(참조. 출 30:27; 31:8; 35:15; 37:25-28; 40:5, 26; 대상 6:34[49]; 28:18; 대하 26:16, 19). 향단의 상단부는 가로, 세로 18인치의 정사각형이었으며, 높이는 36인치였다. 각각의 모서리에는 뿔이라고 부르는 위로 솟은 돌출 부위들이 있다. 그렇지만 이 제단이 바로 지성소 안에 세워져 있었다는 또 다른 전승이 존재한다(참조. 히 9:3-4). 이 전승은 이차적인 것으로 보이며 그 기원이 알려져 있지 않다. 매일 그 제단 위에서 향이 피워졌다. 위로 올라가는 연기는 공동체의 기도를 상징했다(참조. 시 141:2). 제단 사면 끝을 피로 칠함으로써 제단 전체를 정결케 했다(참조. 8:23). 내성소 안에서 이 피 의례가 수행된 이유는 그런 높은 공직자에 의해 저질러진 죄로부터 발생된 오염이 내성소 자체로 침투하기 때문이다. 또한 장막의 거룩의 등급은 공동체의 계급 조직에 상응하는데, 그것은 대제사장의 지위가 장막 내의 가장 거룩한 장소에 상응한다는 의미다. 그러므로 대제사장의 죄가 내성소 안에서 지성소로 이어지는 휘장들에 피를 뿌림으로써 대속되어야 하는 것이 적절하다.

이어서 대제사장은 남은 피를 내성소 밖으로 가지고 나와 그것을 주 제단(번제단 – 역자주) 아래 "쏟는다"(שפך – 샤파크). "쏟아내다"를 지칭하는 이 단어는 일반적인 용어로서 대제사장이 그 짐승의 남은 피로 하나의 의례를 수행하는 것이 아니라 그것을 처분한다는 것을 지시한다.

8-10 화목제 의식에서(참조. 3:3-5) 그런 것처럼, 제사장은 "모든 기름"(חלב כל – 콜 헤렘)과 "두 콩팥"(שתי הכליות – 쉐테이 하콜라요트) 그리고 "간엽"(간꺼풀)(היתרת על הכבד – 하요테레트 알 하카보드)을 제거한 뒤 그것들을 제단(번제단–역자주) 위에서 태운다. "제사장이 그를 위해 대속을 시행할 것이며 그는 사함받을 것이다" (20, 26, 31, 35절)라는 진술이 없는 이유에 대해서는 "원문주해" 10.d를 보라.

11-12 짐승의 남은 부위, 특히 "가죽"(עור – 오르), "고기"(בשׂר – 빠사르), "머리"(ראשׁ – 로쉬) 그리고 "다리들"(כרעים – 케라임)은 "내장들"(קרב – 케레브), "똥"(פרשׁ – 페레쉬)과 더불어 "진영 밖으로"(מחוץ למחנה – 미후츠 라마하네) 가져가 "나무 불에"(על־עצים באשׁ – 알 에침 빠에쉬) 태운다(שׂרף – 사라프). "번제"(עלה – 올라)의 경우에 태우지 않았던 "가죽"(עור – 오르)의 포함은 이 제물로부터 인간에게 돌아갈 유익이 전혀 없다는 것을 시사한다(참조. Levine, 21). 이 부위들은 제단 위에서 태우지 않는 그 짐승의 부분들이 확실하게 처리되는 것을 분명히 해두기 위해 나열된다. 이 지침은 누구든지 가장 거룩한 이 짐승의 그 어떤 부위라도 남용하지 않도록 방지하기 위해 필수적이다. 나아가 이 규범은 제사장들이 어떤 방식으로든 자신들의 죄로부터 유익을 얻지 못하도록 막는다.

일반적 용어인 사라프(שׂרף, "태우다")가 히크티르(הקטיר, 문자적으로는 "연기를 피우다") 대신 사용된다. 그렇다면 이 태우기는 의식상의 행위가 아니라 그 짐승이 가장 거룩하고 더럽혀질 수 없는 이유로 인한 남은 부위들의 적절한 처분이다. 이 규정은 희생 제물들로부터 나온 기름 섞인 재(דשן – 데쉔)의 처분을 위해 진영 밖에 한 장소가 있었다는 것을 시사한다(참조. 1:16). 그 장소는 의식상으로 정결했는데(טהור – 타호르), 그것은 그 곳이 분명하게 표시되었으며 주의 깊게 통제되었다는 것을 의미한다. 큰 속죄제에서는 대제사장이 연루되기 때문에, 그도 그의 집도 어떤 방식으로든 자신의 죄로부터 유익을 얻을 수 없다. 그러나 제사장들은 열등한 속죄 제물의 죄에 직접 연루되어 있지 않기 때문에, 그들은 그 제물의 고기를 허용받아 먹을 권리가 있다(참조. 6:19[26]).

밀그롬(Milgrom)은 속죄제의 고기는 바치는 자의 죄로 오염되어 있기 때문에 그것을 결코 제단 위에서 태우지 않는 것이 아닐까 생각한다(*VT* 26[1976] 334=*SCTT* 71; 참조. Noordtzij, 59). 그러나 그것을 정결한 장소에서 태우라는 지침은 이러한 견해를 옹호하지 않는다. 나아가 제사장들은 또한 열등한 속죄제의 고기를 먹으라는 지시를 받는다(6:19[26], 22[29]). 그들이 오염된 어떤 것을 먹으라는 명령을 받았으리라는 것은 불가능하다. 분명히 작은 속죄제의 고기는 오염되지 않는다. 밀그롬은 작은 속죄 제물은 그 죄의 세력이 더 약하기 때문에 오염되지 않는다고 주장함으로써 이러한 차이점을 설명한다(*VT* 26[1976] 336=*SCTT* 73). 그러나 만일 죄가 부정결을 방출한다면, 그 부정결은 열등한 속죄 제물이라 할지라도 그것이 큰 속죄 제물에 영향을 끼치는 것과 동일한 방식으로 이 제물에 영향을 줄 것이다. 그렇다면 어느 한쪽의 속죄제 짐승은 바치는 자의 죄로 더럽혀지게 된다고 주장할 필요가 없다. 아마도 속죄제의 고기는 하나님이 "잡수신다"는 개념, 즉 백성들의 죄로부터 유익을 얻는다는 개념을 제거하기 위해 주 제단에서 태우지 않을 것이다. 그 고기의 섭취는 바치는 자의 죄책의 제거에 대한 추가적인 상징이다(Kiuchi, *Purification Offering*, 135).

13 두 번째 사례에서 "온 이스라엘 회중"(כל עדת ישׂראל – 콜 아다트 이스라엘)이 "잘못을 저질렀다"(שׁגה – 쉐가). 그 죄가 무심코 저질러졌다는 것은 어떤 것(דבר – 다바르)이 그들의 눈으로부터 감추어졌다(נעלם דבר – 네을람 다바르)고 진술하는 추가적인 문장에 의해 강조된다. 죄의 종류는 명시되어 있지 않다. 또한 행위의 정도도 막연한 다바르(דבר, "어떤 것, 일")에 의해 확인되지 않는다. 어떤 잘못된 조언을 따름으로써, 공동체는 죄를 짓고 죄책이 있게 된다(אשׁם – 아쉠). 아쉠(אשׁם)은 형식적, 법적 의미인 어떤 행동에 대해 "유죄하게 된다"와 더불어 감정적, 역동적 의미인 "죄책을 느끼다 혹은 깨닫다"를 함께 지닌다(참조. 5:17-18에 관한 "주석": Kiuchi, *Purification*, 31-34). 여기서 법적인 측면이 강조된다. 즉 죄인들은 자신들의 행동에 대해 죄책이 있다. 그러나 본문은 또한 죄책의 역동적인 특징을 전제한다. 그들의 죄책은 궁극적으로 그들이 어떤 잘못을 범했다는 사실을 깨닫도록 인도할 것이다. 이것이 다음 구절에서 진술된다. 회중은 자신들의 죄를 깨닫게 된다(נודעה – 노디아). 키우치(33-34)는 노디아(נודעה, "알아차리다")가 아쉠(אשׁם, "죄책을 깨닫다")의 연속적 행위라기보다는 그것을 보충 설명한다고 이해한다. 이러한 해석의 장점은 본문이 그 죄가 알려지게 된 방법을 다루지 않으면서 그 죄책의 성격에 의해 알려진다는 것을 암시해 준다는 점이다(אשׁם – 아쉠: 참조. 23절과 28절).

그 죄의 성격에 관하여, 웬함(Wenham, 99)은 그것이 아마도 지도자들에 의해 집단으로 저질러지는 것이라고 생각한다. 예를 들어, 여호와께 묻지 않고 기브온 장로들과 언약을 체결한 일이다. 한편, 라쉬(Rashi)는 지도자들이 백성들을 가르치는 데 실패한 이유로 백성들이 어떤 의식상의 규정을 범했다고 추론한다(샷 9장). 호프만(Hoffmann, 1:183-84)은 그 죄를 율법에 명백히 명시되지 않은 문제에 대하여 제사장들이 주는 잘못된 조언에서 비롯된 범죄 행위로 정의한다. 어쨌든 공동체가 자신들이 어떤 죄를 범했다는 것을 깨닫게 되면, 그들은 자신들의 죄를 대속 받기 위해 속죄제를 바쳐야 한다.

이 사례에서 공동체를 위한 두 개의 단어가 사용된다: 에다(עדה, "회중, 군중"; 13, 15절)와 카할(קהל, "회중, 총회"; 13, 14절). 에다(עדה)라는 용어는 때때로 전체로 행동하는 나라를 지칭하는 반면(예를 들어, 출 12:3, 6; 민 20:1, 2), 다른 언급들에서 그것은 사법적 권위가 부여된 특별한 회집을 의미한다(참조. 민 15:33-35; 27:2). 카할(קהל, "회중, 총회")은 이유와 상관없이 함께 모인 사람들의 무리를 지칭하는 보다 일반적인 용어다. 예를 들어, 창세기 28:3에서 그것은 거대한 무리의 사람들을 지칭하며 에스겔 23:24; 26:7에서는 전쟁을 위해 정렬한 군인들을 지칭한다. 종종 이 용어는 예배를 드리러 모인 이스라엘 백성을 나타낸다(신 5:22; 9:10; 왕상 8:22, 65).

[14] 기름부음 받은 제사장의 경우에서와 마찬가지로, "수소"(פר בן־בקר – 파르 벤 빠카르), 곧 가장 비싼 희생 짐승이 회중들에게 요구된다.

[15] 공동체를 대표하는 "회중들의 장로들"(זקני העדה – 지크네이 하에다)이 그 짐승 위에 안수한다. 광야 시대에 각 지파에서 6명씩으로 구성된 70 장로회는 행정적 문제들로 모세를 도왔다(출 24:1, 9; 민 11:16-17; 그 모임의 구성원이 70명이었는지 아니면 72명이었는지는 항상 논쟁이 있어 왔다).

[16]-[18] 회중이 범죄했기 때문에, 기름부음 받은 제사장이 피 의례들을 수행하도록 요구된다. 회중의 죄로부터의 오염 역시 성소 안으로 침투한다. 나아가 회중은 언약으로 인해 신분상 하나님께 가까이 하고 있기 때문에(참조. 출 19:5-6), 피 의례들이 기름부음 받은 제사장을 위한 의식에서와 마찬가지로 내성소에서 이루어져야 한다(참조. 5-7절).

[20]-[21] 그 제사장은 회중을 위해 "대속"(כפר – 카파르)을 시행하며, 그들은 "사함"(נסלח – 니슬라흐)을 받는다. 니슬라흐가 수동태라는 점에서, 암시된 주어는 하나님이시다. 이 용어가 포함됨으로써 하나님께서 친히 희생의 공로를 받아들이시고(참조. 1:4) 그 범죄자(들)에게 용서를 베푸신다는 것이 강조된다. 제사장들은 언약 공동체의 구성원들로서 이 죄에 참여하기 때문에 그 짐승의 어떤 부분도 먹을

수 없다. 그 짐승의 남은 모든 부분은 기름부음 받은 제사장의 속죄 제물과 마찬가지로(11-12절) 진영 밖의 정결한 장소에서 소각되어야 한다.

부록: 카파르(כפר, "대속하다, 속죄하다")

참고문헌

Dodd, C. H. *The Bible and the Greeks.* London: Hodder & Stoughton, 1935. 82-95. **Garnet, P.** "Atonement Constructions in the Old Testament and the Qumran Scrolls." *EvQ* 46(1974) 131-63. **Gerleman, G.** "Die Wurzel *kpr* im Hebräischen." In *Studien zur alttestamentlichen Theologie.* Heidelberg: Lambert Schneider, 1980. 11-23. **Hartley, J.** "Expiation." *ISBE* rev. 3:246-48. **Herrmann, J.** *Die Idee der Sühne im Alten Testament: Eine Untersuchung über Gebrauch und Bedeutung des Wortes kipper.* Leipzig: Hinrichs, 1905. ______. "ἱλασκομαι." *TDNT* 3:301-10. **Koch, K.** *Die israelitsche Sühneanschauung und ihre historischen Wandlungen.* Erlangen: Theologische Fakultät der Universität, 1956. ______. "Sühne und Sündenvergebung um die Wende von der exilischen zur nachexilischen Zeit." *EvT* 26(1966) 217-39. **Lang, B.** "כִּפֶּר *kippær.*" *TWAT* 4:303-18. **Levine, B.** "Kippurim." *Eretz-Israel* 9(1969) 88-95, 136. **Maass, F.** "כפר *kpr* pi. sühnen." *THAT* 1:842-57. **Médebielle, A.** *L'expiation dans l'A et le N.T.* Rome: Institut Biblique Pontificial, 1923. ______. "Expiation." *DBSup.* 3:1-262. **Milgrom, J.** "כפר על/בעד." *Leshonenu* 35(1970) 16-17. ______. "Atonement in the OT." *IDBSup* 78-82. **Morris, L.** *Apostolic Preaching of the Cross.* London: Tyndale Press, 1956. 144-213. **Schenker, A.** "*kōper* et expiation." *Bib* 63(1982) 32-46. **Sesboüé, B.** "L'expiation dans la révélation judéochrétienne." *Rencontre chrétriens et juifs* 3(1969) 233-44. **Stamm, J. J.** *Erlösen und Vergeben im Alten Testament.* Bern: A. Francke, 1940. 59-84.

히브리어 카파르(כפר)의 어원은 논쟁거리다. 한 가지 견해는 그것을 아랍어 카파라(*kafara*, "덮다")와 동일시하는 것이다. 느헤미야 3:38(4:5)에 인용된 예레미야 18:23이 이러한 확인을 지지하는 한 가지 예로 언급된다. 느헤미야는 예레미야의 카파르(כפר)의 사용을 카사(כסה, "덮다")로 대체한다. 다른 견해는 카파르(כפר)를 아카드어 쿠뿌루(*kuppuru*, "쓸어내다, 문지르다")와 관련시킨다. 시카고 앗시리아어 사전(*CAD*, 8:179-80)에 따르면, *kuppuru*는 "쓸어내다, 깨끗케 하다, 정화시키다"를 의미한다. 사람, 성전을 포함한 건물 그리고 다른 물건들과 같은 그런 다양한 대상들이 신비한 의례들에 의해 정결하게 될 수 있었다. *kuppuru*의 제의적 용례는 아카드어와 히브리어 사이에 밀접한 관련이 있다는 것을 시사한다. 예레미야 18:23로 되돌아가서, 이러한 입장에 대한 지지는 마하(מחה, "닦아내다, 지우다")가 카파르(כפר)와 병행을 이룬다는 사실에서 발견된다. 카파르에 대한 다른 설명으로는, 그것이 명사 코페르(כֹּפֶר, "배상")의 파생어라는 것이다(출 21:30; 30:20; 욥 33:24; 36:18; 잠 13:8; 참조. W. Eichrodt, *Theology of the OT*, 2:444-47).

카파르(כפר)의 행위가 예물이나 어떤 유형의 지불에 의해 달성될 수 있다는 것이 야곱이 화가 난 자신의 형 에서를 "예물로"(במנחה – 빠민하) "달래 보고"(כפר) 싶어하는 모습에서 발견된다(창 32:21[20]). 그러나 그 문맥에서 코페르(כֹּפֶר, "뇌물, 배상")가 아닌 민하(מנחה, "예물")의 사용은 코페르와 카파르의 관련성에 의심을 불러일으킨다. 설사 이 두 용어 사이에 연결고리가 존재할지라도, 그것은 제의 본문들에 있는 대부분의 카파르(כפר) 사용 사례에서 전면에 두드러지게 나타나지 않는다. 레빈(B. Levine, *In the Presence of the Lord*, 67-68)은 이러한 난점을 인식하면서 두 개의 동사를 설정한다: כפר I, 일차적인 의미 그리고 כפר II, 명사 כֹּפֶר에서 파생된 이차적인 의미로 보통 카파르 알 네페쉬(כפר על נפש, "생명을 위해 배상을 치루거나 지불하다")라는 어구에서 나타난다(예를 들어, 출 30:15-16). 이러한 제안은 이 단어를 하나의 이론에 억지로 끼어 맞추려는 시도로 보인다.

카파르(כפר)를 이해하는 데 있어서 또 다른 복잡한 요소는 그것이 다양한 구문론적 관계 속에서 나타난다는 것이다. 그것은 직접목적어를 취하는 일이 거의 드물다. 그 동사가 직접목적어를 가질 때는, 그것이 성소이거나 제의 비품이다(16:20, 33; 겔 43:20, 26; 45:20). 성소 또는 비품이 또한 카파르 알(כפר על) 뒤에 나타나는 것도 가능하다(8:15; 14:53; 16:16, 18; 출 29:36, 37; 30:10[2회]). 키우치(Kiuchi, *Purification Offering*, 92-93)는 제의적 용어를 목적어로 갖는 카파르의 두 가지 용례 사이에 어떤 차이도 발견하지 못한다. 카파르는 때로 전치사 베(ב)와 더불어 독자적으로 나타나 도구적으로(5:16; 7:7; 17:11b; 19:22; 출 29:33; 민 5:8) 혹은 공간적으로(6:23[30]; 16:17a, 27) 사용된다. 만일 행위를 받는 대상이 사람이라면, 그 사람 앞에 선행하는 것은 전치사 알(על, "…를 위해": 1:4; 4:20, 26, 35; 5:6, 10, 13, 16, 18, 26[6:7]; 8:34; 10:17; 12:7, 8; 14:18, 19, 20, 29, 31; 15:15, 30; 16:30, 33, 34; 17:11; 19:22; 23:28; 출 30:15, 16; 민 5:8; 6:11; 8:12, 19, 21; 15:25, 28[2회]; 28:22, 30; 29:5; 31:50; 겔 45:15), 또는 베아드(בעד, "…을 위해": 9:7[2회]; 16:6, 11, 17b, 24; 겔 45:17)이다. 카파르 베아드(כפר בעד)는 밀그롬이 말한 대로(*Leshonenu* 35[1970] 17; Kiuchi, 88-89) 카파르 알(כפר על)과 구별되어 제사장이 자신을 위해 속죄를 시행할 때 나타난다. 사람이 직접적으로 카파르의 행위에 의해 영향을 받는다고 말하는 것은 조심스럽게 삼가야 한다. 그러한 기피는 속죄제가 자동적으로 대속의 의식에 포함된다는 그 어떤 암시라도

단호히 거부하려고 애쓴 결과일 수 있다(Levine, *In the Presence of the Lord*, 66). 두 개의 구절이 카파르 레(כִּפֶּר לְ, 신 21:8; 겔 16:63)라는 어구를 포함하고 있는데, 이 어구에서 하나님은 주어이고 그의 백성은 그분이 부여하시는 대속의 수령자다.

때로 그 문맥에서 다른 동사가 카파르(כִּפֶּר)에 의해 달성된 상태나 수반된 결과를 강조한다: 타헤르(טָהֵר, "정결하다"; 칼형, 12:7, 8; 14:20, 53; 참조. 민 8:21) 혹은 "정결케 하다"(피엘형, 16:30), 니슬라흐 로(נִסְלַח לוֹ, "용서되다"; 4:20, 26, 31, 35; 5:10, 13, 16, 18, 26[6:7]; 19:22), 키데쉬(קִדֵּשׁ 피엘형, "거룩하게 만들다, 성별하다"; 8:15; 16:18-19; 출 29:33, 36, 37; 민 6:11) 그리고 히테(חִטֵּא 피엘형, "정화시키다, 죄에서 벗어나게 하다"; 8:15; 16:18-19; 출 29:36). 키우치(Kiuchi, *Purification Offering*, 96)는 히테(חִטֵּא, "정화하다")가 카파르(כִּפֶּר)와 중복되는 반면, 키데쉬(קִדֵּשׁ, "거룩하게 만들다, 성별하다")는 좀더 거리가 멀다고 결론짓는다. 나사 아본(נָשָׂא עָוֹן, 문자적으로는 "죄책을 지다")이라는 어구가 "용서하다"라는 의미로 10:17(참조. 5:17-18); 민수기 18:23aβ //8:19aβ(Kiuchi, 98)에서 카파르(כִּפֶּר)와 함께 나타난다. 이러한 증거로부터 키우치(99)는 카파르를 이 네 가지 용어들 사이에서 가장 상위의 것으로 간주한다. 그 용어들은 다음과 같은 방식으로 배열될 수 있다.

카파르(כִּפֶּר)

티하르(טִהַר) 히테(חִטֵּא) 키데쉬(קִדֵּשׁ) 나사 아본(נָשָׂא עָוֹן)

따라서 카파르는 이중적인 효과를 갖는다. 그것은 오염을 제거하고 죄를 무력화시킨다. 극히 소수의 학자들이 카파르의 이러한 이중적 지시를 옹호할 뿐이다. 그러나 이 견해는 왜 카파르가 희생 제의적 본문들에서 정화 작용에 대한 여러 단어들보다 분명히 더 선호되는지, 또한 그 단어의 의미가 그것들과 어떻게 다른지를 선명하게 밝혀 주는 장점을 지닌다.

영어로 카파르(כִּפֶּר)에 대한 최상의 번역을 결정하는 것은 카파르의 의미가 "대속하다"(expiate)인지, 아니면 "달래다"(propitiate)인지를 따지는 신학적 논쟁으로 복잡해진다. 희생 제도는 우선적으로 하나님을 진정시키는 것인가? 아니면 죄를 제거하는 것인가? 몇몇 구절에서 카파르(כִּפֶּר)가 화를 "진정시키다"를 의미하는 것은 분명하다. 그것이 다른 사람에 대한 사람의 분노이든(창 32:21[20]; 잠 16:14; 참조. Schenker, *Bib* 63 [1982] 34-37), 아니면 하나님의 분노이든(민 25:13) 말이다. 그렇지만 하나님이 이 동사의 주어가 될 때, 그리고 죄가 직접목적어 혹은 전치사 알(עַל, "…위에")이나 레(לְ, "…위해")의 목적어가 될 때, 그 숙어는 "용서하다"를 의미한다. 그것은 하나님께서 인간이 용서를 받도록 죄를 깨끗이 씻어 주시거나 제거해 주신다는 개념이다(예를 들어, 시 65:4[3]; 78:38; 79:9; 겔 16:63). 시편 78:38과 79:9의 문맥은 카파르 행위가 하나님의 끓어오르는 분노를 식힌다는 것을 분명하게 보여 준다.

그렇지만 가장 흔하게 카파르(כפר)가 나타나는 곳은 제의적 본문들이다. 거기서 그것은 어떤 희생들, 즉 속죄제(חטאת – 하타트), 속건제(אשם – 아샴) 또는 번제(עלה – 올라)가 이루어 내는 효과에 대한 전문적 의미를 갖는다. 어떤 의식들의 끝에서 집례하는 제사장이 희생을 드리는 자를 위해 대속을 시행했다고(כפר על – 카파르 알) 언급된다. 때로 그 형식문에는 "그의 죄로부터(מן – 민 혹은 על – 알)"라는 어구가 포함된다(예를 들어, 레 4:26, 35). 어떤 본문들에서는 카파르가 피의 취급과 밀접하게 관련되는데(예를 들어, 16:18; 17:11), 그것은 피와 결부된 이러한 의례가 카파르를 성취하는 데 핵심적이라는 것을 시사한다. 집례하는 제사장이 카파르 작업을 행한 이후에, 빈번하게 타헤르(טהר, "정결하다")와 니슬라흐 로(נסלח לו, "용서되다")라는 용어가 나타난다. 그것은 카파르가 사람의 죄로부터 오는 오염시키는 힘을, 또한 사람이 지니고 있는 죄과나 책임을 공히 제거한다는 것을 시사한다. 그렇다면 제의 본문들에서 카파르에 대한 최상의 번역은 "대속하다"인데, 그것은 죄와 죄의 효력의 제거에 초점을 맞추고 있다.

이러한 희생의 법들에는 하나님의 진노에 대한 뚜렷한 언급이 전혀 없다. 하나님께서는 때로 자기 백성에게 그들의 죄로 인해 맹렬한 분노를 쏟아 부으시는 것이 사실이지만, 그런 사례들은 드물다(참조. 사 54:7-8). 하나님께서 자신의 진노를 표출하시는 일이 드물게 발생하는 것과는 대조적으로, 제의는 하나님께 나아가는 통상적이고 일상적인 수단에 관심을 갖는다. 따라서 하나님의 불붙는 진노가 아닌 그분의 잠재적인 진노가 대속의 희생의 직접적인 초점이다. 다른 방식으로 표현하자면, 범죄한 당사자는 대속을 얻으려 하지 않는 사람이 하나님의 진노에 직면할 위험에 처한다는 것을 알고 있다. 그러나 만일 인간이 죄를 대속하여 하나님의 호의를 얻을 적합한 절차를 밟는다면, 그는 하나님의 진노가 촉발되기 전에 그것을 피하게 될 것이다. 그러므로 이러한 해석은 제의 본문들에서 카파르(כפר)를 "진정시키다"가 아닌 "대속하다"로 번역하는 것을 지지한다.

카파르가 전문적으로 "대속하다, 제거하다"를 의미한다는 것은 나아가 제단과 다양한 제의 물품들이 카파르의 행위로부터 혜택을 받는다는 사실에 의해 구체화된다. 밀그롬(Milgrom)이 보여 준 대로(*RB* 83[1967] 390-99=*SCTT* 75-84), 죄는 성소로 빨려 들어가는 독기다. 제의 물품들이 거기서 효과적으로 기능하도록 하기 위해 그것들은 깨끗이 씻겨져야 한다. 이것은 절기들의 보증으로 바치는 여러 가지 정결케 하는 희생들과 속죄일에 해마다 드리는 희생에 의해 성취된다. 또한 이러한 신학의 틀이 도출됨으로써 악성 곰팡이(צרעת – 차라아트)로부터 복구된 집이 어떻게 상세한 의식에 의해 청결케 되거나 대속되는지(כפר – 카파르)를 이해될 수 있다(14:49-53).

대속이 어떻게 성취되는지는 이러한 규정들에 명시적으로 언급되어 있지 않다. 분명히 대속이 이루어지기 전에 대속의 희생을 위한 의식 전체가 적합하게 수행되어야 하는 것은 필수적이다. 그러나 대속의 의식 중심에는 피를 다루는 의식이 있다(참조. 16:18). 가장 결정적인 진술이 레위기 17:11에서 발견된다. "육체의 생명은 피에 있음이라 내가 이 피를 너희에게 주어 단에 뿌려 너희의 생명을 위하여 속하게 하였나니 생명이 피에 있으므로 피가 죄를 속하느니라." 맥카시(D. J. McCarthy, *JBL* 88[1969] 166-76)는 피에 그런 의의를 부여하는 것이 중동의 제의 중에서 이스라엘에 독특한 것이라는 점을 보여 주었다. 그것은 피의 취급이 이스라엘의 독특한 신학적 견해로 인하여 특별한 의의를 갖게 되었다는 것을 시사한다. 이것은 속죄제의 피 의례들에도 잘 부합한다. 피는 죄로 오염된 제의 물품들 위에 흩뿌리거나 부어서 퍼뜨린다. 또한 짐승의 피를 쏟는 것도 중요하다. 피는 짐승의 네페쉬(נפש, "생명")를 나타낸다. 바치는 자는 미리 짐승의 머리에 안수함으로써 자신(נפש)을 그 짐승과 동일시한다. 이러한 동작으로, 바치는 자가 동물의 죽음이 자신의 죄를 대신하여 형벌을 받는다는 것을 인식한다. 희생 제도가 죄의 형벌은 죽음이라고 크게 선포한다는 것이 강조될 필요가 있다. 따라서 바치는 자의 생명(נפש – 네페쉬)을 위해 제단 위에서 한 생명(נפש)을 드림으로써 공의가 유지된다. 이때 피 의례는 이중적인 기능을 갖는다: 죄의 오염으로부터 성소를 정화하는 것, 그리고 바치는 자를 그의 죄에 대한 형벌로부터 사면하는 것. 카파르(כפר, "대속하다")는 이러한 두 가지 목표를 모두 달성한다.

제의 법안을 벗어나면, 희생이 아닌 다른 수단들로 성취되는 속죄나 대속에 대해 말하는 몇몇 구절들이 있다. 이사야는 입술이 하늘 제단에서 취한 타는 숯에 접촉되었을 때 자신의 죄로부터 깨끗케 되었다(6:7). 다윗은 여호와의 분노를 돌이킬 방법을 추구했다. 그분의 진노는 사울이 기브온 사람들 일부를 매달아 죽여 그들과의 언약을 파기함으로써 발생된 오랜 기근으로 표현되고 있었다: 기브온 사람들은 다윗이 사울의 집안에 속한 일곱 명을 자신들에게 넘겨 줌으로써 대속이 이루어질 수 있다고 말했다(삼하 21:1-9). 한 잠언에 따르면(잠 16:6), 죄악은 신실한 사랑과 진리(בחסד ואמת – 베헤세드 붸에메트; 개역 성경: 인자와 진리로)로 본래대로 회복된다(כפר; 개역 성경: 속하게 된다). 나아가 이사야는 야곱이 이방 제단들과 사당들의 돌들을 땅 사방에 흩어지도록 깨부술 때 그의 죄가 대속될 것이라고 말한다(사 27:9). 신명기 32:43은 하나님께서 자신의 종들의 원수들을 응징하여 그들의 피를 앙갚음하심으로써 땅이 깨끗하게 되거나 대속될 수 있게 하신다고 말한다. 가장 극적인 경우로는, 모세가 중재의 기도를 통해 백성들이 용서를 받도록(נשא חטאת – 나사 하타탐; 출 32:30-34), 심지어 생명책에서 자신의 이름을 삭제해 달라고 하나님께 탄원하면서 백성들의 큰 죄를 위해 대속을 이루고자 애쓴 일이다. 이때는 중재가 속죄의 수단이다.

세 개의 구절이 특정한 죄가 대속될 수 없다는 가혹한 말씀을 선언한다: 엘리의 집의 악행(삼상 3:14), 노골적인 죄악(사 22:14) 그리고 바벨론을 멸망시킬 "재난"(הוה – 하봐; 사 47:11). 동일한 맥락에서, 예레미야는 자신을 가혹하게 핍박하는 대적자들의 악행이 대속되지 않기를 하나님께 탄원했다(18:23).

22 세 번째 의식은 "귀인"(נָשִׂיא – 나시, 개역 성경: 족장)에 의해 저질러진 비의도적인 악행을 위한 것이다. 와이즈멘(D. J. Wisemen)은 나시(נָשִׂיא)가 두 번째 계급의 대표자나 지도자를 지칭할 수 있다고 제안한다(*BS*[1977] 228; 참조. E. A. Speiser, "Background and Funciton of the Biblical *Naśi*," in *Oriental and Biblical Studies*, 113-22). 나시(נָשִׂיא)에 정관사의 부재는 그 단어가 특정적이지 않은 일반적인 의미로 사용된다는 것을 시사할 수 있다(Harrison, 66). 즉 그것은 왕과 같은 유일한 지도자가 아니라 일반적인 지파 지도자들을 지시한다(참조. 민 2:3, 5, 7 등). 예를 들어, 민수기 7장에서 각 지파의 귀인은 속죄제를 위해 염소 한 마리씩을 바친다. 그렇지만 에스겔은 이 용어를 새롭고 이상적인 이스라엘의 다윗과 같은 지도자를 지칭하는 격상된 의미로 사용한다(34:24; 37:25; 45:7, 16-17; 46:2, 4, 8, 10, 17; 그것이 역사서들에서 다윗과 같은 통치자에 대해 사용된 유일한 사례에 대해서는 왕상 11:34을 참조하라). 에스겔서에서는 이 귀인이 유월절 첫날의 속죄제를 위해 여기서와 같이 염소가 아니라 수소를 바쳐야 하는데(45:22), 그것은 나아가 이 법안에서보다 에스겔서에서 그의 신분이 더 높다는 것을 증거한다. 유월절의 다른 날들에는 그가 정성들인 번제물들과 속죄제를 위한 숫염소(שְׂעִיר עִזִּים – 세이르 이짐)를 바쳐야 한다(45:23). 부수적으로, 에스겔은 또한 "외국 통치자들"을 지칭하기 위해 "귀인"을 사용한다(26:16; 27:21; 32:29; 그러나 참조. 37:25).

귀인은 지파의 제의적 지도자가 아닌 세속적 지도자이기 때문에 그의 죄는 기름부음 받은 제사장이나 회중의 죄만큼 막강하지 않으며, 또한 요구되는 짐승인 흠 없는 숫염소(שְׂעִיר עִזִּים זָכָר תָּמִים – 쉐이르 이짐 자카르 타밈)도 비싸지가 않다. 추정컨대, 그의 죄로부터 방출된 오염은 단지 회막 앞의 주 제단에만 미친다.

25-26 "그 제사장"(הַכֹּהֵן – 하코헨)은 피를 다룬다. "그 제사장"이 여기서는 "기름부음 받은"(מָשִׁיחַ – 마쉬아흐)이라는 용어가 없이 나타나기 때문에, 그것은 어떤 집례하는 제사장을 지칭한다. 다시 한 번 이러한 사실은 이 의식의 고대성과 민수기 1:16, 44에서 보듯이 "귀인"(개역 성경: 족장)이라는 용어의 폭넓은 용법을 지시하는데, 왜냐하면 만일 그 귀인이 다윗과 같은 이스라엘의 지도자였다면 분명히 그의 지위는 집례하는 제사장이 대제사장이어야 할 것을 요구했을 것이기 때문이다. 이 제물에 있어서 피의 취급은 더 단순하다. 피를 내성소로 취하여 향단 뿔에 그것을 바르는 대신(5절), 그 제사장은 피의 일부를 "번제단 뿔 위에"(עַל קַרְנֹת מִזְבַּח הָעֹלָה – 알 카르노트 미즈바흐 하올라) "바른다"(נָתַן – 나탄). 남은 피는 이 제단 밑에 쏟는다(שָׁפַךְ – 샤파크). 그 짐승은 남은 부위의 처분에 대해 어떠한 지침도 주

어지지 않는데, 이는 그 고기가 제사장들에게 속하기 때문이다. 그러므로 그 피 의례는 단지 번제단에서만 실시된다. 그 제사장은 이 귀인(족장)의 죄에 동참한 자가 아니기 때문에, 그는 그 짐승의 고기를 먹을 권리와 의무를 갖는다(6:19[26], 22[29]).

27 마지막 의식은 어떤 개인(נפש אחד – 네페쉬 에하드)이 저지른 비고의적인 죄에 대한 것이다. 그 사람은 땅의 백성(עם הארץ – 암 하아레츠)의 한 구성원이다. 땅의 백성이란 용어는 이스라엘 역사의 여러 다른 시대에서 서로 다른 사회학적 의미를 담고 있었다. 현재의 본문에서처럼 초기 문헌에서 그것은 공동체의 어떤 구성원을 지칭한다. 그러나 포로기 이전에 그것은 땅을 가진 귀족층을 지칭한다(예를 들어, 렘 1:18). 그 후 포로기 이후 공동체에서는 그것이 일반 대중을 가리킨다(예를 들어, 학 2:4; 슥 7:5). 나중에 그것은 교육받지 못한 평민을 의미하게 되었다(예를 들어, 행 4:13).

28 누구든지 비고의적으로 죄를 범한 언약 구성원은 "흠 없는 암염소"(שעירת עזים תמימה – 세이라트 이짐 테미마)를 바칠 것이 요구된다. 대안적 제물인 암양은 32-35절에서 상세히 설명된다.

30 25절을 참조하라.

5 1-4 여기에는 등급화된 속죄 제물을 위한 지침이 있다. 이 제물을 요구하는 네 가지 사례가 먼저 나열된다. 대부분의 주석가들은 이 네 가지 사례가 서로 병행을 이루는 것으로 간주하지만, 노트(Noth, 44)와 스피로(Spiro, *PAAJR* 28[1959] 95-101)는 2-4절이 1절에 종속되어 있다고 주장한다. 후자의 입장에 따르면, 2-4절에 묘사된 잘못들 중 하나에 대한 증인이 그 사실을 알리지 않을 경우, 그는 하나님 앞에서 책임이 있다. 왜냐하면 그 사람이 증언을 회피했을 때, 그는 진술하지 않음으로써 발생될 수 있는 결과들, 이를테면 부정한 상태로 성소의 구역 내로 들어갈지도 모를 사람이 직면하게 될 위험으로부터 잘못을 저지른 사람과 공동체를 보호하는 데 실패하기 때문이다. 스피로(100)는 "그리고 그는 알게 되어 죄책이 있다"(והוא ידע ואשם – 붸후 야다 붸아솀, 3, 4절; 개역 성경: 깨달을 때에는 허물이 있을 것이요)라는 어구가 그 증인에게 적용된다고 주장한다. 그는 자신의 입장을 유지하기 위해 2b절에 대한 몇 가지 수정이나 그 구절의 제거를 제안한다. 키우치(Kiuchi, *Purification Offering*, 23)는 이러한 대안적 독법을 거절하면서 2절이 종속적 사례들을 소개하기 위해 사용되는 임(אם, "만일 …할 때")이 아닌 오(או, "또는")로 시작된다는 점을 지적한다. 이 절 문장들은 또한 그것들이 병행적이라는 것을 시사하기

에 충분할 정도로 비슷한 형식으로 되어 있다. 그러므로 이 구절들은 네 가지 상이한 상황을 다룬다.

이 네 가지 사례의 성격을 이해하는 데 핵심적인 것은 "그리고 그것이 그에게서 은닉되어 있다가 그가 그것을 알게 된다"(ונעלם ממנו והוא ידע – 붸네을람 미메누 붸후 야다, 3-4절; 개역 성경: 어떤 일이든지 깨닫지 못하다가 그것을 깨달을 때에는)라는 어구다. 이 순서를 두고 다양한 해석들이 있었다(참조. Kiuchi, *Purification Offering*, 28). 한 가지 입장은 어떤 행위가 의식적으로 이루어졌다가 망각된 뒤 나중에 기억이 났다는 것이다. 두 번째 입장은 그 행위가 부지중에 이루어졌다가 나중에 그 행위자가 그것을 깨닫게 되었다는 것이다. 세 번째 입장은 그 행위를 고의적으로 행했다가 망각한 뒤 나중에 기억하게 되었다는 것이다. 이 두 개의 문장에 있는 동사들은 동시적이 아니라 순서대로 해석되어야 한다. 네을람(נעלם)은 "그것이 숨겨져 있다", 즉 그것이 사람의 마음을 벗어났다는 것을 의미한다. 이러한 독해는 첫 번째와 세 번째 입장을 지지한다. 네 번째 사례에서 성급한 맹세를 한 사람에 대한 묘사는 의식적으로, 그러나 사전 계획 없이 이루어진 행위를 가리킨다. 그러므로 첫 번째 입장이 바람직하다.

이러한 문제들 가운데 한 가지를 잘못한 사람은 "부정하게"(טמא – 타메) 되고 "죄책"(אשם – 아솸)을 유발한다. 아솸은 5장의 이해에 핵심적이다(참조. 속건제에 대한 부록). 그것은 명사로서는 "속건"(배상)과 "속건(배상) 제물" 둘 다를 의미한다. 동사로서는 그것이 "죄책이 있다, 유죄하다"와 "죄책감을 느끼다" 둘 다를 의미한다(참조. J. Milgrom, *Cult*, 6-12; 역시 R. R. Hutton, "Declaratory Formulae" [Diss., Claremont, 1983] 107-11). 난해한 쟁점은 자신이 부정하게 되었다는 것을 망각한 사람이 어떻게 자신의 죄를 깨닫게 되어 속죄제를 바칠 수 있었는가 하는 것이다. 한 가지 분명한 방식은 무슨 일이 발생한 것을 목격한 어떤 사람이 그에게 알려 주는 것이었겠지만, 대부분의 경우는 목격자가 없었을 것이다. 그렇다면 인간이 자신의 비의도적인 죄를 알아차리는 일차적인 방식은 죄책의 역동성을 통해서다. 사람은 비의도적으로 죄를 짓는다 할지라도, 그는 죄책(אשם – 아솸)을 초래한다. 이러한 죄책은 궁극적으로 "그가 죄책감을 느낄"(אשם – 아솸) 정도로 그의 양심 속을 파고든다. 여기에는 심리적인 죄책이 사람으로 하여금 본의 아니게 지은 죄를 깨우친다는 신념이 있다. 그렇지만 그런 죄책은 한 개인의 상상력의 단순한 가공물이 아니다. 인간은 자신의 잘못을 의식하게 되자마자 속죄제를 드림으로써 자신의 죄책을 제거해야 한다.

5[1] 첫 번째 사례의 의미는 논쟁거리다. 노트(Noth, 44)에 따르면, 어떤 이가 저주를 내리는 소리를 들었으나 그런 범법 행위를 보고하지 않은 사람은 자신에게 죄를 씌우게 된다. 하지만 이 법에서는 그 어떤 것도 맹세나 저주를 그 자체로 불법으로 규정짓지 않는다(Kiuchi, *Purification Offering*, 30). 두 번째 견해에서, 샤베르트(J. Scharbert)는 "'들을 수 있는 저주'란 피해를 당한 당사자가 그 도둑이나 도둑의 공범자 혹은 그 사람이 무엇을 잃었는지 알고 있는 부정직한 자에게 선언하는 조건적 저주 기도다"라고 말한다(참조. 잠 29:24; "אלה ālāh," *TDOT* 1:262). 그런 저주가 효력을 발휘하기 위해서는 그것이 공적으로 선포되어야 한다. 세 번째 견해는 그것을 사람(נפש－네페쉬)이 공적인 맹세(קול אלה－콜 알라)에 응답하지 않음으로써 죄를 짓는 것을 의미하는 것으로 여기는데, 공적인 맹세란 문제의 사건에 대한 증인은 누구든지 소환되어 앞으로 나와 증언함으로써 피고측이 정당하게 심판을 받을 수 있게 하는 것이다. 그 맹세(אלה－알라)는 공동체를 보호하기 위해 앞으로 나와 증언하기를 거부하는 증인들에게 적대적이다.

인간이 어떤 행위에 대한 증인이 될 수 있는 여러 가지 방법이 있다. 인간은 잘못된 행동이 발생하는 것을 목격할 수 있다. 혹은 만일 인간이 그 행위를 목격하지 않았을지라도 그것에 대해 알게 될 수 있다(ידע－야다). 그 사람이 어떻게 그것에 대해 알게 되었는지는 언급되지 않는다. 호프만(Hoffmann, 1:197)은 인간이 유죄한 자로부터 그 죄에 대해 알게 되는 것이라고 제안한다. 다른 가능성은 유죄한 자가 그 행동에 그 증인을 연루시키는 것이다. 이를테면, 도둑은 훔친 장물의 일부를 다른 사람과 분배하고, 그렇게 함으로써 그 사람은 결국 누가 그 도적질을 했는지 알게 된다.

인간이 일반적인 맹세를 따라 소환될 때 증언하지 않는다는 해석은 그가 죄를 짓는다는 표현과 가장 잘 어울린다. 이 사례에서 쟁점은 공동체의 안녕이다. 경찰력이 없이 굳게 결속된 사회였던 고대 이스라엘에서 공동체의 안전은 각각의 시민들이 어떤 범죄나 은밀한 행위든 지도자들에게 알리는 일에 달려 있었다. 어떤 탈선 행위를 보고하지 않는 것은 공동체의 안전과 연대를 위험에 빠뜨릴 것이다. 누구든지 이러한 방식으로(보고하지 않는 행위－역자주) 죄를 짓는 사람은 자신의 악행에 대해 책임을 져야 한다(נשא עונו－나사 아보노, 문자적으로는 "자신의 악행을 짊어진다"). 나사 아보노(נשא עונו)라는 이 어구는 그 유죄자가 그런 보고 거부에 대해 책임이 있다는 것을 의미하며, 그의 잘못은 그를 공적인 맹세에 포함된 저주 아래 놓이게 만든다.

2-3 두 번째 사례는 부정하게 만드는 어떤 것을 만지는 사람을 묘사한다. 그러한 것들로는 특별히 부정한 짐승(חיה – 하야)의 사체(נבלה – 느벨라)와 부정한 가축(בהמה – 브헤마)이나 부정한 기는 것(שרץ – 샤라츠)의 사체가 있다(참조. 11:24-28, 32-40). 세 번째 사례는 어떤 사람의 부정결에 접촉하는 것에 관심을 둔다. 이것은 특별히 신체적 유출물과의 접촉이나(참조. 15장) 어떤 종류의 사람의 부정결에 의해 전염된 물건과의 접촉을 가리킬 것이다. 두 경우 모두에서 당사자는 부정하게 되지만, 그 사건은 망각된다. 그 사람이 그것을 기억하게 되었을 때 죄책이 유발된다. 이 두 가지 경우에 어떤 측면의 행위가 속죄제를 요구하는 행위인지를 정확하게 짚어내기는 어려운데, 이는 부정하게 되는 것은 어떠한 죄책도 가져오지 않는 일상적인 사건이기 때문이다. 유일한 위험들은 부정한 상태로 성소 구역에 들어갈 때나 혹은 의식적으로 정결케 되기 위해 절차를 밟지 않을 때 존재한다. 밀그롬(Milgrom)은 망각이나 무관심으로 인해 길어진 부정결의 기간은 대속될 필요가 있는 것이라고 주장한다(*JAOS* 103[1983] 251-54). 키우치(Kiuchi)는 그런 망각은 "제의적이며 사법적인 질서를 무시하는 것과 동일한 것"이라고 덧붙인다(*Purification Offering* 30).

4 네 번째 사례는 성급하거나 충동적으로 어떤 서약을 맹세하는 일에 관심을 갖는다. 반대어인 "악을 행하다"(להרע – 레하라)와 "선을 행하다"(להיטיב – 레헤티브)는 모든 종류의 맹세를 포함하기 위해 병치되어 있다. 어떤 사람이 심사숙고하지 않고 급히 맹세를 발설함으로써 자신을 의무의 속박에 놓이게 된다. 그 사람은 급히 맹세했기 때문에 자신의 행동을 인식하고 있으나 그것이 함축하는 바를 완전히 깨닫지는 못한다. 그런 사태는 이따금씩 발생한다. 이를테면, 논쟁의 열기 속에 있을 때, 혹은 격정적 감정이 사람으로 하여금 충동적으로 선을 위해서나 혹은 악을 위해서 특정한 방침을 취할 것이라고 맹세하게 만들 때이다. 그런 서약들은 신중한 생각이 아닌 강한 감정적 동요에서 나온 것이기 때문에, 그것들이 선을 위한 것이라 할지라도 비난받는다. 그 이유는 인간이 잘못된 동기에서 어떤 일을 떠맡겠다고 다짐하거나 또는 자신의 능력 밖에 있는 일을 하겠다고 약속하기 때문일 수 있다. 그 사람은 서약을 성취할 수 없을 것이기 때문에, 그는 자신과 자신에게 의존하고 있는 사람들을 공히 좌절시키면서 공동체 안에 불화를 일으킬 것이다. 그러므로 성급한 맹세는 좋은 의도에도 불구하고 해를 끼친다.

네 번째 사례는 하나님께서는 자기 백성들이 오로지 심사숙고한 후에 공약이나 약속을 하거나 맹세하기를 원한다는 사실을 보여 준다. 이러한 관점은 또한 아래 인용된 신명기 32:22-23(21-22)에 있는 지침에서도 발견된다(참조. 민 30:2).

> 네가 서원치 아니하였으면 무죄하니라마는 네 입에서 낸 것은 그대로 실행하기를 주의하라 무릇 자원한 예물은 네 하나님 여호와께 네가 서원하여 입으로 언약한 대로 행할지니라.

비슷하게 전도서 기자는 이렇게 말한다. "서원하고 갚지 아니하는 것보다 서원하지 아니하는 것이 나으니"(전 5:4[5]).

5 이러한 문제들 중 하나로 범죄한 사람이 자신의 "죄책"(אשם – 아솀)을 깨닫게 되었을 때, 그는 그 저지른 잘못을 고백해야 한다. 그것은 공적인 고백이어야 하며, 또한 그것은 그의 희생 제물을 수반할 것이다. 누르체(Noordtzij, 66)는 그 고백이 예전적 형식문을 낭송하는 형식을 취했다고 생각한다.

6 죄를 정화하기 위해 인간은 "속죄 제물"(חטאת – 하타트)을 가져와야 한다. 그것은 "암양"(כשבה – 카스바)이나 "염소"(שעירת עזים – 세이라트 이짐)여야 한다. 이 문맥에 아쉬모(אשמו)가 나타난다. 그것은 "그의 속건 제물"로 번역되어야 하는가? 아니면 "그의 벌책, 죄값"인가? 확실히 이 단어의 출현은 여기서 요구되는 제사와 아래서 묘사된 속건제 사이에 혼동을 일으킨다(17-19절). 스네이스(Snaith, 41-42)는 이러한 아솀(אשם)의 용법을 비전문적인 것으로 이해한다. 그러므로 그것은 특정한 종류의 제물이 아닌 죄값을 지칭한다.

7-10 범죄한 사람에게 속죄제가 필수적이고 모든 사람은 죄를 짓기 때문에, 그것은 모든 이스라엘 사람이 시시때때로 바쳐야 할 제사다. 그러므로 이 법은 가난한 사람들이 속죄제를 드려야 하는 그들의 의무를 성취할 수 있도록 조건을 완화해 준다.

이 제사를 위한 첫 번째 대안적 짐승은 두 마리의 산비둘기나 또는 두 마리의 새끼 집비둘기다. 그가 희생 짐승을 사기에 "충분히 소유하지 못한다"(תגיע ידו די לא – 로 타기 야도 데이, 개역 성경: 미치지 못하다)라는 어구는 통상적으로 범죄한 당사자가 성소에 와서 자신의 속죄제를 위해 암양이나 염소를 구입했다는 것을 시사할 수 있다. 이 구절에서 아솀(אשם, "죄값")의 용법은 6절에 있는 그것의 용법과 비슷하다. 두 마리의 새 중에 하나는 "속죄제"(חטאת – 하타트)로 바치고 다른 하나는 "번제"(עלה – 올라)로 바친다. 새 한 마리가 속죄제 규정에서 번제가 된다는 사실에 대해 아무런 설명이 주어지지 않는다. 아마도 새의 크기를 감안해 볼 때 두 마리가 함께 속죄제의 두 가지 본질적 요소, 곧 피의 취급과 제단에서 어떤 부위의 소각을 제공했을 것이다. 첫 번째 새에서 나온 피는 제단 벽을 향해 뿌린다(הזה –히자). 이것은 강력한 의례다(참조. 4:5-7). 반면에 남은 피는 육축의 경우와 마찬가지로 제단 아래 처분된다. 이것은 번제를 위한 새의 피를 제단에 완전히 짜내는 것과 다르다(1:15b). 남은 새는 어떻게 하는지 진술되어 있지 않다. 미쉬나(*m. Zebaḥ* 4: 4)는 다른 짐승들과 소제물의 경우에 그런 것처럼 그것을 그 제사장의 몫으로 돌린다(5:13). 두 번째 새는 적합한 규정(משפט –미쉬파트), 즉 1:14-17에서 볼 수 있는 의식에 따라 번제물로 희생된다. 그 새의 피는 제단 옆에 짜내고 모이 주머니와 내장이 제거된 뒤 제단 위에서 태워진다. 이 태우기는 번제(עלה –올라)로서 수행되는데, 이는 아마도 속죄제의 고기는 제단 위에서 태워질 수 없기 때문이다. 그러나 속죄제를 위한 큰 짐승의 극히 중요한 내장들은 제단 위에서 태워야 하기 때문에, 이러한 요구는 두 마리를 바칠 때 한 마리를 번제로 바침으로써 충족된다.

11 만일 누군가가 두 마리의 작은 새에 여력이 미치지 못한다면, 그는 고운 가루 1/10에바(약 3.64리터–역자주)를 드릴 수 있는데, 그것은 4파인트(pints: 1파인트는 약 0.55리터–역자주)를 초과하는 양이다. 이것은 규정된 가장 적은 양의 소제물이다(참조. 6:20; 민 28:5). 그렇지만 엘리거(Elliger, 75)는 이 소제물의 양이 비둘기 두 마리보다 더 싼지 확신하지 못한다. 물론 그것은 해당된 계절의 경제적 상황에 의존했을 것이다. 그럼에도 불구하고 가난한 사람이 수중에 약간의 밀가루가 있었을 것이나 비둘기 두 마리를 구입하기에 넉넉한 돈은 갖지 못했을 것이라고 상상하는 것이 가능하다. 정규적인 소제물과는 대조적으로 이 경우에는 기름이나 향료가 전혀 가미되지 않는다(참조. 2:1-2). 이 제물의 정화(속죄) 목적은 그것을 준비할 때 최소한의 것만을 요구한다.

12 2:2을 참조하라. 이 제물은 여호와께 대한 선물(אשי יהוה –이쉐이 아도나이: 개역 성경: 화제물)로 확인되지만, 그것이 여호와께 흠향되는(진정시키는) 향기(ריח ניחח ליהוה –레아흐 니호아흐 라도나이)라는 것은 진술되지 않는다. 이것은 아마도 기름과 향료가 그 제물에 추가되지 않기 때문일 것이다. 그러나 또한 그 뒤에 등장하는 이 형식문은 정상적으로는 속죄제와 더불어 나타나지 않는다(예외 4:31). 이 소제물이 속죄제로 사용되기 때문에, 이 규정의 말미에 정체 확인의 진술이 있다.

13 남은 것은 제사장의 삯의 일부가 되면서 그의 몫이 된다.

해설

속죄제는 무지나 실패에서 비롯된 비고의적인 죄들을 위한 대속을 성취했다. 비록 이 죄들이 뻔뻔스러운 하나님의 율법의 위반은 아닐지라도, 여전히 그것들은 죄였으며 오염을 일으켰다. 오염력은 죄인의 지위에 상응했다. 제사장이나 제의 공동체의 죄는 내부의 성소를 더럽혔지만, 귀인(족장)이나 개인들은 주 제단을 오염시켰다. 대제사장으로부터 평민에 이르기까지 모든 사람은 어떤 부주의한 죄나 저지른 후 망각한 죄를 위해 속죄제를 드려야 했다. 그 후에 그 죄의 오염이 제거되었다. 이 의식의 가장 중대한 의례는 피 의례였는데, 이는 피가 성소와 제단을 죄로부터 방사된 부정결로부터 정결케 했기 때문이다. 제단 위에서의 기름 태우기는 하나님의 자비를 기원했다. 그 결과 유죄자의 죄악이 대속되었고 그 사람은 하나님께로부터 용서를 받았다.

속죄제를 요구했던 상황은 기독교인들에게 모든 죄가 하나님과 그들의 관계에 유해하고 파괴적이라고 가르친다. 이것은 비의도적으로, 무지하게 혹은 실수로 범한 죄를 포함한다(참조. 마 12:36). 비의도성과 인간적 연약함과 상관없이 죄는 죄다. 이것은 죄를 범할 때 사람의 의지가 더욱 크게 연루될수록 그 범죄는 더욱 심각하게 된다는 것을 부인하지 않는다. 그럼에도 불구하고 소위 작은 죄들은 사람이 하나님과의 교제를 지속하기 위해 대속되어야 한다.

옛 언약 아래서 죄는 성전을 오염시켰다. 새 언약에서는 신자들이 하나님께서 성령을 통해 거주하시는 성전으로 그려진다. 어떤 신자가 보여 주는 일방적 행위와 잘못된 태도는 성전을 더럽히고 성령을 탄식하게 만든다(엡 4:30; 살전 5:19). 이것은 성급한 약속을 하는 잘못을 포함한다(레 5:4). 이러한 과실은 강조될 필요가 있는데, 이는 오늘날 복음주의적 교회들이 자주 감정적 호소를 통해 교인들의 마음을 움직여 심사숙고 없이 서약이나 헌신을 하도록 만들기 때문이다. 그런 호소는 사람들을 자신의 능력 밖의 맹세를 하도록 이끄는 위험을 내포하고 있다. 모든 신자는 서약하고 갚지 않기보다는 서약을 하지 않는 것이 더 낫다는 충고를 기억할 필요가 있다(신 23:22-23[21-22]; 전 5:4[5]). 많은 약속을 남발하는 대신 해로운 생각, 부적절한 태도 그리고 비도덕적인 행위로 오염되지 않고 청결한 삶을 살라는 일반적 권면을 따르는 것이 훨씬 더 낫다(예를 들어, 엡 4:22-32; 5:3-4, 11; 골 3:5-10). 누구든지 자신의 삶을 더럽힌다면, 그 사람은 정결케 되기 위해 그리스도의 완전한 희생을 의지할 수 있다.

속죄제 규정은 예수님의 속죄의 죽음에 대한 우리의 이해를 넓힌다. 그리스도의 피는 그분의 대속의 힘에 핵심적인 요소였다. 속죄 제물의 피와 유사하게, 그 피는 제단 사면에 뿌려진 것이 아니라 땅에 쏟아졌다. 그 짐승의 피의 극히 적은 양만이 휘장에 뿌려지고 향단 뿔에 발라졌다. 히브리서 저자는 그리스도께서 자신의 피를 하늘의 성소에 있는 영원한 내성소로 취하셨다고 묘사한다(9:11-14). 또한 이 제물의 고기가 진영 밖에서 태워졌듯이, 예수께서도 예루살렘 성벽 밖에서 죽으셨다. 예수님의 희생은 효력을 끼쳤다. 그것은 시간과 장소, 혹은 국적에 상관없이 그분을 믿는 모든 사람을 위해 대속의 공로를 성취했다.

모든 죄 – 아무리 작은 죄라 할지라도 – 의 대속을 성취하기 위한 그 규준은 신자들을 절망 속에 남겨둘 필요가 없다. 왜냐하면 신약은 그리스도의 피가 계속적으로 모든 죄로부터 깨끗케 하고(요일 1:7), 그리스도께서는 끊임없이 하나님 우편에 계시어 자신의 추종자들을 위해 중보하신다고 가르치기 때문이다(롬 8:34; 히 7:25). 신자가 본의 아니게 죄를 지으면, 그는 자신에게는 예수 그리스도 안에서 하나님 앞에서 신실하시고 불쌍히 여기시는 대변자가 있다는 사실을 기억할 필요가 있다(요일 2:1-2). 나아가 신약은 그리스도의 피의 깨끗케 하는 힘을 속죄 제물의 정결케 하는 힘보다 훨씬 더 큰 것으로 그린다. 후자는 비의도적인 죄를 대속하는 반면, 그리스도의 피는 냉혹하고 사전 계획된 죄를 포함한 모든 죄로부터 정결케 한다(참조. 요일 1:7). 히브리서는 그리스도의 피가 영원한 사망을 가져오는 범죄로부터 사람의 양심을 깨끗케 한다고 선언한다(9:14). 그래서 신자가 의식적이거나 무의식적인 죄로 인해 실제적인 죄책으로 고통당할 때마다, 그는 자신의 죄악을 고백하고 예수님이 자신을 용서하시고 깨끗케 하시리라는 것을 확신할 필요가 있다(요일 1:9). 그렇다면 모든 신자는 죄악된 세상 속에서 자신을 정결하게 지키기 위해 은혜의 방편들을 이용할 필요가 있다. 무엇보다 신자들은 그리스도의 죽음의 속죄의 공로를 받아들이는 수단으로 주님의 식탁의 떡과 포도주를 먹고 마실 필요가 있다. 이러한 방식으로 그들은 하나님 앞에서 확신과 담대함을 얻으며, 또한 모든 신자들이 그리스도의 피로 정결케 되었기 때문에 예배드릴 때 확신을 갖고 하나님의 존전에 나아가 자신들의 구하는 바를 아뢴다는 사실을 잊지 않는다(히 10:19-20). 혹은 요한계시록 7:14에서 말하는 바와 같이, 예수님의 추종자들은 어린양의 피로 자신들의 옷을 얼룩 없이 하얗게 씻는다(참조. 벧전 1:2).

속죄 제물을 위한 규준은 또한 언약 공동체 안에서 사람의 역할과 나란히 책임감이 증가한다는 것을 알려 준다. 역할이 클수록 그 사람의 죄의 영향은 더 광범위하다. 이러한 원칙은 새 언약 하에서도 지속된다. 예수께서는 많은 것을 맡긴 사람에게서 많은 것이 요구된다고 말씀하신다(눅 12:48). 동일한 정신으로 야고보는 선생들이나 지도자들이 더 엄격하게 심판을 받을 것이라고 경고한다(3:1).

D. 속건제를 위한 규정(5:14-26[6:7])

참고문헌

Déaut, R. le. "A propos d'une leçon du codex *Neofiti 1*(Lev v 21)." *VT* 17(1967) 362-63. **Hayes, J. H.** "Restitution, Forgiveness, and the Victim in Old Testament Law." *Trinity University Studies in Religion* 11(1982) 1-23. **Joüon, P.** "Notes de lexicographie hébraïque XV. Racine אשם." *Bib* 19(1938) 454-59. **Kellermann, P.** "ʾāšām in Ugarit?" *ZAW* 76(1964) 319-22. ______. "אָשָׁם *ʾāšām*." *TDOT* 1:429-37 **Knierim, R.** "אָשָׁם *ʾāšām*. Schuldverpflichtung." *THAT* 1:251-57. **Loss, n. M.** "A propositio di Lv 5,15(e 2,3.10). «Santo» e «Santissimo»: abozzo di uno studio lessicale sul nome «qodes»." *Sal* 30(1968) 388-94. **Marx, A.** "Sacrifice de Réparation et Rites de Levée de Sanction." *ZAW* 100(1988) 183-98. **Milgrom, J.** "The Compass of Biblical Sancta." *JQR* 65(1974) 205-16. ______. "Priestly Doctrine of Repentance(Lev 5:20-26; 6:1-7)." *RB* 82(1975) 186-205. ______. "The Legal Terms *šlm* and *brʾšw* in the Bible." *JNES* 35(1976) 271-73. ______. "The Concept of *Maʿal* in the Bible and the Ancient Near East." *JAOS* 96(1976) 236-47. ______. *Cult and Conscience.* Leiden: Brill, 1976. **Morris, L.** "ʾAsham." *EvQ* 30(1958) 196-210. **Phillips, A.** "The Undetectable Offender and the Priestly Legislators." *JTS* 36(1985) 146-50. **Saydon, P. P.** "Sin-Offering and Trespass-Offering." *CBQ* 8(1966) 393-98. **Schötz, D.** *Schuld- und Sündopfer im Alten Testament.* Breslauer Studien zur historischen Theologie 18. Breslau: Müller & Seiffert, 1930. **Snaith, N.** "The Sin-Offering and the Guilt-Offering." *VT* 15(1965) 73-80. **Thomson, H. C.** "The Significance of the Term *ʾasham* in the Old Testament." *TGUOS* 14(1953) 20-26.

본 문

14 여호와께서 모세에게 일러 가라사대
15 누구든지 여호와의 성물에 대하여 그릇 범과하였거든 여호와께 속건제를 드리되 너의 지정한 가치를 따라 성소의 세겔로 몇 세겔 은에 상당한 흠 없는 숫양을 떼 중에서 끌어다가 속건제로 드려서

14 Yahweh spoke to Moses.
15 "When anyone commits a breach of faith and sins inadvertently in any of the holy things of Yahweh, he is to bring as his penalty[a] to Yahweh a ram without defect from the flock valued[b] in silver shekels by sanctuary weight[c] for a reparation offering.[a]

16 성물에 대한 범과를 갚되 그것에 오분 일을 더하여 제사장에게 줄 것이요 제사장은 그 속건제의 숫양으로 그를 위하여 속한즉 그가 사함을 얻으리라

16 He is also to make restitution[a] for the sin he has committed against any holy thing; he will add 20 percent to it and give it to the priest. The priest will then make expiation for him with the ram of the reparation offering, and he will be forgiven.

17 만일 누구든지 여호와의 금령 중 하나를 부지중에 범하여도 허물이라 벌을 당할 것이니

17 "If anyone[a] sins, breaking[b] any of all the commandments of Yahweh which is not to be broken,[b] without being aware of it, then he realizes guilt,[c] and he is held responsible.[d]

18 그는 너의 지정한 가치대로 떼 중 흠 없는 숫양을 속건 제물로 제사장에게로 가져올 것이요 제사장은 그의 부지중에 그릇 범한 허물을 위하여 속한즉 그가 사함을 얻으리라

18 He is to bring to the priest a ram without defect from the flock according to the value set[a] for a reparation offering, and the priest will make expiation for him concerning his error which he has inadvertently done so that he may be forgiven.

19 이는 속건제니 그가 실로 여호와 앞에 범과함이니라
6:1 여호와께서 모세에게 일러 가라사대
2 누구든지 여호와께 신실치 못하여 범죄하되 곧 남의 물건을 맡거나 전당 잡거나 강도질하거나 늑봉하고도 사실을 부인하거나

19 It is a reparation offering;[a] he has indeed[b] made reparation[c] to Yahweh."
20(6:1) Yahweh spoke to Moses,
21(6:2) "If anyone sins and commits a breach of faith[a] against Yahweh in that he deceives his associate[b] in a matter of deposit or security[c] or something stolen, or he has extorted[d] his associate,

3 남의 잃은 물건을 얻고도 사실을 부인하여 거짓 맹세하는 등 사람이 이 모든 일 중에 하나라도 행하여 범죄하면
4 이는 죄를 범하였고 죄가 있는 자니 그 빼앗은 것이나 늑봉한 것이나 맡은 것이나 얻은 유실물이나

22(6:3) or he has found something lost and denies it, or in that[a] he has sworn falsely about[b] anything that a person might do to sin thereby[c] —
23(6:4) when one sins and realizes guilt, he must return what he has stolen, or what he has gotten by extortion, or the deposit which was entrusted to him, or the lost thing which he

	found.
5 무릇 그 거짓 맹세한 물건을 돌려 보내되 곧 그 본물에 오분 일을 더하여 돌려 보낼 것이니 그 죄가 드러나는 날에 그 임자에게 줄 것이요	**24**(6:5) or[a] anything[b] about which he has sworn falsely, he will restore[c] the principle[d] and will add to it(each time) 20 percent.[e] And he will give it to the victimized person[f] on the day of his reparation offering.
6 그는 또 그 속건제를 여호와께 가져올지니 곧 너의 지정한 가치대로 떼 중 흠 없는 숫양을 속건제물을 위하여 제사장에게로 끌어올 것이요	**25**(6:6) He is to bring to Yahweh as his reparation offering a ram without defect from the flock according to the value set[a] for a reparation offering.[b]
7 제사장은 여호와 앞에서 그를 위하여 속죄한즉 그는 무슨 허물이든지 사함을 얻으리라	**26**(6:7) The priest will make expiation for him before Yahweh, and he will be forgiven for any of the things which one may do to incur guilt."[a]

원문주해

15.a. 동사 헤비(הֵבִיא, "가져오다") 뒤에서 첫 번째로 사용된 아샴(אָשָׁם)의 용법은 5:6, 7에서와 마찬가지로 "징벌, 벌책"으로 번역된다. 즉 아샴(אָשָׁם)은 전문적 의미인 "속건제물"이라는 뜻을 담고 있지 않다. 그렇지만 두 번째 아샴(אָשָׁם)은 6a절에서 레하타트(לְחַטָּאת, "속죄제를 위하여")가 그러하듯이 그 제물의 성격을 규정한다. 그러므로 그것은 전문적 의미다.

15.b. 브에르케카(בְּעֶרְכְּךָ, "너의 가치 평가를 따라서")라는 용어는 대명사 접미어가 아무런 의미를 갖지 않게 된 전문 용어다. 이 용어는 "그것의 가치를 따라서" 혹은 "동등가치의"를 의미한다(E. A. Speiser, "Leviticus and the Critics," 33). 밀그롬(Milgrom, *Cult*, 13, n. 42)은 이 용어가 전치사 베(בּ)와 함께 사용될 때 단지 "지불(payment)"를 의미한다고 추론한다. 더 앞서 조렐(Zorell, "Zur Vokalisation des Wortes עֶרְכְּךָ in Lev. 27 und anderwärts," *Bib* 26[1945] 112-14)은 이것이 킷랄형(qitlal), 즉 세 번째 어근자음이 반복되어 있는 형태라고 제안했지만, 그의 제안은 수용되지 않았다.

15.c. 베(בּ, "…안에, …에 따라서 …의 자격으로서")가 이끄는 이 동격 어구는 세겔의 가치를 한정한다(참조. GKC § 119i).

16.a. 샬렘(שִׁלֵּם, "지불하다, 벌충하다, 배상하다")은 어근 샬람(שׁלם, "완전하다, 건전하다")에서 왔다. 사람이 빚진 것을 갚을 때, 그는 자신의 책무를 완수하는 셈이 되며 자신의 채권자와 함께 샬롬(שָׁלוֹם, "평화")을 누린다.

17.a. 마소라 본문(MT)의 붸임 네페쉬 키(וְאִם־נֶפֶשׁ כִּי)는 불가능한 히브리어다. 문맥은 5:1, 4, 15, 21(6:2)에서와 마찬가지로 붸네페쉬 키(וְנֶפֶשׁ כִּי, "그리고 만일 누구든지 …하면")라는 독법을 지지한다.

17.b. 참조. 4:2.b.

17.c. 아샴(אשם)은 여기서는 "죄책을 깨닫다"를 의미한다(참조. "원문주해" 15.a.). 이러한 의미는 형식적, 법적 책무를 내포하며 동시에 악행에서 비롯된 개인적인 초조감과 불안감을 내포한다(참조. Milgrom, *Cult*, 9).

17.d. 참조. "원문주해" 5:1.b.

18.a. 참조. "원문주해" 15.b.

19a. 70인경(LXX)에는 아샴 후(אשם הוא, "그것은 속건제다")가 빠져 있다. 이것은 유사시작(homoioarchton)의 오류다.

19.b. 동사 앞의 부정사 절대형은 그 행동의 확실성을 강조한다.

19.c. 밀그롬(Milgrom, *Cult*, 6)은 아샴 레(אשם ל)라는 어구에 동작 개시 기능(inchoative function)을 부여하여 이 어구를 "그가 속건(배상)할 책임이 있게 되었다"로 해석한다. 그러나 이 어구는 무슨 일이 발생했는지를 규정하는 것으로 보인다.

21.a.(6:2) 마알라 마알(מעלה מעל, "믿음을 위반하다"; 개역 성경: 신실치 못하여)이라는 어구에서 동일한 어근에서 유래된 동사 뒤를 따르는 명사가 사용되는데, 이는 이 어근이 담고 있는 개념을 강조하기 위해서다.

21.b.(6:2) BDB는 아미트(עמית)를 "아는 사람, 동료, 친척"으로 정의한다. 그것은 레위기에서 열 번(18:20; 19:11, 15, 17; 24:19; 25:14[2회], 15, 17) 사용되며, 다른 곳에서는 단지 슥 13:7에서만 나타난다.

21.c.(6:2) 테수메트 야드(תשומת יד)라는 어구는 "안전" 혹은 "서약"을 의미한다. 아람어에서 이 어구는 "신뢰, 대부(loan)"를 의미한다(Jastrow, 1708). 스네이스(Snaith, 43)는 탈무드에서는 그것이 상업적 거래에서 상대방에게 맡긴 돈을 지칭한다고 지적한다.

21.d.(6:2) 다음의 두 정형 동사(finite verbs) 오 아샤크(או עשק, "또는 착취〈늑봉〉하거나")와 오 마좌(או מצא, "혹은 발견하고도〈얻고도〉"; 22절)는 카하쉬(כחש, "그가 속이다")가 이끄는 일련의 행위들의 연속으로 이해된다.

22.a.(6:3) 붸니쉬바(ונשבה, "그리고 그가 맹세했다")로 시작되는 이 문장은 카하쉬(כחש, "그가 속이다")가 이끄는 일련의 행위들과 병행을 이루며, 또한 마알 마알(מעל מעל, "그가 믿음을 위반하다"; 개역 성경: 신실치 못하다)에 종속된다. 그것이 바로 와우 연결사(ו copula)가 "또는 그것으로"(or in that)로 번역되는 이유다.

22.b.(6:3) 왈키(B. Waltke and M. O'Connor, *IBHS*, § 11.2.13e)는 전치사 알(על)을 하나의 규범(norm), 즉 "어떤 행동이 이루어지는 토대"를 이끄는 것으로 이해한다.

22.c.(6:3) 왈키(§ 11.2.5e)는 베헤나(בהנה, "이 모든 것들 중에")에 있는 베(ב)를 구체화의 베트(the *beth* of specification)로 설명한다. 즉 그 전치사 베(ב)는 그 동사가 영향을 미치는 범위를 한정한다. "…에 관해서."

24.a.(6:5) 70인경(LXX)에는 오(או, "또는")가 빠져 있다.

24.b.(6:5) 사마리아 오경(Sam), 70인경(LXX), 탈굼 위-요나단(*Tg. Ps.-J.*) 그리고 시리아역(Syr)은 5:2과 마찬가지로 따바르(דבר, "일, 것")를 추가한다. 이 이문(異文)은 최상의 독법으로 선호된다: 마소라 본문(MT)은 누락의 오류로 쉽게 발생할 수 있었을 것이다.

24.c.(6:5) 참조. "원문주해" 16.a.

24.d.(6:5) 로쉬(ראש, 문자적으로 "머리")는 경제적 배경에서 "총액(sum) 혹은 원금(principle)"을 의미한다(Milgrom, *JNES* 35[1976] 273).

24.e.(6:5) 마소라 본문(MT)의 봐하미쉬타브(וחמשתו, "〈그것의〉 오분의 일 혹은/그리고 〈매번〉 그것의 오분의 일") 대신 히브리어 필사본들(mss), 사마리아 오경(Sam) 그리고 70인경 바티칸 및 알렉산드리아 사본(LXX[BA])은 봐하미쉬트(וחמשית, "그리고 오분의 일")로 읽는다. 반면에 탈굼 위-요나단(*Tg. Ps.-J.*)은 16절과 마찬가지로 봐하미쉬토(וחמשתו, "그리고 그것의 오분의 일")로 읽는다. PIR(168)은 마소라 본문을 선호하면서 그 이문이 불분명한 독법을 이해될 수 있게 만들려는 의도에서 발생했다고 추론한다.

24.f.(6:5) 라아쉐르 후 로(לאשר הוא לו)라는 어구는 1/5을 받는 당사자를 확인해 주는 관계절이다(참조. GKC § 138e). 로(לו, "그에게")의 선행사 아미토(עמיתו, "그의 친구": 21절)가 명료함을 위해 영어 번역에서 확인된다.

25.a.(6:6) 참조. "원문주해" 15.b.

25.b.(6:6) 사마리아 오경(Sam)과 70인경(LXX)은 엘 하코헨(אל־הכהן, "그 제사장에게")을 빠뜨린다. 이러한 이문은 지시를 받는데, 이는 마소라 본문(MT)이 현재의 본문 형태로는 의미 전달이 불확실하기 때문이다(참조. PIR, 168). 아마도 그것을 어떻게 여호와께(ליהוה, 라도나이) 가져가는지 설명하기 위해 엘 하코헨(אל־הכהן)이 가장자리의 여백에 추가되었는데, 나중에 어쩌다가 그것이 본문 속으로 들어갔을 것이다.

26.a.(6:7) 밀그롬(Milgrom, *Cult*, 6)은 레아쉬마 바(לאשמה בה, "그렇게 하여 죄책을 느끼도록")로 번역한다.

양식/구조/배경

이 규정의 구조는 다음과 같다.

I. 속건제를 위한 기본 규정(5:14-19)
  A. 도입 형식문(14절)
  B. 연설 자체(15-19절)
    1. 첫 번째 규정(15-16절)

a. 사례(15a절)
b. 규정 자체(15b-16절)
1) 요구되는 짐승의 지정(15b절)
2) 배상 요구(16a절)
3) 대속과 용서의 진술(16b절)
2. 두 번째 규정(17-19절)
a. 사례(17a절)
b. 규정 자체(17b-19절)
1) 죄책과 책임의 선언(17b절)
2) 요구되는 짐승의 지정(18a절)
3) 대속과 용서의 진술(18b절)
4) 제물과 바치는 자의 죄책을 확인하는 선언 형식문(19절)
II. 속임수로 사취하는 사례들을 위한 속건제 규정(5:20-26[6:1-7])
A. 도입 형식문(20절[6:1])
B. 연설(21-26절[6:2-7])
1. 사례(21-22절[6:2-3])
a. 기본 사례(21a절[6:2a])
b. 일련의 하위 사례들(21b-22절[6:2b-3])
2. 규정(23-26절[6:4-7])
a. 유죄한 사례(23aα절[6:4aα])
b. 규정 자체(23aβ-26절[6:4aβ-7절])
1) 유용한 물건의 배상(23aβ-24aα절[6:4aβ-5aα])
2) 1/5의 벌금(24aβ+b절[6:5aβ+b])
3) 속건 제물로 숫양의 지정(25절[6:6])
4) 대속과 용서에 대한 확장된 진술(26절[6:7])

제의 법안의 이 지점에서 또 다른 희생에 대한 규정들이 등장한다(5:14-19). 권위적 서두(14절)는 명백하게 이 연설을 속죄제(חטאת－하타트) 규정과 다른 속건제(אשם－아샴) 규정으로 구분한다. 기본 규정은 두 부분으로 구성된다(15-16절과 17-19절). 거기에 덧붙여진 것은 다른 사람을 속여서 갈취하는 몇 가지 술수의 대속을 위한 속건제의 요구를 낱낱이 설명하는 또 다른 연설이다(5:20-26[6:1-7]).

이렇게 두 연설 모두 어떤 사람이 여호와께 "믿음의 위반"(מעל – 마알)을 한 상황을 위해 속건제를 규정한다. 첫 번째 연설은 성소의 성물들을 믿음 없이 다루는 것에 주목한다(14-16절). 두 번째 규정은 어떤 하나님의 계명의 비의도적이고 무지한 위반을 취급한다(17-19절). 그 희생을 속건제로 정의하는 선언적 진술이 두 번째 규정을 마무리짓는다(19절). 이런 방식들 중에 어느 하나로 믿음을 위반하여 죄책이 있는 사람은 누구든지 정가가 매겨진 숫양을 속건제로 바쳐야 하며, 또한 그는 자신이 유용한 것을 돌려주어 배상하고 그것에 더하여 1/5의 벌금을 지불해야 한다. 선행하는 규정들과 대조적으로, 이 제물을 위한 의식은 여기에 주어지지 않는다. 이 두 가지 사실이 함께 의미하는 것은 다음과 같다. 1) 죄책이 있는 쪽이 희생을 드리는 대신 구체적으로 명시된 숫양의 가격과 동등한 액수의 벌금을 지불해야 한다는 것이거나, 2) 또는 만일 희생이 드려진다면, 규정된 의식은 다른 곳에 기록되어 있거나 속죄제 의식과 같은 것이라고 추론된다는 것이다. 속죄제 규정과의 일치는 이 두 규정이 모두 제사장이 유죄자를 위해 대속을 시행하고 그가 용서를 받는다고 진술한다는 점에서 발견된다(16a, 18a절).

두 번째 연설(20-26[6:1-7])은 다른 사람의 재산을 획득하기 위한 다양한 종류의 속임수를 다룬다. 이것들 역시 여호와께 대한 믿음의 위반(מעל – 마알)으로 분류된다. 그 사례들은 담보나 보증의 문제 또는 도둑질과 관련하여 동료를 속이는 것(21bα절[6:2bα]), 아니면 가까운 동료를 갈취하거나(21bα[6:2bα]) 분실물을 발견했다는 것을 부인하는 것(22aα[6:3aα])을 포함한다. 고대 사회에서 의심되는 속임수 행위를 밝혀내기 위한 통상적인 절차는 혐의자가 무고의 서약을 맹세하는 것이었다(23-26절[6:4-7]). 그런 절차는 왜 그런 사례가 여호와에 대한 믿음의 위반으로 분류되는지를 설명해 준다. 유죄자는 그 분실된 재산에 자신이 연루된 사실에 대하여 거짓으로 맹세하게 되고, 그렇게 함으로써 그는 여호와의 이름을 더럽힌다(22, 24절[6:3, 5]). 이 사람이 여호와의 이름으로 거짓 맹세를 했다는 사실은 자신의 죄를 여호와께 대한 믿음의 위반(מעל – 마알)으로 격상시킨다. 사태를 해결하기 위해 유죄자는 몇 가지 단계를 밟아야 한다. 그는 피해자에게 자신이 취했던 것을 돌려주어야 하고(23-24aα절[6:4-5aα]), 그것에 더하여 1/5의 벌금을 내야 한다(24aβ-b[6:5aβ-b]). 이어서 그는 흠이 없고 정가가 매겨진 숫양 한 마리로 이루어진 속건 제물을 바쳐야 한다(25절[6:6]). 그렇게 함으로써 제사장이 그 사람의 죄를 대속하고 하나님께서는 그를 용서하신다(26절[6:7]).

속건제에 대한 이 두 연설은 많은 이례적인 점들이 있다. 다른 규정들과 비교해 볼 때 그것들은 짧다. 그것들은 죄의 성격에 초점을 맞춘다. 그것들은 의식의 절차를 제공하지 않는다. 그리고 강조점은 이 제물로 받아들여질 수 있는 숫양의 가치에 놓여 있다. 이러한 주된 차이들로 인해 "속건제"(אָשָׁם – 아샴)의 독자적 지위와 관련하여 많은 다른 구조 분석들이 등장했다. 어떤 사람은 이 속건제를 기본적으로 특별한 종류의 속죄제로 간주하지만(참조. Elliger, 65-67), 다른 사람들은 그것이 독자적 명의를 가진 구별된 희생이라고 주장한다(참조. Milgrom, *Cult*). 분명히 5:14-19을 현재의 위치에 갖다놓은 편집자는 속건제를 독자적인 희생으로 취급했는데, 왜냐하면 그는 속건제를 자체적인 연설에서 제시하기 때문이다. 덧붙여서 그것은 6:1(8)-7:38에 있는 다양한 희생들에 대한 추가 자료에서 독자적 희생으로 포함된다. 7:1-6에서 속죄제의 기본 의식 절차가 5장에 없는 내용을 보충하기 위해 주어진다. 속건제 연설들을 속죄제 연설들과 나란히 배치한 편집자는 속건제 의식이 속죄제 의식과 동일하다는 것을 암시해 주었다. 그들 사이의 유일한 차이점은 희생 짐승이 흠이 없고 최소한의 값을 지닌 숫양이어야 한다는 것이다.

나아가 비평적인 주석가들은 속건제에 관한 세 개의 단원, 즉 14-16절, 17-19절, 20-26절(6:1-7)이 어떻게 한데 모이게 되었는지에 대해 의견이 일치하지 않는다. 많은 사람들(예를 들어, Koch, *Priesterschrift*, 6 그리고 Noth, 47-48)은 17-19절이 14-16절보다 후대의 것이라고 판단한다. 노트는 더 초기의 단계에서 20-26절이 14-16절과 결합되었는데, 이는 양자가 악한 행위와 관련되어 있기 때문이라고 추론한다. 나중에 17-19절이 삽입되었는데, 그것이 4:1-5:26(6:7)에 대한 마지막 추가였다. 그러나 노트와 엘리거(Elliger)가 관찰한 대로, 17-19절의 문체는 4장과 5장에 있는 다른 희생의 법들과 비슷하다. 더욱이 그 구절들의 세밀한 논조는 무심코 신성한 물품을 침해한 일에 대한 고대의 광범위한 강박관념과 일치한다(Milgrom, *Cult*, 76-83). 17-19절은 고대의 규정과 아주 많이 비슷하다. 이러한 측면에서 이 구절들은 계속해서 신성한 물품의 침해를 다루는 것으로 판단되며(그 위반한 계명이 성물과 관련된 계명이라는 의미다–역자주), 따라서 14-16절의 적절한 연장이다. 첫 번째 연설의 첫 단위는 무심코 저질렀으나 깨닫게 된 성소(santa)의 침해를 다루고, 두 번째 단위는 의심이 가는 성소에 대한 위반을 다룬다(Milgrom, *Cult*, 82). 이러한 관련성에 근거하여 17-19절이 이 자료가 문전(written) 형식 안에 위치하게 된 때부터 14-16절과 짝을 이루게 되었던 것으로 추정된다. 레위기 1-7장이 수집되었을 때 속건제에 대한 두 연설이 나란히 위치하게 되었다.

주석

부록: 아샴(אשם, "속건제")

동사 아샴(אשם)은 대개 칼형으로 나타난다. 한 번은 히필형으로(시 5:11[10]), 그리고 한 번은 아마도 니팔형으로 발생한다(욜 1:18, 비록 켈러만〈Kellermann, *TDOT* 1:435〉이 더 괜찮게 파악한 본문상의 이문인 나샤무〈נשמו, "당황하다"〉가 있을지라도). 일반적으로 이 단어의 기본적 의미는 "위반하다, 잘못하다"이다(BDB 79; 민 5:7b; 대하 19:10[2회 – "죄짓다," NIV; 그러나 "죄책을 일으키다, incur guilty," JB]). 그렇지만 구약에서 아샴(אשם)의 용례들은 이러한 개념을 아샴(אשם)의 기본적 의미로서 지지하지 않는다(Knierim, *THAT* 1:253). 오히려 이 단어의 기본적인 의미는 어떤 사람이 잘못된 어떤 일을 행한 것에 대해 부담을 져야 하는 "죄책, 책임 혹은 과실"이다. 예를 들어, 호세아서에서(4:15; 5:15; 10:2; 13:1; 14:1[13:16]) 하나님께 반역하여 바알과 같은 다른 신들을 섬기는 자들은 하나님 앞에서 죄책(אשם)이 있다(Kellermann, *TDOT* 1:435-36). 이렇듯 아샴(אשם)은 잘못을 범했으나 아직은 징벌을 받지 않은 어떤 사람의 법적/도덕적 상태를 묘사한다. 구약의 세계관에서 어떤 잘못된 일을 행한 사람은 누구라도 하나님과 사회 양자 모두에 대해 책임이 있다(참조. 대하 19:10; 민 5:6; 참조. 렘 51:5). 나아가 국가 전체가 집단으로 언약을 어기거나 하나님께 불신앙적으로 행동함으로써 죄를 짓게 되는 것이 가능하다(사 24:5-6; 호 14:1[13:16]).

동사 아샴(אשם)을 영어로 가장 훌륭하게 번역하는 방법은 논쟁이 되고 있다. 예를 들어, RSV와 NIV는 그것을 "죄책이 있다"(be guilty)로 번역하는 반면, NEB는 자주 "죄책을 일으키다"(incur guilty)를 사용한다. 밀그롬(Milgrom, *Cult*, 7-12)은 아샴이 "죄책을 느끼다"(feel guilty)를 의미한다고 주장한다. 그가 지적하는 바는, 이 용어가 추가적인 어구인 나사 아보노(נשא עונו, "그는 자신의 책임을 져야 한다")와 더불어 나타나는 그런 구절들에서 만일 아샴(אשם)이 "죄책을 일으키다"라면 동어 반복이 존재하게 된다는 것이다. 그것은 또한 죄의 결과로 나타나는 의미 – 즉 죄로 인해 발생된 가책, 쓰라림 혹은 회한 – 를 가질 수 있다(Milgrom, *Cult*, 8-9). 밀그롬이 탁월한 지적을 하긴 했지만, 아샴(אשם)은 사람의 존재론적 감정보다는 윤리적/법적 죄책에 대한 객관적인 용법을 지닌다. 히브리적 사고가 엄격한 범주적 구별을 짓지 않는 경향이 있다는 점에서, 이 동사가 사용되는 몇 곳에서 이러한 두 가지 의미가 모두 나타나는 것이 가능하다. 죄가 있고 하나님 앞에서 책임이 있는 사람은 또한 자신의 잘못을 대속하는 절차의 필요성을 깨닫는 가운데 자신의 양심 속에서 죄책이 발생되는 것을 경험할 것이다. 즉 죄책에 대한 이러한 역동적인 이해는 무지한 가운데 죄를 지은 사람이 자신의 잘못을 깨닫게 되어 그것을 교정하는 데 필요한 절차를 밟게 될 것이라는 신념을 발생시킨다. 따라서 키우치(Kiuch,

Purification Offering, 34)는 그것의 번역으로 "죄책을 깨닫다"를 제안한다. 그렇지만 아샴(אשם)의 전자의 의미가 제의 본문들에서 지배적이다. 이것은 레위기 4:3에서 증명되는데, 그 구절은 기름부음 받은 제사장이 죄를 지어(יחטא – 예헤타) 백성들에게 죄책을 불러온다(לאשמת העם – 레아쉬마트 하암)고 말한다. 만일 아샴(אשם)의 일차적인 의미가 "죄책을 느끼다"라면, 백성이 아닌 기름부음 받은 제사장이 괴로운 양심을 가질 것이다.

고대 히브리 사상에 있는 죄책과 징벌 사이의 밀접한 결속으로 인해 – 이를테면, 죄책은 징벌의 선행 조건이거나(참조. 렘 2:3; 사 24:6) 심지어 징벌의 보증이라는 것 – 몇몇 본문들에서 아샴(אשם)은 "정죄하다, 징계하다"를 의미한다(예를 들어, 시 34:22 [21], "정죄되다, be condemn," RSV; "지불해야 할 것이다, will have to pay" JB – 여기서는 그것이 무트〈מות, "사형에 처하다"〉와 병행을 이룬다[개역 성경: 죄를 받으리로다]; 참조. 23절[22]). 잠언 30:10의 아샴(אשם)이 RSV에서는 "be held guilty"(죄책에 붙잡히다)이며, JB에서는 "suffer for it"(그것으로 고통받다)로 번역되었는데(개역 성경: 죄책을 당하다), 이 동사의 사용은 인간관계를 위반한 사람이 무거운 값을, 심지어 죽음의 대가를 치를 것임을 함축한다(참조. Kellermann, *TDOT*, 1:436).

명사 아샴(אשם)은 "죄책, 과실, 보상, 배상의 제사"를 의미한다(저자의 reparation offering, 즉 보상제 혹은 배상제를 개역 성경은 속건제로 번역하며, 역자는 줄곧 이것을 따르고 있다 – 역자주). 그것은 사람이 악행에 대해 져야 하는 의무다(Knierim, *THAT* 1:254). 그런 의무는 통상적으로 당사자가 죄책에 의해 겪는 일이다(참조. 창 26:10). 더불어 아샴은 죄책을 가진 사람이 반환을 통해 자신의 악행을 해결하려는 노력(들)을 나타낸다. 보통 당사자는 손해를 입혔거나 유용된 것에 벌금을 더하여 되돌려 주어야 한다. 벌금은 민수기 5:6-8과 레위기 5:16, 24(6:5)에서 1/5로 설정되어 있다. 이때 명사 아샴(אשם)은 "(보통 벌금이 수반되는 손해의) 반환"이라는 이차적인 의미를 지닌다(참조. 레 5:6). 제의 법들에서 반환은 일차적으로 현금인 반면, 창세기 42:21에 있는 본문은 다른 사람에게 가한 잘못된 행위에 대한 업보로 동일한 고통을 겪는 일이 초래된다.

희생 제도에서 아샴(אשם)은 여호와께 대한 "믿음의 위반"(מעל – 마알)으로 분류되는 죄들을 대속하기 위해 드리는 특별한 희생에 대한 전문적 용어가 되었다(5:15). 5:21-22(6:2-3)에 상세히 나열된 사례들과 같은 다른 종류의 범죄는 일차적으로 다른 사람의 재산을 잘못 취급하는 일에 관심을 갖는다. 그 악행들도 역시 이러한 방식의 희생으로 대속될 수 있다. 이러한 죄들이 속건제의 대상에 포함되었던 것으로 추론될 수 있는데, 이는 그런 과오에 죄책이 있는 당사자가 자신의 위반을 여호와께 대한 신앙의 위반으로 격상시키기 때문이다. 즉 그 당사자는 혐의를 받는 악행에 대해 자신을 깨끗케 하려는 노력의 일환으로 법정 앞에서 여호와의 이름으로 무고하다고 맹세한다. 그는 거짓으로 무고의 맹세를 했기 때문에 여호와의 이름을 헛되이(망령되이) 사용한 것이다. 즉 그는 여호와께 대한 신앙을 위반하는 잘못을 범한 것이다. 더불어 아샴(אשם)은 자신의 양심이 심하게 괴로운 사람, 즉 자신의 범죄의 성격을 확신하지는 못하지만 여호와의 계명 중 하나를 위반했을까 두려워하는 사람이 드릴 수 있었다(5:17-19). 이러한 경우에 자신이 느끼는 강한 죄책인 아샴(אשם)과 속건제 자체인 아샴(אשם) 사이의 상호 관련성으로 인하여 속건제가 명령된다. 밀그롬(Milgrom, *Cult*, 104-27)은 고대 이스라엘에서 속건제의 역할을 이해하는 데 있어서 한층 더 멀리 나아간다. 아주 신중한 연구를 통해 그가 설득력 있게 주장하는 바는, 제의 법안에 주어진 대속의 수단을 넘어선 극악한 죄를 범한 당사자는 자신의 고의적인 죄를 좀더 약한 범죄로, 즉 진정한 회개를 통한 대속의 수단이 있었던 부주의한 위반으로 감소시킬 수 있었다는 것이다. 그는 이렇게 말한다. "자백은 제사장 입법자들이 고의적인 죄들을 비고의적인 것들로 전환시키기 위해 고안한 법적 장치다. 그렇게 함으로써 그런 죄들에 희생의 대속을 받기에 합당한 자격을 부여한다"(*Cult*, 119). 다시 말해서 밀그롬의 견해에 의하면, 제사장들은 심각한 위반 사항들에 대하여 제의 법안이 진정한 회개가 있는 한 속건제를 드림으로써 용서를 허락해 주는 것으로 해석했다. 시편 51편에 있는 신학적인 역동적 증거는 밀그롬의 재구성에 의해 아주 선명하게 이해된다.

속건제가 독자적인 제사로 받아들여지기 때문에, 그것과 "속죄제"(חטאת – 하타트)의 구별이 무엇인지 질문이 생긴다. 그 구별에 대해 많은 제안이 시대를 거쳐 오면서 제시되어 왔다. 필로는 속죄제는 비고의적인 죄들을 위해 드려진 반면에, 속건제는 증인이 없는 가운데 저지른 고의적인 죄를 위해 드려졌다고 구별짓는다(Kellermann, *TDOT* 1:431). 그 혼동은 새이든(Saydon, *CBQ* 8[1966] 397-98)과 톰슨(Thompson, *TGUOS* 14[1953] 24)의 정반대의 입장을 비교해 봄으로써(*CBQ* 8[1966] 397-98) 드러날 수 있다. 새이든에 의하면 속죄제는 인간의 연약함으로 저질러진 고의적인 죄를 위해 요구되고, 속건제는 비고의적인 죄를 위한 것이다. 반면에, 톰슨은 속건제가 고의적인 죄를 위해 속죄를 시행한다고 설명한다. 스네이스(Snaith, *VT* 15[1975] 79-80)는 이 속건제는 단지 배상을 요구한다고 강조하지만, 이 입장은 5:17-19의 문단에 배상에 대한 언급이 없다는 이유로 수용하기 힘들어진다. 레빈(Levine, *In the Presence of the Lord*, 91-101)은 속건제가 단지 개인적인 필요에 의해 각 개인이 드린 것이라고 주장한다. 그래서 그것은 결코 제의의 중심에 자리한 공적 예배의 일부가 되지 못했다. 속죄제에 관해서는 그것이 사적인 필요를 위한 것도 있지만, 그것에 관한 대다수의 언급은 백성 전체를 위한 것, 즉 중요한 절기들에 드리는 속죄제에 대한 것이다. 밀그롬(127-28)은 계속해서 속건제가 성소의 탈성화(desecration)를 위해 드려지며, 속죄제는 부지중에 지은 죄로 인한 불결로부터 발생된 신성한 제의 비품의 오염을 제거하기 위해 드려진다고 지적한다. 레빈과 밀그롬에 의해 주어진 이러한 통찰은 이 두 제사의 차이에 대해 가장 훌륭하게 설명하며, 그것들이 두 가지 구별된 제사라는 입장을 분명하게 지지한다.

속건제의 역사는 다양하게 재구성된다. 많은 학자들은 이 단락이 별개의 특별한 희생을 규정하는 것이 아니며, 그보다는 짐승을 잡는 대신 돈으로 보상금을 "갚는"(אשם) 조항을 제시한다고 생각한다(Noth, 47; 참조. Elliger, 75-78). 노트(Noth, 47)의 해석에 따르면, 이 법규는 오랜 기간 동안 발생된 "제의 재료(cult material)의 점진적인 단순화와 세속화"다. 그렇지만 렌토르프(Rendtorff, *Studien*, 207-11)는 매우 다른 입장을 취한다. 그에 의하면 속건제는 개인을 위한 가장 오래된 대속의 희생이었던 반면, 속죄제는 초기 시대에 일차적으로 공동체의 범죄를 위한 것이었다. 그 후 속죄제가 개인의 죄의 대속을 위해 확대되는 가운데, 속건제는 시간이 지나면서 제의에서 낮은 위치로 좌천되었다. 속건제는 치료된 나병 환자와 사체로 인해 더럽혀진 나실인을 위한 통합 의례(aggregation ceremony; 어떤 사람을 특정 집단으로 받아들이기 위한 의식 – 역자주)의 일부로 요구되었다(민 6:9-12). 이것은 그것이 고대의 희생이었다는 것을 지지한다. 하지만 속건제의 규정을 현재의 위치에 놓은 편집자는 그것을 속죄제와 아주 비슷한 제사로 간주했다. 그럼에도 불구하고 편집자는 그것을 별개의 제사로 보았는데, 이는 그가 속건제를 두 개의 연설로 배치하기 때문이다. 그것의 속죄제와의 유사성으로 인해, 그는 속건제의 독특성에 초점을 맞춘 고대의 자료만을 기록했다.

속건제의 연대에 대한 언급에서, 밀그롬(Milgrom, *Cult*, 119-24)은 그것이 회개를 강조한다는 특징 속에서 또 다른 실마리를 찾아냈다. 포로기의 선지자들, 특히 예레미야와 에스겔은 회개에 대해 많은 것을 말한다. 이 개념을 위해 그들이 선호하는 단어는 슈브(שׁוב, 문자적으로 "돌아오다, 돌이키다")였다. 그러나 여기서는 회개를 위해 사용된 단어가 아샴(אשׁם)이다. 만일 이 자료가 포로기 선지자들보다 더 후대라면, 우리는 슈브(שׁוב)라는 단어를 발견할 것으로 기대할 것이다. 따라서 이 제의 자료는 포로기보다 더 이른 것임이 분명하다. 게다가 그리스어와 시리아어 번역자들은 모두 레위기 4-5장에 있는 하타트(חטאת, "속죄제")와 아샴(אשׁם, "죄책, 죄책을 느끼다, 속건제")이란 용어를 번역하는 데 어려움을 가졌는데, 이것은 이 두 가지 희생의 구별이 더 이상 그들에게 명확하지 않았다는 것을 시사한다. 이러한 사실은 만일 속건제가 포로기 이후 공동체의 발전의 하나라면 이해하기가 어렵다. 그러므로 속건제에 대한 레위기 본문은 이스라엘의 제의 역사에서 초기 단계를 반영하는 것으로 받아들여진다.

속건제에 대한 기본적인 규정은 레위기 5:14-26(6:7)에는 없고, 레위기 7:1-6에서 발견된다. (1) 그 제물은 "번제"(עלה – 올라)와 동일한 장소에서 잡아야 한다. (2) 피는 제단 사방에 끼얹어야 한다(זרק – 자라크). (3) 기름과 꺼낸 내장은 제거되어(הסיר – 헤시르) 제단 위에서 태워야 한다(הקטירו – 히크티르). 이것은 6:1(8)-7:38에서 유일하게 상세히 서술된 희생 의식이기 때문에, 그것이 5:14-19의 그러한 설명의 부재를 보충하기 위해 포함되었던 것이 분명하다. 5:14에서 속건제를 속죄제와 나란히 병치시킨 편집자는 속건제를 위한 의식이 속죄제(sin offering)를 드리는 사람을 위한 의식과 같은 것으로 받아들였다. 그때 유일한 차이는 속건제를 위한 희생의 짐승이 약소한 가치를 지닌 흠 없는 숫양이어야 한다는 것이었다.

구약에 있는 속건제에 대한 몇몇 언급들을 살펴보는 것은 유익하다. 민수기 6:7-21에서 나실인이 여호와께 분리된 삶을 살기로 맹세하는데, 만일 자신 곁에서 어떤 사람이 죽음으로써 서약이 깨뜨려진다면 그는 일련의 제물들을 드려야만 한다(9-12절). 먼저 그는 두 마리의 작은 새를 바친다. 한 마리는 속죄제를 위한 것이고, 다른 한 마리는 번제를 위한 것이다. 다음에 그는 자신의 머리를 다시 성별하고 자신의 분리의 서약을 새롭게 맹세한다. 그 후 그는 일 년 된 어린 숫양을 바침으로써 속건제를 실시한다. 재성별과 서약이 속건제에 선행하며, 또한 그것들은 금전적 배상에 상응하는 것들로서 기능한다 – 당연히 이 경우에는 그러한 금전적 배상은 불가능하다. 밀그롬이 관찰한 대로(*Cult*, 69-70) 나실인은 자신의 속건제가 받아들여지기 전에 먼저 더럽혀진 신성한 대상들, 예를 들어 자신의 머리털과 직무 기간을 자신의 새로운 머리털을 성별하고 서원을 갱신함으로써 대체해야만 한다.

악성 질환(צרעת – 차라아트; 개역 성경: 문둥병)을 가진 사람이 완치되었으면 상세한 회중 예식의 일부분으로 어린 숫양을 속건제로 바쳐야 한다(레 14:12, 21). 이 희생이 요구되는 이유는 즉시 눈에 띄지 않는다. 그 이유는 그렇게 병을 겪은 사람에 대한 두 가지 일반적인 신념이 교차되는 지점으로 거슬러 올라가 발견될 수 있다. 하나는 병이란 흔히 죄에 대한 징벌이라는 것이고, 다른 하나는 악성 질환은 사람이 당할 수 있는 최악의 저주라는 것이다. 그러므로 그런 고통을 겪는 사람은 누구든 미리암(민 12장)과 웃시야(대하 26:16-19)와 같이, 아마 신성한 어떤 것을 취해했을 것이라고 생각하는 것이 가능했다. 5:17-19에 비추어 볼 때, 속건제는 어떤 사람이 무의식적으로 성소를 더럽힌 이유로 나병이 그에게 발생할지 모르는 어떤 가능성을 덮어 주기 위해 드려진다(참조. Milgrom, *Cult*, 80-82).

나아가 약혼한 노예와 결혼을 하는 사람은 속건제로 숫양 한 마리를 바쳐야 한다(19:20-22). 속건제의 필요성에 대한 가장 훌륭한 정당화는 처녀가 더럽혀졌을 경우만이 아니라, 하나님 앞에서 취한 약혼 서약이 깨졌을 경우를 설명하는 데서 나타난다(Milgrom, *Cult*, 133-37).

포로기 이후의 예루살렘에서 에스라는 잡혼(雜婚)의 죄책이 있는 사람들에게 그들의 이방인 아내들과 이혼하고 숫양 한 마리로 이루어진 속건제를 드릴 것을 요구했다(스 10:29). 그는 백성들이 거룩한 씨(זרע הקדש – 자라 하카도쉬)의 정결을 이방인들과 혼합시킴으로써 신성 모독 죄를 저질렀다는 사실을 그들로 하여금 수긍하게 만들었다(Milgrom, *Cult*, 71-73; 참조. 렘 2:3). 각자가 개별적으로 이방 여자들과 결혼함으로써 여호와께 대한 신앙을 위반했기 때문에, 각자가 속건제를 드리도록 요구되었다.

다른 예를 보면, 블레셋 족속이 언약궤를 취한 이후 자신들에게 발생한 역병으로부터 벗어나기를 원했을 때, 그들은 그 궤를 속건 제물과 더불어 이스라엘로 돌려보내라는 지시를 받았다(삼상 6:3, 4, 8, 17). 분명히 블레셋 족속은 언약궤를 취함으로써, 그리고 무엇보다도 그것을 자신들의 신 다곤 앞에 안치함으로써 신성한 물품을 침해했던 것이다. 따라서 속건제가 지시되었다. 그들의 경우에 속건 제물은 금 독종 다섯과 금 쥐 다섯으로 구성되었는데, 각각은 블레셋의 다섯 통치자를 위한 것이었다. 이때 이 속건 제물은 피의 희생이 아닌 신성한 물품으로 구성되었다. 여호와께서는 이 물건들을 배상으로 받아들여 자신이 그들에게 발생시킨 역병으로부터 블레셋 족속을 치료하셨다(רפא – 라파).

속건제에 대한 가장 흥미로운 언급이 이사야 53:10에서 나타난다. 거기서 종의 죽음이 속건제로 묘사된다. 불행히도 이 언급은 모호한 어구로 나타난다. "그가 자신을 속건 제물로 드릴지라도(אם־תשים אשם נפשו – 임 타심 아샴 나프쇼), 여호와의 목적은 자신의 권세 안에서 성취될 것이다"(though he puts himself as a reparation offering, Yahweh's purpose will succeed in his power, 개역 성경: 그 영혼을 속건 제물로 드리기에 이르면… 또 그의 손으로 여호와의 뜻을 성취하리로다). 이사야 53장에 대한 해석은 광범위하게 다양하지만, 전통적인 기독교적 해석은 종이 고통을 당하고 인간의 죄를 위해 대신 죽는 것이라고 주장한다. 그의 죽음은 속죄의 희생이다. 그의 희생의 죽음을 묘사하기 위한 아샴(אשם)의 선택은 이중적일 수 있다. 첫째로, 그것은 종의 죽음이 인간의 죄로 인해 초래된 손해 배상을 완전히 하나님께 갚는다는 것을 전해 준다. 둘째로, 종의 희생은 무의식적이든 고의적이든 모든 종류의 죄에 대한 대속을 제공한다. 즉 종의 희생은 사람의 죄가 얼마나 중대한 것이든 그 희생의 공적을 자신의 것으로 삼는 모든 사람에게 대속을 부여한다.

15-16 사람이 어떤 여호와의 성물들과 관련하여 그분께 "믿음의 위반을 범할"(מעל מעל – 마알 마알) 때, 이 "속건제"(אשם – 아샴)가 요구된다. 코드쉐이 아도나이(קדשי יהוה, "여호와의 성물")란 용어는 "지극히 거룩한 것"(지성물)(קדש קדשים – 코데쉬 코다쉼)을 포함한다. 지극히 거룩한 것은 무엇이나 성전 그리고/혹은 제사장들의 독점적인 자산이 된다. 그것은 화목제를 제외한 여러 가지 희생물들의 부위를 포함한다. 지극히 거룩한 것으로 분류되는 다른 것들로는 진설병(24:9), 성전의 향(출 30:36), 회막(출 30:29), 특히 지성소(출 26:33-34) 그리고 성막 기구와 비품이다. 그러나 여기서 "여호와의 성물"(קדשי יהוה – 코드쉐이 아도나이)은 "거룩한 것"(קדש – 코데쉬)을 포함하는가? 예를 들어, 화목제의 부위들과 같이 제사장에게 속한 것들(7:31-34), 십일조(27:30-33), 첫 수확물(민 18:12-13), 가축의 첫 새끼(민 18:15) 혹은 여호와께 헌정된 어떤 것을 말이다(חרם – 헤렘, 민 18:14). 랍비 전승은 이것들을 "사소한 성물"로 생각하며, 따라서 현재의 법에 종속되지 않는다(Milgrom, *JQR* 65[1974] 208-10). 그러나 밀그롬은 성경 저자가 이 용어 속에

"사소한 성물"을 포함시킨다는 것을 증명하는데, 그 근거는 레위기 19:5-8에서 "사소한 성물"인 화목제의 고기가 "여호와의 성물"(קדשׁ יהוה – 코드쉐이 아도나이)로 분류된다는 것이다(209). 비교되는 히타이트 본문의 증거도 코드쉐이 아도나이(קדשׁ יהוה)가 폭넓은 의미로 사용된다는 것을 지지한다(Milgrom, *JQR* 65[1974] 211-15). 어떤 물품이 거룩하게 되는 것은 그것이 헌정되는 순간인데, 이는 십일조(27:30-33)와 다양한 제물들(6:18[25]; 7:1-2)과 같은 많은 품목들이 성소에 들어올 때가 아니라 성소 밖에서 바친 바 되어야 하기 때문이다(Milgrom, *JQR*[1974] 210; 제물을 비롯한 성소에 바칠 물건은 성소에 가지고 들어오기 전에 구별해서 헌정해 놓아야 한다. 즉 십일조, 첫 소산물, 어떤 헌정된 물건〈חרם – 헤렘〉, 선별된 제사 제물은 성소에 들어오기 전에 이미 거룩한 상태다 – 역자주). 거룩한 것들은 그것들이 적절히 처분될 때까지 거룩하게 남아 있다. 율법은 여러 가지 거룩한 품목들의 속전(redemption)을 위한 규정을 만든다(27:9-25).

만일 평민이 스스로 거룩한 어떤 물건을 취했다면, 그 물품이 여호와께 헌정된 관계로 그는 여호와께 믿음의 위반을 범한 것이었다. 마알 마알(מעל מעל, "믿음을 위반하다")이란 어구는 보통 전치사구 바도나이(ביהוה, "여호와에 대하여")가 뒤따른다. 이 어구는 보통 언약 체결자에 대한 불신 행위에 대해 사용된다. 민수기 5:12, 27에서 마알(מעל)은 자신의 남편으로부터 "벗어난"(שׂטה – 사타) 어떤 아내의 정절을 버린 행위를 묘사한다. 결혼 관계에서 그런 배반 행위 또한 하나님께 대한 믿음의 위반으로 규정된다(민 5:6).

제의 영역에서 마알(מעל)은 성별된 또는 거룩한 어떤 것에 대한 침해다. 웃시야 왕은 성전에서 유향을 드리는 제사장의 특권을 어겼으며(대하 26:16-18), 아하스 왕은 예루살렘 성전에서 여호와의 진정한 예배를 변경시키고 온 땅에 우상의 예배를 장려함으로써(대하 28:19-25; 29:19) 죄악(מעל – 마알)을 범했다. 아이 성을 정복하려 할 때 아간은 하나님께 바쳐진 물품들에 대한 규칙들(חרם – 헤렘)을 어김으로써 여호와께 악행을 저질렀다(수 7:1; 참조. 27:16-21). 그의 배신은 그런 역겨운 행위에 대한 상징이 되었다(수 22:20; 대상 2:7). 서약의 위반 역시 마알(מעל)로 규정된다(겔 17:19-20). 그것이 바로 하나님께서 이스라엘의 불신앙을 비난하고 그들을 포로로 유배를 보내신 이유다 – 그들은 언약의 맹세를 깨뜨림으로써 그들의 하나님께 신실하지 못한 자들이 되었다(겔 15:8; 대하 36:14; 느 1:8; 단 9:7). 이렇게 마알(מעל)은 하나님 자신에게 직접적인 모욕이 되는 악행이다(참조. R. Knierim, "מעל, *mʿl* treulos sein," *THAT* 1:920-22).

이 첫 번째 규정이 다루는 믿음의 위반은 "무심코 지은 죄"(חטא משגגה – 하타 미쉐가가)다(참조. 4:2). 달리 말하면, 사람이 자신도 모르게 어떤 방식으로 거룩한 것을 범한다. 예를 들어, 그는 어떤 고기가 성별되었다는 사실을 모른 채 그 거룩한 고기를 먹는다. 해리슨(Harrison, 71)은 성소의 자산이 유용될 수 있었던 두 가지 방식을 제안한다. 열등한 짐승을 드림으로써, 혹은 망각한 바람에 요구된 제물을 바치지 않음으로써.

그런 죄를 범하는 사람은 누구든지 흠 없는 숫양(עיל תמים – 아일 타밈)을 드려야 하며, 그가 유용한 것에 1/5을 더하여 반환함으로써 배상해야 한다. 이 숫양은 성소의 은 세겔로 어떤 가격이 매겨져야 한다. 이것은 유죄자가 자신이 이용할 수 있는 숫양을 바치지 않을 수 있다는 것을 의미한다(즉 숫양 대신 돈으로 바칠 수 있다 – 역자주). 이상하게도 그 짐승의 가격이 되어야 하는 세겔의 액수가 주어져 있지 않다. 세겔이란 단어가 복수로 나타나기 때문에, 랍비들은 최소한의 비용이 두 세겔일 것으로 이해했다. 세겔의 액수는 아마도 집례하는 제사장이 정했을 것이며, 시시때때로 달랐을 것이다. 카일(Keil, 317)은 배상이 요구되는 악행의 대가를 상징적으로 결정하기 위해 숫양의 값이 매겨졌다고 제안한다. 스네이스(Snaith, 43)는 그 성소의 세겔을 낟알 224개로 된 고대의 세겔로 확인한다. 은 15세겔은 낟알 253개의 무게인 금 한 세겔과 동일하게 여겨졌다. 이 금 세겔은 "무거운"(heavy) 세겔이다. 상인들이 가벼운 세겔을 채택했을 때, 성전은 계속해서 단지 무거운 세겔만을 수용했다. 이러한 관행으로 인해 성전 구내로 들어가는 입구에서 환전상의 존재가 필요하게 되었다(참조. 막 11:15; 요 2:14; Porter, 45).

노트(47)가 이해하기로는 이 본문은 숫양을 바치는 대신 유죄자가 성전에 어떤 금액, 즉 숫양 한 마리의 정가를 지불할 것을 요구한다. 그는 열왕기하 12:17(16)에 있는 "속건제의 돈"(כסף אשם – 케세프 아샴)에서 자신의 입장에 대한 지지를 확보한다. 이 구절은 역시 "속죄제의 돈"(כסף חטאות – 케세프 하타보트)에 대해서도 말한다. 어떤 사람은 이 어구를 이 희생들이 어떤 정해진 금액을 지불함으로써 드려질 수 있었다는 의미로 이해한다. 다른 해석은 열왕기하에 있는 이 언급이 제사를 바치는 시간에 집례하는 제사장에게 드리는 세금, 요금 혹은 기부금의 지불에 대해 말한다고 믿는다. 그렇지만 스파이서(E. A. Speiser, "Leviticus and the Critics," 33)는 베에르케카 케세프 쉐칼림(בערכך כסף־שקלים, 15b절)이란 어구가 "은 세겔로 환전할 수 있는"을 지칭하는 전문 용어라고 평가한다. 이것은 유죄자가 제사장이 정한 금액을 바쳤다는 것을 의미한다. 이어서 제사장은 그 사람의 속건제에 적합한 숫양을 구입했다(참조. Levine, *In the Presence*, 98). 레빈은 이 단어의 이면에 속건제 관행의 발전이 존재한다고 주장한다. 그는 초창기에는 아샴(אשם)이 제단의 희생이 아니라 은전이나 상응한 가격의 물품의 지불이었다고 주장한다: 예를 들어, 블레셋 족속이 바친 다섯 개의 금 독종과 금 쥐의 형상(삼상 6:1-18). 그것들은 대속의 수단으로 성전 보수에 사용되거나 제의 용기들을 확보하기 위해 성전에 헌납되었다(*In the Presence*, 99). 나중에 이 규정의 최종 형태에서, 그런 제물 대신에 지불된 돈은 적당한 희생용 숫양을 구입하는 데 사용되어야 했다(*In the Presence*, 100). 초기에 속건제가 일정한 금액의 지불로 드려질 수 있었다는 이러한 견해가 그럴듯한 주장이고, 또한 그런 관행이 일정한 시기에 존재했을 수 있지만 고대의 성례전 신학이 적절한 피의 취급을 포함하는 제단 희생이 없이 성소 침해와 같은 그런 중범죄를 위한 대속을 허용했으리라고 믿기는 어렵다(참조. Noordtzij, 71). 실상 5:16b, 18b, 26(6:7)에 있는 바, 속건제를 바치는 자를 위해 대속과 용서가 성취되었다고 진술하는 선언 형식문은 짐승의 도살과 신중한 피의 취급을 명확히 요구했던 속죄제에 대한 유사한 진술(4:20, 26b, 31b, 35b; 5:6, 10b)과 일치한다. "제사장이 그 속건제의 숫양으로 그를 위하여 속할 것이다"(עליו באיל האשם הכהן יכפר – 하코헨 예카페르 알라이브 베에일 하아샴, 16절)라는 표현은 속건제 의식 규정의 부재를 메꾼다. 그것은 분명히 그 숫양을 희생함으로써 대속이 성취된다는 것을 암시한다.

17-18 속건제를 요구하는 다른 사례가 진술된다. 이번에는 그 범행에 대한 묘사가 단지 사람이 부지중에(לא ידע – 로 야다) "여호와의 계명의 하나를 어긴다"(יהוה עשתה אחת מכל־מצות – 아스타 아하트 미콜 미츠보트 아도나이)는 표현뿐이다. "부지중"이라는 어구는 몇몇 랍비들이 가르친 대로 당사자가 자신이 죄를 지었을지 모른다는 의심은 품을지라도 죄를 지었는지의 여부는 모른다는 것을 의미하거나, 아니면 키우치가 생각한 대로(Kiuchi, *Purification Offering*, 27) 당사자가 율법 위반이 되는 어떤 일을 행할 때 그것을 인식하지 못하는 것을 의미할 수 있다. 후자의 해석에서 로 야다(לא ידע, "부지 중에")는 행위에서의 "무의식"을 의미하지 않는다. 문맥은 그 죄가 신성한 물품을 손상시킨다는 것을 시사한다(참조. Milgrom, *Cult*, 74-83). 비록 사람이 무지한 가운데 죄를 범했다 할지라도, 그는 "죄책이 있다"(אשם – 아샴). 밀그롬은 아샴이 "죄책을 느끼다"를 의미한다고 논증한다. 그러나 키우치(Kiuchi, *Purification Offering*, 34)는 아샴의 형식적 의미가 우선이라고 주장한다. 따라서 그는 그것을 "죄책을 깨닫다"로 번역한다. 즉 아샴(אשם)은 법적인 신

분을, 또한 "죄책"이 범죄한 사람의 양심을 파고 들어가 죄인이 자신의 죄를 깨닫게 된다는 개념을 공히 함축한다(참조. Milgrom, *Cult*, 3-12; Kiuchi, *Purification Offering*, 33-38). 유죄자는 깨닫게 될 때 그 범행에 대한 책임의 짐을 진다(נשׂא עונו – 나사 아보노). 이것은 그가 악행을 대속 받기 위해 속건제를 드리지 않으면 징벌을 받게 된다는 것을 의미한다. 정확한 범죄가 알려지지 않은 상태이므로, 요구된 속건제는 단지 성소의 가격에 따른 "흠 없는 숫양 한 마리"(איל תמים – 아일 타밈)로만 구성된다. 따라서 이번 사례는 손해 배상이나 벌금 지불을 요구하지 않는다. 그러므로 사람이 결코 정확한 잘못을 모른다 할지라도 성소를 침해했다는 두려움으로 심란해진 죄책감을 깨끗이 씻을 수 있다. 밀그롬(*Cult*, 76-80)은 고대인들의 가장 큰 두려움 가운데 하나가 무심코 성소를 침해한 것임을 증명하는 많은 사례들을 고대 중동의 문헌들로부터 찾아내어 제공해 준다.

이 죄의 비의도성은 (문자적으로) "그가 실수한 그의 잘못"(שגגתו אשר שגג – 쉬그가토 아쉐르 샤가그, 개역 성경: 그가 그릇 범한 허물)이라는 어구의 사용으로 강조된다(참조. 민 15:28). 이 어구는 보다 빈번한 "사람이 무심코(그릇, 실수로) 죄지었다"(חטא בשגגה – 하타 비쉐가가)에 대한 의도적인 대체다. 그리고 그것은 빈번한 숙어 형식인 "사람이 지은 죄"(חטא חטאתו אשר – 하타 하타토 아쉐르)를 토대로 만들어졌다. 당사자가 자신의 행위가 범죄라는 것을 몰랐다는 것을 강조하기 위해 "그가 알지 못했다"(הוא לא־ידע – 후 로 야다)가 강조를 위한 인칭대명사와 함께 반복된다. 속건제(אשם – 아샴)를 가지고 제사장은 그를 위해 대속을 실행하며 하나님께서는 그를 용서하신다(참조. 4:20).

19 이 짧은 단원은 두 개의 선언적 진술과 더불어 마무리된다. 첫 번째 진술은 그 제물의 정체를 확인해 준다: "그것은 속건제다"(אשם הוא – 아샴 후). 두 번째 진술은 그 제사의 목적이 성취되었음을 확증해 준다: "그는 분명하게 여호와께 배상(속건)을 했다"(אשם אשם ליהוה – 아숌 아샴 라도나이, 개역 성경을 비롯한 많은 역본들은 전혀 다른 방식으로 "그가 실로 여호와께 범과함이라"로 번역한다 – 역자 주). 이번에는 아샴(אשם)이란 용어가 그 제사를 바치는 행위가 아니라 그것의 성취를 지칭한다. 속건(배상)의 성취가 아주 강력히 강조되는데, 이는 하나님께서 죄책으로 크게 시달리는 당사자에게 믿음의 위반에 대한 책임이 완전히 충족되었다는 완전한 확신을 주기를 원하시기 때문이다. 여전히 그 사람은 자신의 범죄의 세부 사항에 대해서는 무지한 채 남아 있더라도 말이다.

21-22(6:2-3). 여기에는 여호와에 대한 "믿음의 위반"(מעל – 마알)으로 속건제

가 요구되는 것으로 분류된 사례들의 목록이 있다. 모든 사례들은 노골적인 강제력이 아닌 교활한 계획이나 속임수로 다른 사람의 소유물을 수중에 넣는 행위들과 관련된다. 앞으로 볼 수 있지만, 이러한 범행들은 범인이 여호와의 이름으로 맹세한 서약을 통해 범죄 사실을 부인하기 때문에 믿음의 위반으로 승격된다. 이 목록은 그런 범행을 저지르는 세 가지 주요 방식을 확인해 준다. 각각의 방식은 완료형 동사로 표현되며, 그 동사들은 오(או, "혹은")에 의해 연결된다. 이 목록은 첫 번째 사례가 세 가지 하위 사례들로 세분된다는 점에서 복잡하게 만들어진다. 그 혼동은 이 문법적 구조 속에 있는 이러한 용어들을 영어로 번역하기가 어려워 한층 더 가중된다.

첫 번째 범주에서는 사람이 "속임수"(כחש – 카하쉬)를 써서 다른 사람의 재산을 소유하게 된다. 속임수가 사용되는 세 가지 다른 상황들이 주어진다. 각각의 상황은 전치사 베(ב, "…안에")로 시작된다. 첫 번째 상황은 안전을 위해 어떤 사람에게 예탁물(פקדון – 피카돈)을 맡겼는데 그가 그것을 빼돌리는 일에 관한 것이다. 고대 사회에는 은행이 전혀 없었기 때문에, 귀중품의 안전을 잠시 동안 확보하길 원하는 사람은 – 예를 들어, 먼 여행 길을 떠날 때 – 그것을 다른 사람에게 넘겨 보관해 두었다. 그 사람은 신뢰할 수 있는 친밀한 동료나 친구(עמית – 아미트)였다. 그 예탁자가 돌아왔을 때 그는 자신의 친구가 그 귀중품(들)을 돌려주리라 예상했는데, 현재의 사례에서는 그 당사자가 그것(들)이 더 이상 자신의 수중에 있지 않다고 부인하면서 돌려주지 않는다. 두 번째 하위 사례는 누군가에게 보증, 담보 혹은 대부(יד תשומת – 테수메트 야드)가 실행된 뒤, 그가 나중에 그것을 돌려주지 않는 문제와 관련된다(개역 성경에서는 전당 잡는 경우 – 역자주). 이 범주에 속하는 범죄의 한 가지 예는 다음과 같다: 채무자는 대부를 받기 위해 채권자에게 담보물을 예탁할 수 있다. 그러나 채무자가 채권자에게 대부금을 갚은 이유로, 또는 어떤 파산의 상황에 처하게 되었을 때 율법이 예탁물을 되찾을 권리를 허용해 주는 이유로(출 22:25-26 [26-27]; 신 24:6, 17), 채무자는 채권자에게 그 예탁물의 반환을 요구할 권리를 다시 얻게 되는데, 그 후에도 채권자가 채무자의 예탁된(הפקד – 호프카드) 담보물을 보유한 채 돌려주지 않으면 이것은 사기 행위에 해당된다. 채권자는 그 예탁물을 자신을 위해 간직해 두려고 속임수를 쓰는 것이다. 세 번째의 하위 사례는 어떤 방식의 강도질(גזל – 가잘)과 관련된다. 밀그롬은 여기에서 "도둑질"(גנב – 가나브)이 나타나지 않고 "강도질"(גזל – 가잘)이 나타나는 이유를 물건을 잃은 당사자가 명확히 도둑이라고 확인해 줄 수 없으며, 따라서 그가 그러한 범죄자를 상대로 선서(증언의 진실성을 맹세하는 선서－역자주)를 할 수 없기 때문이라고 설명한다(Milgrom, *Cult*, 100-102). 다른 방식은 속임수로 사람의 물품을 몰수하는 것이었다.

두 번째 주된 사례에서, 사람은 "강탈"(עשק－아샤크) 행위를 저지른다(개역 성경: 늑봉). 강탈은 다른 사람의 물품이나 돈을 합법적으로, 그러나 비도덕적으로 차지하는 죄로 분류된다. 이러한 행위가 되는 한 가지 방법은 사람이 받을 권리가 있는 어떤 것－이를테면, 이미 완료된 일에 대한 임금－을 보류하는 것이다(19:13; 신 24:14-15; Levine, 33). 다른 종류의 강탈은 다른 사람의 재산을 억지로 차지하기 위해 율법을 왜곡하는 것이다. 세 번째 주된 사례는 사람이 다른 사람의 분실물을 발견한 뒤 거짓말(כחש－카하쉬)로 그 사실을 부인하는 상황과 관련된다.

이러한 사례들 중 어느 것도 법정에서 심문될 수가 없는데, 이는 그것이 어떤 한 사람의 다른 사람에 대한 적대적인 말이기 때문이다. 즉 피해자는 용의자가 실제로 자신의 재산을 소유하고 있다는 것을 증명할 방법이 전혀 없기 때문에 상환 청구권을 거의 갖지 못한다. 그런 상황을 해결하기 위해 고대인들은 일반적으로 용의자가 자신의 결백의 증거로 진지한 결백 선서를 할 것을 요구했다. 만일 그 사람이 거짓 선서를 했다면, 하나님께서 선서에 내포된 저주를 발동시키실 것이라는 믿음이 있었다. 그럼에도 불구하고, 이 죄책을 가진 용의자는 뻔뻔스러운 거짓말로 다른 사람의 재산을 부도덕하게 착복한 사실을 감추면서 감히 "거짓 맹세"(נשבע על־שקר－니쉬바 알 샤케르)를 시도한다. 범죄자는 그렇게 함으로써 자신의 범행을 가중시키는데, 이는 그가 하나님의 이름으로 거짓 맹세를 함으로써 하나님께 "믿음의 위반"(מעלה מעל－마알라 마알)을 했기 때문이다. 그러한 하나님의 이름의 악용은 분명히 제3계명의 위반이며, 신적 징벌 아래 놓이게 된다(출 20:7). 피해자가 자신의 재산을 되찾을 수 있는 희망은 단지 그 범죄자의 마음의 변화와 고백에 달려 있다. 현재의 법은 그러한 한계를 인식하고 있으며, 그 죄인이 대속을 받을 수단을 제공함과 동시에 피해자가 자신의 손해를 복구할 길을 제시한다. 따라서 자신의 사기 행위를 자백할 도덕적 용기를 가진 사람은 용서를 받기 위해 지정된 단계를 밟을 것이다.

24(6:5). 용서를 받기 위해 유죄한 자는 자신이 속임수로 탈취한 것을 권리를 가진 소유자에게 돌려주되, 그 재산 가치의 1/5에 해당하는 벌금을 지불해야 한다. 사람이 물품으로, 가급적 탈취된 품목으로 배상을 하는지(D. Daube, *Studies in Biblical Law*, 141-43), 아니면 동등한 값의 현금으로 지불하는지(Milgrom, *JNES* 35

[1976] 272-73)의 여부는 논란이 된다. 밀그롬은 베로쉬(בארש, "원금"〈principal〉: 개역 성경: 본물)란 단어에서 그 배상이 현금으로 이루어졌다고 결론내린다. 전승이 두 가지 해석을 모두 보존하고 있다는 점을 고려하면, 이 본문의 어법은 물품 배상이든 동등한 값의 현금 배상이든 모두 허용되었을 가능성이 있다. 유죄한 자는 자신이 속건제를 바치는 바로 그 날에 배상을 실시한다. 그렇게 함으로써, 그는 하나님과 사람 양자 모두와의 화해를 시도한다. 민수기 5:5-10은 이 법을 피해자가 죽는 돌발 상황에 확대 적용시킨다. 그런 사태가 발생하면, 벌금이 추가된 그 물품은 가장 가까운 친족(גאל - 고엘)에게 돌아간다. 근족이 없을 경우에는, 그 물품은 제사장에게 가져가야 한다.

여기서 규정된 1/5의 벌금은 오경의 다른 곳에서 요구되는 배상금에 비해 상당히 적다. 출애굽기 21:37(22:1)에 따르면, 소나 양을 훔쳐서 그것을 도살하거나 판 사람은 3-4배의 배상으로 물어내야 한다. 그러나 만일 그 짐승이 살아 있다면, 그는 두 마리의 짐승으로 갚아야 한다(출 22:3[4]). 벌금의 감면은 범행 자백을 장려하기 위해 중요하다. 밀그롬(*Cult*, 115)는 히타이트 족에게서 병행되는 관행을 발견한다. 어떤 사람이 도둑이라고 고백하면, 그것은 범죄가 아니다. 그러나 그가 체포되면, 그 징벌은 사형이다.

25-26(6:6-7). 배상하기와 벌금 지불에 덧붙여서 그 죄인은 자신의 속건제를 위해 미리 가격이 정해진 숫양 한 마리를 제사장에게 바쳐야 한다(참조. 5:15-16). 제사장은 그를 위해 대속을 실시하고, 하나님께서는 그의 범죄를 용서해 주신다.

해설

속건제는 신성한 자산의 침해와 여호와에 대한 믿음의 위반으로 인해 드려졌다. 신성한 자산의 침해는 비의도적이거나 무심코 저지른 죄로 규정된다. 어떤 사람은 자신이 성소를 침해했을지도 모르나 무슨 구체적인 잘못을 했는지 전혀 알지 못한 채 두려워하면서 양심의 가책으로 심각한 고민에 빠질 수 있었다. 이때 그는 자신의 양심을 정결케 하기 위해 속건제를 바칠 수 있었다. 이 두 가지 사례에서 공히 숫양은 제사장이 정한 어떤 가격이 매겨졌다. 이러한 정가 지정과 그 짐승이 숫양이어야 한다는 요구는 그 범죄의 비중을 시사한다.

속건제가 요구되는 또 다른 범죄 유형은 이를테면 탈취 행위와 같이 그렇게 속임수나 다른 교활한 방법으로 다른 사람의 물품을 수중에 넣는 것이었다. 사람이 다른 사람의 재산을 거짓으로 획득했다는 사실을 맹세로써 부인할 때, 그 행위는 여호와에 대한 믿음의 위반으로 분류된다. 여호와의 이름으로 거짓 맹세를 하는 것은 더욱 심각한 죄로 빠지는 길이었는데, 왜냐하면 거짓 맹세는 여호와의 이름을 더럽혔기 때문이다. 이것은 동료 인간에 대한 죄는 모든 인간이 하나님의 형상을 지녔기 때문에 동시에 하나님에 대한 죄가 된다는 원칙을 증언해 주는 또 다른 본문이다(참조. 요일 4:20). 나아가 그런 사기 행위는 인간의 타락한 본성을 드러내 준다. 유죄한 자는 동료에 대한 자신의 죄를 속하기 위해 종교적 의식과 관례들을 사용한다.

밀그롬은 이 규정에 대해 한 걸음 더 나아간 해석을 한다. 그는 어떤 의도적인 죄가 진정한 회개를 통해 무지의 죄로 경감될 수 있었다고 주장한다. 유죄한 자가 이 방안을 따를 때마다 그는 자신의 죄를 비의도적인 죄로 낮추게 되는 것이며, 또한 속건제 희생을 바침으로써 자신의 범행을 대속할 가능성을 얻었다. 이러한 해석은 분명히 시편 51편의 신학과 일치한다. 하나님의 법을 노골적으로 어긴 후에, 회개하는 그 시인은 진심으로 하나님께 자비를 구한다(4, 16a절[2, 14a절]).

> 나의 죄악을 말갛게 씻기시며
> 나의 죄를 깨끗이 제하소서.
> 하나님이여, 흘린 죄에서 나를 건지소서.

그는 자신의 죄를 깊이 뉘우쳐 인정할 뿐만 아니라, 진지하게 자신의 내면의 근본적 변화를 위해 부르짖는다(12절[10]).

> 하나님이여, 내 속에 정한 마음을 창조하시고
> 내 안에 정직한 영을 새롭게 하소서.

가능한 한 배상이 속건제 제사에 동반되어야 했다. 사람이 더럽힌 신성한 재산이나 이웃에게서 탈취한 재산은 원래 가격에 1/5을 추가하여 전액 반환되어야만 했다. 배상은 진정한 회개에서 대단히 중대한 단계다. 그것은 어떤 범죄로 인해 단절된 관계의 회복을 위한 견고한 기초를 마련하며, 또한 범법자의 성품을 영원한 가치 위에 재건한다. 피해자는 범죄자의 회개가 참되다는 것을 알게 될 뿐만 아니라, 자신의 손해를 보상받는다. 고대 이스라엘에서 배상을 하는 경우에, 범죄자는 정가가 매겨진 흠 없는 숫양 한 마리를 바쳤다. 제사장은 그의 죄를 대속해 주었으며, 범죄자는 자신의 하나님이신 여호와와 충분한 화해가 이루어져 용서를 받았다. 범행으로 인한 그의 죄책은 영원히 제거되었다.

그리스도께서는 이사야 53장을 성취하면서 자신을 속건제로 드리셨다. 따라서 그분의 죽음은 인간의 죄로 인한 피해를 하나님께 완전히 배상해 주었다. 그리하여 그리스도의 죽음은 모든 사람을 위한 속죄의 가능성을 얻었다. 성령을 대적하는 죄를 제외하고는(마 12:31; 막 3:29) 용서받을 수 있는 죄의 유형은 제한이 없었다. 어떤 죄인이라도 그리스도의 속죄의 죽음을 믿음으로써 진정한 용서를 얻을 수 있다.

용서를 성취하기 위해 사람들은 자신이 잘못했던 사람들과 화해를 모색할 필요가 있다. 배상해 주는 일은 자주 진정한 화해를 위한 토대를 제공한다. 산상수훈에서 예수께서는 이렇게 교훈하셨다. "그러므로 예물을 제단에 드리다가 거기서 네 형제에게 원망 들을 만한 일이 있는 줄 생각나거든, 예물을 제단 앞에 두고 먼저 가서 형제와 화목하고 그 후에 와서 예물을 드리라"(마 5:23-24). 이 교훈은 하나님께서 그 사람의 예물을 받으시도록 당사자들끼리 화해할 필요성을 강조한다. 사람은 화해를 하는 가운데 용서를 경험한다. 그리스도에 의해 아낌없는 용서를 받으면서, 그 사람은 자신에게 잘못을 저지른 사람들을 용서하는 가운데 기뻐한다. 예수께서는 권고하신다. "너희가 사람의 과실을 용서하면 너희 천부께서도 너희 과실을 용서하시려니와"(마 6:14). 신약은 값싼 용서를 가르치지 않는다. 진정한 회개가 용서에 선행한다. 그리고 배상은 회개의 기준의 필수적인 한 부분이다(눅 19:5). 사람은 배상을 통해 구체적인 형식으로 자신의 범행에 대한 완전한 책임을 인정하고 있다는 것과, 또한 피해를 당한 동료의 행복과 관계의 회복을 바라고 있다는 것을 표현한다.

E. **다양한 희생들에 대한 추가적인 지침**(6:1[8]-7:38)

참고문헌

Bach, D. "Rite et parole dans l'Ancien Testament: Nouveaux éléments apportés par l'étude de Tôdâh." *VT* 28(1978) 10-193. **Charbel, A.** "La portata religiosa degli š^{e}lāmîm." *RBibIt* 18(1970) 185-94. ______. "Nota a Lev. 7,34: *t^{e}nûfāh* e *t^{e}rûmāh* degli *š^{e}lāmîm.*" *RBibIt* 21(1973) 353-59. **Leeuwen, J. H. van.** "The Meaning of תפין in Lev. 6, 14." *ZAW* 100(1988) 268-69. **Loss, N.** "«Oblazione quotidiana» oppure «oblazione stabile»?" *RBibIt* 16(1968) 409-30. **Milgrom, J.** "The Alleged Wave-offering in Israel and the Ancient Near East." *IEJ* 22(1972) 33-38(*SCTT*, 133-38). ______. "Hattĕnûpâ"(Heb.). In *Zer Li' gevurot*(Z. Shazar Vol.). Ed. B. Z. Luria. Jerusalem: Kiryat Sepher, 1972. 93-110(*SCTT*, 139-58, Eng.). ______. "The *šôq hattĕrûmâ*: A Chapter in Cultic History"(Heb.). *Tarbiz* 42(1972/73) 1-14(*SCTT*, 159-70). ______. "Akkadian Confirmation of the Meaning of the Term *tĕrûmâ*" (Heb.). *Tarbiz* 44(1974/75) 189(*SCTT*, 171-72, Eng.). **Snaith, N.** "The Wave Offering." *ExpTim* 74(1962/63) 127.

본 문

8 여호와께서 모세에게 일러 가라사대	**1**(8) Yahweh spoke to Moses:
9 아론과 그 자손에게 명하여 이르라 번제의 규례는 이러하니라 번제물은 단 윗 석쇠 위에 아침까지 두고 단의 불로 그 위에서 꺼지지 않게 할 것이요	**2**(9) "Command Aaron and his sons: This is the instruction for the whole offering. The whole offering will remain on the altar-hearth[a] all night until morning. The fire on the altar must be kept burning.[b]
10 제사장은 세마포 긴 옷을 입고 세마포 고의로 하체를 가리우고 단 위에서 탄 번제의 재를 가져다가 단 곁에 두고	**3**(10) The priest is to put on his linen clothes,[a] and he is to put[b] on linen breeches next to his body[c] in order that he may remove the fat ashes[d] from the whole offering which the fire has consumed one[e] the altar and place them beside the altar.
11 그 옷을 벗고 다른 옷을 입고 그 재를 진 바깥 정결한 곳으로 가져갈 것이요	**4**(11) He is then to take off his clothes and put on other clothes in order that he may take the fat ashes outside the camp to a clean place.
12 단 위에 불은 항상 피워 꺼지지 않게 할지니 제사장은 아침마다 나무를 그 위에 태우고 번제물을 그 위에 벌여놓고 화목제의 기름을 그 위에 사를지며	**5**(12) The fire on the altar must be kept burning: it must not go out. Every morning[a] the priest is to rebuild it with wood. Then he is to arrange the whole offering on it, and on top of it he is to burn the fat[b] of the offerings of well-being.
13 불은 끊이지 않고 단 위에 피워 꺼지지 않게 할지니라	**6**(13) A continuous fire must be kept burning on the altar: it must not go out.

14 소제의 규례는 이러하니라 아론의 자손은 그 것을 단 앞 여호와 앞에 드리되

7(14) "This[a] is the instruction for the grain offering. The sons of Aaron are to present[b] it before Yahweh in front of the altar.

15 그 소제의 고운 기름 가루 한 움큼과 소제물 위의 유향을 다 취하여 기념물로 단 위에 불살라 여호와 앞에 향기로운 냄새가 되게 하고

8(15) One of them[a] is to take a handful of[b] fine flour of the grain offering and its oil and all[c] the incense on the grain offering and burn it on the altar[d] as a soothing aroma, a memorial[e] to Yahweh.

16 그 나머지는 아론과 그 자손이 먹되 누룩을 넣지 말고 거룩한 곳 회막 뜰에서 먹을지니라

9(16) Aaron and his sons are to eat[a] the rest of it. Being unleavened bread,[b] it is to be eaten in a holy place: they are to eat it in the court of the Tent of Meeting.[c]

17 그것에 누룩을 넣어 굽지 말라 이는 나의 화제 중에서 내가 그들에게 주어 그 소득이 되게 하는 것이라 속죄제와 속건제같이 지극히 거룩한즉

10(17) It may not be baked with yeast.[a] I have allotted it[b] as their share of the gifts presented to me.[c] It is most holy, like the purification offering and the reparation offering.

18 무릇 아론 자손의 남자는 이를 먹을지니 이는 여호와의 화제 중에서 그들의 대대로 영원한 소득이 됨이라 이를 만지는 자마다 거룩하니라

11(18) Any male descendant among Aaron's sons[a] may eat it. It is a perpetual decree[b] for your generations for Yahweh's gifts. Anyone who touches these must be holy."

19 여호와께서 모세에게 일러 가라사대

12(19) Yahweh spoke to Moses:

20 아론과 그 자손이 기름부음을 받는 날에 여호와께 드릴 예물은 이러하니라 고운 가루 에바 십분 일을 항상 드리는 소제물로 삼아 그 절반은 아침에, 절반은 저녁에 드리되

13(20) "This is the offering which Aaron and his sons are to present to Yahweh on the day when he[a] is anointed: a tenth of an ephah of fine flour as the regular grain offering,[b] half of it in the morning and half in the evening.[c]

21 그것을 기름으로 반죽하여 번철에 굽고 기름에 적시어다가 썰어서 소제로 여호와께 드려 향기로운 냄새가 되게 하라

14(21) It is to be prepared[a] with oil[b] on a griddle. You are to bring[c] it well-mixed,[d] and you are to present[e] pieces of a folded[f] grain offering as a soothing aroma to Yahweh.

22 이 소제는 아론의 자손 중 기름부음을 받고 그를 이어 제사장 된 자가 드릴 것이요 영원한 규례로 여호와께 온전히 불사를 것이니
23 무릇 제사장의 소제물은 온전히 불사르고 먹지 말지니라
24 여호와께서 모세에게 일러 가라사대
25 아론과 그 아들들에게 고하여 이르라 속죄제의 규례는 이러하니라 속죄제 희생은 지극히 거룩하니 여호와 앞 번제 희생을 잡는 곳에서 그 속죄제 희생을 잡을 것이요

15(22) The anointed priest who is his successor[a] will continue to prepare it. It is a perpetual decree to Yahweh.[b] All of it is to be burned.
16(23) Every grain offering from a priest is a total sacrifice: it may not be eaten."
17(24) Yahweh spoke to Moses:
18(25) "Say to Aaron and his sons: This is the instruction for the purification offering: The purification offering is to be slaughtered[a] in the place where[b] the whole offering is slaughtered;[c] it is

26 죄를 위하여 제사드리는 제사장이 그것을 먹되 곧 회막 뜰 거룩 한 곳에서 먹을 것이며

27 무릇 그 고기에 접촉하는 자는 거룩할 것이며 그 피가 어떤 옷에든지 묻었으면 묻은 그것을 거룩한 곳에서 빨 것이요

28 그 고기를 토기에 삶았으면 그 그릇을 깨뜨릴 것이요 유기에 삶았으면 그 그릇을 닦고 물에 씻을 것이며

29 그 고기는 지극히 거룩하니 제사장의 남자마다 먹을 것이니라

30 그러나 피를 가지고 회막에 들어가 성소에서 속하게 한 속죄제 희생의 고기는 먹지 못할지니 불사를지니라

7:1 속건제의 규례는 이러하니라 이는 지극히 거룩하니

2 번제 희생을 잡는 곳에서 속건제의 희생을 잡을 것이요 제사장은 그 피를 단 사면에 뿌릴 것이며

3 그 모든 기름을 드리되 곧 그 기름진 꼬리와 내장에 덮인 기름과

4 두 콩팥과 그 위의 기름 곧 허리 근방에 있는 것과 간에 덮인 꺼풀을 콩팥과 함께 취하고

5 제사장은 그것을 다 단 위에 불살라 여호와께 화제로 드릴 것이니라 이는 속건제요

6 지극히 거룩하니 이것을 제사장의 남자마다 먹되 거룩한 곳에서 먹을지며

7 속건제나 속죄제는 일례니 그 제육은 속하는 제사장에게로 돌아갈 것이요

8 사람의 번제를 드리는 제사장 곧 그 제사장은 그 드린 번제물의 가죽을 자기가 얻을 것이며

most holy.

19(26) The priest who officiates[a] is to eat it. It must be eaten in a holy place, in the court of the Tent of Meeting.

20(27) Anyone who touches any of the meat must be holy. Whenever any of its blood is splattered on a garment, you must wash[a] that on which it has been spattered in a holy place.

21(28) Any clay pot in which it is cooked is to be broken, but if it is cooked in a bronze vessel, that vessel is to be scoured[a] and rinsed with water.[b]

22(29) Any male among the priests may eat it: it is most holy.[a]

23(30) But any purification offering which had some of its blood brought[a] into the Tent of Meeting to make expiation in the Holy Place must not be eaten. It must be burned with fire.

7:1 "This is the instruction for a reparation offering.[a] It is most holy.

2 The reparation offering is to be slaughtered[ab] in the place where[c] the whole offering is slaughtered,[a] and he is to dash[d] its blood against all sides[e] of the altar.

3 All its fat is to be offered: the fat tail,[a] the fat that covers the entrails,[b]

4 the two kidneys and the fat around them by the loins: and the long lobe of the liver he is to remove with the kidneys.

5 The priest is to burn them on the altar as a gift to Yahweh. It is a reparation offering.

6 Any male among the priests may eat it. It must be eaten in a holy place: it is most holy.

7 "The reparation offering is like the purification offering.[a] There is one standard for both of them: it belongs to the priest who makes expiation with it.

8 The priest who presents a whole offering for any person[a] receives the hide of the whole offering which he has presented[b] to him.[c]

9 무릇 화덕에 구운 소제물과 솥에나 번철에 만든 소제물은 그 드린 제사장에게로 돌아갈 것이니

10 무릇 소제물은 기름 섞은 것이나 마른 것이나 아론의 모든 자손이 평균히 분배할 것이니라
11 여호와께 드릴 화목제 희생의 규례는 이러하니라
12 만일 그것을 감사하므로 드리거든 기름 섞은 무교병과 기름 바른 무교전병과 고운 가루에 기름 섞어 구운 과자를 그 감사 희생과 함께 드리고

13 또 유교병을 화목제의 감사 희생과 함께 그 예물에 드리되

14 그 전체의 예물 중에서 하나씩 여호와께 거제로 드리고 그것을 화목제의 피를 뿌린 제사장들에게로 돌릴지니라

15 감사함으로 드리는 화목제 희생의 고기는 드리는 그 날에 먹을 것이요 조금이라도 이튿날 아침까지 두지 말 것이니라
16 그러나 그 희생의 예물이 서원이나 자원의 예물이면 그 희생을 드린 날에 먹을 것이요 그 남은 것은 이튿날에도 먹되

17 그 희생의 고기가 제삼일까지 남았으면 불사를지니
18 만일 그 화목제 희생의 고기를 제삼일에 조금이라도 먹으면 그 제사는 열납되지 않을 것이라 드린 자에게도 예물답게 못되고 도리어 가증한 것이 될 것이며 그것을 먹는 자는 죄를 당하리라

19 그 고기가 부정한 물건에 접촉되었으면 먹지 말고 불사를 것이라 그 고기는 깨끗한 자만 먹을 것이니
20 만일 몸이 부정한 자가 여호와께 속한 화목제 희생의 고기를 먹으면 그 사람은 자기 백성 중에

9 Every grain offering which is baked in an oven and any that is prepared[a] either in a pan or on a griddle[b] belongs to the priest who presents it; it is his.[c]
10 Every grain offering, whether mixed with oil or dry, belongs equally[a] to all the sons of Aaron.
11 "This[a] is the instruction for an offering of well-being which is presented[b] to Yahweh.
12 If he presents it for a praise offering, then along with[a] the praise offering he is to present unleavened loaves mixed with oil, unleavened wafers spread with oil, and fine flour well-mixed,[b] i.e., loaves mixed with oil.[c]
13 In addition[a] to his praise offering as an offering of well-being, he is to present an offering with loaves of leavened bread.
14 One from each offering he is to present as a contribution to Yahweh. It belongs to the priest who dashes the blood of the offering of well-being.
15 The meat of his offering of well-being for praise[a] is to be eaten on the day of his offering; none of it may be left[b] until the morning.
16 "If his sacrifice[a] is a votive offering or a free-will offering, it may be eaten on the day he presents[b] his sacrifice; also whatever is leftover on the next day may be eaten.[c]
17 Whatever meat of the sacrifice is left until the third day is to be burned with fire.
18 If any of the meat of his offering of well-being is indeed[a] eaten on the third day, the person who has presented it will not be accepted. It will not be accounted to his credit; it has become defiled meat. Whoever eats of it must bear the responsibility of his iniquity.
19 Meat which touches anything unclean may not be eaten; it is to be burned with fire. As for other meat,[a] anyone who is clean may eat such meat.
20 But if any person eats meat from an offering of well-being for Yahweh while he is unclean,

서 끊쳐질 것이요
21 만일 누구든지 부정한 것 곧 사람의 부정이나
부정한 짐승이나 부정하고 가증한 아무 물건이든
지 만지고 여호와께 속한 화목제 희생의 고기를
먹으면 그 사람도 자기 백성 중에서 끊쳐지리라

22 여호와께서 모세에게 일러 가라사대
23 이스라엘 자손에게 고하여 이르라 너희는 소
나 양이나 염소의 기름을 먹지 말 것이요
24 스스로 죽은 것의 기름이나 짐승에게 찢긴 것
의 기름은 달리는 쓰려니와 결단코 먹지 말지니
라
25 사람이 여호와께 화제로 드리는 희생의 기름
을 먹으면 그 먹는 자는 자기 백성 중에서 끊쳐지
리라

26 너희의 사는 모든 곳에서 무슨 피든지 새나
짐승의 피를 먹지 말라
27 무슨 피든지 먹는 사람이 있으면 그 사람은
다 자기 벡성 중에서 끊쳐지리라
28 여호와께서 모세에게 일러 가라사대
29 이스라엘 자손에게 고하여 이르라 화목제의
희생을 여호와께 드리려는 자는 그 화목제 희생
중에서 그 예물을 취하여 여호와께 가져오되

30 여호와의 화제는 그 사람이 자기 손으로 가져
올지니 곧 그 제물의 기름과 가슴을 가져올 것이
요 제사장은 그 가슴을 여호와 앞에 흔들어 요제
를 삼고
31 그 기름은 단 위에 불사를 것이며 가슴은 아
론과 그 자손들에게 돌릴 것이며
32 또 너희는 그 화목제 희생의 우편 뒷다리를
제사장에게 주어 거제를 삼을지니

33 아론의 자손 중 화목제 희생의 피와 기름을
드리는 자가 그 우편 뒷다리를 자기의 소득으로
삼을 것이라
34 내가 이스라엘 자손의 화목제 중에서 그 흔든
가슴과 든 뒷다리를 취하여 제사장 아론과 그 자

that person will be cut off from his people.
21 If any person touches anything unclean –
whether human uncleanness or an unclean ani-
mal or an unclean, putrid object[a] – and eats from
the meat of an offering of well-being for
Yahweh, that person will be cut off from his
people."
22 Yahweh spoke to Moses:
23 "Speak to the children of Israel: Do not eat
any fat of cattle, sheep, or goats.[a]
24 The fat of any animal that has died naturally
or has been torn by wild animals may be put to
any use, but you must never eat[a] of it.
25 Because[a] anyone who eats fat of an animal
from which a gift has been presented[b] to Yah-
weh, that person who eats it will be cut off from
his people.
26 You may not eat any blood,[a] either of birds
or animals, in any of your settlements.
27 Any person who eats blood, that person will
be cut off from his people."
28 Yahweh spoke to Moses:
29 "Speak to the children of Israel:[a] Anyone
who presents an offering of well-being is to
bring some of his offering of well-being as an
offering[b] to Yahweh.
30 His own hands[a] are to bring a gift for Yah-
weh. He is to bring[b] the fat[c] with[d] the breast to
lift up[e] the breast[f] as an elevated offering[e] before
Yahweh.
31 The priest will burn the fat on the altar: the
breast becomes Aaron's and his sons'.
32 You are to give the right thigh from your
offerings of well-being as a contribution[a] to the
priest.[b]
33 A portion of the right thigh belongs to the
Aaronite who presents the blood and the fat of
the offering of well-being.
34 The breast of the elevated offering and the
thigh of the contribution I have taken from the

손에게 주었나니 이는 이스라엘 자손에게 받을 영원한 소득이니라

offerings of well-being[a] of the children of Israel and given them to Aaron, the priest, and to his sons as a perpetual portion from the people of Israel."

35 이는 여호와의 화제 중에서 아론에게 돌릴 것과 그 자손에게 돌릴 것이니 그들을 세워 여호와의 제사장의 직분을 행하게 한 날

35 This is the perquisite of Aaron and the perquisite of his sons from[a] the gifts to Yahweh from the day when they are presented[b] to serve as priests to Yahweh.

36 곧 그들에게 기름부은 날에 여호와께서 명하사 이스라엘 자손 중에서 그들에게 돌리게 하신 것이라 대대로 영원히 받을 소득이니라

36 This[a] is what Yahweh commanded the children of Israel to give the priests from[b] the day of their anointing.[c] It is a perpetual decree for your generations.

37 이는 번제와 소제와 속죄제와 속건제와 위임제와 화목제의 규례라

37 This is the instruction for the whole offering, the grain offering,[a] the purification offering, the reparation offering, the ordination offering, and the offering of well-being,

38 여호와께서 시내 광야에서 이스라엘 자손에게 그 예물을 여호와께 드리라 명하신 날에 시내 산에서 이같이 모세에게 명하셨더라

38 which Yahweh commanded Moses at Mount Sinai on the day when he commanded the children of Israel to present their offerings to Yahweh in the wilderness of Sinai.

원문주해

2.a.(6:9) 마소라 본문(MT)의 모크다(מוקדה, "제단 석쇠")에 대하여, 다른 히브리어 필사본들(mss)은 미크다(מקדה, "태움"), 사마리아 오경(Sam)은 하미크다(המקדה, "타는 것") 그리고 70인경(LXX)은 [에피] 테스 카우아세오스 아우테스([ἐπὶ] τῆς καύασεως αὐτῆς)=모크다(מוקדה, "그것의 태움에[관하여]")를 갖는다. 엘리거(Elliger, 81)는 선행하는 전치사 알(על, "…위에")은 중복오사(dittography)나 혹은 히크다(הקדה, "타는")를 모크다(מוקדה, "석쇠")로 오독함으로써 발생한 삽입의 실수라고 본다. 이러한 대안적 독법은 장점을 지니는데, 왜냐하면 시리아역(Syr)과 탈굼역(Tg)은 분사로 읽는 것을 지지하기 때문이다. RSV는 이 단어를 "태우는 곳"을 의미하는 것으로 받아들이는 반면, AV는 그것을 "태우는 더미"(burning mass)로 이해한다.

2.b. 원 70인경(LXX*)은 5, 6절(12, 13절)에서처럼 우 스베스데세타이(οὐ σβεσθήσεται, "그것이 꺼지지 않아야 한다")를 추가한다.

3.a.(6:10) 마소라 본문(MT)의 미도(מדו, "그의 옷")가 만일 바드(בד, "세마포")와 함께 연계형 관계에 놓여 있다면, 이 명사는 어려운 히브리어 문법의 한 가지 예를 보여준다(GKC § 128d; 131d; *IBHS* § 16.4.e). 킴치(Kimchi)는 와우(ו)가 그 연계형의 연결

모음이라고 추론한다. 여러 시대에 걸쳐 발생된 한 가지 쉬운 실수는 와우(ו)와 요드(י)의 뒤바뀜이다. 따라서 사마리아 오경(Sam), 시리아역(Syr), 탈굼(Tg)과 탈굼 위-요나단(*Tg. Ps.-J.*)은 선호되는 독법인 미데이(מדי, "…의 옷들")를 증거한다.

3.b. 몇몇 히브리어 필사본들(mss)은 일바쉬(ילבש, "그가 입어야 한다") 대신 이흐유(יהיו, "그것들이 …이어야 한다")로 읽는다. 참조. 16:4.

3.c. 빠사르(בשר, "고기")는 여기서 "피부", 즉 "몸"을 의미한다.

3.d. 참조. 4:21.

3.e. 70인경(LXX)의 독법 아포(ἀπό)는 마소라 본문의 알(על, "…위에")이 아닌 메알(מעל, "…위로부터")을 제안한다. 시리아역(Syr)은 아마도 아쉐르 알(אשר־על, "…위에 있는")로 읽을 것이다. 마소라 본문에 있는 이 관계절은 매우 투박하다.

5.a.(6:12) 빠보케르(בבקר, "아침에")라는 어구의 반복은 매일 아침을 의미한다. 두 개의 히브리어 필사본과 70인경(LXX)에는 두 번째의 빠보케르(בבקר)가 빠져 있다. 이것은 중자탈락의 오류에서 기인한 것일 수 있다.

5.b. 헬빔(חלבים, "기름 부위들")은 화목제를 지칭하는데, 왜냐하면 이 엄선된 내장들은 화목제에서 제단 위에서 태워지는 짐승의 부위이기 때문이다(참조. 3장 부록).

7.a.(6:14) 어떤 히브리어 필사본(mss), 70인경(LXX) 그리고 벌게이트역(Vg)은 와우 연결사(ו copula)를 읽지 않는다.

7.b. 마소라 본문(MT)의 부정사 절대형 하크레브(הקרב, "가져오다") 대신 사마리아 오경(Sam)은 히크리부(הקריבו, "그들이 가져와야 한다")로 읽는다. 그러나 70인경(LXX)은 헨 프로사크수신(*ἥν προσάξουσιν*)=아쉐르 야크리부(אשר יקריבו, "그들이 가져와야 한다")를 갖는다. 이러한 이문은 탈굼(Tg), 탈굼 위-요나단(*Tg. Ps.-J.*) 그리고 벌게이트역이 뒤따른다. 마소라 본문의 부정사 절대형 대신 히필 완료형인 히크리브(הקריב)로 읽는 것이 가장 나아 보이는데, 이는 부정사 절대형을 가지고 구성된 문장은 매우 드물기 때문이다(참조. GKC § 113gg). 쥬옹(Joüon, § 123v)은 그것을 명령으로 간주한다. 8절에 있는 그 동사의 단수형은 단수형이 선호될 만하며, 또한 그것이 브네이 아하론(בני אהרן, "아론의 아들들")의 삽입과 더불어 복수형으로 바뀌었을지도 모른다. 참조. "원문주해" 1:7.b.

8.a.(6:15) 마소라 본문(MT)의 미메누(ממנו, "그것⟨남성⟩으로부터") 대신 카이로 게니자의 필사본들(mss), 사마리아 오경(Sam) 그리고 탈굼 필사본들(Tg[mss])은 선행사가 여성 명사인 민하(מנחה, "소제물")이기 때문에 미메나(ממנה, "그것⟨여성⟩으로부터")로 읽는다.

8.b. 전치사 베(ב)는 "…을 구성하는 것으로서"를 의미하는 것으로 간주된다(GKC § 119i; 참조. Joüon§ 146e).

8.c. 70인경(LXX)에는 콜(כל, "모든")이 빠져 있다.

8.d. 하미즈바흐(המזבח, "그 제단") 대신 사마리아 오경(Sam)은 1:9에서처럼 하미즈베하(המזבחה, "그 제단 위에서")로 읽는다. 이 후자의 이문이 선호될 만하다. 또한 어떤 히브리어 필사본들(mss)과 사마리아 오경(Sam), 그리고 70인경(LXX)은 2:2에서처럼 이쉐(אשה, "선물")를 추가한다. 더 짧은 독법이 선호될 만하다.

8.e. 아즈카라타(אזכרתה, "그것의 기념")가 레아흐 니호아흐(ריח ניחח, "흠향되는 향기": 개역 성경: 향기로운 냄새)와 병치되어 있다. 아즈카라타(אזכרתה)라는 단어는 특별히 소제물과 함께 사용되는 반면, 레아흐 니호아흐(ריח ניחח)는 여러 가지 제물과 함께 나타난다(참조. 2:2, 9, 16).

9.a.(6:16) 사마리아 오경(Sam)과 70인경(LXX)은 아마도 8절(15절)과 일치했던 더 초기의 본문에 대한 증거로서 단수 동사를 갖는다. 참조. "원문주해" 7.b.

9.b. 목적격인 마초트(מצות, "누룩이 없는")는 수동태 동사 토칼(תאכל, "그것이 섭취되어야 한다")과 함께 나타나는데, 이는 그 희생의 성격을 더욱 정밀하게 묘사하기 위함이다(GKC § 118q). 이 문장의 서두에 있는 마초트(מצות)는 약간의 강조 효과가 있다.

9.c. 9b절의 형식은 a:b:c::c:b이다. 반복이 이 명령을 강조하고 있다. 또한 충실한 내용의 이 구절은 마지막 절 문장이 추가되었다는 것을 암시한다.

10.a.(6:17) 참조. "원문주해" 9.b.

10.b. 오타(אתה, "그것을") 대신 70인경(LXX)은 아우토이스(*αὐτοῖς*, "그들에게")를 갖는데, 그것은 다시 한 번 그 제사장들을 아론 가계로 확인해 주면서 그들이 이 소제물을 수령한다는 것을 강조한다.

10.c. 마소라 본문(MT)의 이솨이(אשי, "나의 예물들", 즉 목적의 소유격인 "나에게 바친 예물들") 대신 몇몇 히브리어 필사본들(mss)과 사마리아 오경(Sam), 70인경(LXX) 그리고 벌게이트역(Vg)은 이쉐이 아도나이(אשי יהוה, "여호와의 예물")로 읽는다. 이러한 이문은 11절(18절)에서와 동일한 독법인데, 그로 인해 마소라 본문(MT)이 흔하지 않은 독법으로서 선호될 수 있다는 것이 암시된다.

11.a.(6:18) 베브네이 아하론(בבני אהרן, "아론의 아들들 중에서") 대신 70인경(LXX)은 톤 이에레온(*τῶν ἱερέων*, "그 제사장들의")으로 읽는다. 이러한 이문은 아주 추천할 만한데, 이는 그것이 그 제사장들을 아론의 아들들로 확인해 주는 경향에 반대로 나아가기 때문이다.

11.b. 호크(חק)는 "규례, 법령"을 의미하며, 레빈(Levine, 37)에 따르면 더 확장해서 그것은 누군가의 정당한 할당량인 "몫"(due)을 의미한다. 링그렌(H. Ringgren, "חקק *hāqaq*," *TDOT* 5:144)은 호크(חק)를 제사장들의 법적인 배당 부위인 다양한 제물들을 지칭하는 전문 용어로 간주한다. 이 입장은 아주 추천할 만하지만, 호크 올람(חק עולם, "영원한 규례")이 레위기에서 여러 가지 법의 영속적인 특질을 강조하기 위해 몇 차례 사용된다는 사실을 고려해 볼 때(예를 들어, 3:17; 7:36; 17:7) 이 주석의 번역과 다르

게 이해해야 할 이유로는 타당하지 않은 것으로 보인다.

13.a.(6:20) 직접목적어가 실질상의 수동태 동사와 사용되어 그 동사의 주어 역할을 한다(참조. Joüon, § 128b).

13.b. 사마리아 오경(Sam)과 70인경(LXX)은 민하(מנחה, "소제물") 대신 레민하(למנחה, "소제물을 위해")로 읽는다. 더 어려운 독법인 마소라 본문(MT)이 지지 받는다. 민하(מנחה)는 쏠레트(סלת, "고운 가루")와 동격인 것으로 보인다.

13.c. 마소라 본문의 빠아레브(בערב, "저녁에") 대신 사마리아 오경(Sam)은 벤 하아라빔(בין הערבים, "황혼 무렵에")으로 읽는다.

14.a.(6:21) 엘리거(Elliger)는 수동태인 테아세(תֵּעָשֶׂה, "그것이 만들어져야 한다")를 능동태인 타아세(תַּעֲשֶׂה, "너는 그것을 만들어야 한다")로 모음을 찍을 것을 제안한다. 이것은 히브리어가 수동태를 피하는 경향이 있기 때문에 장점을 지니지만, 이 지침들에서는 수동태가 빈번하다.

14.b. 호프만(Hoffmann, 1:233)은 빠쉐멘(בשמן, "기름과 더불어")이 포함된 이유는 이 소제물이 정규적인 소제물보다 더 많은 기름으로 준비되어야 한다는 것으로 이해한다.

14.c. 70인경(LXX)과 벌게이트역(Vg)은 단수 동사로 읽는다.

14.d. 어근 라바크(רבך)는 "혼합하다"를 의미한다. 미쉬나(Mishnah) 히브리어에서 레비카(רביכה)는 "뜨거운 물과 기름을 섞은 다량의 고운 밀가루"를 의미한다(Jastrow, 1442). 호프만(Hoffmann, 1:233)은 무르베케트(מרבכת, "흠뻑 젖은")로 번역한다.

14.e.(6:21) 70인경(LXX)은 마소라 본문(MT)의 티크리브(תקריב, "너는 바쳐야 한다") 대신 뒤시안(*θυσίαν*, "희생")으로 읽는다.

14.f. 마소라 본문(MT)의 테피네이(תפיני)는 변형된 것이다. 표준 히브리어 성경(*BHS*)은 어근 타파트(פתת)에서 온 테피나(תפינה, "너는 그것을 깨뜨려야 한다")를 제안한다. 다른 사람들은 마소라 본문(MT)을 어근 아파(אפה, "굽다")에서 온 다른 철자로 구성해 보려고 애쓴다. 호프만(Hoffmann, 1:234)은 그것이 투피(תופי) + 니(נא) = "부분적으로 구운"으로 구성된 단어일 수 있다고 제안한다. 즉 이 소제물은 살짝 구워야 한다. 반 레우벤(Van Leeuwen)은 어근 파난(פנן)/핀(פין)은 기본적 의미인 "굽은"을 지닌다고 제안한다. 그 점에 비추어 볼 때, 이 단어는 접혀진 떡을 의미할 수 있다.

15.a.(6:22) 타흐타이브(תחתיו)는 문자적으로 "그를 대신해서"이다.

15.b. 70인경(LXX)에는 라도나이(ליהוה, "여호와께")가 빠져 있다. 호크 올람(חק־עולם, "영원한 규례")이라는 어구는 제의 자료집 전반에 걸쳐 나타난다. 때로 그것은 전치사구인 레(ל) + 인간 집단과 함께 사용된다. 그것이 여호와와 함께 사용되는 것은 이상하며 아마 본문상의 오류로 인한 것일 수 있다.

18.a(6:25) 수동태 대신 70인경(LXX)은 3인칭 복수인 스파주신(*σφάζουσιν*, "그것들이 도살되어야 한다")으로 읽는다.

18.b. 연계형인 명사 마콤(מקום)이 관계대명사 아쉐르(אשר, "…인 곳") 앞에 위치한다(Joüon § 129q). 참조. 4:24.

18.c. "원문주해" 18.a.에서와 마찬가지로, 70인경(LXX)은 미래 3인칭 복수인 스파크수신(*σφάξουσιν*, "그것들이 도살되어야 한다")으로 읽는다.

19.a.(6:26) 흥미롭게도 여기서 "집례하는 사람", 문자적으로 "그 죄를 제거하는 사람"으로 번역된 하메하테(המחטא)라는 단어가 탈굼(Tg)에서는 담카파르 베다마(בדמה דמכפר, "피를 가지고 대속하는 사람")로 번역된다는 것을 관찰할 수 있다.

20.a.(6:27) 마소라 본문(MT)의 테카베스(תכבס, "너는 씻어야 한다") 대신 (사마리아 오경), 70인경(LXX), 시리아역(Syr), 탈굼(Tg), 탈굼 위-요나단(*Tg. Ps.-J.*) 그리고 벌게이트역(Vg)은 예쿠바스(יכבס, "그것은 씻겨져야 한다")로 읽는다. 히브리어에서는 통상적으로 능동태가 수동태보다 더 선호되기 때문에 마소라 본문(MT)이 지지 받지만, PIR(169)은 마소라 본문이 병행 구절로 동화된 것일 수 있다는 입장을 취하면서 약간은 그 이문을 선호한다.

21.a. *IBHS*(§ 22.6b, n. 31)는 모라크(מֹרַק, "닦아져야 한다")를 칼 수동태 완료로 간주한다.

21.b.(6:28) 왈키(B. Waltke and M. O' Connor, *IBHS*, § 22.6b, n. 30)는 수타프(שֻׁטַּף, "닦아져야 한다": 개역 성경: 닦고)가 비록 푸알형처럼 모음이 찍혔지만, 그것을 칼 수동태 완료로 간주한다.

22.a.(6:29) 70인경(LXX)은 퀴리우(*κυρίου*, "여호와의")를 추가한다.

23.a.(6:30) 마소라 본문(MT)의 유바(יובא, "그것이 가져와진다": 개역 성경: 피를 가져가다) 대신 사마리아 오경(Sam)은 야보(יבוא, "그가 가져오다")로 읽는다. 이 이문은 모음 문자(matres lexionis)의 위치가 바뀐 것이다(matres lectionis〈혹은 lexionis〉란 "읽는 것을 도와주는 어머니"라는 뜻으로, 마소라 학자들이 모음을 만들어 내기 전에, 히브리어 본문에 익숙하지 않은 사람들이 본문을 읽을 수 있도록 모음 역할을 했던 히브리어의 일부 자음들을 가리킨다 – 역자주). 사마리아 오경(Sam)은 수동태를 피하고 싶었을지도 모른다.

7:1.a. 하아샴(האשם, "속건제")에 대하여, 70인경(LXX)은 투 퀴리우 투 페리 테스 플레멜레이아스(*τοῦ κριοῦ τοῦ περὶ τῆς πλημμελείας*, "그 범죄를 위한 숫양")로 읽는다(참조. 5:16 LXX).

2.a. 3인칭 복수는 비한정적이며(indefinite) 실질상의 수동태 역할을 한다.

2.b. 70인경(LXX)은 에난티 퀴리우(*ἔναντι κυρίου*, "주님 앞에서")를 추가한다.

2.c. 참조. "원문주해" 6:18.b.

2.d. 3인칭 단수가 비한정적이며 수동태 역할을 한다는 것이 가능하지만(참조. "원문주해" 2.a.), 더욱 그럴듯한 것은 이 문장이 하나의 의식(儀式)으로부터 취해진 것이며

그 명사의 선행사는 그 제사장이라는 것이다.

2.e. 70인경은 에피 텐 바신 투 뒤시아스테리우(*ἐπὶ τὴν βάσιν τοῦ θυσιαστηρίου*, "그 제단 밑에")로 읽는다.

3.a. 참조. 3:9에 관한 "주석".

3.b. 사마리아 오경(Sam)과 70인경(LXX)은 3:3, 9, 14; 4:8에서와 마찬가지로 내용이 더 충실한 본문을 갖는다: 붸에트 콜 하헬레브 아쉐르 알 하케레브(ואת כל החלב אשר על־הקרב, "그리고 내장들에 붙은 모든 기름을").

7.a. 불변사(particle)가 두 개의 명사와 함께 사용되는데, 이는 그 중 하나가 다른 하나와 비교되고 있다는 것을 보여 주기 위해서다. 이 경우에 주어는 두 번째에서 나타나고 비교의 대상은 첫 번째에 나온다(*IBHS* § 38.6a).

8.a. 불변사 에트(את)가 여기서는 비한정적 명사 앞에 위치하지만(GKC 117d; Joüon § 125h), 버톨렛(Bertholet, 20)은 올라트 이쉬(עלת איש)라는 어구를 "개인적 번제"를 지칭하는 전문 용어로 간주한다. 만일 이것이 옳다면, 그것은 에트(את)의 용법을 설명해 준다.

8.b. 사마리아 오경(Sam)은 복수 동사 야크리부(יקריבו, "그들이 바칠 것이다"〈가져올 것이다〉)로 읽는다.

8.c. 70인경(LXX)에는 라코헨(לכהן, "그 제사장에게")이 빠져 있다. 마소라 본문의 라코헨 로(לכהן לו, "그 제사장에게, 즉 그에게")는 필요 이상의 표현이기 때문에 70인경이 지지된다. 라코헨(לכהן)이라는 표현은 로(לו, "그에게")라는 어구의 선행사를 규정짓기 위해 추가된 것으로 보인다. 그렇지만 시리아역(Syr)은 로(לו)가 빠진 채 라코헨(לכהן)으로 읽는다.

9.a. 동사가 관계절을 만들기 위해 연계형 콜(כל, "모든") 뒤에 위치한다.

9.b. 사마리아 오경(Sam)에서는 하마하바트(המחבת, "번철")가 6:14(21)에서처럼 한정적이다.

9.c. 시리아역(Syr)에는 로(לו, "그에게")가 빠져 있다.

10.a. 이쉬 케아히브(איש כאחיו, 문자적으로 "그의 형제 같은 사람")라는 숙어는 평등을 나타낸다.

11.a. 70인경(LXX)과 시리아역(Syr), 그리고 벌게이트역(Vg)은 와우(ו) 접속사를 읽지 않는다.

11.b. 사마리아 오경(Sam)과 70인경은 복수 동사를 갖는다. 히브리어에서 비한정적 복수는 수동태로 사용될 수 있다. 이 경우에는 비한정적 단수가 수동태로 사용된다.

12.a. 전치사 알(על은 "…에 덧붙여서")을 표현한다(참조. BDB, "על II.4.b.," 755).

12.b. 참조. "원문주해" 6:14.d.

12.c. 70인경(LXX)에는 할로트 벨룰로트 바샤멘(חלת בלולת בשמן, "기름 섞인 떡들")

이 빠져 있다. 이 어구는 쏠레트 무르베케트(סלת מרבכת, "잘 섞은 고운 가루")를 설명하기 위한 보충 주해다.

13.a. 참조. 참조. "원문주해" 7:12.a.

15.a. 70인경(LXX)은 아우토 헤스타이(*αὐτῷ ἔσται*, "그에게 속할 것이다")를 추가한다.

15.b. 70인경은 복수 동사로 읽는데, 그것은 지지 받을 만하다. 그것은 실질상의 수동태 역할을 한다.

16.a. 제바흐(זבח)는 일반적으로는 "희생"을, 특정하게는 화목제를 의미한다(참조. 화목제에 관한 부록[3장]).

16.b. 부정사 연계형이 연계형 명사 뒤에 위치하는데, 이는 대명사 접미어가 주어 역할을 하는 하나의 절 문장을 만들기 위함이다.

16.c. 70인경(LXX)에는 붸하노타르 미메누 예아켈(והנותר ממנו יאכל, "또한 남은 것을 먹을 수 있다")이 빠져 있다. PIR(169)은 70인경(LXX)이 우연한 누락으로 발생한 결과였다고 판단한다.

18.a. 동사 앞의 부정사 절대형은 그 행동의 명확성을 강조한다. 그것은 제3일째에 그 고기의 일부를 먹은 자는 누구든지 아주 반역적인 행위를 했음을 암시할 수 있다.

19.a. 사마리아 오경(Sam)에는 붸하빠사르(והבשר, "그리고 그 고기를")에 붙은 와우(ו)가 빠져 있다. 또한 70인경(LXX)과 시리아역(Syr), 그리고 벌게이트역(Vg)도 그 단어가 빠진 것으로 보인다. 그러나 번역자들은 단순히 그것을 번역하지 않는 쪽을 선택했을지도 모른다. 레빈(Levine, 44)은 이것을 파격 구문(破格構文, anacoluthon: 문법적 일관성이 없는 문장－역자주)의 한 가지 예로 이해한다: 하나의 문장이 어떤 한 가지를 지시함으로 시작했다가 다른 개념으로 뛰어넘어 간다.

21.a. 마소라 본문(MT)의 쉐케츠(שקץ, "가증한, 불쾌한 것") 대신 사마리아 오경(Sam), 시리아역(Syr) 그리고 탈굼 필사본들(Tg.[mss])은 5:2; 22:5에서처럼 "기는 것"으로 읽는다. 마소라 본문은 더 어려운 독법으로서 선호된다. 이 목록은 5:22에서 발견되는 세 가지 용어 중에 단지 하나인 브헤마 테메아(בהמה טמאה, "부정한 짐승")만을 갖기 때문에 그 목록들을 동일하게 여길 필요는 없다. 그렇지만 PIR(170)은 마소라 본문(MT)이 서기관의 실수라고 판단하면서 그 이문을 지지하는 쪽으로 기운다.

23.a. 마소라 본문(MT)에서 이 복합적 직접목적어는 강조를 위해 처음에 나온다.

24.a. 동사 앞에 있는 부정사 절대형은 먹는 행위를 강조한다.

25.a. 70인경(LXX)에는 키(כי, "왜냐하면")가 빠져 있다.

25.b. 어떤 히브리어 필사본들(mss), 사마리아 오경 필사본들(Sam[mss]) 그리고 탈굼(Tg)은 복수 동사로 읽는다. 이것은 히브리어가 실질상의 수동태 역할을 하는 비한정적(indefinite) 동사를 사용하는 또 다른 예이다.

29.a. 사마리아 오경(Sam)과 70인경(LXX)은 강조를 위해 간접목적어를 처음에 둔다: 엘 브네이 이스라엘 테다베르(אל בני ישראל תדבר, "이스라엘 자손들에게 너는 말해야 한다").

29.b. 이 히브리어는 1:2에서와 마찬가지로 코르반(קרבן, "제물, 봉헌물")이다.

30.a. 문법적인 주어 야다이브(ידיו, "그의 두 손")는 별다른 특징 없이 강조를 위해 동사 앞에 위치한다.

30.b. 동사에 붙은 대명사 접미어는 강조를 위해 동사 앞에 선행하는 직접목적어를 반복한다.

30.c. "기름", 헬레브(חלב)는 제단 위에서 태우는 지방 덩어리, 콩팥 그리고 간을 지칭한다(참조. 4:8-9; 7:3-4).

30.d. 참조. "원문주해" 7:12.a.

30.e. 이 문맥에서 레하니프(להניף)와 테누파(תנופה)라는 단어는 매우 중요하다. 전통적인 해석은 각각 "흔들다"와 "요제물"(흔드는 제물 – 역자주)이다. 그러나 밀그롬(J. Milgrom, *IEJ* 22[1972] 33-38)은 하니프(הניף)의 의미를 "흔들다"가 아닌 "들어올리다"라는 것을 증명했다. 레 8:25-26에서(참조. 출 29:22-23), 열 가지 품목이 아론과 그의 아들들의 손에 놓여 테누파(תנופה)로 바쳐져야 한다. 그들이 그런 엄청난 양을 여호와 앞에서 흔들 수 있다는 것은 상상하기가 어렵다. 그러나 그들이 봉헌 행위 중에 이 품목들을 들어올리는 것은 가능했을 것이다. 이러한 이해에 대한 지지는 다른 고대 근동의 제의들에서 발견되는 관행들로부터 나온다. 카르낙(Karnak)에서 나온 부조물(relief)은 어떤 사람이 신 앞에 무릎을 꿇고 다양한 음식들 – 고기, 빵, 과일 그리고 채소들 – 의 견본을 담은 쟁반을 올리고 있는 장면을 보여 준다(Milgrom, *IEJ* 22[1972] 35-37과 "Hattěnûpâ," 157-58). 이러한 행위로써 그들은 이 예물들을 하나님께 봉헌했다. 이 예물들은 일상적 용도에서 제외되어 하나님의 영역으로 이전된다. 테누파(תנופה)에 관한 한, 밀그롬("Hattěnûpâ," 156)은 이 의식상의 행위가 두 가지 상황 아래서 요구된다는 것을 발견한다. (1) 바치기 위한 예물들을 제단으로 가져갈 때 그것들이 여전히 평신도의 수중에서 관리되고 있는 상황과, (2) 희생물의 한 부분을 바치는데 독특한 어떤 것이 있기에 그것이 어떤 특별한 성화의 행위를 요구하는 상황. 현재의 의식에서는 화목 제물 중에 하나님께 드려진 부분들이 봉헌물로 바쳐져 세속적 용도로부터 이전되도록 테누파(תנופה)로서 들어올려진다. 테누파(תנופה)에 대한 다른 제안들이 언급될 수 있다. 드라이버(G. R. Driver, "Three Technical Terms in the Pentateuch," *JSS* 1[1956] 100-105)는 테누파(תנופה)가 아카드어 누프투(*nūptu*)의 근족어라고 주장하면서 그것에 "추가적 지불"이라는 의미를 부여한다. 앤더슨(G. Anderson, *Sacrifices and Offerings in Ancient Israel*, 134-45)은 아카드어와의 이러한 연관성을 지지하는데, 왜냐하면 동사 나푸(*napu*)가 자주 누프투와 함께 사용되며 이것은 하니프(הניף)/테누파(תנופה)에 대한 병행을 암시하기 때문이다.

힐러스(D. Hillers)는 "요제물"이라는 의미를 지지하는 한 논문에서("Ugaritic *šnpt* 'Wave-offering,'" *BASOR* 198[1970] 142; *BASOR* 200[1970] 18) 테누파(תנופה)가 우가릿어 *šnp*("흔들다")의 근족어라고 주장한다. 앤더슨(Anderson, 135)은 제안된 이러한 근족어 관계에 많은 난점들이 있다는 것을 발견한다.

30.f. 많은 히브리어 필사본들(mss), 시리아역(Syr), 탈굼 위-요나단(*Tg. Ps.-J.*) 그리고 벌게이트역(Vg)은 불변사 에트(את)에 와우(ו)가 붙은 것으로 읽는다. 그리고 70인경(LXX)은 헤하제(החזה, "가슴") 대신 톤 리본 투 헤파토스(τὸν λοβὸν τοῦ ἥπατος)로 읽는데, 그것은 요테레트 하카베드(יתרת הכבד, "간엽": 개역 성경: 간꺼풀)를 나타낼 것이다.

32.a. 화목 제물의 오른쪽 넓적다리는 테루마(תרומה)로 분류된다. 34절에서 흔하지 않은 어구인 쇼크 하테루마(שוק תרומה)가 나타난다. 전통적으로 테루마(תרומה)는 올리고 내리는 의식상의 행위와 더불어 바치는 제물, 즉 "거제물"로 번역되어 왔다. 이러한 행위는 소위 "요제"(תנופה – 테누파; 참조. 7:30)와 대조되는 의식으로 간주된다. 요제물을 위한 의례는 제물의 전후 움직임인 것으로 이해되었다. 첫 번째 난점은 테루마(תרומה)가 결코 여호와 앞에서 수행되지 않는다는 것이다. 따라서 그것은 성소와 관련이 없다(Milgrom, *SCTT*, 160). 두 번째 난점은 이 명사 배후의 동사가 헤림(הרים, "제거하다, 따로 놓다")이라는 것이다. 제의 본문들에서 헤림(הרים)은 "…로부터(מן – 민) 제외하다, 기부하다"를 의미한다(22:15; 민 15:19-21; 18:19; Milgrom, *SCTT*, 160-61). 이러한 분석으로부터 밀그롬은 테루마(תרומה)에 여호와께 대한 물품들의 "봉헌" 혹은 "예물, 선물"의 의미를 부여한다(*SCTT*, 161 62). 오른쪽 넓적다리의 경우, 그것이 직접 그 제사장에게 주어진다. 즉 그것이 성소로 반입되어 특별한 의례가 수행되지 않는다. 그러므로 테루마(תרומה)는 의식 행위가 아니다. 그것은 성소 밖에서 이루어지는 행위다. 테누파(תנופה, "거제")가 시행되는 부위들에 관하여 말하자면, 테루마(תרומה)가 테누파(תנופה)에 선행된다. 앤더슨(Anderson, *Sacrifices and offerings in Ancient Israel*, 137-44)은 이 용어에 대한 확대된 부록을 제공한다. 데이터가 혼란스럽기는 하지만, 그는 테루마(תרומה)가 고대 아모리어(Old Amorite) 어근 *r-y-m*("주다")에서 유래했을 가능성에 우호적이다(참조. W. von Soden, "Mirjam-Maria '(Gottes-) Geschenk,'" *UF* 2[1970] 269-72). 마찬가지로 앤더슨(Anderson, 134)은 드라이버가 테루마(תנופה)를 가정된 아카드어 동사 타라무(*tarāmu*, "징수하다")와 결부시키는 것에 대해(*JSS* 1[1956] 100-105) 아무런 근거를 발견하지 못한다.

32.b. 마소라 본문의 라코헨(לכהן, "그 제사장에게")에 대하여 시리아역(Syr)은 라도나이(ליהוה, "여호와께")로 읽는다.

34.a. 몇몇 히브리어 필사본들(mss), 70인경(LXX) 그리고 탈굼 위-요나단(*Tg. Ps.-J.*)은 마소라 본문처럼 3인칭 복수 에이헴(יהם, "그들의")이 아니라, 2인칭 복수 대명사 접

미어 에이켐(כֶם־, "너희들의")을 갖는다.

35.a. 여기서 전치사 베(בְּ)는 우가릿어에서 그런 것처럼 "…로부터"라는 용법을 갖는다.

35.b. 전치사 뒤의 동사 형태는 보통 부정사 연계형이다(참조. GKC § 114q-s). 그러나 여기서는 관계사 문장을 만들기 위해 연계형 명사 뒤에 완료 동사가 나온다(참조. GKC § 130d; 155l). 그렇지만 게세니우스 문법(GKC § 53l)은 히크리브(הִקְרִיב)를 부정사 연계형의 변형 철자법으로 설명한다.

36.a. 70인경에서는 카다(καθά)인데, 카아쉐르(כַּאֲשֶׁר, "…처럼")로 읽은 것으로 보인다(마소라 본문에서는 아쉐르〈אֲשֶׁר〉이다 – 역자주).

36.b. 참조. "원문주해" 7:35.a.

36.c. 마소라 본문의 베욤 모쉬호 오탐(בְּיוֹם מָשְׁחוֹ אֹתָם)은 문자적으로 "그가 그들을 기름붓는 날에"이다.

37.a. 많은 히브리어 필사본들(mss), 사마리아 오경(Sam), 70인경(LXX) 그리고 탈굼 필사본들(Tg.[mss])은 이 일련의 명사들의 나머지 것들과 마찬가지로 이 단어에 와우(ו)를 붙여 읽는다. 이러한 이문은 선호되는 본문이다.

양식/구조/배경

6-7장의 구조는 다음과 같은 개요를 갖는다.

I. 일련의 연설에서 주어진 지침(6:1[8]-7:21)
  A. 번제와 소제에 대한 첫 번째 연설(6:1-11[8-18])
    1. 도입 형식문(6:1[8])
    2. 연설 자체(6:2-11[9-18])
      a. 아론 집안에 전하라는 명령(6:2aα[9aα])
      b. 지침들(6:2aβ-11[9aβ-11])
        1) 번제에 대한 지침(6:2-6[9-13])
        2) 소제에 대한 지침(6:7-11[14-18])
  B. 아론 집안이 바치는 소제에 대한 두 번째 연설(6:12-16[19-23])
    1. 도입 형식문(6:12[19])
    2. 규정을 담고 있는 연설(6:13-16[20-23])
  C. 속죄제, 속건제 그리고 화목제에 대한 세 번째 연설(6:17[24]-7:21)
    1. 도입 형식문(6:17[24])

2. 연설 자체(6:18[25]-7:21)
   a. 연설 위탁(6:18aα[25aα])
   b. 세 가지 지침(6:18aβ[25aβ]-7:21)
      1) 속죄제에 대한 지침(6:18-23[25-30])
      2) 속건제에 대한 지침(7:1-10)
         a) 규정(7:1-7)
            (1) 지침의 도입과 그것이 가장 거룩하다는 선언 형식문(7:1)
            (2) 도살, 피, 기름 그리고 내장에 대한 지침(7:2-5)
            (3) 이 고기를 먹을 제사장의 권리에 대한 지침(7:6-7)
         b) 삽입: 여러 제물들의 제사장에게 속한 몫을 확인하기(7:8-10)
      3) 화목제에 대한 지침(7:11-21)
         a) 도입문(7:11)
         b) 지침 자체(7:12-21)
            (1) 찬양(감사)의 제물과 그와 더불어 드리는 떡에 대한 규정(7:12-15)
            (2) 서원이나 자원(낙헌)의 제물의 고기 섭취에 대한 규정(7:16-18)
            (3) 의식적 부정결과 관련해서 고기 섭취에 대한 법(7:19-21)

II. 두 연설의 부록(7:22-34)
   A. 기름과 피의 섭취에 대한 첫 번째 연설(7:22-27)
      1. 도입 형식문(7:22)
      2. 연설(7:23-27)
         a) 연설 위탁(7:23a)
         b) 법들(7:23b-27)
            1) 기름 섭취의 금지, 명령과 법(7:23b-25)
            2) 피 섭취의 금지와 피 섭취에 대한 법(7:26-27)
   B. 화목제의 제사장의 몫에 대한 두 번째 연설(7:28-34)
      1. 도입 형식문(7:28)
      2. 연설 위탁(7:29a)
      3. 규정들(7:29b-34)
         a) 여호와께 화목제 제물의 기름과 가슴을 바쳐야 할 평신도의 책임

(7:29b-31a)

b) 화목제의 제사장 몫의 확인(7:31b-34)

III. 요약 진술(7:35-38)

A. 제사장 몫에 대한 첫 번째 요약 진술(7:35-36)

B. 희생 규정들의 권위에 대한 두 번째 요약 진술(7:37-38)

6:1(8)-7:35에서 나타나는 자료는 1-5장에서 볼 수 있는 희생 규정들의 자료집과는 상이한 자료집에서 유래한 것이다. 그것은 1-5장의 내용을 전제하는데, 이는 그것이 1-5장에서 볼 수 있는 다섯 가지 규정을 보완하기 때문이다. 그것은 처음에 "아론과 그의 아들들에게 명령하라"(צו את אהרן ואת בניו – 차브 에트 아하론 붸에트 빠나이브)는 지시와 묶여 있는 권위적 진술인 "여호와께서 모세에게 일러 가라사대"(6:1[8])에 의해 뚜렷하게 표시된다. 다섯 개의 문단이 "여호와께서 모세에게 고하여 가로되"라는 형식문으로 시작되며(6:1[8], 12[19], 17[24]: 7:22, 28), 또한 다른 다섯 개의 문단은 조트 토라트(זאת תורת, "이것은 …에 대한 지침〈규례〉이다")라는 숙어가 서두에 나온다(6:2[9], 7[14], 18[25]: 7:1, 11). 이차적인 연설 위탁 형식문(commission-to-speak formula)이 네 번 나타난다: 두 번은 아론과 그의 아들들에게 전하라는 위탁이고(6:2[9], 18 [25]), 두 번은 이스라엘에게 전하라는 것이다(7:23, 29). 이와 같은 다양한 형식문들은 이 보충적인 문단의 복합적 성격을 증언하며 거기서 발견되는 자료가 다른 제의 교훈집들에서 왔음을 시사한다.

이러한 추가적인 지침들의 일차적인 관심은 제단 위에서 태우지 않는 짐승의 남은 부위들의 분배에 있는데, 그것의 대부분은 제사장들에게 할당된다. 역시 이 보충 부분에 통합된 것으로는 제단 정화 의식(6:3-4[10-11]), 제단 위의 꺼지지 않는 불의 유지를 위한 규준(6:5-6[12-13]) 그리고 기름과 피의 취급(7:23-27)이다. 우선적으로 제사장들에게 지시가 내려진 것을 볼 때, 이 자료가 제사장 교육 자료집(תורות – 토로트)에서 유래했다는 것이 암시된다. 이것이 1-5장에 대한 보충적 자료라는 것은 속건제에 관한 단원에 의해 확증되는데, 이는 그것이 5:14-26(6:7)에는 없는 속건제 희생의 세부적 절차를 제공하기 때문이다. 이 문단의 장르는 (제사장에 의한 평신도의) 훈육이다. 베그리히는 제사장적 지침(תורה – 토라)이 정/부정, 성/속을 다룬다는 것을 보여 주는데(Begrich, "Die priestliche Tora," *BZAW* 66 [1936] 63-66=Gesammelte Studien zum Alten Testament[Munich: Chr. Kaiser, 1964] 232-36), 반면에 코흐(Koch, *Priesterschrift*, 61)는 제사장적 지침은 또한 제의 절차들에 대한 묘사도 포함한다고 주장한다.

이 자료집은 제의 법안과 마찬가지로(1장) 번제와 더불어 시작된다(6:1-6[8-13]). 그것은 제단 위에서 계속적으로 태우는 번제가 있었다는 것을 말해 준다(Koch, *Priesterschrift*, 62). 그 제단은 번제단으로 알려져 있기 때문에, 그 제단의 정화와 제단 불에 대한 지침이 현재의 위치에 포함된다. 번제단으로부터 기름 섞인 재를 제거하라는 지침은 또한 번제물 찌꺼기의 적절한 처리에도 관심을 갖는다.

희생 자료집과 정확히 마찬가지로(1-2장), 번제의 지침에 뒤이어 소제에 대한 지침(6:7-11[14-18])이 취급된다. 여기서 관심의 핵심은 제사장에 의한 소제물의 섭취에 놓여 있다. 이 지침은 주로 2:3, 10의 해설이다.

다음 문단은 제사장들의 소제에 관한 것인데(6:12-16[19-23]), 그것이 일련의 지침을 중간 차단하기 때문에 후대의 삽입으로 보인다. 그것은 하나의 도입 형식문에 의해 뚜렷이 표시된다(6:12[19]). 여기에는 대제사장이 기름부음 받는 날에 제사장들이 준비하는 소제에 대한 언급이 있다. 편집자는 이 자료를 일반적인 소제와 연결하면서, 동시에 8장에서 설명될 아론의 기름부음을 준비하기 위해 여기에 배치했다. 또한 13절(20절)의 타미드(תמיד, "계속적인")라는 단어가 이 자료를 6절(13절)에 있는 그 제단 위의 지속적인 불(אש תמיד – 에쉬 타미드)에 대한 언급과 연관시킨다.

이 연설의 새로운 표제문과 함께 일련의 지침이 계속 이어진다(6:17[24]). 이 표제문이 필요한 이유는 위의 삽입부 때문이다. 그러나 코흐(Koch, *Priesterschrift*, 63)가 생각하는 이유는 동일한 주제를 다루는 4장이 권위적인 표제문에 의해 1-3장과 별개의 것으로 구분되기 때문이다. 이 지침의 초점은 속건제의 고기를 취할 권리를 갖는 사람과 그것의 고기와 피를 다루는 법규에 맞추어져 있다.

이 보충 부분에서 단지 속건제에 관한 규정만이 짐승의 희생 절차에 대해 말해준다(7:1-7). 그것이 포함된 이유는 단순히 앞서 5:14-26(6:7)에서 취급된 속건제에서 아무런 규정이 주어지지 않기 때문이다. 그 부분의 편집자가 속건제의 규정이 개인의 속죄제의 규정과 매우 비슷하다고 추정했기 때문에 그것을 포함시키지 않았을 것이다. 시간이 지남에 따라, 속건제 의식은 자체적 특징을 갖게 되었다. 따라서 이 부록의 편집자는 속건제에 존재하는 여러 부적절한 변형된 요소들을 피해 가기 위해 그 의식을 포함시키길 원했다. 그러나 코흐(*Priesterschrift*, 60-67)는 이 의식이 현재의 문맥을 위해 작성되었다고 생각한다. 하지만 현재의 제의 법안에 있는 이 자료의 특징을 고려해 볼 때, 편집자가 제사장들을 위한 제의 지침들로부터 그것을 가져온 것이 유력해 보인다. 그는 또한 이 희생을 먹을 수 있는 제사장들의 권리(7:6)와 집례하는 제사장의 그 고기에 대한 권리(7:7)를 다룬 법규들을 포함시켰다. 코흐(*Priesterschrift*, 64)는 6절을 보충 주해로 받아들이지만, 그렇게 할 필요는 없다. 왜냐하면 전체 구절이 6-7장의 우선적인 관심 사항을 전달해 주며, 선언 형식문인 코데쉬 코다쉼 후(קדש קדשים הוא, "그것이 가장 거룩하다")가 7:1과 더불어 봉합 구조(inclusion)를 형성하기 때문이다.

7:8-10에 있는 자료는 분명히 문맥에서 벗어난 것으로 보이는데, 이는 그 주제가 번제물과 소제물 중에서 어느 부분이 제사장들에게 속한 것인지를 확인해 주는 것으로 돌아가기 때문이다. 그렇다면 그것은 본문 전수 역사의 어느 시점에서 위치가 잘못 배치된 이차적 파편으로 분류되어야 한다.

화목제가 마지막에 다루어지는데(7:11-21), 왜냐하면 이 희생이 다른 희생들에 비해 열등한 거룩성을 지니며, 또한 희생 절차에서 이 희생이 보통 마지막에 드려지기 때문이다. 덧붙여서 이 희생은 우선적으로 바치는 자의 혈족을 위한 식사로 사용된다. 여기서 화목제는 세 가지로 구분된다: 찬양제(감사제, תודה－토다), 서원제(נדר－네데르) 그리고 자원제(נדבה－네다바, 개역 성경: 낙헌제). 이 자료는 이러한 여러 종류의 화목제들의 고기를 먹는 다양한 규범들에 대해 관심을 갖는데, 이 고기의 섭취는 그 제사의 영적인 효력이 바치는 자를 위해 없어지지 않게 하기 위함이다. 바로 이러한 이유로, 이 제사가 갖는 차별적 특징들이 3장에 있는 기본 규정에 나타나지 않고 여기서 나타난 것이다.

화목제에 대한 지침은 두 개의 부록을 끌어온다. 각각은 자체의 연설에서 주어진다. 첫 번째 연설은 기름이나 피의 섭취를 막는 두 개의 금지 조항과 동물 사체의 기름에 대한 하나의 명령, 그리고 제명(끊어짐)의 징벌에 대한 두 개의 법규를 담고 있다(7:22-27). 렌토르프(Rendtorff, *Gesetze*, 31)는 2인칭 복수형에 근거해서 이 자료가 제사장적 지침(תורה－토라)에서 취해진 것으로 생각한다. 이 금지 조항들은 평신도가 단지 이러한 화목제 희생의 고기만을 먹을 수 있었기에 여기에 배치된 것이다. 두 번째 연설은 화목 제물의 제사장 몫에 관한 것이다(7:28-34). 이 지침들이 부록에 나타난다는 사실은 그것들이 희생 절차상의 변화를 전해 주고 있음을 암시한다. 초창기에는 화목제 고기의 전체가 바치는 자에게 돌아갔을지도 모른다. 그러나 공인된 제의의 확립과 더불어 이 제물의 일부가 제사장들의 몫으로 할당되었다.

이 추가된 규정들은 이중적인 요약 진술과 함께 마무리된다(7:35-38). 그것은 우선적으로 6:1(8)-7:34에 대한 요약인데, 왜냐하면 그 요약에 있는 희생의 순서가 1-5장이 아닌 6-7장에 있는 목록과 일치하기 때문이다. 그럼에도 불구하고, 레위기의 구조적 배치 속에서 두 번째의 요약 진술은 희생 자료집 전체를 마무리한다(1-7장; 참조. Elliger, 91-93). 요약 진술의 목록에 있는 위임제 희생에 대한 언급은 다음 문단의 아론과 그의 아들들의 기름부음을 미리 지시한다(8-10장).

이 보충적 자료집은 그것의 현재의 형식 속에서 다양한 희생들에 대한 추가적인 세부 사항들 – 특히 제사장들에게 돌아가는 몫 – 에 관심을 갖는 평신도를 위한 지침을 담고 있다. 평신도는 자신들의 희생 제물의 어떤 부분이 제사장에게 속하는지를 인식할 필요가 있다. 그것은 제사장들이 희생 제물의 어떤 부분을 횡령하고 있다는 평신도의 의심을 차단하기 위해서다. 이러한 주제들을 가르치는 것은 평신도와 제사장 사이의 결속을 확립해 준다. 왜냐하면 평신도는 자신들이 하나님께 가까이 나아가는 데 있어서 제사장이 어떻게 자신들을 돕는지를 알게 되고, 또한 어떻게 하나님께서 자신들의 희생 제물들의 일부를 제사장들과 나누시는지를 파악하게 되기 때문이다.

이 문단 전체가 평신도를 위한 기록이라는 것은 7:22-34의 자료가 특별히 이스라엘 사람들에게 전달된다는 사실에 의해 추가적으로 증명된다(23a, 29a절). 덧붙여서 화목제에 대한 지침(7:11-12)은 일련의 문장들의 주어가 평민이라는 것을 당연시하며, 그것은 이 자료가 역시 평신도를 위한 지침으로 작성되었다는 것을 시사해 준다. 따라서 이 보충적 자료의 편집자는 이 후대의 단원들을 제사장적 자료집에서 채택된 지침들에 결합시킬 때 긴장을 느꼈는데, 왜냐하면 그는 전체 자료집을 평신도를 위한 지침들로 의도했기 때문이다. 6:1(8)에서 중대한 균열이 전혀 없다는 것은 1-5장이 이 보충 내용을 위한 문학적 설정으로 기능하도록 의도되었음을 시사한다. 이것은 이러한 설정 속에 있는 현재의 보충 자료가 평신도들이 듣도록 의도되었다는 견해에 대한 또 다른 증거다. 덧붙여서 만일 이 자료가 우선적으로 제사장들을 위한 것이었다면, 그것이 너무 간결하고 지나치게 개략적이어서 뭔가 부족하다는 것을 알 수 있을 것이다. 엘리거(Elliger, 93)는 어떤 편집자가 이러한 설정을 위해 이 자료를 작성했다고 추론하지만, 그것의 간결한 제의법적 문체는 그 자료의 대부분이 제사장의 교육 자료집에서 취해졌다는 것을 시사해 준다. 아마도 어떤 편집자가 1-5장에 없는 여러 가지 희생들에 대한 특별한 지침과 규정들을 보존하려 했으며, 또한 그가 폭넓고 다양한 제사장적 전문 지식을 이용했다고 결론지을 수 있다.

주석

[2](9절). 이 지침은 제단 불이 절대 꺼지지 않도록 제사장들이 확고히 해줄 것을 요구한다. 그 불은 "화로"(מוקדה – 모크다, 개역 성경: 석쇠) 위에 놓여 있다. 이러한 규범에 대한 어떤 이유도 제시되어 있지 않지만, 향기로운 냄새가 끊임없이 여호와께 올라갈 수 있도록 꺼지지 않는 불이 요구되었다. 이 규정은 저녁 번제의 필요를 전제하고 있는 듯하다(참조. 29:38-42; 민 28:2-8; 그리고 1장의 번제에 대한 부록).

[3]-[4](10-11절). 제사장은 주기적으로 제단으로부터 "기름 섞인 재"(דשן – 데쉔), 즉 태워진 희생들에서 배출된 장작의 잿가루와 기름의 혼합물을 제거해야 한다. 제사장의 작업이 그 제단에서 시작되기 때문에, 그는 적합한 복장을 갖추어야 한다(참조. 출 20:26). 바지(מכנסים – 미크나심; 개역 성경: 고의)란 단어는 문자적으로 "한데 모으다"를 의미한다. 논점은 그 바지의 두 가랑이가 제사장의 생식기 부위, 문자적으로 "육체"(בשר – 빠사르)가 제단에 노출될 가능성이 전혀 없게끔 꽉 조여졌다는 것이다. 이러한 규범은 제사장이 나체로 어떤 제의 의식들을 수행했던 고대 근동의 제의 관행들의 일부와 대조된다. 이 규범의 목적은 인간의 성적인 능력을 마술적으로 하나님께 접근하는 한 방법으로, 혹은 신적 영역에 영향력을 끼치는 하나의 수단으로 사용할 가능성을 제거하려는 것이다. 제사장은 제단에서 제거한 재를 그 옆에 둔다. 바빌로니아 탈무드 요마(*b. Yoma* 22a)는 제사장이 희생들의 연속성을 보증하기 위해 이튿날까지 적은 양의 재를 곁에 둘 것을 요구한다. 이후에 제사장은 자신의 예복을 벗은 다음 그 재를 진영 밖에 있는 의식적으로 정결한 한 장소에 버리기 위해 덜 거룩한 다른 옷을 입는다(참조. 4:12). 이러한 옷 갈아입기는 제사장이 자신의 예복을 더럽히지 않기 위해 필수적이다.

[5]-[6](12-13절). 제단 위의 불은 결코 꺼지지 않아야 한다. 타미드(תמיד)는 정기적으로 혹은 중단 없이 어떤 것을 유지하는 것을 의미한다. 상번제(매일의 번제)가 타미드(*tamid*)로 알려지게 되었다(참조. 민 4:16; 느 10:34[33]에 있는 "항상 드리는 소제"〈מנחת תמיד – 민하트 타미드〉). 이 단어는 또한 개인적인 헌신의 행위에 대해서도 사용된다. 사람은 계속적으로 하나님을 기다리거나 소망해야 하며(호 12:7[6]), 끊임없이 그분을 찬양하고(시 34:2[1]; 71:6), 그분의 율법을 항상 준수해야 한다(시 119:44; 참조. *TWOT* 1:493).

매일 아침 제사장은 번제단 위에 새로운 장작을 쌓아 올려 불이 피어나게 해야 한다. 스네이스(44-45)는 나무가 일 년에 아홉 차례 성전으로 반입되었다고 주석한다. 그 행사 중 다섯 차례는 압월(Ab, 8월경)에 있었는데, 왜냐하면 그 때가 일 년 중 벌목을 하기에 가장 좋은 시기였기 때문이다. 장작은 잘 가려내어 썩은 것이나 벌레 먹은 것을 제외시켰다. 이어서 그것은 성전 산 남쪽의 한 방에 저장되었다. 압월 15일에 장작 봉헌 행사(Feast of Wood-offering)가 있었다.

매일 아침에 바친 첫 번째 희생은 번제다. 뒤이어 다른 희생들, 특히 화목제가 드려졌다.

[7](14절). 소제에 관해서는 2장을 참조하라. 여기에 있는 규정은 매일의 혹은 타미드(תמיד) 소제에 관한 것이다.

[9]-[10](16-17절). 소제물이 여호와께 드려지기 때문에, 그것은 "지극히 거룩한 것"(קדש קדשים - 코데쉬 코다쉼)으로 분류된다(2:3). 주 제단(번제단 - 역자주) 위에서 태워지지 않는 것은 제사장들의 것이 되며, 그들은 "거룩한 장소"(מקום קדש - 마콤 카도쉬), 즉 "회막의 뜰"(חצר אהל־מועד - 하솨르 오헬 모에드)에서 그것을 먹어야 한다. 제2성전에서 이 구역은 제사장들의 뜰로 불렸다(Snaith, 45). 이 소제물은 지극히 거룩하기 때문에, 그것은 결코 누룩과 함께 준비될 수 없다. 소제물은 최상의 거룩을 지닌다. 즉 그것의 거룩은 제사장이 화목제로부터 취하는 가슴과 넓적다리의 열등한 거룩이 아니다(Hoffmann, 1:229). 카다쉬(קדש, "거룩")라는 단어는 기본적 의미로 하나님에게로 분리된 것을 지칭하는 데 사용된다. 그것은 여기서 전혀 윤리적인 어조를 담고 있지 않다.

[11](18절) 소제물은 아론의 아들들, 즉 그 제단에서 집례하는 제사장들이 소유로 삼을 수 있다. 이러한 진술은 어떤 소제물의 나머지 부분이 특정한 소제를 집례했던 제사장의 독점적인 재산이 되지 않는다는 것을 의미한다. 소제물은 제단에 헌정되기 때문에 거룩하다. 거룩한 것을 만지는 사람은 누구든지 거룩해야 한다. 많은 영어 역본들은 이 소절을 RSV와 마찬가지로 다음과 같이 번역한다. "그것들을 만지는 자마다 거룩하게 될 것이다." 그렇지만 레빈(Levine, 37)은 부정한 것은 무엇이나 전염력이 있지만, 거룩한 것은 그렇지 않다고 정확하게 지적한다. 어떤 대상은 성별됨으로써 거룩하게 만들어진다. 그러므로 레빈이 이 소절에 대한 더욱 정확한 번역을 제시하고 있다. 이 소제물들에 대한 제사장들의 권리는 대대로 지속되는 것이다.

[13]-[14](20-21절). 그의 기름부음의 날에 대제사장은 "고운 가루"(סלת - 쏠레트) 1/10에바(약 3.64리터 - 역자주)로 구성된 소제물을 자신과 동료 제사장들을 위해

바쳐야 한다. 절반(מחצית – 마하치트)은 아침에, 나머지 절반은 저녁에 바쳐야 한다. 한 가지 문제가 발생한다. 왜냐하면 아론이 자신의 기름부음의 날에 단 한 번 이루어질 이 제사를 바쳐야 한다는 것이 여기에 진술되어 있는데, 그것이 여전히 지속적인(תמיד – 타미드) 제사로 묘사되기 때문이다. 많은 사람들이 그것들을 오직 한 날을 위한 특별 규정으로 읽어야 하는지, 아니면 일반 규정으로 읽어야 하는지 양분되면서 이런 저런 단어들을 삭제한다. 전승은 대제사장이 매일의 소제를 드렸다고 이야기한다(*Sir* 45:14; *m. Menaḥ.* 4.5; 6.2; Jos., *Ant* 4.10.7; Levine, 38). 전승은 또한 이 구절들이 대제사장의 기름부음의 날에 그가 두 가지 소제를 드린 것으로 이해한다: 매일의 소제와 그 귀한 날을 위한 특별한 소제(*b. Menaḥ.* 78a). 레빈(39)은 이반 에스라(Ibn Ezra)가 베욤(ביום, 문자적으로 "…의 날에")에 있는 전치사 베(ב)를 "…로부터"로, 즉 "그가 기름부음 받은 날로부터"로 해석함으로써 이 문제를 해결하려 했다고 본다. 비슷하게 포터(Porter, 50-51)는 이 표현이 "그가 기름부음 받자마자", 즉 "그가 공직에 임명된 시간부터"를 의미한다고 제안한다. 다른 문제는 아론의 위임식(8:26-28)에서 드려진 소제가 이 규정과 중대한 차이를 보인다는 것이다. 그럼에도 불구하고, 15절(22절)에 있는 법령은 아론의 계승자들이 이 규정된 소제를 바칠 것을 요구한다. 가장 훌륭한 해결책이 레빈에게서 나온다(39). 그는 이 구절들과 8:26-28이 두 개의 다른 전통으로부터 온 것이라고 제안한다. 현재의 전통은 대제사장의 매일의 소제를 위한 토대가 된 반면, 8:26-28에 있는 기사는 대제사장의 위임에서 바쳐야 할 소제에 대한 규정을 준다.

15-16(22-23절). 아론의 계승자들은 각각 그와 같은 소제를 바쳐야 한다. 덧붙여서 한 제사장이 바친 여하한 소제물이라도 "완전히 태워야 한다"(כליל הקטיר – 칼릴 히크티르). 왜냐하면 제사장은 자신의 제물로부터 수입을 얻을 수 없기 때문이다. 칼릴(כליל)은 온전한 혹은 완전한 것과 관련된다. 예를 들어, 이사야 2:18에서 그것은 하나님의 완전한 우상 파괴를 지시한다. 희생 의식의 용례에서 그것은 어떤 희생의 전적인 소각을 의미하며, 또한 그것은 보통 "번제"(עלה – 올라)라는 용어와 함께 혹은 그것을 대신해서 사용된다. 여기에서의 묘사는 소제가 독자적인 매일의 제사였음을 시사하지만, 나중에 그것은 매일의 번제(상번제)의 일부가 되었을 것이다.

17-23(24-30절). 속죄제에 대해서는 4:1-5:13을 참고하라.

19(26절). 집례하는 제사장은 일반적으로 "속죄제를 바치는 사람"(המחטא – 하므하테)으로 묘사된다. 태우지 않는 속죄제의 고기는 우선적으로 제단에서 집례했

던 제사장에게 속한다. 그것이 "지극히 거룩하기"(קֹדֶשׁ קָדָשִׁים – 코데쉬 코다쉼) 때문에(18절[25절]), 그는 그것을 "거룩한 곳"(מָקוֹם קָדֹשׁ – 마콤 카도쉬)에서 먹었다(참조. 9절[16절]). 22절(29절)에 비추어 볼 때, 이 구절은 단지 집례하는 제사장만이 자신이 번제단 위에 바친 속죄제 희생의 부위를 먹을 필요가 있다고 말하지 않는다. 그 제사장이 이 속죄제 제물을 먹는 이유는 진술되어 있지 않다. 제사장들의 그 제물 섭취에 대한 다양한 해설들에 관해서는 10:16-20에 있는 "주석"을 보라. 한 가지 단순하지만 가능한 해설이 키드너(Kidner, *Sacrifice*, 21)에 의해 제안된다. 키드너는 하나님의 대리인인 그 제사장이 이 제물로부터 먹을 때, 그는 하나님께서 그 제물을 받으신 것을 상징한다고 추론한다.

20-21(27-28절). "속죄제"(חטאת – 하타트)의 고기에 접촉된(נגע – 나가) 사람이든 사물이든 "거룩해야만 한다"(יִקְדָּשׁ – 이크다쉬, 참조. 11절[18절]에 대한 "주석"). 나가(נגע)는 자국을 남겨놓을 정도로 접촉하는 것을 의미한다. 속죄제 제물의 피가 튀긴(הזה – 히제) 그 어떤 옷이든 거룩한 장소에서 세탁되어야 한다(כבס – 카바쓰). 고기를 요리하기 위해 사용된 모든 그릇은 제물과 접촉했기 때문에 특별하게 취급되어야 한다. 만일 그 그릇이 진흙(חרשׂ – 헤레스)으로 만든 것이면 깨뜨려야 한다(שׁבר – 샤바르). 그러나 만일 그 그릇이 놋으로 만든 것이라면(개역 성경: 유기), 그것은 삶아서(בשׁל – 빠샬), 문질러 닦고(מרק – 마라크), 계속 흐르는 물에 헹구기(שׁטף – 샤타프)를 포함하는 엄격한 과정을 거쳐 깨끗하게 되어야 한다(개역 성경을 포함한 많은 역본들은 "삶기"가 세척이 아닌 고기를 삶는 행위로 해석한다. 즉 "놋그릇에 삶았다면, 문질러 닦고 물에 씻을 것이며" – 역자주). 구약에는 이 그릇들을 다르게 취급한 이유가 전혀 나오지 않는다. 아마도 신성한 제물의 부위들이 토기 그릇 속으로 더 깊이 스며들어 씻겨 나가지 않는 반면, 놋그릇은 물로 세척함으로써 정결케 될 수 있는 것으로 생각되었을 것이다. 제물의 남은 것은 여하한 것이라도 먹을 수 없었다(7:15-17; Levine, 40).

23(30절). 대속을 위해 피를 회막 안으로 가지고 들어오는 속죄제 희생 – 대제사장이나 공동체를 위한 속죄제의 경우(4:3-21) – 은 어떤 것도 먹을 수 없다. 남은 것은 무엇이나 불로 태워야 한다(בָּאֵשׁ תִּשָּׂרֵף – 빠에쉬 티사레프).

7:1-7 속건제에 대해서는 5:14-26(6:7)을 참조하라. 이 지침은 속죄제와 구별되는 속건제가 있었다는 입장을 지지한다. 이 의식에 대한 현재의 묘사는 속죄제 의식의 묘사와 실질적으로 동일하다. 주요 차이점은 피를 취급하는 데 있다. 이 제사에서는 번제의 경우와 마찬가지로 피를 제단 사면에 "끼얹어 붓는"(זרק – 자라

크) 반면, 속죄제의 피는 내성소의 휘장에 "흩뿌리거나"(הזה – 히자), 향단이나 주제단(번제단)의 뿔에 바른다(נתן – 나탄). 참조. 4장.

6 속죄제 의식과 마찬가지로, 제단 위에서 태우지 않은 속건제 고기의 대부분은 "지극히 거룩하다"(קדש קדשים – 코데쉬 코다쉼). 그러므로 그것은 제사장의 몫이 된다. 그들은 "거룩한 장소"(מקום קדוש – 마콤 카도쉬)에서 그것을 먹어야 한다(참조. 6:9, 19[16, 26]).

7-10 이 문단은 제사장들 중에 누가 각 희생 제물의 가장 거룩한 부위를 받는지를 명시해 준다. 각각의 희생에서 집례하는 제사장은 이 부위들에 대한 가장 우선적인 권리를 갖는다. 유일하게 여기에서만 불로 태우지 않는 번제물의 가죽이 집례하는 제사장에게 속한다고 진술된다. 구운 소제물은 집례하는 제사장에게 속하는 반면(2:4-8), 다른 소제물들 즉 마른 것과 기름 섞은 것(2:1-3, 14-16)은 모든 제사장에게 속한다. 이 몫들은 아론 가계의 사람들 사이에 공평하게 분배되어야 한다. 호프만(Hoffmann, 1:247)은 이 말의 의미가 그러한 희생들을 위한 당번을 맡은 제사장들을 가리키는 것으로 여긴다. 이러한 차이점에 대한 일반적인 설명은 구운 소제물이 매우 제한되어 있었다는 것이다(Keil and Delitzsch, 323). 그러나 호프만(1:245-47)은 소제물 사이의 그런 말끔한 구별짓기에 대해 경고한다. 그의 생각에 9절은 요리된 소제물들을 어떻게 해야 하는지를 다루고 있다. 아무튼 집례하는 제사장은 자신이 맡아서 드린 희생들의 승인된 부분에 대한 우선적 권리를 가지며, 다른 제사장들 역시 그 음식의 일부를 받는다. 분배의 문제가 하나의 과제였다. 그래서 어느 시기에 이르러 제사장들이 여러 반열로 나뉘어져 각 반열이 주별로 교대하고, 또한 한 반열 내의 여러 가문이 하루씩 직무를 수행했다(참조. 대상 24장; 눅 1:8-9; *b. Ta'an.* 27a).

11-20 이 문단에는 세 가지 유형의 화목제가 있다: 찬양제(감사제, תודה – 토다), 서원제(נדר – 네데르) 그리고 자원제(נדבה – 네다바; 참조. 22:21; 민 15:3; 신 12:17, 개역 성경: 낙헌제). 찬양제는 하나님을 영화롭게 하고 바치는 자의 사랑과 그의 삶 속에 하나님의 함께 하심에 대한 감사를 표현하기 위해 드린다. 서원제는 서원을 할 때 만들어지는 약속들에 응하여 드려진다. 신실한 예배자는 또한 자신의 서원이 성취되었을 때 하나님께 뜨거운 기쁨을 표현한다. 자원(낙헌)제는 한 가족이나 혈족이 하나님 앞에서 축일을 기념하기 위해 자발적으로, 또한 기쁨에 겨워 드리는 제사다. "화목제"(זבח שלמים – 제바흐 쉘라밈)에 대한 더 많은 것은 3장을 참조하라.

12-13 찬양(감사)제에 있어서, 표준은 전병이나 떡(빵)의 소제를 드리는 것이다. 세 가지 유형의 떡이나 전병이 묘사된다: "기름 섞은 누룩 없는 떡"(חלות מצות בלולת בשמן – 할로트 마초트 벨룰로트 빠쉐멘, 개역 성경: 무교병), "기름 바른 누룩 없는 전병"(רקיקי מצות משחים בשמן – 레키케이 마초트 메슈힘 빠샤멘, 개역 성경: 무교병; 개역 개정 성경: 무교전병), "고운 가루에 기름 섞어 구운 과자(loaves)"(סלת מרבכת חלת בלולת בשמן – 쏠레트 무르베케트 할로트 벨룰로트 빠샤멘). 덧붙여서 바치는 자는 또한 유교병(חלת לחם חמץ – 할로트 레헴 하메쯔)을 가져와야 한다. 미쉬나(*m. Menaḥ.* 7.1)는 바치는 자가 유교병의 가루 양을 무교병과 동일하게 드려야 한다고 규정한다.

14 제사장은 이 전병이나 과자의 하나를 취한 다음, 그것을 "봉헌물 또는 선물"(תרומה – 테루마, 개역 성경을 비롯한 많은 역본은 "거제" – 역자주)로 바쳐야 한다.

15-18 화목제를 가져오는 평신도는 자신의 가족이나 혈족과의 식사를 위해 그 고기의 대부분을 받는다. 만일 그의 제사가 찬양(감사)제라면, 그 고기는 그 제물이 드려진 그 날에 전부 먹어야 한다. 그러나 만일 그 제사가 서원이나 자원의 제사라면, 그 고기는 첫날이나 이튿날에 먹을 수 있으며, 셋째 날에는 안 된다. 지정된 시간을 넘어서 남게 된 고기는 어떤 것이든 "부정한 힘을 가진, 혐오스러운, 오염된 것"(פגול – 피굴)으로 분류된다(참조. 겔 4:14; 사 65:4). 문자적으로 이 단어는 아마 흐늘흐늘해져 부패하고 있는 고기를 지시할 수 있다. 그것은 역겨운 냄새가 난다. 만일 누군가가 그런 고기를 먹는다면, 그 희생을 바친 사람은 자신의 희생의 혜택을 상실하게 된다. 그리고 이 고기를 먹은 사람은 자신의 불법 행위에 대해 책임을 져야만 한다(עונה תשא – 아보나 티사; 참조. 5:1). 이 형식문은 법적이며 동시에 종교적인 범죄에 사용된다(W. Zimmerli, *Ezekiel 1*, tr. R. Clements, *Hermeneia* [Philadelphia: Fortress, 1979] 305). 최소한 그런 위반을 한 사람은 부정하게 되어 정결케 하는 의례를 수행할 필요가 있었을 것이다.

19-21 화목제의 고기를 먹고자 하는 사람은 누구든지 먹기 전에 의식적으로 정결하다는 것이 분명해야 한다. 의식적으로 부정한 상태로 고기를 먹는 사람마다 제의 법규를 심각하게 위반하게 된다. 따라서 그 징벌은 대단히 엄격하다. 그는 자신의 백성으로부터 제명(끊어짐)된다(נכרתה הנפש ההוא מעמיה – 니크레타 하네페쉬 하히 메아메이하). 이 언어로 규정된 그 징벌의 정확한 성격은 더 이상 알려져 있지 않다. 굿(Good, *The Sheep of His Pasture: A Study of the Hebrew Noun ʿAm(m) and Its Semitic Cognates*, HSM 29[Chico, CA: Scholars Press, 1983])은 제사장 집

단 내에서 이 어법이 사형을 의미한다고 주장한다. 레위기 20:2-5에 있는 법은 그 징벌을 수행하는 것은 백성의 책임이라는 것을 제시한다. 그러나 만일 누군가가 이러한 형벌을 수반하는 범죄를 저질렀는데 백성들이 그 사람을 처벌하지 않는다면 여호와께서 친히 이 형벌을 수행하실 것이다. 후톤(R. Hutton, *Declaratory Formulae: Form of Authoritative Pronouncement in Ancient Israel*[diss., Claremont University, 1983] 138-42; 참조. Zimmerli 303-6)은 사형은 보통 요마트(יומת), 곧 "죽임을 당하게 되다"라는 용어로 표현된다는 것을 지적한다. 민수기 19:13에 따르면, 제명(끊어짐)을 당한 사람은 부정하게 된다. 이러한 묘사는 만일 그 사람이 죽음에 처해지지 않았다면 별다른 의미가 없을 것이다. 또한 추방된 사람의 정결 상태에 대해 관심이 있을 리가 없었을 것이다. 후톤은 이 전문적 숙어의 의미에 대한 실마리를 시편 37:22에서 얻는다. 그 구절에서 "제명되는 것"(끊어짐)은 사람의 재산이나 자유인으로서의 신분을 잃는 것을 의미한다. 그런 사람은 자신의 상속권과 제의 중심지에서의 예배의 특권을 상실한다. 그것의 수동태 형식은 그 행위의 궁극적 수행자가 하나님이심을 시사한다(참조. 20:5, 6). 이것은 하나님이 동사 카라트(כרת, "자르다")의 표면화된 주어로 나타나는 많은 언급에 의해 확증된다(예를 들어, 겔 14:8, 13, 17, 19, 21 등). 따라서 이 숙어는 언약 공동체의 일원이었던 사람이 당할 최악의 비극들 중 하나를 묘사한다. 굿(Good)은 또한 이 표현이 유죄한 자가 죽음을 넘어선 불행들을 겪으리라는 것을 의미한다고 생각한다. 비록 본문은 결코 그런 불행이 무엇인지 명시하지 않지만 말이다. 이 형식문은 흔하게 나타난다. 예를 들어, 출애굽기 12:15, 19; 30:33, 38; 31:14; 레위기 17:4, 9, 14; 18:29; 19:8; 20:18; 23:29; 민수기 9:13; 15:30-31; 19:13, 20.

22-27 여기에는 "기름"(חלב－헬레브)이나 "피"(דם－담)의 섭취를 금지하는 추가적인 명령들이 있다(참조. 3:16b-17). 여기에 나온 징벌은 의식적 부정결 상태에서의 고기 섭취에 대한 것과 동일하다. 그 사람은 자기 백성들로부터 제명(끊어짐)당한다(참조. 19-22절).

28-36 화목제는 가족 축전(family celebration)을 위해 드려진다. 그러므로 여호와와 제사장들에게 바치는 부위들이 강조된다. 이 단원에서 제사장에게 돌아가는 화목제 제물의 부위들이 더욱 구체적으로 명시된다. 기름 부위는 "여호와께 대한 예물"(אשי יהוה－이쉐이 아도나이, 개역 성경: 화제)이다. 그것들은 3장에 묘사된 대로 독점적으로 주 제단(번제단－역자주)에 속한다. 이 규정은 두 부위, 즉 "가슴"(חזה－하제)과 "오른쪽 넓적다리"(שוק הימין－쇼크 하야민)는 제사장들의 소유

가 된다는 것을 추가한다. 가슴은 "거제"(תנופה – 테누파, 개역 성경: 요제)로 바친다(참조. 7:14; 그러나 7:14의 히브리어 본문은 테누파가 아닌 테루마〈תרומה, "봉헌물, 선물"; 개역 성경: 거제〉를 언급하므로 이 참조는 저자의 혼동으로 보인다–역자주). 그러므로 그것은 일반 제사장들에게 속한다(참조. Snaith, *ExpTim* 74 [1962/63] 127). 오른쪽 대퇴부는 그 희생제에서 집례한 제사장에게 속한 "봉헌물, 선물"(תרומה – 테루마, 개역 성경: 거제)이다. 그것은 어떤 의례 절차 없이 성소 밖에서 주어진다(Milgrom, *SCTT*, 162). 밀그롬은 모든 제사장들 몫이 되는 가슴을 "요제"로, 집례하는 제사장 몫이 되는 오른쪽 대퇴부를 "선물"로 분류함에 있어서 세 가지 유익을 식별한다. (1) 모든 제사장들이 가슴을 차지할 수 있기 때문에, 그것은 제사장들 사이에 음식 공급을 둘러싼 다툼을 가라앉혔다. (2) 그것은 평신도로 하여금 그가 개인적으로 선호하는 어떤 제사장의 직무 순서가 돌아오기를 기다리는 일이 없게 만들었다. 그리고 (3) 가슴을 들어올리는(להניף – 레하니프) 행위는 이 화목제 의식에 화려함을 더해 주었다(Milgrom, *SCTT*, 168). "봉헌물"(תרומה – 테루마)은 몇몇 본문에서 규정된 조항이다: 위임식 제물의 넓적다리(출 29:27), 떡의 제물(민 15:19-20; 참조. 레 2:9; 6:8[15]), 십일조(민 18:24-28), 거룩한 예물(성물, 민 18:19) 그리고 전쟁에서의 전리품(민 31:28, 52; 참조. Dillmann, 496). 누구도 제사장이 받는 부분에 대해 이의를 제기하지 말아야 한다. 왜냐하면 여호와께서 친히 이 규정을 "영원한 규례"(חק־עולם – 호크 올람, 개역 성경: 영원한 소득)로 확립하셨기 때문이다(그런데 저자는 7:34의 번역에서 이것을 "영원한 몫"으로 번역했다. 원래 히브리어 호크는 이 두 가지 의미를 모두 포함한다–역자주).

35 미쉬하트 아하론(משחת אהרן, "아론의 부수입")이란 어구는 난해하다. 왜냐하면 히브리어 단어 미쉬하(משחה)는 일반적으로 "기름부음"을 의미하기 때문이다. 이러한 난점은 7:36에서 "기름 붓다"라는 의미를 가진 마샤흐(משח)의 사용에 의해 더욱 복잡해진다. 누르체(Noordtzij, 90-91)는 이 히브리어 단어가 "기름부음"과 "몫, 부분"(=기름 부은 부분)이라는 말을 동시에 의미할 수 있다고 설명한다. 이 단어를 이해하는 다른 방식은 그것을 다른 마샤흐(משח II)에서 끌어오는 것이다. 그 단어는 "부분, 할당, 부수입, 몫"을 의미하는 아카드어 미쉬흐투(*mišiḫtu*, "측정"; KB)란 단어와 관련되어 있다. "부수입"(perquisite)은 앞 구절에서 호크(חק)가 "몫"으로 번역되었기 때문에 영어 번역으로 선택된다. 제사장들은 하나님의 기름부음 받은 종들로서 제단에 바쳐진 다양한 제물의 지정된 부분을 일차적인 후원

수단으로 받을 권리를 갖는다. 그들의 생계를 위한 이러한 수입은 그들이 회막 사역에 철저히, 그리고 전적으로 헌신할 수 있도록 보장된다.

37-38 1-7장의 서두에 있는 "양식/구조/배경"을 참조하라. "시내 산에서"(בהר סיני – 베하르 씨나이) 뒤에 "시내 광야에서"(במדבר סיני – 베미드바르 씨나이)를 삽입한 것은 이스라엘 백성들이 시내 산에 체류하고 있을 때 이 희생들을 여호와께 드리기 시작했다는 것을 강조하기 위해서다(참조. Dillmann, 497).

해설

이 지침은 제사장 몫이 되는 다양한 희생들의 부위에 특별히 관심을 갖는다. 이 부위들은 지극히 거룩했기 때문에 단지 거룩한 장소에서만 먹을 수 있었다. 제단에서 섬기는 모든 제사장은 자신이 제단 위에 태운 희생의 부분들을 자신의 품삯으로 취할 권리가 있었다. 이러한 지식은 평신도에게 주어졌는데, 그 목적은 평신도가 자신들을 위해 하나님을 섬기는 제사장들이 자신들의 제물에서 몫을 나누어 갖는 것을 기뻐하도록 하기 위함이었다.

제사장들은 제단에서 신실하게 섬긴 대가로 이러한 유익을 취할 자격이 있었다. 이러한 개념은 신약에서 채택되어 복음을 선포하는 데 시간을 보내는 사람이 동료 신자들로부터 마땅히 후원을 받을 자격이 있다는 입장을 지지하기 위해 사용되었다(고전 9:7-14; 딤전 5:18; 마 10:10). 복음 사역에 삶을 헌신한 사람은 하나님의 백성들의 선물들을 감사히, 그리고 명예롭게 받을 수 있다.

제사장에게 속한 고기가 어떤 것이라도 남게 되면 소각해야만 했다. 제사장은 고기의 어떤 부위든지 쌓아두도록 허용되지 않았다. 오히려 그들은 일용할 양식을 공급해 주시도록 하나님을 신뢰해야 했다. 그들은 희생 제물들로부터 생계를 유지해야 했으나, 이러한 선물들을 통해 부자가 되어서는 안 되었다. 그들의 믿음의 대상은 그들이 제사장의 업무로부터 받는 노임이 아니라 언제나 하나님이었다. 이러한 태도는 주기도문에 있는 청원이 된다. "오늘날 우리에게 일용할 양식을 주옵시고"(마 6:11). 동일한 정신에서 신약은 신자들이 물질적 소득을 축적하는 데 열중하지 말라는 많은 권면을 담고 있다(마 6:19-21; 빌 4:19; 히 13:5; 딤전 6:10). 오히려 신자들은 먼저 하나님을 구해야 하며, 그분께서는 그들의 매일의 필요를 채워 주실 것이다(마 6:33).

제사장은 주기적으로 제단을 정화시키고 진영 밖으로 기름 섞인 재를 처분할 책임이 있었다. 또한 그들은 백성들이 하나님과 지속적인 교제를 나눌 수 있도록 하기 위해 제단 위의 불이 계속해서 타도록 지켜야 했다. 비슷하게 제사장들은 기름 부음 받은 날부터 아침 저녁으로 소제를 바쳐야 했다. 이러한 요구 사항들은 제사장이 하나님과의 지속적인 교제를 유지해야 하는 것을 강조한다. 그렇게 새 언약하에서도 스스로 제사장 신분을 갖는 각각의 신자는 매일 하나님과의 교제를 유지해야 한다. 이러한 명령은 매일 하나님께 나아갈 준비를 포함하는 노력을 요구한다.

이 부록의 또 다른 핵심 주제는 그 제물들의 거룩성이 그것들의 취급과 처분 과정에서 보존되어야 했다는 것이다. 신약의 예배는 구약의 예배에 비해 덜 정형적이면서 더 자발적인 것으로 보이긴 하지만, 신약의 관심은 우리의 하나님은 삼키는 불이신 거룩한 하나님이시라는 진리에 비추어서 예배가 드려져야 한다는 것이다(히 12:29). 기독교 예배는 하나님의 성령에 이끌리는 역동적인 것이어야 하지만, 그것은 또한 하나님께서 영광을 받으시는 엄숙한 예배가 되도록 신중히 준비해서 드려져야 한다(참조. 히 12:28). 바울은 공적 예배에서 혼란이 아닌 질서가 있어야 한다고 타이른다(고전 14:26-40). 기독교 예배의 절정의 순간은 성찬식이다. 바울은 레위기의 이 부분의 기조를 이루는 것과 동일한 믿음을 품고서 성찬에 합당한 태도로, 즉 성찬의 지극한 거룩성을 인식하는 마음가짐으로 떡을 먹고 잔을 마시는 일에 깊은 관심을 갖는다(고전 11:27-34).

II. 제사장 위임식과 회막에서의 첫 번째 희생들(8:1-10:20)

참고문헌

Childs, B. "The Theological Role of the Priesthood." In *Old Testament Theology in a Canonical Context.* Philadelphia: Fortress, 1986. 145-54. **Cody, A.** *A History of Old Testament Priesthood.* AnBib 35. Rome: Pontifical Institute, 1969. **Cross, F. M.** "The Tabernacle: A Study from an Archaeological and Historical Approach." *BA* 10(1947) 56-68. ______. "The Priestly Tabernacle." In *The Biblical Archaeologist Reader 1.* Ed. D. Freedman and G. Wright. Garden City, NY: Anchor Books, Doubleday, 1961. 201-28. ______. *Canaanite Myth and Hebrew Epic.* Cambridge: Harvard, 1973. 195-215. ______. "The Priestly Tabernacle in the Light of Recent Research." In *Temples and High Places in Biblical Times.* Jerusalem: The Nelson Glueck School of Biblical Archaeology of Hebrew Union College-Jewish Institute of Religion, 1981. 169-80. **Ferguson, E.** "Laying on of Hands: Its Significance in Ordination." *JTS* 26(1975) 1-12. **Görg, M.** *Das Zelt Begegnung: Untersuchungen zur Gestaltder sakralen zelttraditionen Altisraels.* BBB 27. Bonn: Hanstein Verlag, 1967. **Greenberg, M.** "A New Approach to the History of the Israelite Priesthood." *JAOS* 70(1950) 41-47. **Gunneweg, A. H. J.** *Leviten und Priester: Hauptlinien der Traditionsbildung und Geschichte des israelitisch-jüdischen Kultpersonals.* FRLANT 89. Göttingen: Vandenhoeck & Ruprecht, 1965. **Haran, M.** "The Priestly Image of the Tabernacle." *HUCA* 36(1965) 191-226. **Kiuchi, N.** *The Purification Offering in the Priestly Literature.* JSOTSup 56. Sheffield: JSOT Press, 1987. 39-52, 67-85. **Möhlenbrink, K.** "Die levitischen Überlieferungen des Alten Testaments." *ZAW* 52(1934) 184-231. **Rabe, V. W.** "The Identity of the Priestly Tabernacle." *JNES* 25(1966) 132-34. **Robinson, R. B.** "The Levites in the Pre-Monarchic Period." *StBib* 7(1978) 3-24. **Utzschneider, H.** *Das Heiligtum und das Gesetz: Studien zur Bedeutung der sinaitischen Heiligtumsltexts(Ex 25-40; Lev 8-9).* OBO 77. Freiburg: Universitätsverlag; Göttingen: Vandenhoeck & Ruprecht, 1988.

양식/구조/배경

이 문단은 출애굽기 25-40장 전반에 걸쳐 나타나는 서사 형식을 계속 이어간다. 8장은 모세가 시내 산에서 여호와로부터 받은 바 아론과 그의 아들들의 제사장 임명에 대한 지침(출 29장)의 성취를 설명하며, 9장은 새로운 제단 위에서의 첫 번째 공적 희생들의 영광스러운 의식에 대한 기사를 이야기하면서 1-7장에서 규정된 희생들의 개막식을 거행한다. 8장이 출애굽기 40장 이전에 위치하지 않는다는 것은 많은 해석가들을 곤란하게 만들어 왔다. 코흐(Koch, *Priesterschrift*, 69)는 모세가 다양한 희생 규정들을 하나님께 받기 전에 제사장 위임을 위한 희생 절차를 시작하는 것은 적절하지 못했을 것이라고 지적함으로써 이 쟁점 사항에 예리하게 답변한다. 10장은 두 개의 사건을 보고한다: 아론의 두 아들인 나답과 아비후가 불법적인 불을 드리다가 죽은 사건(10:1-7)과 이 비극적 사건 후에 아론이 자신에게 속한 희생의 고기를 먹지 않은 일을 두고 모세와 아론 사이에 벌어진 분쟁(10:16-20).

현재의 장들을 관통하며 지나가는 공통적인 한 가닥의 실은 "여호와께서 명하신 대로 [그가 행했다]"는 어구다(8:4, 5, 9, 13, 17, 21, 29, 34, 36; 9:6, 7, 10, 21; 10:7, 13, 15). 이 반복적으로 나타나는 어구는 여호와의 지침에 대한 아론과 백성들의 엄격한 순종을 눈에 띄게 만든다. 순종의 주제는 아론이 주도한 백성들의 황금 송아지 우상 숭배를 배경으로 삼을 때 아주 확연히 드러난다(출 32-33장). 그것은 또한 출애굽기 15:22-17:16에 기록된 백성들의 여러 가지 불평에 대한 주제와 대조된다. 이러한 배경 속에서, 순종의 주제는 이 말씀을 듣게 될 다가올 세대들에게 회중은 자신들이 그렇게 열망할 때는 언제든지 하나님의 규례와 법령을 따를 수 있다는 것을 전해 준다. 이 주제는 또한 아론 가계의 사람들을 유일하게 인준된 제사장들로 승인한다.

8-10장이 1-7장과 동떨어져 있다는 많은 징후들이 있다. 8장과 9장의 예식 용어들은 1-7장에서 볼 수 있는 것들과 다르다: 히크리브(הקריב, "드리다, 가져오다": 예를 들어, 1:2-3) 대신 나가쉬(נגשׁ, "가져오다": 8:14), 예식 용어인 야차크(יצק, "쏟다": 4:7) 대신 일반 용어인 샤파크(שׁפך, "쏟다"의 사용: 8:15; 9:9) 그리고 희생에 대한 묘사들 속에 리프네이 아도나이(לפני יהוה, "여호와 앞에서": 요제로 드릴 때를 제외하고[8:26, 27, 29])와 오헬 모에드(אהל מועד, "회막")라는 어구들의 부재. 덧붙여서 의식 절차에도 많은 차이가 있다. 8장과 9장에서는 번제물 태우기가 두 단계로 이루어지는 반면(8:18-25; 9:12-14), 기본 규정에서는 그것이 단

일한 단계로 수행된다(1:9). 공적인 희생 중 첫 날에 바치는 하타트(חטאת, "속죄제")는 일반적인 속죄제로서, 4:3-12에 묘사된 바와 같이 대제사장이 범한 특별한 죄를 위해 바치는 속죄제가 아니다. 이 두 종류의 속죄제 사이에 중대한 차이가 있다는 것은 피를 다루는 방식에서 분명해진다. 일반 속죄제 의식에서는(8:15) 피를 내성소로 들여오지 않고 주 제단 뿔에 바른다. 그러나 특별한 죄를 위한 속죄제의 경우(4:6, 7), 피를 성소로 들여와 휘장에 뿌리고 이어서 향단 뿔에 바른다. 덧붙여서 4:11과 달리 진영 밖에서 태워야 하는 수소의 부위들의 목록에 머리에 대한 언급이 없다(8:17). 테누파(תנופה, "거제"〈개역 성경: 요제〉)와 테루마(תרומה, "봉헌물, 선물": 개역 성경: 거제〈드는 것〉)의 차이가 사라졌다(9:21; 10:14-15; 참조. 7:30 -34). 덧붙여서 8:26-28에 있는 소제에 대한 묘사는 6:13-14(20-21)에서 발견되는 바, 아론의 기름부음의 날에 드려진 소제의 규정과 중대한 차이가 있다.

8장과 9장 사이의 그러한 세부적인 내용상의 일치는 그것들이 동일한 기초 자료에서 왔다는 것을 시사한다(참조. Koch, *Priesterschrift*, 69). 그렇지만 노트는 이 두 개의 장을 다르게 평가한다. 그가 판단하기에, 9장은 현재의 문맥과는 별도로 존재했다. 그에게 있어서 1-7장과 구별되는 제의적 용어의 차이는 현재의 기사가 이 희생 규정들을 전제하지 않음을 보여 준다(75). 그는 9장을 출애굽기 39:32, 42, 43; 40:17에서 발견되는 원래의 제사장적 서사의 연속으로 받아들인다(76). 8장에 대해서는, 노트는 그것이 원래 출애굽기 39장 뒤에 있었는데 자신이 판단하기에 그것은 출애굽기 35-39장과 동일한 편집 과정을 거쳤다고 믿는다(68-69). 노트의 입장은 8장과 9장 사이의 수많은 유사점을 간과한다. 9장이 1-7장에 포함되어 있는 지침의 성취에 대한 기사이며 이 두 개의 장이 동일한 손길을 거쳐 왔다는 사실을 토대로, 그 장들의 저자가 현재의 위치를 마음에 품었다는 결론이 나온다.

이러한 해석이 정확하다면, 우리는 8-9장과 1-7장의 차이를 어떻게 설명할 수 있을까? 레위기 저자는 더 오래된 기사들인 아론 가계 사람들의 위임식과 중앙 성소에서의 희생제 개시에 대한 기사들을 입수했던 것이 분명하다. 저자는 자신의 고대의 자료를 존중했기에 예전적 언어를 1-7장에 맞추지 않았다. 그러나 그는 1-7장의 규정에 나타나는 지침에 대한 지식을 전제로 삼고 있는데, 왜냐하면 그가 다양한 희생들에 대하여 단지 간단한 서술만을 제공하기 때문이다.

10장의 얼개는 서사이며, 따라서 8-9장과 조화를 이룬다. 이 얼개는 두 개의 제의적 지침을 조명해 주는 역할을 한다: 성소 구역 내에서 죽은 제사장의 매장 절차(3-7절)와 제사장들이 먹어야 하는 희생물 부위들의 적합한 취급(12-15절). 10장의 중심에는 제사장들의 우선적인 교육적 의무에 대한 묘사에 첨부된 하나의 금지 조항이 놓여 있다(8-11절). 제사장들의 교육적 역할은 9장에서 개시된 제단 앞에서의 그들의 예전적 역할을 보충한다.

10장은 성소에서 사역할 때 발생될 위험 요소들을 강조한다. 그것은 그들이 지고 있는 책임을 강조함으로써 선행하는 두 장에서 보았던 제사장들의 화려함을 반감시킨다. 따라서 10장은 아론과 그의 아들들의 취임식인 8장과 균형을 이루고 있으며, 회막에서의 첫 번째 공적 제사들인 9장을 이 단위의 중심에 놓는다. 제사장들의 명예를 깎아 내리지 않으면서, 초점은 그들의 위임식의 화려함과 현란함이 아니라 신적인 설계로 세워진 성소에서의 첫 번째 희생 예배의 개시에 맞추어져 있다. 바로 백성들이 대속을 얻고 하나님과 교제하기 위한 장소에서의 첫 희생에 말이다. 제사장은 하나님의 법령에 순종하고 예배에서 백성들을 지도하고 인도해야 할 이중적 책임을 맡은 하나님의 존경받는 종들로 그려진다.

A. 아론의 대제사장 취임과 그의 아들들의 제사장 취임(8:1-36)

참고문헌

레위기 8:1-10:20에 대한 참고문헌을 보라.

본 문

1 여호와께서 모세에게 일러 가라사대	1 Yahweh spoke to Moses:
2 너는 아론과 그 아들들과 그 의복과 관유와 속죄제의 수송아지와 숫양 둘과 무교병 한 광주리를 이끌고	2 "Take Aaron and his sons, their vestments,[a] the oil for anointing, the bull for the reparation offering, the two rams, and the basket of unleavened bread.
3 온 회중을 회막 문에 모으라	3 Assemble all the congregation at the entrance to the Tent of Meeting."
4 모세가 여호와께서 자기에게 명하신 대로 하매	4 Moses did just as Yahweh commanded him,

회중이 회막 문에 모인지라

5 모세가 회중에게 이르되 여호와께서 행하라고 명하신 것이 이러하니라 하고
6 아론과 그 아들들을 데려다가 물로 그들을 씻기고
7 아론에게 속옷을 입히며 띠를 띠우고 겉옷을 입히며 에봇을 더하고 에봇의 기묘하게 짠 띠를 띠워서 에봇을 몸에 매고

8 흉패를 붙이고 흉패에 우림과 둠밈을 넣고

9 그 머리에 관을 씌우고 그 관 위 전면에 금패를 붙이니 곧 거룩한 관이라 여호와께서 모세에게 명하심과 같았더라
10 모세가 관유를 취하여 장막과 그 안에 있는 모든 것에 발라 거룩하게 하고

11 또 단에 일곱 번 뿌리고 또 그 단과 그 모든 기구와 물두멍과 그 받침에 발라 거룩하게 하고

12 또 관유로 아론의 머리에 부어 발라 거룩하게 하고
13 모세가 또 아론의 아들들을 데려다가 그들에게 속옷을 입히고 띠를 띠우며 관을 씌웠으니 여호와께서 모세에게 명하심과 같았더라

14 모세가 또 속죄제의 수송아지를 끌어오니 아론과 그 아들들이 그속죄제 수송아지 머리에 안수하매
15 모세가 잡고 그 피를 취하여 손가락으로 그 피를 단의 네 귀퉁이 뿔에 발라 단을 깨끗하게 하고 그 피는 단 밑에 쏟아 단을 속하여 거룩하게 하고

16 또 내장에 덮인 모든 기름과 간 꺼풀과 두 콩팥과 그 기름을 취하여 단 위에 불사르고

and the congregation assembled[a] at the entrance to the Tent of Meeting.

5 Moses spoke to the congregation: "This is what Yahweh has commanded to be done."
6 Moses brought near Aaron and his sons and washed them with water.
7 He put on Aaron the tunic and bound it with a sash. He next clothed him with the robe and put the ephod on him. He fastened it with a woven band in order to secure the ephod tightly.[a]
8 Then he put the breastpiece on[a] him and put the Urim and Thummim in the breastpiece.
9 Next he set the turban on his head, and he put[a] on the front the golden plate,[b] the holy diadem, just as Yahweh had commanded Moses.
10 Then Moses took the anointing oil[a] and anointed the tabernacle and all that was in it and sanctified them.
11 He sprinkled some of it[a] on the altar seven times and anointed the altar,[b] all its vessels, the basin and its stand, to sanctify them.
12 He poured out some[a] of the anointing oil on Aaron's hand and anointed him to sanctify him.
13 Moses then brought near Aaron's sons and clothed them with tunics, and he girded them with sashes[a] and put caps on them, just as Yahweh had commanded Moses.
14 Moses[a] next brought near the bull for the purification offering. Aaron and his sons laid[b] their hands on its head.
15 He slaughtered the bull,[a] and Moses took the blood[b] and put it with his finger on the horns round[c] the altar to purify the altar. He poured out the rest of the blood at the base of the altar. So he sanctified it by performing the rite of atonement for it.
16 Moses[a] also took all the fat[b] which was on the innards and the lobe of the liver and the two kidneys and their fat, and he burned them on the altar.

17 그 수송아지 곧 그 가죽과 고기와 똥은 진 밖에 불살랐으니 여호와께서 모세에게 명하심과 같았더라

17 But the bull with its hide and its flesh and its offal he burned with fire outside the camp just as Yahweh commanded Moses.

18 또 번제의 숫양을 드릴새 아론과 그 아들들이 그 숫양의 머리에 안수하매

18 Then Moses presented[a] the ram of the whole offering. Aaron and his sons laid their hands[b] on the head of the ram.

19 모세가 잡아 그 피를 단 주위에 뿌리고

19 Moses slaughtered[a] it and dashed the blood against the altar all around.

20 그 숫양의 각을 뜨고 그 머리와 각뜬 것과 기름을 불사르고

20 The ram he cut[a] into pieces, and Moses burned the head, the pieces, and the suet.[b]

21 물로 내장과 정갱이들을 씻고 그 숫양의 전부를 단 위에 불사르니 이는 향기로운 냄새를 위하여 드리는 번제로 여호와께 드리는 화제라 여호와께서 모세에게 명하심과 같았더라

21 He washed[a] the entrails and the legs with water, and Moses burned the whole ram on the altar. It was a whole offering, a soothing aroma; it was a gift to Yahweh just as Yahweh had commanded Moses.

22 또 다른 숫양 곧 위임식의 숫양을 드릴새 아론과 그 아들들이 그 숫양의 머리에 안수하매

22 Moses[a] then presented the second ram, the ram of ordination. Aaron and his sons laid[b] their hands on the ram's head.

23 모세가 잡고 그 피를 취하여 아론의 오른 귓부리와 오른손 엄지가락과 오른발 엄지가락에 바르고

23 He slaughtered it, and Moses took some of its blood and put it on the lobe of Aaron's right ear and on the thumb of his right hand and on the big toe of his right foot.

24 아론의 아들들을 데려다가 그 오른 귓부리와 오른손 엄지가락과 오른발 엄지가락에 그 피를 바르고 또 그 피를 단 주위에 뿌리고

24 Then one[a] brought near Aaron's sons, and Moses put some of the blood on the lobes of their right ears and on the thumbs of their right hands and on the big toes of their right feet. Then Moses dashed the blood against the altar all around.

25 그가 또 그 기름과 기름진 꼬리와 내장에 덮인 모든 기름과 간 꺼풀과 두 콩팥과 그 기름과 우편 뒷다리를 취하고

25 Next he took the fat, the fat tail,[a] all the fat which was on the entrails, the lobe of the liver, the two kidneys with their fat,[b] and the right thigh.

26 여호와 앞 무교병 광주리에서 무교병 한 개와 기름 섞은 떡 한 개 와 전병 한 개를 취하여 그 기름 위에와 우편 뒷다리 위에 놓아

26 From the basket of unleavened bread[a] which was before Yahweh he took a loaf of unleavened bread, a loaf made with oil, and one wafer, and he put these on the fat portions[b] and the right thigh.[c]

27 그 전부를 아론의 손과 그 아들들의 손에 두어 여호와 앞에 흔들어 요제를 삼게 하고

27 He put all in the hands of Aaron and his sons and raised them before Yahweh as an elevated offering.

28 모세가 그것을 그들의 손에서 취하여 단 윗 번제물 위에 불사르니 이는 향기로운 냄새를 위하여 드리는 위임식 제사로 여호와께 드리는 화제라
29 이에 모세가 그 가슴을 취하여 여호와 앞에 흔들어 요제를 삼았으니 이는 위임식 숫양의 모세의 응식이라 여호와께서 모세에게 명하심과 같았더라
30 모세가 관유와 단 위의 피를 취하여 아론과 그 옷과 그 아들들과 그 아들들의 옷에 뿌려서 아론과 그 옷과 그 아들들과 그 아들들의 옷을 거룩하게 하고

31 아론과 그 아들들에게 이르되 내게 이미 명하시기를 아론과 그 아들들은 먹으라 하셨은즉 너희는 회막 문에서 그 고기를 삶아 위임식 광주리 안의 떡과 아울러 그 곳에서 먹고

32 고기와 떡의 나머지는 불사를지며

33 위임식은 칠 일 동안 행하나니 위임식이 마치는 날까지 칠 일 동안은 회막 문에 나가지 말라

34 오늘날 행한 것은 여호와께서 너희를 위하여 속하게 하시려고 명하신 것이니
35 너희는 칠 주야를 회막 문에 거하여 여호와의 부탁을 지키라 그리하면 사망을 면하리라 내가 이같이 명령을 받았느니라

36 아론과 그 아들들이 여호와께서 모세로 명하신 모든 일을 준행하니라

28 Then Moses took them from their hands and burned[a] them on the altar on top of the whole offering. They were ordination offerings; as a soothing aroma it was a gift to Yahweh.
29 Moses took the breast and raised it as an elevated offering before Yahweh; it was Moses' portion from the ram of the ordination just as Yahweh had commanded Moses.
30 Moses then took some of the anointing oil and some of the blood from the altar and sprinkled Aaron and[a] his vestments and his sons and their vestments. So he sanctified Aaron, his vestments,[b] his sons, and their vestments.[c]
31 Moses spoke to Aaron and his sons: "Boil the meat at the entrance[a] to the Tent of Meeting[b] and eat it there with the bread which is in the basket of ordination just as I commanded[c] saying, 'Aaron and his sons are to eat it.'
32 You are to burn the remainder of the meat and the bread with fire.
33 Do not go out from the entrance to the Tent of Meeting seven days until the days of your ordination are fulfilled, for your ordination[a] will last seven days.
34 What has been done[a] on this day Yahweh commanded in order to make expiation for you.
35 You are to stay at the entrance[a] of the Tent of Meeting day and night for seven days. You are to do what Yahweh requires, lest you die,[b] because thus I have been commanded."[c]
36 So Aaron and his sons did all the things which Yahweh had commanded by Moses.

원문주해

2.a. 베가딤(בְּגָדִים)에 붙은 관사는 그 옷들이 출 28장에서 모세에 대해 묘사되었던 옷들이라는 것을 적시한다.

4.a. 마소라 본문(MT)의 니팔형 대신 70인경(LXX)은 3절과 형식상으로 일치하도록 카이 엑세클레시아센(*καὶ ἐξεκκλησίασεν*)=봐야크헬(וַיַּקְהֵל, "그리고 그가 모이게 했

다")로 읽는다. 마소라 본문이 더 어려운 독법으로 선호된다.

7.a. 마소라 본문의 예포드(ויאפד)는 에포드(אפד, "에봇, 겉옷, 관복")의 명사 유래어로서 "(에봇을) 안전하게 하다, 단단히 묶다"를 의미한다.

8.a. 마소라 본문의 엘(אל, "…에게") 대신 사마리아 오경(Sam), 70인경(LXX) 그리고 시리아역(Syr)은 알(על, "…위에")로 읽는다.

9.a. 마소라 본문의 봐야셈(וישׂם, "그가 두었다") 대신 사마리아 오경(Sam)은 봐이텐(ויתן, "그리고 그가 놓았다")으로 읽는다. 사마리아 오경은 그 어구가 서두의 봐야셈(וישׂם)과 다르기 때문에 약간 더 무게가 있다.

9.b. 어근 나짜쯔(נצץ, "빛나다, 번쩍이다")와 관련된 쮜쯔(ציץ)는 "금속판, 꽃"을 의미한다. 현재의 문맥에서는 그것이 이마에 쓰기 위해 만든 관인 "황금판"을 의미하는 것으로 간주된다(U. Cassuto, *A Commentary on the Book of Exodus*, tr. I Abrahams [Jerusalem: Magnes, 1967] 383-84). 또한 그것은 꽃 모양으로 주조되었을 가능성도 있다. 이것에 관해서는 다음을 참조하라: 쾰러 바움가트너 사전(KB); H.-J. Kraus, "hôj als profetishce Leachenklage über das eigine Volk," *ZAW* 85(1973) 32, n. 67; Elliger, 112.

10.a. 마소라 본문(MT)의 에트 쉐멘(את־שמן) 대신 70인경(LXX)은 아포 투 엘라이우(ἀπὸ τοῦ ἐλαίου)=미쉐멘(משמן, "기름으로부터")으로 읽는다. 70인경은 12절 및 30절과 일치하는 반면, 마소라 본문은 2절과 일치한다. 70인경은 대안적 표현의 영향을 받아서 발생한 서기관의 실수에서 비롯된 것으로 보인다.

11.a. 미메누(ממנו, "그것으로부터")라는 어구는 "그것의 일부"를 의미한다.

11.b. 70인경(LXX)은 카이 헤기아센 아우토(καὶ ἡγίασεν αὐτό)=봐예카드쉐후(ויקדשהו, "그리고 그가 그것을 거룩하게 만들었다")를 추가한다. 15절에서는 이 어구가 명사 하미즈바흐(המזבח, "그 제단") 뒤에 나타난다. 아마도 70인경은 거기에 있는 표현에 의해서 영향을 받았을 것이다.

12.a. 이것은 "어떤, 일부의"를 의미하는 민(מן)의 부분의 용법(partitive use)이다. 참조. "원문주해" 11.a.

13.a. 사마리아 오경(Sam), 70인경(LXX), 시리아역(Syr) 그리고 탈굼(Tg)은 문맥이 요구하는 대로 복수형으로 읽지만, 단수가 출 29:9에서 나타난다.

14.a. 70인경은 이 곳과 16, 18, 19, 22, 24절 그리고 29절에서 모우세스(Μωυσῆς, "모세")를 추가한다. 이러한 첨가는 주어를 분명하게 만든다.

14.b. 이 동사는 주어가 복합 주어일지라도 단수인데, 왜냐하면 동사는 자주 복합 주어의 첫 번째 것과 일치하기 때문이다(GKC § 146f). 이 기사에서 아론의 두드러짐이 여기서의 단수 사용을 설명해 줄 수 있다.

15.a. 이 주석의 영어 번역은 봐이쉬하트(וישחט, "그리고 그가 도살했다")를 위한 목적어를 집어넣는다. 딜만(Dillmann, 507)은 봐이쉬하트(וישחט)를 법규 제정 기사에 묘사된

의식에서 이 단계를 지칭하는 요약된 방식으로 이해한다(참조. 출 29:11).

15.b. 에트(את) 대신 70인경은 23절과 마찬가지로 민(מן, "…로부터, …의 일부")을 가진 히브리어 본문을 따랐을 것이다. 그러나 "원문주해" 10.a.를 참조하라.

15.c. 싸비브(סביב)는 부사적 목적격이다. 그것은 그 제사장이 피를 제단 사면의 각각의 뿔에 바르기 위해 제단 주변을 도는 것을 의미한다.

16.a. 참조. "원문주해" 14.a.

16.b. 사마리아 오경(Sam)은 복수형인 헬베이헨(חלביהן, "그들의 기름")으로 읽는다. 때때로 어미 헨(הן)을 가진 연결 모음은 자음 뒤에서 빠지지만, 마소라 본문을 홀베헨(חֶלְבְּהֶן)으로 모음을 찍는 것이 더 낫다(Joüon § 94b; 참조. GKC § 91c).

18.a. 마소라 본문(MT)의 봐야크레브(ויקרב, "그리고 그가 드렸다") 대신 사마리아 오경은 봐야게쉬(ויגש, "그리고 그가 가져왔다"; 14절처럼)로 읽는다. 봐야크레브(ויקרב)는 이 의식들에서 흔한 형식이기 때문에, 서기관이 별 생각 없이 그것을 더 드문 봐야게쉬(ויגש)로 대체했을 가능성이 있다. 그러므로 더 까다로운 독법인 사마리아 오경이 수용된다.

18.b. 14, 22절에서와 같은 복수형 봐이쓰모쿠(ויסמכו) 대신 사마리아 오경(Sam)과 70인경은 단수형인 봐이쓰모크(ויסמך, "그리고 그가 〈위에〉 얹었다")로 읽는다. 이 이문이 선호되는데, 왜냐하면 다른 방식의 설명보다는 복수가 단수에서 비롯되었다고 설명하는 것이 더 쉽기 때문이다.

19.a. 참조. "원문주해" 14.a. 시리아역(Syr)은 봐이쉬하트후 모쉐(וישחטהו משה, "그리고 모세가 그것을 도살했다")로 읽었던 것으로 보인다. 선행사(마소라 본문)가 분명하지 않다. 모세가 15절에서와 같이 다음 동사의 주어로 한정되기 때문에, 아마도 아론과 그의 아들들이 이 동사의 주어일 수 있다. 이러한 추측은 바치는 자가 도살, 각 뜨기, 씻기를 수행하도록 지시를 받는 1:11-13과 일치한다. 그러나 출 29:17에 따르면, 모세가 이 날에 이러한 의식들을 수행해야 했다.

20.a. 참조. "원문주해" 19.a.

20.b. 참조. "원문주해" 1:8.b.

21.a. 참조. "원문주해" 19.a.

22.a. 참조. "원문주해" 14.a와 출 29:19

22.b. 참조. "원문주해" 18.b.

24.a. 참조. "원문주해" 14.a. 마소라 본문(MT)에서는 주어의 확인이 숙제로 남는다. 그것은 아마 모세일 가능성이 아주 크다.

25.a. 참조. 3:9에 관한 "주석".

25.b. 참조. n. 16.b.

26.a. 마소라 본문(MT)의 하마초트(המצות, "무교병") 대신 70인경(LXX)은 테스 텔레

이오세오스(τῆς τελειώσεως) = 하밀루임(המלאים, "그 위임<의 떡>")으로 읽는다.

26.b. 복수형 할라빔(חלבים, "기름 덩이들")은 25-26절에 나열된 모든 지방 부위들을 지칭한다. 호프만(Hoffnamm, 1:281)은 복수형이 "최상품의" 덩이들을 함축할 수 있다고 언급한다.

26.c. 쇼크 하야민(שוק הימין, "오른쪽 넓적다리")이 특정하게 언급되는데, 왜냐하면 그것이 제사장들의 수입의 일부이기 때문이다(Hoffmann, 1:281).

28.a. 참조. "원문주해" 14.a.

30.a. 마소라 본문의 알(על, "…위에") 대신 여러 히브리어 필사본들(mss), 70인경(LXX), 시리아역(Syr) 그리고 탈굼 위-요나단(*Tg. Ps.-J.*)은 붸알(ועל, "그리고 …위에")로 읽는다(참조. 출 29:21). 와우(ו)는 서기관의 오류로 인해 쉽게 누락될 수 있었을 것이나, PIR(170-71)은 그 이문이 만들어진 이유는 이 구절을 출 29:21에서 발견되는 지침에 맞추기 위해서였을 것이라고 믿는다.

30.b. 히브리어 필사본들(mss), 사마리아 오경(Sam), 70인경(LXX), 시리아역(Syr) 그리고 탈굼 위-요나단(*Tg. Ps.-J.*)은 붸에트(ואת)로 읽는다. 참조. "원문주해" 30.a.

30.c. 70인경 원 바티칸 사본 및 알렉산드리아 사본(LXX[B*A])은 실수로 봐예카데쉬(ויקדש, "그리고 그가 거룩하게 했다")를 빠뜨린다.

31.a. 마소라 본문(MT)의 페타흐(פתח, "입구, 문") 대신 70인경(LXX)은 빠하차르(בחצר, "마당에서")를 지칭하는 엔 테 아울레(ἐν τῇ αὐλῇ)로 읽는다.

31.b. 70인경(LXX)은 엔 토포 하기오(ἐν τόπῳ ἁγίῳ) = 마콤 코데쉬(מקום קדש, "거룩한 곳에서")를 추가한다. 참조. 출 29:31.

31.c. 70인경(LXX), 시리아역(Syr) 그리고 탈굼(Tg)은 35절 및 10:13과 일치하도록 푸알 수동태로 읽는다. 그러나 10:18을 참조하라. 마소라 본문(MT)이 더 까다로운 독법이기에 선호된다.

33.a. 히브리어 필사본들(mss), 70인경, 시리아역은 야드(יד, "손")라는 단어를 정확히 복수형으로 받아들인다.

34.a. 비인칭적인 아사(עשה, "그가 행했다")는 실질상의 수동태 역할을 한다.

35.a. 참조. "원문주해" 31.b.

35.b. 마지막의 절 문장은 붸엘(ולא, "그리고 아니다")로 시작된다(GKC § 109g).

35.c. 마소라 본문(MT)의 70인경(LXX)은 추붸이티(צויתי, "내가 명령했다") 대신 에네테일라토 모이 퀴리오스 호 데오스(ἐνετείλατό μοι κύριος ὁ θεός, "주 하나님께서 나에게 명하셨다")로 읽는다.

양식/구조/배경

이것은 아론의 대제사장 취임식에 대한 직설적이고 세부적인 서사다. 아무런 줄거리 구상(plot)이나 각색이 없다. 저자의 관심은 아론과 그의 아들들의 제사장 취임이 정확하게 하나님께서 명령하신 대로 추진되었다는 것을 이야기하는 데 있다. 기사의 구조는 다음과 같다.

I. 도입과 지침(1-4절)
  A. 서사와 도입 형식문(1절)
  B. 연설－모든 재료를 가져오고 위임식 예식을 위해 회중을 모으라는 지시(2-3절)
  C. 순종 보고(4절)
II. 대제사장 위임과 아론 가계 제사장들의 위임을 위한 예식 순서(5-35절)
  A. 모세가 자신의 제사장 위임식 집행에 대한 신적 권위를 보고함(5절)
  B. 위임 예식(6-30절)
    1. 대상자들을 씻기고 대제사장에게 옷을 입힘(6-9절)
    2. 성막, 제단 그리고 물두멍에 기름을 부음(10-11절)
    3. 대제사장에게 기름을 부음(12절)
    4. 아론 가계의 제사장들에게 옷을 입힘(13절)
    5. 희생제들(14-29절)
      a. 속죄제(14-17절)
      b. 번제(18-21절)
      c. 위임제(22-24절)
      d. 요제(25-29절)
    6. 마지막 위임 의식(30절)
  C. 제사장들을 위한 특별한 지침(31-35절)
    1. 도입 형식문(31aα절)
    2. 지침 자체(31aβ-35절)
      a. 희생들을 먹는 것에 대해(31aβ-32절)
      b. 성소에서의 7일 간의 격리에 대해(33-35절)
III. 순종 보고(36절)

8장은 아론을 대제사장으로, 또한 그의 아들들을 제사장으로 위임하도록 여호와께서 모세에게 내리신 지시(출 29장)에 대한 그의 순종을 설명한다. 대체로 이 두 기사의 어법은 한 쪽의 구절이 다른 쪽의 구절에 의존하거나, 아니면 양자가 공통의 자료에 철저하게 뿌리를 내리고 있을 정도로 비슷하다.

그렇지만 어법상에 일부 차이가 존재한다. 예를 들어, 레위기 8장이 와우(ו) 미완료형들을 사용하는 반면, 출애굽기 29장은 와우 완료형들을 갖는다. 레위기 8장은 봐야게쉬(וַיַּגֵּשׁ, "가까이 가져오다")를 사용하여 성례전적인 히크리브(הִקְרִיב, "바치다, 가까이 가져오다")를 사용하는 출애굽기 29장과 대조된다. 레위기 8:16은 아쉐르 알(אֲשֶׁר עַל, "…위에 있는": 개역 성경: 덮인)로 읽는 반면, 출애굽기 29:13은 보다 일반적인 하메카쎄 에트(הַמְכַסֶּה אֶת, "…를 덮는")를 갖는다. 이러한 차이 외에도 예식의 순서에 몇 가지 중대한 변동이 있다. 모세가 성막과 비품들을 기름 붓는 내용의 기사(10-11절)는 출애굽기 29장에 언급되어 있지 않다. 그 기름부음에 대한 지침은 출애굽기 30:22-29에 기록되어 있다. 현재의 기사에 이 의례가 별다른 수정 없이 포함됨으로써 예배 순서에 명백한 어려움이 발생된다. 왜냐하면 그 구절들의 문자적 읽기는 아론의 아들들이 이러한 최초의 기름부음 의례들이 집행되는 동안 복장을 갖추지 않은 상태였음을 시사하기 때문이다(6절). 그도 그럴 것이 그들은 제의 비품들과 아론이 기름부음을 받은 뒤에야 비로소 예복이 입혀졌던 것이다(7-13절). 또 다른 차이는 제단의 정화와 관련된 것이다. 레위기 8장에서는 아론의 속죄제(חַטָּאת – 하타트)의 피를 제단 뿔에 바름으로써 제단이 먼저 "정화된다"(חִטֵּא – 하타). 그러나 출애굽기 29장에서는 7일 간의 제사장들의 격리에 대한 언급이 있는 가운데 제단의 정화가 그 규정의 끝에서 나타난다(6절). 레위기에서는 제물이 단지 성별되어 정화된 제단 위에만 바칠 수 있었다는 것이 당연시되지만, 출애굽기 29장에서는 제물들을 드리는 과정이 제단을 성별하여 정화시킨다(참조. Koch, *Priesterschrift*, 68). 또 하나의 변동은 두 가지 의례의 뒤바뀐 순서에서 표면화된다. 레위기 8장에 따르면, 모세는 아론과 그의 아들들이 요제를 바친 후에 피와 기름의 혼합물을 그들에게 뿌린다(30절). 대조적으로, 출애굽기 29장에서는 이러한 뿌리기가 그들이 요제를 바치기 전에 이루어진다(21절). 번제물을 태우는 방법은 표준 규정을 벗어난다. 레위기 8:19-21은 마치 번제물 소각 의례에 두 단계가 있는 것처럼 읽힌다: 첫 번째 태우기는 머리와 일부의 기름(פֶּדֶר – 페데르)과 더불어 그 짐승의 각뜬 것들을 포함하며, 두 번째 태우기는 내장과 다리를 포함한다. 그러나 출애굽기 29:15-18에서는 번제물의 모든 부분이 레위기 1장의 번제 규정에 묘사된 대로 하나의 단계에서 태워진다. 마지막으로, 역시 미세한 차이 한 가지는 위임식 숫양의 고기를 준비한 사람에 대한 것이다. 출애굽기 29:31에서 여호와께서는 모세에게 아론과 그의 아들들이 먹도록 위임식 숫양의 고기를 삶으라고 명령하신다(31절). 그러나 레위기에 있는 그 기사에 따르면, 모세가 아론과 그의 아들들에게 그 고기를 요리하라고 지시한다(31절).

이러한 차이점들을 설명하기 위해 노트(20)와 엘리거(107, 113-15)는 이 두 개의 장에 대해 다른 원작자들의 존재를 가정한다. 레위기 8장이 용어와 의식 절차에서 출애굽기 29장에 비해 레위기 1-7장과 덜 일치한다는 사실로 인해, 그들은 레위기 8장을 출애굽기 29장 앞에 위치시킨다. 만일 그렇게 된다면, 출애굽기 29장의 저자는 레위기 8장에서 대거 차용한 셈이 된다. 그렇지만 두 기사가 대제사장 위임식을 담고 있던 고대의 선행본(Vorlage)에 의존했다고 추정하는 것이 더 나아 보인다. 그렇다면 각각의 저자는 자신의 자료를 각자의 문맥에 맞도록 각색했을 것이다. 출애굽기 29장의 동사들은 그 묘사가 앞으로의 사건을 내다보기 때문에 와우 완료 연속법이지만, 레위기 8장은 이미 발생된 사건을 묘사하기 위한 와우 미완료 연속법을 사용한다. 다른 변동 사항들은 본문 전수 과정에서 전형적인 서기관의 실수와, 또한 표준적인 제의 용어를 이 기사들에 맞추어 각색하려는 서기관의 경향 때문에 발생했다. 덧붙여서 레위기 8장은 아마도 다양한 시대의 위임식 관행의 변형을 반영하는 사소한 편집적 변화를 겪었을 것이다.

레위기 8장은 출애굽기 29장과는 다른 편집 역사를 겪었다. 이 두 장 사이의 어떤 언어적 차이들은 이러한 결론을 뒷받침한다. 한 가지 차이점은 전문적 제의 용어 히크리브(הקריב, "바치다": 출 29:10) 대신 나가쉬(נגשׁ, "가져오다")를 사용한 점이다(14, 18절[사마리아 오경]; 그 밖의 곳에서는 오직 2:8). 덧붙여서, 출애굽기 29:10은 희생 규정(예를 들어, 레 3:8, 13)에서 발견되는 어구인 모에드 리프네이 오헬(לפני אהל מועד, "회막 앞에서")을 추가한다. 출애굽기 29:11은 단순한 봐이쉬하트(וישחט, "그리고 그가 도살했다〈잡았다〉"; 참조. 레 8:15a) 대신 붸샤흐타 에트 하파르 리프네이 아도나이 페타흐 오헬 모헤드(ושחטת את הפר לפני יהוה פתח אהל מועד, "그리고 너는 회막문 여호와 앞에서 그 짐승을 잡고")로 읽는다. 레위기 18:15에 나타나는 싸비브(סביב, "둘레에, 사방에")는 출애굽기 29:12에 누락되어 있다. 레위기 8:16, 25에는 간엽(간꺼풀)이 출애굽기 29:13에서 발견되는 더 정밀한 어구인 하요테레트 알 하카베드알(היתרת על־הכבד)이 아닌 요테레트 하카베드(היתרת הכבד)로 묘사된다(참조. 레 3:4, 10, 15; 4:9; 그러나 출 29:22에서는 요테레트 하카베드⟨יתרת הכבד⟩).

대제사장이 기름부음을 받았던 시대의 확인은 이 구절의 이해에서 중대한 쟁점이 되었다. 벨하우젠(Wellhausen)은 대제사장이 단지 제2성전 시대에만 기름부음을 받았다고 주장했다. 그러나 포로기 이전 공동체에서 "기름부음" 의례가 단지 다윗 가문의 왕에게 국한되었다는 증거는 없다. 분명히 왕정 시대에 다윗 가문의 왕의 기름부음은 점점 중요해졌다. 그리고 포로기 이후 공동체에서는 다윗 가문의 왕의 명맥이 끊어져 대제사장의 기름부음이 특별한 중요성을 갖게 되었다. 그러나 이러한 사실이 대제사장이 이스라엘의 가장 초창기에 기름부음 받았을 가능성을 배척하지는 않는다. 왕정 시대 이전에 이스라엘은 느슨하게 연합된 지파 동맹체였다. 그들을 한데 묶어 준 것은 우선적으로 중앙 성소에서의 여호와 예배였다. 이렇게 제의의 기능은 이스라엘 국가적 정체성에 결정적이었다. 제의 중심지에서의 지도자는 대제사장이었다. 대제사장의 취임은 중대한 행사였을 것이다. 따라서 대제사장이 최상의 예식 속에서 취임했다고 추측하는 것은 합리적이다. 여기 묘사된 기름부음 예식은 분명히 그러한 사회적 요구에 들어맞는다.

또 다른 쟁점은 아론의 아들들이 기름부음을 받았는지에 대해서다. 어떤 구절들은 그들의 기름부음을 시사하지만(레 10:7; 민 3:3), 다른 구절들은 그렇지 않다(출 29장; 레 4:2-12; 참조. Koch, *Priesterschrift*, 69). 그러나 레위기 8장을 자세히 읽으면 아론과 그의 아들들이 기름과 피로 뿌림 받음으로써 함께 성별되어(קדש−카다쉬, 30절; 참조. 24절) 위임되지만(ימלא את־ידכם−예말레 에트 예드켐; 33절), 오직 아론만이 그의 머리에 기름부음을 받았다는 것이 발견된다(12절; 그렇지만 참조. 출 30:30). 따라서 아론의 기름부음에 대한 엄격한 언급으로 볼 때, 그것은 그의 아들들의 기름부음보다 더 수준 높은 것이었던 듯하다. 그러므로 레위기 4:2-12에서와 마찬가지로, "기름부음 받은 제사장"이라는 용어는 구체적으로 "대제사장"을 지칭한다(참조. 21:10).

이 기사는 궁극적으로 예루살렘 성전에서 그 기원이 발견된다. 그것은 대제사장이 언약 공동체의 지도자로서 왕을 대체했던 제2성전 시대에 가장 큰 국가적인 영향을 받았다.

주석

2 모세는 지시를 받은 대로(출 29:1-7) 예식에 필요한 모든 것을 모음으로써

아론과 그의 아들들의 위임식을 준비해야 한다. "관유(붓는 기름)"(שמן המשחה – 쉐멘 하미쉬하)는 특별히 준비된 합성 조제물이었다(출 30:22-25). 구성 물질은 몰약, 육계, 창포, 계피, 올리브(감람나무) 기름을 포함한다. 갈대로 엮은 뚜껑이 없었던 광주리(סל)의 내용물은 세 가지 종류의 떡을 포함했다: "무교병"(חלת מצה – 할라트 마차), "기름으로 만들어진 떡"(חלת לחם שמן – 할라트 레헴 쉐멘), "과자"(전병)(רקיק אחד – 라키크 에하드)(참조. 26절; 출 29:2-3). 이 행사에서 모세는 아직 평신도인 아론과 그의 아들들을 대신해서 대제사장으로 행동한다.

[3] 전체 회중은 회막문 앞에 함께 모인다. 이러한 묘사는 지파들의 장로(어르신)들이 즉시 회막 앞에 모였으며, 그 밖의 사람들은 그들 뒤에 운집했다는 것을 암시한다. 아론과 그의 아들들의 위임은 이스라엘의 믿음의 역사에서 중대한 사건이었다. 이스라엘 제의의 공개적이고 참여적인 특징을 고려해 볼 때, 위임식은 반드시 모든 지파가 동참하는 공적인 예식이어야 하는 것이 중요했다. 그렇게 함으로써 공동체 전체가 하나님께서 아론의 집안이 제사장으로서 백성들을 섬기도록 선택하셨음을 승인해 주었다.

[4] 모세가 정확히 여호와께서 명령하신 대로 실천했다고 진술된다. 이러한 확언은 현재의 제사장 위임 기사 전반에 걸쳐서 나타난다(5, 9, 13, 17, 21, 29, 34, 36절; 9:6, 7, 10; 10:15). 이 기사는 여호와의 지침에 대한 복종이 위임식 의례가 실행되는 데 필수적이라는 것을 강조한다.

[6] 모세는 아론과 그의 아들들을 "데려온다"(הקריב – 히크리브, 출 29:4; 40:12). 히크리브(הקריב)는 제사에 대한 표준 용어다. 여기서 이 단어의 사용은 아론과 그의 아들들이 제단에서 섬기기 위해 전적으로 거룩해지도록 여호와께 "바쳐진다"는 것을 의미한다. 모세는 이어서 그들의 위임 예식을 위해 그들을 씻겨서(רחץ – 라하츠) 의식적으로 정결하도록 만든다(참조. 출 29:4; 40:12). 이반 에스라(Ibn Ezra)는 모세가 단지 그들의 손과 발만을 씻겼다고 주장하지만(30:19-20), 라쉬는 그가 몸 전체를 씻겼다고 이해한다. 다른 행사에서는 제사장들이 직무를 위해 성소에 들어갈 때 단지 그들의 손과 발만을 씻었지만(출 30:19-21; 40:30-31), 속죄일 의식에서는 대제사장이 자신의 몸 전체를 씻어야 했다. 이것은 중대한 예식이기 때문에 그들이 전부 씻었다는 입장에 호감이 간다. 덧붙여서, 씻는 행위는 희생을 위해 바친 짐승의 각뜬 부위들을 씻는 것과 짝을 이룬다(1:9, 13; 8:21; 9:14; 출 29:17). 어디에서 어떻게 씻는 행위가 이루어지는 것인지는 진술되어 있지 않다. 아마도 몸을 담그기 위한 어떤 종류의 웅덩이나 욕조가 성막 뜰에 설치되어

휘장으로 가려졌을 것이다.

7-8 모세는 씻는 의식을 마친 후에, 그가 출애굽기 29:5-8에서 명령받은 대로 특별한 제사 복장으로 아론을 입혔다. 먼저 그에게 속옷(כתנת – 쿠토네트)을 입혔다. 몸을 덮은 그 옷은 짧은 소매가 있는 수를 놓은 세마포 옷이었다. 그는 장식용 띠(אבנט – 아브네트)로 아론의 허리에 그 옷을 동여맨다. 탈무드에 따르면, 그 장식용 띠는 수를 놓은 띠로서 길이가 48피트였다. 이어서 모세는 그에게 겉옷(מעיל – 메일)을 입힌다. 그것은 무릎 아래까지 충분히 내려오는 셔츠처럼 생긴 옷이었다. 그 겉옷의 옷단은 석류 무늬들과 금방울 무늬들로 수를 놓은 것이었다. 그 뒤에 모세는 아론에게 에봇(אפד – 에포드)을 입힌다. 에포드(אפד)는 문자적으로 "꼭 맞는 것"을 의미하는데, 구약에서 다양한 형태의 옷들을 지칭한다. 대제사장의 경우에 그것은 가슴 받이가 달린 바지 형식의 옷이었다. 에봇은 금으로 만들어졌으며, 청색, 자색, 홍색의 양모와 가는 베실로 만들어졌다(출 28:6). 그것은 띠 혹은 벨트로 동여맸다(בחשב האפד – 베헤쉐브 하에포드). 신발(샌들)에 대한 언급이 없기 때문에, 레빈(50)은 제사장들이 맨발로 직무를 수행했다고 생각한다(참조. 출 3:5; 수 5:15).

다음 순서로, 모세는 아론에게 흉패(חשן – 호쉔)를 단다. 그것은 가슴에 부착했으며, 에봇과 동일한 재료로 만들어졌다(출 28:15). 흉패는 네 귀에 있는 고리들과 금 사슬들로 에봇에 고정되었다. 흉패 위에 세 줄로 가지런히 배열된 열두 개의 돌이 있었고, 각각의 돌에 지파의 이름이 새겨져 있었다. 그것은 또한 신성한 두 개의 제비가 들어가 있는 주머니를 가졌다. 이 제비들은 "우림"(האורים – 하우림)과 "둠밈"(התמיד – 하툼밈)이라 불린다. 이 히브리어 단어들의 의미는 논쟁거리다. 한 가지 가능성은 우림(אורים)이 어근 아라르(ארר, "저주하다")에서 유래했다는 것이다. 이 경우, 그 용어들은 "저주"와 "완전"을 의미한다. 그렇지만 70인경(LXX)과 라틴 벌게이트(Vg)는 그것들을 "교훈과 진리"로 번역한다. 그러나 가장 좋은 제안은 각각을 "빛"과 "완전"으로 해석하는 것이다(*b. Yoma* 73b). 신탁을 받기 위해 그것들을 사용하는 방법은 묘사되어 있지 않다. 우림과 둠밈을 통해 문의하는 사례가 제한되어 있는데, 그런 언급들이 시사하는 것은 제사장이 "예"나 "아니오"라는 대답을 받는다는 것이다. 물론 제3의 다른 답변으로 전혀 응답을 받지 못하는 수도 있다(삼상 28:6). 스네이스(Snaith, 52)는 각자의 제비의 표면이 노랑이나 검정 따위의 나른 색깔을 띄었을 것이라고 추론한다. 그런 방식으로, 그 제비들이 뽑혀 세 가지 조합을 만들어 낼 수 있었다: 두 개의 노란색, 두 개의 검정색 혹은 각각의 색깔이 하나씩.

모세는 아론의 머리 위에 "두건 또는 장식관"(מצנפת – 미츠네페트)를 씌웠다. 이 단어는 그 두건을 머리 둘레에 몇 번 감아 쓴다는 것을 시사한다. 그 두건을 안쪽의 모자 둘레에 감은 다음 단순히 머리에 씌우기만 했을 가능성이 있다. 두건 전면에는 "여호와께 성결"이라는 문구가 새겨진 금패(ציץ הזהב – 치츠 하자하브)가 붙어 있다. 이 금패는 "신성한 관 또는 거룩한 관"(נזר הקדש – 네제르 하카도쉬)으로 일컬어졌다.

대제사장의 이러한 위엄 있는 복장들은 회막에서의 여호와 예배를 화려하고 웅장하게 만드는 데 기여했다. 그것들은 또한 대제사장이 위대하고 거룩하신 하나님 앞에 서서 백성들을 위해 사역할 권한을 부여받았다는 것을 증거한다. 성경 전체에서 옷의 상징적 중요성이 도덕적 미덕을 옷과 관련시키는 비유들에서 포착된다. 예를 들어, "주의 제사장들은 의를 입고"(시 132:9)와 어구 "구원의 옷들"(사 61:10; 참조. 욥 29:14; 골 3:12; 살전 5:8)이다.

[10]-[11] 다음으로 모세는 특별한 기름으로 "성막"(המשכן – 하미쉬칸)과 그것의 모든 비품들에 기름을 붓는다. 이어서 그는 그 제단의 모든 용품들과 대야(물두멍)와 그것의 받침(כן – 켄)에 기름을 붓는 것에 덧붙여서 붓는 기름을 큰 제단(המזבח – 하미즈바흐; 번제단 – 역자주) 위에 일곱 번 뿌린다. 표면상으로는 제의 비품에 기름붓는 의식이 적합한 자리가 아닌 것처럼 보이는데, 왜냐하면 그것이 출애굽기 29장에 언급되어 있지 않기 때문이다(참조. 출 29:36). 그러나 그것은 출애굽기 30:22-29과 40:9-11에서 아론과 그의 아들들(12-15절)의 기름부음과 연결되어 규정되어 있다. 그런데 모세가 이 비품들에 기름부으라는 지시를 이행했다는 설명이 전혀 없다. 그러므로 그는 위임식을 시작할 때 이 의례를 수행했던 것이다. 그 기름부음은 이러한 물품들을 성별하거나 거룩하게 만들었다. 성화된 비품은 하나님께 별도로 구별되어 거룩해진다. 그것은 영원히 세속적 용도로부터 제외되며, 또한 하나님의 영이 자기 백성에게 하나님의 은혜를 중재하는 수단에 이용될 수 있다. 비품에 대한 언급에서 이러한 행동은 그 비품들이 앞으로 계속 하나님께 성별된 제물들을 받기 위한 것임을 의미했다.

[12] 이어서 모세는 아론을 성화시키기 위해 그의 머리에 기름의 일부를 붓는다(יצק – 야차크). 모세가 아론의 아들들에게 기름을 부었는지에 대해서는 논란이 있다. 출애굽기 29:7-9; 레위기 6:13(20) 그리고 현재의 구절은 그들의 기름부음을 언급하지 않지만, 그것이 출애굽기 28:41; 30:30; 40:15; 레위기 7:36; 10:7 그리

고 민수기 3:3(Hoffmann, 1:276-77)에서 언급된다. 라쉬(Rashi)는 아론의 머리에 기름이 부어진 반면, 그의 아들들에게는 단지 옷에만 기름이 뿌려졌을 뿐이라고 말함으로써 그러한 모순을 설명한다(30절). 어쨌든, 아론의 기름부음은 그의 아들들의 기름부음보다 훨씬 상세히 설명됨으로써 품격이 격상된다.

13 모세는 아론의 아들들을 제사장으로 바치기(הקריב – 히크리브) 위해 그들을 데려온다(참조. 6절). 그는 그들에게 속옷(כתנת – 쿠토노트)을 입혀 장식용 띠(אבנט – 아브네트; :참조. 출 29:7-9)로 그것을 동여맸다. 이어서 그는 그들의 머리에 관(מגבעות – 미그바오트)을 씌웠다. 그것은 테두리가 없었으며, 가는 베실로 만든 모자였다(출 39:28). 제사장들의 복장은 대제사장에 비해 아주 단순했다.

14-15 모세는 속죄제(חטאת – 하타트)의 수소를 끌어온다(הגיש – 히기쉬). 아론과 그의 아들들이 그 수소의 머리에 안수한다(참조. 1:4). 희생의 짐승은 어린 수소인데, 여기서는 파르 하타트(פר החטאת, "속죄제의 수소")로 불린다. 이것은 무심코 죄를 지은 기름부음 받은 제사장을 위한 제물로 규정된 짐승과 같은 종류다(4:3-12). 아론이 아들들의 도움을 받아 그 수소를 도살한다. 모세는 대제사장으로 행세하면서 그 피의 일부를 취해 제단 뿔에 바른다. 이 행위는 제단에 붙은 어떤 죄나 부정결을 제거함으로써 제단(מזבח – 미즈바흐)을 정화시킨다(חטא – 하타). 칼형에서 "죄짓다"를 의미하는 하타(חטא)는 피엘형에서는 "죄에서 벗어나게 하다, 정결케 하다"를 의미한다. 이 피 의례는 4:3-12에 인급되어 있지 않다. 따라서 그것은 위임식을 위한 특별한 의례임이 분명하다. 나아가 제단을 위한 이러한 "대속"(כפר – 카파르) 행위는 그것을 거룩하게 만든다(קדש – 카다쉬). 무엇이 속죄되는가에 대해서는 상이한 견해가 있다. 한 견해(예를 들어, Noth, 70)는 위임받을 제사장들이 무심코 지은 죄가 대속을 받는다고 생각한다. 그러나 이 규정 속의 어떤 것도 그것을 지시하지 않는다(Kiuchi, *Purification Offering*, 42). 이 의식은 제사장들이 거룩하게 성별되기 전에 제단이나 그들로부터 어떤 부정결을 제거했을 가능성이 더 크다. 그것은 이 속죄제가 레위기 4:1-5:13에 규정된 속죄제들과 약간 다른 기능을 갖는다는 것을 시사한다. 이 피 의례는 제사장들과 성막과 그것의 비품들이 기름부음 받는다는 사실과 함께 성소와 제사장들 사이의 긴밀한 결속을 강조한다. 양자 모두 희생 제도가 효력을 발휘하도록 성별되고 기름부어지고 정화되어야 한다.

17 모세는 큰 속죄제와 마찬가지로(4:11, 12, 21) 그 수소의 남은 부분을 진영 밖으로 처분한다. 짐승 전체가 소각되어야 한다. 제사장들은 그 수소가 자신들을 위

해 제물로 바쳐졌기 때문에 그것을 먹을 수 없다. 모세는 다른 제사장들의 위임이 완료되지 않았기 때문에 자신이 친히 이 부위들을 진영 밖으로 가져갔을 것이다.

18-21 참조. 레위기 1:10-13.

22 "위임식의 숫양"(איל המלאים – 아일 하밀루임)이 그 다음에 희생으로 드려진다. 아론과 그의 아들들은 그 숫양의 머리에 안수한다. 이것은 그 숫양이 그들의 희생이라는 것을 시사한다. 밀루임(מלאים, "위임")이라는 단어는 전문 용어다. 그것은 말라 야드(מלא יד, "손을 채우다")라는 숙어에서 유래하여 복수 추상명사 형태를 갖추게 되었다. 이 단어 이면에는 제사장이 "거제"(תנופה – 테누파, 개역 성경: 요제)로서 드리는 희생물들의 부분을 그 제사장의 두 손에 놓는 행위가 있다(참조. 7:28-34; 개역 성경에서는 "요제"다. 저자 하틀리의 요제와 거제에 대한 이해는 개역 성경을 비롯한 여러 역본들과 차이가 있으며, 용어의 사용에서도 다르므로 이 주석을 읽을 때 주의해야 한다. 이에 대해서는 반드시 2:11의 "주석" 항목을 보라–역자주). 이 희생 의식과 숫양의 일부를 먹는 식사는 이 제물이 화목제의 기본 의식 절차에 따라 드려졌다는 것을 시사한다(3장).

23-24 모세는 그 숫양을 도살하여 피의 일부를 취한 뒤 그것을 아론의 오른쪽 귓불(תנוך און־אהרן הימנית – 테누크 오젠 아하론 하예마니트), 그의 오른쪽 엄지손가락(בהן ידו הימנית – 보헨 야도 하예마니트)과 오른쪽 엄지발가락(בהן רגלו הימנית – 보헨 라글로 하예마니트)에 바른다(put, נתן – 나탄). 비슷한 행위가 나병의 정화 의식에서 이루어진다(14:14, 17, 25, 28). 아론의 신체 말단 부위들에 피를 바름으로써 모세는 그를 전적으로 여호와께 성별시킨다. 그의 귀는 여호와의 지침을 받도록 헌정되고, 그의 손과 발은 그것들을 실행할 임무가 부여된다. 오른쪽이 명예를 나타내는 것으로서 선택된다. 덧붙여서 노트(Noth)는 이렇게 주석한다. "피를 바르는 것은 특별히 제사장들이 남은 피가 부어지는 제단과 밀접한 관련을 갖도록, 그렇게 해서 하나님과 관계를 유지하도록 의도되었다"(72). 다음에 모세는 아론의 아들들을 데려와 그들을 제사장으로 성별하기 위해 동일하게 신체의 말단 부위들에 피의 일부를 바른다. 남은 피는 제단 사면에 의식의 하나로 끼얹어 붓는다(זרק – 자라크).

25-29 모세는 기름진 꼬리와 여러 기름진 부위들, 그리고 오른쪽 넓적다리(שוק הימין – 쇼크 하야민)를 취하며, 그것들에 세 가지 종류의 떡을 추가한다–"무교병"(חלת מצה – 할라트 마차), "기름 섞은 떡"(חלת לחם שמן – 할라트 레헴 쉐멘), "전병"(רקיק – 라키크). 그것들은 명백히 제사장들의 직무에 대한 대가로 그

들에게 주어진 부분이다. 모세는 이 모든 제물들을 아론과 그의 아들들의 손에 두고, 그들은 그것들을 들어올려 거제(תנופה – 테누파, 개역 성경: 요제)로 드린다. “아론의 손을 채우는” 의식과 위임에 대한 전문 용어인 밀루임(מלאים, 문자적으로 “채움”) 사이의 연관성이 매우 두드러진다. 이러한 거제 의식으로 아론과 그의 아들들은 하나님께서 그들에게 지정하신 희생 제물의 부분들을 그분께 드린다(참조. 7:30-31). 이어서 모세는 그들의 손에서 그 부분들을 취하여 제단 위의 번제물(העלה – 하올라) 위에 올려 태운다(הקטיר – 히크티르). 이 의례는 오른쪽 넓적다리가 집례하는 제사장에게 속하는 테루마(תרומה, “특별한 헌물”)로 간주되는 화목제와 차이가 난다(7:32-34). 그렇지만 위임제에서는 그것을 들어 올려 제단 위에서 태움으로써 특별히 성화된다(참조. Milgrom, *SCTT*, 163). 위임제는 제사장들이 자신들의 위임을 위해 드리기 때문에, 그들은 그 제물로부터 먹을 수가 없다. 이 위임제는 “향기로운 냄새, 즉 그것은 여호와께 헌물이다”(אשה הוא ליהוה ריח ניחח – 이쉐 후 라도나이 레아흐 니호아흐; 참조. 1:9). 다음에 모세는 집례하는 제사장으로서 가슴을 거제(즉 저자 하틀리는 거제이나 개역 성경에서는 요제 – 역자주)로 바치며(참조. 7:30-31, 34), 그것은 그의 몫이 된다. 웬함(Wenham)은 가슴은 모세에게 가져가고 오른쪽 넓적다리는 제단 위에 태우는 것을 하나님과 모세가 아론의 위임식에서 협동으로 제사장 역할을 하고 있다는 사실을 상징해 주는 것으로 이해한다(142).

30 위임식을 마무리하는 최종적 행위와 더불어, 모세는 피의 일부와 더불어 붓는 기름의 일부를 취하여 그것을 아론과 그의 옷에, 또한 그의 아들들과 그들의 옷에 뿌린다. 이러한 의례는 몇 가지 질문을 일으킨다. 출애굽기 29:21에 있는 지침은 피 뿌리는 행위를 그에 앞선 피 의례의 일부로 위치시키는데, 그와 반면에 여기서는 왜 이러한 뿌리는 행위가 그 의식의 말미에 등장하는가? 누르체(Noordtzij, 100)는 출애굽기가 논리적인 순서인 반면, 레위기는 역사적 순서라고 제안한다. 이 의식이 갖는 또 다른 문제는 이것이 아론에 대한 두 번째의 피 뿌림이라는 점이다. 그러나 위임식에서 대제사장의 피 뿌림이 단 한 번이어야 한다는 요구는 전혀 없다. 이 두 번째 피 의례는 마지막의 절정에 이른 동작으로 제단에서 섬기는 제사장들과 하나님의 결속을 강조했을지도 모른다. 또 하나의 문제는 기름과 피가 함께 섞였는지, 아니면 차례로 연달아 뿌려졌는지에 대한 것이다. 의식에 대한 묘사를 통틀어서 이 두 성분은 분리되어 있다는 것을 고려해 볼 때 후자의 견해가 더 그럴듯한 것으로 보인다. 엘리거(Elliger, 114-20)는 이것이 제2성전 시대에서는 계속 이어지지 않은

포로기 이전의 관행이었다고 추론한다.

31-32 제사장들은 고기를 삶아 회막문에서 그것을 먹어야 한다. 여호와와 새로 위임된 제사장들 사이의 친교 행사인 식사는 여호와와 아론 가계 사이에 일종의 제사장직 조인식이다. 그 음식은 회막 입구에서 먹었는데, 왜냐하면 새로 위임된 그 아론 가계 사람들이 제사장 역할을 시작하지 않았으며, 동시에 그들은 더 이상 성소 밖에서 고기를 먹을 수 있는 평민이 아니기 때문이다. 고기와 떡 중에 남은 것은 모두 불로 태워야 한다. 이 음식이 정규적인 화목제가 아닌 위임제에서 나온 것이기 때문에, 그것은 더 높은 거룩성을 지니며 아침까지 남겨둘 수 없다(참조. Noordtzij, 101-2).

33-35 제사장들은 위임을 인증하기 위해 7일 동안 성소 구역 내에 머물러야 한다. 고대인들은 시간의 길이가 통과 의례를 완수하는 중요한 의식의 필수적인 부분이라고 믿었다. 사회적 변화가 심할수록 그 의전에 주어지는 기간은 더 길었다. 예를 들어 결혼식은 며칠 간 진행되었으며, 망자에 대한 애도는 많은 날을 필요로 했다. 여기서 아론과 그의 아들들은 평신도에서 제사장으로 대단한 신분의 변화를 겪고 있다. 따라서 그들은 회막문의 하나님 앞에서 7일을 보내야 한다. 이 기간 동안 그들은 여호와께서 그들에게 명령하셨던 모든 것을 주의를 기울여 준수해야 한다. 이것은 다음과 같은 지령으로 표현된다. "여호와께서 부탁하신 것을 행하라"(יהוה שמרתם את־משמרת – 쉐마르템 에트 미쉬메레트 아도나이, 문자적으로 "여호와의 의무를 지키라": 참조. 겔 44:8; 48:11; 대상 23:32; 느 12:45). 이 지령은 죽음의 경고로 강조된다: "너희가 죽지 않도록"(ולא תמותו – 벨로 타무투). 이 어구는 8-10장의 문맥에 아주 잘 어울리는데, 이는 그것이 독자로 하여금 어떤 거룩의 침해에 내재하는 위험을 염두에 두게끔 하기 때문이다.

각 날에 아론과 그의 아들들은 희생을 드려야 한다. 그 희생들의 종류와 횟수는 명시되어 있지 않다. 어떤 사람은 그 본문을 위임식 날의 희생들이 매일 반복되는 것을 의미한다고 이해했다. 이 견해는 그럴듯하게 보이지 않는다. 왜냐하면 더욱 정성스러운 희생들을 드리는 첫날은 다른 날들과 구분되었을 것이기 때문이다. 또 다른 가능성은 그들이 각각의 날에 아침의 번제(עלה – 올라: 출 29:35-42)와 더불어 수소 한 마리를 속죄제(חטאת – 하타트)로 바쳤다는 것이다. 이 희생들은 날마다 인간의 죄성의 오염으로부터 제사장들을 정화시켰다. 이 격리 기간은 제사장 임무를 위한 그들의 성별을 마무리지었다.

36 결론을 맺는 이 구절은 아론과 그의 아들들이 완전히 여호와의 말씀에 순종

했다고 확언한다. 이렇게 해서 그들의 위임식은 유효하게 되었다.

해설

모세는 여호와의 지시에 순종하여 회막문 정면에 모인 공동체 앞에서 아론을 대제사장으로, 그의 아들들을 제사장으로 위임했다. 이 행사는 이스라엘 역사에서 대단히 중요한 날이었다.

의전의 처음 시점에서 모세는 아론과 그의 아들들을 물 속에서 완전히 목욕시킨다: 씻는 일은 구약 제의에서 중대한 의례였다. 부정한 것은 전혀 거룩한 장소에서 사용되거나 어떤 기능을 해서는 안 되었다. 덧붙여서, 이 씻는 의식은 제사장직을 위해 선발된 이 사람들이 도덕적으로 정결하다는 것을 상징했다.

이어서 아론은 위엄 어린 대제사장 의복을 입었다. 그 옷들의 위엄은 회막에서의 직무를 더욱 웅장하게 만드는 데 일조했다. 그것은 성막 위 구름 속의 거룩하신 하나님의 현현에 수반된 두려운 영광에 상응했다. 또한 그러한 복장들에는 왕적인 특징이 있었으며, 그것은 대제사장이 땅 위의 하나님 나라였던 백성들을 위해 제단에서 직무를 수행했다는 것을 시사한다.

성막과 그것의 모든 비품들에 기름부은 후에, 모세는 아론의 머리에 기름의 일부를 부었다. 그 기름은 하나님께서 은혜 가운데 함께 하시어 대제사장 역할을 충분히 감당하도록 그에게 능력과 인격적 자질을 부여해 주신다는 것을 상징했다. 그 다음에 모세는 아론과 그의 아들들을 데려와 여호와께 바쳤다(6, 13절). 동일한 동사(הקריב – 히크리브)가 이 행위(6절)와 희생 짐승들을 바칠 때(18, 22절) 사용된다. 그리하여 아론과 그의 아들들은 희생 짐승들과 마찬가지로 여호와께 완전히 양도되었다.

의전이 진행되는 동안 위임제를 위해 도살된 숫양의 피가 아론의 몸의 오른쪽 말단 부위들에 발라졌다: 그의 귓불, 그의 엄지손가락 그리고 그의 엄지발가락. 동일한 의례가 그의 아들들을 위해 수행되었다. 우측은 명예를 나타내는데, 오른쪽 신체 말단 부위에 피를 바름으로써 그들의 존재 전체가 제단에서의 섬김을 위해 성화되었다. 제사장들은 그들의 귀로 하나님의 말씀을 들은 뒤에 그들의 손과 발로 그 말씀을 실천에 옮긴다. 그 후 모세는 또 하나의 성별 행위로서 아론과 그의 아들들과 그들의 의복들을 제단에서 취한 기름과 피의 혼합물로 그들에게 뿌렸다. 이러한 의례들에서 피의 사용은 제사장들과 제단 사이의 긴밀한 결속을 상징했다. 왜냐하면 그들의 제단에서의 사역은 백성들의 죄를 위한 대속을 보증하고 그들이 하나님과 교제할 수단을 마련해 주었기 때문이다.

모세는 이어서 그 숫양의 내장의 기름진 부위와 함께 오른쪽 다리를 제거하고, 바구니에서 여러 가지 떡을 취했다. 그는 이 모든 것을 아론과 그의 아들들의 손에 거제(개역 성경: 요제)로 올렸다. 이렇게 제사장들의 손을 채우는 행위는 위임을 지칭하는 히브리어 용어에서 나타난다: 밀루임 야다임(מלאים־ידים, "손을 채우다"). 이것은 제사장을 위해 드려진 위임제였기 때문에, 제단 위에서 이 모든 부분을 태운 사람은 바로 모세다. 그가 제사장으로 행세하고 있었기 때문에, 모세는 가슴 부위를 거제(개역 성경: 요제)로 바쳤으며 그것은 그의 몫이 되었다(저자 하틀리가 요제를 거제로 보는 이유에 대해서는 "원문주해" 7:30.e.를 보라 – 역자주).

아론과 그의 아들들이 성별된 뒤에, 그들은 회막문에서 그 지정된 고기 부위들을 삶아서 먹으라는 지시를 받았다. 그들은 바구니에서 취한 떡과 함께 그 고기를 먹었다. 이러한 행위는 신임 제사장들에 대한 여호와의 승인과 그들이 그분과의 교제 속에 있다는 사실을 증명해 주었다. 이 제물이 위임식의 일부였기 때문에, 남은 음식들은 모두 불로 태워야만 했다.

아론과 그의 아들들은 위임을 완료하기 위해 7일 동안 회막문에 남아 있었다. 그들의 제사장으로의 임명이 지파 구조 내에서의 근본적 변화였기 때문에, 시간은 그런 변화를 나타내는 필수적인 요소였다. 마치 고대 시대에 결혼식이 며칠 간 계속되어 공동체가 새로운 가족들을 공동체의 구조 속에 통합시켰던 것처럼 말이다. 이 기간 동안에 제사장들은 스스로 정결한 상태를 유지하고 하나님께 찬양을 드리기 위해 매일 자신들을 위한 희생을 바쳤다.

교회의 대제사장은 예수 그리스도이시다. 그분의 대제사장 역할은 히브리서에서 가장 생생하게 그려진다. 그분의 제사장직은 아론의 것과 다르다: 그 직분은 하늘 성소에서 수행되며(히 9:11-12), 영원하고(히 7:23-25; 참조. 10:19-22), 또한 멜기세덱 계열(반차)에 속한다(히 5장; 7장). 영원히 살아 계시는 대제사장으로서, 그리스도는 자신을 믿는 모든 사람들을 위해 끊임없이 하나님 앞에서 중재를 해주시고 항상 자신에게 나아오는 사람들을 위해 하나님과 만날 수 있게 해주신다. 그분은 우리의 대언자가 되시어 우리의 죄사함과 성화를 위해 간구하신다(참조. 요일 2:1, 2).

그리스도는 하나님 나라의 위대한 대제사장이시기 때문에, 그분을 따르는 모든 사람은 제사장이 된다. 실로 교회는 왕 같은 제사장직을 가진 제사장들의 나라다

(벧전 2:9). 제사장으로서 제 역할을 하기 위해 모든 신자들은 각자의 삶 속에서 그리스도의 영의 사역으로 자신을 성결케 해야 한다(히 9:14; 13:12; 살전 5:23; 딤후 2:21; 딛 2:14). 그러므로 그들은 다른 사람들이 하나님께 가까이 하도록 도울 수 있다. 그들의 제사장 역할은 많은 형식을 갖는다. 예를 들어 하나님께 찬양을 드리는 것(벧전 2:9), 중보의 기도를 하는 것(참조. 엡 3:14-21) - 여기에는 어떤 사람의 죄 사함을 위한 간청(약 5:19, 20; 요일 5:16)과 치유를 위한 기도(약 5:14, 15)가 포함된다. 그리스도께서는 그들의 제사장 사역을 위해 자신의 교회에 엄청난 영적 권위를 부여하셨다(마 16:19; 18:18-20). 교회의 우선적 역할은 제사장으로, 하나님의 은혜의 중재자로 그리고 하나님께 나아가는 길을 가르치는 자로 심하게 뒤틀린 세상을 섬기는 것이다.

B. 회막에서의 첫 번째 공적인 희생들(9:1-24)

참고문헌

레위기 8:1-10:20에 대한 참고문헌을 보라.

본 문

1 제팔일에 모세가 아론과 그 아들들과 이스라엘 장로들을 불러다가	1 On the eighth day Moses summoned[a] Aaron, his sons and the elders of Israel.[b]
2 아론에게 이르되 흠 없는 송아지를 속죄제를 위하여 취하고 흠 없는 숫양을 번제를 위하여 취하여 여호와 앞에 드리고	2 He said to Aaron, "Take a bull-calf for a purification offering and a ram for a whole offering, both without defect, and present them before Yahweh.
3 이스라엘 자손에게 고하여 이르기를 너희는 숫염소를 속죄제를 위하여 취하고 또 송아지와 어린양의 일 년 되고 흠 없는 것을 번제를 위하여 취하고	3 Then speak to the Israelites:[a] Take a male goat for a purification offering and a calf and a lamb, both yearlings without defect, for a whole offering,
4 또 화목제를 위하여 여호와 앞에 드릴 수소와 숫양을 취하고 또 기름 섞은 소제물을 가져오라	4 and a bull and a ram for offerings of well-being[a] to be sacrificed before Yahweh with a grain

하라 오늘 여호와께서 너희에게 나타나실 것임이
니라 하매
5 그들이 모세의 명한 모든 것을 회막 앞으로 가
져 오고 온 회중이 나아와 여호와 앞에 선지라

6 모세가 가로되 이는 여호와께서 너희에게 하라
고 명하신 것이니 여호와의 영광이 너희에게 나
타나리라
7 그가 또 아론에게 이르되 너는 단에 나아가 네
속죄제와 네 번제를 드려서 너를 위하여, 백성을
위하여 속하고 또 백성의 예물을 드려서 그들을
위하여 속하되 무릇 여호와의 명대로 하라

8 이에 아론이 단에 나아가 자기를 위한 속죄제
송아지를 잡으매
9 아론의 아들들이 그 피를 아론에게 받들어 주
니 아론이 손가락으로 그 피를 찍어 단 뿔들에 바
르고 그 피는 단 밑에 쏟고

10 그 속죄제 희생의 기름과 콩팥과 간 꺼풀을
단 위에 불사르니 여호와께서 모세에게 명하심과
같았고
11 그 고기와 가죽은 진 밖에서 불사르니라

12 아론이 또 번제 희생을 잡으매 아론의 아들들
이 그 피를 그에게로 가져오니 그가 그 피를 단
주위에 뿌리고
13 그들이 또 번제의 희생 곧 그 각과 머리를 그
에게로 가져 오매 그가 단 위에 불사르고

14 또 내장과 정갱이는 씻어서 단 윗 번제물 위
에 불사르니라
15 그가 또 백성의 예물을 드리되 곧 백성을 위
한 속죄제의 염소를 취하여 잡아 전과 같이 죄를
위하여 드리고

16 또 번제 희생을 드리되 규례대로 드리고

offering mixed with oil, for today Yahweh will
appear[b] to you."
5 They brought the things Moses had com-
manded to the front of the Tent of Meeting. All
the congregation came near and stood before
Yahweh.
6 Moses said, "This is what Yahweh has com-
manded you to do[a] in order that the glory of
Yahweh may appear[b] to you."
7 Moses said to Aaron, "Approach the altar and
perform the ritual[a] for your purification offering and
your whole offering; make expiation for yourself
and for your house.[b] Then perform the ritual[a] for
the offerings[c] of the people; make expiation for
them just as Yahweh has commanded."
8 Aaron approached the altar and slaughtered
the calf as a purification offering for himself.[a]
9 Aaron's sons brought the blood to him. He
dipped his finger in the blood and put some of
it on the horns of the altar. Then he poured out
the rest of the blood at the base of the altar.
10 On the altar he burned the fat, the kidneys,
and the lobe of the liver from the purification
offering,[a] just as Yahweh had commanded Moses.
11 Afterwards he burned the meat and the skin[a]
with fire outside the camp.
12 Then he sacrificed the whole offering. Aa-
ron's sons handed[a] to him the blood, and he da-
shed it against the altar all around.
13 They handed him the whole offering by its
pieces and the head,[a] and he burned these[b] on
the altar.
14 He washed the entrails and the legs and burned
them[a] on top of the whole offering on the altar.
15 Then Aaron[a] presented the people's offerings.[b]
He took the male goat, the purification offering
for the people. He slaughtered it and offered it
for a purification offering[c] as he did with the
offering.
16 He then presented the whole offering and

performed the ritual according to the regulation.[a]

17 또 소제를 드리되 그 중에서 한 움큼을 취하여 아침 번제물에 더하여 단 위에 불사르고

17 Next he presented the grain offering. He took a handful[a] of it and burned it on the altar in addition to the morning whole offering.

18 또 백성을 위하는 화목제 희생의 수소와 숫양을 잡으매 아론의 아들들이 그 피를 그에게로 가져 오니 그가 단 주위에 뿌리고

18 Then he slaughtered the bull and the ram, the people's offerings of well-being. Aaron's sons handed[a] him the blood, and he dashed it against the altar all around.

19 그들이 또 수소와 숫양의 기름과 기름진 꼬리와 내장에 덮인 것과 콩팥과 간 꺼풀을 아론에게로 가져다가

19 But the fat pieces from the bull and the ram — the fat tail, the layer of fat,[a] the kidneys,[b] the lobe of the liver —[c]

20 그 기름을 가슴들 위에 놓으매 아론이 그 기름을 단 위에 불사르고

20 they laid[ab] on the breasts; and he burned[c] the fat pieces on the altar.

21 가슴들과 우편 뒷다리를 그가 여호와 앞에 요제로 흔드니 모세의 명한 것과 같았더라

21 Aaron elevated the breasts[a] and the right thigh[b] as an elevated offering before Yahweh just as Moses had commanded it.[c]

22 아론이 백성을 향하여 손을 들어 축복함으로 속죄제와 번제와 화목제를 필하고 내려오니라

22 Then Aaron lifted up his hands toward[a] the people and blessed them. Having performed[b] the rites for the purification offering, the whole offering, and the offering of well-being, he came down.

23 모세와 아론이 회막에 들어갔다가 나와서 백성에게 축복하매 여호와의 영광이 온 백성에게 나타나며

23 Moses and Aaron entered[a] the Tent of Meeting. When they came out, they blessed the people,[b] and the glory of Yahweh appeared to all the people.

24 불이 여호와 앞에서 나와 단 위의 번제물과 기름을 사른지라 온 백성이 이를 보고 소리지르며 엎드렸더라

24 Fire came out from before Yahweh and devoured the whole offering and the fat pieces on the altar. When all the people saw it,[a] they shouted joyfully and bowed down on their faces.

원문주해

1.a. 이것은 레위기 내에서 봐예히(ויהי)가 발생하는 유일한 사례다(참조. 출 40:17). 봐예히…카라(ויהי…קרא) 구조는 출 12:41, 51; 16:22, 27과 비슷하다(Baentsch, 347).

1.b. 울레지크네이 이스라엘(ולזקני ישראל, "그리고 이스라엘의 장로들을")이라는 어구의 존재는 의심스러운데, 이는 아론이 3절에서 장로들에게 연설하라는 지시를 받기 때문이다. 아론의 행위는 만일 모세가 이미 장로들에게 고하였다면 불필요했을 것이다. 또한 제사장 자료는 지크네이(זקני, "장로들")에 에다(עדה, "회중")가 결부되는 것을 선호한다. 그렇다면 위의 어구는 후대의 삽입으로 간주하는 것이 가장 낫다(참조. Bertholet, 27).

3.a. 마소라 본문(MT)의 브네이(בני, "…의 아들들") 대신 사마리아 오경(Sam)과 70인경(LXX)은 1절과 맞게끔 지크네이(זקני, "…의 장로들")로 읽는다.

4.a. 여기서 화목제는 단지 쉘라밈(שלמים, "평화, 안녕, 화목")이라는 단어 하나만으로 지칭된다. 이것은 화목제 희생을 명시하는 더욱 고대의 방식이다(참조. 3장에 있는 부록).

4.b. 마소라 본문(MT)의 니르아(נִרְאָה, 니팔 분사) 대신 70인경(LXX)은 오프데세타이(ὀφθήσεται)=니르에(נִרְאֶה, 니팔 완료형)로 읽는다.

6.a. 이 동사는 미완료형인데, 왜냐하면 그것이 그 명령의 내용을 표현해 주면서 본 동사에 종속되어 있기 때문이다(GKC § 120c). 이것은 접속사 생략법(asyndeton)이다(GKC § 107q).

6.b. 완료형 뒤에서 소원을 표현하기 위해 저시브(jussive, 흔히 간접명령이라 부르나 부정확한 번역이다－역자주)가 사용된다(Joüon § 116c; 참조. GKC § 120c).

7.a. 기본 동사 아사(עשה, "행하다, 만들다")는 여기서 "의식을 수행하다"라는 전문적 의미를 지닌다.

7.b. 마소라 본문(MT)의 하암(העם, "그 백성들") 대신 70인경(LXX)은 투 오이쿠 수(*τοῦ οἴκου σου*)=베이테카(ביתך, "너의 집")로 읽는다. 70인경(LXX)은 16:6, 11과 일치한다. 마소라 본문은 매우 곤란한데, 이는 대제사장의 희생이 백성들을 위해 혜택을 갖기를 기대하는 것이 이상하기 때문이다. 또한 만일 마소라 본문이 정확한 본문이라면, 그것은 이 구절의 두 번째 부분을 필요 이상의 것으로 만든다. 그러므로 70인경이 지지된다. 그러나 PIR(172)은 그 이문을 어려운 독법의 단순화로 간주한다.

7.c. 코르반(קרבן, "제물, 봉헌물")은 백성들이 넷 혹은 다섯 가지 제물을 드리기 때문에 집합적으로 기능하고 있다.

8.a. 70인경(LXX)은 아쉐르 로(אשר לו, "그에게 속한 …〈것〉")로 읽지 않는다.

10.a. 이 긴 술부가 강조를 위해 문장에서 먼저 나온다.

11.a. 참조. "원문주해" 10.a.

12.a. 힘치(המציא, "획득하게 하다")가 여기서는 "드리다, 넘기다"라는 의미를 갖는다(Rashi, 36; 참조. 슥 11:6). 아마 그것은 전문적인 제의 용어로서의 역할을 할 것이다.

13.a. 머리가 구체적으로 언급되는데, 이는 머리가 각을 뜨기 전에 먼저 짐승으로부터 제거되기 때문에 그것이 아무데나 방치되지 않도록 해두기 위함이다. 단지 머리만이 언급되는 것은 흥미로운데, 왜냐하면 1:8에서는 머리와 기름(הפדר－하페데르)이 공히 명시되기 때문이다.

14.a. 참조. "원문주해" 13.b.

15.a. 본 주석의 영어 번역에서는 명료함을 위해 아론이 주어로 제시된다.

15.b. 참조. "원문주해" 7.c.

15.c. 히테(חִטֵּא, "죄에서 벗어나게 하다")가 여기서는 "속죄제를 드리다"를 의미한다(또한 6:19[26]; 대하 29:24). 코흐(Koch, "חטא chāṭā'," *TDOT* 4:316)는 그것을 "속죄제 의식을 수행하다"로 해석한다.

16.a. 미쉬파트(מִשְׁפָּט, "심판, 판결, 법령")가 여기서는 지시된 규정을 의미한다. 참조. 5:10.

17.a. 마소라 본문(MT)의 카포(כַּפּוֹ, "그의 손") 대신 사마리아 오경(Sam)과 70인경(LXX)은 카파이브(כַּפָּיו, "그의 두 손")로 읽는다.

18.a. 참조. "원문주해" 12.a.

19.a. 카일 델리취(Keil and Delitzsch, 347)는 하메카세(הַמְכַסֶּה, 문자적으로 "꺼풀")가 내장들과 그것들을 덮고 있는 기름을 포함하는 것으로 간주한다(3:3).

19.b. 70인경(LXX)은 더 완전한 본문을 갖는다: 카이 토 스테아르 토 카타칼뤼프톤 에피 테스 코일리아스 카이 투스 뒤오 네프루스 카이 토 스테아르 토 에프 아우톤(*καὶ τὸ στέαρ τὸ κατακαλύπτον ἐπὶ τῆς κοιλίας καὶ τοὺς δύο νεφροὺς καὶ τὸ στέαρ τὸ ἐπ' αὐτῶν*, "내장들을 덮고 있는 기름, 두 콩팥 그리고 그것들 위의 기름"). 그 이유는 그것이 이 구절을 4:9에 일치하게 만들기 때문이다.

19.c. 이 구절 전체가 20절에서 발견되는 동사인 봐야시무(וַיָּשִׂימוּ, "그리고 그들이 놓았다")에 대한 술부로서 미정격(*casus pendens*)이다. 이 미정격은 직접목적어 에트 하할라빔(אֶת־הַחֲלָבִים, "기름 덩이들")에 의해서 20절과 연결된다.

20.a. 사마리아 오경(Sam), 70인경(LXX) 그리고 시리아역(Syr)은 단수 동사로 읽으면서 이 동사를 대제사장 자신에게로 제한한나. 다른 제사장들이 그 집례하는 제사장이 제단 위에 희생을 배열해 놓는 일을 도울 수 있었는지의 여부는 흥미로운 질문이다. 마소라 본문(MT)은 더 어려운 독법이기 때문에 간직된다.

20.b. 직접목적어 "기름 덩이들"은 현재의 번역에서 빠졌는데, 왜냐하면 그것은 단지 그 동사 앞에 있는 긴 술부를 연결하는 역할을 할 뿐이기 때문이다. 참조. "원문주해" 19.c.

20.c. 70인경(LXX)은 복수 동사로 읽는데, 그것은 "원문주해" 20.a에 비추어 볼 때 의외다.

21.a. 20절에서 가슴들이 제단 위에 놓이기 때문에, 그것들이 기름이 태워지기 전에 제거되었다는 것이 전제되어야 한다. 바엔취(Baentsch, 348)는 가슴들이 희생의 예물임을 상징하기 위해 제단 위에 놓였다고 제안한다.

21.b. 참조. "원문주해" 10.a. 오른쪽 넓적다리를 테누파(תְּנוּפָה, "거제물"; 개역 성경: 요제)의 일부로 언급한 것은 이 묘사와 7:30-34에서 발견되는 규정 사이의 긴장을 일으킨다. 7:30-34에서는 가슴이 거제물로, 넓적다리는 집례하는 제사장에게 주어지는 테루마(תְּרוּמָה, "기부물")로 바쳐져야 한다. 또 다른 문제는 쇼크(שׁוֹק, "넓적다리")가 단수지

만, 두 개의 화목 제물이 바쳐진다는 점이다(18절). 밀그롬(Milgrom, "The *šôq hattĕrûmâ*," *SCTT*, 164)은 쇼크 하야민(שוק הימין, "오른쪽 넓적다리")이란 단어가 편집적 삽입이라고 판단함으로써 이러한 충돌을 해결한다. 편집자는 10:15을 변경시켰던 동일한 사람인 것으로 추정된다(참조. "원문주해" 10:15.a.). 만일 밀그롬이 옳다면, 더 오래된 기사가 7:30-32의 규정을 뒤따르고 있는 셈이다.

21.c. 몇몇 히브리어 필사본들(mss), 사마리아 오경(Sam) 그리고 70인경(LXX)은 아도나이 에트(את יהוה, "여호와께서〈모세에게 명하셨다〉")를 추가한다. 참조. 10절과 8:4, 13, 17, 21. 마소라 본문(MT)은 단순히 찌바 모쉐(צוה משה, "모세가 명령했다")로 읽는다. 영어 번역은 여기에서처럼 직접목적어를 넣거나 그 동사를 수동태로 바꾸어야 한다.

22.a. 마소라 본문(MT)의 엘(אל, "…에게") 대신 사마리아 오경(Sam), 70인경, 시리아역(Syr)은 알(על, "…위에")로 읽는다. 이것은 흔히 있는 이문이다.

22.b. 전치사 민(מן, "…로부터") 뒤에 나오는 부정사 연계형은 하나의 절 문장을 만드는 기능을 한다(참조. GKC § 119y, n. 3).

23.a. 단수 동사 봐야보(ויבא, "그리고 그가 들어갔다")는 복합 주어로 "모세와 아론"을 갖는다. 이것은 복합 주어 앞에 있는 동사가 자주 성과 수에서 가장 가까운 주어에 일치한다는 히브리어 문법의 규칙에 상응한다(GKC § 146f). 또한 이 경우에 그것은 모세가 아론을 회막 안으로 이끌었다는 것을 암시할 수도 있다.

23.b. 70인경(LXX)은 판타(*πάντα*)=콜(כל, "모든")을 추가한다.

24.a. 사마리아 오경(Sam)과 탈굼 위-요나단(*Tg. Ps.-J.*)은 복수 동사로 읽는다. 히브리어 라아(ראה, "보다")는 그렇지 않지만, 영어 번역의 "보다"는 직접목적어를 요구하기 때문에 목적어를 넣는다.

양식/구조/배경

9장의 구조는 다음과 같다.

I. 첫 번째 공적인 희생제들에 대해 아론과 회중에게 내린 지침(1-5절)
- A. 위탁 연설에 주어진 지침(1-4절)
- B. 순종 보고(5절)

II. 하나님의 현현의 약속(6절)

III. 희생제들(7-21절)
- A. 아론에게 내린 기본 지침(7절)
- B. 대제사장의 개인적 제사들(8-14절)
    1. 속죄제(8-11절)

2. 번제(12-14절)

C. 백성의 제사들(15-21절)

1. 속죄제(15절)
2. 번제(16절)
3. 소제(17절)
4. 화목제(18-21절)

IV. 제사장의 축복 기도와 신현(22-24절)

A. 제사장의 축복(22절)

B. 모세와 아론의 회막 입장과 또 한 번의 그들의 축복 기도(23절)

C. 신현(24절)

새로 위임된 제사장들이 회막문(회막 입구)에서 7일을 지낸 후에, 아론이 그의 아들들의 도움을 받아 새로운 성소에서 첫 번째 공식적인 희생들을 올린다. 그는 모세의 지침에 따라 이 의식들을 거행한다. 그 날을 위한 지시는 하나님의 현현의 약속으로 견실해진다(4b절). 백성들이 가져와야 할 것을 상세히 설명한 후에, 모세는 이 약속을 반복한다(6절). 6절은 이 장에서 지렛대의 중심이다. 왜냐하면 그것이 모세가 아론에게 내린 준비 지침(1-5절)과 희생 드리기에 대한 기사(7-24절) 사이에 놓여 있기 때문이다. 덧붙여서, 이 기사(7-24절)는 아론이 자신이 받았넌 지침을 수행할 때 주의 깊게 순종했다는 것을 반복적으로 전달하는 숙어들에 부합한다. "모세가 명령한 대로"(5, 21절)와 "여호와께서 명령하신 대로"(7, 10절).

9장의 몸통 부분은 여러 가지 희생 드리기를 상세히 설명한다(7-21절). 도입 문장(7절)은 그 예배의 기본 순서에 대한 개요이며 희생들이 대속을 이루기 위함이라는 것을 강조한다. 아론은 자신을 위한 희생들을 바침으로써 그 예식을 시작한다(8-14절). 아론이 피를 취급할 때 그의 아들들의 도움을 받는다고 언급된다. 죄를 깨끗케 하기 위한 속죄제(חטאת – 하타트)와 번제(עלה – 올라) 외에도, 백성들은 하나님을 찬양하기 위해 두 가지의 화목제(זבח שלמים – 제바흐 쉘라밈) 제물을 바친다.

코흐(Koch, *Priesterschrift*, 69-70)는 9장이 1-5장보다 더 후대의 것이라고 주장한다. 그의 논거는 다음의 것들을 포함한다. (1) 모세는 직접적이 아니라, 아론을 통해 백성들에게 말씀을 전한다(1:2; 4:2). (2) 세사장 아론은 백성의 희생 짐승을 위해 안수한 뒤 모든 의식 절차를 수행한다(15-18절). 1장에서는 평신도가 희생

의식의 다양한 의례들의 수행에 관여하지만 말이다. 그리고 (3) 속죄제 희생이 첫 번째로 드려진다. 1-5장에서 발견되는 순서에서는 그것이 세 번째 유형의 짐승 희생이었던 반면에 말이다. 그러나 이러한 논증들은 반박될 수 있다. 이러한 취임 행사의 유일성이 요점 (1)과 (2)의 특징을 설명해 줄 수 있다. 덧붙여서, 요점 (2)와 관련하여 1장에 있는 규정은 여기 있는 경우와 같이 공동체 전체가 아닌 개인이 바치는 번제의 절차를 규정한다. 요점 (3)은 9장에 있는 희생들의 순서가 의전 순서에 준한 것인 반면, 1-5장에 있는 희생들의 순서는 그 자료의 교육적 구상에 상응한다고 설명함으로써 해결될 수 있다. 속죄일을 위한 희생들의 비슷한 순서(16:11, 16)는 이러한 견해를 지지한다. 따라서 9장과 1-5장 사이의 불일치는 사소한 것이다. 사실상 그 의식들에 대한 간소한 묘사는 1-5장에서 상세하게 설명된 의식들에 대한 지식을 전제한다. 그럼에도 불구하고, 현재의 장과 8장에서 사용된 희생 의식의 용어는 선행하는 규정들에 나타나는 것들과 몇 가지 차이가 있다(Koch, *Priesterschrift*, 69). 제단에 피를 붓는다는 용어는 샤파크(שפך, 4:7; 출 29:12) 대신 야차크(יצק, 9절)가 사용된다. 그 규정들에서 애용된 리프네이 아도나이(לפני יהוה, "여호와 앞에서")라는 어구가 오헬 모에드(אהל מועד, "회막")라는 용어와 마찬가지로 여기서는 빠져 있다. 그리고 번제물 태우기가 두 번 나타난다 – 첫 번째로 씻지 않은 부위들이 태워지고, 두 번째로 다른 부위들이 씻겨진 뒤 태워진다(13-14절; 8:20-21). 이것은 번제 규정에 있는 한 번 태우기와 대조된다(참조. 레 1:9). 이러한 차이들은 9장의 기사가 희생 규정들에 대한 기사와 다른 기원을 가졌다는 것을 시사한다. 그럼에도 불구하고, 편집자는 최초의 공적 희생들에 대한 고대의 기사를 취하여 그것을 1-5장(7장)에 규정된 다양한 공적 희생들의 규례들이 성취되었음을 보고하는 데 사용했다. 이 큰 날에 드리지 않은 유일한 희생은 아샴(אשם, "속건제")이었는데, 이는 그것이 특정한 종류의 범죄 행위를 위해 규정된 희생제였기 때문이다.

22-24절은 백성들을 위한 아론의 축도와 여호와의 현현, 그리고 하늘로부터의 불에 의한 희생 제물들의 소각을 이야기해 주는데, 이 구절들의 위치는 난해하다. 표면적으로는 하늘의 불이 너무 늦게 떨어진 것처럼 보인다. 왜냐하면 이미 희생들이 바로 직전까지 8일 동안 드려져 왔기 때문이다(Noth, 82). 노트가 판단하기에 희생들이 이미 태워지는 중이었기 때문에, 이러한 진술은 신적인 불이 차지하는 자리를 너무 미미하게 만든다. 더욱이 22절은 21절과 잘 연결되지 않는다. 코흐(*Priesterschrift*, 70-71)는 현재의 22-24절이 본래는 다른 문맥에 속해 있었다고 강력하

게 주장한다. 그는 그 구절들을 출애굽기 25장-레위기 7장에서 발견되는 단위에 어울리는 결론이라고 판단한다. 본래는 그 문단의 말미에 하나의 서사가 존재했다. 그 서사는 아론이 모세의 분부대로 1-7장에 규정된 그 의식들을 수행하는 내용을 담고 있었다. 그 서사에서 아론은 제단 위에 각을 떠서 올린 희생 짐승들을 태울 준비를 하고 있었는데, 예기치 않게 여호와의 영광이 나타났다. 불이 그 영광으로부터 뿜어 나와 여호와의 기쁨의 표시로 그 희생 제물들을 태웠다. 22-24절이 본래 다른 문학적 배경을 가졌을 가능성이 상당히 크긴 하지만, 그런 재구성은 지나치게 추론적이어서 현재의 문맥을 이해하는 데 큰 의미를 부여하기는 어렵다. 사실 이 구절들은 현재의 문맥에 잘 어울린다. 왜냐하면 그것들은 새롭게 개시된 제의에 대한 여호와의 인준을 보여 주기 때문이다. 신적인 불이 이미 타고 있던 그 희생들을 태웠다는 것은 신인협동적인 성경적 믿음의 특성, 즉 하나님과 인간의 공동 사역의 특징을 잘 나타내 준다. 하나님은 백성들이 자신의 지침에 순종하여 시작한 일들을 받아들이시고 더욱 빛나게 해주신다. 신적인 불이 태운 것은 제사장의 희생들이 아닌 백성의 희생들이라는 점을 주목할 필요가 있다. 그러므로 신적인 불의 발현은 주 제단의 최초의 점화가 아니라, 하나님께서 새로운 성소를 백성들이 자신에게 나아올 주요 통로로 완전히 승인하셨음을 증명해 주신 것으로 이해되어야 한다.

22-24절에 있는 또 다른 문제는 제사장의 회중 축복에 대한 이중적 기사다. 아론은 모세 앞에서 백성들을 축복한 뒤 막 안으로 들어갔다(22절). 막에서 나와 모세와 아론이 재차 백성들을 축복했다. 노트(Noth, 81)와 같은 어떤 주석가들은 회중 축복에 대한 두 번째의 보고가 존재해야 할 이유를 찾지 못한다. 그러나 포터(Porter, 75)는 솔로몬이 성전 봉헌식에서 두 번의 다른 축도를 했다는 사실을 주목한다(왕상 8:14-21; 54-61). 이때 솔로몬 왕은 아마 전례를 따랐을 가능성이 크다. 여기서 첫 번째 축복 행위는 표준 절차를 따랐지만, 두 번째 것은 그 지도자들이 여호와와 만남으로 영감을 받아 자발적으로 이루어진 것이었다. 이렇듯 두 번째 축복 행위는 이러한 큰 날의 희열과 광채에 대한 특별한 증거가 된다.

주석

[1] 제사장들의 위임을 완료하기 위한 7일 동안의 격리 끝에, 새로운 성소의 정규적 운용의 개시를 위해 특별한 날이 선포된다. 이 행사에서 새로 위임된 제사장들이 최초의 공적인 희생들을 드려야 한다. 모세는 아론과 제사장들과 회중의 어르신

(장로)들을 소환해서 회막 앞에 다시 집결시킨다. 비록 8장에는 그 회집이 해산되었다는 언급이 전혀 없을지라도, 백성들이 해산했다고 추측해 볼 수 있다. 하나님의 대리자로서 모세는 그 날의 순서에 대해 아론에게 지시를 내린다.

2 아론은 자신과 자신의 집을 위해 어린 수소 한 마리(עגל בן־בקר – 에겔 벤 빠카르)를 속죄제(חטאת – 하타트)로, 숫양 한 마리(איל – 아일)를 번제(עלה – 올라)로 바쳐야 한다. 라쉬(Rashi)는 에겔 벤 빠카르(עגל בן־בקרם)라는 어구가 이 년생 수소를 명시하는 반면, 에겔(עגל) 단독으로는 일 년생을 지칭하는 것으로 간주한다. 탈굼 예루살렘(*Targum Yerušalmi*)은 이 행사에서의 아론의 수소 드리기를 황금 송아지 사건(출 32-33장)과 관련시키는데, 그 목적은 아론이 이 제사를 가지고 최근의 중대한 죄의 얼룩들을 제거한다고 주장하기 위해서다. 심지어 아론이 성소 구역 내에 7일 연속 거하고 있었고 매일 제사를 바쳤음에도 불구하고, 그는 다시 자신을 위해 속죄제를 바쳐야 한다. 자신을 위해 속죄제가 드려진 위임제를 마친 뒤 아론은 성소에서 거하고 있었는데, 이제 또 다른 속죄제를 드려야 한다. 그와 그의 아들들이 성소에서 이 모든 기간을 보낸 후 그들은 정결하고 동시에 거룩한 사람이 된다. 그럼에도 불구하고 이 날에 성막에 현현하실 여호와의 엄숙하고 두려운 거룩을 고려한다면, 아론은 절대적으로 자신과 회중들을 확실하게 대속해야 할 필요가 있다. 그렇지 않으면, 그들은 신적인 불에 삼켜질 위험 속에 놓이게 된다. 키우치(Kiuchi)는 "레위기 9장에서는 하타트(חטאת)가 특정한 죄가 아닌 죄의 성향이나 부정결, 곧 어떤 특별한 행사가 있을 때 제사장이든 그렇지 않든 사람과 하나님의 만남에서 사람에게 있을지 모른다고 추측되는 부정결을 다룬다"고 예리하게 지적한다(*Purification Offering*, 46). 그러므로 이러한 요구는 현재의 삶 속에서의 인간의 뿌리 깊은 죄성을 증언해 준다.

3-4 모세는 아론에게 지침을 내리고, 아론은 백성들에게 지시한다. 이러한 방식은 이스라엘이 존재하는 한 지속적으로 중요한데, 이는 제사장들이 시내 산에서 모세에게 계시된 하나님의 말씀을 백성에게 가르칠 임무를 받았기 때문이다. 이러한 관행은 새로 설립된 제단에서 드리는 공적인 제사의 첫날에 시작되었다. 아론은 백성들에게 속죄제로 염소 한 마리(שעיר־עזים – 세이르 이짐)를, 그리고 번제로 일 년생 송아지(עגל – 에겔)와 일 년생 어린양(כבש – 케베스)을 각각 한 마리씩 가져오라고 지시한다. 속죄제 규정은 회중이 어린 수소 한 마리(פר בן־בקר – 파르 벤 베케르)를 바칠 것을 요구하지만, 여기에서와 속죄일에는 회중이 숫염소 한 마리를 바친다(16:15). 이러한 변동에 대한 설명은 주어져 있지 않다. 그 의식들이 각기

다른 시대에서 유래했거나, 혹은 각기 다른 제의 중심지에서 비롯되었을지도 모른다. 아니면 숫염소는 백성들이 중요한 날에 드린 표준적인 속죄 제물이고, 반면에 수소는 백성들이 특정한 죄를 대속 받고 싶을 때 요구된 것일 수도 있다. 회중은 또한 "기름 섞인 소제물"(מנחה בלולה בשמן – 민하 베룰라 바샤멘)과 더불어 화목제를 위한 수소 한 마리와 숫양 한 마리(איל – 아일)를 가져온다. 속죄제와 번제를 가지고 백성들은 대속을 얻으며, 또한 화목제와 소제의 제물로부터 나온 축제의 식사를 나눈다. 이렇게 해서 회막에서 드리는 공적인 제사의 첫 번째 날에 레위기 1-7장에 규정된 일련의 공적인 희생제 전체가 드려진다. 속건제가 제외되어 있는데, 이는 그것이 단지 특정한 죄들을 대속하기 위해 드려지기 때문이었다(참조. 5:14-26[6:7]).

이러한 지침들은 여호와께서 모여 있는 회중들에게 나타나실 것이라는 중대한 약속에 단단히 결속되어 있다. 그 약속은 이 날을 중요하게 만드는 아주 핵심적인 요소였기 때문에 6b절에서 반복된다. 6b절의 언급에서는 이제 나타날 것이 바로 "여호와의 영광"(כבוד יהוה – 카보드 아도나이)이다. 카베드(כבד, 문자적으로 "무거운, 묵직한")는 어떤 웅장한 대상의 광채와 영광을 지시한다(Porter, 72). 여호와에 대한 언급에서는 자주 그 단어가 신적 광채를 전달하고 동시에 그것을 숨기는 구름을 지칭한다. 광채를 숨기는 이유는 그것을 보는 사람들이 죽지 않게 하기 위함이다(출 13:21-22; 24:15-17). 이 구름은 수시로 회막 위에 내려왔다(출 33:9; 40:34-35; 민 16:42; 참조. T. E. Fretheim, The Suffering of God, *OBT* 14[Philadelphia: Fortress, 1984] 67-70, 79-84). 이러한 여호와의 특별한 현현은 가슴 벅찬 순간이었을 것이다. 보다 중요하게는 그러한 현현으로 여호와께서 회막에서 친히 백성들을 만나고 계시다는 것을 의미할 것이다. 예배는 규정된 의식들에 대한 신실한 수행 이상의 것이다. 그것의 목표는 하나님과의 만남이다. 이 목표는 이 큰 날에 극적으로 실현될 것이다.

5 모든 회중들은 모세가 자신들에게 전해 준 지침을 기꺼이, 또한 즉각적으로 수행한다. 그들의 순종은 출애굽기 15:22-17:16; 32-33장, 그리고 민수기에 기록된 백성들의 불평과 반역 행위들에 대한 다양한 일화들(episodes)과 뚜렷이 대조된다. 백성들의 순종은 그들의 희생이 효력을 발휘할 수 있게 하는 도덕적 기초를 제공한다.

6 모세는 그들이 여호와께서 명령하신 "그 말씀"(הדבר – 하다바르)을 이행하는 중이라고 강조한다. 이 구절의 첫 부분은 8:5과 비슷하다. 순종하고 응답하는 백성

들에게 여호와께서 현현하실 것이다. 참조. 3, 4절.

7 모세는 아론에게 다양한 희생 의식들을 수행함으로써 대제사장으로서의 역할을 시작하도록 제단에 가까이 가라고 지시한다. 희생 제물들의 대속적 특성이 강조된다. 아론은 자신의 희생 제물들을 바침으로써 자신과 자기 집안의 죄를 대속할 것이다(כפר – 카파르). 이어서 그는 백성들의 제물들(קרבן – 코르반)을 바치는 위치에 서서 그들을 위해 대속을 시행할 것이다. 백성들은 충만한 기쁨으로 여호와를 예배할 수 있도록 용서를 받을 것이다.

8-9 아론은 자신을 위한 속죄제를 드리는데, 그것은 그의 아들들을 포함한다. 그의 아들들은 아론을 도와 그릇에 피를 받아 그것을 다음 의례를 위해 그에게 전달해 준다. 뒤이어 아론은 피의 일부를 큰 제단 뿔들에 바른다. 이러한 관행은 4:4-7의 대제사장을 위한 속죄제 규정에 있는 것과 다른데, 이는 대제사장을 위한 속죄제는 아론이 범한 특정한 죄를 대속하기 위해서가 아니라 큰 날에 드려지기 때문이다. 향단과 성소가 특정한 죄로 오염되지 않았기 때문에, 그것들은 내성소 안에서 수행되는 피 의례로 정화될 필요가 없다.

17 말레 카포(מלא כפו, 문자적으로 "…의 손〈들〉을 채우다")라는 어구가 더 오래된 어구인 카마츠 멜로 쿠므초(קמץ מלא קמצו, "한 줌을 쥐다": 2:2)를 대신해서 나타난다. 이 어구가 역시 "위임하다"를 의미한다면, 그것은 직전의 대제사장의 위임을 강조한다. 덧붙여서 밀바드 올로트 하바케르(מלבד עלת הבקר, "아침 번제물 외에도〈에 더하여〉")라는 어구는 중단없는 아침 번제인 타미드(Tamid)가 이 기사에서 언급되지는 않았지만 이미 시작되었다는 것을 시사한다. 아마 아침 번제는 아론과 그의 아들들이 자신들의 위임식 기간 동안 매일 아침 드렸던 희생들 중 하나였을 것이다. 그러나 엘리거(Elliger, 130)와 누르체(Noordtzij, 106)는 아침의 번제에 대한 언급을 후대의 삽입으로 간주하면서, 타미드(Tamid)가 위임식 날 이전에는 시작되지 않았다고 믿는다. 레빈(Levine, 57)은 이러한 판단에 동의한다. 그는 시프라(Sipra)에 나오는 설명을 인용한다. 이 번제는 백성들이 방금 드린 희생과 동일시된다.

22-24 아론은 희생 드리기를 마쳤을 때 손을 들어 백성들을 축복한다. 백성들을 위한 신적인 축복 선언은 제사장들의 대단한 특권 중 하나였다(신 10:8). 일차적인 제사장의 축복 기원이 민수기 6:24-26에서 발견된다. 이 기사는 그 축도를 고대 이스라엘의 공적인 예배의 마무리 의례로 위치시킨다(C. Westermann, *Blessing in the Bible and the Life of the Church*, tr. K. Crim[Philadelphia: Fortress, 1978] 44-45).

그러나 축도는 그 의식의 마무리 이상의 의미를 갖는다. 그것은 그 예배의 목표다. 베스터만은 모빙켈(Mowinckel, *Religion und Kultus*[Göttingen: Vandenhoeck & Ruprecht, 1953] 64-66)의 말을 인용한다. "그것은 축복을 받기 위함이며, 더불어 이스라엘이 어떤 형식이 되었든 공동체로서 또한 개인으로서 성소에 가서 거기서 드리는 예배에 확실히 참여하게 만들기 위해서였다"(Westermann, 20). 아론과 모세는 하나님께서 백성 가운데 임재하여 그들을 용서하시고, 또한 언약의 약속들을 이행하심으로써(예를 들어, 26:3-13) 그들의 행복을 위해 역사(役事)해 주시기를 기원했다. 하나님께서는 축복을 내리실 때 축복을 받는 백성을 위해 창조 질서 속에서 생명력을 활성화시키셨다. 그의 축복의 우선적인 표현은 풍년이다. 그러나 사람에게 있어서는 그것이 또한 성공과 성취감, 행복 그리고 적에 대한 승리를 포함한다(참조. J. Pedersen, *Israel, Its Life and Culture*[London: Oxford UP, 1964] 1-2:182-212; F. Horst, "Segen und Segenshandlungen in der Bible," *EvT* 7[1947/48] 23-37; J. Scharbert, "'Fluchen' und 'Segnen' im Alten Testament," *Bib* 39[1958] 1-26; idem, "ברך *brk*; ברכה *b^erākhāh*," *TDOT* 2:284-95, 302-8; A. Murtonen, "The Use and Meaning of the Words *l^ebårek* and *b^eråkåh* in the Old Testament," *VT* 9[1959] 158-77; C. Keller and G. Wehmeier, "*brk* pi. segnen," *THAT* 1:353-76).

이어서 모세와 아론은 여호와와 친교를 나누기 위해 회막 안으로 들어간다. 그들의 회막 입장은 모세와 아론이 나답과 아비후, 그리고 칠십 인의 장로들과 함께 시내 산에 올라간 기사와 대조될 수 있다. 당시 그들은 언약을 조인하는 희생 의식을 거행한 후에 하나님의 임재 가운데 친교를 나누기 위해 시내 산에 올라갔었다. 지금까지 단지 모세만 회막에 들어갈 수 있었기에 여호와께 직접적인 접근이 허용되었다. 이제부터는 항상 아론도 특별하게 규정지어진 상황들 속에서 백성들을 위해 여호와께 접근할 수 있다. 또한 아론이 모세와 함께 회막에 들어가는 것은 그가 민족의 대제사장으로서 중재적 역할을 맡았음을 상징한다.

모세와 아론이 회막에서 나와 재차 백성들을 축복하는 것은 매우 인상적이다. 그들은 하나님의 임재 가운데 있었기 때문에 축복을 받았다. 이러한 축복의 기쁨으로 넘쳐 흐르던 그들은 자신들이 회막 문으로 나오기만을 뜨겁게 기다리고 있던 백성들을 다시 축복함으로써 그 풍성함을 백성들과 함께 나눈다. 뒤이어 여호와의 영광이 모든 백성들에게 나타난다. 여호와의 현현의 성격은 진술되지 않지만, 가장 그럴듯하게는 광야 여행 중에 있었던 다른 사례와 마찬가지로 구름 속에 나타났을 것이다(출 24:16). 모세가 성막을 세운 후에 그것을 가득 채운 것은 여호와의 영광이었다(출 40:34). 불이 그 영광으로부터 나와 모든 희생 제물들을 태운다. 앞서 아론은 이 희생 제물들을 태우기 시작했다. 이제 신적인 불이 즉각 제단 위에서 천천히 연기를 피우면서 타고 있던 고기 조각들과 기름을 즉각 태운다. 그렇지만 스네이스(Snaith, 57)는 그 장면을 다른 방식으로 재구성한다. 그가 보기에 아론은 자신의 제물을 태운 뒤 백성들의 희생을 준비했지만, 아직 그것들을 태우지는 않았다. 신적인 불이 내려와 이 최초의 공적인 희생들을 삼킨다. 이러한 장면과 함께, 여호와께서는 극적으로 새로운 성소에서 드려진 희생들을 받으신다. 이러한 여호와의 현현은 또한 솔로몬에 의한 성전 봉헌식에서의 그분의 현현에 부합한다(대하 7:1; 참조. 대상 21:26; 왕상 18:38).

백성들은 두려움에 사로잡혀 하나님의 임재 앞에서 얼굴을 땅에 대고 "엎드렸다"(נפל – 나팔). 이것은 자발적이고 결단력 있는 뉘우침의 행위다. 왜냐하면 나팔(נפל)은 "떨어지다"라는 의미 외에도 우발적이거나 강제적이지 않은 급격한 태도 변화를 묘사할 수 있기 때문이다. 예를 들어, 리브가는 이삭을 처음 보았을 때 낙타에서 내렸다(נפל – 나팔, 창 24:64). 황홀경의 기쁨에 충만한 채, 백성들이 "감격의 소리"(רנן – 라난)를 지르며 하나님을 찬양한다. 라난(רנן)은 의성어로서(BDB, 93), "기쁨의 소리를 내다" 또는 "기쁨에 겨워 노래하다"를 의미한다. 그것은 하나님의 위엄을 흘끗 보았거나(사 12:6), 그분의 일하심에 놀라 표출되는 자발적인 반응이다. 구약에서 이 단어는 대부분 여호와 예배에 대한 관계 속에서 나타난다. 이 단어는 이스라엘 예배의 흥에 겨운 성격을 표현해 준다(참조. R. Ficker, "רנן *rnn* jubeln," *THAT* 2:781-86).

해설

아론과 그의 아들들이 회막 뜰에서 7일 동안의 격리를 마친 뒤, 새로 위임된 제사장들은 8일째에 백성들을 위해 희생들을 올림으로써 제사장으로서의 역할을 하기 시작했다. 백성들은 속죄제, 번제 그리고 화목제를 위한 짐승들을 가져왔다. 이러한 희생 제물들의 순서는 회중들이 먼저 그들의 죄를 위한 대속을 받은 뒤 화목제 제물로 만든 축제의 식사로 그 행사를 기념했다는 것을 시사한다. 여호와께서는 친히 이 큰 날에 그들에게 나타나실 것을 이미 약속하셨다. 여호와의 현현의 약속은 그들의 완벽한 희생 의식의 수행이 아니라, 지침에 대한 백성들의 순종을 조건으로 하고 있다.

백성들이 모인 후에, 아론은 모세의 지침을 따라 행하면서 먼저 자신의 속죄제를 바쳤다. 대제사장은 백성의 희생들을 바치기 전에 자신을 위해 대속해야 했다(참조. 16:11-14). 비록 그는 대제사장이라 할지라도 여전히 인간이며, 따라서 지속적으로 죄로부터 정화되어야만 했다.

아론은 백성의 제물들을 희생으로 드리기를 모두 마쳤을 때 하나님께 손을 들고 그들을 축복했다. 그의 행위는 번영과 평화를 주시는 하나님의 능력이 백성들 가운데 함께 하기를 바라는 것이었다. 그의 축복은 민수기 6:24-26에 기록된 제사장의 축복이 가리키는 바와 마찬가지로, 언약의 약속들을 실제적인 것으로 만들기 위한 것이다.

이후에 모세는 아론을 회막 안으로 데리고 들어갔다. 이것은 가장 특색 있는 단계였다. 그것은 아론의 위임의 절정을 나타낸다. 이제 그는 하나님께 나아갈 수 있었으며, 그의 직무상 필요할 때마다 회막에 들어갈 수 있게 되었다. 성막 안에서 모세와 아론은 여호와께 예배를 드리고 그분과 교제를 나누었다. 그들은 나가서 백성들을 축복했다. 그 순간 여호와의 영광이 모든 백성들이 볼 수 있는 방식으로 성막 위에 나타났다. 그 영광으로부터 불이 뿜어져 나와 제단 위에서 연기를 피우고 있던 희생들을 완전히 태웠다. 예배의 최상의 목표인 하나님의 임재 속에 들어감이 성취되었다. 비슷하게 신약에서 하나님께로의 새로운 접근, 즉 그분의 아들 예수를 믿는 믿음을 동한 하나님께로의 접근이 그분의 경이로운 현현하심에 의해 막이 열렸다(행 2:1-4). 그 날에 불의 혀가 회중 속의 각 개인에게 임했다. 두 사례 모두에서 불이 하나님의 임재의 장엄한 장면과 밀접하게 결부되어 있다.

백성들은 여호와의 거룩하심에 대한 두려움과 경외심을 가지고 압도되어 겸손히 엎드려 예배드렸다. 이어서 그들은 기쁨의 환호 속에 목소리를 높였다. 이스라엘 백성들은 여호와를 자신들의 하나님으로 인정했으며, 그분이 이러한 예배 제도를 설립해 주신 것에 대해 감사드렸다. 하나님은 거룩하시기 때문에, 인간은 그분 앞에서 두려워한다. 경외심은 인간의 자기 주장의 성향을 제어하기 때문에 긍정적인 효력을 지닌다. 이러한 감정은 인간의 마음을 움직여 정결한 심령으로 하나님을 예배하게 만든다. 사람이 하나님께 집중할 때 기쁨이 그의 전 존재에 넘쳐 흐른다. 아마 회중은 자발적인 노래로 감정을 터뜨렸을 것이다. 기쁨은 신구약 성경 예배의 공통적인 특징이다. 이사야 12:3, 6은 이렇게 말한다.

그러므로 너희가 기쁨으로 구원의 우물들에서
물을 길으리로다.
시온의 거민아 소리를 높여 부르라
이스라엘의 거룩하신 자가 너희 중에서 크심이니라 할 것이니라.

그리고 예수님께서는 이렇게 말씀하신다. "내가 이것을 너희에게 이름은 내 기쁨이 너희 안에 있어 너희 기쁨을 충만하게 하려 함이니라"(요 15:11; 참조. 행 8:5-8; 벧전 1:8).

인간은 단지 속죄의 방편을 통해서만 하나님께 나아갈 수 있다. 즉 죄 많은 인간은 하나님의 현존에 들어가기 전에 대속을 받아야 한다. 신약에서 모든 신자들은 예수님의 죽음이 그들의 죄를 대속했기 때문에 하나님께 나아갈 수 있다(히 9:11-14). 이러한 확신은 그들이 경건한 확신을 가지고 하나님의 보좌에 나아갈 수 있도록 용기를 북돋아 준다(히 10:19-22). 신구약 성경 모두에서 예배의 목표는 하나님의 임재 속에 들어가기 위함이다. 고대 이스라엘에서는 하나님께서 구름과 불 속에서 자신의 임재를 현시하신 반면, 예수께서는 언제든지 두세 사람이 그분의 이름으로 모인 곳에 함께 하실 것을 약속하신다(마 18:20). 그분의 현존하심은 예수의 이름으로 모인 사람들에게 하나님의 영광을 전달하는 그분의 성령에 의해 현실이 된다.

C. 두 제사장의 죽음과 제사장의 시무 규정(10:1-20)

참고문헌

Budd, P. J. "Priestly Instruction in Pre-exilic Israel." *VT* 23(1973) 1-14. **Gradwohl, R.** "Das 'fremde Feuer' von Nadab und Abihu." *ZAW* 75(1963) 288-96. **Haran, M.** "The Uses of Incense in the Ancient Israelite Ritual." *VT* 10(1960) 113-29. **Kiuchi, N.** *The Purification Offering in the Priestly Literature*. JSOTSup 56. Sheffield: JSOT Press, 1987. 67-85. **Laughlin, J.** "'The Strange Fire' of Nadab and Abihu." *JBL* 95(1976) 559-65. **Segal, P.** "The Divine Verdict of Leviticus x 3." *VT* 39(1989) 91-95.

Zuurmond, R. "Der Tod von Nadab und Abihu." *Texte und Kontexte* 24(1984) 23-27.

본 문

1 아론의 아들 나답과 아비후가 각기 향로를 가져다가 여호와의 명하시지 않은 다른 불을 담아 여호와 앞에 분향하였더니

2 불이 여호와 앞에서 나와 그들을 삼키매 그들이 여호와 앞에서 죽은지라

3 모세가 아론에게 이르되 이는 여호와의 말씀이라 이르시기를 나는 나를 가까이 하는 자 중에 내가 거룩하다 함을 얻겠고 온 백성 앞에 내가 영광을 얻으리라 하셨느니라 아론이 잠잠하니

4 모세가 아론의 아자비 웃시엘의 아들 미사엘과 엘사반을 불러 그들에게 이르되 나아와 너희 형제들을 성소 앞에서 진 밖으로 메어 가라 하매

5 그들이 나아와 모세의 명대로 그들을 옷 입은 채 진 밖으로 메어 내니

6 모세가 아론과 그 아들 엘르아살과 이다말에게 이르되 너희는 머리를 풀거나 옷을 찢지 말아서 너희 죽음을 면하고 여호와의 진노가 온 회중에게 미침을 면케 하라 오직 너희 형제 이스라엘 온 족속이 여호와의 치신 불로 인하여 슬퍼할 것이니라

7 여호와의 관유가 너희에게 있은즉 너희는 회막 문에 나가지 말아서 죽음을 면할지니라 그들이 모세의 명대로 하니라

8 여호와께서 아론에게 일러 가라사대

9 너나 네 자손들이 회막에 들어갈 때에는 포도주나 독주를 마시지 말아서 너희 사망을 면하라 이는 너희 대대로 영영한 규례라

1 Aaron's sons, Nadab and Abihu,[a] each[b] took his firepan, put coals[c] in it and laid incense on it,[d] and presented illicit fire before[e] Yahweh which he[f] had not commanded.

2 Then fire darted out from Yahweh's presence and consumed[a] them: thus they died in Yahweh's presence.[b]

3 Moses said to Aaron, "This is what Yahweh meant when he said: Among those who are close to me[a] I will show myself as holy: Before all the people I will show my glory. Aaron remained silent.

4 Moses summoned Mishael and Elzaphan, sons of Uzziel, Aaron's uncle, and said to them, "Come and carry your cousins outside the camp away from the sanctuary."

5 They came and carried them, still in their tunics, outside the camp just as Moses had spoken.

6 Moses then said to Aaron and to[a] Eleazar and Ithamar, his sons,[b] "Do not[c] let your hair be unkempt[d] or tear[e] your clothes, or you will die and Yahweh will be angry against all the congregation. But your relatives, all the house of Israel, will weep[f] for the destruction by fire which Yahweh has kindled.[g]

7 Do not leave the entrance to the Tent of Meeting[a] lest you die, because Yahweh's anointing oil is on you." They did according to Moses' instructions.

8 Yahweh spoke to Aaron,

9 "When you are to enter the Tent of Meeting[a] do not drink wine or strong drink, you and your sons, lest you die. This is a perpetual decree for all your generations:

10 그리하여야 너희가 거룩하고 속된 것을 분별하며 부정하고 정한 것을 분별하고

11 또 여호와가 모세로 명한 모든 규례를 이스라엘 자손에게 가르치리라

12 모세가 아론과 그 남은 아들 엘르아살에게와 이다말에게 이르되 여호와께 드린 화제 중 소제의 남은 것은 지극히 거룩하니 너희는 그것을 취하여 누룩을 넣지 말고 단 곁에서 먹되

13 이는 여호와의 화제 중 네 응식과 네 아들의 응식인즉 너희는 그것을 거룩한 곳에서 먹으라 내가 명령을 받았느니라

14 흔든 가슴과 든 뒷다리는 너와 네 자녀가 너와 함께 정결한 곳에서 먹을지니 이는 이스라엘 자손의 화목제 희생 중에서 네 응식과 네 자손의 응식으로 주신 것임이니라

15 그 든 뒷다리와 흔든 가슴을 화제의 기름과 함께 가져다가 여호와 앞에 흔들어 요제를 삼을지니 이는 여호와의 명령대로 너와 네 자손의 영원한 응식이니라

16 모세가 속죄제 드린 염소를 찾은즉 이미 불살랐는지라 그가 아론의 남은 아들 엘르아살과 이다말에게 노하여 가로되

17 이 속죄제 희생은 지극히 거룩하거늘 너희가 어찌하여 거룩한 곳에서 먹지 아니하였느뇨 이는 너희로 회중의 죄를 담당하여 그들을 위하여 여호와 앞에 속하게 하려고 너희에게 주신 것이니라

18 그 피를 성소에 들여오지 아니하였으니 그 제육은 너희가 나의 명한 대로 거룩한 곳에서 먹었어야 할 것이니라

19 아론이 모세에게 이르되 오늘 그들이 그 속죄제와 번제를 여호와께 드렸어도 이런 일이 내게

10 distinguishing[a] between the holy and the common,[b] between the unclean and the clean,[c]

11 and teaching[a] the Israelites all the decrees which Yahweh has spoken to them through Moses."

12 Moses spoke to Aaron and Eleazar and Ithamar, his surviving sons, "Take that which is leftover of the grain offering from the gifts for Yahweh and eat that which is prepared without yeast beside the altar because it is most holy.[a]

13 Eat[a] it in a holy place because it is your portion[b] and the portion of your sons of the gifts for Yahweh, for thus I have been commanded.

14 And you, your sons, and your daughters[a] are to eat the breast of the elevated offering and the thigh of the special offering in a clean[b] place because they are given as your portion and the portion of your sons from the offerings of well-being presented by the Israelites.[c]

15 They must bring the thigh of the contribution[a] and the breast of the elevated offering[b] along with the fat pieces of the gifts in order to raise them as an elevated offering before Yahweh. This will be an enduring right[c] for you and your sons[d] just as Yahweh has commanded."[e]

16 When Moses inquired diligently[a] about the goat of the purification offering, behold, it had been burned.[b] Then he became angry at Eleazar and Ithamar, Aaron's surviving sons, and said,

17 "Why did you not eat the purification offering in the holy[a] place because it is most holy? It[b] has been given to you[c] to bear[d] the iniquity of the congregation by making expiation for them before Yahweh?

18 Since[a] its blood[b] was not brought into the inner part of the Holy Place, you should have indeed eaten it in the sanctuary[c] just as I have been commanded."[d]

19 Aaron replied to Moses, "Behold,[a] today they have presented their purification offering and

임하였거늘 오늘 내가 속죄 제육을 먹었더면 여호와께서 어찌 선히 여기셨으리요

20 모세가 그 말을 듣고 좋게 여겼더라

their whole offering before Yahweh, yet such things as these have happened[b] to me. If I had eaten the purification offering today, would it have been considered right by Yahweh?"

20 When Moses heard this, he accepted it as right.[a]

원문주해

1.a. 70인경(LXX)은 카이 아비우드(*καὶ Αβιουδ*, "그리고 아비우드가")로 읽는다.

1.b. 이쉬 마흐타호(איש מחתתו)라는 어구에 있는 이쉬(איש, "사람, 어떤 이")는 배분 용법(distributive force)이다(참조. GKC § 139b).

1.c. 에쉬(אש, "불")는 화로(향로)에 담긴 타는 잿불을 지칭한다.

1.d. 마소라 본문(MT)의 이쉬(איש)의 배분 용법과 일치하는 알레이하(עליה, "그것 위에") 대신(참조. "원문주해" 1.b.), 시리아역(Syr)과 탈굼 필사본들(Tg[mss])은 복합 주어와 일치하는 알레이헨(עליהן, "그것들 위에")으로 읽는다.

1.e. 전치사 리프네이(לפני, "…앞에서")는 "…의 면전에서"를 함축한다.

1.f. 70인경(LXX)은 이 동사의 목적어로 퀴리오스(*κύριος*, "주님")를 첨가한다. 하지만 벌게이트역(Vg)은 수동태 동사로 읽는다.

2.a. 아칼(אכל, "먹다, 삼키다")이 여기서는 "죽이다"란 의미에 더 가까운데, 왜냐하면 그들의 몸이 매장되었기 때문이다.

2.b. 참조. "원문주해" 1.e.

3.a. 이것은 형용사 카로브(קָרֹב)의 명사적(독립적) 용법이다. 그것이 구체적으로 의미하는 것은 제단 위에 희생을 드림(הקריב – 히크리브)으로써 하나님의 존전에서 섬기는 제사장들이다. 세갈(Segal, 92)은 그 형용사를 모음 체레(*ṣere*)로 모음 구두점을 다시 찍어 그것을 동사인 "접근하는 사람들"로 만들어야 한다고 제안한다. 이러한 수정이 좋은 독법을 제공하지만, 겔 42:13과 43:19이 여기에서 사용되는 것과 동일한 일반적 방식으로 그 형용사를 사용한다는 사실은 우리로 하여금 하나의 해석을 지지하기 위한 본문 수정을 매우 조심하게끔 만든다. 하나의 격언이 여기에서 인용되고 있는 것처럼 보인다. 그러므로 사용된 형식은 당장의 문맥에 적합한 것이 아닌 그 격언에 어울리는 것이다. 그 격언이 어떻게 이 문맥에서 적용되고 있는지에 대해서는 해석의 여지가 열려 있다. 왈키(B. Waltke and M. O'Connor, *IBHS* § 9.5.2f)는 그 대명사 접미어를 장소의 소유격으로 이해한다.

6.a. 아론의 아들들의 두 이름 앞에 있는 레(ל, "…에게") 대신 사마리아 오경(Sam)은 마소라 본문(MT)이 아론 앞에서 그러하듯이 엘(אל, "…에게")로 읽는다.

6.b. 70인경(LXX)은 12절과 16절에서처럼 투스 카타렐레임메누스(*τοὺς καταλελειμμένους*, "살아남은 자들을")를 추가한다.

6.c. 사마리아 오경(Sam)은 로(לא, "…가 아니다")로 읽는데, 그것은 뒤에 있는 두 개의 연이어지는 동사들 앞의 부정어다. 마소라 본문의 부정어 불변사 알(אל)이 분명히 더 어려운 독법으로서 지지 받는다(참조. GKC § 109g).

6.d. 파라 로쉬(פרע ראש, 문자적으로 "머리를 풀다")라는 어구는 사람의 머리카락이 자유롭게 늘어뜨려질 수 있도록 머리띠를 푸는 것을 의미한다.

6.e. 파람(פרם, "〈옷을〉 갈기갈기 찢다, 잡아 찢다")은 단지 레위기에서만 나타나는 단어다(또한 13:45; 21:10).

6.f. 빠카(בכה, "울다")는 창 23:2; 민 26:26에서처럼 여기서 목적격을 지배한다. 그러나 그것이 삿 11:37-38에서는 알(על, "…를 위해")과 함께 사용된다(Baentsch, 350).

6.g. 이 히브리어는 동일한 어근에서 나온 명사와 동사를 사용함으로써 불의 파괴력을 강조한다. 에트 하스레파 아쉐르 사라프 아도나이(את־השׂרפה אשׁר שׂרף יהוה, "여호와께서 태우신 불에 의한 파괴"; 개역 성경: 여호와의 치신 불).

7.a. 전치사구 우미페타흐 로헬 모에드(ומפתח לאהל מועד, "그리고 회막 입구로부터")가 강조를 위해 앞에 나온다

9.a. 70인경(LXX)은 에 프로스포류오메논 휘몬 프로스 토 뒤시아스테리온(*ἢ προσπορευομένων ὑμῶν πρὸς τὸ θυσιαστήριον*, "네가 제단에 접근할 때")을 추가한다.

10.a. 70인경(LXX)과 시리아역(Syr)은 연결사가 빠져 있지만, 그것은 아마 일차적으로 그 역본들이 다른 히브리어 선행본(Vorlage)을 가졌기 때문이 아니라 더 자연스러운 번역을 만들기 위해서였을 것이다. 게세니우스 문법(GKC § 114p)은 이 부정사 연계형이 편집자의 삽입이 아니라 포도주나 독주를 마시지 말라는 9절의 금지 명령에 대한 해설적 첨언일 수 있다고 설명한다.

10.b. 짝을 이루는 코데쉬(קדשׁ)/할(חל, "거룩한 것/속된 것")은 구약에서 흔하지 않다. 그것은 겔 22:26; 42:20; 44:23에서 발견된다.

10.c. 짝을 이루는 타메(טמא)/타호르(טהר, "부정한 것/정한 것")는 오경에서 몇 번(레 11:47; 14:57; 20:25[2회]; 신 12:15, 22; 15:22), 그리고 겔 22:26; 44:23과 같은 다른 곳에서 몇 번 나타난다.

11.a. 호라(הורה, "가르치다")는 여기서 이중적 목적격을 갖는다. 참조. 출 4:15 (Baentsch, 351).

12.a. 참조. 2:3.

13.a. 와우(ו) 완료는 12절에 있는 금지 명령을 설명하는 기능을 한다(Joüon § 119l).

13.b. 호크(חק)는 일반적으로 "법령, 율례"로 번역되는데, 여기서는 "당연한, 정당한 몫"이라는 특별한 의미를 지닌다(참조. Ringgren, *TDOT* 5:1444).

14.a. 마소라 본문(MT)의 베노테이카(בנתיך, "너의 딸들") 대신 70인경(LXX)은 카이 호 오이코스 수(*καὶ ὁ οἶκός σου*)=우베이트카(וביתך, "그리고 너의 집")로 읽는다. 마소라 본문이 훨씬 더 어려운 독법인데, 왜냐하면 우리가 이러한 종류의 법 안에서 딸들에 대한 언급을 예상할 수 없기 때문이다.

14.b. 타호르(טהור, "정결한") 대신 70인경(LXX)은 13절과 17절에서와 마찬가지로 하기오(*ἁγίῳ*, "거룩한")로 읽는다.

14.c. 이 소유격은 주격 소유격으로 간주된다.

15.a. 6-7장에서 발견되는 규정들에 따라 화목제의 오른쪽 넓적다리는 예식 절차 없이 집례하는 제사장에게 할당되는 테루마(תרומה, "기부물": 개역 성경: 거제물)였다(7:32-33). 그것은 테누파(תנופה, "거제": 개역 성경: 요제)로 바쳐지지 않았다. 그러므로 15절은 표준 제의 관행과 충돌되는 것으로 보인다. 밀그롬(Milgrom, "The *šôq hattĕrûmâ*," *SCTT*, 164-70)은 본문을 분석하여 역사적 발전을 밝혀 낸다. 그는 15절이 가슴과 함께 오른쪽 넓적다리를 거제물에 집어넣도록 요구하기 위해 이 문맥에 삽입되었다고 추론한다. 그는 이러한 변화를 만든 편집자가 또한 9:21에 "오른쪽 넓적다리"라는 용어를 집어넣었다고 추론한다. 밀그롬은 나아가 이러한 관행상의 변화를 위한 역사적 배경을 재구성한다. 그의 판단으로는 그 일이 요시야의 개혁 시대에 발생했다. 요시야가 지방 성소들을 폐쇄했을 때, 많은 제사장들이 예루살렘 성전으로 이주해 왔다. 이러한 거대한 유입 인구를 먹여 살리기 위해 오른쪽 넓적다리가 거제물로 추가되었으며, 그리하여 집례하는 제사장만이 아니라 모든 제사장들이 그것을 먹을 수 있게 해주었다. 음식 공급이 증가함으로써 이러한 변화는 제사장들 간의 분쟁을 없애 주었고 증가하는 수요를 채우기 위해 필요한 음식을 보내 주었다. 마지막으로 제2성전에서는 그 거제물과 기부물을 바치기 위한 행위들이 하나의 의식으로 통합되었다.

15.b. 참조. "원문주해" 7:39.d.

15.c. 또한 호크 올람(חק עולם, "영원한 규례"): 참조. "원문주해" 13.b와 "원문주해" 6:11.b.

15.d. 사마리아 오경(Sam)과 70인경(LXX)은 그 본문을 14절과 일치하도록 조정하면서 울레바노테이카(ולבנתיך, "그리고 너의 딸들에게")를 추가한다.

15.e. 70인경(LXX)은 토 모우세(*τῷ Μωυσῇ*, "모세에게")를 추가한다.

16.a. 이 동사 앞에 있는 부정사 절대형은 부지런한 행위를 나타낸다.

16.b. 사라프(שׂרף)는 푸알 완료로 모음 구두점이 찍히지만, 왈키(B. Waltke and M. O'Connor, *BHS*, § 22.6.c, n. 31)는 그것을 칼 수동태로 받아들인다.

17.a. 소유격은 연계형 명사의 특징을 보여 준다(Joüon § 119b).

17.b. 마소라 본문(MT)은 오타 나탄 라켐(אתה נתן לכם, "그것을 그가 너에게 주었다")으로 읽는다. 암시된 주어는 하나님이시다. 또한 오타(אתה, "그것"), 즉 속죄제는 어

떤 강조를 위해 첫 번째로 위치해 있다.

17.c. 70인경(LXX)은 파게인(*φαγεῖν*)=레아콜(לאכל, "먹기 위해")을 추가한다.

17.d. 아본(עון, "사악, 죄악")과 함께 사용된 나사(נשא, 문자적으로 "옮기다, 들어올리다")는 죄의 징벌 그리고/혹은 죄짐, 혹은 죄책을 "짊어지다, 수용하다"를 의미한다. 즉 사람은 벌을 받을 책임이 있다. 반대로 비-제의적 본문들에서는 그것이 "용서하다", 즉 죄의 책임으로부터 자유롭게 되는 것을 의미한다. 여기서 이 숙어의 개념은 그 제사장이 회중의 죄책을 제거하기 위해 그 죄책의 짐을 받아들인다는 것이다.

18.a. 불변사 헨(הן)은 감탄사 또는 조건의 불변사 역할을 할 수 있다.

18.b. 에트 하다마(את־הדמה, "그것의 피")라는 용어가 수동태와 함께 문장을 구성한다. 이 동사가 비인칭적으로 사용되기 때문에, 목적어는 여전히 그것(it)에 종속되어 있다(GKC § 121ab).

18.c. MT의 빠코데쉬(בקדשׁ, "성소에서") 대신 70인경(LXX)은 13, 17절에서와 마찬가지로 엔 토포 하기오(*ἐν τόπῳ ἁγίῳ*, "거룩한 장소에서")로 읽는다.

18.d. 참조. "원문주해" 8:31.

19.a. 관사처럼 찍는 의문사 헤(ה)의 모음은 매우 드물다(GKC § 100k). 그러나 하욤(היום, "오늘")이라는 단어는 그것이 감탄사 역할을 한다는 것을 시사한다. 참조. "원문주해" 18.a.

19.b. 티크레나(תקראנה)의 어근은 카라(קרה, "일어나다, 떨어지다")인데, 그것은 라메드-알렙(ל"א) 동사와 비슷한 역할을 한다.

20.a. 봐이타브 브에이나이브(ויטב בעיניו, "그것이 그의 보기에 좋았다")라는 숙어는 아론의 해명에 "그가 만족했다"는 것을 의미한다.

양식/구조/배경

10장은 교차 구조 속에 얼기설기 엮어져 있는 많은 단위들로 구성된다.

I. 사망자의 매장 지침이 이어지는 나답과 아비후 사건(1-7절) A
  A. 나답과 아비후의 불법적인 제사(1-3절) *α*
  B. 사망한 두 제사장의 매장에 대한 지침(4-7절) *β*
    1. 도입 형식문(4a+bα^1절)
    2. 두 번의 연설(4bα^2-7a절)
    3. 순종 보고(7b절)
II. 금지 규정과 제사장들의 임무에 대한 묘사(8-11절) B

A. 도입 형식문(8절)
B. 연설(9-11절)
1. 직무 수행 중에 제사장들의 금주 규정(9절)
2. 제사장들의 지도 역할(10-11절)

III. 제사장들을 위한 희생들을 먹으라는 지시와 아론 사람들의 섭취 사양 (12-20절) A′
A. 희생의 고기를 먹으라는 지시(12-15절) β′
B. 아론 사람들이 할당된 부위들을 먹지 않은 것을 둘러싼 논쟁(16-20절) α′
1. 모세의 조사와 성난 반응(16-18절)
2. 아론의 답변(19절)
3. 모세의 만족(20절)

두 개의 대조적 사건이 이 교차 구조의 경계선을 설정한다. 서두에 아론의 장남과 차남인 두 아들이 여호와 앞에서 에쉬 자라(אש זרה, "불법적인 불": 개역 성경: 다른 불)를 드리는 사건이 있다(1-3절). 여호와께서는 분노하시어 즉각 그 두 제사장을 쳐서 쓰러뜨리셨다. 첫 번째 사건의 전조가 되는 사건이 그 근저에 놓여 있다. 아론과 그의 아들들이 속죄 제물의 제사장 몫을 먹지 않음으로써 제의 법령들을 어겼던 것이다. 모세는 아론에게 크게 분노했다. 오경 전체에서 모세는 화난 모습으로 그려진 적이 거의 없다. 백성들이 금송아지에게 경배함으로써 하나님의 영광이 손상되었을 때를 제외하고는 말이다(출 32:19). 그렇다면 모세의 분노는 아론 가계 사람들의 실패의 심각성을 드러내어 주지만, 여호와가 아닌 모세가 분노했다는 사실은 살아남은 제사장들의 잘못이 나답과 아비후의 죄보다 덜 심각하다는 것을 알려 준다. 이 두 사건 모두에 지침들이 첨부된다. 이것은 제사장 저자의 일반적인 특징이다(Koch, *Priesterschrift*, 72). 첫 번째 기사에 첨부된 지침은 죽은 제사장들을 어떻게 매장할 것인가에 대한 것이다. 두 번째 기사에 선행하는 것은 제사장들이 먹어야 하는 다양한 제물들에 대한 지침이다. 두 기사의 지침은 문체적 대칭을 위해 각각 상반된 위치에 놓여 있다. 이 교차 구조의 중심에 제사장들의 직무 중 금주 규정(8-9절)과 더불어 제사장의 핵심적 임무들인 정확한 제의적 식별(정함과 부정함 그리고 거룩과 속됨의 구별 – 역자주)과 백성에 대한 교육의 의무가 자리잡고 있나(10-11절).

첫 번째 사건에 대한 토막난 보고는 1-2절에 있는 가장 간결한 언급에 국한된다.

이것은 그 기사가 잘려나간 채 보존되었다는 것을 암시한다. 편집자는 이 사건을 이용해서 모든 사람들에게, 특히 제사장들에게 거룩을 침해하는 위험성에 대해 경고했다. 모세는 하나님의 절대적 거룩에 대한 고대의 신비적 격언을 인용함으로써 그 사건을 설명한다(3절). 뒤이어 그 범법자들의 매장과 애도 의례들에 많은 관심이 주어진다(4-7절). 현대의 독자들에게 이 매장과 애도에 대한 자료는 그 사건의 보고와 비율이 맞지 않은 것으로 보인다. 그러나 고대인들에게 그러한 지침은 많은 측면에서 중대했다. 공동체는 하나님의 진노가 공동체로 확산되는 것을 막기 위해서 그런 재난에 반응하기 위한 적절한 길을 지도 받을 필요가 있었다. 덧붙여서, 사망자 처리는 제사장 정결 규정들에 기초적인 쟁점이었다. 이러한 지침은 특정한 사건을 취급한다. 그럼에도 불구하고 그것들은 또한 성소 구역 내에서 죽은 제사장의 사체 처리의 표준으로 기능한다. 더불어 이러한 지침들의 사적인 특징(그 지침들이 아론과 남은 두 아들에게 내려진 점 – 역자주)은 신적 지침에 대한 생존한 제사장들의 반응에 이목을 집중시킨다. 그들이 지침을 받고 또한 응답한다는 것은 무엇보다 새로 확립된 제사장직이 여전히 손상을 입지 않았으며, 따라서 하나님께 받아들여질 수 있는 방식으로 역할할 수 있다는 것을 의미했다. 즉 나답과 아비후의 범죄는 아론 집안의 남은 사람들을 더럽히지 않았다. 이러한 사실은 그들의 범죄가 본질상 대단히 개인적이었다는 것을 시사한다. 나답과 아비후 사건은 왜 제사장직이 아론의 작은 두 아들인 엘르아살과 이다말을 통해 이어져 내려왔는지를 설명해준다. 그렇지만 그것은 또한 이스라엘의 제사장직 역사 속의 중대한 시기에 있었던 제사장 가문들의 뿌리 깊은 갈등을 반영할 수도 있다(참조. Noth, 84).

이 비극적인 사건의 역사적 정황을 확인하기 위한 많은 시도가 있었다. 예를 들어, 스네이스(Snaith, 246)는 이 사건이 예루살렘의 중앙 성소에서 봉직한 사독 계열 제사장들과 그 땅 전역에 흩어져 봉직했던 비-사독 계열 제사장들 간의 갈등을 반영한다고 추론한다. 그는 그 갈등이 요시야가 모든 제의 예배를 예루살렘으로 통합함으로써 발생되었다고 생각한다. 그렇다면 이 사건의 기록은 예루살렘 제단의 직무에서 비-사독 계열의 제사장들을 제외하기 위해 기획된 것이다. 불행히도 스네이스의 재구성은 나답과 아비후의 범죄의 특별한 성격에 관심을 갖지 않는다. 사실이 기사에는 어떤 식으로든 그들의 제단의 직무가 금지되었거나 제한되었다는 암시가 전혀 없다. 로린(Laughlin, *JBL* 95[1976] 563-65)은 이러한 갈등의 배경을 포로기 이후 시대로 본다. 그의 재구성에 따르면, 아론의 그 두 아들은 불의 즉위식(enthronement of fire)으로 알려진 조로아스터교 의식을 수행하려 했다. 그들의 노력은 꺼지지 않는 불(6:1-6[8-13])이라는 제사장 신학과의 갈등을 발생시켰다. 불행히도 로린은 그 사건으로 정죄 받은 제사장의 서열(orders)을 확인해 줄 수가 없다. 따라서 그는 그 범죄를 저지른 자들이 왜 아론의 두 큰 아들이었는지를 설명하지 못한다.

다양한 입장이 존재하고 어떤 합의도 도출되지 않고 있다는 것을 감안하면, 이 본문을 회막에 새로 임명된 제사장들 간에 있었던 깊은 갈등을 보고하는 것으로 받아들이는 것이 더 낫다. 이 사건은 새로운 제의로부터 이방 의식들의 제거와 어떤 가족들의 제사장 직무로부터의 배제와 관련되어 있다. 순간의 열정에 사로잡혀, 나답과 아비후는 번제단에서 취하지 않은 불을 담은 각자의 향로를 들고 어떤 의식을 수행했다. 그것이 바로 그들이 사용한 불이 에쉬 자라(אֵשׁ זָרָה, "불법적 불"; 개역성경: 다른 불)로 불린 이유다. 최소한 그들은 자신들이 소중히 여긴 어떤 이방 의식을 여호와의 제의에 통합시키려는 중이었다. 아론의 가족들이 이방 제의들을 알고 있었다는 것은 레위 족보들에 나타나는 이집트 이름들과 황금 송아지를 우상 숭배 대상물로 세웠을 당시의(출 32장) 아론의 지도력에서 어느 정도 지지를 받는다. 또한 그들은 자신들이 여호와께 특별한 접근을 할 수 있다는 것을 백성들에게 과시함으로써 각자 자신과 자신의 가족들을 새로 임명된 대제사장 아론을 능가하는 위치에 놓으려고 애쓰는 중이었다. 따라서 그들의 행위는 새로운 제의의 완전성과 더불어 합법적인 제사장직의 정체성을 위협했다.

이 사건이 초기의 기원을 갖는다는 입장은 몇 가지 세부 사항들에 의해 지지를 받는다. 그것은 동생이 형 대신 선택되는 "사랑받는 족장" 주제를 사용한다: 에서 대신 야곱, 그의 형제들 대신 요셉, 에브라임 대신 므낫세. 더불어 그 범죄의 정확한 성격을 감추는 신비적 문체 또한 후대의 더욱 충실한 내용의 산문체가 아닌 초기의 서사시(epic) 문체와 일치한다. 덧붙여서 나답과 아비후의 이름들은 오경의 제사장 자료의 구조물과 얼기설기 얽혀 있으며(예를 들어, 출 6:23; 24:9; 28:1), 이 사건은 제사장 전승에 확고히 뿌리내려져 있다(민 3:2-4; 26:60-61; 대상 24:1-2). 마지막으로 이 기사는 전적으로 문맥과 잘 어울린다. 삼키는 불은 첫 번째 희생들의 막바지에 희생들을 태운 불과 동일한 것이다(9:24). 이러한 사실은 이 사건의 배경을 첫 번째 공적인 희생들에 두는 것을 지지한다.

레위기 10장의 중심에 8-11절이 놓여 있다. 그 구절들은 권위적 표제문이 눈에 띈다(8절). 여호와께서 아론에게 직접 말씀하시는 것이 특징이다. 이러한 특이한 문체가 10장의 중심을 돋보이게 한다. 그것은 제사장이 성소에서의 직무 중에 취하지 않게 하기 위한 금주 명령(9절)과 짝을 이루는 진술, 즉 정한 것과 부정한 것, 거룩한 것과 속된 것을 분별할 제사장의 의무에 대한 진술을 포함한다(10-11절). 이 자료가 문맥에 어울리지 않는 것처럼 보이고, 또한 10-11절이 전혀 뚜렷한 문맥이 없는 복잡한 절 문장들인 이유로 버톨렛(Bertholet), 폰 라드, 노트 그리고 코흐와 같은 많은 학자들이 이 자료를 후대의 삽입으로 판단하게 되었다. 그렇지만 이 단위는 그 두 사건에 대한 기사에 연결되는 다리다. 지나친 음주로 정신이 혼미해지는 제사장은 누구라도 나답과 아비후처럼 사고를 저질러 성소의 거룩을 침해하여 하나님의 진노의 위험에 빠질 수 있었다. 그들의 죽음은 제사장이 제의적 문제들에 대해 바른 결정을 할 수 있도록 반드시 맑은 정신을 가져야 한다는 것을 강조한다. 그래서 금주 규정이 주어진다. 이어서 제사장의 분별의 책무에 대한 언급은 두 번째 사건에서 나타난 아론의 신중한 행동에 의해 잘 조명된다. 더욱이 제사장의 책임에 대한 이 진술은 1-7장과 11-15장을 연결하는 고리다. 거룩한 것을 속된 것으로부터 분리하는 문제는 희생 법안에 핵심적인 것이며(1-7장), 반면에 정결한 것과 부정한 것의 구분은 11-15장의 주제다(11-15장).

세 번째 문단은 다양한 제물들 중 제사장의 몫에 대한 지침으로 시작된다(12-15절). 코흐(Koch, *Priesterschrift*, 73)는 이 자료가 8장과 9장에서 나타나는 성취 보고들의 주제를 계속 이어간다는 것을 관찰한다(참조. 2:3, 10; 6:9[16]; 7:29-34; 출 29:26-28). 여호와가 아닌 모세가 아론과 그의 아들들에게 알려져 있는 법령에 관하여 말한다는 것은 이 입장을 지지한다. 그것은 모세가 출애굽기 29장에서 발견된 지침을 반복하는 8:31-35에 상응한다. 그리하여 이 문단은 9장에 포함되지 않았던 첫 번째 공적인 제사들에 대한 세부 사항들을 취급한다. 이러한 지적은 또한 최초의 공적인 희생들을 이 사건의 배경으로 간주하는 것에 지지를 보낸다.

마지막 단원(16-20절)은 모세와 아론 사이의 열띤 대화를 보고한다. 그것은 제사장들이 6:22-23(29-30)에 규정된 대로 속죄 제물 중 그들 몫을 먹지 않은 것에 대한 논쟁이다. 아론은 자신들이 먹지 않은 사실을 인정하면서 모세에게 분명한 이유를 댄다. 모세는 그의 해명을 받아들인다. 이 사건은 제사장들이 매일의 상황들에 맞게 규정들을 해석할 때 어떤 재량권을 가졌다는 것을 보여 준다. 그 해석이 하나님의 거룩을 더럽히지 않는 한 말이다. 이 사건은 또한 제사장들이 어떻게 율법을 둘러싼 논쟁들을 해결하게 되는지를 조명해 준다. 저명한 두 제사장이 그 쟁점을 논박하는데, 적절한 대응책에 대하여 한 사람이 합리적인 논증의 토대 위에서 다른 사람을 설득한다. 이 기사의 두드러진 특징은 서열이 낮은 인물인 아론이 더 높은 모세를 설득한다는 점이다. 이러한 보고는 이 서사의 권위를 증언해 주고, 또한 율법을 둘러싼 논박이 한 사람의 권위를 내세워서가 아니라 합리적인 판결에 따라 해결된다는 것을 가르쳐 준다.

주석

[1] 아론의 두 큰 아들 나답과 아비후는 제의의 신성을 침해했다. 그들의 범죄의 정확한 성격은 은밀한 서술에 의해 베일에 가려져 있다. 그들이 여호와의 예배에서 불법적인 제의 행위를 수행하려 했다는 것은 8-9장에서 자주 그리고 집중적으로 나타나는 전문적 제의 용어들에서 분명해진다. 이러한 단어들로는 라카흐(לקח, "취하다"), 나탄(נתן, "두다, 놓다"), 심(שים, "놓다"), 히크리브(הקריב, "바치다") 그리고 케토레트(קטרת, "향")가 있다.

어근 하타(חתה, "취하다, 붙잡다")에서 온 마흐타(מחתה, "향로")는 불판으로부터 재를 받아 내거나 타고 있는 숯을 옮기는 용기로 화로(출 27:3), 혹은 향로나 불똥 그릇(출 25:38)과 같은 것을 지칭한다. 그런 용기가 고라 일당과 아론계 제사장들과의 대결을 해결하기 위해 사용되었다(민 16:1; 17:11[16:46]). 그들의 향로들에 "정통성이 없는 혹은 불법적인 불"(אש זרה - 에쉬 제라)을 여호와 앞에 바쳤다. 자주 이방인들을 지칭하는 어근 주르(זור)가 이방 제의의 의식에 따른 불 제사를 암시한다는 것이 가능할 수 있을까(참조. 민 3:4; 26:61)? 어찌 되었든, 형용사 자라(זרה, "이방의, 생소한, 이탈된, 정통성이 없는, 불법적인")는 그들의 불이 그 제의에서 사용되도록 특별하게 지정된 불이 아닌 다른 불이었다는 것을 의미한다(L. A. Snijders, "זור/זר *zûr/zār*," *TDOT* 4:55-56).

그들의 범죄의 성격이 불분명하기 때문에 그동안 수많은 제안들이 있었다. 스네이스(Snaith, 58-59)는 자라(זרה)를 "평신도"를 의미하는 것으로 취하면서, 그들의 죄가 제사장 행세를 하려 했던 평신도의 죄였다고 추론한다. 그러나 이 사람들은 다른 곳에서 제사장들로 나열되어 소개된다(예를 들어, 출 18:1과 민 3:1-3). 또 다른 견해로 그들이 정통성이 없는 분향 제사를 드렸다는 것이다(Keil and Delitzsch, 351). 레빈(Levine, 59)은 만일 이 어구와 출애굽기 30:9에서 금지된 "다른 향"(קטרת זרה - 케토레트 자라) 사이에 관련성이 있다면, 이 사람들이 그 법령을 깨뜨린 것이라고 지적한다. 그러나 그들의 범행은 불법적인 향이 아닌 불법적인 불에 대한 것이다. 에쉬 자라(אש זרה)라는 어구의 사용은 그들의 범죄의 핵심 요소가 그들의 불의 원천이라는 것을 시사한다. 그들은 분명히 번제단이 아닌 다른 장소에서 그 불을 취했을 것이다(Laughlin, *JBL* 95[1976] 560-61). 그러나 이보다 더 많은 그들의 범죄 행위가 관여되었을 것이다. 그들은 여호와의 예배에 이방 의식의 관행들을 도입하여 아마도 그 의식을 여호와의 현현과 연관시키려고 애썼을 것이다. 덧붙여서 이 제사장들은 자신들에게 출입이 허용되지 않았던 지성소에 들어가려 했거나, 설사 허용되었다 할지라도 적절한 예방 조치들을 취하지 않았을 가능성이 있다(참조. 16:12-13; Gradwohl, *ZAW* 75[1963] 288-96). 그런 절차를 취함으로써 그들은 내성소에서 분향을 하는 대제사장의 특권을 강탈하려고 했을지도 모른다(출 30:7-9; 참조. Noordtzij, 108). 16:1-2에 이 사건에 대한 언급이 나타나는데, 그것은 속죄일에 아론이 자신과 그의 가족들을 대속하기 위해 지성소에 들어가라는 지침의 배경을 제공한다. 16:1-2로부터 키우치(Kiuchi, *Purification Offering*, 78-81)가 주장하는 바에 의하면, 거기서 아론에게 부여된 제한 조치들을 볼 때 나답과 아비후가 시기에 맞지 않게 지성소에 들어가려고 시도했으며, 또한 그러한 시도 가운데 그들이 아론의 특권을 찬탈하는 범죄를 저질렀다는 것이 확증된다. 만일 그 두 제사장이 그들의 아버지와 형제들 위에 군림하는 데 성공했다면, 그들은 처음부터 제사장직에 깊은 균열을 만들어 여호와의 진정한 예배를 얼룩지게 했을 것이다.

2 그들의 불법적인 불의 제사는 신적인 불의 도전을 받았다. "불"(אשׁ – 에쉬)은 여호와의 신현으로부터 발생되어 나와 나답과 아비후를 "삼켰다"(אכל – 아칼). 이 용어는 이 두 사람이 즉시 사망했다는 것을 의미한다. 그렇지만 그것이 그들의 몸이 타서 재로 변했다는 것을 의미하지는 않는다. 왜냐하면 그들이 옷을 입은 시체가 되어 매장되었기 때문이다(5절).

현대인들에게 이 사건은 이상하고 불가사의하다. 언뜻 보기에, 여호와는 변덕스럽고 복수하는 신으로 인간의 헌신을 받을 자격이 없는 분인 것처럼 보인다. 그러나 여호와는 거룩하시고 질투하시는 하나님이시며, 자신의 영광을 더럽히는 모든 사람을 삼키시는 분이심을 기억해야만 한다(참조. 신 4:24). 이 두 사람의 죽음의 방식은 여호와의 별칭과 일치한다. "주 너희의 하나님은 삼키는 불이시며, 질투하는 하나님이시다"(신 4:24). 진정한 하나님이신 여호와는 거룩하시다. 그분의 거룩은 강력해서 자신의 임재 앞에 나아오는 모든 사람에게 영향을 끼친다. 그것은 정화하거나 삼키며, 혹은 변화시킨다. 그 거룩의 힘은 전기에 비교될 수 있을지 모르겠다: 전기는 유용하고 놀라운 에너지원이지만, 그것을 안전하게 사용하기 위해서는 매우 조심하고 민감해야 한다. 누구든지 절연되어 있지 않은 고압 전선을 만지는 사람은 감전되어 심각한 충격과 함께 몸이 타거나, 전압에 따라서는 현장에서 즉사하기도 한다. 사람이 적합하게 하나님께 나아갈 때, 그분의 거룩은 생명을 나누어 주시며(참조. 사 57:15), 경이로움을 불러일으킨다(참조. 출 3:3-4). 그러나 속되고 부정한 어떤 것이 하나님의 현존 앞에 들어간다면, 그것은 삼키어진다.

3 모세는 이 비극적 사건에 대한 해석으로 여호와로부터 받은 말씀을 아론에게 전했다. 그 말씀은 제사장들과 백성들이 여호와 자신과 관계를 맺는 방식에 대해 필수적인 원칙을 진술한다. 여호와께서는 자신을 가까이하는 사람들 중에서 친히 자신의 거룩한 성품을 드러내실 것이라고 단언하셨다. 즉 그분은 자신의 거룩한 성품을 증거하는 여러 가지 방법 속에서 행동하신다. 에카데쉬(אקדשׁ, "나는 스스로를 거룩한 자로 보여 줄 것이다": 개역 성경: 나의 거룩함을 보이겠고)와 더불어 에카베드(אכבד, "내가 나의 거룩을 보일 것이다 혹은 내가 영광을 받을 것이다": 개역 성경: 나의 위엄을 나타내리라)가 나란히 병행을 이루고 있다. 어떤 문맥에서는 카베드(כבד)의 주어가 여호와일 경우, 그것은 자신의 뜻을 거스르는 사람들을 결국에 또한 극적으로 징벌하신다는 것을 의미한다. 예를 들어, 출애굽기 14:4, 17과 18에서 여호와께서는 친히 그들을 패배시킴으로써 바로와 그의 군대를 향해 자신의 영광을 곧 드러내실 것이라고 약속하셨다(참조. 겔 28:22; 사 26:15; 학 1:8). 세갈(Segal, *VT* 39[1989] 93)은 "나를 가까이하는 자들", 즉 제사장들과 "백성들" 사이의 병행을 설명하기 위해 민수기 18:1-7에 근거하여 만일 어떤 제사장이 성소의 신성을 침해한다면 공동체 전체가 그 죄가 제거될 때까지 하나님의 진노 아래 놓이게 된다는 것을 지적한다. 이러한 이유로 카베드(כבד)는 온 백성과 관련되어 사용된다. 즉 여호와께서 제사장들 중에 자신의 거룩을 드러내실 때마다, 그분은 또한 백성들에게 자신의 거룩을 보여 주고 계신다. 한편, 이러한 어법은 일반적인 의미를 갖는다: 여호와의 거룩은 "나를 가까이 하는 자들"(קרבי – 케로바이)로 간주되는 제사장들로부터 경의를 요구한다. 에스겔 43:19에서 제사장들은 "나를 가까이 하여 내게 수종드는"(הקרבים אלי … לשׁרתני – 하케로빔 엘라이…레쇼르테니) 사람들로, 42:13에서는 "여호와를 가까이 하는"(קרובים ליהוה – 케로빔 라도나이) 사람들, 즉 제단에서 여호와께 다양한 제사를 바치는 일을 하며 섬기는 자들로 확인된다(참조. 카라브〈קרב〉 대신 나가쉬〈נגשׁ〉를 사용하는 출 19:22). 사람이 하나님께 더 가까워질수록 그는 자신을 더욱 성결케 해야 하며 매사에 더 주의 깊게 행동해야 한다. 제사장들은 자신을 성결케 하고 여호와께서 지시하신 대로 여호와와 백성들 사이를 중재함으로써 백성들 앞에서 그분의 존엄을 높인다(כבד – 카베드). 한편, 이 발언

은 여호와께서 나답과 아비후를 처형하심으로써 자신의 거룩을 드러내셨다고 선언한다. 덧붙여서, 여호와의 재빠른 행동으로 인해 백성들은 그분의 진노를 모면하여 목숨을 부지했다. 이 비극적 사건이 기록된 한 가지 이유는 회중이 여호와의 거룩에 대한 높은 경각심을 갖게 하고, 또한 그분을 경외할 마음을 갖게 하기 위함이다(참조. Segal, *VT* 39[1989] 92).

아론은 이러한 말을 들었을 때 "침묵을 지켰다"(דמם – 다맘; 참조. A. Baumann, "דמה *dāmāh* II," *TDOT* 3:263-64). 그가 침묵한 이유가 그 기절할 만한 사건 앞에서 비통함으로 갑자기 말문이 막혔기 때문인지, 아니면 모세의 말이 깊은 위로가 되었기 때문인지는 문맥으로부터 분명하지 않다. 엘리거(Elliger, 137)는 다맘(דמם)을 아론이 거룩하신 분에 대한 공포심으로 기절했다는 의미로 본다. 황금 송아지를 둘러싼 사건으로 인하여(출 32-33장) 아론은 여호와의 거룩을 깊이 인식했기 때문에 자신의 아들들의 잘못의 심각성을 이해할 수 있었다. 아론은 여호와께 항의하지 않고 발생한 사태를 깨끗이 수용했다. 이어서 여호와께서는 아론의 태도를 받아들이셨으며, 이 장의 뒤에서 볼 수 있는 대로 그것을 좋게 보셨다.

[4]-[5] 집례하는 제사장들이 사체를 취급하는 일은 금지되었기 때문에(참조. 21:1-4, 11-12), 모세는 성소로부터 시신들을 옮기기 위해 웃시엘의 아들 미사엘과 엘사반을 "불러들였다"(קרא – 카라; 참조. 출 6:22). 미사엘에 대해서는 알려진 바가 없다. 엘사반은 고핫 자손의 우두머리였으며(민 3:30), 하나의 가문이 그로부터 형성되었다(대상 15:8; 대하 29:13). 아마도 그들은 시신들을 진영 밖에 매장했을 것이다.

[6]-[7] 특별한 지침이 아론의 살아남은 아들들인 엘르아살과 이다말에게 주어진다. 그들은 자신들의 머리털을 "풀어서"(פרע – 파라) 죽은 자를 애도하지 말아야 한다. 이것은 그들이 머리털을 마음대로 자라도록 방치하거나 너저분하게 두어서는 안 된다는 것을 의미한다(참조. 21:10). 탈무드(*b. Sanh.* 22b)에 따르면, 이 용어는 30일이 넘은 후 자르지 않는 머리카락을 지칭한다. 또한 그들은 애도의 표시로 옷을 찢지 말아야 한다(פרם – 파람, "찢다" 혹은 "뜯다"). 대제사장에게 표준이 되는(21:10) 이러한 금지 사항들은 현재의 경우에는 아론의 아들들이 성소에서 직무 중이기 때문에 그들에게 적용된다. 죄의 징벌인 죽음은 거룩하신 하나님의 예배에 어긋나며, 따라서 거룩한 것의 오염이 허용될 수 없다. 현재의 경우에는, 그것이 최초의 공적인 희생들을 바치는 중대한 시간에 제사장들이 아마 성소를 떠날 수 없다는 것을 의미한다. 만일 제사장들이 이러한 지침들을 따르지 않는다면, 그들은 죽을

것이며, 하나님의 진노가 온 회중(עדה－에다)을 향하게 될 것이다. 이러한 어법을 볼 때 제사장들이 하나님 앞에서 공동체 전체를 대표한다는 것이 분명하다. 그럼에도 불구하고, 하나님이 아론과 그의 가족들이 느낀 인간적 슬픔에 둔감하신 것은 아니다. 그러므로 모세는 아론에게 아론의 친족(אחים－아힘)으로 간주되는 온 백성이 아론과 그의 아들들을 위해 그 고인들을 애도할 것이라고 말한다. 제사장들은 모세의 지침에 복종했다.

[8] 이 표제는 레위기 안에서 여호와께서 아론에게만 말씀을 전달하시는 유일한 곳이다(또한 민 18:1, 8, 20에서). 레위기의 다른 곳에서는 여호와가 아론에게 말씀을 전하실 때는 본문이 항상 "모세와 아론"이라고 읽는다(11:1; 13:1; 14:33; 15:1). 이것은 뒤잇는 말들이 제사장들에게 대단한 중요성을 갖는다는 것을 의미한다. 그것은 또한 여호와께서 아론의 두 큰 아들의 범죄에도 불구하고, 그를 계속 대제사장으로 인정한다는 것을 의미한다.

[9] 여호와 앞에서 직무를 수행하는 동안, 제사장들은 모든 법령을 엄밀하게 따를 수 있도록 맑은 정신으로 인도함을 받아야 한다. 그들은 특히 신성한 것을 침범함으로써 자신의 생명을 위험에 빠뜨리지 않도록 정신을 차려야 한다. 그들은 또한 백성들에게 적절히 율법의 의미와 적용에 대해 가르치기 위해 훌륭한 판단력을 가져야 한다. 그러므로 그들이 성소에서 직무 중에 모든 독한 술, 특히 포도주(יין－야인)와 그 밖의 다른 독주들(שכר－쉐카르)을 피해야 한다는 금시 사항이 주어진다. 쉐카르(שכר)는 포도주를 포함하는 일반 용어이지만, "포도주"를 지칭하는 단어(יין－야인)와 나란히 나타날 때는 곡물이나 대추야자 열매, 그리고 다른 종류의 과일들로 만든 독한 술을 지칭한다. 증류해서 술을 만드는 것은 고대 이스라엘의 관행이 아니었다.

현재의 위치에 이러한 금지 사항의 포함은 갖가지 추론을 불러일으켰다. 포도주와 그 밖의 다른 독주들은 사랑하는 이의 죽음을 애도하는 사람들을 위로하기 위해 자유롭게 사용되었을 가능성이 있다(Hoffmann, 1:296). 또 다른 가능성은 랍비들이 선호하는 생각인데, 술이 나답과 아비후가 죄를 짓게 한 하나의 요인이었다는 것이다. 본문에는 이러한 해석을 지지하는 내용이 전혀 없지만, 아마도 이 법령을 여기에 둔 최종 편집자가 술과 이러한 비극적 사건 사이에 어떤 연관이 있다고 추론했을 것이다. 어쨌든, 직무 중의 제사장들은 무슨 일이 있어도 거룩한 것을 더럽히지 않기 위해 정신을 차려야 한다. 술 취함은 성경의 여러 책들에서 비난받는다(예를 들어, 잠 20:1; 23:29-35; 호 4:11; 사 5:11-12).

10-11 9절에 있는 이러한 엄격한 금지 사항과 대비를 이루며 제사장들의 기본적인 의무를 표명하는 진술이 등장한다. 대단히 중요한 제사장의 의무 두 가지는 율법이 요구하는 "적절한 분별하기"(להבדיל – 레힙딜)와 여호와께서 주신 법령들을 백성들에게 "가르치기"(להורת – 레호로트)다(참조. 겔 44:23). 제사장들은 공동체 구성원들로 인해 자신들에게 닥치는 특정한 상황들에 대응하여 율법을 해석한다. 그들의 판단은 거룩한 것(הקדש – 하코데쉬)과 속된 것(החל – 하홀), 의식적으로 정한 것(הטמא – 하타메)과 의식적으로 부정한 것(הטהור – 하타호르)의 적절한 구별에 의존한다(참조. 겔 22:26). "거룩한 것"은 회막 구역 내에 있는 모든 물품처럼 성스러운 용도를 위해 구별해 놓은 어떤 것이다. 일단 어떤 대상이 거룩하게 되면, 그것은 세속적 용도로부터 영원히 격리된다. "속된 것"은 보통의 일상적인 삶의 과정 속에서 사용되는 것을 지칭한다. 그것은 평범한 것이다. "정한 것"과 "부정한 것" 사이의 구별은 의식적 정결의 문제를 지시한다. 부정한 것은 의식적으로 오염되어 성소 구역 안으로 반입될 수 없는 어떤 것이다. 이와 달리, 속된 것은 중립적이다. 그것은 본질상 부정하지 않다. 오히려 그것은 단순히 성소 구역 밖에 있는 것이다. 그러나 부정을 탄 것은 무엇이나 처분되어야 하거나, 그렇지 않으면 정결하다고 선언되기 위해 정화 과정을 거쳐야 한다. 결코 부정결한 것이 거룩한 영역으로 들어가 삼켜지는 일이 없도록 해야 한다. 그러므로 의식적 부정결 상태에 있는 사람은 성소에 접근하지 않도록 주의해야 하지만, 성소 밖에서는 그는 아무런 해도 입지 않는다. 그에게 부여된 절대적인 요구 사항은 그가 성소에서 예배를 드릴 수 있도록 자신을 의식 절차에 따라 정결케 해야 한다는 것이다. 의식적으로 정결한 사람은 거리낌없이 여호와께 예배드릴 수 있다.

12-15 모세는 아론과 그의 남은 두 아들인 엘르아살과 이다말에게 말씀을 전했다. 이러한 표현은 아론이 계속 대제사장이었으며 그의 두 아들이 나답과 아비후의 공식적인 후계자들이었다는 것을 시사한다. 희생 의식의 마지막 단계는 제사장들에게 허용된 몫을 먹는 것이다. 제사장들은 소제물 중 남은 것을 먹을 권리를 갖는다(참조. 2:3, 10; 6:9-11[16-18]). 또한 그들은 화목 제물의 가슴(חזה – 하제)과 넓적다리(שוק – 쇼크) 부위를 먹을 수 있다(7:30-34). 제사장들은 여호와께서 명령하신 대로 거룩한 곳에서 이것들을 먹어야 한다.

16-20 모세는 제물을 조사해 본 뒤 백성들의 속죄제 고기가 섭취되지 않았다는 것을 알게 되었다. 규정들에 따르면(6:17-23[24-30]), 제사장들은 피를 성소 내실로 취하지 않는 백성을 위한 속죄 제물로부터 몫을 받게 되어 있었다. 이 제물들은

지극히 거룩했기 때문에, 그것들은 거룩한 곳에서 먹어야 했다. 그들이 고기를 먹는 것은 희생 짐승의 완전 소진의 일부였으며, 진영 밖에서의 짐승의 고기 소각을 대체하는 행위였다(참조. 4:11-12, 21).

17b절의 의미는 분명하지 않다(참조. 6:19[26]에 대한 "주석"). 한 가지 해석은 제사장들이 속죄 제물의 섭취를 통해 백성들의 죄를 제거했다는 것이다. 이러한 해석은 그 고기가 죄의 사악함이나 부정결을 흡수했다는 견해를 필요로 한다(참조. Rendtorff, *Studien*, 215-16; Rodriguez, *Substitution*, 130-36). 4장에서 지적한 대로 부정결을 흡수한 고기가 거룩한 장소에서 섭취되거나(6:17[24]) 정결한 장소에서 태워질 수 있다는 것은 이해하기 어렵다(4:12; 6:23[30]). 밀그롬(Milgrom, *SCTT*, 70) 역시 이러한 견해를 반박하면서, 17b절을 제사장들이 주님 앞에서 정결 의례들을 수행하여 회중의 죄의 책임을 담당하는(נשׂא עון – 나사 아본) 의무를 가졌다는 의미로 해석한다. 즉 제사장들은 속죄제의 고기를 위험했던 자신들의 직무에 대한 선물로 받았다. 덧붙여서, 밀그롬(*SCTT*, 71)은 고대 중동의 증거에는 부정결이 음식 섭취를 통해 제거될 수 있다는 개념이 전혀 없다고 주장한다. 그러나 아본(עון)이 "책임"보다 더 강력하다는 것을 지적할 필요가 있다. 그것은 "사악함, 죄책", 다시 말해 어떤 위반이나 위반에 대한 벌책(罰責)을 의미한다(Kiuchi, *Purification Offering*, 50-51). 야노브스키(Janowski, *Sühne*, 238-39, n. 272)는 라세트(לשׂאת, "담당하기 위해")를 레카페르(לכפר, "대속하다")가 해설해 준다고 주장한다. 즉 제사장들로 하여금 회중의 죄책을 담당할 수 있게 한 것은 그들을 위한 대속의 피 의례였지 제물의 고기의 섭취가 아니었다(역시 Kiuchi, 47).

그러므로 모세는 이 날 생존하는 제사장들이 그들의 특권이자 의무였던 속죄 제물을 먹지 않았다는 사실을 알게 되었을 때 엘르아살과 이다말에게 화를 냈다. 밀그롬(*SCTT*, 74)은 제사장들의 속죄 제물 섭취는 마술적인 이교적 관행들에 반대하는 대범한 절차였다고 주장한다. 모세는 새로 임명된 제사장들이 이러한 종류의 고기 섭취를 두려워하는 것처럼 보였기 때문에 그렇게 화를 냈다–그러한 제물 섭취의 거부는 어떤 점에서 이스라엘 예배의 차별성을 포기하는 행위였다. 라쉬(Rashi, 41)는 모세가 아론의 권위를 존중해 주었기에 그의 두 아들을 향해 분노했다고 주석한다. 그럼에도 불구하고, 책임 있는 아버지로서 행동하던 아론은 자신의 아들들과 자기 자신을 변호하여 모세에게 납득할 만한 답변을 제공했다. 아론은 그 날의 그 두려운 사건을 생각해 볼 때, 자신이 그 제물을 먹는다는 것은 여호와께 기쁜 일이 아닐 것이라고 설명했다. 라쉬(42a)는 나아가 엘르아살과 이다말이 자신들의 아버지로 하여금 답변하게 함으로써 그들이 가족의 권위자와 모세 양자 모두를 어려워하고 또한 공경했다는 것을 지적한다. 엘르아살이 유창한 언변을 가졌다는 사실이 민수기 31:21-24에 있는 사건에서 드러난다. 모세는 아론의 해명을 받아들였다.

키우치(Kiuchi)는 또 다른 방식으로 아론의 입장을 설명한다(*Purification Offering*, 77-85). 그는 아론이 아들들의 죄에서 비롯되어 자신이 담당했던 죄책 때문에 이 고기 섭취를 거절했다는 논지를 편다(참조. 민 18:1). 키우치는 이러한 입장을 지지해 주는 근거들로 다음의 것들을 인용한다: 이 사건 이후에 있었던 회중들의 애도(6b절)와 신적인 불이 떨어져 최초의 희생물들을 삼켰을 때 표현된 그들의 큰 기쁨의 대조-이것은 그들이 9:24에서 묘사된 것과 정반대의 상황에 있었다는 것을 시사한다. 그러나 키우치에 따르면, 여기서 아론은 대제사장인 자신이 이러한 죄책을 제거하기 위해 대속을 필요로 하는 위치에 있다는 것을 깨달았다. 더불어 그는 자신과 자신의 가족들로부터 이 죄책을 제거하기 위해 어떤 절차를 밟아야 하는지 혼란스러워했다. 왜냐하면 속죄일을 위해 규정된 의식들과는 달리(16장), 여기서는 아직 어떠한 의식도 주어지지 않았기 때문이다. 나아가 키우치는 대제사장의 죄책을 제거하는 의식이 고대에 속한 속죄일 의식의 본문 층에서 발견된다고 주장한다.

키우치(Kiuchi)가 옳았던 점은 고대 이스라엘 사람들이 죄책을 공동의 것으로 이해했다는 것이다. 족장은 자신의 가족 구성원들의 잘못에 대해 책임을 졌다. 그럼에도 불구하고, 공동의 죄책은 가족 구성원이 저지른 죄의 성격에 따라 다양했다. 현재의 경우에는 아론의 아들들은 아론의 책임이 극히 미미했을 정도로 그들 멋대로 아주 건방지게 행동했다. 아론이 자신의 집안의 가장으로서 어떤 책임을 져야 했지만, 그 책임은 그의 대제사장으로서의 특권과 아들들의 죽음에 대한 애도를 절제한 것에서 표현되었다. 다시 말해, 그 책임이 키우치가 제안한 것처럼 아론이 자신과 자기 가족의 죄를 대속하기 위한 새로운 의식의 필요성을 느낀 것에서 표현되지 않았다는 것이다. 즉 10장에 있는 아론의 걱정과 16장에 있는 아론과 그의 집안의 죄를 대속하기 위해 주어진 규정 사이에는 아무런 인과론적 관련이 없다.

이 사건은 현재의 장 서두에 있는 비극과 뚜렷한 대조를 이루고 있다. 그것이 기록된 목적은 제사장들이 매일의 상황에 그 규정들을 적용할 때 하나님의 거룩을 더럽히지 않는 범위 내에서 어떤 재량권을 가진다는 것을 예증하기 위해서다. 나아가 그것은 제사장들이 어떻게 율법을 둘러싼 논쟁들을 해결해야 하는지를 조명해 준다. 저명한 두 제사장이 그 쟁점을 논박하는데, 적절한 대응책에 대하여 한 사람이 합리적인 논증의 토대 위에서 다른 사람을 설득한다. 이 기사의 두드러진 특징은 서열이 낮은 인물인 아론이 더 높은 모세를 설득했다는 점이다. 그리하여 그 법을 둘러싼 논박은 한 사람의 권위를 내세워서가 아니라, 공적인 토론에서 제시된 합리적인 판결에 따라 해결된다. 이 사건이 역시 밝혀 주는 것은 아론이 자신의 아들들의 죽음을 형식을 갖추어 애도할 수는 없었을지라도 그들의 죽음을 뼛속 깊이 고통스러워했으며, 침묵 속에서 그러나 확고하게 애도를 표명했다는 것이다. 아론의 해명에 대한 수용은 여호와가 죄악의 심판으로 인한 인간의 슬픔에 냉정하신 분이 아니라는 것을 보여 준다.

해설

하나님은 거룩하신 분이다. 인간은 모든 문제에서 그 거룩을 지향하면서 책임 있게 행동해야 한다. 예배는 법규에 따라, 그리고 정확한 절차에 따라 경건하게 드려야 한다. 그리고 하나님은 사람의 일상적인 삶의 방식 속에서 영광과 찬양을 받으셔야 한다. 평신도에게 옳은 것이라면, 제사장들에게는 더욱 옳은 것이다. 제사장은 결코 거룩한 장소의 신성을 침해하지 말아야 한다. 그러한 침해는 어떠한 것이라도 결국 죽음을 불러온다. 이번 사건에서 아론의 두 장자인 나답과 아비후는 다른 혹은 사악한 불을 드림으로써 목숨을 잃었다. 그들의 불순종의 결과로 또한 그들의 가족들이 이스라엘에서 제사장으로서의 지위를 잃었다.

나답과 아비후 사건은 아나니아와 삽비라의 죽음과 어떤 병행을 이룬다(행 5:1-11). 양측 모두 하나님의 거룩을 침해한 이유로 그분의 임재 가운데 즉시 사망했다. 두 사건 모두 하나님과 백성 사이에 맺은 언약 관계가 시작된 시점에서 이야기된다. 이 기사들은 언약 공동체 구성원 모두가 거룩하신 하나님을 섬기라는 경고 역할을 한다. 그들은 그분께 거짓말을 하거나 부적절한 방식으로 그분께 예배드릴 수 없다. 하나님을 섬기는 일에 있어서는 어떠한 속임수나 교묘함이 있을 수 없다.

나아가 나답과 아비후에 대한 기사가 강조하는 것은 누구든지 하나님을 가까이 하길 원하는 사람은 지나친 열정으로 인해 예배 중에 절제와 판단력을 잃어버리는 일이 없어야 한다는 것이다. 하나님을 섬기는 사람들은 항상 심판이 그분의 집에서 사역하는 사람들에게서 시작된다는 것을 유념해야 한다(벧전 4:17). 각각의 사람들은 자신이 갖고 있는 기준에 따라, 그리고 그가 받은 재능에 대하여 헤아림을 받게 될 것이다(마 7:2; 눅 6:37-38).

율법은 제사장이 직무 중에 포도주나 독주를 마시는 것을 금지한다. 그들은 설사 우연하게라도 신성한 것을 침해하지 않도록 무슨 일이 있어도 경계심을 늦추지 말아야 한다. 또한 그들은 독주의 도움을 받아 무아지경의 상태로 들어가는 것이 허용되지 않았다. 비슷한 기준이 신약에서 제시되는데, 신약의 신자들은 깨어서 신실하게 살아야 하며 기도에 열중해야 한다(엡 6:18; 벧전 1:13; 4:7; 딤전 2:8). 바울은 권고한다. "술 취하지 말라. 이는 방탕한 것이니 오직 성령 충만함을 받으라." 이는 찬미의 노래로 서로 섬기기 위해서다(엡 5:18-20; 참조. 살전 5:7-8). 마찬가지로, 감독과 집사와 같은 교회 지도자들은 절제해야 한다(딤전 3:3, 8).

제사장들은 거룩한 것과 속된 것 사이를 구별하고, 또한 의식적으로 정결한 것과 의식적으로 부정결한 것을 구별할 책임이 있다. 그들은 또한 백성들에게 율법에 담긴 규례들을 가르쳐야 하고, 더불어 평신도에 의해 자신들에게 닥친 특정한 쟁점과 관련하여 다양한 법령을 해석해야 하는 막중한 책임이 있었다. 즉 그들은 율법을 매일의 삶 속에 적용함으로써 백성들을 지도해 주었다. 그리하여 평신도는 제사장들이 하나님을 가장 기쁘시게 하는 방식으로 자신들을 지도해 주도록 그들의 예리한 통찰에 의존했다. 제의적 문제에 관해 영향력 있는 교사와 심판관이 되기 위해 제사장들은 독주를 마심으로써 사고가 무뎌지지 않도록 경계심을 가져야 했다.

이 날의 끝 무렵에, 모세는 속죄 제물의 부위들을 제사장들이 먹어야 한다는 것을 기억했다. 그러나 그는 속죄 제물의 염소가 태워졌다는 것을 발견하고 깜짝 놀랐다. 모세는 아론과 그의 살아남은 아들들에게 화를 냈다. 아론은 답변을 통해 그 날의 사건이 자신을 매우 슬프게 했다고 밝혔다. 따라서 그는 하나님께서 만일 자신과 아들들이 속죄제의 고기를 먹었다면 기뻐하지 않으셨으리라 믿었다. 아론의 설명은 그가 이 문제에서 책임 있게 행동했다는 것을 보여 준다. 비록 그 행위가 엄밀히 의식적 법령의 위반이었지만 말이다. 모세는 아론의 해명을 받아들여 그 문제를 덮어 두었다.

하나님께서 묵인해 주신 아론의 규정 이탈과 하나님의 즉각적이고도 최종적인 심판을 불러온 그의 아들들의 이탈 사이에는 긴장이 놓여 있다. 그러한 긴장은 주어진 규정으로부터 이탈할 수 있는 적절한 방식과 부적절한 방식이 있다는 교훈을 제시해 준다. 그 규정들은 하나님을 영화롭게 하고 그분의 거룩을 드높이기 위한 표준들이다. 그렇다면 제사장들은 신성한 것을 멋대로 침해하지 않도록 자신을 지켜야 한다. 하지만 하나님께 영광을 돌리려는 동기에서 비롯된 합리적인 이유에 근거한 어떤 변경은 묵인되거나 수용될 수 있다.

III. 의식적 정결에 대한 법(11:1-15:33)

양식/구조/배경

레위기 11-15장은 의식적 정결을 다루는 일련의 지침들이다. 그 지침들의 배열 순서는 두 가지 원칙에 기초해 있다. 첫째는 점차적으로 늘어나는 시간적 길이에 따른 부정결의 순서다. 그 시간의 길이는 부정한 음식의 섭취로 인한 몇 시간으로부터 시작해서 분만 시의 몇 주간(12장), 나아가 악성 피부병에 걸린 사람에게 해당되는 어쩌면 평생의 기간(13-14장)에 이르기까지 점차 늘어난다. 두 번째 원칙은 봉합형 구조(inclusio)다. 11-14장에서 어떤 것이 사람을 부정하게 만드는 시간의 길이가 점점 늘어난다. 뒤이어 15장은 생식기로부터의 유출로 인한 부정결의 유형들을 제시하는데, 그것들은 각각의 다양한 부정결의 기간에 상응한다.

A. 음식 규정 11장 몇 시간
B. 출산 12장 몇 달
C. 피부, 옷 그리고 집안의 벽에 번지는 오염 13-14장 몇 년
D. 생식기로부터의 유출 15장 몇 시간/ 일주일/ 몇 년

의식적 정결에 대한 지침이 희생 규정들(1-7장)이 주어진 후에 등장하는데, 그 이유는 이 자료집(11-15장의 정결법 – 역자주)이 다음 세 가지 경우에 특정한 종류의 희생들을 바치라는 지시를 내리기 때문이다: 산모의 정화(12:6, 8), 악성 피부병에서 회복된 사람을 위한 복귀 의식(14:1-32) 그리고 비정상적인 유출로부터 회복된 남자나 여자를 위한 희생의 요구(15:14-15, 29-30). 특정한 희생들을 드리라는 이 지침은 1-7장에서 발견되는 희생 법안을 전제한다.

덧붙여서 10:10-11에서 부여된 제사장들의 역할은 11-15장과 (17) 18-26장 사이의 연결을 미리 암시해 준다. 제사장들은 "거룩한 것"(הקדש – 하코데쉬)과 "속된 것"(החל – 하홀)을, 또한 "부정한 것"(הטמא – 하타메)과 "정한 것"(הטהר – 하타호르)을 구별해야 했다. (17) 18-26장에 있는 자료는 거룩한 것과 속된 것 사이의 구별에 대하여 말해 주는 반면, 11-15장에 있는 자료는 정한 것과 부정한 것 사이의 구별을 다룬다. 그리하여 11-15장과 (17) 18-26장에서 볼 수 있는 법령과 지침, 그리고 권면들은 백성들이 거룩한 하나님을 기쁘시게 하는 방식으로 살라는 제사장

적 지침으로 확인될 수 있다. 의식적 정결 규정들에 관해 말하자면, 백성들은 나답과 아비후의 경우처럼(10:1-3) 부정한 상태에서 성소 구역 내로 들어가 신적인 거룩이 삼키는 일이 없도록 하나님이 정하신 기준을 알고 있어야 했다.

부정결에 대한 지침과 (17) 18-25에 나오는 거룩한 삶을 위한 법(성결법) 사이의 밀접한 결속이 음식 규정들(11장)에서 표면화된다. 그 문단의 말미에 백성들이 거룩하게 되기 위하여 자신을 성결케 하는 수단으로 음식법을 준수하라는 권면이 있다(11:44-45). 이러한 권면은 "나는 여호와라"(אני יהוה – 아니 아도나이)는 신적인 자기 선언에 기반을 두고 있으며, 그 선언이 18-25장 도처에서 자주 발견된다. 아마도 한때 이 음식법은 거룩한 삶에 대한 법들(성결법)의 일부였을 것이다. 이러한 가능성은 20:25-26에 있는 정/부정 동물들의 구별에 대한 언급이 지지해 준다. 덧붙여서, 신명기 14:3-20(21)에 있는 음식 규정들에 대한 병행 단락은 이스라엘이 거룩한 백성이라는 선언된 목적으로 시작되고 또한 마무리된다(2, 21aα절). 따라서 의식적 정결에 대한 이러한 지침은 (17) 18-26장에서 발견되는 거룩한 삶을 위한 법들(성결법)과 밀접하게 연관되어 있다.

정결과 성결한 삶에 관한 이 두 가지 규정집은 레위기의 중심을 이루는 16장의 속죄일 규정을 둘러싸고 있다. 사실상, 의식적 정결 규정은 16장의 시작 구절들 – 10장에서 이야기된 나답과 아비후의 비극적 죽음에 대한 언급 – 이 증명해 주는 대로 제사장 자료의 서사 얼개(narrative frame)를 방해한다. 그러나 의식적 정결에 대한 지침들은 필수적으로 속죄일 의식에 선행해야 한다. 왜냐하면 그 지침들은 속죄일 의식의 핵심 목적, 즉 백성들의 부정결로부터 제의 중심지 전체의 정화를 이해할 수 있게 만들기 때문이다(16:16, 19, 33). 즉 백성들의 잘못과 부정을 입히는 일상적인 활동에서 비롯된 부정결은 당사자를 잠시 부정한 상태에 놓이게 했지만, 그 부정결이 성막과 제단에 유입되어 그것들을 부정하게 만들 우려가 있었다(참조. Milgrom, "Israel's Sanctuary: The Priestly Picture of Dorian Gray," *SCTT*, 75-89). 속죄일의 희생들은 그런 모든 위협적인 부정결을 백성들과 성막으로부터 제거하여 제의가 제 기능을 발휘할 수 있도록 만들어 주었다.

한편, 이러한 지침들은 제사장이 의식적 정결과 거룩한 삶의 문제에 있어서 백성들을 가르치기 위한 것이다. 긍정적으로 표현하자면, 제사장들은 백성들이 어떻게 삶을 영위하고 성막의 예배를 위해 어떻게 스스로를 정결케 할 것인지를 가르칠 의무가 있었다. 그러나 우리는 왜 백성들이 이 모든 세부 사항들을 알 필요가 있었는지를 물을 수 있다. 그것은 각 가족들이 의식적 정결 규정을 스스로 알아서 준수해야만 했기 때문이다. 자기 식구들로 하여금 분명하게 의식적인 정결의 상태를 유지하게 함으로써 그들이 확신을 가지고 제단에 접근할 수 있게 하는 것은 가장의 책임이었다. 유사하게 가족의 식구들은 피부병 규정을 숙지하고 있어야 했는데, 이는 가족 중 어떤 사람이 피부에 번지는 증상이 있을 때 자신들이 어느 시점에 그를 제사장에게 데려가 검사를 받게 해야 하는지를 알기 위해서였다. 제사장들이 경관(police) 역할을 한 것이 아니었기 때문에, 이러한 표준들의 준수는 각 지파의 어르신(장로)들의 책임이었다. 그러므로 이 규정들은 일반 지식이 되어야 했는데, 이는 이러한 규정들이 하나님의 백성의 모든 세대 중에서 실제적으로 폭넓게 준수되도록 하기 위함이며, 또한 하나님께서 백성 중에 지속적으로 임재하시는 것을 보장해 주기 위함이었다.

부록: 의식적 정결

참고문헌

André, G., and **Ringgren, H.** "טָמֵא *ṭāmēʾ*." *TDOT* 5 : 330-42. **Booth, R. P.** *Jesus and the Laws of Purity: Tradition History and Legal History in Mark 7.* JSNTSup 13. Sheffield: JSOT Press, 1986. **Carroll, M. P.** "One More Time: Leviticus Revisited." *Archives européennes de sociologie* 19(1978) 339-46(=*Anthropological Approaches to the Old Testament.* Ed. B. Lang. Philadelphia: Fortress, 1985. 117-26). **Childs, B.** "The Role of the Ritual and Purity Laws." In *Old Testament Theology in a Canonical Context.* Philadelphia: Fortress, 1985. 84-91. **Döller, J.** *Die Reinheits-und Speisegesetze des Alten Testaments in religionsgeschichtlicher Beleuchtung.* ATA 7/2-3. Münster: Verlag der aschendorffschen Verlagsbuchhandlung, 1917. **Douglas, M.** *Purity and Danger.* London: Routledge & Kegan Paul, 1966. **Eilberg-Schwartz, H.** "Creation and Classification in Judaism: From Priestly to Rabbinic Conceptions." *HR* 26(1987) 357-81. **Ellen, R. F.**, and **Reason, D.** *Classifications in Their Social Context.* London: Academic Press, 1979. **Feldman, E.** *Biblical and Post-Biblical Defilement and Mourning: Law as Theology.* The Library of Jewish Law and Ethics. New York: Yeshiva UP; KTAV, 1977. 3-76. **Frymer-Kensky, T.** "Pollution, Purification, and Purgation in Biblical Israel." In *The Word of the Lord Shall Go Forth.* Ed. C. Meyers and M. O'Connor. FS D. N. Freedman. Winona Lake, IN: Eisenbrauns, 1983. 399-414. **Gispen,**

W. H. "The Distinction between Clean and Unclean." *OTS* 5(1948) 190-96. **Grunfeld, D. I.** *The Jewish Dietary Laws.* London: Soncino, 1972. **Hartley, J. E.** "Clean and Unclean." *ISBE* rev. 1:718-23. **Hauck, F.,** and **Meyer, R.** "*καθαρός.*" *TDNT* 3:414-31. **Hübner, U.** "Schweine, Schweineknochen und ein Speiseverbot im Alten Israel." *VT* 39(1989) 225-36. **Kaufmann, Y.** *The Religion of Israel.* Chicago: The University of Chicago Press, 1960. 55-58, 103-8. **Milgrom, J.** "The Biblical Dietary Laws as an Ethical System." *Int* 17(1963) 288-301(=*SCTT,* 104-18). ______. "The Graduated *ḥaṭṭā't* of Leviticus 5:1-13." *JAOS* 103(1983) 249-54. **Moyer, J.** *Concept of Ritual Purity among the Hittites.* Ann Arbor: University of Michigan Microfilms, 1969. **Paschen, W.** *Rein und Unrein: Untersuchung zur biblischen Wortgeschicte.* SANT 24. Munich: Kösel-Verlag, 1970. **Ringgren, H.** "טָהַר *ṭāhar.*" *TDOT* 5:287-96. **Schapiro, D.** *L'Hygiene alimentaire des Juifs devant la science moderne.* Paris: Erelji, 1930. **Stein, S.** "The Dietary Laws in Rabbinic & Patristic Literature." *Studia Patristica.* Texte und Untersuchungen zur Geschicte der altchristliche Literatur 64. 2(1957) 141-54. **Toombs, L. E.** "Clean and Unclean." *IDB* 1:641-48. **Vaux, R. de.** "Les sacrifices de porcs en Palestine et dans l'Ancient Orient." BZAW 77(1958) 250-65. **Wright, D. P.** *The Disposal of Impurity in the Priestly Writings of the Bible with Reference to Similar Phenomena in Hittite and Mesopotamian Cultures.* Ann Arbor: University of Michigan Microfilms, 1984.

또한 11장에 대한 참고문헌을 보라.

정결과 부정결의 개념

의식적 정결은 고대 이스라엘에서 일상 생활의 중대한 요소였다. 의식적 정결의 규례는 오경의 제사장 법안 도처에서 발견되지만, 핵심 법안은 레위기 11-15장에 등장한다. 이 장들에는 정결과 부정결이 고기(11장), 출산(12장), 피부병과 옷이나 집안의 벽에서의 번식(13-14장) 그리고 신체적 유출(15장)과 관련되어 규정되어 있다. 이러한 의식적 정결 규례를 백성들에게 교육하고, 그들이 복잡한 상황들에 적용할 특정한 규례를 설명해 주며, 또한 순종하게끔 만드는 일은 제사장들의 의무다.

구약에서 의식적 정결의 규준은 하나님의 거룩의 관점과 죽음의 저주 아래 놓여 있는 인간의 현세적 실존의 관점 위에 세워져 있다(참조. Paschen, *Rein und Unrein,* 63-64, 195; Andre and Ringgren, *TDOT* 5:331). 의식적 정결의 준수는 하나님의 축복을 받은 생명을 더 풍요롭게 하지만, 부정결은 죽음을 암시하고 있다. 실로 가장 심각한 부정결은 사체와의 접촉과 죽음의 그림자를 드리우는 악성 피부병으로 인해 생긴다. 의식적 정결의 법들은 백성들에게 그런 세계에서 어떻게 삶을 영위해야 하는지를 가르쳐 그들로 하여금 성소에서 거룩하신 하나님께 나아갈 수 있게 한다.

의식적 정결에 관한 제의 법안에서 핵심적인 구절은 제사장들에게 이렇게 말한다. "그리하여야 너희가 거룩하고 속된 것을 분별하며 부정하고 정한 것을 분별하게 된다"(레 10:10). 양극은 거룩한 것/속된 것(חל/קדש – 홀/코데쉬)과 정한 것/부정한 것(טמא/טהר – 타메/타호르)이다. 이러한 두 가지의 용어 묶음은 중복되기는 하지만 일치하지는 않다. 정결한 것이 어떤 것을 거룩하게 만들지 않지만, 거룩한 것은 항상 정결하다. 정결한 것은 위험이 없이 거룩한 것과 마주칠 수 있다. 정결은 전달될 수 없는 반면, 부정결은 즉시 전염된다(참조. 학 2:12-14). 그럼에도 불구하고, 무의식적으로 혹은 정상적인 행위로 인해 부정하게 된 것은 해가 없다. 부정을 탄 것이 위협적인 상황은 아니다. 부수적으로 말하면 정상적인 생활 과정 속의 부정결이 은유적으로 죄에 대하여 사용되긴 하지만, 의식적으로 부정을 타는 일반적인 방식들이 죄악된 행위로부터 오는 것은 아니다. 어떤 죄악된 행위들, 특히 성적인 죄와 우상 숭배가 오염을 일으키는 것으로 간주되지만, 구약에는 그 밖의 다른 규례들을 어기는 것이 동시에 그 범법자를 의식적으로 부정하게 만든다는 통일된 가르침은 없다. 사실 선지서들을 보면 불의한 일들로 심각한 죄를 지은 많은 사람들이 여전히 의식적으로 정결하고, 따라서 성소의 여러 예식에 전적으로 참여할 수 있었음이 분명하다(참조. 사 58:1-9a). 어쨌든 부정을 탄 상태가 동반할 일차적인 위험은 부정한 상태에서 거룩한 영역에 접근하는 행동에 존재한다. 거룩한 것은 자신 곁의 부정한 것이라면 무엇이든 태워 삼키면서 역동적인 작용을 한다. 나아가 부정한 상태가 되는 것은 가볍게 받아들여지는 문제가 아닌데, 왜냐하면 사람이 적절하게 자신을 정결케 하지 않는다면 그 실패는 하나님께 대항하는 의도적인 불순종의 행위가 되기 때문이다.

부정한 짐승의 섭취와 같은 어떤 유형들의 부정결은 피할 수 있는 것인 반면, 다른 유형들 즉 생리와 같은 것은 그럴 수 없다. 선택의 상황 속에서 경건한 고대 이스라엘 사람은 이러한 법들을 따르려고 애썼다. 그럼에도 불구하고, 피할 수 없는 부정결의 원인들이 경건한 사람을 부정하게 만들었다.

당사자는 의식적 절차에 의해 다시 정결하게 되는데, 그 절차는 부정결의 성질에 따라 다르다. 가장 온건한 경우들일 때 당사자는 자신을 씻은 다음해질 때까지 – 이스라엘에게는 새로운 날의 시작 – 기다린다. 반면에, 최악의 경우인 악성 피부병으로부터의 회복에 있어서는 당사자가 일곱 번 씻고 정결하게 되기 전에 며칠 동안 일련의 희생들을 드려야 한다(레 14:1-32). 정결하게 되는 이러한 상이한 방식들은 부정결의 등급이 있다는 것을 증언한다.

이때 의식적 정결의 법들의 일차적인 목적은 각자가 여호와께 예배드리러 성소에 가기 전에 자신을 깨끗하게 만들어 준비하는 것이다. 도덕적으로 연약한 인간은 제멋대로 성소에 들어가 불로 삼키는 여호와의 거룩이 자신들을 파멸하지 않도록 해야 한다. 즉 각 개인과 가정은 성소에 들어갈 목적으로 정결케 되기 위한 필수적인 절차를 밟기 위해서 매일의 삶에 깨어 있어야 한다. 의식적 정결의 법들은 백성들이 거룩하신 하나님으로부터 죄 있는 백성들을 분리시키는 넓은 간격을 생각하게끔 만들며, 나아가 그 법들은 하나님의 은혜에 대해 말하는데, 죄인인 연약한 인간들이 스스로 그 간격에 다리를 놓아 그분의 존전에 들어갈 채비를 갖출 방법을 제공한다는 점에서 그렇다. 동일한 맥락에서 이러한 규정들은 기본적으로 현세적 존재에 속하거나 속된 어떤 것을 거룩한 영역으로 가져오지 못하도록, 혹은 그런 현세적 관행들을 여호와의 예배에 통합시키지 못하도록 막아 준다. 또한 그 법들을 통해 백성들은 여호와가 이스라엘의 거룩하신 분이라는 고백의 깊이를 더욱 깊게 한다.

의식적 정결에 대한 설명

다양한 제안

이러한 정/부정의 규준을 해설하는 수많은 제안들이 제시되어 왔다. 이러한 해설들의 대부분은 제각각 전반적인 해석 형식이 아닌 음식법과 같은 그런 의식적 정결의 한 가지 차원을 집중적으로 다룬다. 이러한 해설들 중 여섯 가지가 언급될 것이다.

(1) 음식법에 대한 한 가지 흔한 해설은 그 법들이 적합한 음식을 통해 건강을 향상시켜 준다는 것이다. 예를 들어, 돼지는 종종 선모충병을, 토끼는 야토병을 옮긴다. 해리슨(R. Harrison)은 레위기에 대한 자신의 주석에서 이러한 견해를 능숙하게 변호했다(121-126). 비록 그것이 폭넓은 지지를 받긴 할지라도 수용하기는 어렵다. 특정한 고기와 특정 질병과의 관련성에 대한 지식은 현대 과학의 결과다. 고대 이스라엘 사람들이 어떤 질병의 증상과 돼지고기 섭취 사이의 연관성을 발견했다는 것은 의심스럽다. 더구나 야생 멧돼지는 선모충이 거의 없으며, 돼지고기는 적당히 요리하면 그런 질병이 거의 희박해진다. 이스라엘의 이웃들이 돼지고기를 먹었다는 증거는 그들이 어떤 질병의 영향을 줄이기 위해 그 고기를 준비하여 요리하는 방법을 알았다는 것을 시사한다. 그와 반대로, 역시 일부 반추 동물도 기생충을 위한 숙주다(Harrison, 126). 위생 이론에 가장 큰 장애물은 신약이 먹을 수 있는 동물과 먹을 수 없는 동물의 구별을 모두 제거한다는 것이다. 이러한 변화는 예수와 사도들의 교훈에 기초해 있다(막 7:14-20; 행 10:9-16). 하나님 자신이 건강을 증진시키기 위해 주신 법들을 제거하시리라는 것은 이해할 수 없다.

그럼에도 불구하고 모든 의식적 정결법의 충실한 준수는 분명히 공동체의 건강을 도모하며, 특히 고대 세계에서는 그러했다. 빈번한 세척, 모든 종류의 죽은 사체로부터의 분리 그리고 모든 부정한 것들을 거주지 밖의 부정한 장소에 처분하는 것은 온갖 질병과 역병에 강력한 타격을 입혔다. 그렇지만 정결법들이 여호와께서 죽음이 아닌 생명의 증여자라는 믿음에 대한 증거라는 것 외에는 건강상의 혜택이란 그 법들의 부산물일 뿐이었다.

(2) 이러한 법들을 해석하는 또 다른 방식은 그것들이 상징적 의미를 전달한다는 것이다. 스타인(Stein, "Dietary Laws," 144-46)은 이러한 방식의 해석을 모두 그리스도 이전에 쓰여진 위(僞)-아리스테아스(Pseudo-Aristeas), 대제사장 엘르아살(the High Priest Eleazar) 그리고 필로(Philo)로 거슬러 올라간다. 예를 들어, 필로는 이렇게 쓴다. "꼴을 뜯어먹은 다음 새김질을 하는 짐승이 식도에 그것을 간직해 놓고, 그것을 잠시 후에 다시 꺼내 씹은 뒤 배속으로 삼키는 것과 마찬가지로, 학생은 스승으로부터 자신의 귀로 지혜의 원리와 교훈을 받은 후 그 배움의 과정을 지속해야 한다. 왜냐하면 학생은 즉시 그것들을 확실하게 이해하고 깨달을 수 없기 때문이다. 그가 개념들을 구체적으로 이해하게 만드는 꾸준한 훈련을 통해 자신이 들은 각각의 교훈들을 생각나게 하는 기억을 사용함으로써 자신의 영혼에 그것들에 대한 강한 인상을 새기기 전까지는 말이다. 그러나 만일 우리가 어떤 개념들을 확고히 이해한다 하더라도 선택해야 할 것을 선택하고 그 반대의 것은 피할 수 있도록 그것들을 식별하고 구별하지 않는다면, 그러한 개념들에 대한 이해는 분명히 소용이 없을 것이며, 이러한 구별은 갈라진 굽에 의해 상징화된다. 왜냐하면 삶의 방식은 이중적이어서 하나의 가지는 악에 이르고 다른 가지는 덕에 이르며, 우리는 하나는 제거하되 다른 것은 버리지 말아야 하기 때문이다"("The Special Laws," 4:107-9 in *Philo*, tr. F. Colson, *Loeb Classical Library*[Cambridge, MA: Harvard UP, 1960] 8:73, 75). 비록 신약이 정/부정 문제에 대해 이러한 접근을 하지 않았을지라도, 바나바 서신(*Letter to Barnabas*)이 증언하는 대로 초대 교회 교부들은 그것을 채택했다. 이러한 풍유적 해석 방법은 현 시대까지 지속되었다. 예를 들어, 보나르(Bonar, 208)는 돼지와 시궁창의 관련은 우리에게 죄악의 오물을 상기시켜 준다고 말한다. 정/부정이 각각 도덕적 정결과 죄를 상징하는 반면, 다양한 동물들의 특정한 습성들에서 모형론적 표상을 발견하기 위한 본문상의 지지는 전혀 없다.

(3) 어떤 해석가들은 정결법에 대한 합리적 이유를 발견하려는 어떠한 시도도 포기하면서, 그 법들이 단지 임의적인 법령일 뿐이라는 주장을 고수한다(예를 들어, Maimonides, *Mishnah Torah, The Book of Cleanness*. viii. *Immersion Pools* 11:12. *The Code of Maimonides, Book Ten. The Book of Cleanness*, tr. H. Danby[New Haven: Yale UP 1954] 535, Neusner, *The Idea of Purity*, 7에 의해 인용).

(4) 최근에 밀그롬은 흥미로운 견해를 제시했다(J. Milgrom, *SCTT*, 104-18). 그에 의하면, 음식법 제도는 인간이 무작위한 살상자로 전락하는 것을 막기 위해 제정된 것이다. 이 법들은 언약 백성들에게 인간적인 도살 방식을 요구하고, 피의 섭취를 금지하여 생명에 대한 깊은 경외심이 그들에게 배어들게 했다(*SCTT*, 110). 고대 이스라엘 사람들은 식용으로 사냥이 허용되었으나, 많은 이방 사람들의 사냥이 그러하듯이 희열을 느끼기 위한 무차별적인 사냥 놀이는 금지되었다. 따라서 음식법은 생명 경외를 가르친다(*SCTT*, 113,

115-18).

(5) 레빈(B. Levine)은 다른 접근법을 채택한다(*In the Presence of the Lord*, 55-91). 그는 부정결이 공동체와 성소의 하나님을 공히 위험에 빠뜨리는 능동적인 사악한 힘이라고 믿는다. 이때 성소에서 수행되는 피 의례들은 제의 물품들과 성소 직무자들을 정화시키고, 또한 이러한 사악한 힘들로부터 여호와를 보호하는 데 필수적인 액운 제거 의례들(apotropaic rites)이다. 이러한 해석을 뒷받침하기 위해서, 레빈은 성경의 자료를 이스라엘의 이웃들의 제의 제도로부터 끌어온 증거에 비추어 설명해야 했다. 그의 입장이 지닌 주요 난점은 성경이 결코 부정결을 악마적 힘으로 묘사하지 않는다는 것이다.

(6) 사회 인류학자들은 의식적 정결의 법들을 설명하기 위한 포괄적이고 통합적인 견해를 찾는다. 갈채를 받은 가장 완전한 견해가 더글라스(M. Douglas)에 의해 「정결과 위험」(*Purity and Danger*)에서 제시되었다. 이 견해는 아래서 논의될 것이다.

가능한 해설

해석가들이 정결법에 대한 합리적인 이유에 대해 추론하기를 즐기지만, 성경 본문은 특별한 규준에 대해 거의 설명하지 않는다. 그럼에도 불구하고, 성경 본문은 정결 교훈에 대한 주된 이유가 하나님께서 이스라엘을 거룩한 백성이 되도록 부르신 소명을 고취시키고자 그들을 이웃 민족들로부터 분리시키기 위한 것이라고 진술한다(20:24, 26; 18:3). 따라서 이 규정들의 철저한 준수는 이스라엘 족속이 그들의 이웃들의 비도덕적인 관습을 따르지 않도록, 또한 이교의 의례들을 자신들의 여호와의 예배로 통합시키지 못하도록 지켜 주었다. 특히 음식법은 이스라엘 족속이 그들의 이웃들과 동일한 식탁에서 친교를 나누는 것을 어렵게 만들었으며, 이방 신들의 축일에 그들이 참여하는 길을 원천 봉쇄했다(참조. 11:44-45; 신 14:2, 21).

참으로 의식적인 정결법들은 거룩하고, 또한 하나님의 예배에서의 사용에 적합한 것을 속되고 그로 인해 오직 세상의 존재 영역에만 속하도록 분류되는 것들로부터 구별했다. 속된 것으로 분류된 대상들에는 인간 존재의 가장 본질적인 측면들의 일부를 포함한다. 성관계, 출산 그리고 매장. 이러한 활동들 중 어떤 것에 참여함으로써 사람이 부정하게 된다. 그것은 정결법이 어떤 식으로든 이러한 행위들의 가치를 떨어뜨린다는 의미는 아니다. 오히려 그 법들은 그런 활동들 중 어떤 것이라도 성소 구역 내에서 발생하는 것을 봉쇄했다. 즉 이러한 중대한 생명의 분야들과 관련된 것들은 그 무엇이라도 결코 예배에의 접근 수단으로 사용될 수 없었다. 특별히 다산 의례들은 결코 여호와를 예배하는 수단이 될 수 없었으며, 성관계는 다신 종교에서처럼 결코 신성시될 수 없었다. 사체에 의한 잠재적 부정결에 더하여 사체를 만지고 죽은 자를 애도하는 것에 대해 제사장들에게 요구된 엄격한 규준은 조상 숭배 및 숭배에 근접해 있었던 망자 공경에 치명적인 타격을 가했다. 따라서 정결법은 여호와를 추구함에 있어서 바른 접근을 하도록 이스라엘을 인도해 주었다.

이러한 개념들은 우리로 하여금 더글라스(Douglas)의 분석을 고려하도록 이끈다. 그녀의 작업은 대단히 다양한 의식적 정결법들을 설명하는 가장 포괄적인 체계를 제시한다. 그녀는 정/부정의 법들이란 한 사회가 자신의 세계에 구조를 제공하는 광범위한 범주라는 전제에서 연구를 시작한다. 이스라엘에서 정결의 규준은 "온전함과 완전함으로서의 거룩"(*Purity*, 51)을 증거한다. 그것들은 하나님의 온전성, 정결 그리고 통일성을 백성들의 마음에 깊이 배어들게 하는 일단의 상징들을 제공한다(57). "거룩은 통일성, 완결성, 완벽함"이기 때문에 단지 흠이 없는 완전한 동물들만이 희생으로 드릴 수 있다. 유사하게 온전한 제사장들만이 제단에서 섬길 수 있다. 유목 민족들에게 새김질을 하고 갈라진 굽을 가진 짐승들은 식용으로 적합하다(*Purity*, 54-55). 그러나 단지 이러한 특징들 중에 단지 하나만 가졌거나 아무것도 갖지 않은 짐승들은 불완전하며, 따라서 부정하다. 물고기, 조류(鳥類) 그리고 곤충들 중에 정결한 것은 그들이 사는 영역에 적합한 이동 수단을 사용하는 것들이다(*Purity*, 55). 물고기는 비늘과 지느러미를 가져야 한다. 조류는 두 개의 다리를 가지고 뛰어야 하고 날개로 날아야 한다. 그녀는 부정한 것으로 열거된 새들이 부정한 이유는 그들의 비행에 추가적으로 다이빙을 하고 수영을 하는 그들의 본성에 있다고 제안한다. 그것이 그들을 "완전한 새답지 않게" 만든다(*Purity*, 56-57). 네 발을 가지고 날아다니는 생물들을 보자면, 그것들은 자신들이 사는 영역들을 혼합하기 때문에 부정하다(*Purity*, 55-57). 기는 동물들은 그것들이 사는 영역에 상관없이 부정한데, 왜냐하면 그런 이동 방식은 거룩에 상치되기 때문이다(*Purity*, 56). "기는 것들은 물고기도 아니고, 짐승도 조류도 아니다. 장어와 벌레는 물고기와 같지 않은데도 물에서 산다. 파충류는 네 발 짐승과 같지 않은데도 마른 땅 위를 다닌다. 어떤 곤충들은 새와 같지 않은데도 날아다닌다"(*Purity*, 56). 제안되었던 모든 설명 중에 이 해석 체계가 가장 포괄적이고 설득력이 있다.

캐롤(Carroll)은 더글라스의 의식적 정결에 대한 설명의 전제가 통찰력이 넘치는 타당성을 지닌다고 인정한다. 그러나 그는 부정한 것으로 분류된 동물들이 각자의 범주에 특징적인 이동 수단을 갖지 않은 것들이라는 그녀의 입장이 불충분하다는 것을 발견한다. 그럼에도 불구하고, 캐롤은 "수중 동물"의 정/부정의 구별에 대한 그녀의 설명은 본문상의 서술과 일치한다고 인정한다(Carroll, "One More Time,", 118-19). 반면에, 다양한 "나는 동물들", "육상 동물들" 그리고 "기는 것들"을 부정한 것으로 범주화한 그녀의 설명은 정밀성이 결여되어 있다. 캐롤은 다른 가설을 내놓으면서(120-25), 그 연결축(nexus)이 자연(동물)/문화(인간)라고 지적한다. 문화를 침범하는 동물들은 따라서 금기(taboo)다. 그의 판단으로는, 단지 인간만이 고기를 먹도록 허용되었기 때문에(창 9:3) 고기를 먹는 동물들과 새들은 부정한 것으로 분류된다. 날아다니는 곤충들의 목록을 설명하기 위해 그는 이러한 해설을 확장하여 모기와 같이 물거나 벌과 같이 쏘는 곤충 혹은 옷을 갉아먹고 인간이 만든 물건을 파괴하는 좀 벌레와 같이 문화를 해치는 곤충들을 포함한다.

캐롤과 더글라스가 한 사회 내에서의 의식적 정결의 기능을 설명한 방식에 근거하여 연결축(nexus)이 생명(질서)/죽음(무질서) 사이에 있을 수 있다(참조. Feldman, *Defilement and Mourning*, 31-76). 음식으로 금지된 대다수의 동물들은 청소부, 육식동물 혹은 사체를 먹는 것들이다. 금지된 동물들의 다른 부류는 야생 멧돼지나 맹금류처럼 황무지와 폐허와 관련된 것들인데, 그런 곳들은 바로 조상들이 악령들의 거주지라고 간주했던 장소들이다. 또한 땅 속에서 살고, 그로 인해 죽음의 영역과 관련된 동물들은 부정하다(참조. W. Kornfeld, *Kairos* 7[1965] 146-47). 예를 들어, 이사야 65:2-7(참조. 66:17)은 이스라엘 족속이 밤중에 무덤 사이에서 종교 집회를 개최하여 돼지고기와 부정한 동물들로 만든 국을 먹었다고 이야기한다. 더글라스는 그 본문은 이 동물들이 신비 제의에서 역할을 한 이유로 그것들을 부정하다고 말하지는 않는다고 정확히 언급하지만(*Purity*, 55), 그럼에도 불구하고 이러한 설명(죽음의 영역과 관련된 것이 부정하다는 것-역자주)은 부정한 것으로 분류된 것들이 불완전하고, 불충분하며, 혼란한 것을 상징한다는 그녀의 입장과 일치한다. 게다가 사술과 마술 그리고 초혼술(招魂術)은 그런 동일한 영역에 속하며, 따라서 저주받을 짓이다. 그것들은 두렵고 혼란한 존재의 차원들에 깊숙이 몰입한다(*Purity*, 102). 이것은 왜 온갖 종류의 사술이 거룩한 삶을 위한 성결법(19:26, 31; 20:6)에서 단정적으로 정죄되었는지를 설명해 준다. 의식적 정결을 관장하는 규정이 종의 혼합과 추악함, 그리고 황폐를 상징하는 그 동물들, 다시 말해 무당과 박수가 애용한 바로 그 상징들을 부정하다고 선언함으로써 사술의 관행을 막으려고 고안되었다는 주장은 잘못된 것이 아니다. 같은 맥락에서 악성 피부병은 그것이 죽음의 그림자를 드리우기 때문에 사람을 부정하게 만든다. 그것은 당사자로부터 생명이 먹히고 있다는 신호다. 유사하게 옷과 건물에 발생하는 심각한 번식은 궁극적으로 그런 물체들을 파괴한다. 신체상의 유출은 죽음으로 범주화될 정도로 불쾌한 것은 아니지만, 만일 그 유출이 적절히 취급되지 않는다면 죽음의 힘을 발생시킨다. 그래서 생리로 인한 하혈도 피가 금기(taboo)이며(참조. 17:11), 또한 피의 손실은 사람에게서 기력이나 생명력을 강탈한다는 두 가지 이유 모두로 인해 사람을 부정하게 만든다. 동물 사체와의 접촉은 저녁까지 사람을 부정하게 하는 반면(11:24-28), 사람 시체와의 접촉은 7일 동안 사람을 부정하게 만든다(민 19:11-13). 송장과 접촉한 후에 정결하게 되기 위하여 제3일과 제7일에 특별한 용액을 뿌릴 것을 요구하는 특별한 의식이 있다(민 19:14-19). 이렇듯 죽음 혹은 그것의 어떤 징조라도 부정결의 개념의 기초가 된다.

펠드만(Feldman, *Defilement and Mourning*)은 이 점에 대해 분명하게 적는다.

> 죽음은 하나님의 **부재**(不在)와 **케두샤**(*qedusha*)의 부재를 나타낸다: 그것은 **투마**(*tum'ah*)다(קדושה의 뜻은 "거룩"이며, טמאה의 뜻은 "부정결"이다-역자주). 그리고

> **투마**와 **케두샤**는 전혀 관련이 없다(59).
>
> 일단 생명이 제거되고 죽음이 들어오면 거룩은 제거되고 **투마**가 들어온다. **케두샤**의 이탈로 남은 공백은 **투마**의 세력으로 채워진다. 이러한 새로운 죽음과 **투마**의 세력이 이제 각자의 영역에서 생명과 **케두샤**가 한때 그들의 영역에서 그랬던 것과 같은 강력한 힘을 갖는다. 이때 **케두샤**와 **투마**는 동전의 양면이다. 한쪽 면에서는 하나님과 결합된 인간(생명)은 거룩하다. 다른 면에서는 하나님이 없는 인간(죽음)은 **타메**(*ta-mé*)다(65).

그러므로 정결한 것은 생명, 건강 그리고 거룩에 부합하는 반면, 부정한 것은 죽음, 병 그리고 속된 것에 부합한다. 이러한 정결법들에 대한 사회학적 접근은 현 시대의 사람들이 그것들을 더욱 잘 이해할 수 있게 만든다.

매일의 정결 의식 준수는 이스라엘의 사회적이고 영적인 발전에서 가공할 만한 힘이었다. 정결 의식은 이스라엘 백성의 유대를 강화시켰다. 더구나 충실한 준수는 모든 신실한 이스라엘 사람들의 양심 속에 하나님께 대한 복종을 깊숙이 심어 줌으로써 그 민족의 영적인 발전을 촉진시켰다(참조. Milgrom, "Ethics and Ritual," 186-91) 더글라스(Douglas)가 말한 대로, "금기의 법들에 의해, 거룩은 동물 세계와의 매일의 만남 속에서 그리고 모든 식사에서 실물적인(physical) 표현이 주어졌다"(*Purity*, 57). 사람들은 그 법의 사소한 사안들에 충실함으로써 자신에게 죄악에 대한 강력한 유혹에 맞설 능력을 갖추게 하시는 하나님께 신실한 사랑의 태도를 품게 된다. 이렇듯 의식적 정결의 준수는 각 사람이 도덕적이며 영적인 경각심에 민감하도록 만들었다. 그 법들은 개인적인 평안과 물질적 이득을 넘어서 영적인 가치를 추구하는 것을 방침으로 삼는다.

구약에서 정/부정의 상징적 사용

구약에서는 종종 정결과 부정결이 도덕성을 상징한다(참조. 전 9:2). 시편 24:4에서 "손을 깨끗이 하다"라는 숙어는 "깨끗한 마음"과 병행을 이룬다(참조. 욥 17:9). 깨끗한 손은 사람이 의식적으로 정결하다는 것과 하나님의 계명들을 충실하게 지킨다는 것 둘 다를 의미한다. 반대로 더러운 손은 사람이 적극적으로 율법을 어겼다는 것을 의미한다(사 59:3). 이사야는 자신을 깨끗케 함으로써 선을 행하는 것에 대해 말한다(1:16). 이와 달리 위선적인 의(義)는 사람의 부정함과 오염된 옷에 비교된다(사 64:5[6]). 노이스너(Neusner, *The Idea of Purity*, 15)에 따르면, 은유적인 용례의 정/부정 혹은 청결/불결의 용어들은 의식적 정결에 대한 특정한 법들과 관련시키려는 시도를 하지 않는다. 오히려 이 용어들은 동기에 뿌리박고 있는 인간 행동의 도덕적 차원의 강력한 상징들로서의 역할을 한다. 노이스너는 정/부정의 용어가 도덕적 행위에 적용되는 몇 가지 방법을 확인한다(13-15). 첫째로, 하나님은 부정결을 싫어하신다. 에스겔 14:11에서 하나님을 떠난

자들은 스스로를 자신의 범죄로 더럽힌다. 하나님께서는 친히 그들의 거짓 예배로 인해 이스라엘을 더럽히시거나 거절하신다(참조. 학 2:11-14). 둘째로, 우상 숭배는 특히 고약한 오염이다(렘 2:23; 19:13; 겔 23:30; 36:18, 25; 시 106:38-39). 그러므로 하나님께서 이스라엘을 새롭게 하실 때마다 그분은 그들의 우상을 제거하시고 백성들을 정화하신다(겔 37:23). 죄악으로부터 깨끗해지는 것은 용서받는 것이다(렘 33:8; 겔 36:33; 참조. 시 51:4[2]); Ringgren, *TDOT* 5:295). 셋째로, 불법적인 성관계는 매우 불결한 것이다(레 18장; 20장; 렘 13:27; 겔 23:17; 33:26; 43:7; 시 106:39). 넷째로, 마술과 무고한 피를 흘리는 것은 모두 무서운 오염이다(레 18:21; 20:2-6; 27; 시 106:37-39; 렘 19:4-5; 겔 16:17-22; 24:8-11; 참조. 신 19:10; 사 65:2-7).

부도덕으로부터 오는 오염은 이스라엘의 하나님과의 언약관계에 치명적인 영향을 끼친다. 구약에 있는 많은 본문들은 이스라엘이 비참하게 부도덕과 우상 숭배에 탐닉하는 것을 그들이 언약 아래 받은 상속물(예를 들어, 창 15:17-21)인 땅을 오염시키는 것으로 묘사한다(예를 들어, 레 18:24-30; 20:22-23; 신 21:23; 렘 2:7; 겔 22:24; 미 2:10). 이러한 오염은 땅을 황폐하게 만든다(호 4:3; 사 24:4-8). 땅이 너무 심하게 오염될 때, 그것은 더 이상 그 곳의 거주자들을 감당할 수 없다. 땅은 그들을 토해 낸다. 이때 이스라엘이 자신의 고향 땅으로 돌아오기 위해서는 그들과 그들의 땅이 정화되거나 청결해져야 한다(사 4:4). 이상적 시대가 오면 부정한 것은 그 어떤 것도 거룩한 도시에 들어올 수 없을 것이다(사 35:8; 52:1; 참조. 계 21:27). 그러므로 이스라엘은 결코 다시는 심판의 위협 아래 있지 않을 것이다.

의식적 정결과 신약

신약은 의식적 정결법을 폐지한다. 바울은 말한다. "내가 주 예수 안에서 알고 확신하는 것은 무엇이든지 스스로 속된 것이 없되 다만 속되게 여기는 그 사람에게는 속되니라"(롬 14:14; 참조. 딛 1:15). 예수께서는 바리새인들이 의식적 정결을 세밀하게 실천하면서 율법의 더 중요한 문제들을 잊었다는 이유로 그들을 정죄하셨다(마 23:23-28; 참조. 눅 11:37-41). 그분은 그들을 죽은 자들의 뼈와 모든 부정결로 가득 찬 회칠한 무덤에 비교했다(마 23:27). 구약의 기준에 비추어 볼 때, 그분의 비판은 이 이상 더 통렬할 수는 없다. 의식적 정결의 제거에 대한 삼중적인 합리적 이유가 있다. 첫째로, 예수께서는 삶의 모든 측면을 포괄하는 새로운 질서를 가져오셨으며, 그것은 그분의 부활이 약속한 대로 자연의 모든 것을 위해 완전히 회복된 생명을 가져온다(롬 8:19-23). 둘째로, 예수께서는 유대인과 이방인 사이의 분리의 장벽을 무너뜨리셨다. 의식적 정결법을 제거하는 것은 자유케 하시는 그분의 위대한 업적을 상징한다(엡 2:11-21). 하나님께서 믿음으로 인해 마음을 정결케 하시기 때문에 유대인이든 이방인이든 모든 믿는 자들은 그분 앞에서 깨끗하다(행 15:8-9; 참조. 10:9-16, 34-35). 단지 세례의 성례만이 이러한 내적 변화의 표지로서 교회에 의해 보존된다(롬 6:3-11; 엡 5:26). 셋째로, 신약의 교회는 이 세상의 온갖 부정결로부터 보호되어야 하는 중앙 성소를 갖지 않는데, 그 이유는 옛 성소가 하늘 성전에 중심을 둔(히 9:11-12; 참조. R. Brown, *The Gospel according to John I-XII*. AB 29[Garden City, NY: Doubleday, 1979] 124-25) 영적 예배로 대체되었기 때문이다(요 2:19-20; 4:20-24; 막 14:58).

신약은 "정/부정"과 "더러움"이란 용어를 도덕적 행위를 묘사하기 위해 계속 사용한다. 더러움은 죄, 특히 타락한 마음의 본성을 상징한다. 예수께서는 입에서 나오는 것이 아닌 마음에서 나오는 것들, 즉 악한 생각, 뒤틀린 정욕 그리고 자랑이 사람을 더럽힌다고 가르쳤다(막 7:14-23; 마 15:17-20). 바울은 "부정결"(*ἀκαθαρσία* – 아카다르시아)을 이방인들이 실천하는 부도덕에 대해 사용한다(롬 6:19; 고후 12:21; 엡 4:19; 5:3, 5; 살전 4:7; Hauck, *TDNT* 3:428-29). 이러한 부정결은 이방인들을 하나님께로부터 멀리 떨어져 있게 만든다(롬 1:24-25; 엡 4:17-19). 그러므로 바울은 모든 신자들에게 권고한다. "육과 영의 모든 더러움으로부터 우리 자신을 깨끗케 하자." 왜냐하면 그때 우리는 "하나님에 대한 두려움 가운데 거룩을 완전하게 이루기 때문이다"(고후 7:1). 예수님의 빛 가운데 걷는 사람은 모든 죄로부터 깨끗케 된다(요일 1:7, 9; 참조. 히 1:3). 하나님의 말씀은 이러한 내적인 청결의 도구다(요 15:3; 참조. 엡 5:26). 순결한 마음과 깨끗한 양심은 각각의 신자들의 목표다(마 5:8; 딤전 1:5; 3:9; 딤후 1:3; 2:22). 이러한 정결은 법규 목록의 고수를 통해서가 아니라 서로에 대한 성실하고 열정적인 사랑 안에서 표현된다(벧전 1:22; 참조. 딛 2:14; 히 9:14).

A. 동물의 정-부정 분류에 대한 지침(11:1-47)

참고문헌

Bare, G. *Plants and Animals of the Bible*. London: United Bible Societies, 1969. **Cansdale, G.** *Animals of Bible Lands*. England: Paternoster, 1970. **Douglas, M.** "Deciphering a Meal." *Daedalus* 101(1972) 61-81(=*Implicit Meanings*. London: Routledge & Kegan Paul, 1975. 249-75). ______. *Purity and Danger*. London: Routledge & Kegan Paul, 1966. **Driver, G. R.** "Birds in the OT: I. Birds in Law." *PEQ* 87(1955)

5-20. ______. "Birds in OT: II. Birds in Life." *PEQ* 87(1955) 129-40. **Fink, E.** "Essai d'explication d'un passage du Lévitique." *REJ* 63(1912) 121-23. **Jirku, A.** "Leviticus 11:29-33 im Lichte der Ugarit-Forschung." *ZAW* 84(1972) 348. **Khalifé, L.** "Étude sur l'histoire rédactionelle des deux textes parallèles: Lv 11 et Dt 14, 1-21. *Melto* 2(1966) 57-72. **Kornfeld, W.** "Reine und unreinen Tiere im Alten Testament." *Kairos* 7(1965) 134-47. **Łach, S.** "Le sacrifice *zebaḥ šᵉlāmîm.*" *Folia Orientalia* 11(1969) 187-94. **Milgrom, J.** "Ethics and Ritual: The Foundations of the Biblical Dietary Laws." In *Religion and Law: Biblical-Judaic and Islamic Perspectives.* Ed. E. Firmage, B. Weiss, and J. Welch. Winona Lake, IN: Eisenbrauns, 1990. 159-91. **Moran, W. L.** "The Literary Connection between Lv 11,13-19 and Dt 14,18." *CBQ* 28(1966) 271-77. **Parmelee, A.** *All the Birds of the Bible.* New York: Harper and Brothers, 1959. **Pinney, R.** *The Animals in the Bible.* Philadelphia: Chilton Books, 1964. **Schulz, A.** "Der Hase als Wiederkräuer." *BZ* 9(1911) 12-17. **Simoons, J.** *Eat Not This Flesh: Food Advances in the Old World.* Madison, WI: The University of Wisconsin Press, 1961. **Trublet, J.** "Alimentation et sainteté; Lévitique 11 Deutéronome 14." *Christus* 29(1982) 209-17. **Vaux, R. de.** "Les sacrifices de porcs en Palestine et dans l'Ancient Orient." BZAW 77(1958) 250-65. **Wenham, G.** "The Theology of Unclean Foods." *EvQ* 53(1981) 6-15. **Wigand, K.** "Die altisraelitsche Vorstellung von unreinen Tieren." *ARW* 17(1914) 413-36. **Wright, D. P.** "Observations on the Ethical Foundations of the Biblical Dietary Laws: A Response to Jacob Milgrom." In *Religion and Law: Biblical-Judaic and Islamic Perspectives.* Ed. E. Firmage, B. Weiss, and J. Welch. Winona Lake, IN: Eisenbrauns, 1990. 193-98. **Yerkes, R. K.** "The Unclean Animals of Leviticus 11 and Deuteronomy." *JQR* n.s. 14(1923/24) 1-29.

본 문

1 여호와께서 모세와 아론에게 고하여 그들에게 이르시되

2 이스라엘 자손에게 고하여 이르라 육지 모든 짐승 중 너희의 먹을 만한 생물은 이러하니

3 짐승 중 무릇 굽이 갈라져 쪽발이 되고 새김질하는 것은 너희가 먹되

4 새김질하는 것이나 굽이 갈라진 짐승 중에도 너희가 먹지 못할 것은 이러하니 약대는 새김질

1 Yahweh spoke to Moses and Aaron.[a]

2 "Speak to the Israelites: These are the creatures that you may eat from all the animals.[a]

3 You may eat any animal that has a split hoof, divided into two[a] parts,[b] and[c] chews the cud.[d]

4 However, you may not eat from those that only chew the cud or have a split hoof. The

은 하되 굽이 갈라지지 아니하였으므로 너희에게 부정하고
5 사반도 새김질은 하되 굽이 갈라지지 아니하였으므로 너희에게 부정하고
6 토끼도 새김질은 하되 굽이 갈라지지 아니하였으므로 너희에게 부정하고
7 돼지는 굽이 갈라져 쪽발이로되 새김질을 못하므로 너희에게 부정하니
8 너희는 이 고기를 먹지 말고 그 주검도 만지지 말라 이것들은 너희에게 부정하니라
9 물에 있는 모든 것 중 너희의 먹을 만한 것은 이것이니 무릇 강과 바다와 다른 물에 있는 것 중에 지느러미와 비늘 있는 것은 너희가 먹되
10 무릇 물에서 동하는 것과 무릇 물에서 사는 것 곧 무릇 강과 바다에 있는 것으로서 지느러미와 비늘 없는 것은 너희에게 가증한 것이라
11 이들은 너희에게 가증한 것이니 너희는 그 고기를 먹지 말고 그 주검을 가증히 여기라
12 수중 생물에 지느러미와 비늘 없는 것은 너희에게 가증하니라
13 새 중에 너희가 가증히 여길 것은 이것이라 이것들이 가증한즉 먹지 말지니 곧 독수리와 솔개와 어응과
14 매와 매 종류와
15 까마귀 종류와
16 타조와 다호마스와 갈매기와 새매 종류와
17 올빼미와 노자와 부엉이와
18 따오기와 당아와 올응과
19 학과 황새 종류와 대승과 박쥐니라
20 날개가 있고 네 발로 기어다니는 곤충은 너희

camel,[a] although it chews the cud, does not have a split hoof:[b] you are to consider it unclean.
5 The hyrax,[a] although it chews the cud, does not have a split hoof: you are to consider it unclean.
6 The hare,[a] although it chews the cud, does not have a split hoof: you are to consider it unclean.
7 The pig,[a] although it has a split hoof, completely divided, does not chew[b] the cud: you are to consider it unclean.
8 You are not[a] to eat their meat nor come into contact with their carcasses: you are to consider them unclean.
9 "From[a] all these creatures which live in water you may eat: anything that has fins and scales, whether in the seas[b] or in the streams,[c] you may eat.
10 But anything that does not have fins and scales,[a] whether in the seas or the streams, including any[b] small creatures in shoals or any large creatures in water,[c] you[d] are to detest them.
11 You are to detest them: you are not to eat[a] any[b] of their meat: you are to detest their carcasses.
12 You are to detest anything[a] living in water that does not have fins and scales.[b]
13 "These[a] among the birds[b] you are to detest. They are not to be eaten:[c] they are detestable: the griffon vulture, the bearded vulture, the black vulture,
14 the kite, every kind of buzzard,
15 every[a] kind of crow,[b]
16 the eagle owl, the short-eared owl, the long-eared owl,[a] every kind of hawk,
17 the little owl, the cormorant, the long-eared screech owl,
18 the barn owl, the scops owl, the Egyptian vulture,
19 the stork,[a] every kind of heron, the hoopoe,[b] and the bat.
20 "You are to detest every[a] flying insect that

에게 가증하되
21 오직 날개가 있고 네 발로 기어다니는 모든
곤충 중에 그 발에 뛰는 다리가 있어서 땅에서 뛰
는 것은 너희가 먹을지니
22 곧 그 중에 메뚜기 종류와 베짱이 종류와 귀
뚜라미 종류와 팟종이 종류는 너희가 먹으려니와
23 오직 날개가 있고 기어다니는 곤충은 다 너희
에게 가증하니라
24 이런 유는 너희를 부정케 하나니 누구든지 이
것들의 주검을 만지면 저녁까지 부정할 것이며

25 무릇 그 주검을 옮기는 자는 그 옷을 빨지니
저녁까지 부정하리라

26 무릇 굽이 갈라진 짐승 중에 쪽발이 아닌 것
이나 새김질 아니하는 것의 주검은 다 네게 부정
하니 만지는 자는 부정할 것이요

27 네 발로 다니는 모든 짐승 중 발바닥으로 다
니는 것은 다 네게 부정하니 그 주검을 만지는 자
는 저녁까지 부정할 것이며

28 그 주검을 옮기는 자는 그 옷을 빨지니 저녁
까지 부정하리라 그것들이 네게 부정하니라

29 땅에 기는 바 기는 것 중에 네게 부정한 것은
이러하니 곧 쪽제비와 쥐와 도마뱀 종류와

30 합개와 육지 악어와 수궁과 사막 도마뱀과 칠
면석척이라
31 모든 기는 것 중 이것들은 네게 부정하니 무
릇 그 주검을 만지는 자는 저녁까지 부정할 것이
며

32 이런 것 중 어떤 것의 주검이 목기에든지 의
복에든지 가죽에든지 부대에든지 무론 무엇에 쓰
는 그릇에든지 떨어지면 부정하여지리니 물에 담
그라 저녁까지 부정하다가 정할 것이며

33 그것 중 어떤 것이 어느 질그릇에 떨어지면

darts about.
21 However,[ab] you may eat some[c] of the flying
insects[d] that dart about: those that have jointed
legs[e] for hopping[f] on the ground.
22 From these[a] you may eat: every kind of
locust, katydid, desert locust, or grasshopper.
23 But[a] you are to detest every other flying
insect that has four pair of legs.[bc]
24 "By these[a] you will make yourself unclean:
whoever comes in contact with one of their
carcasses will be unclean until the evening.
25 Whoever picks up one of their carcasses[a] is to
wash his clothes,[b] and he will be unclean until
the evening.
26 "Every[a] animal that has[b] a split hoof, but is
not[c] divided into two parts, or does not chew the
cud, you are to consider unclean. Whoever comes
into contact with one of them[d] will be unclean.
27 You are to consider unclean every four-
footed animal that goes on its paws: whoever
comes into contact with one of their carcasses
becomes unclean until the evening.
28 Whoever picks up their carcasses[a] is to wash
his clothes, and he will be unclean until the
evening. You are to consider them unclean.
29 "The following[a] are very unclean[b] for you
among the creatures crawling on the ground: the
mole-rat, the mouse, every kind[c] of dabb lizard:
30 the gecko,[a] the monitor lizard, the lizard, the
skink[a] and the chameleon.
31 Among all[a] the crawling creatures these are
unclean for you: whoever comes into contact
with one of them after it is dead[b] will be unclean
until evening.
32 And anything on which one of them falls after
it is dead[a] will be unclean: any wood vessel,
clothing, leather article, sackcloth, any utensil used
for work. It is to be put[b] in water: it will be
unclean until evening: then it will be clean.
33 Any clay vessel into which one of these falls,[a]

그 속에 있는 것이 다 부정하여지나니 너는 그 그릇을 깨뜨리라

34 먹을 만한 축축한 식물이 거기 담겼으면 부정하여질 것이요 그 같은 그릇의 마실 만한 마실 것도 부정할 것이며

35 이런 것의 주검이 물건 위에 떨어지면 그것이 모두 부정하여지리니 화덕이든지 질탕관이든지 깨뜨려 버리라 이것이 부정하여져서 너희에게 부정한 것이 되리라

36 샘물이나 방축물 웅덩이는 부정하여지지 아니하되 그 주검에 다닥치는 것만 부정하여질 것이요

37 이것들의 주검이 심을 종자에 떨어질지라도 그것이 정하거니와

38 종자에 물을 더할 때에 그것이 그 위에 떨어지면 너희에게 부정하리라

39 너희의 먹을 만한 짐승이 죽은 때에 그 사체를 만지는 자는 저녁까지 부정할 것이며

40 그것을 먹는 자는 그 옷을 빨 것이요 저녁까지 부정할 것이며 그 주검을 옮기는 자도 그 옷을 빨것이요 저녁까지 부정하리라

41 땅에 기어다니는 모든 기는 것은 가증한즉 먹지 못할지니

42 곧 땅에 기어다니는 모든 기는 것 중에 배로 밀어 다니는 것이나 네 발로 걷는 것이나 여러 발을 가진 것이라 너희가 먹지 말지니 이는 가증함이니라

43 너희는 기는 바 기어다니는 것을 인하여 자기로 가증하게 되게 말며 또한 그것을 인하여 스스로 더럽혀 부정하게 되게 말라

44 나는 여호와 너희 하나님이라 내가 거룩하니 너희도 몸을 구별하여 거룩하게 하고 땅에 기는 바 기어다니는 것으로 인하여 스스로 더럽히지 말라

45 나는 너희의 하나님이 되려고 너희를 애급 땅

everything in it will be unclean, and you are to break it.

34 Any food[a] which may be eaten that has water on it will be unclean, and any drink in any vessel that may be drunk will be unclean.

35 Whatever one of their carcasses[a] falls on becomes unclean. An oven or stove is to be smashed:[b] they are unclean. You are to consider them unclean.

36 However, a spring[a] or a cistern for collecting water[b] remains clean. But whatever comes in contact with one of their carcasses becomes unclean.

37 If[a] one of their carcasses falls on any seed for sowing, it remains clean.

38 But if[a] water has been put on seed[b] and one of their carcasses falls on it, you are to consider it unclean.

39 "When[a] any animal[b] which is permissible for eating dies, whoever touches its carcass will be unclean until evening.

40 Whoever eats from its carcass[a] is to wash his clothes,[b] and he will be unclean until the evening. Whoever picks up its carcass is to wash his clothes, and he will be unclean until the evening.

41 "Any creature that crawls on the ground is[a] detestable:[b] it is not to be eaten.

42 You[a] may not eat any of the creatures that crawl on the ground,[b] whether it goes on its belly or darts about on four legs or[c] has many legs, for they are detestable.[d]

43 Do[a] not make yourselves detestable with any of the creatures that crawl. Do not make yourselves unclean[b] with them or become unclean[c] by them

44 because I am Yahweh your God. Sanctify yourselves[a] and be holy because I am holy.[b] Do not make yourselves unclean[c] by any creature that scurries on the ground

45 because I am Yahweh,[a] who brought you up

에서 인도하여 낸 여호와라 내가 거룩하니 너희도 거룩할지어다

from the land of Egypt to be your God. You will be holy because I[b] am holy.

46 이는 짐승과 새와 물에서 움직이는 모든 생물과 땅에 기는 모든 기어다니는 것에 대한 규례니

46 "This is the instruction concerning animals, birds, every living creature that scurries about in the water, and every creature that crawls on the earth.

47 부정하고 정한 것과 먹을 생물과 먹지 못할 생물을 분별한 것이니라

47 Its purpose is to distinguish between the unclean and the clean, and between living creatures that may be eaten[a] and those which may not be eaten."[a]

원문주해

1.a. 70인경(LXX)과 벌게이트역(Vg)에는 알레헴(אלהם, "그들에게")이 빠져 있다. 드물게 간접목적어가 레모르(לאמר, "말하기를〈가라사대〉") 뒤에 위치한다(그러나 창 23:5, 14을 보라). 본 주석의 영어 번역과 같이, 아마 여러 역본들이 단순히 더 나은 읽기를 만들어 내기 위해 그것을 번역하지 않기로 결정했을 것이다.

2.a. 브헤마(בהמה)는 "큰 육상 동물"을 의미하며, 1:2에서와 같이 자주 "가축 동물"을 지칭한다.

3.a. 몇몇 히브리어 필사본들(mss), 70인경(LXX) 그리고 시리아역(Syr)은 신 14:6과 같이 쉐테이(שתי, "둘")를 추가한다. 마소라 본문(MT)은 누락의 실수에서 비롯되었을 것이다.

3.b. 짐승의 특징에 대한 이런 묘사들은 동족 목적어를 사용한다: 마프레쎄트 파르싸 붸쇼싸아트 쉐싸(מפרסת פרסה ושסעת שסע, 문자적으로 "굽을 가르고 틈을 쪼개는": 개역성경: 굽이 갈라져 쪽발이 되고), 그리고 7절에 있는 기라 로 이가르(גרה לא יגר, "그것은 새김질을 못하므로": 문자적으로 "그것은 그것의 새김질감을 새김질하지 않는다").

3.c. 70인경(LXX), 시리아역(Syr) 그리고 벌게이트역(Vg)은 연결사를 읽는다. 그것은 다른 히브리어 본문이기보다는 번역자의 권리였을 것이다. 호프만(Hoffmann, 1:326)은 마알라트 게라(מעלת גרה, "새김질하다")라는 어구가 접속사가 없는(asyndetic) 문맥 속에 있는데, 이는 어떤 동물이 정결하게 간주되기 위해 두 가지 특징이 필요하다는 것을 강조하기 위해서라고 말한다.

3.d. 마소라 본문의 직접목적어는 동사 앞에 긴 미정격(*casus pendens*)이다. 그것은 대명사 접미어를 가진 직접목적어의 표시에 의해 목적어로 연결된다.

4.a. 정관사는 짐승들의 부류를 표시하기 위해 사용된다(*IBHS* § 9.5.2f).

4.b. 70인경(LXX)은 3절과 신 14:7에서처럼 카이 오뉘키존톤 오뉘키스테라스(*καὶ ὀνυχιζόντων ὀνυχιστῆρας*, "그리고 갈라진 굽을 가진")를 추가한다.

5.a. 참조. "원문주해" 4.a.

6.a. 참조. "원문주해" 4.a.

7.a. 참조. "원문주해" 4.a.

7.b. 마소라 본문(MT)의 이가르(יגר, "그것이 새김질한다")는 니팔형의 상호적 용법(reciprocal use)인데, 사마리아 오경은 그 단어 대신 신 14:8에서와 마찬가지로 아인-와우 동사로 보이는 칼 미완료형인 야구르(יגור)로 읽는다.

8.a. 미완료형을 가진 부정의 로(לא)의 용법은 완전한 순종을 기대하는 강조의 효력을 지닌다(GKC § 107o).

9.a. 어떤 히브리어 필사본들(mss)과 역본들은 5-7절에서처럼 서두의 불변사(את – 에트)에 와우(ו)를 붙여 읽는다. 그것의 부재는 이 구절이 다른 문단을 시작하기 때문에 발생하는지 모른다.

9.b. 70인경(LXX)은 빠야밈(בימים, "그 바다들에서")에 와우(ו)를 붙여 읽는다.

9.c. 참조. "원문주해" 3.d.

10.a. 사마리아 오경(Sam)과 70인경(LXX)은 빠마임(במים, "그 물에서")을 추가한다. 이것은 중자탈락에 의해 사라졌던 단어였을 가능성이 있지만, 그 구절의 뒷부분에서 사용된 것에 의해 영향을 받아, 또한 다음 단어들의 특징들로 인해서 포함되었을지도 모른다.

10.b. 이것은 전치사 민(מן, "…로부터")의 부분의 용법(partitive use)이다(GKC § 119w, n. 2). 이 민(מן)의 용법은 이 지침에서 빈번하다.

10.c. 이 긴 어구는 명사절의 대명사 주어에 연결되는 미정격(*casus pendens*)이다.

10.d. 70인경(LXX)은 라켐(לכם, "너희를 위해")을 갖지 않는다.

11.a. 참조. "원문주해" 8.a.

11.b. 참조. "원문주해" 10.b.

12.a. 많은 히브리어 필사본들(mss)과 역본들은 그 구절을 와우(ו)로 시작한다. 마소라 본문(MT)은 더욱 특이한 본문으로서 수용된다.

12.b. 참조. "원문주해" 10.a.

13.a. 직접목적격의 표시 뒤에 있는 지시대명사 에트 엘레(את־אלה, "이것들을")는 곧 이어 등장하는 새들의 목록을 예견한다.

13.b. 참조. "원문주해" 10.b.

13.c. 마소라 본문(MT)의 예아클루(יֵאָכְלוּ, "그것이 먹혀야 한다") 대신 사마리아 오경(Sam)은 토클루(תאכלו, "너는 먹어야 한다")로 읽는다. 마소라 본문(MT)이 더 어려운 독법으로서 지지를 받는다. 또한 "원문주해" 8.a를 참조하라.

15.a. 많은 히브리어 필사본들(mss)과 역본들은 시작하는 불변사에 와우(ו)를 붙여 읽는다. 15-20절의 문체는 이러한 이문이 선호될 만하다는 것을 시사하지만, PIR(174)은 동의하지 않는다.

15.b. 70인경 원 바티칸 사본과 알렉산드리아 사본(LXX[B*A])에는 이 구절이 없다. 그것은 신 14:14에도 빠져 있다.

16.a. 사마리아 오경(Sam)과 70인경(LXX)은 레미네후(למינהו, "그것의 종류들을 따라")를 추가한다. 이 어구는 이 부정한 새들의 목록 전체에 걸쳐 다양한 곳에서 사용된다. 그것은 그것이 나타나는 곳들 중 어느 한 곳으로부터 영향을 받아 쉽게 추가될 수 있었을 것이다.

19.a. 70인경(LXX)은 카이 글라우카(*καὶ γλαῦκα*, "그리고 올빼미")로 읽는다. 이 단어는 16절과 신 14:25에서와 마찬가지로 웨하타흐마스(ותחמס; 개역 성경: 다호마스, "그리고 짧은 귀 올빼미")를 지칭할 수 있다.

19.b. 마소라 본문(MT)의 하두키파트(הדוכיפת, "후투티"; 개역 성경: 대승) 대신 사마리아 오경(Sam)은 하두기파트(הדוגיפת)로 읽는다.

20.a. 몇몇 히브리어 필사본들(mss)과 역본들은 와우(ו)를 가진 구절들로 시작한다. 마소라 본문(MT)이 선호되는데, 이는 이 구절이 새로운 문단을 시작하기 때문이다(참조. PIR, 175).

21.a. 몇몇 70인경 필사본들(mss)은 서두의 아크(אך, "분명히, 오직, 그렇지만")를 갖지 않는다.

21.b. 번역되지 않은 지시대명사 제(זה, "이것")는 다음에 이어지는 묘사를 예견한다. 참조. "원문주해" 13.a.

21.c. 참조. "원문주해" 10.b.

21.d. 사라프 하오프(שרץ העוף)는 문자적으로 "날개의 기는 것"이다. 이것은 비록 소유격이 한정적이라 할지라도 비한정적 명사다(GKC § 127a, e).

21.e. 다리를 지칭하는 이 용어는 쌍수다.

21.f. 마소라 본문(MT)의 빠헨(בהן, "그것들을 가지고") 대신 많은 히브리어 필사본들(mss)과 사마리아 오경(Sam)이 빠헴(בהם, "그것들을 가지고"; 남성)으로 읽는다.

22.a. 참조. "원문주해" 13.a.

23.a. 몇몇 히브리어 필사본들(mss)과 70인경(LXX)은 시작하는 와우(ו)를 읽지 않는다.

23.b. 쌍수는 다리가 쌍으로 간주되었다는 것을 시사한다(GKC § 88f).

23.c. 참조. "원문주해" 10.c.

24.a. 울레엘레(ולאלה, "이것들에 의해")라는 어구는 26절에 있는 레콜 하브헤마(לכל־הבהמה, "모든 짐승들〈을 따라〉")를 지시한다(Baentsch, 360). 이 어구는 새로운 문단을 표시한다.

25.a. 마소라 본문(MT)의 미닙라탐(מנבלתם, "그것들의 사체들로부터") 대신 몇몇 히브리어 필사본들(mss)과 시리아역(Syr)은 28절과 40절에서 그런 것처럼 에트 닙라탐

(את־נבלתם, "그것들의 사체〈들〉")으로 읽는다(참조. "원문주해" 10.b).

25.b. 사마리아 오경(Sam)은 붸라하츠 빠마임(ורחץ במים, "그리고 물로 씻어야 한다")을 추가한다. 참조. "원문주해" 49.b.

26.a. 몇몇 히브리어 필사본들(mss), 원 70인경(LXX*)과 시리아역(Syr)은 첫 단어 레콜(לכל, "모든")에 와우(ו)를 넣어 읽는다.

26.b. 3인칭 대명사 후(הוא)는 주어를 반복하여 강조한다(GKC § 141h).

26.c. 70인경(LXX)은 에이네나(איננה, "…이 없다")를 읽지 않는다.

26.d. 빠헴(בהם, "그것들을") 대신 몇몇 히브리어 필사본들(mss)과 70인경(LXX)은 베닙라탐(בנבלתם, "그것들의 사체〈들〉")으로 읽는다. 마소라 본문(MT)은 더 어려운 독법이다. 그 이문은 무엇이 문맥으로부터 추론되어야 하는지를 더욱 명확하게 만든다.

28.a. 마소라 본문(MT)의 에트 닙라탐(את־נבלתם, "그것들의 사체〈들〉") 대신 사마리아 오경(Sam)과 70인경(LXX)은 25.a.처럼 미닙라탐(מנבלתם, "그것들의 사체〈들〉의 하나")으로 읽는다.

29.a. 지시대명사 제(זה, "이것")는 목록이 뒤따를 것을 예상케 해준다.

29.b. 밴취(Baentsch, 360)는 부정 명사와 함께 한정적 형용사를 사용하는 것을 최상급의 효력을 가진 것으로 해석한다. 그 관사의 효력을 붙잡기 위해 이 곳의 영어 번역에서는 "very"(매우)를 사용하고 있다.

29.c. 원 70인경(LXX*)은 레미네후(למינהו, "그것들의 종류를 따라")를 갖지 않는다.

30.a. 70인경은 와우(ו)를 읽지 않는다.

31.a. 마소라 본문(MT)의 베콜(בכל, "모든 것들 사이에") 내신 사마리아 오경(Sam)과 70인경(LXX)은 미콜(מכל, "모든 것들 중에, …의 일부")로 읽는다.

31.b. 전치사 뒤의 부정사 연계형은 주어 역할을 하는 대명사 접미어를 가진 시간절을 형성한다.

32.a. 참조. "원문주해" 31.b.

32.b. 호팔형의 유바(יובא, "그것이 〈물에〉 가져와졌다") 대신 사마리아 오경(Sam)은 야보(יבוא, "그것이 〈물에〉 닿다")로 읽으며, 70인경(LXX)은 바페세타이(*βαφήσεται*, "그것이 담가져야 한다")로 읽는다.

33.a. 이 긴 어구는 동사 티쉬보루(תשברו, "깨뜨려야 한다")의 직접목적어가 되는 미정격(*casus pendens*)이다. 그것은 목적격의 표시인 대명사 접미어에 의해 목적어로 연결된다.

34.a. 70인경(LXX)은 이 구절의 서두에서 와우(ו)를 읽는다.

35.a. 참조. "원문주해" 10.b.

35.b. 역본들은 마소라 본문(MT)의 유타쯔(יתץ, "그것이 깨뜨려져야 한다")가 아닌 복수 동사로 읽는데, 이는 주어가 복합적이기 때문이다. 이것이 번역상의 요구에는 맞을

수 있지만, 복합 주어가 동사 앞에 선행할 수 있기 때문에 마소라 본문이 선호될 수 있다 (참조. GKC § 146d, e). 게세니우스 문법(GKC § 53u)과 왈키(B. Waltke and M. O'Connor, *IBHS* § 22.6c, n. 32)는 유타쯔(יֻתַּץ)를 칼 수동형으로 간주한다.

36.a. 마소라 본문의 마으얀(מַעְיַן, "샘으로부터") 대신 사마리아 오경(Sam)과 70인경(LXX)은 마으얀 마임(מעין מים, "물의 샘으로부터")으로 읽는다.

36.b. 70인경(LXX)은 이 단어가 세 번째 유형의 저수(貯水) 방식이 되도록 와우(ו)로 읽는다.

37.a. 접속사 키(כִּי)는 조건문을 이끈다. BDB 7b.(473)에 따르면, 그것은 임(אִם)이 이끄는 조건보다 더욱 발생 가능성이 큰 경우에 사용된다.

38.a 참조. "원문주해" 37.a.

38.b. 사마리아 오경(Sam)은 한정 명사, 즉 하제라(הזרע, "그 씨")로 읽는다. 마소라 본문(MT)이 선호되는데, 이는 그 명사가 집합적 의미인 "어떤 씨든지"라는 의미를 지니고 있기 때문이다. 70인경(LXX)은 37절에서와 마찬가지로 판(*πᾶν*, "모든")으로 읽지만, 그것이 상이한 히브리어 본문을 반영하지는 않을 것이다. 왜냐하면 그것은 아마도 이 히브리어 본문이 지닌 개념(문자적 의미가 아니라 – 역자주)을 번역하고 있을 것이기 때문이다.

39.a. 참조. "원문주해" 37.a. 키(כִּי)의 번역은 여기서 "…할 때"인데, 이는 이러한 종류의 사례가 흔히 발생하기 때문이다.

39.b. 참조. "원문주해" 10.b.

40.a. 마소라 본문(MT)의 에트 닙라타(אֶת־נִבְלָתָהּ, "그것의 사체") 대신 70인경(LXX)은 "원문주해" 25.a.과 마찬가지로 미닙라탐(מנבלתם, "그것들의 사체로부터")으로 읽는다.

40.b. 원 70인경(LXX*)은 25.b.에서와 마찬가지로 카이 루세타이 휘다티(*καὶ λούσεται ὕδατι*, "그리고 그는 물로 씻어야 한다")를 추가한다.

41.a. 참조. 왈키(*IBHS*) § 8.4.2b.

41.b. 70인경(LXX)은 현재의 장의 선언 형식문(declaratory formula)에서 자주 그러하듯이 휘민(*ὑμῖν*, "너에게")을 갖는다. 마소라 본문(MT)이 더 흔치 않은 독법으로서 선호된다.

42.a. 몇몇 히브리어 필사본들(mss)과 역본들은 와우(ו)를 가진 동사로 시작한다.

42.b. 히브리어 필사본들(mss)에서 홀렘 와우(*ḥolem* ו)가 큰 문자로 쓰여져 있는데, 이는 그것이 오경의 중심에 위치한 문자이기 때문이다(GKC § 5n; *b. Qidd.* 30a; 이것을 the mid point of Torah라 부르기도 한다 – 역자주).

42.c. 어떤 히브리어 필사본들(mss)에는 아드(עַד, "…까지")가 빠져 있다. 이 단어는 설명하기가 어렵다.

42.d. 참조. "원문주해" 41.a.

43.a. 참조. "원문주해" 34.a.

43.b. 참조. "원문주해" 8.a.

43.c. 마소라 본문(MT)의 니트메템(נטמתם, "너는 부정하게 된다")의 철자에서 침묵 문자 알렙(א)이 빠져 있다.

44.a. 쉐(שׁ) 앞의 마지막 음절에 히렉(*ḥireq*)이 있는데, 일반적으로는 파타흐(*pataḥ*)를 갖는다(GKC § 44d, 54k).

44.b. 70인경(LXX)은 퀴리오스 호 데오스 휘몬(*κύριος ὁ θεὸς ὑμῶν*, "주 너의 하나님")을 추가한다. 참조. 18:2.

44.c. 참조. "원문주해" 8.a.

45.a. 사마리아 오경(Sam)과 시리아역(Syr)은 엘로헤이켐(אלהיכם, "너의 하나님")을 추가한다. 참조. 18:2.

45.b. 원 70인경(LXX*)은 퀴리오스(*κύριος*, "주님")를 추가한다.

47.a. 왈키(*IBHS*, § 23.3d)는 이 니팔형을 진입-상태의 용법(ingressive-stative force)으로 보면서, 필수적이거나 선호되는 상태를 묘사하는 것으로 이해한다(참조. *IBHS* § 37.4d; GKC § 116e).

양식/구조/배경

이 단락의 구조는 다음과 같다.

I. 도입 형식문(1절)
II. 연설(2-47절)
  A. 연설 위탁(2a절)
  B. 연설 자체(2b-47절)
    1. 정-부정 동물의 분류(2b-23절)
      a. 육상 동물에 관하여(2b-8절)
        1) 먹을 수 있는 육상 동물의 분류(2b-3절)
        2) 먹을 수 없는 육상 동물의 분류(4-8절)
      b. 물고기에 관하여(9-12절)
        1) 먹을 수 있는 물고기의 분류(9절)
        2) 먹을 수 없는 물고기의 분류(10-12절)
      c. 새에 관하여(13-19절)

1) 어떤 새들을 가증히 여기라는 명령(13a절)
2) 스무 가지의 가증한 새들의 목록(13b-19절)
d. 나는 곤충에 관하여(20-23절)
1) 나는 곤충들을 가증히 여기라는 명령(20절)
2) 명령에서 예외적인 것(21-22절)
a) 먹을 수 있는 나는 곤충들의 분류(21절)
b) 먹을 수 있는 메뚜기 목록(22절)
3) 그것들이 가증하다는 선언적 진술(23절)
2. 부정결에 대한 지침(24-40절)
a. 나는 곤충의 사체에 의해 전달되는 부정결(24-25절)
b. 부정한 육상 동물의 사체에 의해 전달되는 부정결(26-28절)
1) 부정한 육상 동물의 분류와 그것들이 전달하는 부정결(26-27절)
2) 부정한 동물 사체와의 접촉으로부터 정화에 대한 지침(28절)
c. 기는 생물들에 의해 전달되는 부정결(29-38절)
1) 기는 생물들의 정체(29-30절)
a) 부정결에 대한 일반적 진술(29a절)
b) 기는 생물들의 목록(29b-30절)
2) 그것들의 사체에 의해 전달되는 부정결(31-38절)
a) 부정하게 된 사람들을 위한 법(31절)
b) 부정하게 된 물건들을 위한 법(32-38절)
(1) 부정하게 된 물품을 위한 일반적인 법(32절)
(2) 사체와 접촉된 여러 물품들에 대한 법(33-38절)
d. 먹을 수 있는 대형 육상 동물의 사체에 의해 전달되는 부정결(39-40절)
3. 기는 짐승들의 섭취에 대한 법과 권고(41-45절)
a. 먹을 수 없는 기는 동물들에 관하여(41-43절)
b. 여호와의 자기 소개 형식문과 함께 거룩하라는 권고(44-45절)
4. 요약 진술(46-47절)

이러한 정-부정 동물에 대한 지침은 도입 형식문을 갖는 표준적 방식으로 시작된다. 그렇지만 그 형식문은 여호와께서 먼저 모세와 아론에게 동시에 말씀하신다는 점에서 선행하는 많은 형식문들과 차이가 난다 – 다만 10:8에서는 여호와께서 아론에게 직접 말씀하신다. 현재의 단락과 13:1; 14:33; 15:1에 있는 형식문들에 아론이 포함된 것은 11-15장이 정한 것과 부정한 것 사이를 구별하는 제사장의 중대한 임무(10:10-11)에 초점을 맞춘 것과 잘 들어맞는다. 덧붙여서, 여기에 아론이 포함됨으로써 첫 번째 공적인 제사들(9:23)에 뒤이어 그가 모세와 함께 회막 안으로 들어가는 행위의 중요성이 한층 강화된다. 이러한 세부 사항들로 인해 11-15장과 8-10장이 서로 엮인다.

이 장은 두 가지의 주요 주제를 전달해 준다: 동물의 정-부정으로의 분류(2b-23, 41-45절)와 동물 사체와의 접촉으로 인한 부정결 규정(24-40절). 요약 진술(46-47절)은 이 두 문단을 한데 묶어 준다.

첫 번째 문단은 동물들이 사는 거주 영역에 따라 네 개의 단위로 구성된다.

1. 동물들(땅) (2b-8절)
2. 물고기(물) (9-12절)
3. 새들(공중) (13-19절)
4. 곤충들(땅과 공중) (20-23절)

저자는 자신의 원 자료에 있는 삼중적 영역—신명기 14장에서 증명되는 대로—을 사중적 영역으로 확대했다. 숫자 4는 이 법규들이 땅에 있는 모든 동물들을 포괄한다는 것을 의미하는데, 이는 공간에 대한 사중적 묘사는 지상의 모든 생물이나 사물을 포괄하는 것으로 간주되었기 때문이다: 예를 들어, 욥기 23:8, 9.

이 문단의 각 단위는 각자 독특한 구조를 갖는다. 육상 동물의 섭취를 허용하는 진술이 있은 뒤, 먹을 수 있는 그 육상 동물의 특징들을 정의하는 이중적 원칙이 나온다(2b-3절). 그 다음에 이 육상 동물들이 원칙을 따라 확인되고(4a절), 그 원칙들이 어떻게 적용되는지를 예증하는 네 종류의 금지된 동물들의 목록이 뒤따른다(4b-7절). 이 단위는 두 가지 금지 조항으로 끝을 맺는다: 이러한 부정한 동물들 중 어떤 것도 먹지 말거나 그것들의 사체를 만지지 말 것(8a절). 그 금지 조항들은 선언 형식문에 의해 강력해진다(8b절).

두 번째 단위(9-12절)는 아무런 표본들을 제시하지 않은 채 일련의 일반적 진술로 구성된다. 시작하는 구절은 물고기를 먹을 수 있는 것으로 확인해 준다(9절). 이어서 부정한 물고기를 다루는 일반적 지침이 나온다(10-12절). 먹을 수 없는 물고기에 대해 신명기 14:10b에서 "부정한"(טמה—타메)이라는 단어가 사용되지만, 여기서는 그것이 가증한 것(שקץ—쉐케쯔, 혐오스러운 것: 10, 11, 12절)이라고 선언된다. "가증한 것"은 부정한 생물들에 대한 역겨운 감정이 강화된 표현이다. 이 용어는 또한 먹을 수 없는 새, 곤충 그리고 떼짓는 것들(혹은 "기는 것들"-역자 주)에 대해 사용된다(13, 20, 23, 41, 42절). 코흐(Koch, *Priesterschrift*, 76)는 이러한 방식의 체계화는 제사장 저자의 특징이라고 설명한다. 그렇지만 먹을 수 있거나 먹을 수 없는 물고기의 표본들이 제시되지 않은 것은 레위기 저자의 특징이 아니다.

세 번째 단위는 먹을 수 없는 새의 이름들을 나열한다. 가증한 새들의 섭취를 금지하는 도입문이 선언 형식문에 의해 강조되면서 먼저 나타나며, 뒤이어 음식으로 금지된 20가지의 새의 목록이 주어진다(13b-19절). 이 새들을 먹을 수 없는 것으로 분류하는 원칙은 전혀 제시되지 않으며, 또한 먹을 수 있는 새들의 표본도 전혀 없다. 또한 다른 단위들과 차이나는 점은 봉합 구조(inclusio)를 형성하는 반복적 진술이 전혀 없다는 것이다. 20절을 이 단위의 마지막 종류의 생물로 볼 수도 있지만(Koch, *Priesterscrift*, 76), 오히려 그것을 다음 단위의 서두로 보는 것이 더 낫다. 왜냐하면 그 진술이 선행하는 구절들에 나오는 새들의 이름 목록과는 대조적으로 범주 분류에 속하며, 23절과 더불어 그것이 네 번째 봉합 구조를 형성하기 때문이다.

네 번째 단위는 나는 곤충들에 대한 것인데, 주요 단어들인 오프(עוֹף, "새, 날개": 13, 20, 21, 23절)와 쉐케쯔(שֶׁקֶץ, "가증한": 13, 20, 23절)에 의해 밀접하게 마지막 단위로 묶인다. 서두의 진술이 날개 달린 모든 곤충을 음식에서 제외한 다음, 아크(אַךְ, "오직, 분명히")로 시작되는 한 가지 예외가 어떤 날개 달린 곤충들을 먹을 수 있는 것으로 확인한다(21절). 이어서 네 종류의 먹을 수 있는 메뚜기들의 목록이 등장한다(22절). 이 단위를 마무리하는 것은 가증한 나는 곤충들에 대한 진술이다(23절). 나는 곤충들을 부정한 조류와 함께 분류하는 것이 분명한 신명기 14:19과는 대조적으로, 레위기 11장의 저자는 나는 곤충들에 대한 진술을 자체적인 단위로 발전시켰다. 그것은 다양한 종류의 메뚜기들이 식용 가능하다는 것을 분명히 해두기 위해서이며, 또한 앞서 언급한 대로 숫자 4의 중요성에 따라 동물들을 네 개의 범주로 배치하기 위해서였다.

두 번째 문단은 네 개의 단위로 구성되었는데(24-40절), 그것은 사체와의 접촉이 전달하는 부정결에 관심을 갖는다. 24-25절은 이 두 번째 문단에 대한 개괄적인 표제 역할을 한다. 24절은 사체와의 접촉에서 비롯된 부정결의 사실과 성격을 묘사하며, 25절은 다시 정결케 되기 위한 절차를 묘사한다. 24절에서 주제의 전환이 발생한다는 것은 또한 문체상의 변화에 의해 증거된다. 2인칭의 직접적인 전달 대신 이제 분사절을 주어로 삼는 미완료 동사 문장이 전형적인 문장이 된다. 그래서 이 문단 전체에서 그 문체는 첫 번째 문단의 문체보다 더욱 비인칭적이다.

저자는 먼저 첫 번째 문단과 병행을 이루도록 하기 위해 대형 육상 동물들에서 비롯되는 부정결을 다룬다(26-28절//2-8절). 먹을 수 없는 육상 동물의 두 가지 기본적 특징에 한 가지 특징이 추가되는 것을 살필 수 있는데, 그것은 뭉툭한 발(paw, 문자적으로 "손으로 걷는", 27절)을 갖는 특징이다(paw는 굽이 갈라진 발과 달리 날카로운 발톱을 가진 발로 주로 맹수들의 발이며, 혹은 발바닥을 일컫는다. 따라서 개역 성경은 "발바닥"으로 번역한다–역자주). 이 단위는 선언 형식문(28절)에 더하여 의식적인 정화 절차에 대한 묘사로 끝을 맺는다.

다음 단위는 설치류와 도마뱀을 부정한 것으로 간주한다(29-38절). 그들의 부정결에 대한 일반적 진술(29a절)은 여덟 가지 떼짓는 생물(개역 성경: 기는 생물)의 목록을 소개한다(29b, 30절). 이 단위는 그 동물들의 사체와의 접촉을 사람이나 여러 생활 용품들의 부정결의 원인으로 규정함으로써 발전된다. 역시 부정을 탄 대상의 취급 절차에 대한 지시가 주어진다. 이어서 이러한 사체 접촉으로 부정을 타지 않는 사물들이 확인된다. 한 가지 예외가 있다면, (파종할–역자주) 종자(개역 성경: 물이 더한 종자; 개역 개정 성경: 물이 묻은 종자; 공동번역: 파종할 씨; 표준새번역: 뿌리려는 씨)가 물이 묻은 상태에서 사체와 접촉하면 부정해진다(36-38절).

다음으로 사연사한 정결한 동물의 사체를 만지거나 먹음으로써 비롯된 부정결에 대한 법이 등장한다(39-40절). 이 부분은 현재의 문단과 선행하는 문단에 공히 중심적인 쟁점, 즉 사체를 만지는 것과 먹는 것을 각각 다룬다. 정결한 짐승의 사체를 먹는 문제를 다루는 이러한 법들은 독자적으로 유통되었다. 그것이 아니라면, 그 법들은 정/부정 동물들에 대한 첫 번째 단원에 종속되어 있었을 것이다. 이러한 견해는 병행을 이루는 신명기 14:21a의 법의 위치에 의해 지지 받는데, 그 구절은 정/부정 동물, 물고기, 새들에 대한 전체 법안의 끝에 등장한다. 이 짧은 단원은 그것의 현 위치에서 사체 접촉으로 인한 부정결에 대한 지침을 마무리하기도 하고 동시에 그 주제를 식용 가능/불가능 생물들에 대한 쟁점으로 되돌린다. 그 쟁점은 다음 단위에서 계속 이어진다. 그럼에도 불구하고 사체 접촉의 쟁점이 선행하는 자료에 부합하기 때문에, 이 단원은 두 번째 문단과 함께 놓여진다.

세 번째 문단(41-45절)은 "먹을 수 없는 떼짓는 것들"(개역 성경: 기는 것들)에 대한 것으로 사체 접촉으로 인한 부정결에 대한 자료를 전체적인 틀에 끼워 맞추려고 서두의 문단과 결합된다. 그런 구조는 현재의 형태를 갖는 11장이 두 가지의 구별된 주제를 다루는 두 묶음의 개별적인 제의적 지침 목록의 합성물이 아니라, 하나의 통일체라는 것을 의미한다(Elliger, 145-49가 말한 바와 같이). 이 마지막 단위로 통합된 것은 거룩하라는 권면인데, 그것은 이스라엘 백성이 이러한 지침을 준수하기 위한 강력한 영적인 동기를 제공해 준다(44-45절). 이러한 권면적(parenetic) 단편은 거룩한 삶에 대한 문단에서 종종 발견되는 문체를 따른다(17-26장). 이러한 권면은 인접한 문맥과 연결되는 고리들이 있다. 예를 들어, 동일한 용어들의 사용이다: 쉐레쯔(שׁרץ, "기는 생물, 떼를 짓는 생물": 44b절과 10, 20, 21, 23, 29, 31절 및 41-43절과의 연결), 타메(טמא, "부정한 것": 44b절과 39, 40, 43b절의 연결, 그리고 이 장에서 빈번히 발생함), 카도쉬(קדושׁ, "거룩한 것": 44, 45절)와 쉐케쯔(שׁקץ, "가증한 것": 41, 42, 43절과 이 장에서 자주 사용됨). 이 권면의 반복적 문체는 저자의 수사학적 목적에 기여한다.

요약 진술(46-47절)은 이러한 지침을 마무리한다. 교차 구조(chiasm)로 된 47절은 이 11장을 하나의 통일체로 함께 묶는다. 부정한 것(הטמא – 하타메)과 정결한 것(הטהר – 하타호르)의 구별이 24-40절의 우선적인 관심사인 반면, 2b-23, 41-45절의 관심사는 "먹을 수 있는 생물들"(החיה הנאכלת – 하하야 하네에켈레트)과 "먹을 수 없는 생물들"(החיה אשׁר לא תאכל – 하하야 아쉐르 로 토칼)의 구별이다. 또한 이러한 목록은 그 자체로 교차적으로 배열되어 주변에는 부정한 것이, 중심에는 정결한 것이 놓여 있다.

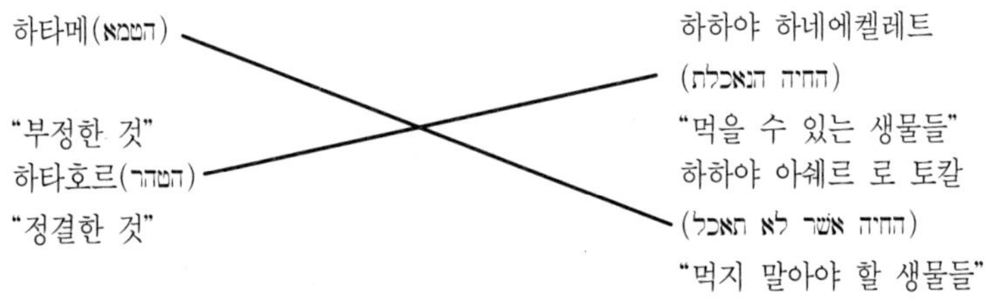

식용 가능/식용 불가능 생물들에 대한 병행 기사가 신명기 14:3-20(21)에서 발견된다. 이 두 기사의 유사성은 그것들의 상호 관련성에 대한 질문이 나오게 했다.

신명기에 있는 지침은 혐오스러운 어떤 것의 섭취 금지로 시작된다(3절). 뒤이어 가축이든 야생 짐승이든 열 가지 먹을 수 있는 육상 동물들 목록이 나온다(4-5절). 20종류의 새의 목록과 관련되어 있는 숫자 10의 배수의 이름들을 가진 목록들의 사용이 원 자료에서 비롯된 것임을 암시한다. 열 가지의 먹을 수 있는 육상 동물의 목록이 레위기에는 빠져 있다. 신명기에서는 그 목록에 이어 먹을 수 있는 동물들의 특징이 뒤따라 나온다(6-7절//레 11:3-4a). 이러한 특징들에 대한 진술은 기본적으로 두 책에서 같지만, 각자의 위치가 다르다. 레위기에서는 그 특징들이 어떤 육상 동물들을 먹도록 허용하는 진술(3절) 이후에, 그리고 어떤 동물들의 이름들이 거명되기 이전에 등장한다. 이어서 레위기는 이러한 두 가지 특징 중 하나가 없는 이유로 먹을 수 없는 동물들의 네 가지 표본을 제시한다. 동일한 네 가지 동물의 이름이 신명기에 나오지만, 두 가지 부류에 각기 적용하는 신명기와 달리 레위기는 그 기준을 각각의 표본들에 적용한다. 두 본문은 공히 부정한 동물들의 고기 섭취와 그것들의 사체와의 접촉을 금지하는 이중적 규제로 마무리된다(8b절//레 11:8a). 레위기는 선언 형식문을 추가한다(11:8b).

신명기 14:9-10에 있는 물고기의 분류는 단도직입적이며 포괄적이다. 지느러미와 비늘이 있는 물고기의 허용이 그것들이 없는 것을 금지한 명령을 뒤따른다. 레위기는 동일한 순서로 되어 있지만, 세 구절(10-12절)에서 네 번이나 지느러미와 비늘이 없는 것을 가증하다고 언급함으로써 부정한 물고기를 먹을 수 없다는 것이 강조된다. 덧붙여서 레위기 저자는 빠마임(במים, "물에서")이라는 용어를 빠야밈(בימים, "바다에서")과 빠네할림(בנחלים, "강에서"), 즉 짠물고기와 민물고기를 공히 포함하는 것으로 정의한다. 또한 저자는 신명기가 타메(טמא "부정한")라는 표준 용어를 사용하는 것과는 달리, 쉐케쯔(שקץ, "가증한, 역겨운")라는 단어를 사용함으로써 이러한 먹을 수 없는 물고기에 대한 반감을 가중시킨다.

두 책에서 다음에 이어지는 단위는 음식으로 금지된 약 20가지의 새의 목록을 제시한다(12-18절//레 11:13-19). 그렇지만 신명기에 있는 기사는 모든 정결한 새를 먹을 수 있다고 선언하는 일반 원칙을 토대로 골격이 만들어진다(11, 20절). 레위기에서 이 원칙이 부재한 것은 의외다. 신명기에서 볼 수 있는 두 목록의 순서는 (사본들에 따라 – 역자주) 약간의 변화가 있으며, 신명기 14장의 마소라 본문(MT)에는 20가지가 아닌 21가지의 조류가 나열된다(그러나 LXX^B.와 LXX^L은 20가지를 갖는다). 이러한 사실들은 신명기에 있는 이러한 목록의 전수 과정에서 어떤 본문상의 혼란이 있었다는 것을 시사한다. 신명기에서 먹을 수 없는 새들의 목록의 끝부분에 날아다니는 곤충들이 부정한 것과 먹을 수 없는 것으로 분류된다(19절). 그 문맥 속에서, 이러한 진술은 조류에 대한 지침의 일부다. 왜냐하면 정결한 조류의 섭취를 허용한다는 진술이 그 뒤에 이어지기 때문이다(20절). 그렇지만 레위기에서는 나는 곤충의 가증한 특징에 대한 진술이 독자적인 단위로 확장된다(20-23절).

나는 곤충을 정의하는 특징들이 주어지며, 또한 많은 애를 써서 범주적인 진술도 하고(21절) 네 종류의 먹을 수 있는 메뚜기 목록도 제시함으로써(22절) 일부의 나는 곤충들의 섭취를 허용한다. 이 단위는 나는 곤충들을 가증한 것으로 분류함으로써 마무리된다(23절). 그리하여 레위기 저자는 나는 곤충들에 대한 진술을 네 번째 단위로 확장한다는 점에서 신명기 저자가 채택한 삼중적 구조와는 다른 방식을 취한다.

두 개의 단락(레 11장과 신 14장–역자주)이 정/부정 동물에 대한 이러한 지침을 다룰 때 서로 다른 방식 속에서 진행된다. 신명기는 두 개의 금지 사항을 갖는다(21절). 하나는 자연사한 동물 섭취를 금지하고, 다른 하나는 어미의 젖에 새끼를 삶는 것을 금지한다. 한편, 레위기는 부정한 동물의 사체를 통해 전달되는 부정결에 대한 광범위한 자료를 제공한다(24-38절).

두 단락(레 11장과 신 14장–역자주) 사이의 밀접한 유사점들, 특히 거의 동일하게 보이는 장황한 조류 목록은 두 저자 중 한 쪽이 다른 쪽의 자료에 의존했거나, 아니면 두 저자가 공통의 기초 자료에서 유래한 본문들을 사용했다는 것을 의미한다. 이러한 가능성들은 모두 지지를 받아 왔다. 예를 들어, 노트(Noth, 91)는 신명기가 더욱 원판에 가깝다고 생각하지만(참조. Moran, *Bib* 28[1966] 271-77), 누르체(Noordtzij, 119-120)는 레위기를 더욱 고대의 본문으로 간주한다. 그렇지만 엘리거(Elliger, 148)는 어느 단락이 더 오래된 것인지 쉽게 분별할 수 없다고 주석한다.

칼리프(Khalifé)는 두 단락의 주의 깊은 분석을 통해 두 저자가 그 자료를 각자의 신학적 관점과 자신들의 작품의 실용적 목적에 부합하도록 각색했다는 것을 발견한다. 덧붙여서 그의 연구의 결과들은 이러한 두 단락이 궁극적으로는 공통의 기초 자료로 거슬러 올라가긴 하지만, 각각의 저자들이 이용한 기초 자료들은 동일하지 않았다는 견해를 옹호한다. 이러한 사실은 저자 A의 자료에 나타나지는 않으나, 저자 B의 자료에서 보이는 A의 특징적인 자료의 존재에 의해 명백해진다. 예를 들어, 레위기 저자가 범주적이고 한계를 짓는 진술을 좋아한다 할지라도, 정결한 새의 섭취의 일반적 허용(레위기 저자의 특징에 더 가깝다–역자주)이 신명기 14:11-20에 있는 새에 대한 단위를 시작하고 닫는다. 그러한 진술이 레위기에는 없다. 그것의 서두에서, 신명기의 장황한 먹을 수 없는 조류 목록이 "이런 것은 너희가 먹지 못할지니"라는 표제로 시작된다(12a). 역시 이러한 진술도 레위기에는 없다. 덧붙여서 이 단위의 언어적 특징에 대한 칼리프의 분석(61)에 의하면, 신명기에는 흔하지 않으나 레위기의 어법에는 전형적인 어떤 핵심적 용어들이 신명기에 나타난다.

그는 신명기 저자가 이러한 자료를 만들어 낸 것이 아니라 그것을 자신의 기초 자료로부터 넘겨받았다고 결론짓는다. 레위기에 전형적인 이러한 자료가 정작 레위기에는 없기 때문에, 레위기의 기초 자료는 신명기 저자가 사용한 기초 자료와는 다른 것이었다. 덧붙여서, 레위기 저자는 신명기 사본을 수중에 갖고 있지 않았다. 왜냐하면 만일 그가 그 사본을 가지고 있었다면 그 자료를 분명히 포함했을 것이기 때문이다.

이러한 대조적인 작업은 레위기 저자의 독특한 특징을 보여 준다. 그는 자신의 기초 자료로부터 취한 자료를 각색해서 동물을 정/부정으로 분류하는 원칙을 보강하며, 또한 그 원칙을 특정한 사례들에 적용하는 방법을 보여 주는데, 이는 이 원칙이 언급되지 않은 동물들에게 어떻게 적용되는지를 회중에게 가르치기 위함이다. 저자의 문체적 특징을 갖는 세 가지 보기가 제시될 수 있다: 먹을 수 있는 대형 육상 동물들의 특징을 특정한 네 가지의 경계선상에 있는 표본들에 적용한 것(4-7절), 어떤 물고기를 정결한 것으로 분류하는 특징들의 삼중적 후렴(9, 10, 12절) 그리고 대부분의 나는 곤충들을 가증한 것으로 분류하는 진술의 축자적 반복(20a절=21aβ절). 그의 목적은 훈육에 있다. 그는 자신의 청중들에게 기준을 정확히 적용하고 그 핵심이 머리에 새겨지도록 반복적으로 주지시킨다. 나아가 그가 "물에서"라는 어구를 바다와 강을 공히 포함하는 것으로 정의하는 것에서 볼 수 있듯이(9절), 그는 부정한 동물들의 종류를 더욱 정밀하게 확인하는 데 열중한다. 그는 어느 누구든 민물고기가 이러한 지침에 포함되지 않는다고 추측하는 일이 없기를 바라고 있다. 나는 곤충들에 대한 단위에서, 저자는 하할로크 알 아르바(ההלך על ארבע, "네 발로 걷는")라는 어구를 추가하여 먹을 수 있는 곤충들을 더욱 명확히 분류한다-그것은 불행히도 우리가 납득할 수 없는 분류법이다(현대의 과학으로 볼 때 네 발 가진 곤충은 없으므로-역자주). 덧붙여서 레위기 저자는 흔히 쓰는 단어 타메(טמא, "부정한")를 더 강력한 용어인 쉐케츠(שקץ, "가증한, 혐오스러운": 10, 11, 12, 13, 20, 23, 41, 42절: 추가적으로 11, 13, 43절에 있는 이 어근의 동사 형태)로 대체함으로써 먹을 수 없는 동물들에 대한 공동체의 관심을 강화하고자 한다. 또한 그는 이 자료에 더 큰 권위를 부여하는 선언 형식문의 사용을 늘린다.

노트(91-92)가 동물의 분류를 제사장의 지침으로 간주하고 또한 24b와 25절과 같은 그런 전문적 자료를 제사장의 전문 지식으로 규정하지만, 위의 이러한 분석은 그 자료 전체가 평신도에게 의식적 정결의 문제들을 가르치기 위한 제사장의 지침이라는 것을 보여 준다. 이 본문의 수사학적 특성은 저자의 반복 용법, 일반적 기준에 대한 강조, 범주적 용어와 강한 단어들의 사용에서 명확히 드러난다. 이러한 문체는 백성들의 마음에 현재의 법들을 심어 놓기 위해 고안된 것이다. 백성들은 여호와 앞에서 거룩한 백성이 되기 위해 수많은 일상의 문제를 지시하는 이 지침을 알 필요가 있었다.

주석

2-**7** 이스라엘 사람이 먹을 수 있는 "육상 동물"(בהמה – 브헤마)의 범위가 확인된다. 하야(חיה)가 종종 야생 동물에 대해, 그리고 브헤마(בהמה)는 가축에 대해 사용되는 반면, 여기서는 1:2에서처럼 브헤마(בהמה)가 더 폭넓은 의미를 가지면서 하야(חיה)와 동의어로 사용된다(참조. 신 14:4-5). 먹을 수 있는 짐승은 완전히 둘로 갈라진 굽을 가져야 하고 또한 새김질을 해야 한다. 이러한 특징을 묘사하는 단어는 그 정결한 짐승들의 특색을 강조하기 위해 동족 목적어와 더불어 유운(類韻, assonance)을 사용한다. "새김질"은 어떤 짐승들이 대충 씹어 삼킨 먹이를 게워내서 한가할 때 완전히 되씹은 뒤 다시 삼키는 습성을 지시한다. 정결한 짐승을 확인해 보면 알 수 있는 바와 같이, 이것이 "새김질"(מעלת גרה – 마알라트 게라)의 엄밀한 의미는 아니다. 오히려 그것은 짐승이 먹이를 철저히 씹는 것을 의미한다. 이러한 두 가지 특징을 갖는 가축은 소와 양, 그리고 염소다. 야생 동물들 중에는 사슴(איל – 아얄), 가젤 영양(צבי – 츠비), 노루(יחמור – 야흐무르), 야생 염소(אקו – 아코), 아이벡스(דישן – 디숀), 영양(תאו – 테오) 그리고 산양(זמר – 제메르)이 포함된다(신 14:5; 개역 성경: 사슴과 노루와 불그스름한 사슴과 산 염소와 볼기 흰 노루와 뿔 긴 사슴과 산양들).

새김질을 하지만 갈라진 굽이 없는 짐승들은 음식에서 제외된다: 예를 들어, 낙타(גמל – 가말), 사반(שפן – 사판), 토끼(ארנבת – 아르네베트) 그리고 돼지(חזיר – 하지르). 낙타는 갈라진 굽을 가졌다 할지라도, 굽이 겉으로 보이지 않을 만큼 발바닥이 두껍고 폭신하다(Baentsch, 35). 부수적으로 말하면, 아랍인들은 낙타를 희생으로 바쳤으며, 중동 지역 전역에서 그것을 음식으로 먹었다. 그러나 그것은 가치 있는 짐승이었던 만큼, 낙타 고기는 사치스러운 것으로 간주되었다(Simoons, *Eat Not This Flesh*, 88). 낙타의 어떤 귀중한 부위들은 지금도 약용으로 쓰이고, 또한 마법에 사용된다. 이스라엘 사람들과 같은 어떤 민족들은 낙타를 먹지 않았다. 사반이 여기 언급된 이유는 그것이 전문적인 새김질을 하지는 않지만 계속해서 씹는 방식이 설치류의 새김질과 아주 흡사하기 때문이다. 히브리어 사판(שָׁפָן)은 종종 토끼나 산토끼로 취급되기도 하지만, 베어(Baer, *Plants and Animals*, 98)는 그것을 바위 오소리(rock-badger)나 바위 너구리(hyrax)와 동일시한다(개역 성경: 사반). 그것은 무게가 6-8파운드 정도 나갈 수 있다(Cansdale, *Animals*, 130). 또한 그것은 먹이로 잎사귀, 뿌리 그리고 메뚜기를 좋아한다. 아르네베트(ארנבת)는 토끼보다 더 크고 평평한 땅에서 사는 산토끼다. 켄스데일(Cansdale, 131)은 산토끼의 새김질을 반사적 습성, 즉 그것이 하루에 몇 차례 자신의 눅눅한 똥을 먹는 행위로 간주한다. 어떤 민족들은 산토끼를 거룩한 짐승으로 여겼다. 그 몸의 일부는 부적을 만드는데 사용되었다. 또한 돼지(חזיר – 하지르)는 갈라진 굽을 가졌을지라도 새김질을 하지 않기 때문에 제외된다. 갈라지지 않은 딱딱한 굽으로 인해 말과 당나귀와 같은 짐승들이 제외된다. 다른 금지된 짐승들은 개, 고양이, 곰이다(42절).

고고학적 증거는 중동 지역 전역에서 돼지를 먹었다는 것을 증명해 주었다(Simoons, *Eat Not This Flesh*, 13-19). 그러므로 고대인들은 돼지를 어떻게 준비해서 적절히 요리하는지를 알고 있었다. 이집트에서는 제3왕조(주전 12-7세기) 기간에 사육 돼지가 존재했다. 거기서는 여러 세기 동안 돼지에 대한 부정적인 인식이 없었다. 그러나 한참 후대에 돼지가 부정결의 원천으로 간주되었다. 그럼에도 불구하고, 후기 시대에 이집트인들은 계속해서 일정한 달의 주기에 따라 돼지를 희생으로 바쳤다. 중동의 다른 지역들에서는 돼지에 대한 인식이 달랐다. 어떤 민족들은 야생 멧돼지가 황무지에 서식하고 사체를 먹는다는 이유로 돼지를 악마와 관련시켰다. 이사야 65:4과 66:3, 17은 이스라엘 사람들이 망자 숭배 의식에서 돼지를 희생으로 드린 관행을 증언한다.

[8] 사람은 부정한 것으로 분류된 짐승을 만지거나 이동시킬 때가 아니라, 단지 먹을 때만 의식적으로 부정해진다. 그러므로 당나귀나 낙타와 같은 짐승은 사육될 수 있었으며, 부정결을 전달하는 일이 없이 부리는 짐승으로 이용되었다. 그렇지만 그것들의 사체와 접촉하는 것은 사람을 부정하게 만든다.

[9]-[12] 물고기와 "바다에"(בימים – 빠야밈), 즉 큰 물에 사는 것들과 "강에"(בנחלים – 빠나할림) 사는 것들 중 지느러미와 비늘이 있는 것은 정결하다. 더글라스(Douglas, *Purity*, 55)는 각자의 영역에 적합한 종류의 이동 기관을 갖춘 동물들은 정결하다고 주장한다. "바다에서는 비늘을 가진 물고기가 지느러미를 가지고 수영을 한다"(*Purity*, 55). 지느러미와 비늘이 없는 수중 생물은 특히 고대 이스라엘 사람들에게 혐오스러운 것이었다. 왜냐하면 10-12절에서 더욱 강한 단어인 쉐케쯔

(שקץ, "가증한, 역겨운")라는 단어가 네 번이나 사용되기 때문이다. 이 어근이 첫 번째 단위와 신명기의 병행 구절에서 사용된 통상적 용어인 타메(טמא, "부정한")를 대체한다. 그것은 이어지는 단위들에서 먹을 수 없는 짐승들에 대해 사용된다(13, 20, 23, 41, 42절). 이 단어를 통해 전달되는 통렬한 비난을 이사야 66:17과 에스겔 8:10에서 볼 수 있다. 이 어근의 다른 형태인 쉐쿠쯔(שקוץ)는 쓰레기(나 3:6)와 부정한 음식(스 9:7)을 지시하며, 자주 우상이나 우상 숭배 행위에 대해 사용된다(예를 들어, 신 29:16[17]; 왕하 23:13, 24; 렘 4:1; 7:30; 겔 5:11; 7:20; 11:18, 21; 20:7, 8, 30; 37:23). 이 단어는 또한 우상 숭배로 타락한 이스라엘 백성을 지칭하는 데 사용된다(호 9:10). 그것의 동사형이 43절; 7:21; 20:25; 역시 신명기 7:26과 시편 22:25[24]에서도 나타난다.

10 "떼짓는 물의 생물들"(שרץ המים – 쉐레쯔 하마임; 개역 성경: 물에서 동하는 것)은 무리를 지어 다니는 생물들을 묘사한다(Snaith, 63). 이 용어는 또한 곤충들(20-21, 23절)과 설치류 및 도마뱀 종류(29, 31절), 그리고 뱀과 애벌레와 같이 배로 기어다니는 생물들(41-43절)에 해당된다. 카수토(U. Cassuto, *A Commentary on the Book of Genesis*, tr. I. Abrahams[Jerusalem: Magnes, 1961] 49)는 쉐레쯔(שרץ)를 이렇게 설명한다. 그것은 "모든 가능한 방향으로 이리저리 움직여 서로 밀어 제치는 많은 생물들이 특별히 떼를 지어 빠르게 이동하는 것을 지칭하는 '움직임'이다." "살아 있는 생물"(נפש החיה – 네페쉬 하하야)이란 용어는 더 큰 동물들을 지칭한다. 이 구절은 물이 얕든지 깊든지, 혹은 민물이든지 짠물이든지 물에 살면서 지느러미와 비늘을 갖지 않는 크고 작은 어떤 동물들을 부정하다고 선언한다. 수중 생물들에 대해서는 어떠한 예외도 없다.

13-19 부정한 새들이 20가지의 이름을 수록한 목록에 나열된다. 분명히 고대 히브리인들은 이러한 부정한 새들을 함께 분류하는 기준을 전혀 발견하지 못했다. 그 목록은 우선적으로 육식을 하고 사체를 먹는 새들로 구성된다. 이 새들의 대부분은 광야와 황무지에서 산다. 이러한 종류의 동물들은 사악한 악령들과 관련되었다. 이 목록은 열다섯 가지의 육지 새와 두 가지의 물새, 그리고 다른 두 종류의 새로 구성된다(Driver, 19). 반복적인 용어인 레미노(למינו, "그것의 종류에 따라")는 많은 다양한 종류와 아마도 비슷한 종류를 포함하며, 따라서 부정한 새의 수는 크게 확대될 것이다. 드라이버(Driver, *PEQ* 87[1955] 19-20)는 그 새들이 크기에 따라 나열되어 있다는 것을 식별한다: 대형 육식 조류, 까마귀형 조류, 큰 올빼미 종류, 작은 육식 조류 그리고 작은 올빼미 종류.

13 네쉐르(נשר, "독수리" 혹은 "대머리수리")는 구약에서 28회 정도 나타난다. 그것이 사체와 썩은 고기를 먹는 것으로 묘사되기 때문에, 그것은 대머리수리 종류를 지칭한다(Bare, *Plants and Animals*, 74). 많은 구절들이 그것의 큰 몸체와 힘을 언급한다. 대머리수리는 신장이 3-4피트이며 날개를 펼치면 8피트에 이른다(Cansdale, *Animals*, 144). 이 새는 하늘을 지배하기 때문에 몇몇 종족과 민족들이 자신들의 상징물로 삼았다. 팔레스타인에서 광야의 거친 평지와 와디(wadi)의 바위 절벽은 대머리수리의 넉넉한 서식처를 제공한다. 페레스(פרס)는 수염수리(lammergeier or bearded vulture; 개역성경: 솔개)다(Pinney, *Animals*, 150). 그것은 대머리수리가 남긴 찌꺼기를 먹는다. 오즈니야(עזניה)는 짧은 발가락을 가진 수염 달린 수리(개역 성경: 어응, 참조. Cansdale, 145-46)이거나 검은 수리(Bare, 78)다. 다른 사람들은 이 단어를 "물수리"로 해석했지만(새번역과 공동번역도 그렇다 – 역자 주), 캔스데일(145-46)은 이러한 정체 확인이 매우 의심스럽다고 판단한다.

14 다아(דאה)는 "솔개"(개역 성경: 매; 개역 개정 성경: 말똥가리)다. 이 히브리어 어근은 "쏜살같이 달려들다"를 의미한다. 붉은 솔개와 검은 솔개는 팔레스타인에 산다(Cansdale, *Animals*, 146). 솔개는 독수리에 이어서 남은 것을 먹는다. 아야(איה)는 새를 부르는 소리인 의성어인데, 말똥가리(개역 성경: 매 종류; 개역 개정 성경: 말똥가리 종류)를 지시할 수 있다. 이러한 새들은 뛰어난 사냥꾼인데, 설치류와 개구리 그리고 뱀과 같은 다양한 작은 동물들을 잡아먹는다.

15 "까마귀", 곧 아라브(ערב, 문자적으로 "검은 것")의 모든 종류는 음식으로 금지된다. 이 히브리어 용어가 통상적으로 큰까마귀로 번역되지만, 캔스데일(Cansdale, *Animals*, 181-83)은 당까마귀, 갈가마귀, 어치, 공작 까마귀, 뿔까마귀와 큰까마귀를 팔레스타인에 알려진 까마귀과(科)로 간주한다. 이러한 종들의 먹이는 자그맣고 연약한 생물로부터 썩은 고기와 쓰레기에 이르기까지 다양하다.

16 바트 하야아나(בת היענה; 개역 성경과 개역 개정 성경: 타조), 곧 문자적으로는 "탐욕의 딸" 혹은 "광야의 딸"(Driver, *PEQ* 87[1955] 12)은 전통적으로 타조로 간주되었다. 그러나 드라이버(13)는 16-18절에 있는 목록이 다른 종류의 올빼미들로 구성되어 있다고 지적한다. 올빼미들은 기묘한 울음 소리, 야행성 그리고 예리한 시력으로 유명하다. 이러한 새를 "수리부엉이"로 보는 것이 더욱 적절할지 모른다. 그것은 동굴과 황무지에 출몰한다(사 13:21; 렘 50:39). 타흐마쓰(תחמס; 개역 성경: 다호마스; 개역 개정 성경: 타흐마스; 새번역과 공동번역: 올빼미)는 확인되지 않았다. 탈굼(Tg)은 그것을 쏙독새로, 드라이버는 "짧은 귀 올빼미"(13)로,

그리고 다른 사람들은 "매"나 "황조롱이"로 번역한다(Bare, *Plants and Animals*, 104). 샤하프(שחף)란 용어는 명쾌하게 확인되지 않았다(개역 성경과 개역 개정 성경: 갈매기). 드라이버(13)는 "긴 귀 올빼미"를 제안하지만, 베어(Bare, 98)는 그것이 "바다 갈매기"에 대한 총칭어라고 말한다. 다른 제안들은 뻐꾸기나 올빼미의 일종을 포함한다. 네츠(נץ: 개역 성경과 개역 개정 성경: 새매 종류)는 육식 조류이며, 가장 가능성 있는 것은 매다. 그렇지만 팔레스타인에는 매가 많지 않다. 캔스데일(*Animals*, 146-47)은 이 용어가 아마 송골매를 함의할 것이라고 추론하는데, 왜냐하면 팔레스타인에 많은 종류의 송골매가 있기 때문이다. 그러나 베어(74-76)는 그것을 "새매"를 지칭하는 특별한 용어로 여긴다.

17 대부분 코스(כוס: 개역 성경과 개역 개정 성경: 올빼미)를 8.5인치 길이의 "작은 올빼미"로 번역하지만(Cansdale, *Animals*, 149), 드라이버는 "황색 올빼미"를 제안한다(*PEQ* 87[1955] 14). 드라이버는 "쏜살같이 달려들다"를 의미하는 어근에서 샬라크(שלך: 개역 성경: 노자; 개역 개정 성경: 가마우지)를 취하여 그 새가 물고기를 잡아먹는 "물고기 올빼미"라고 주장한다(14-15절). 그러나 캔스데일(175)은 이 단어가 가마우지를 지시한다고 생각한다. 그것은 팔레스타인 지역의 물가에서 많이 발견된다. 아마 얀슈프(ינשוף: 개역 성경과 개역 개정 성경: 부엉이)는 "저녁" 혹은 "쉿 소리"를 의미하는 어근과 관련될 것이다(참조. 사 34:11). 만일 후자의 의미가 옳다면, 드라이버의 번역(15)인 "큰 울음 올빼미"는 뛰어난 것이다. 베어(Bare, *Plants and Animals*, 120)는 "긴 귀 올빼미"나 "짧은 귀 올빼미"를 제안한다.

18 틴쉐메트(תנשמת: 개역 성경: 따오기; 개역 개정 성경: 흰올빼미)는 야행성 새의 일종이다. 드라이버는 그것을 "작은 올빼미"로 번역한다(*PEQ* 87[1955] 15). 더 오랜 자료는 그것을 "쇠물닭"으로 확인하지만, 최근에 그것은 "외양간 올빼미"나 "흰올빼미"로 번역된다(Bare, *Plants and Animals*, 108). 카아트(קאת: 개역 성경: 당아; 개역 개정 성경: 사다새)는 만일 어근 키(קיא)와 관련되어 있다면 문자적으로 "토하는 것"이다. 70인경(LXX)과 라틴 벌게이트역(Vg)은 "펠리칸"으로 읽지만, 여기에는 문제의 그 새가 바다와 관련이 있다는 어떤 암시도 없다. 사실 이사야 34:11에서 이 동물은 황폐한 땅에서 거주하길 좋아한다. 그것은 아마 소쩍새와 같이 개똥지빠귀보다 작고 곤충을 잡아먹는 작은 올빼미 종류였을 가능성이 크다(Parmelee, *All the Birds*, 111; Driver, 16). 라함(רחם: 개역 성경: 올응; 개역 개정 성경: 너새)은 대머리수리의 일종이다. 캔스데일(*Animals*, 145)은 그것을 이집

트 수리로 확인한다. 그렇지만 드라이버(16-17)는 큰 물가에 서식하는 물수리를 지지한다.

19 하시다(חסידה; 개역 성경: 학; 개역 개정 성경: 황새)는 보통 황새로 확인된다. 캔스데일(*Animals*, 157-58)은 백로와 흑로가 팔레스타인을 거쳐 간다고 언급한다. 그것들의 먹이는 주로 작은 동물들이며, 추가로 어떤 식물이 포함된다. 베어(*Plants and Animals*, 28)에 따르면, 아나파(אנפה; 개역 성경: 황새 종류; 개역 개정 성경: 백로 종류)는 명확히 확인되지 않았다. 그것은 왜가리, 해오라기 그리고 큰해오라기에 대한 총칭어다. 왜가리는 긴 다리로 얕은 물에서 걸으면서 먹이를 먹으려고 부리로 진흙을 찌른다. 드라이버(Driver, *PEQ* 87[1955] 17-18)는 그것을 가마우지로 번역하는데, 그 이유는 그가 이 단어와 히브리어 단어 "코"를 관련짓기 때문이다. 두키파트(דוכיפת; 개역 성경: 대승; 개역 개정 성경: 오디새)는 눈에 띄는 볏을 가진 "후투티"일 수 있다. 나는 포유류인 박쥐(עטלף – 아탈레프)는 여러 부류의 혼합이다. 팔레스타인의 대부분의 박쥐는 곤충을 먹이로 삼는다(Cansdale, 136). 그것들은 동굴과 버려진 집, 그리고 움푹 패인 나무에 거주한다.

20-23 거의 모든 작은 육상 동물들은 부정한 것으로 분류된다. 하홀레크 알 아르바(ההלך על־ארבע, "네 발로 걷는")라는 어구는 쏜살같이 돌진하는 것에 대한 표현이다. 휭크(E. Fink, *REJ* 63[1912] 122-123)는 23절에 있는 발(רגלים – 레갈림)을 쌍수로 보면서 네 쌍의 발을 의미한다고 주장했다. 그는 모든 곤충이 가지고 있는 더듬이를 발의 숫자에 포함시켜 셈으로써 네 쌍이라고 설명한다. 불행히도 휭크의 설명은 20절에 있는 어구 "네 발로 걷는"으로 인해 많은 지지를 얻지 못한다. 본서의 영어 번역에서는 명료한 묘사를 위해 이 어구를 "쏜살같이 달려들다"로 의역했다. 네 가지 메뚜기가 부정한 나는 곤충의 예외로 거명된다. 그것들은 뛸 때 사용하는 꺾인 다리인 한 쌍의 큰 다리를 가졌기 때문에 정결하다. 더글라스(Douglas, *Purity*, 66)에 따르면, 메뚜기의 나는 능력과 더불어 뛰는 행위는 새에 비견될 만하게 만든다. 그러므로 메뚜기의 동작은 그것들이 사는 영역에 적합하다.

그렇지만 밀그롬(Milgrom, "Ethics and Ritual," 189)은 메뚜기가 뛸 뿐만 아니라 "걸을" 수 있기 때문에, 그녀의 설명이 완전하지 않다는 것을 발견한다. 그의 제안에 의하면, 그것들이 식용 가능한 동물로 분류된 것은 고대의 전원 생활의 음식 기호에 대한 존중에서 비롯된 예외다. 부수적으로 말하자면, 세례 요한은 메뚜기를 먹은 것으로 잘 알려져 있다(마 3:4; 막 1:6). 네 가지 이름이 주어지지만, 명확한 종류 확인은 이루어지지 않았다. 첫 번째 이름인 아르베(ארבה)는 "메뚜기"로서 구약에서 이러한 종에 대한 가장 일반적인 용어다. 이러한 종류의 메뚜기는 이집트를 친 여덟 번째 재앙의 원인이었다(출 10:12-19). 다음은 솔암(סלעם; 개역 성경: 베짱이; 공동 번역: 방아깨비), 즉 문자적으로는 "삼키는 것" 혹은 "파괴자"인데, 그것은 구약에서 단지 여기에서만 나타난다. 그것은 "여치" 혹은 "대머리 메뚜기"일 수도 있다(몇몇 역본들이 그렇다). 베어(Bare, *Plants and Animals*, 102)는 "큰 귀뚜라미"를 제안한다. 다른 사람들은 그것이 사막 메뚜기의 성장 단계일 수 있다고 추론한다(Bare, 102). 하르골(חרגל; 개역 성경: 귀뚜라미)은 구약에서 단지 여기에서만 보이는데, 만일 그것이 "잽싸게 달리다"를 의미하는 아랍어 어근과 관련되어 있다면, 그것은 빠르게 이동하는 생물을 묘사할 수 있다. 그것은 종종 "귀뚜라미", "매미" 혹은 "여치"로 간주되지만, 캔스데일(*Animals*, 239)은 귀뚜라미가 식용에 적합했을지 의심한다. 이 용어도 역시 어떤 메뚜기의 성장 단계를 지칭할 수 있다. 하갑(חגב; 개역 성경: 팟종이)은 "벼메뚜기"다(사 40:22; 민 13:33). 이 마지막 용어는 "가리다"를 의미하는 아랍어 어근으로 확인되는데, 왜냐하면 벼메뚜기 떼가 태양을 덮는 것이 전제되어 있기 때문이다. 그렇지만 캔스데일(238)은 민수기 13:33과 같은 본문들은 그것이 작은 생물이라는 것을 시사한다고 주장한다. 따라서 그는 그것을 군생(群生)하지 않는 벼메뚜기로 확인한다. 출애굽기 10:12-19과 요엘 1장에서처럼 메뚜기들이 재앙과 동일시되는 것이 정확하지만, 캔스데일(240-241)은 단지 세 종류의 메뚜기들만이 농작물에 광범위한 피해를 주었다고 언급한다: 이동성 메뚜기(가장 일반적이다), 사막 메뚜기 그리고 모로코 메뚜기. 이러한 목록이 모든 종류의 메뚜기를 먹을 수 있게 만드는지, 아니면 단지 거명된 네 종류만 그러한지는 랍비들 사이에 논쟁거리다(*b. Ḥul.* 65). 우세한 견해는 다른 종류의 메뚜기를 먹는 것은 금지되었다는 것이다.

24-25 나는 곤충들의 사체와 접촉하는 사람은 누구든지 부정을 탄다. 만일 사람이 우연히 곤충의 사체를 "만진다"(נגע – 나가)면, 그는 저녁까지, 즉 다음날이 시작될 때까지 부정하다. 만일 그가 사체를 "든다"(נשא – 나사, 혹은 "옮기다")면, 그는 더욱 더러워진다. 그는 저녁까지 기다리는 것에 더하여 자신의 옷을 빨아야 한다. 그렇지만 의식적 절차에 따라 도살된 동물의 사체는 사람을 부정하게 만들지 않는다.

26 이 구절은 부정한 육상 동물을 만지는 것이 사람을 부정하게 만든다고 말한다. 문맥은 사람을 부정하게 만드는 것이 그 동물의 사체와 접촉하는 것이지 살아 있는 부정한 동물과 접촉하는 것이 아니라는 점을 지시할 것이다. 이본(異本, vari-

ant)이 암시해 주는 것처럼, 아마 단어 하나가 이 구절에서 누락되었을 것이다. 또한 이것이 생략된 채 진술되고 있을 가능성도 있다: 부정결은 부정한 동물의 사체에 의해 전달된다는 사실이 문맥을 통해 이해되어야 한다.

27 "뭉툭한 발바닥으로 걷는"(הולך על־כפיו - 홀레크 알 카파이브, 문자적으로는 "손바닥") 동물은 발의 중간 부위로 걷는 것이다: 예를 들어, 개, 고양이 그리고 곰. 그것들의 앞발은 손과 같다. 더글라스(Douglas, *Purity*, 56)에 따르면, 그것들은 걸을 때 손을 사용하기 때문에 정상적인 질서의 변용이며, 따라서 부정하다. 그러나 캐롤(Carroll, "One More Time," 123)은 다른 해석을 한다. 그는 카파임(כפים, "손바닥")이 발의 편평한 바닥을 지칭한다고 이해한다. 이때 여기에 포함되는 것들로는 사자, 곰, 늑대 등이다. 캐롤은 이러한 것들은 모두 육식 동물이며 그것들이 고기를 먹기 때문에 부정하다고 언급한다.

29 땅에 밀착해서 다니는 작은 동물들과 쉐레츠(שרץ, "떼짓는 것" 혹은 "우글거리는 것": 참조. 10절)는 부정하다. 현대의 동물학자들은 홀레드(חלד: 개역 성경: 족제비)를 "두더지"로 간주한다. 다른 사람들은 그것을 "쥐"나 "족제비"로 번역한다(참조. Bare, *Plants and Animals*, 50: Cansdale, *Animals*, 127-28). 아크바르(עכבר: 개역 성경: 쥐), 곧 "작은 설치류"를 지시하는 총칭어는 생쥐, 겨울잠쥐 그리고 어떤 쥐들을 비롯한 다양한 종류의 생쥐들을 포함한다(Cansdale, 132). 이사야 66:17에는 쥐와 돼지를 먹는다는 언급이 있다. 차브(צב: 개역 성경: 노마뱀 종류)는 어떤 큰 도마뱀의 일종이다. 베어(Bare, 110)는 "사막 큰 도마뱀"을 제안하는 반면, 캔스데일(199)은 "가시꼬리 도마뱀" 혹은 "쏘는 도마뱀"를 선호하는데, 그것은 약 2피트 길이의 방어용으로 사용하는 강력한 가시 돋친 꼬리를 갖고 있다.

30 이 다섯 개의 이름은 다양한 도마뱀 종류로 보인다. 아나카(אנקה: 개역 성경: 합개: 개역 개정 성경: 도마뱀붙이)는 문자적으로 "곡하는 사람"인데, 저음의 구슬픈 소리를 내는 도마뱀붙이를 지칭하는 것이 가장 그럴듯하다. 코아흐(כח: 개역 성경: 육지악어)는 종종 큰 도마뱀과 동일시되는데, 그것은 크기가 4피트에 이르는 도마뱀 중에 가장 큰 종류로 육식성이다. 어떤 사람들은 그것을 식량으로 사냥한다(Cansdale, *Animals*, 200). 일부는 그것을 색깔을 바꾸는 능력과 발톱의 힘이 잘 알려져 있는 카멜레온과 동일시한다(Cansdale, 200-201). 그렇지만 다른 사람들은 그 목록에 있는 마지막 단어 하틴샤메트(התנשמת)를 카멜레온으로 간주한다. 마지막의 그 히브리어 단어에 대한 다른 가능성은 "두더지이지만(개역 성경: 칠면석척: 개역 개정 성경: 카멜레온), 캔스데일은 이러한 제안을 폄하한다(201-2). 이것

이 도마뱀 목록이며 또한 틴샤메트(תנשמת)가 확인되지 않았기 때문에, 그것이 본서의 영어 번역에서는 카멜레온으로 번역된다. 베어(Bare, *Plants and Animals*, 66)는 레타아(לטאה: 개역 성경: 수궁; 개역 개정 성경: 도마뱀)를 실제 그대로의 도마뱀들에 대한 총칭어로 취한다. 호메트(חמט: 개역 성경과 개역 개정 성경: 사막 도마뱀)는 스킹크(skink: 열대산 도마뱀의 일종 – 역자주)처럼 모래에서 생활하는 데 익숙한 도마뱀들을 지칭한다(Cansdale, 201). 이러한 과(科)에 속한 무리들은 짧은 다리를 갖거나 혹은 전혀 다리가 없으며, 표면이 반짝거린다(Bare, 50).

32 부정한 동물들의 사체가 떨어진 어떤 물건은 부정을 탄다. 나무, 옷감, 가죽, 삼베로 만들어진 것은 씻어야 하며, 저녁까지 부정한 채로 남는다. 만일 그 물건이 진흙으로 만들어진 것이면 "깨뜨려야"(שבר – 샤바르) 한다(33절). 왜 재료에 근거한 취급상의 차이가 나는지에 대한 이유가 설명되어 있지 않다. 고대인들이 다른 재료보다 진흙이 더 삼투성이 큰 것으로 생각했을 가능성이 있지만, 유약을 칠한 도자기의 사용 관행은 이러한 추론을 그럴듯하지 않게 만든다. 또 다른 가능성은 다른 종류들에 비해 진흙 그릇이 음식을 담는 데 더 많이 사용된다는 것이다. 어찌 되었든, 값싸고 풍부한 진흙 그릇은 다른 재료들로 만들어진 것들보다 더욱 쉽게 교체되었다.

33-34 이 법령은 동물의 사체와 접촉함으로 인해 오염된 그릇 속에 있는 음식이나 음료는 부정하다고 선언한다.

35 사체가 떨어진 것은 무엇이든 부정하게 된다. 만일 그것이 "이동식 화덕"(תנור – 타누르, 개역 성경: 화덕)이나 "화로"(כירים – 키라임, 구약에서 여기에만 나타남; 개역 성경: 질탕관; 개역 개정 성경: 화로), 즉 땅에 설치된 두 개의 화구(火口)를 가진 요리용 화로(Noordtzij, 128)라면, 그것은 깨뜨려야 한다. 진흙으로 만들어진 이 화로들은 큰 비용을 들이지 않고 교체할 수 있었다.

36 만일 사체가 우물이나 물웅덩이로 떨어진다면, 그 물이 부정을 타지는 않았다. 그 이유는 이러한 수원(水原)들에서는 정화 작용을 하는 물이 계속 새로워지기 때문이다. 그러나 사체를 옮기는 사람은 누구든지 부정하게 된다.

37-38 만일 사체의 일부가 파종을 위한 씨앗에 떨어진다면, 그것은 정결한 상태로 남는다. 그러나 만일 사체가 물이 묻은 씨앗 위에 떨어지면, 그것은 부정하게 된다. 정체된 물은 부정결을 옮기는 것으로 생각되었다. 그렇지만 웬함(Wenham, 180)은 젖은 낟알이 음식으로 사용하기 위해 물을 적시고 있는 것으로 생각한다.

39-40 제의적 도살이 아닌 자연사한 어떤 정결한 동물의 사체는 그것을 만지는

사람에게 부정을 옮긴다. 그것을 먹거나 옮기는 사람은 옷을 빨아야 하며 저녁까지 부정하게 된다. 이 사체를 부정하게 만드는 핵심 요인은 피가 아직 그 안에 있다는 것이다. 이스라엘 사람들이 그런 고기를 먹을 가능성이 있다는 것은 놀라운 일이다. 아마 이러한 지침은 기근이나 가난한 사람에게 음식을 제공할 필요가 있을 때, 즉 공동체가 처한 극도의 상황 속에서 요구되는 음식의 필요성을 알려 주는 것일 수 있다(참조. 17:15-16; 그러나 참조. 출 22:30[31]; 신 14:21).

41-43 가장 우선된 지침이 여기서 강조를 위해, 또한 44-45절에 나타나는 권면에 대한 배경으로 되풀이된다. 쉐레츠(שֶׁרֶץ, "떼짓다, 우글거리다"; 참조. 10절)는 뱀과 곤충과 같은 수많은 작은 생물들을 포함한다(참조. 9-12절). 어떤 사람들은 마르베 라글라임(מרבה רגלים, 문자적으로 "많은 다리를 가진 것")을 지네로 간주한다(Bare, *Plants and Animals*, 68). 더글라스에 따르면, "떼짓기"는 어떤 영역에도 적합하지 않은 이동 방식이다. 떼짓기는 범주 구분을 벗어나기 때문에 이러한 생물들은 부정하다. "배"를 지칭하는 용어(גחון – 가혼)는 단지 여기와 창세기 3:14에서만 나타난다: 후자에서는 동산에 있던 뱀이 저주를 받아 배로 기어다니게 된다.

44-45 작고 부산스럽게 움직이는(רמשׂ – 레메스) 생물들에 대한 지침이 이스라엘 민족이 스스로를 성결케 하라는 권면에 첨부되어 있다(참조. 20:25, 26; 신 14:2, 21a). 이러한 요청은 이스라엘을 향한 하나님의 중심 목적, 즉 그들이 자기 백성과 거룩한 나라가 될 것(출 19:5, 6)이라는 목적에서 비롯된 것이다. 그들은 그들의 하나님 여호와가 거룩하시기 때문에 스스로 성결케 해야 한다. 이러한 신학적 원리는 17-26장에서 발견되는 법령과 지침의 초석이다. 여기서 그 원리가 나타남으로써, 마찬가지로 그것이 의식적 정결의 기준의 준수를 위한 공통의 원리라는 것이 암시된다. 또한 그 원리는 출애굽기 19:6; 민수기 15:40; 신명기 23:15(14)에서도 발견된다. 특별히 백성들이 음식법을 준수해야 하며, 또한 사체와의 접촉으로 전달되는 부정결을 감시해야 한다. 이는 그들이 예배를 드리러 하나님의 임재 앞에 나아갈 때 자신들이 정결을 유지하기 위함이다.

46-47 이러한 지침은 그 지침의 목적을 지시하는 요약 진술과 더불어 마무리된다. 그것은 정한 것과 부정한 것을, 또한 먹을 수 있는 것과 먹을 수 없는 것을 명확히 구별하기 위해 입안되었다. 그리하여 그것은 제사장들로 하여금 백성들을 위한 정한 것과 부정한 것 사이에서 분별할 책임을 수행하도록 길잡이 역할을 한다(10:10).

해설

이 단락에서 하나님께서는 자신의 백성들이 먹을 수 있는 동물들과 먹을 수 없는 동물들을 확인해 주신다. 이러한 동물들은 그것들이 사는 영역에 따라 취급된다: 땅, 물, 공중 그리고 땅-공중.

이러한 음식법을 따를 때, 이스라엘 백성은 매일 몇 번씩 이 법을 의식하면서 하나님에 대한 순종의 자세를 한층 강화하고, 또한 그분의 지침에 순종하게 된다. 모든 백성들이 매끼 식사에서 이 법을 준수한다는 것은 하나님의 특별한 보배인 그 백성을 하나로 통합해 주는 엄청난 결속력이었다(출 19:5). 그것은 이스라엘 백성을 다신교를 믿는 이웃 민족들로부터 분리시켰으며, 또한 그들의 민족적 정체성의 두드러진 표지가 되었다. 이러한 음식법의 중요성은 유대인들이 열방 중에 흩어지게 되었을 때 증폭되었다. 그 법들은 유대인의 정체성을 보존하는 데 큰 힘이 되었다. 오늘날 음식법(kosher)를 지키는 것은 매우 경건한 유대인의 두드러진 표지이며, 그 사람이 하나님의 선택된 백성에 속한다는 생각을 전해 준다.

정결과 부정결은 또한 상징적인 힘을 갖는다. 부정한 동물은 무질서, 혼합, 비진리를 상징한다. 정결한 동물은 질서, 온전함, 완전함을 상징한다. 이러한 상징들은 하나님의 거룩을 상징한다. 의식적 정결법의 준수는 이러한 가치들을 민족 의식(意識)에 깊이 주입시킨다. 그것은 특히 그 백성으로 하여금 하나님의 거룩에 대해 깊이 인식하게 만든다.

사체를 통해 전달되는 부정결에 대한 지침은 죽음이 하나님에 대한 불순종에서 비롯된 저주라는 신념을 토대로 마련되었다. 죽음은 가장 전염성이 강한 부정결이다. 사체가 접촉되는 것은 무엇이나 파괴되거나 정결케 되어야 한다. 이러한 정결법은 죽음의 신화를 벗겨내고 그것을 탈신성화한다. 시체와의 접촉이 사람을 부정하게 만들기 때문에, 조상 숭배는 이스라엘에서 뿌리를 내리지 못했다. 죽음은 산 자를 위압하는 힘을 빼앗겼다.

신약에서 예루살렘 공회는 회심한 이방인들을 음식법 준수라는 족쇄로 채우지 않기로 결정했다. 음식법이 유대인과 이방인을 구별했지만, 그것의 철폐는 분리의 장벽이 깨뜨려졌다는 것을 의미한다(엡 2:11-21). 이제 유대인과 이방인, 자유인과 노예를 들어, 남자와 여자가 모두 그리스도 안에서 하나다(행 15:13-21; 갈 3:28). 이러한 철폐는 또한 사람을 더럽게 하는 것이 몸으로 들어가는 음식이 아니라 더럽혀진 마음에서 나오는 혈기라는 예수의 가르침에 근거하고 있다(막 7:14-23). 예수께서는 끝없는 율법의 준수로부터 자신의 추종자들을 해방시키셨다. 그럼에도 불구하고, 자유에는 책임이 따른다. 믿는 자는 어떤 음식이든 자유롭게 먹지만, 무분별한 행동으로 다른 사람의 믿음을 흔들 자유는 없다(롬 14:15). 동료 신자들에 대한 진실한 배려 가운데서 신자는 상대를 자극할 어떠한 음식이든 피해야 한다. 자유는 사려 깊은 사랑으로 통제되어야 한다. 자유의 남용은 방탕한 생활과 도덕적 퇴폐로 이어지지만, 사랑 안에서 훈련된 자유는 고통받는 사람들에게 자신을 아낌없이 주면서 열정적인 하나님의 사역으로 이어진다(벧전 1:22). 신자가 자연적인 오물과 도덕적 불결에 상관없이 도움을 간청하는 어떤 사람에게 다가가려 할 때, 그를 방해할 장벽은 전혀 없다. 예수의 추종자들은 주변을 돌아보면서 궁핍한 자를 불쌍히 여기는 마음을 나타내야 한다(행 20:35; 롬 15:1). 또한 그들은 내면을 돌아보면서 마음을 정결케 해야 한다(마 5:8; 행 15:9; 딤전 1:5).

B. 출산한 여성의 의식적 정결에 대한 지침(12:1-8)

참고문헌

Macht, D. I. "A Scientific Appreciation of Lev 12:1-5." *JBL* 52(1933) 253-60. **Zeitlin, S.** "The Semikhah Controversy between the School of Shammai and Hillel." *JQR* 56(1965) 240-44.

본 문

1 여호와께서 모세에게 일러 가라사대	**1** Yahweh spoke to Moses,
2 이스라엘 자손에게 고하여 이르라 여인이 잉태하여 남자를 낳으면 그는 칠 일 동안 부정하리니 곧 경도할 때와 같이 부정할 것이며	**2** "Speak to the Israelites:[a] Whenever a woman conceives[b] and gives birth to a male, she will become unclean for seven days, as she becomes unclean in the days of her menstruation.[c]
3 제팔일에는 그 아이의 양피를 벨 것이요	**3** On the eighth day his foreskin[a] is to be circumcised,
4 그 여인은 오히려 삼십삼 일을 지나야 산혈이 깨끗하리니 정결케 되는 기한이 차기 전에는 성	**4** She has to stay at home thirty-three days more for purification[ab] from her bleeding.[cd] She is not

물을 만지지도 말며 성소에 들어가지도 말 것이며

to touch anything consecrated nor enter the sanctuary[e] until the days of her purification are fulfilled.[f]

5 여자를 낳으면 그는 이 칠 일 동안 부정하리니 경도할 때와 같을 것이며 산혈이 깨끗하게 됨은 육십륙 일을 지나야 하리라

5 If she gives birth to a female, she will become unclean for fourteen days[a] as in her menstruation. She has to stay at home sixty-six days for purification[b] from her bleeding.

6 자녀간 정결케 되는 기한이 차거든 그 여인은 번제를 위하여 일 년 된 어린양을 취하고 속죄제를 위하여 집비둘기 새끼나 산비둘기를 취하여 회막문 제사장에게로 가져갈 것이요

6 "When the days of her purification for either a son or a daughter are fulfilled,[a] she is to bring a year-old lamb[b] for a whole offering and a young pigeon or a dove for a purification offering to the priest at the entrance to the Tent of Meeting.

7 제사장은 그것을 여호와 앞에 드려서 여인을 위하여 속죄할지니 그리하면 산혈이 깨끗하리라 이는 자녀간 생산한 여인에게 대한 규례니라

7 He is to present it[a] before Yahweh and make expiation[b] for her, and she will be clean[c] from her flow of blood. This is the instruction for a woman who gives birth for[d] either a male or a female.

8 그 여인의 힘이 어린양에 미치지 못하거든 산비둘기 둘이나 집비둘기 새끼 둘을 가져다가 하나는 번제물로, 하나는 속죄 제물로 삼을 것이요 제사장은 그를 위하여 속할지니 그가 정결하리라

8 "If she cannot afford[a] a lamb, she is to take two doves or two young pigeons, one for a whole offering and one for a purification offering. The priest is to make expiation for her, and she will be clean."

원문주해

2.a. 레모르(לאמר, "가로되") 대신 70인경(LXX)은 에레이스 프로스 아우투스(*ἐρεῖς πρὸς αὐτούς*, "그들에게 말하라")를 갖는다. 참조. 15:2.

2.b. 히필형 히즈리아(הזריע)는 그 과정, 곧 "아이를 잉태하다"를 강조하기 위해 사용된다(H. D. Preuss, "זרע *zāraʿ*," *TDOT* 4:144). 사마리아 오경(Sam)과 70인경(LXX)은 니팔형 티자라(תזרע, "그녀가 임신했다")를 갖지만, 마소라 본문(MT)이 더 어려운 독법으로서 선호된다.

2.c. 니다트 데보타(נדת דותה, 문자적으로 "그녀의 불편의 부정결")는 "그녀의 월경"을 의미한다(15:19, 20, 24, 25, 33). 니다(נדה)는 "부정결, 얼룩, 오염"을 의미하며(KB, 635-36) 역겨운 의미를 담고 있다(97). 그러나 레빈(Levine, 97)은 그것을 어근 나다드(נדד, "던지다, 투척하다")로부터 취한다. 그러므로 그것은 피의 유출을 묘사한다. 다봐(דוה)는 "희미하다, 약하다, 불편하다"를 의미한다. 한 여자는 그녀의 생리 기간 동안 쇠약한 것으로 간주되었을 것이다. 왜냐하면 그녀는 피에 존재한다고 믿는 자신의 생명력을

상실하기 때문이다(17:11). 피 때문에 월경은 여자를 부정하게 만든다. 그러므로 만일 레빈이 정확하다면, 니다(נדה)는 이차적으로 "부정결, 역겨움, 추함"을 의미한다.

3.a. 사마리아 오경(Sam)은 한정적 직접목적어의 표시인 에트(את)를 갖는다. 70인경(LXX) 역시 빼사르 오르라토(בשר ערלתו, "그의 양피")를 직접목적어로 여긴다. 마소라 본문(MT)의 독법에서는 니팔형 이몰(ימול, "그는 할례 받아야 한다")이 목적격을 갖는다. 그것은 능동태 문장에서는 그 행동의 더 가까운 목적어를 한정해 주는 두 번째 목적격일 것이다(참조. GKC § 117ll).

4.a. 엘리거(Elliger)는 토호라(טהרה)와 타호르(טהר)의 용법상의 차이를 설명한다(158, n.). 토호라(טהרה)는 느 12:45; 대상 23:28; 대하 30:19에서처럼 정화(속죄)의 과정을 의미할 수 있다. 혹은 그것은 보통 13:7, 35; 14:2, 23, 32; 15:13; 민 6:9에서처럼 정결의 시작을 의미한다. 이 구절들에서는 타호르(טהר, "정화"〈속죄〉)가 토호라(טהרה)와 차이 없이 사용되고 있다. 그러나 한때 그 둘은 구별되어 있었다: 타호르(טהר)는 "정화"(속죄), 그리고 토호라(טהרה)는 "정결의 판정, 선언."

4.b. 70인경(LXX)은 타호르(טהר)를 "정화"(속죄)가 아니라 "그녀의 정화"(속죄)로 이해한다.

4.c. 데메이(דמי, "…의 피")에 관해서는 20:9을 보라.

4.d. 데메이 토호라(דמי טהרה)라는 어구의 이해는 바리새인들과 사두개인들 사이의 분쟁으로 이끌었다. 바리새인들은 그것을 "정결한 피"로, 사두개인들은 사마리아인들과 함께 "그녀의 정화(속죄)의 피"로 이해했다(Bertholet, 41).

4.e. 레위기에서 미크다쉬(מקדש, "성소")는 거룩한 삶에 관한 자료에서 가장 자주 나타난다(19:30; 20:3; 21:12[2회], 23; 26:2, 31; 또한 16:33; 출 25:8; 민 3:38; 10:21; 18:1; 19:20). 이러한 사실은 의식적 정결에 관한 자료(11-15장)가 거룩한 삶에 관한 자료([17]18-26장)와 밀접하게 결속되어 있다는 입장에 추가적인 지지를 제공한다.

4.f. 전치사 뒤의 부정사 연계형은 주어 역할을 하는 직접목적어와 함께 시간의 절을 형성한다.

5.a. 쉐부아임(שבעים, "14일")은 쌍수다.

5.b. 참조. "원문주해" 4.a.b.c.d.

6.a. 참조. "원문주해" 4.f.

6.b. 연령이 햇수가 뒤따라오는 연계형의 벤(בן, "…의 아들")이라는 단어로 표현된다(참조. 1:5). 벤 샤나(בן־שנה)라는 용어는 "…살"을 의미한다(출 12:5; 참조. 레 9:3; 14:10; 23:18, 19). 샤나(שנה)에 붙은 대명사 접미어는 그 짐승이 일 년이 채 못되었을 가능성을 시사한다(Joüon § 129j, n.). 그러나 카일 델리취(Keil and Delitzsch, 376)는 두 용어가 상호 교환될 수 있다고 주장한다.

7.a. 70인경(LXX)은 직접목적어를 갖지 않는다. 그것은 앞 구절이 두 마리의 짐승의

제물을 요구하므로 단수 대명사가 발생시키는 문제를 회피하려 했을지도 모른다. 코흐(Koch, *Priesterschrift*, 79)는 쇼쯔(Schötz)의 견해에 주목한다: 그에 의하면, 단수 대명사는 원래는 번제용 양만이 요구되었다는 것을 암시한다. 나중에 두 가지 제물이 요구되었는데, 그것은 가난한 사람들에게 요구되었던 두 가지 제물의 영향 때문이었다(5:7에서 그런 것처럼 보통 두 마리의 새가 한 마리의 짐승을 대신했다). 이러한 해석을 지지하는 것은 번제물에 비교되는 속죄 제물의 약소함이다.

7.b. 히브리어 필사본들(mss), 사마리아 오경(Sam), 70인경(LXX), 시리아역(Syr) 그리고 탈굼 위-요나단(*Tg. Ps.-J.*)은 하코헨(הכהן, "그 제사장")을 추가한다.

7.c. 70인경(LXX)은 카이 카다리에이 아우텐(*καὶ καθαριεῖ αὐτήν*, "그리고 그것이 그녀를 정결케 한다")을 갖는다.

7.d. 레(ל)는 직접목적어의 표시가 아닌 전치사 "…를 위해"로서의 역할을 한다.

8.a. 참조. "원문주해" 5:7.a.

양식/구조/배경

이 규정은 자녀 출산과 관련된 의식적 정결을 다룬다. 이 구조의 개요는 다음과 같다.

I. 도입 형식문(1절)
II. 연설(2-8절)
  A. 연설 위탁(2aα절)
  B. 연설 자체(2aβ-8절)
    1. 출산에 대하여(2aβ-5절)
      a. 남아 출산에 대하여(2aβ-4절)
        1) 부정결의 기간(2aβ+b절)
        2) 할례에 대한 지침(3절)
        3) 정화를 위한 추가적인 격리 기간(4절)
          a) 격리 기간(4a절)
          b) 거룩한 것과의 접촉 금지 규정(4b절)
      b. 여아 출산에 대하여(5절)
        1) 부정결의 기간(5a절)
        2) 격리 기간(5b절)
    2. 정화를 위한 희생들(6-7절)

a. 짐승들의 지정(6절)
b. 희생들(7a절)
1) 드리기(가져옴)(7aα^1절)
2) 결과(7aα^2+aβ절)
a) 대속(7aα^2절)
b) 청결(7aβ절)
3. 요약 진술(7b절)
4. 부록: 가난한 사람들을 위한 대안적 희생들(8절)
a. 이유(8aα절)
b. 지시들(8aβ+b절)
1) 짐승들의 지정(8aβ절)
2) 결과(8b절)
a) 대속(8bα절)
b) 청결(8bβ절)

이 연설은 출산을 한 산모의 부정결의 기간(2aβ-6, 5a절), 그녀의 격리 기간(4, 5b절), 남아의 할례(3절) 그리고 필요한 희생들(6-8절)을 규정한다. 7b절에는 11:46-47; 14:54-57; 15:32-33과 비슷한 요약 진술이 있다. 부록(8절)은 가난한 사람들을 위한 대안적 희생들을 규정한다.

기본 규정은 아주 고대의 것이다. 엘리거(Elliger, 156-157)는 정확히 출산 정결 규정이 오래되고 복잡한 기원을 갖는다는 것을 지적한다. 이 자료는 현재의 문맥에 맞게 각색되었다. 왜냐하면 그것은 희생 법안(15장)과 11장에서 발의된 의식적 정결의 주제를 전제하기 때문이다. 도입 형식문에 아론의 이름이 없는 것은 의식적 정결에 대한 문단에서 의외다(참조. 11:1). 이러한 제외는 이 규정에서 희생들이 갖는 중대한 역할로 인해 발생하는지도 모른다. 왜냐하면 악성 피부병에서 회복된 사람을 위한 복귀 의식의 도입부인 14:1에도 아론의 이름이 없기 때문이다. 가난한 사람들을 위한 예외 조항은 1:14-16이 포함된 이유와 마찬가지로, 사사 시대보다 늦지는 않은 아주 초기에 첨부되었다. 대부분의 학자들이 그것을 포로기 이후로 할당하지만 말이다(예를 들어, Elliger, 157).

이 규정은 1-5장에서 발견된 희생 규정들을 전제한다. 희생 법안(1-5장)의 경우와 마찬가지로, "번제"(עלה – 올라)가 "속죄제"(חטאת – 하타트) 이전에 언급된다.

덧붙여서 더 값비싼 동물을 요구하는 제사가 먼저 언급된다. 그렇다면 그 순서는 규정적(prescriptive)이 아닌 서술적인(descriptive) 것이다. 그리하여 다른 행사 때와 마찬가지로(예를 들어, 9:7; 16: 11, 15, 24; *b. Zebaḥ* 90a), 속죄제를 먼저 바친 뒤 번제를 드렸다고 추론할 수 있다. 속죄 제물의 약소함은 어린양을 드릴 만한 여력이 없는 사람을 위한 이러한 제물의 요구가 가난한 사람들을 위해 규정된 이중적 제물(집비둘기와 산비둘기 – 역자주)로부터 발전되었다는 것을 전제한다.

노트(Noth)는 이 규정을 제사장의 전문 지식으로 분류하지만(97), 그 자료는 장르를 볼 때 너무 일반적이다. 이 규정은 자녀 출산을 어떻게 취급해야 하는지에 관하여 가장을 교육하기 위한 것이다.

이 장의 위치에 관하여 딜만(Dillmann, 550)과 엘리거(157)와 같은 어떤 사람들은 한때 그것이 15장의 일부였다는 논지를 펴는데, 그 이유는 두 장이 공히 생식기로부터의 유출에 대한 부정결을 다루기 때문이라는 것이다. 그러나 12장은 가족의 삶에서 드문 일이자 중대한 순간인 출산에 관한 것인데, 그것은 희생들이 수반되는 며칠 동안의 부정결을 발생시킨다. 한편, 15장은 대부분 하루나 한 주간 동안 부정결을 발생시키는 일상적인 신체적 유출들을 취급한다. 희생에 대한 언급은 단지 비정상적인 상황에 대해서 나타난다(14-15절, 29-30절). 그러나 12장이 음식법과 심각한 전염에 대한 규정들 사이에 자리하는 이유는 11-15장에 대한 "양식/구조/배경"에서 설명한 대로, 12장이 부정결의 정도는 증가하면서 심각한 번식 증상은 덜 흔한 쪽으로 줄어드는(예를 들어, 음식 부정결은 흔하고 부정결의 기간도 짧지만, 악성 피부병은 드물고 부정결의 기간도 길다 – 역자주) 연속선상에 위치해 있기 때문이다(13-14장).

주석

2 의식적 정결의 법은 출산을 관장하는데, 이는 두 가지 이유 때문이다: 인간 존재의 출산의 본질적 역할로 인해, 그리고 신체상의 분비로 인한 부정결로 인해. 예를 들어, 월경은 여자를 7일 동안 부정하게 만든다(15:19). 출산 후에 계속되는 하혈과 산모의 육체적 쇠약함은 해산의 불길한 측면들이다. 아들을 낳은 산모는 7일 동안 부정한 반면, 딸을 낳으면 14일 동안 부정하다. 7은 완전을 상징하는 특별한 숫자다(참조. 4:6). 여아 출산에 해당하는 더 긴 부정의 기간에 대한 이유는 진술되어 있지 않다. 어떤 사람들은 고대인들이 여아 출산이 더 큰 위험이 뒤따른다

고 생각했던 것으로 추측한다(Noordtzij, 131). 다른 사람들은 고대인들이 여자가 더 강력한 악귀들의 공격에 노출되어 있는 것으로 믿었다고 주장한다. 그렇지만 이러한 입장은 구약에서 전혀 지지를 받지 못한다. 다른 사람들은 고대인들이 여아 출산 후의 유출이 더 오래 지속되는 것으로 생각했다고 주장한다. 의사인 마하트(Macht)는 이러한 신념이 사실에 근거해 있었다는 것을 증명해 보려 했다(*JBL* 52 [1922] 253-60). 그가 수집했던 증거는 여아 출산 후 유출이 남아보다 약간 더 길다는 것을 지시해 주지만, 두 배의 격리 기간을 설명하기에는 충분한 길이가 아니다. 그럼에도 불구하고 만일 고대인들이 그런 식으로 믿었다면, 그들의 믿음은 그 자체로 여아 출산을 위해 더 긴 정화(속죄)의 기간을 요구하기에 충분했을 것이다. 아마도 이 법들은 여아가 매달 부정결의 기간을 가질 미래의 산모라는 사실을 고려했을 가능성이 있다(Harrison, 135). 이러한 제안에 얼마나 무게를 두어야 할지는 알기가 어렵다. 그 기간의 차이는 일차적으로 고대 이스라엘에서 여성의 낮은 사회적 지위에 있었을지도 모른다. 비록 여성은 주변의 많은 국가들에서보다 이스라엘에서 더 많은 권리를 갖고 있었다 할지라도, 그들의 사회적 지위는 남성과의 평등으로부터 요원했었다. 이를테면, 여자의 속신 비용은 남자보다 훨씬 낮았다(27:2-7).

이러한 해석들에 얼마나 무게를 둘 수 있든지 간에, 본문은 출산한 산모를 부정하게 만든 것은 피의 유출이었다는 것을 분명하게 밝힌다. 이 여덟 구절에 있는 피의 유출에 대한 세 가지 언급이 지시하는 대로 말이다(4, 5, 7절). 일반적으로 신체의 분비는 사람을 부정하게 만들었지만, 피의 유출은 특히 불길했다. 더글라스(Douglas, *Purity and Danger*, 51)는 피를 흘리는 몸은 완전하지 않다고 말한다. 완전하지 않은 것은 부정하다. 피를 밖으로 내는 것은 또한 위협적이며 죽음에 이를 수 있다. 나아가 출산 후의 상태는 부정하게 분류되기 때문에 어떠한 피든지, 또한 지속적으로 유출되는 피도 그 어떤 마술적 목적을 위해서도 사용될 수 없었다(참조. Bertholet, 41; Noordtzij, 131). 부정하다는 것은 단순히 산모가 그 비정상적인 상태가 교정될 때까지, 즉 그녀의 몸이 다시 온전해질 때까지 거룩한 것으로부터 격리되어 있어야 한다는 것을 의미한다.

3 남아는 여호와께서 아브라함에게 지시했던 것처럼 8일째에 할례를 받아야 한다(창 17:10-14). 언약의 표지는 생식 기관 위에 있는 것이 적절한데, 이는 하나님께서 아브라함에게 큰 민족을(창 12:2), 심지어 셀 수 없이 많은 후손을 약속하셨기 때문이다(창 17:6; 22:17). 이것은 결코 아랍인들과 같은 어떤 민족들의 관행이

었던 13세에 행해진 사춘기 의례(puberty rite)가 아니었다. 이 의례는 아이를 여호와께 헌정하며 그를 언약 공동체의 일원으로 확인해 준다. 한 개인의 생명에 대한 여호와의 권리는 유아 시절부터다.

[4]-[5] 산모는 7일 혹은 14일이 지나면 더 이상 전문적 의미의 부정결 상태가 아니지만, 여전히 그녀는 집에 머물러 있도록(ישׁב – 야샤브, 참조. 신 21:13; Baentsch, 362), 또한 거룩한 것과의 모든 접촉을 피할 것을 요구받는다. 만일 그녀가 남아를 낳는다면, 그녀의 격리는 33일 간 지속된다. 여아의 경우는 66일이다. 산모의 정화(속죄)를 위한 전체 날 수는 각각 40일과 80일이다. 핵심적인 숫자인 4는 그것이 네 방향의 기본 방위라는 이유로 완전성을 상징하는데, 4의 배수인 40은 중대한 사회적 전환을, 혹은 금식이나 징벌의 때와 같은 인고의 기간의 완료를 나타낸다. 예를 들어, 대홍수의 심판 때 비가 40일 밤낮으로 내렸다(창 7:9, 12; 다른 사례들에 대해서는 신 9:9, 10; 삼상 17:16; 왕상 19:8; 마 4:2을 보라). 또한 이스라엘은 40년 간 광야에 머물렀다(신 2:7; 8:2; 24:4[5]; 수 5:6; 시 95:10; 참조. 겔 29:11-13; 행 1:3; M. Pope, "Number, Numbering, Numbers," *IDB* 3:664-66). 40일 혹은 80일의 정화(속죄) 기간은 가족 내에서 자녀 출생이 야기한 중대한 변화를 나타내 준다.

[6]-[7] 자신의 정화(속죄)의 날들의 마지막 때에 그 산모는 희생제들을 바쳐야 한다. 그녀는 "번제"(עלה – 올라)를 위해 일 년생 "어린양"(כבשׂ – 케베스)을(참조. 1장), 그리고 "속죄제"(정화제)(חטאה – 하타트)를 위해 집비둘기나 산비둘기 한 마리를 가져와야 한다(참조. 4-5장). 현재의 경우에 이 번제물은 비정상적 유출을 위한 제물에 비해 더 크다(15:14-15, 29-30). 딜만(Dillmann, 552)은 더 큰 제물(번제물 – 역자주)이 요구되는 이유는 그것이 또한 아이에게 혜택을 주기 때문이라고 제안한다. 어쨌든 번제는 자녀의 선물에 대해 여호와께 감사의 찬양을 드리는 가운데 바쳐진다. 누르체(Noordtzij, 133)는 번제를 "갱신된 생명의 헌정"에 대한 표현으로 간주한다. 그러나 그 산모가 왜 대속이 필요할까? 어떤 고백을 할 필요성 따위가 전혀 암시되어 있지 않다. 즉 임신 행위나 분만 과정이 죄의 행위로 간주되었다는 암시가 전혀 없다. 초점이 어떤 특정한 죄의 행위에 맞추어져 있지 않다는 것은 속건제가 아닌 속죄제(정화제)가 요구된다는 점에서, 또한 이 제사를 위한 짐승이 가능한 한 가장 적은 비용의 제물이었다는 점에서 분명하다. 호프만(Hoffmann, 363)은 그 부정결이 산모가 성소에 들어오지 못하도록 막았으며, 그것에 의해 부정결이 대속되는 것으로 본다. 그렇다면 이 희생들은 그 산모를 그녀의 기본

적인 죄성으로부터 정결케 하고 용서를 베풀어 그녀가 확신을 가지고 거룩하신 하나님의 존전에 들어갈 수 있게 할 것이다. 희생 규정들 전반에 걸쳐서 인간은 그 존재의 본성으로 인한 기본적 죄성으로부터 대속을 필요로 한다는 것이 드러났다. 심지어 새로 기름부음 받은 제사장들도 일주일 동안 성소 구역 내에 머물러 있으면서 대속을 위해 매일의 희생들을 바쳐야만 했다(8:33-35).

두 가지 매우 흥미로운 사실이 이 구절에서 드러난다. 첫째로, 남자뿐만 아니라 여자도 성소에서 희생들을 바칠 권리와 의무를 가졌다. 성소에서의 여성의 역할은 남자에 비해 부족했지만 여성이 희생 드리기에서 제외되지는 않았으며, 때로 여성은 희생을 드리도록 요구받았다. 둘째로, 그 산모가 아들을 낳든 딸을 낳든 제물들은 동일했다. 이러한 사실은 서로 다른 부정결의 기간이 남아가 여아보다 더 큰 본질적인 가치를 지녔다는 모든 해석의 토대를 제거한다.

[8] 참조. 1:14-17; 5:7-10; 14:21-22, 30-31; 15:14-15, 29-30; 민 6:10-11.

해설

자녀 출산은 크고 중대한 사건인데, 인구가 매우 적고 사람들이 단명했던 고대 이스라엘에서는 더욱 그러했다. 출산은 신비함, 경이로움 그리고 위험으로 가득 차 있다. 어떤 산모가 죽음의 문턱에 이를 때, 그녀는 새로운 생명을 세상에 탄생시킨다. 그렇지만 그 산모가 해산을 할 때 의식상 부정하게 되는 것은 현대인들에게는 이상하고 비현실적인 것이라는 인상을 준다. 이번에도 이 법은 이러한 규준에 대한 어떠한 합리적인 설명도 제공하지 않는다. 오경과 구약의 다른 부분들로부터 결혼 관계 내에서의 성적인 결합은 죄로 간주되지 않았다는 사실이 확증될 수 있다(예를 들어, 잠 5:15-19; 아가서). 자녀들에게는 대단히 높은 가치가 부여되었다. 그들은 하나님의 특별한 축복으로 간주되었다(레 26:9; 신 29:11; 시 113:9; 127:3-5; 128:3-4; 144:12-13). 그러므로 산모의 부정결의 원인을 새로운 생명의 출산 과정에서 찾아서는 안 된다. 본문은 출산한 산모를 부정하게 만드는 것은 출산 후 뒤따르는 하혈이라는 것을 분명하게 밝힌다. 그 산모는 비정상적인 상황이 바로잡힐 때까지, 즉 그녀의 몸이 다시 온전해질 때까지 거룩한 것으로부터 격리되어야 했다.

출산 후의 부정결을 설명해 보려는 또 다른 길은 신학에 있다. 출산 시에 여성은 에덴 동산에서 하나님께 서지른 범죄로 인해 인류에게 내려진 죽음의 형벌에 도전한다(창 2:16-17). 왜냐하면 각각의 출산은 인류의 지속을 보장하기 때문이다. 상징적으로 각각의 출산은 낙원의 뱀, 즉 죽음의 승리자의 머리를 강타한다(창 3:15). 출산은 중대한 승리의 행위였다. 그러나 의식적 정결 규정들은 출산한 산모가 자신의 새로운 업적 속에서 자신을 신적인 존재로 격상시키는 것을 허용하지 않는다. 이러한 규정들은 그녀가 출산 시에 누리는 커다란 기쁨을 경감시키는 일이 없이 그녀의 승리를 현세의 영역으로 내려 앉혔다. 그녀의 격리의 시간에서 유일하게 부정적인 점은 그녀가 성막 구역 내로 들어갈 수 없다는 것, 또한 어떠한 거룩한 것도 만질 수 없다는 것이었다. 나아가 격리의 시간은 많은 실용적인 유익이 있었다. 그것은 그 출산한 산모에게 일상의 활동으로 돌아가기 전에 그녀의 노고로부터 완전히 회복할 시간을 주었다. 그것은 또한 그녀가 당장에 재차 임신하게 될 위험으로부터 지켜주었다.

여아를 출산하는 것이 남아에 비해 산모를 두 배로 부정하게 만드는 것은 매우 이해하기가 곤란하다. 그 초점이 너무 지나치게 이러한 차이점에 놓이지 않도록 이 규정에는 몇 가지 확정적인 측면이 있다. 어떤 산모가 바쳐야 하는 희생들은 남아든 여아든 동일했다. 이러한 사실은 남녀가 하나님 앞에서 평등하게 간주되었다는 것을 시사한다. 부정결의 기간의 차이는 일시적인 문제였기 때문에, 이러한 차별은 오직 땅에서의 성별의 지위와 관련이 있었다. 그것은 그러한 차이가 변동될 수 있는 것이었음을 의미하며, 감사하게도 그것은 그리스도의 사역 안에서 변화되었다. 왜냐하면 그분 안에서는 남자든 여자든 구분이 없기 때문이다(갈 3:28).

그 산모는 정화(속죄) 과정의 일부로 번제와 속죄제(정화제)를 바쳐야 했다. 이 지침은 우리를 고무시키는 언급인데, 왜냐하면 그것이 우리에게 여성이 성소에서 희생을 드릴 수 있다는 사실을 알려 주는 몇 가지 본문 중의 하나이기 때문이다. 번제는 자녀의 선물에서 표현된 하나님의 축복에 대한 감사의 제물이었을지도 모른다. 어쨌든 그 제사들이 인간의 죄성의 오염으로부터 그녀를 대속했으며, 그녀에게 성소에서 예배를 드리고 거룩한 것을 만질 수 있는 자유를 부여했다. 이러한 제물들은 모두에게 요구되었기 때문에, 가난한 사람들을 위해서는 대안적인 종류의 짐승이 허용되었다.

예수님의 어머니 마리아는 예수님의 탄생 후에 이 규정을 따랐다. 그녀는 자신의 정화(속죄)를 위해 가난한 자의 제물이었던 두 마리의 새를 바쳤다(눅 2:22-24). 요셉과 마리아에 의한 이러한 규준의 준수는 모든 법을 지키고 싶어하는 그들의 열망과 그들의 경건을 증언해 준다.

C. 심각한 번식 증상들에 대한 지침(13:1-14:57)

참고문헌

Browne, S. G. *Leprosy in the Bible.* London: Christian Medical Fellowship, 1970. ______. "'Leprosy' in the New English Bible." *BT* 22(1971) 45-46. **Cochrane, R. G.** *Biblical Leprosy: A Suggested Interpretation.* Glasgow: Pickering & Inglis, 1963. **Crocker, P. T.** "Archaeology, Mildew, and Leviticus 14." *Buried History* 26(1990) 3-11. **Davies, M. L.** "Levitical Leprosy: Uncleanness and the Psyche." *ExpTim* 99(1988) 136-39. **Einsler, A.** "Beobachtungen über den Aussatz im heiligen Lande." *ZDPV* 16 (1911) 247-55. **Görg, M.** "'Ausschlag' an Häusern: Zu einem problematischen Lexem in Lev 14,37." *BN* 14(1981) 20-25. **Gramberg, K.** "'Leprosy' and the Bible." *BT* 11 (1960) 10-23. **Harrison, R. K.** "Leprosy." *IDB* 3:111-13. ______. "Leper; Leprosy." *ISBE* rev. 3:103-6. **Hulse, E. V.** "The Nature of Biblical 'Leprosy' and the Use of Alternative Medical Terms in Modern Translations of the Bible." *PEQ* 107(1975) 87-105. **Köhler, L.** "Aussatz." *ZAW* 67(1955) 290-91. **Lie, H. P.** "On Leprosy in the Bible." *Leprosy Review* 9(1938) 25-31, 55-67(=*Acta Dermato-Venereologia* 18[1937] 624ff.). **Masterman, E.** "Hygiene and Disease in Palestine in Modern and in Biblical Times." *PEQ* 50(1918) 13-20, 56-71, 112-19, 156-71; 51(1919) 27-36. **Meier, S.** "House Fungus: Mesopotamia and Israel(Lev 14:33-53)." *RB* 96(1989) 184-92. **Møller-Christensen, U.** *Bone Changes in Leprosy.* Bristol: John Wright, 1961. **Muir, E.** "Editorial." *Leprosy Review* 9(1938) 48-49. **Nida, E.** "The Translation of 'Leprosy.'" *BT* 11(1960) 80-81. **Pilch, J. J.** "Biblical Leprosy and Body Symbolism." *BTB* 11 (1981) 108-13. **Sawyer, J. F.** "A Note on the Etymology of *ṣāraʿat.*" *VT* 26(1976) 241-45. **Seidl, T.** *Tora für den »Aussatz«-Fall: Literarische Schichten und symtaktische Strukturen in Levitikus 13 und 14.* ATSAT 18. St. Ottilien: EOS-Verlag, 1982. **Snaith, N. H.** "Spirit of Righteousness(Lev 14:22)." *Today* 11(1955) 508-11. **Swellengrebel, J.** "The Translation of 'Tsaracath' and 'Lepra.'" *BT* 11(1960) 69-80. **Wallington, D.** "'Leprosy' and the Bible. Conclusion." *BT* 12(1961) 75-79. **Wilkinson, J.** "Leprosy and Leviticus: The Problem of Description and Identification." *SJT* 30(1977) 153-69. ______. "Leprosy and Leviticus: A Problem of Semantics and Translation."

SJT 31(1978) 153-66.

본 문

1 여호와께서 모세와 아론에게 일러 가라사대

1 Yahweh spoke to Moses and Aaron:

2 사람의 피부에 무엇이 돋거나 딱지가 앉거나 색점이 생겨서 그 피부에 문둥병같이 되거든 곧 제사장 아론에게나 그 자손 중 한 제사장에게로 데리고 갈 것이요

2 "When anyone has a swelling or an eruption or a shiny patch on his skin, it might be a lesion of a serious skin disease on the surface of his flesh: he is to be brought to Aaron the priest or to one of his sons who is a priest.

3 제사장은 그 피부의 병을 진찰할지니 환처의 털이 희어졌고 환처가 피부보다 우묵하여졌으면 이는 문둥병의 환처라 제사장이 진단하여 그를 부정하다 할 것이요

3 The priest is to examine the lesion on the surface of his flesh. If the hair in the sore has turned white and the appearance of the lesion lies beneath the skin, it is a lesion of a serious skin disease. After the priest has examined it,[a] he is to pronounce him unclean.[b]

4 피부에 색점이 희나 우묵하지 아니하고 그 털이 희지 아니하면 제사장은 그 환자를 칠 일 동안 금고할 것이며

4 If the shiny patch on the surface of his skin is white but there is no appearance of involvement under the skin[a] and the hair[b] has not turned white,[c] the priest is to confine the infected person seven days.

5 칠 일 만에 제사장이 그를 진찰할지니 그의 보기에 그 환처가 변하지 아니하고 병색이 피부에 퍼지지 아니하였으면 제사장이 그를 또 칠 일 동안을 금고할 것이며

5 On the seventh day the priest is to examine it:[a] and if,[b] in his observation,[c] the lesion has stayed and the lesion has not spread in the skin, the priest is to confine him for another seven days.

6 칠 일 만에 제사장이 또 진찰할지니 그 환처가 엷어졌고 병색이 피부에 퍼지지 아니하였으면 피부병이라 제사장이 그를 정하다 할 것이요 그는 옷을 빨 것이라 그리하면 정하리라

6 The priest is to examine it on the seventh day, a second time: and if the lesion has faded and has not spread in the skin, the priest is to declare him clean.[a] It is an eruption. That person is to wash his clothes, and he is clean.

7 그러나 정결한 여부를 위하여 제사장에게 보인 후에 병이 피부에 퍼지면 제사장에게 다시 보일 것이요

7 But if the eruption has truly spread[a] over the skin after he has shown himself to the priest and been declared clean, he is to appear another time before the priest.

8 제사장은 진찰할지니 그 병이 피부에 퍼졌으면 그를 부정하다 진단할 것이라 이는 문둥병임이니라

8 The priest is to make an examination.[a] If the eruption has spread, the priest is to pronounce him unclean. It is a grievous skin disease.

9 사람에게 문둥병이 들었거든 그를 제사장에게로 데려갈 것이요

9 "Whenever[a] anyone has[b] a grievous skin disease, he is to be brought to the priest.

10 제사장은 진찰할지니 피부에 흰 점이 돋고 털
이 희어지고 거기 난육이 생겼으면

10 The priest is to make an examination: and if
there is a white swelling in the skin, turning[a] the
hair white, and there is ulcerating tissue in the
swelling,

11 이는 그의 피부의 오랜 문둥병이라 제사장이
부정하다 진단할 것이요 그가 이미 부정하였은즉
금고하지는 않을 것이며

11 it is a chronic disease on the surface of his
skin. The priest is to pronounce him unclean. He
need not[a] confine him, for he is unclean.

12 제사장의 보기에 문둥병이 그 피부에 크게 발
하였으되 그 환자의 머리부터 발까지 퍼졌거든

12 If a grievous disease[a] suddenly[b] breaks out all
over one's skin and the disease[a] covers all the
skin of the affected person[c] from head to foot
wherever the priest looks,

13 그가 진찰할 것이요 문둥병이 과연 그 전신에
퍼졌으면 그 환자를 정하다 할지니 다 희어진 자
인즉 정하거니와

13 the priest is to make an examination: and if
the disease has covered his entire body, he is to
pronounce the person with a lesion[a] clean. Since
it has turned all white, he is clean.

14 아무 때든지 그에게 난육이 발생하면 그는 부
정한즉

14 Whenever ulcerated tissue appears in it, he
becomes unclean.

15 제사장이 난육을 보고 그를 부정하다 진단할
지니 그 난육은 부정한 것인즉 이는 문둥병이며

15 The priest is to examine the ulcerated tissue
and pronounce him unclean. The ulcerated tissue
is unclean, for it[a] is a grievous skin disease.

16 그 난육이 변하여 다시 희어지면 제사장에게
로 갈 것이요

16 If the ulcerated tissue recedes[a] and turns
white, he is to come to the priest.

17 제사장은 그를 진찰하여서 그 환처가 희어졌
으면 환자를 정하다 할지니 그는 정하니라

17 The priest is to examine it;[a] and if the lesion
has turned white, the priest is to pronounce the
person with the lesion clean. He is clean.

18 피부에 종기가 생겼다가 나았고

18 "Whenever someone has a boil in his skin[a]
and it heals

19 그 종처에 흰 점이 돋거나 희고 불그스름한
색점이 생겼으면 제사장에게 보일 것이요

19 and on the site of the boil a white swelling
or a reddish-white shiny spot[a] appears, the person
is to show himself to the priest.

20 그는 진찰하여 피부보다 얕고 그 털이 희면
그를 부정하다 진단할지니 이는 종기로 된 문둥
병의 환처임이니라

20 The priest is to make an examination. If its
appearance[a] goes lower than the skin and the
hair in it has turned white, the priest is to
pronounce him unclean. It is a sore of a grievous
skin disease that has broken out in the boil.

21 그러나 제사장의 보기에 거기 흰 털이 없고
피부보다 얕지 아니하고 빛이 엷으면 제사장은
그를 칠 일 동안 금고할 것이며

21 If, when the priest examines it,[a] there is no
white hair in it and there is no involvement
lower than the skin[b] and it has faded, the priest
is to confine him for seven days.

22 그 병이 크게 피부에 퍼졌으면 제사장은 그를

22 If it truly spreads[a] over the skin, the priest is

부정하다 진단할지니 이는 그 환처임이니라
23 그러나 그 색점이 여전하고 퍼지지 아니하였으면 이는 종기 흔적이니 제사장은 그를 정하다 진단할지니라
24 피부를 불에 데었는데 그 덴 곳에 불그스름하고 희거나 순전히 흰 색점이 생기면
25 제사장은 진찰할지니 그 색점의 털이 희고 그 자리가 피부보다 우묵하면 이는 화상에서 발한 문둥병인즉 제사장은 그를 부정하다 할 것은 문둥병의 환처가 됨이니라
26 그러나 제사장의 보기에 그 색점에 흰 털이 없으며 그 자리가 피부보다 얕지 아니하고 빛이 엷으면 그는 그를 칠 일 동안 금고할 것이며
27 칠 일 만에 제사장이 그를 진찰할지니 만일 병이 크게 피부에 퍼졌으면 그는 그를 부정하다 진단할 것은 문둥병의 환처임이니라
28 만일 색점이 여전하여 피부에 퍼지지 아니하고 빛이 엷으면 화상으로 부은 것이니 제사장은 그를 정하다 할 것은 이는 화상의 흔적임이니라
29 남자나 여자의 머리에나 수염에 환처가 있으면
30 제사장은 진찰할지니 환처가 피부보다 우묵하고 그 자리에 누르고 가는 털이 있으면 그는 그를 부정하다 할 것은 이는 옴이라 머리에나 수염에 발한 문둥병임이니라
31 만일 제사장의 보기에 그 옴의 환처가 피부보다 우묵하지 아니하고 그 자리에 검은 털이 없으면 제사장은 그 옴 환자를 칠 일 동안 금고할 것이며
32 칠 일 만에 제사장은 그 환처를 진찰할지니 그 옴이 퍼지지 아니하고 그 자리에 누른 털이 없

to pronounce him unclean. It is a lesion.[bc]
23 But if at that moment[a] the shiny spot is unchanged and has not spread, it is a scar from the boil, and the priest is to pronounce him clean.
24 "Or whenever someone has a burn on his skin and the raw tissue turns[a] into a reddish-white or white shiny spot,
25 the priest is to examine it: and if the hair has turned[a] white in the shiny spot and its appearance shows involvement beneath the skin, it is a grievous skin disease which has broken out in the area of the burn. The priest is to pronounce him unclean: it is a lesion of a grievous skin disease.
26 But if, when the priest examines it,[a] there is no white hair in the shiny spot and there is no involvement lower than the skin but it has faded, the priest is to confine him for seven days.
27 On the seventh day the priest is to examine him.[a] If it truly has spread over the skin, the priest is to pronounce him unclean: it is a lesion of a grievous skin disease.[b]
28 If at that moment the shiny spot, however, has stayed, has not spread in the skin, and has faded, it is a swelling from the burn. The priest is to pronounce him clean, for it is a scar from the burn.
29 "If a man or a woman has[a] a lesion[b] on the head or on the chin,
30 the priest is to examine the lesion: and if its appearance lies beneath the skin and the hair in it is yellow and thin, the priest is to pronounce him unclean. It is a scurfy patch: it[a] is a grievous skin disease of the head or the chin.
31 But if, when the priest examines the scurfy patch, there is no appearance beneath the skin and there is no black[a] hair in it, the priest is to confine the person with the scurfy patch seven days.
32 On the seventh day the priest is to examine the lesion:[a] and if the scurfy patch has not

고 피부보다 우묵하지 아니하거든

33 그는 모발을 밀되 환처는 밀지 말 것이요 제사장은 옴 환자를 또 칠 일 동안 금고할 것이며

34 칠 일 만에 제사장은 그 옴을 또 진찰할지니 그 옴이 피부에 퍼지지 아니하고 피부보다 우묵하지 아니하면 그는 그를 정하다 진단할 것이요 그는 그 옷을 빨지니 정하려니와

35 깨끗한 후에라도 옴이 크게 피부에 퍼지면

36 제사장은 그를 진찰할지니 과연 옴이 피부에 퍼졌으면 누른 털을 찾을 것 없이 그는 부정하니라

37 그러나 제사장의 보기에 옴이 여전하고 그 자리에 검은 털이 났으면 그 옴은 나았고 그 사람은 정하니 제사장은 그를 정하다 진단할지니라

38 남자나 여자의 피부에 색점 곧 흰 색점이 있으면

39 제사장은 진찰할지니 그 피부의 색점이 부유스름하면 이는 피부에 발한 어루러기라 그는 정하니라

40 누구든지 그 머리털이 빠지면 그는 대머리니 정하고
41 앞머리가 빠져도 그는 이마 대머리니 정하니라
42 그러나 대머리나 이마 대머리에 희고 불그스름한 색점이 있으면 이는 문둥병이 대머리에나 이마 대머리에 발함이라
43 제사장은 그를 진찰할지니 그 대머리에나 이마 대머리에 돋은 색점이 희고 불그스름하여 피부에 발한 문둥병과 같으면

spread, there is no yellow hair in it, and the appearance of the scurfy patch does not lie beneath the skin,

33 he is to shave himself,[a] except for the scurfy patch, and the priest is to confine him for another seven days.

34 On the seventh day the priest is to examine the scurfy patch: and if the scurfy patch has not spread and its appearance does not lie beneath the skin, the priest is to pronounce him clean. He is to wash his clothes, and he is clean.

35 But if the scurfy patch truly spreads over the skin after he has been pronounced clean,

36 the priest is to re-examine it:[a] and if the scurfy patch has spread in the skin, the priest does not have to look for yellow hair: that person is unclean.

37 But if in his observation[a] the scurfy patch[b] is unchanged and black hair has begun to grow in it, the scurfy patch is healed. That person is clean, and the priest is to pronounce him clean.

38 "Whenever a man or a woman has shiny spots or white shiny spots on the surface of the skin,[a]

39 the priest is to make an examination: and if the shiny spots on the surface of the skin[a] are dull white, it is a rash[b] that has broken out on the skin.[c] That person is clean.

40 "Whenever a man loses[a] his hair, he is bald[b] and he is clean.

41 If he loses[a] his hair from his forehead,[b] he is bald and he is clean.

42 But if he has a reddish-white lesion on the scalp[a] or the forehead,[a] it is a grievous skin disease breaking out on his scalp or his forehead.

43 The priest is to examine it:[a] and if the swollen lesion on his scalp or his forehead is reddish-white like the appearance of a lesion of a grievous skin disease on the surface of the skin,[b]

44 이는 문둥 환자라 부정하니 제사장은 그를 부정하다 확실히 진단할 것은 그 환처가 그 머리에 있음이니라

44 he is a man with a grievous skin disease and he is unclean. The priest must pronounce him unclean,[a] for the lesion is on his head.

45 문둥 환자는 옷을 찢고 머리를 풀며 윗 입술을 가리우고 외치기를 부정하다 부정하다 할 것이요

45 "Any person with a grievous skin disease must wear torn clothes, let his hair be unkempt, cover the upper lip, and cry, 'Unclean! Unclean!'

46 병 있는 날 동안은 늘 부정할 것이라 그가 부정한즉 혼자 살되 진 밖에 살지니라

46 As long as[a] he has the lesion, he continues to be unclean. He is unclean: he must live alone: his dwelling must be outside the camp.

47 만일 의복에 문둥병 색점이 발하여 털옷에나 베옷에나

47 "If any clothing has a spot of a grievous mildew – any woolen or linen clothing,

48 베나 털의 날에나 씨에나 혹 가죽에나 무릇 가죽으로 만든 것에 있되

48 any woven or knitted[a] cloth of linen or wool, any leather or leatherwork –

49 그 의복에나 가죽에나 그 날에나 씨에나 무릇 가죽으로 만든 것에 병색이 푸르거나 붉으면 이는 문둥병의 색점이라 제사장에게 보일 것이요

49 if the spot in the clothing or the leather[a] or the woven or the knitted material or anything made of leather is greenish[b] or reddish,[b] it is a spot of a grievous mildew and is to be shown[c] to the priest.

50 제사장은 그 색점을 살피고 그것을 칠 일 동안 간직하였다가

50 The priest is to examine the spot, and he[a] is to confine the infected material for seven days.

51 칠 일 만에 그 색점을 살필지니 그 색점이 그 의복의 날에나 씨에나 가죽에나 가죽으로 만든 것에 퍼졌으면 이는 악성 문둥병이라 그것이 부정하니

51 On the seventh day he[a] is to examine the spot. If the spot has spread in the garment, the woven or the knitted material, or the leather for whatever purpose the leather has been worked, it is the spot of a persistent[b] grievous mildew, and the material is unclean.

52 그는 그 색점 있는 의복이나 털이나 베의 날이나 씨나 무릇 가죽으로 만든 것을 불사를지니 이는 악성 문둥병인즉 그것을 불사를지니라

52 He is to burn the garment, the woven or the knitted material of wool or linen, or any article of leather having such a spot. Because it is a persistent[a] grievous mildew, the material is to be burned.

53 그러나 제사장의 보기에 그 색점이 그 의복의 날에나 씨에나 무릇 가죽으로 만든 것에 퍼지지 아니하였으면

53 But if, when the priest examines it, the spot[a] has not spread in the garment, the woven or the knitted material, or the article of leather,

54 제사장은 명하여 그 색점 있는 것을 빨게 하고 또 칠 일 동안 간직하였다가

54 the priest is to order that they wash the material having the spot, and he[a] is to confine it[b] for a second seven days.

55 그 빤 곳을 볼지니 그 색점의 빛이 변치 아니하고 그 색점이 퍼지지 아니하였으면 부정하니 너는 그것을 불사르라 이는 거죽에 있든지 속에

55 The priest is to make an examination after it has been washed[a] of the spot: and if the spot has not changed its appearance,[b] even if the spot

있든지 악성 문둥병이니라

has not spread, it is unclean. You are to burn it with fire,[c] whether the fungus[d] has affected the back or the front.[e]

56 빤 후에 제사장의 보기에 그 색점이 엷으면 그 의복에서나 가죽에서나 그 날에서나 씨에서나 그 색점을 찢어 버릴 것이요

56 If, when the priest makes an examination, the spot has faded after it has been washed,[a] he is to tear[b] the spot[c] from the garment, the leather, or the woven or the knitted material.

57 그 의복의 날에나 씨에나 무릇 가죽으로 만든 것에 색점이 여전히 보이면 복발하는 것이니 너는 그 색점 있는 것을 불사를지니라

57 But if it reappears in the garment, or the woven or the knitted material, or any article of leather, it[a] is breaking out afresh: you are to burn[b] with fire whatever has the spot.[c]

58 네가 빤 의복의 날에나 씨에나 무릇 가죽으로 만든 것에 그 색점이 벗어졌으면 그것을 다시 빨아야 정하리라

58 The garment, the woven or the knitted material, or any article of leather which is washed and the spot goes away, it is to be washed a second time: then it is clean.

59 이는 털옷에나 베옷에나 그 날에나 씨에나 무릇 가죽으로 만든 것에 발한 문둥병 색점의 정하고 부정한 것을 단정하는 규례니라

59 This is the instruction concerning a spot of a grievous mildew[a] in clothing of wool or linen, woven or knitted material, or any article of leather,[b] to pronounce it clean or unclean."

14:1 여호와께서 모세에게 일러 가라사대

14:1 Yahweh spoke to Moses,

2 문둥 환자의 정결케 되는 날의 규례는 이러하니 곧 그 사람을 제사장에게로 데려갈 것이요

2 "This is the regulation for the person with a grievous skin disease at the time of his cleansing. He is to be brought to the priest.

3 제사장은 진에서 나가서 진찰할지니 그 환자에게 있던 문둥병 환처가 나았으면

3 The priest is to go outside the camp, and the priest is to make an examination: and if the afflicted person has been healed of the grievous skin disease,

4 제사장은 그를 위하여 명하여 정한 산 새 두 마리와 백향목과 홍색실과 우슬초를 가져오게 하고

4 the priest is to order that one is to take[a] for the one being cleansed[b] two living, clean birds,[c] some cedar wood, scarlet thread[d] and hyssop.

5 제사장은 또 명하여 그 새 하나는 흐르는 물 위 질그릇 안에서 잡게 하고

5 Then the priest is to order that he slay[a] one of the birds over fresh water in a clay pot.

6 다른 새는 산 대로 취하여 백향목과 홍색실과 우슬초와 함께 가져다가 흐르는 물 위에서 잡은 새 피를 찍어

6 He then[a] is to take the living bird[b] with the cedar wood, the scarlet thread, and hyssop, and he is to dip it with the living bird in the blood of the bird slain over fresh water.[c]

7 문둥병에서 정결함을 받을 자에게 일곱 번 뿌려 정하다 하고 그 산 새는 들에 놓을지며

7 He is to sprinkle the person being cleansed from a grievous skin disease seven times and pronounce him clean.[a] Then he is to release the living bird in the open field.

8 정결함을 받는 자는 그 옷을 빨고 모든 털을 밀고 물로 몸을 씻을 것이라 그리하면 정하리니 그 후에 진에 들어올것이나 자기 장막 밖에 칠 일을 거할 것이요
9 칠 일 만에 그 모든 털을 밀되 머리털과 수염과 눈썹을 다 밀고 그 옷을 빨고 몸을 물에 씻을 것이라 그리하면 정하리라

8 The one being cleansed is to wash his clothes, shave all his hair, bathe with water, and he will be clean. Afterwards he may come into the camp, but he is to dwell outside his tent seven days.
9 When the seventh day comes,[a] he is to shave off all his hair: i.e., he is to shave his head, his beard, his eyebrows, and all the rest of his hair.[b] He is to wash his clothes and bathe his skin with water. Then he will be clean.

10 제팔일에 그는 흠 없는 어린 숫양 둘과 일 년 된 흠 없는 어린 암양 하나와 또 고운 가루 에바 십분 삼에 기름 섞은 소제물과 기름 한 록을 취할 것이요
11 정결케 하는 제사장은 정결함을 받을 자와 그 물건들을 회막 문 여호와 앞에 두고

10 "On the eighth day he is to take two lambs without defect[a] and a year-old ewe without defect, along with three-tenths of an ephah of fine flour and one log of oil.[b]
11 The priest who pronounces him clean is to station the one being cleansed and the materials for his offerings[a] before Yahweh at the entrance to the Tent of Meeting.

12 어린 숫양 하나를 취하여 기름 한 록과 아울러 속건제로 드리되 여호와 앞에 흔들어 요제를 삼고

12 The priest is to take one of those lambs[a] and present it for a reparation offering with the log of oil,[b] and he is to lift them up as an elevated offering before Yahweh.

13 그 어린 숫양은 거룩한 장소 곧 속죄제와 번제 희생 잡는 곳에서 잡을 것이며 속건 제물은 속죄 제물과 일례로 제사장에게 돌릴지니 이는 지극히 거룩한 것이니라

13 He is to slaughter[a] the lamb in the place where he slaughters[b] the purification offering and the whole offering,[c] in the holy place,[d] because like the purification offering the reparation offering[e] belongs to the priest: it is most holy.[f]

14 제사장은 그 속건제 희생의 피를 취하여 정결함을 받을 자의 우편 귓부리와 우편 손 엄지가락과 우편 발 엄지가락에 바를 것이요

14 The priest is to take some of the blood[a] of the reparation offering, and the priest[b] is to put it on the right earlobe of the one being cleansed, on the thumb of his right hand, and on the big toe of his right foot.

15 제사장은 또 그 한 록의 기름을 취하여 자기 좌편 손바닥에 따르고
16 우편 손가락으로 좌편 손의 기름을 찍어 그 손가락으로 그것을 여호와 앞에 일곱 번 뿌릴 것이요

15 The priest is to take some oil[a] and pour it in the palm of the priest's left hand,
16 and the priest[a] is to dip his right finger into some oil[b] which is in his left hand and sprinkle some oil[b] with his finger[c] seven times before Yahweh.

17 손에 남은 기름은 제사장이 정결함을 받는 자의 우편 귓부리와 우편 손 엄지가락과 우편 발 엄지가락 곧 속건제 희생의 피 위에 바를 것이며

17 The priest is to put some of the oil[a] remaining in his palm on the right earlobe of the one being cleansed, on the thumb of his right hand, and on

the big toe of his right foot – on the place of[b] the blood of the reparation offering.

18 오히려 그 손에 남은 기름은 제사장이 그 정결함을 받는 자의 머리에 바르고 여호와 앞에서 제사장은 그를 위하여 속죄하고

18 The rest of the oil[a] that is left in the priest's hand he[b] is to put on the head of the one being cleansed; and the priest will make expiation for him before Yahweh.

19 또 제사장은 속죄제를 드려 그 부정함을 인하여 정결함을 받으려는 자를 위하여 속죄하고 그 후에 번제 희생을 잡을 것이요

19 The priest is to perform[a] the ritual of a purification offering and make expiation[b] for the one being cleansed because of[c] his uncleanness.[d] Afterwards[e] the priest is to slaughter[b] the whole offering.

20 제사장은 그 번제와 소제를 단에 드려 그를 위하여 속죄할 것이라 그리하면 그가 정결하리라

20 The priest is to offer up the whole offering and the grain offering on the altar.[a] Thus the priest will make expiation for him, and he will be clean.

21 그가 가난하여 이에 힘이 미치지 못하면 그는 흔들어 자기를 속할 속건제를 위하여 어린 숫양 하나와 소제를 위하여 고운 가루 에바 십분 일에 기름 섞은 것과 기름 한 록을 취하고

21 "If he is poor and cannot afford these,[a] he is to take one male lamb as a reparation offering for elevation to make expiation for him and a tenth of an ephah of fine flour mixed with oil for a grain offering, a log[b] of oil,

22 그 힘이 미치는 대로 산비둘기 둘이나 집비둘기 새끼 둘을 취하되 하나는 속죄 제물로, 하나는 번제물로 삼아

22 and two doves or two young pigeons, which he can afford: one[a] is to be for a purification offering and one[b] for a whole offering.

23 제팔일에 그 결례를 위하여 그것들을 회막 문 여호와 앞 제사장에게로 가져갈 것이요

23 On the eighth day he is to bring them to the priest for his cleansing at the entrance of the Tent of Meeting before Yahweh.

24 제사장은 속건제 어린양과 기름 한 록을 취하여 여호와 앞에 흔들어 요제를 삼고

24 The priest is to take the lamb for a reparation offering[a] and the log of oil, and the priest[b] is to lift them up as an elevated offering before Yahweh.

25 속건제의 어린양을 잡아서 제사장은 그 속건제 희생의 피를 취하여 정결함을 받을 자의 우편 귓부리와 우편 손 엄지가락과 우편 발 엄지가락에 바를 것이요

25 He is to slaughter the lamb for a reparation offering.[a] The priest is to take some[b] of the blood of the reparation offering and put it on the right earlobe of the one being cleansed, on the thumb of his right hand, and on the big toe of his right foot.

26 제사장은 그 기름을 자기 좌편 손바닥에 따르고

26 The priest is to pour some[a] of the oil into the priest's left palm.

27 우편 손가락으로 좌편 손의 기름을 조금 찍어 여호와 앞에 일곱 번 뿌릴 것이요

27 With his right finger the priest is to sprinkle some[a] of the oil in his left palm seven times

before Yahweh.

28 그 손의 기름은 제사장이 정결함을 받을 자의 우편 귓부리와 우편 손 엄지가락과 우편 발 엄지가락 곧 속건제 희생의 피를 바른 곳에 바를 것이며

28 The priest is to put some of the oil which is in his palm on the right earlobe of the one being cleansed, on the thumb of his right hand, on the big toe of his right foot—on the place of the blood of the reparation offering.

29 또 그 손에 남은 기름은 제사장이 그 정결함을 받는 자의 머리에 발라 여호와 앞에서 그를 위하여 속죄할 것이며

29 The priest[a] is to put the rest of the oil[b] which is in his palm on the head of the one being cleansed to make expiation[c] for him before Yahweh.

30 그는 힘이 미치는 대로 산비둘기 하나나 집비둘기 새끼 하나를 드리되

31 곧 그 힘이 미치는 것의 하나는 속죄제로, 하나는 소제와 함께 번제로 드릴 것이요 제사장은 정결함을 받을 자를 위하여 여호와 앞에 속죄할 지니

32 문둥병 환자로서 그 결례에 힘이 부족한 자의 규례가 이러하니라

30 From the doves or the young pigeons which he can afford, he is to make[a]

31 one[a] a purification offering and one a whole offering with the grain offering, and the priest[b] will make expiation before Yahweh for the one being cleansed.

32 This is the instruction for anyone who has a grievous skin disease and who cannot afford (the regular offerings) for his cleansing."

33 여호와께서 모세와 아론에게 일러 가라사대

34 내가 네게 기업으로 주는 가나안 땅에 너희가 이른 때에 내가 너희 기업의 땅에서 어느 집에 문둥병 색점을 발하게 하거든

33 Yahweh spoke to Moses and Aaron,

34 "When you enter the land of Canaan, which I am about to give you as a possession, and I put a grievous growth in a house[a] in the land of your possession,

35 그 집주인은 제사장에게 와서 고하기를 무슨 색점이 집에 생겼다 할 것이요

35 the owner of the house is to go and inform the priest, 'I have seen some kind of growth in my house.'

36 제사장은 그 색점을 보러 가기 전에 그 가장 집물에 부정을 면케 하기 위하여 명하여 그 집을 비게 한 후에 들어가서 그 집을 볼지니

36 The priest is to order that the house be emptied[a] before the priest comes to examine the growth, so that nothing in the house is pronounced unclean. Afterwards[b] the priest is to come to examine the house.

37 그 색점을 볼 때에 그 집 벽에 푸르거나 붉은 무늬의 색점이 있어 벽보다 우묵하면

37 The priest[a] is to examine the growth: and if the growth[b] in the walls of the house is a greenish or reddish eruption[c] and its appearance is deeper than the surface of the wall,

38 제사장은 그 집 문으로 나와 그 집을 칠 일 동안 폐쇄하였다가

39 칠 일 만에 또 와서 살펴볼 것이요 그 색점이 벽에 퍼졌으면

38 the priest is to exit the house by the entrance and close the house up for seven days.

39 On the seventh day the priest is to return and make an examination:[a] and if the growth

has spread[b] in the walls of the house.

40 그는 명하여 색점 있는 돌을 빼어 성 밖 부정한 곳에 버리게 하고

40 the priest is to order that the stones affected by the growth be torn out[a] and discarded[a] in an unclean place outside the city.

41 또 집안 사면을 긁게 하고 그 긁은 흙을 성 밖 부정한 곳에 쏟아 버리게 할 것이요

41 He is to have all the inside of the house scraped,[a] and they must dispose of the plaster which was taken off[bc] in an unclean place outside the city.

42 그들은 다른 돌로 그 돌을 대신하며 다른 흙으로 집에 바를지니라

42 Then they are to take other[a] stones[b] and replace those stones, and they are to take[c] other mud and plaster[c] the house.

43 돌을 빼며 집을 긁고 고쳐 바른 후에 색점이 집에 복발하거든

43 "If the growth breaks out again[a] in the house after[b] the stones have been torn[c] out and the house has been gouged[d] and plastered,

44 제사장은 또 와서 살펴볼 것이요 그 색점이 만일 집에 퍼졌으면 악성 문둥병인즉 이는 부정하니

44 the priest is to come and make an examination; and if the growth has spread[a] in the house, it[b] is a persistent[c] fungus in the house. It is unclean.

45 그는 그 집을 헐고 돌과 그 재목과 그 집의 모든 흙을 성 밖 부정한 곳으로 내어갈 것이며

45 The house is to be demolished:[a] its stones, its wood,[b] and all of the house's[c] plaster are to be taken[d] outside the city to an unclean place.

46 그 집을 폐쇄한 날 동안에 들어가는 자는 저녁까지 부정할 것이요

46 Whoever enters the house while it is closed up[a] will be unclean until the evening.

47 그 집에서 자는 자는 그 옷을 빨 것이요 그 집에서 먹는 자도 그 옷을 빨 것이니라

47 Whoever sleeps in the house is to wash his clothes,[a] and whoever eats in the house is to wash his clothes.[a]

48 그 집을 고쳐 바른 후에 제사장이 들어가 살펴 보아서 색점이 집에 퍼지지 아니하였으면 이는 색점이 나은 것이니 제사장은 그 집을 정하다 하고

48 "However, when the priest comes and makes an examination, if the growth has not spread[a] in the house after the house has been plastered, the priest is to pronounce the house clean, for the growth is cured.

49 그는 그 집을 정결케 하기 위하여 새 두 마리와 백향목과 홍색실과 우슬초를 취하고

49 To purify the house he is to take[a] two birds,[b] some cedar wood, scarlet thread, and hyssop.

50 그 새 하나를 흐르는 물 위 질그릇 안에서 잡고

50 He is to slaughter one bird over fresh water in a clay vessel.

51 백향목과 우슬초와 홍색실과 산 새를 가져다가 잡은 새의 피와 흐르는 물을 찍어 그 집에 일곱 번 뿌릴 것이요

51 Then he is to take the cedar wood, the hyssop, the scarlet thread,[a] and the living bird, dip them[b] in the blood of the slain bird and[c] the fresh water, and sprinkle[d] the house seven times.

52 그는 새의 피와 흐르는 물과 산 새와 백향목

52 He is to cleanse[a] the house with the blood of

과 우슬초와 홍색실로 집을 정결케 하고

53 그 산새는 성 밖 들에 놓아 그 집을 위하여 속
할 것이라 그리하면 정결하리라

54 이는 각종 문둥병 환처에 대한 규례니 곧 옴
과
55 의복과 가옥의 문둥병과

56 붓는 것과 피부병과 색점의
57 언제는 부정하고 언제는 정함을 가르치는 것
이니 문둥병의 규례가 이러하니라

the bird, the fresh water, the living bird, the cedar wood, the hyssop, and the scarlet thread.[b]

53 Then he is to send the living bird outside the city in the open field. So he will make expiation for the house, and it will be clean.

54 "This is the instruction for every kind of grievous disease and for a scurfy patch,
55 for a grievous growth in clothing or in a house,

56 for a swelling, an eruption, or a shiny patch,
57 and for one to declare[ab] when it is unclean or when it is clean. This is the instruction for grievous growths."

원문주해

3.a. 마소라 본문(MT)과 11QpaleoLev(고대 레위기 두루마리)의 붸라아후(וראהו, "그리고 그가 그것을 진단했다") 대신 사마리아 오경(Sam)과 70인경(LXX)은 붸라아(וראה, "그리고 그가 진단했다")로 읽는다. RSV와 NIV와 같은 대부분의 영어 번역들은 대명사 접미어 "그를"을 번역한다. 그러나 이 구절의 첫 부분에서 그 목적어가 거명되며, 그것은 사람이 아니라 네가(נגע), 즉 "피부 병변(病變, lesion)"이다. 13:25, 26과 같은 다른 구절들에서는 그 대명사의 성이 그것의 선행사가 사람이 아닌 질병이라는 것을 시사한다.

3.b. 많은 사람들은 이 피엘형 동사가 선언적 용법을 갖는 것으로 이해한다: 타메(טמא, "부정하다고 선언하다": 13:8, 11, 15, 20, 22, 25, 27, 30, 44, 59), 그리고 타헤르(טהר, "정결하다고 선언하다": 13:6, 13, 17, 23, 28, 34, 37, 59; 14:7, 48; 참조. *IBHS* § 24.2g). 그러나 코흐(Koch, *Priesterschrift*, 82)는 그 사람의 상태는 제사장의 선언 전까지는 변하지 않았다고 지적한다. 그러므로 그 피엘형은 "사람의 지위를 최종적으로 정결하거나 혹은 부정한 상태로 변경시키다"를 의미한다. 두 가지 개념이 모두 들어 있다: 제사장은 선언하고 그의 선언은 그 사람의 실제적인 사회적 지위를 결정짓는다.

4.a. 원 70인경(LXX*)은 아우테스(*αὐτῆς*, "그것의")를 추가한다. 이것은 아마도 단순히 어떤 사람의 신체의 일부에 대해 소유대명사를 사용하고 싶어한 번역자의 선호일 것이다.

4.b. 탈굼(Tg), 탈굼 위-요나단(*Tg. Ps.-J.*)은 우세아라(וּשְׂעָרָהּ, "그리고 그것의/그의 머리카락")로 읽는다. 또한 70인경(LXX)은 아우투(*αὐτοῦ*, "그의")를 추가한다. 참조. 13:4.a.

4.c. 70인경(LXX)은 아우테 데 에스틴 아마우라(*αὐτὴ δέ ἐστιν ἀμαυρά*, "그러나 그

것은 흐릿하다")를 추가한다.

5.a. 참조. "원문주해" 13:3.a.

5.b. 이 진술의 조건적 성격은 붸힌네(והנה, "그리고 보라")가 아니라 문맥에 의해 만들어진다. 힌네(הנה)는 목격되었거나 발견된 어떤 것을 소개하기 위해 시각 동사(보다, 목격하다) 뒤에 온다(Joüon § 167l, n. 177i; 예를 들어, 13:6, 8, 10, 13 등; 창 8:13; 신 13:15[14]; 17:4; 참조. *IBHS* § 40.2.1e). 코것(Kogut, *Scripta Hierosolymitana*, 31 [1984] 148)은 붸힌네(והנה)가 "그 시각 동사를 보완하는 목적격 내용절을 이끈다"고 말한다.

5.c. 마소라 본문(MT)의 베에이나이브(בעיניו, "그의 두 눈〈관찰〉"; 개역 성경: 그의 보기에) 대신 70인경(LXX)의 에난티온 아우투(*ἐναντίον αὐτου*, "그의 앞에서")는 13:55에서 그런 것처럼 선행사로 네가(נגע)를 갖는 베에이나이브(בעיניו, "그것이 발현할 때")와 동일할 수 있다. 버톨렛(Bertholet, 44)은 70인경(LXX)을 따른다. 또한 BDB, "עין 4.b.," 744-45).

6.a. 참조. "원문주해" 13:3.b.

7.a. 동사 앞의 부정사 절대형은 그 동사의 개념을 강조하며, 또한 그것이 조건문에 있는 가운데 이 조건의 실제적인 존재가 강조된다(GKC § 113n, o).

8.a. 70인경(LXX)은 붸라후(וראהו, "그리고 그가 그것을 진단해야 한다")로 읽는다. 참조. "원문주해" 13:3.a.

9.a. 사마리아 오경(Sam), 70인경(LXX) 그리고 시리아역(Syr)은 맨 앞에 와우(ו)를 읽는다. 이 규정에서 첫 머리의 와우(ו)의 빈번한 사용으로 인해 그것의 부재는 의심스럽다.

9.b. 이 동사의 변화형(תהיה – 티흐예: 역자주)은 여성 수식 명사(fem *nomen rectum*)인 차라아트(צרעת, "악성 피부병"; 개역 성경: 문둥병)와 일치한다(GKC § 145a). (nomen rectum이란 "수식하는 명사"라는 의미로서 히브리어에서는 연계형 뒤에 오는 절대형 명사, 즉 일반적으로 소유격 역할을 하는 명사를 지칭한다. 반면에 연계형 명사는 nomen regens라 부르는데, 그 뜻은 "지배하는 명사"로 소유격의 수식을 받는 명사를 지칭한다. 여기서 차라아트〈צרעת〉는 앞의 연계형 명사 네가〈נגע〉를 수식하는 소유격이므로 nomen rectum이 되는 것이다 – 역자주.)

10.a. 하프카(הפך, "그것이 …로 되었다")는 자동사다(Elliger, 163).

11.a. 70인경(LXX)은 부정어를 갖지 않는다.

12.a. 차라아트(צרעת, "악성 피부병"〈문둥병〉)는 그것이 추상명사이기 때문에 정관사를 갖는다(*IBHS* § 13.5.1g).

12.b. 동사 앞의 부정사 절대형은 그 동사의 개념을 강조한다. 여기서는 그것이 갑작스러움의 어조를 가미한다(참조. GKC § 133m, o; 참조. "원문주해" 13:7.a.).

12.c. 레빈(Levine)은 하네가(הנגע, "피부 병변〈病變〉")가 병변을 가진 사람에 대한 환유법(metonymy)이라고 지적한다.

13.a. 참조. "원문주해" 13:12.b.

15.a. 사마리아 오경(Sam)과 탈굼(Tg)은 마소라 본문(MT)의 후(הוא, "그것") 대신 히(היא)로 읽는데, 이는 그것의 선행사인 차라아트(צרעת, "악성 피부병")가 여성이기 때문이다. 참조. 13:8, 11.

16.a. 레빈(Levine, 79)은 야슈브(ישוב)가 완화되다(recede)를 의미할 수 있다고 지적한다. 참조. 왕하 20:9.

17.a. 참조. "원문주해" 13:3.a.

18.a. 마소라 본문(MT)의 뽀 베오로(בו־בערו, "그것 안에, 즉 그의 피부 안에") 대신 몇몇 히브리어 필사본들(mss), 70인경(LXX), 시리아역(Syr) 그리고 벌게이트역(Vg)은 베오로(בערו, "그의 피부에")로 읽는다. 그러나 마소라 본문은 아람어와 더 비슷하다. 역본들은 다른 히브리어 본문을 가졌던 것이 아니라 단순히 뽀(בו)를 번역하지 않았을지 모른다.

19.a. 빠헤레트 레바나 아담다메트(בהרת לבנה אדמדמת, "번들거리는 붉고 흰 반점"〈희고 불그스름한 색점〉)라는 어구에서 두 번째 형용사는 첫 번째 것을 더 구체적으로 정의해 주면서 그것과 동격 관계에 있다(GKC § 131i). 아담다메트(אדמדמת)는 마지막 두 자음을 반복하는 카탈탈라(*qataltalah*) 형이다. 이러한 형태는 축소의 효력(diminutive force: 자음의 반복으로 어떤 것이 더 사소한 의미를 지니게 하는 것 - 역자주)을 지닌다(Joüon § 87b).

20.a. 마소라 본문(MT)의 여성 대명사 접미어 마르에하(מַרְאֶהָ) 대신 사마리아 오경(Sam)과 한 70인경(LXX) 필사본은 남성 대명사 접미어인 마르에후(מַרְאֵהוּ, "그것의 발현")로 읽는다.

21.a. 마소라 본문(MT)의 이르에나(יראנה, "그가 그것을 진단해야 한다": 개역 성경: 제사장의 보기에) 대신 사마리아 오경(Sam), 원 70인경(LXX*) 그리고 시리아역(Syr)은 이르에(יראה, "그가 진단해야 한다")로 읽는다.

21.b. 마소라 본문(MT)의 민 하오르(מן־העור, "피부보다") 대신 70인경(LXX)은 아포 투 데르마토스 투 크로토스(*ἀπὸ τοῦ δέρματος τοῦ χρωτός*, "피부 표면보다")로 읽는다. 참조. "원문주해" 13:3.a.

22.a. 참조. "원문주해" 13:7.a.

22.b. 70인경(LXX)은 하페 레프라스(*ἁφὴ λέπρας*)=네가 차라아트(נגע צרעת, "악성 피부병의 병변〈病變〉")를 갖는다. 이 본문은 2절과 같이 완전한 어구를 가진 다른 구절의 영향을 받아 나온 것인지도 모른다.

22.c. 70인경(LXX)은 엔 토 헬케이 엑센데센(*ἐν τῷ ἕλκει ἐξήνθησεν*, "그것이 종기에

서 발생했다")을 추가한다.

23.a. 타흐테하(תחתיה)는 "바로 지금, 이 지점에"를 의미한다(삿 7:4; Bertholet, 44). 그러나 BDB("תחת 2.a.," 1065)는 그것을 "그 곳에서"를 의미하는 것으로 간주한다.

24.a. 70인경(LXX)은 엔 토 데르마티(ἐν τῷ δέρματι, "그 피부에")를 추가한다.

25.a. 마소라 본문(MT)의 네흐파크(נהפך, "그것이 …하게 변했다") 대신 사마리아 오경(Sam)은 마소라 본문(MT)이 13:3, 10, 13, 20에서 그런 것처럼 하파크(הפך, "그것이 …로 되었다")로 읽는다.

26.a. 참조. "원문주해" 13:21.a.

27.a. 이번에는 선행사가 사람인데, 왜냐하면 그 피부병은 여성형이기 때문이다. 참조. "원문주해" 13:3.a.

27.b. 참조. "원문주해" 13:22.b.

29.a. 동사가 남성과 여성을 공히 포함하는 복합 주어를 갖지만, 고대 이스라엘 사회에서의 남성 우월 때문에 남성을 주어로 받는다(*IBHS* § 6.5.3a).

29.b. 참조. "원문주해" 13:22.b.

30.a. 마소라 본문(MT)의 후(הוא) 대신 사마리아 오경(Sam)은 히(היא)로 읽는다. 참조. "원문주해" 13:15.a.

31.a. 마소라 본문(MT)의 세아르(שׂער, "검은") 대신 70인경(LXX)은 13:30, 32, 36에서처럼 크산디주사(ξανθίζουσα, "노란")를 갖는다. 그러나 13:37을 참조하라. 70인경(LXX)은 주변의 독법들에 의해 발생된 오류인 것으로 보인다.

32.a. 마소라 본문(MT)의 하네가(הנגע, "병변"〈病變〉; 개역 성경: 환처) 대신 사마리아 오경(Sam)은 하네테크(הנתק, "비듬난 부위")로 읽는다. 참조. "원문주해" 13:53.a.

33.a. 많은 필사본들(mss)이 큰 자음의 김멜(ג)을 갖는데, 왜냐하면 이것이(그 필사본들에서 – 역자주) 오경의 중간 문자이기 때문이다(*b. Qidd.* 30a.)

36.a. 참조. "원문주해" 13:3.a.

37.a. 표준 히브리어 성경(*BHS*)은 마소라 본문(MT)의 브에이나이브(בעיניו, "그의 두 눈에〈그가 관찰하기에〉"; 개역 성경: 그가 보기에) 대신 브에이노(בעינו, "그것이 발현할 때")로 읽어야 할 것으로 추론한다(*BHS*가 비평주에서 그렇게 추론한다 – 역자주).

37.b. 70인경(LXX)은 에피 코라스(ἐπὶ χώρας, "당장, 그 순간에")를 덧붙인다. 참조. 13:23, 28.

38.a. 마소라 본문(MT)의 베사람(בשׂרם, "그것들의 살"; 개역 성경에서는 번역되지 않음 – 역자주) 대신 70인경(LXX)은 테스 사크로스 아우투(τῆς σακρὸς αὐτοῦ, "그의 살")를 갖는다.

39.a. 참조. "원문주해" 13:38.a.

39.b. 70인경(LXX)은 카다로스 에스틴(καθαρός ἐστιν, "그는 정결하다")을 추가한다.

39.c. 마소라 본문(MT)의 빠오르(בעור, "그 피부 위에") 대신 70인경(LXX)은 엔 토 에르마티 테스 사르코스 아우투(*ἐν τῷ δέρματι τῆς σαρκὸς αὐτοῦ*, "그 피부 표면에")로 읽는다.

40.a. 왈키(B. Waltke and M. O'Connor, *IBHS* § 22.6b, n. 31)는 이마레트(יִמָּרֵט, "빠지다")를 니팔형의 모음이 찍힌 고대의 칼 수동태로 간주한다.

40.b. 케레아흐(קרח)와 기베아흐(גבח, 41절)는 신체적 결함을 지시하는 키텔(*qittel*)형으로 되어 있다.

41.a. 참조. "원문주해" 13:40.a.

41.b. 참조. "원문주해" 13:40.b.

42.a. 사마리아 오경(Sam), 70인경(LXX), 시리아역(Syr) 그리고 탈굼 필사본들(Tg^{mss})은 빠카라하트(בקרחת, 또한 11QpaleoLev, "그 머리 위에")와 빠가바하트(בגבחת, "그 이마에")에 대명사 접미어를 붙여서 읽는다.

43.a. 마소라 본문(MT)의 오토(אתו, "그것을") 대신 사마리아 오경(Sam)은 오타(אתה)로 읽는데, 아마도 그것은 네가(נגע, "병변, 환처") 대신 차라아트(צרעת, "악성 피부병": 개역 성경: 문둥병)를 선행사로 갖는다.

43.b. 70인경(LXX)은 소유대명사 아우투(*αὐτοῦ*, "그의")로 읽는다. 참조. "원문주해" 13:4.a.

44.a. 동일 어근을 가진 동사 앞의 부정사 절대형은 그 동사의 개념의 확실성을 강조한다(GKC § 113n).

46.a. 이것은 연계형의 명사 뒤에 오는 아쉐르(אשר, "…하는 〈사람〉, …하는 〈것〉")로 시작하는 명사절의 한 가지 예이다.

48.a. 비쉬티 오 베에레브(בשתי או בערב)라는 단어들은 전통적으로 "(옷의) 날실이나 씨실"로 번역되어 왔다. 그러나 얼룩이 날실이나 씨실 둘 중에 하나에만 있고 다른 것에는 없을 수 있다는 것은 불가능하게 보인다. 스네이스(Snaith, 72)는 이 단어들이 각각 "실"이나 "옷감 조각"를 의미한다고 제안한다. 그는 쉐티(שתי)가 베틀에 걸어놓은 실뭉치를, 그리고 에레브(ערב)는 베짜기의 결과적 산물을 지칭한다고 간주함으로써 이러한 결론에 도달한다. 해리슨(Harrison, 146)은 그 어구가 옷 전체를 가리키는 용어로 받아들인다. NIV는 그것을 "베를 짜거나 뜨개질을 한 옷감"으로 번역한다. JB는 "직물이나 덮개"를 택한다.

49.a. 70인경(LXX)의 독법인 엔 토 데르마티 에 엔 토 히마티오(*ἐν τῷ δέρματι ἢ ἐν τῷ ἱματίῳ*, "가죽이나 옷에")는 마소라 본문(MT)의 순서를 뒤바꾸었다.

49.b. 참조. "원문주해" 13:19.a.

49.c. 이것은 직접목적어를 갖는 호팔형의 한 가지 예이다(참조. GKC § 121a, b).

50.a. 두 개의 히브리어 필사본(mss)과 70인경(LXX)은 하코헨(הכהן, "그 제사장")으

로 읽는다.

51.a. 70인경(LXX)은 호 히에류스(ὁ ἱερεύς, "그 제사장")로 읽는다. 참조. 13:50.a.

51.b. 마므에레트(ממארת)의 의미는 불확실하다. 쾰러 바움가트너 사전(KB, 513)은 그것을 마아르(מאר, "고통스럽게 하다, 찌르다")의 히필 여성 분사인 "독성이 있는, 해로운"으로 정의한다. 70인경(LXX)과 벌게이트역(Vg)은 그것을 "지속되는, 치료 불가한"으로 번역한다. 사마리아 오경(Sam)은 미마르오트(ממראת, "발현으로부터")로 읽는다.

52.a. 참조. "원문주해" 13:51.b.

53.a. 13:32.a.에 있는 것과 동일한 마소라 본문(MT)의 하네가(הנגע, "그 색점") 대신 카이로 게니자(Cairo Genizah)에서 나온 사본 조각들은 하네테크(הנתק, "비듬난 부위")로 읽는다(참조. 13:30).

54.a. 어떤 히브리어 필사본들(mss), 70인경(LXX), 사마리아 오경(Sam) 그리고 탈굼(Tg)은 13:50.a.에 있는 이문이 그러한 것처럼 하코헨(הכהן, "그 제사장")을 추가한다.

54.b. 70인경(LXX)은 그 동사에 대명사 접미어가 붙지 않은 텐 하펜(τὴν ἁφὴν, "그 색점")으로 읽는다.

55.a. 드문 동사형인 호트파엘(hothpael)은 직접목적어를 취한다(참조. "원문주해" 13:49.c.와 GKC § § 54h, 121b; *IBHS* § 26.3b). 접두 문자 타우(ת)는 첫 번째 어근 자음인 케(כ)로 동화되었다.

55.b. 마소라 본문(MT)의 에이노(עינו, "그것의 출현") 대신 사마리아 오경(Sam)은 nn. 13:5.c와 13:37.a와 같이 에이노(עינו, "그의 눈들〈관찰〉")로 읽는다.

55.c. 마소라 본문(MT)의 티스레페누(תשרפנו, "너는 그것을 불살라야 한다") 대신 70인경(LXX)은 카타카우데세타이(κατακαυθήσεται, "그것이 태워져야 할 것이다")로 읽는다.

55.d. 마소라 본문(MT)의 프헤테트(פחתת)는 단 한 번 사용된 단어(*hapax legomenon*)다. 그것은 곰팡이의 종류를 지칭한다(KB, 873). 스네이스(Snaith, 72)는 그 어근의 의미를 "갉아먹다, 구멍내다"로 간주함으로써 그것에 "부식, 부패"라는 뜻을 부여한다.

55.e. 베카라흐토 오 베가바흐토(בקרחתו או בגבחתו, "뒤에 있든지 혹은 앞에 있든지"; 개역 성경: 거죽에 있든지 속에 있든지)는 대머리를 지칭하는 두 개의 단어로 구성되어 있다: 즉 문자적으로 "벗겨진 머리에 혹은 벗겨진 이마에."

56.a. 마소라 본문(MT)의 하크베쓰(הכבס, "그것이 씻겨졌다"; 개역 성경: 빤 후에) 대신 사마리아 오경(Sam)은 히크베쑤(הכבסו, "그들이 씻어야 한다")로 읽는다. 참조. "원문주해" 13:55.a.

56.b. 사마리아 오경(Sam)은 복수 동사 카르우(קרעו, "그들이 떼어내야 한다"; 개역 성경: 찢어야 한다)로 읽는다. 그것은 선행하는 복수형 히크베쑤(הכבסו, "그들이 씻어야 한다")와 일치하도록 하기 위함이다(참조. "원문주해" 13:56.a.)

56.c. 마소라 본문(MT)은 그 색점을 지시하는 오토(אתו, "그것을")로 읽는다. 영어 번역에서는 명료함을 위해 완전한 목적어가 주어진다.

57.a. 70인경(LXX)은 대명사 대신 주어 레프라(*λέπρα*) = 차라아트(צרעת, "악성 곰팡이")를 집어넣는다.

57.b. 참조. "원문주해" 13:55.c.

57.c. 목적격의 대명사 접미어가 그것과 동격인 명사구를 뒤따르고 있다. 이것은 성경 히브리어에서 드문 구조다(Joüon § 146e; *IBHS* § 12.4a).

59.a. 사마리아 오경(Sam)은 하차라아트(הצרעת, "그 악성 곰팡이")로 읽는다.

59.b. 마소라 본문(MT)의 오르(עור, "피부, 가죽") 대신 사마리아 오경(Sam)은 하오르(העור, "그 피부, 가죽")로 읽는다. 관사의 부재는 이 규정 전반에 걸쳐 규범적 문체이지만, 마소라 본문은 13:52에서는 이 어구에 관사를 붙인다.

14:4.a. 사마리아 오경(Sam), 70인경(LXX) 그리고 시리아역(Syr)은 붸라크후(ולקחו, "그리고 그들이 취할 것이다")로 읽는다. 이것은 13:4; 14:36, 40과 일치한다. 그 역본들은 마소라 본문(MT)을 비인칭의 복수형으로 해석했을지도 모른다. 마소라 본문은 더 드문 독법으로서 지지 받는다. PIR(179)은 그것을 비인칭의 단수로 받아들인다.

4.b. 미타헤르(מטהר, "정결하게 될")는 히트파엘형 분사다(개역 성경은 정확히 번역되어 있지 않으나 개역 개정 성경은 "정결함을 받을 자"로 더 정확히 번역한다 – 역자주). 여기서 접두 문자 타우(ת)는 첫 번째 어근 자음인 테트(ט)로 동화되었다(GKC § 54c).

4.c. 치포르(צפור, "새")는 짹짹 소리를 나타내는 의성어다.

4.d. 쉐니(שני)는 "홍색〈천〉"; 개역 성경: 홍색 실)을 지칭한다. 톨라아트(תולעת)는 특별히 원료충(*Coccus ilicis*)을 의미한다. 원료충은 자주색 염료를 만드는 데 사용되는데, 암컷은 말려서 붉은 선홍색 염료를 추출해 낸다.

5.a. 참조. "원문주해" 14:4.a.

6.a. 히브리어 필사본들(mss), 70인경(LXX), 시리아역(Syr) 그리고 벌게이트역(Vg)은 모두 와우(ו)를 가진 문장으로 시작한다. 이 문맥 속에서 그 구절들이 와우(ו)와 함께 시작하기 때문에, 사람들은 이 이문을 따른다.

6.b. 직접목적어가 강조를 위해 첫 번째에 위치한다. 그것은 미정격(*casus pendens*)으로서 대명사 오타(אתה, "그것을")에 의해 그 동사 뒤로 연결된다.

6.c. 사마리아 오경(Sam)의 독법은 무관사의 마임 하임(מים חיים, "생수")이다.

7.a. 70인경(LXX)은 14:8, 9에서처럼 카이 카다로스 에스타이(*καὶ καθαρὸς ἔσται*, "그리고 그가 정결할 것이다")=타헤르(טהר)로 읽는다.

9.a. 붸하야(והיה)가 시간절을 이끌지만, 주절의 동사(יגלח – 이글라흐, "그가 깎아야 한다〈밀어야 한다〉")는 와우(ו)로 시작하지 않는다(Joüon § 176f).

9.b. "머리털을 밀다"라는 어구에 의해 하나의 교차 구조가 존재한다. "밀다":목적어::

확장된 목적어: "밀다." 그 동사의 반복과 털의 종류의 구체적 명시는 털 밀기가 몸에 털이 자라는 모든 부위에서 이루어져야 한다는 것을 강조하기 위함이다.

10.a. 사마리아 오경(Sam)과 70인경(LXX)은 브네이 샤나(שנה, "일 년 생")을 추가하여 9:3과 같은 다른 본문들과 일치시킨다.

10.b. 마소라 본문(MT)의 붸로그 에하드 샤만(ולג אחד שמן, "기름 한 록〈log〉") 대신 사마리아 오경(Sam)과 70인경(LXX)은 그 순서를 바꾸어 붸로그 샤만 에하드(שמן אחד ולג)이다. (양의 단위인 록〈לג〉은 다른 구약 도량형들과 마찬가지로 히브리어가 그대로 쓰인 것이다 – 역자주).

11.a. 마소라 본문(MT)은 단순히 오탐(אתם, "그들을")이다. 본서의 영어 번역에서는 명료함을 위해 명사 하나가 보완된다.

12.a. 한정 명사 하케베스(הכבש, "그 어린양") 뒤에 숫자 하에하드(האחד, "하나")는 한정적 효력을 지닌다(Joüon § 142m).

12.b. 이 연계형 어구는 계량(측량)의 소유격의 한 가지 예이다.

13.a. 70인경(LXX)은 복수 동사로 읽는다(참조. "원문주해" 14:4.a.).

13.b. 사마리아 오경(Sam)과 70인경(LXX)은 둘 다 복수 동사인 붸샤하투(ושחטו, "그들이 도살해야 한다")를 갖는다(참조. "원문주해" 14:13.a.). 이는 주어의 불특정성을 더욱 강력히 전달하기 위해서다.

13.c. 70인경(LXX)은 이 두 희생의 순서를 바꾸어 거명한다.

13.d. 이 어구는 도살을 위한 장소를 정해 주는 더 긴 어구와 동격 관계다. 그것은 그 장소가 거룩하다는 것을 강조하기 위해 추가된다.

13.e. 몇몇 히브리어 필사본들(mss)과 사마리아 오경(Sam)은 케아샴(כאשם, "속건 제물과 같이")으로 읽는다(참조. 7:7). 엘리거(Elliger)는 이 독법을 더 나은 대안으로 받아들인다(163). 70인경(LXX) 또한 이 이문을 갖지만, 그것은 속죄제와 더불어 전치사 케(כ, "…처럼")를 갖지 않는다.

13.f. 참조. "원문주해" 2:3.a.

14.a. 전치사 민(מן, "…로부터")이 "일부", 즉 전체로부터의 분리의 의미를 가진 명사와 함께 사용될 수 있다(GKC § 119w, n. 2).

14.b. 몇몇 히브리어 필사본들(mss), 사마리아 오경(Sam) 그리고 70인경(LXX)에는 하코헨(הכהן, "그 제사장")이 빠져 있다. 참조. "원문주해" 14:24.b.

15.a. 참조. "원문주해" 14:14.a.

16.a. 70인경(LXX)은 하코헨(הכהן, "그 제사장")을 갖지 않는다.

16.b. 참조. "원문주해" 14:14.a.

16.c. 고대 레위기 두루마리(11QpaleoLev)와 사마리아 오경(Sam)은 베에쯔바오(באצבעו, "그의 손가락으로")를 갖지 않는다.

17.a. 참조. "원문주해" 14:14.a.

17.b. 몇몇 히브리어 필사본들(mss), 70인경(LXX), 시리아역(Syr) 그리고 탈굼 위-요나단(*Tg. Ps.-J.*)은 14:28에서처럼 톤 토폰(*τὸν τόπον*)=마콤(בקם, "…의 장소")을 추가한다. 고대 레위기 두루마리(11QpaleoLev)의 지지를 받는 마소라 본문(MT)은 서기관의 실수의 결과다.

18.a. 전치사 베(ב)는 "…로 구성된"이라는 의미를 갖는다(GKC § 119i).

18.b. 70인경(LXX)은 호 히에류스(*ὁ ἱερεύς*, "그 제사장")를 추가한다.

19.a. 아사(עשׂה, "행하다, 만들다")는 때로 희생 법안에서 적절한 예식을 "수행하다"를 의미하기 위해 사용되는 일반 용어다. 참조. 9:16, 22.

19.b. 70인경(LXX)은 호 히에류스(*ὁ ἱερεύς*, "그 제사장")를 추가한다. 본서의 영어 번역은 두 번째 위치에서 명료함을 위해 이 주어를 추가한다.

19.c. 카파르(כפר)+알(על, "…를 위해 대속하다")과 함께 사용되는 민(מן)의 용법에 대해서는 "원문주해" 4:26.b.를 참조하라.

19.d. 마소라 본문(MT)의 알 하미타헤르 미투메아토(על־המטהר מטמאתו, "그 부정결로부터 정결케 될 사람을 위해") 대신 70인경(LXX)은 다른 본문을 갖는다. 페리 투 아카다르투 투 카다리조메누 아포 테스 하마르티아스 아우투(*περι τοῦ ἀκαθάρτου τοῦ καθαριζομένου ἀπὸ τῆς ἁμαρτίας αὐτοῦ*, "그의 죄로부터 정결케 될 사람의 부정결을 위해").

19.e. 마소라 본문(MT)의 아하르(אחר, "…후에") 대신 탈굼(Tg)은 아하레이 켄(כן אחרי, "그 후에")으로 읽는다.

20.a. 사마리아 오경(Sam)과 70인경(LXX)은 리프네이 아도나이(לפני יהוה, "여호와 앞에서")를 추가한다.

21.a. 참조. "원문주해" 5:7.a.

21.b. 한 히브리어 필사본과 70인경(LXX)은 14:10에서처럼 추가로 에하드(אחד, "하나")를 갖는다.

22.a. 70인경(LXX)은 다음의 어구와 14:31에서처럼 헤 미아(*ἡ μία*)=하에하드(האחד, "하나")로 읽는다. 이 독법이 선호된다. 마소라 본문(MT)은 중자탈락(haplography)의 한 사례다.

22.b. 사마리아 오경(Sam)과 70인경 소문자 사본들(LXX[min])은 붸에하드(ואחד, "그리고 하나")로 읽는다.

24.a. 이 소유격은 그 양을 위한 목적을 규정한다(GKC § 128q).

24.b. 몇몇 히브리어 필사본들(mss), 사마리아 오경(Sam), 70인경(LXX) 그리고 탈굼 위-요나단(*Tg. Ps.-J.*)에는 하코헨(הכהן, "그 제사장")이 빠져 있다. 마소라 본문(MT)은 명료함을 위한 후대의 삽입으로 보인다.

25.a. 참조. "원문주해" 14:24.a.

25.b. 참조. "원문주해" 14:14.a.

26.a. 참조. "원문주해" 14:14.a. 또한 이 어구는 강조를 위해 먼저 나온다.

27.a. 참조. "원문주해" 14:14.a.

29.a. 마소라 본문(MT)에는 한정적 주어가 없지만, "그 제사장"이라는 용어가 카프(כף, "손바닥")를 한정하는 소유격으로 나타난다. 영어 번역에서는 "그 제사장"이 주어로 보완되며 소유대명사가 "손바닥"을 한정하는 "그 제사장의"를 대신한다.

29.b. 사마리아 오경(Sam)은 빠쉐멘(בשמן, "그 기름〈으로부터 남은 것〉을 가지고")으로 읽는다.

29.c. 마소라 본문(MT)의 레카페르 알라이브(לכפר עליו, "그를 위해 속죄하기 위해") 대신 70인경(LXX)은 카이 엑시라세타이 페리 아우투 호 히에류스(*καὶ ἐξιλάσεται περί αὐτοῦ ὁ ἱερεύς*, "그리고 그 제사장은 그를 위해 속죄해야 한다")를 갖는다. 70인경의 독법은 14:31과 4-5장에서와 같이 레위기에서 빈번히 발견되는 형식문과 일치한다.

30.a. 참조. "원문주해" 14:19.a.

31.a. 마소라 본문(MT)은 에트 아쉐르 타시그 야도(את אשר־תשיג ידו, "그가 감당할 수 있는 것"; 개역 성경: 그의 힘에 미치는 것)를 갖는다. 그러나 그것은 70인경(LXX)과 시리아역(Syr)에는 빠져 있다. 마소라 본문은 중복오사(dittography)의 한 사례이기 때문에 그 이문이 수용된다.

31.b. 사마리아 오경(Sam)에는 하코헨(הכהן, "그 제사장")이 빠져 있다.

34.a. 비록 대명사 접미어가 그 수식 명사(*nomen rectum*)를 한정적으로 만들지만, 여기 있는 그대로의 그 연계형 사슬(construct chain)은 비한정적일 수 있다(GKC § 127c; Joüon § 140a). (nomen rectum이란 용어에 대해서는 "원문주해" 13.9.b의 역자주를 보라. 이 구절의 마지막에 있는 단어 아후자트켐〈אחזתכם〉에서 대명사 접미어 켐〈כם〉이 붙은 아후자〈אחזה〉는 앞의 연계형 명사 에레쯔〈אר〉를 수식하는 절대형으로서 소유격 역할을 하는 nomen rectum이다 – 역자주).

36.a. 3인칭 남성 복수형은 실질상의 수동태 역할을 한다(GKC § 144f).

36.b. 마소라 본문(MT)의 붸아하르(ואחר, "그리고 …후에") 대신(참조. 14:8, 19), 사마리아 오경(Sam)은 이 단어의 가장 빈번한 철자인 붸아하레이(ואחרי)를 갖는다. 동일한 이문에 대해서는 14:43을 참조하라.

37.a. 사마리아 오경(Sam), 70인경 꽈슬랜 소문자 사본(LXX^{Mmin}=codex coislinianus) 그리고 탈굼 위-요나단(*Tg. Ps.-J.*)은 명료함을 위해 하코헨(הכהן, "그 제사장")을 추가한다. 이 단어는 영어 번역에서는 명료함을 위해 계속해서 추가되어 왔다.

37.b. 소수의 히브리어 사본들과 70인경(LXX)은 붸히네 하네가아(והנה הנגע, "그리고 그 색점을 보다")를 생략한다.

37.c. 마소라 본문(MT)의 쉐카아루로트(שְׁקַעֲרוּרֹת)에 대해서는 많은 설명들이 제시되었다. 한 입장은 그것을 어근 카아르(קער, "깊다 혹은 깊게 만들다")로부터 취하면서, 그 어근이 "함몰, 움푹 패임"을 의미하는 접두 문자 쉐(ש)를 갖는다고 본다(BDB, 891). 다른 견해는 비슷한 의미를 얻기 위해 그것을 샤카(שקע, "가라앉다")로부터 취한다. 크래머(J. Kraemer, *Šᵉqaᵃrurot*: A Proposed Solution for an Unexplained Hapax, *JNES* 25 [1966] 125-27)는 이 단어를 아랍어 IV 어간(stem)인 *iqšaʿarra*("거칠다. 말라서 딱지가 되다; 떠는 증상을 앓다")와 관련시킴으로써 설명한다. 그 단어로부터 "거친 것, 인설(鱗屑) 있는 것, 비늘 있는 부위들, 비늘이 낀 것"이라는 의미를 가진 명사가 만들어졌다. 그렇지만 이러한 입장은 어떤 난감한 음운론적 장벽을 만난다: *q*와 *š*의 도치와 아랍어 *š*와 히브리어 *š*의 상응(Görg, *BN* 14[1981] 21). 괴르크(Görg, 22-25)는 이 히브리어가 이집트어 표현인 *sqr r rwtj*("바깥쪽의 타격이나 손상 = 발진")에서 온 것이라고 주장한다. 이 히브리어의 모음 구두점은 이 단어를 복수로 취하여 잘못 찍혔다.

39.a. 70인경(LXX)은 직접목적어로 텐 오이키안(*τὴν οἰκίαν*, "그 집")을 추가하는데, 이는 더 나은 그리스어 번역을 위해서다.

39.b. 70인경(LXX)은 이 동사 앞에서 부정어 우(*οὐ*)를 읽는다.

40.a. 비한정적인 3인칭 복수는 실질상의 수동태 역할을 한다.

41.a. 하나의 히브리어 필사본(ms), 사마리아 오경(Sam), 70인경(LXX), 시리아역(Syr), 탈굼(Tg) 그리고 탈굼 위-요나단(*Tg. Ps.-J.*)은 "원문주해" 14:40.a.에서처럼 3인칭 복수로 읽는다.

41.b. 원 70인경(LXX*)에는 아쉐르 히크추(הִקְצוּ, "그들이 제거한 것")가 빠진다.

41.c. 사마리아 오경(Sam)은 하키추(הקיצו, "그들이 제거하다")로 읽는다. 표준 히브리어 성경(*BHS*)은 히크치우(הקציעו, "그들이 긁어냈다")를 제안한다. 이것은 시리아역(Syr), 탈굼(Tg) 그리고 탈굼 위-요나단(*Tg. Ps.-J.*)의 지지를 받는다. 이 동사는 그 문장의 더 앞 부분에서 나타난다. 이러한 제안이 호소력이 있지만, 마소라 본문(MT)이 지지된다. 왜냐하면 이 동사의 또 다른 형태가 14:43에서 발견되기 때문이다. 참조. "원문주해" 14:43.d.

42.a. 마소라 본문(MT)의 아헤로트(אחרות, "다른") 대신 70인경 바티칸 사본 및 알렉산드리아 사본(LXX^BA)는 스테레우스(*στερεούς*, "단단한")로 읽는다.

42.b. 70인경(LXX)은 아페크쉬메누스(*ἀπεξυσμένους*, "긁어 낸")를 추가한다.

42.c. 사마리아 오경(Sam)과 70인경(LXX)은 앞서 나온 동사형들과 일치하도록 복수형으로 읽는다.

43.a. 동사 야슈브(יָשׁוּב, "그것이 돌아오다〈재발하다〉")가 반복을 의미하는 다른 동사와 함께 사용된다(GKC § 120d; BDB, "שׁוּב qal 8.," 998).

43.b. 참조. "원문주해" 14:36.a.

43.c. 70인경(LXX)은 부정사 연계형 토 엑셀레인(*τὸ ἐξελεῖν*, "빼기 위해서")으로 읽는 반면, 사마리아 오경(Sam)은 복수 완료 동사인 힐레추(חלצו, "그들이 떼어냈다")로 읽는다. 일련의 부정사 연계형은 이 동사를 부정사 연계형으로 이해하는 것에 우호적이다. 그 부정사는 마소라 본문(MT)을 할레츠(חַלֵּץ, "잡아당김, 떼어냄")로 모음 구두점을 다시 찍을 것을 요구한다.

43.d. 마소라 본문(MT)의 히크초트(הקצות, "자르기, 빼기, 파내기")는 게세니우스 문법(GKC § 531)이 부정사 연계형의 드물고 색다른 철자로 간주하는데, 70인경(LXX)은 그것을 대신해서 토 아포크쉬스데나이(*τὸ ἀποξυσθῆναι*, "긁어내기 위해")로 읽는다. 표준 히브리어 성경(*BHS*)은 탈굼(Tg)을 지지하면서 히크찌아(הקציע, "긁어내기 위해")로 읽을 것을 제안한다. 마소라 본문(MT)이 수용되는데, 그 이유는 이러한 동일한 단어가 14:41에서 나타나기 때문이다(참조. "원문주해" 41.c.). 두 개의 다른 구절에 있는 이 어근의 상이한 형태에 대해 비슷한 철자법의 오류를 상상하기란 어렵다.

44.a. 마소라 본문(MT)의 파사(פשה, "그것이 퍼졌다") 대신 사마리아 오경(Sam)은 파라흐(פרח, "그것이 돋았다")로 읽는다.

44.b. 사마리아 오경(Sam)에는 후(הוא, "그것")가 빠진다.

44.c. 참조. "원문주해" 13:51.b.

45.a. 마소라 본문(MT)의 단수형 대신 사마리아 오경(Sam), 70인경(LXX) 그리고 시리아역(Syr)은 실질상의 수동태인 붸나타추(ונתצו, "그것이 철거되어야 한다")로 읽는다. 참조. "원문주해" 14:40.a. 영어 번역은 그 이문을 따른다.

45.b. 70인경(LXX)의 독법인 카이 타 크쉴라 아우테스 카이 투스 리두스 아우테스(*καὶ τὰ ξύλα αὐτῆς καὶ τοὺς λίθους αὐτῆς*, "그리고 그것의 나무와 그것의 돌들")는 마소라 본문(MT)의 순서를 뒤바꾼다.

45.c. 70인경(LXX)에는 하베트(הבית, "그 집")로 되어 있지 않다.

45.d. 사마리아 오경(Sam), 70인경(LXX) 그리고 시리아역(Syr)에는 실질상의 과거 역할을 하는 복수 형태로 되어 있다. 이 영어 번역은 이 이문을 따른다.

46.a. 마소라 본문(MT)의 히스기드(הַסְגִּיר, "폐쇄하다")는 부정사 연계형의 드물고 색다른 철자법이다(GKC § 531). 그러나 버톨렛(Bertholet, 48)은 그 형태를 완료형으로 받아들이면서 그 문장을 관계사 문장으로 간주한다.

47.a. 70인경(LXX)은 두 번에 걸쳐 카이 아카다르토스 에스타이 에오스 헤스페라스(*καὶ ἀκάθαρτος ἔσται ἕως ἑσπέρας*, "그리고 그는 저녁 때까지 부정할 것이다")를 추가한다.

48.a. 참조. "원문주해" 14:44.a. 원 70인경(LXX*)은 13:27에서처럼 그 동사 앞에서 동일한 어근의 부정사 절대형을 읽는다.

49.a. 마소라 본문(MT)의 단수 대신 사마리아 오경(Sam)은 복수형인 붸라크후

(ולקחו, "그들이 취할 것이다" 혹은 "그것들이 취해질 것이다": 실질상의 수동태)로 읽는다. 참조. "원문주해" 14:40.a.

49.b. 원 70인경(LXX*)은 14:4에서 그런 것처럼 존타 카다라(ζῶντα καθαρά, "살아 있는, 깨끗한")를 추가한다.

51.a. 사마리아 오경(Sam)과 70인경(LXX)은 순서를 뒤바꾸어 14:6과 14:49의 순서와 일치하게 붸에트 쉐니 하톨라아트 붸에트 하에조브(ואת שני התולעת ואת האזב, "홍색실과 우슬초")로 읽는다. 이것은 그 본문의 평준화 작업으로 보인다.

51.b. 마소라 본문(MT)의 오탐(אתם, "그것들을") 대신 70인경 바티칸 사본 및 알렉산드리아 사본(LXX[BA])은 아우토(αὐτό)=오타(אתה, "그것을")로 읽는다.

51.c. 70인경(LXX)에는 우바(וב, "그리고 안에")가 아니라 에프(ἐφ, "…에")로 되어 있다.

51.d. 70인경(LXX)은 엔 아우토이스(ἐν αὐτοῖς, "그들과 함께")를 덧붙여서 읽는다.

52.a. 하타(חטא, "죄짓다")의 피엘형은 "죄에서 벗어나게 하다, 정결케 하다, 정화하다"를 의미한다. 참조. "원문주해" 8:15.c.

52.b. 사마리아 오경(Sam)은 마소라 본문(MT)의 순서를 뒤바꾸어 붸비쉬니 하톨라아트 우바에조브(ובשני התולעת ובאזב, "홍색실로, 그리고 우슬초로")로 읽는다. 참조. "원문주해" 15:51.a.

57.a. 어떤 히브리어 필사본들(mss), 70인경(LXX) 그리고 시리아역(Syr)은 정확히 접속사 와우(ו)를 읽는다: 우레호로트(ולהורת, "그리고 선언하기 위해, 지시하기 위해").

57.b. 이 부정사 연계형은 한정된 시간과 주어가 없다(참조. Joüon § 124s). 주어가 비한정적인 이유는 그 문장이 개괄적이기 때문이다.

양식/구조/배경

이 문단은 어떤 피부병과 또한 옷가지와 집안에서 발생하는 번식 현상들(growths)로 발생된 부정결을 다룬다. 이 단락의 기본 구조는 다음과 같은 개요를 갖는다.

I. 첫 번째 연설: 악성 피부병과 옷가지에 있는 번식 증상의 확인(13:1-59)
- A. 도입 형식문(1절)
- B. 연설 자체(2-59절)
  - 1. 피부병에 관하여(2-46절)
    - a. 일련의 사례들(2-44절)
      - 1) 첫 번째 사례 – 피부 병변(病變, 환처)(2-8절)

a) 기본 사례(2-3절)
(1) 증세들(2a절)
(2) 제사장에게 데려감(2b-3절)
(a) 데려가라는 요청(2b절)
(b) 제사장의 검사(3절)
(i) 검사 자체와 증세(3a절)
(ii) 부정결 선고(3b절)
b) 기본 사례와의 차이(4-8절)
(1) 처음 검사에서 발견된 증세(4절)
(2) 두 번째 검사 규정(5-8절)
(a) 첫 번째 대안 – 번지지 않는 질환(5-6절)
(b) 두 번째 대안 – 번지는 질환(7-8절)
2) 두 번째 사례 – 피부 궤양(9-17절)
a) 기본 사례(9-11절)
(1) 제사장에게 데려가라는 요청(9절)
(2) 제사장의 검사(10-11절)
(a) 증세들(10절)
(b) 제사장의 판결(11절)
b) 위 사례와의 차이(12-17절)
(1) 첫 번째 차이 – 전체가 하얗게 변함(12-13절)
(2) 두 번째 차이 – 맨살(난육)(14-15절)
(3) 세 번째 차이 – 하얗게 변한 맨살(난육)(16-17절)
3) 세 번째 사례 – 치료된 피부염의 변화(18-23절)
a) 기본 사례(18-19절)
b) 기본 사례와 다른 증세(21-23절)
(1) 7일 동안 감금을 요구하는 증세(21절)
(2) 격리 후 검사에서 두 가지 가능한 증상(22-23절)
4) 네 번째 사례 – 감염된 화상(24-28절)
a) 기본 사례(24-25절)
(1) 증세(24절)
(2) 검사와 판결(25절)

b) 기본 사례와 다른 것들(26-28절)
(1) 7일 동안 감금을 요구하는 증세(26절)
(2) 2차 검사에서 두 가지 가능한 증상(27-28절)
5) 다섯 번째 사례 - 수염이나 머리털 속의 피부 병변(病變, 환처)(29-37절)
a) 기본 사례(29-30절)
b) 위의 사례와의 차이(31-37절)
(1) 다른 증상(31-34절)
(a) 7일 동안 감금을 요구하는 비듬 증세(31절)
(b) 검사, 이차 감금 그리고 판결(32-34절)
(2) 정결하다고 선고된 뒤 증상의 재발(35-37절)
(a) 증세들(35절)
(b) 두 가지 가능한 증상(36-37절)
6) 여섯 번째 사례 - 몸 전체의 흰 점들(38-39절)
a) 증세들(38절)
b) 검사와 판결(39절)
7) 일곱 번째 사례 - 대머리(40-44절)
a) 정결한 경우(40-41절)
b) 부정결한 경우(42-44절)
(1) 증세(42절)
(2) 검사와 판결(43-44절)
b. 악성 피부병을 가진 사람의 공동체로부터 추방(45-46절)
1) 당사자의 행동(45절)
2) 진영 밖으로 추방(46절)
2. 옷에 발생한 악성 곰팡이에 관하여(47-59절)
a. 사례(47-58절)
1) 옷감의 종류와 증세(47-49절)
2) 검사(50-58절)
a) 검사와 7일 동안의 보존(50절)
b) 두 가지 가능한 증상(51-58절)
(1) 첫 번째 가능한 증상 - 끈질긴 곰팡이(51-52절)

(2) 다른 두 증세로 두 번째 보존을 요구하는 두 번째 가능한 증상 (53-58절)
(a) 검사(53-54절)
(b) 결과(55-58절)
(i) 태워야 하는 옷(55절)
(ii) 빨아서 다시 보존해야 할 옷:
두 가지 가능한 결과 – 소각되거나 정화됨(56-58절)
b. 종결 형식문(59절)
II. 두 번째 연설: 악성 피부병이 치료된 사람의 복귀(14:1-32)
A. 도입 형식문(1절)
B. 연설 자체(2-32절)
1. 치료(2a절)
2. 복귀 의식(2b-32절)
a. 공동체로의 재입허를 위한 예식(2b-8절)
1) 제사장의 검사(2b-3bα절)
2) 정결 의식(3bβ-8a절)
a) 의식을 위한 준비(3bβ-4절)
b) 두 마리 새로 행하는 의식(5-7절)
c) 씻기와 면도 의식(8a절)
3) 진영으로의 복귀(8b절)
b. 완전한 복권을 위한 예식(9-32절)
1) 일차적인 의식(9-20절)
a) 면도와 씻기 준비(9절)
b) 완전한 복권을 위한 의식(10-20절)
(1) 제물로 쓸 짐승과 재료의 지정(10절)
(2) 희생 의식(11-20절)
(a) 치료된 사람과 재료 가져오기(11절)
(b) 일련의 희생들(12-20절)
(i) 속건제(12-18절)
(1) 속건제 자체(12-13절)
(2) 치료된 사람의 성별(14-18a절)

(α) 피 의례(14절)
(β) 기름 의례(15-18절)
(3) 결과–속죄(18b절)
(ii) 속죄제(19a절)
(iii) 소제와 함께 드리는 번제(19b-20절)
2) 가난한 자들을 위한 대안적 희생들(21-32절)
a) 대안적 의식(21-31절)
(1) 제사를 위한 짐승들과 재료들의 지정(21-22절)
(2) 희생 의식(23-31절)
(a) 재료 가져오기(23절)
(b) 일련의 희생들(24-31절)
(i) 속건제(24-29절)
(1) 속건제 자체(24-25a절)
(2) 치료된 사람의 성별(25b-29a절)
(α) 피 의례(25b절)
(β) 기름 의례(26-29a절)
(3) 결과–속죄(29b절)
(ii) 속죄제와 번제(30-31절)
b) 요약 진술(32절)
III. 세 번째 연설: 심각한 번식 증상을 갖는 집의 취급(33-53절)
A. 도입 형식문(33절)
B. 연설 자체(34-53절)
1. 기본 사례(34-42절)
a. 집안의 심각한 번식(34절)
b. 집 주인의 대응(35-42절)
1) 제사장에게 보고(35절)
2) 첫 번째의 집안 검사와 첫 번째 격리(36-38절)
3) 두 번째 집안 검사(39-42절)
a) 검사 자체(39절)
b) 감염된 부분을 위한 절차(40-41절)
c) 제거된 부분의 복구(42절)

2. 첫 번째 다른 사례 – 곰팡이의 발생(43-45절)
   a. 사례 진술(43절)
   b. 대응(44-45절)
      1) 검사(44절)
      2) 집을 헐기(45절)
3. 격리된 집에 들어가는 사람들의 부정결(46-47절)
4. 두 번째 다른 사례 – 번식의 중단(48-53절)
   a. 제사장의 검사와 판결 – 정결 선고(48절)
   b. 집의 회복 의식(49-53절)
      1) 희생을 위한 재료의 지정(49절)
      2) 희생 의식(50-53절)
         a) 희생 자체(50-53a절)
            (1) 새 한 마리의 도살(50절)
            (2) 살아 있는 새를 드리는 의식(51-53a절)
         b) 결과 – 속죄와 정결(53b절)

IV. 요약 진술(54-57절)
   A. 심각한 번식 증상들의 목록(54-57a절)
   B. 지침임을 명시함(57b절)

이 분할에는 세 개의 연설이 있다. 각 연설은 도입 형식문이 서두에 자리한다. 첫 번째와 세 번째 형식문에서, 여호와께서는 모세와 아론 두 사람에게 말씀을 전하신다. 아론이 포함된 이유는 이 의식적 정결에 관한 법들이 제사장의 중심적 관심사이기 때문이다(참조. 10:10-11; 11:1). 그러나 두 번째 형식문에서는 여호와께서 단지 모세에게만 전언하신다. 이 단위가 희생 절차를 다룬다는 사실이 아론의 부재 이유를 설명해 줄 수 있다. 즉 이 형식문은 여호와께서 모세에게 말씀하신다는 점에서 1-7장에서 발견된 것들과 같은 구조로 되어 있다. 이 문단들을 특징짓는 그 밖의 다른 표시는 세 개의 요약 진술이다: 13:47-59을 요약하는 13:59, 14:21-32의 요약인 14:32 그리고 13:1-14:53을 통틀어 요약하는 14:54-57. 도입 형식문들을 요약 진술들과 비교하면 네 개의 문단이 드러난다: 13:1-46; 13:47-59; 14:1- 32; 14:33-53. 레위기의 최종적 형식에서, 이 네 개의 문단은 하나의 단위를 만든다.

악성 피부병에 대한 도입 문단은 일곱 가지 사례(13:2-44)에 더하여 악성 피부병을 가진 사람의 행동 수칙에 대한 지시 사항으로 구성된다(13:45-46). 그 사례들은 먼저 여러 가지 피부병(13:2-28)으로, 이어서 두피의 염증들(13:29-46; Elliger, 178)로 편성된다. 여섯 번째 사례(13:38-39)는 단순성과 간결성에 의해 나머지 것들과 구분된다. 그것은 사람을 부정하게 만들지 않는 피부 질환만을 취급한다. 각각의 사례는 사례법적(casuistic) 형식으로 시작되는데(흔히 casuistry를 "결의론", casuistic을 "결의론적"으로 번역하나 매우 추상적이며, 역자의 견해로는 "사례법적/사례론적"이 더 나은 번역으로 보인다-역자주), 주어가 먼저 나타나고 이어서 비인칭적인 판례법을 지시하는 조건적 용법의 키(כִּי)가 뒤따른다(Noth, 104). 귀결절에서 피부 병변(病變; 개역 성경: 환처)이 "악성 피부병"(צָרַעַת-차라아트)으로 분류되는지의 여부를 결정하기 위해 제사장이 취하는 여러 단계를 따라 다양한 증세가 제시된다. 조건절과 기본 사례와의 차이점들이 와우(ו) 완료 동사들로 시작되는 일련의 문장들에서 주어진다. 만일 증세들이 분명하고 결론이 내려진다면, 제사장은 즉시 당사자가 정결하거나 부정하다고 선고를 내린다. 그러나 만일 제사장이 그 증세를 결론지어 판정을 내릴 수 없다면, 그는 재검사를 위해 7일 동안의 격리를 명령한다. 만일 두 번째 검사에서도 결론이 안 난다면 또 7일 동안의 격리가 명령된다. 제사장은 결정적인 증거를 찾는 대로 즉시 명확한 판결을 선고한다. 선언적인(declaratory) 확인 진술은 자주 판결 선고를 수반한다. 그러나 목록의 끝 부분쯤에서는 정/부정 선언 형식문이 제사장의 판결 선고 없이 독자적으로 나타나는 경향이 있다(36, 39, 40, 41절; 두 형식이 모두 발생하는 곳은 37, 44절이다). 한 가지 사례에는 다양한 조건을 포괄하는 지침이 있다. 가능한 증상들의 다양성은 대부분의 사례들을 다루는 문장 구조를 아주 복잡하게 만든다.

옷가지와 집에 대한 규정뿐만 아니라 현재의 규정에서 제사장은 중요한 역할을 한다. 그는 의심스러운 번식 증상을 갖는 사람이나 물건을 검사해서 그것이 사람이나 물건을 부정하게 하는지의 여부를 결정해야 한다. 그렇지만 제사장은 의사로 행세하는 것이 아니다. 그는 치료하지 않으며, 또한 어떠한 치료법도 처방하지 않는다. 그의 목적은 성소에 접근하는 사람들을 규제하는 것이다. 그것은 성소와 회중이 부정한 사람의 성소 침입으로 오염되지 않게 하기 위함이다. 제사장은 의심스러운 번식 증상을 갖고 있는 사람이 정결한지 부정결한지를 선고함으로써 그의 위상을 결정한다. 사람의 위상을 바꾸거나 확증하는 것은 제사장의 선고다.

첫 번째 연설의 두 번째 문단(13:47-59)은 악성 곰팡이가 퍼진 의류품의 취급에 관심을 갖는다. 이 문단은 사례법적(casuistic) 형식으로 시작된다. 기본 사례는 제사장의 검사를 필요로 하는 재료의 종류와 의심스러운 증세들의 유형을 명시한다(13:47-49). 그 규정은 다양한 증상들을 포괄하는데, 그 중 일부는 감염된 옷에 대해 일정 기간의 격리를 요구한다. 현재의 구조는 악성 피부병의 사례들에 대한 구조와 비슷하다. 요약 진술(13:59)이 이 문단을 마무리한다.

두 번째 연설은 악성 피부병에서 회복된 사람의 공동체 복귀를 위한 상세한 의식을 규정한다(14:1-32). 문체와 어휘, 그리고 관점에서 그것은 13:2-46(Elliger, 174)에 있는 악성 피부 질환에 대한 규정들과 일치한다. 치료된 사람에게 피와 기름을 뿌리는 의례와 며칠 동안의 의식의 거행은 이러한 종류의 의식이 관련된 당사자의 위상을 완전히 바꾸어 놓기 때문에 대제사장의 기름부음에 상응한다(8장). 이 상세한 의식은 1-5장에서 발견된 희생 규정들을 전제하는데, 이는 그것이 단지 이 의식에 특징적인 의례들 – 살아 있는 새에 의한 의식과 피와 기름 의례 – 만을 확대해서 설명하기 때문이다. 가난한 자를 위해 대안적인 제물들이 허용되는데, 다만 속건제의 양은 예외다(14:1-32). 가난한 자를 위한 대안적 제물들을 허용하는 부록이 붙어 있다. 그것이 부록이라는 것은 자체적인 요약 진술에 의해 파악된다(14:32). 또한 제사장의 역할에 특별한 강조가 놓인다. 이러한 강조는 제사장이 사람의 부정결의 여부를 결정해야 하는 중대한 임무에 상응한다. 그러한 판결에서 제사장은 유죄 판결을 하는 역할을 한다. 정반대로 또한 그는 이러한 의식에서 사람이 하나님의 존전에 나시 들어갈 수 있도록 조치를 취해 회복해 주는 역할을 한다.

세 번째 연설은 집안에 퍼진 심각한 번식 증상의 취급에 관심을 갖는다(14:33-53). 이 규정이 다른 자료집에서 유래했다는 것이 그것의 색다른 구조에 의해 간파된다: 그 사례는 키(כִּי)로 시작되며, 관계절이 기본 사례를 확대하고 하나님께서 1인칭으로 자신이 심각한 번식 증상이 발생하는 집에 타격을 가하신 당사자라는 것을 진술한다. 그것은 또한 제사장이 자신의 첫 번째 검사를 하기 전에 밟아야 할 절차에 대해 특별한 지시를 준다는 점에서 다르다(14:36). 이 지침은 심각한 번식이 집 주인에게 입힐 재정적 손실을 막기 위해 포함된다. 이어서 번식 증상의 정체를 확인하여 그 집으로부터 그것을 제거하기 위한 여러 절차가 주어진다(14:37-42). 그러나 만일 번식이 지속된다면, 그 집은 철거되어야 한다(14:43-47). 그러나 만일 그것이 멈추어진다면, 그 집의 청소와 계속적인 거주를 위한 의식이 거행된다(14:48-53). 이러한 의식은 악성 피부병에서 치료된 사람을 위한 의식을 되울린다.

요약 진술들은 이 연설의 복합적 성격을 증언한다. 그것들은 이 단위의 편성 자료군(composition clusters)에 대한 실마리를 제공한다(참조. Fishbane, *Biblical In-*

terpretation). 이 네 개의 문단은 "이것은 악성 질병으로 생긴 각종 징후의 징표에 대한 지침이다"(זאת התורה לכל־נגע הצרעת–조크 하토라 레콜 네가 하차라아트, 54a절; 개역 성경: 이는 각종 문둥병 환처에 대한 규례니)라는 제명 하에 엮어진다. 심각한 번식 증상들에 대한 기본 규정의 요약 진술이 끝에 있다는 것은 심각한 번식 증상에 대한 다른 규정들이 이 규정에 종속되어 있다는 것을 시사한다. 그 중 한 단계에서 악성 피부병으로부터 회복된 사람의 복귀 의식이 그 규정에 뒤따라 나온다. 그 의식은 14:32의 짧은 요약 진술이 증거하는 바와 같이, 가난한 자를 위한 대안적 제물들에 관한 단위를 가지고 확장된다. 이어서 옷가지에 발생하는 악성 곰팡이에 대한 규정이 포함되는데(13:47-59), 그것은 자체적인 요약 진술을 갖는다. 그 규정은 피부병에 대한 규정을 복귀 의식과 분리시킨다(즉 13:47-59은 옷의 곰팡이에 대한 것이므로 피부병 규정을 일시 중단시킨다. 그러나 14장에서 다시 피부병에 대한 내용이 나타난다. 14장은 악성 피부병 환자가 정결케 된 이후 진영으로 복귀하는 의식에 대한 것이다–역자주). 이 문단과 선행하는 문단이 심각한 번식 증상들(צרעת–차라아트)에 대한 것이기 때문에, 이 문단(13:47-59)은 도입 형식문을 필요로 하지 않는다. 네 번째 문단은 집안의 벽에 생긴 심각한 번식 증상에 대한 것이다(14:33-53). 이것은 현재의 분할에 위치한 마지막 문단이다. 그것은 역겨운 부정결의 문제를 건물로 확대하기 위해 작성되었다. 건물의 번식 증상은 가나안 정착으로 인해 발생된 생소한 상황이었다(참조. Wenham, 211-12; Noth, 110). 이 문단은 최종적 요약 진술이 그 뒤에 나오기 때문에 자체적인 요약 진술을 갖지 않는다. 한 가지 질문이 떠오른다: 옷과 집이 14:55의 요약 진술에서 나란히 묶여 있는데도 왜 이 문단은 옷가지에 대한 규정 뒤에 배치되지 않았는가? 그것의 위치에 대한 합리적 이유는 그것이 복귀 의식을 포함한다는 사실에 놓여 있다(즉 앞서 악성 피부병에서 치료된 사람의 복귀 의식과 달리 이 복귀 의식은 정결케 된 집을 다시 사용하기 위한 것이다–역자주). 사람을 위한 복귀 의식이 상세하다는 특징을 고려한다면, 회복된 집을 위한 의식은 덜 상세하다. 이 후자의 의식은 전자의 중요성을 약화시키지 않기 위해 더 상세한 것에 뒤이어 나올 필요가 있었다. 그리고 이러한 집의 복귀 의식은 그보다 더 중대한 의식에 비추어서 살피면 청중들에게 훨씬 더 잘 이해가 된다.

최종적 형식 속에서 이 네 개의 문단은 마지막 형식에서 변형된 A:B:A′:B′ 형식을 만든다: A–피부병을 취급; B–물품에 생기는 번식이나 얼룩을 취급. 전반부(A:B)는 단지 피부나 옷가지의 표면에 발생한 얼룩들의 정체 확인에만 관심을 갖는다. 후반부(A':B')는 그런 얼룩의 정체 확인과 더불어 감염된 것의 회복 둘 다에 관심을 갖는다.

각각의 문단 안의 자료의 배열에 대해 말하자면, 룬트(N. Lund, "The Presence of Chiasmus in the OT," *AJSL* 46[1929] 115-19)와 피쉬베인(M. Fishbane, *Biblical Interpretation*, 442-43)은 이 규정에 내포된 교차 구조들을 드러내 보여 준다. 룬트에 따르면, 세 개의 단위의 각 구조들이 각자 교차 구조를 사용한다: 14:10-20, 21-32와 49-53. 피쉬베인은 나아가 몇 가지 피부병 사례들이 갖는 내적인 교차 배열을 보여 준다. 교차 구조는 13:2에 언급된 세 가지의 심각한 증세들에 기초해 있다. (1) 세에트(שאת, "종기": 개역 성경: 돋은 것; 공동번역: 뾰루지), (2) 싸파하트(ספחת, "발진": 개역 성경: 딱지; 개역 개정 성경: 뾰루지), 혹은 파소 티프세(פשה תפשה, "심하게 번지다": 개역 성경: 크게 퍼지다, 13:27 등 – 역자주), (3) 바헤레트(בהרת, "반들거리는 얼룩": 개역 성경: 색점; 표준새번역: 얼룩; 공동번역: 어루러기). 첫 번째 문단에서 이러한 증세들이 교차적 형식을 따르면서 나타난다: 2절에서 1, 2, 3번, 3-17절에서 3, 2, 1번(각각 4, 6, 10), 18-23절에서 1, 2, 3번(각각 19, 22, 23), 24-28절에서 3, 2, 1번(각각 24, 27, 28절), 29-44절에서 증세의 성격상 1번은 빠지고, 2, 3번(각각 35, 38절). 이 멋진 예술적 문체는 제사장들이 구두 교육을 위해 이러한 규정들을 기억하도록 돕는 기억 장치 역할을 했다.

노트(Noth, 103-4)는 이러한 일련의 규정들을 제사장의 전문 지식으로 분류한다. 이 사례들에 대한 세부 사항과 제사장이 하는 중대한 역할은 이러한 분류 방식에 우호적이다. 그렇지만 만일 이 법안 자료의 목적이 제사장으로 하여금 사람, 옷, 집을 정결하거나 부정하다고 선고하게 만들고, 또한 그들을 가르쳐 이 규정들에 반드시 요구되는 것들을 실행하기 위한 정확한 진단법을 마련하도록 하기 위한 것이었다면 한 무더기의 구체적인 사항들이 빠진 셈이다. 두 가지 예가 그 점을 밝혀주는 역할을 한다. 제사장의 검사를 요구할 피부 감염의 크기에 관해서는 아무것도 명시되어 있지 않다. 더불어 감염된 사람의 격리에 대해서도 구체적인 지시가 전혀 주어지지 않는다. 이를테면, 격리할 장소의 위치와 환자를 먹이는 일과 같은 간호 방법, 그리고 일반적인 위생에 대한 지시. 제사장의 전문 지식이라면 이러한 주제들이 언급되었을 것이며, 광범위한 피부병과 불결한 번식 증상들에 대해 더 많은 구체적인 사항들을 포함했을 것이다. 이 자료는 평신도 교육을 위해 제사장의 전문 지식이 각색된 것이었다(참조. Elliger, 178). 백성들은 제사장이 검사할 필요가 있는 피부 병변(病變, 환처)의 기본 증세와 옷가지의 번식 증상, 그리고 집안의 벽에 출현하는 이물질의 번식에 대해 배울 필요가 있었다. 왜냐하면 그들은 제사장이 그 검사 과정을 시작하게 만들 책임이 있었기 때문이다. 이 법규는 또한 평신도들에게 제사장이 명확한 선고를 내리기 전에 취해야 하는 기본 절차에 대해 알려 주었다. 제사장들은 백성들의 옷과 집뿐만 아니라 백성들 자체를 다스리기 위해 그들을 심각한 번식 증상들의 정체 확인과 조치에 관한 규정들에 대해 무지한 상태에 두어 통제했지만, 바로 이러한 방식으로(평신도의 참여－역자주) 백성들은 제사장에게 예속되지 않고 하나님께 순종하는 가운데 율법을 따를 수 있었다.

그렇다면 심각한 번식 증상들에 관한 이러한 규정들의 기원은 성소의 가장 초기 시대로 거슬러 올라간다. 왜냐하면 최초의 여호와의 헌신자들이 제의적 정결에 열정을 품었을 것이기 때문이다. 코흐(Koch, *Priesterschrift*, 79-88)는 장황한 이 연설의 여러 부분에서 와우(ו) 완료 동사들로 시작되는 간단한 진술을 찾아낼 수 있었다. 이러한 사실은 심각한 감염에서 비롯된 부정결에 관한 원래의 규정들의 고대성을 지적해 준다. 그렇지만 대부분 간단한 문장들은 길고 복잡한 문장들로 확장되었다. 이것은 몇 세기에 걸쳐서 이러한 규정들이 세부 사항들로 장식되어 심각한 감염들의 확인 작업을 더욱 정밀하게 만들었다는 것을 시사한다. 즉 최종 본문은 오랜 동안의 연속적인 편집 과정의 결과에서 나온 산물이다. 이러한 편집 과정이 획일적이지 않기 때문에 편집 활동의 층들을 밝혀 내기란 불가능하다. 최종 형식의 완성은 레위기가 정경화된 시기로 지정할 수 있을 것이다.

주석

[1] 의식적 정결법에서 여호와께서는 특이하게 모세와 아론 양자 모두에게 말씀을 전하신다. 참조. 11:1.

[2] 기본 사례는 어떤 사람이든지(אדם－아담) 포괄한다. 이 단어는 남녀노소 할 것 없이 모든 사람을 포함하기 위해 선택되었다(참조. 1:2). 이 장들에서 지배적인 단어는 차라아트(צרעת, "악성 피부병")다. 70인경(LXX)에서 그것은 레프라(*λέπρα*, "나병")로, 라틴어로는 레프라(*lepra*)로 번역된다. 윌킨슨(Wilkinson, *SJT* 31 [1978] 154-56)은 이 용어가(병명과 원인을 정확히 밝히는－역자주) 병인론적(etiological) 목적이 아니라 설명적(descriptive) 목적으로 사용되고, 또한 의학적 문맥이 아니라 의식적 문맥에서 사용되기 때문에, 그것은 전문용어가 아닌 총칭어라고 주석한다.

부록: 차라아트(צרעת)와 나병

이 규정에서 차라아트(צרעת)라는 중대한 용어는 인간의 피부, 순모나 삼베 옷, 가죽 제품 그리고 건물 벽의 표면 상태에 있어서의 역겨운 변화에 대한 총칭적 용어다. 피부병 중에서 그것에 포함되는 것은 종기, 딱딱하거나 두툴두툴한 발진, 화상을 입은 부위 그리고 머리나 턱수염의 비듬이다(Browne, *Leprosy*, 10). 헐스(Hulse)는 레위기에 있는 자료를 가지고 연구하여, 차라아트(צרעת)가 "건선, 지루(脂漏) 피부염, 피부의 진균류 감염들–특히 황선(黃癬), 누덕누덕 생긴 습진, 장미색 비강진"을 포함하는 것으로 여긴다(*PEQ* 107[1975] 96). 그것은 때로 눈(snow)에 비교된다(כשלג–카쇨레그, "눈과 같이": 출 4:6; 민 12:10; 왕하 5:27). 이전에 해석가들은 그 비교의 초점이 색깔이 하얀 것이라고 여기고 이 어구를 "눈처럼 하얀"으로 번역했다. 그러나 헐스(Hulse, *PEQ* 107[1975] 93-95)는 그 비교가 눈의 색깔이 아닌 눈이 내린 것에 있다고 설득력 있게 논증한다. 차라아트(צרעת)로 분류된 피부병은 몇 달 혹은 몇 년 동안 지속된다. 그러므로 자신의 피부에 의심스러운 증상을 가진 사람은 한 차례 혹은 두 차례 7일 동안 격리되어 있어야 한다. 이것은 성홍열(猩紅熱)과 같은 단기적인 피부병을 차라아트(צרעת)로 분류되는 것으로부터 제외하기 위함이다. 차라아트라는 용어는 또한 오늘날 암이나 에이즈 따위가 그런 것처럼 강한 공포심과 거부감을 전해 준다. 왜냐하면 차라아트에 감염된 사람은 회복의 희망이 거의 없이 공동체로부터 추방되기 때문이다.

레위기 13-14장의 이해는 표준적인 영어 역본들에서 차라아트(צרעת)가 leprosy(나병)로 번역됨으로써 방해를 받아 왔다. 이러한 번역은 성경 번역의 역사에 그 기원을 갖는다. 70인경(LXX)은 차라아트를 레프라(λέπρα)로 번역했다. 대부분의 라틴어 번역자들은 LXX를 따라 이 단어를 라틴어 레프라(*lepra*)로 번역했다. 영어 번역자들은 동일한 관행을 채택하여 그것을 "leprosy"(나병)로 번역했다. 그러나 70인경(LXX)은 정확한 번역인데, 왜냐하면 그리스어 레프라(λέπρα)가 건선과 진균 감염과 같은 다양한 피부병에 대한 총칭어이기 때문이다. 히포크라테스의 저작들은 이 용어를 "봄철에 가장 만연하는, 가렵거나 가루가 생기는 피부의 비후"(肥厚)를 지칭하는 데 사용한다(Hulse, *PEQ* 107[1975] 88). 이해하기 곤란하게 된 원인은 영어 단어 "leprosy"(나병)가 나병 세균인 *Mycobacterium leprae*(나균, 癩菌)에 의해 발병된 전염 질환을 지칭하는 전문적인 의학 용어가 되었기 때문이다. 1868년에 이 세균을 확인했던 의사 한센(G. Hansen)의 이름을 따라 역시 한센병(Hansen's disease)으로도 알려진 이 질병은 피부를 공격하고 비점막을 엉망으로 만들며, 림프 절과 말초신경 절을 감염시킨다. 이 세균은 신경섬유에 침입하여 감각 상실을 일으키고 신체 기관들을 변형시킨다. 그것은 사람의 외모를 일그러뜨리고 천천히 환자를 쇠약하게 만든다. 그것은 전염성이 있으나, 일반 여론이 믿는 것과는 달리 거의 전염되지 않는다. 고대에 그리스인들은 피부병과 진정한 나병 사이에 구별을 두었다. 후자의 감염에 대해, 그리스인들은 켈수스(Celsus)와 노인 플리니(Pliny the Elder: 동시대에 같은 이름의 더 젊은 플리니가 있어서 구별하기 위해 붙인 이름이다 – 역자주)와 같은 그리스 저자들은 엘레파스(*ἐλέφας*, "코끼리")나 엘레판티아시스(*ἐλεφαντίασις*, 소위 "상피병"〈象皮病〉)란 용어를 사용했는데, 그 이유는 환자의 피부가 코끼리의 피부처럼 거칠고 투박하기 때문이다. 여러 세기 동안 이 두 용어 엘레파스와 엘레판티아시스는 실제적인 문둥병에 제한되어 사용되었다. 그러나 중세 시대에 일부 아라비아 저자들이 *레프라*(*lepra*)라는 용어를 한센병에 사용하기 시작했으며, 불행히도 그 뒤에 유럽 저술가들이 그들을 뒤따랐다(Hulse, *PEQ* 107[1975] 88-89). 단지 19세기에 이르러서야 그 영어 단어가 한센병에 국한되어 사용되었으나, 그 당시에 이미 차라아트(צרעת)와 그리스어 레프라를 영어 "leprosy"(나병)로 번역하는 것이 표준적인 관행이 되어 있었다. 이것은 레위기 13-14장이 한센병과 관련되어 있다는 대중적인 믿음으로 이끌었으며, 또한 그런 신념을 조장해 왔다. 불행히도 이러한 동일화는 이 병이 여전히 불러일으키는 공포심을 가중시켜 왔다. 확언하건대, "나병" 환자에 대한 예수님의 태도로부터 일부 사람들은 한센병을 가진 사람들의 복지를 향상시키는 일에 자신들의 삶을 바치도록 동기를 부여받았다.

이어지는 토론에서는 "한센병"이란 용어가 혼동을 피하기 위해 현대의 나병에 대해 사용될 것이다. 비록 특정인의 이름을 따라 병명을 붙이는 것이 가장 좋은 관행은 아니지만 말이다.

차라아트(צרעת)가 폭넓은 용어인 것은 분명하다. 그것은 한센병을 포함했을까? 그것은 두 가지 이유로 의심스럽다: 차라아트의 증상은 한센병의 증상과 일치하지 않으며, 또한 이 두려운 질병은 아마도 구약 시대에 팔레스타인 지역까지 도달하지 않았을 것이다(그러나 반대 의견에 대해서는 R. Harrison, "Leprosy," *ISBE* 개정판 3:105를 참조하라).

현 시대의 나병 전문가들의 연구에 의해 차라아트(צרעת)에 대한 묘사와 한센병 사이의 몇 가지 차이점이 드러난다. 브라운(Browne, *Leprosy*, 14)은 이렇게 말한다. "의학적으로 말하자면, 차라아트(tsāra'at)에 대한 언급 중 어떤 것도 특정한 나병의 징후나 증상을 포함하지 않는다. 이 징후들은 나병에 유리하기보다는 오히려 불리한 증거를 보인다. 더구나 나병의 특유한 외적 증상들의 어느 것도 암시조차 되어 있지 않다. 이러한 외적 특징들은 피부의 흉측한 부위들, 점점 문드러지는 사지와 내려앉는 코, 그리고 얼굴의 곰보딱지들이다. 이것들은 분명히 정상에서 벗어난 증상들로서 평범한 사람이 살펴봐도 감지할 수 있으며, 사실상 실제적인 나병이 발생했을 때 다른 나라에서도 주지되었던 증상들이다" 여기서 마지막 언급은 중요한데, 왜냐하면 고대 이스라엘에서 평범한 관찰자가 한센병의 주요 증상들을 다른 차라아트(צרעת) 유형들과 구별하여 언급했으리라고 예상하는 것은 납득할 만하기 때문이다. 더구나 그 규정들은 차라아트가 상당히 빠르게 번진다는 인상을 주지만, 한센병에서는 희귀한 급성의 경우를 제외하고는 피부가 수 년 동안 경미한 변화만을 겪는다. 거듭 말해서, 차라아트는 한센병의 경우에 보통 그런 것보다 훨씬 더 사람의 머리카락과 턱수염과 관련된다(Lie, *Leprosy Review* 9[1938] 27-28; Cochrane, *Biblical Leprosy*, 13).

차라아트(צרעת)가 한센병을 포함했다는 입장을 반대하는 두 번째 주요 논증은 최근의 연구가 고대 팔레스타인에서 이 질병의 존재에 대해 의심을 던진다는 것이다. 한센병은 고대 세계에, 특히 주전 600년경에 인도와 중국에 알려져 있었다(참조. Chochrane, *Biblical Leprosy*, 3-7). 유럽에서 나병에 대한 최초의 확정적인 언급은 그 연대를 주전 3세기로 잡을 수 있다. 그 언급에서 어떤 새로운 질병이 관찰되어 그것이 레프라(*λέπρα*)가 아닌 엘레판티아시스(*ἐλεφαντίασις*)로 불려진다. 그러나 그것이 고대 팔레스타인에서 알려졌는지의 여부는 논쟁이 되고 있다. 이 질병이 두개골에 끼치는 영향에 대한 학문적 지식이 점차 늘어나면서, 묄러-크리스텐센(Möller-Christensen)은 이집트에서 나온 수많은 해골을 검사해 왔다. 단지 두 개의 경우만이 한센병으로 나타났는데, 둘 다 누비아(Nubia)에서 발굴된 것이며, 둘 다 초기 기독교 시대의 것이다(Browne, *Leprosy*, 17에 인용됨). 덧붙여서 그는 라기스(Lachish)에서 나온 약 600명의 유골을 검사했는데, 한센병에 대한 어떤 증거도 찾아내지 못했다(Browne, *Leprosy*, 17). 이러한 사실들은 히브리인들이 이 무서운 질병을 잘 알고 있었는지에 대해 의심하게 만든다. 어떤 신약의 사례들이 이 질병을 포함할 수 있었을 가능성을 열어 두면서, 그리스도의 시대에는 나병이 팔레스타인에 도달했을 개연성이 대단히 높다(Hulse, *PEQ* 107[1975] 88). 불행히도, 레프라(*λέπρα*)를 가진 사람들에 대한 신약의 기사는 관련된 이 질병의 정체를 확인해 줄 증상들에 대해 전혀 상세한 묘사를 해주고 있지 않다(Browne, *Leprosy*, 22-24).

구약에 보고된 차라아트(צרעת)의 사례들은 드물지만 매우 인상적이다. 보통 하나님께서는 크게 분노했을 때 차라아트로 사람을 치셨다. 그렇지만 최초의 경우는 타오르는 덤불에서 모세에게 주어진 놀라운 표적이었다. 하나님께서는 그에게 손을 가슴에 넣으라고 지시하셨다. 하나님께서 그에게 손을 빼라고 명령하셨을 때, 그것이 눈처럼 비늘이 끼어 있었다(출 4:6). 이어서 모세는 다시 가슴에 손을 집어넣었으며, 그것을 빼자 온전히 회복되어 있었다. 지도권을 둘러싼 경쟁을 하는 중에 하나님께서는 미리암에게 크게 분노하여 그녀를 차라아트로 치셨다(민 12:10). 그녀는 하나님께서 그 질병으로부터 회복해 주실 때까지 7일 동안 진영 밖에 내쫓겼다. 차라아트(צרעת)에 걸린 수리아의 군대장관 나아만은 요단 강에 일곱 번 몸을 담금으로써 치료되었다(왕하 5:9-14). 엘리야의 시중 드는 자 게하시가 나아만이 엘리사에게 제공했던 사례물에 탐심을 품었을 때, 그는 나아만이 가졌던 그 병에 걸렸다(왕하 5:27). 구약에서 가장 눈에 띄는 사례는 웃시야 왕이 차라아트에 걸린 경우인데, 그가 향단에 향을 피우기 위해 불법적으로 성전에 들어간 뒤 제사장들이 그의 잘못을 바로잡으려 하자 그들에게 격노했을 때였다(대하 26:16-21). 열왕기하 7:3-8에 보고된 또 다른 사건은 왕국 시대에 차라아트에 걸린 사람들이 넝마주이처럼 마을 밖에서 살았다는 것을 우리에게 알려 준다. 그렇지만 이 기사들 중에 어떤 것도 관련된 특정한 질병을 치료하는 충분한 임상적 세부 사항을 제공하지 않는다(Browne, *Leprosy*, 12-14). 그러나 그 기사들은 차라아트(צרעת) 감염에 수반되는 공포심과 두려움을 증명해 준다.

신약에서 차라아트(צרעת)에 상응하는 레프라(*λέπρα*)라는 용어는 공관복음 전체에서 약 13회 나타난다. 예수께서는 "나병"을 앓는 몇 사람을 치료하셨다. 일반적으로 치료에 사용된 단어는 그 환자가 치료되었으며, 또한 의식적으로 정결하다는 것을 알리기 위해서 "깨끗케 되었다"이다. 한 사마리아인이 예수님의 지시대로 순종함으로써 "나병"으로부터 회복되었을 때 본문은 "치료되었다"를 사용하는데, 그 이유는 성전에서 의식적 정결이 그 분에게 쟁점이 아니었기 때문이다(눅 17:12-19). 한 사례에서는 예수께서 치료받은 사람에게 의전적(ceremonial) 법을 완수하라고 명령하셨다(마 8:2-4; 막 1:40-45; 눅 5:12-15). "나병"은 하나님의 백성의 일원이 되는 것을 가로막는 가장 가증스러운 장벽들 중 하나를 상징했다. 그러므로 예수께서 악성 피부병을 가진 사람들을 깨끗케 하신 것은 선택된 무리들을 하나님께로부터 분리시킨 모든 장벽들을 정복하신 그분의 메시아적 사명을 상징했다(참조. 마 11:5; 눅 7:22). 예수께서는 이 "나병 환자"들을 단순히 치료하신 것만이 아니었다. 그분은 그들이 다시 공동체에 참여하여 성전에서 하나님께 나아갈 수 있도록 그들을 깨끗케 해주셨다. 그러나 신약의 저자들이 레프라(*λέπρα*), 즉 레위기 13-14장에 대한 70인경(LXX) 번역에서 나타나는 그 용어를 사용했던 것은 분명하다. 왜냐하면 그들은 그 법들(13-14장의 법들 – 역자주)에 대한 예수님의 대응을 보여 주기를 원했기 때문이다.

구약에서 폭넓은 차라아트(צרעת)의 용례를 고려해 볼 때, 이 히브리어 단어를 번역하기 위해 사용될 수 있는 단일한 영어 단어는 없다. 다행히 어떤 현대적인 영어 번역들은 "leprosy"(나병)라는 용어의 사용을 피하는 움직임이다. NEB는 때로 그것을 "악성, 해로운 피부병"(a malignant skin-disease, 레 13:2, 3, 8 등) 또는 "만성 피부병"(a chronic skin disease, 13:11)으로 번역한다. NIV는 "전염성 피부병"(an infectious skin disease, 13:2, 3, 9 등)과 "전염 질환"(infectious disease, 13:8, 15)을 사용한다. 불행히도 이 두 번역본은 열왕기하 5:1-27; 7:3; 15:5과 같은 많은 서사 본문들(narrative texts)에서 "나병"이라는 번역으로 회귀한다. 그것들이 뜻을 정의해 주는 각주를 포함하고 있어서 그나마 다행이긴 하지만 말이다. "해로운 혹은 악성(malignant)"이라는 단어가 가진 문제는 그것이 암을 의미하거나 억제할 수 없는 번식의 개념을 전달한다는 것이다(Hulse, *PEQ* 107[1975] 101). 이 주석은 "심각한 혹은 악성 피부병"을 선택했는데, 그 이유는 "피부병"이 그 병세에 대한 정확한 묘사이고, "악성(심각한)"이란 단어는 그 병의 어떠한 만성적 특질도 암시하지 않는 가운데 차라아트(צרעת)의 감정적 측면을 전달하기 때문이다. 옷과 관련하여, NEB는 "곰팡이 얼룩"(a stain of mold, 13:47)을, 그리고 NIV는 "곰팡이"

(mildew)를 갖는다. 이 책에서는 그것이 "악성 곰팡이"로 번역되었는데, 이는 독자들 앞에서 동일한 용어가 감정적인 의미를 내포한 채 사용되고 있다는 사실을 간직하기 위함이다. 집 안에서 발생하는 번식에 대해, NEB는 "곰팡이 감염"(fungus infection)을, 그리고 NIV는 "퍼지는 곰팡이"를 갖는다(14:34). 우리의 번역은 "악성 번식"을 사용한다. 이들 세 가지 상태에 대해 헐스(Hulse, *PEQ* 107[1975] 103)는 "역겨운 비늘 낀 피부병", "거부감을 주는 분상(粉狀) 상태" 그리고 "거부감을 주는 비늘이 일어나는 상태"를 제안한다.

(2절 계속) 첫 번째 경우에 비정상적인 어떤 것이 별안간 사람의 피부에 발생한다. 베오르 베사로(בעור־בשרו), 곧 (문자적으로) "그의 육체의 피부에"라는 어구는 피부의 표면이나 외피를 의미한다. 피부에 무언가가 발생할 때, 그것은 그 증상이 차라아트(צרעת), 즉 심각하고 역겨운 피부병인지 논란이 된다. 만일 그것이 맞다면, 제사장은 그 사실을 공포해야 한다. 이때 이 규정의 일차적 논점은 당사자의 피부에 발생한 어떤 종류의 장애가 제사장의 검사를 요구하는가 하는 것이다. 그것은 그 장애가 악성 피부병(צרעת)인지의 여부를 결정하기 위한 검사다. 제사장의 검사를 요구하는 세 가지 기본적 증상이 주어진다: 첫 번째 증상은 세에트(שׂאת, "종기")다. 이 의미는 어근 나사(נשׂא, "들어올리다")에서 이 단어를 취함으로써 얻어진다(Wilkinson, *SJT* 30[1977] 155-57). 그렇지만 70인경(LXX)은 그것을 울레(οὐλή, "흉터")로 번역한다. 스네이스(70)는 세에트(שׂאת)를 아랍어 시아투(šiʾatu, "색채, 표시")의 동족어로 취하면서 70인경(LXX)을 따른다. 레빈(Levine)은 좀더 정밀하게 그것이 "국부적 염증, 부스럼, 사마귀"를 의미한다고 말한다(76). 다음 증상은 싸파하트(ספחת)인데, 쾰러 바움가트너 사전(KB, 72)은 "비듬"으로, BDB 사전(705)은 "발진" 혹은 "딱지"로 번역한다(참조. Wilkinson, 157). 70인경(LXX)은 그것을 세마시아(σημασία, "〈질병〉의 확정적 발현")로 번역한다(Liddell & Scott, 1593). 이 용어의 정확한 의미가 알려져 있지 않기 때문에, 우리는 단순히 "발진"으로 번역한다. 세 번째 증상은 바헤레트(בהרת, "반들거리는 얼룩")인데(개역 성경: 색점), 이 용어는 바하르(בהר, "빛나다, 밝다")에서 온 것이다. 피부에 나타나는 이러한 변화들 중 어느 것이라도 네가-차라아트(נגע־צרעת)일 수 있다. 네가(נגע)란 단어는 "만지다, 도달하다, 도착하다, 상처 내다"라는 어근의 의미에서 온 것으로, "자국, 점, 타격, 염증, 피부 병변, 질병"을 의미한다. 덧붙여서 말하면, 이 단어는 미쉬나(Mishnah)에 있는 피부병에 관한 논문의 이름이다. 어구 네가-차라아트(נגע־צרעת)에서 네가(נגע)는 부상이나 질병에 대한 더욱 광범위하고 일반적인 용어

이며, 차라아트는 보통 역겹고 불결한 피부병에 대한 더욱 제한된 용어다. 단지 몇 가지 피부염은 차라아트로 분류된다.

그 어법은 여드름, 물집, 부스럼, 종기, 딱지, 비듬, 피부염과 같은 피부에 발생하는 수많은 번식 증상을 포괄한다. 미쉬나(Mishnah)는 서로 다른 랍비들이 악성 피부병을 16가지, 36가지 혹은 72가지로 확인했다고 언급함으로써 이러한 사실을 확증한다(*m. Neg.* 1.4). 이러한 피부염들이 발생하여 피부에 퍼진다. 그것들은 고름이 나오고, 피가 나고, 악취가 나기 때문에 사람을 부정하게 만든다. 여기서 논점은 전염성 있는 질병의 확인이 아니라 의식적 오염이다. 감염된 당사자는 대제사장 아론이든 아론 가계의 제사장이든 한 제사장에게 데려가야 한다(הוּבָא – 후바). 수동태 후바(הוּבָא, "인도되어야 한다")는 그 법의 성취와 가족의 의식적 정결을 공히 염려하는 환자의 가족이나 혈족의 식구들이 그들의 감염된 친족을 제사장에게 데려가는 것을 자신들의 의무로 여겼음을 시사한다. 이런 방식의 그 법의 서술은 가능한 한 어떤 결점이나 골칫거리를 감추려 하는 – 특히 그런 피부병이 당사자를 공동체로부터 분리시키는 결과를 가져올지도 모를 때 – 인간의 본능적 성향을 알려 준다.

3 환자가 성소에 도착하면 제사장은 그 피부염을 검사해서 그것이 퍼지는 것인지 아니면 즉시 치료할 수 있는 피부염인지를 결정한다. 먼저 그는 피부염 부위의 어떤 모발(毛髮)들(שֵׂעָר – 세아르)이 하얗게 변했는지를 관찰해야 한다. 스네이스(Snaith, 70)에 따르면, 남성 단수 세아르(שֵׂעָר)는 "모발들"(즉 복수 의미 – 역자주)을 의미하며, 여성 단수 사아라(שַׂעֲרָה)는 "모발"을 의미한다. 둘째, 제사장은 그 염증이 피부의 피하층까지 침입했는지를 관찰해야 한다(개역 성경: 우묵하게 되다, 즉 피부 부위가 약간 내려앉다 – 역자주). 아모크(עָמֹק)는 "더 깊은"을 의미하기 때문에, 어떻게 피부병이 움푹 들어갈 수 있는지를 물을 수 있다. 왜냐하면 대부분의 감염된 피부 부위는 피부 표면 위에 일종의 뾰루지를 발생시키기 때문이다. 그에 대한 답변은 그 질환이 털이 자라는 모공(毛孔)에 손상을 입히는 더 깊은 피부층과 관련된다는 것이다(참조. Wilkinson, SJT[1977] 160-62). 이러한 두 가지 증세가 출현하면, 이러한 상태는 "악성 피부병"(צָרַעַת – 차라아트)으로 간주된다. 그 피부병변(病變, 환처)은 정적이지 않고 활동적이며 퍼져 나간다.

제사장이 "피부 병변(病變)"(נֶגַע – 네가)을 "악성 피부병"(נֶגַע צָרַעַת – 네가 차라아트)이라고 결정할 때, 그는 그 환자가 부정하다고(טִמֵּא אֹתוֹ – 타메 오토) 선고한다. 그 선고는 중요하다. 왜냐하면 그것이 사람의 위상을 "정함"에서 "부정함"으로 바꾸어 놓고, 그를 더 이상 제의에 참여하지 못하게 막기 때문이다. 그러므로 이 사례에서 타메(טמא)의 피엘형의 사용은 엄밀히 선언적인(declarative) 것이 아닌데(즉 단순히 어떤 상태에 있다고 선언하는 것－역자주), 이는 바로 그 선고가 그 사람의 위상을 바꾸어 놓기 때문이다(Koch, *Priesterschrift*, 82, n.). 제사장은 이러한 역할을 담당할 때 의사가 아니라 하나님 앞에서 언약 공동체의 공직자 기능을 한다. 그의 독점적인 업무는 어떤 피부염을 악성 피부병으로 확인해 주고 사람의 제의적 참여를 위한 위상을 결정해 주는 일이다. 제사장이 어떤 약을 처방해 주거나 환자의 치료를 위해 어떤 의식을 거행했다는 암시는 전혀 없다. 그의 우선적 관심은 부정한 사람이 성소 구역 안으로 들어오는 것을 막음으로써 오염이 발생하지 않도록 하기 위한, 성소를 보호하는 데 있다. 그의 목표는 공동체에 전염성 질환이 퍼지지 못하도록 막는 것이 아니다. 그럼에도 불구하고, 악성 피부병을 가진 사람을 격리하는 이러한 관행은 공동체의 건강에 기여했다. 의식적 정결의 높은 기준은 갖가지 질환이 퍼지는 것을 힘들게 하여 공동체의 전반적인 건강 상태를 증진시킨다. 그러나 이러한 유익은 의식적 정결 규정들의 우선적인 취지가 아닌 부산물이었다.

[4]-[6] 만일 여러 가지 증세가 딱히 결정내리기 어려운 것이라면, 제사장은 그런 의심스러운 피부 병변(病變)이 생긴 당사자를 아마 진영 밖의 특별한 구역에 7일 동안 격리시킨다. 7일의 기간은 이스라엘에서 7일로 된 한 주간에 일치하며, 또한 그것은 숫자 7의 중요한 의의를 가지고 완전성을 상징한다. 일곱째 날에 제사장은 환자를 재검한다. 만일 피부염이 퍼진다는 증거가 전혀 없다면, 제사장은 다시 7일 동안 그 환자를 격리한다.

두 번째의 일곱째 날에 제사장은 다시 당사자를 검사한다. 만일 그 질환이 점점 약해져(כהה－케하), 즉 "점점 희미해지거나 무뎌져"(사 42:4; 개역 성경: 쇠하지 아니하고) 피부염을 일으키는 징후를 보이지 않는다면, 제사장은 그 사람을 "정결하다"(טהר－타헤르)고 선언한다. 케하(כהה)는 희미해진 시력(창 27:1), 그을림을 피우며 꺼져 가는 심지(사 42:3) 그리고 기력이 빠지거나 약한 사람(사 42:4; 창 27:1)을 묘사한다. 제사장의 선고는 그 사람이 무서운 피부병에 걸렸다는 의심의 그림자를 완전히 제거한다. 그 의심을 샀던 반점은 단지 "발진"(מספחת－미쓰파하트, 개역 성경: 피부병; 공동번역: 단순한 피부병)에 불과하다. 감염된 사람은 자신이 진실로 정결하다는 하나의 물리적 증명 수단으로 자신의 옷을 빨아야 한다. 그는 정결한 상태가 되어 거리낌없이 계속해서 성소에 접근할 수 있다.

[7]-[8] 그렇지만 만일 두 번째 검사에서 제사장이 그 발진이 "심하게 번졌다"(פשה תפשה－파소 티프세)는 사실을 발견한다면, 제사장은 그것이 "악성 피부병"

(צרעת – 차라아트)이기 때문에 그 사람이 부정하다고 선고한다. 동사 앞의 부정사 절대형의 사용은 그 감염 혹은 발진이 단지 약간이 아니라 상당히 퍼졌다는 것을 강조한다. 그 피부 병변은 활동적이며, 따라서 불결한 것이다.

10-11 이번 사례는 이미 악성 피부병(צרעת – 차라아트: 개역 성경: 문둥병)으로 확인된 경우와 관련된다. 종기(שׂאת – 세에트: 참조. 2절) 부위의 모발이 하얗게 변하고, 살은 맨살이 보이는(מחית בשׂר חי – 미흐야트 빠사르 하이) 피부 궤양이 된다. 그런 피부염은 때로 피부에서 피가 나고, 또한 그것이 곪거나 성이 날 수 있는 유출물(고름)을 수반하기 때문에 부정하다(참조. Wilkinson, *SJT*[1977] 162). 헐스(Hulse, *PEQ* 107[1975] 98)는 이러한 상태를 피부 건선으로 인해 피부를 긁어 파서 그 부위가 약하게 출혈되는 증상으로 간주한다. 이러한 유형의 피부염은 너무 명백하게 사람을 부정하게 만들기 때문에, 제사장에게 그 환자를 일정 기간 동안 격리하라는 지시가 내려지지 않는다. 도리어 제사장은 즉시 그 사람이 부정하다고 선고해야 한다.

12-13 만일 어떤 사람이 갑자기 발생하여 피부가 머리부터 발끝까지 하얗게 변할 정도로 온몸을 덮는 "피부병"(צרעת – 차라아트)을 가졌다면, 그 사람은 부정하지 않다. 제사장은 그가 정결하다고 선고함으로써 제의 공동체 내에서의 그의 위상을 명확히 해준다. 그런 증세를 가진 사람이 정결한 상태로 있게 되는 이유는 터져서 맨살이 보이는 피부염도 없고, 또한 피하층과 관련된 흔적도 전혀 없다는 것이다. 이러한 질환은 두렵거나 위험한 것으로 간주되지 않는다. 그것은 아마 피부 반점들에 나타나는 피부 탈색, 즉 백선(vitiligo, 혹은 leukoderma)일 가능성이 가장 크다(Harrison, 142). 비록 백선이 사람을 보기 흉하게 만든다 할지라도, 그것은 그 피해자를 부정하게 만드는 진물이 흐르는 염증이나 고름은 전혀 없다. 이 질환은 또한 전염성이 없다. 게하시의 질병은 이러한 범주로 분류될 것이다(왕하 5:27). 하지만 드라이버(G. R. Driver, *DB* 570a)는 "온통 하얗게 된 피부"(개역 성경: 다 희어진 피부)라는 어구를 표피 박리(desquamation), 즉 질병으로 인해 생긴 피부 껍질이 온몸을 뒤덮고, 그것이 벗겨져 나가 새로운 하얀 피부가 생기게 되는 증상이라고 해석한다.

14-17 어떤 사람이 맨살(בשׂר חי – 빠사르 하이)이 드러나는 피부염, 즉 곪거나 진물이 흐르는 염증으로 고통스러워하면(참조. 10-11절), 제사장은 검사를 마친 뒤 그 사람이 부정하다고 선언해야 한다. 그 증세는 "악성 피부병"(צרעת – 차라아트)으로 분류된다. 한편, 궤양이 생긴 피부가 점점 호전되거나 하얗게 변할 때는 항상

새로운 피부가 그 피부염을 대체한다. 이것은 치료의 징후다. 그러므로 환자는 제사장에게 가야 한다. 이 마지막 어구는 관례적인 표현인데, 이는 현실적으로 그가 부정한 상태로 진영 밖에 머물러 있는 관계로 제사장더러 자신에게 와 달라고 부탁해야 할 것이기 때문이다. 제사장은 피부가 치료되었다고 확증한 후에 그가 정결하다고 선언한다.

18-23 이 규정은 치료가 된 종기나 궤양(שחין – 쉐힌)에 생기는 국부적 피부염에 관심을 갖는다. "하얗게 부은 것"(שאת לבנה – 세에트 레바나) 혹은 "희고 불그스름한 색점"(בהרת לבנה אדמדמת – 빠헤레트 레바나 아담다메트)이 앞서 발생한 피부 병변(病變, 환처)의 부위에 나타날 때, 그 당사자는 반드시 자신을 제사장에게 보여야 한다. 만일 그 병변이 피부보다 더 낮은 피하층에 발생하고 그 곳의 모발이 하얗게 변했다면, 제사장은 그가 부정하다고 선언해야 한다. 그렇지만 만일 그 병변의 색깔이 희미하고 이러한 증세들이 전혀 나타나지 않는다면, 그 환자는 7일 동안 격리되어야 한다. 제사장이 그를 재검사했을 때, 만일 그 색점이 있는 피부염이 이미 퍼졌다면(פשה – 파사), 제사장은 그가 부정하다고 선언해야 한다. 그러나 만일 그것이 퍼지지 않았다면, 그는 정결하다고 선언된다. 그것은 단순히 불그스름해진 오래된 딱지에 불과하다(Harrison, 143). 그것은 "종기로부터 생긴 딱지"(צרבת השחין – 차레베트 하쉬힌)로 감정된다. 스네이스(Snaith, 71)는 어근 차라브(צרב, "태우다, 그을리다")에 근거하여 그것을 "오므라든 딱지"로 번역한다. 그렇다면 그 어구는 염증으로 괴멸된 살을 지시한다(Keil and Delitzsch, 380). 헐스(Hulse, *PEQ* 107[1975] 98)는 이러한 증상은 다량의 피부 인설(鱗屑) 바로 아래 있는 피부의 외피에 무균성 농포가 모여 있는 "농포성" 건선("pustular" psoriasis)으로 알려진 것일 수 있다고 생각한다.

24-28 이 문단은 치료에 실패한 화상(מכות אש – 미크봐트 에쉬)을 취급한다. 해리슨(Harrison, 143)은 화상이 감염되어 농포가 생긴 것이라고 말한다. 화상을 부정하다고 선언하게 만드는 증세들은 하얀 털, 피하층의 활성 그리고 퍼지는 현상이다. 헐스(Hulse, *PEQ* 107[1975] 98)는 이러한 증상을 건선으로 간주한다. 그러나 만일 그 피부염이 퍼지지 않는다면, 제사장은 그 환자를 다시 7일 동안 감금해야 한다. 만일 이 두 번째 7일의 마지막에 제사장이 그 피부염이 퍼진 것을 발견하게 되면, 그는 그 사람을 부정하다고 선언한다. 그러나 만일 그 종기가 그대로 머물러 있고 색이 "희미해"(כהה – 케하)졌다면(6절), 제사장은 그 사람을 정결하다고 선고한다.

29-37 이 규정은 여자를 포함한다는 것을 강조하면서, 특이하게 남자와 여자를 거명한다. 그러나 그것이 선행하는 규정들이 여자에게 적용되지 않는다는 것을 의미하는 것은 아니다. 아마도 안면의 수염에 대한 관심으로 인해 일부 사람들이 이 규정이 여자에게 적용되는지 의심을 품게 되었을 수도 있다. 그래서 그것은 이러한 가능성을 반박하기 위한 형식을 갖추었다. 헐스(*PEQ* 107[1975] 98-99)는 이 증세들을 건선 혹은 지루 피부염으로 확인하지만, 누렇게 된 털은 황선(기계총, favus)을 지시한다. 네테크(נֶתֶק; 개역 성경: 옴)란 용어는 "뜯다, 떼다"를 의미하는 어근에서 취해졌다. 어떤 견해는 그것을 "옴"을 지칭하는 것으로 받아들이는데, 왜냐하면 심한 옴을 가진 사람은 계속 감염된 부위를 긁으면서 딱지가 벗겨지게 하기 때문이다. 윌킨슨(Wilkinson, *SJT* 30[1977] 158)이 내놓은 다른 견해는 이 용어가 피부 표면에서 벗겨지거나 떼어져 나온 피부 인설(鱗屑)을 지칭한다는 것이다. 그렇다면 네테크(נתק)는 백선(白癬), 즉 머리털이나 수염에 비늘 같은 것이 끼는 증상이다(흔히 얼굴이나 몸에 나타나는 백선을 버짐, 머리에 생기는 백선은 비듬이라고 한다 – 역자주). 스네이스(71)는 마른 백선은 건선이며, 습한 백선은 습진일 수 있다고 설명한다. 그는 "비듬난 부위"가 뛰어난 번역이라고 제안하는데, 이는 그것이 이러한 질환들의 최초의 단계를 묘사해 주기 때문이다. 이러한 증상은 확신을 가지고 진단을 내리기가 어렵다. 해리슨(Harrison, 144)에 따르면, 건선에 추가해서 그것은 톤수란스 백선균(tinea tonsurans) 혹은 황선(*tinea favosus*〈favus〉)과 같은 원형 버짐의 감염 유형인 윤선(輪癬, ringworm)일 수 있다. 이러한 미생물은 피부에 침입해서 누런 색깔의 "모공 주변의 피부 껍질들"이 생기게 한다(모공은 모근이 착근하는 구멍이다 – 역자주).

만일 어떤 사람이 피하층에 나타나 털을 누렇고 가늘게 만드는 비듬 난 부위를 갖는다면, 그는 부정하다. 누렇게 된 털은 황선으로 진단내릴 수 있다. 털이 가늘다는 것은 그것이 발육 장애를 겪었다는 것을 의미한다(참조. *m. Neg.* 10.1). 그러나 만일 피하 침해가 전혀 없으면서 털이 검은 색이 아니라면, 제사장은 그 사람을 7일 동안 격리해야 한다. 이어서 제사장은 그를 재검한다. 만일 비듬 난 부위가 퍼지지 않았고 털이 영향을 받지 않았다면, 그 사람은 감염된 부위를 제외하고 자신의 몸의 털을 전부 민 뒤 두 번째로 7일 동안 감금되어야 한다. 7일째 되는 날에 그 사람은 모든 비늘을 제거하여 그 부위가 더욱 검사하기에 용이하도록 자신의 몸의 털을 밀어야 한다. 만일 비듬 난 부위가 퍼지지 않고 피하층에 아무런 감염 기운이 없다면, 제사장은 그를 정결하다고 선고한다. 그 사람은 자신의 옷을 빨아야 한다. 그 후 그는 정결해진다. 즉 그는 성전에 마음껏 들어가도록 허용된다. 그러나 만일 비듬 난 부위가 퍼졌다면, 그것은 제사장이 그를 부정하다고 선고할 만한 충분한 이유가 된다.

38-39 다음 질환은 탈모(脫毛), 특히 앞머리에서 시작되어 뒤로 진행되는 사례에 대한 것이다. 탈모는 당사자가 부정하다고 선언될 위험에 처하게 하지 않는다. 그렇지만 만일 희고 불그스름한 색점이 벗겨진 부위에 나타난다면, 제사장은 그 사람이 부정하다고 선고해야 한다. 탈모 부위에 단지 부풀어 오른 종기가 있을 때만 그 사람은 악성 피부병을 가진 것으로 간주된다.

45-46 누구든지 악성 피부병으로 인해 부정하다고 선언된 사람은 상중에 있는 사람처럼 옷을 입어야 한다. 죽음의 숨결이 그 사람에게 있다. 그는 낡고 찢어진 옷을 입어야 하며 머리를 풀어 엉클어 놓아야 한다(개역 성경과 KJV를 비롯한 일부 역본은 옷을 찢는다고 번역하나 대부분의 역본은 찢어진 옷을 입는 것이라고 번역한다 – 역자주). 또한 그는 자신의 아래쪽 얼굴(שפם – 사팜, 문자적으로는 "콧수염"이지만, 겔 24:17, 22; 미 3:7에서는 아래쪽의 얼굴이다)을 가려야 한다. 이러한 후대의 언급들에서는 이 관행이 망자(亡子)를 위한 애도의 표시다. 감염된 사람은 "부정탔다, 부정탔다"고 외친다(참조. 렘 4:15). 이는 누군가가 자신과 접촉하여 부정을 탈 위험에 처하게 될까 봐 경고하기 위함이다. 그 법은 확산되는 의식적 부정결에 관심을 갖고 있지 그 질병이 진염되는지의 여부에 대해서는 관심이 없다. 의식적 부정결 상태가 될까 봐 염려하는 것에 더하여, 더불어 그 사람의 질병이 옮을까 봐 두려워했을 수도 있다. 감염된 사람은 자신의 남은 생애 동안, 혹은 자신이 정결하게 될 때까지 성 밖에서 살아야 한다.

47-58 이 법안은 양모(בגד צמר – 뻬게드 체메르), 마(בגד פשתים – 뻬게드 피쉬팀) 혹은 가죽(עור – 오르)으로 만든 옷에 출현하는 사상균, 곰팡이 혹은 그 밖의 다른 균류와 같은 보기 흉한 역겨운 번식들을 다룬다. 그런 번식들은 비정상적이며 또한 표면에 박편(薄片)이 생기게 하기 때문에, 히브리인들은 이러한 증상들에 대해 악성 피부병에 대한 것과 동일한 용어(צרעת – 차라아트)를 사용했다. 피부와 옷에 발생하는 번식을 공통적인 범주로 분류하는 것이 현대인들에게는 이상하지만, 그 증상들은 이상한 번식이 소중한 재료의 표면을 손상시키고 그것의 원래의 완전성을 파괴한다는 점에서 유사하다. 이 법안은 비정상적 번식에 대해 "악성 피부병이나 곰팡이"(צרעת – 차라아트) 대신 덜 중요한 용어인 "표시, 얼룩"(נגע – 네가, 개역 성경: 색점)을 선호한다. 이는 옷에 발생한 번식에 대해 편견을 가지고 판단하

지 않도록 하기 위함이다. 마찬가지로 이것은 집안 벽에 발생한 번식에 대한 법안에서도 사실이다(14:33-34). 이러한 변화는 또한 옷이나 벽에 발생한 다양한 종류의 번식에 대한 정확한 단어들이 부족하기 때문에 발생했을 것이다(14:33-44). 옷가지의 경우, 역겨운 번식은 색깔이 푸르거나 불그스름하다. 따뜻하고 습한 장소에 방치한 채 늦게까지 빨지 않은 옷에서 그런 번식이 발생하기가 쉽다. 곰팡이가 낀 옷의 취급은 악성 피부 장애를 가진 사람의 경우와 비슷하다. 감염된 옷은 제사장에게 보여야 한다. 제사장은 그 옷을 7일 동안 간직한 뒤 그것을 재검사한다. 만일 그 번식이 퍼졌다면, 그것은 "악성 곰팡이"(צרעת – 차라아트)로 확인된다. 그 옷은 부정하다고 선언된다(הוא טמא – 후 타메). 그것은 태워야 한다. 그러나 만일 옷에 아무런 중대한 변화가 없다면, 그것을 세탁한 뒤 7일을 더 간직해야 한다. 만일 두 번째 검사에서 반점의 모양이 변하지 않았다면, 즉 곰팡이가 희미해지지 않았다면 그 옷은 부정하며 태워야 한다. 그러나 만일 반점이 희미해졌으면(כהה – 케하), 그 옷의 감염 부위를 잘라내야 한다. 만일 곰팡이나 번식이 다시 나타나면, 그것은 "퍼지는 것"(פרחת – 포라하트)이며 그 옷은 태워야 한다. 첫 번째 세탁 후 정상적인 것으로 보이는 옷가지는 다시 빨아야 한다. 만일 두 번째 세탁 후 그것이 정상적으로 보이면, 그것은 정결하다고 선언된다.

[59] 이것은 요약 진술이지만, 단지 옷이나 가죽에 생긴 악성 곰팡이에 대한 문단에 국한된다.

14[1] 이 문단은 레위기에서 발견되는 전형적인 도입 형식문으로 시작되지만, 여기에서는 의식적 정결법(11-15장, 그러나 12:1을 참조하라)의 경우와 달리 아론이 언급되지 않는다. 그 이유는 아마 이 규정이 엄밀히 의식적 정결이 아닌 희생제 절차에 관심을 갖고 있으며, 따라서 이 형식문이 1-7장에 자주 나타나는 도입 형식문을 따르기 때문일 수 있다.

[2]-[3] 어떤 사람이 악성 피부병에서 회복되면 그는 제사장 앞에 나타나야 한다. 이러한 목적을 위해 제사장은 진영 밖의 그 사람을 찾아가야 한다. 왜냐하면 부정한 상태로 있는 그 사람이 제사장을 만나러 진영 안으로 들어올 수 없기 때문이다. 제사장은 그를 검사하여 그가 자신의 불결한 감염으로부터 회복되었는지의 여부를 결정한다. 제사장이 그가 부정하다고 선언했기 때문에 회복된 그 사람은 제사장에 의해 정결하다고 선언되어야 하며, 이로써 그가 공동체 안에서의 정상적인 생활로 복귀하는 것이 허용된다. 단지 그 사람은 일정 기간 동안의 여러 단계를 수반하는 정교한 복귀 의식을 거친 후에야 제사장이 그를 정결하다고 선언할 수 있다. 공동

체로부터 파문을 당했던 사람의 재편입은 하나의 근본적인 사회적 변화다. 인류학자들은 이러한 절차를 "통합 의례"(rites of aggregation)라고 명명한다(Wenham, 208). 여기 언급된 의식과 사체 접촉으로 부정을 탄 사람의 정결 의식 사이에는 많은 유사점들이 있다. 참조. 민 19:12. 이 유사성은 악성 피부병을 가진 사람은 공동체가 본질상 죽은 사람으로 간주했다는 것을 강조한다.

이 정교한 의식은 갖가지 다른 의식들로부터 여러 가지 요소들을 가져온다. 그것은 제사장 위임식(8-9장)과 마찬가지로 8일 동안 계속된다. 사람 몸의 오른쪽 말단 부위들에 피와 기름을 부어서 그를 성별하는 의례는 대제사장과 그의 아들들을 위한 기름부음 의식(8:23-24)에 있는 유사한 의례와 일치한다. 이러한 접촉점들은 나아가 현재의 사례에서 부정결로부터 정결한 상태로 바뀐 위상의 변화가 근본적이라는 것을 암시해 준다. 이러한 입회 의례에서 모두 네 가지 기본 희생이 드려지는데, 그것은 회복된 사람이 다시 한 번 제단에 완전히 나아갈 수 있게 되었다는 것을 의미한다.

[4] 정결 의식을 위해 제사장은 새 두 마리, 백향목, 홍색실 그리고 우슬초를 취한다. 살아 있는 새들은 정결한 것이어야 한다. 호프만(Hoffmann, 1:396)은 하요트(חיות, "살아 있는")가 그것들이 건강하고 완전해야 한다는 것을 의미한다고 설명한다. 새의 종류는 명시되지 않는다. 백향목은 솔로몬이 자신의 건축 사업에서 광범위하게 사용했던 아주 비싼 목재인데, 이 나무가 선택된 이유는 진하고 향기로운 냄새를 풍기며, 부패에 아주 강한 저항력을 가져 인내를 상징하기 때문일지도 모른다. 홍색실은 환한 빨간 색으로 인해 아주 중요한 의미를 지닌 물건을 표시하는 데 사용된다(예를 들어, 창 38:28, 30; 수 2:18, 21). 빨간 색은 피와 대속, 즉 죽음에 대한 생명의 승리를 상징한다(사 1:18). 표현되어 있지는 않지만, 그 실은 아마도 우슬초를 백향목에 묶는 데 사용했을 것이다. 우슬초는 아마도 꽃박하 속(屬)의 마루 L(Origanum maru L)을 포함한 다양한 종류의 마요나라(marjoram thymus, 박하 향이 나는 허브의 일종–역자주)일 가능성이 큰데, 팔레스타인에서 풍부하게 자라는 식물로 성벽에서 뻗어 나온다(민 19:6; 시 51:9[7]); 참조. R. K. Harrison, "The Biblical Problem of Hyssop," *EVQ* 26[1954] 218-24). 그것은 뛰어난 흡수력을 가진 잎사귀들이 촘촘히 달려 있으며, 약간의 액체를 머금어서 옮기는 데 사용된다(민 19:18; 마 27:48). 이러한 세 가지 물품은 또한 사체 접촉으로 더러워진 사람을 위한 정결 의례에서 사용되는 재를 준비할 때도 사용된다(민 19:6).

[5]-[7] 각각의 새는 독특한 방식으로 취급된다. 제사장은 새를 흐르는(문자적으

로 “살아 있는”, חיים – 하임; 공동번역: 생수) 물이 담긴 토기 그릇에 담아 죽인다. “살아 있는”은 하천이나 우물에서 퍼온 물로서(50절; 15:13; 창 26:19; 민 19:17), 전혀 고여 있지 않은 물을 지칭한다. 생수는 생명을 주는 힘을 나타낸다. 그것은 고인 물처럼 죽음의 원천이 아니다. 탈무드에 따르면(*b. Sota*), 1/4파인트(1파인트는 약 0.57리터이므로 1/4파인트는 약 0.14리터다 – 역자주)면 충분하다. 피의 일부가 물로 빠져 나온다. 그 물은 도살된 새가 약간의 피를 흘리기 때문에 필수적이다. 이어서 제사장은 그 핏물에 어느 정도 스펀지 작용을 하는 우슬초를 담가 치료된 사람에게 일곱 번 뿌린다. 이러한 정결케 하는 행위는 대속 의례가 아닌데, 그 이유는 새가 특정한 희생의 기준에 따라 도살된다는 증거가 없기 때문이다. 오히려 그 새의 죽음은 악성 피부병을 겪는 사람의 두려운 운명을 상징한다. 두 번째 새는 야외의 전원 지대(על פני השׂדה – 알 프네이 하 사데)로 방생된다. 이 히브리어 어구는 성읍 외곽의 농경지를 지칭할 수 있지만, 더 흔하게는 야외의 전원지대를 지칭한다. 이 의례는 속죄일에 속죄 염소(아사셀 염소)를 내보내는 것과 유사하다(16:21-22). 중요한 차이는 회복된 사람이 새를 만지지도 않고 새 위에 어떤 고백을 하지도 않는다는 점이다. 만일 그 병행이 타당하다면, 이 새는 감염된 사람의 부정결을 짊어지고 멀리 날아가 주민들의 거주지 한복판과 성소의 위치로부터 그것을 제거한다(참조. D. J. Davies, “An Interpretation of Sacrifice in Leviticus,” *ZAW* 89[1977] 397). 그렇지만 카일 델리취(Keil and Delitzsch, 385-86)가 취하는 입장에 의하면, 새의 방출은 치료된 사람이 죽음의 속박에서 풀려나 그의 동포들 사이에서 자유함 속에 살도록 허용되는 것을 상징한다.

[8] 이어서 치료된 사람은 자신의 옷을 빨고 몸의 털을 밀고 목욕을 해야 한다(참조. 민 6:18; 8:7; 신 21:12-13). 고대 이스라엘 민족에게 면도란 과감한 행동이었다. 왜냐하면 그들은 구레나룻이나 턱수염의 모서리(관자놀이 부근 – 역자주)를 깎는 것이 금지되었기 때문이다(19:27). 이러한 철저한 세탁과 면도는 온몸의 표면의 부정결을 제거하며 그 사람에게서 비롯된 부정결의 오염의 완전한 제거를 상징한다. 그 이후에 그 사람은 진영에 들어갈 수 있다. 그러나 그는 7일 동안 자신의 장막에 머물러(ישׁב – 야샤브) 있어야 한다. 왜냐하면 부정결의 상태로부터 정결한 상태로의 통과가 아직 완결되지 않았기 때문이다. 그는 자신의 장막에 있는 가족이나 물품에 그 어떤 오염을 전달할지 모를 위험한 일을 하지 말아야 한다.

[9] 7일째에 치료된 사람은 다시 모든 털을 밀어야 한다. 그렇게 빨리 재차 털을 미는 것은 약간 이상하게 보이지만, 제사장의 규준은 사람이 의식적으로 정결하다

는 것을 확증하는 일에 대단히 꼼꼼하다. 여기에서 그가 자신의 털(שׂער – 세아르), 턱수염(זקן – 자칸), 눈썹(גבת עיניו – 가보트 에이나이) 그리고 그 밖의 모든 털을 밀어야 한다는 것이 구체적으로 명시된다. 불행히도, 첫 번째 면도나 두 번째 면도에 대한 이유는 진술되어 있지 않다. 그러나 그 질병이 피부병이기 때문에 모든 털을 밀게 되면 어떠한 의심스러운 부정결도 모두 제거되며, 또한 환자의 몸 전체의 철저한 검사가 가능해 몸의 어디에도 걱정할 만한 피부염이 전혀 없다는 것이 확실히 보장되었다. 해리슨(Harrison, 150-57)은 면도가 환자를 중생한 사람, 즉 새로운 존재의 양상에 들어간 사람처럼 만든다는 사실을 간파한다. 이어서 치료된 사람은 자신의 옷을 빨고 피부를 씻어야 한다. 면도와 세척은 피부병의 후유증으로 남은 인설(鱗屑)을 모두 제거했을 것이다. 피부병으로 인한 부정결은 매우 전염성이 강했으며, 모든 인설의 제거가 강력히 요구되었다. 이러한 절차를 취하고 나면, 앞서 감염된 환자는 다시 공동체에 재입회할 수 있을 만큼 충분히 정결하게 되지만, 아직 완전히 정결한 상태를 성취한 것은 아니다. 격리시켰던 사람을 사회로 복귀시키는 절차를 이상하게 보면 안 된다. 왜냐하면 심지어 오늘날에도 심하게 아픈 사람은 집으로 돌아오도록 허용되기 전까지 종종 병원에서, 그리고 그 후에는 요양원에서 다양한 수준의 간호를 받기 때문이다.

10 8일째에 치료된 사람은 일련의 희생제를 드리라는 요구를 받는다. 그는 흠 없는 어린양 두 미리를 취해야 한다. 추가로 그 사람은 가루 3/10에바, 즉 약 1/3부셀(1부셸은 36리터이므로 무려 12리터 가량 된다 – 역자주)을 가져와야 한다. 이러한 엄청난 양의 가루는 특별히 곡식이 단지 번제와 더불어 드려졌기 때문에(31절) 놀라운 것이다. 또한 그는 기름 한 록(לג), 즉 1파인트(약 0.5리터 – 역자주)에 약간 못 미치는 양을 가져와야 한다(양의 단위인 록⟨log, לג⟩은 다른 구약 도량형들과 마찬가지로 히브리어가 그대로 쓰인 것이다 – 역자주). 이 기름의 양은 평상시 양의 세 배를 넘는다. 이러한 엄청난 양의 재료들은 현재의 경우를 위한 제사에 특별하다.

11 제사장은 회복된 사람과 그의 제물들을 회막문 여호와 앞에 "드리거나 또는 둔다"(העמיד – 헤에미드). 여기서 "드리다"란 용어는 1:2에서와 같이 희생 규정들에 나오는 통상적인 용어인 히크리브(הקריב)가 아니다. 오히려 이 용어는 16:7, 10에서 속죄일에 드리는 두 염소 중에서 주로 아사셀 염소에 대해서 사용되며, 민수기 5:16, 18, 30에서는 간음 혐의가 있는 여인에 대해서 사용된다 – 그 여인은 여호와 앞에 서기 위해 가까이 나아간다. 이어서 이 동사는 어떤 사람의 위상에 대하여 중대한 결정을 내리기 위해 어떤 사람이나 물건을 회막 입구에 서게 만들 때 사용된

다. 이 통합 의식의 순간에 추방되었던 사람은 억누를 수 없는 감정으로 충만했을 것이다. 이제 그는 자신이 성소에서 여호와께 다시 나아갈 수 있다는 것과 공동체 내에서 완전한 신분을 지닌다는 것을 확실히 알게 된다. 얼마나 황홀한 순간인가!

12 어린 숫양 한 마리가 기름 한 록(לג)과 더불어 "속건제"(אשם – 아쉠)로 드려진다. 이것들은 또한 "거제"(תנופה – 테누파)다(참조. 7:29-30; 개역 성경: 요제; 저자 하틀리의 거제와 요제라는 용어의 이해는 개역 성경을 비롯한 역본들과 차이가 있다. 2:11의 "주석" 항목에 있는 역자주를 보라 – 역자주). 이 속건제를 위한 기름은 거제(개역 성경: 요제)로 드려지는데(참조. 7:30), 이는 그것이 기름부음을 위해 사용되기 전에 먼저 거룩해져야 하기 때문에, 즉 여호와께 바쳐져야 하기 때문이다(참조. Milgrom, *SCTT*, 147). 역시 제사장들이 기름부음을 받았었다. 비록 그 기름은 특별한 혼합물이었고 이미 신성한 것이었지만 말이다(출 30:23-25). 속건제에 관해 말하자면, 그것은 보통의 속건제와 다른 방식으로 드려지기 때문에 들어올리는 것(개역 성경: 요제)이 필요하다. 이 속건제의 피는 악성 피부병으로 부정해진 사람의 정결 의식에 필수적이기 때문에, 밀그롬의 입장과는 달리 그 사람은 자신의 희생을 돈으로 바꿔 드릴 수 없다(*SCTT*, 148-59). 더불어서 속건제에 앞서 속죄제를 드리는 일반적 순서가 속건제 희생의 피를 우선적으로 사용하는 이유로 이번 사례에서는 뒤바뀐다. 이 모든 차이들은 악성 피부병에서 회복된 사람을 위한 속건제 의식의 특별한 성격을 지시한다. 더구나 숫양(איל – 아일; 5:15-18; 5:25 [6:6])이 아니라 어린양(כבש – 케베스)이 희생의 짐승이라는 사실은 이 속건제의 또 다른 특징이다. 유사하게, 시체로 인해 더러워진 나실인(민 6:12)은 속건제로 어린양을 바치도록 요구된다. 그것은 "지극히 거룩한 것"(קדש קדשים – 코데쉬 코다쉼)으로 분류되면서 이 희생의 중요성을 말해 준다(참조. 2:3, 10).

왜 속건제가 요구되는지는 알기 어렵다. 스네이스(Snaith, 75)는 그 사람이 추방되어 있는 동안에 공동체가 그의 노동의 이득을 잃었기 때문에 그 제사가 요구되긴 하지만, 그 손실이 계산될 수는 없었을 것이라고 추론한다. 웬함(Wenham, 210)은 이 제사가 그 사람이 공동체에서 추방되어 있는 동안 드릴 수 없었던 희생들과 십일조의 손실에 대해 하나님께 배상을 하는 것일 수 있다는 입장을 취한다. 밀그롬은 다른 접근 방식을 취한다(*Cult*, 80-82). 그는 하나님께서 악랄하게 거룩한 것을 침해한 사람이 악성 피부병에 걸리게 하셨다는 기사들을 근거로 연구하면서(예를 들어, 민 12:10; 대하 26:19-20), 이 속건제는 그 환자가 자신도 모르게 거룩한 것을 침해했을지도 모를 돌발 사고를 처리하기 위해 요구되었다고 주장한다. 아마 또 하나의 대안적 설명이 가능할 수 있을 것이다. 속건제는 거룩한 물건의 침해를 위해 처방된 것이기에 이러한 종류의 제사가 요구되었는데, 이는 그 질병이 진정한 하나님의 형상을 지니고 있는 사람을 훼손하고(창 1:27; 시 8:6[5]) 그를 성소에서 하나님께 마음껏 나아가지 못하도록 가로막기 때문이다. 그러므로 거룩한 것의 침해를 대속하는 속건제(참조. 5:15-16)가 악성 피부병에서 회복된 사람의 완전한 복귀를 위해 요구된다. 어떤 경우라도, 이러한 피 의례와 기름 의례는 회복된 사람을 성결하게 만들어 그가 다시 언약 백성들 사이에서 살 수 있게 해준다.

14 제사장은 환자의 신체 말단 부위들에 피를 바른다: 오른쪽 귓불, 오른쪽 엄지손가락 그리고 오른쪽 엄지발가락에. 이러한 의례는 대제사장과 다른 제사장들의 기름부음을 위한 의례와 비슷하다(8:24). 그것은 하나님 앞에서 그 사람의 위상에 근본적 변화가 발생했다는 것을 알려 준다. 지금 이 사람이 공동체로 복귀되는 과정에 있는 관계로, 그의 전 존재가 하나님께 헌정되고 있는 것은 당연지사다: 그의 귀는 하나님의 말씀을 듣기 위해, 그의 손과 발은 하나님의 뜻을 행하기 위해 헌정되는 것이다. 이 속건제물의 피는 또한 제단에도 끼얹기 때문에, 치료받은 사람에 대한 동일한 피의 사용으로 인해 그는 다시 제단에 나아감을 얻게 되어 제단과 결속된다.

15-18 제사장은 기름의 일부를 여호와 앞에서 일곱 번 흩뿌린다. 그렇게 함으로써 그는 기름의 성별성(consecration)을 높인다. 이어서 그는 그 기름의 일부를 그 치료된 사람이 피를 발랐을 때와 마찬가지로 동일한 신체 말단 부위들에 바른다. 그리고 그는 남은 기름을 그 사람의 머리에 쏟아 붓는다(개역 성경: 바른다). 기름이 부어진 그 사람과 여호와 사이에는 강한 결속이 형성되며, 그것은 여호와께서 그 사람을 넘치게 축복하실 것임을 상징한다. 카일 델리취(Keil and Delitzsch, 388)에 따르면, 이러한 의례는 그 사람이 하나님께로부터 받은 생명의 영(spirit of life)을 상징한다. 그것은 치유된 그 사람에게서 매일의 복된 삶의 기쁨이 회복되었다는 표시다. 왜냐하면 사람의 머리에 기름을 바르는 것은 풍성한 사람의 매일의 관습이었기 때문이다(전 9:8; 참조. 시 23:5; 104:15). 그 기름붓기는 여러 기본 제사들에 앞서 실시되는데, 왜냐하면 그 기름부음은 이러한 제사들이 다시 살아난 사람을 위해 드려진다는 것을 의미하기 때문이다. 그 사람은 공동체와 완전한 화해를 이룬다.

18b절은 제사장이 그를 위해 대속을 실행한다고 말한다. 대속의 효력을 낳는 것은 그 기름 의례(머리에 기름 붓기 - 역자주)인가? 아니면, 피와 기름 의례를 포함하는 속건제인가? 대속은 기름보다는 피와 훨씬 더 밀접히 관련되어 있고(참조.

17:11), 또한 기름이 피 위에 발라지기 때문에, 12-18절은 그러한 속건제와 결부된 다양한 의례를 보여 주고 있다. 그렇다면 18b절은 그 단위의 결론이며, 그것은 성별 의례들과 더불어 속건제가 대속의 결과를 낳는다는 것을 의미하고 있다.

19-20 다음으로 제사장은 치료된 사람의 속죄제(חטאת – 하타트; 참조. 4-5장)와 번제(עלה – 올라; 참조. 1장), 그리고 소제(מנחה – 민하; 참조. 2장)를 바쳐 올린다. 이 제사들 역시 대속의 힘(כפר – 카파르)을 갖고 있으며(참조. 4:20, 21), 따라서 환자의 이전의 부정결로 인한 모든 오염으로부터 그를 철저히 정화한다. 이것은 인간의 기본적인 죄성뿐만 아니라, 알든 몰랐든 비의도적으로 저지른 범죄들을 깨끗케 한다. "대속"의 반복은 그 사람이 철저히 사함 받았고 완전히 정결해졌다는 것을 강조한다. 이제부터 계속해서 그는 확신을 가지고 하나님의 존전에 들어갈 수 있다.

21-32 가난한 사람의 통합 의례에 필요한 희생들을 위해서는 특별한 몇 가지 조건 완화가 있다. 이러한 대안적 희생들은 제의법에서 만들어진 가난한 자들을 위한 동정심을 증거한다. 사실 어떤 사람의 공동체로부터의 격리는 순식간에 그를 가난으로 내몰 것이다. 그렇지만 아마도 그의 가족 구성원들이 이러한 다양한 제사 재료들을 제공했을 것으로 추정된다. 그러나 그 추방된 사람의 가족이 매우 가난하여 그의 가족을 돌보기가 버거울 수도 있었다. 회복된 사람은 속죄제와 번제를 위해 두 마리의 산비둘기나 두 마리의 어린 집비둘기로 대체할 수 있다(참조. 1:14-17). 그러나 속건제를 위해서는 대체물이 허용되지 않는다. 이로써 속건제는 악성 피부병에서 치료된 사람의 완전한 복귀를 위해 필수적인 것으로 드러난다. 이러한 대안적인 제물들을 위한 의식은 위에서 묘사된 것과 유사하다.

33-36 이 규정은 집안의 벽에 생기는 "악성 번식" 혹은 "균류"(נגע צרעת – 네가 차라아트)의 취급을 고찰한다. 네가(נגע, 문자적으로 "자국, 번식, 역병")에 대한 번역으로 "번식"이라는 단어가 선택되었는데, 이는 다양한 해로운 번식들을 포괄하기 위해서다. 차라아트(צרעת)는 13:2-46에서 악성 피부병에 대해, 또한 13:47-59에서 옷에 생긴 악성 곰팡이에 대해 사용된 용어와 동일한 것이다. 그것이 집과 더불어 사용될 때는 아마 곰팡이나 사상균과 같은 균류의 일종일 가능성이 농후하다. "악성"이라는 용어는 그러한 번식이 일으키는 혐오감을 알리고 동일한 그 히브리어 단어가 세 가지의 상이한 표면들에 나타나는 역겨운 번식들을 포괄한다는 것을 보여 주기 위해 차라아트(צרעת)의 번역으로 사용된다. 그 규정의 이 부분을 통틀어 볼 때, 이 연설에서 단 두 번 나타나는(34, 44절) 차라아트(צרעת, "악성 번식")보

다는 현재의 구절들에서 "번식"으로 번역된 더욱 일반적인 용어인 네가(נגע)가 더 흔히 사용되는 단어다. 본문은 그런 악성 번식이 집안에 나타날 때 하나님이 그것을 발생시키신 분이라는 것을 분명하게 진술한다. 구약 성경 전반에서 하나님은 발생된 모든 일의 원천이 되시는데(예를 들어, 사 45:7), 이는 고대 이스라엘 민족이 다양한 측면의 인과관계를 선명히 구별하지 않는 경향이 있었기 때문이다. 이러한 진술들은 구약의 강한 유일신적 관점을 구축한다. 여기서 가나안은 "너희의 기업의 땅"이라 불린다(참조. 25:10, 24; 수 22:19). 그것은 이스라엘이 여호와와 맺은 언약에 의해 보장된 그들의 상속물이다.

"번식"(נגע – 네가)이 집안 어딘가에 나타날 때마다 집 주인은 제사장에게 알려야 한다. 그 집을 검사하러 오기 전에, 제사장은 그 집과 더불어 집안 비품들이 부정하다고 선언되지 않도록 그것들을 모두 치우라고 명령한다. 이 절차는 번식이란 것이 제사장이 공식적으로 부정하다고 선고하기 전까지는 어떤 것을 부정하게 만들지 않는다는 사실을 강력하게 시사해 준다. 또한 그것은 그 법이 내포하는 동정심에 대한 또 다른 암시이기도 하다. 성소의 완전성을 보존하면서, 주인의 손해를 최소화하려는 노력이 시도된다. 라쉬(Rashi, 64)는 여러 가지 다른 형태의 그릇들은 정결하게 될 수 있기 때문에 이 절차는 특별히 토기에 적용된다고 주석한다(질그릇은 부정하게 되면 깨뜨려야 한다–역자주).

37-42 번식의 색깔과 확산 범위는 그것이 더러운 것인지의 여부를 결정한다. 만일 푸르거나 붉은 "발진"(שקערורת – 쉐카아루로트, 개역 성경: 색점)이 어떤 집의 벽에 나타난다면, 제사장은 그런 집을 검사하러 가야 한다. 그 번식은 균류나 곰팡이이거나, 아니면 건조한 부식일 수 있었다. 혹은 그것은 석회질의 석고물 표면에서 썩는 재료의 가스로 말미암아 만들어지는 질산칼슘의 누적물일 수도 있었다(Snaith, 75). 또 다른 가능성은 벽에 나타나는 어떤 곤충들의 활동일 수 있다는 것이다. 벽(קיר – 키르)에 해당되는 단어는 평평한 표면을 지칭한다. 그것은 내벽이나 외벽일 수 있었다(Snaith, 76). 이스라엘의 집들은 전형적으로 돌로 두 겹이나 세 겹으로 쌓은 기초 위에 진흙 벽돌을 올려 지었다. 내벽은 때때로 모래를 섞은 석회암으로 발랐다(Harrison, 156). 그런 덧입히기는 방수가 되도록 집의 틈새를 막았다. 괴르크(Görg, *BN* 14[1981] 25)의 논지에 따르면, 그 규정은 벽 내부에서 외부로 진행되면서 벽의 함몰과 변색을 통해 알 수 있는 벽의 균열을 확인하기 위한 것이다. 제사장은 먼저 그 집을 7일 동안 "폐쇄하라"(הסגיר – 히쓰기르)고 명령한다. 레빈(Levine)은 여기서 히쓰기르(הסגיר)가 "악성 질병"(צרעת – 차라아트)을 지닌 집과

사람의 취급 사이에 병행이 이루어지도록 하기 위해 사용된다고 주석한다(참조. 13:5). 만일 번식이 퍼지면, 감염된 부위의 돌들을 제거해 진영 밖의 부정한 장소로 버려야 한다. 그 다음에 벽을 긁어내고 긁어낸 부스러기들은 진영 밖의 부정한 장소로 보내야 한다. 유대 전통에 따르면, 그 번식이 발견되는 부위만 긁어내야 했다. 벽에 만들어진 구멍은 새로운 돌로 채운 뒤 발라야 한다. 집을 거주용으로 보존하기 위해 온갖 노력을 들이는 것이 분명하다.

43-45 만일 번식이 다시 나타나면 제사장이 와서 감염된 벽을 다시 검사해야 한다. 만일 그것이 퍼지는 번식(נגע – 네가), 즉 파괴적인 균류(צרעת ממארת – 차라아트 마므에레트)로 확인된다면, 그 집은 헐어야 한다(נתץ – 나타츠). 나타츠(נתץ, "헐다, 부수다")는 어떤 것의 완전한 파괴에 대해 사용된다. 모든 쓰레기가 진영 밖의 부정한 장소로 처분되어야 한다. 적절한 처분은 부정결의 원인을 공동체로부터 제거한다.

46-47 검역 중인 집에 들어가는 사람은 누구든지 저녁까지 부정하게 된다. 그 후 그는 목욕을 해야 한다. 그러나 만일 누군가 그런 집에서 자거나 먹는다면, 그는 부정하게 되어 자신의 옷과 몸을 모두 씻어야 한다. 이 구절은 부정결의 등급이 존재한다는 사실에 대한 또 하나의 증거다.

48-53 만일 그 번식이 집에서 퍼지지 않는다면, 제사장은 그 집이 정결하다고 선언한다. 이어서 그 집을 위해 악성 피부병에서 회복된 사람을 위한 제물들과 유사한 여러 가지 제물을 드려야 한다(4-7절). 그 제사들은 그 의심되는 번식으로 인해 발생했을 모든 오염으로부터 그 집을 "정결하게 만든다"(חטא – 히테). 그 집을 위해 "대속"(כפר – 카파르)이 이루어졌다고 진술된다. 그 집은 하나님께 대한 인간의 불순종에서 그 기원을 갖는 그러한 번식의 저주로부터 청소되어야 한다.

54-57 이 요약 진술은 13장과 14장 양자 모두에 대한 결론으로서의 역할을 한다. 그것은 이것이 사람이나 물품에 생긴 심각한 번식들에 대한 규정 혹은 규례(תורה – 토라)라고 진술한다.

해설

의식적 정결법들은 사람, 옷 혹은 집의 벽 위의 역겹고 일그러진 발진을 취급한다. 온전함은 거룩을 상징했기 때문에, 그런 일그러진 증상들은 죄의 저주와 죽음, 그리고 하나님으로부터의 멀어짐을 나타냈다. 그런 악성 질병들이나 번식들은 그것들이 사라지지 않는 한 환자를 부정하게 만들었다. 그러한 부정결의 혹독함으로 인해 사람은 공동체로부터 추방되어야 하고, 옷은 태워져야 하며, 또한 집은 헐어야만 했다. 징벌이 그토록 혹독했기 때문에, 그 법은 의심되는 악성 질병의 정확한 진단을 보장하기 위해 대단한 수고를 아끼지 않았다.

악성 질병으로 인해 쫓겨난 사람은 성소와 하나님께 대한 예배로 나아감이 가로막혔다. 어떤 사람이 타격을 받았다는 사실은 그 사람이 죄를 지었다는 것을 의미했을까? 의심할 바 없이 대중들의 믿음은 그런 사람은 죄인이라고 생각했다. 그러나 그 법 자체는 그런 비난을 하지 않는다는 사실을 관찰하는 것이 중요하다. 그런 입장이 이 규례들의 핵심이 아니라는 것은 악성 피부병에서 회복된 사람을 공동체로 재입회시키기 위해 규정된 의식에서 드러난다. 이러한 가능성은 그런 혐오스러운 질병으로 고통받는 모든 사람에게 자신이 회복될 수 있을 뿐만 아니라 정상적인 생활로 돌아갈 수 있다는 희망을 주었다. 더불어, 그러한 통합 의식에는 회복된 사람의 죄 고백에 대한 강조가 전혀 없다. 희생들이 죄를 속한다는 것은 사실이지만(14:18-19), 4-5장에 나오는 규정들처럼 특정한 죄를 고백하라는 지시가 전혀 없기 때문에, 그 대속은 인간의 일반적 죄성과 회복된 사람의 정화를 위한 것이었다. 죄 고백에 대한 그러한 강조가 없다는 것은 그 법이 악성 피부병에 걸린 사람의 상태와 죄를 지은 상태를 즉각적이고 자동적으로 동급 처리하지 않았다는 것을 시사한다. 그럼에도 불구하고, 구약에는 하나님께서 어떤 악랄한 죄의 대가로 사람을 악성 피부병으로 치신 특별한 사례들이 있다: 예를 들어, 미리암(민 12:1-15), 게하시(왕하 5:26-27) 그리고 웃시야(대하 26:16-21). 이러한 주목할 만한 기사들로부터 악성 피부병이 어떤 악랄한 죄에 대한 신적 형벌이라는 신념이 자랐다. 마침내 악성 피부병이 발생한 사람이 어떤 중대한 죄로 인해 하나님께 심판을 받은 것이라는 생각은 대중적 태도가 되었다. 그런 신념 때문에 사람들은 그렇게 고통을 당하는 사람들에게 편견을 가지고 있었다. 욥기는 그런 편견의 잘못된 억측에 도전하고 심각한 질병으로 고통받는 의인을 향한 혹독한 비난적 태도를 뒤집기 위해 쓰여졌다. 구약에서 때로 하나님께서 그런 고통을 뻔뻔스러운 죄에 대한 징벌로 사용하셨지만, 그것이 그런 질병에 걸린 모든 사람이 특정한 죄로 말미암아 하나님께 징벌을 받고 있다는 것을 의미하지는 않았다.

이러한 일반 규정에 옷과 집이 포함된 것은 교훈적이다. 개인이나 공동체는 그러한 물품들의 상태와 상관없이 아무것이나 사용할 타고난 권리를 갖고 있는 것이 아니다. 오히려 각 사람은 자신의 소유물을 돌보아 그것들이 사용자들을 위협하는 일이 없게 만들어야 한다. 만일 어떤 소유물이 더럽혀졌다면, 주인은 그 오염을 제거하려고 노력해야만 했다. 만일 그의 수고가 실패로 돌아간다면, 그는 그 물건을 부숴야 했다. 오늘날과 같은 복잡한 과학 기술의 세계에서 이것이 의미하는 것은 개인이나 회사는 자신들이 생산한 물건들이 각자 예정된 역할을 수행하도록 할 뿐만 아니라 사용자를 해치지 않도록 살펴볼 책임이 있다는 것이다. 생산품이나 생산 과정이 사람을 해롭게 하지 않고 환경을 오염시키지 않게 하는 것은 윤리적 책임이다. 우리 모두는 각자가 관리하는 것을 취급할 때 그러한 책임을 갖는다.

신약에는 예수께서 악성 피부병에 걸린 사람을 치료하셨다는 보고가 몇 개 있다. 이러한 치료는 새로운 시대의 시작을 증거했다. 하나님 나라가 임박했다. 예수께서는 악성 피부병에 걸린 사람들을 치료할 때 레위기 규정들을 철폐하셨으며, 그 고통받는 사람들을 하나님의 백성의 교제로부터 소외시킨 장벽들을 허물어뜨리셨다. 예수님께서 "나병 환자" 시몬의 집(마리아가 그분께 기름부으셨던 장소, 마 26:6; 막 14:3)을 방문하신 일은 악성 피부병에서 정결케 된 사람들을 그분의 나라의 완전한 구성원으로 대우하셨다는 추가적인 증거다. 그분은 가장 멸시받는 추방자들을 포함하여 모든 사람에게 복음이 선포된다는 하나의 증거로 그러한 병자들에게 가까이 가셨다(참조. 마 11:6; 눅 7:22). 예수께서는 모든 사람이 갈 수 있는 구원의 길을 열어 놓으셨다. 어느 누구도 인종이나 재산, 외모, 건강 때문에 "그 길"에 이르는 좁은 문으로 들어가지 못하는 일이 없다. 그리하여 예수님의 사역은 이러한 율법들의 준수를 종결시키셨다. 이 율법들의 바탕에 놓인 윤리적 원칙들은 아니지만 말이다.

공동체가 위협적인 질병에 직면할 때면, 그 공동체 전체를 보호하기 위해 여러 가지 절차가 취해질 필요가 있다는 것이 구약에서 명백히 나타난다. 신약은 이러한 절차들이 병자들을 향한 동정심 및 관심과 더불어 취해질 필요가 있다는 것을 드러내 준다. 사람이 무작정 격리되어서는 안 된다. 나아가 교회는 병자들을 불쌍히 여기는 마음으로 돌보고 그들에게 관여하여 도와야 한다. 교회는 열심히 사역함으로써 어떠한 냉담한 반응들도 잠재울 수 있다. 그러한 병자들은 자신들의 병의 확산을 막기 위해 모든 합리적인 예방 조치들을 취할 책임이 있다. 그들은 그리스도 안에서는 심각한 질병으로 고통을 받는 사람들이 은혜의 방편들(말씀, 기도, 성례－역자주)로부터 제외되지 않는다는 사실에서 힘을 얻는다－아마 그들이 병약하거나 사람들에게 위험하기 때문에 공적 예배에 출석할 수 없을 때는 그들에게 이러한 은혜의 방편들을 가져다 주어야 할지라도 말이다.

D. 신체적 유출로 인한 부정결을 다룬 지침(15:1-33)

참고문헌

Selvidge, M. "Mark 5:25-34 and Leviticus 15:19-20: A Reaction to Restrictive Purity Regulations." *JBL* 103(1984) 619-23. **Wenham, G. J.** "Why Does Sexual Intercourse Defile(Lev 15 18)?" *ZAW* 95(1983) 432-34. **Wilcox, R. R.** "Venereal Disease in the Bible." *British Journal of Venereal Diseases* 25(1949) 28-33. **Whitekettle, R.** "Leviticus 15.18 Reconsidered: Chiasm, Spatial Structure and the Body." *JSOT* 49(1991) 31-45.

본 문

1 여호와께서 모세와 아론에게 일러 가라사대
2 이스라엘 자손에게 고하여 이르라 누구든지 몸에 유출병이 있으면 그 유출병을 인하여 부정한 자라
3 그 유출병으로 말미암아 부정함이 이러하니 곧 몸에서 흘러 나오든지 그것이 엉겼든지 부정한즉
4 유출병 있는 자의 눕는 상은 다 부정하고 그의 앉았던 자리도 다 부정하니
5 그 침상에 접촉하는 자는 옷을 빨고 물로 몸을 씻을 것이며 저녁까지 부정하리라
6 유출병 있는 자의 앉았던 자리에 앉는 자는 옷을 빨고 물로 몸을 씻을 것이며 저녁까지 부정하리라
7 유출병 있는 자의 몸에 접촉하는 자는 옷을 빨고 물로 몸을 씻을 것이며 저녁까지 부정하리라
8 유출병 있는 자가 정한 자에게 침을 뱉으면 정한 자는 옷을 빨고 물로 몸을 씻을 것이며 저녁까지 부정하리라
9 유출병 있는 자의 탔던 안장은 다 부정하며

1 Yahweh spoke to Moses and Aaron:
2 "Speak[a] to the Israelites and say[b] to them: Any man[c] who has a discharge from his genitals,[d] his discharge[e] is unclean.
3 This is[a] his uncleanness by means of his discharge: whether his genitals have a seepage because of his discharge or his genitals are obstructed[b] by his discharge,[c] it is his uncleanness.
4 Every[ab] bed on which he who has a discharge lies[d] becomes unclean, and every[b] piece of furniture on which[c] he[e] sits[d] becomes unclean.
5 If one touches his bed, he is to wash his clothes, bathe in water, and be unclean until evening.
6 Whoever sits on anything on which[a] he who has a discharge has sat is to wash his clothes, bathe in water, and be unclean until evening.
7 Whoever touches the body of him who has a discharge is to wash his clothes, bathe with water, and be unclean until evening.
8 If he who has a discharge spits on one who is clean, that person is to wash[a] his clothes, bathe in water, and be unclean until evening.
9 Every saddle on which[a] he who has a dischar-

10 그 몸 아래 닿았던 것에 접촉한 자는 다 저녁
까지 부정하며 그런것을 옮기는 자는 옷을 빨고
물로 몸을 씻을 것이며 저녁까지 부정하리라

11 유출병 있는 자가 물로 손을 씻지 아니하고
아무든지 만지면 그 자는 옷을 빨고 물로 몸을 씻
을 것이며 저녁까지 부정하리라

12 유출병 있는 자의 만진 질그릇은 깨뜨리고 목
기는 다 물로 씻을지니라

13 유출병 있는 자는 그 유출이 깨끗하여지거든
그 몸이 정결하기 위하여 칠 일을 계산하여 옷을
빨고 흐르는 물에 몸을 씻을 것이요 그리하면 정
하리니
14 제팔일에 산비둘기 둘이나 집비둘기 새끼 둘
을 자기를 위하여 취하고 회막 문 여호와 앞으로
가서 제사장에게 줄 것이요

15 제사장은 그 하나는 속죄제로, 하나는 번제로
드려 그의 유출병을 인하여 여호와 앞에 속죄할
지니라

16 설정한 자는 전신을 물로 씻을 것이며 저녁까
지 부정하리라

17 무릇 정수가 묻은 옷이나 가죽은 물에 빨 것
이며 저녁까지 부정하리라

18 남녀가 동침하여 설정하였거든 둘 다 물로 몸
을 씻을 것이며 저녁까지 부정하리라

19 어떤 여인이 유출을 하되 그 유출이 피면 칠
일 동안 불결하니 무릇 그를 만지는 자는 저녁까
지 부정할 것이요

20 그 불결할 동안에 그의 누웠던 자리는 다 부
정하며 그의 앉았던 자리도 다 부정한즉

ge rides becomes unclean.[b]
10 Whoever touches anything that has been
under him becomes unclean until evening. He
who carries such an object is to wash his clothes,
bathe with water, and be unclean until evening.
11 As for anyone whom one with a discharge
touches without rinsing[a] his hands[bc] with water,
he is to wash[de] his clothes, bathe with water, and
be unclean until evening.
12 Any earthenware vessel which he who has a
discharge touches is to be broken, and any woo-
den article[ab] is to be rinsed[c] with water.[d]
13 "When he who has a discharge is cleansed from
his discharge, he is to count seven days for his
cleansing, wash his clothes, and bathe his body
in running[a] water: then he becomes clean.
14 On the eighth day he is to take for himself
two doves or two young pigeons[a] and come[b] be-
fore Yahweh at the entrance to the Tent of Meet-
ing and give them to the priest.
15 The priest is to offer[a] them, one for a purifi-
cation offering and one[b] for a whole offering. The
priest is to make expiation for him before Yah-
weh because of[c] his discharge.
16 "Whenever a man has an emission of semen,[a]
he is to bathe[b] his entire body in water and be
unclean until evening.
17 Every garment and everything made of
leather which gets semen on it is to be washed
in water, and it becomes unclean until evening.
18 Whenever a man[a] lies with[b] a woman[c] and
has an emission of semen, both are to wash in
water, and they become unclean until evening.
19 "Whenever a woman has a discharge, that is,
her discharge is blood from[a] her genitals,[bc] she is
to be in her menstrual period[d] for seven days.
Whoever[e] touches her becomes unclean until
evening.
20 Everything on which she lies during her
period becomes unclean: everything on which

she sits becomes unclean.

21 그 침상을 만지는 자는 다 옷을 빨고 물로 몸을 씻을 것이요 저녁까지 부정할 것이며

21 Whoever touches her bed is to wash his clothes, bathe[a] with water, and be unclean until evening.

22 그 좌석을 만지는 자도 다 옷을 빨고 물로 몸을 씻을 것이요 저녁까지 부정할 것이며

22 Whoever touches any article[a] on which she sits is to wash his clothes, bathe with water, and be unclean until evening.

23 그의 침상과 무릇 그 좌석에 있는 것을 만지는 자도 저녁까지 부정할 것이며

23 If there[a] is anything on the bed[b] or on the furniture on which she sits, when anyone touches it,[c] one becomes unclean until evening.

24 누구든지 이 여인과 동침하여 그 불결에 전염되면 칠 일 동안 부정할 것이라 그의 눕는 상은 무릇 부정하니라

24 If a man[a] does lie[b] with her and her menstrual blood gets on him,[c] he becomes unclean[d] indeed for seven days, and every bed on which he lies becomes unclean.

25 여인의 피의 유출이 그 불결기 외에 있어서 여러 날이 간다든지 그 유출이 불결기를 지나든지 하면 그 부정을 유출하는 날 동안은 무릇 그 불결한 때와 같이 부정한즉

25 "If a woman has a discharge[a] of blood for many days,[b] but not[c] at the time of her menstrual period, or[d] if she has a discharge beyond her menstrual period, all the days that the discharge makes her unclean[e] will be like the days of her period: she is unclean.

26 무릇 그 유출이 있는 날 동안에 그의 눕는 침상은 그에게 불결한 때의 침상과 같고 무릇 그의 앉는 자리도 부정함이 불결의 부정과 같으니

26 Every[ab] bed on which she lies during all the time of her discharge becomes like a bed during her period:[c] and every[b] piece of furniture on which she sits will become unclean like the uncleanness of her period.[d]

27 이런 것을 만지는 자는 무릇 부정한즉 옷을 빨고 물로 몸을 씻을 것이며 저녁까지 부정할 것이요

27 Whoever[a] touches these things[b] becomes unclean: that one is to wash his clothes, bathe[c] in water, and be unclean until evening.

28 그의 유출이 그치면 칠 일을 센 후에야 정하리니

28 "If she has become cleansed[a] from her discharge, she is to count seven days, and after that she becomes clean.

29 그는 제팔일에 산비둘기 둘이나 집비둘기 새끼 둘을 자기를 위하여 취하여 회막 문 앞 제사장에게로 가져올 것이요

29 On the eighth day she is to take two doves or two young pigeons and bring them to the priest at the entrance to the Tent of Meeting.

30 제사장은 그 하나는 속죄제로, 하나는 번제로 드려 유출로 부정한 여인을 위하여 여호와 앞에 속할지니라

30 The priest is to offer[a] one for a purification offering and one for a whole offering. The priest is to make expiation for her before Yahweh because of the discharge that made her unclean.[b]

31 너희는 이와 같이 이스라엘 자손으로 그 부정에서 떠나게 하여 그들로 그 가운데 있는 내 장막

31 "So you are to keep the Israelites separate[a] from that which makes them unclean, lest they

을 더럽히고 그 부정한 중에서 죽음을 면케 할지니라

32 이 규례는 유출병이 있는 자와 설정함으로 부정을 입은 자와

33 불결을 앓는 여인과 유출병이 있는 남녀와 불결한 여인과 동침한 자에게 관한 것이니라

die in their uncleanness by defiling my tabernacle which is among them."

32 This is the regulation for a man with a discharge and for him who has an emission of semen, becoming unclean[a] thereby,

33 and for a woman who is unwell with her menstrual period, that is, for any male or any female who has a discharge and for a man who lies with an unclean woman.[a]

원문주해

2.a. 70인경(LXX)은 단수 동사로 읽는다. 마소라 본문(MT)이 선호되는데, 왜냐하면 11:1-2에 있는 유사한 구절이 복수 동사를 갖기 때문이다. 고대 레위기 두루마리(11QpaleoLev)는 마소라 본문(MT)을 지지한다.

2.b. 70인경(LXX)은 여기서 서두에 있는 단수 동사의 독법과 일치하도록 단수 동사를 갖는다.

2.c. 명사 이쉬 이쉬(איש איש, "사람, 사람")의 반복은 배분적 의미(distributive sense)를 갖게 한다(GKC § 123c). 참조. 18:6; 20:1. 몇몇 사람들(예를 들어, Elliger, 193)은 그 반복이 남자와 여자를 공히 포함한다고 생각하지만, 이 법의 확정적인 성별적 성격은 그 입장에 우호적이지 않다.

2.d. 빠사르(בשר, "살, 육체")는 이 곳과 19절에서 남성과 여성의 생식기에 대한 완곡어법이다.

2.e. 조보(זובו, "그의 유출")는 미정격(*casus pendens*)이며, 이 절의 나머지는 술어-주어 구조로 되어 있다(*IBHS* § 16.3.3d. 15).

3.a. 70인경(LXX)은 마소라 본문(MT)의 티흐예(תהיה, "그것이…이다, …이 된다")의 자리에 32절에서처럼 호 노모스(*ὁ νόμος*, "그 법")를 읽는다. 고대 레위기 두루마리(11QpaleoLev)는 마소라 본문을 지지한다.

3.b. 이것은 어근 하탐(חתם, "봉인하다, 밀폐하다"; 개역 성경: 엉겼든지; 개역 개정 성경: 막혔든지)이 히필형으로 나타나는 유일한 경우다. 그러므로 그것은 전문적 의미를 가질 것이다.

3.c. 사마리아 오경(Sam)과 70인경(LXX)은 타메 후 콜 예메이 자브 베사로 오 헤흐팀 베사로 미조보(טמא כל־ימי־זב בשרו או החתים בשרו מזובו, "그는 자신의 생식기로부터 유출이 되는 모든 날 동안 부정하게 되거나 또는 그의 생식기가 자신의 유출로부터 차단된다")를 추가한다. 고대 레위기 두루마리(11QpaleoLev)는 70인경(LXX)을 지지한다. 매튜

스(K. A. Mathews, *BA* 50[1987] 52-53)는 고대 레위기 두루마리와 70인경으로부터 처음 세 단어를 선행하는 문장에 연결하면서 타메후 히 베(טמאהו היא ב, "그것은 그의 안에 있는 부정결이다")로 재구성한다. 마소라 본문(MT)은 중자탈락의 오류에서 비롯된 것이다.

4.a. 몇몇 히브리어 필사본들(mss)과 시리아역(Syr)은 주변의 다양한 구절들에서 발견되는 바와 같이 와우(ו)를 가진 문장으로 시작된다. 70인경(LXX)은 마소라 본문(MT)을 지지한다.

4.b. 한정 명사 앞에서 "모든"을 의미하는 콜(כל)에 대해서는 게세니우스 문법(GKC § 127c, e)을 참조하라.

4.c. 어미 변화를 하지 않는 아쉐르(אשׁר, "…하는")는 전치사구 알라이브(עליו, "그것 위에")가 반복된다. 이러한 문체는 이 연설에서 빈번한 것이다.

4.d. 미완료형의 사용은 그 행위가 일상적이거나 습관적인 행위라는 것을 함축한다(Rashi, 69).

4.e. 70인경(LXX)은 a마디(stich)에서와 마찬가지로 "호 고노르뤼에스(ὁ γονορρυής)=하자브(הזב, "유출을 가진 그가")로 읽는다. 이것은 본문 평준화 작업의 한 가지 예이다.

6.a. 참조. "원문주해" 4.c.

8.a. 마소라 본문(MT)의 붸키베쓰(וכבס, "그리고 그가 씻어야 한다") 대신 하나의 히브리어 필사본(ms), 사마리아 오경(Sam), 70인경(LXX), 시리아역(Syr) 그리고 탈굼 필사본들(Tg.[mss])은 예카베스(יכבס, "그가 씻어야 한다")로 읽는다. 이것은 요드(י)를 와우(ו)로 혼동하거나 그 반대로 발생되는 빈번한 철자 오류다. 5, 6 그리고 7절에 비추어 볼 때, 그 이문이 최상의 본문이다.

9.a. 참조. "원문주해" 4.c.

9.b. 70인경(LXX)은 헤오스 에스페라스(ἕως ἑσπέρας, "저녁까지")를 추가한다. 아마도 이것은 이 연설에 있는 이 어구의 빈번한 발생에서 영향을 받았을 가능성이 크다.

11.a. 샤타프(שׁטף)에 대해서는 6:21을 참조하라.

11.b. 몇몇 히브리어 필사본들(mss)과 사마리아 오경(Sam)은 야도(ידו, "그의 손")로 읽는다.

11.c. 종속절이 목적격에 붙은 와우(ו)로 시작된다. 목적격 야다이브(ידיו, "그의 두 손")는 강조를 위해 앞에 위치한다.

11.d. 참조. "원문주해" 8.a. 그러나 탈굼 필사본들(Tg.[mss])은 그것을 지지하지 않는다.

11.e. 귀결문은 완료 와우 연속법으로 시작된다. 이것은 주절에 어떤 강조의 효과를 불어 넣는다(GKC § 112ff, mm): 또한 16, 17 그리고 18절.

12.a. 마소라 본문(MT)의 붸콜 켈리(וכלי, "그리고 …의 모든 그릇") 대신 히브리어

필사본들(mss), 70인경(LXX) 그리고 벌게이트역(Vg)은 붸콜리(וכלי, "그리고 …의 그릇")로 읽는다. 이 이문은 중자탈락에서 기인했을지도 모른다.

12.b. 켈리 에츠(כלי־עץ, "나무 그릇〈목기〉")라는 어구에서 소유격은 재질의 소유격이다(참조. *IBHS* § 9.5.3d).

12.c. 왈키(B. Waltke and M. O'Connor, *IBHS*, § 22.4n31)는 야샤테프(ישטף)가 니팔형으로 모음 구두점이 찍힌 칼 수동태라고 제안한다.

12.d. 70인경(LXX)은 카이 카다론 에스타이(*καὶ καθαρὸν ἔσται*, "그리고 그것이 정결하다")를 추가한다.

13.a. 70인경 바티칸 사본 및 알렉산드리아 사본(LXX[AB])은 하임(חיים, "살아 있는")을 갖지 않는다. 이 번역자들은 중자탈락의 오류가 있던 히브리어 본문을 가졌던 것인지도 모른다.

14.a. 참조. "원문주해" 1:14.c.

14.b. 마소라 본문(MT)의 우바(ובא, "그리고 그가 와야 한다") 대신 70인경(LXX)은 카이 오이세이 아우타(*καὶ οἴσει αὐτά*)=붸헤비움(והביאם, "그리고 그는 그것들을 가져와야 한다")로 읽는다. 마소라 본문(MT)은 29절에 있는 70인경(LXX) 본문과 비슷한 독법을 갖는다. 뒤이어 나오는 네타남(נתנם, "그는 그것들을 줄 것이요")의 사용은 마소라 본문을 지지한다. 이 추가적인 표현은 29절에 없는데, 붸헤비아(והביאה, "그리고 그녀가 가져올 것이요")에 암시되어 있다.

15.a. 참조. "원문주해" 14:19.a.

15.b. 두 개의 히브리어 필사본(ms)과 역본들은 에하드(אחד, "하나")에 관사를 갖지 않는다. 엘리거(Elliger, 192)는 나아가 아마도 30절과 14:31에서와 마찬가지로 두 번 나오는 에하드(אחד)에 공히 관사를 붙여 읽어야 한다고 제안한다.

15.c. 전치사 민(מן)이 카파르(כפר) + 알(על, "…을 위해 대속하다")과 함께 사용되는 용법에 대해서는 "원문주해" 4:26.b.를 참조하라.

16.a. 시크바트 자라(שכבת־זרע)는 흥미로운 연계형 사슬이다. 그것은 완곡어법이다. 쉬크바트(שכבת, "〈자리에〉 누움")는 동사적 명사(verbal noun)이고 제라(זרע, "씨")는 한 남자가 한 여자와 함께 "누움"의 목적이다. 이것은 부사적 소유격이거나 효과의 소유격일 수 있다(참조. *IBHS* § 9.5.2c). 올린스키(Orlinsky, "The Hebrew Root *ŠKB*," *JBL* 63[1944] 19-44)는 그것이 샤카브(שכב, "눕다")가 아니라 "쏟다, 붓다"를 의미하는 어근 샤카브(שכב)에서 온 것이라고 제안한다. 그러나 쾰러 바움가트너 사전(KB)은 그의 제안을 인정하지 않는다.

16.b. 참조. "원문주해" 11.e.

18.a. 마소라 본문(MT)의 이쉬(איש, "한 남자") 대신 사마리아 오경(Sam)은 이샤(אישה, "그녀의 남편")로 읽는다.

18.b. 바엔취(Baentsch, 378)는 목적격 오타(אתה, "그녀를")가 전치사 이타(אתה, "그녀와 함께")이어야 한다고 진술하는데, 왜냐하면 샤카브(שכב, "눕다")는 목적격을 취하지 않기 때문이다(민 5:13, 19; 참조. BDB, "שכב 3," 1012).

18.c. 마소라 본문(MT)에서 붸이샤(ואשה, "그리고 한 여자")가 강조를 위해 먼저 나온다.

19.a. 이것은 전치사 베(ב)의 용법이 우가릿어에서와 마찬가지로 "…로부터"의 의미를 갖는다(참조. *UT* 10.5).

19.b. 참조. "원문주해" 2.d.

19.c. 담 이흐예 조바 비브사라(דם יהיה זבה בבשרה, "그녀의 유출은 그녀의 생식기에서 나오는 피다")라는 어구는 자바(זוה, "그녀의 유출")와 동격이다. 바엔취(Baentsch, 378)는 담(דם, "그녀의 피")을 제바흐(זבה) 뒤에 오는 목적격으로 취하고 붸하야(והיה, "그리고 그것이 …이 되었다")로 읽는 것이 더 낫다고 제안한다. 그러한 수정은 훌륭하긴 하지만 거부되어야 하는데, 특히 본문상의 지지가 없기 때문에 그렇다. 엘리거의 판단에 의하면(Elliger, 192, 197), 이것은 그 유출의 성격을 한층 더 나아가 정의하는 상황절이다(GKC § 16.3.3d.15).

19.d. 니다(נדה, "부정결")에 관해서는 "원문주해" 12:2.c를 보라. 이것은 완곡어법이지만, 여기서는 그것이 "월경 주기, 기간"으로 번역된다.

19.e. 많은 히브리어 필사본들(mss)과 70인경(LXX)은 와우(ו)를 읽지 않는다.

21.a. 70인경(LXX)은 토 소마 아우투(τὸ σῶμα αὐτοῦ, "그의 몸")를 추가한다.

22.a. 사마리아 오경(Sam)과 탈굼(Tg)은 켈리(כלי, "그릇, 품목")에 관사를 붙여 읽는다.

23.a. 레빈(Levine, 97)은 후(הוא, "그것, 거기에")가 특정한 선행사가 아닌 상황을 지시한다고 말한다.

23.b. 70인경(LXX)은 대명사 아우테스(αὐτῆς, "그녀의")를 추가한다.

23.c. 전치사+부정사 연계형은 대명사 접미어가 주어 역할을 하는 하나의 절 문장을 만든다.

24.a. 참조. "원문주해" 18.a.

24.b. 미완료 동사 앞의 부정사 연계형은 그 동사의 개념을 강화하면서 그 조건의 중요성을 강조한다(GKC § 113n).

24.c. 조건문은 이중적 조건인데, 그 중 봐테히(ותהי, "그리고 그것이 발생하면")가 이끄는 두 번째 조건은 첫 번째 조건에 종속된다(§ 167e). 쥬옹(Joüon)은 단축형(Jussive)보다는 미완료형 티흐에(תהיה)를 더 선호하는 반면, 엘리거(Elliger, 192)는 완료형 봐하예타(והיתה)를 추천한다.

24.d. 마소라 본문(MT)의 붸타메(וטמא, "그리고 그가 부정하게 된다") 대신 사마리아

오경(Sam)은 이트마(יטמא, "그는 부정하게 된다")로 읽는다. 이것은 히브리어 필사본의 여러 단계에서 발생하는 빈번한 와우(ו)와 요드(י)의 혼동에 기인한 이문이다. 참조. "원문주해" 8.a.

25.a. 조브(זוב, "유출, 하혈")는 강조를 위한 동족 목적어이다.

25.b. 이것은 시간의 목적격의 한 가지 예로서 행동의 지속을 지시하고 있다(*IBHS* § 10.2.2c; GKC § 118k).

25.c. 전치사 베(ב, "…안에, …와 함께")와 로(לא, "…이 아니다")의 결합인 벨로(בלא)는 "…이 없이"를 의미하며, 시간을 지시하는 단어 앞에서는 "…외에, …전에"를 의미한다(BDB, "לא, 4.a.⟨*b*⟩," 520; KB, "לא, 15.a.").

25.d. 마소라 본문(MT)의 오(או, "또는") 대신 70인경(LXX)은 카이(*καί*, "그리고")로 읽는다.

25.e. 이것은 효과의 소유격의 한 가지 예이다. 즉 연계형과 소유격 사이의 관계는 원인과 결과다(*IBHS* § 9.5.2c).

26.a. 몇몇 히브리어 필사본들(mss), 원 70인경(LXX*), 시리아역(Syr) 그리고 탈굼 위-요나단(*Tg. Ps.-J.*)은 이 구절의 서두에서 와우(ו)를 읽는다. 참조. "원문주해"4.a.

26.b. 참조. "원문주해" 4.b.

26.c. 연계형 사슬인 미쉬카브 니다타(משכב נדתה, 문자적으로는 "그녀의 기간의 침대")는 생소한 것이다. 그것은 소유격이 침대의 성격을 특징짓기 때문에 속성의 소유격(attributive genitive)일 수 있으나, 그 소유격이 묘사한 조건은 오직 그 시간의 길이 동안만 존속된다.

26.d. 이것은 특질의 소유격(a genitive of quality)이다. 즉 이 부정결의 특질은 월경주기에 의해 발생된 부정결과 동일하다(참조. *IBHS* § 9.5.1j).

27.a. 두 개의 히브리어 필사본(ms)과 70인경(LXX)에는 와우(ו)가 빠져 있다.

27.b. 마소라 본문(MT)의 빰(בם, "그들을") 대신 몇몇 히브리어 필사본들(mss)과 70인경은 빠(בה, "그것⟨여성⟩을")로 읽는다.

27.c. 참조. "원문주해" 21.a. 그러나 아우투(*αὐτοῦ*, "그의")가 없다.

28.a. 왈키(B. Waltke and M. O'Connor, *IBHS* § 30.2.1b.3)는 완료형을 점진적 효력을 지닌 것으로 주석한다. "그녀는 정결하게 되었다."

30.a. 참조. "원문주해" 15.a.

30.b. 참조. "원문주해" 25.e.

31.a. 마소라 본문(MT)의 붸히자르템(והזרתם) 대신 어떤 히브리어 필사본들(mss), 사마리아 오경(Sam) 그리고 시리아역(Syr)은 붸히즈하르템(והזהרתם, "너는 경고할지어다")으로 읽는다. 70인경(LXX)은 카이 율라베이스 포이에세테(*καὶ εὐλαβεῖς ποιήσετε*, "그리고 너는 신중할지어다")로 읽는다. 나자르(נזר, "나누다, 분리하다")가 여기서는 특

이한 용법을 갖는다 할지라도, 마소라 본문(MT)이 더 어려운 독법이기에 지지되어야 한다. 스네이스(Snaith, 77)는 나자르(נזר)가 여기서는 22:2에서처럼 사용되면서 "의식적 부정결과 관련하여 엄격한 규칙을 준수하라"는 의미를 가지고 있는 것으로 이해한다.

32.a. 이것은 주로 자동사에서 만들어지는 여성형의 부정사 연계형이다(GKC § 45d).

33.a. 이 형용사는 명사로 사용된다.

양식/구조/배경

이 장의 구조는 다음과 같은 개요를 갖는다.

I. 도입 형식문(1절)
II. 연설(2-31절)
  A. 연설 위탁(2a절)
  B. 연설 자체(2b-31절)
    1. 유출로 인한 남자의 부정결(2b-17절)
      a. 비정상적 유출에 관하여(2b-15절)
        1) 비정상적 유출에 관한 법(2b-12절)
          a) 일차적인 법(2b-3절)
            (1) 기본 진술(2b절)
            (2) 유출을 특징짓는 개념(3절)
          b) 이차적인 부정결에 관한 일련의 법들(4-12절)
            (1) 침대(상)나 자리에 관하여(4-7절)
            (2) 침 뱉음에 관하여(8절)
            (3) 유출이 있는 남자가 깔고 앉은 안장과 물건에 관하여(9-10절)
            (4) 유출이 있는 남자와 접촉한 사람에 관하여(11절)
            (5) 유출이 있는 남자가 사용한 그릇에 관하여(12절)
        2) 정결한 상태로 회복을 위한 절차(13-15절)
          a) 기본 절차(13절)
          b) 희생들에 대한 조례(14-15절)
            (1) 정결해진 사람의 행동(14절)
            (2) 제사장의 행동(15절)
      b. 정상적 유출에 관하여(16-17절)

1) 기본 사례(16절)
2) 부정결의 확산(17절)
2. 남녀 모두에 해당되는 성관계로 인한 부정결(18절)
3. 유출로 인한 여성의 부정결(19-30절)
a. 정상적 유출에 관하여(19-24절)
1) 일차적인 법(19a+bα절)
2) 이차적인 부정결에 관한 법(19bβ-23절)
a) 그녀를 만지는 것에 관하여(19bβ절)
b) 누웠거나 앉았던 것들에 관하여(20-23절)
3) 여성의 유출이 있을 때의 성관계에 관하여(24절)
b. 비정상적 유출에 관하여(25-30절)
1) 비정상적 유출에 관한 법들(25-27절)
a) 일차적인 법(25절)
b) 침대와 의자에 대한 이차적 부정결(26-27절)
2) 정결의 상태로의 회복을 위한 절차(28-30절)
a) 기본 절차(28절)
b) 희생들에 대한 조례(29-30절)
(1) 정결해진 사람의 행동(29절)
(2) 제사장의 행동(30절)
4. 일반적 권면(31절)
III. 요약 진술(32-33절)

이 연설은 정상적이든 비정상적이든 사람의 생식기로부터의 유출 또는 배출(זוב-조브)로 인해 발생된 의식적 부정결을 다룬다. 이 규정은 다양한 형식 속에 일련의 조건적인 법들(conditional laws)로 구성되어 있는데(Noth, 113), 그것들이 교차구조를 형성하고 있다.

A. 서론(1-2a절)
B. 남자의 생식기로부터 비정상적 유출(2-15절)
C. 남자의 생식기로부터 정상적 유출(16-17절)
D. 성관계(18절)
C'. 여성의 생식기로부터 정상적 유출(19-24절)

B′. 여성의 생식기로부터 비정상적 유출(25-30절)
A′. 결론적 권면과 요약 진술(31-33절)

이러한 형식은 이 규정이 본질적으로 그것이 현재 나타나는 대로 작성되었다는 사실을 시사한다.

유출로 인한 부정결을 다루는 이 법들의 네 개의 하부 문단을 보면(2b-12절, 16-17절, 19-24절, 35-30절), 일차적인 법이 나타난 뒤에 사람과 사물 양자 모두의 이차적인 부정결에 대한 사례들을 취급하는 일련의 법들이 나온다—사물의 부정결은 유출이 있는 사람과의 직·간접적인 접촉으로 말미암는다. 비정상적 유출이 있는 남자를 위한 주요 법규가 2b절에 있는데 사례와 결과를 포함하고 있다. 이 법규에 덧붙여져서 직·간접적으로 유출이 있는 사람과의 접촉으로 인한 이차적인 부정결의 사례들이 다양하게 나타난다. 주요 법규와 이차적인 법규들 사이에는 붸조트 티흐에(וזאת תהיה, "그리고 이것이 …한 것이다"; 개역 성경: …이 이러하다)가 이끄는 정의(定義) 진술이 있다. 그것은 어떤 유출이 두 종류의 유출에 적용되는 것으로 정의한다: 즉 흘러나오는 유출이거나 멈춘 유출(3절). 이것은 이 연설에서 가장 길게 나열된 이차적인 부정결에 대한 법들이다. 이 사례들이 첫 번째 문단에 나오기 때문에 이차적인 부정결의 특정한 정황들에 대한 이러한 세부 사항들이 다른 문단들의 알맞은 곳에 적용될 수 있는데, 특히 비정상적 유출을 갖는 여자로부터 발생된 여러 종류의 이차적인 부정결에 관한 문단이 그렇다. 이차적인 부정결의 사례들에 대한 법은 관계사 아쉐르(אשר, "…하는 〈사람〉, …하는 〈것〉": 4, 5, 9, 11, 12절)나 분사(6, 7, 10[2회])와 함께 만들어진다. 이 두 형식 중 어느 것이 사용되느냐는 것은 어떤 독특한 법률적인 뉘앙스나 수사학적 효과에 의존하기보다는, 주로 그 정황을 묘사하는 데 필요한 용어들에 적합한 형식에 의존한다. 이러한 이차적인 율법들은 유출의 결과 대신 부정하게 된 사람을 의식적 정결의 상태로 회복하기 위한 지시 사항들을 포함한다.

정상적 기간 동안 여성이 부정결해지는 내용(19절)을 담은 문단은 19a절에서 일차적인 법이 진술되며, 또한 유출의 결과 대신에 그녀의 부정결의 기간이 지정되어 있다(19bα). 이어서 이차적인 부정결에 대한 법들이 덧붙여진다. 이 법들은 세 가지 형식으로 나타난다: 분사 형식(19bβ, 21, 22절), 관계사 형식(20절[2회]) 그리고 조건절 형식(אם—임, "그리고 만일: 23, 24절). 이러한 이차적인 법들은 정상적인 유출로 인한 부정결을 다루는 문단에서 관찰되는데, 이는 여성의 부정결이 피로 인해 발생하고, 또한 더욱 오랫동안 지속되는 관계로 남성보다 더 심하게 오염을 일으키기 때문이다.

비정상적 유출이 있는 여자의 부정결을 다루는 문단은 기본 법규와 함께 시작된다(25절). 이 사례에는 두 가지 정황을 정의(定義)내리는 진술이 있다: 정상적인 주기를 넘어서 지속되는 기간이거나 예기치 않은 시간의 유출(25aβγ절). 그녀가 부정하다는 결과는 이중적 진술인데(25b절), 하나는 그녀가 부정하다고 진술하고(25bα절) 다른 하나는 정상적인 유출의 기간과 비교하여 그녀의 부정결의 기간을 제시한다(25bβ절). 이 일차적인 법에 뒤이어 기본 사례로부터 발생된 결과인 이차적인 부정결에 대한 법들이 덧붙여지며, 그것은 관계절(26[2회])이나 분사절(27절) 형식을 취한다. 정상적이든 비정상적이든 유출이 있는 여자와의 접촉에서 비롯된 이차적인 부정결의 유형들에 대한 세부 사항이 부족하다는 것은 위에 세부적으로 설명된 모든 유형의 정황들이 역시 적용되리라는 것을 암시해 준다.

두 개의 짧은 문단(16-17, 18절)은 비의도적이든 성관계를 할 때든 정액의 정상적 사정을 다룬다. 그것에 대한 사례(16a절)에 이어서 의식적 정결 상태로의 회복에 대한 지침이 나온다(16b절). 관계절 형식을 갖는 추가적인 법규 하나가 정액이 묻게 된 옷의 이차적인 부정결을 다룬다(17절). 이 연설의 중심에는 성관계를 할 때 사정된 정액으로 인해 남자와 여자가 공히 일시적으로 부정해진다는 법이 관계절 형식을 가지며 자리하고 있다(18절).

남자의 비정상적 유출을 취급하는 문단(2b-15절)과 또한 여자의 비정상적 유출에 대한 문단(25-30절)은 비정상적 유출로부터 회복된 사람을 위한 간략한 지침으로 마무리되는데, 바로 의식적 정결 상태로의 복귀를 위한 지침이다. 이러한 복귀 규정들은 그것들의 간결성이 분명히 지시하고 있듯이 이 연설을 위해 작성되었다. 제사장의 전문 지식 속에는 이러한 법들이 회복된 사람을 위한 의식에 관하여, 또한 희생 제사들에 관하여 더 많은 정보를 담고 있었을 것이며, 따라서 그러한 정보가 그 의식의 각각의 순서에서 제사장을 지도해 주었을 것이다.

전반적으로 이러한 법들은 생식기에서 유출이 있는 사람에 의해 부정결이 전달되는 네 가지 방식을 고찰한다. (1) 유출을 가진 그런 사람 자신이 부정하게 된다. (2) 부정하게 된 사람과 접촉한, 특별히 부정결의 근원과 밀접히 접촉한 어떤 사람 혹은 (3) 어떤 사물은 부정하게 된다. (4) 유출을 가진 사람에 의해 부정하게 된 어떤 물건을 만지는 사람은 부정하게 된다. 연쇄적인 부정결의 순서를 다음과 같이 배열해 볼 수 있다.

유출을 가진 사람 〉 자신
유출을 가진 사람 〉 다른 사람
유출을 가진 사람 〉 물품 〉 그 물품을 만진 사람

이 연설은 몇 가지 반복되는 용어들과 어구들이 함께 결합되어 있다. 이 규정에서 가장 빈번하게 사용된 어근은 물론 타메(טמא, "부정한": טמא – 타메: 2, 4[2회], 5, 6, 7, 8, 9, 10[2회], 11, 16, 17, 18, 19, 20[2회], 21, 22, 23, 24[2회], 25, 26, 27[2회], 31, 32, 33절; טמאה – 테메아: 3[2회], 25, 26, 30, 31[2회], 33절)다. 남자와 여자의 부정결의 사례들을 한데 묶는 핵심적 어근은 조브(זוב, "흐름, 유출")다. 또 다른 중요한 단어는 빠사르(בשר, "육체, 몸, 살")다. 그것은 몸 전체에 대해 사용되기도 하고 "생식기"에 대한 완곡어법으로 사용되기도 한다(2, 3[2회], 19절). 이차적 법들에 나오는 여자와 남자 모두에게 해당되는 핵심 단어들은 다음과 같다: 나가 베(נגע ב, "만지다": 5, 7, 10, 11, 12, 19b, 21, 22, 23, 27절), 야샤브(ישב, "앉다": 6, 20, 23절), 샤카브(שכב, "눕다": 4, 20, 24, 26절), 라카브(רכב, "오르다, 타다": 9절), 나사(נשא, "올리다, 들어 옮기다": 10절). 이차적 오염의 사례들에 있는, 부정하게 되었을 경우를 위한 지시 사항들은 보통 다음과 같은 형식문을 갖는다: 예카베스 뻬가이브 붸라하쯔 빠마임 붸타메 아드 하아렙(יכבס בגדיו ורחץ במים וטמא עד־הערב, "그는 자신의 옷을 빨아야 하고, 물로 목욕을 해야 하며 그리고 저녁까지 부정하게 된다"(5, 6, 7, 8, 10, 11, 21, 22, 27절; 그리고 일부가 빠진 16, 17, 18절; 참조. 13절). 반면에 이러한 완전한 순서 배열이 11-14장에는 나타나지 않는다. 이 세 묶음의 각각의 어구들이 11-14장에서 자주 사용되지만 말이다: 예카베스 뻬가이브(יכבס בגדיו, "그는 자신의 옷을 빨아야 한다": 11:25, 28, 40[2회], 13:6, 34; 14:8[את – 에트와 더불어], 9, 47[2회]), 라하쯔 빠마임(רחץ במים, "그는 물로 목욕을 해야 한다": 14:8, 9) 그리고 붸타메 아드 하아렙(וטמא עד־הערב, "그는 저녁까지 부정하게 된다": 11:25, 28, 32, 40[2회]; יטמא – 이트마와 함께, 11:24, 27, 31, 39; 14:46).

이러한 정보는 연설자가 성적인 유출로 인한 부정결에 대해 일련의 조건적인 법(conditional laws)들로 이루어진 아주 짜임새 있는 연설을 작성했다는 것을 시사해 준다. 그가 그 자료를 작성했는지 아니면 현존하던 법들에 의존했는지는 결정하기가 어렵다. 그렇지만 16-18절에 있는 법들의 독특한 성격은 그것들이 여타의 법들과는 다른 기원을 갖는다는 것을 암시한다. 18절의 특이한 형식은 연설자가 그것이 연설의 중심이 되도록 각색했다는 것을 시사한다. 2절과 16절에 있는 남자에 대한 기본적인 법들은 (이쉬) 이쉬 키(איש כי 〈איש〉, "만일 남자가")로 시작하는데, 이와 대조적으로 18절에 있는 이 법은 붸이솨 아쉐르(ואשה אשר, "그리고 …한 여자는")로 시작된다. 이 어구는 19절과 25절에 있는 여자를 위한 기본적인 법들의 시작(ואשה כי – 붸이샤 키)과 거의 비슷한 것으로, 마치 "그리고 만약 여자가"를 의미하는 것처럼 보인다(실제로는 "남자가 함께 동침한 여자가…"로 번역되는 문장이다 – 역자주). 이러한 문체는 이어지는 두 문단(19절과 25절로 시작되는 문단 – 역자주)을 미리 지시하기 위해 사용된다. 그러나 앞선 두 개의 법들과 일치하게, 그 동사의 주어는 이쉬(איש, "남자")다. 따라서 붸이샤(ואשה, "그리고 여자가")는 미정격(*casus pendens*)으로서 뒤이어 나오는 여격 오타흐(אתה, "그녀를") 혹은 전치사구 이타흐(אתה, "그녀와 함께")가 그것을 동사의 목적어로 다시 받는다. 그러므로 교차 구조의 중앙에 자리잡은 이 법은 이 위치에 있도록 각색되었다.

그 외에도, 이 연설에 덧붙여진 추가물들의 수는 미미하다. 그 중 두 개는 매우 증거가 뚜렷한 것이다. 엘리거(Elliger, 193)는 이 연설의 요약 진술(32-33절 – 역자주)의 마지막 토막(33b절)이 추가물의 증표들을 갖고 있다고 말한다. 왜냐하면 그 토막의 선두 단어 우레이쉬(ולאיש, "그리고 남자에 대한")가 더 이상 연계형 토라트(תורת, "…의 규례")의 지배를 받지 않기 때문이다. 이 단어들(33b의 단어들 – 역자주)이 24절의 법을 이 연설에 직접 연결해 주기 때문에, 엘리거는 24절의 법이 후대의 추가라고 판단한다. 이 전치사구가 추가물로 나타나긴 하지만, 33b절의 진술이 레이쉬(לאיש, "남자에 대한")로 시작하는 이유는 선행하는 라자카르 붸라네케바(לזכר ולנקבה, "남자와 여자에 관한")와 병행을 이루도록 하기 위함이다. 덧붙여서 요약 진술(32b절)에 있는 다른 긴 관계사 문장이 의심스러운데, 이는 그것이 연계형으로 된 병행을 이루는 명사들의 연속적 배열을 방해하기 때문이다. 이 단어들(32b의 단어들 – 역자주)이 16-18절을 이 연설에 통합시키기 때문에, 이러한 사실은 16-18절이 다른 배경에서 기원되었다는 의심에 대한 추가적인 증거다. 위에 언급된 의식적 정결 상태로의 복귀를 다룬 문학적 형식에 나타나는 차이점들은 이러한 이해를 타당하게 만든다. 한편, 교차 구조와 더불어 여자에 대하여 두 개의 문단이 있다는 사실은 정상적인 유출을 다루는 규정들(16-17[18]절)이 이 연설의 가장 초기의 편집물에 속하지 않았다는 입장을 지지한다. 23절의 법은 그것이 다른 배경에서 기원을 갖는다는 흔적들을 갖는다. 조건적인 붸임(ואם, "그리고 만일")에 더하여 내부의 조건절인 베노그오 보(בנגעו־בו, "누구든지 그것을 만질 때")라는 어구는 복귀 규정이 아닌 결과에 대한 진술과 더불어 이 법이 현재의 연설에 추가되었다는 모든 증거들이다. 앞서 나온 정황 속에 있던 그 법은 24절이 삽입되었을 때, 또 다른 정황에 있는 그 구절의 법과 짝을 이루면서 여기에 포함되었을지도 모른다.

마지막으로, 31절에서 모세와 아론으로 하여금 이스라엘 민족에게 모든 부정결에 대하여 경고하라는 권면이 현재의 정황을 위해 이 연설에 추가되었다는 것이 분명하다. 왜냐하면 그 권고는 문맥과 동떨어져 있기 때문이다. 엘리거(Elliger, 196)는 이 경고가 정결법을 주변의 문단들과 결합시키기 위한 삽입이라고 설명한다. 이것은 숙어 벨로 야무토(ולא ימתו, "그들이 죽지 않도록")의 사용에서 지지를 받는다. 왜냐하면 이 숙어는 선행하는 8:35과 10:6, 7, 9뿐만 아니라, 이어지는 16:2, 13에서 나타나기 때문이다. 이러한 어법은 특히 아론의 두 아들의 죽음에 대한 기사와 결속되어 있다. 그렇다면 이 경고는 의식적 정결법 문단으로부터 16장으로 연결되는 다리로 추가되었다.

이 연설의 청중은 분명히 백성들이다. 왜냐하면 그들은 이 문제에 관하여 스스로를 규제해야 하기 때문이다. 이 문제들은 매우 사적이기 때문에 순응하는지를 감시할 방법은 실제적으로 없었을 것이다. 단지 비정상적인 유출에서 회복된 사람이 드려야 하는 희생들에 대한 언급에서만 제사장이 어느 정도 연관되어 있다. 이러한 정보는 극히 부족한 세부 사항을 고려해 볼 때 형식상 제사장이 아니라 평신도의 지식을 위해 만들어졌다. 이러한 법들이 포함된 것은 이스라엘에서 평신도가 제의의 효력 발휘를 위해 지식을 갖추고 있을 필요가 있었다는 추가적인 증거나.

생식기로부터의 유출로 인한 오염을 다루는 법들은 일상 생활과 의식적 정결 문제에 기초적인 것이기 때문에, 그것들은 이스라엘의 기원의 가장 초기 시대로 거슬러 올라간다.

주석

[1] 참조. 11:1.

[2] 자신의 "육체, 몸, 살"(זוב – 빠사르)로부터 "유출 혹은 흐름"(זוב – 조브)이 있는 어떤 사람은 부정하게 된다. 빠사르는 여기서 생식기에 대한 완곡어법으로 사용된다.

[3] 부정결은 두 가지 범주로 나뉜다. 첫 번째는 자신의 생식기(רר בשרו – 라르 빠사로)로부터의 사정이다. 리르(ריר, "흐르다")는 진하고 끈적거리는 멀건 점액질의 방출을 묘사한다(참조. 욥 6:6; 삼상 21:14-13]). 어떤 사람들은 그 유출이 내

장으로부터의 비정상적 방출이나 치칠로 인한 출혈일 수 있다는 논지를 폈다. 그렇지만 이러한 가능성은 두 가지 중대한 장애물에 부딪힌다. (1) 15장 전체가 생식기로부터의 유출에 관심을 갖고 있으며, (2) 남자의 사례들에 피에 대한 언급이 전혀 없다. 만일 피가 부정결의 결정적인 원인이었다면, 분명히 피에 대한 언급이 제사장 문서에서 예상되었을 텐데 말이다. 유출에 대한 정확한 확인은 불확실한데, 그것은 아주 다양한 질병들이 이 규정에 포함되어 있다는 것을 암시하고 있다. 누르체(Noordtzij, 150)에 따르면, 이러한 질병들은 "요도관의 점막 염증으로 인한 점액 유출"을 일으킨다. 레빈(Levine, 92)은 그렇게 생각하지 않지만, 이 히브리어 어법에 의해 분명하게 해당되는 증상은 임질이다(Harrison, 160). 임질은 화농성 분비물을 발생시킨다. 환자는 몇 달에서 최장 일 년 정도 지나면 임질에서 자연 치유될 수 있다. 어떤 비정상적인 유출은 그 원인이 무엇이 되었든 사람을 부정하게 만든다. 두 번째 범주는 사람의 "생식기"(בשׂר – 빠사르)가 "유출"(זוב – 조브)에 의해 "장애를 받는"(החתים – 헤흐팀) 경우다(개역 성경: 엉겼든지; 개역 개정 성경: 막혔든지). 동사 헤흐팀(החתים, 문자적으로는 "…을 멈추다")은 아마도 소변 보기를 고통스럽고 어렵게 만드는 요도 장애를 묘사할 것이다. 몇 가지 질병이 그런 증상을 일으킬 수 있다.

4-11 부정결은 전염된다. 유출의 근원이 어떤 것과 긴밀한 접촉을 하게 되면 그것은 부정하게 된다. 따라서 유출을 가진 사람이 만지거나 앉은 것, 혹은 누운 것은 무엇이든 부정하게 된다. 이렇게 해서 부정하게 된 이러한 물건들을 만지는 사람은 누구든지 저녁까지 부정하게 된다. 이차적으로 부정하게 된 사람은 자신의 옷을 빨고, 물로 목욕을 한 뒤에(רחץ – 라하쯔) 저녁까지 기다림으로써 다시 정결하게 된다. 일반적으로 라하쯔(רחץ, "목욕하다, 씻다")라는 단어는 전신 침수(沈水)를 의미하는 것으로 이해된다(예를 들어, 왕하 5:14). 이것은 과중한 의무가 아니다. 동일한 요구 사항이 부정결한 사람의 피부를 만지는 사람에게 부과된다. 분명히 유출이 있는 사람이 자신의 손을 씻는(שׁטף – 샤타프) 한 일상 생활의 과정 속에서 다른 사람을 만져도 그를 부정하게 만들지 않을 수 있다. 비정상적 유출이 있는 사람을 만짐으로써 부정하게 된 사람은 위에 언급된 동일한 절차를 따름으로써 정결하게 된다.

8 만일 유출이 있는 사람이 다른 사람에게 침을 뱉는다면(극단적인 모욕 행위다 – 민 12:14; 신 25:9), 그 사람은 부정하게 된다. 부정결한 사람의 침이 그 사람의 성질을 옮기는 것으로 간주된 것이 분명하다(참조. 민 12:14; 신 25:9). 침 뱉

음을 당한 사람은 정결하게 되기 위해 위에 언급된 동일한 절차를 밟아야 한다.

9 메르캅(מרכב)이라는 용어는 마차의 안장이나 천 혹은 자리를 포함하여, 사람이 위에 올라가 앉는 어떤 것을 포괄한다(Snaith, 76).

12 유출이 있는 사람이 사용하는 그릇은 특별하게 취급되어야 한다. 토기는 깨뜨려야 하며, 반면에 목기는 물로 씻어야(שטף – 샤타프) 한다(참조. 11:32-33). 이 규정은 사람의 부정결이 식사용 그릇들을 매개로 다른 사람에게 확산되는 것을 막으려는 의도가 있었다.

13-15 유출을 가진 사람이 정결하게 되거나 치료가 되었을 때, 그는 성소에서의 예배에 다시 참여할 수 있다. 흥미롭게도 여기서 회복에 해당되는 단어가 타헤르(טהר, "정결하게 되다")라는 것을 관찰할 수 있다. 건강과 정결함은 이 의식적 정결 규정의 목표로서 짝을 이루고 있다. 회복된 사람은 자신의 회복 이후에 7일을 기다려야 한다. 그것은 의심할 바 없이 그 회복을 진정한 것으로 확증하기 위해서였다(참조. 14:10; 15:28). 8일째 되는 날, 그 사람은 자신의 옷을 빨아야 하며 흐르는 물로 목욕을 해야 한다. 살아 있는 혹은 흐르는(חיים – 하임) 물에 관해서는 14:5-7에 대한 "주석"을 보라. 그 후에 그는 희생을 바쳐야 한다. 희생을 위한 짐승은 최소의 값이 나가는 산비둘기 두 마리나 어린 집비둘기 두 마리다(참조. 1:14-17). 그는 그것들을 제사장에게 갖다 드리며, 이어서 제사장이 한 마리는 "속죄제"(חטאת – 하타트, 4장)로, 다른 한 마리는 "번제"(עלה – 올라, 1장)로 바친다. 그렇게 해서 제사장은 연약한 인간인 그를 위하여, 그의 무질서와 관련되어 있을지도 모르는 어떤 죄를 위하여, 그리고 여호와 예배에 참여하지 못하는 상황을 위해서 대속을 시행한다.

16-17 정액의 사정은 몽정과 같은 우연한 사정이든(참조. 신 23:11-12[10-11]) 성관계 중의 정상적 사정이든 남자를 부정하게 만든다. 정액이 묻은 모든 옷가지와 가죽옷은 부정하게 된다. 그것들은 물로 세탁해야 한다. 저녁에 그것들은 다시 정결해진다.

18 성관계 중의 정액의 사정은 남녀 모두를 부정하게 만든다. 정상적인 성관계로 인해 발생된 부정결은 온건한 유형에 속한다. 두 당사자 모두 단지 저녁까지 부정한 상태를 유지한다. 정화는 물로 씻음으로써 이루어진다. 어떤 희생도 요구되지 않는다. 신명기 23:11-12(10-11)에 따르면 정액 사정으로 인한 부정결은 사람을 심지어 군대의 진영으로부터 제외시키지만, 씻은 후에 그는 저녁이 되면 복귀할 수 있다(참조. 삼상 21:5-6[4-5]).

부부가 이러한 방식으로 부정하게 된 것은 심각한 사안이 아니다. 주된 제한은 그들의 부정이 그들이 성소 구역에 들어가지 못하게 막는다는 것이다. 달리 말하면, 그들은 일상적인 직무는 계속할 수 있다. 이 법은 부부가 희생제를 바치고, 축제에 참여하고 혹은 특별한 계시를 받기 위해 성소로 가려는 계획이 있을 때면(예를 들어, 출 19:15; 레 16:29) 항상 성관계를 자제할 것을 요구한다. 덧붙여서, 이 규정은 성소 구역 내에서 성관계가 발생되는 일이 없도록 차단한다. 그런 성관계는 다양한 이방 성소에서, 특히 다산(多産) 의식을 위해 세워진 성소들에서 성행했던 관행이었다. 이스라엘에서 다산은 자연적인 힘들을 마술적으로 조종하기 위해 고안된 어떤 다산 의례들의 결과가 아니라 하나님의 축복의 결과였다(참조. 시 127:3-5). 따라서 이러한 표준은 성관계를 거룩의 영역(קדש - 코데쉬) 밖으로 내보내 일상적 영역(חל - 홀)으로 제한하여 분류한다. 한편, 합법적인 성관계에서 나온 부정결이 어떤 오점을 남긴다든지, 그 어떤 등급의 죄로 간주되었다는 암시는 전혀 없다.

무엇보다 모든 결혼의 문맥에서 볼 때 성관계는 창조 시에 인간에게 부여된 "생육하고 번성하라"(창 1:28)는 하나님의 명령과 아브라함의 셀 수 없이 많은 후손들에 대한 그분의 위대한 약속(창 15:5)을 수행하는 데 필수적이다. 이러한 이유로 합법적인 성관계가 당사자들을 부정하게 만든다는 것은 잘 이해가 되지 않는다. 어떤 설명은 몸의 액체의 손실이 일반적으로 사람을 부정하게 만든다고 제안한다(참조. J. Moyer, *Concept of Ritual Purity among the Hittites*). 이러한 설명은 현재의 정황에 잘 적용될 수 있으며, 따라서 그것은 기본적이고 복잡하지 않다는 장점을 지닌다. 최근에 두 가지 새로운 제안이 제출되었다. 제의적인 법들이 생명-죽음의 양극을 토대로 만들어졌다는 전제에서 출발하여 연구하는데, 웬함(Wenham, *ZAW* 95[1983] 433-34)은 남자든 여자든 생식 기관으로부터 "생명 액체"의 손실은 그것이 사람을 병들게 할 수 있고, 만일 그것을 막지 않으면 죽음에 이르게 되기 때문에 사람을 부정하게 만든다고 제안한다. 분명히 월경 때의 출혈은 생명 액체의 손실이지만(참조. 17:11), 정액의 손실이 동일한 범주에 놓일 수 있다고 생각하기는 어렵다. 화이트케틀(Whitekettle, *JSOT* 49[1991] 33)의 웬함의 주장에 대한 반박은 분명히 정확하다. 그의 지적은 합법적인 성관계 중에 "합일된 통일체가 된 상태에서" 정액이 남편으로부터 아내에게 옮겨진다는 것이다(참조. 창 2:24). 화이트케틀(39-44)은 일반적인 양극을 성막(정결)/광야(부정결)로 설정하여 작업하면서, 이러한 사례에서 부정결의 원인이 남자의 성기가 독점적으로 수정의 도구로만 사용되지 않은 사실에 놓여 있다는 논지를 편다. 왜냐하면 남자의 성기는 또한 소변, 곧 비-생명의(non-life)/폐기된 산물로서 광야로 확인되는 공간적 영역에 속한 액체의 배출을 위한 기관이기도 하기 때문이다. 그것의 이중적 기능으로 인해, 남자의 성기는 "해부학적인 기능적 경계선"을 넘나든다(44절). 사실상, 그것의 생명을 낳은 역할과 폐물 처리 역할의 혼동이 그것을 "비거룩한 것"으로 분류하게 만든다. 화이트케틀에게 있어서 정액의 사정이 잠깐 동안 부부를 부정하게 만드는 원인은 성관계 중에 명백해지는 이러한 남자 성기의 뒤섞여 있는 모호한 기능이다. 이러한 제안은 통찰력이 있다. 그럼에도 불구하고, 남자 성기의 아주 독특한 이러한 이중적 기능은 성관계 중에는 뒤섞이지 않는다. 이러한 점에 비추어서, 첫 번째 설명이 가장 구체적인 설명으로 남는다. 앞서 진술한 대로, 신학적 이유로 인해 여호와 신앙은 성관계를 인간의 세속적이고 일상적인 삶의 영역으로 제한하기를 원했다(참조. 11-15장에 대한 "양식/구조/배경"에 있는 의식적 정결에 관한 부록). 이 법은 성관계를 폄하하지 않으면서, 그러한 행위가 성소에서 이루어지거나 성소에서 수행되는 어떤 의식에 통합되는 일이 없도록 막았다.

19-24 여성의 월경에 의한 유출(זוב－조브)은 그녀를 7일 동안 부정하게 만든다. 그녀의 몸에 유출이 있고 그 유출이 피이며, 또한 이러한 현상은 고대인들에게 신비스러운 것이었기 때문에 여자는 부정하게 된다. 그녀의 의식적 부정결의 기간은 7일이다. 이는 7이란 숫자가 중요하고, 또한 그 시간적 길이는 대부분의 여성에 비해 더 기간을 오래 끄는 여성들을 포괄하게 되기 때문이다. 월경 기간 동안에 여자를 만지는 사람은 저녁까지 부정을 탄다. 그 사람이 정결하게 되기 위해 목욕을 하라는 지침은 없다. 이것이 본문 전수 과정에서의 실수에서 말미암은 것인지는 말하기 어렵다. 문맥 속의 사례들은 이러한 일로 부정을 탄 사람이 목욕을 필수적인 것으로 당연시할 것임을 암시한다. 그녀가 누웠거나 앉았던 어떤 것을 만지는 사람은 누구든지 저녁까지 부정하게 된다. 그 사람은 자신의 옷을 빨고 물로 목욕해야 한다. 이 규준은 여성이 월경 기간을 위한 자신의 침대와 의자를 갖고 있었을 것임을 의미하는 것이 틀림없다.

이러한 법들은 부당하게 여성을 차별하는 것이 아니다. 남녀 모두 각자의 생식기로부터의 유출로 인해 부정하게 된다. 월경을 하는 여자는 단지 속성상의 차이 때문에 정액 사정으로 부정해지는 남자에 비해 더 오랫동안 부정해진다. 즉 월경으로 인한 출혈은 정액의 사정보다 더 오래 지속된다. 이러한 입장을 지지할 때 남녀 모두에게 유출은 자연스러운 것이기 때문에, 남자든 여자든 정결하게 되기 위해 아무런 희생을 드릴 필요가 없다는 것을 주목하는 것이 중요하다. 덧붙여서, 월경 중의 이러한 제한 조치들은 여성이 다시 힘을 회복하는 것을 돕는다. 그것들은 특히 이러한 주기적인 월경을 하게 될 때 복통과 과도한 출혈, 약간의 요통과 두통 그리고/혹은 신경의 날카로움과 같은 큰 고통을 겪는 여성들에게 유익하다(Harrison, 164).

24 남자가 여자의 생리 기간에 그녀와 동침을 한다면, 그는 7일 동안 부정하게 된다. 그가 누운 것은 무엇이나 부정하게 된다. 그의 부정결의 기간은 위에 인용된 다른 사례들보다 더 길지만, 그가 자신의 정화 수단의 일환으로 제물을 바칠 필요가 없기 때문에 그의 행동이 중대한 오점이 된다거나 그가 죄를 지었다는 느낌은 전혀 없다. 실상 그의 부정결의 강도는 떨어지는데, 왜냐하면 그의 회복을 위해 어떠한 지침도 내려지지 않기 때문이다. 그렇지만 이 마지막 규정은 20:18에 나오는 바, 즉 여자의 생리 기간에 그녀와 동침하게 되면 백성들로부터 "제명(끊어짐)된다"는 강력한 징벌과 상반되는 대조를 이루고 있다(참조. 18:19; 겔 18:6; 22:10). 이렇게 뚜렷한 차이가 나는 결과의 심각성을 설명할 수 있는 가장 최선의 답변은 이 본문들이 다른 상황들을 전해 준다고 주장하는 것이다. 현재의 본문에서는 남자가 자신이 월경하는 여인과 관계를 하게 되었다는 사실을 예기치 않게 갑자기 발견하는 것으로 추정된다. 아마도 여자의 월경 기간 초기의 성관계에서 비롯되는 사례일 것이다. 반면에, 20:18에서는 남자가 알면서도 여자의 생리 기간 동안에 그녀와 동침함으로써 그 법령을 뻔뻔스럽게 깨뜨린다(참조. Keil and Delizsch, 394; Wenham, 220). 여자와 동침하는 행위는 그녀가 앉았던 어떤 것을 만지는 것보다 훨씬 더 밀접한 접촉이다. 그러나 여전히 여기서는 징벌이 전혀 더 엄격하지 않다. 이것은 여자의 월경과의 접촉이 갑자기 발생한다는 방향으로 해석하게 만든다. 바엔취(Baentsch, 378)는 다른 접근법을 취한다. 그는 이 구절이 성관계와 연루되어 있는 것이 아니라, 남자가 여자 곁에서 잠을 자다가 월경에 접촉하게 되는 사례라고 생각한다. 또 다른 해법은 이 구절이 더 후대의 것이며 가혹한 법을 완화시키려 한다고 설명한다(Porter, 122).

25-27 월경 기간을 넘어서 피가 유출되는 여자는 이러한 유출이 있는 한 계속 부정한 것으로 간주된다. 그런 상황의 한 가지는 장기간의 월경 출혈의 증상인 과다월경(menostaxis)이다(Harrison, 164). 이것은 비정상적이고 괴로운 무질서다. 월경 중의 여자와 관련하여 그녀의 침대와 그녀가 앉는 것들이 모두 부정하게 된다. 부정하게 된 이러한 물품들을 만지는 사람은 누구든지 저녁까지 부정하게 된다. 이런 방식으로 부정하게 된 사람은 정결하게 되기 위해서는 자신의 옷을 빨고 물로 목욕을 한 뒤 저녁까지 기다려야 한다.

28-30 여자가 비정상적인 피의 유출로부터 치유되었을 때(טהרה – 타하라, 문자적으로, "정결하게 되다": 참조. 13-15절), 그녀는 다시 그 치료가 참된 것이라는 것을 확증하기 위해 7일 동안 기다려야 한다. 8일째에 그녀는 제사장에게 산비둘기 두 마리나 집비둘기 새끼 두 마리를 희생 제물로 가져간다. 한 마리는 "속죄제"(חטאת – 하타트)를 위한 것이며, 다른 한 마리는 "번제"(עלה – 올라)를 위한 것이다. 물론 이것들은 값싼 희생물들이다. 이러한 제사들로 제사장은 여호와 앞에서 그녀를 위한 대속을 시행한다. 이것은 비정상적인 피의 유출이기 때문에, 이 여자는 자신의 의식적 정화 작업의 일부분으로 희생을 드려야 한다. 또한 이 법에 지시되어 있는 것은 이것이 여자가 희생을 드릴 것을 요구하며, 비정상적인 유출로 인해 발생된 부정결로부터 회복되었을 때는 그녀의 완전한 공동체로의 복귀를 위해 남자의 경우와 똑같은 희생들이 필요하다는 것이다(14-15절). 이것은 여성이 이스라엘 제의에서 중요한 위치를 차지하고 있었으며, 또한 여성이 희생을 드리기 위해 제단 주변 구역에 나아갈 수 있었다는 것을 드러내 준다. 그것이 여성이 자신의 옷을 빨고 목욕을 해야 한다는 것을 말하지는 않지만, 그러한 요구 조건들이 추정될 수 있다.

31 이러한 법들의 존재 이유는 이스라엘이 하나님께 분리되어 있도록(הזיר – 히지르) 하기 위함이다. 나자르(נזר)는 속된 것과 거룩한 것 사이의 명확하게 나누어진 분리라는 의미를 전달해 준다. 그리하여 이 어근은 특별한 서원과 더불어 자신을 하나님께 분리하는 나실인을 위해 채택된다(민 6:1-21). 이스라엘은 성막 영역으로부터 속되거나 일상적인 것이 떨어져 있게 해야 한다. 이스라엘 사람이 부정결과 접촉을 하게 되면, 당사자는 성소에 들어가기 전에 자신의 부정결을 제거해야 한다. 만일 백성들이 이러한 규준을 따르면, 그들은 거룩하신 분에 의해 태워져 삼켜질 위험도 없고, 또한 그들은 성막을 더럽히지도 않을 것이다. 성소가 "그들 가운데 있는 나의 장막(משכני – 미쉬카니)"이라고 불린 것을 주목하는 것은 중요하다. 하나님께서는 성막에서 자신이 백성들 가운데 나타나신다는 것을 강조하신다. 그렇다면 정결과 부정결을 다루는 법들의 주된 이유는 이스라엘 민족이 의식적 정결법을 세심하게 따르지 않음으로써 성막을 더럽히게 되는 일이 없도록 막기 위함이다. 물론 성막이 부정하게 된다면, 그들은 하나님을 만나 죄를 대속 받을 수 있는 효과적인 장소를 갖지 못할 것이다.

해설

이 법들은 남녀 모두를 포함한 백성들이 자신의 생식기로부터의 어떤 유출과 관련하여 스스로를 통제할 책임을 갖고 있다는 사실을 가르친다. 유출이 남녀를 불문하고 사람을 부정하게 만들기 때문에 각 사람은 부정한 채로 성소에 들어가지 않도록 주의를 기울여야 했으며, 또한 각자가 의식적 정결 상태로 복귀하는 데 필요한 절차들을 밟아야 했다. 여성이 더 오랫동안 부정하게 된다는 것이 분명하지만, 이러한 사실이 여성을 더 크게 부끄럽게 하지는 않는다. 왜냐하면 여성의 부정결의 기간은 오로지 자연적 특징에 근거해 있기 때문이다. 즉 월경에 의한 유출은 정액의 사정보다 더 오랫동안 지속된다. 나아가 부정결한 상태에 있는 남자와 여자 모두 이러한 부정결을 다른 사람들과 그들이 앉았거나 잠을 잤던 물품들로 전달했다. 그들이 부정하게 만든 물품이 어떤 것이든 거기에 앉거나 그 위에서 잠을 자는 사람을 모두 부정하게 만들었다. 이러한 규정이 악성 피부병들의 경우처럼(13-14장) 유출이 있는 사람에 대한 제사장의 검사를 지시하지 않기 때문에, 사람들은 이 문제에 있어서 스스로를 살펴야만 했다.

사람의 생식기로부터의 정상적인 유출과 비정상적인 유출 모두 사람을 부정하게 만들었다. 그럼에도 불구하고, 정상적인 유출은 단기간 사람을 부정하게 만들었다. 정액을 사정한 남자는 저녁까지 부정을 탔다. 여성은 매달의 월경 기간 중에 7일 동안 부정을 탔다. 잠시 동안 부정하게 되는 것이 일을 복잡하게 만들거나 부정적이거나 혹은 심지어 특별한 것이 아니었다는 사실을 기억할 필요가 있다. 주된 문제는 그 부정결을 성소 구역 내로 가져올 때 발생되었다. 그렇지만 남자든 여자든 비정상적인 유출은 그것이 멈출 때까지 당사자를 부정하게 만들었다. 이러한 법들은 결혼 관계 내에서의 성적인 욕구를 부정하기 위해 고안된 것이 아니었으며, 또한 한쪽의 성(性)이 다른 성을 지배하도록 의도된 것도 아니었다. 그것들은 생식기로부터의 유출이 적절히 취급되어야 한다는 것을 가르치는데, 이는 성소가 더럽혀지지 않게 하며, 또한 사람이 부정결한 상태로 성소에 들어감으로써 위험에 처하게 되는 일이 없게 하기 위함이다. 이러한 의식적 부정결의 법을 따르는 가운데 사람들은 성적인 욕구를 조절하는 법을 배웠다. 덧붙여서 훈련된 도덕적인 방식의 성적 욕망의 표현은 생식기로부터의 유출과 관련된 정결성과 짝을 이루는데, 그것의 부산물은 여러 가지 성병과 성관계로 전염되는 다른 여러 종류의 질병의 감소다. 실상 직접적이든 간접적이든 어떤 유출물과의 접촉으로 부정하게 된 사람에게는 목욕이 요구되는데, 그러한 요구 조건은 고대의 공동체의 일반적인 공중 보건을 증진시켰다. 성적으로 좋은 위생 상태는 남녀 모두의 생식력을 높였으며, 건강한 후손의 출생을 보장했다. 따라서 이러한 법들은 하나님의 백성의 자연적 인구 증가를 촉진시켰다. 그것들은 아브라함에게 하늘의 별보다 더 많을 만큼 헤아릴 수 없이 많은 자손을 주시겠다는 하나님의 약속의 성취를 도모하는 매우 실천적인 방안들을 제공했다(창 15:5; 22:17).

성적인 유출과 관련된 이러한 의식적 정결법의 일차적 목적은 거룩한 것을 세속의 영역, 즉 땅의 존재에 속한 어떤 활동들과 분리하기 위함이다. 이러한 법들은 성적인 활동을 세속의 영역으로 격하시켜서 분류했다. 성교는 부부가 서로의 관계 속에서 도덕적 책임을 보여 주는 한 전적으로 즐겁게 누릴 수 있는 것이었다(참조. 18장과 20장). 그러나 성관계가 결코 성소의 영역에서 이루어져서는 안 되었다. 성행위는 영적인 고양을 성취하는 수단이 아니었으며, 또한 하나님과 교제하는 방안도 아니었다. 언약 백성들 사이에 이 문제에 관해 혼동이 있어서는 안 되었다. 이스라엘의 이웃 국가들의 다양한 다산 제의에서 볼 수 있듯이, 성적인 집회가 자연 질서의 생산성을 조종할 수 있었다는 믿음은 하나님께서 계시해 주신 구약 율법의 시각에서 천박한 것이었다. 그러므로 그런 믿음에 기초한 모든 관행들은 이스라엘로부터 추방당해야만 했다.

이러한 규정들이 명시적으로 신약에서 인용되지는 않지만, 그것들이 추정되는 곳들이 있다. 가장 눈에 띄는 사례는 12년 동안 피가 유출되어 왔던 여인에 대한 보고다(막 5:25-34; 마 9:20-22; 눅 8:43-48). 그녀는 치료할 길을 찾고자 자신의 재산을 탕진했으나 소용이 없었다. 그녀는 필사적으로 그리고 들키지 않으려고 군중 속에 숨어서 치료에 대한 소망을 품고 믿음으로 예수의 옷을 만졌다. 그녀가 깜짝 놀라게도, 예수께서는 "누가 나를 만졌느냐?"고 물으셨다. 두려움이 그녀에게서 솟구쳤는데, 이는 자신의 접촉이 부정결을 전달한다는 사실을 알고 있었기 때문이다. 그녀는 떨면서 자신이 예수님을 만졌다고 인정했다. 예수께서는 대답하셨다. "딸아, 너의 믿음이 너를 치료했다(개역 성경: 구원했다). 평안히 가라. 네 병으로부터 치료되었다." 우리는 그녀의 구원, 기쁨 그리고 행복을 상상할 수 있다. 이 사건은 예수님이 모든 더럽히는 유출을 초월하시는 주님이심을 드러내 준다. 그분은 주님으로서 부정한 사람을 온전함과 정결한 상태로 가져오셨다. 그것은 또한 예수님이 부정결의 법들을 허용하지 않으셨으며, 또한 여성에 대한 관례적인 태도가 그분으로 하여금 궁핍한 그 누구에게라도 가까이 가는 것을 가로막지 못한다는 것을 가르친다. 예수께서는 악성 피부병을 가진 사람들을 치료하셨다. 그분은 시신을 만지셨다. 그분은 그 여인으로 하여금 행동을 하고 대답하게 하셨으며 그녀의 믿음이 방해받지 않게 하셨다. 실로 그분은 그녀의 담대하고도 실천하는 행동을 칭찬하셨다. 그 일을 통해 예수께서는 자신이 새 언약 아래서 거룩한 것과 세속의 것을 구별하고, 또한 남자와 여자를 구별하는 옛 규정들을 철폐하고 계신다는 것을 보여 주셨다. 그것은 그분께서 그러한 구별을 완전히 제거하셨다는 것을 의미하지는 않는다. 오히려 그것이 시사하는 바는 그분께서 그런 경계선이 사람들로 하여금 하나님의 사죄의 은총을 받지 못하게 하는 일이 없도록 하셨다는 것이다. 그분의 행위들은 하나님께서 인간에게 찾아오셔서 그들이 어떤 형편에 처해 있든지 그들을 자신에게로 부르신다는 것을 보여 준다. 예수께서는 모든 사람을 위해 하나님께 나아가는 길을 넓게 열어 놓으셨다.

새 언약의 새로움에 대한 또 하나의 증거가 예수님의 제자들이 식사 전에 손을 씻지 않은 문제에 대해 그분께서 주신 답변에서 발견된다. 손 씻기는 경건한 유대인들이 식사를 하기 전에 의식적 정결을 보장받기 위한 아주 일상적인 의식이었으나, 그것은 구약의 정결법이 아니라 전통에 근거해 있었다(마 15:2; 막 7:2-5). 예수께서는 자신을 비난하는 자들에게 사람을 더럽히는 것은 입으로 들어가는 것이 아니라 입에서 나오는 것이라고 알려 주셨다(마 15:11). 그분의 교훈이 전형적으로 보여 주듯이, 예수께서는 도덕적인 문제를 예식적인 법보다 상위에 올려놓으셨다.

히브리서 13:4은 이렇게 권면한다. "모든 사람들 중에서 결혼이 귀중히 여김을 받게 하라. 그리고 부부의 침대가 더럽혀지지 않게 하라"(개역 성경: 모든 사람은 혼인을 귀히 여기고 침소를 더럽히지 않게 하라). 이 구절이 혼인 관계에서 인격적인 온전성을 요구할 때, 그것은 의식적 정결법에서 가져온 은유를 사용한다. 이 권면은 의식적 정결법의 바탕에 놓여 있는 윤리적 전제를 밝히 드러내 준다. 이 한 가지 예는 이러한 정결법의 연구가 그 배후에 놓인 원리들을 알려 줌으로써 예수님을 믿는 신자들에게 어떻게 가치를 지니게 되는지를 조명해 준다. 또 다른 관점에서 이러한 정결법 연구를 통해 신자들은 예수님의 구속 사역으로 말미암아 그분을 믿는 모든 사람이 얻게 된 영광스러운 자유에 대하여 무한한 감사를 마음에 품게 된다.

IV. 속죄일을 위한 규정과 월력(16:1-34)

참고문헌

Aartun, K. "Studien zum Gesetz über den grossen Versöhungstag Lv 16 mit Varianten: Ein ritualgeschichtlicher Beitrag." *ST* 34(1980) 73-109. **Adler, S.** "Der Versöhnungstag in der Bibel, sein Ursprung und seine Bedeutung." *ZAW* 3(1883) 178-85. **Ahituv, S.** "Azazel." *EncJud* 3:999-1002. **Ashbel, D.** "The Goat Sent to Azazel" (Heb). *Beth Mikra* 11(1965/66) 89-101. **Athidiajah, M.** "The Goat for Azazel" (Heb). *Beth Mikra* 6(1960/61) 80. **Ben-Mordecai, C. A.** "The Iniquity of the Sanctuary." *JBL* 60(1941) 311-14. **Benzinger, I.** "Das Gesetz über den grossen Versöhnungstag Lev. XVI." *ZAW* 9(1889) 65-89. **Brawer, A. J.** "לעזאזל וצפור המצורע השׂעיר." *Beth Mikra* 12(1967) 32-33. **Büchsel, F., and Herrmann, S.** "*ἱλαστήριον.*" *TDNT* 3:318-23. **Davis, D.** "An Interpretation of Sacrifice in Leviticus." *ZAW* 89 (1977) 387-99. **Derrett, J. D. M.** "'Love thy neighbour as a man like thyself'?" *ExpTim* 83(1971/72) 55-56. **Driver, G. R.** "Three Technical Terms in the Pentateuch." *JSS* 1(1956) 92-105. **Feinberg, E. L.** "The Scapegoat of Lev. sixteen." *BSac* 115(1958) 320-33. **Fryer, N. W. L.** "The Meaning and Translation of *Hilastērion* in Romans 3:25." *EvQ* 59(1987) 99-116. **Görg, M.** "Beobactungen zum sogenannten Azazel-Ritus." *BN* 33(1986) 10-16. **Grabbe, L. L.** "The Scapegoat Tradition: A Study of Early Jewish Interpretation." *JSJ* 18(1987) 152-67. **Haran, M.** "The Complex of Ritual Acts Performed inside the Tabernacle." *Scripto Hierosolymitana* 8(1961) 272-302. **Hruby, K.** "Le *yom ha-kippurim* on jour de l'expiation." *Orient syrien* 10(1965) 41-74, 161-92, 413-42. **Janowski, B.** *Sühne als Heilsgeschehen.* WMANT 55. Neukirchen-Vluyn: Neukirchener, 1982. **Kiuchi, N.** *The Purification Offering in the Priestly Literature.* JSOTSup 56. Sheffield: JSOT Press, 1987. 77-85, 143-59. **Kümmel, H.** "Ersatzkönig und Sündenbock." *ZAW* 80(1968) 289-318. **Landersdorfer, S.** *Studien zum biblischen Versöhnungstag.* Münster: Aschendorffschen Verlagsbuchhandlung, 1923. **Langdon, S. H.** "The Scape-Goat in Babylonian Religion." *ExpTim* 24(1912/13) 9-13. **Löhr, M.** *Das Ritual von Lev. 16(Untersuchungen zum Hexateuchproblem III).* Schriften der Königsberger Gelehrten Gesellschaft 2/1. Berlin: Deutsche Verlagsgesellschaft für Politik und Geschichte, 1925. **Manson, T. W.** "'*ΙΛΑΣΤΗΡΙΟΝ*.'" *JTS* 46(1945) 1-10. **Messel, N.** "Die Komposition von Lev. 16." *ZAW* 27(1907) 1-15. **Milgrom, J.** "Atonement, Day of." *IDBSup* 82-83. ______. "Day of Atonement." *EncJud* 5:1384-87. **Möller, W.**, and **Payne, J. B.** "Atonement, Day of." *ISBE* rev. 1:360-62. **Morris, L. L.** "The Meaning of *ἱλαστήριον* in Romans iii. 25." *NTS* 2(1955/56) 33-43. ______. "The Day of Atonement and the Work of Christ." *Reformed Theological Review* 14(1955) 9-19. **Rylaarsdam, J. C.** "Atonement, Day of." *IDB* 1:313-16. **Sabourin, L.** "Le bouc émissaire, figure du Christ?" *ScEc* 11(1959) 45-79. **Schur, I.** *Versöhnungstag und Sündopfer im Alten Testament.* Commentationes humanarum litterarum 6/3. Breslau, 1930. **Strand, K. A.** "An Overlooked Old Testament Background to Revelation 11:1." *AUSS* 22(1984) 317-25. **Strobel, A.** "Das jerusalemische Sündenbock-Ritual :Topographische und landeskundliche Erwägungen zur überlieferungsgeschichte von Lev. 16,10.21f." *ZDPV* 103(1987) 141-68. **Stuhlmacker, P.** "Recent Exegesis on Romans 3:24-26." In *Reconciliation, Law, & Righteousness: Essays in Biblical Theology*. Philadelphia: Fortress, 1986. 94-109. **Tarragon, J.-M. de.** "La *Kapporet* est-elle une fiction ou un élément du cult tardif?" *RB* 88(1981) 5-12. **Tawil, H.** "'Azazel The Prince of the Steppe: A Comparative Study." *ZAW* 92(1980) 43-59. **Vriezen, Th. C.** "The Term *Hizza*: Lustration and Consecration: The Day of Atonement Lev xvi." *OTS* 7(1950) 219-33. **Wyatt, N.** "Atonement Theology in Ugarit and Israel." *UF* 8(1976) 415-30. **Young, N. H.** "The Gospel according to Hebrews 9." *NTS* 27(1981) 198-210. ______. "'Hilaskesthai' and Related Words in the New Testament." *EvQ* 55(1983) 169-76. **Zani, A.** "Tracce di un'interessante, ma sconosciuta esegesi midrašica giudeo-cristiana di Lev 16 in un frammento di Ippolito." *BO* 24(1982) 157-66.

서론

속죄일을 위한 규정은 자체적인 하나의 분할이다. 왜냐하면 그것은 도입 형식문으로 시작해서(1절), 순종 보고로 마무리하기 때문이다(34b절). 그것은 레위기의 중심에 위치하며, 또한 레위기는 물론 오경의 중심이다. 속죄일 규정의 이러한 문학적 구조 속의 위치는 이스라엘 공동체에게, 특히 오경이 최종적 형태를 갖게 되었던 시대에 이 엄숙한 날의 중요성을 밝히 드러내어 준다.

이 규정은 제사장적 법안 속에서 가장 초기의 가능한 위치에 자리잡고 있다. 그 규정이 충분하게 이해되도록 하기 위해 그것은 선행하는 내용 자료를 필요로 한다: 구체적으로 말하자면, 성막과 그것의 비품들의 형태(출 25-40장), 속죄제(4:1-5:13)와 번제(1장)에 대한 규정들, 제사장 위임식(8장) 그리고 새로운 제의의 정식 개시(9장). 속죄일의 의식이 백성들의 오염에서 비롯된 부정결을 제거하기 때문에, 속죄일은 앞서 의식적 정결법(11-15장)의 소개를 필요로 한다. 그러나 17-26장의 법들은 어떠한가? 거기 있는 모든 정보가 속죄일의 임무를 이해하는 데는 유익하지만, 그 법들이 대부분 제사로 회복될 수 없는 행위들을 다루고 있으므로 그것들이 이 속죄일 규정 앞에 올 필요는 없다. 왜냐하면 속죄일은 제의를 재정비하고(즉 속죄일에 제의 체제가 전면적으로 정화된다는 의미 – 역자주) 또한 회중이 하나님 앞에 설 수 있도록 보장해 주기 위한 날이기 때문이다. 오히려 속죄일 규정은 뒤에 나올 거룩한 삶을 위한 자료를 준비한다. 백성들이 17-26장에 있는 법들을 성취하기 위한 도덕적이고 영적인 에너지가 그들이 속죄일에 받는 완전한 대속으로부터 온다고 말할 수 있을 것이다.

이 큰 명절이 기원한 연대를 결정하는 것은 매우 어려운데, 이는 전선지서나 후선지서에 공히 그것에 대한 언급이 전혀 없기 때문이다. 오경의 다른 곳에서 단지 세 번 언급이 있을 뿐이다. (1) 레위기 23장(27-32절)의 월력에 그것을 언급하는 매우 간략한 규정이 있다 – 그 문단의 간결한 특징을 볼 때, 그 본문은 16장에 나오는 규정, 특히 29-34a절을 전제하고 있는 것이 분명하다. (2) 이 속죄일에 대한 간략한 예전적인 조례들이 민수기 28-29장의 월력(29:7-11)에서 발견된다. 비록 명시적으로 속죄일이라고 이름 부르지는 않지만 말이다. (3) 레위기 25:9에는 안식년이 속죄일에 시작되도록 일정표가 짜여져 있다. 덧붙여서, 에스겔 45:18-20에 유사한 의식이 있다. 그 본문은 1월 1일에 성소의 정화를 위한 제사를 드리고 그 달 7일에 그것이 반복되어야 한다는 규정을 알려 준다. 대안적 독법은 7월이지만, 짐멀리는 그 독법을 열등한 것으로 간주한다(Zimmerli, *Ezekiel 2*, tr. J. D. Martin, Hermeneia[Philadelphia: Fortress, 1983] 483). 그러나 그 의식을 면밀히 살펴보면 속죄일 의식과 사뭇 다르다는 것이 발견된다. 그렇다면 성전 문제에 대한 에스겔의 큰 관심을 고려해 볼 때, 그의 책에 이 날에 대한 언급이 없는 것은 이상하다. 이러한 사실은 많은 학자들로 하여금 이 날이 에스겔 시대 이후에 기원했음이 분명하다고 결론짓게 만들었다. 밀그롬(Milgrom, *EncJud* 5:1387)은 이러한 주장을 다음과 같은 논리로 반박한다: 성전을 위한 정화 예식은 에스겔에게 참신했던 전체적인 그의 프로그램의 일부이며, 따라서 그의 저작은 속죄일의 기원에 대해서는 어떠한 정보도 제공하지 않는다.

속죄일의 기원의 수수께끼는 느헤미야 9:1에 있는 바, 7월 24일이 금식일이라는 언급으로 인해 복잡해진다. 만일 속죄일이 7월에 지켜진 날이라면, 왜 또 다른 금식일이 있었을까? 특히 기쁨으로 가득 찼던 초막절 직후에 말이다. 묄러(W. Möller)와 페인(J. B. Payne)은 에스라가 속죄일을 되살렸지만, 그가 어떤 알 수 없는 이유로 그것을 초막절이 끝난 이후로 두 주간 연기해야만 했다고 추론한다(*ISBE* rev. 1:362). 그렇지만 느헤미야 9:1-3의 독법은 이 24일에 금식, 죄 고백 그리고 율법 낭송이 있었으나, 속죄일에 요구되는 희생제들은 전혀 언급되지 않았다는 것을 알려 준다. 따라서 이 금식일 기획은 속죄일과는 다른 것이었다. 나아가 밀그롬(*IDB-Sup* 83)은 속죄일은 그 금식일에 있었던 바와 같이 언약을 기록하여 그것에 순종하기에는 적절한 날이 아니었을 것이라는 사실을 지적해 준다. 그는 계속해서 속죄일이 느헤미야서에 언급되지 않은 이유는 백성들보다는 제사장들이 이 엄숙한 날에 대한 책임을 지고 있었기 때문이라고 추론한다.

속죄일에 대한 역사적 언급의 결여와 이 규정에서 아론이 부각되는 특징으로 인해 벨하우젠 학파는 속죄일의 기원을 포로기 이후의 시기로 잡게 되었다. 그럼에도 불구하고, 속죄일 준수의 고대성을 지시하는 많은 증거들이 있다. 첫째로, 코흐의 연구에 따르면(Koch, *Priesterschrift*, 92-96) 고대의 의식이 현재의 본문의 토대가 된다. 둘째로, 아사셀 염소로 시행되는 방출 의례(rite of riddance)는 고대의 의식의 징표다. 왜냐하면 이러한 염소를 내보내는 의식과 병행을 이루는 초기의 방출 의례가 우가릿과 히타이트(헷) 문헌에서 발견되기 때문이다(Aartun, *ST* 34[1980] 91-94). 그런 방출 의례가 포로기 이후 공동체의 절박한 유일신관의 정립 시기에 만들어졌다는 것은 상상하기 어렵다. 특히 그 염소가 악마의 거주지인 광야로 보내졌기 때문이다. 셋째로, 아사셀(עזאזל – 아자젤)이란 단어의 의미가 현재 사라지고 없는데, 그것 역시 초기의 기원을 지시한다(참조. Noth, 119, 123-24). 그것의 고대성에 대한 네 번째 실마리는 속죄판(כפרת – 카포레트, 언약궤 위에 있는 판으로 개역 성경은 속죄소라고 부른다 – 역자주) 위에서의 중대한 피 의례들의 기능이다. 이러한 피 의례들은 더 초기의 시대로부터 온 것이 분명하다. 왜냐하면 이 제의 비품(속죄소 – 역자주)이 포로기 동안에 사라졌기 때문이다. 속죄판(속죄소)이 에스겔의 재건축된 성전에서 언급되지 않았으며, 예레미야는 언약궤와 더불어 추정컨대 속죄판과 그룹들이 결코 다시는 만들어지지 않을 것이라고 말한다(3:16; 참조. W. Möller and J. B. Payne, *ISBE* rev. 1:362).

더욱이 근거 자료가 부족한 상태에서 역사적 결론을 도출하는 것은 위험하다. 이것은 포로기 이후의 문헌에 속죄일에 대한 언급이 드물다는 사실을 통해 알 수 있다. 비록 그 날이 포로기 이후의 공동체에서 점점 중대한 의의를 갖게 되었을지라도 말이다. 이러한 속죄일에 대한 참고문헌들로는 다음과 같은 것들이 있다: 시락서(Sir) 50:5-7; 마카비3서 1:11; 필로, 특별법(*De specialibus legibus*) 2.193-223(필로의 이 라틴어 저서의 뜻은 "특별한 법에 관하여"이다 – 역자주); 요세푸스, 고대사(*Ant.*). 14.4.3; 사도행전 27:9; 히브리서 6:19; 9:7, 11-14(W. Möller and J. B. Payne, *ISBE* rev. 1:362). 하나의 중요한 관습에 대한 참고문헌이 이토록 부족하다는 사실은 또한 포로기 이전의 책들에서의 세 가지 순례 절기에 대한 드문 언급에서도 나타난다. 그러한 참고문헌들의 희소성은 지도자들이 특별한 사건들을 위해 이러한 절기들을 선택했을 것이라는 사실을 미루어 볼 때 놀라운 것이다. 예를 들어, 요시야는 유월절에 성전 복구를 완성하는 행사를 거행했다(왕하 23:21-23). 지도자가 특별한 행사를 위해 금식일이 아닌 축제의 때를 선택했을 것이기 때문에, 왜 속죄일보다 이러한 절기들에 대한 언급이 더 많은지를 이해할 수 있다. 만일 재앙이나 전쟁과 같은 위협이 7월의 시작에 다가오지 않는 한, 우리에게 전수되어 온 구약 자료 속에 속죄일을 언급하는 특별한 경우는 없었을 것이다. 더욱이 그러한 언급의 부족은 단지 하루에 그친 금식 때문일 수도 있으며, 또한 그 날의 애도적 성격 때문일 수도 있다. 그렇다면 이러한 희소성이 속죄일 준수의 고대성을 반박하는 주장에서 차지하는 비중은 거의 적다. 그럼에도 불구하고, 포로기 이전 시대에서의 침묵은 이해하기가 쉽지 않다.

몇 가지 다른 고려할 점이 속죄일의 침묵에 대한 이해를 도울 수 있다. 주목할 만한 것은 16장에서 이 날이 절기의 명칭을 갖지 않는다는 것이며, 또한 이 규정의 월력에 대한 부분(29-34a절)이 후대의 삽입이라면 속죄일은 포로기 이후 시대가 되기 전까지는 날짜가 고정되지 않았을 것이다(참조. Aartun, *ST* 34[1980] 98-99). 만일 이러한 사실이 정확하다면, 포로기 이전의 본문들에 이 날에 대한 언급이 나올 가능성은 훨씬 낮을 것이다. 덧붙여서, 이 날은 왕국 시대에 커다란 국가적 중요성을 갖지 않았을 가능성이 매우 다분하다. 가나안 전역에 정착한 지파들은 7월에 초막절 순례를 하기 위해 이 금식일이 지날 때까지 기다렸을 것이다. 이러한 이유로 이 날의 준수에 대한 우선적인 책임은 제사장과 아마도 중앙 성소에 바로 인접해 있던 공동체에 있었을 것이다. 덧붙여서, 이 날은 아하스와 같은 사악한 왕들의 통치기에 폐지되어 제2성전 시대까지 회복되지 않았을 가능성이 아주 크다. 이러한 점에 비추어, 속죄일 준수는 왕국 시대에 주목을 받지 못하다 포로기 이후 시대에 관심을 끌게 되었다고 자신 있게 추론해 볼 수 있다.

이러한 고찰들이 주어지면서, 현대의 학자들은 속죄일의 기원과 발전에 대해 초기의 비평적 학자들이 신봉한 견해보다 더 복잡한 이해에 이르게 되었다. 두 학자의 결론이 이러한 점을 조명해 줄 것이다. 이 본문에서 증거되는 전승들에 대한 광범위한 연구를 통해 아르툰(Aartun, *ST* 34[1980] 103)은 그 두 가지 주요 의식, 즉 속죄 의식과 광야로 내보낸 짐승에 의한 죄의 제거 의식의 고대성을 인식한다. 이 본문에서 사용된 언어와 이스라엘 제의 관습의 전승사로부터 그는 속죄일이 포로기 말기나 포로기 이후 시대의 초기 즈음에 이 두 의식의 조합과 재손질을 통해 만들어졌다고 결론짓는다. 한편, 밀그롬은 속죄일 준수가 왕국 시대로 거슬러 올라간다고 주장한다(*EncJud* 5:1387). 그는 속죄일의 기원을 솔로몬 성전 이후의 어느 시점으로 잡는다. 밀그롬은 만일 솔로몬 성전의 장기간의 준공 기념식(낙성식) -7월에 7일 내지 8일 간 계속되어 22일에 마무리되었다-에 속죄일이 끼어 있었다면(왕상 8:65-66; 대하 7:8-10), 솔로몬이 이 날을 중단시켰을 리가 없다(정확하게는 성전 봉헌식이 7월 8일부터 14일까지 한 주간은 봉헌식, 그 다음 7월 15-22일까지는 초막절로 지켜 봉헌식은 실제로 2주 간 동안 계속되었다. 그런데 속죄일은 7월 10일이므로 이 기간과 겹치기 때문에 이때 과연 속죄일이 존재하고 있었느냐가 주요 논쟁인 것이다-역자주)고 생각한다. 그러나 속죄일의 날짜가 솔로몬 시대에 고정되지 않았을 가능성을 받아들인다면, 솔로몬이 그것을 중단시킬 필요가 전혀 없었다. 따라서 그것의 기원은 솔로몬 시대보다 더 초기일 수 있다.

그러므로 복합적인 증거들이 속죄일의 기본 의례의 기원을 초기로 잡는 것을 지지한다. 아래서 토론할 것이지만, 본문의 세련되지 못한 상태는 속죄일에 대한 전승들의 오랜 복잡한 발전을 증언해 준다.

이 날은 후대의 제2성전 시대에 그 중요성이 엄청나게 커졌다. 왜냐하면 죄로 인해 포로기를 겪은 이스라엘은 그 날을 준수함으로써 자신들의 죄가 대속되어 하나님께 받아들여질 수 있다는 확신을 갖게 되었기 때문이다. 그 날은 "대 금식"(행 29:9), "금식절"(필로) 그리고 "그 날" 혹은 "그 큰 날"(Mishnah; Rylaarsdam, *IBD* 1:313)과 같은 많은 용어들로 지칭될 만큼 중요했다. 실제로, **요마**(*Yoma*)라고 부르는 미쉬나(Mishnah)의 한 소논문 전체가 이 속죄일의 의례와 규정들에 대한 내용으로 되어 있다. 놀랍게도 제2성전의 파괴와 희생제의 종료와 더불어, 이 속죄일은 유대교에서 훨씬 더 중요성이 커졌다. 오늘날 그 날의 준수는 지구상의 도처에 매우 상이한 신학과 전통을 가진 많은 공동체 속에서 사는 유대인들을 통합시킨다. 초기의 기독교인들에게 속죄일은 예수님의 죽음에 대한 이해에 의미심장한 역할을 했다. 성(聖) 금요일은 기독교인의 속죄일, 말하자면 자기 부정, 참회, 속죄 그리고 화해의 날이 되었다.

본 문

1 아론의 두 아들이 여호와 앞에 나아가다가 죽은 후에 여호와께서 모세에게 말씀하시니라	**1** Yahweh spoke to Moses after the death[a] of Aaron's two sons who died when they drew near[b] before Yahweh.
2 여호와께서 모세에게 이르시되 네 형 아론에게 이르라 성소의 장안 법궤 위 속죄소 앞에 무시로 들어오지 말아서 사망을 면하라 내가 구름 가운데서 속죄소 위에 나타남이니라	**2** Yahweh said to Moses: "Speak to Aaron, your brother, not to enter[a] at any time[b] into the Holiest Place[c] within[d] the curtain in front of the Atonement Slate,[e] which is on the Ark,[f] lest he die, for I will appear in the cloud[g] over the Atonement Slate.
3 아론이 성소에 들어오려면 수송아지로 속죄 제물을 삼고 숫양으로 번제물을 삼고	**3** "In this way[a] Aaron is to enter the holy place: with a young bull[b] for a purification offering and a ram[c] for a whole offering.
4 거룩한 세마포 속옷을 입으며 세마포 고의를 살에 입고 세마포 띠를 띠며 세마포 관을 쓸지니 이것들은 거룩한 옷이라 물로 몸을 씻고 입을 것이며	**4** He[a] is to wear the holy linen tunic, and he is to have on his body[b] the linen trousers, and he is to tie on the linen sash, and he is to wear[c] the linen turban. These are sacred garments. He must bathe himself[d] in water before putting them on.
5 이스라엘 자손의 회중에게서 속죄 제물을 위하여 숫염소 둘과 번제물을 위하여 숫양 하나를 취할지니라	**5** From the Israelite community[a] he is to take two male goats for a purification offering[b] and a ram for a whole offering.
6 아론은 자기를 위한 속죄제의 수송아지를 드리되 자기와 권속을 위하여 속죄하고	**6** "Aaron is to bring near[a] the bull for his own purification offering in order to make expiation for himself and for his household.
7 또 그 두 염소를 취하여 회막 문 여호와 앞에 두고	**7** Then he is to take the two goats and set them before Yahweh at the entrance to the Tent of Meeting.
8 두 염소를 위하여 제비뽑되 한 제비는 여호와를 위하고 한 제비는 아사셀을 위하여 할지며	**8** Aaron is to cast lots over the two goats, one lot for Yahweh and one lot for Azazel.[a]
9 아론은 여호와를 위하여 제비뽑은 염소를 속죄제로 드리고	**9** Aaron is to present the goat on which the lot to Yahweh fell and make[a] a purification offering.
10 아사셀을 위하여 제비뽑은 염소는 산 대로 여호와 앞에 두었다가 그것으로 속죄하고 아사셀을	**10** And the goat on which the lot for Azazel[a] fell is to be stationed[b] alive before Yahweh to make

위하여 광야로 보낼지니라

expiation with it by sending it to Azazel,[c] into the wilderness.

11 아론은 자기를 위한 속죄제의 수송아지를 드리되 자기와 권속을 위하여 속죄하고 자기를 위한 그 속죄제 수송아지를 잡고

11 "Aaron is to present his[a] bull for a purification offering to make expiation for himself and his house. He is to slaughter his bull for the purification offering.

12 향로를 취하여 여호와 앞 단 위에서 피운 불을 그것에 채우고 또 두 손에 곱게 간 향기로운 향을 채워 가지고 장 안에 들어가서

12 He is to take a firepan[a] full of burning coals from the altar before Yahweh and two handfuls of finely ground fragrant[b] incense and bring them within[c] the curtain.

13 여호와 앞에서 분향하여 향연으로 증거궤 위 속죄소를 가리우게 할지니 그리하면 그가 죽음을 면할 것이며

13 He is to put the incense on the fire before Yahweh, and the smoke of the incense will cover the Atonement Slate which is over the testimony in order that he does not die.

14 그는 또 수송아지의 피를 취하여 손가락으로 속죄소 동편에 뿌리고 또 손가락으로 그 피를 속죄소 앞에 일곱 번 뿌릴 것이며

14 He is to take some of[a] the bull's blood and sprinkle it with his finger over the surface of the Atonement Slate eastward, and he is to sprinkle some of[a] the blood with his finger seven times[b] before the Atonement Slate.[c]

15 또 백성을 위한 속죄제 염소를 잡아 그 피를 가지고 장 안에 들어가서 그 수송아지 피로 행함같이 그 피로 행하여 속죄소 위와 속죄소 앞에 뿌릴지니

15 "He is then to slaughter the people's goat for a purification offering[a] and bring its blood[b] within the curtain and do with[c] its blood just as he did with the bull's blood. He is to sprinkle it on the Atonement Slate and before the Atonement Slate.

16 곧 이스라엘 자손의 부정과 그 범한 모든 죄를 인하여 지성소를 위하여 속죄하고 또 그들의 부정한 중에 있는 회막을 위하여 그같이 할 것이요

16 In this way he will make expiation for the Holiest Place because of[a] the uncleannesses of the Israelites and their acts of rebellion and for all their sins. Thus he is to do for the Tent of Meeting, which dwells among them in the midst of their uncleannesses.

17 그가 지성소에 속죄하러 들어가서 자기와 그 권속과 이스라엘 온 회중을 위하여 속죄하고 나오기까지는 누구든지 회막에 있지 못할 것이며

17 No one may ever be[a] inside the Tent of Meeting when he enters to make expiation in the Holiest Place until he exits, having made expiation for himself, for his house, and for all the assembly[b] of Israel.

18 그는 여호와 앞 단으로 나와서 그것을 위하여 속죄할지니 곧 그 수송아지의 피와 염소의 피를 취하여 단 귀퉁이 뿔들에 바르고

18 "He then is to go out to the altar which is before Yahweh and make expiation for it. He is to take some of[a] the bull's blood and some of[a] the goat's blood and put it on the horns roundabout

the altar.

19 또 손가락으로 그 피를 그 위에 일곱 번 뿌려 이스라엘 자손의 부정에서 단을 성결케 할 것이요

19 He is to sprinkle some of[a] the blood on it seven times[b] with his finger. Thus he will cleanse it and sanctify it from the uncleannesses of the Israelites.

20 그 지성소와 회막과 단을 위하여 속죄하기를 마친 후에 산 염소를 드리되

20 "When Aaron has finished making expiation for the Holiest Place, the Tent of Meeting, and the altar,[a] he is to bring near the living goat.

21 아론은 두 손으로 산 염소의 머리에 안수하여 이스라엘 자손의 모든 불의와 그 범한 모든 죄를 고하고 그 죄를 염소의 머리에 두어 미리 정한 사람에게 맡겨 광야로 보낼지니

21 Aaron is to lay both[a] his hands on the living goat's head and confess over it all the iniquities of the Israelites, all their acts of rebellion, and all their sins;[b] he is to put them on the goat's[c] head and send it away into the wilderness by the hand of one waiting in readiness.[d]

22 염소가 그들의 모든 불의를 지고 무인지경에 이르거든 그는 그 염소를 광야에 놓을지니라

22 The goat is to carry on it all[a] their iniquities to a desolate place, and he is to release the goat in the wilderness.

23 아론은 회막에 들어가서 지성소에 들어갈 때에 입었던 세마포 옷을 벗어 거기 두고

23 "Aaron is to come to the Tent of Meeting and take off the linen garments he had put on before he entered the Holiest Place and leave them there.

24 거룩한 곳에서 물로 몸을 씻고 자기 옷을 입고 나와서 자기의 번제와 백성의 번제를 드려 자기와 백성을 위하여 속죄하고

24 He is to bathe himself in water in a holy place and put on his (priestly) clothes. Then he is to go out and perform the ritual[a] for his own whole offering and the people's whole offering, making expiation for himself[b] and for the people.[c]

25 속죄제 희생의 기름을 단에 불사를 것이요

25 He is to burn the fat of the purification offering on the altar.[a]

26 염소를 아사셀에게 보낸 자는 옷을 빨고 물로 몸을 씻은 후에 진에 들어올 것이며

26 "The man who releases the goat for Azazel[a] is to wash his clothes and bathe himself in water; afterwards he may enter the camp.

27 속죄제 수송아지와 속죄제 염소의 피를 성소로 들여다가 속죄하였은즉 그 가죽과 고기와 똥을 밖으로 내어다가 불사를 것이요

27 The bull for the purification offering and the goat for the purification offering, whose blood[ab] has been brought into the Holiest Place[c] to make expiation, are to be taken[d] outside the camp and burned[e] with fire along with their hides, their flesh, and their offal.

28 불사른 자는 옷을 빨고 물로 몸을 씻은 후에 진에 들어올지니라

28 He who burns them is to wash his clothes and bathe himself in water. Afterwards he may enter the camp.

29 너희는 영원히 이 규례를 지킬지니라 칠 월 곧 그 달 십 일에 너희는 스스로 괴롭게 하고 아무 일도 하지 말되 본토인이든지 너희 중에 우거하는 객이든지 그리하라
30 이 날에 너희를 위하여 속죄하여 너희로 정결케 하리니 너희 모든 죄에서 너희가 여호와 앞에 정결하리라
31 이는 너희에게 큰 안식일인즉 너희는 스스로 괴롭게 할지니 영원히 지킬 규례라

32 그 기름부음을 받고 위임되어 그 아비를 대신하여 제사장의 직분을 행하는 제사장은 속죄하되 세마포 옷 곧 성의를 입고
33 지성소를 위하여 속죄하며 회막과 단을 위하여 속죄하고 또 제사장들과 백성의 회중을 위하여 속죄할지니

34 이는 너희의 영원히 지킬 규례라 이스라엘 자손의 모든 죄를 위하여 일 년 일차 속죄할 것이니라 아론이 여호와께서 모세에게 명하신 대로 행하니라

29 "This[a] is to be[b] a perpetual ordinance for you. On the tenth day of the seventh month you are to afflict yourselves[c] by not doing any work – the citizen and the alien who lives among you –
30 because on this day he is to make expiation for you to make you clean: and you will be clean from all your sins before Yahweh.
31 It[a] is a sabbath of solemn rest[b] for you, and you must afflict yourselves. It is a perpetual ordinance.
32 The priest who is anointed[a] and ordained[b] to be priest in his father's place is to make expiation.[c] He is to put on the sacred linen garments.
33 He is to make expiation[a] for the Most Holy Place[b] and he is to make expiation[a] for the Tent of Meeting and the altar, and he is to make expiation[a] for[c] the priests and all the congregation.[d]
34 This is to be a perpetual ordinance for you in order to make expiation for the Israelites because of[a] all their sins once[b] a year." And he did[c] just as Yahweh had commanded Moses.

원문주해

1.a. 전치사 뒤의 부정사 연계형은 시간절을 만든다. 주절은 와우 연속법으로 시작된다.

1.b. 70인경(LXX)은 엔 토 프로사게인 아우투스 퓌르 알로트리온(*ἐν τῷ προσάγειν αὐτοὺς πῦρ ἀλλότριον*) = 베하크리밤 에쉬 자라(בהקריבם אש זרה, "그들이 다른 불을 가지고 들어갔을 때")를 추가한다(또한 탈굼, 시리아역 그리고 벌게이트역. 참조. 민 3:4). PIR(183)은 마소라 본문(MT)을 선호할 만한 본문으로 받아들이는데, 그 이문이 다른 본문의 영향으로부터 발생된 것이라고 추론한다.

2.a. 부정어 알(אל)을 가진 단축형(jussive)은 경고를 전달한다(GKC § 109c).

2.b. 콜(כל, "모든")의 용법은 모호하다(Joüon § 160k). 그 의미는 그가 신중하게 분별하여 아무 때가 아니라 단지 하나님께서 허용하신 때에만 들어가야 한다는 것이다.

2.c. 하코데쉬(הקדש)는 주 제단을 포함하여 제사장이 집례하는 성막 구역 내의 어느 장소든지 모두 해당된다(Haran, *Temples*, 172, n. 50). 여기서 그것은 때로 코데쉬 하코다쉼(קדש הקדשים, "거룩들 중의 거룩〈지성소〉"; 예를 들어, 21:22)을 의미하는 "지성소"를 의미한다. 이 연설에서 그것은 빈번하게 회막의 가장 신성한 장소에 대해 사용된다 –

지성소가 자주 휘막으로도 언급된다(2, 3절[הקדש – 하코데쉬가 성막 구역을 지칭할 수도 있다], 16, 17, 20, 23, 27; 참조. 33.b.). 그것은 4:6; 10:4와 겔 41:21, 23에서 이런 의미로 사용된다.

2.d. 두 개의 전치사가 베이트(בית, "집")와 결합하여 복합 전치사인 미베트 레(מבית ל, "…내부에")를 형성한다(BDB, "בית, 8.b.," 110; GKC § 130a[3]).

2.e. 고찰해 볼 또 다른 입장이 괴르크(M. Görg, "Eine neue Deutung für *kăpport*," *ZAW* 89[1977] 115-18)에 의해 제시된다. 그는 이 단어를 이집트 기원으로 추적해 올라가 "발판"으로 해석한다.

2.f. 70인경(LXX)은 에피 테스 키보투 투 마르튀리우(*ἐπὶ τῆς κιβωτοῦ τοῦ μαρτυρίου*, "증거의 궤 위에")로 읽는다.

2.g. 이 절 문장에서 전치사구인 베아난(בענן, "구름 속에서")이 강조를 위해 앞에 위치한다.

3.a. 지시대명사 베조트(בזאת, 문자적으로 "이것과 더불어")는 문장의 끝에 나타나는 목적어, 즉 수소와 숫양을 예견한다. 그것은 아론이 준비되지 않은 채 지성소에 들어갈 수 없다는 것을 강조하기 위해 앞에 나온다. "이것"은 또한 옷들(5절)과 정확한 의식 순서를 포함할 가능성이 있다(참조. Dillmann, 575). 만일 이 후자의 항목들이 이 단어에 포함되어 있다면, 그 대명사는 문장을 시작하기 위해 선택된 것이다. 왜냐하면 술부가 제 위치에 있기에는 너무 길어지기 때문이다.

3.b. 파르 벤 빠카르(פר בן־בקר, "수송아지")에 관해서는 4:3에 있는 "주석"을 보라.

3.c. 올라(עלה, "번제")를 위한 아일(איל, "숫양)은 또한 8:18, 9:2 그리고 15:24에서도 지시된다.

4.a. 사마리아 오경(Sam), 70인경(LXX) 그리고 시리아역(Syr)은 이 구절의 서두에서 와우(ו)를 읽는다.

4.b. 베사로(בשרו, 문자적으로 "그의 몸, 육체")는 그의 성기에 대한 완곡어법이다. 참조. "원문주해" 15.2.d. 이스라엘 제의에서 제사장은 어떠한 노출 가능성도 주의해야만 했다(참조. 출 20:26; 28:42-43).

4.c. 짜나프(צנף)는 "싸매다, 감다"를 의미한다. 그것은 미츠네페트(מצנפת, "두건")를 쓰는 것을 지칭하는 동사다(출 28:4, 37, 39). 이 구절에서 라쉬(Rashi)는 짜나프(צנף)가 "입다"를 의미하는 것으로 이해한다(73a). 그러나 출 29:6과 레 8:9에서는 심(שים, "놓다")을 사용한다. 하지만 라쉬의 저작에 있는 각주는 짜나프(צנף)를 "싸매다"로 해석하기를 선호하는데, 왜냐하면 전치사 베(ב, "…안에, …와 함께")가 미쯔네페트(מצנפת, "두건") 앞에 위치해 있기 때문이다.

4.d. 사마리아 오경(Sam)와 70인경(LXX)은 베사로(בשרו, "그의 몸") 앞에 콜(כל, "모든")을 추가한다.

5.a. 참조. "원문주해" 4:13.a.

5.b. 버톨렛(Bertholet, 54)에 따르면, 레하타트(לחטאת, "속죄제를 위하여")는 단순히 속죄제만이 아니라 전체적인 속죄 의례를 지칭한다. 이러한 해석은 이 단어를 확대해서 염소 두 마리를 포함하게 만들지만, 그것은 한 가지 난점 즉 그것이 레하타트(לחטאת)와 레올라(לעלה, "번제를 위해") 사이의 병행을 방해한다는 난관에 부딪힌다. 연설자는 이 지점에서 단지 공식적인 제사들을 지칭하기를 원했으며 두 마리의 염소로 드리는 서로 다른 의식들을 구별하기를 바라지 않았다.

6.a. 딜만(Dillmann, 576)은 히크리브(הקריב)가 여기서 11절에서처럼 전문적 의미인 "바치다"가 아니라 1절과 3절에서와 마찬가지로 "가져오다"라는 의미를 갖는다고 주석한다.

8.a. 70인경(LXX)은 토 아포폼파이오(*τῷ ἀποπομπαίῳ*, "〈악을〉 제거하는 것에 대해")로 읽는다(Liddell-Scott, 213). 아자젤(עזאזל)의 의미는 상실되었다. 그것의 의미에 대한 몇 가지 제안은 유익하다. 역본들은 아자젤(עזאזל)이 아즈(עז, "염소")와 아잘(אזל, "떠나다")의 복합어인 "떠나는 염소" 혹은 "그 염소가 멀리 떠났다"로 이해한다(Snaith, 79). 이러한 해석은 영어 역본들의 "escape-goat" 〉 "scapegoat"로 이어졌다. 레빈(Levine, 102)은 이 단어가 아즈 엘(עז־אל, "능력의 염소")로부터 발전되어 자인(ז)이 중복된 아자즈엘(עזזאל) 〉 아자젤(עזאזל)이 되었을지 모른다고 제안한다. 카일 델리취(Keil and Delitzsch, 398)는 그것을 아잘(עזל)의 강조형으로 이해하여 아잘(עזל) 〉 아잘젤(עזלזל) 〉 아자젤(עזאזל)(유음이 부드럽게 모음으로 바뀜: 참조. GKC § 30n)로 된 것으로 본다. 바빌로니아 탈무드 요마(*b. Yoma*) 67b 혹은 39a에서는 아자젤(עזאזל)이 "혹독한, 거친 땅"으로 번역되는데, 이는 아자즈(עזז)이 "강한, 혹독한"을 의미하는 것으로 간주되기 때문이다(Levine, 102). 그렇지만 호프만(Hoffmann, 1:444)은 그것을 "완전한 파괴"를 의미하는 히브리어 단어로 확인한다.

와야트(Wyatt, 429)는 이것이 또 다른 신의 이름일 수 있다는 착상을 가지고 연구했는데, 그는 원래의 형태가 아즈자엘(עזזאל)이었다는 전제를 토대로 이 단어가 우가릿의 신 아타르('A_t_tar)의 칭호라고 제안한다. 그 신은 새벽 별이었으며 아세라의 아들이었다. 그는 이 날에 희생으로 요구된 두 염소가 아타르의 쌍둥이 위격(twin hypostases)과 동일시된다는 근거 위에 이러한 연관성을 수립한다. 이러한 추론적 제안은 많은 지지를 받지 못했다.

9.a. 마소라 본문(MT)의 붸아사후(ועשהו, "그리고 그가 그것을 만들었다")는 "그는 …의 의식을 수행했다"에 대한 생략형이다. 참조. 9:16과 출 29:38.

10.a. 참조. "원문주해" 8.a.

10.b. 마소라 본문(MT)의 요오마드(יעמד, "그것이 놓여져야 한다, 바쳐져야 한다") 대신 70인경(LXX)은 스테세이 아우톤(*στήσει αὔτον*)=야아미드 오토(יעמיד אתו, "그는

그것을 두어야 한다")를 갖는다.

10.c. 70인경(LXX)은 아페세이 아우톤(ἀφήσει αὔτον, "그는 그것을 내보낼지어다")을 추가한다.

11.a. 마소라 본문(MT)의 아쉐르 로(אשר לו, "그의 것인") 대신 70인경 바티칸 사본 및 알렉산드리아 사본(LXX^BA)은 톤 아우투 카이 투 오이쿠 아우투 모논(τὸν αὐτοῦ καὶ τοῦ οἴκου αὐτοῦ μόνον, "오직 그의 것이며 또한 그의 집의 것인")으로 읽는다. 70인경(LXX)은 대제사장이 자신뿐만 아니라 자신의 집, 즉 현역 제사장들을 위해서 첫 번째 희생을 드린다는 것을 강조한다.

12.a. 하마흐타(המחתה)에 관해서는 10:1을 참조하라.

12.b. 싸밈(סמים)에 관해서는 "원문주해" 4:7.a.를 참조하라.

12.c. 참조. "원문주해" 2.c.

14.a. 이것은 어떤 사물의 불명확한 부분을 지시하는 전치사 민(מן)의 부분의 용법(partitive use)이다(BDB, "מן, 3.b.," 580).

14.b. 이것은 어떤 행위가 수행되어야 하는 방식을 묘사하는 방법의 목적격(an accusative of manner)이다(GKC § 118m; *IBHS* § 10.2.2.e).

14.c. 붸리프네이 하카포레트(ולפני הכפרת, "그리고 속죄판〈속죄소〉 앞에서")가 강조를 위해 동사 앞에 위치한다. 연설자는 속죄판에 대한 언급 속에서 나오는 두 가지 피의례가 존재한다는 것을 강조하기 위해 그 판에 대한 언급들을 나란히 배치하는데, 그것들 사이에는 단지 "동편을 향해"라는 어구만이 있을 뿐이다. 실제로 다음과 같은 문장이 교차 구조 관계 속에 나타난다. 미담…히자…알 프네이 하카포레트…리프네이 하카포레트 야제…민 하담(מדם··הזה··על־פני הכפרת··לפני הכפרת יזה··מן־הדם, "그 피로부터 … 그는 뿌려야 한다…속죄판〈속죄소〉 앞에 그는 뿌려야 한다…그 피의 일부를"): a:b:c::c:b:a.

15.a. 70인경(LXX)은 에난티 퀴리우(ἔναντι κυρίου, "주님 앞에서")를 추가한다.

15.b. 마소라 본문(MT)의 에트 다모(את־דמו, "그것의 피") 대신 70인경 원 바티칸 사본 및 알렉산드리아 사본(LXX^B*A)은 14절에서처럼 아포 투 하이마토스 아우투(ἀπὸ τοῦ αἵματος αὐτοῦ, "그것의 피의 일부")로 읽는다. 참조. "원문주해" 8:15.a.

15.c. 아사(עשה, "행하다, 만들다") 뒤의 에트(את)는 직접목적격의 표시가 아닌 전치사다(Bertholet, 55).

16.a. 민(מן)의 이러한 용법에 관해서는 "원문주해" 4:26.b.를 참조하라.

17.a. 로 이흐예(לא־יהיה, "그것이 …이 아닐 것이다")는 강한 부정이다(Baentsch, 385).

17.b. 70인경(LXX)은 이스라엘 앞에 휘온(υἱῶν, "…의 아들들")을 추가한다.

18.a. 참조. "원문주해" 14.a.

19.a. 참조. "원문주해" 14.a.

19.b. 참조. "원문주해" 14.b.

20.a. 70인경(LXX)은 카이 페리 톤 히에레온 카다리에이(*καὶ περὶ τῶν ἱερέων καθαριεῖ*, "그리고 그는 제사장들을 위하여 속죄〈정화〉했다")를 추가한다.

21.a. 70인경(LXX)은 쉐테이(שתי, "둘")를 읽지 않는다.

21.b. 표준 히브리어 성경(*BHS*)에 있는 하토탐(הטאתם)은 핫토탐(חטאתם)의 철자 오류다.

21.c. 70인경(LXX)은 투 존토스(*τοῦ ζῶντος*, "살아 있는")를 갖는데, 이 구절의 앞부분에서 "염소"와 함께 사용되는 것과 마찬가지다. 이것은 본문의 평준화 작업의 한 가지 예이다.

21.d. 이티(עתי, "시의적절한, 준비된"; BDB, 774)는 구약에서 유일하게 여기에서 나타난다.

22.a. 70인경(LXX)은 콜(כל, "모든")을 읽지 않는다.

24.a. 참조. "원문주해" 9.a.

24.b. 70인경(LXX)은 카이 페리 투 오이쿠 아우투(*καὶ περὶ τοῦ οἴκου αὐτοῦ*)=우베아드 베이토(ובעד ביתו, "그리고 그의 집을 위하여")를 추가한다.

24.c. 70인경(LXX)은 호스 페리 톤 히에레온(*ὡς περὶ τῶν ἱερέων*, "그 제사장들을 위하여 그렇게 했던 것처럼")을 추가한다.

25.a. 하미즈베하(המזבחה)에 관해서는 "원문주해" 4:19.a.를 참조하라.

26.a. 70인경(LXX)은 톤 디에스탈메논 에이스 아페신(*τὸν διεσταλμένον εἰς ἄφεσιν*, "죄사함을 위해 별도로 구별해 놓은 것")으로 읽는다.

27.a. 수동태 구조에서 직접목적어가 주어 역할을 하지만, 히브리어에서 이것은 그 행동의 목적이 수동태 동사와 더불어 여전히 목적격을 유지하는 한 가지 예이다(GKC § 121b).

27.b. 70인경(LXX)은 담(דם, "피")에 붙은 대명사 접미어를 번역하지 않는다.

27.c. 1-7장에서 빈번히 그랬던 것처럼 긴 직접목적어가 강조를 위해 동사 앞에 위치한다. 참조. "원문주해" 27.d.

27.d. 70인경(LXX)과 시리아역(Syr)은 복수 동사로 읽는다. 바엔취(Baentsch, 386)도 그렇게 한다. 복수가 추천할 만한데, 왜냐하면 이 동사와 뒤따르는 동사가 실질상의 수동태 역할을 하기 때문이다(참조. GKC § 144f).

27.e. 사마리아 오경(Sam)은 단수 동사로 읽는다(또한 Elliger, 201). 참조. "원문주해" 27.c.

29.a. 70인경(LXX)은 투토(*τοῦτο*, "이것")를 추가한다. 의미가 통하도록 본 주석의 영어 번역은 70인경을 따른다. 이것은 70인경이 다른 히브리어 선행본(Vorlage)에 대한 증

거라기보다는 70인경 번역자가 이해될 수 있는 그리스어 독법을 제공하길 원했다는 것을 의미할 수 있다.

29.b. 시작하는 붸하예타(והיתה, "그리고 그것이 …이어야 한다")는 뒤에 등장하는 것을 가리킨다. 그것은 앞서 나온 절차를 돌이켜 지시하지 않는다(Hoffmann, 1:462).

29.c. 인나(ענה)는 "낮아지게 하다, 괴롭히다, 나약하게 만들다"를 의미한다. 사람은 음식을 거부하고 그 밖의 일상적인 기쁨을 거절함으로써 스스로를 겸비케 하거나 억제해야 한다. 그런 자기 부인은 엄숙하고 애절한 회개의 태도에 부합한다. 인나 네페쉬(ענה נפש)는 사 58:2에서 나타나는데, 그 구절에서 그것은 춤(צום, "금식하다")과 병행을 이루고 있다. 이 구절은 인나 네페쉬(ענה נפש)가 엄격한 금식, 즉 아무런 음식이나 물도 먹지 않고 삼베 옷을 입고 재를 뒤집어쓰는 것임을 시사한다(참조. 시 35:13).

31.a. 사마리아 오경(Sam)과 탈굼 위-요나단(*Tg. Ps.-J.*)은 마소라 본문의 히(היא) 대신 후(הוא)로 읽는다. 23:32도 마찬가지.

31.b. 또한 23:32도 마찬가지다. 이 어구는 23:3; 출 31:15; 35:2에서 안식일을 지칭하고(참조. 16:23) 25:4에서는 안식년을 지칭하는 데 사용된다.

32.a. 마소라 본문(MT)의 이므샤흐(ימשח, "그가 기름붓는다") 대신 70인경(LXX)은 복수 동사로 읽으며, 시리아역(Syr)과 벌게이트역(Vg)은 이 동사를 수동태로 읽는다. 영어 번역에서는 의미가 통하도록 그 역본들의 번역을 따른다.

32.b. 70인경(LXX)은 복수 동사로 읽는다. 참조. "원문주해" 32.a.

32.c. 마소라 본문(MT)의 붸키페르(וכפר, "그리고 그는 속죄해야 한다"; 참조. 33절) 대신 사마리아 오경(Sam)과 70인경(LXX)은 이크포르(יכפר, "그는 속죄해야 한다")로 읽는다. 이것은 와우(ו)와 요드(י)가 교체되는 흔한 실수의 한 가지 예이다. 와우 완료형으로 시작되는 일련의 문장들은 마소라 본문(MT)에 호의를 품게 한다.

33.a. 이 구절은 붸키페르(וכפר, "그리고 그는 속죄해야 한다")로 시작된다. 첫 번째 마디와 구절은 둘 다 "속죄"의 행위를 강조하기 위해 이크포르(יכפר)로 끝난다. 이 어근의 삼중적 사용 또한 이러한 행동을 강조한다.

33.b. 이것은 연계형 사슬 미크다쉬 하코데쉬(מקדש הקדש, "거룩한 성소")의 유일한 사례다. 호프만(Hoffmann, 1:463)은 미크다쉬(מִקְדַּשׁ: 영어 원서는 미크데쉬로 모음을 찍으나 역자의 확인 결과 오류이거나 오타다 – 역자주)를 미크다쉬(מקדש, "성소")가 아닌 미크다쉬(מִקְדָּשׁ, "거룩한 장소")의 연계형으로 간주한다(참조. 민 18:29). 사람들은 호프만을 따라 이 어구가 성소의 가장 중요한 구역을 의미하는 것으로 받아들인다.

33.c. 몇몇 히브리어 필사본들(mss)과 사마리아 오경(Sam)은 전치사 알(על, "…위에, …를 위해")에 와우(ו)를 갖지 않는다.

33.d. 암 카할(עם קהל)이라는 어구는 마소라 본문(MT)에서 단지 여기에서만 나타난다. 카할 하암(קהל־העם, "백성들의 총회")이라는 어구는 삿 20:2; 렘 26:17; 시 109:32

에서 나타난다.

34.a. 참조. "원문주해" 16.a.

34.b. 기수(基數)가 부사적으로 사용된다(Joüon § 102f).

34.c. 70인경(LXX)은 이 동사를 수동태로 여긴다. 시리아역(Syr)은 실질상의 수동태를 제안하면서 복수 동사를 갖는다. 그러나 만일 이 문장이 최초의 속죄일 준수에 대한 역사적 보고의 일부라면, 그 대명사의 선행사는 아론이다. 마소라 본문(MT)이 더 어려운 독법이기에 지지를 받는다.

양식/구조/배경

이 연설은 오경의 중심에 자리잡고 있는데, 그러한 위치는 이 중요하고 엄숙한 속죄일에서 희생 제도가 절정에 이르고 있음을 밝히 드러내 준다. 속죄일의 목표는 제사장들과 백성들의 죄를 대속하고, 또한 성소를 정화하여 백성들로 하여금 하나님과 교제하게 만들고 그들이 정화되어 정상 기능을 하는 제단에 계속 나아갈 수 있게 하기 위함이다.

이 장의 구조는 다음과 같다.

I. 도입(1-2aα절)
  A. 아론의 아들들의 죽음에 대한 언급이 있는 첫 번째 도입 형식문(1절)
  B. 두 번째 도입 형식문(2aα절)
II. 연설(2aβ-34a절)
  A. 연설 위탁(2aβ절)
  B. 연설 자체(2aγ-34a절)
    1. 경고(2aγ-b절)
    2. 속죄일에 대한 규정(3-28절)
      a. 준비 지침과 예전적 조례(3-10절)
        1) 준비 지침(3-5절)
          a) 대제사장에게 요구되는 준비(3-4절)
            (1) 대제사장에게 요구되는 제사들(3절)
            (2) 대제사장의 옷과 그의 목욕 의식(4절)
          b) 회중에게 요구되는 제사들(5절)
        2) 예전 조례(6-10절)

a) 대제사장의 속죄제(6절)
b) 회중을 위한 염소 두 마리(7-10절)
(1) 두 염소의 운명을 결정함(7-8절)
(2) 각 염소와 관련된 예전(9-10절)
(a) 속죄제(9절)
(b) 아사셀 염소와 관련된 예전(10절)
b. 속죄일 의식(11-28절)
1) 속죄제와 함께 진행되는 의식들(11-19절)
a) 대제사장의 속죄제 바치기(11-14절)
(1) 황소 바치기와 도살(11절)
(2) 지성소에서의 의식(12-14절)
(a) 향단과 관련된 의식(12-13절)
(b) 속죄판 위에 피 뿌리기 의식(14절)
b) 회중의 속죄제 바치기(15-16절)
c) 다른 사람의 내성소 접근 금지와 요약 진술(17절)
d) 두 속죄 제물의 피로 제단에서 진행되는 의례(18-19절)
2) 아사셀 염소 의식(20-22절)
a) 염수 위에 모든 죄를 고백함(20-21bα절)
b) 광야로 염소를 보냄(21bβ-22절)
3) 번제들과 함께 진행되는 의식(23-25절)
a) 대제사장이 옷을 갈아입으라는 지침(23-24a절)
b) 번제 희생들(24b-25절)
4) 진영 밖에서 발생되는 문제들과 관련된 지침(26-28절)
a) 아사셀 염소를 보낸 사람의 재입회 절차(26절)
b) 속죄 제물의 잔류물의 처분과 처분한 사람의 재입회 절차(27-28절)
3. 월력 지침(29-34a절)
a. 법령(29-33절)
1) 이 날의 정의: 자진 고행의 엄숙한 날(29-31절)
2) 성취된 속죄의 범위(32-33절)
b. 요약 진술(34a절)

III. 순종 보고(34b절)

이 토론의 서두에서 이 연설은 회중의 지침을 위한 것이라는 사실이 주시될 필요가 있다. 그것은 제사장의 전문 지식에서 가져온 예전 규정이 아니다. 모세가 아론에게 연설을 위탁하는 내용이 서두에 나오지만(2aβ절), 그렇다고 이 머리말이 의미하는 바가 반드시 그 연설이 속죄일 의식에 대한 대제사장의 지시 사항들의 완전한 본문을 간직하고 있다는 것은 아니다. 오히려 이 머리말은 이 규정에 대한 권위적인 토대를 마련해 주며, 또한 그것은 이 예전에서 대제사장의 중심적 역할을 안내한다. 이 연설이 평신도용 지침이라고 판단되는 주된 이유는 제공된 정보가 뼈대만 주어지는 특징 때문이다. 다양한 의식들을 수행하는 데 필요한 대제사장에게 필수적인 세부 사항들이 누락되어 있다. 여기에 포함된 세부 사항들은 평신도들에게 이 날에 거행되는 다양한 의례들을 알리기에 충분하다. 그러나 그것들은 대제사장이 따르기에는 너무나 불충분한 내용이다. 예를 들어, 아론은 향로, 향 그리고 자신의 희생물의 피를 취하여 내성소 안으로 가져간다(12-14절; 개역 성경: 장 안으로; 개역 개정 성경: 휘장 안에). 한 사람이 어떻게 이 모든 비품들을 옮길 수 있었는지는 묘사되지 않는다. 대제사장이 이 지시 사항들을 다 이행하기 위해 이때 성소 안으로 두 차례 드나들어야 했는지의 여부가 진술되어 있지 않다. 덧붙여서, 18-19절에 있는 제단이 번제단인지 아니면 성소 안의 향단(4:7, 18)인지에 대한 피할 수 없는 논쟁이 생긴다. 만일 그렇다면 이것은 대제사장에게는 곤혹스러운 불확실성이었을 것이다. 세 번째 예가 23-24절에 나온다. 그 구절들은 아론이 목욕을 한 뒤 옷을 갈아입는 것을 묘사하는데, 여전히 목욕을 어디서 어떻게 해야 하는지에 대해 아무런 지침이 주어지지 않는다. 사실상, 이러한 구절들의 문자적 읽기는 "주석"에서 거론되겠지만 불가능한 진행 절차다. 만일 이것이 제사장의 전문 지식에서 비롯된 속죄일에 관한 본문이라면, 그런 모호성이 곤혹스러웠을 것이다. 만일 그렇다면 이 연설의 의도는 평신도들이 속죄일의 예전 절차와 그것들의 목적을 이해할 수 있도록 그들을 가르치기 위한 것이었다. 왜냐하면 이 속죄일의 온전한 성취는 그들이 용서받은 하나님의 백성으로서 계속 평화를 누리며 사는 데 필수적이었기 때문이다. 이러한 지침은 또한 백성들이 자신들에게 요구된 전적인 금식에 의한 자진 고행과 모든 일을 중단하라는 명령을 지키겠다는 결심을 고무시켰다(29, 31절).

구조에 대한 토론의 서두에 제시된 이 연설의 또 하나의 중요한 특징은 그것이 몇 가지 색다른 언어적 특징을 갖는다는 것이다. 몇 개의 단어가 이 연설에서 독특하게 사용된다. 복수형의 투므오트(טמאת, "부정결")는 구약에서 드물다. 도합 다섯 번의 발생 중 세 번이 여기에 등장하며(16절[2회], 19절), 나머지 둘은 에스겔 36장(25, 19절; 에스겔서에서의 사용은 이 연설과의 문학적 관련의 결과일 수 있다[H. Haag, *Was Lehrt die literarische Untersuchung des Ezechiel-Texts?*〈Freiburg in der Schweiz: Paulusdrucherei, 1953〉 38]가 그렇게 본다)에 나온다. 지성소에 대한 하코데쉬(הקדש)의 사용(2, 16, 17, 20, 23, 27절, 그러나 3절에서는 성막 구역에 대해)은 특이하다. 이 단어는 의심할 여지없이 이러한 용법으로 사용되며, 다른 곳에서는 단지 에스겔 41:23에서만 그렇다(이 구절에서 개역 성경은 "내전과 외전"으로 애매하지만, 표준새번역과 공동번역, 그리고 여러 역본들은 성소와 지성소, 본당과 지성소로 번역한다. 역자는 내성소와 지성소를 제안하며, 이 번역서에서 그것을 따랐다 - 역자주; 참조. 41:21; 레 16장 전체에서 하코데쉬〈הקדש〉가 "성소"를 의미하기 위해 사용되었다는 견해에 대해서는 Messel, *ZAW* 27[1907] 10-11를 보라). 더욱 일반적인 어구는 코데쉬 하코다쉼(קדש קדשים, "지성소")이다(예를 들어, 출 26:33). 덧붙여서, 두 번 나타나는 아난(ענן, "구름")이 서로 다르게 사용된다는 것은 흥미롭다(참조. Aartun, *ST* 34[1980] 77). 2절에서 그것은 여호와의 영광의 가시적인 현현을 지시한다. 그러나 13절에서는 향의 연기를 지시한다. 이러한 후자의 사용은 단지 에스겔 8:11에서만 다시 발견된다. 난해한 단어 "아사셀"은 단지 이 본문에서만 나타난다(8, 10[2회], 26절). 아론에 대해 아히카(אחיך, "너의 형")를 사용한 것은 출애굽기 4:14; 7:1, 2; 28:1, 2, 4, 41; 민수기 20:8; 27:13; 신명기 32:50에서와 동일한데, 레위기에서는 여기에서만 나타난다. 또한 청중에 대한 용어들에도 흥미롭고 즉각 이해되지 않는 변동이 있다: 암(עם, "백성": 15, 24[2회]절), 에다(עדה, "회중": 5절) 그리고 카할(קהל, "회중, 총회": 17절). 동어반복 어구인 암 하카할(עם הקהל, "회집한 백성")은 구약에서 단지 33절에서만 나타난다. 예상 밖으로 핵심 단어 키페르(כפר, "대속하다")가 세 개의 문구에서 사용된다: 키페르 베아드(כפר בעד), 키페르 에트(כפר את) 그리고 키페르 알(כפר על). 키페르 알(כפר על)은 백성들과 관련되어 사용되는 일반적인 표현이며, 그것은 이 연설의 마지막 문단에서 그와 같은 방식으로 나타난다(30, 33[2회], 34절; 참조. 1:4; 8:34). 그러나 이 연설의 다른 곳에서는 키페르 알(כפר על)이 다른 용도를 갖는다. 10절에서 그것은 백성들의 죄를 멀리 옮기는 염소를 목적어로 가지며, 16절에서는 성소가 목적어다. 흔히 사용되는 키페르 알(כפר על) 대신 키페르 베아드(כפר בעד)가 나타난다(6, 11, 17 그리고 24절). 카파르와 함께 사용되는 이 전치사는 다른 곳에서는 9:7과 에스겔 9:7; 45:17에서만 나타난다(참조. 베아드의 목적어로 하타트켐(חטאתכם, "너희의 죄")을 갖는 출 32:30; 참조. 대하 30:18). 키페르 에트(כפר את) 형태는 성막이나 제단, 혹은 성소를 직접목적어로 갖는다(20, 32, 33절[2회]). 이 마지막 어구는 다른 곳에서는 단지 에스겔 45:20에서만 직접목적어로 하바이트(הבית, "성소")와 함께 사용된다. 그러나 몇몇 다른 곳에서 카파르는 직접목적어를 갖는다. 그것은 시편 7:38과 다니엘 9:24에서 명사 "죄" 앞에 위치하며, 두 개의 본문에서는 그것이 대명사 접미어를 갖는다(시 65:4[3]에서는 "우리의 죄과"(פשעינו – 페샤에이누)가 선행어이며, 겔 43:20에서는 "제단"이 선행어이다). 4:20, 26, 31에서 열등한 속죄제 규정에서 사용되는 바와 같이 카파르(כפר)와 관련되어 있는 어구 니쓸라흐(נסלח, "그/그녀가 용서받았다")의 생략이 현저하게 눈에 띈다. 이러한 사실은 카파르의 용법상의 변화가 있다는 것을 시사한다. 그렇다면 이 날의 속죄의 목적은 속죄제(4장)의 목적과 다르다. 속죄제가 성취하는 것과 같이 어떤 죄의 대속과는 대조적으로, 이 의식들은 지난 한 해 동안 회중의 구성원이나 전체로서의 회중이 저지른 범죄 행위들의 총합을 대속한다. 또한 피 의례들 중 몇몇은 제사장들과 백성들의 죄와 그들이 부정하게 된 사건들에서 발생되어 성소에 유입된 오염으로부터 제의 비품들을 정결하게 만든다. 이러한 정화 작용은 30절의 어법 예카페르 알레이켐 레타헤르 에트켐(יכפר עליכם לטהר אתכם, "너희를 위하여 속죄하여 너희로 정결케 하리니")에서 분명하게 표현되는 바와 같이 속죄일에 발생하는 특징적인 대속의 성취다. 이러한 독특한 언어적 특징에 더하여, 몇 가지 구문론적 특색이 있다(참조. Aartun, *ST* 34[1980] 78-80). 이러한 복합적인 언어학적 변형들로부터 도출된 한 가지 결론은 이 규정이 현재의 형태에 도달하기 전에 오랜 동안의 복잡한 편집 과정을 거쳤다는 것이다. 이 연설의 구조 분석에서 첫 번째의 놀라운 사실은 두 개의 도입이 있다는 것이다. 1절은 나답과 아비후 사건(10:1-7)을 상기시키는 서사적 도입(narrative introduction)이다. 몇몇 사람들(예를 들어, Noth, 117)은 그 역사적 언급은 이 장이 한때 10장을 뒤따랐다는 것을 시사한다고 추정하는 반면, 코흐(Koch, *Priesterschrift*, 92-93)는 그것이 10장과의 관계 속에서 그 위치를 암시해 주는 것이 아니라, 10장의 사건을 상기시키기 위해 포함되었다고 주장한다. 코흐는 1절과 2절 사이의 넓은 간격을 관찰함으로써 이러한 입장에 도달한다(참조. Messel, *ZAW* 27[1907] 2-6). 그가 판단하기에, 2절은 나답과 아비후 사건과 아무런 관련이 없다. 왜냐하면 2절의 금지 사항은 속성상 일반적인 것이기 때문이다. 즉 그것은 아무 때나 지성소에 들어오는 것을 금지하는 것이지, 나답과 아비후가 그렇게 했던 바 성소에 다른 불을 가져오는 것과 같은 특이한 행동에 대한 금지가 아니다. 덧붙여서 2절은 다음에 이어지는 자료에 밀접하게 결속되어 있는 반면, 1절은 별 문제 없이 연설 자체로부터 분리될 수 있다. 그러므로 1절은 출애굽기-민수기에 있는 제사장 자료 전체를 관통하는 역사적 서사에 속한다. 그럼에도 불구하고, 이 시작 구절은 이 큰 날의 엄숙한 분위기를 반영하며 아론의 두 아들에게 일어난 일을 상기시킴으로써 하나님의 두려운 거룩성에 주목하게 만든다. 아마 또 하나의 가능한 사실이 1절과 34b절을 통해 파악될 수 있다. 그 구절들은 이 연설의 틀을 그러한 방식으로 구성함으로써 이것이 이 경건한 금식의 날을 위한 규정만이 아니라는 것을 알려 준다. 동시에 이 연설은 최초의 속죄일 준수에 대한 보고다. 그렇다면 1절은 제사장 법안을 수집한 편집자로부터 비롯된 것이다.

연설 자체는 세 부분을 갖는다. 첫 번째 경고(2aβ-b절)에 뒤이어, 두 번째 경고는 여호와께서 모세에게 말씀하셨고 모세는 아론에게 전해 주었던 바와 같이(3-28절) 속죄일을 위한 규정을 제공한다. 그 경고는 비인칭적인 3인칭으로 되어 있으며 와우(ו) 완료의 지배를 받는다. 세 번째 부분은 월력 본문인데, 그것은 이 엄숙한 날을 예전적 월력에 위치시킨다(29-34a절). 그 부분은 29-31절에 있는 개인적 전언(personal address)으로 특징지어지는데, 그것은 연설의 이 부분이 회중들에게 직접 전달되었다는 것을 보여 준다(개인적 전언이란 2인칭인 "너는…", "너희는…"으로 구체적인 개인〈들〉에게 지침을 명시하여 전한다는 의미다. 반면에 비인칭적 혹은 비개인적〈impersonal〉 지침은 3인칭 단수나 복수, 즉 "그는…", "그들은…"으로 구체적인 개인〈들〉이 아닌 막연한 대상에게 지시된다 – 역자주).

첫 번째 부분은 아무 때나 지성소에 들어오는 것을 금지하는 경고와 함께 시작된다(2aβ-b절). 많은 학자들은 대제사장이 성소에 들어갈 수 있었던 특정한 때(들)와 시기(들)는 이 경고를 따랐을 것으로 추측한다(Messel, *ZAW* 27[1907] 5-6; 참조. Noth, 119; Elliger, 203). 그 특정한 때가 지금 29절에서 진술된다. 메셀(Messel, 6)은 더 오래된 특정 시기에 대한 명시들이 29-34절의 포함으로 대체되어 사라졌다고 생각한다(참조. Koch, *Priesterschrift*, 93). 그렇지만 만일 2절이 지침이 아니라 경고라면, 특정 시기(들)의 확인이 누락된 것은 아니다.

두 번째 부분은 두 개의 문단을 갖는다. 3-10절의 문단은 두 단편으로 구성된다. 첫 번째 단편(3-5절)은 필요한 준비 사항들을 나열한다: 대제사장에게 요구되는 짐승들(3절), 백성들에게 요구되는 짐승들(5절) 그리고 대제사장에게 필요한 옷(4절). 대부분의 비평 학자들은 4절을 방해물로 간주하지만, 대제사장이 이 큰 날의 직무 중에 입는 옷은 매우 중요한 내용이었다. 특히 그 옷이 그의 평상시의 제복보다 훨씬 더 단순했기 때문이다. 이 내용의 중요성은 두 개의 또 다른 문단(23-24절과 32b절)에서의 대제사장의 옷에 대한 언급에서 확증된다. 더불어 이 언급은 제사장적 자료에 있는 그 밖의 본문들, 즉 출애굽기 28장; 39:1-31; 레위기 8:7-9; 10:6과의 주제적 연결을 확립한다. 이 문단의 두 번째 단편(6-10절)은 속죄일의 예전적 순서를 제공하는데, 백성들이 두 염소의 운명을 결정짓는 일에 집중한다(7-10절). 프리젠(Vreizen)은 이 두 번째 단편의 장르를 "예전적 절기 조례"(liturgical festival agenda)로 분류한다(*OTS* 7[1950] 229).

다음 문단(11-28절)은 뼈대만 갖춘 형식 속에서 이 날 진행되는 의식의 순서를 제시한다. 이 문단과 6-10절 사이에는 어떤 분명한 중복이 있다. 실상 11a절은 6절과 동일한 어법을 갖는다. 한 서기관이 다음과 같은 생각을 전달하기 위한 수단으로 동일한 문장을 선택했을지도 모른다: 독자들로 하여금 뒤이어 나오는 규정(11b 이하 – 역자주)이 의식의 진행 과정에서 6절에 있는 바와 동일한 순서로 돌아가는 것으로 이해하도록 말이다. 그렇지만 문맥의 변화는 중요한 단어 히크리브(הקריב)의 의미상의 변화를 초래한다. 6절에서 그것은 폭넓은 의미인 "희생 의식을 완료하다"(개역 성경과 다수의 번역은 단순히 "바치다" – 역자주)이다. 반면에, 11절에서 그것은 좁은 의미인 "바치다"를 의미하는데, 이는 다음 의례가 구체적으로 명시된 의식 순서(의례)인 샤하트(שחט, "잡다, 도살하다")이기 때문이다. 이 의례가 구체적으로 명시된 이유는 이 규정이 지성소 내부에서 진행되는 독특한 피 의례들에 특별한 관심을 주기 때문이다(14-15절). 향단에서 연기 피우기에 대한 특별한 지침(12-13절)이 도살과 피 뿌림 사이에 삽입구로 들어와 있다. 그 연기는 대제사장이 지성소에서 여호와의 영광으로부터 자신을 보호하기 위해 만든 구름이었을 것이다. 일반적으로 이 구절들은 하나의 삽입으로 취급된다. 그러나 고대의 저자는 필수적인 – 삽입구이긴 하지만 – 어떤 정보를 제시하기 위해 각주를 사용할 만한 능력을 갖지 못했다.

다음 의식은 백성들의 속죄 제물의 도살과 그 짐승의 피에 대한 취급이다(15절). 이 피 의례의 목적은 16-17절의 삽입이지만 확장된 설명에 나와 있다. 놀랍게도, 이 설명은 카파르(כפר, "대속")의 작업에 중대한 방향 전환을 만든다(참조. Vriezen, *OTS* 7[1950] 226). 대제사장의 경우와 마찬가지로(11a절) 대속이 백성들을 위해 시행된다는 진술이 예상되지만, 그것은 지성소가 이스라엘의 부정결로부터 대속된다(כפר – 카파르)고 진술한다. 그러한 정화 작용이 16절의 핵심 사안이라는 것이 다음 의례에서 확증된다: 제단을 대속하기(כפר – 카파르) 위해 피의 일부를 제단 뿔들에 바르고, 이어서 제단을 정화하고(טהר – 타헤르) 거룩하게 만들기(קדשׁ) 위해 피를 제단 위에 일곱 번 뿌린다(18-19절). 그렇다면 대속의 기능이 백성들의 죄의 대속으로부터 부정결한 성소의 정화로 전환된 것이다: 성소의 부정결은 백성들과 제사장들의 범죄와 그들이 부정하게 되는 여러 경우들(11-15장)로부터 오염이 방출된 결과로 발생된다. 이러한 전환의 그럴듯한 한 가지 이유는 살아 있는 염소 의식에 의해 성취되는 것들과 여호와께 드리는 염소 의식에 의해 성취되는 것들을 서로 구별하기 위해서였을 수도 있다. 살아 있는 염소가 분명히 회중의 죄를 멀리 옮겼기 때문에(21-22절), 여호와께 바친 염소의 피 의례는 다른 목적, 즉 성소를 정화하기 위한 것임이 틀림없다. 이것은 20절에 있는 요약 진술을 읽는 방법이다. 백성들을 위한 속죄제의 피 의례가 이루어 내는 이러한 섬세한 성취들은 대제사장의 속죄제의 목적에 영향을 끼치지 않았다. 왜냐하면 그는 살아 있는 염소에 비교될 만한 어떠한 제물도 드리지 않았기 때문이다. 그러나 다른 전승은 백성들의 두 염소의 목적에 있어서 이러한 구분을 인정하지 않았는데, 이는 어설프게 표현되고 위치하고 있는 17b절(참조. Landersdorfer, *Studien*, 87)이 지성소에서의 피 의례들은 제사장들과 이스라엘 회중 모두를 위해 대속을 이룬다고 진술하기 때문이다. 이 요약 진술은 아마도 다른 전승으로부터 유래하여 포함되었을 것이며, 아마도 그 목적은 대제사장의 속죄제가 그와 그의 가족들을 위해 대속을 이룬 것과 마찬가지로 백성들의 속죄 제물의 피 의례들이 그들을 위해 대속을 이루었다고 진술하기 위해서였을 것이다. 이러한 입장은 16절에 있는 포괄적 표현의 어구인 우미피쉬에이헴 레콜 하토탐(ומפשׁעיהם לכל־חטאתם, "이스라엘 자손의 부정과 그 범한 모든 죄를 인하여")의 사용으로 한층 힘을 받는다. 이 어구가 16a절(개역 성경에서는 이 "지성소를 위하여 속죄하고"라는 표현이 번역상 뒤로 빠진다–역자주)에 과도한 짐을 지우는 것은 그것이 추가물이라는 것을 암시한다. 또한 마지막 부분(29-34a절)도 대속이 제의 비품들뿐만 아니라(30-34절) 제사장들과 백성들 양자 모두를 위해 이루어진다는 것을 강조함으로써 두 전승이 한데 묶여진 결과를 증거해 준다. 흥미롭게도, 그 부분은 30절에서 백성들이 "정결하게 되기" 위해서 "대속을 받는다"는 것을 진술한다(יכפר···לטהר – 예카페르···레타헤르).

뒤이어 백성들의 죄가 살아 있는 염소에게 전가되는 의식이 나온다(20-22절). 이 염소는 아사셀을 위한 염소가 아니라 하 세이르 헤하이(השׂעיר החי, "살아 있는 염소")라고 불린다. 이 설명식 이름(descriptive name)은 악성 피부병에서 회복된 사람을 재입회시키기 위한 예식에서 풀어 주었던 새의 이름인 하치포르 하하야(הצפר החיה, "살아 있는 새")에 상응한다(14:6-7). 그 염소를 지칭하는 이러한 이름은 이 의식이 7-10절에 있는 두 염소에 대한 예전적 지침과 기원이 다른 전승사를 가졌다는 것을 암시한다. 20-22절에 있는 내용, 즉 대제사장이 자신의 두 손을 그 염소의 머리에 안수하고 미리 대기하고 있던 사람이 그 염소를 광야로 끌고 간다는 세부 사항들은 이 부분이 7-10절에서 볼 수 있는 기사보다 더 군더더기가 많은 기사라는 추가적인 증거다.

다음 의식은 대제사장의 숫양과 백성들의 숫양을 번제로 드리는 희생이다(23-25절). 이 문단은 속죄일의 특별한 의례들 때문에 진영 밖에서 책무를 수행할 사람들에 관해 언급하는 삽입된 지침들로 마무리된다(26-28절). 이 삽입된 자료는 회중들에게 속죄일에 있을 두 가지 중대한 절차를 가르쳐 줌으로써, 회중들로 하여금 일상적인 삶의 질서 유지에 아주 중대한 일부분이었던 의식적 정결법을 따르기 위해 어떤 특정한 활동들을 어떻게 수행해야 하는지를 알게 하기 위한 것이었다.

세 번째 부분(29-34절)은 국가적 월력에 이 엄숙한 날이 포함된다는 월력 규정이다. 이 부분의 독특한 문체와 언어는 그것이 월력 본문(23:26-32) 속에 있는 이 속죄일에 관한 자료와 일치한다는 것을 드러내 준다. 이 자료는 직접 말을 건네는 방식, 2인칭 복수 그리고 신적 1인칭의 사용에 의해 앞의 자료와 즉각적으로 구별된다. 그럼에도 불구하고 32-33절은 3인칭의 비인칭적 문체로 되어 있는데, 엘리거(Elliger, 207)에 따르면 그 구절들은 34a절로 인해 이 문단에 속해 있다. 그가 판단하기에, 비인칭적 문체로의 복귀는 이 구절들에 있는 법들을 범주별로 분류하기 위한 것이었다(문체에 따라 제사장에게 속한 법들과 회중을 위한 법이 범주별로 나뉜다 – 역자주). 월력 본문과의 여러 가지 연관성은 명백하다: 아나 에트 나프쇼테이켐(ענה את־נפשׁתיכם, "너희 스스로 괴롭게 하다": 29, 31절과 23:27, [29], 32), 카파르 알레이켐(כפר על־יכם, "너희를 위해 대속하다": 30, 33b, 34절; 23:28에서 사용되며, 또한 이것은 앞의 희생 법안에 있는 일반적인 표현과 같다), 후카트 올람(חקת עולם, "영원한 규례": 29, 31, 34절 그리고 23:31과 더불어 17:7; 23:14, 21, 41; 24:3, 9에서 사용된다. 이 어구는 더 앞에 있는 3:17; 7:36; 10:9에서도 나타나며, 약간 다른 철자인 호크 올람〈חק־עולם〉이 6:11 [18], 15[22]; 7:34; 10:15에서 발견된다), 샤바트 샤바톤(שׁבת שׁבתון, "엄숙한 휴식의 안식일": 31절, 23:32 – 개역 성경: 큰 안식일; 개역 개정 성경: 안식일 중의 안식일; 공동번역: 철저하게 쉬는 안식일), 콜 믈라카 로 타아수(כל־מלאכה לא תעשׂו, "아무 일도 하지 마라": 29

절과 23:28, [30], 31), 하욤 하제(היום הזה, "이 날에"; 30절과 23:28, 29, 30에서 사용된다. 마지막의 두 구절은 "이 날에" 앞에 베에쳄⟨בעצם, "바로"⟩을 갖는다: 대부분의 역본에는 "바로"가 생략되어 있다 – 역자주). 이 부분과 성결법전(Holiness Code) 사이에는 또 다른 언어학적 연관들이 있으며, 때때로 앞에 나오는 부분들과의 여러 연관들이 있다. 29절에서 에즈라흐(אזרח, "본토인")의 사용은 뒤이어 나오는 연설들과 연결되어 있음을 보여 주지만(17:15; 18:26; 19:34; 23:42; 24:16, 22), 앞서 나오는 연설들과는 전혀 그렇지 않다. 그럼에도 불구하고, 에즈라흐(אזרח)는 17장과 다소 단절된 상태에 놓여 있다. 왜냐하면 17장의 연설이 처음 세 개의 법에서(3, 8, 10절) 이쉬 이쉬 미베이트 이스라엘(איש איש מבית ישראל, "이스라엘 집의 누구든지")이라는 어구를 사용하는 반면, 에즈라흐(אזרח)는 17:15에서 나타나기 때문이다. 에즈라흐(אזרח, "본토인")에 하게르 하가르 베토케켐(הגר הגר בתוככם, "너희 중에 기거하는 나그네")이라는 어구가 나란히 이어져 있다. 이 어구는 17장에 자주 나오며(8[יגור – 야구르], 10, 12, 13절) 성결법전에서는 몇 번 나타난다(18:26; 19:33[יגור – 야구르], 34; 20:2; 또한 게르⟨גר⟩가 23:22; 24:16, 22; 25:23, 35, 47[2회]에서 나타난다). 그러나 이 어구가 레위기의 앞서 나온 자료에서는 보이지 않는다.

16장에서 유독 29-34a절이 이러한 특징들을 보이는데, 이 특징들과 더불어 23:26-32에 나오는 속죄일에 대한 월력 문건이 23장의 다른 절기들에 대한 문건에 비해 간결하다는 사실은 29-34a절에 있는 문건의 일부가 바로 23장의 절기력이나 혹은 그것과 비슷한 절기력에서 온 것일 수 있다는 것을 암시한다. 역시 23장의 그 부분을 작성했던 저자가 이 문단을 작성했다고 생각해 볼 수도 있다. 어느 경우든, 그 월력 문건이 이름이 붙지 않은 속죄의 날에 대한 이 규정에 추가되었다(16장에서 7월 10일이 속죄의 날이지만, 이 날을 지칭하는 속죄일이라는 정식 명칭은 주어져 있지 않다 – 역자주). 이는 월력에서 어떤 날이 이 연설에 의해 규정되고 있는지에 대하여 논란의 여지가 없게 만들기 위함이었다. 분명히 이 두 본문은 별개로 작성되지 않았다. 예를 들어, 위에서 진술된 바와 같이 이 편집자는 특별한 피 의례들에 의한 대속의 성취들에 관해 두 가지 관점을 공히 간직하기를 원했다. 왜냐하면 30절이 카파르(כפר, "대속하다")와 타헤르(טהר, "정결하게 하다") 둘 다에 대해 말하고, 33절에서 제사장들과 백성들뿐만 아니라 제의가 대속되기 때문이다. 3-28절과의 결합에 대한 또 다른 예는 32절이다. 이 구절에서 아론이 부각되고 두드러진 역할을 하지만, 그는 4절에 지시된 대로 더 단순한 차림의 거룩한 세마포 옷을 입어야 한다. 또 다른 변화는 이 마지막 부분의 편집자가 아론의 후계자의 역할을 강조했다는 점이다(32절). 이것이 바로 그가 마샤흐(משח, "기름붓다": 8:12; 21:10; 참조. 4:3, 5, 16; 6:13[20], 15[22]; 7:35-36)와 밀레 야드(מלא יד־, "손을 채우다": 8:33; 또한 21:10)라는 용어를 사용함으로써 8장에 있는 아론의 위임식 기사와 연관지은 이유다. 장르에 관한 한, 이 부분(29-34절)은 처음 부분의 두 번째 문단과 대체로 동일한 장르인 월력 본문 속의 예전적 지시 사항들에 속한다. 역시 이 마지막 부분도 후대에 이 규정에 첨부되었음이 분명하다.

이러한 분석으로부터 이 연설 전체의 특징이 설명될 수 있다. 노트(Noth)는 "전체로 볼 때 이상한 연속성과 통일성의 결여"가 있다고 말한다(117). 혹은 프리젠의 말로 하자면(Vriezen, *OTS* 7[1950] 225) "일관성의 결여"가 존재한다. 이 연설은 반복, 단어들의 독특한 용법, 의식 순서들의 중복, 세부 사항의 공백, 삽입된 진술 그리고 신학적 긴장들로 가득 차 있다. 이러한 까다로운 본문상의 문제들을 분석함으로써 이 연설의 기원과 발전을 설명해 보려는 여러 가지 시도가 있었다. 그러나 부족한 데이터로 인해 이러한 시도들은 사실상 합의가 없는 아주 다양한 추론들을 만들어 왔다. 어떤 새로운 증거가 없이 또 다른 제안이 나온다 한들, 그것이 아주 유용한 것으로 입증되지는 않을 것이다. 그럼에도 불구하고, 몇 가지 관찰 사항들은 이 연설의 이해에서 가치를 지닐 수 있다.

이 연설에 나타나는 문학적 불균질성과 신학적 긴장들은 어떻게 설명될 수 있을까? 위에서 진술된 바와 같이, 그것의 문학적 특색들은 그것이 하나의 자충족적 문서로 회람되었다는 것을 시사해 준다. 이스라엘 역사 속에서 다양했던 중앙 성소들은 각각 자체적인 속죄일 의식의 복사본을 가졌을 것이며, 각각의 지방 성소들 역시 자체적인 복사본을 갖고 있었을지 모른다. 어떤 성소에서의 한 본문의 묘사(wording)가 그 속죄일 의례들이 그 성소에서 수행되었던 특정한 방식에 맞춰 각색되었다는 것은 아주 그럴듯하다. 예를 들어, 한 성소는 방출 의례(rite of riddance)에 더 강조를 두었을 수 있고, 반면에 다른 성소는 지성소에서 피 뿌리기를 강조했을 수 있다. 또 다른 예는 그 염소가 한 전승에서는 살아 있는 염소로, 다른 전승에서는 아사셀 염소로 알려졌다는 것이다. 물론 이 본문들 중 얼마나 많은 것들이 남게 되었는지는 알 길이 없다. 그것들의 전수와 존속은 이 엄격한 날이 왕국 시대의 배교의 시기들에 있었던 금욕 관행으로부터 왔을 강한 가능성으로 인해 복잡해졌다. 포로기 이후의 서기관들이 이 날을 위한 정경적 본문을 확립하게 되었을 때, 그들은 분명히 서로 상이한 본문들, 필시 서로 다른 강조 사항들을 담고 있는 파편화된 본문들을 가지고 작업해야만 했을 것 같다. 포로기 이후의 서기관들이 어떻게 그것들을 수집해서 단일한 표준 본문을 만들기 위해 어떻게 작업을 했는지는 불행히도 알 길이 없다. 그들이 두 장르의 속죄일 본문들을 발견했다고 추론하는 것은 설득력이 있다: 월력을 위한 예전적 본문과 이 날의 의식을 위한 규례. 이 엄숙한 날의 최초의 준수에 대한 보고라는 세 번째 장르에서 온 파편들이 있는지도 모른다. 그 서기관들의 목표는 그들이 받아들였던 다양한 전승들을 보존할 최상의 본문을 만들어 내는 것이었다. 유대 공동체에 전형적인 바와 같이, 서기관들은 다양한 전승들을 순수하게 보존하는 데 열심이었다. 심지어 그들은 본문들이 서로 긴장 관계에 있어도 그렇게 했으며, 그로 인하여 결국 이러한 전승들이 속죄일 준수에 대한 법규를 풍성하게 만들었다. 서기관들은 매끄러운 한 편의 문학 작품을 만드는 데보다는 그들이 받은 것들을 보존하는 데 더 많은 관심이 있었다. 그들에게 전수 받은 전통은 모든 신학적 긴장들이 제거된 일관성 있는 본문보다 훨씬 더 중요했다. 나아가 그러한 시나리오는 현재의 본문에 이르기까지의 다양한 발전들을 밝혀내고 연대를 결정하는 것이 사실상 불가능하다는 것을 의미한다. 그러므로 16장의 문학적 복잡성은 서기관들이 속죄일의 전승들을 오경 속에 보존해 놓기 위해 아주 낡은 본문들을 수집해서 편집했다는 증거로 주장된다. 여호와께서 모세에게 전하셨던 말씀은 지하 창고에 얼어붙은 채로 숨겨져 있었던 것이 아니라, 그것은 정경화될 때까지 읽혀지고 복사되고 시대에 맞게 만들어졌다. 달리 말하자면, 그것은 현재의 최종 형태를 갖추기 전까지 복잡하고 오랜 전승사의 과정을 겪었다.

서기관들이 자신들에게 전수되어 내려온 다양한 속죄일 본문들을 어떻게 수집했는지를 관찰하는 것은 유익하다. 그들은 한데 엮어진 연설을 만들기 위해 상호 교대의 문학적 기법을 이용했다(두 가지가 서로 번갈아 가며 나오는 방식 – 역자주). 이 기법을 사용하여 그들은 서로 상이한 본문들에서 유래한 다양한 의례들을 하나의 틀 속에 함께 집어넣었다. 그 결과로 나온 것이 걸작품의 장식 융단(tapestry)이다. 대단히 독특한 색깔의 실들이 사용되었는데, 그것들은 대제사장과 회중들에게 요구된 제물들이다(A= 대제사장[1 = 수소; 2 = 숫양]; B=백성들[1α=여호와를 위한 염소; 1β=아사셀을 위한 염소; 2=숫양]).

대제사장의 수소와 숫양(3b절)	A^{1} + A^{2}
백성들의 염소들과 숫양(5절)	B^{1a} + 1^{β} + B2
대제사장의 수소(6절)	A^{1}
백성들의 염소들(7-10절)	$B^{1\alpha}$ + $^{1\beta}$

대제사장의 수소 희생제(11-14절)	A^1
백성들의 염소 희생제(15-17a절)	$B^{1\alpha}$
수소와 염소의 피에 의한 제단에서의 의식(18-19절)	$A^1 + B^{1\alpha}$
아사셀을 위한 백성들의 염소(20b-22절)	$B^{1\beta}$
번제를 위한 숫양들(24b절)	$A^2 + B^2$
속죄 제물과 관련된 추가적인 의식(25절)	$A^1 + B^{1\alpha}$
아사셀 염소를 보낸 사람에 대해(26절)	$B^{1\beta}$
속죄 제물들의 잔존물의 처리에 대해(27-28절)	$A^1 + B^{1\alpha}$

이러한 상호 교대의 형식은 다섯 가지의 짐승들을 취급하는 상호 작용으로 인하여 아주 다채롭게 된다: 처음에 대제사장을 위해 드린 두 짐승과 회중을 위해 드린 두 짐승, 그리고 아사셀을 위한 백성들의 염소. 다채로운 형식 속에서 상호 교대되어 나타나는 또 다른 주제는 속죄의 대상인 제사장(A), 백성들(B) 혹은 성소의 일부(C)다.

제사장들(6b절)	A
백성들(10b절)	B
제사장들(11a절)	A
성소(개역 성경: 지성소)(16절)	C^1
제사장들과 백성들(17b절)	A + B
제단(18절)	C^2
성소(개역 성경: 지성소)와 제단(20a절)	$C^1 + C^2$
제사장들과 백성들(24a절)	A + B
백성들(30절)	B
성소, 회막 그리고 제단(33절)	$C^1 + C^3 + C^2$
제사장들과 백성들(33b절)	A + B
백성들(34a절)	B

이 융단 조직에 수 놓아져 있는 또 다른 실은 구름 속에 여호와의 나타나심에 대한 언급이다. 이것은 2b절에서 분명하게 설명되며, 또한 12-13절에는 여호와의 임재로부터 아론을 가리는 구름을 만들어 내는 분향에 대한 지시가 있다. 또 하나의 실은 지성소로의 입장에 내재되어 있는 위험이다. 이 장은 지성소에 쓸데없이 혹은 지정된 시간이 아닐 때 접근한 대가로 죽음의 징벌이 내려진다는 경고로 시작된다(2절). 이러한 징벌이 13b절에 재차 언급되어 있으며, 같은 맥락 속에서 이러

한 경고를 전제하는 지침이 17절에 있는데, 그것은 대제사장이 지성소에 속죄를 시행하기 위해 들어갈 때 아무도 회막에 있어서는 안 된다는 삽입구로 된 지침이다. 이 날의 피 의례들의 대상이 되는 카포레트(כפרת, "속죄판"〈속죄소〉)의 중요성은 또 다른 색깔의 실이다. 그것은 지성소 안에서 수행되는 피 의례들에서 속죄판의 중대한 역할을 예시하는 2절에서 두 번 언급된다(14, 15절).

11-15장에 있는 의식적 정결에 대한 관심사와 결부되어 있는 흥미로운 색실은 대제사장의 목욕과 옷 갈아입기에 대한 지침이다(4절). 그의 목욕과 옷 갈아입기에 대한 추가적인 지침이 23-24a절에 나오며, 32b절에서 재차 등장한다. 이 주제와 관련되어 있는 것은 진영 밖에서 임무를 수행한 두 사람의 목욕과 옷 갈아입기에 대한 언급이다(26, 28절). 두 번제물이 강조되지는 않지만, 그것들이 세 차례 언급됨으로써 청중들 앞에서 기억된다(3, 5, 24절). 그 번제물들은 대제사장의 목욕 의식과 번제 드리기에 앞서, 자신의 예복(4절에서 세마포 옷으로 갈아입으려고 벗었던 – 역자주)을 입는 의례로 인해 좀더 주목을 받는다(23-24a절). 그러므로 상호교대의 기법이 이 연설 속에 있는 다양하고 복잡한 자료를 함께 엮기 위해 선택되었다. 최종 산물은 사람의 관점에 따라 투박한 본문으로, 아니면 아름답고 다채로운 색깔의 본문으로 평가받을 수 있다.

이 연설이 어떻게 이해될 수 있는지에 대한 또 하나의 실마리는 교차 구조 형식의 존재 가능성이다.

A 서사와 도입문(1-2절)
  B 월력 조례(3-10절)
    C 예전적 규례들(11-28절)
  B′ 월력 지침(29-34a절)
A′ 순종 보고(34b절)

교차 구조의 중심은 그에 걸맞게 강조를 받는다. 실제로 11절은 사실상 모든 분석가들에 의해 중대 전환의 표시인 것으로 생각된다. 이 본문 층은 속죄일에 대한 고대의 규례에서 온 것이다. 중심으로부터 양 방향에 존재하는 층들은 그 날을 월력의 일부로 다룬다. 이것은 위에서 보았던 대로 29-34a절에서 명백하다. 3-10절은 29-34a절보다 더 오래된 것으로 보인다. 가능한 것은 29-34a절의 위치를 설정했던 서기관이 이 연설을 교차적으로 배열한 당사자일 수 있다는 것이다. 특히 이 월력 본문이 3-10절의 예전적 절기 조례들과 균형을 이루도록 하면서 말이다. 그럼에도 불구하고, 카파르(כפר, "대속, 속죄")의 용법상의 차이는 이 두 개의 단락이 다른 자료들에서 왔다는 것을 시사한다. 이 연설은 최종적으로 서사적 도입문(1절)과 순종 보고(34a절)로 봉합되어 있다. 이 자료는 제사장 자료를 한데 모은 편집자들로부터 유래했다.

9장의 "양식/구조/배경" 항목에서, 아론과 그의 아들들의 위임식을 하나의 사건으로 보고했던 연설은 또한 미래에 있게 될 대제사장들의 위임식을 위한 규례 역할을 한다고 주장한 바 있었다. 이 이중적 목적이 역시 이 연설에도 적용될 수 있는데, 그러나 역순으로 된 강조와 더불어 적용된다. 이 연설은 있는 그대로 보여 주듯이 매년의 속죄일 준수를 위한 규례를 제공한다. 그러나 동시에 그것이 이 금식일의 첫 번째 준수를 보고한다는 어떤 암시들이 있다. 이러한 견해에 대한 가장 확실한 증거는 마지막의 순종 진술이다(34b절). 그것은 아론이 여호와께서 모세에게 명령하신 바 그대로 행했다고 진술한다. 이것은 아론이 최초의 속죄일을 시내 산에서 기념했다는 의미로 받아들여질 수 있다. 그 가능성은 1절에 있는 역사적 연결 고리에서 더욱 큰 의의를 지니게 된다. 그렇다면 여기서 아론의 아들들의 죽음 이후에 이스라엘의 광야 경험(출 16장-민 36장)에서 발생했던 또 하나의 사건이 보고되고 있다. 이러한 제안이 갖는 주요 난점은 모세가 1월 1일에 회막을 세웠으며(출 40:2) 2월 1일에 민수기에 보고된 인구 조사(민 1:1)를 했다는 것이다. 이러한 틀 속에서는, 속죄일은 1월에 준수되었을 것이다. 그 달은 실로 일정이 꽉 찬 달이었을 것이다. 속죄일은 그 달 8일 이후로 제정되어야만 했을 것이다(9:1). 이것은 왜 속죄일이 그 달 10일로 잡혔는지를 설명해 줄 수 있다. 덧붙여서, 10장의 사건들과 속죄일 사이에 추가적인 연결 고리들이 있을 수 있다. 첫 번째 속죄일 준수는 나답과 아비후의 범죄의 오염으로부터 성소를 정화하기 위한 것이었을 수 있다. 이 날이 이름도 갖지 않고 지정된 날짜도 없다는 것(2-28절)은 제1성전에서 이 날의 날짜가 유동적이었다는 것을 의미할 수 있다. 29-34절에 있는 월력 자료가 포함되기 전까지는 속죄일의 날짜가 7월 10일로 지정되지 않았다. 속죄일에 대한 규례와 별도로 이 날의 최초의 준수에 대한 서사 기사가 있었는지의 여부를 알기는 불가능하다.

비평적 학자들 중에 엘리거(Elliger)는 이 연설에서 이러한 두 가지 상이한 목적을 관찰한다(208; 참조. Porter, 125). 처음부터 엘리거가 믿는 것은, 두 제사장의 범죄 사건이 그 뒤를 잇는 새로운 제의 예배의 최초의 공적 수행에 대한 제사장적 서사(8:1-10:9)는 속죄일의 공식적 개시에 있는 하나의 대응부를 필요로 했다는 것이다(208). 고대의 역사적 보고가 1-2bα, 3a(?), 4, 11, 14-15, 17, 20b, 22b-24, 34b절에서 발견된다. 이 보고 중에 얼마나 많은 것들이 사라졌는지는 알려져 있지 않다. 이 기사에서 신학적 중심은 제사장들과 백성들의 속죄를 위한 피 뿌리기였다. 그렇다면 엘리거가 판단하기에 이 선행본(Vorlage)은 수용된 본문의 변경 없이 의식적으로 재작업되었으며, 이는 더욱 완전하게 속죄의 과정을 설명하기 위함이었다. 이 두 번째 단계에 속하는 것은 3절(a는 제외), 5-10절, 16절(aγ는 제외), 18-20a, 21절(aϵ는 제외), 22a절 그리고 25-28절이다. 이 편집자는 죄짐을 지는 염소의 방생이 갖는 중요성을 고취시켰다. 사실상 이 염소의 중요성은 여호와께 바친 염소와 동일한 수준에 놓여 있었다(7-10절). 이 편집자는 그 두 염소와 관련된 두 가지 의례를 모두 포함시키려고 그 신학을 조정했다. 여호와를 위한 염소의 피와 관련된 의례들은 성소와 제단을 부정결로부터 깨끗하게 만들었으며(16, 18-20a절), 살아 있는 염소와 관련된 의례는 모든 도덕적 죄를 제거하여 광야의 아사셀로 보냈다(21, 22a절). 그것들과 결합된 자료는 속죄일의 설립과 최초의 준수에 대한 보고였다. 세 번째 단계에서 이 보고는 속죄일의 매년 준수를 위한 예식으로 전환되었다. 편집자는 신적 1인칭 형식을 선호했다. 그는 2b$\beta\gamma$, 12f절 그리고 특별히 29-34a절을 삽입했다. 편집자는 그 역사적 토대로부터 출발해서 후계자가 이 규례를 계속 준수할 책임이 있다고 분명히 명시할 정도로 아주 멀리까지 나아갔다(32절). 신학적으로 그는 두므오트(טמאת, "부정결늘")와 아보노트(עונות, "사악한 일들") 사이를 그렇게 예리하게 구분하지는 않았다. 이 두 개념은 하타트(חטאת, "죄들")라는 총칭어 아래 통합되었다. 백성들의 두 염소와 관련된 의례들로 성취되는 것들이 하나의 제명하에 놓이게 되었다(16aγ와 21aϵ절: "이스라엘의 모든 부정〈불의〉과 그 범한 모든 죄"라는 제명 – 역자주). 이 편집자는 자기 부정과 모든 일의 중단을 강조함으로써 참회의 날로서의 이 날의 성격에 특별한 강조를 두었다. 엘리거(209)는 폰 라드(von Rad, *The Problem of the Hexateuch*)와 렌토르프(Rendtorff)와는 반대로, 향으로 만들어진 구름(2$\beta\gamma$와 12-13절)을 이 본문 층에 할당했다. 이 마지막 단계는 성결법전(Holiness Code)의 삽입과 더불어, 또는 에스라 시대의 막바지에 발생했을지도 모른다. 여기서 제안된 접근 방법과는 사뭇 다른 이러한 재구성은 이 연설이 상당히 서로 다른 목적들에 이바지했으며 다양한 신학적 강조들을 포함하고 있다는 주장에 부합한다.

요약하자면, 이 연설은 속죄일의 예식 순서와 독특한 의식들에 대하여 회중을 구두로 교육하기 위한 규례다. 이 연설은 레위기 전체가 낭송되어 전달되었던 모든 행사에서 이스라엘 사람들에게 읽혀졌다. 그것은 또한 이 날의 준수의 일부분으로 낭송되었을 것이다.

주석

1-2 이 연설의 첫 번째 서두에 10장에 보고된 아론의 두 아들인 나답과 아비후의 비극적 죽음에 대한 언급이 있다. 그 사건에 대한 더 이상의 정보가 이 장에서 발견되지 않기 때문에, 이 언급이 왜 속죄일을 위한 규례의 서두에 위치하는지 질문해 볼 수 있다. 그 이유는 대제사장으로 하여금 속죄일에 지성소에 들어갈 때 스스로 적절한 처신을 하여 그들처럼 생명을 잃지 않도록 경고하기 위함이다(참조. 22:2). 대제사장은 자기가 원하는 때는 언제든지 "지성소"(הקדש – 하코데쉬)에 들어갈 수 있는 것이 아니다. 그는 단지 속죄일과 같은 특정한 때에만 거기에 들어갈 수 있다. 어떤 사람은 이 지침이 히브리서 9:6-7에 반영된 바와 같이 대제사장이 일 년에 이 날 하루만 지성소에 들어가도록 제한되었다는 후대의 관행과 일치한다고 주장한다. 이 큰 날에 여호와께서는 친히 "속죄판"(כפרת – 카포레트, 속죄소) 위에 구름 가운데 나타나실 것이라고 약속하신다. 다시 말해, 여호와께서는 자신의 임재를 드러내기도 하고 동시에 감추기도 하는 "구름"(ענן – 아난) 속에서 자신의 임재를 나타내실 것이다(참조. 25:22). 그렇지만 라쉬(Rashi, 73)는 그 어법을 하나님께서 속죄판에서 항상 구름 가운데 자신을 드러내신다는 의미로 받아들인다.

찬란한 "휘장"(פרכת – 파로케트)으로 성소와 분리된 지성소 안에는 언약궤가 놓여 있었다. 그 궤는 아카시아나무(개역 성경: 조각목)로 만든 직사각형의 상자였다(출 25:10-20). 황금 고리들이 언약궤의 사방 측면에 달려 있었는데, 그것들은 도금이 된 아카시아나무 봉들을 끼워 넣어 임명된 제사장들로 하여금 궤를 운반할 수 있게 해주었다. 궤의 윗부분에는 카포레트(כפרת)로 불리는 황금으로 만든 상이나 판이 놓여 있었다. 전통적으로 그것은 "속죄판"(속죄소)으로 번역되어 왔는데, 이는 하나님께서 이 곳을 자신의 백성들에게 속죄를 받을 수 있는 장소로 삼아 여기서 자신의 자비를 보여 주셨기 때문이다. 카포레트(כפרת)는 가로 44인치, 세로 26인치(개역 성경: 장이 이 규빗 반, 광이 일 규빗 반)로 언약궤의 윗부분과 같은 크기였다. 순금으로 만들어진 언약궤는 금으로 만든 두 그룹을 가진 하나의 품목이었는데, 여호와께서 그 그룹들 위에 좌정하시었다(출 25:17-22; 참조. 삼상 4:4; 시 99:1). 그룹들 사이와 카포레트(כפרת) 위에서 여호와께서는 모세와 만나셨다(출

25:22). 카포레트가 순금으로 만들어졌다는 사실은 값을 정할 수 없을 만큼 가치가 높았다는 것을 설명해 준다. 그것은 아마 상당히 얇았을 것이다. 카포레트(כפרת)가 언약궤 위에 놓였으며 또한 궤의 덮개나 문에 대한 언급이 전혀 없기 때문에, 어떤 사람들은 카포레트가 궤의 덮개 역할을 했다고 추론했다(Rashi, 227와 Kimchi, 또한 Dillmann, 313, Elliger, 211 그리고 Cassuto, *A Commentary on the Book of Exodus*, tr. I. Abrahams[Jerusalem: Magnes. 1967] 32-36과 같은 현대의 해석가들). 일부는 동사 카파르(כפר)의 어원이 아랍어 어근 *kfr*와 동일한 "덮다"라고 주장함으로써 카포레트(כפרת)에 대해 "뚜껑"이란 의미를 도출해 낸다. 이러한 입장은 몇 가지 난점에 부딪힌다. 첫째로, 카파르에 대한 부록(4:20-21에 있는)에서 언급되었듯이, 이러한 어원론은 별로 무게를 둘 만한 가치가 없다. 둘째로, 아론(ארון, "궤, 상자")이라는 단어는 별도의 뚜껑을 필요로 하지 않았을 봉합된 상자를 의미한다(Janowski, *Sühne*, 274-75). 셋째로, 카포레트(כפרת)는 언약궤보다는 그룹들과 아주 밀접하게 관련되어 있다(Janowski, 275, 339-46; 출 25:18-19). 하란의 판단으로는, 그 궤와 속죄판(속죄소)은 "근본적으로 독자적인 물품들을 구성한다"(*Temples*, 248). 넷째로, 역대상 28:11에서 지성소는 베이트 하카포레트(בית הכפרת, "속죄판의 집"; 개역 성경: 속죄소; 공동번역: 속죄를 비는 집)로 불린다. 회막의 이 구성 요소에 대한 이런 명칭은 만일 카포레트가 단순히 "뚜껑"만을 의미했다면 불가능했을 것 같다(Keil and Delitzsch, 168). 이러한 점에 비추어, 카포레트(כפרת)는 일단 법궤의 뚜껑인 것으로 간주되지는 않았다. 그렇다면 이 제의 비품이 카포레트라는 이름을 얻은 이유는 그것의 제의적 기능 때문이다. 속죄일에 속죄를 성취하기 위한 가장 중대한 피 의례들이 수행되었던 곳이 바로 카포레트다. 그것이 중대했던 이유는 카포레트가 여호와와 그의 백성들 사이의 제의적 경계선, 즉 하나님의 백성이 구름 속에서 자신을 현시하셨던 초월해 계시는 하나님으로부터 용서를 얻을 수 있는 장소였기 때문이다(Janowski, Sühne, 347). 유사한 관점으로 연구를 진행하면서 카파르를 "달래다, 누그러뜨리다"라는 의미로 받아들이는 어떤 사람들은 그것을 "위로의 장소", "위로의 덮개"로 번역한다(참조. B. Childs, *The Book of Exodus* [Philadelphia: Westmisnter Press, 1974] 524; Fryer, *EvQ* 59[1987] 113). 이것은 70인경(LXX)의 번역어 일라스테리온(*ἱλαστήριον*)과 벌게이트의 프로피티아토리움(*propitiatorium*)으로부터 공히 지지를 받는다. 그러나 4:20-21에 있는 부록에 근거해 볼 때 카파르(כפר)는 압도적으로 "대속하다"를 의미하며, 여기서 수행되는 피 의례들이 지성소를 정결케 하기 때문에(33절) "대속" 혹은 "속죄"와 결부

된 명칭이 이 제의 비품에 어울릴 수 있다. 우리는 현대 영어의 속죄에 대한 매우 제한된 어휘로 연구를 진행하면서 속죄판(Atonement Slate, 속죄소)이라는 명칭을 사용한다. 판이란 단어를 통해 카포레트(כפרת)가 얇은 물건이라는 것을 분명히 알 수 있으며, 또한 속죄라는 단어는 속죄판이 언약 백성이 속죄일에 거기서 이루어지는 대속의 피 의례들을 수단으로 그들의 하나님과의 교제를 유지했던 장소 역할을 한다는 것을 명백하게 묘사한다.

언약궤 안에는 여호와와 이스라엘 사이의 언약을 상징하는 십계명 돌판들이 있었다. 이러한 거룩하신 하나님이신 여호와와 죄 많은 백성인 이스라엘의 관계를 유지하기 위해 속죄는 필수적이다. 속죄판은 그러한 속죄를 보장하는 일에 핵심적인 역할을 한다. 그것은 보좌에 앉으신 하나님과 언약의 돌판들(십계명 돌판 – 역자주) 사이의 경계선에 놓여 있기 때문에, 여호와께서는 속죄판에 발라진 피를 통해 언약을 되돌아보시며, 그로 인하여 그분은 자비와 용서로 자기 백성을 다스리시게 된다.

3-4 대제사장은 자신과 자신의 집을 위해 두 마리의 짐승, 즉 속죄제를 위한 어린 수송아지 한 마리(חטאת – 하타트; 참조. 4:3)와 번제를 위한 숫양 한 마리(עלה – 올라; 1:10-13; 8:18-21)를 가져와야 한다. 그 예식을 위해 대제사장은 세마포 복장을 입어야 한다. 즉 바지, 관복, 장식 띠 그리고 두건. 이것들은 대제사장이 평상시에 입는 엄숙하고 장엄한 복장도 아닐뿐더러(참조. 8:13), 또한 그는 금이나 보석으로 치장하지도 않는다(출 28:5-39). 오히려 그는 일반적으로 다른 제사장들이 제단에서 직무를 수행할 때 입는 더 단순한 복장을 갖춘다(출 28:40-42). 이 엄숙한 날에 그는 초라한 옷을 입고 참회의 심정으로 하나님께 나아간다. "흰" 옷은 단순함과 정결성, 그리고 거룩을 나타낸다. 이러한 상징성은 그가 여호와의 임재 가운데로 들어가는 것과 특히 잘 어울린다. 그럼에도 불구하고 그 복장들은 더 화려한 옷들처럼 거룩한데(קדש – 카도쉬), 이는 그것들이 이러한 목적으로 만들어졌으며, 또한 성소에 안치되기 때문이다. 그것들은 하나님 앞에서 정중함과 존경심을 내보이면서 대제사장을 완전히 덮는다. 대제사장은 두건을 쓴다. 이것은 그를 다른 제사장들과 구별시킨다. 이러한 복장을 갖추기 전에 대제사장은 자신을 물로 씻음으로써 이 큰 날에 대제사장으로서 직무를 시작하기에 앞서 자신의 의식적 정결을 확증해야 한다(출 28:2, 4; 31:10; 35:19; 39:1).

5 지파 지도자들이 대표가 되는 회중(עדה – 에다, 참조. 4:13)은 속죄제(חטאת – 하타트)를 위해 염소 두 마리, 그리고 번제(עלה – 올라; 참조. 8:18)를 위해 숫양 한 마리를 바쳐야 한다. 두 염소 중 한 마리만이 제단 위에 드려지는데, 둘 다

속죄를 위한 제물이라고 진술하는 것은 흥미롭다(9, 15절). 그 구절을 짧게 유지해서 복잡하지 않게 만들려고 단지 속죄제만을 언급했을 가능성이 있다. 혹은 키우치(Kiuchi, *Purification Offering*, 147-56; 또한 Feinberg, BSac 115[1958] 332-33)가 주장한 대로, 두 염소와 관련된 의식들이 연합해서 하나의 속죄제를 이룬다는 것도 가능하다. 그에 따르면, 아사셀 의례는 진영 밖에서 이루어지는 일반적인 "속죄제"(חטאת – 하타트) 고기 소각의 특이한 변용이다. 두 염소 모두 백성들의 죄를 제거하기 위해 필요한 반면, 9절 혹은 15+20b-22절의 표현에는 광야로 보내는 염소 의식이 속죄제로 간주된다는 암시가 전혀 없다.

6 대제사장은 먼저 속죄제를 위해 자신의 수소를 바쳐야 한다(הקריב – 히크리브, 참조. 11a절). 여기서 히크리브(הקריב)는 포괄적인 의미, 즉 이러한 종류의 제사를 드리기 위해 전체 의식을 수행한다는 의미를 갖는다(Levine, 104). 대제사장은 그렇게 함으로써 "자신을 위해"(בעדו – 빠아도) 그리고 "자신의 집을 위해"(בעד ביתו – 뻬아드 베이토), 다시 말해 다른 모든 제사장들을 위해 속죄를 시행한다. 알(על, "…을 위해")을 대신하여 카파르(כפר)와 함께 사용되는 뻬아드(בעד, "…의 유익을 위해")의 용법은 가넷(Garnet, "Atonement Constructions…," *EvQ* 46[1974] 144)이 제안한 바와 같이 다른 뉘앙스를 전해 줄 수 있다. 즉 뻬아드(בעד)는 "특별한 엄숙함(extra solemnity)의 의미"를 담고 있다. 혹은 이 연설에서 카파르(כפר, "대속하다")가 사람을 취급할 때와 사물을 취급할 때 다른 용법으로 사용되었는지도 모른다(참조. "양식/구조/배경"). 대제사장은 백성들을 위해 대제사장으로 행동할 수 있게 되기 전에 자신과 가족들을 위해 대속을 시행해야만 한다.

7-10 대제사장은 이어서 회중들이 바친 염소 두 마리를 취하여 회막 입구에 두어야 한다. 거기서 그는 그것들을 제비 뽑아 어느 것을 제단 위에서 희생으로 여호와께 드려야 하고 어느 것을 광야로 풀어 주어 아사셀에게 보내야 하는지를 결정해야 한다. 바엔취(Baentsch, 383)와 포터(Porter, 127)와 같은 몇몇 사람들은 우림과 둠밈(참조. 출 28:30)이 이러한 결정에서 사용되었을 수 있다고 제안한다. 노트(Noth, 121)는 다음과 같은 절차를 제안한다: 두 개의 돌에 글씨나 어떤 상징으로 여호와와 아사셀을 각각 표시한 뒤 그것을 용기에 넣어 흔든 다음 뽑았을 것이다. 어떤 방법이 사용되었든, 아론은 여호와를 위한 염소를 골라 적합한 의식 절차를 따라 그것을 속죄제(חטאת – 하타트) 희생으로 드려야 한다. 다른 염소는 여호와 앞에 살아 있는 상태로 세워 두어야 한다(העמיד – 헤에미드). 이어서 카파르 알(כפר על)이란 어구가 나오는데, 그것은 보통 "그것(즉 염소)을 위해 대속을 시행하다"

를 의미한다. 이 구절의 마지막 어구 "그것을 광야의 아사셀에게로 보냄으로써"(by sending it to Azazel into the wilderness, 개역 성경: 아사셀을 위하여 광야로 보낼지니라)는 "그것으로(by it) 대속한다"와 동격 관계에 놓여 있는데, 이는 특별한 염소로 대속이 어떻게 이루어질 것인지를 조명해 주기 위함이다. 카파르 알(כפר על)의 정확한 의미는 논란이 된다. 한 가지 견해는 그 어구가 아사셀을 위해 속죄가 이루어진다는 의미라고 해석한다(Keil and Delitzsch, 348). 이러한 해석은 단지 진부한 견해일 뿐이다. 그로 인하여 다른 사람들은 이 어구를 서기관의 실수의 결과로 본다(예를 들어, Noth, 121; Elliger, 201). 어떤 사람들은 그것을 아사셀을 위한 염소 "위에서 속죄하다"로 해석한다(예를 들어, Kurtz, *Sacrificial Worship*, 410). 키우치(Kiuchi, *Purification Offering*, 150-151)는 그 부정사(לכפר – 레카페르)의 주어를 아사셀을 위한 염소로 보면서 그 전치사의 목적어(עליו – 알라브)를 아론으로 확인한다. 그는 22절이 자신의 독법을 지지한다는 것을 발견하는데, 왜냐하면 그 구절에서 그 염소가 죄를 짊어지는 것이 명백하기 때문이다. 분명히 이 구절은 아사셀을 위한 염소 의례가 대속의 효력을 갖고 있다는 사실을 강조하기 위해 포함되었지만, 대속의 대상을 확인하기는 어렵다. 회중이 그 대상일 가능성이 있다. 비록 그것이 여성 명사이긴 하지만 말이다. 22절은 이러한 입장을 지원하는데, 왜냐하면 그 구절은 아사셀이 그들의, 즉 이스라엘 사람들의 죄를 광야로 옮긴다고 진술하기 때문이다. 키우치는 흥미로운 해석을 한다. 그에 따르면, 아론은 "자신이 성소를 위해 대속할 때 이스라엘 사람들의 죄를 짊어진다"(14-19절; *Purification Offering*, 152). 이어서 그는 이 죄책을 아사셀에게 넘기고, 그 염소는 그 죄책을 광야로 옮긴다. 이러한 입장은 그럴듯한 제안이지만, 속죄일의 다양한 의례들을 바라보는 또 다른 방식은 인간의 죄로 인한 오염과 짐이 여러 궤적(軌跡)으로 방사되어 대속의 과정이 이러한 서로 다른 궤적들을 처리할 것을 요구한다는 것이다. 성소와 제단에서의 피 의례들은 죄에 의해서 침입된 오염으로부터 이러한 거룩한 비품들을 정결케 하고, 반면에 그 염소는 죄로 인한 죄책과 짐을 회중으로부터 멀리 옮긴다. 어찌 되었든, 이 날의 피 의례들은 지성소에서의 피 뿌리기와 아사셀로의 염소 방출이 공동체가 지은 죄의 모든 결과로부터 그들을 완전히 대속하기 위해 필요하다는 것을 시사해 준다.

아자젤(עזאזל, "아자셀")이란 이름은 구약에서 네 번밖에 나타나지 않는데, 모두 이 장에서이다(8, 10[2회], 26절). 그것의 의미는 고대로부터 논쟁이 되어 왔다. 네 가지의 주요 해설이 있다. 첫 번째는 그것을 염소 자체를 묘사하는 단어로 받아들인다. 70인경(LXX)과 벌게이트역(Vg)은 그것을 두 단어 아즈(עז, "염소")와 아잘(אזל, "멀리 가다")의 복합어인 "떠나는 염소"로 이해한다. 이러한 입장은 아퀼라(Aquila), 데오도션(Theodotion), 이반 에즈라(Ibn Ezra) 그리고 히에로니무스(Hieronymus)와 같은 초기 저자들의 작품들에서 계속된다(참조. Landersdorfer, *Studien*, 19-20). 폭넓게 받아들여진 이러한 견해가 갖는 주요 난점은 그 염소가 "아사셀을 위한 것"이며, 또한 "아사셀에게" 보내져야 한다는 것이다(8, 10, 26절). 그 염소가 어떻게 자신을 위한 것이거나 바로 자신에게 보내질 수 있는지를 이해하기는 어렵다. 두 번째 가능성은 파인베르크(Feinberg, *BSac* 115[1958] 331-33)에 의해 구체적으로 설명된다. 그는 아사셀이 "전적인 제거"를 의미하는 추상적인 단어라고 간주한다. 그렇다면 레아자젤(לעזאזל)이란 어구는 "제거를 위해"를 의미한다. 이러한 입장에 대한 반박은 레위기에 추상명사가 거의 없다는 것이다. 실제로 이 염소의 방출을 포함하여 속죄일 의식 전체가 영적인 실체들의 상징적인 구현이다. 이러한 견해는 또한 라도나이(ליהוה, "여호와를 위해")와 자연스러운 병행을 이루지 않는다. 세 번째 견해는 랍비 전승에서 온 것인데, 이 단어를 그 염소가 떠나는 장소로 받아들인다. 라쉬(Rashi)는 이 단어를 "바위 절벽"으로 간주한다(또한 10b절에 대한 탈굼 위-요나단〈*Tg. Ps.-J.*〉, Sipra, Kimchi; Landersdorfer, *Studien*, 18). 바빌로니아 탈무드 요마(*B. Yoma*, 63b)에서는 마치 그것이 아자즈 엘(עזז אל)로 기록되었던 것처럼 그것을 "가장 험한 산지"로 번역한다(Aḥituv 999). 사디아(R. Saadia)는 그것을 아자즈 산(Mount Azaz)으로 번역하고(Landersdorfer, *Studien*, 18), 야스트로우(Jastrow, 1060)는 그것에 "거친 바위 산"이란 의미를 부여한다. 드라이버(G. R. Driver, *JSS* 1[1956] 98)는 이 입장을 지지한다. 그는 그것을 아랍어 아자주('azâzu, "거친 땅")의 동족어인 아자즈(עזז)에서 온 한 지명으로 받아들인다. 이러한 입장은 추천할 만한 근거는 많지만, 두 가지 난점이 있다. (1) 레아자젤(לעזאזל, "아사셀을 위해")은 라도나이(ליהוה, "여호와를 위해")와 병행을 이룬다(8-10절). (2) 만일 레아자젤(לעזאזל)이 "바위 절벽"을 의미했다면, 22절에서 왜 그 염소가 가는 장소가 에레츠 게제라(ארץ גזרה, "동떨어진 땅": 개역 성경: 무인지경; 개역 개정 성경: 접근하기 어려운 땅)로 불리는가? 네 번째 입장은 아자젤(עזאזל)이 악귀의 이름이거나 혹은 악마 자체라고 주장한다(Keil and Delitzsch, 398). 후대의 신구약 중간기의 문헌에서 그것은 주요 악령의 이름이었다(에녹서 8:1; 9:6; 10:4-8; 13:1-2; 54:5; 55:4; 69:2). 비슷한 맥락에서 세갈(M. Segal)은 그것이 타락한 두 천사의 이름의 합성어라는 한 전승을 지적한다("The Religion of Israel before Sinai," *JQR* 53[1962/63] 250). 이것이 악귀의 이름 혹은 이름들이었다는 그 입장은 두 이름이 실제로 병행을 이룬다는 장점을 지닌다(de Vaux, *AI*, 509). 그렇지만 많은 사람들은 이러한 정체 확인에 반대하는데, 이는 그들로서는 성경이 악귀에게 바치는 희생이나 봉헌물을 규정한다는 것은 상상할 수 없는 일이기 때문이다(참조. Harrison, 170-71). 그러나 이 염소를 희생으로 바쳤다는 암시는 전혀 없다. 그것은 의식에 따라 도살되지 않았다. 또한 그 염소의 피를 취급하는 어떠한 의례도 없었다. 사실상 그 염소는 백성들의 죄를 옮기기 때문에 부정했으며, 따라서 희생물로서의 자격은 없었다. 구약은 악을 사탄과 같은 그런 인물상으로 인격화하지 않으려고 아주 세심한 주의를 기울이지만, 여호와에 적대적인 우주적 세력들이 있다는 것을 인정한다. 이러한 세력들로는 르워야단과 같은 그런 바다 괴물들이나(예를 들어, 사 27:1) 사막에 거주하는 괴수들로 묘사된다(예를 들어, 13:21). 이 괴수들은 염소처럼 생긴 것으로 믿어졌는데, 그러한 사실은 아사셀이 이러한 악귀들 중 하나를 나타낼 가능성을 뒷받침한다. 특히 히브리어로 아사셀이란 이름의 일부가 "염소"를 의미한다는 것을 고려해 본다면 말이다. 아사셀이 악귀들의 우두머리인지 사탄의 선조인지는 알 길이 없지만, 그런 정체 규명이 이 구절들에서 아사셀이란 이름이 사용된 의도는 아니라고 확실히 말할 수 있다. 만일 아사셀이 악귀라면, 이 의례는 그 염소가 운반하는 죄들이 이 악귀에게 되돌아갔다는 것을 의미한다. 그 목적은 그 죄들을 본래의 자리로 보냄으로써 공동체로부터 그것들을 제거하고 공동체 안에서 그것들의 세력이나 효력을 완전히 분쇄하기 위함이다. 세 번째와 네 번째 입장의 차이는 그렇게 크지 않다. 왜냐하면 한 사회는 자주 정체성을 따라 지명을 붙이거나 그 반대로 하기 때문이다.

아사셀이란 이름이 어떻게 이해되든지, 그런 추방 의례가 속죄일의 일부였다는 사실은 매우 중대한 의미가 있다. 21절에서 이 염소의 광야 추방을 지시하기 위한 샬라흐(שלח, "멀리 보내다")의 사용은 그것이 "방해받지 않고 자유로이 떠돌거나 배회하도록" 풀려났다는 개념을 내포한다(참조. 욥 39:5; *Landersdorfer*, Studien, 27). 악성 피부병에서 치료된 사람을 위한 통합 의례에서 샬라흐(שלח)가 또한 새의 방출에 대해 사용된다(14:7). 덧붙여서 이 염소가 20절에서 "살아 있는 염소"(השעיר החי – 하세이르 헤하이)라 불린 것처럼, 그 새가 "살아 있는 새"(הצפור החיה – 하치포르 하하야)라고 불리는데(14:7), 이것은 이 두 가지 의례가 기본적으로 동일한 의도를 갖는다는 것을 증거해 준다. 아주 초기 시대에 그 염소가 광야에서 죽을 때까지 멋대로 돌아다니도록 진영으로부터 내보내졌을 개연성이 아주 높다.

이 의식의 최초의 의미는 현실의 회중들에게 이 날에 그들의 죄가 완전히 지워져 이 죄들의 힘이 영원히 종결되었다는 것을 가시적으로 표현하기 위한 것이었다(참조. Harrison, 171). 이스라엘에서 이러한 추방 의례는 다양한 민족들 사이에서 발견되는 광범위한 관행에 부합하는데, 그것은 부정결이나 악을 공동체들로부터 주기적으로 제거해야 한다는 그 공동체들 내부의 깊은 사회적 인식을 증거해 준다. 이집트에서의 그런 의식에 대해서는 괴르크(Görg, *BN* 33[1986] 12-13)를, 바벨론의 것은 드보(de Vaux, *AI*, 508; 또한 Landersdorfer, *Studien*, 23-26를 보라)와 프레이저(J. G. Frazer, *The Golden Bough*[New York: The MacMillan Company, 1925] 538-87)를 보라.

11-13 아론에게 자신의 속죄제(חטאת–하타트)를 위한 수소를 가져오라(הקריב–히크리브; 6절과 대조적으로 여기서는 그것이 제한적 의미를 갖는다)는 지침이 반복된다. 이 구절은 속죄일에 대한 또 다른 예전적 조례를 시작한다. 그것은 선행하는 짧은 예전 의식과는 다른 강조들을 담고 있다. 어찌 되었든, 그것은 6절과 같은 시점에서 그 예전 의식을 시작한다. 여기서 명시되지 않은 그 의식의 많은 요소들은 기름부음 받은 제사장이 바치는 속죄제 규정에 있는 것들과 동일한 것으로 추정될 수 있다(4:3-12). 단지 일차적인 차이점인 피를 취급하는 방법만이 이 규례에시 언급된다. 지성소로 피를 들여오기 전에 대제사장은 제단에서 취한 타오르는 숯으로 향로를 가득 채워야 하며, 숯 위에 두 움큼의 고운 분말로 된 향(סמים דקה–싸밈 다카; 출 25:6)을 놓아야 한다. 형용사 다카(דקה, "미세한, 고운")는 이 날 최상급의 향료가 사용되어야 한다는 것을 말해 준다(Rashi, 75). 향로에서 올라오는 그 진한 연기가 지성소를 채우고 대제사장을 여호와의 임재로부터 보호한다(참조. Porter, 130; Noordtzij, 165; Harrison, 172). 카일 델리취(399)는 다른 방식으로 그 연기의 목적을 설명한다. 그들이 판단하기에, 타오르는 향은 여호와께서 제물들의 피를 받아 주시고 자기 백성들을 은혜로 용서해 주시기를 그분께 탄원하는 백성들의 기도를 나타낸다. 전자의 설명은 13bβ절에 있는 벨로 야무트(ולא ימות, "그가 죽지 않도록")라는 어구에 의해 지지를 받는다. 나아가 이 의례는 대제사장이 왜 여호와의 영광에 압도되지 않았는지를 설명해 준다. 모세와 마찬가지로(출 34:29-35), 아론은 이 날의 다양한 의례들에서 계속적인 직무를 수행하기 위해 자신을 감추어야만 했을 것이다. 한편, 후자의 해석은 이 의식의 사려 깊은 세부 사항들에 대한 이유를 설명해 준다: 즉 주 제단에서 숯을 취하고 그 위에 고운 분말의 향을 놓으며, 그것들을 향로에 담는다. 이 두 가지 해석은 상호 배타적이지 않다. "진정

시키는, 흠향되는 향"(ריח ניחח – 레아흐 니호아흐, 개역 성경: 향기로운 냄새)에 대한 토론에서 보았듯이(참조. 1:9), 그 흠향되는 향은 여호와의 애정을 불러일으킨다(시 141:2; 참조. Dillmann, 579). 여호와에 대한 그런 향의 효력은 민수기 17:8-15(16:43-50)에 기록된 사건에서 생생하게 파악된다. 여호와의 진노는 고라와 그의 가족들을 향해 촉발되었으며, 회중을 삼킬 기세였다. 아론은 급히 향로를 취해 거기에 제단에서 가져온 불을 놓고 불 위에 향을 피웠다. 이어서 그는 재빨리 백성들을 위한 대속을 시행하려고 회중 속으로 들어갔다. 이러한 방식으로 그는 여호와의 진노의 수단인 그 역병을 중단시켰다.

14 지성소에서 대제사장은 "속죄판"(הכפרת – 하카포레트, 속죄소)의 동쪽 표면에 피의 일부를 (손가락으로 – 역자주) 뿌려야 한다. 여호와께서 동쪽을 향해 그룹들 위에 좌정하신 것으로 간주되기 때문에, 이 피는 여호와의 발 앞에 직접 뿌려진다(참조. Vriezen, *OTS* 7[1950] 232-33). 이어서 대제사장은 속죄판(속죄소) 앞에서 손가락으로 피의 일부를 일곱 번 뿌려야 한다(הזה – 히자, 참조. 4:5-7에 관한 "주석"). 7이란 숫자는 완전성을 가리킨다. 이중적인 피 뿌리기 의례에 대해 어떠한 설명도 주어지지 않는다. 반대로, 제단에서의 희생을 위한 짐승의 성별은 피를 포함한 그 짐승의 모든 부위가 성별된다는 것이 초점이다. 카일 델리취(399)는 첫 번째 피 의례는 제사장들과 백성들의 죄의 대속을 위한 것으로, 두 번째의 것은 성소의 정화를 위한 것으로 받아들인다. 이러한 입장을 증명이나 반증할 만한 본문상의 근거가 없지만, 그것은 그 본문의 최종 형태에 있는 완전한 대속이라는 목표와 일치한다.

15 다음에 대제사장은 백성들의 속죄제(חטאת – 하타트) 염소를 도살해야 한다. 추정컨대, 그는 이 속죄제 희생을 위한 모든 의례를 수행하기 위해 지성소를 떠나 마당으로 나갔을 것이다. 그는 이 희생물로부터 피의 일부를 취하여 지성소 안으로 가지고 들어가 그것을 속죄판(속죄소) 위에 뿌리고 일부는 속죄판 앞에 일곱 번 뿌려야 한다.

16 이러한 피 뿌리기 의식은 이스라엘 사람들의 악행으로 인해 지성소까지 침입한 부정결(טמאת – 투므오트)로부터 그 곳을 정화시킨다(כפר – 카파르). 백성들의 모든 부정결의 사례들이 상당한 정도로 성소를 오염시킨다. 성소가 효과적으로 제 기능을 발휘하고 그것이 계속해서 백성들 가운데 존속하기 위해서, 성소는 매년 정화되어야만 했다. 덧붙여서 이러한 의례는 이스라엘 사람들의 "반역 행위"(פשעים – 포쉬임)와 "죄들"(חטאת – 하타트)로부터 지성소를 정결하게 만들었다. 이러한

용어들의 선택은 백성들이 우연히 또는 무지 가운데 죄를 지을 뿐만 아니라 고의적으로 범죄한다는 것을 인정한다. "반역 행위"(פשע – 파샤)라는 용어는 의도적으로 하나님의 법을 위반했던 행위들을 지시한다. 이 단어는 공동체가 자신들을 하나님 위에 놓으면서 자신들의 이익을 갈망하는 태도를 내포하며, 또한 그것은 분명히 십계명 중에 앞 부분의 네 계명을 포함한다. 밀그롬은 이것이 제사장 법전 내에서 이 단어의 유일한 용법이라는 사실을 지적한다. 분명히 그 용법은 의도적인 죄들이 이러한 의례에 의해 대속되었다는 것을 말해 준다. 두 번째 단어 하타트(חטאת)는 중대성과는 상관없이 일반적인 죄들을 지시한다. 이 두 단어가 전치사 민(מן, "…로부터") 및 레(ל, "…까지")와 함께 쓰이는 용법은 공공연한 행동으로부터 우연히 저지른 어떤 일에 이르기까지 온갖 범죄 행위들이 이 의식에 의해 해결된다는 것을 의미한다. 성취된 대속은 전체로서의 백성을 위한 것이다. 키우치(Kiuchi, *Purification Offering*, 128)의 주장에 의하면, 16b절에 있는 어구 "그가 회막을 위하여 그같이 할 것이요"는 대제사장이 향단을 지칭하는 내성소에서 피 뿌리기 의식을 수행해야 한다는 것을 의미한다. 이러한 제안이 갖는 난점은 그것이 전승에서 지지를 받지 못한다는 것이다. 이러한 큰 날의 성취들의 결과로 죄 사함을 받은 백성은 정결하게 된 성소에서 계속 자신들의 하나님이신 여호와께 예배를 드릴 수 있다.

17 회막의 거룩성과 대제사장에 의한 지성소에서의 엄숙한 피 취급을 감안해 볼 때, 대제사장이 피 의례를 수행하는 동안 아무도 성소(=회막)에 있어서는 안 된다. 그 사람은 회막을 오염시킬 것이며, 대제사장에 의해 수행되는 의식이 효력을 발휘하지 못하게 만들고, 여호와의 영광의 삼키는 힘이 회막에 있는 모든 사람을 치게 하는 원인을 제공할 것이다.

18-19 대제사장은 제단으로 나아가야 한다. 그는 자신의 제물인 수소와 백성의 제물인 염소에서 취한 피를 제단 사면의 뿔 위에 바른다(נתן – 나탄, 참조. 8:15). 이어서 그는 손가락으로 제단 위에 피를 일곱 번 뿌려야 한다(הזה – 히제). 이것은 어떤 규례가 주 제단(번제단 – 역자주)에 "뿌리기"를 규정하는 유일한 경우다. 키우치(Kiuchi, *Purification Offering*, 129)는 이러한 절차가 뒤이어 나오는 이유를 "뿌리기"가 제단 위에 피를 "바르기"보다 더 강력하기 때문이라고 주장한다. 이러한 의례를 가지고 대제사장은 백성들의 모든 부정결로부터 제단을 정화하고(טהר – 타헤르) 거룩하게(קדש – 카다쉬, 성결하게) 만든다(개역 성경에는 제단 정화는 생략되고 제단 성결만 언급되어 있다 – 역자주). 오직 이 곳과 8:15에서만 제단이 거룩하게 된다고 언급되어 있다(Kiuchi, 129). 호프만(Hoffmann, 1:450)은 타헤르(טהר)

는 과거의 오염을 제거하며, 카다쉬(קדשׁ)는 미래의 사용을 위해 제단을 거룩하게 만든다고 주석한다. 이 제단의 정체 확인은 불확실하다. 그것은 성소에 있는 향단인가? 아니면 회막 앞에 있는 번제단인가? 딜만(Dillmann, 579-80)과 같은 대부분의 비유대인 학자들은 그것을 성막 앞의 번제단으로 확인한다(참조. 8:15). 많은 유대 해석가들과 마찬가지로 라쉬(Rashi, 24-25)와 호프만(1:450)은 이 제단이 휘장 앞의 내성소 안에 있는 황금 제단(향단–역자주)이라고 설명한다. 라쉬의 설명에 의하면, 야차(יצא, "나가다, 나오다")는 대제사장이 성소를 떠나는 것을 암시할 것이기 때문에, 이 동사는 대제사장이 지성소에서 나가 이 제단(향단–역자주)의 동편으로 가서 그 제단의 북동쪽 모퉁이에 뿌리기를 시작해야 한다는 것을 의미한다. 해리슨(Harrison, 173)은 두 가지 이유로 이에 동의한다. 첫째, 피 뿌림이 이루어지는 제단은 지성소 및 성막과 아주 밀접하게 관련되어 있기 때문에, 그것은 성막 내부에 있는 것이어야 한다. 둘째, 이 향단은 속죄제의 규례들 중 두 군데에서 피로 바른다고 언급되어 있다(4:7, 18). 그렇지만 야차(יצא, "나오다")를 회막을 떠나는 것을 의미하는 것으로 받아들이면서 미즈바흐(מזבח)를 번제단으로 이해하는 것이 더 자연스럽다. 그 제단이 더 이상 구체적으로 명시되어 있지 않기 때문에, 우리는 그 단어가 우리 귀에 들릴 때 우선적으로 생각에 떠오르는 것이 그 제단일 것으로 예상해 볼 수 있다. 덧붙여서 지성소에 있는 세 가지 비품 중 어느 것도 언급되지 않는다. 만일 지성소에서의 피 뿌림이 성막의 모든 부분을 정화한다면, 역시 성소 마당에 있는 비품들의 대표적 품목인 주 제단을 정화하기 위한 어떤 피 의례가 또한 필요하다는 것이 논리적인 듯하다. 번제단이 성소의 운용에서 그토록 비중 있게 사용되기 때문에 특히 그러하다. 번제단에 피를 뿌리는 그 의례가 단지 속죄일에만 발생했다는 사실은 그것의 효능이 앞서 있었던 지성소의 정화와 밀접하게 결부되어 있다는 것을 시사한다(Kiuchi, *Purification Offering*, 129). 속죄판(속죄소)과 번제단에 공히 피를 묻혔기 때문에, 성소의 내부와 외부를 포함한 성소 전체가 정화된다.

20-22 대제사장이 대속 의식들의 수행을 마치면 이제 살아 있는 염소를 끌고 와야 한다. 그는 그 염소의 머리에 두 손을 얹고(참조. 1:4) 그 위에 백성들의 모든 죄를 고백해야 한다(התודה–히트봐다). 여기서 백성들의 죄를 지칭하기 위해 역시 세 가지 단어가 사용된다: 아보노트(עונות, "악행"), 포쉬임(פשעים, "반역 행위들") 그리고 하타트(חטאת, "죄들"; 참조. 16절). 이 세 용어가 한데 묶여 하나님의 율법을 깨뜨리는 인간의 모든 차원의 범죄 행위들을 포괄한다. 덧붙여서 이 용어들은

모두 복수형으로 되어 인간의 범죄의 빈번함과 총체적 성격을 시사해 준다. 두 손을 염소의 머리에 올려 이러한 죄들을 고백함으로써, 대제사장은 공동체의 죄를 그 염소에게 이전한다. 랍비 전승은 그러한 대제사장의 고백이 효력을 갖기 위해서는 "백성들의 참회가 동반되어야"한다고 강조했다(Milgrom, *EncJud* 5:1386). 그 염소는 광야(מדבר – 미드바르)로 내보내진다. 염소는 이러한 임무를 위해 준비된 사람의 통제 아래 내보내진다. 이런 절차는 염소가 진영 사방에서 뛰어다니는 일이 없게 하고, 일단 광야에 이르게 되면 무슨 일이 있더라도 인간의 주거 지역으로 되돌아오는 사태가 발생하지 않도록 하기 위함이다. 왜냐하면 이 염소는 백성들의 죄를 싣고 있는 무서운 오염원이기 때문이다. 초기 시대에는 그 염소가 숨이 끊어질 때까지 광야에서 돌아다녔던 것으로 생각된다. 나중에 제사장들은 그 염소가 문명 사회로 되돌아와 돌아다니는 일이 결코 발생하지 않게 만들었다. 왜냐하면 그들은 그 염소를 벼랑으로 끌고 가서 떠밀어 즉시 죽게 했기 때문이다.

이 의례에서 죄들은 그 염소가 운반하는(נשא – 나사) 짐이나 무게로 묘사된다. 흥미롭게도 나사(נשא)는 종종 은유적으로 "용서"를 지시하기 위해 사용된다(참조. 5:1). 이러한 죄들을 진영 밖으로 지고 가는 그 염소는 고대인들이 악귀들이나 악한 영들의 거주지라고 믿었던 에레츠 게제라(ארץ גזרה, "접근할 수 없는 영토")에 버려 두어야 한다. 그리하여 그 염소는 이 죄들을 원래의 장소로 가져간 뒤 그것들이 거기에 남겨두어 백성들을 속박하고 억압했던 힘을 깨뜨려 부순다.

23-25 이제 아론은 자신의 특별한 세마포 복장들을 벗은 뒤 성소에 두고 나와야 한다. 왜냐하면 그것들은 거룩으로 감염되었기 때문이다(4절). 이 지시 사항들은 많이 부분이 생략되어 있다. 본문의 간편한 읽기는 회막에서 아론이 옷을 갈아입는 것으로 보게 한다. 그런 관행은 고대 이스라엘에게 혐오스러운 일이었을 텐데, 왜냐하면 제사장들은 성소에서 자신들의 성기를 절대로 노출시켜선 안 되었기 때문이다(출 20:26; Levine, 107). 레빈(108)은 대제사장이 성막 근처의 시야가 차단된 구역에서 자신의 옷을 벗어야 한다고 추론한다. 이러한 해석은 보통 "들어가다"를 의미하는 빠 엘(בא אל)이 여기서는 "접근하다"를 의미하는 것으로 간주한다. 거기서 대제사장은 목욕을 한 뒤 평상시의 제사장 복장을 입어야 한다. 그는 이제 자신의 화려한 복장을 입을 수 있는데, 이는 그가 자신과 성막을 위해 대속을 시행했기 때문이다. 대제사장은 목욕을 함으로써 자신이 지성소 안에 있을 때 침투한 거룩의 일부를 제거하게 되고, 따라서 번제단 구역에 서 있는 회중들을 위험에 빠뜨리지 않고 그 제단에서 직무를 수행할 수 있게 된다. 그 다음에 대제사장은 두 번의 번제

를 드리되 먼저 자신을 위해, 이어서 백성들을 위해 드려야 한다. 이 번제들은 자신과 백성들을 위한 추가적인 대속을 이룬다. 이때 그는 그 제단 위에서 속죄제의 기름을 태워야 한다(참조. 4:8-10, 19).

[26] 그 염소를 아사셀로 보낸 사람은 회중의 죄들을 짊어진 짐승을 취급하는 중에 부정하게 된다. 그는 진영으로 돌아올 때 옷을 빨고 물로 목욕을 해야 한다. 부정하게 된 사람이 진영으로 복귀하도록 허락 받기 전에 목욕을 해야 한다는 요구는 표준적인 절차다(예를 들어, 민 19:8). 이 절차는 그 사람을 의식적 정결 상태로 회복시키고, 따라서 그는 진영으로 들어가 속죄일의 남은 예식들을 지키기 위해 회중의 한 구성원이 될 수 있었다.

[27]-[28] 제단 위에서 속죄제로 태우지 않은 수소와 염소의 부위들은 적절하게 처분되어야 한다. 이 부위들에 해당되는 "넓적다리"(ערת – 오로트), "고기"(בשׂר – 빠사르) 그리고 "똥"(פרשׁ – 페레쉬)을 진영 밖으로 내보내 불로 태운다(참조. 4:11-12). 그것들을 밖으로 가져간 사람은 옷을 빨고 물로 목욕을 해서 의식적으로 정결하게 되어야 한다. 그가 이러한 일을 해야 하는 이유가 즉시 선명하게 이해되는 것은 아니다. 왜냐하면 4장에서 속죄제의 고기는 바치는 자의 죄로 오염이 되지 않으면서 가장 거룩하다고 언급되기 때문이다. 키우치(*Purification Offering*, 135-41)는 그 정화 과정이 요구되는 이유는 속죄 제물들의 잔존물들이 죽음을 상징하기 때문이며, 또한 그것들을 취급한 사람은 죽음과 접촉했기 때문에 의식적 정화 과정을 거쳐야만 했다고 제안한다. 그 이후에 그 사람은 진영에 들어가서 그 날의 남은 행사들에 참여할 수 있게 된다.

[29]-[31] 이 지점에서 이 엄숙한 날을 이스라엘의 월력에 지정하기 위한 법령들이 주어진다(23장). 속죄일은 7월 10일에 준수되어야 한다. 신성한 숫자들인 3과 4를 더해서 만들어진 7이라는 숫자는 고대 이스라엘에서 완전수이다. 일 년 중 가장 엄숙한 이 날이 7월로 잡혀 있다. 10일은 10이란 숫자가 핵심 숫자들인 3과 7의 합산이기 때문에 선택된다. 이 날 특별한 규제들이 가해진다. 백성들은 스스로를 괴롭게 해야 한다(ענה את נפשׁ – 아나 에트 네페쉬). 아나(ענה)는 금식 이상의 것이 요구된다는 것을 알리기 위해 춤(צום, "금식하다") 대신 사용된다. 불행히도 그 고통의 범위가 제대로 진술되어 있지 않다. 그것은 분명히 금식을 포함하지만, 아마도 또한 굵은 베옷의 착용, 애곡 그리고 기도를 포함했을 것이다(참조. 35:13). 포로기 이후에는 금식은 회개의 징표이자 하나님의 자비를 추구한다는 징표로 점점 늘어났으며(예를 들어, 스 8:21-23), 연중의 특정한 날들이 정례적인 금식일이 되었다(느 9:

1; 슥 8:19). 그럼에도 불구하고, 속죄일은 계속해서 연중 가장 엄숙한 날로 유지되었다. 미쉬나(*m. Yoma* 8:1)는 "먹고 마시기, 기름 바르기, 샌들 착용, 부부간의 성관계가 금지된다고 명시한다. 이 날의 커다란 거룩성으로 인해 샤바트 샤바톤(שַׁבַּת שַׁבָּתוֹן, "엄숙한 휴식의 안식일"; 개역 성경: 큰 안식일; 개역 개정 성경: 안식일 중의 안식일; 공동번역: 철저하게 쉬는 안식일)이라는 명칭이 붙게 되었다. 샤바톤(שַׁבָּתוֹן)은 샤바트("안식일")에 접미어 온(וֹן)이 붙은 형태로 구성되어 있는데, 그것은 특별한 종류의 안식일, 즉 사람이 더욱 엄중하고 열정적으로 지키는 안식일을 지시하기 위해 그 단어를 추상명사로 만든다(*KB*, 1312). 레빈(Levein, 109-10)은 이 어구가 최상급의 효력을 지닌다고 설명한다. 그 어구는 그 날의 완전한 쉼과 경건히 준수되는 절기 축제의 예배를 모두 함의하기 위해 "엄숙한 휴식의 안식일"로 번역된다. 이러한 규범들은 이스라엘 안에서 사는 "본토인"(אזרח – 에즈라흐)과 "이방인(객)"(גר – 게르) 모두에게 적용된다. 이 날에 대한 법령은 이스라엘 백성이 존재하는 한 계속 유지되어야 한다. 후카트 올람(חקת עולם, "영구적 규례")이 이 날의 계속적인 준수에 최상의 중요성을 부여하기 위해 이 문단에서 세 번 반복된다(29a, 31b, 34a절). 이러한 어법은 언약 백성에게 이 날의 중심성을 강조한다. 유대교에서 속죄일은 점점 중요하게 지켜져서, 결국 오늘날 세계 도처의 다양한 유대인 공동체들을 한데 묶어 주는 핵심적 관행들 중의 하나가 되었다.

30 백성들은 대속(כפר – 카파르)의 행위를 통해 자신들의 죄(חטאת – 하타트)로부터 정결(טהר – 타헤르)하게 된다. 백성들은 죄 사함과 정결함을 공히 받게 된다. 그러므로 그들은 하나님의 현존 앞에서 겸손히 담대함을 가지고 나아갈 수 있다.

32 아론의 후계자로 기름부음(משח – 마샤흐; 참조. 8:12)을 받아 성별된(מלא את־ידו – 밀레 에트 야도; 참조. 8:22, 23) 각 사람은 속죄일의 준수 사항들을 이행해야만 한다.

33 계속되는 매년의 속죄일마다 제사장들과 모든 회중 백성들(כל־עם הקהל – 콜 암 하카할)뿐만 아니라 세 곳의 제의 구역들을 위해 대속이 시행된다는 것이 반복 진술되어 강조되고 있다: 지성소(מקדש הקדש – 미크다쉬 하코데쉬), 회막(אהל מועד – 오헬 모에드) 그리고 제단(המזבח – 하미즈바흐).

34 이 구절의 시작하는 어구인 "이것은 …이 되리라"(והיתה־זאת – 붸하예타 조트)는 29절의 시작과 비슷한데, 따라서 이 문단은 봉합 구조를 이루고 있다. 그 어구는 이것이 "영원한 규례"(חקת עולם – 후카트 올람)라는 말을 반복 진술하며(참조. 29절), 또한 그것은 이 날의 목적, 즉 이스라엘의 모든 죄를 대속하기 위함이라

는 것을 되풀이하고 있다. 이 구절의 하반절은 그가(문맥을 통해 이것의 선행사는 아론으로 간주된다) 여호와께서 모세를 통해 지시하셨던 대로 행했다고 진술하는 순종 보고다. 이 성취에 대한 언급은 이것이 속죄일의 최초의 준수에 대한 보고라는 것과 잘 일치한다.

해설

속죄일은 유대인의 월력에서 가장 중요한 날이다. 이 날 유대인들은 속세의 모든 쾌락을 절제함으로써 스스로를 괴롭게 한다. 그들은 하나님께 자신들의 죄 사함을 엄숙하게 갈구하기 위해 전력을 다할 때 자신들의 몸을 부정한다.

초창기 이스라엘에서는 대제사장이 이 날 직무를 수행했다. 그는 정결과 겸손을 상징하던 일반적인 제사장 복장인 세마포 옷을 입고 먼저 자신을 위한 속죄제로 수소 한 마리를 바쳤다. 그 수소는 회중의 영적인 지도자로서의 그의 신분에 상응했다. 뜨거운 숯이 담긴 향로를 옮기면서, 그는 속죄 제물의 피를 지성소 안으로 가지고 들어갔다. 휘장 안에서 그는 숯불 위에 향을 피우는데, 이는 그룹들 위의 하나님의 두려운 임재로부터 자신을 가려 줄 연기 구름을 만들기 위함이다. 지성소 내부에서 그는 피의 일부를 속죄판(속죄소) 위에 뿌리며, 속죄판 앞에는 피를 일곱 번 뿌린다. 대제사장은 지성소를 떠나 밖으로 나와 백성들의 두 염소 중에 하나를 속죄제 희생으로 드렸다. 그는 그 제물의 피 일부를 지성소 안으로 취해 자신의 속죄 제물의 피로 수행했던 것과 동일한 의례를 수행했다. 그는 회막에서 나와 두 속죄 제물(수소와 염소-역자주)의 피의 일부를 취해 큰 제단(번제단-역자주)의 뿔들 위에 일부를 바르고(smear) 일부는 그 제단 위에 일곱 번 뿌린다.

이러한 방식으로 회막의 모든 비품이 이스라엘의 죄로부터 정결하게 되었다. 인간은 속성상 끊임없이 죄를 짓는다는 현실을 고려하면, 성소의 오염은 피할 수 없는 일이었다. 그러므로 성소는 이러한 중심적인 성물들에 대한 그와 같은 피 의례를 통해 매년 정결하게 되어야만 했는데, 이는 성소가 여호와의 예배를 위한 장소로 계속 효과적으로 기능하도록 하기 위함이었다.

이어서 대제사장은 살아 있는 염소를 바쳤다. 그는 자신의 두 손을 그 염소 위에 얹고 그 위에 백성들의 죄를 고백했다. 이러한 죄들을 싣고서 그 염소는 임무를 맡은 사람에 의해 광야로 내보내졌다. 그 사람의 책무는 그 염소를 진영으로부터 멀리 보내 결코 그것이 진영으로 돌아와 배회하는 일이 발생하지 않게 하는 것이었다.

후대에 가서는 그 염소가 죽었다는 것을 확증하기 위해 그것을 절벽 위에서 내던졌다. 이 염소는 악귀들과 악한 영들의 출몰지인 광야에서 죽었다. 이 의식의 목적은 백성들이 살던 구역으로부터 죄들을 제거하고 그것들을 원래의 자리로 되돌려 거기에 남겨 둠으로써 죄들이 더 이상 공동체 내에서 악한 영향을 끼치지 않게 하기 위함이었다. 이러한 의례는 하나님의 백성들 위에 군림하던 이러한 죄의 권세를 완전히 깨뜨렸다.

다음으로 대제사장은 자신의 세마포 옷들을 벗고 목욕을 한 뒤 자신의 제왕적 제사장 복장을 입고서 자신의 번제와 백성들의 번제 드리기를 착수했다. 뒤이어 그는 속죄제 기름을 제단 위에 태웠는데, 왜냐하면 그것이 번제물 위에서 태워져야 했기 때문이다. 이러한 번제들은 여호와께서 백성들 중에서 모든 죄와 부정결을 제거하는 방법을 제공해 주신 것에 대한 경의와 찬양의 제사들로 이해되었다. 이어서 두 속죄 제물의 잔존물은 진영 밖으로 옮겨진 뒤 불태워졌다. 이 날의 중요성을 고려해서, 이 속죄 제물들의 고기는 제사장들이 전혀 먹을 수 없었다. 속죄일에 수행된 아주 다양한 의식들은 이중적 목적을 가졌다: 하나님의 언약 백성이 모든 죄로부터 사함을 받는 것과 죄의 권세로부터 자유를 얻는 것이다.

유대교에서 속죄일은 계속해서 연중에 가장 중요하고 엄숙한 날로 지켜진다. 희생들은 더 이상 드리지 않기 때문에, 그들은 하나님께 용서를 구하면서 금식, 절제 그리고 회개의 기도로 그 날을 준수한다.

신약에서 예수님의 죽음은 큰 속죄의 날의 완전한 의도를 성취하셨다. 사실 예수께서는 완전한 대제사장이면서 흠 없는 제물이셨기 때문에, 그분의 죽음은 구약의 희생 제도 전체를 완성하셨다. 다양한 구약의 희생 의식들은 각각의 방식 속에서 십자가에서 죽으신 예수님의 사역의 다양한 측면을 증언한다. 덧붙여서 그분의 죽음은 유월절 어린양의 죽음과 같은데, 이는 그분의 뼈 중에 하나도 부러지지 않았으며 또한 그분이 유월절에 죽으셨기 때문이다(출 12:46; 요 19:14, 36; 고전 5:7; 참조. 시 34:21[20]). 나아가 그것은 모세가 시내 산에서 여호와와 이스라엘 사이에 언약을 맺기 위해 드려진 희생과도 같았는데(출 24:3-8), 이는 그분의 죽음으로 하나님과 그를 믿는 모든 사람들 사이에 새 언약이 개시되었기 때문이다(참조. 고전 11:23-26; 마 26:28; 히 12:24; 참조. 히 7:22; 8:6). 그러므로 예수님은 "새 언약의 중재자"이시다(히 9:15-22; 참조. 렘 31:31-34).

히브리서에서 예수님은 자신을 위해 어떠한 희생도 드릴 필요가 없었던 완전한 대제사장이시다. 해마다 속죄일이 되면 대제사장이 이 날의 첫 번째 의식으로 자신의 죄를 위한 속죄제를 드렸지만, 흠이 없으신 예수께서는 모든 인류를 위해 단번에 완전한 희생으로 자신을 하나님께 드리셨다(히 7:26-28). 즉 죄를 알지 못하시는 예수님은 자신의 죽음을 통해 속죄일에 희생으로 바친 짐승들과 같이 속죄 제물이 되셨는데, 이는 그분의 희생의 피가 하늘의 지성소에 뿌려졌기 때문이다(히 9:11-12). 그분의 희생은 더 이상 반복될 필요가 없다. 그분의 희생은 완전하기 때문에 더 이상 속죄일의 희생들이 요구되지 않는다. 히브리서에 따르면, 예수님은 죽음과 승천 이후에 손으로 짓지 아니한 하늘의 성소에서 속죄의 의식을 완성하셨다(히 9:25-28). 거기서 그분은 영원히 살아 계시어 자신의 백성들을 위해 중보하신다. 그리하여 예수께서 보증하신 속죄는 일시적인 것이 아닌 영원한 것이다.

로마서 3:25에서 바울은 예수님의 죽음과 속죄일에 수행된 중심 의례 사이에 또 하나의 극적인 비교를 만들어 낸다. 그는 "이 예수를 하나님이 그의 피로 인하여 믿음으로 말미암는 속죄의 수단으로(개역 성경: 화목 제물로) 세우셨으니"라고 진술한다. 여기서 핵심 단어는 "속죄의 수단" 혹은 "속죄의 자리"다. 이 단어는 속죄판(속죄소), 다시 말해 지성소 내부에 위치한 언약궤 위의 황금판을 지칭한다. 바울은 속죄일에 대제사장이 자신과 온 백성을 위한 속죄를 보증하기 위해 속죄 제물들의 피를 뿌렸던 곳이 이 속죄판 위와 앞이었다는 것을 염두에 두고 있다. 이제 하나님께서는 예수님을 이러한 속죄판(속죄소)으로 내세우셨다. 속죄판이 성소 내부에 깊숙이 감추어져 있었던 반면, 예수님은 완전한 공개 장소에서 죽으셨다. 속죄판의 위치의 이러한 근본적 변화는 예수님의 죽음이 자신을 믿는 모든 사람을 위한 대속을 성취하신다는 것을 상징한다. 다른 말로 표현하자면, 하나님께서 자신의 십자가에 달린 아들을 거룩한 것과 죄악된 것 사이의 경계선인 속죄판으로 삼으셨으며, 인간은 거기서 죄 사함과 하나님과의 화해를 얻을 수 있다. 이 새로운 속죄판은 믿음을 가진 모든 사람이 즉시 접근할 수 있는 것이다. 인간은 의식적 정결과 금식, 그리고 자기 부정을 통한 사전 준비 없이 이 이 속죄판에 나아갈 수 있다. 속죄일에 이루어진 지성소 내부의 피 의례는 예루살렘 바깥의 언덕 위에 세워진 십자가로 극적으로 전환되었다. 그러한 전환은 새 언약 아래서 하나님께 나아가는 길의 근본적인 전환에 토대가 된다. 예수께서는 친히 장막과 그것의 전체적인 희생 제도를 대체하셨으며, 또한 그분은 인종적 장벽과 사회적 지위나 성적 차별의 장벽을 포함한 어떠한 장벽도 없는 하나님의 새로운 백성을 창조하셨다. 이러한 인종적 변화를 이루시는 가운데, 하나님께서는 인간의 죄를 대속하시어 믿는 자들이 하나님 앞에 바르게 설 수 있도록 하시고 예수님을 믿는 모든 사람에게 구원을 베푸심으로써 자신의 의를 드러내셨다.

예수님의 죽음은 어떤 방식으로 아사셀에게 방출된 염소의 의식과 상호 관련되어 있을까? 먼저 예수께서는 그 염소가 했던 바와 같이 친히 백성들의 죄를 짊어지셨다. 죄를 알지도 못하신 분이 모든 사람을 위한 죄가 되셨다(고후 5:21; 참조. 갈 3:13; 히 9:28; 벧전 2:24). 둘째로, 백성들의 죄를 실은 그 염소가 진영 밖으로 내보내져 광야에서 죽어야 했던 것처럼, 예수께서는 자신이 죄가 되셨기 때문에 진영 밖에서 죽으셔야 했다(참조. 히 13:12; 요 19:17; 마 21:39; 눅 20:15). 히브리서는 다른 의식을 사용하여 이러한 개념을 표현한다. 속죄 제물의 사체들이 진영 밖에서 태워져야 했던 것처럼, 그렇게 예수께서도 성문 밖에서 고통을 당하셔야 했다(히 13:11-12). 셋째로, 사도신경에 고백된 예수님의 지옥 강하는 그 속죄 염소 의식에 비추어 해석될 수 있다. 그 염소의 광야로의 방출이 백성들의 죄를 아사셀에게 남겨 두는 추방 의례였던 것처럼, 마찬가지로 예수님은 모든 죄를 그 근원지인 지옥으로 지고 가시어 그것을 거기에 두심으로써 인간으로 하여금 죄의 속박으로부터 자유를 얻게 하셨다. 이러한 아사셀 의식과의 몇 가지 비교는 중요한데, 왜냐하면 그러한 비교들은 예수님의 죽음이 인간을 노예로 삼는 죄의 권세를 깨뜨렸다고 가르치기 때문이다.

예수님의 죽음은 따라서 속죄일과 모든 희생 제도 모두의 온전한 의도를 성취한 사건이었다. 지구상의 교회 공동체는 엄청난 영적인 유익을 얻었다. 왜냐하면 고대의 속죄일의 의식들을 수행함으로써 성취된 모든 영적 혜택은 예수님을 믿음으로써 때와 장소에 상관없이 어떤 사람이나 누릴 수 있기 때문이다(히 7:24-27; 참조. 9:23-28; 10:19-25). 다른 방식으로 말하자면, 예수님을 믿는 모든 신자들은 완전한 희생 제물과 흠 없는 대제사장을 하늘의 성소의 중심에 계시는 자신들의 대변자로 모시고 있으며, 그분은 언제든지 그들을 위해 중보할 준비를 하고 계신다(요일 2:1).

V. 거룩한 삶을 위한 성결법(17:1-26:46)

참고문헌

Baentsch, B. *Das Heiligkeits-Gesetz Lev XVII-XXVI: Eine historisch-kritische Untersuchung.* Erfurt: Hugo Güther, 1893. **Bettenzoli, G.** "Deuteronomium und Heiligkeitsgesetz." *VT* 34(1984) 385-98. **Cholewiński, A.** *Heiligkeitsgesetz und Deuteronomium: Einevergleichende Studie.* AnBib 66. Rome: Biblical Institute Press, 1976. **Cortese, E.** "L'esegesi di H(Lev 17-26)." *RBibIt* 29(1981) 129-46. **Delitzsch, F.** "Pentateuch-kritische Studien 12: Das Heiligkeitsgesetz." *Zeitschrift fur kirchliche Wissenschaft und kirchliche Leben* 1(1881) 617-26. **Eerdmans, B. D.** *Alttestamentliche Studien* 4: *Das Buch Leviticus.* Giesen: Töpelmann, 1912. **Elliot-Binns, L. E.** "Some Problems of the Holiness Code." *ZAW* 67(1955) 26-40. **Feucht, C.** *Untersuchungen zum Heiligkeitsgesetz.* Theologische Arbeiten 20. Berlin: Evangelische Verlagsanstalt, 1964. **Graf, K.** *Die geschichtlichen Bucher des Alten Testaments: Zwei historische-kritische Untersuchungen.* Leipzig: T. O. Weigel, 1866. **Horst, L.** *Leviticus XVII-XXVI und Hezekiel: Ein Beitrag zur Pentateuchkritik.* Colmar: Eugen Barth, 1881. **Kayser, A.** *Das vorexilische Buch der Urgeschichte Israels und seine Erweiterungen: Ein Beitrag zur Pentateuch-kritik.* Strassburg: C. F. Schmidt's Universitäts-Buchhandlung, 1874. **Kilian, R.** *Literarkritische und Formgeschichtliche Untersuchung des Heiligkeitsgesetzes.* BBB 19. Bonn: Peter Hanstein, 1963. **Klostermann, A.** "Ezechiel und das Heiligkeitsgesetz." In *Der Pentateuch: Beiträge zu seinem Verständnis und seiner Entstehungsgeschichte.* Leipzig: U. Deichert'sche Verlagsbuchhandlung, 1893. 419-47. **Knohl, I.** "The Priestly Torah Versus the Holiness School: Sabbath and the Festivals." *HUCA* 58(1987) 65-117. **Koch, R.** "Vers une morale de L'Alliance?" *StMor* 6(1968) 7-58. **Küchler, S.** *Das Heiligkeitsgesetz Lev 17-26: Eine literarkritische Untersuchung.* Königsberg: Kümmel, 1929. **Morgenstern, J.** "The Decalogue of the Holiness Code." *HUCA* 26(1955) 1-27. **Paton, L.** "The Relation of Lev XX to Lev XVII-XIX." *Hebraica* 10(1894) 111-21. ______. "The Holiness Code and Ezekiel." *The Presbyterian and Reformed Review* 26(1896) 98-115. ______. "The Original Form of Leviticus xvii.-xix." *JBL* 16(1897) 31-77. ______. "The Original Form of Leviticus xxi., xxii." *JBL* 17(1898) 149-74.

______. "The Original Form of Leviticus xxiii., xxv." *JBL* 18(1899) 35-60. **Rabast, K.** *Das apodiktische Recht im Deuteronomium und im Heiligkeitsgesetz.* Hermsdorf: Heimatsdienstverlag, 1948. **Rad, G. von.** *Studies in Deuteronomy.* Tr. D. Stalker. SBT 9. Chicago: Regnery, 1953. **Reventlow, H. G.** *Das Heiligkeitsgesetz: Formgeschichtlichuntersucht.* WMANT 6. Neukirchen: Neukirchener, 1961. **Sun, H. T. C.** "An Investigation into the Compositional Integrity of the So-called Holiness Code(Leviticus 17-26)." Diss., Claremont, 1990. **Thiel, W.** "Erwägungen zum Alter des Heiligkeitsgesetzes." *ZAW* 71(1969) 40-73. **Wagner, V.** "Zur Existenz des sogenannten '*Heiligkeitsgesetzes.*'" *ZAW* 86(1974) 307-16. **Wellhausen, J.** *Die Composition des Hexateuchs und der historischen Bucher des Alten Testaments.* Vierte unveranderte Auflage. Berlin: de Gruyter, 1963. ______. *Prolegomena to the History of Ancient Israel.*(Repr. of Meridian Books Library Edition 1957.) Gloucester, MA: P. Smith, 1973. **Wurster, P.** "Zur Charakteristik und Geschichte des Priestercodex und Heiligkeitsgesetzes." *ZAW* 4(1884) 112-33. **Zimmerli, W.** "'Heiligkeit' nach dem sogenannten Heiligkeitsgesetz." *VT* 30(1980) 493-512

양식/구조/배경

성결법전(Holiness Code)의 특징

19세기 후반 이후에 (17) 18-26장은 나머지 제사장 자료와는 별개의 자료집으로 간주되어 왔다. 생동감 있는 문체로 형성된 이 장들의 윤리적 관심은 딱딱하고 판에 박힌 문체로 제시된 앞의 제의 규례들과는 상반된 특징을 지닌다. 선행하는 규례들과는 달리, 이 도덕법들은 여호와께서 명령하신 것을 행하라는 강력한 권면들에 의해 동기가 부여된다. 핵심적 권면은 "나 여호와 너의 하나님이 거룩하니 너희는 거룩할지어다"(19:2에 있는 부록을 보라)이다. 이 권면은 여호와께서 이스라엘과 맺은 언약의 목표로 표현된다. 즉 이스라엘은 다른 모든 민족들과 구별된 거룩한 백성이 되어야 한다(출 19:5). 이 법전에 있는 법들과 지침들은 이스라엘이 인격적 관계들 속에서, 그리고 제의적 문제들의 온전성을 통해 이러한 거룩을 표현하도록 이끈다.

이 자료집에 있는 법들은 빈번히 여호와의 자기 소개에 의해 독특하게 표현된다. 그 선언은 보통 아니 아도나이(יהוה, "나는 여호와다": 18:5, 6, 21; 19:12, 14, 16,

18, 28, 30, 32, 37; 20:8, 24; 21:12, 15, 23; 22:2, 3, 8, 9, 16, 30, 31, 32, 33; 25:38; 26:2, 13, 45), 혹은 아니 아도나이 엘로헤이켐(אני יהוה אלהיכם, "나는 여호와 너의 하나님이다")이라는 형식문을 갖는다(18:2, 4, 30; 19:3, 4, 10, 31, 34, 36; 20:7; 23:22, 43; 24:22; 25:17, 55; 26:1, 44). 이 법전의 다른 눈에 띄는 특징은 그 법들의 대부분이 범주적으로 형식화되어 있다는 것이다. 어떤 사람은 이러한 형식에 필연법(apodictic)이라는 이름을 붙인다(참조. A. Alt, "The Origins of Israelite Law," in Essays on Old Testament History and Religion, tr. R. A. Wilson [Garden City: Doubleday, 1968] 101-71; G. Liedke, *Gestalt und Bezeichung alttestamentlicher Rechtssatze: Eine formgeschichtlich-terminologische Studie, WMANT* 39[Neukirchen-Vluyn: Neukirchener, 1971]). 징벌이 언급되는 경우, 그것은 보통 사형이나 제명(끊어짐)의 형벌이다(예를 들어, 20장). 이러한 특징들로 인해 1877년에 클로스터만(Klostermann)은 이 자료집을 "성결법전"(Das Heiligkeitsgesetz, "the Holiness Code")이라고 명명했다. 이 명칭이 줄곧 레위기에 있는 이 장들을 지칭해 왔다.

초기 학자들은 이 법전의 자료를 그것의 독특한 어휘를 통해 확인했다.

키 카도쉬 아니 아도나이(כי קדש אני יהוה, "왜냐하면 나 여호와는 거룩하기 때문이다"), 19:2; 20:26; 21:8; 비슷한 형식들 11:44, 45; 20:8; 21:15, 23; 22:9, 16, 32

이쉬 이쉬(איש איש, "모든 사람〈무릇 누구든지〉"), 17:3, 8, 10, 13; 18:6; 20:2, 9; 22:4, 18; 24:15; 또한 15:2; 민 5:12; 9:10

붸나타티 아니(ונתתי אני, "나는 〈진노〉를 주리라"), 17:10; 20:3, 5(שמתי - 삼티, "나는 두리라"), 6; 26:17

히크라티(הכרתי, "내가 끊으리라"), 17:10; 20:3, 5, 6(단지 הכרת - 히크리트의 1인칭 형식만 있다)

할라크 베후코트(הלך בחקות, "규례 안에서 행하다"), 18:3; 20:23; 26:3(에스겔, 예를 들어 5:6, 7; 11:20)

후코타이 붸미쉬파타이(חקתי ומשפטי, "나의 규례들과 나의 법도들"), 18:4(순서 바뀜), 5, 26; 19:37; 20:22; 25:18; 26, 43(순서 바뀜)

샤마르…붸아사(שמר ועשה, "지키고…행하다"), 18:4; 19:37; 20:8, 22; 22:31; 25:18; 26:3(종종 신명기에서, 예를 들어, 4:6; 16:12; 26:16)

쉐에르(שאר, "살, 혈육, 가까운 친척"), 18:12, 13, 17(여성형); 20:19; 21:3

쉐에르 빼사로(שאר בשרו, "그의 가까운 친척", 문자적으로는 "그의 살 중의 살"), 18:

6; 25:49

짐마(זמה, "외설 행위"; 개역 성경: 악행), 18:17; 19:29; 20:14(2회; 종종 에스겔에서, 예를 들어, 16:27, 43, 58; 23:21, 27, 29, 35, 44, 48[2회], 49)

아미트(עמית, "동료"), 18:20; 19:11, 15, 17; 24:19; 25:14(2회), 15, 17; 또한 5:21(6:2[2회]) 그리고 스가랴 13:7

샤브토타이(שבתתי, "나의 안식일들"), 19:3, 30; 26:2(또한 에스겔, 예를 들어, 20:12, 13, 16, 20, 21, 24; 22:8, 26)

엘릴림(אלילים, "우상들"), 19:4, 26:1, 오경 내에서는 유일하고 이사야에서 몇 번

붸야레타 엘로헤이카(ויראת אלהיך, "그리고 너의 하나님을 경외하라"), 19:14, 32; 25:17, 36, 43

(다밈 밤) 다마이브(דמיו בו ‹דמים במ›, "그의 피가 그에게 있다"), 20:9 ,11, 12, 13, 16, 27(또한 에스겔 18:13; 33:5).

(이 목록은 드라이버의 저서에서 발견되는 목록을 각색한 것이다‹S. R. Driver, *An Introduction to the Literature of the OT*, 7th ed.[Edinburgh: Clark, 1898] 49-50›.)

후대의 학자들은 이 법전을 독특한 어휘에 의해 확인하는 타당성에 도전했다. 그들은 이러한 단어들과 어구들 중 많은 것들이 구약의 다른 자료 뭉치들에 나타난다고 지적하는데, 이를테면 신명기에서 샤마르…붸아사(שמר…ועשה, "준수하여…행하다")의 사용과 같은 것이다. 그 결과 현 시대의 학자들은 성결법전의 성장과 발전을 재구성할 때 어휘에 많은 무게를 두지 않는다. 그럼에도 불구하고, 그들은 변함없이 성결법전에서 여호와의 자기 소개 형식문을 확인한다. 학자들은 어휘 대신 성결법전의 성격, 발전 그리고 범위를 규명하기 위해 양식 분석 방법과 전승사를 사용한다.

성결법전은 통상적으로 17-26장을 포괄하는 것으로 간주된다. 이 자료의 내용과 배열에 대한 개요는 이 장들과 관련된 학자들의 해석사를 이해하는 데 도움을 준다. 17:1에 하나의 새로운 자료집에 대한 도입문이 없을지라도, 이어지는 장들은 레위기의 나머지 부분에서 벗어나 있다. 우선적으로 그것들은 16:34에 있는 요약 진술과 순종 보고, 그리고 26:46에 있는 부기(subscript)에 의해 틀이 만들어진다. 덧붙이자면 21:24에는 이차적 단절이 있는데, 이는 그 구절이 순종 보고이기 때문이다. 거룩한 삶에 대한 이 자료는 속죄일(16장)의 예전이 중심축으로서의 역할을 하는 가운데 의식적 정결법(11-15장)에 대한 균형추로 기능한다. 11-15장은 속죄일에 민족 전체로부터 제거되는 부정결의 유형들과 원인들을 묘사하며, 17-26장은 용서

받은 백성이 반드시 따라야 하는 윤리적·제의적 규범들을 내놓는다.

17-26장에 있는 자료는 큰 뭉치들로 수집되었으나, 이러한 뭉치들의 명확한 배열은 발견하기가 쉽지 않다(예를 들어, 참조. Eissfeldt, *OT: An Introduction*, tr. P. R. Ackroyd[New York: Harper and Row, 1965] 234). 이 자료는 일차적으로 주로 공통 주제들, 핵심 단어들 그리고 개념의 연관성에 따라 정돈되었다. 이 문단에 있는 자료의 배열에 대한 간략한 개괄은 도움이 될 것이다.

18-20장은 이 자료집의 핵심을 형성한다. 실제로 그것들은 ABA′ 형식 속에 그룹별로 분류되어 있다.

A 성관계를 통제하는 법들(18장)
  B 다양한 윤리적·제의적 법들(19장)
A′ 징벌을 명시하여 성관계를 통제하는 법들(20장)

19장은 이 삼중 구조의 중심이다. 이 연설의 주제는 도입부의 거룩하라는 권면이다(2절). 이 연설에서 발견되는 법들은 도덕적 계명들과 제의적 규례들의 혼합이다. 이것이 강력하게 시사하는 바는 이 법전의 저자가 제사장 자료의 다른 부분들에서 발견되는 것보다 훨씬 더 도덕법들을 강조하지만, 그렇다고 해서 그가 이스라엘이 자신들의 하나님께 거룩한 백성이 되기 위해 도덕법의 준수가 제의법의 준수보다 더 큰 가치를 지닌다고 생각하지는 않았다는 것이다. 이 연설의 내용은 크게 파편화되어 있으면서도, 여호와의 자기 소개 형식문의 반복적인 사용에 의해 한데 모여 있다. 18장과 20장은 성관계를 통제하고 마술을 금지한다. 이 두 연설은 강력한 권고 자료(parenetic material)에 의해 인상 깊어진다(18:2-6, 25-30; 20:7-8, 22-26).

21-22장은 제사장들과 희생 제물들에 대한 특별한 법들을 제공한다. 21장은 결혼과 신체적 완전성과 같은 그런 본질적인 문제들에서 제사장의 정결에 대한 규준을 제시한다. 22장은 희생 재료의 온전성과 희생 제물들의 취급에 대한 자료를 추가한다.

18-22장 주변을 에워싸고 있는 것은 예배에 관한 지침이다. 17장은 모든 희생들이 제단에서 드려져야 하며 어떤 피도 먹어선 안 된다고 법제화한다. 그렇다면 17장의 법들의 핵심적 쟁점은 짐승의 피의 온전한 취급이다. 23+25장은 예배 시간을 규정한다. 월력 본문인 23장은 안식일 준수에 관한 법으로 시작하며, 이어서 세 개의 매년 순례 절기들을 규정한다: 즉 유월절 및 무교절, 칠칠절(오순절) 그리고 초

막절. 그것은 또한 7월 1일을 휴식의 날로 만들며, 속죄일 날짜를 지정한다. 25장은 다년간의 순환 주기들을 규정한다: 즉 7년의 안식년 주기와 50년의 희년 주기. 희년 준수에는 가문의 재산과 채무 노예의 회복에 관한 법들이 통합되어 있다. 이러한 큰 절기의 날들과 특별한 연도들(이를테면, 안식년과 희년－역자주)은 제사 재료의 문제를 초월하여 여호와 예배를 높이기 위해 반드시 지켜야만 한다. 여호와는 거룩하신 하나님이시기 때문에 거룩한 때와 시기들이 공동체 예배와 축전을 위해 선포될 것을 명령하신다.

이 두 연설 사이에는 차이가 나는 두 개의 문단을 갖는 24장이 끼어 있다. 그 장의 위치에 대한 이유는 명백하지 않다. 첫 번째 문단은 성소에 있는 촛대에 쓸 기름(1-4절)과 상에 놓는 진설병(5-9절)의 특징을 규정한다. 이 규정들은 23장 및 25장과 어떤 연관성이 있는데, 이는 그것들이 성전에서의 예배에 관한 주기적 의식들을 주관한다는 점에서 속성상 월력에 관한 것이기 때문이다. 두 번째 문단(10-23절)은 신성 모독의 판례를 보고하는데, 그 판례에 신성 모독을 처리하고 사람과 동물에 대한 상해를 해결하는 법들이 첨부되어 있다(참조. 10장). 이 특별한 사건이 왜 이 문맥에 들어왔는지, 혹은 배치되었는지는 수수께끼로 남아 있다.

이 문단은 26장에 있는 축복과 저주로 마무리된다. 26장은 이 문단과 이 책 둘 다에 적합한 끝맺음이다. 그것은 제의적 정결과 윤리적 온전성에 대한 자료 모두를 언약의 문맥 속에 놓는다. 달리 말하자면, 레위기 전체가 언약의 문맥 속에서 권위와 의의를 갖고 있는 것으로 이해되어야 한다. 이 연설은 축복과 저주를 제공하고 있을 뿐만 아니라, 또한 백성들이 포로로 잡혀간다 할지라도(40-45절) 공동체로의 복귀의 가능성이 있다는 지침을 제공한다. 그것은 이스라엘에게 끊임없는 희망의 말씀으로 서 있다.

성결법전과의 관계 속에서 17장의 위치는 그 법전이 확인된 이후 줄곧 논쟁이 되어 왔다. 17장의 연설이 오직 희생들만을 다루기 때문에, 그것과 조화를 잘 이루고 있는 것은 뒤에 나오는 바 우선적으로 윤리와 정결의 문제들을 다루는 자료들보다는 앞에 나온 법안들이다. 따라서 성결법전은 이어지는 자료를 신명기 12:1에서 볼 수 있는 바와 같이 특별한 자료집을 구성하는 것으로 확인해 주는 표제가 없다. 17장의 희생들에 대한 관심과 위치로 인하여 몇몇 학자들은 그것을 16장과 함께 분류한다. 이러한 위치 지정은 잘못되었는데, 이는 결정적으로 16장 마지막에 있는 순종 보고가 16장을 다음에 나오는 장들과 분리시켜 놓기 때문이다. 그리하여 대부분의 비평 학자들은 17장을 성결법전의 일부로 변호해 왔다. 그들은 17장의 언어적 특징이 그것을 성결법전에 묶어 준다고 설명한다: 신적 1인칭의 사용(10-12, 14절; 참조. 26:3, 6, 17), 이쉬 이쉬 미베이트 이스라엘(איש איש מבית ישראל, "이스라엘 집의 누구든지"; 3, 8, 10, 13절)이라는 형식문, 신적 1인칭의 "제명"(끊어짐)의 징벌(10절; 참조. 4, 9, 14절; 20:5), 그리고 나사 아보노(נשׂא עונו, "그는 책임이 있다"; 개역 성경: 죄를 당하리라, 16절; 참조. Bertholet, 58; Baentsch, 388). 모든 유형의 이방적 관행들을 제거하려는 열망은 성결법전과 일치한다(5, 7절; 참조. 20:5, 6; Porter, 138). 그럼에도 불구하고, 이 연설에 있는 몇 가지 용어들은 제사장 저자의 문체를 반영한다는 사실이 언급될 필요가 있다: 오헬 모에드(אהל מועד, "회막"; 4, 5, 6, 9절), 피 섭취에 대한 염려(10-14절), 붸히크티르 하헬렙(והקטיר החלב, "그리고 그는 기름을 태워 연기를 피워야 한다"; 6절), 레레아흐 니호아흐 라도나이(לריח ניחח ליהוה, "여호와께 향기로운 냄새"; 6절) 그리고 코르반(קרבן, "봉헌물, 예물"; 4절). 이러한 언어적 특징을 설명하는 한 가지 방법은 17장이 제사장 편집자에 의해 각색되었다는 입장이다. 예를 들어, 바엔취(Baentsch, 388)는 그것이 오랜 율법 문단의 하나로 철저히 제사장 저자들의 사상 속에서 편집되었을 것이라고 판단한다. 반대로, 11-12절의 피 섭취를 금지하는 동기들과 "여호와의 제단"(מזבח יהוה – 미즈바흐 아도나이; 6절)이라는 구는 제사장 자료의 특징이 아니다.

17장을 성결법전의 일부로 설정하는 어떤 사람들은 그 장의 선두 위치를 법안 자료의 서두에 제의법들을 놓는 고대 법전들의 관행들에 근거해서 설명한다: 언약서는 출애굽기 20:24-26; 신명기 12-28장은 신명기 12장; 에스겔 40-48장은 에스겔 40-42장; 제사장 자료는 출애굽기 25-31장(Bertholet, 58; Eissfeldt, *OT: An Introduction*, 233). 동일한 맥락에서 킬리안(Kilian, *Literarkritische*, 178-79)은 17장이 한 제사장 편집자에 의해 성결법전의 서두에 위치하게 되었는데, 그가 언약 법전과 신명기를 하나의 원형으로 사용했다고 주장했다. 이 편집자는 이 자료 뭉치를 위한 특별한 머리말을 포함시키지 않았는데, 이는 그가 그것을 제사장 자료에 통합시키고 있기 때문이다.

성결법전 연구사

레위기 18-23장, 25-26장을 독자적인 자료집으로 확인하는 입장은 1866년에 그라프(Graf)와 함께 시작되었다. 그는 독특한 표현들과 특징적인 형식문에 근거해서 18-26장을 1-16장으로부터 분리했다(Graf, *Die geschichtlichen Bucher*, 75). 이 자료집과 에스겔 사이의 언어적 연결 고리들을 전제하면서, 그라프는 에스겔이 그것의 저자라고 추론했다. 1874년에 카이서(Kayser)는 그라프의 입장을 받아들여 계속해서 성결법전의 더욱 충분한 언어적 특징을 제공했다(Sun, "Investigation," 3). 그는 17장을 성결법전에 집어넣었다(Sun, 3). 그 이후 클로스터만(Klostermann)은 이 법전의 존재를 인정하여 그것을 *Heiligkeitsgesetz*, 곧 "성결법전"이라는 이름을 붙였다. 그는 또한 그 법전과 에스겔의 연관성을 검토하여 에스겔이 그것의 저자가 아니라 이 자료에 깊이 몰두했다는 결론을 내렸다(참조. Sun, 4). 클로스터만은 현재의 자료집은 단지 원래의 법안 수집물의 파편들을 포함하고 있을 뿐이라고 판단했다. 왜냐하면 출애굽기 12:12b; 29:38-46; 레위기 7:15 이하; 11:43-45와 같이 원래 그것에 속했던 자료가 다른 곳에서 나타나기 때문이다("Ezechiel," 378).

1876년에 벨하우젠은 나아가 성결법전의 독특한 특징들로 인하여 제사장 자료와 상관없는 성결법전의 문학적 독자성을 주장했다. 그는 독자적으로 존재했던 보다 고대의 법들이 독자적인 자료집인 H로 수집되었다고 주장했다. 그 후 제사장의 편집을 통해 성결법전이 제사장 서사에 통합되었는데, 그 작업은 두 자료의 본문들을 합병하고 제사장 학파의 관점에서 성결법전에 여러 가지 추가물을 보충함으로써 수행되었다(Sun, "Investigation," 8). 썬은 이 구성 이론이 성결법전의 존재를 지지했던 학자들에 의해 수십 년 동안 추종되어 왔다고 지적한다.

1894년과 1899년 사이에 출판된 몇 개의 논문들에서, 파톤(Paton)은 이 자료집의 다양한 본문 층(strata)을 확인하려 했다. 그는 세 개의 주요 층을 확인했다: 원래의 성결 자료, 신명기 학파의 중앙화 프로그램들을 수용했던 제사장 이전의 권고 자료(parenetic material) 그리고 성결법전을 제사장 학파의 입장과 조화되도록 하기 위한 보충 주해들(glosses)과 제의 자료의 추가를 통해 그 의미를 향상시켰던 제사장 편집자의 작업(Sun, "Investigation," 9).

버톨렛(Bertholet, 1901)은 일반화된 비평적 입장을 수용하여 더욱 정밀하게 다양한 편집층들의 확인 작업을 수행했다(Sun, "Investigation," 9-10). 그는 성결법전의 편집자가 모아서 다양한 다른 자료들로 채웠던 열두 개의 독자적인 문단들을 발견했다. 한편, 1903년에 바엔취(Baentsch, *Leviticus*, 387-88)는 세 개의 독자적인 본문층을 보여 주었다: 즉 18-20장+23-25장; 21-22장; 17장. 이 본문층들은 26장의 편찬자들에 의해 성결법전으로 한데 묶였다. 이 자료집이 제사장 자료에 끼어들어갔을 때 어떤 다른 파편들이 추가되었다.

이 시기에 성결법전의 독자적 존재에 대한 공격이 어드만스(Eerdmans)로부터 나왔다(1912). 그는 그 자료 전체를 한데 묶어 내는 어떠한 기본 구조도 발견할 수 없다는 사실에 근거하여 자신의 반대 입장을 내세웠다(Sun, "Investigation," 11). 나아가 그는 거룩에의 요청이 이 자료집에 제한되지 않고 몇몇 다른 구약 본문들에서 발견되고 있다는 것을 관찰했다: 이를테면, 11:44-45; 출애굽기 19:6; 22:30(31); 신명기 7:6; 14:2, 21; 26:19; 28:9과 같은 본문들. 추가적으로 그는 이 자료집에 특징적인 어휘들이 역시 구약의 다른 곳들에서도 나타난다는 것을 지적했다. 그러므로 이 자료집에 특징적인 것으로 남아 있는 그 밖의 용어들과 어구들은 이것이 독자적인 문서라는 것을 증명하기에는 너무 불충분하다(Sun, 12). 큌러(Küchler)는 그 자료에 대한 역사적 평가를 가지고 어드만스의 입장을 지지했다(Sun, 12-13). 그는 이 자료의 대부분을 초기의 포로기 이전 시대로 소급시켰다. 학자들은 대부분 어드만스와 큌러의 논증들을 설득력 있게 받아들이고 있지 않다.

썬("Investigation," 15)은 성결법전 연구사에서 발생한 하나의 전환점을 지적한다. 즉 학자들이 양식 비평과 전승사 비평이라는 도구들을 그것에 적용하기 시작했을 때 이 자료집을 이해하기 위한 접근법이 극적으로 바뀌었다. 이러한 노력의 최초의 산물이 폰 라드에 의해 그의 소고 『신명기 연구』(*Studies on Deuteronomy* 〈1947[독어판]; 1953[영어판]〉)로 출판되었다. 그는 성결법전 연구에 한 장을 할애했는데, 이는 그것이 신명기와 마찬가지로 설교의 문맥 속에서 일련의 권고들을 포함하기 때문이다. 그의 분석에 의하면, 레위기에 있는 이 자료집은 두 가지 이유로 신명기와 다르다(*Studies*, 25-26). 첫째로, 그 지침들은 제사장들에게, 또한 공동체에게 지금 전달되는 말씀인 반면, 신명기의 설교들은 공동체의 교육을 위한 것이다. 둘째로, 성결법전의 설교들은 모세의 설교가 아닌 하나님께서 전달하시는 말씀이다. 즉 비인칭적인 법들이 신적 설교 말씀들 속에 배치되어 있다. 이런 문체는 주로 여호와를 화자(話者)로 확인해 주는 도입 형식문과 다양한 형태의 "나는 여호와다"라는 형식문의 반복적 사용에 의해 만들어진다. 권고 자료는 그것의 원래의 자리를 이러한 설교들에 두고 있었다. 폰 라드는 교육을 위한 대중적 성격의 공동체 회합을 그것의 배경으로 제안했다(31). 그는 거대한 크기의 성결법전이 권고 형식 속에서 다양한 고대의 법들을 토대로 가르침을 주고 있다고 결론을 내리지만(35), 이 자료가 여호와의 연설 속에 있는 이유를 설명하기는 쉽지 않다고 인정한다. 썬(Sun, 16)은 폰 라드가 문학적 쟁점을 벗어나 다양한 문단들의 성장과 발전을 연구하는 방향으로 이 자료집에 대한 접근법을 전환시켰다는 사실을 인식하였다.

코른펠트(Kornfeld, 1952)는 18장과 20장에 있는 성관계에 대한 법들에 초점을 맞추어 성결법전을 연구했다. 그는 이 법전의 확립된 한계 범위(parameters)를 인정하면서 그것이 통일되고 일관된 구조를 가졌다고 주장했다(Sun, "Investigation," 17). 그는 이 문서의 연대를 신명기 기자가 활동한 후기 왕정 시대로 잡았다(Sun, 12).

ZAW 67(1955) 26-40에 있는 논문에서, 엘리어트-빈스(L. E. Elliot-Binns)는 신중하게 성결법전에 대한 자신의 연구의 잠정적인 결론을 내놓았다. 그는 성결법전이 여러 해 동안 집성된 몇 개의 문단들로 구성된 문전 문헌(written document)이었다는 논지를 폈다. 이 집성물에서 유래한 자료는 레위기 17-26장을 훌쩍 넘어선다. 그의 판단에 의하면, 성결법전은 서로 아무런 접촉이 없었던 신명기보다는 더 일찍, 그리고 분명한 관련이 있는 에스겔보다는 후대에 편찬되었다. 그는 성결법전이 예루살렘 성전의 구성원들에 의해 집성되었다고 추론했다.

1961년에 레벤트로우(Reventlow)는 이 법전에 대한 광범위한 양식 비평적 연구물을 출판했다. 그의 연구는 이 자료집과 그것의 배경 사이의 상호 관련성을 이해하는 데 대단히 유용하다. 그는 그 설교들이 언약 갱신 예식에 모인 평신도의 구두 교육과 권면을 위한 것이라고 간주한다. 레벤트로우는 이 법전의 기본 본문층은 17-20장에서 발견되는 필연법들(apodictic laws)이며 그 층의 중심 핵은 19장에서 찾아볼 수 있는 십계명이라고 확인했다. 이 법들은 거대한 필연법들의 저수지에서 퍼낸 것들이었다(Heiligkeitsgesetz, 162). 시간이 흘러 이 저수지로부터 추가적인 자료들이 사상과 단어의 여러 연관 작용에 의해, 또한 그 시대의 필요에 따라 그 중심 핵에 추가되었다. 레위기 26장의 축복과 저주 역시 기본 층에 해당된다. 그 후 그 필연법을 뒷받침해 주는 풍부한 훈육 자료가 추가되었다(163). 이 단계는 17장을 비롯하여 21-25장에 있는 제의 자료를 포함시켰다. 발달 과정의 마지막 단계는 직접 전달 방식의 사용으로 확인되는 설교 자료의 포함이었다. 이 설교 자료는 권고와 신학적 사상이 담긴 자료를 포함한 다양한 형태를 가졌다.

레벤트로우에게 있어서 이 자료집이 한데 수집된 배경은 시내 산에 집결한 이스라엘로 줄곧 거슬러 올라가는 언약 축제였다. 이 제의적 배경 속에서 그 자료는 설교자와 청중 사이의 역동적 상호 작용으로부터 발달되었다. 19장에 있는 십계명과 17장에 있는 법들과 같은 더 오래된 자료는 광야 전승으로부터 내려온 것인데, 그것은 보충물들을 추가하여 최신판으로 개정되었다. 그러나 23장과 25장의 법들과 같은 다른 자료의 본거지는 정착한 이스라엘 민족 주변의 가나안이다. 동일한 것이 26장에 있는 축복과 저주의 대부분의 내용에 대해서도 사실이다. 이러한 발달 과정의 결과로 더 오래된 광야 자료가 정착한 백성에게 적용될 수 있는 더 새로운 자료와 현재 창조적 긴장 관계 속에 놓여 있다. 이러한 긴장은 설교들의 교육적 기획(homiletic design)에 속해 있다. 회중이 이 설교들을 들었을 때, 당대의 이스라엘은 현재의 순종에 대한 요청에 주의를 기울이기 위한 토대로서 시내 산으로 거슬러 올라가도록 이끌림 받았다. 레벤트로우는 이 설교들을 전달하는 설교자가 공식적인 제의 설교자 역할을 하며 모세의 후계자로 간주된다고 추론했다. 이러한 재구성에 따르면, 이 법전은 문학적 과정의 산물이 아니었다. 오히려 그것은 반복적인 제의 예식으로부터 발달해 왔다. 이 법전의 최종 형태는 왕국 시대의 예루살렘을 최후의 개최지로 삼았던 언약 축제에서 한데 엮어졌다.

레벤트로우의 연구의 의미 있는 공헌은 그 초점을 이 자료의 수사학적 도안에 맞추었다는 것이다. 그것은 이 자료가 회중의 교육을 위해 전달되는 고대의 연설들로 구성되어 있다고 진지하게 단언한다. 그렇지만 썬(Sun, "Investigation," 20)은 레벤트로우의 연구가 성결법전을 하나의 자존적인 자료집(a self-existing corpus)이 아닌 그것의 다양한 하위 단위들을 취급하기 때문에 한계가 있다는 사실을 인식했다.

킬리안(Kilian, 1963)은 문학 비평을 사용하여 성결법전을 구성하고 있는 다양한 문학적 층들을 확인하는 어려운 과업을 수행했다. 그는 두 가지의 주요 편집이 있다는 것을 발견했다. 첫 번째 편집은 원(原)-성결법전을 만들어 냈다. 이 편집자는 다양한 기초 자료를 사용했으며 그것을 확장시키고 주석을 추가했다. 이러한 더 초기의 법전은 18-22장, 25장의 부분들로 구성된다(*Literarkritische*, 164).

레위기 18:6-23(7, 9, 11절에 있는 사소한 추가물들을 제외하고)
레위기 19:5-8a, 11-18, 26-28, 30
레위기 20:2aβ*b, 3*, 7, 8, 9*, 10-21, 27
레위기 21:1bβ-8, 10*, 11, 12*, 13-15, 17b*, 18-20, 21*, 22*, 23aβb
레위기 22:2aβb, 3*, 4*, 5, 6b, 7-10b, 7-10, 11*, 12-16, 18b*, 19(*?), 20-25, 27-32
레위기 25:2b, 3, 4*, 5a, 6이하, 14, 17(단지 일부만), 25*, 35*, 36이하, 39, 40a, 43, 44, 47, 53

이 편집자는 그 법들의 형식과 더 짧은 여호와의 자기 소개 형식문, 그리고 할랄(חלל, "속되게 하다")을 포함하는 법령들을 만든 당사자이다(Kilian, 164-65). 그 법들에 명문화된 징벌은 민사 법정이 아닌 제의 영역에 속한다(166). 그렇지만 이 편집자는 어떠한 역사적 회상도 하지 않았다. 더 오래된 그 자료는 두 부분으로 조

직되어 있었다: 도덕적인 것(18-20장)과 제의적인 것(21-22장, 25장; *Literarkritische*, 167-68). 이 자료의 연대에 관해 말하자면, 그것은 제의의 중앙 집중화를 전제하고 있고 또한 신명기 학파적 설교와의 친숙성을 증거해 주기 때문에 신명기 이후에 편찬되었으며, 동시에 예루살렘 몰락 이전이다(169). 후대에 다른 편집자가 이 작품을 넘겨받아 몇 가지 조각들을 비롯한 23-24장과 26장의 많은 부분을 추가하여 그것을 하나의 자료집으로 만들었다.

레위기 18:2b-4, 24, 30
레위기 19:2aβ-4, 9이하, 23-25, 31, 33-36
레위기 23:10aβ-11a, 12*, 14a(?), 15-17, 18aα, 19b, 20*, 22, 39aβ, 40, 42, 43
레위기 24:16aa, 16b, 17, 18a, 18b, 19, 20a, 20b, 21, 22
레위기 25:2aβ, 17(부분), 18-22, 38, 42, 46b*, 55
레위기 26:1이하, 3-9, 11-13, 15, 16*, 17, 19이하, 22*, 25*, 26, 29-33, 36, 37a, 39, 40aα, 42, 45

이 자료의 일부는 법규에 관한 자료의 확장이었다. 그 편집자는 옛 자료를 뽑아내어 사용할 때 그 옛 법전을 월력과 상환(무르기) 법칙과 같은 자료로 보충했다(*Literarkritische*, 169-70). 그는 또한 권고 자료를 확장시켰다(170). 덧붙여서 그는 더 긴 여호와의 자기 소개 형식문을 선호했으며, 동기 부여를 위해 역사를 이용했다. 킬리안은 아람어 특징들(Aramaisms)에 근거하여 이 두 번째 편집의 연대를 포로기로 정했다: 예를 들어, 에즈라흐(אזרח, "본토인")와 그 편집의 에스겔서 의존성(171-72). 이러한 편집은 하나님의 거룩한 백성이 애굽으로부터의 구원에서 최초로 창시되었을 때처럼 그들이 재창시될 것이라는 위대한 희망을 가졌다(173-74). 킬리안은 에스겔서가 초기의 성결법전의 영향을 받았으며, 이어서 에스겔서는 성결법전의 최종 편집들에 영향을 끼쳤다고 결론지었다. 이러한 편집과 에스겔서 사이의 여러 연관들을 고려해 볼 때, 그는 이 편집자가 에스겔 계파에 속한다고 추론했다(185). 나중에 이 자료집은 제사장 법전에 통합될 수 있도록 제사장 저자들에 의해 어떤 추가들과 편집상의 변화들을 겪었다(174-76). 이 제사장 편집자들 중 한 사람이 17장을 이 자료집의 서두에 삽입시켰다(176-79). 그의 작업은 성결법전의 도입부가 없는 이유를 설명해 주는데, 이는 그가 이 법전을 제사장 저작에 통합하려는 목적으로 17장을 작성했기 때문이다. 썬(Sun)의 판단에 의하면("Investigation," 25), 킬리안이 성결법전의 기원과 발전을 재구성한 방식은 그것을 하나의 독자적인 자료집으로 받아들이기 위한 근거를 제공한다. 썬이 지적한 바와 같이, 커다란 의문은 이러한 결과들이 실증될 수 있는가 하는 점이다.

1964년에 포이히트(Feucht)는 성결법전의 독자적 존재성을 한층 강화시켰다. 그가 판단하기에, 그것은 두 개의 수집본으로부터 편성되었다(Sun, "Investigation," 25). 첫 번째 것은 18-22장, 23:9-22(민 15:37-41과 더불어)인데, 그것들은 유다에서 7세기 초, 신명기의 초기 단계들 이전에 세상에 나타났다(O. Kaiser, *Introduction to the Old Testament*, tr. J. Sturdy[Minneapolis: Augsburg Publishing House, 1977] 114). 두 번째 수집본은 25-26장이다. 그것은 신명기보다 후대인데, 이는 그것이 신명기적 영향을 보여 주기 때문이다.

엘리거(Elliger)는 1966년 출판된 레위기에 관한 방대한 주석에서 성결법전이 독자적으로 존재한 적이 없다고 부인함으로써 그 법전의 기원에 대한 토론에 새로운 지평을 열었다(16). 그는 이 자료가 두 단계를 거쳐 제사장 자료로 접목되었는데, 그것들이 각자 독자적으로 보충되었다고 결론내렸다. 그리하여 레위기 17-26장에는 네 개의 확인 가능한 층들이 존재한다. 첫 번째 단계에서 한 사람이 자료를 수집했는데, 그것의 일부는 왕정 이전으로 거슬러 올라간다. 그는 그 자료의 어떤 부분도 편집하지 않았다. 그 대신 그는 자신이 넘겨받은 자료의 전체 몸통의 처음과 마지막 부분에 자신의 공헌을 남겼다. 그는 더 긴 신적 자기 소개 형식문을 선호하면서 이스라엘이 여호와의 왕적 권위의 은혜와 그분의 부성애가 담긴 축복들에 의해 생존한다는 것을 깊이 인식하고 있었다(16). 이 신학적 관점의 중심에는 "너희는 거룩하라. 이는 나 여호와 너희 하나님이 거룩하기 때문이다"(19:2)라는 명령에 표현되어 있는 대로 여호와와 그분의 백성 사이에 상호 영향을 끼치는 교류가 있다. 이 오래된 수집본은 25장의 많은 부분과 더불어 시작해서 17-19장+26장의 주요 부분들을 포함했다. 이어서 이 최초의 본문층을 가지고 작업한 편집자가 25장을 마지막 위치에 재배치하고 주석들을 추가했으며, 자신이 넘겨받은 것에 자료를 삽입했다. 그는 또한 21:1-15과 20장 부분을 추가했다(17-18장). 그가 징벌에 관한 법들(20장)을 추가한 이유는 거룩에의 요청의 중대함을 강조하기 위해서였다. 동일한 의도를 가지고 그는 더 짧은 여호와의 자기 소개 형식문을 선호했다. 이 편집자는 그 법을 공동체가 지킬 뿐만 아니라, 각 개인이 지켜야 한다는 것에 관심을 기울였다. 엘리거의 분석에 의하면, 세 번째 편집자의 손질은 그 법안의 이 문단(18-19장)에 의해 전달된 주제들을 확장하는 것이 주 임무였다. 그는 20장을 21장 앞에 놓았는데, 이는 제의와 제사장들에 관한 다른 자료, 즉 21:16-24; 22:17-22, 25b 부분을 비롯하여 23장의 기초 형식 부분을 통합하기 위함이었다. 그는 17장을 이 성결법전의 서두에 배치한 당사자였을지도 모른다. 이 세 번째 편집자는 비록 일부 재배치를 했을지언정 자신이 발견한 자료를 순수하게 남겨두었다. 그는 21:24과 23:44에 있는 순종 보고들을 추가했다. 엘리거는 또한 21:9과 20:27의 추가를 그의 책임으로 돌렸다. 마지막으로 이 편집자의 작품은 22-24장에서 큰 역할을 했던 또 다른 편집자의 작품으로 보충되었다. 그는 기본적으로 신학적 관점과 문체적 특징에 있어서 선행하는 편집자에게 의존했다. 엘리거(22)는 어떤 다른 조각들이 시간이 흐르면서 이 법규 자료집에 첨부되었다고 설명했다. 요약하자면, 엘리거가 확인한 이러한 모든 편집적 수고는 제사장 자료를 보충하기 위한 것이었다. 즉 제사장들은 독자적인 법전을 만들고 확장하기 위한 임무를 떠맡지 않았다(Sun, "Investigation," 28-29).

1969년에 티엘(Thiel)은 *ZAW* 71(1969) 40-73에 출판된 상세한 논문을 가지고 그 논쟁에 뛰어들었다. 성결법전의 존재에 대한 가정을 가지고 출발하면서 그는 성결법전에 있는 자료의 많은 부분이 다양한 장르의 더 오래된 요소들을 포함하지만, 그 자료의 문학적 형식은 더 이상 식별될 수 없다고 결론지었다. 티엘은 이 자료집이 여호와께서 설교하시는 것으로 문체적 특징이 바뀐 제사장의 개정을 거쳤다고 추론했다. 이러한 개정은 신적 자기 소개 형식문과 권고 자료가 눈에 띄는 특징이었다. 나중에 그것은 제사장 자료로 통합될 때 제사장 학파에 의해 편집되었다. 이러한 편집에는 제사장 언어로 형성되고 시내 산 배경에 배치된 요소들이 속해 있다. 성결법전은 포로기 동안에 최종 형태를 갖추게 되었다. 티엘의 판단에 의하면, 그것의 신학과 언어적 용법은 신명기와 너무나 흡사하여 그가 이 법전의 기원을 동일한 계통에, 즉 레위인들의 설교에 둘 정도였다. 그 법전의 연대에 관해 말하자면, 그것은 제사장의 개정들이 증언해 주는 대로 대략 신명기보다 후대에 나타났다.

바그너(Wagner, 1974)는 보다 초기의 연구물들에서 확인된 파편적 자료들에 근거하여 성결법전의 독자적 존재에 대해 의심을 품는다. 그는 레위기 17-26장이 더욱 큰 문단의 일부인지의 여부를 검토했다. 만일 그것이 사실이라면, "성결법전"의 존재는 희미해진다(*ZAW* 86[1974] 308). 자신의 연구로부터 바그너는 레위기 11-22장이 부정결을 취급하는 한 단위라는 결론을 내렸다(312-13).

A. 백성들의 부정결(11-20장)
   1. 속건(보상) 가능한 부정결(11-15장)
   2. 속건(보상) 불가능한 부정결(17-20장)
B. 제의에 참여하는 백성들과 사물들의 부정결(21-22장)

나아가 그는 레위기(17) 18-26장이 출애굽기 25장-레위기 26장의 더 큰 단위의 일부라는 주장을 폈다. 그러므로 더 큰 단위의 골격의 일부인 이 자료집은 전혀 독자적인 생존을 하지 않았다(*ZAW* 86[1974] 315). 짐멀리(Zimmerli, *VT* 30[1980] 501)는 바그너의 이러한 구조 논증을 설득력이 없는 것으로 간주했는데, 이는 여호와의 자기 정체 확인 형식문이 레위기 11-16장에 부재하기 때문이다. 더욱이 썬(Sun)은 바그너의 구조 논증이 그 자신의 결론을 실증하기에는 부적절하다고 주장했다("Investigation," 34).

1976년에 콜윈스키(Cholewínski)는 성결법전과 신명기 12-26장의 상세한 비교 연구를 출판했다. 비교 작업을 하기 전에 그는 성결법전의 편집사에 대한 철저한 검증에 착수했다. 자신의 연구로부터 그는 성결법전의 핵심이 다섯 개의 편집적 수고의 산물이라는 결론을 내렸다. 그는 각각의 것에 문자 H가 앞에 붙은 숫자를 매겼다: H1: 17:3-9; H2: 18:6-23; 19:11-18, 26-28, 30, 32; H3: 20-22장의 많은 부분; H4: 23:4-8, 23-25, 33-38; H5: 25장의 많은 부분(*Heiligkeitsgesetz*, 132-35). 이 다양한 문단들이 동일한 정신적인 환경 속에 속했던 집단들로부터 왔을지라도, 이 조각들 사이에는 문학적 통일성이 전혀 없다(135). 따라서 이러한 각각의 수고의 손길들은 각기 현존하는 자료집 도처에 나타나는 본문층을 추가했다기보다는 각자 어떤 하나의 자료 뭉치를 만들어 냈다. H3과 H4가 제사장 저작에 포함되기 위해 작성되었던 반면, H1+H2+H5는 소책자로 작성되어 회람되었을지 모른다. 콜윈스키의 해석에 따르면, 이 법전은 기본적인 핵심 골격에 생기는 첨부와 변화에 의해서가 아니라 눈덩이의 커짐과 비슷한 방식으로 만들어졌다.

콜윈스키가 HG라고 명명한 어떤 제사장 부류의 편집 작업은 이러한 문서들이 현재의 통일성을 갖추도록 배열했으며, 그 문서들에다 핵심 주제 주변에 나타나는 특징적인 자국을 남겨 넣었다(*Heiligkeitsgesetz*, 135, 337). 이 편집자들은 포로로 잡혀가서 바벨론에서 사역했던 신명기 학파 개혁자들 중 제사장파(派) 일원들이었다(344). 이러한 확인 작업은 콜윈스키로 하여금 이 최종 자료집에 나타나는 제사장 어법과 신명기 학파적 어법의 혼재를 설명할 수 있게 해주었다. HG에 의해 편찬된 그 자료는 본질적으로 동일한 신학적 관점과 제의적 관점을 갖는 다섯 개의 작은 추가물을 받아들였다. 최종적으로 17:1-9, 15-16; 18:26b; 19:2a, 20-22; 21:22에서 몇 군데 손질을 하고 또한 24장을 추가시킨 후대의 제사장 편집자가 있었다. 콜윈스키에 따르면 이러한 다양한 편집자들은 여러 제사장 계통들에 속했으며, 그들은 제사장 본문들의 기초 작업이 완료된 후에 자신들의 작업을 수행했다.

그러므로 콜윈스키는 성결법전이 대부분 제사장적 편집을 거쳤다는 견해를 분명하게 거절했다. 오히려 그는 그것이 신명기 학파 계통의 구성원들이면서 동시에 제사장 자료를 알고 있었던 제사장직의 구성원들에 의해 작성되었다고 주장했다. 그의 판단에 의하면(*Heiligkeitsgesetz*, 334-38), 그들은 더 오래된 제사장 학파의 다양한 신학적 입장들을 바꾸어 놓기 위해 자신들의 자료를 그 제사장 저작에 결합시켰다. 예를 들어, 25장에서 이 법전은 여호와가 땅의 소유주가 되신다는 교리를 가지고 땅이 이스라엘의 무제한적 소유물이라는 제사장의 견해에 정면으로 도전했다(334). 나아가 이 제사장 그룹은 이스라엘의 순종이 언약의 지속에 필수적이라는 신조를 가지고 언약이란 변화될 수 없으며 인간의 노력에 의존하지 않는다는 제사장적 믿음을 공격했다(26:9-12; *Heiligkeitsgesetz*, 335).

HG 편집자들은 신명기 학파적 계통의 구성원들이었기 때문에 이 자료집에는 많은 신명기 학파적 계통의 특징들이 있다. 그들은 이러한 문서들을 성결법전으로 모으는 데 있어서 신명기 학파의 법규 자료집을 하나의 모델로 취했다. 이 편집자들은 신명기 학파적 운동의 신조들의 많은 것들에 동의하고 있었다. 그럼에도 불구하고, 그들은 하나의 신학적 관점을 기준으로 너무 급진적이거나 근거가 부적절한 것으로 여겨지는 규정들을 수정하려 했다. 신명기 학파적 개혁과의 불일치에 대한 우선적인 사례는 세속 도살 허용의 거절이었다(신 12:13-15, 20-28; 레 17:1-9). 추가적으로 성결법전은 무교절을 독자적 절기로 재도입했으며 일곱 번째 해의 신성한 특징을 재진술했다. 그 성결 학파(holiness school)는 신명기 학파적 법들에 있던 공백들을 메우려 했다. 예를 들어, 그들은 어떤 범죄들에 대한 징계를 구체적으로 명시했으며(18:6-23), 금지된 성관계들의 목록을 포함시켰고(18:6-23), 또한 제사장들과 관련된 추가적인 법들을 가미했다(21-22장). 때로 성결법전을 편집한 이들은 신명기와는 다르게 사회적 문제들에 대해 전달하기를 원했다. 이것은 신명기 15:1-18과 대조되는 방식으로 레위기 25장에서 다루어지는 사회적 문제들에서 확실하게 증거된다. 그래서 성결법전은 신명기 법안을 보충했을 뿐 아니라 수정했다. 콜윈스키가 주요 편집적 수고의 뿌리를 신명기 학파적 개혁에 두었던 것도 바로 이러한 이유 때문이다. 그러므로 콜윈스키의 연구 결과들은 이 자료집이 기본적인 제사장 자료에 대한 보충물로 편찬되었고, 따라서 자체적인 생존을 하지 않았다는 엘리거의 결론과 일치한다(*Heiligkeitsgesetz*, 138-39).

HUCA 58(1987) 65-117에 있는 상세한 논문에서, 크놀(Knohl)은 성결법전에 대한 자신의 여러 연구의 결과들 중 일부를 출판했다. 그의 논지는 17-26장이 제사장

본문 자료에 덧붙여진 후대의 추가물이며, 이 기초 자료에서 유래한 본문 자료가 오경 내에서 그 동안 믿어졌던 것보다 더 많은 곳에서 발견된다는 것이다(65). 그의 판단에 의하면, 그것은 제사장 학파와 신명기 학파 이후에 작업했던 "성결 학파"의 작품이었다. 성결 학파의 신학적 관점과 예전(禮典)에 대한 이해는 과거의 제사장 학파와는 현저하게 달랐다. 크놀(Knohl)이 판단하기에, 이 그룹들 사이의 차이점들 중 한 가지 예는 절기들과 안식일에 대한 이해에 관한 것이다(66). 제사장 학파는 절기들이 신적 명령에 순종하여 희생들을 드리는 때라고 가르쳤지만, 안식일은 큰 의미를 부여받지 못했다. 이와 대조적으로 성결 학파는 절기들을 들판의 생산을 기념하는 즐거운 때와 역사적 회상의 시기들로 취급했다. 이 학파는 안식일이 완전한 휴식의 날로 준수되어야 할 것을 요구함으로써 그 날을 중심적 위치로 격상시켰다(19:3; 23:3; 26:2). 크놀이 "성결 학파"의 것으로 돌린 또 다른 자료의 한 가지 예는 그의 이론이 여러 차원으로 폭넓게 적용된다는 것을 시사해 준다. 그는 출애굽기 31:12-17과 35:1-3과 같은 몇몇 다른 본문들에 있는 안식일에 대한 언급에서 성결 학파의 관점을 발견한다(73-74). 크놀은 이 학파가 안식일의 거룩성을 성소의 거룩성과 동일 수준에 놓아 그 날을 격상시키기 위해 장막과 황금 송아지에 관한 자료를 편집하고 배열했다고 주장했다(74). 그들의 관점은 레위기 19:30과 26:2에 분명하게 진술되어 있는데, 그 구절들에 안식일 준수와 성소 경외에 대한 범주별 명령들이 짝을 이루고 있다. 덧붙여서 크놀은 출애굽기 16장에서 진술되는 만나 공급에 관한 이야기가 제사장 편집자들이 아니라 성결 학파에 의해 확장된 더 오래된 전승이라고 생각했다(74-76). 사실상 크놀은 제사장 자료의 최종 개정을 이 학파의 것으로 돌렸다. 그러므로 그들의 손길이 레위기 17-26장보다 더 많은 장소에서 발견된다(66). 이러한 예들은 크놀의 작품이 얼마나 파급 효과가 크고, 또한 얼마나 혁명적인 것인지를 보여 준다. 레위기 17-26장에 관한 한 그의 작품은 이 자료를 하나의 자충족적인 문서로 간주하는 것에 반대하는 추가적인 증거가 되었다. 이제 막 빛을 보고 있는 크놀의 노력은 앞으로 당분간 많은 논쟁을 부추길 것이 분명하다.

크니림(R. Knierim)의 지도 아래 쓴 박사 학위 논문에서, 썬(Sun)은 이 자료집에 있는 각각의 양식 비평적 거대 단위의 구조를 철저히 분석했다. 그것은 전통적으로 수용된 성결법전의 편집사를 검토하기 위한 출발점이었다. 그는 성결법전 내의 서로 상이한 연설들은 다양한 시대로부터 온 것이라는 사실을 발견했다. 그는 그 자료의 일부의 연대를 신명기 이후 시대로 정했다. 예를 들어, 썬은 레위기 17장의 가장 초기의 복구 가능한 층인 1-4절은 신명기 12장에 대한 지식을 전제하고 있는 것으로 드러난다고 주장했다. 나아가 23장에 보존된 월력은 민수기 28-29장에 있는 월력의 제사장적 병행 본문보다 더 후대의 것으로 나타나지만, 출애굽기 23장과 신명기 16장의 월력들보다는 더 오래된 것이다. 안식년과 희년에 관한 법들(25장)은 출애굽기 23장에 있는 휴경년(休耕年) 법들과 신명기 15장에 있는 노예 해방법을 반영한다. 오래되고 복잡한 편집사에 대한 증거를 제공하는 다른 것들은, 이를테면 18-20장에 있는 가장 초기의 복구 가능한 층들과 같이 고대의 기원에서 비롯된 것들이다. 그럼에도 불구하고, 썬은 이 본문들 중 여하한 것에 대해서도 초기 기원의 가능성을 확증할 만한 증거를 전혀 발견하지 못했다.

각 단위의 편집사를 분석한 후에 썬은 전통적인 성결법전이 현재의 위치에 있기 이전에 독자적인 법규 자료집으로 존재한 적이 없다는 결론을 내렸다. 이러한 결론의 토대는 삼중적이었다: 그 자료집에 담겨진 본문들은 폭넓은 다양한 시대에 속해 있는 것으로 보인다. 전체 자료집을 꿰뚫는 한 편집층의 증거가 전혀 발견되지 않는다. 그리고 어떤 본문들은 그 자료집에 있는 다른 자료를 보충하려는 의도로 작성되었던 것으로 나타난다(예를 들어, 21:16-23[24]에 대한 22:1-16, 그리고 22:17-25에 대한 22:26-33). 현재의 가설 대신에 썬은 이 자료집을 만들어 낸 편집 과정이 오랜 기간 동안의 문학적 보충 작업의 하나였으며, 그 자료집의 가장 초기의 중심핵이 18-20장에 나타나는 오래된 자료에 내포되어 있다고 제안했다.

그러므로 현 시대의 학자들의 연구 작업은 독자적인 자충족적 문서로서의 "성결법전"의 존재에 커다란 의심을 던진다. 이 자료집 내에 있는 토막들은 긴밀하게 한데 모여 있지만(18-20장, 21-22장, 23+25장), 이 다양한 토막들 사이에는 통일성이 전혀 없다. 덧붙여서 만일 이 자료집이 동질의 것으로 간주된다면, 어떤 논리로도 17, 24 그리고 26장의 존재에 대한 이유를 설명할 수 없다. 또한 아직까지 누구도 전체 자료집을 꿰뚫는 하나의 편집층이 있다는 것을 증명하지 못했다. 그러므로 이 연설들이 한데 수집된 방식이 무엇이었든지 간에, 그것들은 레위기 내의 현재의 위치에 있도록 모아져 배열되었다고 결론지을 수 있다(즉 성결법전이 별도의 독자적 자료집으로 만들어진 후에 레위기에 들어온 것이 아니라 처음부터 레위기의 일부로 편집되었다는 의미다 – 역자주). 이 연설들은 11-15장의 주요 관심사인 의식적 정결의 쟁점에 대한 말씀을 계속 전하며(예를 들어, 17:15-16과 20:25-26에 있는 정결과 부정결 지침 – 역자주), 이어서 윤리적 관계들에 대한 말씀을 전하는 방향으로 나아간다(18장 이하 – 역자주). 그러므로 이 법들은 희생 제도의 커다란 목적, 즉 이스라엘을 해악과 죄책으로부터 정결케 하여 그들이 거룩하신 하나님과 교제할 수 있고 여호와께서 규정하신 대로 거룩한 삶을 살 수 있게 하려는 목표와 조화를 이룬다. 그러므로 이 법들은 하나님께서 거룩하신 것처럼 그분의 백성이 거룩하라는 요청에다 구체적인 내용을 제공하기 위해 고안된 것이다. 이 법령들을 모두 한데 엮어 주는 자석은 여호와의 자기 계시다.

앞서 지적했던 바와 같이, 많은 언어적 징표들이 이 자료가 제사장적 가르침의 부류에 속한다는 것을 시사한다. 이 관련성은 제사장 저자들이 제의적 거룩뿐만 아니라 윤리적 거룩에 관심을 가졌다는 것을 의미한다. 실제로 제의적 정결의 주요 목표는 윤리적 정결을 향상시키는 것이다. 제의적 정결에서의 훈련의 실천은 윤리적 온전성이 몸에 배이도록 하기 위해 인간의 마음가짐을 준비시킨다. 왜냐하면 인간이나 공동체는 외적 형식 속에서 하나님의 법에 순종함으로써 내적 정신을 거룩하신 하나님과 일치하도록 주형 틀에 빚을 수 있기 때문이다.

레위기의 이 문단은 폰 라드와 레벤트로우(Reventlow)가 강조한 대로 일련의 신적 설교들이다. 그것들은 말씀 전달 형식과 회중이 여호와의 법들에 맞게 살도록 동기를 부여하는 형식으로 구성되어 있다. 그러므로 이 자료는 개인적 독서와 연구, 그리고 분석을 위해서가 아니라 청취를 위해 작성되었다. 이러한 사실은 그 자료에서 발견되는 고르지 않은 문학적 특성을 어느 정도 설명해 준다. 서로 분리되어 있는 그러한 자료가 반드시 고대의 청중들을 곤혹스럽게 하지는 않았을 것이다. 그 밖의 단절, 생략, 위치 전위 그리고 난점들이 복합적인 기반으로부터 발생했다: 이 연설들의 기원, 그것들의 전수와 수집 그리고 그것들의 최종 집성. 예를 들어, 이 지침들이 구두로 말씀을 전달하기 위해 편찬되었기 때문에, 그것들을 전했던 설교자들이 계승될 때 뒤이은 설교자들이 청중과 상통하려는 욕구에 사로잡혀 구두적 전달의 충동적 특징을 기회로 삼아 주석들과 일화(逸話)들, 외래 자료들 그리고 권면을 그 연설에 추가했다. 한 가지 분명한 예는 24:10-23에 위치한 바 어떤 혼혈족인 신성 모독자의 사례인데, 그것은 개인적 상해에 대한 법들을 제시하기 위한 발판으로 사용된다. 이러한 재구성은 그 자료가 어떻게 최종 형태에 이르게 되었는지를 설명하려고 시도한다. 핵심 자료는 시내 산으로 거슬러 올라간다. 그러나 그것은 제의의 정황 속에서 보충되고 최신의 것으로 발전되었는데, 이는 변화하는 사회적 환경 속에서 하나님의 말씀을 생명력 있게 하고 동시대에 어울리게 하기 위함이었다.

이스라엘 내에 백성들이 거룩한 삶을 살 수 있도록 가르치고 권면하던 문서를 보존하고 양산하는 특정한 학파나 계파가 있었는지의 여부는 해결되지 않은 질문이다. 이러한 집단이 언제 어디에서 존재했는지는 앞으로 당분간 논쟁이 될 것이다. 그런 학파가 존재했다면, 그들은 제사장들과 신명기 사가들(deuteronomists) 양자 모두와 공통을 이루는 특징들을 가졌을 것이다. 그들은 높은 도덕적 삶과 제의적 정결에 관심을 가졌다. 이 그룹들을 확인하려고 애쓸 때, 예를 들어 11장과 같이 17-26장 밖에 있는 어느 단락들이 그런 관점에 속해 있는지에 대해 어떤 합의가 필요할 것이다.

성결법전에 대한 이러한 연구들은 흥미롭고 사고를 자극한다. 그것들은 그 최종 결과물이 한데 모아진 방식에 대한 실마리들을 탐색할 때 그 본문의 모든 부분을 진지하게 받아들인다는 점에서 대단히 유익하다. 이것은 그 자료에 대한 더욱 분명하고 정밀한 주석이 나오는 결과를 가져왔다. 불행히도 이 전체적인 연구들의 갖가지 결론들은 확실한 자료에 근거하지 않고 대부분 여러 추론들 위에 세워졌는데, 이는 고대로부터 존속해 왔던 문서들의 특성 자체로 인한 것이다. 이것은 이러한 결론들의 폭넓은 다양성에서 분명해진다. 그럼에도 불구하고, 이러한 연구들은 그것들이 이스라엘 문화와 제의 관행들의 다양한 발전 단계들을 탐구하기 때문에 가치가 있다. 그것들은 이스라엘 역사의 골격에 실체의 살을 붙였다. 그것들은 연구자들에게 더욱 충분한, 그러나 잠정적인 이스라엘의 종교적 관행과 성장, 그리고 발전에 대한 그림을 제공한다. 그럼에도 불구하고, 이러한 통찰과 가정의 발견은 조심스럽게 추가적인 연구들의 빛에 비추어서 조정될 수 있어야 한다.

A. 가축의 희생과 피에 관한 법(17:1-16)

참고문헌

Aloni, J. "The Place of Worship and the Place of Sacrifice according to Leviticus 17:3-9"(Heb). *Shnaton la-Mikra* 7(1983) 21-49. **Brichto, H. C.** "On Slaughter and Sacrifice, Blood and Atonement." *HUCA* 47(1976) 19-55. **Dewar, L.** "The Biblical Use of the Term 'Blood'." *JTS* 4(1953) 204-8. **Füglister, N.** "Sühne durch Blut – Zur Bedeutung von Leviticus 17, 11." In *Studien zum Pentateuch*. Ed. G. Bravlik. FS W. Kornfeld. Wien: Herder, 1977. 143-64. **Grintz, J. M.** "'Do not eat on the blood.'"

ASTI 8(1972) 78-105. **Kiuchi, N.**. The *Purification Offering in the Priestly Literature.* JSOTSup 56. Sheffield: JSOT Press, 1987. 101-9. **McCarthy, D.** "The Symbolism of Blood and Sacrifice." *JBL* 88(1969) 166-76. ______. "Further Notes on the Symbolism of Blood and Sacrifice." *JBL* 92(73) 205-10. **Metzinger, A.** "Die Substitutionstheorie und das alttestamentliche Opfer mit besonderer Berücksichtigung von Lev 17, 11." *Bib* 21(1940) 159-87, 247-72, 353-77. **Milgrom, J.** "A Prolegomenon to Leviticus 17:11." *JBL* 90(1971) 149-56(=*SCTT* 96-103). **Morris, L.** "The Biblical Use of the Term 'Blood'." *JTS* n.s. 3(1952) 216-27; *JTS* n.s. 6(1955) 77-82. **Rodriguez, A. M.** *Substitution in the Hebrew Cultus.* Andrews University University Doctoral Dissertation Series 3. Berrien Springs, MI: Andrews UP, 1979. 233-60. **Sabourin, L.** "Nefesh, sang et expiation(Lv 17, 11, 14)." *ScEc* 18(1966) 25-45. **Schenker, A.** "Das Zeichen des Blutes und die Gewissheit der Vergebung im Alten Testament: Die sühnende Function des Blutes auf dem Altar nach Lev 17.10-12." *MTZ* 34(1983) 195-213. **Schwartz, B. J.** "The Prohibitions concerning the 'Eating' of Blood in Leviticus 17." In *Priesthood and Cult in Ancient Israel.* Ed. G. Anderson and S. Olyan. JSOTSup 125. Sheffield: JSOT, 1991. 34-66. **Snaith, N.** "The Meaning of שְׂעִירִים." *VT* 25(1975) 115-18. ______. "The Verbs *zābaḥ* and *šāḥaṭ.*" *VT* 25(1975) 242-46. **Steinmueller, J. E.** "Sacrificial Blood in the Bible." *Bib* 40(1959) 56-67. **Stibbs, A. M.** *The Meaning of the Word 'Blood' in Scripture.* London: Tyndale Press, 1959.

본 문

1 여호와께서 모세에게 일러 가라사대	**1** Yahweh spoke to Moses:
2 아론과 그 아들들과 이스라엘 모든 자손에게 고하여 그들에게 이르기를 여호와의 명령이 이러하시다 하라	**2** "Speak to Aaron, his sons,[a] and all the Israelites[b] and say to them: This is the word which Yahweh has commanded:
3 무릇 이스라엘 집의 누구든지 소나 어린양이나 염소를 진 안에서 잡든지 진 밖에서 잡든지	**3** Any[a] Israelite[bc] who sacrifices a bull, a sheep, or a goat within the camp or outside
4 먼저 희막 문으로 끌어다가 여호와의 장막 앞에서 여호와께 예물로 드리지 아니하는 자는 피 흘린 자로 여길 것이라 그가 피를 흘렸은즉 자기 백성 중에서 끊쳐지리라	**4** instead of bringing it to the entrance of the Tent of Meeting[ab] to present[c] an offering to Yahweh before the tabernacle of Yahweh—that man is to be considered guilty of bloodshed.[d] He has shed blood, and that man[e] will be cut off from his people.
5 그런즉 이스라엘 자손이 들에서 잡던 희생을	**5** This is so the Israelites will bring the sacrifices

회막 문 여호와께로 끌어다가 제사장에게 주어 화목제로 여호와께 드려야 할 것이요

6 제사장은 그 피를 회막 문 여호와의 단에 뿌리고 그 기름을 불살라 여호와께 향기로운 냄새가 되게 할 것이라

7 그들은 전에 음란히 섬기던 숫염소에게 다시 제사하지 말 것이니라 이는 그들이 대대로 지킬 영원한 규례니라

8 너는 또 그들에게 이르라 무릇 이스라엘 집 사람이나 혹시 그들 중에 우거하는 타국인이 번제나 희생을 드리되

9 회막 문으로 가져다가 여호와께 드리지 아니하면 그는 백성 중에서 끊쳐지리라

10 무릇 이스라엘 집 사람이나 그들 중에 우거하는 타국인 중에 어떤 피든지 먹는 자가 있으면 내가 그 피 먹는 사람에게 진노하여 그를 백성 중에서 끊으리니

11 육체의 생명은 피에 있음이라 내가 이 피를 너희에게 주어 단에 뿌려 너희의 생명을 위하여 속하게 하였나니 생명이 피에 있으므로 피가 죄를 속하느니라

12 그러므로 내가 이스라엘 자손에게 말하기를 너희 중에 아무도 피를 먹지 말며 너희 중에 우거하는 타국인이라도 피를 먹지 말라 하였나니

13 무릇 이스라엘 자손이나 그들 중에 우거하는 타국인이 먹을 만한 짐승이나 새를 사냥하여 잡거든 그 피를 흘리고 흙으로 덮을지니라

14 모든 생물은 그 피가 생명과 일체라 그러므로 내가 이스라엘 자손에게 이르기를 너희는 어느 육체의 피든지 먹지 말라 하였나니 모든 육체의 생명은 그 피인즉 무릇 피를 먹는 자는 끊쳐지리라

15 무릇 스스로 죽은 것이나 들짐승에게 찢겨 죽은 것을 먹은 자는 본토인이나 타국인이나 물론

which they have been sacrificing in the open field,[a] that is, that they bring[b] them to Yahweh to the entrance of the Tent of Meeting, to the priest, and they are to sacrifice them[c] as offerings of well-being to Yahweh.

6 The priest is to dash the blood on the altar[a] of Yahweh[b] at the entrance to the Tent of Meeting and burn the fat as a soothing aroma to Yahweh.

7 They shall no longer offer their sacrifices to the goat demons with whom[a] they prostitute themselves. This is a perpetual decree for them and for their generations.

8 "Say to them:[a] Any[b] Israelite or resident alien[c] living among them[d] who offers up[e] a whole offering or an offering of well-being[f]

9 and does not bring it to the entrance of the Tent of Meeting[a] to perform the ritual[b] before Yahweh, that man will be cut off from his people.

10 "If any[a] Israelite[b] or resident alien living among them[c] eats any blood,[d] I will set my face against that person who has eaten blood and cut him off from his people,

11 for the life of an animal resides in the blood.[ab] I[c] have assigned[d] it to you to make atonement for your lives[e] on the altar, because it is the blood[f] that makes atonement by the life.

12 Therefore, I say to the Israelites, 'None of you shall eat blood; also the resident alien living among you shall not eat blood.'[a]

13 "If any Israelite[a] or resident alien living among them[b] captures[c] game or fowl that it is lawful to eat, he is to pour out its[d] blood and cover it with earth,

14 because the life of every animal is its blood [it is its life[a]]. Thus I say to the Israelites: 'You shall not eat the blood of any animal,[b] because the life of every animal is its blood; whoever eats[c] it will be cut off.'

15 "If anyone, either a native or a resident alien,[a] eats from an animal found dead or mauled, he is

하고 그 옷을 빨고 물로 몸을 씻을 것이며 저녁까지 부정하고 그 후에 정하려니와

to wash[b] his clothes and bathe[b] in water, and he becomes unclean until evening; then he becomes clean.[c]

16 그가 빨지 아니하거나 몸을 물로 씻지 아니하면 죄를 당하리라

16 But if he does not wash (his clothes)[a] and bathe his body, he will bear his iniquity."

원문주해

2.a. 고대 레위기 두루마리(11QpaleoLev)에는 붸엘 빠나이브(ואל־בניו, "그리고 그의 아들들에게")가 빠져 있다. 이것은 중자탈락(haplography)의 오류로 인한 것이다.

2.b. 모세에게 전해듣는 사람들을 가리키는 동일한 삼중적 순서 나열이 역시 21:24과 22:18에서도 나타난다.

3.a. 명사 이쉬 이쉬(איש איש, "사람, 사람")의 반복은 배분적 의미(distributive sense)를 갖게 한다(GKC § 123c; 참조. 15:2; 18:6).

3.b. 마소라 본문(MT)의 미베이트(מבית, "…의 집으로부터") 대신 어떤 히브리어 필사본들(mss), 70인경(LXX) 그리고 시리아역(Syr)은 13절에서 그런 것처럼 미브네이(מבני, "…의 아들들로부터")로 읽는다.

3.c. 원 70인경(LXX*)은 8, 10, 13절과 16:29에서처럼 에 톤 프로셀뤼톤 톤 프로스케이메논 엔 휘민(*ἢ τῶν προσηλύτων τῶν προσκειμένων ἐν ὑμῖν*, "혹은 너희 중에 사는 체류하는 이방인들")을 추가한다. 많은 사람들은 70인경(LXX)이 원문을 보존하고 있다고 믿는데, 그 이유는 17장에 있는 법들이 거의 변화 없이 동일한 형태로 나타나기 때문이다. 만일 그렇다면 베토크켐(בתוככם, "너희 중에") 대신 엘리거(Elliger, 219)를 따라 8, 10, 13절에서와 마찬가지로 베토캄(בתוכם, "그들 중에")으로 읽는 것이 가장 좋다. 그럼에도 불구하고 마소라 본문(MT)이 더 짧은 본문이기에 선호된다.

4.a. 사마리아 오경(Sam)과 70인경(LXX)은 라아소트 오토 올라 오 쉘라밈 라도나이 리레촌켐 르레아흐 니호아흐 봐이쉬하트후 빠후츠 붸엘 페타흐 오헬 모에드 로 헤비우(לעשות אתו עלה או שלמים ליהוה לרצונכם לריח ניחח וישחטהו בחוץ ואל־פתח אהל מועד לא הביאו, "그것을 여호와께 번제 또는 화목제로 바쳐서 흠향되는〈진정시키는〉 향기로 너희를 열납하시도록 하기 위해, 그리고 그가 그것을 밖에서 도살하고 회막 입구로 가져오지 말아야 한다")로 읽는다. 썬(Sun, "Investigation," 66-67)은 이 이문에 무게를 둔다. 그렇지만 그는 이 이문에서 70인경(LXX)의 선행본이 중복오사(dittography)를 포함한다고 주장한다. 그는 원문을 다음과 같이 읽도록 재구성한다: 라아소트 오토 레올라 오 쉘라밈 라도나이 레라촌 르레아흐 니호아흐(לעשות אתו לעלה או שלמים ליהוה לרצון לריח ניחח, "그것을 가지고 여호와께 번제 혹은 화목제를 위한 의식을 수행하여 흠향되는 향기로 열납되도록"). 이 이문은 이 연설이 여러 세기를 거치는 동안 어떻게 발전해 왔는지를 보여

주는 한 가지 증거다.

4.b. 전치사구 붸엘 페타흐 오헬 모에드(ואל־פתח אהל מועד, "그리고 회막 입구로")가 강조를 위해 먼저 위치한다.

4.c. 사마리아 오경(Sam), 몇몇 70인경 필사본들(LXX mss), 탈굼 네오피티(*Tg. Neof.*)와 시리아역(Syr)은 부정사 레히크리브(להקריב, "…를 바치다")에 대명사 접미어를 붙여 읽는다.

4.d. 담(דם, "피")은 이 장에서 핵심 단어다. 여기서 그것은 "피 뿌림의 죄책", 즉 잔인한 살인을 의미하는 환유법으로 사용된다. 그런 범죄는 가장 심각한 징벌을 받았다.

4.e. 마소라 본문(MT)의 하이쉬 하후(האיש ההוא, "그 남자") 대신 70인경(LXX)은 22:3에서와 마찬가지로 헤 프쉬케 에케이네(ἡ ψυχὴ ἐκείνη, "그 사람")를 갖는다. 그리고 70인경은 계속해서 투 라우 아우테스(τοῦ λαοῦ αὐτῆς, "자신의〈여성형〉 백성")로 읽는데, 이는 프쉬케(ψυχή, "영혼, 사람")가 여성이기 때문이다.

5.a. 페니 하사데(פני השדה, "들녘")는 성벽으로 둘러싸인 구역이나 뜰과 구별되는 "열린 들판"을 의미한다.

5.b. 이 와우(ו)는 동일한 동사를 취한다: 르마안 아쉐르 야비우…붸헤비움(והביאם … למען אשר יביאו, "그들이 가져오도록…그리고 그들이 그것들을 바치도록"). 70인경(LXX)은 두 번째 헤비(הביא)에 붙은 대명사 접미어를 읽지 않는다.

5.c. 목적격 오탐(אתם, "그것들을")은 강조를 받는데, 이는 그것이 동사에서 멀리 옮겨져 이 구절을 마치기 때문이다.

6.a. 마소라 본문(MT)의 알 미즈바흐(על־מזבח, "그 제단 위에") 대신 70인경(LXX)은 토 뒤시아스테리온 퀴클로 아페난티(τὸ θυσιαστήριον κύκλῳ ἀπέναντι, "…앞 그 제단 주위에")를 갖는다.

6.b. 사마리아 오경(Sam)은 아쉐르(אשר, "…하는")를 갖는다.

7.a. 관계대명사가 전치사 아하레이헴(אחריהם, "그것들을 따라")에 붙은 대명사 접미어에 의해 반복된다.

8.a. 전치사구가 강조를 위해 앞에 위치한다. 참조. 20:2; 17:2aβ.

8.b. 참조. "원문주해" 3.a.

8.c. 게르(גר, "체류 이방인"; 개역 성경: 타국인)라는 단어가 17-26장에서 일곱 번 사용된다: 예를 들어, 17:8, 10, 12, 13; 20:2; 22:18. 아쉐르 이고르 베토켐(אשר יגור בתוכם, "너희 중에 머무는〈우거하는〉")이라는 어구가 그것과 함께 나타난다. 그것은 때때로 에즈라흐(אזרח, "시민, 본토인"; 예를 들어, 15절)와, 혹은 토샤브(תושב, "거주민"〈우거하는 자〉; 예를 들어, 25:23, 35)와 결부된다. 70인경(LXX)은 하게르(הגר, "체류 이방인") 앞에 톤 휘온(τῶν υἱῶν, "…의 아들들")을 추가한다.

8.d. 3인칭 대명사 접미어 대신 사마리아 오경(Sam), 70인경(LXX), 탈굼 필사본들

(Tg.[mss]), 탈굼 위-요나단(*Tg. Ps.-J.*) 그리고 벌게이트역(Vg)은 베토크켐(בתוככם, "너희 중에")으로 읽는다. 이 이문은 중복오사로 인한 오류의 한 가지 사례일지도 모른다.

8.e. 마소라 본문(MT)의 야알라(יעלה, "그는 올려 바칠지어다"; 개역 성경: 희생을 드리되) 대신 사마리아 오경(Sam)과 70인경(LXX)은 9절에 사용된 것과 동일한 동사인 야아세(יעשה, "그는〈…의 의식을〉 행할지어다")로 읽는다.

8.f. 마소라 본문(MT)의 제바흐(זבח)는 "희생"을 의미한다. 그것은 화목제를 지칭하는 더 오래된 단어다. 탈굼(Tg)은 그것을 니크사트 코데사(נכסת קודשא)로 번역하는데, 이것은 탈굼이 화목제를 지칭하기 위해 사용하는 어구다. 탈굼은 다른 히브리어 본문에 대한 증거라기보다는 본서의 영어 번역과 마찬가지로 아마도 제바흐(זבח)의 번역을 좀더 명확히 하려 했을 것이다.

9.a. 참조. "원문주해" n.4.b.

9.b. 히브리어는 단순하게 라아소트(לעשות, "행하기 위해")이지만, 문맥은 그것이 규정된 전체 의식의 수행에 대한 생략이라는 것을 시사한다. 참조. 9.16, 22; 14:19, 30; 16:9, 24.

10.a. 참조. "원문주해" 3.a.

10.b. 참조. "원문주해" 3.b.

10.c. 참조. "원문주해" 8.d.

10.d. 두 개의 히브리어 필사본(mss), 시리아역(Syr) 그리고 벌게이트역(Vg)에는 담(דם, "피")이 빠져 있다.

11.a. 70인경은 하임라 아우투(αἷμα αὐτοῦ)=베다모(בדמו)로 담(דם)에 대명사 접미어를 붙여 읽는다.

11.b. 키(כי, "왜냐하면")가 이끄는 명사절이 강조를 위해 서두에 위치한다.

11.c. 인칭대명사 아니(אני, "나는")가 하나님의 결심을 강조하기 위해 이 동사와 함께 사용된다.

11.d. 하나님이 주어인 동사 나탄(נתן, 문자적으로 "주다, 놓다")은 "임명하다, 선임하다"를 의미한다(예를 들어, 민 8:19; 18:8, 9; Milgrom, *SCTT* 97[*JBL* 90(1971) 150]).

11.e. 나프쇼테이켐(נפשתיכם, "너희의 영혼들 혹은 너희 자신들")은 "너희 생명"으로 번역되는데, 이는 이 구절에 나타나는 각각의 네페쉬(נפש)를 모두 동일한 단어로 번역하기 위해서다.

11.f. 대명사 후(הוא)는 이것을 명사절로 만들며 하담(ם오, "그 피")을 주어로서 눈에 띄게 만든다(참조. GKC § 135c).

12.a. 10-12절에서 쉥커(Schenker, *MTZ* 34[1983] 197-98)는 몇 개의 교차 구조 형식을 발견한다:

10절 금지			A
	11a절 이유	α	
11절 이유	11b절 법령	β	B
	11c절 이유	α	
12절 금지의 반복			A

더 큰 교차 구조의 중심인 11절은 자체적인 교차 구조를 갖는다. 중심이자 강조되는 지점은 11b절이다. 쉥커(Schenker)는 네페쉬(נפש, "생명, 사람")의 의미 속에서 교차 구조를 발견한다.

10절 사람
11a절 생명
11b절 사람들
11c절 생명
12절 사람

나아가 10-12절은 17장에 있는 법규들의 중심에 위치한다. 선행하는 두 개의 법은 가축 동물들의 도살을 취급하며(2-9절), 뒤잇는 두 개의 법은 희생으로 드려질 수 없는 짐승들을 먹는 문제를 다룬다(13-16절).

13.a. 마소라 본문(MT)의 미베니(מבני, "…의 아들들로부터") 대신 사마리아 오경(Sam)과 탈굼 위-요나단(*Tg. Ps.-J.*)은 미베이트(מבית, "…의 집으로부터")로 읽는다. 참조. "원문주해" 3.a.

13.b. 몇몇 사마리아 오경 필사본들(Sam mss)과 역본들은 베토크켐(בתוככם, "너희 중에")으로 읽는다. 참조. "원문주해" 8.d.

13.c. 단수 동사는 복수 주어가 배분적(distributive) 용법으로 해석되어야 한다는 것을 시사한다. 즉 각각의 범죄자가 그렇게 징벌을 받아야 한다(GKC § 145e).

13.d. 많은 70인경 필사본들(LXX mss)은 대명사 "그것의"를 읽지 않는다. 이것은 번역자의 선호의 문제일 수 있다.

14.a. 하나의 히브리어 필사본, 70인경(LXX), 시리아역(Syr)과 벌게이트역(Vg)은 베나프쇼(בנפשו, "그것의 혼에 의해")를 읽지 않는다. 이것은 이 구절의 과밀함으로 인한 번역상의 선택일 수 있다. 버톨렛(Bertholet, 60)은 역본들로부터 증거를 취하여 이 어구가 이 구절을 11절과 조화를 이루도록 하기 위해 나중에 추가되었다고 주장한다. 베나프쇼(בנפשו, "그것의 생명 속에")라는 어구를 번역하는 거의 유일한 방법은 전치사 베(ב)를 본질의 베트(*beth essentiae*)로 간주하는 것이다(Keil and Delitzsch, 410이 그렇다). 따라서 이 문장은 신 12:23의 하담 후 하네페쉬(הדם הוא הנפש, "그 피가 그 생명이다")에

상응한다(참조. Milgrom, *SCTT* 96[*JBL* 90(1970) 149]. 그렇지만 "주석" 항목의 11절에 대한 토론에서 그런 베(ב)가 존재하는지 질문된다. PIR(186)은 베나프쇼 후(בנפשו הוא)를 앞에 나온 다모(דמו, "그의 피")를 갖는 관계절로 설명한다. 그들은(PIR – 역자주) 그것을 "그것이(즉 그 피가) 그것의 몸 안에 (있는 한)"으로 번역한다. 이 어구는 십중팔구 삽입일 것이기 때문에, 그것이 번역에서 괄호로 묶인다. C. Gordon, "'In' of Predication or Equivalence," *JBL* 100(1981) 612-13를 참조하라.

14.b. 직접목적어인 이 연계형 사슬은 강조를 위해 동사 앞에 위치한다.

14.c. 사마리아 오경(Sam), 70인경(LXX), 시리아역(Syr), 탈굼(Tg) 그리고 탈굼 위-요나단(*Tg. Ps.-J.*)은 단수 분사형인 오클로(אכלו, "그것을 먹는 사람")를 갖는다. 참조. 19:8; GKC § 145l. PIR(186)은 마소라 본문(MT)을 배분의 복수로 해석한다.

15.a. 상반되는 두 명사에 붙는 전치사 베(ב)는 쟁점 사안의 범위를 설정해 주는 평가의 베트(estimative *beth*)다(*IBHS* § 11.2.5e).

15.b. 여성형인 네페쉬(נפש, "사람")가 남성 동사들인 붸키베스…붸라하쓰(ורחץ… וכבס, "그는 씻어야 하고…목욕해야 한다")의 선행사라 할지라도, 문법은 정확한 문법적 형식보다는 의미를 따른다(GKC § 145a).

15.c. 사마리아 오경(Sam)에는 붸타헤르(וטהר, "그리고 그가 정결하게 된다")가 빠져 있다.

16.a. 마소라 본문(MT)의 우베사로(ובשרו, "그리고 그의 몸") 대신 한 히브리어 필사본(ms)은 베가다이브(בגדיו, "그의 옷들")로 읽는다. 70인경(LXX)은 그 숙어가 빈번히 그러하듯이 타 히마티아(*τὰ ἱμάτια*, "옷들")를 추가한다. 예를 들어, 레 15:5, 6, 7, 8. 본 주석의 영어 번역은 명료함을 위해 이 단어들을 추가한다. 마소라 본문(MT)이 중자탈락(haplography)의 오류일 수 있지만, 더 짧은 독법이 선호될 만하다. 사실상 15절에서 목적어가 키베쓰(כבס, "씻다")와 함께 사용되지만, 라하쯔(רחץ, "목욕하다")와는 그렇지 않다. 16절은 그 반대의 경우다. 그러므로 이 동사들의 직접목적어 사용과 관련된 이러한 차이점은 목적어가 언급되지 않는 곳에서 그것이 암시되도록 하기 위한 계획적인 문학적 스타일일 수 있다.

양식/구조/배경

이 연설의 구조는 다음과 같다.

I. 도입 형식문(1절)

II. 연설 자체(2-16절)

A. 첫 번째 연설(2-7절)

1. 연설 위탁(2a절)
2. 첫 번째 연설 자체(2b-7절)
a. 상단 부기(2b절)
b. 희생 짐승의 도살에 관한 법(3-7a절)
1) 회막 밖에서의 희생에 관한 법(3-4절)
a) 사례(3-4a절)
b) 수반된 결과(4b절)
2) 이유들(5-7a절)
a) 희생의 피를 취급하는 기본 규범에 근거함(5-6절)
b) 악령들에 대한 희생을 금지하도록 고안됨(7a절)
c. 하단 부기(7b절)
B. 두 번째 연설(8-16절)
1. 짧은 연설 위탁(8aα절)
2. 두 번째 연설 자체(8aβ-16절)
a. 일련의 세 가지 법(8aβ-14절)
1) 불법적 희생에 관한 법(8aβ-9절)
a) 사례(8aβ-9a절)
b) 수반된 결과(9b절)
2) 피의 섭취를 금지하는 법(10-12절)
a) 일차적 법(10절)
(1) 사례(10a절)
(2) 수반된 결과(10b절)
b) 이유들(11-12절)
(1) 일차적 이유(11절)
(2) 두 가지 금지로 보충하는 이유(12절)
(a) 도입 형식문(12aα절)
(b) 피 섭취에 대한 이중적 금지(12aβ+b절)
3) 야생 동물들의 피 취급에 관한 법(13-14절)
a) 법 자체(13절)
(1) 사례(13a절)
(2) 피의 적절한 취급을 위한 지침(13b절)

b) 피 금지의 이유와 "제명"의 징벌로 피 섭취를 막는 일반적인 법 (14절)

b. 죽은 짐승의 고기를 먹는 것에 관한 법(15-16절)

1) 기본 법(15절)

a) 사례(15a절)

b) 정결 상태로의 회복에 대한 지침(15b절)

2) 뒤잇는 의식적 정결 유지의 실패에 관한 법(16절)

a) 사례(16a절)

b) 수반된 결과(16b절)

이 연설은 두 개의 문단으로 구성되며(2-7절과 8-16절), 각각은 자체적인 도입문이 서두에 위치한다. 두 번째 단위의 도입문은 가능한 길이로는 가장 짧은 것이다: 엘렘 토메르(אלהם תאמר, "너는 그들에게 말할지어다"). 그것은 연설 중간에 나타나 뒤이어지는 말씀들의 권위에 주의를 기울이게 만드는 수사학적 장치로서의 역할을 한다. 이 첫 번째 문단의 주제는 제단 위에서 여호와께 바치는 모든 희생제이며, 두 번째 문단의 핵심 주제는 피를 먹을 수 없다는 것이다.

구조를 나타내는 여러 표식들이 위의 개요가 시사하는 대로 이 장을 두 문단으로 나눈다. 그러나 썬이 관찰한 것처럼("Investigation," 83-87), 내용에 따라 이 장은 세 개의 문단으로 나뉜다. (1) 불법적 희생에 관하여(2-9절), (2) 피의 취급에 관하여(10-14절) 그리고 (3) 짐승의 사체를 먹는 일에 관하여(15-16절). 그러므로 문맥과 구조 사이에 어떤 긴장이 존재한다. 이 두 긴장 요소 중 어느 것을 따라야 하는가? 추가적인 긴장들이 있는데, 그것들은 8-14절에 있는 법들의 조건절의 유사한 형식, 그리고 거기서 발견되는 세 개의 법들에 나오는 유사한 복합적 주어 – 이쉬 이쉬 미뻬이트(미쁘네이) 이스라엘 우민 하게르 아쉐르 야구르 베토켐(איש איש מבית [מבני] ישׂראל ומן הגר אשר יגור בתוכם, "모든 이스라엘 족속과 그들 가운데 있는 모든 이방 거주민들") – 다. 이러한 것들은 8-9절을 선행하는 법들이 아닌 뒤따라 나오는 법들과 한데 묶는 것에 지지를 보낸다. 이렇듯 구조를 나타내는 표식들이 뒤따라 나온다.

다섯 개의 법이 이 연설을 위한 발판을 구성하며, 세 가지 이유가 이 발판에 덧붙여진다(5-7, 11-12, 14절). 처음 네 가지 법의 경우는 유사한 형식으로 되어 있다: 이쉬 이쉬 민…아쉐르(איש איש מן... אשר, "만일 누구든지…": 3, 8, 10, 13).

이 법규 형식은 종종 필연법적(apodictic)이라는 명칭이 붙지만, 고대의 법에 대한 오늘날의 연구는 그러한 분류에 의문을 품게 한다. 어찌 되었든, 이 법들은 범위에서 만인 공통적이며 모든 시대에 이스라엘에서 사는 모든 사람들에게 적용된다. 처음 네 가지 법들의 수반된 결과는 비록 네 번째 법에서 그것이 동기 부여 속에서 등장할지라도 "제명"(끊어짐)의 징벌이다. 니크라트 하이쉬 하후 미케레브 암모(메암마이브)([מעמיו] נכרת האיש ההוא מקרב עמו, "그 사람은 그의 백성〈들〉 중에서 끊어질 것이다": 4b, 9b, 10β[הכרתי אתה מקרב עמה – 히크라티 오타 미케레브 암마, "내[여호와]가 그의 백성들로부터 그를 끊을 것이다"]; 14bβ[יכרת – 이카레트 "사람이 끊어질 것이다"]). 세 번째 법에서 수반되는 결과가 신적 1인칭으로 주어지면서 더욱 강력하게 진술된다. 그렇지만 이러한 차이를 어떻게 설명할 것인지는 분명하지 않다. 그것은 또한 신적 1인칭을 사용한 동기 부여가 그 법에 첨부되었을 때 발생했음이 분명하다. 1인칭 형식의 사용은 이 연설에서 일관되지 않기 때문에, 그 연설을 한데 모은 연설자가 어떤 자료에서 이 세 번째 법과 그것을 지원해 주는 동기 부여 부분을 가져왔는데, 그가 그 자료에서 1인칭으로의 전환을 발견했을 가능성이 매우 크다. 1인칭 형식이 남아 있다는 사실은 직접적인 말씀 전달의 수사학적 효력이 전통적인 3인칭의 법규 형식을 성공적으로 극복했다는 것을 우리에게 말해 준다. 다섯 번째 법의 경우는 그것이 범위에 있어서 여전히 만인 공통적인 법이라 할지라도 다른 형식을 갖는다. 그 법은 관계절로 되어 있다: 붸콜 네페쉬 아쉐르(וכל־נפש אשר, "무릇 …하는 모든 사람은": 15절). 주어를 한정짓는 복합적 어구 빠에즈라흐 우바게르(באזרח ובגר, "본토인이든지 거류민이든지")는 선행하는 세 개의 법과 범위가 일치하지만 독특한 어법을 사용한다. "제명"(끊어짐)의 형벌 대신에 의식적 정결에 관한 지침들이 주어진다(15b). 이러한 요소들은 이 법의 본거지가 다른 자료집이었다는 것을 시사한다. 이 법의 또 다른 특징은 그것이 하나의 법리적 이유에 의해서가 아니라 일차적인 법의 지침들을 어긴 사람에 대한 형벌을 구체적으로 명시하는 부차적인 법의 지원을 받는다는 것이다. 물론 그 형벌의 엄격함은 선행하는 법을 위한 강력한 동기 부여가 된다. 먹는 것과 관련된 의식적 정결에 대한 이러한 지시 사항들은 11장에 있는 정결법과 동일한 영역에 놓여 있다(참조. 32, 40절). 이러한 사실은 이 마지막 법의 출처가 음식과 결부된 정결에 관한 자료집이었다는 것을 시사해 준다. 간결한 문장들의 연속적 배열은 고대의 기원을 지적한다. 이 단위는 비-희생용 짐승의 고기를 먹는 문제에 대해 알려 주는 선행하는 법과 주제가 연관되기 때문에 이 연설에 첨부되었다.

이 연설의 혼란스러운 양상은 첫 번째와 두 번째 법을 모두 포함한 것인데(4-5절과 8-9절), 이는 그 두 법의 목표가 현대인의 생각에는 쓸데없는 반복으로 보일 정도로 아주 비슷하기 때문이다. 그러나 그 법들의 형식상의 차이는 그것들이 반복일지라도 중복은 아니라는 것을 시사한다. 그것들은 공통의 문제를 다른 관점으로 처리한다. 첫 번째 법은 제단을 벗어난 화목제로 드리는 짐승의 제의적 도살을 금지한다. 그러한 모든 희생들은 코르반 라도나이(קרבן ליהוה, "여호와께 드리는 헌물")로 바쳐야 한다. 이 법의 목표는 야외에서의 모든 제의적 도살을 중단시킴으로써 어떤 희생도 광야의 혼령들에게 드려지지 않게 하기 위함이다. 한편, 두 번째 법은 모든 종류의 희생을 중앙 성소의 제단에 바쳐야 한다고 지시한다. 두 번째 법의 어휘는 그것이 선행하는 것보다 더 오래되었다는 것을 시사한다: 일반적 어구 라아소트(לעשות, "행하기 위해" 즉 "희생을 수행하기 위해")가 전문적인 예전적 어구 레히크리브 코르반(להקריב קרבן, "헌물을 바치다": 참조. 1:2)을 대신해서 사용되며, 또한 중어법(merism: 이것은 수사학에서 "하늘과 땅", "남자와 여자", "슬픔과 기쁨", "생명과 죽음" 등 일반적으로 두 개의 대조적인 낱말이, 가끔은 그 이상의 낱말이 전체를 나타내는 어법이다 -역자주)인 올라 붸제바흐(עלה וזבח, 원문은 올라 오 제바흐〈עלה או זבח〉이므로 저자 하틀리의 실수로 보인다), 즉 "모든 희생들"은 단순히 고대어 어법인 제바흐(זבח)에 의해 화목제를 지칭한다(참조. 3장에서 "주석"의 서두에 있는 부록을 보라). 이 두 번째 법의 훨씬 단순한 형식은 이러한 판단을 뒷받침한다. 대조적으로 첫 번째 법은 제사장 법안 전체에서 발견되는 전문 용어들로 채워져 있다: 쇼르 오 케세브 오 에즈(שור או כשב או עז, "소나 어린 양이나 염소": 7:23; 22:27; 민 18:17), 빠마하네(במחנה, "진영 내에서": 예를 들어, 출 32:17; 레 24:10; 민 11:26, 27), 미후츠 라마하네(מחוץ למחנה, "진 밖에서": 예를 들어, 출 29:14; 레 4:12, 21; 6:4[11]; 8:12; 9:11; 16:27; 24:14, 23; 민 5:3, 44; 12:14, 15), 레히크리브 코르반(להקריב קרבן, "헌물을 바치기 위해": 1:3, 14; 3:7, 14; 7:14; 민 6:14; 9:13; 15:4), 미쉬칸 아도나이(משכן יהוה, "여호와의 장막": 레위기에서는 이 곳이 유일하지만, 민 16:9; 17:28[13]; 19:13; 31:30과 역대기에, 예를 들어 대상 16:39에 나온다. 참조. Cholewínski, *Heiligkeitsgesetz*, 24, n), 땀 샤파크(דם שפך, "그는 피를 뿌렸다": 창 9:6; 참조. 민 35:33). 그렇지만 이 전문 용어들 대부분은 그것이 원래의 형식의 일부가 아니라 본문의 성장 과정을 통해 이 법에 들어올 수 있었을 것이다. 이 법의 최종 형식은 제사장 문체를 따른다. 그렇지만 법정에서 선고되는 판결문인 땀 샤파크(דם שפך, "그는 피를 뿌렸다")라는 선언 형식문은 이 법의 배경이 제사장의 전문 지식이 아니라 고대의 제사장 법정의 법규 자료집이라는 것을 암시한다. 이 법의 이러한 원래의 배경은 본문의 성장 과정을 설명해 줄 수 있다. 예를 들어, 전문 용어들이 이 법에 첨부된 이유는 법정으로 하여금 이 법을 구체적으로 특정한 상황들에 적용할 수 있도록 하기 위함이었다. 이 법이 어떤 방식으로 변화하는 제의적 상황들에 맞도록 각색되었지를 보여 주면, 두 가지 어구인 페타흐 오헬 모에드(פתח אהל מועד, "회막 입구")과 리프네이 미쉬칸 아도나이(לפני משכן יהוה, "여호와의 장막 앞에서")가 모두 포함된 이유가 설명될 수 있다. 후자의 어구는 왕국 시대에 그 법을 성전에 적용하기 위해 그것에 포함되었다. 따라서 이 법은 여타의 법들과는 다른 기원을 갖게 되었다.

피 섭취를 금지하는 세 번째 법이 수반하는 결과(10절)는 비인칭적 3인칭으로부터 직접적인 신적 전달 형식인 붸나타티 페네이 베(ונתתי פני ב, "나는 …에게 맞서 나의 얼굴을 두리라": 개역 성경: …에게 진노하여)와 붸히크라티(והכרתי, "내가 끊으리라")로 수정되었다-이는 그것에 더 큰 수사학적 효과를 주기 위해서였다. 그것이 재작업되었다는 단서는 그 사례가 여전히 3인칭 단수로 되어 있다는 점이다(10a절). 신적 1인칭의 사용은 20:6b의 유사한 어법이 확인해 주는 바와 같이 성결 자료의 문체와 조화를 이룬다(Kilian, *Literarkritische*, 18). 이러한 법을 뒷받침해 주는 두 가지 법리적 이유(11절과 12절)가 공히 신적 1인칭인 나타티(נתתי, "내가 주었다")와 아마르티(אמרתי, "내가 말했다")를 사용한다. "원문주해" 12.a.에서 제시한 대로 쉥커(Schenker)는 10-12절 안에 있는 다양한 교차 구조들을 보여 주는데, 그것은 이 연설의 중심적 부분의 수사학적 효과를 높인다. 그 다중적 교차 구조는 또한 현재 이 위치에 있는 이 구절들이 그 연설자로부터 왔다는 것을 시사한다. 즉 그 자료가 제사장적 전문 지식에서 취해졌다 할지라도 그것은 현재의 배경을 위한 형식으로 다듬어졌다.

네 번째 법(13절)은 식용을 위한 사냥감의 피를 취급하는 방안을 규정한다. 허용된 사냥감의 고기 섭취에 대한 문제는 11장에 있는 음식법의 관심이다. 이 사례가 다소 확장된 것이라 할지라도, 그것의 꾸밈이 없는 기본적 형식은 그것이 고대의 법이라는 것을 지시해 준다. 그러나 차이점은 수반된 결과가 있는 자리를 피의 취급에 대한 지침이 대신하고 있다는 것이다(13b절). 킬리안은 14bβ절에 있는 "제명"(끊어짐)의 형벌이 본래 이 법의 수반된 결과였다고 생각하지만, 썬("Investigation," 103)은 그것을 납득하지 못한다. 그 다음의 법(15절의 다섯 번째의 법-역자주)은 수반된 결과가 제시되는 위치에 하나의 지침을 갖는데, 이것은 이 법을 현재 있는 그대로 수용한다는 것을 뒷받침한다. 이러한 사실들은 이 법이 선행하는 법들, 즉 예를 들어 11장에서 볼 수 있는 바와 같은 음식에 관한 의식적 정결을 다루는 법규 자료집과는 다른 법적인 배경에서 취해졌다는 것을 시사한다.

이러한 법들이 이 연설에 한데 수집될 때 그 법들에 순응하도록 장려하는 타당한 이유들이 추가되었다. 이러한 여러 가지 동기 부여는 연설자의 수사학적 특질을 크게 향상시켰다. 정교하게 만든 동기 부여(5-7절)가 첫 번째의 법을 지원해 준다. 일반적인 법들과 마찬가지로 그것은 삼인칭 복수의 비인칭적 문체로 제시된다. 5a절과 7a절에서 공히 단순히 제바흐(זבח, "희생")란 용어만으로 화목제를 지칭하는 옛날 방식이 사용되었다는 사실은 원래 더 오래된 형식이었던 법리적 이유가 현재 확장된 상태가 되었으며 더욱 구체적이 되었다는 힌트를 제공한다. 그러한 발전은 예전적 규정으로부터 취해진 6절의 추가와 더불어(참조. 3:2b, 5) 자브히 쉘라밈(זבחי שלמים, "화목의 희생들")과 같은 그런 전문적인 제사장 용어가 포함됨으로써 이루어졌다. 5-7절의 동기 부여에 보이는 반복은 이러한 입장을 지지한다. 붸헤비움 라도나이(והביאם ליהוהן, "그들이 그것들을 여호와께 끌어올 것이요")의 사용은 앞의 야비우(יביאוו, "그들이 가져올 것이다")를 반복하며 그것을 완성한다. 그 동사는 추가물들의 중요성을 간직하기 위해 반복되었다. 엘 페타흐 오헬 모에드(אל פתח אהל מועד)의 뒤에 포함된 엘 코헨(אל הכהן, "그 제사장에게")은 필요 이상의 과잉된 것이지만, 아마도 한 제사장이 그 희생제에서 직무를 수행할 필요가 있다는 것을 강조하기 위해 포함되었을 것이다. 이러한 포함은 6절에 있는 바 제사장이 제단 위에 피를 "뿌린다"(זרק – 자라크)는 예전적 지침을 가져왔다. 이어서 히크티르 하헬렙(הקטיר החלב, "기름 태우기")이 첨가되었다(참조. Cholewínski *Heiligkeitsgesetz*, 20-21). 6절에 있는 페타흐 오헬 모에드(פתח אהל מועד, "회막 입구")는 미즈바흐 아도나이(מזבח יהוה, "여호와의 제단") 뒤에 삽입되었는데, 이는 이 두 어구가 함께 그 행을 과밀하게 만들지라도 이 법과의 명시적인 연결고리를 형성하기 위함이며, (4aα절) 또한 주 제단(번제단 – 역자주)이 페타흐 오헬 모에드(פתח אהל מועד, "회막 입구에서")라는 어구로 표현된다는 것을 분명히 해두기 위함이다(이 어구에 대한 아주 흥미로운 전승사적 가능성에 대해서는 Cholewínski, *Heiligkeitsgesetz*, 24-26를 보라). 미즈바흐 아도나이(מזבח יהוה)가 희생 법안에서 드문 어구라는 사실은 그것이 본래의 어구라는 증거다. 7b절에서 레도로탐(לדרתם, "그들의 대대손손")은 후카트 올람(חקת עולם, "영원한 규례")을 강화하기 위해 추가되었다.

전문적인 제의 용어들과 반복들을 사용하는 가운데 이 동기 부여는 선행하는 법과 일치한다. 즉 그 반복들이 시사하는 것은 그 동기 부여를 동시대화하기 위해 여러 용어들이 추가되었다는 것이다. 그러나 그 법의 색다른 어휘는 그것이 다른 기원을 가진다는 사실을 지적한다: 즉 베이트 이스라엘(בית ישראל, "이스라엘의 집") 대신 베네이 이스라엘(בני ישראל, "이스라엘 족속"), 샤하트(שחט, "도살") 대신 제바흐(זבח, "희생"), 코르반(קרבן, "헌물") 대신 제바흐(זבח, "희생") 그리고 미후츠 라마하네(מחוץ למחנה, "진영 밖에서") 대신 알 페네이 하사데(על פני השדה, "들판에서"; Elliger, 222).

11절과 12절은 선행하는 법을 지원하면서 몇 가지 이유를 제공한다. 11절은 명사 문장으로 시작되는데, 이어서 신적 연설 형식문인 아니 나타티 라켐(אני נתתי לכם, "내가 그것을 너희를 위해 주었다")이 이끄는 금지가 나오고 끝에서 서두의 문장과 비슷한 복문의 명사 문장으로 마무리된다. 신적 1인칭의 사용은 여호와의 말씀을 받는 자들로 하여금 그 말씀에 직접 대면하게 만든다. 네페쉬(נפש, "생명": 3회), 땀(דם, "피": 3회) 그리고 카파르(כפר, "대속하다")란 용어들의 상호 작용은 커다란 수사학적 효과를 만들어 낸다. 12절은 피 섭취를 막는 두 가지 금지 사항을 가지고 10절에 있는 법의 준수를 위한 추가적인 동기 부여를 제공한다. 이러한 금지 사항들은 신적 연설 형식문인 알 켄 아마르티 리브네이 이스라엘(אמרתי לבני ישראל על־כן, "그러므로 내가 이스라엘 족속들에게 말한다")이 이끈다. 이러한 수사학적 문체는 고대의 연설자의 흔적을 간직하고 있다. 13절에 있는 법을 지원하는 법리적 이유(14절)는 11-12절에 있는 동기 부여들과 유사한 형식을 갖추고 있다. 그것은 두 부분으로 되어 있다. 두 부분 모두 하나의 법이 뒤따르는 피의 본질에 대한 명사적 진술이 있다. 첫 번째 법은 금지이고 두 번째 법은 모든 사람에게 해당되는 보편적인(또한 필연법적, apodictic) 계명이다. 첫 번째 이유가 신적 1인칭의 도입문과 함께 강조된다. 그 보편적인 법은 "제명"(끊어짐)의 형벌을 수반하는데, 그 형벌의 원래의 출처가 바로 이 연설이다. 이 복합적 동기 부여의 많은 부분이 세 가지 용어의 상호 작용에 의해 연관되어 있다: 네페쉬(נפש, "생명": 3회), 콜 빠사르(כל־בשר, "모든 육체": 3회) 그리고 땀(דם, "피": 3회). 선행하는 법을 위한 동기 부여를 제공하는 것 외에, 이 법리적 이유는 그 법을 현재의 정황에다 더욱 단단히 결박한다.

두 번째 법(8-9절)에 이유가 첨부되지 않은 것은 그 연설자가 이 법을 사실상 첫 번째 법(3-4절)의 재진술로 간주했다는 근거 위에서 설명될 수 있다. 만일 그것이 정확하다면, 5-7절에 주어진 법리적 이유들은 역시 현재의 정황 속에 있는 이 법에도 적용된다.

이러한 설명으로부터, 이 연설이 자료들의 복합적인 혼합물이라는 사실이 아주 분명해진다. 그것의 다양한 성격은 그것이 어떻게 한데 묶였는지에 관한 수많은 재구성 이론을 불러왔다. 킬리안(Kilian, *Literarkritische*, 8-16)과 포이흐트(Feucht, *Untersuchungen*, 30-31)는 처음 네 개의 법을 이 연설의 핵심으로 받아들인다. 킬리안(16-17)은 첫 번째 확장은 선행하는 법의 해석인 5-7절의 전-제사장적(pre-priestly, 화목제를 지칭하는 용어가 옛날의 것이기 때문 – 역자주) 부분이었다는 것을 발견한다. 그 후 이 연설은 제사장적 편집들을 거쳤다(17-20장). 첫 번째 확장에서 그 법들은 게르(גר, "체류하는 타국인")를 포함하도록 확장되었다. 두 번째 확장에서 편집자는 성결 자료의 문체로 고안된 권고 자료를 포함시켰다(10, 11, 12, 14절). 그렇지만 엘리거(Elliger, 224)는 중간에 있는 세 개의 법을 기본 본문층에 할당한다. 3-4절에 있는 법이 그것들에 추가되었다(비슷한 입장으로 Cholewínski, *Heiligkeitsgesetz*, 17-18). 그에게 있어서 15-16절은 부속물이다. 썬(Sun, "Investigation," 95-106)은 1-4절이 원래의 제사장적 편집이었으며, 거기에 5-7절의 법리적 이유들이 추가되었다고 주장한다. 그 연설은 시간이 지나면서 여러 단계 속에서 계속 발전했다. 각각의 단계에서 이유를 포함하는 이어지는 법들이 현재 있는 순서대로 추가되었다. 이러한 학자들의 판단이 다양하다는 것은 현재의 본문 속에 이 연설의 편집사에 대한 상세한 재구성을 확증할 만한 충분한 실마리들이 존재하지 않는다는 것을 시사한다.

그럼에도 불구하고, 몇 가지 추론이 제시될 수 있다. 연설자는 첫 번째 법을 제사장적 법정 자료에서, 그리고 다음 네 개의 법은 제사장의 전문 지식에서 가져왔다. 후자의 네 개의 법에 있어서 처음의 두 법은 희생 드리기에 대한 문단에서, 그리고 나중의 두 법은 음식과 관련된 의식적 정결에 관한 문단에서 취했다. 이 연설을 꾸미기 위해, 그는 그 법들 중 일부를 위한 법리적 이유들을 작성했다. 그는 이미 동기 부여에 의해 지원을 받는 10절의 법과 같이 그러한 여러 가지 법을 위한 하나 혹은 그 이상의 이유들을 발견함으로써 이러한 방향으로 유도되었을지도 모른다. 자신의 법리적 이유들을 마련하기 위해 그는 제사장 전승을 끌어왔다. 어떤 후대의 추가물들이 그 이유들을 충분히 채웠다. 그 연설자가 신적 1인칭을 만든 당사자인지의 여부는 그것의 일관성 없는 사용을 고려해 볼 때 말하기가 어렵다. 다섯 번째 법은 아마도 다른 편집자의 손길을 통해 제사장의 전문 지식으로부터 취해져 이 연설에 첨부되었을 것이다. 어찌 되었든, 이러한 모든 법들을 하나로 묶어 주는 끈과 그 법들에 수반되는 이유들은 피 섭취에 대한 문제임이 분명하다. 땀(דם, "피")이 4(2회), 6, 10(2회), 11(2회), 12(2회), 13, 14(3회)절에서 나타난다. 추후에 중심에 있는 세 개의 법과 그것들의 이유들이 역시 15절에서 발생하는 네페쉬(נפש, "생명, 영혼")라는 단어에 의해 하나로 엮어졌다.

현재의 연설이 오늘날의 독자에게는 매끄럽지 못한 것으로 보이지만, 이 연설은 중앙 성소에 모인 공동체를 향하여 지침과 권면을 위해 선포하려는 목적으로 작성되었다는 것을 기억할 필요가 있다. 어떤 탁월한 연설자가 여호와 예배에 참여한 백성들을 가르치고 경고하고 권면하기 위해 연설할 때, 그는 이러한 투박성을 극복할 수 있다. 이러한 연설의 수사학적 효과는 고어법의 사용을 통해 청중을 그 법들이 기원한 시내 산 시대로 소급하여 데려감으로써 향상된다: 예를 들어, 페타흐 오헬 모에드(פתח אהל מועד, "회막 입구")와 야알레 올라 오 제바흐(יעלה עלה או־זבח, "번제나 희생을 드리는 사람이"; 참조. Reventlow, *Heiligkeitsgesetz*, 50-52). 그러므로 이러한 문체는 첫 번째 법(3-4절)과 같은 광야 배경에 맞는 문구로 작성된 법들과 5-7절에 있는 동기 부여와 같은 정착한 공동체를 위한 지침을 긴장관계 속에 놓는다. 이러한 단어들을 긴급히 사용한 것 외에도 신적 1인칭과 직접 전달 방식의 사용은 여호와께서 모세를 통해 자기 백성에게 말씀하시는 그림을 재차 보여 준다. 이러한 긴장관계는 이스라엘의 믿음의 역동적 성격을 증언한다. 고대의 법들을 들을 때 당대의 이스라엘은 고대의 이스라엘이 그랬던 것과 마찬가지로 순종을 요청 받았다. 비록 그 순종의 외형적 형식은 그 법을 당대에 맞게 만드는 용어들과 어구들의 포함이 보여 주는 바와 같이 시간이 지나면서 변화되었을지라도, 그 기본적 원리들은 변함없었다. 당대에 만들어진 고대의 말씀은 그것이 원래 전달되었을 때와 동일한 권위를 수반했다. 왜냐하면 이러한 여러 가지 요소의 포함들이 의도하는 바는 그 법을 현재의 관행과 이해에 적용하는 것이기 때문이다. 즉 그 법을 당대에 맞게 만드는 작업은 과거와의 단절을 시도하지 않았다. 오히려 그것은 현재의 시간에 고대의 법들에 대한 순종을 고무시키려 했다. 과거의 말씀의 부여와 현재의 그 말씀의 청취 사이의 공동의 결속은 시내 산에서 자신을 드러내셨던 분이신 여호와께 대한 예배에서 이루어진다.

대부분 그 자료가 후대의 것이라고 주장하는 많은 학자들이 있지만, 그럼에도 불구하고 이 연설은 레벤트로우(Reventlow, *Heiligkeitsgesetz*, 34, 40-41, 50)와 킬리안(Kilian, *Literarkritische*, 12-13)이 주장한 대로 광야의 시대로 거슬러 올라가는 기본적 전승을 포함한다.

주석

1-2 "고하여 일러라"(דבר···ואמרת – 따베르…붸아마르타). 이중적인 명령으로 내용이 충실한 이 도입 형식문은 새로운 문단을 알리는 신호다(참조. 15:1). "말하라"(דבר – 따베르)의 삼중적 간접목적어인 아론과 그의 아들들, 그리고 온 이스라엘 족속은 이 자료가 제사장들과 평신도 모두에게 적용된다는 것을 의미한다. 나아가 그것은 이것이 이 책의 한 주요 문단의 도입부라는 것을 시사한다. 말씀을 듣는 사람들의 열거가 필요한 이유는 선행하는 연설(16장)이 우선적으로 아론에게 전해진 말씀이기 때문이다. 이러한 삼중적 청중이 여타의 곳에서는 21:24과 22:18에서 발생한다. 그럼에도 불구하고, 17-26장에서 발견되는 법들의 일차적인 청중은 백성들이다. 왜냐하면 이 법들이 취급하는 주요 쟁점은 여호와께서 백성들이 그들 자신의 삶에서의 지침에 대해 알기를 바라시며, 또한 일상의 삶 속에서 제사장에게 부과된 의무에 관해 숙지하기를 바라시는 것이기 때문이다. 아론과 그의 아들들이 포함된 이유는 이러한 법들을 백성들에게 가르치는 그들의 역할을 강조하기 위함일 수 있다.

3 개시하는 규정은 가축 동물들의 "도살"(שׁחט – 샤하트)에 대해 전해 준다. 그것들은 "소"(שׁור – 쇼르)나 "양"(כשׂב – 케세브)이나 "염소"(עז – 에즈)인데(참조. 22:27), 이는 단지 그것들만이 희생 제물로 허용될 수 있기 때문이며, 장소는 진영 안(במחנה – 베마하네)이든 야외(מחוץ למחנה – 미후츠 라마하네, 문자적으로는 "진영 밖")이든 어느 곳이나 해당된다(참조. 1:2). 이 법의 준수는 모든 희생 짐승들의 피가 적절하게 처분되는 것을 확증하고 하나님과 제사장들이 공히 희생 짐승의 적합한 부위를 받는 것을 보장한다.

그럼에도 불구하고, 이 법에 대한 해석은 "도살"(שׁחט – 샤하트)이라는 단어가 세속적 짐승의 도살을 지시하는 대중적 의미(예를 들어, 창 37:31처럼)와 의식적 짐승의 도살을 지시하는 제한적인 제의적 의미를 모두 포함하기 때문에 복잡하다(참조. 1:5). 그렇다면 커다란 의문은 샤하트(שׁחט)가 넓은 의미로 사용되었는지 아니면 제한적인 의미로 사용되었는지의 여부다. 즉 이 법은 모든 가축 동물이 중앙 성소의 제단에서 도살되어야 할 것을 요구하는 것인가? 아니면 그것은 단순히 모든 의식적 희생만이 거기서 수행되어야 할 것을 요구하는 것인가?

이 질문은 광범위하게 논쟁이 되어 왔다. 샤하트(שׁחט)에 대한 넓은 의미의 해석은 이 법이 모든 세속 도살을 금지한다고 주장한다(예를 들어, 벨하우젠 학파). 광범위한 지지를 받는 이러한 해석은 이스라엘에서 모든 가축 동물의 도살이 희생으로 간주되었다고 이해한다. 만일 이러한 견해가 정확하다면, 이 법은 모든 가축 동물의 도살이 회막 앞의 제단에서 이루어질 것을 요구한다. 그러한 엄격한 요구는 이스라엘의 역사에서 두 차례의 짧은 기간을 제외하고는 그들에게 비현실적이었을 것이다: 즉 광야 여행 동안과 바벨론에서 귀환한 직후. 단지 이 두 기간에만 엄청난 인구가 여호와의 중앙 성소로부터 이 규준을 지키기에 충분한 근거리에서 살았다.

어떤 보수주의자들은 샤하트(שחט, "도살")의 의미를 넓은 의미로 받아들이면서 이 법이 단지 광야 시대에만 적용되었다는 입장을 취한다. 그 정황 속에서 당시 백성들의 빈곤한 처지를 고려해 본다면, 가족들이 희생을 드릴 수 있는 경우가 드물었고 더불어 백성들은 제단에 근접해 있었기 때문에 이 법을 엄격히 순종할 수 있었다. 나중에 백성들이 약속의 땅에 정착했을 때, 이 엄격한 규준은 신명기 12:15-16, 20-27의 법들로 대체되어 폐기되었다(참조. Keil and Delitzsch, 409; Kaufmann, *The Religion of Israel*, 180 이하; Segal, *The Pentateuch*, 52; Harrison, 179; Wenham, 241). 그렇지만 이러한 입장은 하나의 중대한 장애물에 부딪힌다. 7절에서 그 법을 지원하는 법리적 이유는 그 법이 다가올 모든 세대에 "영원한 규례"(חקת עלם - 하카드 올람)라고 진술한다(7b절). 이러한 진술이 단지 악령들에게 바치는 염소 희생의 금지에 적용된다고 주장될 수 있을지 모르지만(7a절; Keil and Delitzsch, 409), 7b절은 3-7a절에 적용된다는 구조상의 방어 논리를 펼 수 있나(참조. "양식/구조/배경"). 그러므로 이 법이 단지 이스라엘의 광야 체류 시대를 위해 고안되었을 뿐이라는 내적인 증거는 전혀 없다. 이러한 입장과 다른 견해가 밤베르거(B. J. Bamberger, 179)에 의해 제안되었다. 그는 이 법이 포로기 이후 공동체의 초창기에 발생했는데, 그 목적은 포로기 동안에 그 땅에 남아 있던 백성들의 이방의 관습들을 단념시키기 위함이었다고 추론한다. 인구가 늘어나 퍼졌을 때 신명기의 관행이 복원되었다. 불행히도 이러한 창의적인 제안을 평가하기 위한 충분한 증거는 없다.

대부분의 비평적 학자들이 발견한 바는 그런 법령이 이행될 수 있었던 유일한 상황은 포로 귀환 직후에 예루살렘 주변에 정착한 소규모의 포로기 이후 공동체였다는 것이다. 이러한 견해 역시 중대한 난점들에 봉착한다. 만일 이 법이 그 시대에 발생했다면, 그것은 이스라엘 역사 속에서 포로 귀환 직후 몇 년 동안의 단지 짧은 기간에만 적용되었을 것이다. 오히려 포로기 이후에는 이 법령의 시행이 팔레스타인 전역에 흩어져 살면서 그들의 예배의 중심지로 성전을 기대했던 이스라엘 사람들, 곧 예루살렘에서 고군분투하던 소규모의 공동체가 수도 재건을 감행할 때 도덕적, 재정적 지원을 요청 받았던 백성들의 호주머니 사정에 큰 부담을 주었을 것이다. 그 땅 전역에 흩어져 있던 유대인의 인구가 도살을 목적으로 그들의 모든 짐승들을 예루살렘으로 가져오기란 거의 어려웠을 것이다. 덧붙여서 포로기 즈음과 그 이후에 다양한 예언들에서 묘사된 바와 같이 충만한 영광으로 회복된 하나의 이스라엘에 대한 꿈 같은 환상이 그 소규모의 희망 찬 공동체가 그런 엄중한 규준을 만드는 일에 부정적 영향을 끼쳤을 것이라고 추측하는 것은 그럴듯하다. 그러므로 포로기 이후 초기 시대는 이러한 법령의 기원을 위한 비옥한 토양을 제공하지 않는다.

두 가지 지배적인 견해에 대한 이러한 장애물들을 고려해 볼 때, 우리는 또 다른 가능한 해석을 기대할 필요가 있다. 이 법이 성별된 짐승들을 단지 화목제로 도살하는 것에 대해서만 전해 주고 있을 가능성이 있다(Rashi, 78). 문맥의 어조는 그것이 모든 도살을 희생으로 포괄하는 것을 암시하지만, 동사 샤하트(שׁחט)가 제한적 의미 즉 의식적 도살을 지칭하는 의미를 갖는다는 견해는 랍비 아키바(Rabbis Akiba)와 시프라(Sipra)와 같은 많은 유대인 학자들의 지지를 받는다. 스네이스(Snaith, *VT* 25[1975] 243-44)는 샤하트가 보통 제사장 자료에서 합법적이고 신성한 도살에 대해 사용된다는 것을 지적하며, 레빈(Levine, 113)은 샤하트가 희생에 관한 본문들에서 좀더 좁은 의미를 갖는다는 논증 위에서 제한적 의미를 받아들인다. 밀그롬(Milgrom)은 샤하트(שׁחט)가 전문적으로 "목을 따다"를 의미한다고 주장한다("Ethics and Ritual," 173). 그렇다면 이러한 점에 비추어 볼 때, 이 법은 특정적으로 희생을 위한 모든 도살이 공식적인 제단에서 수행되어야 할 것을 요구한다(Noordtzij, 174-75). 이러한 해석은 이 법이 신명기 12:15-16에 있는 법과 조화를 이룬다는 것을 보게 된다. 신명기 12:15-16의 표현이 세속 도살을 허용하는 반면, 현재의 법과 이어지는 법은 동전의 다른 면을 진술하면서 화목제로 의도된 짐승이 제단에서 도살되어야 한다는 것을 강조한다. 그러므로 이 법은 가축 동물의 일반 도살의 쟁점을 다루지 않는다. 이러한 입장을 지지하는 것은 흠 없는 짐승만이 제단에 드려질 수 있다는 요구다(1:3; 3:1, 6). 만일 이 법이 식용으로 쓸 모든 가축 동물의 도살을 다루었다면, 흠이 있는 식용 짐승에 대한 추가적인 관련 법규들이 필요했을 것이다. 왜냐하면 그런 짐승들이 가축 떼의 상당한 비율을 차지하기 때문이다. 그러한 법들은 신명기 15:19-23에 있는 모든 첫 새끼의 희생에 관한 법규들에 주어지는 예외 조항들과 유사했을 것이다. 그런 자격 부여에 대한 아무런 규정들이 없다는 것은 확연하다. 덧붙여서 4절에 있는 표현은 이 법이 가축 떼로부터 가져온 어떤 짐승이든 해당되는 것이 아니라 성별된 짐승에 관한 것이라는 이해를 뒷받침하는데, 이는 그것이 명시적으로 의식적 규준들에 따라 가져오는(הקריב –히크리브), 즉 드리는 "여호와에 대한 제물"(קרבן יהוה –코르반 아도나이; 참조. 1:2)에 대해 말하기 때문이다. 그런 언어는 세속 도살에 적용되지 않는다. 5절에 있는 이 법을 지원하는 동기는 동일한 관점을 갖는데, 이는 그것이 야외의 들판에서 시행되는 짐승 희생(זבחים –제바힘)을 금지하는 것에 대해 말하기 때문이다. 이 동기에서 제바흐(זבח, "희생")의 용법은 공식적인 희생들을 지칭한다.

그렇다면 이 법은 화목제 바치기에 대해 전하면서 그런 제사는 여하한 것이라도 여호와께 성별된 제단에서 드려야 한다는 것을 법제화하고 있다. 고대인들의 사고 속에 있던 도살과 희생 사이의 밀접한 결속은 이러한 규정을 필요하게 만들었다. 여호와께서는 야외에서의 흠 없는 정결한 짐승들의 세속 도살이 결코 희생 의식으로 바뀌는 일이 없기를 원하셨다. 왜냐하면 야외에서의 도살 행위는 이방 관습들로 오염되기 십상이었을 것이기 때문이다. 예를 들어, 이방의 유사 희생들(quasi sacrifices)이 광야의 정령들을 진정시킨다고 믿은 것처럼 말이다. 혼합주의적 관행을 따르는 경향은 직무를 수행할 제사장이 전혀 없을 때 더욱 컸을 것이다. 분명히 여호와께서는 백성들이 성별된 제단 외의 다른 여하한 장소에서 언제 짐승을 도살하든지 그들이 합법적인 희생들 드리고 있다는 생각을 하지 못하도록 막기를 원하셨다.

이러한 해석은 8-9절에 있는 법으로부터 어느 정도 지지를 받는다. 그 법은 백성들이 번제물이나 희생물들을 "올려 바칠"(עלה –올라) 때, 그들이 회막 입구에서 희생 의식을 수행해야 한다고 진술한다. 그러므로 3-4절에 대한 최상의 모범적인 이해는 어떤 정결한 짐승을 화목 제물로 바치는 희생제는 성별된 제단에서 수행되어야 했다는 것이다.

4 코르반(קרבן)은 다양한 제물들에 대한 일반 용어다(참조. 1:2). 회막(אהל מועד –오헬 모에드)은 여호와의 장막(משכן יהוה –미쉬칸 아도나이; 참조. 1:1; 8:10)과 동일시된다. 후자의 어구는 여호와께서 친히 자기 백성의 통치자로 장막에 임재하신다는 것을 알려 준다. 이 사례의 관심은 성소의 제단을 벗어난 곳에서 가축 동물을 희생으로 도살하는 사람에 대한 것이다. 그 짐승은 제단 밖에서 도살되었기 때문에 대속의 효력을 지니는 피가 제단 위에 뿌려지지 않는다. 일상적인 피 쏟아 붓기는 헛되이 뿌려진 피로 간주된다. 그런 행위는 "그가 피를 쏟았다"(שפך דם –담 샤파크)고 선언된다. 이러한 선언 형식문은 다른 곳에서는 살인 행위를 지시한다. 그것은 법정이 선고한 판결을 암시한다. 동사 하샤브(חשב, "간주하다, 판단

하다")는 아마 제의적 사법 기관인 어떤 법정이 그러한 선고를 내리는 것을 시사한다(Elliger, 226). 이러한 어법은 이 제의적 범죄의 심각성을 전해 준다. 그런 위반에 상응한 형벌은 그 사람이 백성들로부터 "제명되는"(끊어지는)(נכרת – 니크라트) 것이다. 7:20에서 이 모호한 어구는 그 사람이 자신의 상속권과 성소에 접근하는 자격을 잃거나 추방되는 것을 의미하기 위해 취해진다. 수동태 형식은 하나님께서 친히 그 심판을 시행하신다는 것을 의미한다. 대속의 수단의 오용은 그런 중대한 형벌을 불러오는데, 이는 어떤 사람이 거룩하신 하나님께로부터 용서를 얻는 유일한 수단을 능욕하기 때문이다.

[5] 이 법의 주요 목적은 장소 불문하고 무작위로 짐승들을 도살하는 것을 막기 위함이다. 그것은 "희생들"(זבחים – 제바힘), 특별히 개인적인 희생들을 포괄한다. 제바흐(זבח)의 사용은 이 구절의 마지막 문장에서 사용되고 있는 지브히 쉘라밈(זבחי שלמים, "화목의 제물들")을 지칭하는 고어체 방식이다(참조. 3장에 있는 부록). 이러한 유형의 희생에서는 피를 제단에 끼얹고 기름과 내장은 제단 위에서 태우며, 가슴과 오른쪽 넓적다리는 제사장의 몫이고 그 고기의 나머지는 축제의 식사에서 사용하도록 희생 제물을 가져온 사람의 몫으로 돌아간다(참조. 3장). 이러한 화목제 희생은 가족이나 씨족이 가장 빈번히 바치는 것이었다. 그것은 덜 정형적인 제사였기 때문에 백성들은 더욱 손쉽게 그것을 회막 앞 제단에서 벗어난 곳에서 드리려는 경향에 치우쳤을 것이다.

[6] 회막에서 짐승들을 도살해야 하는 이유가 반복된다. 그것은 제사장이 피를 제단에 "끼얹거나" "뿌리고"(זרק – 자라크), 기름을 "여호와께 향기로운 냄새"(흠향되는 향)(ריח ניחח ליהוה – 레아흐 니호아흐 라도나이)로 태우기(הקטיר – 히크티르) 위함이다(참조. 1:9). 그 제단은 특별히 "여호와의 제단"(מזבח יהוה – 미즈바흐 아도나이)으로 확인된다. 희생 법안에서 단지 여기에서만 그 제단이 모든 사적인 제단을 제거하기 위해 명시적으로 여호와의 제단으로 확인된다. 덧붙여서 이 어구는 하나님께서 자신의 은총 가운데 범죄한 자기 백성들이 자신을 섬기는 장소로 이러한 시설 비품(제단–역자주)을 제공하셨다는 것을 말해 준다.

[7] 이 법안을 위한 한 가지 주요 동기는 이스라엘 족속이 악령들에게 희생을 드리지 못하도록 막는 것이다. 악령들은 세이림(שׂעירם, "숫염소들")이라는 용어로 지칭된다. 다시 말해, 악령들은 염소 형상으로 나타난다고 생각되었다. 그러나 스네이스(Snaith, *VT* 25[1975] 115-18)는 세아림을 다산의 신들로 간주하지만, 그의 입장은 설득력이 없다. 이사야 13:21과 34:14에서 이러한 괴수들은 들판과 폐허, 그리

고 황무지에 거주한다. 아마 여로보암 1세는 심지어 그런 악령들을 위해 "산당들"(במות – 빠모트)을 지었을 가능성이 있다(대하 11:15). 이러한 종류의 예배 관행은 또한 요시야 시대에도 입증되는데, 이는 요시야가 자신의 개혁 운동 중에 염소 신들을 위한 산당들을 철거했기 때문이다(이러한 입장은 마소라 본문[MT]의 하쉐아림〈השערים, "문들": 왕하 23:8〉으로 읽지 않고 하세아림〈השׂערים, "염소들, 악령들"〉으로 읽는 것에 근거해 있다). 그런 악령들을 위한 예배는 백성들을 두려움과 미신의 사슬에 속박해 놓는 폭압적인 힘이었다. 이 법들은 이스라엘 민족이 그런 사악한 관행들의 노예로 전락하지 않도록 보호하기 위해 마련되었다. 이러한 사악한 예배의 강력한 유혹은 이 악령들을 따라가 조님 아하레이헴(זנים אחריהם, "매춘하다" 혹은 "매춘부 노릇을 하다")이라는 어구에 의해 표현되게 한다. 조나(זנה, "창녀")는 그런 관행을 따르는 것이 백성들의 여호와에 대한 사랑을 더럽힌다는 뉘앙스를 전달한다. 그들의 다른 신에 대한 예배는 간음녀의 행위와 같이 배신 행위다(참조. 20:5, 6; 출 34:15, 16; 사 2:17; 8:27, 33). 이러한 비유는 여호와에 대한 신앙의 독점적 요구들을 큰소리로 선언한다. 이 비유가 거짓 예배와 연관되었던 한 가지 이유는 이방 성소들 중 많은 곳들이 다산 예배와 연루되어 있었기 때문이다. 이 언어는 또한 백성들이 그들의 줏대 없는 애정 행각을 부끄러워해야 한다는 것을 전해 준다. 몇몇 선지자들이 여호와를 버린 일로 언약 백성들을 비난할 때 이 생생한 비유를 자유롭게 사용했다(예를 들어, 호 1-4, 9장; 렘 2, 3장; 겔 16, 23장; 참조. B. Wiklander, "זנה, *zānāh*," TDOT 4:101-2).

이 법령은 두 개의 어구, 즉 "영원한 규례"(חקת עולם – 후카트 올람)와 "그들의 후대를 위해"(לדרתם – 레도르탐)가 전하는 바와 같이 장차 올 세대들을 위해 영속적인 것이다. "영원한 규례"라는 어구는 바로 직전의 규례에 적용되는 것인가? 아니면 이 문단에 있는 법들에 해당되는 것인가(3-7절)? 구조 분석은 그것을 이 문단의 하단 부기(subscript)로 취하는 것에 호의적이다.

[8]-[9] 도입부의 짧은 연설 형식문은 이어지는 법들이 백성들을 위한 것임을 강조한다. 첫 번째 법은 3-4절에 있는 법과 동일한 일반적인 의도를 갖는다. 그것은 강조를 위해, 또한 선행하는 법을 두 방향으로 확장하기 위해 이 연설에 포함된다: 다른 희생제들로 확장되고 더불어 이방인들에게로 확장된다. 두 가지 용어, 즉 올라(עלה, "번제")와 제바흐(זבח, "희생")는 중어법(merism), 즉 모든 희생들을 포괄하기 위해 사용된 두 개의 상이한 단어다. 왜냐하면 올라(עלה)는 으뜸가는 공인된 공적 희생이며(참조. 민 28:3-8), 제바흐(זבח)는 보통 사적인 희생이기 때문이다

(참조. 3장에 있는 화목제에 대한 부록). 올라(עלה, "번제")는 희생을 지칭하기 위해 선택된 동사가 알라(עלה, "올려 바치다")라는 점에서 어떤 강조를 받는다. 이러한 강조는 선행하는 법이 화목제에 초점을 맞추고 있기 때문에 주어진다. 이 강조는 다른 모든 희생들을 포함한다. 이 법은 명시적으로 그것이 "이스라엘 족속들"(בני ישראל – 베네이 이스라엘)과 더불어 "너희 중에 체류하는 이방인"(הגר אשר־גור בתוכם – 하께르 아쉐르 구르 베토캄)에게 공히 적용된다고 진술한다. 체류하는 이방인은 공동체의 일부이기 때문에, 그는 제의에 부속되어 있는 기본 법들을 존중해야 한다. 그는 안식일을 지켜야 하며(출 20:10), 속죄일을 준수해야 한다(레 16:29). 어떤 이방인이 여호와의 이름을 잘못 부르거나(레 24:16) 자녀를 몰렉에게 바쳐서는(레 20:2) 안 된다. 나아가 이 법은 체류하는 이방인들이 그 땅에서 이방신 예배를 확대 재생산하지 못하도록 막는다(참조. 3:17; 7:26; 19:26; 창 9:4; 신 12:16, 23; 15:23; 삼상 14:32-34). "피"(דם – 담) 앞에 있는 "모든"(כל – 콜)은 섭취할 수 있는 모든 유형의 피, 곧 음식으로 삼는 피나 고기 속에 있는 피를 의미한다(참조. Elliger, 227). 이 법은 분명히 피를 완전히 뽑아내지 않은 여하한 고기의 섭취를 제외한다. 이 법의 위반에 대한 형벌은 공동체에서 제명(끊어짐)된다는 것으로써 강력하게 강조되고 있는데, 이는 그것이 두 차례에 걸쳐 신적 1인칭으로 진술되기 때문이다(참조. 4절). 1인칭의 용법에 대해서는 20:6을 보라.

[11] 이 구절은 피 섭취에 대해 가하는 형벌의 혹독함에 대한 본질적 이유와 신학적 이유를 모두 내놓는다(10절). 이것은 구약에서 왜 피가 속죄의 효력을 지니는지 그 이유를 근접하게 제공하는 유일한 본문이기 때문에, 이 본문의 의미를 밝히는 것은 큰 관심거리다.

신학적 이유는 하나님께서 친히 피에 이러한 힘을 부여하셨다는 것이다. 도입부의 단어들인 봐아니 나타티 라켐(ואני נתתיו לכם, "내가 그것을 너에게 주었다")이라는 어구는 강력한 힘을 발휘하면서 명확한 진술을 이끈다. 밀그롬(Milgrom, *SCTT*, 97)은 제사장 법안에서 하나님을 주어로 삼는 나탄(נתן, 문자적으로 "주다")이 "부여하다, 제공하다, 할당하다"(예를 들어, 6:10[17]; 7:34; 10:17; 민 8:19; 18:8, 19)를 의미한다고 주장한다. 즉 피는 그 자체로 대속의 효력을 갖지 않으며, 어떤 규정된 의식들에 따라 여호와 앞에서 희생으로 바친 짐승의 피만이 효력을 발휘한다. 나아가 이 구절은 대속이 발생하는 다른 방법들이 없다고 말하지 않는데, 그 이유는 다른 본문들이 대속의 힘을 다양한 희생들과 절차들에 부여하기 때문이다: 곡식의 제사(5:11-12), 악성 피부병에서 회복된 사람을 위한 기름 의례(14:15-

18), 속전의 지불(출 30:15-16), 모세의 중재(출 32:30) 그리고 하나님 자신(시 65:4[3]; 78:38; 79:9). 그럼에도 불구하고, 의식적 절차로 도살된 짐승의 피 처리는 하나님께서 자기 백성에게 주신 일차적인 대속의 수단이다. 이러한 연관짓기로 여호와께서는 은혜롭게도 자기 백성에게 죄 사함을 받을 가시적인 방법을 제공하셨다(참조. Schenker, *MTZ* 34[1983] 201). 요구되는 피의 취급은 죄책이 자동적으로 제거되지 않는다는 것을 가르친다. 죄는 오직 여호와께서 규정하신 방법 속에서 죄책이 있는 사람의 참여에 의해서만 제거될 수 있다. 사실 랍비 사상 속에서 피는 유일한 속죄의 수단이 되기에 이르렀다(*b. Yoma* 5a; 참조. *b. Zebaḥ* 6a; *b. Meḥ-aḥ.* 93b). 이러한 입장은 히브리서 9:22에서 진술된다.

본질상의 이유는 "그 피는 모든 동물의 생명력"(נפש כל־בשר דמו - 네페쉬 콜 빠사르 다모)이기 때문이다(14aα; 참조. Gese, *Essays on Biblical Theology*, 107). 네페쉬(נפש)는 히브리어에서 폭넓은 용례를 갖는다. 예를 들어, "목구멍, 목, 욕망, 영혼, 사람, 자아, 생명"(H. W. Wolff, *Anthropology of the OT*, 11-25). 여기서 네페쉬(נפש)는 어떤 다른 본문들과 마찬가지로 "생명"을 의미한다. 예를 들어, 24:17 - "사람의 생명(נפש - 네페쉬)을 죽이는 자는 누구든지 죽음을 당하리라." 그리고 잠언 19:8a - "지혜를 얻는 자는 누구든지 자신의 생명(נפש - 네페쉬; 개역 성경: 영혼)을 사랑한다"(참조. Wolff, 18-20). 히브리적 인간론은 개인의 생명을 숨(창 2:7)과 피 양자 모두에 둔다(창 2:7). 사람이 숨을 멈추면 죽는다. 볼 수도 없고 만질 수도 없는 호흡은 덧없이 지나가는 신비한 인간 존재의 모습을 상징한다. 반면에 피는 만질 수 있는 실체다. 고대인들은 동물이 피를 흘릴 때 기력이 쇠하고 지속적인 출혈과 더불어 그것이 죽는다는 것을 관찰했다. 그러므로 피는 동물의 생명력의 만질 수 있는 유형적 중심으로서의 역할을 한다. 폰 라드(von Rad)의 표현으로, "대속의 효력을 갖는 것은 피 자체가 아니라 생명이 그 안에 담겨 있는 한도 내의 피다"(*Old Testament Theology*, 1:270). 피는 또한 죽음에 양도된 생명을 상징한다. 이러한 피의 두 가지 의미 모두 현재의 본문에 나타난다. 콜 빠사르(כל־בשר, 문자적으로는 "모든 육체, 살")라는 어구는 모든 짐승을 포함한다. 빠사르(בשר, "육체, 살")는 인류와 동물들의 유대관계를 표현한다(참조. 6:12, 13, 17, 19; 7:15, 16, 21). 덧붙여서 "육체, 살"뿐만 아니라 "고기"를 의미하는 빠사르(בשר)의 선택은 이 구절이 그 안에 담긴 피와 함께 고기를 먹는 문제에 초점이 맞추어지게 한다.

피가 대속의 효력을 지닌다는 본질상의 이유를 알려 주는 핵심적 표현이 이 구절의 마지막 문장에 나온다: 문자적으로 "그것이 생명으로 대속하는 피이기 때문이다"(כי־הדם הוא בנפש יכפר – 키 하담 후 빠네페쉬 예카페르; 개역 성경: 생명이 피에 있으므로 피가 죄를 속하느니라, 참조. 신 12:23; 창 9:4). 빠네페쉬(בנפש, 문자적으로 "생명 혹은 영혼 안에/의해서")는 전치사 베(ב)의 용법에 근거한 다양한 해석들을 양산했다. 베(ב)는 **본질의 베트**(*beth essentiae*) 혹은 **등가의 베트**(*beth* of equivalence)일 수 있다. 그렇다면 이 문장은 다음과 같이 번역된다. "왜냐하면 그것은 대속하는 피, 즉 생명력이기 때문이다"(Milgrom, *SCTT*, 96; NEB). 14bα절에서는 "모든 동물의 생명은 그것의 피다"(כי נפש כל־בשר דמו בנפשו הוא – 키 네페쉬 콜 빠사르 따모 베나프쇼 후)는 것이 분명하게 진술된다. 이 문장에서 전치사구인 베네페쉬(בנפש)의 용법은 불행히도 너무 모호해서 11절에 있는 전치사 베(ב)의 해석에 도움이 되지 않는다. 사실은 베네페쉬(נפש)의 용법은 11절이 뒤잇는 14bα절에 영향을 끼쳤을지도 모른다.

전치사 베(ב)의 의미를 가지고 연구를 한 밀그롬은 이 구절에 대해 창조적 해석을 제안했다. 그는 이 법리적 이유가 고기를 피째 섭취하는 것을 금하는 10절의 법에 대한 추가적인 지원을 한다고 주장한다. 그러므로 이 법은 오로지 화목제(זבח שלמים – 제바흐 쉘라밈)에만 적용되는데, 그 이유는 이것이 어떤 이스라엘 사람이 고기를 먹도록 허용된 유일한 종류의 제물이었기 때문이다. 밀그롬은 이러한 입장을 뒷받침하기 위해 이 연설의 첫 번째 법이 짐승의 부적절한 취급을 "인간 도살"로 정죄한다고 지적한다(3-4절). 이러한 사실은 밀그롬으로 하여금 다음과 같은 결론을 내리게끔 만들었다: 즉 제단에서 화목제로 도살하는 짐승의 피의 적절한 취급은 평신도 제사자를 그 짐승을 살육한 것으로 인한 인간 도살의 죄책으로부터 대속해 준다는 것이다(*SCTT*, 101-3). 밀그롬의 주해의 가치는 그것이 이 구절에 있는 모든 어구를 신중하게 고려한 점이다. 그는 이 성경 저자의 의도가 피에 의한 대속의 이론을 제시하려는 것이 아니라고 정확히 설명한다. 만일 그런 의도였다면, 저자는 이 구절을 희생 규례들 앞에 가깝게 배치했을 것이다. 그럼에도 불구하고, 밀그롬의 입장이 갖는 중대한 문제는 그의 주장이 화목제에 대속의 효력을 부여한다는 것이다. 화목제를 위한 규정(3장)이나 다른 어떤 단락에서도 화목제는 그런 효력을 갖지 않는데도 말이다. 이러한 난점을 인식한 밀그롬은 화목제의 피가 특정한 죄를 대속하는 것이 아니라, 단지 짐승 도살로 촉발된 책임만을 대속한다고 주장함으로써 반박한다. 그러나 10-11절이 합법적인 희생물의 피의 섭취를 염려한다는 점에서 합법적인 짐승 도살을 할 때 어떠한 죄도, 무엇보다도 인간 도살의 범죄는 저질러지지 않는다(Kiuchi, *Purification Offering*, 102-3). 11절을 일반적인 희생에 적용할 수 있는 일반 원리로 해석하는 것이 타당하다면(밀그롬과 달리 – 역자주), 밀그롬의 입장은 또 다른 중대한 난점을 갖는다. 이러한 더 폭넓은 이해는 그 법의 일반적인 언어에서도 문맥에서도 지지를 받는다. 선행하는 법(8-9절)은 모든 희생들에 관한 것인데, 이는 그것이 모든 종류의 희생을 포괄하기 위해 중어법(merism)인 올라(עלה, "번제")와 제바흐(זבח, "〈화목제의〉 희생")를 사용하기 때문이다(Schenker, *MTZ* 34[1983] 209-10; 참조. 7:26-27; 신 12:25-27). 덧붙여서 뒤잇는 법들이 계속해서 비-희생적 짐승들을 먹는 문제를 다룬다는 사실은 10-12절에 있는 피의 취급이 화목제 제물에만 관련된 것이 아니라 일반 관심사라는 것을 시사한다(참조. Füglister, "Sühne," 147). 이러한 입장이 갖는 또 하나의 난점은 베(ב)를 **본질의 베트**로 주해하는 것과 더불어 나타난다(참조. GKC §119i). 왜냐하면 브리흐토(Brichto *HUCA* 47[1976] 26-27)가 지적한 대로 전치사 베(ב)의 그런 용례가 존재하는지 매우 의심스럽기 때문이다. 마지막으로 쉥커의 논증(Schenker, *MTZ* 34[1983] 209)이 있는데, 그의 입장은 피가 생명과 분리될 수 없기 때문에 희생 짐승의 피는 취해졌던 그 자신의 생명을 위한 대가 지불로 쓰여질 수 없다는 것이다.

밀그롬의 주장과 유사한 해석이 브리흐토(Brichto, *HUCA* 47[1976] 28)에게서 나온다. 하지만 그는 자신의 해석의 전제를 카파르(כפר)를 "코페르(כֹּפֶר), 곧 '배상' 역할을 하다"란 의미로 받아들이는 것에 둔다. 따라서 11절의 의미는 도살된 짐승의 피가 취해진 생명과 교환되어 "배상적 지불"(כפר – 카파르)로 기능한다는 것을 의미한다. 이러한 해석에 따르면 짐승의 생명을 취하는 것은 생명의 창조자이신 하나님께서 부여하신 권리이며, 오직 그분의 승인하에서만 그 일이 가능할 수 있다. 쉥커(Schenker, *MTZ* 34[1983] 207-9)는 다섯 가지 이유를 들어 이러한 해석에 반대한다. (1) 카파르(כפר)와 함께 사용되는 전치사 베(ב)는 대속의 값이 아닌 수단을 부여한다. (2) 브리흐토(Brichto)의 입장이 주장하는 대로, 11c절에 따라 피와 생명은 분리될 수 없을 것이다. (3) 만일 하나님께서 짐승 도살을 위한 배상적 지불을 요구하셨다면, 이러한 요구는 역시 야생 짐승들에게도 필요했을 것인데, 13-14절은 이러한 조항을 만들지 않는다. (4) 이러한 입장은 네페쉬(נפש)의 세 가지 용법이 세 가지의 구별된 의미를 갖도록 요구한다: "생명 자체", 이스라엘 사람들의 생명, 살육된 짐승의 생명. 그러나 그 동일한 단어는 공통성을 나타내기 위해 사용된다. (5) 밀그롬의 해석과 마찬가지로, 브리흐토의 설명은 단지 화목제에만 적용된다. 그러나 위에서 주장된 대로 그 구절의 위치는 그것이 모든 희생들에 적용될 것을 요구한다.

베네페쉬(בנפש)를 해석하는 또 다른 방식은 베(ב)를 **대가의 베트**, 즉 대속의 비용을 주는 것으로 이해하는 것이다. 이때 대속은 "피"(דם－담)의 지불을 통해 성취된다. 그 희생 짐승의 피는 희생을 바치는 사람의 생명을 해방시키기 위해 요구되는 배상이다. 이러한 입장은 **탈리온 법**(*lex talionis*, 동해복수법)의 원리, 즉 "생명에는 생명으로"(נפש תחת נפש－네페쉬 타하트 네페쉬; 24:20)를 되울린다. 신명기 19:21에서는 전치사 베(ב)가 전치사 타하트(תחת, "…대신")를 대체한다. 베(ב)에 대한 이러한 해석을 가지고 어떤 사람들은 이 구절이 대속의 속죄 이론을 제공한다고 주장했다. 이 이론은 일반적으로 희생의 짐승이 바치는 자의 죄를 짊어질 것을 요구하지만, 레위기 희생 의식들의 성격은 이러한 요구를 뒷받침하지 않는다. 1:4에서 주장된 대로 사람의 죄는 희생 짐승에게 전가되지 않는데, 그 이유는 사람의 죄로 부정해진 짐승의 고기가 제단 위에서 태워진다는 것은 생각할 수 없는 일이기 때문이다(참조. Füglister, "Sühne," 146-47). 즉 만일 희생된 짐승이 바치는 자의 죄들을 취하여 짊어졌다면, 그 짐승의 어느 부위도 제단 위에 놓을 수 없었을 것이다. 오히려 그것은 진영 밖에서 파기되어야만 했다. 마치 속죄일에 회중의 죄를 옮겨 나르기 때문에 광야에 보내야 했던 죄를 짊어진 염소의 경우와 마찬가지로 말이다(16:20-22). 이러한 점들은 정교한(형벌) 대속의 속죄 이론이 이 전치사구에 절대적으로 의존하는 것에 불리한 판정을 내린다.

또 다른 입장으로 퓨흘리스터(Füglister, "Sühne," 145-46)는 베(ב)가 **도구의 베트**(*beth instrumenti*), 즉 대속이 성취되는 수단이나 토대를 진술한다고 주장한다. 이러한 주해의 장점은 그것이 전치사 베(ב)의 용법을 그 외에 나타나는 대다수의 카파르 베(כפר ב)와 동일선상에 놓고 해석한다는 것이다(출 29:33; 레 5:16; 7:7; 19:22; 민 5:8; "Sühne," 147). 이어서 퓨흘리스터(147)는 피가 대속력을 갖는 이유는 그것이 동물의 죽음을 상징하기 때문이 아니라 동물의 생명력이기 때문이라고 주장한다. 이러한 입장은 제단에서 처리되는 피가 죽은 상태의 짐승으로부터 취해지는 피라는 사실을 깨달음으로써 좀더 유연해질 필요가 있다. 그러므로 그것은 또한 죽음에 넘겨진 생명을 나타낸다(참조. L. Morris, *JTSns* 6[1955] 82; Kiuchi, *Purification Offering*, 108-9). 어떤 경우든, 피는 짐승의 생명력을 지니기 때문에 정화력을 갖는다(예를 들어, 16:16, 30). 피는 바치는 자의 죄에 의해 방출된 부정결로 말미암아 오염된 제단과 그 외 다른 제의 비품들을 정화함으로써 그것들의 효력을 회복하고 희생을 바치는 사람에게 새로워짐을 선사한다(참조. 20:3; 15:31; Füglister, "Sühne," 155-56).

피가 속죄의 효력을 발휘하는 방식에서 여전히 또 하나의 중대한 요소가 있다. 그것은 네페쉬(נפש, "영혼, 생명, 사람")를 전치사구인 베네페쉬(בנפש, "생명에 의해")에 대한 주경학적 대세에 의존하지 않고 그것의 현재의 구절 속에서의 역할에 의존하여 해석하는 것이다(참조. Kiuchi, *Purification Offering*, 106). 네페쉬(נפש)는 세 번 발생한다: 첫 번째 용례는 모든 생명, 즉 동물과 사람에 대한 일반적인 것이다. 두 번째의 것은 인간의 생명을 지칭한다. 그리고 세 번째의 것은 도살된 짐승의 생명을 지시한다. 네페쉬에 대한 이런 기교는 이 구절의 의미에 핵심적인데, 이는 히브리어에서 삼중적 반복이 강조를 나타내며, 또한 현재의 문법이 이러한 언어 유희(word play)를 만들기 위해 확장되었기 때문이다. 덧붙여서 짐승의 생명이 탄원자의 생명에 본질상 상응하지 않았다면, 네페쉬(נפש)의 의미의 이러한 전환은 별다른 의의가 없었을 것이다. 사람이 여호와로부터 멀어지게 될 위협적인 상황에 놓이게 되면, 그 사람(נפש – 네페쉬)은 여호와께 예물, 즉 짐승의 생명을 바친다. 그 짐승의 생명은 탄원자 자신의 생명과 동등한 가치를 지녔기 때문에, 여호와께서는 그 희생을 신-인간관계를 유지하는 기반으로 받아들이신다. 게제(Gese, *Essays on Biblical Theology*, 107-8)의 말은 통찰력이 있다.

> 제의적인 속죄 행위를 위한 결정적 요인은 이 생명의 희생이 단순한 도살, 곧 무의미한 생명의 보냄이 아니라, 그것이 피와의 접촉을 통해 표현되는 바 거룩한 것으로의 생명의 양도이자 동시에 거룩한 것과의 통합이라는 것이다. 피가 사용되는 속죄 의례들을 수단으로 네페쉬(nephesh)는 거룩한 것에 헌정되고 "통합된다".

여호와께서는 그 양도된 생명을 탄원자에게 베푸시는 용서를 위한 토대로 받아들이신다. 용서는 사람을 범죄의 짐과 수치로부터 해방시켜 그로 하여금 하나님 앞에서 자신감을 가지고 살 수 있게 해준다. 달리 말하면, 규정된 의식에 따라 희생된 짐승의 제사는 여호와께서 바치는 자에게 용서를 베푸실 사법적 토대를 확립한다. 키우치(Kiuchi, *Purification Offering*, 108)는 이러한 개념을 약간 다른 방식으로 전해 준다. 그에게 있어서 죄-죽음의 연결축(nexus)을 풀어 주는 것은, 대리적 속죄에 대한 일반적인 설명과 같이 바치는 자를 대신해서 죽는 짐승이 아니라 그 희생이다(Kiuchi, 108에서 가져온 다음의 구도를 보라. 진한 글씨체는 본인에 의한 것이다).

죄/부정결 ————→ **희생** 죽음

그러므로 대신(substitution)은 희생 의식에서 수행되는 피 의례들의 효능에 담겨 있는 요소다. 이러한 입장은 피의 힘을 생명력으로 이해하는 것을 지지해 주며, 또한 그 견해는 베(ב)를 도구적 용법의 베(ב)로 설명하는 주해 위에 세워진다.

이 구절이 전해 주는 가장 우선된 쟁점이 짐승의 피를 먹을 수 없는 근거라는 사실을 기억할 필요가 있다. 하나님께서는 피를 대속의 효력을 지닌 실체가 있는 요소로 지정해 주셨기 때문에, 피는 가장 강력한 금기를 동반한다. 그것은 무슨 일이 있더라도 먹을 수도 없고 오용될 수도 없다. 17-20장에는 신성한 물품들이 악귀들의 예배에서 오용되는 것을 금지하는 많은 법들이 있는데, 이 법들은 피 섭취의 금지의 주요한 이유가 들판의 악귀들을 위한 예배에서 어떠한 거룩한 것의 사용도 금지하고, 또한 신성한 것을 섭취하여 사람의 몸에 신적인 힘을 주입하려는 어떠한 시도도 금지하려는 것임을 시사한다. 그러므로 인간 생명의 실체적 핵심인 피는 결코 속된(חל – 홀) 용도로 쓰여서는 안 된다(참조. 10:11). 그 피는 항상 생명의 창조자이신 여호와의 독점적인 소유물로 취급되어야 한다.

12 이 구절은 강조를 위해 피 섭취를 막는 두 가지 금지 사항을 제공한다. 이러한 금지들은 서두의 신적 연설 형식문인 아마르티(אמרתי, "내가 말했다")에 의해 강력해진다.

13-14 이 법은 식용 가능한 야생 동물(ציד חיה – 체드 하야)이나 새(עוף – 오프)의 적절한 도살에 대해 알려 준다. 정결한 사냥감의 도살에 의한 피는 땅에 "쏟아서"(שפך – 샤파크) 덮어야 한다. 땅에 묻지 않은 남은 피는 보복을 호소한다고 여겨진다(참조. 창 4:10). 야생 동물의 피를 포함해서 짐승의 피를 섭취한 대가는 "제명"(끊어짐)의 형벌이다(נכרת – 니크라트; 참조. 4절). 사람이 자신을 대신해서 하나님께 짐승의 생명-피를 드리면, 그 사람의 죄가 대속되어 용서를 받는다.

15-16 이 법은 죽은 채로 발견된 어떤 짐승을 먹는 것에 대한 규정이다. 두 개의 단어가 사체를 지칭하는 데 사용된다: 네벨라(נבלה), 즉 자연사나 사고로 죽은 짐승, 그리고 테레파(טרפה), 즉 다른 야생 동물에게 물어 뜯겨 죽은 짐승(참조. 11:39-40). 이러한 짐승들의 섭취가 사람을 부정하게 만드는 이유는 그런 짐승의 피가 고기로부터 적절하게 제거되지 않았기 때문이다. 그럼에도 불구하고 이러한 규준의 우연한 위반은 어떤 경우라도 제의 법규들의 심각한 위반으로 간주되지 않는다. 죄책이 있는 당사자는 자신의 옷을 빨고 물로 목욕을 해야 하며 저녁까지 부정한(טמא – 타메) 것으로 간주되어야 한다. 그 후에 그는 의식적으로 정결하게 된다(טמא – 타메). 그렇지만 만일 죽은 동물의 고기를 섭취함으로써 부정해진 사람이

의식적 정결을 수행하지 않는다면, 그의 잘못은 피 섭취에 대한 법의 심각한 위반 행위가 된다. 수반된 결과로 그는 자신의 범죄의 책임을 져야 한다(נשׂא עונו – 나사 아보노; 참조. 5:1). 오경에 있는 다른 법들도 역시 죽은 동물의 사용을 규정한다. 제사장은 그런 고기를 먹는 것이 명백하게 금지된다(22:8; 겔 44:31). 출애굽기 22:30(31)에 있는 법은 찢겨진 동물의 사체(טרפה – 테레파)에 대한 엄청난 멸시를 표현한다. 즉 그런 짐승의 고기는 먹을 수 없으며 다만 개들에게 던져야 한다는 것이다. 더불어 신명기 14:21은 이스라엘 사람이 죽은 채 발견된 짐승(נבלה – 네벨라)을 먹을 수 없도록 금지하지만, 그 구절은 그러한 고기를 "체류하는 이방인"(גר – 게르)에게 주거나 "타국인"(נכרי – 노크리)에게 판매하도록 허용한다. 따라서 신명기는 이스라엘을 위한 규준을 강조하지만 나그네와 이방인들에게는 그것을 완화시켜주어 그들이 값싼 고기를 얻을 수 있게 해준다. 이 문제를 다루는 법의 이러한 차이점들은 그 법이 고대 이스라엘에서 어떻게 존재하고 있었는지를 생생하게 보여준다. 즉 규준들의 적용이 여러 상이한 시대들 속에서 수정되거나 확장되었는데, 이는 각 시대의 이해에 따라 사람들이 자체적인 특정한 방식들 속에서 그 법의 원리를 성취하려고 애썼기 때문이다.

해설

이 연설에서 공식적인 제단을 벗어난 곳에서 드리는 모든 희생제와 더불어 어떤 방식의 피의 섭취든지 그것이 전면 금지되었다. 들판에서 희생을 드리는 고대의 대중들의 관행은 여호와께 드리던 희생과 이방 관행들이 혼합될 위험으로 가득했다. 예를 들어, 추수할 수확량을 늘리기 위해 어떤 사람들은 여호와께 희생을 드리면서, 동시에 그들이 들판에 거주한다고 생각했던 정령들에게도 희생을 드리려는 유혹에 빠졌다. 그런 혼합주의적 관행들은 진정한 여호와 예배를 깎아 내렸다. 덧붙여서, 우연한 희생은 피를 고기와 함께 먹게 될지도 모를 결과와 더불어 짐승의 피를 오용할 위험에 노출시켰을 것이다. 그 문제를 다른 방식으로 해결하기 위해, 피에 관한 이러한 엄격한 규례들은 피와 관련된 어떤 미신적 관행이든 이스라엘 내에서 발생하는 일이 없도록 그것들을 없애려 했다: 예를 들면, 사람이 영적인 힘이나 신적인 생명을 주입하기 위해 제물의 피를 먹거나 마시는 행위와 같은 관행이다. 이 법안은 짐승의 피의 적절한 처리의 중요성을 제시하면서 야생의 사냥감의 피가 적절하게 제거될 것을 요구했으며, 또한 그것은 죽은 채로 발견된 짐승들의 고기를 먹는 것에 대한 규정을 마련했다. 그러므로 이 연설은 모든 제물들을 제사장이 도살을 감독하고 피를 규정대로 처리하고 기름을 여호와께 향기로운 냄새(흠향되는 향)로 제단 위에서 태울 수 있는 성소로 가져와야 한다고 요구했다.

적합한 희생 짐승의 피는 정화하고 대속하는 두 가지 힘을 공히 소유하고 있었다. 왜냐하면 그것은 짐승의 생명력이며 또한 짐승의 생명을 대표하는 것이기 때문이었다. 탈리온 법(lex talionis, 동해복수법)의 원리에 따라, 짐승의 피의 의식적 절차에 따른 처리는 그 제물을 바치는 사람의 생명을 구원했다. 제단 위에 짐승의 피 붓기가 대속의 수단이라는 규정을 제정하신 분은 하나님 자신이었기 때문에, 모든 피는 그분의 독점적인 소유물이 되었다.

피의 섭취에 관한 이러한 법들은 유대교에서 코쉐르(kosher, 음식법)를 지키는 초석이다. 초대 교회에서 어떠한 피 섭취이든지 그것이 이방인들을 받아들이는 일과 관련된 쟁점 사항이 되었다는 것은 전혀 놀랄 만한 것이 아니다. 초대 교회 지도자들은 새로운 이방인 회심자들이 구약의 어떤 법들을 지켜야 하는지를 맹렬히 논쟁했다. 사도행전 15장에 보고된 예루살렘 공회에서 그들은 이방인에게 네 가지 금기를 부여하기로 결정했다: 우상들, 음행, 목매어 죽인 짐승의 고기 그리고 피(28-29절; 21:25). 이 규준들 중에 나중의 두 가지는 이방인들이 피를 적절히 제거하지 않은 고기를 먹지 말아야 하고, 또한 피가 어떠한 다양한 방식으로 마련되든 그것을 먹지 말아야 한다는 것을 의미했다. 이 두 법은 여기 레위기 17장에 있는 규정들에 근거해 있었다. 이러한 법들을 이방인들에게 부과할 때 교회 지도자들은 유대 기독교인에게 민감했을 뿐만 아니라, 모든 회심자들 앞에서 적절한 피 처리의 중요성을 유지하기를 원했다. 이는 예수님의 흘리신 피가 십자가 위에서의 그분의 대속 사역에 핵심이었기 때문이다.

신약에서 십자가 위에서의 예수님의 죽음은 종종 "그리스도의 피"라는 어구로 지칭된다. 이 어구는 예수님의 죽음이 일반적인 죽음과 완전히 달랐다는 것을 전해준다. 그것은 하나님께 드려진 희생이었다. 이어서 예수님의 죽음은 구약 희생 제도의 견지에서 이해되는데, 그 이유는 히브리서 저자가 "피 흘림이 없은즉 사함이 없느니라"(9:22)라고 말하기 때문이다. 죄 없는 하나님의 아들이신 예수님은 순종하시는 가운데 자신을 십자가 위의 잔혹한 죽음에 내놓으셨기 때문에, 그분의 죽음은 인종, 성, 사회적 신분에 상관없이 그를 믿는 모든 사람을 위한 대속을 보장하셨다(참조. 빌 2:6-11; 히 5:7-10; 9:14). 덧붙여서 예수께서는 완전하시고 최종적인 희생이셨기 때문에, 구약에 규정된 짐승의 희생들은 새 언약 하에서 더 이상 요구되지 않는다(참조. 히 9:12).

그러므로 신약의 어구 "예수의 피"는 모든 사람을 위한 예수님의 사역에 내재된 구원의 힘을 상징한다(참조. 벧전 1:18-21; 계 1:5; 5:9). 그분의 죽음 때문에 그를 믿는 모든 사람들은 그들의 죄를 용서받는다(엡 1:7-8; 골 1:14). 예수님을 통해 모든 믿는 자들은 하나님과 화해하고 하나님의 진노로부터 구출된다(롬 5:9-10; 엡 2:13; 골 1:20). 덧붙여서, 예수님의 죽음의 효력은 그분의 피가 죽은 행실로부터 양심을 정결케 하여 누구든지 다른 사람에게 사랑을 보여 줌으로써 하나님을 열심히 섬길 수 있게 만든다는 말씀에서 표현된다(히 9:14; 10:24; 13:12; 요일 1:7; 벧전 1:2; 2:24; 고후 7:1; 디도 2:14). 정결한 양심을 갖는 혜택은 크다. 예를 들어, 정결한 양심을 가진 사람은 담대히 하나님의 존전에 들어가 자신의 청원을 할 수 있다(히 10:19-22). 예수님의 죽음의 공로 역시 신자들로 하여금 우주적 악의 세력들로부터 오는 공격을 성공적으로 견딜 수 있게 해준다(계 12:11; 참조. 히 13:20-21). 계시록은 그 고난을 견딘 사람들은 자신들의 옷을 그 어린양의 피로 정결케 한 사람들이라고 말한다(계 7:14). 다른 관점으로 보면, 여호와의 예배가 정결하고 때묻지 않아야 했던 것처럼, 또한 그리스도를 통한 하나님의 예배도 그러해야 했다(약 1:27). 이스라엘이 자신들의 희생 제도에 악령들을 달래기 위한 여지를 두지 않아야 했던 것처럼, 신자들은 마찬가지로 마귀의 세력들을 승인하거나 예수님의 희생의 죽음을 하찮은 것으로 만드는 식으로 예배를 드려서는 안 된다(고전 10:14-22).

피의 상징적 사용에 있어서 구약과 신약 사이의 근본적 차이는 성만찬 예식에서 나타난다. 구약에서는 어떤 형태의 피의 섭취든, 심지어 고기 안에 있는 피라 할지라도 엄격히 금지되었다. 위에서 언급한 대로 이러한 규준은 여전히 독실한 유대인들이 따르고 있다. 그렇지만 새 언약의 체결을 기념하는 식사인 성만찬에서 신자들은 주 예수님의 몸과 피를 나타내는 떡과 포도주를 먹는다(마 26:27-28; 막 14:23-24). 이러한 성분들을 먹음으로써 신자들은 예수님의 죽음의 혜택을 나누어 갖는다(고전 10:16; 11:25; 히 9:15-22). 요한복음 6:52-59에 있는 담화는 생생한 이미지 속에서 놀라울 정도로 급진적이다. 예수님은 담대하게 자신의 살을 먹고 피를 마시라고 말씀하신다. 이러한 말씀은 새 언약 속에서 하나님과 인간 사이에 이루어지는 교제의 확정적인 새로움을 묘사하기 때문에 특별히 경건한 유대인들에게 무엄하기 짝이 없는 것이다. 요한복음에 있는 이 말씀의 의도는 우선적으로 유대인 청자들을 분노하게 만들기 위한 것이 아니라, 신자가 떡과 포도주를 섭취할 때 예수님의 죽음을 기념하고 주님과의 가장 깊은 교제로 들어간다는 것을 담대히 선언하기 위한 것이다. 달리 말하자면, 신자는 예수 안에 거하고 예수께서는 그 신자 안에 거하신다(요 6: 56). 나아가 성만찬의 참여는 영생의 약속과 최후의 부활에 동참하는 것을 수반한다(요 6:54, 57).

B. 확장된 가족에 적용되는 법(18:1-30)

참고문헌

Alpert, R. T. "In God's Image: Coming to Terms with Leviticus." In *Twice Blessed: On Being Lesbian, Gay, and Jewish.* Ed. C. Balka. Boston: Beacon, 1989. **Bigger, S. F.** "The Family Laws of Leviticus 18 in Their Setting." *JBL* 98(1979) 187-203. **Chamberlayne, J. H.** "Kinship Relationships among the Early Hebrews." *Numen* 10(1963) 153-69. **Elliger, K.** "Das Gesetz Leviticus 18." *ZAW* 67(1955) 1-24. ______. "Leviticus 18." *TLZ* 29(1954) 303-6. **Epstein, L. M.** *Marriage Laws in the Bible and the Talmud.* HSS 12. Cambridge: Harvard UP, 1942; New York: Johnson Reprint Collection, 1968. **Fox, R.** *The Red Lamp of Incest.* New York: E. P. Dutton, 1980. **Frymer-Kensky, T.** "Law and Philosophy: The Case of Sex in the Bible." In *Thinking Biblical Law.* Ed. D. Patrick. *Semeia* 45(1989) 89-102. **Haas, P.** "'Die He Shall Surely Die': The Structure of Homicide in Biblical Law." In *Thinking Biblical Law.* Ed. D. Patrick. *Semeia* 45(1989) 67-87. **Halbe, J.** "Die Reihe der Inzestverbote Lev 18:7-18." *ZAW* 92(1980) 60-88. **Hoffner, H. A., Jr.** "Incest, Sodomy and Bestiality in the Ancient Near East." In *Orient and Occident.* FS C. H. Gordon. Ed. H. Hoffner, Jr. AOAT 22. Kevelar: Butzon & Bercher; Neukirchen-Vluyn: Neukirchener, 1973. 81-90. **Horton, F. L., Jr.** "Form and Structure in Laws Relating to Women: Leviticus 18:6-18." In *Society of Biblical Literature 1973 Seminar Papers 1.* Ed. G. MacRae. Cambridge: SBL, 1973. 20-33. **Jasper, G.** "Polygamy in the Old Testament." *African Journal of Theology* 2(1969) 27-57. **Jügen, E.,** and **Rüterswörden, U.** "Unterweltsbeschwörung im Alten Testament: Untersuchungen zur Begriffs- und Religionsgeschichte des *ʾōb.*" *UF* 9(1977)

57-70. **Kaiser, W. C., Jr.** "Leviticus 18:5 and Paul: 'Do This and You Shall Live' (Eternity?)." *JTS* 14(1971) 19-25. **Kennett, R. H.** *Ancient Hebrew Social Life and Custom as Indicated in Law Narrative and Metaphor.* The Schweich Lectures of the British Academy 1931. Repr. Munich: Kraus, 1980. **Knierim, R.** "The Role of the Sexes in the Old Testament." *LTQ* 10.4(1975) 1-10. **Krebs, W.** "Zur kultischen Kohabitation mit Tieren im Alten Orient." *FF* 37(1963) 19-21. **Luria, S.** "Tochterschänderung in der Bibel." *ArOr* 33(1965) 207-8. **McKeating, H.** "Sanctions against Adultery in Ancient Israelite Society, with Some Reflections on Methodology in the Study of Old Testament Ethics." *JSOT* 11(1979) 57-72. **Neufeld, E.** *Ancient Hebrew Marriage Laws: With Special References to General Semitic Laws and Customs.* London:Green and Col., 1944. **Phillips, A.** "Some Aspects of Family Law in Pre-exilic Israel." *VT* 23(1973) 349-61. **Porter, J. R.** *The Extended Family in the Old Testament.* Occasional Papers in Social and Economic Administration 6. London: Edutext, 1967. **Rattray, S.** "Marriage Rules, Kinship Terms and Family Structure in the Bible." SBLASP 26. Ed. K. Richards. Atlanta: Scholars Press, 1987. 537-44. **Richter, H.-F.** *Geschlechtlichkeit, Ehe und Familie im Alten Testament und seiner Umwelt.* 2 vols. Beiträge zur biblischen Exegese und Theologie 10. Frankfurt am Main: Peter Lang, 1978. **Rodd, C. S.** "The Family in the Old Testament." *BT* 18(1967) 19-26. **Schultz, H.** *Das Todesrecht im Alten Testament: Studien zur Rechtsform der Mot-Jumat-Sätze.* BZAW 114. Berlin: Alfred Töpelmann, 1969. 130-62. **Soltero, C.** "Nota crítica a Lv 18,30." *Bib* 49(1968) 370-72. **Stager, L. E.** "The Archaeology of the Family in Ancient Israel." *BASOR* 260 (1985) 1-35. **Stegner, W. R.** "The Parable of the Good Samaritan and Leviticus 18:5." In *The Living Text: Essays in Honor of E. W. Saunders.* Ed. D. E. Groh and R. Jewett. Lanham, MD: UP of America, 1985. 27-38. **Stendebach, F. J.** "Überlegungen zum Ethos des Alten Testaments." *Kairos* 18(1976) 273-81. **Tosato, A.** "The Law of Leviticus 18:18: A Reexamination." *CBQ* 46(1984) 199-214. **Ukleja, P. M.** "Homosexuality and the Old Testament." *BS* 140(1983) 259-66. **Vermes, G.** "Leviticus 18:21 in Ancient Jewish Bible Exegesis." In *Studies in Aggadah, Targum, & Jewish Liturgy.* Ed. J. Petuchowski. 1981. 108-24. **Wenham, G. J.** "The Restoration of Marriage Reconsidered." *JJS* 30(1979) 36-40. **Wolf, C.** "Terminology of Israel's Tribal Organization." *JBL* 65(1946) 45-49.

본 문

1 여호와께서 모세에게 일러 가라사대
2 너는 이스라엘 자손에게 고하여 이르라 나는 여호와 너희 하나님이라
3 너희는 그 거하던 애굽 땅의 풍속을 좇지 말며 내가 너희를 인도할 가나안 땅의 풍속과 규례도 행하지 말고

4 너희는 나의 법도를 좇으며 나의 규례를 지켜 그대로 행하라 나는 너희의 하나님 여호와니라
5 너희는 나의 규례와 법도를 지키라 사람이 이를 행하면 그로 인하여 살리라 나는 여호와니라
6 너희는 골육지친을 가까이하여 그 하체를 범치 말라 나는 여호와니라
7 네 어미의 하체는 곧 네 아비의 하체니 너는 범치 말라 그는 네 어미인즉 너는 그의 하체를 범치 말지니라
8 너는 계모의 하체를 범치 말라 이는 네 아비의 하체니라
9 너는 네 자매 곧 네 아비의 딸이나 네 어미의 딸이나 집에서나 타처에서 출생하였음을 물론하고 그들의 하체를 범치 말지니라

10 너는 손녀나 외손녀의 하체를 범치 말라 이는 너의 하체니라

11 네 계모가 네 아비에게 낳은 딸은 네 누이니 너는 그 하체를 범치 말지니라

12 너는 고모의 하체를 범치 말라 그는 네 아비의 골육지친이니라

13 너는 이모의 하체를 범치 말라 그는 네 어미의 골육지친이니라

14 너는 네 아비 형제의 아내를 가까이하여 그 하체를 범치 말라 그는 네 백숙모니라
15 너는 자부의 하체를 범치 말라 그는 네 아들의 아내니 그 하체를 범치 말지니라

1 Yahweh spoke to Moses:
2 "Speak to the Israelites and say to them: I am Yahweh your God.
3 You shall not do according to the customs[a] of Egypt where[b] you dwelt nor do according to the customs[a] of Canaan to where[c] I am bringing you, and you shall not walk by their decrees.[a]
4 You shall do[a] my laws[bc] and keep[a] my decrees[bc] to walk by them. I am Yahweh your God.
5 You shall keep my decrees[a] and laws[ab] which a human does and lives[c] by them. I am Yahweh.[d]
6 "No one[a] of you shall approach[b] any close relative[c] to have sexual relations.[d] I am Yahweh.
7 You shall not dishonor your father and your mother[a] by having sexual relations[b] with your mother: she[c] is your mother.
8 You shall not have sexual relations with your father's wife: she is your father's closest relative.
9 You shall not have sexual relations[a] with your sister, either your father's daughter or your mother's daughter, whether she was born at home or elsewhere.
10 You shall not have sexual relations[a] with your son's daughter or your daughter's daughter, because they are part of your family.
11 You shall not have sexual relations with the daughter of your father's wife,[a] born of your father: she is your sister.
12 You shall not have sexual relations with your father's sister: she[a] is a close relative of your father.
13 You shall not have sexual relations with your mother's sister, because she is a close relative[a] of your mother.
14 You shall not dishonor your father's brother by approaching his wife:[a] she[b] is your aunt.
15 You shall not have sexual relations with your daughter-in-law: she[a] is your son's wife. You shall

16 너는 형제의 아내의 하체를 범치 말라 이는 네 형제의 하체니라
17 너는 여인과 그 여인의 딸의 하체를 아울러 범치 말며 또 그 여인의 손녀나 외손녀를 아울러 취하여 그 하체를 범치 말라 그들은 그의 골육지친이니 이는 악행이니라

18 너는 아내가 생존할 동안에 그 형제를 취하여 하체를 범하여 그로 투기케 하지 말지니라

19 너는 여인이 경도로 불결할 동안에 그에게 가까이하여 그 하체를 범치 말지니라

20 너는 타인의 아내와 통간하여 그로 자기를 더럽히지 말지니라
21 너는 결단코 자녀를 몰렉에게 주어 불로 통과케 말아서 네 하나님의 이름을 욕되게 하지 말라 나는 여호와니라
22 너는 여자와 교합함 같이 남자와 교합하지 말라 이는 가증한 일이니라
23 너는 짐승과 교합하여 자기를 더럽히지 말며 여자가 된 자는 짐승 앞에 서서 그것과 교접하지 말라 이는 문란한 일이니라

24 너희는 이 모든 일로 스스로 더럽히지 말라 내가 너희의 앞에서 쫓아내는 족속들이 이 모든 일로 인하여 더러워졌고
25 그 땅도 더러워졌으므로 내가 그 악을 인하여 벌하고 그 땅도 스스로 그 거민을 토하여 내느니라
26 그러므로 너희 곧 너희의 동족이나 혹시 너희 중에 우거하는 타국인이나 나의 규례와 법도를 지키고 이런 가증한 일의 하나도 행하지 말라
27 너희의 전에 있던 그 땅 거민이 이 모든 가증한 일을 행하였고 그 땅도 더러워졌느니라

28 너희도 더럽히면 그 땅이 너희 있기 전 거민을 토함같이 너희를 토할까 하노라

not have sexual relations with her.
16 You shall not have sexual relations with your brother's wife; she is your brother's closest relative.
17 You shall not have sexual relations with a woman and her daughter. You shall not marry and have sexual relations[a] with either her son's daughter or her daughter's daughter; they are her close relatives.[b] It is a lewd act.[c]
18 You[a] shall not marry your wife's sister as a rival wife[b] and have sexual relations with her while the former is still living.
19 "You shall not approach a woman to have sexual relations with her while she is unclean during her period.
20 You shall not have intercourse[a] with your associate's wife to become defiled[b] by her.
21 You shall not give any of[a] your children to pass[b] to Molek, for you must not profane the name of your God. I am Yahweh.[c]
22 You shall not lie with a man as with a woman; it[a] is a detestable act.[b]
23 You shall not have intercourse[a] with any animal to become defiled[b] by it. A woman shall not stand[c] before a beast[d] for copulation;[e] it[fg] is a confusion.[h]
24 "Do not defile yourselves[a] by any of these ways, because by all these the nations which I am going to drive out before you have become defiled.
25 Because the land was unclean, I punished it for its iniquity; the land vomited out its inhabitants.
26 You[a] shall keep my decrees and my laws. You shall not do any of[b] these detestable practices, neither the native nor the alien living among you,
27 for the people who lived in the land before you committed all these[a] detestable practices so that the land became unclean.
28 Will not[a] the land vomit you out if you defile it[b] just as it[c] vomited out the nation[d] which was before you.

29 무릇 이 가증한 일을 하나라도 행하는 자는 그 백성 중에서 끊쳐지리라

29 Because[a] anyone who does any of[b] these detestable practices[cd] – the persons who do them will be cut off from their people.

30 그러므로 너희는 내 명령을 지키고 너희 있기 전에 행하던 가증한 풍속을 하나라도 좇음으로 스스로 더럽히지 말라 나는 너희 하나님 여호와니라

30 Keep my charge[a] so that you do not do any of[b] the detestable[c] decrees[d] which are being practiced before your coming. Do not defile yourselves with them.[e] I[f] am Yahweh your God."

원문주해

3.a. 관습들과 법령들을 지칭하는 데 사용된 용어들이 강조를 위해 해당되는 각각의 동사들 앞에 위치한다.

3.b. 여성 대명사 접미어를 가진 전치사 바흐(בה)는 어미 변화가 없는 아쉐르(אשר, "…하는 것/장소")를 지시하는 소급(retrospective) 대명사다(GKC § 138).

3.c. 장소의 부사 샴마(שמה, "거기로")는 비한정적인 관계사 아쉐르(אשר, "…하는 것")를 더욱 구체적으로 한정지어 준다. 영어 번역에서는 그 두 가지가 공히 "…하는 곳"이다(참조. GKC § 138c).

4.a. 세 가지 동사가 자주 미쉬파팀(משפטים, "법도들")과 후코트(חקות, "규례들")와 더불어 사용된다: 아사(עשה, "행하다"; 예를 들어, 18:4, 30; 겔 5:7; 20:11), 할라크(הלך, "…안에서 걷다"; 예를 들어, 18:3; 20:23; 겔 5:6, 7; 37:24) 그리고 샤마르(שמר, "지키다"; 예를 들어, 18:5, 26; 19:19; 겔 20:18). 때로 동사 샤마르(שמר)와 아사(עשה)가 함께 나타나기도 하고, 때로는 그것들이 샤마르 레아소트(שמר לעשות, "행함으로써 지키다"; 20:22; 겔 37:24; 신 5:1; 11:32)와 같이 연결되어 나온다(19:37; 20:8; 신 7:12). 여기서는 샤마르 라레케트(שמר ללכת, "행함으로써 지키다/보호하다"; 개역 성경: 지켜 행하다)라는 어구가 발생한다(참조. Elliger, 237, n.). 이러한 조합들은 그 법의 부지런한 준수를 강조한다.

4.b. 참조. "원문주해" 3.a.

4.c. 제사장 법 안에 있는 미쉬파팀(משפטים, "법들, 법도들")은 자주 후코트(חקות, "규례들")와 함께 나타나는데, 전자가 후자를 뒤따라 나온다(예를 들어, 18:26; 19:37; 20:22; 25:18; 26:15; 그러나 반대의 순서로 18:4; 26:43). 이러한 조합은 에스겔서에서 빈번히 발생한다(5:7; 11:12, 20; 18:9; 20:11, 13, 19, 21, 25; 36:27; 참조. 5:6; 18:17; 20:16, 24; 37:24). 신명기에서도 이 조합이 나타나지만, 자주 철자가 후킴(חקים, "규례들")이다(신 4:1, 5, 8, 14; 5:1, 31; 11:32; 12:1; 26:16; 그 목록에 추가된 또 다른 단어와 함께 4:45; 6:1, 10; 7:11; 26:17; 또한 겔 20:18). 미쉬파트(משפט, "법들, 법도들")가 단독으로 사용될 때 그것은 단수로 나타난다(예를 들어, 5:10; 9:16; 19:15,

35; 참조. 민 15:16; 24:22; 35:12 등; Elliger, 237, n.).

5.a. 70인경(LXX)은 규례들과 법도들 앞에서 판타(*πάντα*, "모든")를 읽는다.

5.b. 70인경(LXX)은 카이 포이에세테 아우타(*καὶ ποιήσετε αὐτα*, "그리고 그것들을 행하라")를 추가한다. 참조. "원문주해" 4.a.

5.c. 마소라 본문(MT)의 봐하이(וחי, "그리고 살아 있는") 대신(참조. GKC § 76i), 사마리아 오경(Sam)과 탈굼(Tg)은 붸하야(וחיה, "그리고 그가 살 것이다")를 추가한다. 탈굼은 베하이 올람(בחיי עלמא, "영원한 생명으로")을 추가한다.

5.d. 70인경(LXX)은 18-26장에서 자주 발견되는 바와 같이 호 데오스 휘몬(*ὁ θεὸς ὑμῶν*, "너의 하나님")을 추가한다. 마소라 본문(MT)이 더 짧은 본문이기에 선호된다.

6.a. 참조. "원문주해" 17:3.a.

6.b. 코른펠트(Kornfeld, *ZAW* 87[1975] 212)는 아직 출판되지 않은 어떤 본문 하나가 마소라 본문(MT)의 칼형 대신 히필형인 티크리부(תקריבו, "가까이 오게 하다")로 읽어 그 범죄자의 적극적인 행위를 강조한다고 지적한다.

6.c. 엘 콜 쉐에르 베사로(אל־כל־שאר בשרו, "어떤 가까운 친족에게도")라는 전치사구는 앞으로 나올 일련의 법들에 대한 총괄적 어구다. 그것은 강조를 위해 주어와 동사 사이에 위치한다. 이 법들의 영어 번역은 완곡어법적 표현들로 인해 다른 장들에서보다 덜 문자적이다. 결과적으로 원문의 풍부한 표현법이 본서의 번역에서 사라졌다.

6.d. 에르봐(ערוה)는 "벌거벗음"을 의미하며, 성기를 지칭하는 전문용어다. 그것은 갈라(גלה, "드러내다")의 목적격이 되어 "동거하다"를 의미한다(BDB, 788-89).

7.a. 17절에 나오는 일련의 법들에서 직접목적어 에르봐(ערוה, "벌거벗음")가 강조를 위해 먼저 위치한다. 비록 그것은 한정적일지라도 목적격 표시를 갖지 않는다(히브리어에서는 한정 목적어, 즉 정관사나 소유격이 붙은 명사나 고유명사가 목적어가 될 때 일반적으로 목적격의 표시인 에트〈את〉가 붙는다. 그러나 이 구절에서는 목적어가 한정적임에도 불구하고 에트가 붙지 않았다 – 역자주). 이것은 이 법들의 뚜렷한 고어체 구조 때문일 것이다. 레빈(Levine, 120)은 붸아르바트 임카(וערות אמך, "너의 어머니의 벌거벗음〈하체〉")에 붙은 와우(ו)는 아버지의 벌거벗음을 더욱 구체적으로 규정짓는 상황절을 이끈다고 언급한다.

7.b. 예상되는 테갈레(תְגַלֶּה) 대신 이 곳과 12, 13, 14, 15, 16, 17절; 20:29에서 사용되는 테갈레(תְגַלֵּה, "네가 드러내다")는 아람어의 영향의 결과로 설명된다(GKC § 75hh; Joüon § 79n).

7.c. 70인경(LXX)에서는 가르(*γάρ*, "왜냐하면")=키(כי). 또한 그것은 두 번째의 테갈레(תגלה, "네가 드러내다")에서 와우(ו)를 붙여 읽는다.

9.a. 마소라 본문(MT)의 에르봐탄(ערותן, "그들의 벌거벗음〈하체〉") 대신 몇몇 히브리어 필사본들(mss), 사마리아 오경(Sam), 70인경(LXX) 그리고 시리아역(Syr)은 아르

봐타(עֶרְוָתָהּ, "그녀의 벌거벗음")로 읽는다. 썬(Sun, "Investigation," 116)은 복수형이 9a절의 명확히 규정지어 주는 동격 어구(너의 아버지의 딸 – 역자주)로 인한 것이었다고 생각한다.

10.a. 호르톤(Horton)은 이 금지에서 직접목적어가 서두에서 미정격(*casus pendens*)으로 나타나는데도 불구하고 그것이 재사용되었는데, 이는 "동사-목적어 관계가 원래의 청자의 귀에 모호했기 때문"이라고 본다("Form and Structure," 25).

11.a. 이 곳에서 원 70인경(LXX*)은 우크 아포칼뤼프세이스(*οὐκ ἀποκαλύψεις*, "드러내지 말라")를 추가하는데, 이것은 이 법이 7절에서 발견되는 바와 같이 로 테갈레(תגלה לא, "너는 드러내지 말지어다")의 이중적인 사용 형식에 어울리도록 만든다.

12.a. 몇몇 히브리어 필사본들(mss), 70인경(LXX), 시리아역(Syr) 그리고 벌게이트역(Vg)은 키(כִּי, "왜냐하면")를 추가한다.

13.a. 소수의 히브리어 필사본들(mss)과 사마리아 오경(Sam)은 쉐아르(שְׁאֵר, "육체, 가까운 친족")를 갖지 않는다.

14.a. 몇몇 히브리어 필사본들(mss)과 역본들은 전치사 엘(אֶל, "…에게")에 와우(ו)를 붙여 읽는다.

14.b. 참조. "원문주해" 12.a.

15.a. 70인경(LXX)은 가르(*γάρ*, "왜냐하면")를 읽는다. 참조. "원문주해" 12.a.

17.a. 70인경(LXX)과 시리아역(Syr)은 3인칭 여성 복수 접미어를 읽는다. 참조. "원문주해" 9.a.

17.b. 70인경(LXX)은 오이케이아이 가르 수 에이신(*οἰκεῖαι γάρ σου εἰσιν*, "왜냐하면 그들은 너의 가까운 친족이기 때문이다")으로 읽는다. 표준 히브리어 성경(*BHS*)은 마소라 본문의 모음 구두점 샤아라(שַׁאֲרָה, "친족")를 쉐에라(שְׁאֵרָהּ, "그녀의 친족")로 제안한다. 본 주석의 번역은 *BHS*를 따랐다.

17.c. 짐마(זִמָּה)는 욥 17:11을 제외하고는 항상 나쁜 의미를 갖는다. 그것은 극악한 범죄와 같이 난폭하고 음란한 행위를 묘사한다. 그것은 간음(욥 31:11), 매춘(렘 13:27; 겔 16:27; 22:9, 11; 23:21 등) 그리고 수간(레 20:14)과 같은 성 범죄들을 지칭하기 위해 여러 번 사용된다. 참조. S. Steingrimsson, "זמם zmm," *TDOT* 4:89-90. 에스겔서는 이스라엘과 유다의 불충성을 묘사하기 위해 짐마(זִמָּה)를 사용하는데, 이것은 자신의 청중들에게 레위기의 성적인 법들을 상기하게끔 하기 위함이다. 겔 22:9의 언어는 구체적으로 레위기에 있는 이러한 성적인 법들을 생각나게 한다(Steingrimsson, *TDOT* 4:90). 짐마(זִמָּה)는 "외설적인, 음탕한, 역겨운"으로 번역될 수 있다.

18.a. 70인경(LXX)은 처음의 와우(ו)를 읽지 않는다.

18.b. 차라르(צרר)는 차라(צָרָה, "적수 아내")에서 나온 명사 파생어로 "적수 아내로 취하다"를 의미한다(BDB, 865; KB, 991). 그러나 이것은 차라르(צרר)가 그렇게 사용된

유일한 용례다. 원 70인경(LXX*)은 차라(צרה, "적수 아내로"〈for rival wife〉)로 읽었던 것으로 보인다(Sun, "Investigation," 120). 썬은 차라르(צרר)를 동사 "괴롭히다"로 해석하여 그 행을 "그녀가 사는 동안 그녀의 벌거벗음을 드러내어 그녀를 괴롭히기 위해"로 번역한다. 이것은 흥미로운 대안이지만, 문맥은 차라르(צרר)에 대한 보다 전문적인 용법을 요구한다.

20.a. 올린스키(Orlinsky, *JBL* 63[1944] 40)는 쉐코베트(שכבת)가 "남자 성기"를 의미한다고 제안한다. 참조. "원문주해" 15:16.a. 이 제안은 가치가 있다.

20.b. 마소라 본문(MT)의 레토므아(לטמאה)는 여성 부정사 연계형이다(GKC § 114f).

21.a. 이것은 전치사 민(מן)의 부분의 용법(partitive use)이다. 그것은 "하나라도" 혹은 "누구라도"라는 의미를 갖는다(GKC § 119w, n.).

21.b. 마소라 본문(MT)의 레하아비르(להעביר, "통과하도록") 대신 사마리아 오경(Sam)은 레하아드(להעביד, "섬기도록")로 읽는다. 히브리어 필사의 어떤 단계들에서는 레쉬(ר)와 달렛(ד)을 구분하기가 어렵다. 70인경(LXX)은 그 이문을 지지할 수 있는데, 왜냐하면 70인경은 라트류에인(*λατρεύειν*, "예배하기 위해")을 갖기 때문이다.

21.c. 마소라 본문(MT)의 엘로헤이카(אלהיך, "너의 하나님") 대신 70인경(LXX)은 20:3과 22:2, 32에서와 마찬가지로 토 오노마 토 하기온(*τὸ ὄνομα τὸ ἅγιον*, "그 거룩한 이름")으로 읽는다. 70인경(LXX)은 그 본문들의 영향을 받은 것 같다.

22.a. 70인경(LXX)은 가르(*γάρ*, "왜냐하면")=키(כי)를 읽는다.

22.b. 토에바(תועבה)는 의식 및 도덕과 관련된 역겨운 행위를 묘사한다. 올브라이트(W. F. Albright, *From Stone Age to Christianity*[Baltimore: John Hopkins Universityt Press, [2]1957] 423)는 그것을 히브리어와 반대 의미를 가진 이집트어 와아브(*wʿb*, "정결하다")로부터 취한다. 이 단어는 이스라엘의 이웃 국가들의 부도덕한 성적 관행들을 지칭하기 위해 레위기에서 여섯 번 나온다(18:22, 26, 27, 30; 20:13). 그것은 제사장 자료의 다른 곳에서는 나타나지 않지만, 신명기, 에스겔서 그리고 잠언에서는 자주 발생한다. 신명기에서는 몇 가지 행위들이 하나님께 역겹거나 가증하다: 우상 숭배(7:25; 27:15), 부정한 짐승의 섭취(14:3), 흠을 가진 짐승의 희생(17:1), 인간 희생(12:31), 마술 행위(18:9-14). 이러한 행위들은 여호와의 독점적인 예배 요구에 대한 위반 사항들이다(Paschen, *Rein*, 24). 잠언은 여호와께 가증한 일곱 가지 일을 제시하는 숫자가 명시된 어록을 갖는다(6:16-19). 에스겔은 세속적인 행위나 신성한 명령의 위반을 지시하기 위해 그것을 사용한다(Humbert, *ZAW* 72[1960] 228-29): 비정상적인 성 행위(22:11; 33:26), 우상 숭배(예를 들어, 6:9, 11; 7:20; 11:18, 21; 14:6), 매춘부의 인상을 풍기며 행하는 우상 숭배(16:36, 43, 57; 23:36), 부도덕(18:12, 13, 24), 성전 더럽히기(43:8) 그리고 신성한 의식의 위반(44:6, 7). 이러한 삐뚤어진 행위들은 근심과 역겨움을 일으킨다(Gerstenberger, *THAT* 2:1054). 이렇듯 토에바(תועבה)는 여호와의 경외와 양립할 수 없는 행

위와 태도의 사악한 성격을 표현한다. 참조. P. Humbert, "Le substantif *to'ēbā* yet le berbe *t'b* dans l'Ancien Testament," *ZAW* 72(1960) 217-37; E. Gerstenberger, "תעב *t'b* pi verabscheuen," *THAT* 2:1051-55; *TWOT* 2:976-77.

23.a. 참조. "원문주해" 20.a.

23.b. 참조. "원문주해" 20.b.

23.c. 썬(Sun, "Investigation," 122)은 타아모드(תעמד, "그녀/너는 설 것이다")를 2인칭 남성 단수로 해석하면서 그 동사의 모음 구두점을 히필형으로 다시 찍는다. 이 대안은 일련의 2인칭 형태들을 계속 이어지게 하는 장점을 지니지만, 문맥은 이 법들이 일차적으로 사람이 다른 당사자에 의해 억지로 행하도록 강요받는 사악한 성적 행위를 규정한다는 것을 시사하지 않는다.

23.d. 70인경(LXX)은 "짐승" 앞에 판(*πâν*, "누구든지")을 읽는다.

23.e. 마소라 본문(MT)의 레리브아(לרבעה)는 자주 전치사 레(ל)와 더불어 발견되는 부정사 연계형의 여성형이다(GKC § 45d). 그렇지만 마소라 본문(MT)의 모음 구두점은 헤(ה)를 대명사 접미어로 간주하지만, 표준 히브리어 성경(*BHS*)은 20:16에서처럼 여성형으로 읽기를 선호한다. 라바(רבע, "뻗어 눕다")는 순리에서 벗어난 동침을 지칭하는데 사용된다(BDB, 918; Jastrow, 1444). 전치사 레(ל)를 가진 부정사 연계형은 좀더 정확하게 그 행위를 정의한다(GKC § 114o).

23.f. 마소라 본문(MT)의 남성 대명사 후(הוא) 대신 사마리아 오경(Sam), 어떤 히브리어 필사본들(mss), 시리아역(Syr), 탈굼 필사본들(Tg.[mss]) 그리고 탈굼 위-요나단(*Tg. Ps.-J.*)은 여성 대명사 히(היא)로 읽는다.

23.g. 참조. "원문주해" 22.a.

23.h. 테벨(תבל)은 단지 여기와 20:12에서만 나타난다. BDB(117)는 그것을 어근 발랄(בלל, "섞다, 혼합하다")에서 취하여 "혼란", 즉 "자연 혹은 신적 질서의 위반"을 의미한다. 70인경(LXX)은 그것을 뮈세론(*μυσερόν*, "더러운, 메스꺼운")으로 번역한다.

24.a. 이것은 접두어 타우(ת)가 첫 번째 어근 자음 테트(ט)로 동화된 히트파엘형의 한 가지 예이다(GKC § 54c). 왈키(B. Waltke and M. O'Connor, *IBHS*, § 23.6.4a)는 타메(טמא, "부정하다")를 포함하는 두 동사와 관련하여, 니팔 완료형과 히트파엘 미완료형이 서로를 보충하거나 완성하기 위해 사용된다는 점을 지적한다.

26.a. 몇몇 히브리어 필사본들(mss), 70인경(LXX), 시리아역(Syr) 그리고 벌게이트역(Vg)은 대명사 오탐(אתם, "너희를")을 읽지 않는다. 이 이문은 중자탈락(haplography)의 오류에서 기인한 것이었다. 이러한 인칭대명사의 사용은 하나님께서 이스라엘 백성들에게 순종을 요구하시는 것을 강조한다.

26.b. 참조. "원문주해" 21.a.

27.a. 이것은 여성 복수 지시대명사가 하엘(האל)로 나타나는 드문 철자법이다(GKC

§ 34b, n.). 사마리아 오경(Sam)과 고대 레위기 두루마리(11QpaleoLev)는 일반적인 철자법의 하엘레(האלה)를 갖는다.

28.a. 썬(Sun, "Investigation," 123)은 로(לא, "아니다")를 베타마아켐(בטמאכם, "너희의 더럽힘 속에서": 너희가 더럽힐 때 – 역자주)에 비추어 강조의 부사 혹은 불변사로 간주한다. 로(לא)를 단언의(asseverative) 로(לו, "분명히")로 받아들이는 것도 역시 가능하다. 이 두 가지 대안 중에 하나를 결정하는 것은 어려운 일이다. 본 주석의 영어 번역은 문맥이 요구하는 의미를 유지하도록 그 어구를 질문으로 만든다.

28.b. 이 조건절은 하나의 전치사에 의해 구성된다. 그것은 부정사 연계형인 베타마아켐(בטמאכם, "너희가 더럽힐 때")을 지배한다(참조. GKC § 164g). 이때 대명사 접미어가 그 절 문장의 주어 역할을 한다.

28.c. 이것은 분사절의 주어로서 인칭대명사 후(היא)가 빠진 한 가지 사례이지만(GKC § 116s), 표준 히브리어 성경(*BHS*)은 카아(קאה, "토하다")가 여성 분사 대신 3인칭 여성 단수 완료가 되도록 악센트를 전종음절(penult)에 찍기를 제안한다.

28.d. 마소라 본문(MT)의 하꼬이(הגוי, "그 민족": 개역 성경: 거민) 대신 70인경(LXX), 시리아역(Syr) 그리고 탈굼(Tg)은 하꼬임(הגוים, "그 민족들")으로 읽는다. 마소라 본문이 더 어려운 독법으로서 지지를 받는다. PIR(188)은 하꼬이(הגוי)를 집합명사로 주석한다.

29.a. 썬(Sun, "Investigation," 124)은 키(כי)를 강조의 불변사 "참으로"로 간주한다(KB, 448). 어떤 경우든 문법이 난해하다. 십중팔구 이 구절은 돈절법(aposiopesis)이라는 수사학적 장치를 갖는다.

29.b. 참조. "원문주해" 21절.

29.c. 이것은 길게 늘어진 미정격(*casus pendens*)인데 하네파쇼트(הנפשות, "그 사람들")가 그것을 다시 받는다.

29.d. 참조. "원문주해" 22.b.

30.a. 마소라 본문(MT)의 미쉬마르티(משמרתי, "나의 임무〈명령〉") 대신 70인경(LXX)은 타 프로스타그마타 무(*τὰ προστάγματά μου*, "나의 명령들")로 읽는다.

30.b. 참조. "원문주해" 21.a.

30.c. 참조. "원문주해" 22.b.

30.d. 연계형 어구 후코트 하토에보트(חקות התועבת, "가증한 규례": 개역 성경: 풍속)에서 소유격(하토에보트 – 역자주)은 지배 명사(nomen regens: 후코트 – 역자주)의 속성을 표현해 준다(GKC § 128p: nomen regens란 히브리어에서는 연계형 명사에 해당되는데, 이 용어에 대한 자세한 설명은 "원문주해" 13.9.b.에 있는 역자주를 참고하라 – 역자주).

30.e. 남성 대명사 접미어 빠헴(בהם, "그것들로") 대신 사마리아 오경(Sam)은 여성

대명사 접미어 빠헨(בהן)으로 읽는다. 이것은 그것의 선행사 하토에보트(התועבת, "가증한 것들")에 일치하도록 하기 위함이다.

30.f. 고대 레위기 두루마리(11QpaleoLev), 70인경(LXX) 그리고 탈굼 네오피티(*Tg. Neof.*)는 키(כי, "왜냐하면")를 갖는다.

양식/구조/배경

이 장의 구조는 다음과 같은 개요를 갖는다.

I. 도입 형식문(1절)
II. 연설 자체(2-30절)
  A. 연설 위탁(2a절)
  B. 연설 자체(2b-30절)
    1. 첫 번째 권고 문단(2b-5절)
      a. 여호와의 자기 소개 형식문(2b절)
      b. 권고 자체(3-5절)
        1) 뒤잇는 이방 관행들을 반대하는 두 가지 금지(3절)
        2) 각각 여호와의 자기 형식문을 갖는 하나님의 법들을 지키라는 두 가지 권면(4-5절)
    2. 다양한 성적 연합들을 규정하는 법(6-23절)
      a. 일반적인 법(6절)
      b. 두 묶음의 법(7-17a절)
        1) 근친상간을 반대하는 금지(7-18절)
          a) 일차적인 관계들(7-23절)
            (1) 어머니와(7절)
            (2) 아버지의 아내와(8절)
            (3) 누이와(9절)
            (4) 손녀와(10절)
            (5) 의붓 자매와(11절)
            (6) 고모와(12절)
            (7) 이모와(13절)
            (8) 숙모와(14절)

(9) 며느리와(15절)
(10) 형수나 제수와 함께(16절)
(11) 모녀를 동시에(17a절)
b) 어떤 종류의 결혼들을 반대하는 추가적인 금지(17b-18절)
(1) 한 여자와 그녀의 손녀와의 결혼 금지(17b절)
(2) 아내의 누이(처형이나 처제)와의 결혼 금지(18절)
2) 어떤 성적 행위들과 몰렉에 대한 희생을 반대하는 금지(19-23절)
a) 월경 기간에 여자와 성관계를 금지(19절)
b) 이웃의 아내와의 관계 금지(20절)
c) 몰렉에게 자녀를 바치는 것의 금지(21절)
d) 동성 연애 금지(22절)
e) 남녀를 불문한 수간 금지(23절)
3) 두 번째 권고 문단(24-30절)
a) 권고 자체(24-30a절)
(1) 역사적 실증을 통한 지침(24-25절)
(2) 그 땅으로부터 추방의 위협에 의해 지원되는 권고(26-29절)
(3) 이러한 법들을 지키라는 권면(30a절)
b) 여호와의 자기 소개 형식문(30b절)

이 연설의 중심 핵은 성적인 법규들의 입법이다(6-23절). 그것은 이스라엘에게 이웃 민족들의 관행들을 따르는 것을 경고하고 그들이 거룩한 백성이 될 것을 요청하는 권고 자료(parenetic material)로 골격이 만들어져 있다(2b-5절; 24-30절). 이 법안은 두 묶음의 법규들로 구성된다. 첫 번째 묶음은 가까운 친족과의 근친상간을 금지하며(7-17a절+17b-18절), 두 번째 것은 다양한 성적 범죄들(19-20절, 22-23절)에 더하여 몰렉에게 바치는 자녀 제사를 비난한다(21절). 이러한 법들은 한 아버지를 둔 집안의 가장에게 지시되며, 그러한 금지들을 위반하지 못하도록 막는 것은 바로 그의 책임이다(참조. A. Phillips, "Family Laws," *VT* 23[1973] 361). 이 입장은 이러한 성적인 법들과 관련된 형벌이 부재한 이유를 설명해 준다.

고대 이스라엘의 가족 구조에 대한 간략한 묘사는 이러한 법규들이 전해 주는 사회적 정황에 대한 안목을 제공한다. 기본 단위는 한 아버지를 둔 집안(בית אב – 베이트 압)이었는데, 한 집안은 가까운 거리에서 사는 삼대에서 오대에 걸친 가족들로 구성되어 있었다(참조. Gottwald, *The Tribes of Israel*[Mary Knoll, NY: Orbis Books, 1979] 285-92). 장남이 그의 집안의 가장인데, 그는 자신의 아버지가 나이가 많아 기력을 잃기 시작할 때 그 지위를 넘겨받았다. 이 아들의 집안에 식구가 늘어나면, 그의 형제(들)는 그(그들) 자신의 집안을 세울 수 있었다. 형제들은 계속 가까운 거리에서 살았다. 많은 가문들, 특히 소규모의 가문들에서 장남은 중대한 역할을 맡았다. 갓월드(Gottwald, *Tribes of Yahweh*, 285)는 한 아버지의 집이 50 내지 100명의 사람으로 구성될 수 있었을 것으로 추론한다. 다음 수준의 단위로는 미쉬파하(מִשְׁפָּחָה, "가족 연합체")가 있었다(Gottwald, 257). 한 아버지의 집안이 어려움에 봉착하면, 더 큰 규모인 미쉬파하(מִשְׁפָּחָה)가 지원을 하러 왔다. 몇 개의 가족 연합체가 하나의 부족(쉐베트⟨שֵׁבֶט – 지파⟩ 혹은 마테⟨מַטֶּה⟩)을 형성했다. 이 법들은 근친과의 결혼을 금지하는가, 아니면 근친상간을 규제하는가? 두 입장 모두 지지를 받아 왔다. 레갈로트 에르봐(לְגַלּוֹת עֶרְוָה, "…의 벌거벗음을 드러내다": 개역 성경: 부끄러운 곳을 벗기다. 개역 개정 성경: 하체를 범하다)라는 말은 걷잡을 수 없이 정욕에 사로잡힌 성적인 관계를 묘사하는데, 이것은 이 법들을 근친상간에 대한 규정들로 이해하는 것을 지지한다(참조. Noordtzij, 183). 그 질문은 정확하지 않을 수 있는데, 그 이유는 이것이 양자택일의 문제가 아니기 때문이다. 갓월드가 지적한 대로(*Tribes of Yahweh*, 302), 금지된 근친상간 관계는 결코 결혼에 의해 합법화되지 않는다.

이 법들을 상세히 들여다보면, 모든 법들을 시작하는 서두에 일반적이고 범주적인 한 법이 있다(6절). 그것은 선행하는 권고 자료의 문체와 연관짓기 위해 2인칭 복수의 형식을 갖추고 있다. 이쉬 이쉬(אִישׁ אִישׁ)의 용법은 모든 청자들을 나타낸다(참조. Horton, "Form and Structure," 30-31; Halbe, *ZAW* 92[1980] 68). 주 동사 카라브(קרב, "가까이 이끌다")는 근친상간 법령들의 동사들인 갈라(גלה, "드러내다")와 샤카브(שׁכב, "눕다")보다 더 일반적인데, 이는 19절에서 이 동사의 출현이 입증하는 바와 같이 이러한 일련의 법들과 두 번째 묶음의 법들을 모두 포괄하기 위함이다. 쉐에르 빠사르(שְׁאֵר בְּשָׂר, "가까운 친족": 개역 성경: 골육지친)는 근친상간 법과 혼인 법 둘 다를 가리킨다. 근친상간 법들의 핵심 어구인 르갈로트 에르봐(לְגַלּוֹת עֶרְוָה, "벌거벗음을 드러내다")가 사용된다. 호르톤(Horton, 30)에 따르면, 이 6절에 있는 법의 형식은 뒤잇는 일련의 법들에 명백하게 포함되지 않은 성관계 사건들에 관하여 법정을 위해 하나의 판결 기준을 정해 주어 스스로 알아서 판정하게 하는(heuristic) 목적을 위해 구성되어 있다. 마지막으로 이 법은 자기 소개 형식문인 아니 아도나이(אני יהוה, "나는 여호와다")의 뒷받침을 받는데, 이것은 권고적인 구조와 연결되는 또 하나의 매듭을 마련한다. 그러므로 이 법은 성적인 법들을 위한 이념적 토대를 제공하며, 문학적으로는 그 목록의 서두 역할을 한다.

개별적 법들의 구조에 관한 한, 7-16절에 있는 법들은 할베(Halbe, *ZAW* 92 [1980] 69)의 연구에 따르면 두 개의 기본 형식으로 나누어진다. 첫 번째 형식 A: B::C::B′:A′은 15절에 의해 예시된다.

A. 에르봐트 칼라테카(ערות כלתך, "너의 며느리의 벌거벗음")
B 로 테갈레(לא תגלה, "드러내지 말라")
C 에쉐트 비느카 후(אשת בנך הוא, "그녀는 너의 아들의 아내다")
B′ 로 테갈레(לא תגלה, "드러내지 말라")
A′ 에르봐타(ערותה, "그녀의 벌거벗음을")

이 금지는 기본적으로 A+B로 진술되고, 이어서 B′+A′로 교차 구조를 형성하면서 재진술된다. 중심이자 강조 지점인 C에 선언 형식문이 위치하는데, 그것은 그 법을 구체화하는 기능을 한다. 7, 11, 14절 그리고 15절에 있는 법들은 이러한 형식 속에서 작성되어 있지만, 11절과 14절에 있는 법들은 수정되었다(Halbe, *ZAW* 92 [1980] 80). 11절에 누이를(מולדת אביך) "너의 아버지가 낳은 자"로 간주하는 내용이 보통 B의 구성 요소가 있는 자리에 대신 삽입되었는데, 이는 법령에 의해 진술된 관계를 명료하게 하기 위함이다. A:B:B′:C 형식을 갖는 14절의 법은 이러한 형식의 변형인데, 아마도 다양성을 위해서이거나 엘 이쉬토 로 티크로브(לא תקרב אל־אשתו, "너는 그의 아내에게 접근하지 말지어다")의 포함 때문일 수 있다(Halbe, 78-80). 9절에 있는 법은 현재의 형태로 볼 때 어느 형식에도 맞지 않는데, 그것은 사람의 누이로 간주되는 대상의 범위를 포함하도록 확대 변경되었다(Halbe, 77-78).

두 번째 형식인 A:B:A′는 8절에 의해 예시된다.

A(ערות אשת־אביך, "너의 아버지의 아내의 벌거벗음")
B(לא תגלה, "드러내지 말라")
A′(ערות אביך הוא, "그것은 너의 아버지의 벌거벗음이다")

A 부분은 금지된 관계를 확인해 주며, 반면에 A를 되울림하는 A′는 선언 형식문으로 그 금지를 구체적으로 실증하는 역할을 한다. 그 금지는 한가운데 있는 핵심점이다. 이 유형의 보기들은 8, 10, 12, 13, 16절에 있는 법들이다. 10절에 있는 법은

확장된 형태를 갖는다. 두 친척 관계가 확인되며, 이것은 선언 형식문 속에 있는 복수 대명사 힌네(הִנֵּה)로 이어진다.

이러한 법들이 두 개의 기본 형식으로 짜여져 있다는 입장은 엘리거(Elliger)나 포이흐트(Feucht)의 추론을 지지하지 않는다: 엘리거의 분석(*ZAW* 67[1955] 6-12)은 원래 9절 뒤에 아버지와 딸의 성적 연합을 반대하는 법을 포함하고 있었던 10계(decalogue: 10계명이 아니다. 10계명은 첫 자음을 대문자로 써서 Decalogue이다 – 역자주)가 나중에 13절과 17a절의 추가와 더불어 12계(dodecalogue)로 확대되었다는 것이고, 포이흐트(*Untersuchungen*, 31-32)는 이중적인 10계를 발견하려고 했는데 하나는 6-16절에서, 다른 하나는 17-23절에서 찾고자 했다.

아버지와 딸 사이의 성관계와 형제와 친누이 사이의 성관계를 금지하는 법들이 부재한 것은 이해하기 곤란하다. 몇몇 주석가들(예를 들어, Elliger, *ZAW* 67[1955] 2; Kilian, *Literarkritische*, 16)은 딸에 대한 법이 유사 시작(homoiarchton)의 실수로 인해 9절에서 빠진 결과가 발생했다고 주장했다. 그런 실수는 이러한 법들이 가진 형식상의 유사성으로 인해 쉽게 발생할 수 있었을 것이다. 이러한 입장을 지지하는 것은 함무라비 법전에 그와 같은 법이 있다는 사실이다. 그렇지만 또 다른 두 묶음의 근친상간에 대한 법인 레위기 20:11-21과 신명기 27:20-23에 그런 성관계를 금지하는 법이 없다는 것은 여기에 그와 같은 법을 끼워 넣는 것에 지지를 보내지 않는다(참조. Luria, *ArOr* 33[1965] 207-8). 그 법의 부재의 이유는 사회-경제학적인 것이었을지도 모른다. 즉 이스라엘 족속의 한 아버지가 자신의 딸과 관계를 가짐으로써 그녀가 요구할 수 있는 결혼 비용을 심각하게 감소시킬 일은 아예 생각하지도 않았을 것이다. 그러한 법규가 존재하지 않는 이유에 대해 이러한 제안이 어떤 타당성을 가질지 모르지만, 그것은 형제-친누이 사이의 성관계를 금지하는 법이 부재한 이유를 설명하지 못한다. 두 법의 생략에 대해 가장 훌륭하게 설명한 제안을 래트레이가 내놓았다(Rattray, SBLASP 26[1987] 542; 그림 2를 보라). 그녀의 제안에 의하면, 21:2-3에 있는 쉐에르 빼사로(שְׁאֵר בְּשָׂרוֹ, "그의 가까운 친척")란 어구는 아버지, 어머니, 딸, 형제, 미혼의 누이로 정의되는데, 그것은 어머니, 딸 그리고 친누이를 한 남자의 성적인 접근에서 제외시킨다. 만일 이것이 정확하다면, 왜 7절에 어머니가 특정적으로 언급되었는가? 특별히 어머니와의 근친상간은 보편적으로 혐오스럽게 간주되고 거의 발생할 것 같지 않은데 말이다. 래트레이의 답변은 그 목록이 가장 역겨운 사례를 서두에 두었다는 것이다. 그러나 그러한 설명은 이 법의 존재에 대한 충분한 답변이 되지 못한다. 이 법은 단지 아들과 그의 어머니

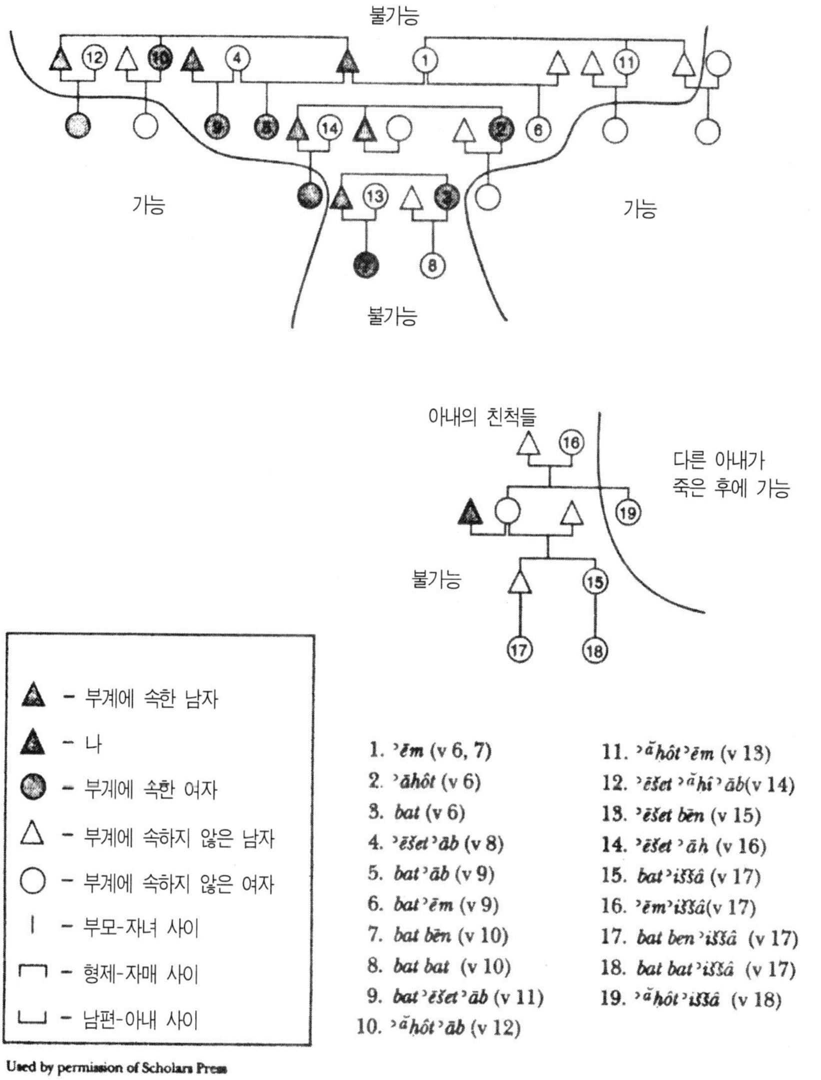

그림 2. 레위기 18:6-18에 따른 금지된 관계들(S. Rattray, SBLASP 26[1987] 544).

사이의 성적인 관계들만을 제외하는 것이 아니다. 그것은 에르봐트 아비카(אביך ערות, "너의 아버지의 벌거벗음")라는 어구와 더불어 시작된다. 비록 이 어구의 포함이 이 법의 구조를 과밀하게 만들긴 하지만 말이다. 이 어구는 에르봐트 아메카(ערות אמך, "너의 어머니의 벌거벗음")라는 어구 앞에 놓여졌는데, 이는 이 법이 이어지는 모든 근친상간 관계들을 그의 아버지나 어머니에 대한 위반으로 분류하는 기능을 할 수 있게 하기 위함이다(참조. Horton, "Form and Structure," 29-31). 그렇다면 이러한 형식 구성(다양한 사안들에 대해 – 역자주)은 스스로 판단을 내리게 하는(heuristic) 기능을 이 법에 부여한다. 즉 호르톤의 견해에 의하면, 그 법은 법정이 광범위하고 다양한 근친상간 사례들을 결정하기 위한 토대를 제공한다(30-31). 사실상 이러한 이해는 이 법이 고대 이스라엘에서 분명하게 금지되었던 여타의 근친상간 관계들에 대한 법들의 부재를 설명해 준다는 래트레이의 해설을 지원한다.

17b절과 18절에 있는 법들은 일련의 근친상간 법들에 추가된 것들인데, 왜냐하면 이 두 법이 전문적 용어인 라카흐(לקח, "혼인관계로 취하다")를 사용함으로써 선행하는 법들로부터 벗어나기 때문이다. 이러한 입장을 지지하는 추가적인 증거가 선언 형식문의 특징상의 변화에서 발견된다. 17b절에 있는 법은 선언 형식문인 자마 후(זמה הוא, "그것은 음란한 행위다": 개역 성경: 이는 악행이니라)가 받쳐 주고 있다. 선행하는 법들처럼 그 범죄를 가까운 친척에 대한 범법 행위로 간주하는 것이 아니라, 이 형식문은 19-23절에 있는 선언 형식문들과 마찬가지로 그런 행위를 하나의 윤리적 위반으로 규정한다. 그러므로 이 두 법은 근친상간 법들이 아닌 다른 종류의 관계에 대해 말하고 있다. 그것들은 그 두 가지 유형의 결혼 관계를 금지하기 때문에 여기에 첨부되었지 엄밀히 근친상간으로 간주되는 것은 아니다.

두 번째 묶음에 있는 법들은 불결하거나 삐뚤어진 성행위들에 대한 금지다. 다양한 언어적 끈이 이 법들을 19-20+22-23절에 함께 묶는다. 19절과 20절에 있는 두 법은 모두 붸엘 이샤(ואל אשה, "그리고 아내에게")로 시작한다. 20절과 23a절에 있는 법들은 레타므하 바흐(לטמאה בה, "그녀로 인해 더러워지도록")이지만, 19절에 있는 법은 타므아(טמאה, "부정결, 더러움")를 갖는다. 타므아(טמאה)는 이러한 금지들이 오염을 일으키는 성적 결합들을 거부한다는 것을 알려 준다. 이러한 사실은 이 법들의 묶음을 권고 자료 내에 있는 도덕적이며 제의적인 오염에 대한 염려와 연관시킨다. 19절의 법에 있는 동사 티크로브(תקרב, "접근하다": 6, 14절)와 레갈로트 에르봐타(לגלות ערותה, "…의 벌거벗음을 드러내다")라는 어구는 선행하는 법들과 결속을 형성한다. 어근 샤카브(שכב, "눕다")는 두 번째 일련의 법들의 핵심적인 가닥이다. 동사 티쉬카브(תשכב, "눕다")는 22절에서 나타나고, 명사형 쉐코브테카(שכבתך, "너의 씨")가 20과 23절에 그리고 미쉬카브(משכב, "눕기")가 22절에 나타난다. 덧붙여서 이 법의 배열에서 정상적인 성행위의 왜곡된 행태들로부터 점차 비정상적인 성행위들로 옮겨가는 진전을 발견할 수 있다: 월경 중인 아내와의 성관계(19절) 혹은 이웃의 아내와의 성관계(20절), 몰렉에게 바치는 자녀 희생(21절), 비정상적인 성행위들, 즉 동성 연애(22절)와 수간(23절).

두 번째 묶음의 법들을 실제적인 것으로 성립시키는 선언 형식문들은 첫 번째 묶음의 그것과 상당히 다르다. 첫 번째 묶음의 법들을 위한 성립 근거 내지는 동기 부여가 사람의 사회적 책임인 반면, 두 번째 묶음의 법들은 이 사악한 행위들의 불결하고 비도덕적인 성격을 표현하는 선언 형식문들이 동기를 부여한다: 토에바 후(תועבה הוא, "그것은 가증한 일이다": 22절), 그리고 테벨 후(תבל הוא, "그것은 문란한 일이다": 23절), 짐마 후(זמה הוא, "그것은 음란한 행위다")는 17b절에서 나타난다. 두 번째 묶음의 법들에 있는 이러한 형식문들은 아주 강력한데, 이는 그것들이 그런 범죄가 백성들과 그들의 하나님이신 여호와 사이의 관계에 끼치는 파괴적인 영향력에 대해 말하기 때문이다.

21절에 있는 법은 현대의 독자들이 볼 때는 두 번째 묶음의 법들 속에서 적절한 위치가 아닌 것처럼 보인다(참조. 20:2에 있는 몰렉 희생에 대한 부록). 그럼에도 불구하고, 그것이 이 위치를 위한 형식을 갖추었다는 몇 가지 암시가 있다. 도입하는 어구인 미자르아카(מזרעך, "너의 씨의 누구를": 개역 성경:〈너의〉 자녀를)는 20aβ절에 있는 레자라(לזרע, "씨를 위해": 개역 성경에는 분명하게 나타나지 않는다 – 역자주)와 직접 연결되어 있다. 금지인 로 티텐(לא תתן, "주지 마라")은 20a절과 23절에서 발견되는 금지들을 되울린다. 강력한 어법인 "너의 하나님의 이름을 욕되게 하지 말라"는 이 행위가 이 묶음에 있는 다른 범죄들보다 훨씬 더 오염력이 크다는 것을 표현하며, 또한 그것은 이 묶음의 강력한 선언 형식문과 조화를 이룬다. 덧붙여서 이 법이 자기 소개 형식문인 "나는 여호와다"에 기반을 둠으로써 첫 번째 묶음의 법들(6절) 및 권고적 틀 구조(참조. 2절)와 연관될 뿐만 아니라, 이 금지 조항의 무게를 높인다. 그러므로 연설자는 이 법을 현재의 문맥에 맞게끔 주도면밀하게 작성했다. 성적인 범죄와 몰렉에게 바치는 희생 사이의 밀접한 관련은 추가적으로 20장의 성적인 범죄들을 금지하는 일련의 법들 바로 앞에 몰렉에 대한 제사들을 거절하는 법들을 배치해 놓은 구도에 의해 확인된다. 그러므로 이스라엘은 성적인 범죄들과 어떤 이교적 의례들 사이에 신학적 연관성을 수립했다. 한편으로 이러한 행위는 다른 성적인 범죄들과 마찬가지로 가족의 연대에 파괴적이었으며,

다른 한편으로 한 문화가 현대의 사고 방식에 그토록 다르게 보이는 두 주제를 동등하게 놓을 수 있었다는 것은 남서부의 아메리카 인디언 부족인 키리카후아 족(Chricahua)이 근친상간과 마법을 사회적·종교적 영역 각각에 최악의 범죄 행위로 동등하게 놓았다는 증거에 의해 입증된다(R. Fox, *The Red Lamp of Incest*, 32-34).

이 법안의 골격을 형성하는 권고 자료에서 첫 번째 문단(2b-5절)은 백성들에게 이집트 사람들과 가나안 사람들의 관습을 따르지 말라고 경고하며(2b-3절), 또한 여호와의 법들과 율례들을 순종하라고 권면한다(4-5절). 생명의 약속과 함께 그 법들의 준수가 장려된다(5절). 세 번째 문단(24-30절)에서는 초점이 백성들과 그 땅 사이에 존재하는 결속에 맞추어져 있다. 거기에는 세 그룹의 권고적 진술이 있다. 두 번째 문단은 이스라엘이 만일 하나님께서 주신 법들에 불순종한다면 그 땅으로부터 쫓겨날 것이라는 위협으로 연결된다(28절). 이러한 위협은 이 권고의 핵심적 초점이 된다. 이것은 위치상으로 중심이며, 또한 이어지는 이교적 관습과 관행들로부터 유래한 오염을 드러내어 주는 세 가지 어근의 반복적인 사용에 의해 중심점이 된다: 타메(טמא, "부정결한": 24[2회], 25, 27, 28, 30절), 토에보트(תועבת, "가증한 일들": 26, 27, 29, 30절) 그리고 키(קיא, "토하다": 25, 28절[2회]). 덧붙여서 이 권고 자료에서 여호와의 자기 소개 형식문의 반복적인 사용(2b, 4b, 5b, 30b절)은 이 권면들이 여호와의 거룩한 성품에 그 권위를 둔다는 것을 강조한다.

이 권고 자료에서 과거 시제와 미래 시제의 연합은 흥미롭다. 그것이 보여 주는 바와 같이, 이 자료는 이스라엘에게 그들이 그 땅에 들어가기 직전에 있는 것으로(2b-4, 24, 30절), 또한 그들이 이미 그 땅에 들어가 있는 것처럼(5, 25-29절; 참조. Elliger, 233-34; idem, *ZAW* 67[1955] 17-23) 말씀을 전한다. 과거와 현재 사이의 이러한 긴장은 이 연설을 듣는 각자의 청중들을 위해 고대의 법을 당대의 것으로 만드는 수사학적 장치다(참조. Reventlow, *Heiligkeitsgesetz*, 60-64). 이스라엘은 그들의 구원사의 빛 속에서 현재의 시간에 이러한 법에 순종하라는 요청을 받는다. 첫 번째의 도입부의 권고(2b-5절)는 청중들로 하여금 하나님께서 이스라엘이 이웃 나라들과 같은 민족이 되지 않기 위해 그들이 어떠한 법에 순종하기를 원하시는지 묻게 만든다. 중심에 있는 법안(즉 두 번째 문단인 6-23절 – 역자주)이 그러한 법들을 이스라엘에게 주심으로써 그 질문에 답하신다. 마무리짓는 권고는 이스라엘이 그런 행위들로 그 땅을 더럽힌 까닭에 추방될 것이라는 위협과 더불어 이웃 나라의 관행들을 피하도록 동기를 부여한다. 그 위협의 엄격성은 그들의 가증한 관행들로 인해 그 땅을 점령했던 가나안 족속들에게 무슨 일이 일어났는지를 회상하는 기억에 기반을 두고 있다. 이러한 위협을 생생하게 만들기 위해 그 백성과 그 땅 사이의 결속이 인격화된다: 즉 도덕적 행위들에 있어서 방종은 그 땅을 병으로 신음하게 함으로써 땅은 자신의 거주민들을 토해 낼 것이다. 그리하여 그 연설이 그러한 구조를 갖춘 이유는 시내 산에서 받은 이 법들의 즉각적인 순종의 필요성과 더불어 현재의 청중들에게 그것들을 전달하기 위함이다.

다음으로 이 연설은 제사장의 구두에 의한 평신도 교육을 위한 것이다. 이 연설의 문체는 이러한 입장을 지지한다. 많은 기억술 기법과 수사학적 장치들이 공히 제사장의 이 연설의 암기를 용이하게 만들고, 또한 이 법령들을 청자들의 마음 속에 깊숙이 심어 주는 역할을 한다. 먼저 위에서 언급된 바와 같이 그 법들은 유사한 형식들 속에 제시되어 있다. 둘째로, 몇 가지 어근들이 다양한 형태로 반복된다: 아사(עשה, "행하다": 12회), 타메(טמא, "부정한": 8회), 토에바(תועבה, "가증한": 5회), 샤마르(שמר, "지키다": 5회), 후코트(חקות, "규례들": 4회), 미쉬파팀(משפטים, "법도들": 3회), 키(קיא, "토하다": 3회), 할라크(הלך, "걷다, 가다": 2회). 아르봐(ערוה, "벌거벗음")라는 단어의 형태는 21회 나타나고, 동사 갈라(גלה, "드러내다")의 형태는 16회 나타난다. 셋째로, 다른 민족들과 똑같이 행하지 말라는 명령의 오중적인 반복이 있다(3[2회], 24, 27, 30절). 넷째로, 이러한 법령들의 권위는 선언 형식문의 빈번한 사용에 의해 강화된다. 다섯째로, "나는 여호와다"라는 형식문이 세 번 발생하며(5, 6, 21절), "나는 너희 하나님 여호와다"라는 형식문 역시 세 번 발생한다(2, 4, 30절).

이 근친상간 법들에 대해 제안되는 연대는 매우 다양하다. 엘리거(Elliger, *TLZ* 29[1954] 304)는 오래된 핵심적 법들을 유목민 시대로 잡는다(7-17a절). 킬리안(Kilian, *Literarkritische*, 28)과 레벤트로우(*Heiligkeitsgesetz*, 54)는 그 법들을 광야 시대로 할당한다. 그렇지만 비거(Bigger, *JBL* 98[1979] 198)는 그 법령들이 확대된 가족이 아닌 한 가정을 다스리며, 따라서 백성들이 소규모의 집단으로 도시 배경에서 살았던 훨씬 후기 시대에 유래했다고 믿는다. 그렇지만 근친상간 법들은 광야 시대에 잘 어울리는데, 이는 한편으로 볼 때 그것들이 유다와 그의 며느리 다말 사이의 관계와 같이(38장) 더욱 이른 시기에 아무런 법적 규제가 없이 언급되는 어떤 관계들을 금지하기 때문이다. 다른 한편, 구약의 나머지 부분에서 볼 수 있는 증거는 단지 몇몇 경우를 제외하고는 여기에서 요구되는 가족 관계들을 반영한다. 그러므로 이러한 법들은 지파 공동체로부터 하나의 민족으로 이스라엘이 변천하는 시기에 생겼다.

주석

1-2 여호와께서는 계속해서 모세에게 그가 이스라엘에게 전해야 할 말씀들을 주신다(참조. 1:1-2; 4:1-2 등). 이러한 연설은 하나님의 자기 정체 확인 형식문과 더불어 시작된다. "나는 너희의 여호와 하나님이다." 하나님께서는 친히 자신을 "너희의 하나님"으로 부름으로써 마치 족장들인 아브라함과 이삭과 야곱에게 그랬던 것처럼 자신의 정체를 그의 백성에게 확인해 주시고 있다(예를 들어, 출 3:6, 15). 이러한 형식문은 십계명의 서언을 생각나게 하는데(출 20:2; 참조. Wenham, 250-51), 청중들로 하여금 이 법들이 시내 산 언약에 그 배경을 두고 있다는 것을 상기하게 만든다. 이스라엘은 그들이 예배드리는 하나님의 거룩한 성품 때문에 이러한 법들을 반드시 준수해야 한다는 것을 깨닫게 된다.

부록: 어구 "나는 여호와(너의 하나님)이다"

참고문헌

Elliger, K. "Ich bin der Herr – euer Gott." In *Theologie als Glaubenswägnis*. FS K. Heim. Evang.-Theol. Fakultät in Tübingen. Hamburg: Im Furche-Verlag, 1954. 9-34.

Zimmerli, W. "I Am Yahweh." In *I Am Yahweh*. Tr. D. Stott. Atlanta: John Knox Press, 1982. 1-28.

두 개의 여호와의 자기 소개 형식문인 아니 아도나이(אני יהוה, "나는 여호와다")와 아니 아도나이 엘로헤이카(אני יהוה אלהיך, "나는 여호와 너희의 하나님이다")가 레위기 18-26장, 이사야 40-55장 그리고 에스겔에서 무더기로 나타난다. 그것들은 오경과 선지서들의 다른 부분들에 여기저기 흩어져 있지만, 시가서들에서는 미미하게 발생한다(단지 시 46:11[10]; 50:7; 81:11[10]; Elliger, "Ich bin der Herr" 9). 레위기에서는 이 형식문들이 보통 하나의 법의 끝이나 혹은 한 묶음의 법들의 끝에 나온다. 그렇지만 긴 형식문이 거룩한 삶을 위한 법(성결법)에서 단 한 번, 즉 18:2에서 이끄는 위치를 갖는다. 거기서 그것은 전략적으로 성결법들의 서언으로서의 역할을 하는데, 이러한 특징은 십계명의 서두에서 그것의 사용에 상응한다(출 20:2; Zimmerli, "I Am Yahweh," 3). 도입하는 용도를 갖는 짧은 형식문의 한 가지 예는 연이어 등장하는 두 개의 중요한 구절들에서 발생한다: 하나님께서 모세에게 자신의 정체를 드러내시는 출애굽기 6:2-5과 하나님께서 백성들을 구원하실 것이라는 복된 소식을 그들에게 전하도록 모세에게 명하는 출애굽기 6:6-8이다(Zimmerli, 7-12).

긴 형식문인 아니 아도나이 엘로헤이카(אני יהוה אלהיך)는 "나는 여호와 너희의 하나님이다"로 번역되어야 하는가, 아니면 "나 여호와는 너희의 하나님이다"이어야 하는가? 짐멀리는 긴 형식문은 더 짧은 형식문인 아니 아도나이(אני יהוה, "나는 여호와다")의 확장이며, 따라서 "나는 여호와 너희의 하나님이다"로 번역되어야 한다고 믿는다(*I am Yahweh*, 4, 24). 엘로헤이카(אלהיך, "너희의 하나님")의 추가는 여호와께서 "자기 백성 이스라엘"에게 신적이고 주권적인 관계 속에 "서 계신다"는 것을 강조한다(Zimmerli, 4). 나아가 긴 형식문은 아마도 다양한 관계절들에 의해 확장되었을 것이다. 19:36에서 출애굽을 설명하는 하나의 절이 긴 형식문에 첨부되며(참조. 25:38; 26:13), 20:24에서는 그것이 이스라엘에게 그 땅을 주신 하나님의 목적을 진술하는 관계절과 더불어 확장된다. 예를 들어, 메카디쉬켐(מקדשכם, "너희를 거룩하게 하시는 분": 20:8; 22:32; 유사하게 21:15, 23; 22:9, 16). 보통 술어가 그 형식문을 뒤따르지만, 몇몇 경우에는 술어가 그 형식문의 서두에 위치하여 신의 이름인 여호와를 주어와 수식 관계 속에 있게 만든다: 예를 들어, 레위기 19:2에서 카도쉬 아니 아도나이 엘로헤이켐(קדוש אני יהוה אלהיכם, "나 여호와 너희의 하나님은 거룩하다": 참조. 20:26; 21:8; Zimmerli, 4-6).

이러한 자기 소개 형식문들은 하나의 단락, 법 혹은 순종에 대한 요청의 권위를 그 말씀의 부여자, 즉 여호와의 이름에 두는 기능을 한다. 말하자면, 하나의 형식문이 사회적-정치적 영역보다 위에 있는 한 법이나 일련의 법들의 권위를 신적인 영역으로 승격시킨다. 결과적으로, 이러한 법들을 순종하는 가운데 백성들은 여호와에 대한 자신들의 충성심을 표현한다. 이러한 뉘앙스는 가난한 자들과 체류민들의 권위를 보호하는 법령을 강화하기 위한 긴 형식문의 사용에서 분명해진다(23:22). 왜냐하면 이스라엘은 그들의 하나님께서 노예 상태였던 백성들과 자비하심으로 친분 관계를 맺으셨던 것과 마찬가지로 이러한 불행한 사람들과 친분 관계를 간직해야 하기 때문이다(참조. 신 15:12-15; 16:12; 24:17-22). 덧붙여서, 이러한 형식문들 중 하나를 사용함으로써 그 형식문이 강조하는 그 말들에서 드러나는 바와 같이 여호와의 거룩하신 성품이 백성들 앞에서 존속된다.

엘리거(Elliger, "Ich bin der Herr," 10-25)는 레위기 18-26장에 있는 이러한 두 가지 형식문의 사용에서 한 가지 차이점을 발견한다. 그는 자신의 분석에서 그 두 형식문의 신학적 효력을 구별한다. 그에게 있어서 긴 형식문인 "나는 여호와 너희의 하나님이다"는 자기 백성을 위한 여호와의 구원의 행위들에 단단히 결속되어 있다(예를 들어, 18:2-4). 그것은 자신의 약속을 지키시는 하나님이신 여호와의 한량없는 은혜를 전해 준다. 짧은 형식문인 "나는 여호와다"는 여호와가 악행에 대해서는 징벌하시고 순종은 보답하시는 거룩하시고 질투하시는 분이심을 상기시킨다(예를 들어, 18:5, 6, 21). 그것은 거룩하신 하나님에 대한 예배에 호소함으로써, 또한 그 거룩에 의해 삼켜진다는 두려움을 주입함으로써 그 규례들에 대한 순종을 요구한다. 이것을 다른 방식으로 말하자면, 엘리거에게 있어서 "나는 여호와다"라는 형식문은 진정한 헌신을 요구하는 여호와의 온전하심, 곧 그분의 엄중하고 높으신 온전하심을 전해 주며, 반면에 그 형식문에 "너의 하나님"이 추가된 것은 여호와 그 거룩하신 분께서 자기 백성들이 자신을 그들의 하나님으로 예배드릴 수 있도록 그들 가운데 계셔서 그들을 위해 일하고 계시다는 내용을 짧게 보충하는 역할을 한다. 계속해서 엘리거(10-16)는 어떤 형식문이 사용되었는가에 근거해서 그 본문 속에 있는 여러 층을 확인하는 작업을 진행했다. 그렇지만 짐멀리(Zimmerli)는 그 형식문들 사이에 있는 이러한 세밀한 차이가 몇몇 본문들에서의 구별 없는 용례들 앞에서 무용지물이 된다는 것을 발견한다. 예를 들어, 레위기 22:33과 26:45에서는 짧은 형식문인 "나는 여호와다"가 출애굽에 대한 확언들과 결부되어 있다. 비단 이집트의 노예 상태로부터 자신이 구출해 준 이스라엘과의 관계 속에서 여호와의 이름을 계시한다는 내용이 담긴 중대한 구절인 출애굽기 6:6-8에서뿐만 아니라 말이다. 짐멀리("I am Yahweh," 3)는 다른 형식문들보다 선호되는 어떤 형식문의 사용에는 특징적인 패턴이 없다고 결론내린다.

신적 자기 소개 형식문의 원래의 출처와 관련하여, 짐멀리("I am Yahweh," 7-13)는 그것을 추적하여 이집트로부터 자기 백성을 구원하신다는 여호와의 약속으로 거슬러 올라간다(출 6:6-8). 관련 구절로서 그 사건에 대한 역사적 설명인 에스겔 20:5-7에서, 그 형식문은 출애굽 사건과 시내 산에서의 여호와의 율법 부여에 공히 적용된다. 에스겔서에 자주 나오는 표현인 "너는 내가 여호와인 것을 알리라"(예를 들어, 6:7)와 더불어, 이 두 본문에 위치한 자기 소개 형식문들은 여호와의 의도가 자기 백성으로 하여금 자신의 충만한 이름 속에서 자신을 알도록 하는 것임을 시사한다. 따라서 "자기 소개는 자기 계시다"(Zimmerli, 10). 그것은 여호와께서 자신을 계시해 주신 그들에게 헌신하신다는 것을 표현해 준다(Zimmerli, 10-11). 짐멀리는 이러한 통찰을 레위기 18-26장에 적용하면서 이렇게 말한다. "그렇게 해서 이러한 작은 묶음의 법적 정언들(legal maxims) 각각은 여호와의 구약 계시의 중심에서 나오는 법적 전달이 된다"(12). 레위기의 연설 구조에서 여호와께서는 어떤 중재자에게 – 대체로 모세 – 직접 말씀하시고, 그 사람은 이어서 여호와로부터의 그 말씀을 여호와의 자기 소개 형식문의 권위 속에서 회중에게 전달한다. 이것은 중재자와 회중 모두가 경외감을 갖게 하는 아니 아도나이(אני יהוה, "나는 여호와다")를 듣는다는 것을 의미한다(Zimmerli, 12-13). 그렇다면 레위기 18-26장에서 이 형식문의 역할은, 이스라엘의 한 백성으로서의 특별한 존재성은 그분의 거룩한 성품의 자기 계시에 의존한다는 사실을 가르치는 것이다.

3 이스라엘은 이집트인이나 가나안인의 관습들(מעשה – 마아세)을 따라서는 안 된다. 그들은 가나안에 정착했을 때 자신들을 매혹시켰던 어떤 이집트 관습들을 실천에 옮기고 싶은 유혹을 받았을 것이다. 혹은 그들은 가나안의 관행들의 일부를 너무나 선망하여 그것들을 모방할 정도가 되었을 것이다. 눈앞에 보인 그 관습들은 다산 의례들과 또 다른 형식의 친족 관계들에 뿌리박고 있는 제의적 관행들이다.

혹은 이스라엘은 이웃 민족들의 규례들(חקות – 후코트) 가운데 거닐어서는 안 된다. “걷다”는 일상 생활 속에서 좋은 의향으로 이러한 규례들을 따르는 것을 의미한다(참조. 20:23; 26:3; 겔 5:6, 7; 11:20; 18:9, 17 등).

4-5 미쉬파팀(משפטים)은 일반적인 법들을 지칭한다. 이스라엘은 하나님의 “법도들”(משפטים – 미쉬파팀)을 행하고 그분의 “법령들, 규례들”(חקות – 후코트)을 지키는 데 전념해야 한다. 후코트(חקות)는 어근 하카크(חקק, “새겨 넣다”)에서 온 것으로 특징적인 법령들, 특별히 하나님께서 제정하신 법령들을 지칭한다. 호크(חק)가 비록 단일한 용법에 제한되지 않을지라도, 그것은 종종 일반적이고 범주적인 법령을 지시한다(*TWOT* 1:317; G. Liedke, “חקק *ḥqq* einritzen, festsetzen,” *THAT* 1:631-32). 종종 미쉬파팀(משפטים)이 후코트(חקות)와 함께 나타난다(예를 들어, 19:37; 20:22). 두 단어가 함께 여호와께서 부여하신 율법 전체를 의미한다. 이 명령은 4절에서 진술되고 5절에서 순종에의 요청을 강조하기 위해 동사 아사(עשה, “행하다”)와 샤마르(שמר, “지키다”)와 더불어 반복된다. 동사 아사(עשה, “행하다”)는 이 법들에 따라 행동하는 것을 의미하는 매우 일반적인 용어다. 샤마르(שמר, “지키다”)는 그 계명들을 “행하도록” 의지가 훈련되어야 한다는 것을 알려 준다. 이러한 문체는 신명기에서 애용된다. 5절에서 “지키다”가 법령들과 법도들(개역 성경: 규례와 법도) 모두에 적용된다. 이 법령들은 그것들이 사람의 생활 방식, 곧 걸음걸이에 배어들도록 지속적으로 실천되어야 한다. 하나님의 계명들의 준수는 생명의 약속을 담고 있다(참조. 26:3-13; 신 28:1-14; 또한 겔 20:11, 13, 21에 있는 이 구절에 대한 언급을 보라; 느 9:29). 인간은 에덴 동산에서 하나님께 불순종했기 때문에(창 3장) 생명 나무에 대한 접근이 거부되었다. 하나님께서는 율법의 순종을 통해 생명에 이르는 길을 열어 놓으셨다. 여기서 생명은 무엇을 의미하는가? 본문은 명확하지가 않다. 권고의 말씀의 문맥(24-30절)에서 그것은 이스라엘이 약속된 땅에서 하나님의 백성으로서 물질적 풍요와 더불어 안전하고 건강한 생활을 누리게 될 것임을 의미한다. 후대의 해석가들(탈굼 위-요나단〈*Tg. Ps.-J.*〉과 탈굼 옹켈로스〈*Tg. Ong.*〉, 그리고 람반〈Ramban, 245〉과 같은 초기 유대 주석가들)은 “생명”을 영생을 의미하는 것으로 받아들였다. 현재의 본문에 대한 그런 독법에 대해 오경 내에서는 지지하는 곳이 거의 없다. 그러나 신구약 모두의 문맥 속에서, 예수 안에서의 하나님의 추가적인 계시는 하나님께서 마지막 때에 부활 가운데 자기 백성에게 영생의 선물을 주신다는 것을 우리에게 알려 준다. 구약의 언어가 그 자체로 구체적인 믿음을 표현해 주지는 않지만, 그럼에도 불구하고 이것은

구약의 언어가 청자들에게 하나님의 더욱 완전한 계시를 준비시키는 방법에 대한 한 가지 본보기다.

[6] 일련의 성적인 법들의 서두에는 가까운 친족－쉐에르 빠사르(שאר בשר, "그의 살 중의 속살⟨inner flesh of his flesh⟩"; 개역 성경: 골육지친)－과의 성관계를 금지하는 일반적인 법이 자리하고 있다. 쉐에르는 피가 섞여 있는 살코기를 의미하는 반면, 빠사르(בשר)는 바깥 부위의 고기를 지칭하며 "가족 구성원"에 대한 법률적 용어가 될 수 있다(Wolff, *Anthropology*, 29). 레위기 21:2-3은 어머니, 아버지, 아들, 딸 그리고 미혼의 누이를 사람의 "육체"(שאר－쉐에르)로 열거한다. 이때 이 어구는 가족 구성원들 사이의 든든한 유대를 표현한다. 에르봐(ערוה)는 여자의 "외음부"를 지칭한다. 나체와 노출(벌거벗음: 개역 성경: 하체) 사이에는 차이가 있다. 나체는 아룸(ערום)과 에롬(עירם)에 의해 표현되는 반면에, 에르봐(ערוה)와 에르야(עריה)는 노출(벌거벗음)을 지시한다(Horton, "Form and Structure," 20). 고대 이스라엘 사람의 관점에서 에르봐(ערוה)는 몸의 가장 내밀한 부분이다. 그것은 마땅히 결혼 관계에서만 노출될 수(גלה－갈라) 있다. 사람의 에르봐(ערוה, "외음부")의 부적절하거나 우연한 노출은 수치심을 일으킨다(사 20:4; 미 1:11). 다른 사람의 "노출을 드러내는 것"(גלה ערוה－갈라 에르봐)은 그 사람과 성관계를 갖는 것이다(개역 성경: 하체를 범하다). 호르톤(Horton, 30-31)은 그것이 일종의 알아서 판단을 내리게 하는(heuristic) 규칙으로서의 역할을 하면서, 법정으로 하여금 뒤이어 나오는 특정한 법들에 포함되지 않은 사례들을 해결할 수 있도록 판결의 토대를 마련해 준다고 지적한다. 따라서 래트레이(Rattray, *SBLASP* 26[1987] 542)는 이 법이 아버지와 딸, 그리고 형제와 친누이 사이의 성관계를 금지한다는 것을 정확히 관찰한다. 비록 이러한 사례들이 이어지는 법들에 포함되지 않음에도 불구하고 말이다. 사람이 사악한 성관계에 빠지지 말아야 할 또 하나의 근본적 이유는 여호와의 자기 형식문인 "나는 여호와다"(참조. 2절)에 의해 표현된다. 사람은 근친상간을 범함으로써 이러한 경계들을 설정하신 여호와를 모독한다.

[7] 아들은 자신의 어머니와 성관계를 가질 수 없는데, 이는 어머니는 아버지의 아내이기 때문이다. 여기에 "너의 어머니의 벌거벗음"(ערות אמך－에르봐트 임카)과 더불어 "너의 아버지의 벌거벗음"(ערות אביך－에르봐트 아비카, 개역 성경: 하체)이란 어구가 포함된 것은 인상적이다. 그것이 이 마디(stich)를 과밀하게 만들 뿐만 아니라, 아버지가 당장에 이 특정한 행위에 연루되지도 않는다(저자 하틀리의 7절 번역을 참고하라. 개역 성경과 달리 "어머니와 아버지의 하체를 수치스럽게 하

지 말라"로 되어 있다-역자주). 그렇지만 이 이중적 어구는 매우 중요한데, 이는 그것이 근친상간 법들을 시작하기 때문이다. 아버지의 벌거벗음과 어머니의 벌거벗음은 공히 근친상간 법들을 위해 길잡이가 되는 원리다. 왜냐하면 아들을 근친과의 성관계로부터 차단시켰던 것은 친가 쪽이든 처가 쪽이든 바로 부모의 벌거벗음이었기 때문이다. 그런 성관계는 어떤 것이라도 그의 아버지나 어머니를 수치스럽게 만든다. 이러한 특수한 법에 관한 한, 부모의 벌거벗음에 대한 언급은 결혼한 부부의 단일성을 표현한다-그들은 한 몸이라는 것(창 2:24). 그녀의 벌거벗음을 드러냄으로써 한 아내를 수치스럽게 하는 것은 동시에 그녀의 남편을 수치스럽게 하는 것, 곧 그의 남편의 벌거벗음을 드러내는 것이다(창 49:4; 신 23:1[22:30]). 이러한 관점에서 결혼은 남편과 아내를 혈연 관계보다 훨씬 더 밀접하게 결속시킨다. 또한 이 법이 의미하는 것은 만일 아버지가 죽더라도 아들이 자신의 지위를 높이고 그녀의 안전을 도모하기 위해 자신의 어머니를 아내로 받아들일 수 없다는 것이다(신 27:20).

[8] 아들은 어머니가 아닌 자신의 아버지의 부인과 성관계를 가질 수 없는데, 이는 그런 행위가 아버지를 수치스럽게 하기 때문이다(신 23:1[22:30]; 27:20). 카일 델리취(Keil and Delitzsch, 414)는 "아버지의 부인"을 일부다처제의 다른 아내와 첩을 모두 포함하는 의미로 받아들인다. 아들이 아버지의 첩을 취하려는 우선적인 동기는 아버지의 지위를 찬탈하려는 욕망이었는데, 이는 다른 사람의 첩들을 취하는 것은 찬탈자가 진정으로 그의 대적자의 권위를 접수했다는 것을 상징했기 때문이다(예를 들어, 삼하 16:21-22; 왕상 2:22). 이러한 관습은 자신의 아버지의 첩들 중 하나였던 빌하와 잠자리를 같이한 르우벤의 행위의 중대한 의의를 지시한다(창 35:22; 49:4). 역대상 2:24은 아버지의 아내를 취한 아들의 사례를 보고하지만, 이 구절의 번역에 대해서는 브라운의 역대상 주석(R. Braun, *1 Chronicles*, WBC 14 [Waco, TX: Word Books Publisher, 1986] 36)을 보라. 어떤 경우라도 이 혼인 관계는 예외적인 것이다. 에스겔(22:10)과 바울(고전 5:1-4) 둘 다 그런 관계를 비난한다. 그에 대한 형벌에 관해서는 20:11을 보라.

[9] 아들은 자신의 누이와 성관계를 가질 수 없다. 그녀는 집에서 태어났든 다른 곳에서 태어났든 상관없이 친누이거나 반-누이(half-sister)이다(참조. Kornfeld, 114-17; 영어 half-sister의 일반적인 번역어 "이복누이"는 정확하지 않다. 그것은 엄밀히 아버지가 같고 어머니가 다른 이복누이와 어머니가 같고 아버지가 다른 이부누이를 모두 포함하는 단어다. 즉 영어는 양자 모두 half-sister로 지칭되지만, 가

족 제도가 여전히 유교적 전통 속에 있는 가부장적 사회인 우리나라에서는 양자가 엄밀히 구별된다. 따라서 역자는 half-sister를 문자적으로 직역해 "반-누이"이라는 새로운 번역어를 사용했다 – 역자주). 이러한 규준은 누이와 결혼이 가능했던 이집트 왕실의 관행과 대조된다. 나아가 그 누이는 아버지 쪽이든 어머니 쪽이든 상관없이 집에서 혹은 밖에서 태어난 것으로 확인된다. 후쯔(חוּץ, "밖에서, 다른 곳에서")의 정확한 의미는 논란이 된다. 호프만(Hoffmann, 2:14)은 유대 전승과 일치하게(*b.* Yebam. 23a) 이 어구를 결혼 관계에서 태어난 같은 핏줄의 자매를 의미하는 것으로 받아들이는 반면, 노이펠트(Neufeld, *Ancient Hebrew Marriage Laws*, 197)는 그 법이 이 가족 밖에서 양육되는 의붓딸(step-daughter)을 반-누이(half-sister)로 간주하고 있다고 이해한다. 즉 그녀는 그녀의 어머니의 가족들에 의해 양육되고 있다. 지배적인 해석은 이 반-누이는 어머니가 이전의 결혼 관계에서 낳은 딸이라는 것이다(참조. Porter, *The Extended Family*, 3). 만약 이것이 맞다고 했을 때, 어떤 사람들은 아버지가 그 아내의 가족과 함께 살고 있는 것이라고 주장하는 반면, 다른 사람들은 아버지가 새로운 아내의 자녀를 자신의 집안으로 받아들여 그들이 그의 가족의 일부가 되었다고 주장한다. 그렇지만 비거(Bigger, *JBL* 98[1979] 190)는 딸들은 경제적 가치가 있는데, 어떤 가족이 딸들로 하여금 과부가 된 어머니와 함께 떠나도록 허용했을 것인지를 의심한다. 그런 일의 발생은 드물었을지도 모르지만, 어떤 가족들의 복잡한 상황들이 전제된다면 납득될 수 있는 일이다. 모압 여인 룻은 그녀의 시어머니 나오미와 동행하여 이스라엘로 돌아갔다(룻 1:16-22). 웬함(Wenham, 256)과 포터(Porter, *Leviticus*, 146)가 옹호하는 또 다른 입장은 "밖에서"를 집 밖에서 양육되는 반-누이를 포함하는 것으로 이해한다. 이 마지막 입장은 가장 지지를 받을 만한데, 왜냐하면 그것은 각 어구가 법률적인 응용을 포함하고 있는 것으로 해석하기 때문이다. 그러므로 이 법은 친누이들과 반-누이들에게 공히 적용된다. 형벌에 대해서는 20:17을 보라.

10 아버지는 손녀와 성관계를 가질 수 없다. 그녀가 자신의 아들의 자식이든 딸의 자식이든 말이다. 제시된 이유는 딸과 손녀는 자신의 벌거벗음(개역 성경: 하체)이라는 것, 즉 그녀들은 바로 자신의 정체성을 지녔다는 것이다. 그들을 욕보이는 것은 자신을 수치스럽게 하는 것이다. 손녀의 벌거벗음이 그녀의 할아버지의 벌거벗음이라는 것은 이상하게 보일 수 있지만, 그 이유는 아버지의 집안에서 할아버지는 가족의 머리이기 때문이다.

11 이 법이 9절에 있는 법에 포함된 관계들이 아닌 별개의 다른 관계를 어떤 방

식으로 확인해 주는지를 알아보려는 많은 시도가 있었다. 포터(*The Extended Family*, 16)는 9절에 있는 법이 광범위한 상황들을 포괄하도록 작성된 반면, 이 법은 직접적이고 특정적이라는 것을 관찰한다. 이 법에 대한 지배적인 해석은 아들은 아버지가 첩이나 하녀를 포함해서 자신의 어머니가 아닌 다른 여자에게서 낳은 여자와 성관계를 가질 수 없다는 것이다(예를 들어, Rashi, 82b; Keil and Delitzsch, 414-15; Hoffmann, 2:16; Porter, *Leviticus*, 146; Snaith, 86). 이 법을 이해하는 핵심적 쟁점은 "너의 아버지에게 난 여자"(מולדת אביך – 몰레데트 아비카)라는 어구의 정확한 의미를 결정하는 것이다. 그것은 단지 같은 핏줄의 관계를 확인해 주는 어구인가(Bigger, JBL 98[1979] 197)? 아니면 그것은 아버지의 부인이 이전의 결혼 생활에서 낳은 딸을 아버지가 입적시켰을 때, 그것을 법적으로 확인해 주기 위해 사용되는가(Dillmann, 596; Neufeld, *Ancient Hebrew Marriage Laws*, 199; Kornfeld, 119)? 9절의 법에 있는 직접적인 어구 "너의 아버지의 딸"(בת אביך – 빠트 아비카)과 대비되는 "너의 아버지의 부인의 딸"(בת־אשת אביך – 빠트 에쉐트 아비카)은 누이들의 신분 확인에서 중대한 차이가 있다는 것을 암시한다. 이러한 어법은 위의 질문에 대한 두 번째 대안에 호감을 품게 한다. 만일 이러한 해석이 정확하다면, "그녀는 너의 누이다"(אחותך הוא – 아호트카 후)라는 선언 형식문과 더불어 "너의 아버지에게 난 여자"(מולדת אביך – 몰레데트 아비카)라는 어구가 의미하는 바는 어떤 사람의 아버지의 부인이 이전의 결혼 생활에서 낳아 아버지의 집에 데려온 온 딸은 법적으로든 사회적으로든 공히 그 사람의 누이이며 그녀가 친누이 혹은 반-누이로 간주되어야 한다는 것이다.

12-13 금지된 관계들의 범위는 양가의 아주머니들(고모와 이모 – 역자주)에게로 확대되는데, 이는 그녀들이 부모와 가까운 핏줄의 친척들이기 때문이다. 고모(paternal aunt)를 보호하는 이 법은 확대된 가족 내에서 삼촌(uncle)의 높은 지위에 의존한다. 확대된 가족 내에서 가장의 형제(친삼촌 – 역자주)는 자주 비중 있는 책임을 맡았다. 사울이 멀리 도망친 나귀를 수색한 사건은 이러한 가족 구조를 어느 정도 조명해 준다. 그의 아버지는 사울더러 살펴보도록 보냈지만, 사울은 자기 삼촌(개역 성경에서는 "숙부"인데, 사실 아버지의 형제들이 서열별로는 정확히 백부〈伯父, 아버지 형제 중 장남〉, 중부〈仲父, 백부를 제외한 아버지보다 위인 형제분〉, 숙부〈叔父, 아버지보다 아래인 형제분〉로 구분되지만, 삼촌이나 숙부는 아버지의 형제에 대한 일반화된 통칭어로서 가장 무난한 번역으로 보인다 – 역자주)에게 돌아가 보고했다(삼상 10:14-16; 참조. Porter, *The Extended Family*, 18). 이차

적으로 이 법은 삼촌과 조카가 비슷한 연배인 상황을 전해 주고 있다. 이 법은 모세의 부모가 결혼한 뒤에 효력을 갖게 되었다(출 6:20). 참조. 레위기 20:19.

[14] 결혼을 통해 한 가족과 친척이 된 사람들 사이의 어떤 성적인 관계들이 금지된다. 한 남자가 아버지의 형제의 부인(숙모)과 성관계를 가질 수 없다(아버지의 형제의 부인은 서열별로 백모, 중모 그리고 숙모로 칭하는데, 이 셋을 일반적으로 "숙모"로 통칭한다. 공동번역은 "아주머니"로 번역한다-역자주). 그런 행위로써 그 사람은 그녀를 부인으로 삼고 있는 자신의 가까운 친척을 수치스럽게 할 것이다. 서기관들은 이 법령이 단지 가족 중 아버지 쪽의 어떤 형제의 부인에게만 적용된다고 가르친다. 그녀는 고모와 같은 대우를 받아야 한다. 징벌에 대해서는 20:20을 참조하라.

[15] 아버지는 자신의 며느리(כלה-칼라)와 성적 관계를 가짐으로써 아들을 부끄럽게 하여 자신과 가장 가까운 자손과 분란을 일으켜서는 안 된다. 그들이 결혼할 때 아버지는 자기 아들의 결혼을 축복했다. 이제 아들의 아내를 범하면 그는 자신이 축복했던 바로 그 관계를 망가뜨리는 것이다. 20:12에서 이러한 행동은 사형을 수반한다. 에스겔은 자신의 시대에 있었던 그런 관행들을 엄중하게 비난한다(22:11).

[16] 사람은 형제의 아내(형수, 제수)와 성관계를 가질 수 없는데, 이는 그런 행위가 자신의 형제의 명예를 더럽히기 때문이다. 징벌에 대해서는 레위기 20:21을 참조하라. 계대 결혼(levirate marriage, 혹은 "형사취수혼"이라고도 하지만 엄밀하게는 형제를 넘어 친족이 남편을 잃은 여자를 받아들이는 혼인 제도로 "수혼"이라고도 부른다-역자주)의 관행은 이러한 일반적 법령에 대한 예외였는데, 이는 그것이 죽은 형제의 이름과 유산을 이스라엘 내에서 영속화하기 위해 제정되었기 때문이다(신 25:5-10; 참조. Neufeld, *Ancient Hebrew Marriage Laws*, 43-44).

[17] 사람은 모녀 지간인 두 여자와 동시에 성적인 관계를 갖지 말아야 한다. 이러한 금지는 한 여자와 동시에 그녀의 손녀와의 결혼-친손녀이든 외손녀이든-을 금지하는 것으로 확장된다. 그 이유는 두 여자 모두 동일한 "육체"(שארה-샤아라)에 속해 있기 때문이다(참조. 6절). 그 여자들의 태생적 관계를 감안해 볼 때 이러한 새로운 결합은 서로 사랑해야 할 그녀들 사이에 쓰라린 긴장을 유발했을 것이며, 서로 아내 자격으로 맞상대하려 했을 것이다(Bigger, JBL 98[1979] 201). 한편, 카일 델리취(415)는 이 법을 특정적으로 의붓딸과의 관계를 제외하기 위한 것으로 받아들인다. 포터(Porter, *The Extended Family*, 20-21)는 이 법을 한 남자가 과부 어머니를 둔 여자를 취하되 그녀의 어머니가 그 남자의 가족에 편입되는 상황에 적용

한다. 예를 들어, 룻이 보아스와 결혼할 때, 나오미는 아마도 그녀와 함께 보아스의 가정으로 들어갔을 것이다. 왜냐하면 그 기사는 나오미가 룻의 자녀의 유모였다고 말하기 때문이다(룻 4:13-17). 이 법은 특정적으로 과부가 된 장모와의 성적인 관계들을 금지한다. 히타이트 법들은 자유민 남자가 자유민 여자들로서 자매 사이인 여자들과 그녀들의 어머니들과 동시에 동거하는 것을 허용한다. 다만 같은 장소가 아닌 서로 다른 땅에서 동거해야만 형벌을 받지 않는데, 왜냐하면 그것은 중대한 범죄이기 때문이다. 그는 자매 사이인 여자들과 그녀들의 어머니가 노예 신분이라면 형벌이 없이 그들과 동거할 수 있다(#191, #194; *ANET* 196). 이스라엘에서는 이 법의 위반에 "음란한 행위"(זמה – 짐마)라는 딱지가 붙는다.

18 한 남자는 자신의 아내가 살아 있는 동안 그녀의 자매(처형, 처제)와 결혼할 수 없다. 인류학자들은 어떤 문화권들에서는 이것이 선호되는 결혼이라는 것을 발견했다(Rattray, *SBLASP* 26[19876] 539). 여기서 제시되는 이유는 그가 한 자매를 "적수 아내"(a rival wife)(צרר – 짜라르)로 만들지 않기 위해서라는 것이다. 이 어구는 같은 남편을 둔 여자들 사이의 끊임없는 투쟁과 남편의 사랑을 차지하기 위한 그녀들의 경쟁을 인지하고 있다. 그런 경쟁은 아내들이 자매지간이었을 때 쉽게 합리적인 관용의 한계선을 넘어서 발생할 수 있었다. 예를 들어, 그녀들의 남편 야곱을 둘러싼 레아와 라헬 사이의 다툼(창 29:28-35; 30:1-2, 14-24). 이 법령은 단지 첫 번째 아내가 살아 있을 동안에 효력이 발생된다(#194; ANET 196). 토사토(Tosato, *CBQ* 46[1984] 199-214)는 이 법을 다르게 설명한다. 쿰란으로부터의 증거에 근거하여(11QTemple 57:17-19; 66:15-17), 그는 이쉐 엘 아호타(אשה אל־אחתה, 문자적으로 "한 아내를 그녀의 자매에게로"〈a wife to her sister〉)라는 어구를 두 여자를 지칭하는 것으로 해석한다. 그러므로 이 법은 일부다처제에 대한 금지다. 썬(Sun, "Investigation," 119)은 토사토의 해설이 이 법의 문맥 속의 관계들에 대한 용어들의 사용에 비추어 볼 때 충분하지 못하다는 것을 정확하게 파악한다.

19 15:20을 보라. 또한 12:7; 20:18.

20 어떤 동료(עמית – 아미트; 참조. 5:21[6:2])의 아내와의 성관계는 금지된다(참조. 출 20:14; 신 22:22). 그런 관계는 혈연 친척과의 관계가 아니기 때문에 "벌거벗음"(ערוה – 에르봐)이란 용어가 사용되지 않는다. 그런 위반에 대한 징계가 레위기 20:10에서 발견된다. 간음은 구약에서 강력히 비난받는다. 잠언 6:32은 "부녀와 간음하는 자는 무지한 자라 이것을 행하는 자는 자기의 영혼을 망하게 하며"라고 말한다.

21 부모는 그들의 "자식"(זרע – 제라)을 몰렉에게 "헌정" 혹은 "드리지"(העביר – 하아비르) 말아야 한다(참조. 20:2-5; 왕상 11:7; 왕하 23:10; 렘 32:35). 하아비르(העביר)는 문자적으로 "…을 통해 지나가게 하다, …을 통해 건네다"를 의미한다. 이 역겨운 유형의 희생에서 그 단어의 사용은 합법적인 희생들을 묘사하는 단어들을 피한다. 자녀들이 몰렉에게 희생된다. 그 희생의 정확한 형식은 논쟁거리다(20:2에 있는 몰렉에 관한 부록을 보라). 그런 거짓 희생은 직접 하나님의 거룩하신 이름을 더럽힌다(개역 성경: 욕되게 하다). 할랄(חלל, "더럽히다, 속되게 하다")은 거룩한 것을 깎아 내리는 것이다. 하나님께서는 자신의 이름을 자기 백성 중에 두셨기 때문에, 그들의 거짓 예배 관행은 열방 가운데서 하나님의 명성을 더럽혔다(겔 36:20-21).

22 동성연애는 역겨운 것(תועבה – 토에바; 참조. 26, 27, 29; 20:13; 개역 성경: 가증한 것)으로 분류되면서 금지된다(20:13; 참조. 롬 1:27; 고전 6:9). 어떤 역겨운 것이란 하나님께서 싫어하시는 활동이다. 사사기 19장에 보고된 끔찍한 사건의 한 단면은 이방인에게 적대적인 베냐민의 일부 기브아 사람들의 동성연애 성향을 수반한다. 그들의 방탕한 행위는 그들이 다른 모든 지파들에 의해 징계를 당하는 결과를 낳았다.

23 수간(獸姦)은 남녀 공히 금지된다. 남자는 짐승과 함께 누워서는 안 되며, 여자는 짐승을 유혹하려는 자태를 보여서는 안 된다. 19:19에서 짐승의 교배를 지칭하기 위해 나타나는 라바(רבע, "성교를 하기 위해 눕다")의 사용은 그런 행위의 동물적 성격을 강조한다. 크렙스(Krebs, *FF* 39[1963] 19)는 이 법이 멘데스(Mendes)에서의 이집트인의 제의와 같은 고대 중동 지역의 어떤 이교 제의에서 실천된 인간과 짐승 간의 의례들을 반대하기 위해 고안되었다고 주장한다(Egyptian Dedet). 그는 그런 의례들이 추측했던 것보다 더 흔하게 실시되었다는 것을 증명하는 어떤 증거들을 수집한다. 수간 행위의 이러한 의식적 용도들을 볼 때, 이 법이 이집트 사람들과 가나안 사람들의 관행들을 따르지 말라는 권면을 전면적으로 이행하도록 고안되었다는 것을 알 수 있다(3, 24절). 수간은 농경 사회에서 드문 일은 아니었을 것이다. 실제로 히타이트(헷) 법은 소, 양 그리고 염소 따위의 어떤 짐승들과 눕는 행위에는 사형을 선고하지만, 말이나 노새와 함께 눕는 것은 아무런 형벌도 내리지 않는다(#187, #188, #199, #200[A]; *ANET* 196-97). 우가릿 신화들은 신들과 짐승들 사이의 성관계들을 보고한다. 예를 들어, 위대한 폭풍의 신 바알은 마술적 방법으로 죽음과 지하 세계의 신 못(Mot)의 촉수들을 피하기 위해 암소와 성

관계를 가졌다(참조. U. Cassuto, *A Comentary on the Book of Exodus*, tr. I Abrahams[Jerusalem: Magnes, 1967] 290). 구약의 우주론은 신적 영역과 인간의 영역 사이에, 또한 인간의 영역과 동물의 영역 사이에 장벽을 세운다. 이 장벽들의 뒤섞임은 부자연스러운 것으로, 즉 혼란(תֶּבֶל – 테벨; 개역 성경: 문란)으로 간주된다(출 22:18[19]; 레 20:15-16; 신 27:21). 그 혼란은 종에 대한 것이며, 더불어 사회적 역할에 대한 것이다(Bigger, *JBL* 98[1979] 203). 그런 뒤섞임은 온전성과 거룩에 반대된다. 더글라스(M. Douglas)가 "거룩은 서로 다른 부류의 사물들이 혼란스럽게 되지 말아야 할 것을 요구한다"(*Purity*, 53)고 말한 바와 같이 말이다.

24-25 이 법들은 이스라엘이 가나안에 거주하고 있었던 민족들의 다양한 성적 관행들을 받아들이지 않도록 하기 위해 주어진다. 이 관행들은 하나님의 백성을 더럽힌다. 다신교를 믿는 이스라엘의 이웃 민족들은 열정적으로 그들의 농토, 가축 그리고 가족들의 다산을 보장해 줄 다산 의례(fertility rites)들을 수행했다. 그러나 이스라엘에게는 인간의 행위와 땅의 풍요 사이에 밀접한 결속이 존재했다. 백성들이 하나님의 법에 순종할 때, 하나님께서는 그 땅을 축복하시어 땅은 풍성한 열매를 맺는다. 그러나 만일 백성들이 이전의 그 땅 거주민들이 행했던 것과 같은 그런 부도덕한 행위, 특히 성적인 행위들로 스스로를 더럽힌다면, 그들은 땅을 더럽힐 것이다. 땅은 그런 행위로 인해 구역질이 나서 땅의 거주민들을 토해 낼 것이다. 땅이 거주민들을 토하게 만드는 구토제를 투여하실 분은 하나님 자신이시다. 오로지 땅을 병들게 하고 있는 것이 제거되어야만 땅은 회복된다. 이러한 표현은 가뭄이나 역병의 때를 묘사하는 그림같이 생생한 언어다. 그것은 하나님께서 비를 멎게 하고 역병을 보냄으로써 자기 백성의 부도덕한 행위를 징벌하실 것을 의미한다. 곡식은 시들어 사라질 것이다. 백성들은 죽음에 직면한 채 먹을 것을 찾아 어쩔 수 없이 그들의 땅을 떠나야 할 것이다. 아니면 전쟁이 하나님께서 사용하시는 구토제일 수 있다. 역설적이게도 백성들이 자신들의 땅의 생산을 늘리기 위해 이끌려 들어갔던 바로 그 다산 의례들이 그 땅을 오염시킬 것이다. 이스라엘은 그들의 이웃 민족들의 관행들 배후에 있는 신념들에 의해 속지 말아야 한다.

26 이스라엘은 하나님의 법을 추종함으로써 바로 직전의 두 구절에서 묘사된 두려운 운명을 피할 수 있다. 이스라엘 가운데 사는 모든 사람, 곧 본토인과 이방인 모두 그 땅을 더럽히지 않고 보존하기 위해 하나님의 법을 지켜야 한다.

27-28 땅을 더럽혀서 땅으로부터 추방되는 이러한 원리는 이스라엘이 다른 민족들의 땅을 점령하기 위한 하나의 변증론으로 사용된다. 이전의 거주민들은 그들

의 혐오스러운 관행들로 그 땅을 더럽혔다. 이제 그 땅은 그들을 토해 내기 직전이다. 그러나 이스라엘 역시 하나님께 대하여 책임을 갖는다. 그들 역시 땅을 더럽혀서 내뱉음당하지 않도록 스스로를 지켜야 한다.

29-30 이러한 역겨운 관행들과 관련된 이 원리는 개인에게 적용된다. 그런 행위의 죄책은 백성들로부터 제명(נכרת – 니크라트, 끊어짐)당하는 것이다(참조. 7:20). 하나님의 율법 전체를 행하는 것은 부도덕과 신적 형벌을 막는 최상의 예방책이다.

해설

근친상간과 부적절한 성관계들에 대한 법령은 확장된 가족의 온전성을 증진시킨다. 가족은 언약 공동체의 핵심 단위였기 때문에, 견고한 가족 단위는 이스라엘이 여호와의 통치 아래 생명력이 넘치는 나라가 되기 위해 중대한 것이었다. 고대에는 한 아버지 집의 식구가 되는 자격은 생존을 위해 필수적이었다. 오직 밀접하게 결속된 가족들만이 모든 식구들에게 음식을 제공하고 적들과 자연의 세력들로부터 스스로를 지킬 수 있었다. 가족 구성원들은 성적인 문제로 방해를 받지 않고 긴밀한 관계 속에서 함께 자유로이 일해야 했으며, 서로 다른 모든 가족 구성원들의 부부의 유대를 존중해야만 했다. 그러므로 이러한 법령들의 준수는 가족의 안정성과 그 가족의 여성들의 보호를 위한 토대를 형성했다. 덧붙여서, 이러한 법령들은 가족의 혈통의 순수성을 지켜 주었다.

이러한 법들은 어느 남자든지 친족의 배우자와 함께 동침함으로써 다른 가까운 친족의 명예를 더럽힐 수 없다고 진술한다. 근친상간은 질투와 증오를 낳아 가족 구성원들 사이에 분쟁과 폭력을 일으킬 가능성을 수반한다. 다말과 암몬에 대한 기사(삼하 13:1-19)는 근친상간의 파괴력을 증거한다. 분쟁과 증오가 다윗 일가에서 수 년 간 요동쳤다(삼하 13:20-18:33). 그러므로 이러한 범죄들에 대한 징벌은 심각한 것으로 사형과 하나님에 의해 언약 백성으로부터 제명되는(끊어지는) 형벌, 그리고 무자녀로 죽는 형벌을 포함한다(20:10-21).

비록 여성들은 고대 이스라엘 사회에서 남성들보다 지위가 낮았지만, 이 법안은 여성들에 대해 높은 관심을 갖는다. 여성들은 남성의 성적 욕망의 무차별적인 대상이 되지 말아야 한다. 그렇다! 여성들은 인격체로 존중받을 가치가 있는 인간 존재들이다. 가족 내에서 역할에 근거한 여성의 고귀함은 그 가정의 남성들의 성적인 공격으로 침범당해서는 안 되었다. 그녀의 남편의 명예는 긴밀하게 그녀의 명예와 결부되었다. 이것은 핏줄이 다른 가까운 친족들의 성적인 연합을 금지하는 것에 대해 주어진 정당화에서 볼 수 있다: 그런 연합은 남편의 명예를 더럽힌다. 가족의 명예는 아내가 남편의 재산이 되는 것에 있지 않고, 남편과 아내 사이의 온전한 인격적 유대 속에 자리한다. 부부 중 한 명을 더럽히는 것은 다른 한 명의 명예를 더럽히는 것이다. 그러므로 이러한 특징을 갖는 법들은 사회 속에서 여성의 지위와 명예를 높이는 방안을 지시해 주었다.

자녀들에 대해서는 많은 언급이 없지만, 손녀들에 대한 법은 자녀들이 성적 학대나 아동 학대를 당하지 않아야 한다는 것을 시사한다. 덧붙여서 몰렉을 위한 자녀 제사를 금지하는 법들에서 드러나는 것은 부모가 자녀들을 자신들의 욕심대로 쓸 수 있는 물건처럼 취급하거나, 또는 자신들의 근심거리를 해결해 주고 변덕스러운 마음을 충족해 달라고 신들을 감화시키는 수단으로 이용해서는 안 된다는 것이다.

비정상적인 성적 관계들을 금지하는 법령들이 있다. 간음, 동성 연애 그리고 수간이 금지된다. 그런 행위들은 용납되는 성적 연합의 경계선들 밖에 있는 것으로 분류된다. 그런 성적 연합들은 혼란시키는 것이며 역겨운 것이다. 그것들은 하나님 앞에서 인간의 존엄성을 향상시키기는커녕 파괴한다.

이 법들은 또한 점술, 강신술, 마술 혹은 초혼술 따위의 행위에 참여하는 것을 금지하는 규정이다. 미래를 꿰뚫어보려고 이러한 갖가지 음산한 출처에 의지하는 것은 사람이 자신의 미래의 필요들을 채우기 위해 하나님을 신뢰하지 않는다는 것을 의미한다. 나아가 그것은 하나님 자신이 외부의 비인격적인 세력들에 종속되지 않는다는 것을 의미한다. 초혼술은 특히 역겨운 것인데, 이는 구약의 믿음은 죽음을 가장 큰 오염원인 최종적 저주로 인식하기 때문이다. 죽은 자와 접촉하는 방식의 영적인 경험을 추구하는 것은 하나님이 생명을 보존하시는(시 104:30) 살아 계신 하나님이심을 부인하는 것이다(신 5:26; 수 3:10; 렘 10:10; 시 18:47[45]). 바꿔 말하면, 생명의 약속은 이 법들의 순종에 대한 보답인 놀라운 약속이다(레 18:5).

신약은 가족 관계들을 통제하고 마술을 금지하는 이 법들의 토대 위에 서 있으며, 또한 그 목표를 향상시킨다. 신약은 남성들의 여성들에 대한 존경심과 여성들의 남성들에 대한 존경심을 고무시킨다(딤전 5:1-2; 갈 3:28). 신자들은 각자 음욕과 편견을 멀리해야 한다(골 3:5; 마 5:28; 갈 5:24; 살전 4:5; 딤전 2:22). 신약은 한 배우자가 상대방을 대하는 방식은 그의 영적 생활에 직접 영향을 끼친다고 가르친다(벧전 3:7). 신자들은 각자 최상의 수준인 자기를 내어 주는 사랑의 규범을 요구받는다. 이러한 규범은 극적으로 인간관계에 영향을 끼치는데, 그것은 바로 가정에서 시작된다. 아내들은 거룩하고 사랑이 넘치는 태도로 남편들의 마음을 얻어 그리스도께 인도해야 한다(벧전 3:1-6). 자녀들은 부모에게 순종해야 한다(엡 6:1-3; 골 3:20). 반대로 부모들은 현대 사회의 어두운 면이 그러하듯이 자녀를 학대하거나 착취해서는 안 된다. 바울은 부모에게 "너희 자녀를 노엽게 하지 말고 오직 주의 교양과 훈계로 양육하라"(엡 6:4)고 권면하는데, 이는 분노가 자녀의 심령을 상하게 하면서 좋은 성품의 계발을 저해하기 때문이다(골 3:21). 남편들은 그리스도께서 교회를 사랑하신 것처럼 아내들을 사랑해야 한다(엡 5:25-27). 이러한 권면은 지금까지 세상에서 볼 수 있었던 가장 큰 사랑의 표현에 기반을 두고 있다. 남편과 아내 사이의 역동적인 사랑과 존경은 심지어 오늘날의 혼란스러운 사회에서조차도 견실한 가정을 세워 준다.

교회는 신자들이 견고한 가정을 세우도록 장려해야 하는 매우 어려운 과업에 당면해 있는데, 이는 대단히 이동성이 높은 생활 방식을 갖고 있는 현대의 대도시가 가족의 유대 관계의 밑동을 잘라내기 때문이다. 그럼에도 불구하고, 교회는 굳은 결심으로 이러한 도전을 받아들일 필요가 있다. 왜냐하면 가족은 신자들의 영적이며 도덕적인 계발을 위한 가장 바람직한 환경을 제공하기 때문이다. 역시 또 하나의 희망의 길이 있다. 그리스도 안에 있는 신도들이 경험하는 긴밀한 유대로 인하여, 교회는 한 몸의 가족이 될 기회를 갖는다. 신자들의 교제를 통해 핵가족의 규모를 넓힘으로써, 교회는 현대의 도시 사회의 긴급한 사회적 질병들을 알리는 일을 하게 될 것이다.

현대 사회는 이러한 레위기 법안보다 간음과 동성 연애를 훨씬 허용적으로 보기 때문에, 교회는 이러한 쟁점들에 관해 어디에 서 있어야 하는가? 신약에서 이러한 종류의 성적 연합들은 여전히 하나님의 율법의 위반으로 간주된다(롬 1:24-27; 고전 6:9-10). 그럼에도 불구하고, 교회는 그러한 개방된 혹은 다른 삶의 방식들을 따라 사는 모든 사람들에게 연민과 관심을 보여 줄 필요가 있다(유 22-23절). 교회는 예수께서 간음한 여자들을 대하신 것과 똑같이 이러한 사람들과 인간관계를 맺을 필요가 있다. 참을성 있는 온유함을 가지고 교회는 이러한 관행들을 따라 사는 사람들을 새로운 구원받은 삶, 즉 거룩한 삶으로 인도할 수 있다(딤전 2:24- 26). 흔히 구원받은 사람의 생활 방식의 변화는 천천히 일어나곤 한다. 그럼에도 불구하고, 사람이 성령의 사역에 마음을 열 때 놀라운 변화가 발생한다(롬 12:1-2).

이 연설이 전해 주는 또 하나의 기초적인 쟁점은 인간의 행위와 인간을 후원하는 땅의 능력 사이에 존재하는 긴밀한 유대다. 이 연설은 도덕적 행위가 땅을 오염시킨다고 가르친다. 땅은 모든 거주민들을 원조하지 못할 정도로 오염될 것이다. 레위기가 말하는 대로, 땅은 거주민들을 토해 낼 만큼 이러한 오염으로 신음할 것이다. 구약에서 이러한 비유는 성적인 의례들을 통해 다산을 도모하는 이방 관행들의 추진을 가로막는 하나의 강력한 논증 역할을 한다. 이스라엘의 이웃들은 이러한 의례들이 그들의 땅과 가축 떼의 생산성을 보장해 준다고 믿었다. 그러나 이스라엘에게 있어서 땅은 오직 하나님께서 축복해 주실 때만 열매를 맺을 수 있다. 하나님께서는 백성들의 순종에 응답하여 땅을 축복하신다. 그러나 이스라엘이 돌아서서 이웃 민족들의 더럽히는 다산 관습들을 따른다면, 그들은 자신들의 땅이 더 많은 열매를 맺게 하는 것이 아니라 사실상 땅을 더럽혀 놓을 것이다. 땅은 더 이상 이스라엘을 원조하지 않을 정도로 더럽혀질 것이다.

도덕적 행위와 백성들을 후원하는 땅의 능력 사이의 상관 관계에 대한 이러한 이해는 우리에게 매우 낯선 것으로 보인다. 그렇지만 그런 관계는 처음 읽을 때 그렇게 보이는 것처럼 생소한 것은 아니다. 현대인들은 인간 행위와 땅의 정결성 사이에 밀접한 유대 관계가 존재한다는 것을 쓰라린 경험을 통해 배우는 중이다. 사람들은 탐욕과 멸시로 땅을 학대했다. 소중한 곡식의 생산성을 높이기 위해 비료와 농약을 과도하게 사용하고, 또한 목재를 벌목해 대지를 벌거숭이로 만들고 산지를 황폐하게 남겨 둠으로써 말이다. 이러한 일들이 진행된 결과는 심각하다. 땅은 생산성을 잃는다. 물 공급은 위험한 상태다. 먹이 사슬은 오염되었다. 생물 종들이 사라지고 있다. 사람들은 병들어 위독한 상태다. 오직 많은 노력만이 생태계를 다시 깨끗하게 만들 수 있다. 이 구약 본문이 그와 같은 보존에 대해 말하지 않지만, 그것은 땅과 사람의 도덕적 행위 사이에 밀접한 연관이 있다는 쟁점을 말해 준다. 이러한 두 가지 쟁점은 인간이 죄의 성향으로 인해 땅의 자원을 서투르게 관리하게 될 때 필요하다. 무서운 기세의 환경 오염으로 인한 다중적인 재난들은 우리에게 지구의 오염이 몇 가지 중대한 위기에 직면하고 있다는 것을 말해 준다. 이러한 위기의 중심에는 인간의 부에 대한 탐욕과 안락하고 쾌락적인 삶에 대한 갈망을 멈추지 않는 인간의 태도가 놓여 있다. 현재까지 우리는 깨끗한 물, 공기 그리고 땅을 확보하기 위해 덜 가지려 하지 않고 우리의 생산 수단을 개선하기 위한 대가를 지불하려 하지 않는다. 우리 주변의 사방에 퍼진 오염은 지구가 인간 종족을 토해 내기 전에 우리가 회개하고 다른 방침을 정할 것을 시급히 요구하고 있다.

결론적으로 이 연설의 목표는 생명이다: 하나님의 법에 순종할 때 누리는 복인

장수하는 생명, 행복한 가족의 생명 그리고 기름진 땅이 원조하는 생명. 이 19장은 하나님의 백성이 신적 율법에 복종하는 데 열심을 낼 것을 요구한다. 하나님의 백성으로서 우리는 계시된 하나님의 말씀에 따라 살아야 한다. 이러한 계시는 생명에 이르는 길을 보여 준다. 그 약속은 "나는 생명이다"(요 14:6; 참조. 요 10:10)고 말씀하신 예수 안에서 최상의 성취에 도달한다. 오늘날 교회는 이스라엘이 그랬던 것처럼 구별된 삶, 곧 하나님께 복종하는 거룩한 삶을 살도록 요구받는다(벧전 1:14-16; 벧후 3:11). 이것은 신자들이 세속적인 이웃들보다 더 높은 기준을 따라 살아야 한다는 것을 의미하는데, 그것은 하나님은 거룩하시다는 고백(마 5:13-16, 48) 위에 세워지는 기준이다.

C. 거룩한 삶을 위한 법과 권면(19:1-37)

참고문헌

Albertz, R. "Hintergrund und Bedeutung des Elterngebots im Dekalog." *ZAW* 90(1978) 348-74. **Amusin, J. D.** "Die Gerim in der sozialen Legislatur des Alten Testaments." *Klio* 63(1981) 15-23. **Auerbach, E.** "Das Zehngebot—Allgemeine Gesetzes-Form in der Bibel." *VT* 16(1966) 255-76. **Berger, K.** *Die Gesetzesaulegung Jesu: Ihr historischer Hintergrund im Judentum und im Alten Testament. Teil I: Markus und Parallelen.* Neukirchen-Vluyn: Neukirchener, 1972. 80-136. **Brongers, H. A.** "Fasting in Israel in Biblical and Post-Biblical Times." *OTS* 20(1977) 1-21. **Carmichael, C. M.** "Forbidden Mixtures." *VT* 32(1982) 394-415. **Davidson, R.** "Some Aspects of the Old Testament Contribution to the Pattern of Christian Ethics." *SJT* 12(1959) 373-87. **Derrett, J. D. M.** "'Love thy neighbour as a man like thyself'?" *ExpTim* 83(1971) 55-66. **Freedman, B.** "Leviticus and DNA: A Very Old Look at a New Problem." *JRE* 8(1980) 105-13. **Gese, H.** "Der Dekalog als Ganzheit betrachtet." *ZTK* 64(1967) 121-38(=*Von Sinai zum Zion.* Beiträge zur evangelischen Theologie 64. Munich: Chr. Kaiser, 1974. 63-80). **Gewalt, D.** "Taube und Blinde nach Levitikus 19,14." *DBAT* 22(1985) 119-39. **Grintz, J. M.** "'Do not eat on the blood.'" *ASTI* 8(1972) 78-105. **Ho-**

ckerman, Y.** "Rebuke of One's Fellow according to the Bible and Rabbinic Sources"(Heb). *Beth Mikra* 28(1982/83) 140-46. **Hogg, J. E.** "'Love thy Neighbor'." *AJSL* 41(1924/25) 197-98. **Houtman, C.** "Another look at forbidden mixtures." *VT* 34(1984) 226-28. **Jagersma, H.** *Leviticus 19: Identiteit-Bevrijding-Gemeenschap.* Studia Semitica Neerlandica 14. Assen: Van Gorcum, 1972. **Johnson, L. T.** "The Use of Leviticus 19 in the Letter of James." *JBL* 101(1982) 391-401. **Keller, J.** "Theological Linguistics: A Suggestion." *JRelS* 12(1985) 46-55. **Koch, R.** "L'imitation de Dieu dans la morale de l'Ancien Testament." *StMor* 2(1964) 73-88. **Kugel, J. L.** "On Hidden Hatred and Open Reproach: Early Exegesis of Leviticus 19:17." *HTR* 80(1987) 43-61. **Loss, N. M.** "A proposito di Lev. 19,19b e di Deut. 22,10." *RBibIt* 6(1958) 361-64. **Maass, F.** "Die Selbstliebe noch Leviticus 19, 18." *FS F. Baumgärtel.* Ed. J. Herrmann. Erlangen: Universitätsbund Erlanger, 1959. 109-13. **Magonet, J.** "The Structure and Meaning of Leviticus 19." *HAR* 7(1983) 151-67. **Malamat, A.** "'Love Your Neighbor as Yourself': What It Really Means." *BAR* 16(1990) 50-51. **Mathys, H-P.** *Liebe deinen Nächsten wie dich selbst: Untersuchung zum alttestamentlichen Gebot der Nächstenliebe(Lev 19, 18).* Orbis Biblicus et Orientalis 71. Göttingen: Vandenhoeck & Ruprecht, 1986. **Montefiore, H.** "Thou Shalt Love Thy Neighbor as Thyself." *NT* 5(1962) 157-70. **Morgenstern, J.** "The Decalogue of the Holiness Code." *HUCA* 26 (1955) 1-27. **Mowinckel, S.** "Zur Geschichte der Dekalog." *ZAW* 55(1937) 218-35. **Muraoka, T.** "A Syntactic Problem in Lev xix. 18b." *JSS* 23(1978) 291-97. **Piper, J.** *'Love your enemies': Jesus' love command in the synoptic gospels and in the early Christian paraenesis.* Cambridge: Cambridge UP, 1979. 30-32, 91-95. **Raitt, T. M.** "Holiness and Community in Leviticus 19:2ff." *Proceedings, Eastern Great Lakes and Midwest Biblical Societies* 6(1986) 170-78. **Ratschow, C. H.** "Agape, Nächstenliebe und Bruderliebe." *ZST* 21(1950) 160-82. **Sampley, J. P.** *"And the two shall become one flesh": A Study of Traditions in Ephesians 5:21-33.* Society for New Testament Studies. Monograph series 16. Cambridge: UP, 1971. 30-34, 139-41, 158-60. **Schwartz, B. J.** "A Literary Study of the Slave-girl Pericope—Leviticus 19:20-22." *Scripta Hierosolymitana* 31(1986) 241-55. **Schwartz, G.** "Begünstige nicht …?" *BZ* 19(1975) 100. **Ullendorff, E.** "Thought Categories in the Hebrew Bible." In *Studies in Rationalism, Judaism & Universalism in Memory of L. Roth.* Ed. R. Loewe. London: Routledge and Kegan Paul; NY: The Humanities Press, 1966. 276-78. **Vriezen, T. C.** "Bubers Auslegung des Liebesgebots, Lev. 19, 18b." *TZ* 22(1966) 1-11. **Zimmermann, F.** "An Examination of Some Biblical Passages." *JBL* 65(1946) 312.

본 문

1 여호와께서 모세에게 일러 가라사대	**1** Yahweh spoke to Moses:
2 너는 이스라엘 자손의 온 회중에게 고하여 이르라 너희는 거룩하라 나 여호와 너희 하나님이 거룩함이니라	**2** "Speak to the congregation[a] of Israelites and say to them: You will be holy, because I, Yahweh your God, am holy.
3 너희 각 사람은 부모를 경외하고 나의 안식일을 지키라 나는 너희 하나님 여호와니라	**3** "Each[a] of you shall revere his mother and his father.[b] You shall keep my sabbaths:[c] I am Yahweh your God.
4 너희는 헛것을 위하지 말며 너희를 위하여 신상들을 부어 만들지 말라 나는 너희 하나님 여호와니라	**4** Do not turn to idols,[a] and you shall not make molten images[b] for yourselves:[c] I am Yahweh your God.
5 너희는 화목제 희생을 여호와께 드릴 때에 열납되도록 드리고	**5** "Whenever you sacrifice an offering of well-being to Yahweh, you are to sacrifice it so that it will be acceptable on your behalf.[a]
6 그 제물은 드리는 날과 이튿날에 먹고 제삼일까지 남았거든 불사르라	**6** It is to be eaten on the day that you sacrifice it and the next day: whatever is left until the third day is to be burned with fire.
7 제삼일에 조금이라도 먹으면 가증한 것이 되어 열납되지 못하고	**7** If it is ever[a] eaten on the third day, it is defiled meat: it will not be accepted.
8 그것을 먹는 자는 여호와의 성물 더럽힘을 인하여 죄를 당하리니 그가 그 백성 중에서 끊쳐지리라	**8** Whoever eats[a] it will be held accountable, because he has profaned that which is holy to Yahweh. That person[b] shall be cut off from his people.
9 너희 땅의 곡물을 벨 때에 너는 밭 모퉁이까지 다 거두지 말고 너의 떨어진 이삭도 줍지 말며	**9** "When you reap[a] the harvest of your land, you shall not reap[b] right up to the edges of your field, and you shall not gather the gleanings of your harvest.
10 너의 포도원의 열매를 다 따지 말며 너의 포도원에 떨어진 열매도 줍지 말고 가난한 사람과 타국인을 위하여 버려 두라 나는 너희 하나님 여호와니라	**10** You shall not strip[a] your vineyard bare nor gather the fallen[b] grapes of your vineyard. You are to leave them for the poor and the resident alien:[c] I am Yahweh your God.
11 너희는 도적질하지 말며 속이지 말며 서로 거짓말하지 말며	**11** "You shall not steal: you shall not lie: you shall not deceive an associate.[a]
12 너희는 내 이름으로 거짓 맹세함으로 네 하나님의 이름을 욕되게 하지 말라 나는 여호와니라	**12** You shall not swear falsely by my name and thus profane[a] the name of your God. I am Yahweh.[b]
13 너는 네 이웃을 압제하지 말며 늑탈하지 말며	**13** "You shall not exploit your friend, and you

품군의 삯을 아침까지 밤새도록 네게 두지 말며

shall not rob him. You[a] shall not hold back the wages of a hired worker until the morning.

14 너는 귀먹은 자를 저주하지 말며 소경 앞에 장애물을 놓지 말고 네 하나님을 경외하라 나는 여호와니라

14 You shall not curse the deaf: you shall not put a stumbling block before the blind, but you will fear[a] your God: I am Yahweh.[b]

15 너희는 재판할 때에 불의를 행치 말며 가난한 자의 편을 들지 말며 세력 있는 자라고 두호하지 말고 공의로 사람을 재판할지며

15 "You shall not do[a] injustice in judgment. You[b] shall not be partial to the poor nor favor the great.[c] You are to judge your associate in righteousness.

16 너는 네 백성 중으로 돌아다니며 사람을 논단하지 말며 네 이웃을 대적하여 죽을 지경에 이르게 하지 말라 나는 여호와니라

16 You shall not go about as a slanderer[a] among your relatives:[b] you[c] shall not jeopardize your friend's life:[d] I am Yahweh.[e]

17 너는 네 형제를 마음으로 미워하지 말며 이웃을 인하여 죄를 당치 않도록 그를 반드시 책선하라

17 "You shall not hate your brother in your heart, but you shall openly[a] dispute with your associate lest[b] you be held responsible for sin because of him.

18 원수를 갚지 말며 동포를 원망하지 말며 이웃 사랑하기를 네 몸과 같이 하라 나는 여호와니라

18 You shall not seek revenge[ab] or bear a grudge[c] against any of your fellow countrymen. You shall love your companion[d] as yourself.[e] I am Yahweh.

19 너희는 내 규례를 지킬지어다 네 육축을 다른 종류와 교합시키지 말며 네 밭에 두 종자를 섞어 뿌리지 말며 두 재료로 직조한 옷을 입지 말지며

19 "You shall keep my decrees.[a] You shall not mate[b] two different kinds of animals.[ac] You shall not sow your fields[ad] with two kinds of seeds. You shall not wear clothing[a] made of two kinds of yarn.[e]

20 무릇 아직 속량도 되지 못하고 해방도 되지 못하고 정혼한 씨종과 사람이 행음하면 두 사람이 형벌은 받으려니와 그들이 죽임을 당치 아니할 것은 그 여인은 아직 해방되지 못하였음이라

20 "If a man has intercourse[a] with a woman who is a slave[b] betrothed[c] to another man but who has never[d] been ransomed or given her freedom,[e] there is to be an inquiry.[fg] They shall not be put to death,[h] because she has not been freed.[i]

21 그 남자는 그 속건 제물 곧 속건제 숫양을 회막 문 여호와께로 끌어 올 것이요

21 He is to bring a reparation offering for Yahweh to the entrance to the Tent of Meeting: it is a ram of reparation.

22 제사장은 그의 범한 죄를 위하여 그 속건제의 숫양으로 여호와 앞에 속죄할 것이요 그리하면 그의 범한 죄의 사함을 받으리라

22 The priest is to perform the rite of expiation for him before Yahweh with the ram of reparation for his sin which he has committed. He will be forgiven of the sin which he has committed.

23 너희가 그 땅에 들어가 각종 과목을 심거든 그 열매는 아직 할례받지 못한 것으로 여기되 곧 삼 년 동안 너희는 그것을 할례받지 못한 것으로 여겨 먹지 말 것이요

23 "When you enter the land[a] and plant any kind of fruit tree, you are to regard its fruit[b] as unharvestable.[c] You will consider it unharvestable for three years: it shall not be eaten.

24 제사년에는 그 모든 과실이 거룩하니 여호와께 드려 찬송할 것이며

24 In the fourth year all its fruit is[a] to be regarded as a holy gift, an offering of praise[b] to Yahweh.

25 제오년에는 그 열매를 먹을지니 그리하면 너희에게 그 소산이 풍성하리라 나는 너희 하나님 여호와니라

25 In the fifth year you may eat its fruit: thus its yield will be increased[a] for you. I am Yahweh, your God.

26 너희는 무엇이든지 피 채 먹지 말며 복술을 하지 말며 술수를 행치 말며

26 "You shall not eat anything with the blood[a] in it. You shall not[b] practice augury, and you shall not practice divination.

27 머리 가를 둥글게 깎지 말며 수염 끝을 손상치 말며

27 "You shall not cut the hair at the sides of your head, and you shall not[a] trim[b] the edge of your beard.[b]

28 죽은 자를 위하여 너희는 살을 베지 말며 몸에 무늬를 놓지 말라 나는 여호와니라

28 You shall not make gashes[a] on your bodies for the dead.[b] You shall not tattoo yourselves. I am Yahweh.[c]

29 네 딸을 더럽혀 기생이 되게 말라 음풍이 전국에 퍼져 죄악이 가득할까 하노라

29 "Do not degrade your daughter by making her a prostitute so that the land may not be prostituted and become full of lewdness.

30 내 안식일을 지키고 내 성소를 공경하라 나는 여호와니라

30 "You are to keep my Sabbaths and revere my sanctuary. I am Yahweh.

31 너희는 신접한 자와 박수를 믿지 말며 그들을 추종하여 스스로 더럽히지 말라 나는 너희 하나님 여호와니라

31 "Do not turn to ghosts[a] and do not seek departed spirits[b] to become unclean by them. I am Yahweh, your God.

32 너는 센 머리 앞에 일어서고 노인의 얼굴을 공경하며 네 하나님을 경외하라 나는 여호와니라

32 "You are to stand in the presence of the aged, show respect for the elderly,[a] and fear your God. I am Yahweh.[b]

33 타국인이 너희 땅에 우거하여 함께 있거든 너희는 그를 학대하지 말고

33 "When an alien lives among you[a] in your land, you shall not mistreat[b] him.

34 너희와 함께 있는 타국인을 너희 중에서 낳은 자 같이 여기며 자기같이 사랑하라 너희도 애굽 땅에서 객이 되었더니라 나는 너희 하나님 여호와니라

34 You are to treat the alien living among you as[a] a native. You shall love him[b] as a person like you, for you were aliens in Egypt. I am Yahweh, your God.

35 너희는 재판에든지 도량형에든지 불의를 행치 말고

35 "You shall not do injustice in measures[a] of length, weight, or capacity.

36 공평한 저울과 공평한 추와 공평한 에바와 공평한 힌을 사용하라 나는 너희를 인도하여 애굽 땅에서 나오게 한 너희 하나님 여호와니라

36 You are to have an honest[a] scale, an honest[a] weight, an honest[a] ephah,[bc] and an honest[a] hin.[d] I am Yahweh, your God, who brought you out of Egypt.[e]

37 너희는 나의 모든 규례와 나의 모든 법도를 지켜 행하라 나는 여호와니라

37 "You shall keep all my decrees and all my laws, and you shall do them. I am Yahweh."[a]

원문주해

2.a. 몇몇 히브리어 필사본들(mss)은 콜 아다트(כל־עדת, "…의 온 회중")를 빠뜨리는 반면, 70인경(LXX)에는 콜(כל, "온")이 빠져 있다. 고대 레위기 두루마리(11QpaleoLev)는 이 독법에 더 큰 무게를 부여하면서 70인경을 지지하는 것으로 보인다(*PLS*, 36-37). 이 곳은 레위기 내에서는 유일하게 이스라엘의 공식적 집회를 지칭하는 에다(עדה)가 연설 위탁 형식문(commission-to-speak formula)에 나타나는 장소다. 그러나 에다(עדה)는 레위기에서 몇 차례 사용된다: 예를 들어, 4:13, 15; 8:3-5; 9:5; 10:6(참조. "원문주해" 4:13.a.). 썬(Sun, "Investigation," 172)은 마소라 본문(MT)이 더욱 일반적인 독법에 조화를 시도한 결과로 더 열등한 본문이라고 판단한다.

3.a. 복수 명령의 서두에 위치한 주어 이쉬(איש, "사람")는 개별화시키는 효력을 지닌다.

3.b. 주어와 동사 사이에 직접목적격의 배치는 아주 특이하다. 고대의 가부장적 사회에서 "어머니"가 "아버지" 앞에 나오는 순서(히브리어 원문이 그렇다-역자주) 역시 특이하다(참조. 21:2; 20:19). 70인경(LXX), 탈굼 필사본들(Tg[mss]), 시리아역(Syr) 그리고 벌게이트역(Vg)은 이 순서를 뒤바꾸는데, 십중팔구 그들 각자의 사회 속에서 아버지를 먼저 나열하기를 선호하는 순서에 맞추기 위함이었을 것이다. 마소라 본문(MT)이 더 어려운 독법으로서 수용된다.

3.c. 히브리어 본문에서 직접목적어가 강조를 위해 먼저 나온다.

4.a. 프로이스(Preuss)에 따르면, 신을 지칭하는 용어 엘릴(אליל, "하찮은 신, 소신〈小神〉")은 엘(אל, "강한 자") 혹은 엘로힘(אלהים, "신"; 시 97:7)에 대한 폄하적 말장난이거나 그것의 축소형으로 만들어졌다("אליל *ᵉlîl*," *TDOT* 1:285; 참조. S. Schwertner, "אליל *ᵉlîl* Nichtigkeit," *THAT* 1:167-69). 이 단어는 형용사로는 사용되지 않는다. 선지서들에서 우상들은 인간의 손에 의한 작품으로 냉소적인 비웃음을 당한다(사 2:8, 20; 합 2:18-19; 참 시 96:4-5; 참조. 시 97:7). 심판의 날에 이 무가치한 우상들은 그것들의 예배자들에게 아무런 도움이 되지 않을 것이며 그것들의 대적들에 의해 내던져질 것이다(사 2:20; 31:7). 우상들은 나약하며 그것들을 예배하는 것은 헛된 일이다.

4.b. 마세카(מסכה, "녹여 만든 형상"〈부은 신상〉)는 어근 나사크(נסך, "쏟다")에서 온 것이다. 그것은 주형틀에 붓거나 나무나 값싼 금속으로 만든 틀에 붓는 녹인 금속으로 만든 우상을 지칭한다(사 40:19-20). 그런 우상들은 금(출 32:4, 8), 은(사 30:22), 동 혹은 철로 부어 만든다(참조. *TWOT* 2:1376).

4.c. A마디(stich)에 교차 구조 형식이 있다-부정문의 동사:전치사구 형식의 목적어::목적어:부정문의 동사.

5.a. 이 구절은 변형된 교차 구조 형식을 갖는다. 그것은 동사 자바흐(זבח, "희생으로

잡다, 도살하다")로 시작하고 끝맺는다.

7.a. 니팔형 헤아콜(האכל) 대신 사마리아 오경(Sam)은 칼 부정사 절대형인 아칼(אכל)로 읽는다. 동사 앞의 부정사 절대형은 그 동사의 개념을 강조한다.

8.a. 17:14에서와 마찬가지로 사마리아 오경(Sam)과 역본들은 오클로(אכלו, "〈그것을〉 먹는 사람")로 읽는다. 마소라 본문(MT)은 배분 용법의(distributive) 복수로 이해되어야 한다(PIR, 188-89).

8.b. 마소라 본문(MT)의 하네페쉬 하후(הנפש ההוא, "그 사람") 대신 70인경(LXX)은 하이 프쉬카이 하이 에스두사이(*αἱ ψυχαὶ αἱ ἔσθουσαι*, "먹는 사람들")로 읽는다.

9.a. 부정사 연계형은 대명사 접미어가 시간절의 주어 역할을 하는 이중적 목적어를 갖는데, 왜냐하면 그 부정사 연계형이 전치사 뒤에 위치하기 때문이다. 다른 목적어는 직접목적어 역할을 한다.

9.b. 동사 칼라(כלה)의 목적어 위치에 있는 부정사 + 레(ל)는 그 동작의 방향을 확인해 준다(GKC § 114m).

10.a. 알랄(עלל)은 "이삭을 줍다"를 의미하며 아마도 아랍어 알라(*ʿalla*, "두 번째 행하다")와 관련되어 있을 것이다. 그것은 또한 "엄중하게 다루다"를 의미한다(렘 1:22; 3:51). 그러므로 그것은 샅샅이 "이삭을 줍다"를 의미한다(참조. Snaith, 90).

10.b. 페레트(פרט)는 구약에서 유일하게 여기에서만 나타난다. 그것은 떨어져 나와 있는 포도, 즉 군집을 이루지 못한 포도로서 하나만 덩그러니 자라고 있거나 땅에 떨어진 것들을 지칭한다.

10.c. 히브리어 본문에서 이 복합적인 간접목적어는 강조를 위해 이 문장의 서두에 위치해 있다.

11.a. 참조. "원문주해" 5:21.b.

12.a. 호프만(Hoffmann, 2:39)은 다른 방식으로 이 문법을 해석하면서 앞 문장의 부정어 로(לא)가 힐랄타(חללת)에도 적용되는 것으로 간주한다. "너는 더럽히지 마라"(GKC § 152z도 그렇다). 그럼에도 불구하고, 두 번째 문장을 결과절로 간주하는 것이 가능하다. 70인경(LXX)은 복수 동사와 엘로헤이(אלהי, "하나님")에 복수 대명사 접미어를 붙여 읽음으로써 두 개의 마디가 공히 일치된 수를 갖는다.

12.b. 70인경(LXX)은 호 데오스 휘몬(*ὁ θεὸς ὑμῶν*, "너의 하나님")을 추가하여 이 형식문을 이 장의 서두에 나오는 더 긴 것에 맞춘다(2, 3절).

13.a. 몇몇 히브리어 필사본들(mss), 사마리아 오경 필사본들(Sam^{mss}), 70인경(LXX), 탈굼 필사본들(Tg.^{mss}) 그리고 탈굼 위-요나단(*Tg. Ps.-J.*)은 와우(ו)를 읽는다.

14.a. 70인경은 퀴리온(*κύριον*, "주님")을 삽입한다.

14.b. 참조. "원문주해" 12.b.

15.a. 사마리아 오경(Sam)은 단수 동사형을 갖는데 이 동사를 이 구절의 나머지 동사

들에 부합시킨 것이다.

15.b. 몇몇 히브리어 필사본들(mss)과 시리아역(Syr)은 와우(ו)를 읽는다.

15.c. 마고넷(Magonet, *HAR* 7[1983] 158)은 예리하게도 특이한 짝인 달(דל, "가난한")과 가돌(גדול, "큰")의 조합이 유운(類韻, assonance)을 위해 선택되었다는 사실을 주시했다. 일반적으로 달(דל)은 아시르(עשיר, "부유한")와 병행을 이루고(출 30:15; 잠 10:15; 22:16; 28:11), 가돌(גדול)은 카톤(קטן, "작은")과 병행을 이룬다(삼상 5:9; 렘 6:13). 이것은 교묘한 수사학적 장치다.

16.a. 실명사 라킬(רכיל, "중상모략자")은 "돌아다니는"(הלך – 할라크) 사람의 행동을 묘사하는 데 사용된 목적격이다(GKC § 118q).

16.b. 많은 히브리어 필사본들(mss)과 사마리아 오경(Sam), 그리고 70인경(LXX)은 단수 명사 베암메카(בעמך, "너의 백성 중에")로 읽는다. 그러나 이러한 복수형은 21:1, 4, 14, 15; 23:29과 창 49:29에서도 나온다.

16.c. 많은 히브리어 필사본들(Sam[mss]), 시리아역(Syr) 그리고 탈굼 필사본들(Tg.[mss])은 붸로(ולא, "그리고 아니다")를 갖는다.

16.d. 마고넷(Magonet, *HAR* 7[1983] 158)은 이 구절의 두 개의 어구를 보면 자음들이 수사학적 효과를 위해 연속된 단어들 속에서 교차적으로 사용되고 있는 점을 지적한다. 로 텔레크 라킬(לא־תלך רכיל, "너는 중상모략자로 돌아다니지 말라")이라는 어구에서 카프(כ)와 라메드(ל)가 자리바꿈을 하고 있으며, 로 타아모드 알 담(לא תעמד על־דם, "너는 생명을 위험에 빠뜨리지 말라"; 개역 성경: 죽을 지경에 이르게 하지 말라)에서는 멤(מ)과 달렛(ד)이 위치를 바꾼다.

16.e. 참조. "원문주해" 12.b.

17.a. 동사 앞의 부정사 절대형은 동사가 전달하는 개념을 강조한다. 그것은 이 두 개의 절 문장 사이의 대조를 더욱 비중 있게 만든다(GKC § 113n, p; 참조. Joüon § 125q).

17.b. 소수의 히브리어 사본에서는 와우를 읽지 않는다.

18.a. 시리아역(Syr)에는 로 티콤(לא תקם, "너는 원수 갚지 말라")이 빠져 있다. 70인경(LXX)은 이 일련의 명령이 나오는 대부분의 구절이 그러한 것처럼 붸로(ולא, "그리고 아니다")를 읽는다.

18.b. 70인경(LXX)은 수 헤 케이르(*σου ἡ χείρ*, "너의 손")를 주어로 추가한다.

18.c. 나캄(נקם, "원수를 갚다")과 나타르(נטר, "원한을 간직하다, 품다")가 나 1:2에서 함께 나타난다. 카일 델리취(Keil and Delitzsch, 431)는 나타르(נטר, 문자적으로 "…을 지켜보다")를 "어떤 사람에 대한 계획을 품다 혹은 그에게 악의를 품다"를 의미하는 것으로 이해한다(참조. 시 103:9; 렘 3:5, 12; 나 1:2). 나타르(נטר)가 에트(את)와 함께 사용되는 곳은 여기뿐이다.

18.d. 레(ל)를 가진 아하브(אהב)는 단지 19:34과 대하 19:2뿐이다(Bertholet, 68). 여

기서 레(ל)는 아하브(אהב)의 직접목적어를 이끈다(Joüon § 125k; *IBHS* § 11.2.10g; 또한 대하 19:2). 마티스(Mathys, *Liebe*, 4-5)는 어떤 방식으로 부버(M. Buber, *Two Types of Faith*, 번역 N. Goldhawk[London: Routledge & Kegan Paul, 1951)와 울렌도르프(E. Ullendorff, "Thought Categories," 277)와 같은 일부 학자들이 아하브 레(אהב ל)를 일반적인 아하브 에트(אהב את)보다 강도가 다소 약한 표현으로 해석하는지 보여 준다. 그들에게 있어서 그것은 "사랑을 품다, 어떤 사람을 좋아하다, 친절히 대우하다"를 의미한다. 이 저자들 중 일부는 이 표현이 그 명령의 성취를 더욱 가능하게 만든다고 주장하기 때문에, 마티스는 이 저자들이 자신들의 판단에서 언어적 원칙보다는 신학에 의해 더욱 많은 자극을 받는다고 주장한다. 그러나 두 표현 사이에는 비록 경미하다 할지라도 약간의 차이를 둘 필요가 있다.

18.e. 카모카(כמוך, "너처럼")의 정확한 의미는 논쟁이 된다. 그것은 부사적 효과를 지녀서 동사를 수식하여 "너처럼 사랑하라"는 뜻일까(70인경이 그렇다)? 만일 이것이 의도되었던 의미라면, 예상되는 단어는 케나프쉐카(כנפשך)일 테지만, 마티스(Mathys, *Liebe* 6-9)는 이 두 어구 사이에는 아무런 중대한 차이가 없다고 주장한다. 무라오카(Muraoka, *JSS* 23[1958] 294-96)에 따르면, 이 어구를 해석하는 또 다른 방법은 그것을 레아카(רעך, "너의 동료〈동포〉")를 수식하는 비한정적 관계절로 보는 것이다. 유사한 맥락에서, 울렌도르프(Ullendorff, "Thought Categories," 276-77)는 카모카(כמוך)를 키(כי, "왜냐하면")가 빠져 있는 어구 생략법(brachylogy)으로 이해한다. "왜냐하면 그는 너와 같기 때문이다." 그러나 마티스(9)는 카모카(כמוך)가 하나의 절 문장으로 기능하지 않는다는 점을 지적한다. 오히려 그것은 선행하는 명사 레아카(רעך, "너의 동료")와 동격이다(참조. 욥 35:8; 느 6:11; 신 18:15). 울렌도르프의 해법은 상당히 추천할 만한데, 이는 그것이 자기 사랑과 이웃 사랑 사이의 관계에 대한 진전된 이해를 고대의 본문 탓으로 돌리는 일이 없이 그 어구가 현재의 본문에 나타나는 이유를 설명하기 때문이다. 또한 무라오카는 시락서(Sir) 28:1-7이 이 계명에 대한 해설일 수 있다고 제안한다.

19.a. 이 구절에는 네 개의 직접목적어가 모두 강조를 위해 앞에 위치한다.

19.b. 라바(רבע)는 "눕다"를 의미하며 확장된 의미로 "교배하다, 번식시키다"이다. 이것이 구약에서 "성교"를 지칭하기 위해 나타나면 비정상적인 결합을 지칭하는 데 사용된다(18:23; 20:16). 해리스(R. L. Harris, 2:606-7)는 이 행을 읽는 또 다른 방식을 제안한다. 그는 라바(רבע)를 그것의 기본적 의미인 "눕다"로 받아들인다. "너의 짐승들이 불균형한 멍에를 메고 쓰러지지 않게 하라." 이러한 독법은 이 구절을 신 22:10과 일직선에 둔다.

19.c. 브헤마(בהמה)는 집합적이다. 그런 번식과 관련하여 구약은 노새가 고대 이스라엘에 존재했음을 증언한다(삼하 13:29; 18:9; 왕상 1:33; 18:5 등). 모든 노새가 타국에서 왔다고 볼 수는 없을 것 같다(왕상 10:25; 겔 27:14; 사 66:20; 참조. Bertholet, 68).

또한 그것들은 그렇게 경멸적으로 간주되지 않았다. 이것은 해리스로 하여금 이 행을 다른 방식으로 해석하게 만드는 동기들 중의 하나다(참조. 참조. "원문주해" 19.b.).

19.d. 마소라 본문(MT)의 사데카(שָׂדְךָ, "너의 밭") 대신 70인경(LXX)은 카이 톤 암펠로나 수(*καὶ τὸν ἀμπελῶνά σου*, "그리고 너의 포도원")로 읽는다. 이것은 신 22:9에 있는 유사한 구절의 영향을 받은 것이다. 사데(שָׂדֶה)는 집합명사로 간주된다.

19.e. 독특한 형태인 샤아트네즈(שַׁעַטְנֵז, "털실")는 그것이 외래 단어임을 암시한다. 올브라이트(Albright)는 그것이 이집트 단어라고 제안했다. 이 단어는 입증되지 않은 상태지만, 램딘(Lambdin)은 콥트어에 비추어서 그 이집트어를 샤드-누브흐(*šaʿd-núbğ*)로 재구성한다(T. Lambdin, "Egyptian Loan words in OT," *JAOS* 73[1953] 155). 이 단어는 신 22:11의 병행 구절에서만 다시 나타난다. 거기서 그것은 쩨메르(צֶמֶר, "털실"〈양모〉)와 피쉬팀(פִּשְׁתִּים, "삼베")으로 만든 옷이다. 따라서 그것은 두 가지 다른 재료로 짠 옷을 의미한다.

20.a. 참조. "원문주해" 15:16.a.

20.b. 슈바르쯔(Schwartz, *Scripta Hierosolymitana* 31[1986] 244)는 여종을 지칭하는 일반적인 단어가 아마(אָמָה)라는 점을 지적한다. 그는 여기에서 쉬프하(שִׁפְחָה)가 선택된 이유는 이 법에서 핵심 단어인 후프샤(חֻפְשָׁה, "자유")와 유운(類韻, assonance)을 이루도록 하기 위함이라고 설명한다.

20.c. 이것은 구약에서 유일하게 하라프(חרף, "약혼한, 약속된")가 사용되는 사례다(KB, 342). 즉 혼인 계약은 수립되었지만, 아직 결혼이 실행되지는 않았다.

20.d. 마소라 본문(MT)의 호프데(הָפְדֵה)는 호팔 부정사 절대형이다. 그것은 니팔형 동사 앞에 위치하기 때문에, 그것을 니팔 부정사 절대형 히파데(הִפָּדֵה)로 모음 구두점을 다시 찍는 것이 가장 좋다(*BHS*가 그렇게 한다. 참조. GKC § 123p). 슈바르쯔(Schwartz, *Scripta Hierosolymitana* 31[1986] 246)는 그 부정사 절대형이 계약을 돋보이게 하기 위해 사용된다고 말한다. 그는 나아가 호팔형은 약혼녀의 소유주가 그녀를 속량 받도록 해줄 의무가 있다는 의미와 그녀의 약혼남은 속량 값을 지불할 의무가 있다는 의미, 이 두 가지 의미를 모두 전달한다고 주장한다.

20.e. 후프샤(חֻפְשָׁה, "자유")는 구약에서 단지 여기에서만 나타난다. 슈바르쯔(Schwartz, *Scripta Hierosolymitana* 31[1986] 247)는 이 단어와 함께 나탄(נתן, "주다")의 사용은 약혼녀의 소유주가 그녀를 값없이(*gratis*, 은혜로) 자유하게 해줄 수 있을 가능성을 알려 준다는 것을 지적한다.

20.f. 이것은 구약에서 비코레트(בִּקֹּרֶת)의 유일한 사용이다. 만일 그것이 어근 빠카르(בקר)에서 왔다면 그것은 "조사, 심문"를 의미하지만, 쾰러 바움가트너 사전(KB)은 그것을 아카드어 *b/paqru*와 관련된 "피해에 대한 책임"(개역 성경: 형벌)이라는 의미로 받아들인다(E. A. Speiser, "Leviticus and the Critics," *Y. Kaufmann Jubilee Volume*[1960]

33-36로부터). 밀그롬(Milgrom, *ZAW* 89[1977] 43)은 그 아카드어 단어에 "변상"이라는 의미가 존재하지 않는다는 것을 간파한다. 그러므로 "심문"이라는 단어가 가장 좋은 번역이다. 슈바르쯔(Schwartz, *Scripta Hierosolymitana* 31[1986] 249-51)는 그 소녀의 모호한 지위가 "일차적 논거 사항"이며, 따라서 검증할 수 없다고 주장함으로써 밀그롬의 입장에 반대한다. 그는 비코레트(בקרת)가 어근 바카르(בקר, "나누다, 쪼개다")에서 온 것이며 "차별, 구별"을 의미한다고 제안한다. 만일 밀그롬의 제안이 지지를 받을 수 있다면 그것은 가장 좋은 의미를 제공하는데, 왜냐하면 이 특정한 법이 적용될 수 있도록 이러한 종류의 사건의 진실이 규명될 필요가 있기 때문이다.

20.g. 사마리아 오경(Sam)은 로(לו, "그에게")를 추가한다. 70인경(LXX)은 아우토이스(*αὐτοῖς*, "그들에게")를 추가한다.

20.h. 사마리아 오경(Sam)은 단수형 유마트(יומת)로 읽는다. 이 이문은 이 동사 앞뒤에 나오는 단수 동사들에 맞추어 본문을 평준화한다.

20.i. 왈키(B. Waltke and M. O'Connor, *IBHS* § 22.6b)는 후파샤(הפשה, "해방된, 풀려난")가 비록 푸알형으로 모음이 찍혔지만, 그것을 칼 수동태로 간주한다.

23.a. 70인경(LXX)은 헨 퀴리오스 호 데오스 디도신 휘민(*ἥν κύριος ὁ θεὸς δίδωσιν ὑμῖν*, "주 하나님께서 너희에게 주시는")을 추가한다. 이것은 70인경(LXX) 본문 속으로 끼어 들어온 흔한 형식문이다. 분명히 마소라 본문(MT)이 더 짧은 독법으로서 선호된다.

23.b. 70인경(LXX)은 호 카르포스 아우투(*ὁ καρπὸς αὐτοῦ*, "그것의 열매")를 다음에 나오는 절 문장의 주어로 취한다.

23.c. 봐아랄템 오를라토 에트 피르요(וערלתם ערלתו את־פריו)는 문자적으로 "그리고 너는 그것의 열매를 진정 할례 받지 않은 것으로 여길지어다"이다. 동족 목적어는 마치 할례 받지 않은 사람들이 언약 밖에 서 있는 것처럼 언약 백성에게는 그런 열매가 받아들여질 수 없음을 강조한다.

24.a. 사마리아 오경(Sam)은 복수 동사로 읽는다.

24.b. 마소라 본문(MT)의 힐룰림(הלולים, "찬송") 대신 사마리아 오경(Sam)은 힐룰림(חלולים, "속된, 일상적인")으로 읽는다. 이러한 이문은 이 제물이 미래의 추수물을 속된 것으로, 즉 세속적 용도로 사용할 수 있도록 만든다는 것을 의미할 것이다(PIR, 192).

25.a. 마소라 본문(MT)의 레호씨프(להוסיף, "더하기 위해") 대신 사마리아 오경 필사본(Sam ms)은 레아씨프(לאסיף, "거두기 위해")로 읽는다. 엘리거(Elliger, 261)는 이 이문을 선호하거나, 혹은 마소라 본문이 아싸프(אסף)의 철자 변형이라고 제안한다. 그렇지만 식량으로 이용하는 것을 금지한 법들을 준수할 때 식량을 증산해 준다는 약속은 25:18-22에서와 같이 다른 곳에서도 발견된다.

26.a. 마소라 본문(MT)의 알 하담(על־הדם, "그 피에") 대신 70인경(LXX)은 에피 톤 오레온(*ἐπὶ τῶν ὀρέων*)=알 하람(על־הרם, "그 산들 위에")으로 읽는다(참조. 겔 18:6,

11, 15; 22:9). 이 이문은 매력적인데, 왜냐하면 이스라엘 민족이 다른 신들과 영들에게 예배하러 산 위로 올라갔을 것이기 때문이다. 마소라 본문은 어떤 하나의 제의 관행을 생략해서 묘사하는 것일 수 있지만, 그 숙어의 의미는 보존되지 않았다.

26.b. 두 개의 히브리어 필사본(mss), 사마리아 오경(Sam) 그리고 70인경(LXX)은 벨로(ולא, "그리고 아니다")로 읽는다. 이 이문은 "원문주해" 26.a에 있는 대안적 독법을 지지하는데, 왜냐하면 그것이 두 개의 다른 개념이기보다는 이 구절에서 연속된 일련의 행위를 만들기 때문이다.

27.a. 한 개의 히브리어 필사본(ms), 사마리아 오경(Sam), 두 개의 70인경 필사본(mss), 탈굼(Tg) 그리고 벌게이트역(Vg)은 벨로(ולא, "그리고 아니다")로 읽는다. 참조. "원문주해" 18.a.

27.b. 사마리아 오경(Sam), 70인경(LXX), 시리아역(Syr) 그리고 탈굼(Tg)은 복수 동사와 자켄(זקן, "턱수염")에 붙는 복수 대명사 접미어를 갖는다.

28.a. 사마리아 오경(Sam)은 붸사르타(ושרטה)로 읽는다. 참조. 21:5. 직접목적어가 강조를 위해 먼저 온다.

28.b. 몇몇 본문들에서는 네페쉬(נפש)가 "죽은 사람"을 의미한다. 원래 그 어구는 네페쉬 메트(נפש מת, "죽은 사람")였으며(민 6:6), 나중에 네페쉬(נפש)가 이러한 표현을 대신해 약식으로 사용되었다(21:1; 22:4; 민 5:2; 6:11; 9:10; 학 2:13; BDB, "נפש 4.c.15," 660).

28.c. 몇몇 히브리어 필사본들(mss), 70인경(LXX) 그리고 시리아역(Syr)은 "원문주해" 12.b에서처럼 엘로헤이켐(אלהיכם, "너희의 하나님")을 추가한다.

31.a. 옵(אוב)의 정체는 확인되지 않고 있다(개역 성경: 신접한 자). 어떤 사람들은 옵(אוב, "가죽으로 만든 병")과 동일시한다(예를 들어, 욥 32:19). 어떤 사람들은 이 어원에서 출발하여 복화술(腹話術)이 강신 집회들에서 사용된 기교였다고 추론한다(복화술이란 입을 움직이지 않고 이야기하는 화술로 고대 이집트나 그리스 등에서 마술과 결부되어 발전해 왔다 – 역자주). 호프너(Hoffner, "Second Millennium Antecedents to the Hebrew *'ōb*," *JBL* 86(1967) 385-401; "אוב *'ôbh*," *TDOT* 1:130-34)는 옵(אוב)이 "비-셈어에서 이전해 온 단어"라는 견해를 내놓는다: 아카드어의 아프뚜(*aptu*), 히타이트어의 아아비(*a-a-bi*), 우가릿어의 엡(*'eb*)은 "희생 의식용 구덩이"를 의미한다. 히타이트 의식 본문들은 그런 구덩이들이 어떻게 사용되었는지에 대한 통찰력을 제공한다. 신들이 선택한 어떤 장소에 구덩이 하나를 팠다. 치즈, 버터, 젖과 꿀의 혼합물, 기름, 술 그리고 희생 제물의 피와 같은 다양한 내용의 봉헌물들이 보석 예물, 은으로 만든 이삭 세공품 그리고 사닥다리 모형품과 더불어 구덩이에 쏟아 부어졌다(*TDOT* 1:132). 이 봉헌물들은 귀신들이 올라오는 것을 유도하고 또한 그것들을 쉽게 불러내기 위한 의도로 드려졌다. 그런 의식은 밤에 수행되었다. 선호된 희생 제물은 검은 짐승들, 특히 돼지와 개였다. 호프너

(Hoffner, *TDOT* 1:133)에 따르면, 옵(אוב)은 구약에서 세 가지 용법을 갖는다. (1) 망자가 부름을 받아 나오는 구덩이(삼상 28:7-8), (2) 죽은 귀신 자체(사 29:4) 그리고 (3) 강신 집회 동안 망자를 불러내는 기술을 발휘하는 사람, 즉 초혼술사(이 구절; 20:6, 27; 신 18:11; 삼상 28:3, 9; 왕하 21:6; 23:24; 대하 33:6; 사 8:19). 러스트(J. Lust, "On Wizards and Prophets," *VTSup* 26[1974] 133-42)는 신성한 구덩이들을 통해 죽은 혼령들을 불러내는 관행들에 대한 호프너의 묘사를 받아들이지만, 그는 옵(אוב)의 어원에 대한 호프너의 설명은 반박한다. 그는 옵(אוב)을 압(אב, "아버지")으로부터 취하여 그것을 "죽은 아버지의 혼령"을 의미하는 것으로 여긴다. 왜냐하면 그 혼령이 바로 사람들이 죽은 조상을 통해 미래를 예지하고자 불러내려 했던 것이기 때문이다. 그렇다면 옵(אוב)은 "귀신" 혹은 귀신을 나타내는 "형상"을 의미할 수 있다(*VTSup* 26 01974] 137). 러스트(Lust)의 견해는 매우 추천할 만하다. 그것은 그 단어가 귀신과 더불어 그 귀신을 불러내는 기술을 가진 사람, 즉 초혼술사(신접한 자)를 공히 지칭한다는 것이다(20:27에서 옵〈אוב〉은 분명히 후자의 의미를 갖는 반면, 이 구절에서는 그것이 어느 하나일 수 있을 것이다). 동사 파나(פנה, "…로 향하다")와 함께 이 구절과 20:6에서 초점은 영매 그 자체가 아닌 귀신들 및 죽은 혼령들과 내통하는 것에 맞추어져 있으며, 따라서 그것은 여기서 "귀신"으로 번역된다(저자 하틀리는 여기서 귀신〈ghost〉과 혼령〈spirit〉을 별다른 차이 없이 죽은 자의 혼으로 보는 것 같다. 개역 성경은 이 구절을 "신접한 자와 박수"로 번역한 반면, 하틀리는 귀신들과 죽은 혼령들로 번역한다 – 역자주). 물론 양자의 차이는 고대인들에게 그렇게 크지 않았을 것이다. 왜냐하면 망자와 교통하기 위해 그들은 영매를 거쳐야 했기 때문일 것이다.

31.b. 이드오님(ידענים)은 어근 야다(ידע, "알다")에서 왔다. 그것은 다양하게 번역된다. "마술사"(JB), "심령술사"(NIV), "마법사"(KJV), "박수"(사 19:3에서, JB) 그리고 "친숙한 영"(사 8:19에서, NEB). 그것이 항상 옵(אוב, "영매, 귀신")과 함께 나타나며, 또한 그것이 망자에게 자문을 구하는 문맥들(예를 들어, 사 8:19; 19:3) 속에 있다는 사실은 그것이 초혼술을 시행하는 사람을 지칭하는 전문 용어라는 것을 시사한다. 심령술사를 지칭하는 이름이 어근 야다(ידע)로부터 만들어진다는 사실은 그런 사람이 그런 행위를 수행하는 대단한 기술을 가졌던 것으로 간주되거나 혹은 그가 죽은 혼령과 밀접한 교분을 가졌다는 것을 암시한다. 이 단어는 확장되어 죽은 혼령 자체를 지칭할 수 있다.

32.a. 첫 번째 마디는 교차 구조 형식으로 배열되어 있다: 전치사구:동사::동사:전치사구.

32.b. 참조. "원문주해" 12.b. 두 개의 70인경(LXX) 필사본은 호 데스 수(ὁ θές σου, "너의 하나님")를 추가한다.

33.a. 한 개의 히브리어 필사본, 사마리아 오경(Sam) 그리고 역본들은 34절에 있는 비슷한 어구에서 그런 것처럼 복수 대명사 에트켐(אתכם, "너희를")으로 읽는다. 이 이문은

이 형식을 다음에 나오는 베아르츠켐(בארצכם, "너희의 땅에서")과 병행을 이루게 한다.

33.b. 야나(ינה)는 "압제하다, 학대하다, 갈취하다"를 의미한다(참조. 신 23:17[16]). 매우 흔하게 이 동사의 목적어는 가난한 자, 궁핍한 자, 고아, 과부 그리고 이방인이다(25:14, 17; 출 22:20[21]; 렘 22:3; 겔 18:12, 16; 22:7, 29). 스바냐는 예루살렘을 "학대하는 도시"(개역 성경: 포악한 성읍)로 부른다(3:1).

34.a. 전치사 케(כ, "…처럼")는 "비교되는 사물들 사이의 일치점이 완전하다"는 의미를 전달한다(*IBHS* § 11.2.9.b).

34.b. 참조. "원문주해" 18.d.

35.a. 참조. F. Zimmermann, "An Examination of Some Biblical Passages," *JBL* 65 (1946) 312.

36.a. 이 연속적 나열에서 소유격은 연계형 명사의 속성을 표현해 주며 형용사로 번역된다(GKC § 128p; Joüon § 129f; *IBHS* § 9.5.3b).

36.b. 70인경(LXX)에는 에파트 쩨데크(איפת צדק, "정확한〈공평한〉 에바")가 빠져 있다.

36.c. 한 에바는 한 밧(בת, 겔 45:11)과 호멜 1/10의 양에 상응한다. 이 에바라는 용어는 구약에서 보통 건조해서 측정한 치수로 사용된다(일반적으로 에바는 건조된 물건의 양을, 밧은 액체로 된 물건의 양을 나타내는 치수다 – 역자주). 한 밧이 22리터라면, 한 에바는 19.9쿼트의 건조량 혹은 23.2쿼트의 액체량이다(1쿼트 = 1/4갤런으로서 영국과 미국이 약간 차이가 나지만 대략 1리터에 해당된다 – 역자주). (어떤 시대와 지역들에서는 두 배 크기의 한 밧을 사용한 증거가 일부 존재한다. E. M. Cook, "Weights and Measures," *ISBE* 개정판. 4:1049-51).

36.d. 힌(Hin)은 액체와 건조물의 양을 나타내는 이집트 단어에서 온 것이다. 구약에서는 그것이 일반적으로 액체 단위로 사용된다. 한 힌은 22리터의 한 밧에 의거하여 에바 1/6이며 3.8쿼트의 액체량이거나 3.3쿼트의 건조량이다.

36.e. 이러한 형식에 관해서는 W. Gross, "Die Herausführungsformel-Zum Verältnis von Formel und Syntax," *ZAW* 86(1974) 425-53를 보라.

37.a. 참조. "원문주해" 12.a.

양식/구조/배경

이 연설의 구조는 다음과 같은 개요를 갖는다.

I. 도입 형식문(1절)

II. 연설(2-37절)

A. 연설 위탁(2aα절)
B. 연설 자체(2aβ-37절)
 1. 중심 주제 – 거룩에의 요청(2aβ-b절)
 2. 연설의 몸통(3-36절)
  a. 첫 번째 묶음의 법들(3-18절)
   1) 부모 경외, 안식일 준수, 우상 숭배 금지에 대하여(3-4절)
   2) 화목 제물의 취급에 대하여(5-8절)
   3) 다섯 묶음의 금지와 계명들(9-18절)
    a) 가난한 자들을 위해 밭과 과수원의 이삭 줍기를 금지하고 낙과를 방치하라는 권고(9-10절)
    b) 도둑질과 사기 행위의 금지(11-12절)
    c) 타인에 대한 억압과 장애인들에 대한 학대 금지와 하나님 경외에 대한 권고(13-14절)
    d) 불의와 중상모략 금지와 공정한 판결의 권고(15-16절)
    e) 증오와 복수의 금지와 이웃 사랑에 대한 권고(17-18절)
  b. 두 번째 묶음의 법들(19-29절)
   1) 다양한 요소들의 혼합 금지(19절)
   2) 한 남자와 약혼한 여종 사이의 성관계에 대하여(20-22절)
   3) 과실수에 대하여(23-25절)
   4) 피 섭취와 점술 관행의 금지(26절)
   5) 모발 깎기 금지와 몸의 문신에 대해(27-28절)
   6) 딸의 매춘에 대한 금지(29절)
  c. 세 번째 묶음의 법들(30-36절)
   1) 안식일 준수와 성소의 존중에 대하여(30절)
   2) 초혼술의 금지(31절)
   3) 노인 공경의 권고(32절)
   4) 외국인 사랑의 권고(33-34절)
   5) 정확한 무게와 측량의 권고(35-36절)
 3. 이러한 법들을 지키라는 마지막 권면(37절)

이 연설은 일상 생활의 모든 측면에서 거룩의 행위에 속한 수많은 법들을 제시한다. 이러한 법들의 다양성을 고려해 볼 때, 이 연설에 대한 정확한 구조를 찾기란 어렵다. 그렇지만 이 법들은 세 가지 주제 근처에 밀집되어 있다: 성실한 예배(3aβ-8, 12, 21-22, 27-28, 30-31절), 인간관계에서의 사랑과 존경심의 표현(11, 13-14, 17-18, 19-20, 29, 32-34절) 그리고 사업과 법정에서의 공의 실천(15-16, 35-36절). 이 모든 법들은 이스라엘이 그들의 삶의 모든 영역을 자신의 거룩하신 성품에 합당하게 이끌고 싶어하시는 하나님의 열망을 드러낸다.

이 연설은 다음 주제가 서두에 자리한다: 하나님이 거룩하시니 이스라엘은 거룩해야 한다(2aβ+b절). 동사 샤마르(שׁמר, "지키다")의 반복적 발생은 이 연설의 세 분할의 신호 역할을 한다(참조. Magonet, *HAR* 7[1983] 165-66). 첫 번째와 세 번째 분할의 서두에 에트 샤브토타이 티쉬모루(את־שׁבתתי תשׁמרו, "나의 안식일을 지키라")라는 명령이 있다(3aβ절과 30aα절). 또 다른 명령이 두 번째 분할의 서두에 있다: 에트 후코타이 티쉬메루(את־חקתי תשׁמרו, "나의 법령을 지키라": 19aα절). 결론 부분(37절)은 붸샤마르템 에트 콜 후코타이(ושׁמרתם את־כל־חקתי, "나의 모든 법령들을 지키라")라는 권면에서 동사 샤마르(שׁמר, "지키다")를 사용한다. 이 마무리 권면은 18:4, 5, 26과 20:8, 22a의 언어를 되울리면서(서로 일치한다), 선행하는 연설과 후행하는 연설 둘 다와 결속되어 있다.

"지키라"는 명령에 덧붙여서 첫 번째와 세 번째 분할 사이에 그 외 다른 문학적 연결고리들이 있다. 첫 번째 분할은 이웃을 사랑하라는 대 계명을 갖는다(18aβ절). 체류하는 타국인을 사랑하라는 유사한 계명이 세 번째 분할에 나온다(34aα + b절). 한 가지 금지가 첫 번째 분할에서 진술되고 세 번째 분할에서 반복된다: 로 타아수 아붸 빠미쉬파트(לא־תעשׂו עול במשׁפט, "너희는 재판할 때 불의를 행치 말라": 15aα, 35a절). 교차 구조 효과를 위해 그것은 첫 번째 분할에서 "사랑하라"는 명령 앞에 위치하고 있는 반면, 세 번째 분할은 그 명령에 이어서 나온다. 그렇지만 이 금지의 적용은 각 분할들 간에 차이가 난다. 첫 번째 분할에서는 문맥이 법정에서 한쪽에 편애를 보이는 것에 관한 것이고(15-16절), 반면에 세 번째 분할에서는 문맥이 정확한 무게와 치수를 다룬다(35-36절). 첫 번째 분할과 세 번째 분할 사이의 또 하나의 연결고리는 다른 예배의 대상에게 돌아서지(אל פנה – 엘 파나) 말라는 권면이다(4, 31절). 그렇지만 거짓 예배의 대상들이 서로 다르다: 첫 번째 분할에서는 우상들이고, 세 번째에서는 혼령들(죽은 자의 영 – 역자주)이다. 이러한 거짓 예배 형식들은 양극단에 서 있는 것들이기 때문에, 이런 방식으로 이 두 금지를 사용한 것은 모든 종류의 거짓 예배를 비난하기 위함이다.

이 연설에는 두 개의 다른 패턴이 존재한다. 두 경우 모두 희생 제물에 관한 자료들(5-8절, 21-22절)에 이어 농사 행위들을 규정하는 법들이 뒤따른다(9-10절, 23-25절). 웬함(Wenham, 267)은 11-18절에 나타나는 의미 있는 형식을 찾아냈다. 각각 두 구절로 구성된 네 개의 단위는 모두 자기 소개 형식문(אני יהוה – 아니 아도나이)과 더불어 끝을 맺는다. 이 단위들 속에는 어떤 사람이 인간적 관계를 맺어야 하는 사람들을 지칭하는 용어들이 점층법(漸層法)으로 사용되고 있다.

11-12절		동료(עמית – 아미트, 개역 성경: 서로)		
13-14절				친구(רע – 레아, 개역 성경: 이웃)
15-16절		동료(עמית – 아미트)	백성들(עמים-암밈)	친구(רע – 레아)
17-18절	형제(אח – 아흐)	동료(עמית – 아미트)	동포(בני עם – 버네이 암)	친구(רע – 레아)

웬함(267)은 이렇게 동의어 목록을 천천히 채워 나가는 형식은 청자들을 긴장시키면서 네 번째 이행연구(二行聯句)에 있는 네 개의 용어를 듣도록 유도한다고 주석한다. 이러한 다양한 형식들은 한데 얽혀 있는 세 개의 주요한 끈들로 커다란 수사학적 효력을 발휘하면서 이 연설을 직조한다.

세 가지의 얽힌 끈들 중 첫 번째 것은 카도쉬(קדוש, "거룩")이다. 이 연설의 핵심 주제인 거룩은 2aβ+b에 있는 거룩에의 요청에서 처음 만날 수 있다. 코데쉬 아도나이(קדש יהוה, "여호와의 거룩")란 어구는 8절에서 나타난다. 24절은 어린 나무들에서 딴 과일에 대한 것으로, 그것은 하나님께 속했기 때문에 거룩한 헌물(קדש – 코데쉬)이라고 말한다. 미크다쉬(מקדש, "거룩한 곳, 성소")라는 단어가 30절에 나타난다. 다른 단어들, 어구들 그리고 주제들이 거룩의 주제에 기여한다. 12절에서 하나님에 대해 쉠(שם, "이름")을 사용한 것(2회)은 이스라엘에게 거룩을 상기하게 만드는데, 이는 하나님의 이름이 거룩하기 때문이다(예를 들어, 사 57:15). "경외"와 "거룩"이라는 개념들이 서로 얽혀 있다. 이는 경외가 거룩한 것에 대한 일차적인 인간의 반응이기 때문이다(R. Otto, *The Idea of the Holy*[Oxford: Oxford UP, 1967] 12-24). 야레(ירא, "경외")라는 단어가 네 번 나타나는 것은 전혀 의아스러운 것이 아니다: 하나님에 대한 경외가 두 번(14b, 32b절), 그분의 성소의 경외 혹은 존중(30a절) 그리고 부모 공경(3aα절). 거룩의 주제를 추가로 강조하고 있는 것은 반복되어 나타나는 여호와의 자기 소개 형식문이다: 아니 아도나이 알로헤이켐(אני יהוה אלהיכם, "나는 여호와 너희의 하나님이다": 2, 3, 4, 10, 25, 31, 34, 36절)

그리고 아니 아도나이(אני יהוה, "나는 여호와다": 12, 14, 16, 18, 28, 30, 32, 37; 참조. 18:5에 있는 부록). 이러한 형식문들은 이스라엘의 거룩하신 분으로서의 여호와의 정체를 선언한다. 마지막으로 "거룩"의 주제는 그것의 짝인 할랄(חלל, "속되게 하다, 신성을 더럽히다")을 끌어온다. 이 단어는 두 번 사용되는데, 한번은 하나님의 이름으로 거짓 맹세를 함으로써 그분의 이름을 욕되게 하는 것을 금지할 때이고(12절), 다른 한번은 딸을 창녀로 전락시켜 그녀를 부끄럽게 하는 것에 대해 말할 때이다(29a절).

두 번째의 한데 얽혀 있는 중요한 끈은 이 연설과 출애굽기 20장의 십계명 사이에 있는 상호작용이다. 다음 도표가 그것을 보여 준다.

십계명	**레위기 19장**
1. 다른 신들을 금지(출 20:3)	
2. 주조한 우상들의 금지(20:4-6)	4a절
3. 하나님의 이름의 헛된 사용 금지(20:7)	12절
4. 안식일을 기억하라(20:8-12)	3aβ, 30aα절
5. 부모를 공경하라(20:12)	3aβ절
6. 살인하지 말라(20:13)	16aβ절
7. 간음하지 말라(20:14)	29(20-22)절
8. 도둑질하지 말라(גנב – 가나브)	11a, 13(35-36)절
9. 거짓 증언하지 말라(20:16)	11b, 16aα절
10. 탐심을 품지 말라(20:17)	17-18(9-10)절

첫 번째 계명에 대한 직접적인 언급이 없지만, 이 연설의 전반적인 취지는 유일신적 분위기로 그 계명을 뒷받침한다. 탐심을 금지하는 계명은 이웃을 미워하지 않고 사랑함으로써 준수된다(17-18절). 17a절에 있는 형제를 미워하지 말라는 계명과 다른 사람을 자신처럼 사랑하라는 계명(18aβ, 34절)은 공히 공동체로부터 모든 살인자를 근절할 것이다. 이 연설에는 많은 구체적인 법들이 범주적인 법들과 혼재되어 있는데, 이는 일상적인 법들이 일상 생활 속에서 어떻게 이행되어야 하는지를 보여 주기 위함이다. 예를 들어, 범주적 계명인 로 티그졸(לא תגזל, "훔치지 말라")이 고용된 사람의 품삯을 밤새 주지 않는 것을 금지하는 규정에 적용되는 것을 보게 된다(13절). 윤리적 사안들의 취급에 덧붙여서, 연설자는 또한 예배의 문제들에 대해 말해 준다. 안식일 준수와 우상의 형상 주조 금지라는 범주적 계명들에 이어

서, 그는 화목제 희생(זבח שׁלמים – 제바흐 쉘라밈; 참조. 3장)의 피 취급에 대한 특정적인 지침을 제공한다. 그는 삶의 윤리적인 차원과 제의적인 차원 둘 다를 다루는 법들을 포함하는데, 이는 이 두 분야가 거룩한 삶에 함께 단단히 결속되어 있기 때문이다. 실제로 차일즈(B. Childs, *The Book of Exodus*, OTL[Philadelphia: Westminster, 1974] 396)는 윤리적인 것과 제의적인 것이 가장 초기의 전승 층에서부터 구약의 법에 혼재되어 있다고 지적한다. 일부 언어적 유사점들이 이 연설과 십계명 사이에서 관찰될 수 있다. 연설자는 강조적이고 범주적인 금지 형식을 사용한다. 즉 십계명과 마찬가지로 미완료형에 로(לא)를 더한 형식이다. 십계명에서는 그 동사들이 단수인 반면, 여기서는 단수와 복수가 혼재되어 있다. 왜 그런 혼합이 있는 것인가? 복수형들의 수적 우세는 연설자가 한 기초 자료로부터 아무런 변화를 주지 않고 그대로 이 행들을 받아들였으며, 그가 자신의 본문 자료를 위해서는 단수형들을 사용했다는 것을 암시한다. 그러나 이러한 재구성은 11a절에 있는 명령 로 티그네부(לא תגנבו, "너희〈복수〉는 도적질하지 말라")로 인해 지지 받지 못한다. 십계명에서 그것은 로 티그노브(לא תגנב, "너〈단수〉는 도적질하지 말라")이다(출 20:15). 그렇다면 2인칭 복수와 단수형들의 혼합은 연설자가 공동체로서의 이스라엘과 그 공동체의 각 구성원들 양자 모두에게 말씀을 전달하려고 사용한 수사학적 장치다. 이러한 입장은 이 집단적 성격의 법을 각각의 청중 구성원들에게 적용하려고 3a절에서 복수 미완료 동사를 갖는 이쉬(איש, "각 사람")를 사용한 사실에 의해 지지를 받는다.

이 연설과 십계명 사이의 또 하나의 일치점은 두 작품의 서언이다. 도입부의 권면 코데쉼 티하이유 카도쉬 아니 아도나이(קדשים תהיו כי קדוש אני יהוה, "나 여호와가 거룩하니 너희는 거룩하라")는 이 연설의 서언이다(Morgenstern, *HUCA* 26[1955] 10-12). 그것은 십계명의 서언인 확장된 자기 소개 형식문처럼 기능한다(출 20:2// 신 5:6). "거룩"이란 단어로 여호와께서는 이스라엘의 거룩한 분으로서의 자신의 독특한 특성을 선언하신다(예를 들어, 사 41:20; 43:3). 이스라엘은 그들의 하나님처럼 "거룩한" 존재가 되어야 한다. 이것은 언약 관계와 언약의 책무들을 암시한다(Morgenstern, 11). 덧붙여서 이 연설의 끝에 있는 확장된 여호와의 자기 소개, 즉 아니 아도나이 엘로헤이켐 아쉐르 호체티 에트켐 메에레츠 미츠라임(אני יהוה אלהיכם אשר־הוצאתי אתכם מארץ מצרים, "나는 너희를 인도하여 애굽 땅에서 나오게 한 너희의 하나님 여호와이니라"; 36b절)은 대부분 십계명의 서언과 동일하다. 그러므로 이러한 두 진술이 이 연설의 법들의 뼈대를 형성한다. 그러므로 십계명과 이 연설의 관계에 대한 전승사적 연구의 복잡한 쟁점들로 들어가지 않고(참조. B. Childs, *The Book of Exodus*, 388-401; J. I. Durham, *Exodus*, WBC 3[Waco, TX: Word Books, 1987] 278-83), 그것의 정경적 문맥 속에서 이 연설이 십계명의 주석이라고 설명할 수 있다.

여기가 이 연설에 대한 문학적 연구들의 우선적인 방향을 언급하기 위한 적절한 지점이다. 비평가들은 이 연설의 중심으로 하나 혹은 두 개의 10계(decalogues, 10계명이 아니다. 10계명은 첫 자음을 대문자로 써서 Decalogue이다 – 역자주)를 찾는데 노력을 집중시켰다. 모르겐스턴(Morgenstern, *HUCA* 26[1955] 39-66)이 이러한 접근법을 처음으로 시작했다. 몇몇 사람이 그를 따르면서 원래의 10계와 그것의 발전에 관한 다양한 제안을 내놓았다. 킬리안에 따르면(Kilian, *Literarkritische*, 58-59), 첫 번째 10계는 단수 동사들로 표현되는 한 묶음의 금지 조항인데, 그것들은 13aα, 13aβ, 14aα, 14aβ, 15aβ+aγ, 16aα, 16aβ, 17a, 18aα, 18aβ절에서 발견된다. 그렇지만 엘리거(254)는 이것이 12계(dodecalogue)라고 주장하는데, 그것은 2인칭 단수 동사들로 분간해 낼 수 있다(12b-14절; 15aβ-18절). 킬리안(59)의 주석에 의하면, 이러한 일련의 법들의 강력한 사회적 경향성은 다른 사람과 어떻게 인간적인 관계를 맺어야 할 것인지를 말해 준다. 두 번째 10계는 2인칭 복수로 형성된 금지 조항들로 이루어져 있다. 킬리안(60-62)은 11절(3개), 12a절(엘리거는 15aα를 포함한다), 26절(3개), 27a절(엘리거는 27절 전부를 포함한다), 28a, 28aα, 28a$\alpha\beta$절을 집어넣어 이 10계를 확보한다. 이 10계에 포함된 쟁점들은 재산권과 제의적 문제들이다(Elliger, 254). 이러한 연구들은 이 연설이 이스라엘 제의에 핵심적인 여러 묶음의 법들로 구성되어 있다는 것을 증명한다. 이 법들이 애초에 열 개의 단위들이었는지, 아니면 열두 개의 단위들이었는지는 알 수 없다. 이 문학적 분석의 주요 장애물은 본문이 제대로 된 10계를 확보하기 위해 재배열되어야 한다는 것이다. 본문의 면밀한 관찰은 이러한 방법에 의해 쪼개지는 어떤 구절들이 그것들의 현재의 구조 속에서 균형을 잘 이루고 있다는 것을 보여 준다. 예를 들어, 킬리안이 10계를 위한 단일한 A마디로 인정한 13절은 세 개의 금지로 구성된 하나의 전체다. 아트나(*athnah*)를 기준으로 한쪽에 두 개의 금지가 있고 다른 쪽에 하나의 금지가 있다(아트나는 히브리어 문장에서 문장의 중간을 나누는 악센트의 일종이다 – 역자주). 이것은 훌륭한 수사학적 문체인데, 이는 B행에 있는 금지가 A행에 있는 일반적인 금지들의 특정한 적용이기 때문이다. 15절에 대해 킬리안(*Literarkritische*, 58)은 자신의 첫 번째 10계를 위해 그 구절의 두 소절(15aβ+aγ)을 취하는 반면, 엘리거

(254)는 첫 부분을 두 번째 10계에 할당하고 나머지 세 부분은 12계에 할당한다. 그러나 이 구절이 보여 주는 바와 같이 그것은 일반적인 것에서 특정한 것으로 진행하고, 이어서 특정한 것에서 일반적인 것으로 진행하는 균형이 잘 잡힌 교차 구조 배열을 보여 주고 있다.

일반적인 것	**구체적인 것**	
로 타아수 아벨 빠미쉬파트 (לא־תעשׂו עול במשׁפט) "너희는 재판할 때 불의를 행하지 말라"		A
	로 티사 퍼니 달 (לא־תשׂא פני־דל) "너는 가난한 자의 편을 들지 말라"	B
	벨로 테흐다르 퍼네이 프네이 가돌 (ולא תהדר פני גדול) "너는 권세 있는 자를 두둔하지 말라"	B′
버체데크 티쉬포트 아미테카 (בצדק תשׁפט עמיתך) "너는 공의로 사람을 재판하라"		A′

나아가 A와 B는 동의어로 된 반제적(antithetical) 병행을 사용한다. B와 B′에서 동사들이 동의어인 반면, 직접목적어들은 반대어다. 그 금지는 강조를 위해 동의어인 동사들로서 반복되고 "가난한 자–권세 있는 자"의 대조는 이러한 금지가 모든 사람에게 적용된다는 것을 전해 준다. 파트 A에서는 동사의 개념이 부정적으로 진술된 다음 긍정적이다. 동사의 개념을 한정하는 용어들은 반대적이다: 아벨(עול, "불의")(A) 그리고 브체데크(בצדק, "공의로")(A′). 현재 그대로 있는 바와 같이, 이 구절은 복잡하게 얽혀 작성되어 있으며 나누어져서는 안 된다. 그러므로 원래의 10계를 재구성하려는 이러한 시도들은 때로 이 법들의 최종 형태에 있는 구도를 간파하지 못한다.

이 연설을 붙들어 매면서 한데 얽혀 있는 세 번째의 주요한 끈은 사람을 자신처럼 사랑하는 원리로서(18b절), 체류하는 타국인을 사랑하는 병행적인 계명을 통해 확대된다(34a절). 그것은 상호 대인 관계를 다루는 많은 금지 조항들을 위한 기본 원리로 기능한다. 이 계명은 자비심을 확대하고 존경심을 보이라는 다양한 계명들

의 근간을 이룬다: 예를 들어, 가난한 자들과 체류자들을 위해 추수물의 일부를 남기라는 것(9-10절), 노동자의 임금을 체불하지 말라는 것(13b절) 그리고 노인들을 공경하라는 것(32절).

이 연설의 구조는 비록 느슨하긴 해도 여전히 존재한다. 사실상 길고 충실한 법적 자료가 여기저기에 포함되어 있는, 짧고 뚜렷한 금지들과 계명들은 수사학적 다양성과 효력을 부여한다. 이 연설의 내용, 즉 거룩한 삶을 살라는 요구에 담긴 공동체의 구두 교육을 위한 법들은 명확히 레위기 17-26장에 있는 다른 연설들과 마찬가지로 언약 갱신 예식의 정황에 적합하다.

주석

[2] 모세는 이스라엘의 회중(עדה – 에다) 전체에게 직접 말을 전한다. 에다(עדה)는 백성들이 언약 아래 한 공동체로서 집결된다는 것을 나타낸다(참조. 4:13). 17-26장의 거룩한 삶을 위한 법들(성결법)을 위한 주제가 이 장의 서두에 진술되어 있다. 이스라엘은 "거룩"(קדשׁ – 카도쉬)해야 하는데, 이는 그들의 하나님이신 여호와가 "거룩"(קדשׁ – 카도쉬)하시기 때문이다(11:44-45; 20:7, 26; 21:8; 신 7:6; 14:2; 26:19; 28:9). 거룩은 여호와의 근원적인 특질이다. 전 우주에서 그분만이 홀로 본질적으로 거룩하시다. "여호와는 거룩하시다"라는 명사 문장은 이것을 지시한다. 하나님이 거룩하시다는 것은 그분이 높임을 받으시는 분이고 권능을 지니신 두려운 분이며, 영광의 모습으로 출현하시고 성품이 징결하신 분이라는 것을 의미한다. 하나님의 거룩은 전염된다. 그분이 어디에 임재하시든지 그 곳은 거룩한 곳이 된다. 이스라엘의 거룩은 여호와로부터 학습되고 유래되기 때문에, 이스라엘은 거룩하라는 명령이 하나의 동사 문장으로 표현된다. 동사 하야(היה, "…이다, …되다")의 사용은 인간적 수준에서 성숙해져 가는 거룩의 측면을 지시해 준다. 이스라엘은 땅 위에서 여호와의 대리인이 되면서, 자신들의 공동체 안에서 하나님의 성품과 비슷한 특질들을 증거해야 한다. 하나님의 거룩이 역동적이고 밖으로 표출되는 반면, 이스라엘은 하나님의 거룩한 임재를 경험하기 위해 자신을 죄와 더럽히는 모든 것들로부터 분리함으로써 스스로를 거룩하게 만든다.

[3] 두 개의 기본적 계명이 이 연설의 서두에 자리한다. 그것들은 십계명의 제5와 제4계명을 반복한다(출 20:8-12; 신 5:12-16). 부모를 경외하라는 첫 번째 것은 사회적 도덕의 기초이며, 안식일을 지키라는 두 번째 것은 영적인 생명을 위해

필수적이다. 자녀들은 두 분의 부모님을 모두 경외(ירא – 야레)해야 한다(참조. 출 20:12; 신 5:16; 27:16). 부모에 대한 야레(ירא, "경외하다")의 사용은 아주 드문 일이다. 십계명에서는 "네 부모를 공경하라(כבד – 카베드)"고 말한다(출 20:12; 신 5:16). 야레(ירא, "경외하다")가 존경과 헌신을 표현하기 위해 사용될 경우, 그것은 흔히 하나님이 목적어다. 이 계명에서 "두려워하다"는 자녀가 자신의 부모의 권위를 승인하는 것을 의미한다. 그러므로 이 계명은 부모에게 자녀의 삶 속에서 높임을 받는 지위를 부여한다. 덧붙여서, 이 계명에서 어머니의 처음 위치(히브리어 원문에서 – 역자주)는 놀라운 것이다(참조. 20:19; 21:2). 분명히 어머니가 존대를 받고 있다. 바엔취(Baentsch, 396)와 누르체(Noordtzij, 193)는 그것을 일부다처 가족에서 예측될 수 있는 것으로 설명한다(참조. 18:9). 그러나 그것은 오히려 자녀를 양육하는 데 있어서 어머니가 행사하는 두드러진 역할에서 유래했을 수 있다. 알베르츠(Albertz, *ZAW* 90[1978] 356-74)는 다른 중동의 문헌들에 나타나는 부모의 위치에 대한 비교로부터, 그런 명령에 대한 배경이 그들이 땅을 관리하는 현직에서 은퇴할 때 아들 혹은 자녀에게 부동산을 이전하는 관행이었을지도 모른다고 추론한다. 뒤이어 아들 혹은 자녀는 노년의 부모를 돌봄으로써 그분들을 경외해야 한다. 그리하여 알버츠에게 있어서 어머니의 우선적인 위치는, 종종 그러하듯이 어머니가 아버지보다 더 오래 살 경우 자신의 아내가 보살핌을 받아야 한다는 아버지의 큰 배려에 비추어 설명될 수 있다. 이것이 이 계명에 대한 유일한 배경인지는 의심스럽지만, 이 계명이 노년의 부모에 대한 보살핌을 전해 주고 있다는 것은 매우 그럴듯하다.

다음 계명은 언약의 증표인 안식일을 지키는 것이다(참조. 23:3). 언약은 이스라엘과 하나님을 친밀한 관계로 이끌었다. 그 관계의 생명력을 높이기 위해 안식일 제도가 모든 가족이 하나님께 예배드리기 위한 특별한 날로 창설되었다(참조. 30a절; 출 20:8; 참조. 레 23:3; 26:2a). 십계명에서는 그 계명이 여호와께 예배드리는 거룩한 날로 지키기 위해 안식일을 "기억하라"(זכר – 자카르)는 것이다(참조. B. Childs, *Memory and Tradition*[London: SCM Press, 1962] 47-48, 52-56). 이 구절에서는 동사가 샤마르(שמר, "지키다")인데, 그것은 그 날의 특별한 관습과 관행들을 준수하는 것을 의미한다. 성경은 놀랍게도 이 관행들이 무엇을 포함해야 하는지에 대해 침묵하고 있다. 이러한 침묵은 하나님께서 자신의 일반적인 지침에 따라 사는 구체적인 방법들을 인간의 판단력에 맡기신다는 것을 보여 준다.

4 우상 숭배를 금지하는 이 법은 십계명의 앞의 두 계명을 반복한다(출 20:3,

4). 이스라엘은 어떠한 "헛된 신들"(אלילים – 엘릴림)에게 예배하지 말아야 하며(역시 26:1), 또한 그 어떤 "부어 만든 신들"(אלהי מסכה – 엘로헤이 마쎄카)도 만들지 말아야 한다. 아마도 동사 파나(פנה, "돌아서다")의 선택은 제1계명에 있는 어구 알 프네이(על פני, "내 앞에")를 상기시키기 위함일 것이다. 파나 엘(פנה אל)은 방향 전환을 의미한다. 예배와 관련된 구절들에서 이 어구는 다른 신을 섬기는 데 주의를 집중하는 것을 의미한다(참조. 신 31:20; 호 3:1; 시 40:5[4]; 욥 5:1). 제2계명은 돌로 만든 것이든 나무나 금속으로 만든 것이든 어떠한 "형상"(פסל – 페셀)의 제작도 금지한다(출 34:17). 이 금지는 아론이 "녹여 만든 송아지"(מסכה עגל – 에겔 마세카)를 만든 사건에 뒤이어 등장한다(출 32:4, 8). 형상들은 여호와의 본모습에 대한 부적절한, 따라서 거짓된 표현이기 때문에 금지된다(Childs, *The Book of Exodus*, 409; idem, *Old Testament Theology in a Canonical Contest*, 66-68). 덧붙여서, 여호와께서는 특정한 형상으로가 아니라 말씀을 통해 자기 백성에게 자신을 드러내셨다(신 4:12, 15-19). 말씀하시고, 또한 그 말씀이 역사하는 하나님의 이러한 역동성은 정적인 묘사에 국한될 수 없다.

5-8 이스라엘이 하나님께 예배드리기 위해 화목제 희생을 드릴 때(참조. 3장), 그들은 하나님께서 그 제물들을 받으시는 그런 방식으로 제사를 드려야 한다(참조. 1:3; 22:29). 백성들은 자신들이 그 의식을 수행하면 하나님께서 자동적으로 그들의 희생들을 받으실 것이라고 추론하지 말아야 한다. 거룩한 삶에 대한 이 연설에 왜 희생을 바치라는 언급이 있는 것일까? 그에 대한 답변은, 거룩에의 요청은 윤리적인 것과 제의적 것을 포함하여 삶의 모든 차원을 포괄한다는 것이다(Noordtzij, 191). "화목제의 희생"(זבח שלמים – 제바흐 쉘라밈)이 여기서 나타나는 이유는 인간이 이러한 유형의 희생을 하나님의 축복에 대한 자발적인 혹은 서약한 응답으로 바치기 때문일 수 있다(참조. 3장; 7:11-21; Hoffmann, 2:33). 덧붙여서 이러한 유형의 희생은 평신도가 먹을 수 있는 유일한 제물이기 때문에, 가족이나 씨족이 이러한 고기를 다루는 방식에 대해 언급하는 그 법들을 준수하는 일을 게을리하지 않으려는 특별한 관심이 있다. 이 고기는 하루나 이틀 동안 먹을 수 있지만, 삼 일째에는 남은 것이 모두 폐기되어야 한다(7:16-18). 그러한 남은 고기는 "더러워진 고기"(פגול – 피굴, 개역 성경: 가증한 것)로 불린다(7:18). 더럽혀진 고기를 먹는 사람은 누구든지 그 제의의 신성함을 침해한다. 그런 행위는 그 희생물을 더 이상 "받아들여지지"(רצה – 라차, 개역 성경: 열납되다) 않게 만들어 그 희생 제사의 혜택들을 망쳐 놓는다. 거룩한 것을 일상적인 것으로 취급함으로써 그것을 속되

게 하는 것(חלל – 할랄)은 가장 심각한 징벌을 수반한다. 그런 범죄를 저지른 사람은 언약 백성(עם – 암)으로부터 "제명되어야"(נכרת – 니크라트) 한다(7:19-21을 보라).

9-10 토지 소유주는 자신의 농토에서 어찌 하든지 최대의 수확물을 거두려고 안달을 해서는 안 된다. 밭 귀퉁이를 추수한다든지, 아니면 거두다가 떨어진 낟알을 모으려고 다시 밭을 훑는다든지 말이다. 고대인들은 한 손으로 한 다발의 줄기를 잡고 낫을 든 다른 한 손으로 그것을 자르는 방식으로 곡식을 추수했다. 이와 동일한 규준이 포도원 소유주에게 적용된다. 포도나무는 몽땅 추수되어서는 안 되며, 떨어진 포도를 주워서도 안 된다(참조. 신 24:19-21). 떨어진 낟알과 모퉁이는 "가난한 사람"(עני – 오니)과 "체류하는 타국인"(גר – 게르)을 위해 남겨 두어야 한다. 이러한 사람들은 거의 수입이 없으며, 어려운 시기에는 생계를 유지할 희망이 거의 없다. 하나님께서는 지주들이 추수의 일부를 불행한 사람들과 함께 나눔으로써 자신들의 추수에 감사하기를 바라시며, 또한 하나님께서 그들을 풍부하게 축복하셨다는 것을 그들이 겉으로 표현하여 인정하기를 원하신다(룻 2장). 이 법령들은 풍성할 때 함께 찾아오는 탐심에 대한 인간의 강한 유혹을 도려낸다. 이러한 관용의 규준은 세밀하게 작성되어 있다. 한편으로는 그것이 지주들에게 추가적인 부담을 부과하지는 않는데, 이는 그가 이러한 이삭 줍기를 위해 비용을 지불할 필요가 없기 때문이다. 다른 한편으로 가난한 자들과 타국인들은 자신들의 체면을 유지하게 되는데, 이는 구걸 대신 그들은 자신들의 필요를 위해 노동할 수 있는 특권을 부여받기 때문이다. 그들은 지주의 관용을 통해 표현되는 하나님의 은혜로부터 오는 이익을 얻기 위해 노력해야 한다. 이러한 관행들의 준수는 불행한 사람들에 대한 하나님의 자비로운 관심을 반영한다. 마음씨 좋은 지주는 보아스가 룻에게 그렇게 했던 것처럼(룻 2:15-16) 자신의 일꾼들에게 가난한 사람들을 위한 여분의 곡식 다발들을 남겨 두라고 했을지도 모른다. 신명기 24:19-22에서 발견되는 유사한 법은 이스라엘의 구원사에 그 뿌리를 박고 있다. 하나님께서는 이스라엘이 가난하고 이방인이었던 이집트에서 그들을 향한 자신의 사랑을 보여 주셨기 때문에, 그분은 이제 자신의 백성이 불행한 사람들에게 친절을 보여 주기를 원하신다. 이러한 법은 하나의 원리로서 표현된다. 후대에 랍비들은 추수의 1/60이 이 법을 따르기 위한 최소한도의 양이라는 규칙을 확립했다(*m. pe'a* 1.1-2).

11-12 사람이 도둑질을 해서는 안 된다. 이것은 제8계명이다(참조. 출 20:15; 신 5:19). 가나브(גנב)는 은밀히 행하는 도둑질이다(Milgrom, *Cult*). 이 금지에 뒤

이어, 거짓 행위를 반대하는 세 가지 금지가 나온다. 카하쉬(כחש)는 "실패하다, 속이다, 부인하다, 거짓으로 대하다"와 같이 폭넓은 범위의 의미들을 갖는다. 오스왈트(J. Oswalt, *TWOT* 1:437)는 "속이다"가 일차적인 의미라고 제안한다. 샤카르(שקר)는 "거짓으로 …편을 들어 행하다, 와전시키다"를 의미한다. 종종 거짓말을 하는 사람은 피치 못하게 하나님의 이름을 들먹이는 형식적인 서약으로 자신의 말을 뒷받침해야 하는 상황 속으로 빠지고 만다. 사람이 하나님의 이름으로 맹세한 서약 아래 거짓말을 하면, 그는 하나님의 이름을 "속되게"(חלל – 할랄) 한다. 이름은 당사자의 정체를 간직하기 때문에, 사람이 속이는 말을 입증하려고 하나님의 이름이나 명성을 이용하게 되면 그는 이로써 하나님의 성품의 정결성을 부인하는 것이다(참조. 18:21). 왜 재산에 대한 범죄가 이 목록의 서두에 자리하는가? 이에 대한 답변은 이 본문과 5:21-23(6:2-4)의 비교에서 발견된다. 거기서 이 동사들이 함께 나타나 속임수와 거짓 맹세가 동료(עמית – 아미트; 6:2[9]을 보라; 개역 성경: 남)의 재산을 확실하게 수중에 넣는 행위에 대해 사용된다. 그런 행위는 제9계명에 의해 금지된다(출 20:16; 신 5:20). 또 다른 관점에서 볼 때 훔치는 일은 사람이 속임수를 쓰도록 이끌고, 결국은 처음의 범죄를 덮기 위해 거짓 맹세로 서약하게 만든다. 이웃을 속이는 행위는 신뢰에 기반을 둔 우정의 결속을 깨뜨리며 이웃을 사랑하라는 계명과 어긋난다(18절). 참조. 마태복음 5:34-37; 야고보서 5:12.

13 이 세 가지 금지 중에 처음 두 가지는 일반적인 진술이며, 세 번째 것은 일반적 금지들의 구체적인 적용을 제공한다. 이스라엘 사람은 친구를 "압제하지"(עשק – 아샤크) 말아야 한다. 압제하는 사람이 더 많은 것을 갖고자 힘을 이용하여 압제받는 사람의 삶을 더욱 고통스럽게 해서는 안 된다. 이스라엘 사람은 다른 사람을 "강탈하지"(גזל – 가잘) 말아야 한다. 가잘(גזל)의 기본 의미는 "폭력으로 어떤 것을 탈취하는 것"이다(J. Schupphaus, "גזל, *gāzal*", *TDOT* 2:456). 욥기 24:9에서 이 단어는 어머니의 품에서 아이를 빼앗아 가는 것을 지칭하기 위해 사용된다. 그것은 또한 마치 어떤 사람을 속여서 그의 밭이나 집을 빼앗는 것과 같이(미 2:2), 자신들이 원하는 것을 약자에게서 강제로 탈취해 가는 것을 묘사한다(창 31:31; 신 28:31; 욥 24:2). 이 단어는 종종 어근 아샤크(עשק, "압제하다")와 더불어 발생한다(레 5:21, 23[6:2, 4]; 신 28:29; 렘 21:12; 22:3; 겔 18:18, 22:29; 미 2:2; 시 62:11[10]; 전 5:7[8]). 그러므로 그것은 물리적 힘으로 혹은 지위를 이용하거나 영향력을 행사함으로써 다른 사람의 어떤 것을 뻔뻔스럽게 차지하는 것을 묘사한다. 압제의 한 가지 본보기로서 고용된 일용직 노동자의 임금을 체불하는 행위가

언급된다. 이러한 행위는 그 노동자에게서 그의 가족이 저녁 식사와 다음날 필요한 식량을 구입할 수 있는 희망을 빼앗아 간다(신 24:14-15; 참조. 렘 22:13; 마 20:8). 고용주는 회계 실무를 자신의 편의와 이득을 위해 이용하여 노동자의 가족에게 고초를 안겨 주어서는 안 된다. 즉시 임금을 받지 못한 노동자는 하나님께 부르짖어 도움을 요청하고, 하나님께서는 그 고용주에게 이러한 부당한 고초를 당하게 만든 책임을 물으실 것이다(신 24:14-15; 참조. 약 5:4). 하나님께서는 개인적 이익을 위해 자신들의 노동자들을 부당하게 대우하는 사람들을 엄하게 심판하실 것이다.

14 사람은 장애인을 농락하지 말아야 한다. 특히 그 사람의 장애를 희롱하면서 말이다. 청각 장애인 앞에서 그 사람을 해치거나 조롱할 의도를 가진 서약(저주－역자주)을 하지 말아야 한다. 신명기 27:18에서는 시각 장애인을 엉뚱한 길로 인도하는 사람에게 저주가 내린다. 비슷하게 사람은 시각 장애인이 다니는 길에 "장애물"(מכשׁל－미크숄)을 놓지 말아야 한다. 서약과 장애물은 자신의 이득을 위해서건 악의에서 비롯되었건 장애인을 해칠 수 있는 어떤 것을 포함한다. 하나님을 두려워하는 사람은 결코 그렇게 잔인하게 행동할 수 없을 것이다(참조. 3절). 모든 사람은 하나님께서 소외된 자들을 돌보시고 그들을 농락하는 사람들이 책임을 지게 만드신다는 것을 마음속에 간직할 필요가 있다. 이 구절 속에서 이 법령들의 배열은 두 가지 특정 금지들이 일반 금지를 뒤따른다. 이러한 형식은 경건한 삶이란 인간의 생명에 대한 높은 관심으로 이어지며 심각한 장애로 고통받는 사람들을 향해 연민을 품게 만든다는 것을 보여 준다.

15 법정의 판결을 선고할 때 결코 불의(עול－아벨)를 행해서는 안 된다. 가난한 자를 편애하지도 않고 세력가를 예우하지도 않는 이러한 금지들은 부당한 판정이 내려지는 것을 막아 준다. 재판관들은 인간이기에 사건의 옳고 그름이 아닌 다른 요인들의 영향에 노출되어 있다. 그러나 사법적 판결을 선고할 때 지위를 막론하고 어떠한 편애도 특정인에게 보여서는 안 된다(참조. 약 2:1, 9). 가난한 자를 편애하지 말라는 계명은 구약의 고아와 과부와 가난한 자에 대한 배려에 비추어 볼 때 놀라운 것이다(예를 들어, 출 22:20-26[21-27]; 23:6; 신 24:17-18; 27:19). 이러한 금지의 목적은 그런 배려로 인해 원로들이 그 사람이 단지 가난하다는 이유로 불쌍한 사람을 편들어 편파적인 판결을 내리는 일이 없게 하는 것이다(참조. 출 23:3). 재판은 심지어 소외된 사람들에게 유리하게 곡해될 수 없다. 이어서 그것은 "세력가"가 그들의 지위로 재판에 영향을 끼쳐서 "예우를 받거나" "편애를 받지"

(הדר – 하다르) 않아야 한다고 진술한다. 백성들은 가까운 동료(עמית – 아미트; 참조. 11절)를 공정하게 재판해야 한다. "가난한"(דל – 달)과 "세력 있는"(גדול – 가돌)이라는 두 단어는 모든 사람을 포함하기 위해 사용된다. 하나님께서는 공정하시기 때문에, 그의 백성은 그분과의 언약 관계의 토대로서 그들의 법정에서 공의를 세워야 한다. 한 나라의 내적인 힘은 사법 제도의 온전성에 자리잡고 있다.

16 사람은 중상모략자(רכיל – 라킬)가 되어 사방을 돌아다녀서는 안 된다. 동사 라칼(רכל)의 기본 의미는 "여기저기 돌아다니다, 통행하다"(BDB, 940; 겔 17:4; 27:3)이며, 명사 라킬(רכיל)은 "중상모략자"를 의미한다. 이 용어는 여섯 번 발생하며(렘 6:28; 9:3[4]; 겔 22:9; 잠 11:13a; 20:19aα) 악의적으로 다른 사람에 대한 거짓 사실을 퍼뜨리는 사람을 묘사한다. 그것은 통상적으로 이러한 부류의 사람이 적극적으로 왜곡된 이야기를 퍼뜨린다는 것을 강조하기 위해 할라크(הלך, "가다")와 함께 나타난다. 사람은 그의 평판으로 알려지기 때문에, 어떤 사람에 대한 악의적인 험담을 퍼뜨리는 것은 그 사람의 명성에 타격을 입히고 그의 인격을 저해한다(참조. 렘 6:28; 9:3[4]; 고후 12:20; 엡 4:13; 약 4:11; 5:9; 벧전 2:1). 사람은 또한 친구의 "생명에 적대적으로 행하여서는"(תעמד על־דם – 타아모드 알담, 문자적으로는 "…의 피 위에 서다") 안 된다. 이러한 숙어는 다양하게 이해된다. 한 견해는 그것의 의미를 어떤 사람의 생명을 "위험에 빠뜨리다"로 받아들인다. 중상모략적 거짓말을 퍼뜨리는 것은 어떤 사람의 생명을 위험에 처하게 할 수 있다. 특히 사형이 일반적으로 시행되었던 사회에서는 말이다. 탈굼 옹켈로스(*Targum Onqelos*)와 이반 에스라(Ibn Ezra)는 "피 위에 서지 않게 하다"라는 그 숙어를 "…에 대적하여 음모를 꾸미다"라는 의미로 이해한다(Levine, 127). 다른 견해는 그것을 중대한 시점에서 다른 사람을 "비켜서다, 관여치 않다, 무시하다"라는 의미로 받아들인다. 마치 어떤 사람이 위험에 빠진 사람의 결백을 입증해 줄 증거를 가졌는데도 그가 그 억울한 사람을 변호하여 증언해 주기를 거부하는 경우와 같이 말이다. 웬함(Wenham, 268)은 고대의 마을에서 불화와 개인적 원한이 지역 원로들로 구성된 법정의 판결을 쉽게 왜곡할 수 있었다는 점을 지적한다. 다른 견해는 그 단어에 "살아남다, …에 의존하다"라는 의미를 부여한다(참조. 창 27:40; 겔 33:26; Levine, 127). 이것은 NJPS의 번역 "너의 동료의 피로 이익을 얻지 말라"로 이어졌다. 이러한 견해들이 모두 동의하고 있는 것은 이 행이 어떤 사람이 다른 사람의 생명을 위험에 빠뜨려서는 안 된다고 말하고 있다는 것이다.

17 누구든지 자신의 형제(אח – 아흐)를 미워해서는 안 된다. 사람의 마음속에서

곪는 증오심은 사고방식을 비뚤어지게 하고 상상력을 자극해서 형제를 해하려는 방법을 골똘히 생각하도록 유도한다. 사람이 기본적인 불평을 털어놓지 않고 다른 사람을 미워할 때, 그는 허위 사실을 말해 그 사람의 무고함을 훼손하려는 마음에 쉽게 굴복한다(참조. 잠 10:18). 그 사람은 심지어 그 형제를 중상모략할 수 있다. 만일 사람이 동료(עמית – 아미트; 참조. 11절)에게 정당한 불만을 품고 있다면, 그는 "드러내놓고 논박해야"(הוכיח – 호키아흐, 개역 성경: 견책하다)한다. 호키아흐(הוכיח)는 "꾸짖다, 질책하다"를 의미하며, 그것은 또한 변론적 의미 즉 "어떤 사람의 송사를 논쟁하다"를 갖는다(욥 13:3, 15). 그것의 기본적 의미는 "옳은 것을 확증하다"이다(암 5:10; 사 29:21; G. Liedke, "יכח *jkḥ* hi. feststellen, was recht ist," THAT 1:730). 잠언은 호키아흐(הוכיח)를 빈번히 "꾸짖다, 질책하다"의 의미로 사용한다. 예를 들어, 책망하는 것은 불편할지라도 책망은 지혜자에게 유익하다(9:7-8b; 19:25; 25:12; 28:23). 여기서 사용된 호키아흐(הוכיח)는 "꾸짖다"인가, 아니면 "법정에서 다투다"인가? 바로 이어지는 문맥의 법령들은 법정에서의 공정성에 관심을 갖기 때문에, 호키아흐(הוכיח)는 다른 사람에 대한 불만을 법정으로 끌고 가는 것과 관련되어 있다. 그렇게 함으로써 싸움이 공적으로 벌어지며, 법정은 그분쟁을 해결하기 위해 공정한 판결을 선고내릴 수 있다. 다음 문장은 (문자적으로) "너는 그를 위해/그에 대하여 죄를 짊어지지 않을 것이다"(לא־תשא עליו חטא – 로 티사 알라이브 헤트)이다. 숙어로 죄를 지칭하는 단어와 더불어 사용되는 동사 나사(נשא)는 "죄에 대하여 책임을 지다"를 의미한다(20:20; 22:9; 24:15; 민 18:32은 여기와 마찬가지로 하타〈חטא, "죄"〉와 함께; 참조. 5:1〈참조. "원문주해" 5:1.b.〉, 17; 19:8은 아벤〈און, "죄악"〉). 그러나 여기서 사용된 바와 같이 이 숙어의 정확한 의미는 즉각 분명하지가 않다. 한 가지 가능한 의미는 어떤 사람이 형식을 갖춰 한 형제에 대한 불만을 따짐으로써 그가 자신의 감정을 상하게 한 이웃을 해치려고 부당하고 가혹한 의도적 행위를 하는 가운데 증오심이 점점 커져 폭발하지 않도록 막아 준다는 것이다. 혹은 이 문장의 의미는 한 이웃이 실제로 어떤 사람에게 잘못을 저질렀음에도 불구하고, 그 사람(그 잘못을 지적할 책임이 있는 목격자 – 역자주)이 침묵을 지킴으로써 다른 사람의 죄에 상관하지 않게 된다는 것일 수 있다. 호프만(Hoffmann, 2:43)은 이 어구를 사람이 자신의 이웃을 책망하지 않은 것에 대하여 한 가지 죄책이 있다는 의미로 이해한다.

쿠겔(Kugel, *HTR* 80[1987] 49-54, 57-58)은 확장된 연구를 통해 초기 전승에서 이 문장에 대한 두 가지 기본적 해석 방식이 발전되었다는 것을 보여 준다. 열두 족장의 유언서에 있는 갓의 유언(*T. Gad*[6:3-4] in *The Testament of the Twelve Patriarchs*)은 이 문구를 피해자가 가해자를 지나칠 정도로 몰아세우며 끊임없이 책망함으로써 결국 후자가 저주받을 말을 하게 만드는 일이 없도록 해야 한다는 의미로 해석했다. 덧붙여서, 그러한 다툼 자체가 죄가 된다. 그것이 바로 쿰란 공동체에서 나온 "훈련 교본"(Manual of Discipline, 1QS 5:24-6:1)에서 사람이 다른 사람을 "진실과 겸양 가운데, 그리고 사람에 대한 사랑스러운 마음을 품고" 책망해야 한다고 언급된 이유다. 이것은 현재의 본문에 대한 도덕적 해석이다. 다른 해석학적 전통은 "다마스쿠스 문서"(Damascus Document, CD 9:2-8과 또한 1QS 5:24-6:1에서)에 의해 증언된다(다마스쿠스는 성경에서 다메섹으로 칭한다－역자주). 가해자를 법정으로 불러냄으로써 그에 대한 불만을 형식을 갖추어 제기하기 전에, 피해자는 공개적으로 그 가해자를 꾸짖었음이 분명하다(참조. 마 18:15-17). 이것은 이 문구에 대한 형식적이고 사법적인 해석이다. 그렇게 하지 않으면 피해자는 가해자를 비하하려고, 그리고/혹은 그를 해치려고 그 사람의 과오나 범죄를 하나의 구실로 이용하는 죄에 빠지게 된다. 쿠겔의 연구는 같은 구절에 대한 서로 다른 두 가지 해석이 성경을 따르기로 결심한 공동체의 서로 다른 분파들에서 어떤 식으로 발전할 수 있는지를 보여 준다.

18 이어지는 두 가지 금지가 말하는 것은 "복수하기"(נקם－나캄)와 "앙심 품기"(נטר－나타르)에 대한 것이다. 나타르(נטר)는 "지키다, 유지하다"를 의미하는데, 이를테면 포도원을 지키는 것이다(아 1:6; 8:11-12). 하나님이나 인간에게 적용될 때는 그것은 상대방을 향해 분노를 간직하거나 쌓아 두는 것을 의미한다(렘 3:5, 12). 동료를 향해 분노를 쌓아 두는 사람은 계획적으로 "복수"(נקם－나캄)로 그 분노를 표출할 적절한 기회를 은밀하게 기다린다. 이 법은 "너의 동포"(בני עמך－브네이 암메카, 문자적으로 "너희의 백성의 아들들")라는 표현으로 강력하게 동료 시민들에 대해 말한다. 복수에 대한 욕망은 사람을 충동시켜 그로 하여금 비열하고 결정적인 방식으로 자신의 원수에게 해를 끼치기를 모색하게 만든다. 아무리 상대가 동료 시민이라 할지라도 말이다. 그의 분노는 그의 사고력을 심하게 비뚤어지게 해놓으며, 따라서 그는 자신이 미워하는 사람, 곧 마찬가지로 하나님의 백성으로 이스라엘의 구성원인 그 사람을 향해 영민한 판단력을 가지고 행동할 수 없게 된다. 성경의 다른 여러 곳에서는 사람이 착취당할 때, 그가 자신의 손해를 하나님께 맡겨야 하고 자신의 명예 회복을 위해 하나님을 신뢰해야 한다고 가르친다. 하나님께서는 "복수는 내 것이라 내가 갚으리라"(신 32:35a; 참조. 시 94:1)고 말씀하신다.

하나님께서는 자신의 때가 되면 유죄한 자들이 해명하게 하실 것이다. 현재를 사는 동안 그분을 신뢰하는 사람들은 하나님께서 자신들이 참고 있는 그 악인들을 바로 잡아 주실 것이라고 확신하면서 인내할 수 있다.

이 금지 조항들에 이어서 동료 혹은 이웃(רע – 레아)을 자신과 같이 사랑하라는 대강령이 나온다. 이 명령은 효과를 위해 긍정적으로 진술된다. 거룩한 삶에 대한 이 연설 속에서 그 강령은 사람이 알고 지내는 이웃을 향해 사랑 가운데 행하기 위해 자신을 성결하게 해야 한다는 것을 의미한다. 레아(רע)는 "친구, 동료, 지인"을 의미한다. 그것은 가까운 친구로부터(욥 2:11) 단순히 면식이 있는 지인에 이르기까지(20:10; 출 21:14; 참조. J. Hogg, *AJSL* 41[1924/25] 197-98) 폭넓은 관계들을 지칭하기 위해 사용된다. 여기서 그것은 어떤 사람이 접촉하는 이스라엘 내의 다른 사람들을 지칭한다. 따라서 마티스(Mathys, *Liebe*, 38)는 그것을 "동포"로 번역한다.

이 구절에는 흥미로운 문법적 초점이 있다. 아하브(אהב, "사랑하다")의 목적어는 일반적으로 대격(목적격)으로 나타나지만, 이 경우 그 목적어에 전치사 레(ל, "…에게")가 선행하고 있다. 마티스(5)는 이러한 구조는 아람어 어투(Aramaism)이며, 두 숙어 사이에는 중요한 의미상의 차이가 없다고 주장한다. 왜냐하면 어떤 본문들에서는 에트(את)와 레(ל)가 상호 교환되어 사용될 수 있는 것으로 나타나기 때문이다(참조. 대하 10:6과 10:9의 비교). 그렇지만 말라마트(Malamat, *BAR* 16 [1990] 50-51)는 아하브 레(אהב ל)가 "…에게 소용이 되다, …에게 유익하다, …을 돕다"를 의미한다고 주장한다. 그는 역대하 19:2에서 아하브 레(אהב ל)가 에제르(עזר, "도움")와 병행을 이룬다는 것을 지적한다(참조. 왕상 5:15[1]). 두 표현 모두 히브리어에 나타나기 때문에, 아마도 아하브 레(אהב ל)가 다른 사람에 대한 관심에 의해 동기가 부여되는 돕는 행위에 중점을 두면서 둘 사이에는 약간의 뉘앙스의 차이가 있을 뿐이다. 분명히 선한 사마리아인의 비유에서 강조점은 다른 사람에게 은혜를 베풀기 위해 행동하는 사랑에 있다(눅 10:25-37).

다른 사람을 사랑하거나 은혜를 베푸는 일의 기준은 그 사람이 바로 자기 자신과 다름없으며, 그러므로 사랑할 가치가 있다는 것이다. 타인에 대한 그런 사랑의 모범적인 본보기는 다윗과 요나단의 관계다. "요나단은 자신과 같이 그를 사랑했다"(כנפשו – 케나프쇼; 삼상 18:1; 참조. 18:3; 19:1; 20:17; 삼하 1:26). 월리스(G. Wallis, "אהב *ʾāhabh*," *TDOT* 1:111)는 이 구절과 관련하여 다음과 같이 말한다. "설사 구약이 자기 부정과 이타주의를 분명하게 요구하지는 않을지라도, 그것은 이웃의 안녕에 대한 관심과 자신의 의지의 결단을 동일시하는 행동 방식을 옹호한다. 어떤 경우라도 사람은 자신의 이기적인 이익이 이웃에게 해를 끼치게 될 때 그 이익이 우선되게 해서는 안 된다." 34절에서 지인 관계의 사람을 사랑하라는 요구가 "체류하는 타국인"(גר – 게르)으로 확장된다(역시 신 10:19). 예수께서는 이 계명을 취하여 그것을 두 가지 대강령의 두 번째 것으로 승격시키셨으며 "지인"의 범위를 모든 동료 인간들, 특히 궁핍한 모든 사람들을 포함하도록 확대하셨다(마 22:39-40; 막 12:31; 눅 10:25-37; 참조. 마 5:43-47; 19:19; 눅 10:27; 롬 13:9-10; 갈 5:14; 약 2:8).

네 개의 이행연구(二行連句)의 마지막인 현재의 행에서 백성들을 지칭하는 네 가지 용어가 사용되어 포괄성을 전달한다 – "형제"(אח – 아흐), "동료"(עמית – 아미트), "너의 동포"(בני עמך – 브네이 암메카) 그리고 "친구"(רע – 레아, "양식/구조/배경"을 보라). 미워하지 말라는 금지로 시작해서 사랑하라는 명령으로 마무리되는 이러한 일련의 용어들의 사용은 언약 공동체의 모든 구성원들을 포괄한다. 이 단어들의 사용은 이 법들에 동기 부여를 추가한다. 즉 그 요청은 사람이 반성해 보라는 것이다: 너희는 너희와 마찬가지로 동일한 무리에 소속된 다른 사람을 향해 부정적으로 행하고 있는가, 아니면 긍정적으로 행하고 있는가(참조. Mathys, *Liebe*, 39)?

19 이스라엘 사람들은 서로 다른 종류의 짐승(בהמה – 브헤마)들을 짝짓기해서는 안 되며, 또한 두 종류의 씨를 밭에 뿌려서도 안 된다. 더불어 그들은 서로 다른 종류의 재료로 된 직물을 짜서 옷감을 만들 수 없다(참조. 신 22:9-11). 제의 법안에서 "가축"(בהמה – 버헤마)은 큰 것과 작은 가축 동물들을 공히 포함하며, 특히 목초지를 따라 이동하는 것들이다(참조. G. J. Botterweck, "בהמה b^e*hēmāh*," *TDOT* 2:9-10, 12). 휴트만(C. Houtman, *VT* 34[1984] 227-28)은 이 법이 하나님께서 창조하신 다양한 종과 부류의 흐릿해짐을 막기 위한 조치라고 말한다. 즉 그것은 창조세계의 다양성을 보존하기 위한 것이다. 사물의 혼합을 막는 이 "법령들"(חקות – 후코트)은 또한 거룩한 것은 정결하고 때묻지 않은 것이라는 사회적 의식에도 기여한다(참조. Douglas, *Purity*, 53).

20-22 남자와 여자의 성관계가 이 법에 의해 신중히 규정된다(예를 들어, 18장과 20장). 이 사례는 자유인 신분의 남자와 다른 남자와 약혼한 노예 신분의 여자의 관계에 관심을 갖는다. 이스라엘에서 노예는 고대 근동의 다른 법전들에 있는 사례들에서 발견되는 것보다 더 높은 지위를 갖고 있지만, 노예가 완전한 자유민과 똑같은 권리를 갖지는 못했다. 신명기에 있는 법들은 이러한 이 구절들을 더 잘 이해

하기 위한 어떤 배경을 제공하는 데 일조한다. 신명기 22:23-24에 있는 법은 만일 남자가 약혼한 자유민 여성을 능욕한다면 두 사람 모두 죽어야 한다는 내용을 포함하고 있다. 고대 중동의 법 조항들을 보면, 만일 여자 노예가 자유민 남자에 의해 강간을 당할 경우 그 남자는 노예 주인에게 배상할 뿐 사형에 처해지지는 않는다는 것을 알 수 있다(Milgrom, *ZAW* 89[1977] 46). 나아가 주인은 여종의 속신(贖身, redeem)을 허용할 수 있었다. 속신하는 자는 그녀와 결혼하길 원했던 사람이 될 수 있었다. 현재의 경우에는 여자 노예가 다른 남자와 약혼했지만 아직 속신이 되지 않은 상태이고(הפדה – 호프데), 또한 주인이 그녀에게 자유(חפשה – 후프샤; 개역성경: 해방)를 준 것도 아니다(참조. 출 21:8). 그녀가 약혼한 상태이기 때문에, 그녀의 주인은 그녀가 침해를 당했다는 이유로 더 이상의 배상을 받을 권리는 없다. 그녀가 여전히 노예 신분이기 때문에, 그녀를 범한 자는 사형에 처해지지 않는다. 그 문제에 대한 조사(בקרת – 비코레트)가 이루어져 사실 관계가 정확히 밝혀져야 한다(개역 성경에서는 "조사"가 아니라 "형벌은 받으려니와"이다 – 역자주). 그 여자를 능욕한 이 남자가 법적 처벌을 받지는 않지만, 그럼에도 불구하고 그는 이 여자를 범한 일로 인해 하나님 앞에서 죄책이 있다. 밀그롬의 판단에 의하면(*ZAW* 89[1977] 46, 48-49), 그 사람은 간음이라는 "큰 죄"를 범했다. 그것은 그가 이스라엘의 구성원의 한 사람으로서 언약을 지키겠다고 약속했기 때문에 하나님께 거스르는 죄다. 그러므로 그는 "믿음의 위반"(מעל – 마알)을 했다(참조. 5:4; Milgrom, ZAW 89[1977] 47). 바로 그것이 그가 속건물(אשם – 아샴; 참조. 5:14-26[6:7])을 바침으로써 자신의 죄를 배상하거나 대속해야 하는 이유다. 지정된 짐승은 숫양(איל – 아일; 참조. 5:15-16)이다. 때때로 속건제가 그런 경우가 있듯이, 이 속건제 희생과 더불어 시행되는 배상에 대해서는 전혀 언급이 없다. 왜냐하면 그 여인이 약혼은 했으나 속량이 되지 않았기 때문이다. 제사장이 그 사람을 위해 대속하고(כפר) 그는 하나님께로부터 용서(סלח – 쌀라흐)를 받는다는 진술이 말해 주는 대로(참조. 4:20), 그 속건제는 효력을 발휘한다.

23-25 이 일련의 법들은 새로 심은 과일 나무들의 첫 번째 수확에 관한 것이다. 새로운 농사법들이 포함된 것은 이스라엘의 삶의 모든 분야가 거룩한 삶을 살라는 요청에 의해 지배된다는 것을 알려 주기 위해서다. 이스라엘 사람들은 처음 3년 동안에는 새로 심은 나무의 적은 양의 과일을 전혀 먹을 수 없다. 그것은 "할례 받지 않은 것"(ערלה – 오를라)으로 간주되어야 한다. 4년째의 과일은 "거룩한 것"(קדש – 코데쉬)으로 여겨야 한다. 그것은 그 과일들을 섭취하거나 음식으로 사용하지 않

도록 그것들이 전부 전적으로 하나님께 속한다는 것을 의미한다. 그것은 "여호와께 찬송"(הלולים ליהוה – 힐룰림 라도나이)으로 불린다. 즉 이 해의 과일은 여호와께 찬송 중에 드려진다. 5년째부터는 줄곧 이스라엘 사람들은 자유롭게 자신들을 위해 그 과일들을 수확할 수 있으며, 각 추수의 첫 열매들을 여호와께 바친다. 이러한 법규는 하나님께서 순종하는 사람들을 위해 과수원의 추수를 늘려 주실 것이라는 약속에 의해 동기가 부여된다. 이러한 종류의 법은 여호와께서 땅의 주인이라는 공동체 의식을 함양시켰다.

26 처음 시작하는 금지는 문자적으로 "피를 먹지 말라"(לא תאכלו על־הדם – 로 토클루 알 하담; 참조. 3:17; 7:27; 17:10-14; 삼상 14:32-34)이다. 이 숙어는 생략법으로 되어 있으며, 정확한 의미가 현대 해석가들에게 감추어져 있다. 만일 전치사 알(על)이 "…와 함께"를 의미한다면, "마시다"가 아닌 "먹다"의 사용은 "그 피"가 선지로 만든 음식이거나 피를 머금은 고기를 지칭한다는 것을 시사한다. 알(על)이 이러한 의미를 가질 때, 전치사 알의 목적어는 보통 "먹다"의 직접목적어 역할을 하는 명칭이 붙은 물질과 결부된다(예를 들어, 출 12:8; 민 9:11; 참조. 겔 33:25). 또 다른 해석은 알(על)을 "…위에"를 의미하는 것으로 받아들인다(참조. Füglister, "Sühne," 151-52). 지하의 신들을 위한 제사에서는 짐승들이 제단이나 돌이 아닌 땅 위에서 희생으로 바쳐졌으며, 피는 희생을 드린 장소 부근에 판 도랑으로 흘려보내 그 희생 짐승의 고기를 먹기 전에 피가 땅에 흡수되도록 했다(참조. 삼상 14:31-34; J. Grintz, *ASTI* 8[1972] 85). 이러한 피 의례는 정령들을 지표면으로 끌어내고, 또한 그들의 예언의 신통력을 높이기 위한 것이었다. 이어지는 금지들이 피의 사용에 연루된 어떤 점술의 종류에 관한 것이기 때문에 이러한 해석에 큰 무게가 실린다. 다른 가능성은 "피 위에" 대신 70인경(LXX)에서 발견되는 엘 하림(אל ההרם, "산들 위에서")으로 읽는 대안적 독법을 따른다. 이 이문(異文)은 죽은 자들의 혼령들과 교류하기 위한 노력의 일환으로 언덕 위에 차려놓은 신성한 음식들을 지칭할 수 있다(참조. 신 12:2-3; 사 57:7; 65:7). 그렇지만 마소라(MT)에 있는 더 어려운 독법을 따르는 것이 최상이다.

점술의 관행을 막는 두 가지 금지가 있다. 나하쉬(נחש)는 동물의 움직임이나 향로에서 오르는 연기, 혹은 금속의 형태나 움직임과 같은 어떤 징표와 조짐을 해석함으로써 미래를 분별하는 "점"일 수 있다. 요셉은 점술(נחש – 나하쉬)을 위해 술잔(גביע – 가비아)를 사용했다(창 44:2, 5, 15). 그런 술잔이 사용되었던 한 가지 방식은 컵 안에 담긴 물에 다양한 액체를 붓는 것이었다. 술잔 소유자가 그 물 위에 형성된 모양들을 해독한다. 종종 나하쉬(נחשׁ)와 더불어 동사 아난(ענן)이 포렐형(*po'lel*)으로 나타나기도 한다. 그것은 점술을 지칭하는 또 다른 용어이지만, 그것이 지시하는 정확한 행위는 알려져 있지 않다. 두 가지 제안이 제시되었다(*TWOT* 2: 685). 하나는 이 용어가 동일한 자음을 가진 단어 아난(עָנָן, "구름")과 관련된다는 것이다. 만일 이것이 정확하다면, 미래는 구름의 이동을 해독함으로써 확정된다. 다른 제안은 이것이 초혼술사가 혼령과의 교류에 열중할 때 내는 소리를 지칭하는 의성어라는 것이다.

점술은 성경 전체에 걸쳐서 정당하게 비난을 받는데, 이는 그것이 어떤 비인격적 힘, 때로는 신들의 일을 포함한 모든 일의 운명을 결정짓는 필연이나 숙명이라 불리기도 하는 어떤 힘이 존재한다는 확신 위에서 이루어지기 때문이다(참조. 신 18:9-12; Y. Kaufmann, *The Religion of Israel*, tr. M. Greenberg[Chicago: The University of Chicago Press, 1960] 21-24, 32-33). 그런 확신은 하나님께서 전능하시다는 것을 부인한다. 그러므로 이런 부류의 관행에 참여하는 것은 여호와께서 주권을 소유하신 창조자요 지존의 하나님이시라는 계시의 근간을 흔드는 것이다. 그렇지만 미래를 알고 싶어하는 인간의 주체할 수 없는 갈망으로 인해 다른 민족들 가운데 일상적이었던 점술 관행들은 이스라엘에서 제거되기가 어려웠다(참조. 왕하 17:17; 21:6; 사 2:6; 8:19; 겔 22:9).

27 모발(毛髮)은 사람의 생명력과 아름다움의 상징이다. 사람의 모발을 치장하는 방식은 강력한 문화적이고 종교적인 함축을 지닌다. 어떤 민족들 가운데서는 모발을 특정한 스타일로 깎거나 손질하는 것이 직무의 상징일 수 있다. 다른 상황에서는 똑같은 스타일이 애도의 상징이다(21:5; 신 14:1; 렘 16:6; 겔 44:20; 암 8:10). 그러므로 사람의 모발을 깎는 것에 관한 규정들은 성결법전에 깊이 관련되어 있다. 관자놀이의 머리털은 둥글게 깎지 말아야 한다. 수염은 안면에 가까이 바짝 깎아서는 안 된다. 오늘날까지 아주 정통적인 유대 공동체에 속한 남자들은 긴 곱슬머리를 얼굴 양쪽 측면에 길러서 이 법규를 준수한다.

28 몸은 하나님의 경이로운 창조물이다. 몸의 온전성은 거룩의 아름다움과 완전함을 나타낸다. 따라서 몸은 온전하게 유지되어야 한다. 몸은 어떤 식으로든 고의로 상해를 입히거나 훼손을 해서는 안 된다. 특히 금지되는 것은 애도의 수단으로 몸을 뜯는(개역 성경: 문신을 하는) 이방의 관습이다(참조. 신 14:1; 렘 16:6; 41:5; 47:5; 48:37. 이러한 구절들은 이스라엘 사람들이 애도 의례들의 일부로 자신들의 몸에 상처를 내는 것에 대해 말한다). 이러한 관행은 사람의 슬픔의 강도를 높이

기 위함이었다. 그렇지만 스네이스(Snaith, 94)의 견해로 보자면, 그것은 무엇보다도 떠난 혼령들에게 피를 제공하기 위함이었다. 라스 샤므라(Ras Shamra)에서 나온 두 개의 본문은 자신의 몸을 뜯는 애도자들에 대해 언급한다(*UT* 67 VI:5-26; 62:1-29). 바알을 위한 애도에서 자비의 신 엘(El the Kind)은 "면도칼로 자신의 피부를 벤다. 그는 자기 뺨과 턱을 베고, 갈대로 두 팔을 할퀴고, 가슴을 밭처럼 쟁기질하고, 등을 골짜기처럼 할퀸다"(tr. M. Coogan, *Stories from Ancient Canaan* [Philadelphia: Westminster, 1978] 109; H. Ringgern, *Israelite Religion*, tr. D. Green [Philadelphia: Fortress, 1966] 240-42). 살 뜯기는 바알의 다산 예배의 의례들 중에, 특히 바알이 그를 따르는 자들의 탄원에 귀를 막는 것처럼 보일 때 포함되었을 것이다(참조. 왕상 18:28).

몸에 무늬를 놓는 것 역시 금지된다. 카아카(קַעֲקַע)의 정확한 의미는 알려져 있지 않지만, 그것은 몸에 문신을 새기는 것이거나 몸에 그림을 그리는 것을 지칭할 수 있다. 바디 페인팅(몸에 그림 그리기)은 이방의 관습이었다. 의식에 참여하기 위해 준비하는 사람들은 몸에 그림을 그렸다(C. Gordon, *The Common Backround of Greek and Hebrew Civilization*[New York: W. W. Norton, 1965] 136, 168). 엘리거(263)는 이것이 죽은 혼령들을 차단하기 위해 행한 것이라고 생각한다. 몸의 표시들은 또한 어떤 제의에 속한 상징들로 사용되었다(Noordtzij, 205).

29 큰 빚을 진 사람은 목돈을 마련하기 위해 자신의 딸을 창녀로 팔려는 유혹에 빠질 수 있었을 것이다. 그러나 그런 관행은 자신의 딸의 명예를 더럽힌다(חלל – 할랄). 이것이 금지되는 이유는 땅 자체가 매춘을 하는 셈이 되어(참조. 18:24-27) 음란(זמה – 짐마)으로 가득 찰 것이기 때문이다(참조. 신 23:18-19[17]18]; 암 2:7; 호 4:14; 겔 33:37-39). 덧붙여서 고대의 사상에서는 그런 행위는 그 악행자들을 먹여 살리는 바로 그 땅을 더럽힌다. 여기에는 18:24-30로 거슬러 올라가는 연결고리가 있다.

30 이 구절은 26:2에서 다시 나타난다. 백성들은 안식일을 지켜야 하고(30aβ) 성소를 존중해야 한다. 성소에 대한 존중은 그것을 하나님께서 영광과 위엄 가운데 자신을 드러내는 장소로 여기신다는 것을 의미한다. 그것은 백성들이 성소 구역들에 있을 때마다 신중히 처신하기 위해 유의해야 한다는 것을 의미한다. 예를 들어, 부정한 상태에 있는 사람은 누구든지 그 구역 내에 들어갈 수 없다. 성전에 대한 존중은 또한 이교의 제의 관행들이 성전 구역 내로 유입되는 것을 막아 준다(예를 들어, 겔 8장; Noordtzij, 206). 이러한 법은 성소의 운용이 언약의 유지와 율법이

요구하는 제물들을 가지고 하나님께 가까이함에 필수적이기 때문이다.

31 이스라엘 사람들은 대화와 점술을 위해 "귀신들"(אבת – 오보트)과 "떠난 영들"(ידענים – 이드오님)에게 돌이켜서는 안 된다. 고대 근동의 많은 장소에서 죽은 자와의 소통이 영매술사들과 심령술사들을 통해 시도되었다. 파나(פנה, "돌아서다")는 때로 하나님께 돌아서는 것에 대해 사용되지만, 더욱 흔하게는 다른 신들에게 예배하러 돌아서는 것을 지칭한다(4절. 신 31:18, 20; 호 3:1). 두 번째 단어 비케쉬(בקשׁ, "추구하다")는 종교적 용례로 쓰일 때 하나님의 예배에서 상당한 노력을 기울이는 것을 표현한다(삼하 21:1; 호 5:6, 15; 슥 8:21-22; 그러나 오보트〈אבת〉 및 이드오님〈ידענים〉과 더불어 나타나는 사 8:19; 19:3). 누르체(Noordtzij, 207)는 이것이 오직 망자의 혼령에 대한 언급에서만 사용된다는 것을 관찰한다. 그렇다면 이 용어는 이러한 탄원자들이 죽은 혼령들과의 접촉을 통해 여호와께 문의하고 있다는 것을 암시한다(참조. S. Wagner, "בקשׁ *biqqēsh*," *TDOT* 2:238). 특별한 지식을 찾기 위해 죽은 혼령들에게 의지하는(돌아서는) 관행은 죽은 사무엘과 대화하기 위해 사울이 무녀를 찾아간 기사에서 증거된다(삼상 28장). 여호와께서는 그런 관행들을 미워하시는데, 이는 죽음은 살아 계신 하나님의 존재 자체에 직접 대립되기 때문이다.

32 "은빛의 백발"(שׂיבה – 세바)을 가진 사람들은 크게 존경받아야 한다(잠 16:31; 20:29). 노인들은 많은 경험적 지혜를 소유하고 있다. 그런 노인들이 회중 가운데 들어올 때 백성들은 존경심으로 일어서야 한다(참조. 욥 29:7-10). 노인들에게 적절한 존경심을 보이는 것은 하나님에 대한 경외심의 표현이다.

33-34 백성들은 이스라엘에 체류하는 타국인들을 "부당하게 대우"(הונה – 호나)하거나 "압제하지" 말아야 한다(참조. 25:14, 17; 출 22:20[21]; 신 23:17[16]; 렘 22:3; 겔 45:8; 46:18). 타국인들은 지방 관습, 규준, 물가에 대해 무지하기 때문에, 또한 본토 사람들의 존중을 받지 못하면 분쟁에서 의지할 데가 거의 없기 때문에 그들을 갈취하려고 고안된 온갖 종류의 계획들에 희생되기가 쉽다. 그렇지만 이스라엘 사람들은 이방인들에게 특별한 배려를 해줘야 한다. 그들은 마치 자신처럼 타국인들을 인격체로 사랑해야 하며(참조. 18절), 그들을 "본토인"(אזרח – 에즈라흐)처럼 대우해 주어야 한다. 에즈라흐(אזרח)는 "고향에서 태어난 사람, 본토인"을 의미한다. 이러한 사랑의 계명은 이스라엘이 이집트에서 체류하는 타국인이었던 것을 회상하는 그들의 기억에 의해 동기 부여가 된다. 이러한 동기 부여는 타국인들과 이스라엘인들 사이의 일상적인 인간적 유대관계를 강조한다.

[35]-[36] 불의를 행하지 말라는 일반적 금지(또한 15aα절)는 여기에서 무게와 치수의 사용에 적용된다. 총계를 내기 위해 사용되는 모든 것들 - 용적과 수량을 재는 추와 저울, 그리고 자를 포함하여 - 은 결정된 표준에 따라 정확하거나 공정해야(צדק - 체데크) 한다. 상업적 상호 거래에서 사기 행위를 하는 손쉬운 방법은 거짓 치수를 사용하는 것이다(참조. 신 25:13-16; 겔 45:10-12). 타락한 상인은 두 벌의 저울과 자를 가지고 받을 때는 더 큰 치수를, 줄 때는 더 작은 치수를 사용할 것이다(참조. 암 8:5; 미 6:10-11). 그런 이중적 기준은 수입을 크게 늘린다. 사회적 약자들은 더 적은 물품을 받고 더 많은 값을 지불하여 이중적 타격을 입게 된다. 이스라엘은 이집트의 노예 신분으로부터 자신들을 구해 주신 그들의 위대한 하나님 이신 여호와를 기억할 때 바른 무게와 치수에 대한 이러한 법과 이 모든 법에 순종해야 한다. 하나님께서 노예 신분에서 그들을 속량해 주실 때 이스라엘에게 보여 주셨던 그 은혜가 이스라엘에게 요청하는 것은 모든 행위에서 바르게 행함으로써 그들의 감사를 표현하라는 것이다. 즉 여호와께서 이스라엘 백성들에게 요구하신 높은 규준은 그분께서 그들을 향해 행하셨던 많은 일들에 비추어서 타당성과 권위를 갖게 된다.

[37] 이 구절은 여기에 주어진 "법령들"(הקים - 호킴, 개역 성경: 규례)과 "법도들"(משפטים - 미쉬파팀)이 여호와의 표현된 의지로 간주되기 때문에 그것들을 실천에 옮기라는 결론적 권면이다.

해설

이 연설은 큰 소리로 분명하고 힘있게 요구하는 거룩한 삶에 대한 요청이다. 언약 백성인 이스라엘은 그들의 거룩한 하나님을 섬기기 위해 거룩한 삶을 추구해야 한다. 거룩은 하나님의 본질적인 속성이다. 하나님만이 홀로 거룩하신 분이고, 그분의 거룩은 전염된다. 그분이 거하시는 곳은 어디든지 거룩하다(사 57:15). 그러므로 그분이 자기 백성 중에 거하시기 위해서는 그들이 스스로를 거룩하게 만들어야 한다. 그들의 거룩이 하나님 자신으로부터 나오지만, 하나님께서 그들 가운데 임재하시어 그들을 거룩하게 하시도록 스스로 준비해야 한다. 거룩한 삶에 대한 이러한 요청은 네 가지 주요 초점을 갖는다: 언약 백성은 한 마음을 품고 하나님께 뜨겁게 예배드려야 한다. 그들은 다른 사람을 사랑해야 한다. 그들은 의를 실천하고 불의를 제거해야 한다. 그들은 모든 거짓과 우상을 멀리해야 한다.

거룩한 이스라엘은 한 마음을 품고 여호와께 예배드린다. 백성들은 다른 신들에게 돌아서거나 어떠한 새긴 우상이든지 만들어서는 안 된다. 그들은 하나님만을 경외해야 한다. 거룩한 하나님에 대한 경외는 믿음으로 이어진다. 경건한 자들은 보호와 축복을 위해 하나님을 신뢰한다. 그들은 자신들의 운명을 하나님께 맡기기 때문에 결코 점술이나 마법으로 돌이키지 말아야 한다. 점술 관행은 미래의 격변에 직면하여 그들을 인도하고 보호하실 하나님의 능력에 대한 신뢰의 부족을 의미한다. 또한 하나님의 백성은 죽은 혼령들과 의사 소통하려고 해서는 안 된다. 왜냐하면 하나님은 산 자의 하나님이시기 때문이다. 단정적으로 말해서, 백성들은 조금도 하나님의 거룩하신 이름을 욕되지 않도록 하기 위해서 지시된 규정들을 따라야 한다. 거룩에 대한 관심은 예배가 하나님께서 계시하신 규정들에 따라 진행되어야 한다는 것을 의미한다.

백성들은 "하나님은 거룩하시다"라는 핵심 주제를 중심으로 매사를 생각하기 위해 매일 따라야 할 삶의 방식들을 제공받는다. 거룩한 것은 정결하다. 이러한 정결의 한 가지 상징으로, 그들은 밭에 두 종류의 씨를 뿌리거나 두 종류의 옷감으로 옷을 만들지 말아야 한다. 같은 방식으로 그들은 깊은 애도의 때에 그렇게 하는 것처럼, 자신들의 몸을 베거나 문신을 새김으로써 몸에 흠집을 내서는 안 된다. 사람의 생명을 지탱해 주는 육체적 몸은 그 몸의 창조자의 거룩에 대한 증거로 온전히 지켜져야만 한다.

성경은 사랑과 거룩이 서로 얽혀 있다는 것을 보여 준다. 거룩은 사랑 안에서 유형적 실체로 표현된다. 거룩은 인간적인 사랑을 정결하게 만들어 다른 사람의 행복에 역동적인 관심을 갖게 한다. 이스라엘 사람들은 각자 이웃을 자신과 같이 사랑하도록 요구받는다. 이러한 명령은 황금률에 가깝다. "남에게 대접을 받고자 하는 대로 너희도 남을 대접하라"(마 7:12; 눅 6:31). 사랑은 사람이 이웃을 압제하지 못하도록 막는다. 부자들은 자신의 노동자들에게 관심을 가져야 한다. 그들은 일용직 노동자의 임금을 체불해서는 안 된다. 백성들은 장애인들에게 동정심을 품어야 한다. 그러므로 그들은 사람의 장애를 상처받게 하거나 그것을 이용해서는 안 된다. 거룩한 사랑은 백성들의 마음을 움직여 가난한 사람들에게 자비심을 보여 주도록 만든다. 베풂을 통해 표현되는 관심의 마음가짐은 탐욕과 이기심을 극복한다. 농부들은 밭의 모퉁이를 추수하거나 이삭을 거두어들이지 말아야 한다. 또한 그들은 자신들의 포도밭을 계속 추수하지 말아야 한다. 왜 그럴까? 가난한 사람과 불행한 사람, 그리고 타국인이 들에 나가 자신들의 궁핍함을 위해 낟알과 과실을 모을 기회를 갖게 하기 위함이다. 이러한 법령들은 우리에게 하나님께서 축복하신 사람들은 가난한 자들의 어려운 환경을 마음에 품어야 할 의무를 갖는다는 사실을 말해 준다. 이러한 법령들의 형식은 가난한 자들의 존엄성에 대한 관심에 있어서 굉장한 것이다. 가난한 자들은 식량 조달을 하도록 허락되는 것이지 동냥하는 것이 아니다. 그들은 추수한 밭에 나가서 이삭들을 주워야 한다. 그들은 집으로 돌아가는 길에 당당히 고개를 들고 갈 수 있는데, 이는 그들이 집으로 가져가는 추수물을 위해 노동을 했기 때문이다. 이러한 행위는 우리가 가난한 사람들을 그들의 하나님께서 돌보시는 백성으로 여기고 그들의 필요와 그들의 존엄성을 모두 염두에 두어야 한다고 가르친다.

미움은 사람이 원한을 품게 하고 복수를 시도하게 만들지만, 사랑은 미움을 분쇄한다. 미움은 악성 종양인 암과 같이 사람의 인격을 갉아먹지만, 사랑은 성품을 세운다. 사랑은 다른 사람에 대한 진정으로 사려 깊은 마음을 가지고 밖으로 표현된다. 이스라엘 사람들은 이웃을 사랑해야 할 뿐만 아니라, 이방인들도 역시 사랑해야 한다. 사람에게는 가까운 동료나 지인들의 복지에 대해 관심을 갖는 자연스러운 경향이 있지만, 이방인에 대한 사랑은 자동적으로 생기지 않는다. 사람들은 타국인들을 멸시하고, 그들을 무례하게 대하고, 또한 가능하면 언제든지 그들을 이용하려는 경향이 있다. 이스라엘 사람들은 그와 반대로 그들 사이에 사는 타국인들에 대한 사랑을 보여 주면서 그들을 자신들과 같은 동포로 대해 주어야 한다. 강력한 동기부여가 이러한 명령에 결부되어 있다. 이스라엘은 하나님께서 그들에게 찾아오셔서 구원을 베풀어 주셨던 때에 외국에서 노예 신세였다는 사실을 기억해야 한다. 기억은 하나님께서 자기 백성에게 부여하는 요구 사항들을 이해하기 위한 핵심 수단이다. 때때로 하나님께서 자기 백성에게 요구하시는 기준은 비현실적으로 높은 것처럼 보인다. 그러나 하나님께서 자신들에게 행하셨던 일을 생각함으로써 공동체는 하나님의 위대하고 한량없는 사랑을 기억하게 된다. 그 사랑은 그분께서 이집트의 노예 상태로부터 이스라엘을 구원하신 것과 여러 시련의 상황들 속에서 그들의 필요를 채워 주신 것에서 표현되었다. 하나님께서 자기 백성을 위해 많은 일을 행하셨기 때문에, 그분은 그들이 다른 사람들에게 그만큼 행하라고 요구할 수 있는 위치에 서 계신다.

이스라엘이 이러한 요청에 주의를 기울일 때, 그들은 다른 사람들에게 하나님처럼 행동하고 있는 셈이다. 즉 그들이 자비심을 보이는 사람들에게 그들은 하나님의 사랑을 전하고 있으며, 동시에 자신들을 하나님처럼 거룩하게 만들고 있는 것이다.

이 연설은 하나님께서 땅의 소유자시라는 핵심 교훈에 기초한 법들을 포함한다(참조. 25장). 그분은 이스라엘이 자신이 부여한 법과 명령들을 따르는 한, 이스라엘에게 그 땅의 장기 차용인이 될 권리를 주신다. 그분은 나아가 땅의 지혜로운 경영을 장려하는 어떤 법들을 주셨다. 그것들은 특별히 부를 쌓기 위하여 땅을 혹사하려는 인간의 욕구를 막는 법들이다. 한 묶음의 법규들이 과실수 심기에 관해 다룬다. 새로 심은 나무들의 과일은 3년 동안 전혀 먹을 수 없다. 4년째의 열매는 전적으로 여호와께 바쳐야 한다. 그 후 농부는 5년째 이후로는 줄곧 추수물을 온전히 이용할 수 있게 된다. 이 규준의 준수는 나무들이 더욱 많은 열매를 맺을 것이라는 약속을 수반한다.

진정한 사랑은 공의를 도모하며, 공의는 거룩한 사랑의 확고한 기초다. 공의와 거룩의 연합은 사랑이 감정적이 되지 못하게 하고 공의가 잔인해지지 않게 해준다. 그럼에도 불구하고, 사랑이 세워지기 위해서는 공의에 충실해야만 한다. 그것은 특정한 법령들에서도 원칙에서도 공히 언급된다. 법정은 부당한 판결을 선고하지 말아야 하며, 이스라엘은 정확한 무게와 치수를 사용해야 한다. 이 마지막의 규준은 현대의 국가들이 무게와 치수를 관리하는 표준국(Bureaus of standards)을 만들 정도로 기본적인 것이다. 이 규준이 수천 년 전의 한 사회에서 입법화되었다는 사실을 기억해야 한다. 비록 "도둑질하지 말라"는 금지는 대다수 사람들이 따르는 명령이라 할지라도, 사람이 어떤 작은 품목의 특성, 품질 혹은 양을 속임으로써 수입을 늘리려는 유혹은 강력하고 쉽게 거기에 빠진다. 생산물을 파는 경우에, 상인은 생산물을 가볍게 만들어 팔고자 눈금을 줄이고 값을 더 받기 위해 저울추를 늘림으로써 큰 차액으로 수입을 증대시킬 수 있다. 아모스는 당대에 이러한 방식을 사용하는 상인들을 타당하게 비난했다(8:5). 자신의 이익과 더불어 이웃의 손해를 가져오는 모퉁이를 추수하려는 유혹은 어느 시대이든 강렬하다. 그러나 이러한 인간의 성향에 굴복하는 것은 사람으로 하여금 거룩의 삶의 방식에서 벗어나게 만든다. 그러한 이탈이 습관적이 된다면, 그 사람은 십계명 중의 하나를 알면서 어기는 사람만큼이나 분명하게 거룩한 삶의 방식을 떠난다(참조. 약 2:8-12).

거룩한 백성은 반드시 법정에서 정의를 실천해야만 한다. 그들은 이득에 대한 탐심과 권력에 대한 욕망을 은폐하기 위해 법적 제도를 사용할 수 없다. 여기서 입법자(하나님 – 역자주)는 백성들이 어떤 사람에게든, 그 사람이 가난하든 권세가 있든 아무런 편애도 베풀지 말라고 명령한다. 이러한 권면은 원칙과 지혜에 입각한 자비와 공의의 혼합을 비난하지 않는다. 오히려 그것은 누구도 명성 때문에, 아니면 지위나 부 혹은 설득력 때문에 결코 특별한 호의를 받아서는 안 된다는 것을 분명히 명시하기 위함이다. 구약은 일관적으로 가난한 사람이 공정한 판정을 받아야 한다고 요구하지만, 이러한 명령은 단지 그들이 가난하다는 이유로 법적 제도에서 가난한 사람에게 편애를 보이지 말 것을 요구한다. 판결이 자비심으로 덕스럽게 완화될 수 있기 이전에, 재판은 반드시 모든 사람에게 공정한 공의의 토대 위에서 이루어져야 한다.

공의가 시행되기 위해서는 반드시 진실이 진술되어야 한다. 그래서 속임수와 거짓말에 대한 몇 가지 금지가 있다. 물론 이러한 금지들은 법정 심리 절차 중에 적용되어야 한다. 원고나 피고 중 하나가 증언을 요청 받을 때, 그 사람의 증언은 종종 자신의 진실을 확증하기 위해 하나님의 이름으로 맹세한 서약에 의해 뒷받침된다. 사람이 거짓 맹세를 하면 하나님의 이름이 경시 받는다. 서약자는 우상 숭배와 마찬가지로 하나님의 거룩한 성품을 분명하게 부인하는 셈이다.

이 19장의 법규들의 근저에 있는 원칙들은 신약에 의해 확증된다. 예수께서는 첫 번째 계명으로 하나님의 사랑을, 두 번째 계명으로 이웃 사랑을 확인해 주셨다(마 22:37-40; 막 12:20-31; 눅 20:27-28). 이 두 번째 계명은 다른 신약 본문들에서도 반복되고 있다는 것이 발견된다: 로마서 13:9; 갈라디아서 5:14 그리고 야고보서 2:8 등. 예수 시대에 유대교에서는 누가 동료나 이웃인가를 놓고 큰 논쟁이 있었는데, 어떤 당파들은 다른 당파들보다 폭넓은 개념을 선호했다. 예수께서 그 논쟁에 참여하셨다. 선한 사마리아인 비유에서, 그분은 이웃의 개념을 도움이 필요한 상태에 있는 모든 사람을 포함하는 데까지 넓히셨다. 덧붙여서 산상수훈에서 예수께서는 원수, 즉 믿는 자를 저주하고 미워하고 마음대로 하려 하고 박해하는 사람들을 사랑의 대상으로 확인해 주신다(마 5:43-48). 예수께서는 서기관들과 랍비들에 의한 "지인"(知人)의 해석에 도전하면서, 동시에 그 레위기의 법의 완전한 의도를 밝히고 계셨다.

베드로는 이 19장의 핵심 주제를 자신의 편지의 쐐깃돌(keystone)로 삼는다. "오직 너희를 부르신 거룩한 자처럼 너희도 모든 행실에 거룩한 자가 되라 기록하였으되 내가 거룩하니 너희도 거룩할지어다 하셨느니라"(벧전 1:15-16). 신약의 다른 저자들뿐만 아니라 베드로에게 거룩은 사랑 안에서 표현된다. "너희가 진리를 순종함으로 너희 영혼을 깨끗하게 하여 거짓이 없이 형제를 사랑하기에 이르렀으니 마음으로 뜨겁게 피차 사랑하라"(벧전 1:22). 신자들 사이의 진정한 사랑은 영혼의 연합으로 이어진다(벧전 3:8). 그러한 사랑은 서로 대접하고 나그네를 환대하는 행위와 같은 그러한 여러 가지 실천적인 표현들을 보게 된다(벧전 4:9).

신자들은 하나님에 대한 사랑이 동인이 되어 공동체 안에서 하나님을 높이기 위해 스스로 올바른 처신을 해야 한다(벧전 2:12). 그들은 살인, 도적질 그리고 해를 끼치는 일을 포함한 모든 악을 피해야 한다(벧전 4:15). 그 밖의 신약 본문들은 신자들이 아량을 베풀고 자선 행위를 풍족히 하고 하늘에 그들의 보화를 쌓아 두길 추구해야 한다고 강조한다(마 6:19-21; 딤전 6:17-20). 베푸는 삶을 살 때, 신자들은 하나님께서 인류의 구속을 위해 자신의 아들을 내어 주신 것을 본받아야 한다. 그들은 자신의 지위를 높이려 하지 말고 하나님 나라를 진전시키기 위해 기꺼이 고난을 감수한다(벧전 1:13-14, 17). 그리스도 자신이 신자들의 최상의 본보기로서 그들을 고난과 역경을 견디게 하는 원동력이 되신다(벧전 2:21-24).

야고보는 신자들에게 성경에 계시된 그 대강령을 성취하라는 요구를 발전시키는데, 그는 레위기 19장에 의해 깊이 영향을 받고 있다. 존슨(L. Johnson)은 야고보가 자신의 편지에서 레위기 19:12-18을 "의식하면서 지속적으로 사용했다"는 사실을 증명했다(*JBL* 101[1982] 399).

레위기 19:12	야고보서 5:12
레위기 19:13	야고보서 5:4
레위기 19:15	야고보서 2:1, 9
레위기 19:16	야고보서 4:11
레위기 19:17	야고보서 5:20
레위기 19:18	야고보서 5:9
레위기 19:18	야고보서 2:8

그렇지만 야고보의 레위기 사용은 예수님의 가르침을 통과해서 정제된 것이다. 핵심적인 윤리적 강령은 이웃을 네 몸같이 사랑하라는 것이다(2:8). 그렇게 함으로써 우리는 다른 사람들을 편파적으로 대하지 않게 된다(2:1, 9). 우리는 다른 사람을 속여 갈취해서도 안 되고, 또한 노동자의 품삯을 체불해서도 안 된다(5:4). 혀는 인간관계에서 아주 카다란 파문을 일으킬 수 있기 때문에, 야고보는 신자들이 혀를 제어할 필요가 있으며, 맹세를 하지 말고 "예"는 "예"라고, "아니오"는 "아니오"라고 말하라고 가르친다(5:12). 이러한 충고를 따르는 모든 사람들은 다른 사람을 중상모략하지도 않을뿐더러(5:9) 욕설도 하지 않는다(4:11). 그렇다면 야고보의 관점에서 볼 때 레위기 19장은 주님을 향한 한 마음을 품는 사람이 되기 위한

길잡이다(1:8, 27).

바울 역시 하나님께서 자기 백성을 거룩함 가운데 부르셨다고 설교한다(살전 4:7). 그에게 있어서 신자들은 "서로에게 그리고 모든 사람에게 사랑 가운데 풍성해야" 한다(살전 3:12). 하나님을 사랑하는 사람들 가운데 역사(役事)하시는 하나님의 임재는 그들을 거룩하게 하면서 그들 속에 온전하고 흠 없는 성품이 빚어지게 하신다(살전 5:23). 그러므로 신약과 구약 모두 거룩한 삶을 신자의 하나님 사랑에 대한 최상의 표현으로 여긴다.

D. 몰렉 희생제, 마술 그리고 성 범죄에 대한 징벌을 규정한 법 (20:1-27)

참고문헌

18:1-30에 대한 참고문헌을 보라.

본 문

1 여호와께서 모세에게 일러 가라사대	**1** Yahweh spoke to Moses:
2 너는 이스라엘 자손에게 또 이르라 무릇 그가 이스라엘 자손이든지 이스라엘에 우거한 타국인이든지 그 자식을 몰렉에게 주거든 반드시 죽이되 그 지방 사람이 돌로 칠 것이요	**2** "Say[a] to the people of Israel:[b] Any[c] Israelite[d] or any alien living in Israel who gives any of[e] his children to Molek[f] must be put to death.[g] The people of the land shall stone him.
3 나도 그 사람에게 진노하여 그를 그 백성 중에서 끊으리니 이는 그가 그 자식을 몰렉에게 주어서 내 성소를 더럽히고 내 성호를 욕되게 하였음이라	**3** I will set my face against that man. I will cut him off from his people, because he has given one of[a] his children to Molek,[b] thus[c] defiling my sanctuary and profaning[d] my holy[e] name.
4 그가 그 자식을 몰렉에게 주는 것을 그 지방 사람이 못 본 체하고 그를 죽이지 아니하면	**4** If the people of the land indeed[a] close their eyes from that kind of man whenever he gives his child[b] to Molek[c] by not putting him to death,
5 내가 그 사람과 그 권속에게 진노하여 그와 무릇 그를 본받아 몰렉을 음란히 섬기는 모든 사람을 그 백성 중에서 끊으리라	**5** I[a] will set my face against that man and his family and will cut them off from their people, both him and all those who follow him to

6 음란하듯 신접한 자와 박수를 추종하는 자에게는 내가 진노하여 그를 그 백성 중에서 끊으리니

7 너희는 스스로 깨끗케 하여 거룩할지어다 나는 너희 하나님 여호와니라

8 너희는 내 규례를 지켜 행하라 나는 너희를 거룩케 하는 여호와니라

9 무릇 그 아비나 어미를 저주하는 자는 반드시 죽일지니 그가 그 아비나 어미를 저주하였은즉 그 피가 자기에게로 돌아가리라

10 누구든지 남의 아내와 간음하는 자 곧 그 이웃의 아내와 간음하는 자는 그 간부와 음부를 반드시 죽일지니라

11 누구든지 그 계모와 동침하는 자는 그 아비의 하체를 범하였은즉 둘 다 반드시 죽일지니 그 피가 자기에게로 돌아가리라

12 누구든지 그 자부와 동침하거든 둘 다 반드시 죽일지니 그들이 가증한 일을 행하였음이라 그 피가 자기에게로 돌아가리라

13 누구든지 여인과 교합하듯 남자와 교합하면 둘 다 가증한 일을 행함인즉 반드시 죽일지니 그 피가 자기에게로 돌아가리라

14 누구든지 아내와 그 장모를 아울러 취하면 악행인즉 그와 그들을 함께 불사를지니 이는 너희 중에 악행이 없게 하려 함이니라

15 남자가 짐승과 교합하면 반드시 죽이고 너희는 그 짐승도 죽일 것이며

16 여자가 짐승에게 가까이하여 교합하거든 너는 여자와 짐승을 죽이되 이들을 반드시 죽일지니 그 피가 자기에게로 돌아가리라

17 누구든지 그 자매 곧 아비의 딸이나 어미의 딸을 취하여 그 여자의 하체를 보고 여자는 그 남자의 하체를 보면 부끄러운 일이라 그 민족 앞에서 그들이 끊어질지니 그가 그 자매의 하체를 범하였은즉 그 죄를 당하리라

prostitute themselves after Molek.[b]

6 If a person[a] turns to ghosts[b] and departed spirits[c] to prostitute himself after them, I will set my face against that person and will cut him[d] off from among his people.[e]

7 "Sanctify yourselves[a] and be holy, because I am Yahweh[b] your God.

8 Keep my decrees[a] and do them. I am Yahweh, your sanctifier.

9 "If[a] anyone[b] curses his father and his mother, he must be put to death. He has cursed his father and his mother; his blood[c] is on him.

10 If a man commits adultery with his friend's wife,[a] both the adulterer and the adulteress must be put to death.[b]

11 If a man lies with his father's wife, he dishonors his father.[a] Both of them must be put to death; their blood is on them.

12 If a man lies with his daughter-in-law, both of them must be put to death. They have done that which is a perversion; their blood is on them.

13 If a man lies with a man as one lies with a woman, both of them have done that which is detestable. They must be put to death;[a] their blood is on them.

14 If a man takes a woman and her mother, it is a lewd act. Both he and the two women must be burned with fire so that no lewdness will be among you.

15 If a man has intercourse[a] with an animal, he must be put to death, and you must kill the animal.[b]

16 If a woman approaches an animal to lie with it,[a] you shall kill the woman and the beast. They must be put to death; their blood will be on them.

17 If a man marries his sister, his father's daughter or his mother's daughter, and they have sexual relations together, it is a disgrace. They shall be cut off before the children of their people, for he has dishonored his sister and will

bear the responsibility.[a]

18 누구든지 경도하는 여인과 동침하여 그의 하체를 범하면 남자는 그 여인의 근원을 드러내었고 여인은 자기의 피 근원을 드러내었음인즉 둘 다 백성 중에서 끊쳐지리라

18 If a man lies with a woman during her period and has sexual relations with her, he has uncovered her fountain, and[a] she has revealed the fountain of her blood. Both of them shall be cut off from their people.

19 너의 이모나 고모의 하체를 범하지 말지니 이는 골육지친의 하체인즉 그들이 그 죄를 당하리라

19 Do not have sexual relations either with your mother's sister or your father's sister,[a] for that would shame a near relative. They will be held responsible.

20 누구든지 백숙모와 동침하면 그 백숙부의 하체를 범함이니 그들이 그 죄를 당하여 무자히 죽으리라

20 If a man lies with his aunt, he dishonors his uncle. They will be held responsible for their sin:[a] they will die[b] childless.[c]

21 누구든지 그 형제의 아내를 취하면 더러운 일이라 그가 그 형제의 하체를 범함이니 그들이 무자하리라

21 If a man marries his brother's wife, it is odious.[a] He has shamed his brother: they will be[b] childless.

22 너희는 나의 모든 규례와 법도를 지켜 행하라 그리하여야 내가 너희를 인도하여 거하게 하는 땅이 너희를 토하지 아니하리라

22 "Keep all my decrees and laws and do them in order that the land[a] where[b] I am bringing you to dwell may not vomit you out.

23 너희는 내가 너희 앞에서 쫓아내는 족속의 풍속을 좇지 말라 그들이 이 모든 일을 행하므로 내가 그들을 가증히 여기노라

23 You shall not follow the decrees of the nation[a] which I am casting out before you: because they did all these things,[b] I am disgusted[c] with them.

24 내가 전에 너희에게 이르기를 너희가 그들의 땅을 기업으로 얻을 것이라 내가 그 땅 곧 젖과 꿀이 흐르는 땅으로 너희에게 주어 유업을 삼게 하리라 하였노라 나는 너희를 만민 중에서 구별한 너희 하나님 여호와라

24 But I said to you, you[a] will inherit their land. I myself[a] will give it to you to possess, a land flowing with milk and honey. I am Yahweh your God, who has set you apart from the nations.[b]

25 너희는 짐승의 정하고 부정함과 새의 정하고 부정함을 구별하고 내가 너희를 위하여 부정한 것으로 구별한 짐승이나 새나 땅에 기는 곤충으로 인하여 너희 몸을 더럽히지 말라

25 You shall distinguish between clean and unclean animals, between unclean and clean birds. Do not make yourselves detestable by any animal, bird, or anything that crawls on the ground, which I have set apart as unclean[a] for you.

26 너희는 내게 거룩할지어다 이는 나 여호와가 거룩하고 내가 또 너희로 나의 소유를 삼으려고 너희를 만민 중에서 구별하였음이니라

26 You will be holy to me, because I Yahweh[a] am holy,[b] and I have set you apart from the peoples[c] to be mine.

27 남자나 여자가 신접하거나 박수가 되거든 반드시 죽일지니 곧 돌로 그를 치라 그 피가 자기에게로 돌아가리라

27 "If[a] a man or a woman among you is a necromancer or medium, they[b] must be put to death. They shall be stoned:[c] their blood will be on them."

원문주해

2.a. 마소라 본문(MT)의 "너는 이를지어다" 대신 사마리아 오경(Sam)은 티다베르(תדבר, "너는 고할지어다")로 읽는다. 히브리어 필사본 하나가 티다베르 레모르(לאמר תדבר, "너는 고하여 이를지어다")를 갖는다.

2.b. 이 사례에서 브네이 이스라엘(בני ישראל, "이스라엘 백성")이 강조를 위해 먼저 나온다(이와 대조적으로 예를 들어 18:2).

2.c. 이쉬의 반복은 개별화시키는 효력을 갖는다. 참조. "원문주해" 17:2.a.

2.d. 마소라 본문(MT)의 미브네이(מבני, "…의 아들들로부터") 대신 사마리아 오경(Sam)은 미베이트(מבית, "…의 집으로부터")로 읽는다.

2.e. 전치사 민(מן, "…로부터")은 부분의 용법(partitive force)으로 사용된다(GKC § 119w[2]).

2.f. 70인경(LXX)은 레몰렉(למלך, "몰렉에게")이라는 단어를 아르콘티(ἄρχοντι, "지배자에게")로 번역하여 그것을 분사 형태로 된 칭호로 간주한다.

2.g. 참조. 18:21b. 미완료형 앞의 이 부정사 절대형은 그 동사가 전달하는 개념을 강조한다(참조. 출 19:2; 21:12; 31:14).

3.a. 참조. "원문주해" 2.d. 이 어구는 강조를 위해 앞에 위치한다.

3.b. 참조. "원문주해" 2.f.

3.c. 복합 전치사 레마안(למען)은 동작의 목표가 아니라 효과를 제공한다(Joüon § 169; 참조. *IBHS* § 38.3b, n. 25).

3.d. 마소라 본문(MT)의 우레할렐(ולחלל, "그리고 욕되게") 대신 사마리아 오경(Sam)은 붸힐렐(וחלל, "그리고 욕될 것이다")로 읽는다. 이 이문은 이 단어에 있는 여러 레(ל)들로 인해 발생한 서기관의 실수일 수 있다.

3.e. 게세니우스 문법(GKC § 128p)에 따르면, 코데쉬(קדש, "거룩")는 자주 형용사 카도쉬(קדוש, "거룩한")에 대한 우언법(迂言法, periphrasis)으로 사용된다.

4.a. 부정사 절대형은 백성들의 의지적이고 고의적인 행동을 강조하기 위해 동사 앞에 위치한다.

4.b. 참조. "원문주해" 2.d.

4.c. 참조. "원문주해" 2.f.

5.a. 하나님의 결심을 강조하기 위해 인칭대명사가 그 동사와 더불어 사용된다.

5.b. 마소라 본문(MT)의 아하레이 하몰렉(אחרי המלך, "몰렉을 따라") 대신 70인경(LXX)은 에이스 투스 아르콘타스(εἰς τοὺς ἄρχοντας, "지배자들에게")로 읽는다.

6.a. 이 법은 네페쉬(נפש, "사람")의 사용과 더불어 2:1과 17:13에 있는 법들과 비슷한 구조로 되어 있다(Baentsch, 402).

6.b. 참조. "원문주해" 19:31.a.

6.c. 참조. "원문주해" 19.31.b.

6.d. 마소라 본문(MT)의 오토(אתו, "그를") 대신 사마리아 오경(Sam)과 70인경(LXX)은 선행사에 맞게 오타(אתה, "그것을")로 읽는다. 선행사 네페쉬(נפש, "사람")가 여성이긴 하지만, 마소라 본문을 지지하는 2:1을 보라.

6.e. 사마리아 오경(Sam)과 70인경(LXX)은 암모(עמו) 대신 암마(עמה, "그녀의 백성")로 읽는다. 참조. "원문주해" 6.d.

7.a. 사마리아 오경(Sam)과 원 70인경(LXX*)은 붸히트카디쉬템(והתקדשתם, "너는 스스로를 성결케 해야 한다": 개역 성경: 깨끗케 하여)을 빠뜨린다. 이것은 중복오사의 오류일 수 있다.

7.b. 몇몇 히브리어 필사본들(mss)과 70인경(LXX)은 26절에서 그런 것처럼 카도쉬(קדוש, "거룩한")를 추가한다.

8.a. 사마리아 오경(Sam)은 콜(כל, "모든")을 추가한다.

9.a. 썬(Sun, "Investigation," 229)은 서두의 키(כי)에 대한 가장 훌륭한 설명을 제공한다. 그는 그것을 강조의 불변사(particle)로 받아들인다(참조. "원문주해" 18:29.a).

9.b. 참조. "원문주해" 2.c.

9.c. 마소라 본문(MT)의 복수형 다마이브(דמיו) 대신 사마리아 오경(Sam)은 다모(דמו, "그의 피")로 읽는다. 마소라 본문의 다른 곳들에서는 담(דם)이 수 2:19; 겔 33:4에서와 마찬가지로 단수다. 담(דם, "피")이나 살인을 지칭하는 복수형 다밈(דמים)의 사용은 가해자가 희생자의 생명력을 쏟아냈다는 의미를 전달한다. 그 "피"가 가해자의 두 손과 머리에 들러붙으면서 그를 둘러싼다(참조. 삼하 3:28-29; 삼상 25:33; 참조. K. Koch, "Der Spruch 'Seion Blut bleibe auf seinem Haupt' und die Israelitische Auffassung vom vergossenen Blut," *VT* 12(1962) 405-9; 그의 입장은 레벤트로우에 대한 반박이다(Reventlow, "Sein Blut komme über sein Haupt," *VT* 10[1960] 311-27). 어떻게 공동체는 흘린 피의 파괴력으로부터 자유롭게 될 수 있는가? 오직 살인자의 죽음뿐이다. 자신의 피가 자신의 머리 위에 있기 때문에 그것은 다른 사람을 둘러싸지 않는다.

10.a. 몇몇 히브리어 필사본들(mss)과 70인경 필사본들(LXX mss)은 이쉬 아쉐르 이느아프 에트 에쉐트(איש אשר ינאף את־אשת, "…의 아내와 간음하는 남자")를 빠뜨린다. 그 이문이 지지되는데, 왜냐하면 마소라 본문(MT)은 중복오사(dittography)의 실수에서 비롯되었기 때문이다(Bertholet, 71). 그러나 PIR(194)은 마소라 본문을 받아들이면서 그 반복은 법적 정밀성을 위해 포함된다고 진술한다. 유사하게 피쉬베인(Fishbane, *Biblical Interpretation*, 169)은 10ab절이 그 여자를 이웃의 아내로 확인해 줌으로써 첫 번째 절 문장을 법률적으로 제한한다고 주장한다. 그러나 썬(Sun, "Investigation," 229-30)은 에쉐트 이쉬(אשת איש, "그의 친구의 아내")가 에쉐트 레에후(אשת רעהו)를 동의어로 만들

면서 "유부녀"를 의미한다고 지적한다. 나아가 몇몇 히브리어 필사본들(mss)과 사마리아 오경(Sam), 그리고 역본들은 이 이문에 있는 아쉐르(אשר)에 와우(ו)를 붙여 읽는다.

10.b. 단수인 이 동사를 대신해서 70인경(LXX)과 시리아역(Syr), 그리고 벌게이트역(Vg)은 11-13절에 있는 이 어구에서 발생하는 것과 마찬가지로 복수 동사로 읽으며, 그것은 복합 주어로 인해 선호된다. 그러나 히브리어 문법으로 볼 때 복합 주어 앞에 위치한 동사는 단수형일 수 있다. 아마 역본들이 복수형을 선호한 이유는 그것들이 다른 히브리어 선행본(Vorlage)을 가졌기 때문이라기보다는 더 부드러운 번역 때문이었을 것이다.

11.a. 에르봐트 아비브(ערות אביו, "그의 아버지의 벌거벗음〈하체〉")가 강조를 위해 동사 앞에 위치한다.

13.a. 70인경(LXX)은 부정사 절대형 모드(מות, "죽는")를 읽지 않는 것으로 보인다.

15.a. 참조. "원문주해" 18:20.a.

15.b. 직접목적어가 강조를 위해 동사 앞에 나오는데, 이는 또한 동사 타하로구(תהרגו, "너는 죽일지어다")를 더 큰 강조를 위해 이 구절의 끝에 배치하기 위함이다.

16.a. 마소라 본문(MT)의 오타(אתה, "그것을") 대신 이타(אתה, "그것과 함께")로 읽으라(Bertholet, 71). 리브아(רבעה)에 관해서는 "원문주해" 18:23.e를 참조하라.

17.a. 70인경(LXX)은 하마르티안 코미운타이(*ἁμαρτίαν κομιοῦνται*, "그들이〈그들의〉 죄를 질 것이다": 개역 성경: 당할 것이다)로 읽는다.

18.a. 많은 히브리어 필사본들(mss), 70인경(LXX), 탈굼 필사본들(Tg^{mss}) 그리고 탈굼 위-요나단(*Tg. Ps.-J.*)은 여기에 접속사 와우(ו)를 추가한다. 이것이 선호되는 독법이다.

19.a. 사마리아 오경(Sam)과 70인경(LXX)은 순서를 바꾸어 아호트 아비카 붸아호트 아메카(אחות אביך ואחות אמך, "너의 아버지의 자매〈고모〉와 너의 어머니의 자매〈이모〉")로 읽는다. 이렇게 길게 늘어진 목적어가 강조를 위해 동사 앞에 위치한다.

20.a. 70인경(LXX)에는 헤트암 아사우(חטאם ישאו, 문자적으로 "그들이 자신들의 죄를 질 것이다": 개역 성경: 당할 것이다)가 빠져 있다.

20.b. 사마리아 오경(Sam)은 호팔형 유마투(יומתו, "그들은 죽어야 한다")로 읽는다.

20.c. 아리리(ערירי)는 전통적으로 어근 아라르(ערר, "벗기다, 노출시키다, 망가뜨리다")에서 유래한 "무자식"으로 번역되어 왔다. 이 단어가 발생하는 구절들 중에 두 곳, 즉 창 15:2과 시락서(Sir) 16:3에서 이 의미가 잘 들어맞는다. 그러나 이 단어가 저주 형식문에서 나타나는 다른 두 군데에서는 "무자식"이 정확한 의미인지에 대해서 어떤 의구심이 있다. 난점은 렘 22:30에서 분명하게 보인다. 여호야긴(고니야)은 "무자하다고 기록하라"는 저주 아래 놓였지만, 그는 이미 몇 명의 자녀가 있었다. 대상 3:17-18은 일곱 명의 아들을 거명하며, 바벨론에 있는 이스타르 문(Ishtar Gate) 근처에서 발견된 어떤 바벨론 서판은 다섯 명의 아들들의 이름을 언급한다(S. Schultz, "Jehoiachin," *ISBE* 개정판 2:975). 이러한 난점이 주어지면서 이 용어에 대한 다른 의미들이 제안되어 왔다. 피

츠마이어(J. Fitzmeyer, *The Genesis Apocryphon of Qumran Cave I, A Commentary*, BibOr 18[Rome: PontificalBiblical Institute, 1966] 163)는 "벗겨진, 약탈된"을 제안한다. 마싱(Maarsingh, *Leviticus*, 180-181)은 "하락한"(debased, entwürdig)이란 의미를 부여한다. 그럼에도 불구하고 대부분의 역본들은 이 히브리어 단어를 계속해서 "무자식"으로 번역하지만, NEB는 이 레위기 구절을 "그들은 박탈될 것이다"로, 그리고 렘 22:30은 "모든 명예가 벗겨질 것이다"로 번역한다.

이 단어는 엄밀하게 전문적 의미인 "무자식"과 더불어 "약탈된"과 같은 더 일반적인 의미를 모두 갖는 것이 가장 그럴듯하다. 그 예레미야 본문에 있는 두 번째의 병행을 이루는 저주인 "그의 평생에 어떤 성공도 못할 사람"(개역 성경: 형통치 못할)은 이 입장을 지지한다. 특히 이 저주가 앞에 있는 저주의 확대로 의도되었다면 말이다. 또한 그 저주가 그가 무자식이었던 것처럼 죽는다는 것을 의미할 가능성도 있다. 이것은 여전히 누구든지 그 사람을 향한 가혹한 저주일 것이다. 왜냐하면 그 당시에는 자녀들이 가치 있는 안전의 기반으로, 다시 말해 부모가 죽은 뒤 그들의 묘지를 돌볼 사람들로 간주되었기 때문이다. 그렇다면 "무자식"으로 저주받는 것은 이 사람의 자녀들 중 누구도 그 저주받은 사람을 위해 이러한 책임들을 감당하지 않을 것이며, 따라서 그가 그의 노년에 수치를 당하고 죽을 때 불명예스럽게 될 것임을 의미할 것이다. 그 예레미야 구절은 이러한 입장을 지지하는데, 이는 여호야긴에 대한 그 저주가 계속해서 그가 다윗의 왕위를 계승하지 못할 것이라고 선언하기 때문이다.

21.a. 참조. "원문주해" 12:2.c.

21.b. 70인경(LXX)은 아포아눈타이(ἀποανοῦνται, "그들이 죽을 것이다")로 읽는다. 마소라 본문(MT)이 더 어려운 독법으로서 선호된다. 이것은 "그들이 무자식이 될 것이다"로 번역하는 것이 가능하다.

22.a. 사마리아 오경(Sam)은 주어를 직접목적어 앞에 배치하지만, 그 주어는 그것을 뒤따라 나오는 유난히 긴 관계절 때문에 현재의 위치에 놓인다.

22.b. 어미 변화를 하지 않는 아쉐르(אשר)가 부사 샴마(שמה, "거기로")에 의해 반복된다.

23.a. 어떤 히브리어 필사본들(mss), 사마리아 오경(Sam) 그리고 여러 역본들은 복수 명사를 갖는다. 18:24-30, 특히 28절에서는 단수와 복수가 모두 나타난다.

23.b. 직접목적어가 강조를 위해 동사 앞에 나타난다.

23.c. 마소라 본문(MT)의 봐아쿠츠(ואקץ)는 쿠츠(קוץ, "질색하게 만드는 몸서리치는 공포를 느끼다")의 칼 미완료형이다(참조. 출 1:12; 민 21:5; 22:3; 왕상 11:25; BDB, 880-81).

24.a. 인칭대명사가 강조와 수사학적 효과를 위해 그 동사 앞에 나타난다. 인칭대명사 아타(אתה, "너는")가 에트네나(אתננה, "나는 그것을 줄 것이다")와 함께 있는 아니(אני,

"나는")와 대치되어 있다.

24.b. 70인경(LXX)은 판톤(*πάντων*, "모든")을 추가한다.

25.a. 전치사 레(ל)를 가진 부정사 레타메(לטמא)는 동명사 역할을 한다: "부정한 것으로"(GKC § 114o). 사마리아 오경(Sam), 70인경(LXX) 그리고 시리아역(Syr)은 레트메아(לטמאה, "부정결 때문에")로 읽는다. 비록 그 역본들이 다른 히브리어 본문을 가졌다기보다는 그 히브리어를 각자의 언어로 번역한 것일 수도 있지만 말이다.

26.a. 70인경(LXX)은 호 데오스 휘몬(*ὁ θεὸς ὑμῶν*, "너희 하나님")을 추가한다.

26.b. 카도쉬(קדוש, "거룩한")가 사마리아 오경(Sam)과 두 개의 그리스어 필사본(mss)에는 빠져 있다.

26.c. 참조. ""원문주해"" 24.b.

27.a. 사마리아 오경(Sam), 70인경(LXX), 시리아역(Syr) 그리고 탈굼 필사본들(Tg^{mss})은 마소라 본문(MT)의 키(כי) 대신 아쉐르(אשר)로 읽는다.

27.b. 70인경(LXX)은 11-13절과 같은 몇몇 구절들에서 쉐네이헴(שניהם, "그들 둘")을 번역한 암포테로이(*ἀμφότεροι*, "둘 다")를 갖는다.

27.c. 마소라 본문(MT)의 빠에벤 이르게무 오탐(באבן ירגמו אתם) 대신 사마리아 오경(Sam)과 70인경(LXX)은 베아바님 티르구뭄(באבנים תרגמום, "너는 돌들로 그들을 칠지어다")으로 읽는다. 아마 이 이문이 더 나은 본문인데, 이는 그것이 더 특이하기 때문이다. 일반적으로 빠에벤(באבן, "돌로")이라는 어구는 단수로 나온다(2절; 24:23). 인칭대명사 목적어가 때로 동사에 붙으며, 다른 경우에는 에트(את)와 함께 나타난다.

양식/구조/배경

이 연설의 구조는 다음과 같은 개요를 갖는다.

I. 도입 형식문(1절)
II. 연설(2-27절)
  A. 연설 위탁(2aα절)
  B. 연설 자체(2aβ-27절)
    1. 첫 번째 묶음의 법들(2aβ-6절)
      a. 몰렉에게 바치는 희생(2aβ-5절)
      b. 마술(6절)
    2. 첫 번째 권고, 거룩에의 요청(7-8절)
    3. 두 번째 묶음의 법들(9-21절)
      a. 부모 저주(9절)

b. 다양한 성적인 관계들(10-21절)
  1) 사형을 수반하는 법들(10-16절)
    a) 간음(10절)
    b) 근친상간(11-12절)
      (1) 아버지의 부인과의 성관계(11절)
      (2) 며느리와의 성관계(12절)
    c) 남성의 동성연애(13절)
    d) 한 여성과 그녀의 어머니와의 결혼(14절)
    e) 수간(15-16절)
      (1) 남자에 의해(15절)
      (2) 여자에 의해(16절)
  2) 제명(끊어짐)을 수반하는 법들(17-18절)
    a) 누이와의 결혼(17절)
    b) 월경 중의 성관계(18절)
  3) 책임을 수반하는 법－친가나 외가의 아주머니와의 성관계(19절)
  4) 무자녀로 죽는 징벌을 수반하는 법들(20-21절)
    a) 숙모와의 성관계(20절)
    b) 형제의 아내와의 성관계(21절)

4. 두 번째 권고(22-26절)
  a. 이러한 법들을 지키라는 권면(22-23절)
  b. 땅을 차지할 것이라는 약속(24절)
    1) 약속 자체(24a절)
    2) 확장된 여호와의 자기 소개 형식문(24b절)
  c. 정/부정 동물 사이를 구별하라는 명령(25절)
  d. 거룩에의 요청(26절)
5. 사형을 수반하는 마술의 금지(27절)

이 연설의 도식은 A:B::A′:B′::A로 되어 있다(A=법들, B=권고). 첫 번째 묶음의 법들은 몰렉에게 자녀를 바치는 사람들에 대한 징벌과 그들을 벌하지 않는 공동체에 대한 징벌(2aβ-5절)과 더불어 마술에 대한 징벌(6절)을 구체적으로 명시한다. 두 번째 묶음의 법들은 부모 저주(9절)와 다양한 성 범죄들(10-20절)에 대한 징벌들을 제공한다. 두 묶음의 법들을 비교하면(A+A′) 그것들의 구조 사이에 교차 형식이 발견된다: 구체적인 법들:일반적인 법::일반적인 법:구체적인 법들. A에서 몰렉 제사에 대한 법들(2-5절)에 이어 마술을 금지하는 일반적인 한 법이 나온다(6절). 이와 대조적으로 A′는 부모 저주를 금지하는 하나의 범주적인 법과 함께 시작되고(9절), 이어서 구체적인 성 범죄들이 등장한다(11-20절). 마술을 금지하는 제일 마지막에 있는 하나의 법(27절)은 첫 번째 묶음의 법들과 봉합 구조(inclusio)를 형성한다.

첫 번째 묶음의 법들(A)은 몰렉에게 희생을 드리는 것이든 죽은 혼령들과 소통하는 것이든 마술에 관한 것이다(참조. 2절의 **몰렉**에 대한 부록). 이 두 종류의 범죄 행위는 리즈노트 아하레이(לזנות אחרי, "…를 따라서 음란 행위를 하기 위해"; 개역 성경: 음란히, 음란하듯)로 불린다(5절과 6절에서). 마술에 대한 징벌은 하나님께서 이렇게 말씀하신다: 봐나타티 에트 페니 빠네페쉬 하후(ונתתי את־פני בנפש ההוא, "나는 내 얼굴을 그 사람을 대적해서 둘 것이다; 개역 성경: 진노하다). 그것은(뒤이어 나오는 어구로 – 역자주) 어구로 해석이 주어진다: 붸히크라티 오토 미케레브 암모(והכרתי אתו מקרב מו, "내가 그를 그 백성에서 끊으리라"). 한 가지 징벌을 동일하게 표현한 이러한 이중적인 어법이 3절에서, 그리고 약간의 수정과 함께 다시 5절에서 발생한다. 이러한 유사점들은 6절에 있는 법이 첫 번째 묶음의 법들의 필수적인 구성 요소가 되도록 구상되었다는 것을 시사한다.

두 번째 묶음에 있는 법들은 네 가지 요소로 작성되어 있다: I. 사례; II. 징벌; III. 이유; IV. 선언 형식문. 각각의 법령들의 패턴은 다음과 같다.

	(9절)	I, II, III, IV
1.	(10절)	I, II
2.	(11절)	I, III, II, IV
3.	(12절)	I, II, III, IV
4.	(13절)	I, III, II, IV
5.	(14절)	I, IV, II, III
6.	(15절)	I, II (이중적)
7.	(16절)	I, II, II, IV
8.	(17절)	I (확장됨), IV, II, III, IV
9.	(18절)	I, III (삼중적), II
10.	(19절)	I, III, IV
11.	(20절)	I, II, IV, II

12. (21절) I, IV, III, II

단지 법 1과 6만이 두 요소, 즉 사례와 징벌을 갖는다. 다른 법들은 이유들과 선언 형식문들을 가지고 확장된다. I-IV의 순서는 처음에 시작되는 일반적인 법과 법 2(9, 12절)에서 나타난다. 여섯 개의 다른 법들(11, 13, 14, 17, 20, 21절)이 네 가지 요소 전부를 갖지만, 패턴은 다양하다. 법 7(16절)에서 징벌이 진술되고, 이어서 범죄의 성격으로 인한 이유 대신 그것이 재진술된다. 법 8(17절)은 다른 어떤 것보다 훨씬 더 크게 확장되었다. 사례가 진술된 뒤 이어서 그것이 훨씬 더 상세하게 재진술되며, 두 개의 선언 형식문이 포함된다. 이 법의 아주 충실한 내용의 형식이 시사하는 바는 한 남자와 그의 이복/이부 누이(half-sister는 이 둘을 모두 포함한다 – 역자주)와의 결혼을 금지하기 위한 특별한 관심이 있었다는 것과 아울러 법정이 이 법을 강화하기 위해 더욱 정밀한 개념을 요구했다는 것이다. 그래서 이 요소들의 몇 가지가 여러 세기를 거치면서 그 법에 들어왔다. 법 9(18절)에서 법리적 이유가 세 번 반복되면서 요점을 확고히 납득시킨다. 법 10(19절)은 18장에 있는 것(참조. 12-13절)과 마찬가지로 하나의 법전(a code of laws)에서 채택되었는데, 이유와 징벌이 추가되었다. 이 법들의 이러한 패턴상의 차이들은 수사학적 효력을 위해서다.

이 법들은 주제 문제에 기초를 두고 무작위로 배열되어 있다. 그렇지만 그것들은 핵심 단어들과 징벌들의 성격에 따라 한데 모아져 있다. 그것들을 묶어 주는 일차적인 끈들은 두 개의 단어와 하나의 어구다: 샤카브(שׁכב, "눕다": 11, 12, 13, 15 [נתן שׁכבתו – 나탄 쉐코브토], 18, 20절), 라카흐(לקח, "…와 결혼하다": 14, 17, 21절: 문자적으로는 "…를 취하다" – 역자주), 그리고 갈라 에르봐(גלה ערוה־, "…의 벌거벗음〈하체〉을 드러내다"(11, 17, 18, 19, 20, 21절: 이것은 18장에 있는 핵심 어구다). 거미줄 같은 구조는 이 단어들이 상호 교환되는 방식에 의해 더욱 촘촘해진다. 예를 들어, 이 법들의 뒷 부분에서 지배적인 단어 에르봐(ערוה, "벌거벗음": 개역 성경: 하체)가 11절에서 나타나고, 서두에 있는 핵심 단어 샤카브(שׁכב, "눕다")가 18절과 20절에서 사용된다. 연설자는 수간 행위의 비정상적인 성격을 부각시키기 위해 16절에서 샤카브(שׁכב, "눕다") 대신 명료한 표현인 카라브(קרב, "가까이 끌어오다")를 사용한다. 순서에 관한 한, 이 법들은 점점 낮아지는 징벌의 가혹성을 따라 배열된다. 처음 일곱 개의 법(9-16절)은 사형을 수반한다: 모트 유마트(מות יומת, "그가 정녕 죽을 것이다"). 일곱 번에 걸쳐 사형의 형벌이 선언 형식문 담- 베-(דם־ ב־, "〈그들의〉 피가 〈그들〉 위에 있다": 9, 11, 12, 13, 16절)의 수식을 받는다. 이러한 형식문은 유죄자가 죽어 마땅하다는 것과 더불어, 그 사형을 집행하는 사람들이 그 유죄자의 피를 뿌린 이유로 모든 책임으로부터 자유롭게 된다는 것을 의미한다. 두 번은 형벌이 “제명되는 것”(끊어짐)(נכרת – 니크라트; 17, 18절)이다. 마지막 두 개의 법의 형벌(20, 21절)은 “무자식이 되는 것”이다(ערירי – 아리리). 세 개의 법에서(17, 19, 20) 선언 형식문인 나사 아본-(נשׂא עון-, “사람이 …의 죄책을 질 것이다”; 20절, חטא – 헤트; 개역 성경: 죄를 당하리라)이 그 형벌이 집행될 것이라는 확신을 강조하기 위해 사용된다.

이 연설의 마지막에 나오는 독자적인 법(27절)은 인접한 문맥에 맞는 첨가와는 거리가 먼 것으로 보인다. 이 연설이 왜 독자적인 법으로 끝날까? 어쩌면 이 법은 서기관의 실수로 첫 번째 묶음의 법들에서 누락되어 어떤 필사본들(mss)의 여백에 보존되어 있었을 것이다. 그것을 어디에 끼워 넣어야 하는지를 모르는 어떤 서기관이 그것을 이 연설의 마지막에 놓았을지도 모른다. 그러나 더욱 면밀히 관찰해 보면, 그것은 첫 번째 문단(2-6절)과 봉합 구조를 형성한다는 것을 보여 준다. 왜냐하면 동일한 용어들, 즉 옵(אוב, “귀신, 초혼술사”; 개역 성경: 신접한 자)과 이드오니(ידעני, “죽은 영혼, 영매”; 개역 성경: 박수)가 6절에서 발생하며 돌로 치는 사형의 형벌이 2절과 일치하기 때문이다. 덧붙여서, 이 연설의 최종적 말씀이 되는 이 법의 위치는 청자들의 마음을 18-20장에서 발견되는 마술에 대한 몇 가지 금지로 되돌림으로써 그 법들을 강조한다(18:21; 19:26, 31; 20:2-5, 6).

이러한 두 묶음의 법들 사이에 두 개의 권고 부분이 있다. 첫 번째 것(7-8절)은 거룩에 대한 권면(7절, 19:2에서처럼)과 순종에의 권면(8절; 참조. 18:4-5, 26, 30; 19:37; 20:22)을 갖는다. 두 권면 모두 여호와의 자기 소개 형식문에 기반을 두고 있다(참조. 18:2). 두 번째 권면은 9절을 시작하는 접속사 키(כי)가 지시하는 바와 같이 두 번째 묶음의 법들로 이어진다(Feucht, *Untersuchungen*, 35; Elliger, 268). 8절과 9절의 긴밀한 연결 때문에 어떤 사람들은 7절을 2-7절의 결론으로, 8절을 8-21절의 서두로 배치한다(Feucht, 35; Elliger, 269-70). 7절과 8절이 법으로 작성되지 않았다는 사실은 이러한 대안적인 구조 분석에 반론을 제기한다.

두 번째 권고 부분(22-26절)은 약속된 땅의 상속과 민족들로부터의 분리라는 이중적 주제를 따라 함께 집결되어 있다. 이러한 권고는 이 모든 법들을 지키라는 권면과 더불어 시작하여 위협(22절)과 이교적 관행들을 따르지 말라는 금령(23절)에 의해 뒷받침된다. 이어서 하나님께서 이스라엘이 다른 민족들로부터 “분리해서”(הבדיל – 힙딜) 살 수 있도록 그들에게 확실하게 땅을 주신다는 약속이 나온다(24

절). 핵심 단어 힙딜(הבדיל, "분리하다")을 기반으로 연설자는 백성들에게 음식법(11장)에 의해 요구되는 여러 가지를 구별하라고(הבדיל – 힙딜; 25절; 11:47) 권고한다. 왜냐하면 음식법은 이스라엘이 다른 이웃들의 더러운 관습들과 법들로부터 분리되어 자신을 지키도록 주어졌기 때문이다(참조. 11장). 이러한 권면은 그 음식법에서 발견되는 몇 가지 핵심 단어들로 작성된다. 타호르(טהר, "정결한")와 타메(טמא, "부정결한")가 다섯 번 사용되고, 더불어 쉐케츠(שקץ, "역겨운, 가증한")와 라마스(רמש, "기다")가 나타난다(참조. 11:10, 11, 12, 13, 20, 23, 41, 42, 43; 그리고 뒤의 두 단어에 대해서는 각각 11:44, 46). 이러한 권면의 포함은 성결법(17-26장)과 정결법(11-15장)을 멀리서 호형(弧形)을 이루게 한다. 이러한 호형 연결은 고대 이스라엘의 제의적 관점에서 비롯된 레위기의 두 문단 사이의 밀접한 연관을 증명한다. 이러한 권면은 하나님께서 자기 백성을 다른 민족들로부터 "분리하실"(הבדיל – 힙딜) 것이라는 약속과 더불어 일반적 거룩에의 요청으로 마무리된다(26절).

이 연설의 두 내용, 즉 법들과 권고적인 부분들은 모두 18장의 내용에 아주 가깝다. 이 두 연설 사이의 가장 명백한 차이점은 20장에 있는 법들이 다양한 범죄들에 대한 형벌을 진술한다는 것이다. 더욱이 20장의 법들은 훨씬 더 다양한 성 범죄들을 포괄한다. 20장에 있는 법들의 이러한 분위기는 18장에 비해 어휘가 덜 화려하고 더 간소한 크기의 형식으로 내용을 전달하는 것으로 볼 때 열기가 떨어진다. 그 법들은 또한 서로 다르게 배열되어 있다. 18장의 법들은 근친상간(7-18절)으로 시작하여 다양한 성 범죄들로 전환되는 반면(19-23절), 20장의 법들은 마술과 근친상간, 어떤 유형들의 결혼 그리고 성 범죄들을 반대하는 법령들의 혼합물이다. 이러한 차이들은 각 연설의 초점이 차이가 있다는 것을 시사한다. 18장의 연설은 한 아버지의 집을 향해, 특히 그 법들을 시행할 책임을 지닌 가장에게 전달되는 말씀이다. 반대로 20장의 연설은 공동체에게, 특히 규정된 형벌들을 집행할 의무가 부여되는 지도자들에게 전달된다. 이 20장에 있는 연설의 다른 방향성은 그것이 단순히 18장에 있는 연설의 복사본에 첨가물이 더해진 것이 아님을 의미한다. 성 범죄를 다루는 연설이 두 가지가 존재하는 또 다른 이유는 입법자(하나님 – 역자주)가 이스라엘로 하여금 하나님과의 언약 속에 강력한 나라로 성장하도록 가족의 유대를 증진시키기 위해 이 문제를 다른 관점에서 전달하기를 원했다는 것이다.

이 연설은 적절한 절기들에 회중의 구두 교육을 위해 작성되었다. 이 형벌들은 그런 범죄의 억제 장치 역할을 한다. 법리적 이유들은 청자들의 윤리적 의식에 말씀을 전하고 그들의 사고방식을 정돈해 주어 그러한 행위에 반감을 갖게 한다. 그리고 선언 형식문들은 그런 행위들을 더럽히는 것으로 혹은 큰 죄책을 유발하는 것으로 매섭게 규정함으로써 청중들의 감정에 호소한다.

주석

2 몰렉에게 자녀 바치는 것을 금지하는 이 법은 이스라엘 본토인들과 그들 가운데 사는 이방인들 모두에게 적용된다(참조. 18:21). 2-4절에서 몰렉에게 제물이나 자녀를 바치는 것을 지칭하는 동사는 나탄(נתן, "주다, 할애하다, 양도하다, 양보하다, 남겨놓다")이다. 이것은 폭넓은 의미를 갖는 동사다. 드물긴 하지만, 때로 나탄(נתן)은 제의에서 제사장이 사용하도록 어떤 것을 바치는 행위에 대해 사용될 수 있다(예를 들어, 5:16; 22:14; 출 30:15; 겔 20:28). 몰렉에 대한 자녀 제사와 관련된 동사는 보통 나탄(נתן)이나 하아비르(העביר, "이전하다, 옮기다")다(참조. 아래 몰렉에 대한 부록). 여기서 나탄(נתן)의 사용은 그 희생의 성격에 대해서는 별로 말하지 않지만, 제사자가 아이를 완전히 몰렉의 수중에 넘기려는 결심을 알려 준다. 나탄(נתן)과 관련하여 어떤 기교가 나타난다. 몰렉에게 자녀를 "주는 것"을 지칭하기 위해 세 번 사용되었을 뿐만 아니라, 또한 3절에 있는 숙어, 즉 여호와께서 "내가 그 사람을 향해 내 얼굴을 둘 것이다[נתן – 나탄]"(개역 성경: 진노할 것이다)에서도 사용된다. 이 숙어에서 나탄(נתן)이란 단어가 선택된 것은 그러한 역겨운 제물에 대한 하나님의 반응을 강조한다. 즉 사람이 몰렉에게 자녀를 "주는 것"과 똑같이 하나님께서 친히 그 바치는 자를 처벌하는 것에 대해 개인적 관심을 "주신다."

이교의 신에게 그런 귀중한 제물을 바치는 것은 사형을 수반한다. 암 하아레쯔(עם הארץ, "땅의 백성"), 곧 이스라엘의 본토인들(참조. 4:27)은 그 범법자를 돌로 쳐서 죽일 책임을 진다. 이러한 사형 방식은 그 형벌의 집행에 대한 책임을 공동체 전체에 분산시켰다. 전승에 따르면, 이러한 징벌은 유죄자를 높은 장소에서 던짐으로써 시행되었다. 그들은 그 추락이 치명적이 되지 않을 때만 그 사람에게 돌을 던졌다(Hoffmann, 2:63). 돌로 치는 형벌에 대한 구약의 언급들은 다음을 포함한다: 신성 모독자들(24:16; 참조. 왕상 21:9-14), 안식일을 범한 자들(민 15:35-36), 우상 숭배자들(신 13:11[10]; 17:5), 교정 불가한 자녀들(신 21:21), 처녀가 아닌 신부(신 22:21), 약혼한 처녀와 동침한 남자와 그가 강제로 범한 약혼한 처녀(신 22:24) 그리고 남자나 여자를 뿔로 받은 황소(출 21:28-29; Wenham, 277).

부록: 몰렉

참고문헌

Baudissin, W. W. *Jahve et Moloch: sive de ratione inter deum Israelitarum et Molochum intercedente.* Leipzig: Fr. Guil. Gruneow, 1874. **Bea, A.** "Kinderopfer für Moloch oder für Jahwe?" *Bib* 18(1937) 95-101. ______. "Moloch in den Maritafeln." *Bib* 20(1939) 415. **Cazelles, H.** "Molok." *DBSup* 5(1957) 1337-46. **Cohen, S. J. D.** "From the Bible to the Talmud: The Prohibition of Intermarriage." *HAR* 7(1983) 23-39. **Daumer, G. Fr.** *Der Feuer- und Moloch-dienst der alten Hebräer als urväterlicher, legaler, orthodoxer Kultus der Nation.* Braunschweig: Fr. Otto, 1842. **Day, J.** *Molech: A God of Human Sacrifice in the OT.* UCOP 41. Cambridge: University of Cambridge Press, 1989. **Dhorme, E.** "Le dieu Baal et le dieu Moloch dans la tradition biblique." *Anatolian Studies* 6(1956) 57-61. **Dronkert, K.** *De Molochdienst in het Oude Testament.* Leiden: Brill, 1953. **Dussaud, R.** "Melqart." *Syria* 25(1946-48) 205-30. ______. "Milk, Moloch, Melqart." *RHR* 49(1904) 163-68. ______. "Précisions épigraphiques touchant les sacrifices d'enfants." *CRAIBL*(1946) 371-87. **Ebach, J. H.** "PGR=(Toten-) Opfer? Ein Vorschlag zum Verstandnis von Ez. 43,7.9." *UF* 3(1971) 365-68. ______ and **Rüterswörden, U.** "ADRMLK, 'Moloch' und BA'AL ADR: Eine Notiz zum Problem der Moloch-Verehrung im alten Israel." *UF* 11(1979) 219-26. **Eissfeldt, O.** *Molk als Opferbegriff im Punischen und Hebräischen und das Ende des Gottes Moloch.* Beiträge zur Religionsgeschichte des Altertums 3. Halle: Max Niemeyer, 1935. **Février, J. G.** "Essai de reconstruction du sacrifice Molek." *JA* 248(1960) 167-87. ______. "Molchomor." *RHR* 143(1953) 8-18. **Ghillany, F. W.** *Die Menschenopfer der alten Hebräer.* 1842. **Green, A. R. W.** *The Role of Human Sacrifice in the Ancient Near East.* ASOR Dissertation Series 1. Missoula, MT: Scholars Press, 1975. **Heider, G. C.** *The Cult of Molek: A Reassessment.* JSOTSup 43. Sheffield: University of Sheffield Press, 1985. **Hoftijzer, J.** "Eine Notiz zum Punischen Kinderopfer." *VT* 8(1958) 288-92. **Jirku, A.** "Gab es im AT einen Gott Molek(Melek)?" *ARW* 35 (1938) 178-79. **Kaiser, O.** "Den Erstgeborenen deiner Söhne sollst du mir geben: Erwägungen zum Kinderopfer im Alten Testament." In *Denkender Glaube*: FS C. H. Ratschow. Ed. O. Kaiser. Berlin: de Gruyter, 1976. **Kornfeld, W.** "Der Moloch: Eine Untersuchung zur Theorie O. Eissfeldts." *WZKM* 51(1952) 287-313. **Löwengard, M.**

Jehova, nicht Moloch, was der Gott der alten Hebräer. 1843. **Moore, G. F.** "Biblical Notes: 3. The Image of Moloch." *JBL* 16(1897) 161-65. ______. "Molech, Moloch." In *Encyclopaedia Biblica.* Ed. T. K. Cheyne and J. S. Black. NY: MacMillan, 1902. **Mosca, P. G.** "Child Sacrifice in Canaanite and Israelite Religion: A Study in *Mulk* and *mlk.*" Diss., Harvard University, 1975. **Plataroti, D.** "Zum Gebrauch des Wortes *MLK* im Alten Testament." *VT* 28(1978) 286-300. **Pope, M.** "The Cult of the Dead at Ugarit." In *Ugarit in Retrospect.* Ed. G. D. Young. Winona Lake, IN: Eisenbrauns, 1981. **Ratosh, J.** "'*ēbr*' in Scripture or the Land of *h'brym*"(Heb). *Beth Mikra* 47 (1970/71) 549-68. **Ribar, J. W.** "Death Cult Practices in Ancient Palestine." Diss., University of Michigan, 1973. **Schaeffer, C. F. A.** "Sacrifice à M-l-k, Molech ou Melek." In *Ug 4.* Ed. C. F. A. Schaeffer. MRS 15. Paris: Imprimerie Nationale, 1962. **Schlögl, N.** "Das Wort *molek* in Inscriften und Bibel." *WZKM* 45(1938) 203-11. **Schmidtke, F.** "Träume, Orakel und Totengeister als Künder der Zukunft in Israel und Babylonien." *BZ* n.s. 11(1967) 240-46. **Smith, M.** "A Note on Burning Babies." *JAOS* 95(1975) 477-79. **Snaith, N. H.** "The Cult of Molech." *VT* 16(1966) 123-24. **Soggin, J. A.** "Child Sacrifice and the Cult of the Dead in the Old Testament." In *Old Testament and Oriental Studies.* BibOr 29. Rome: Pontifical Biblical Institute, 1975. **Stager, L. E.** "Carthage: A View from the Tophet." In *Phönizier im Westen.* Ed. H. G. Niemeyer. Madrider Beiträge 8. Mainz am Rhein: Philipp von Zabern, 1982. ______. "The Rite of Child Sacrifice at Carthage." In *New Light on Ancient Carthage.* Ed. J. G. Pedley. Ann Arbor: University of Michigan, 1980. ______ and **Wolff, S. R.** "Child Sacrifice at Carthage—Religious Rite or Population Control?" *BAR* 10(1984) 30-51. **Vermes, G.** "Leviticus 18:21 in Ancient Jewish Bible Exegesis." In *Studies in Aggadah, Targum and Jewish Liturgy in Memory of Joseph Heinmann.* Ed. J. Petuchowski. Jerusalem: Magnes, 1981. 108-24. **Weinfeld, M.** "Burning Babies in Ancient Israel: A Rejoinder to Morton Smith's Article in *JAOS* 95(1975), pp. 477-79." *UF* 10(1978) 411-13. ______. "The Molech Cult in Israel and Its Background." In *Proceedings of the Fifth World Congress of Jewish Studies.* Ed. P. Peli. Jerusalem: World Union of Jewish Studies, 1969. ______. "The Worship of Molech and of the Queen of Heaven and Its Background." *UF* 4(1972) 133-54. ______. "Moloch, Cult of." *EncJud* 12: 230-32. **Wilke, F.** "Kinderopfer und kultische Preisgabe im 'Heiligkeitsgesetz'." In *Festschrift zur 57. Versammulung deutscher Philologen und Schulmänner in Salzburg,*

1929. Vienna: Rudolf M. Rohrer, 1929.

몰렉(מלך)이라는 단어는 레위기에서 다섯 번, 구약의 다른 본문들에서 세 번 나타난다 – 열왕기상 11:7, 열왕기하 23:10 그리고 예레미야 32:35; 그러나 열왕기상 11:7에서의 사용에 대해 대다수의 학자들은 밀콤(מלכם, "밀곰")에 대한 본문상의 오류로 간주한다(*BHS*). 이 용어에 대한 이해는 오랫동안 논쟁거리가 되어 왔다. 많은 학자들은 이 신의 이름의 철자가 "왕"을 의미하는 멜렉(Melek)이거나 말릭(Malik)이었을 것으로 추론했다. 이러한 입장은 가이거(A. Geiger, *Urshrift und Uebersetzungen der Bibel*[Breslau, 1985] 301, 인용 Day, *Molech*, 56)와 더불어 시작되었다. 이러한 학자들에 따르면, 몰렉(מֹלֶךְ)으로 모음 구두점을 찍는 것은 우상 숭배를 반대한 논박의 결과로 발생되었다. 그들은 바알과 다른 이교의 신들에 대한 성경 저자의 증오심으로 인해 때로 바알이란 명칭을 보쉐트(בשת, *bōšet*, "수치, 부끄러움")로 대체했다. 예를 들어, 에쉬바알(Eshbaal, 대상 8:33; 9:39; 개역 성경: 에스바알)이 사무엘하 2:10에서는 이쉬보셋(Ish-bosheth; 개역 성경: 이스보셋)이란 철자를 갖는다. 다른 본문들에서는 이 저자들(즉 방금 전의 사무엘하와 역대기 기자 – 역자주)이 어떤 신의 이름을 보쉐트(*bōšet*)의 모음들로 덧입혀 기록한다. 예를 들어, 여신의 이름 아스타르테(Astarte) < 아스타르트(Astart; 개역 성경: 아쉬다롯)가 아쉬토렛(Ashtoreth)으로 바뀐다(Day; 개역 성경을 비롯한 대다수의 역본들에서는 두 이름의 차이가 구분됨이 없이 모두 아스다롯〈Astarte〉으로 번역되어 있다. 이를테면, 왕상 11:5, 11:33, 왕하 23:13 등에 나오는 아스다롯은 정확하게는 아쉬토렛이다 – 역자주). 몇몇 학자들이 이러한 해설에 정면으로 도전했다(예를 들어, M. Tsevat, "Ishbosheth and Congeners: The Names and Their Study," *HUCA* 46[1975] 71-87). 하이더(Heider, *Cult of Molek*, 223-28)는 심지어 분사형 몰레(מֹלֵךְ)이 문제의 신명의 정확한 형태라고 주장한다. 그렇지만 데이(Day, 56-58)는 그러한 대안적 입장들을 반박하면서 마소라 본문(MT)에 있는 모음 구두점 찍기는 이 신명의 희화적 표현(caricature)이라는 설명으로 복귀한다.

몰렉 예배의 관행에 대한 해석들도 마찬가지로 폭넓은 다양성을 갖는다. 심지어 초기 랍비 전통에서조차 다른 해석들이 존재한다. 신명기 18:10에 관한 주석에서, 유다 벤 엘라이(R. Judah ben Elai, 주후 2세기)는 이 예배에서 자녀들이 한 이방신에게 헌정된 것으로 이해했다(즉 실제로 희생한 것이 아니다 – 역자주). 다른 랍비 전승은 레위기 18:21을 우상 숭배를 근절하기 위한 혼합 결혼의 금지로 해석했다(참조. *m. Meg.* 4.9). 세 번째 견해는 레위기 18:21이 제의 창녀와의 성관계를 금지하는 것으로 이해했다. 그러므로 랍비 전승은 전체적으로 자녀들이 죽음에 바쳐진 것을 믿지 않았다. 그러나 1686년에 존 스펜서(John Spencer)는 이 제의에서 자녀들이 불에 태워 죽임을 당했다고 단언함으로써 이러한 입장에 도전했다(*De legibus Hebraeorum ritualibus et earum rationibus*[Hagae-Conitumi: Arnold Leers, 1686]에서). 그의 입장은 카르타고에서의 자녀 희생제에 대한 보고들로부터 지지를 받았다. 참조. F. Münter, *Religion der Kathager*(2판 편집.[Copenhagen:John Heinrich Schubothe, 1891]), 그리고 F. C. Movers, *Die Phönizien*(Bonn: Eduard Weber, 1841). 바우디신(W. W. Baudissin, 1874)은 이러한 토론에 페니키아인들이 몰렉 숭배를 이스라엘에 전해 주었다는 주장을 추가했다.

1935년에 아이스펠트(O. Eissfeldt)는 몰렉(מלך)에 대한 새로운 설명을 내놓았다. 그는 그것이 하나의 신명이 아니라 어떤 특별한 종류의 희생을 지칭하는 전문 용어라고 추정했다. 그의 판단에 따르면, 단지 요시야의 개혁의 결과로 인해 몰렉이 하나의 숭배를 받는 신으로 받아들여졌을 뿐이다. 와인펠트(M. Weinfeld)는 아이스펠트의 입장에 도전하여 몰렉 제의가 자녀 희생을 수반하지 않았다는 가설을 반복했다(*EncJud* 12:230-32). 그는 또한 이러한 제의와 그 제의 관행들이 페니키아나 카르타고로부터 왔다는 주장에 도전했다. 그에게 있어서 몰렉 제의는 아닷밀키(Adadmilki), 이스타르(Ishtar; 개역 성경: 이스다롯) 그리고 하늘의 왕과 여왕(the King and Queen of Heaven)에 대한 자녀의 헌정(dedication)을 수반했다. 모스카(P. Mosca)는 다른 관점으로 연구하여 어떤 봉헌(molk) 형식의 희생이라는 아이스펠트의 논제를 옹호했다. 그는 자녀 희생 제의를 재구성했는데, 그것은 페니키아와 가나안에 그 뿌리를 두고 있으며 북왕국에서는 주전 722년까지, 남왕국에서는 요시야 개혁 때까지 공식적인 여호와 제의에 의해 재가를 받았다. 뒤이어 하이더(G. C. Heider)가 이스라엘에서의 몰렉 예배는 시리아-팔레스타인(a Syro-Palestinian)의 신 말릭(Malik)으로부터 발전한 것이라는 이론을 세웠다. 그것이 후대에 메소포타미아, 마리, 우가릿 그리고 이스라엘에서 지하의 신으로 숭배된 밀쿠/키(Milku/i) 혹은 몰렉(Molek)이 되었다. 데이(J. Day)는 이스라엘이 이 제의를 가나안 사람들로부터 넘겨받았다고 강력히 주장하는 비슷한 이론을 취했다(*Molech*, 24-31).

몰렉에 대한 이러한 연구들은 몇 가지 근본적인 질문을 발생시켰다. 그들 가운데 실제로 자녀들이 희생으로 드려졌을까? 그리고 몰렉은 하나의 신이었을까, 아니면 하나의 희생의 유형이었을까?

레위기 18:21과 20:2-5에서 몰렉에게 자녀를 주지 말라는 법들은 간결하게 구성되었다. 자녀를 수반하는 예배 행위를 지칭하는 두 가지 핵심 단어는 나탄(נתן, "주다"; 20:2, 3, 4)과 하아비르(העביר, "…를 통해 혹은 …를 넘어 지나가게 하다, 옮기다"; 18:21)다. 이 두 단어는 구약에서 폭넓은 용례를 갖기 때문에, 그것들의 정확한 의미가 이 예배의 성격 규정을 돕기 위해 정확히 결정되어야 한다. 몰렉에 대해 언급하는 다른 본문들로부터 이 단어들의 용례에 대한 어떤 정보가 입수된다. 열왕기하 23:10에서 빠에쉬(באש, "불과 함께, 불에")가 하아비르(העביר, "…를 통해 혹은 넘어 지나가게 하다, 옮기다")에 추가되는데, 그것은 자녀 희생이 실제로 불태워졌다는 것을 분명히 밝히기 위함이다(참조. 왕하 16:3, 17:17; 대하 33:6; 신 18:10; 민 31:22-23). 이 구절은 그런 희생들을 위한 주요 중심지가 힌놈 골짜기의 불 구덩이(Fire-Pit) 혹은 도벳(תפת - 토페트)이었다는 것을 증언한다.

불 구덩이에서의 관행들에 대해서는 그 예배를 격렬히 반대하는 설교를 했던 예레미야로부터 더욱 많은 것을 알 수 있다. 예레미야 32:35에서 그는 힌놈 골짜기에 있는 "바알의 산당들"(במות בעל – 빠모트 바알)에서 몰렉에게 자녀를 드리는 것을 비난한다(참조. 26:29-33). 7:31에서는 그가 자녀를 불에 태우기(שׂרף··· באשׁ – 사라프 빠에쉬) 위해 힌놈 골짜기에 "불구덩이의 산당들"(במת תפת – 빠모트 도페트, 개역 성경: 도벳 사당)을 건축한 사람들을 성토한다. 19:5에서 예레미야는 바알의 산당에서 자녀 불태우기를 바알에 대한 "번제"(עלות לבעל – 올로트 라바알)로 범주화한다. 이러한 언급들은 두말할 필요 없이 자녀들이 실제로 몰렉과 바알에게 바쳐진 제물로 불태워졌다는 것을 증언한다. 바알에게 바친 자녀 제사에 대한 언급은 바알하몬(Baal-hammon)에게 바친 인간 희생에 대해 말하는 퓨닉 본문들(Punic texts)에 의해 확증된다(Day, *Molech*, 24-37). 불행히도 이러한 유형의 희생제에서 몰렉과 바알 사이의 관계는 분명하지가 않다. 데이(J. Day)는 비록 몰렉 제의에서 어떤 관행들이 바알 제의의 것들과 비슷할지라도, 몰렉은 다른 신이었으며 바알과 혼동되지 않았다는 것을 설득력 있게 주장한다(*Molech*, 34-36).

에스겔서의 본문들은 자녀들이 실제로 불태워졌다는 입장에 대한 추가적 지지를 보탠다. 에스겔 16:21은 자녀의 "희생, 도살"(שׁחט – 샤하트)과 그들을 "제물로 드림"(בהעביר נתן – 나탄 빠하아비르)에 대해 언급한다. 샤하트(שׁחט, "희생")가 결정적인 단어인데, 이는 그것이 의식에 따른 도살을 암시하기 때문이다(참조. 겔 20:25-26, 31). 이 본문은 자녀들이 불에 태워지기 전에 의식에 따라 죽임을 당했다는 것을 시사하며, 또한 하아비르(העביר)가 제의 문맥들에서 자녀 희생을 지시하는 전문 용어라는 증거를 추가한다. 에스겔은 몰렉이라는 이름을 쓰지 않지만, 자녀 제사의 관행을 묘사하는 그 용어들은 위에서 언급된 내용들과 너무 유사하기에 몰렉이 20:31과 23:37에 언급된 우상들 가운데 포함될 수 있을 것이다. 나아가 데이(Day, *Molech*, 16)는 몰렉이 언급되는 이사야 57:5-9이 역시 자녀 살육을 지칭하는 샤하트(שׁחט, "도살")를 사용한다는 것을 지적한다.

자녀 희생을 언급하는 다른 구절들로부터 추가적인 지지를 확보할 수 있다. 비록 그것들이 몰렉이라는 이름을 분명하게 거명하지는 않을지라도 말이다. 신명기 12:31은 이스라엘 이웃들에 의한 어떤 자녀 불 태우기 관행들을 증언한다. 이러한 관행은 몰렉에 대한 자녀 제사와 비슷한 것으로 그려진다. 추가적으로 열왕기하 16:3, 17:17 그리고 21:6은 중요한 근거 자료들을 추가한다. 그 구절들은 한 개인이나 백성이 "[그들의 아들들 그리고/혹은 딸들]을 불을 통해 옮겨지게 만든다"(העביר··באשׁ – 하아비르···빠에쉬; 개역 성경: 불 가운데로 지나가게 하고)고 기록한다. 데이는 이 본문들에 추가하여 이사야 30:33을 파멸에 이른 희생 제물 태우기에 대한 또 다른 증거로 보탠다(*Molech*, 17). 거기에 나오는 제의 언어는 몰렉 예배에 대한 언급을 암시한다. 이러한 이차적 증거들은 자녀들이 불에 태워졌다는 입장에 추가적인 지지를 보탠다.

이러한 본문들에 비추어 볼 때, 하아비르(העביר)는 희생 제물을 불에 태워서 어떤 신에게 "옮기는 것"을 의미하는 전문 용어로 사용된다. 빠에쉬(באש, "불에")가 하아비르(העביר)와 더불어 나타날 때, 그것은 분명히 강조를 위한 것이다. 하아비르(העביר)가 그 희생 제물이 실제로 도살되었다는 것을 의미하기 위해 그 어구의 포함이 요구되는 것은 아니다. 나탄(נתן, "주다, 드리다")은 희생 바치기(presentation), 즉 희생을 드리는 의지와 행위를 모두 포함하는 의미에 초점을 맞추는 일반적 용어다.

몰렉이 지시하는 것이 희생의 한 유형인지 아니면 하나의 신의 이름인지에 대한 질문과 관련하여, 레위기 20:5에 있는 어구 조노트 아하레이(זנות אחרי, "…을 따라 행음하다, 매춘하다")는 분명히 희생의 한 유형이 아닌 한 신을 시사한다. 왜냐하면 이 어구는 자주 이스라엘이 다른 신들을 추종하는 것을 나타내기 위해 사용되기 때문이다(예를 들어, 출 34:15, 16; 신 31:16; 겔 6:9; 20:30). 덧붙여서, 와인펠트(Weinfeld)는 아이스펠트(O. Eissfeldt)와 드보(de Vaux)가 어떤 봉헌(molk) 형식의 희생을 지지하기 위해 채택한 몰크 아마르(מלך אמר) 혹은 몰크아담(מלכאדם)과 같은 이름들이 신의 이름들로 이해되는 것이 가장 자연스럽다는 것을 명쾌하게 증명하여 몰렉이 한 신의 이름이었다는 주장을 뒷받침해 주었다(*EncJud* 12:231).

난해한 쟁점은 레위기에서 몰렉에 대한 자녀 희생을 금지하는 이러한 법들이 왜 근친상간과 그 밖의 다른 불법적인 성관계와 점술 관행들을 규제하는 법들 사이에 나타나는가 하는 것이다. 첫 번째로 추측해 볼 수 있는 것은 근친상간과 성도덕의 기준의 갖가지 위반들이 씨족의 유대 관계를 위협할 수 있으며, 혹은 최소한 가족 구성원들 사이에 엄청난 불화를 야기할 수 있었다는 점이다. 암몬과 다말의 사건이 다윗의 가족 가운데 분쟁을 일으켰던 것처럼 말이다(삼하 15-19장). 그와 마찬가지로 몰렉에 대한 자녀 제사는 씨족의 유대 관계를 위협할 수 있었고, 혹은 가족 구성원들 사이에 커다란 불화를 일으킬 수 있었다.

둘째, 몰렉에 관한 이 법들이 근친상간과 불법적인 성적 행위들에 관한 법들 중간에 온 이유는 양자가 혐오스럽고 극히 더러운 것으로 여겨졌기 때문이다. 18장과 20장에 있는 바, 이러한 위반들로 확인되는 다양한 종류의 오염들과 관련된 어휘들에 대해서는 "주석"을 보라. 특별히 몰렉 예배와 관련해서 열왕기하 23:10과 예레미야 32:35은 그런 희생들을 토에바(תועבה, "가증한 행위")로 분류한다(참조. 레 18:22, 26, 27, 29, 30; 20:13). 토에바(תועבה)는 역시 열왕기하 16:3에서도 소름끼치는 자녀 희생을 묘사한다. 레위기 20:3에서는 몰렉에 대한 자녀 제사가 성소를 오염시키며(טמא – 타메) 하나님의 거룩한 이름을 욕되게 한다(חלל – 할랄)고 말한다. 그러므로 이러한 범죄는 그 우상 숭배자에게뿐만 아니라 그런 예배를 묵인한 이스라엘 사람들을 향해(20:3, 5) 하나님의 개인적인 심판은 물론 사형을 수반한다(레 20:2).

셋째, 이러한 관행들은 이스라엘의 사회적 의식이 그것들을 연관시켰기 때문에 함께 나타났을 수 있다. 한 사회의 시각 속에 존재하는 그런 연관성에 대한 한 가지 증거가 (가나안으로부터 – 역자주) 아주 먼 지역에서 발견된다. 폭스(R. Fox, *Red Lamp of Incest*, 32-34)에 따르면, 남서쪽에서 살았던 아메리카 인디안 부족인 키리카후아 족(Chricahua)은 근친상간과 마술을 영적인 질서와 사회적 질서 양자 모두의 중대한 위반으로 취급했다. 곧 이어질 네 번째 이유에서 토론되는 입장, 즉 몰렉 예배는 일종의 마술 행위였다는 주장을 고려하면, 이스라엘과 키리카후아 사이의 병행은 이스라엘의 사회적 의식의 경향에 통찰력을 제공할지도 모른다.

넷째, 이러한 금지들의 배열이 정당한 이유는 몰렉 예배의 특징인 조상 숭배와의 연관성에 놓여 있을 수 있다. 몇몇 본문들에서 자녀 희생은 점술 및 초혼술과 관련되어 있다(레 20:2-6; 신 18:10; 왕하 17:17; 21:6; 대하 33:6). 하이더(Heider)는 이러한 증거를 가지고 연구하면서 가나안과 이스라엘에서 망자 의식이 실천되었다고 추론한다. 시편 106:28b은 민수기 25장에 기록된 사건의 해석인데, 이스라엘이 모압 족속의 절기에 동참하고 망자에게 바친 희생 제물들을 먹었다고 언급한다. 하이더(Heider, *Cult of Molek*, 388-89)는 이러한 의식을 마르제아흐(מרזח, "장례 잔치")로 이해한다(참조. 암 6:7; 렘 16:5). 이사야 63:3-5a은 돼지고기와 부정한 것으로 만든 국을 가지고 밤중에 은밀하게 실행하는 예배를 묘사하는데, 이 예배의 밀의적(密儀的) 차원들을 부각시켜서 보여 준다. 이 본문은 망자 제사에 대한 또 다른 증거를 제공한다. 하이더는 이 증거에 근거해서 몰렉 예배가 이러한 망자들을 위한 절기들과 관련되어 있을 것이라고 추론한다. 그러므로 몰렉 예배는 조상 숭배와 관련되어 있을지 모르며, 이러한 추측은 왜 몰렉에 대한 이 법들이 절친한 가족 문제들에 관한 다른 법들과 함께 놓여 있게 되었는지에 대한 이유를 더 잘 이해할 수 있게 해준다. 몰렉 숭배에 대한 이러한 해석은 초혼술을 금지하는 법들이 20:2-6의 몰렉 예배를 금지하는 법들과 결합된 이유를 설명해 준다. 왜냐하면 초혼술의 일차적 목표는 죽은 친족들과의 교류였기 때문이다. 몰렉 예배의 성격에 대한 하이더의 재구성이 어느 정도 수용될 수 있는지는 의문으로 남아 있는데, 이는 그것이 상당히 추론적이기 때문이다. 그럼에도 불구하고, 그것은 데이(Day, *Molech*, 46-55, 58-64)가 제시한 증거로부터 중대한 지지를 확보한다. 즉 몰렉은 망자 제사와 밀접히 관련된 지하세계의 신이었다는 것이다.

몰렉 예배에 대한 법들의 문맥을 설명하기 위한 이러한 이유들은 상호 배타적이지 않다. 그것들 중 어느 하나 혹은 그 이상에 비추어서 보면 그 문맥은 잘 들어맞는다.

(이것은 박사 과정에 있는 Timothy R. Dwyer의 광범위한 도움으로 준비되었다. 그는 전에 버클리에 있는 캘리포니아 대학의 교수 J. Milgrom의 학생이었다.)

3 하나님께서는 친히 몰렉에게 자녀를 바치는 사람을 백성들로부터 제명하심(נכרת – 니크라트, "끊으심")으로써 그에게 진노하신다. 그 이유는 그런 추악한 범

죄가 성소를 더럽히고, 더불어(טמא - 타메, 참조. 16:33) 하나님의 거룩하신 이름을 욕되게(חלל - 할랄) 하기 때문이다. 쉠 코드쉐이(שם קדשי, "나의 거룩한 이름"), 문자적으로 "나의 거룩의 이름"이라는 어구는 하나님의 본질적 특징이 "거룩"이라는 사실을 알려 준다. 참조. 19:2. 그러한 행위의 더럽히는 특성에 대한 이중적 묘사는 하나님과 그분이 좌정하시는 성전 사이의 긴밀한 관계에 근거해 있다.

만일 공동체가 유죄자를 사형에 처한다면(2절), 하나님께서 그런 사람을 징벌하신다는 이 진술은 무엇을 추가하는가? 이반 에스라(Ibn Ezra)가 제안하는 설명은 만일 가증스러운 몰렉에 대한 자녀 제사의 관행이 벌을 받지 않으면, 하나님께서 친히 그 현장에 들어가서 그 사람을 백성들 중에서 제명하신다는 것이다. 그러나 만일 그렇다면 호프만이 지적한 대로(2:64) 4-5절은 강한 효과가 사라진다(단지 죽음에 의한 제명뿐이라면, 백성들이 사형에 처하나 하나님이 죽이나 마찬가지라 차별성이 없어 추가적인 징벌일 수 없게 된다는 의미다. 따라서 4-5절은 죽음 이상의 어떤 결과를 언급한다는 것이다 - 역자주). 이반 에즈라가 내놓은 두 번째이자 더 나은 설명은 이 추가적인 징벌이 그 유죄자의 후손들을 근절시키는 결과를 가져온다는 것이다. 그러나 현재의 문맥은 그런 범죄자의 후손이 징벌을 받게 된다는 암시를 전혀 주지 않는다. 오히려 이 구절은 그런 범죄에 대한 하나님의 극단적인 혐오감을 표현하면서, 그 사람이 장차 공동체의 혜택들을 전혀 누리지 못할 것을 의미한다.

몰렉에게 바치는 자녀를 지칭하기 위해 제라(זרע, "씨, 후손, 자녀")라는 단어의 사용은 풍부한 의미를 포함한다. 하나님께서는 아브라함과 그의 "씨"(זרע - 제라)에게 언약의 첫 약속을 주셨으며(창 12:7; 15:18; 24:7; 참조. 13:15; 28:3, 13-14), 그분은 아브라함과 그를 뒤이어 태어날 그의 씨와 언약을 맺으셨다(창 17:7; 참조. 8-14절). 이어서 아브라함은 언약의 증표로 자신의 씨인 이삭에게 할례를 베풀라는 지시를 받았다(참조. H. Preuss, "זָרַע zāraʿ, זֶרַע zeraʿ," *TDOT* 4:151-52). 프로이스(Preuss)는 이렇게 말한다. "그러므로 제라(*zeraʿ*)는 단순한 혈연 관계와 유산의 상속, 그리고 번식 이상의 의미를 분명하게 전해 준다. 그것은 또한 한 개인이 조상들 및 백성들과 맺고 있는 친숙한 유대 관계 이상의 의미를 시사한다. 그 단어는 동일하신 하나님의 통제 아래 진행되는 역사, 즉 그분께서 심판과 구원 가운데 인도하시는 역사 속에서의 유기적 일관성을 표현하며, 또한 여호와께서 조상들에게 베푸시고 약속하신 선물들이 미래로 가면서 드러난다는 사실과 그들이 현재 이러한 상속(기업) 가운데 있으며 그것을 각자에게 적용할 수 있다는 확신을 표현한다"(Preuss, *TDOT* 4:162). 이것은 그 약속이 결코 한 족장에게만 주어진 것이 아니라, 마찬가지로 그의 후손들을 위한 것이기도 하다는 것을 의미한다. 그의 씨는 하나님의 축복이며 약속의 연장이다. 결과적으로 어떤 이스라엘 사람이 자신의 씨를 몰렉에게 바칠 때, 그는 그 약속의 연속성의 바로 그 원천에서 하나님의 목적을 가로막는다. 하나님께서 몰렉 숭배에 빠지는 것에 대해 그토록 혹독한 징벌을 부여하시는 것은 바로 이러한 이유 때문이다.

4-5 만일 그 땅의 백성들이 그 행위를 안일하게 취급하고 또한 그 유죄자를 사형시키지 않음으로써 몰렉에 대한 자녀 제사를 별 것 아닌 것으로 여긴다면, 하나님께서 친히 그런 역겨운 희생을 바치는 그 유죄자와 전 가족(מִשְׁפָּחָה – 미쉬파하; 개역 성경: 권속)을 징벌하실 것이다(참조. 출 20:5). 백성들이 다른 길을 모색하는 의도가 동사 야을리무(יַעְלִימוּ, "닫다") 앞에 나오는 히필 부정사 절대형 하을렘(הַעְלֵם, "그들의 두 눈을 감는 것"; 개역 성경: 못 본 체하다)에 의해 강조된다. 그런 제물을 드리는 사람들은 "몰렉을 따라 매춘 행위를 하는 것"(זנה אחרי המלך-자나 아하레이 함멜렉; 개역 성경: 몰렉을 본받아 음란히 섬기다)으로 간주된다. 그들은 여호와를 향한 사랑을 잊어버릴 정도로 그렇게 열정적으로 몰렉 숭배에 애정을 품었다.

6 하나님께서는 "귀신들"(אוֹב – 옵)과 "죽은 혼령들"(יִדְּעֹנִי – 이드오니; 개역 성경: 신접한 자와 박수)과 교통함으로써(참조. 19:31) 그들을 따라 "매춘 행위를 하는"(זנה אחרי – 자나 아하레이) 사람들을 친히 대적하신다(참조. 5절). 그런 행위에 대한 형벌은 백성들로부터 제명되는 것이다(참조. 7:21).

7-8 참조. 11:44; 19:2. 구조상으로 볼 때 이러한 간략한 권고는 마술을 금지하는 법들을 마무리하고 동시에 성 범죄들에 대한 다음 문단의 서두 역할을 한다. 몰렉 숭배와 강신 집회를 추구하는 대신 백성들은 "스스로 성결케"(הִתְקַדֵּשׁ – 히트카데쉬) 해야 한다. 그들이 하나님께서 주신 법들에 순종할 때 스스로 성결케 된다. 성화는 확증된 행위를 수반한다. 그것은 하나님의 뜻을 행하기 위해 자신의 뜻을 훈련하는 것이다. 성화는 또한 더럽히는 행위들을 의도적으로 피함으로써 추구된다. 가족에 관한 법들의 서두에서 이 거룩에의 요청은 또한 사람이 부모를 어떻게 모시느냐와 성관계에서 어떻게 처신해야 하느냐가 사람의 성품 계발에 직접 영향을 끼친다는 것을 가르친다. 거룩은 성소에서뿐만 아니라 가정에서도 실천되어야 한다. 그러므로 백성들이 하나님의 말씀에 순종할 때마다 그들은 그들 중에 임하셔서 거룩하게 하시는 하나님의 임재를 활동적으로 만드는 것이다. 여호와께서는 거룩케

하는 일을 행하신다. 그분은 거룩하신 하나님으로 자기 백성들 중에 임재해 계신다.

9 누구든지 자기 부모를 저주해서는 안 된다. 이는 그런 행위가 부모를 공경하라는 계명을 극악무도하게 어기기 때문이다(출 20:12; 레 19:3). 이 법에서 부모님 두 분이 모두 언급되어 두 분을 동등한 위치에 두고 있다는 것은 주목할 만한 가치가 있다. 그런 형식은 고대와 현대에서 공히 여성의 존재 가치를 높인다. 칼랄(קלל, "저주하다")은 자연의 세력들을 향해 그 저주에 담긴 재앙을 당사자에게 내려 줄 것을 탄원하면서 다른 사람에게 적대적인 맹세를 선언하는 것을 의미한다. 예를 들면, 어떤 자녀가 부모가 실패하여 굶주리게 되도록 부모의 농작물이나 수공품을 저주할 수 있다. 혹은 그는 질투심에 가득 찬 분노로 부모의 계획이 재앙 가운데 끝나도록 부모가 맡아서 수행하고 있는 어떤 일을 저주할 수 있다. 이를테면, 장거리 여행이나 새 집의 건축, 혹은 자녀 입양과 같은 일이다. 그런 저주는 부모의 권위에 도전하는 극악한 반역 행위다(참조. Elliger, 275). 그런 저주는 사형을 수반한다(참조. 출 21:17; 잠 20:20; 신 21:18-21; 마 15:4; 막 7:10). 저주하는 사람이 사형을 받아 마땅하다는 것은 "그의 피가 그에게 있다"(דמיו בו – 따마이브 보)는 어구에 의해 확증된다. 그 형식문은 자주 "그의 피가 그의 머리에 있다"(דמיו[יהוה] בראשו – 빠로쇼〈아도나이〉 다마이브)이다. 그것은 이 사람이 자신의 생명의 권리를 박탈당했다는 것을 의미한다(수 2:19; 겔 33:4). 이 어구는 또한 유죄자의 생명을 취하여 그를 징벌하는 사람은 누구든지 피의 복수에 관한 법들에 의해 영향을 받지 않는다는 사실을 전해 준다. 이러한 법이 성 범죄에 관한 법들의 서두에 위치한다는 것을 볼 때, 연설자가 가까운 친족의 아내를 범하거나 성 범죄를 저지르는 행위는 부모를 저주하는 것과 흡사하다. 왜냐하면 그런 범죄들은 부모를 부끄럽게 하고 가족의 유대 관계를 위협하기 때문이다.

10 참조. 18:20; 신 22:22.

11 아들이 아버지의 부인과 성관계를 가져서는 안 된다. 친모가 되었든 아버지의 다른 부인이 되었든 말이다. 그 이유는 그녀가 자신의 아버지의 "벌거벗음"(ערוה – 에르봐, 개역 성경: 하체)을 간직하고 있기 때문이다. 참조. 18:8; 신명기 23:1(22:30); 27:20; 에스겔 22:10. 두 사람 모두 사형에 처해진다. 이러한 형벌은 그 여자가 남편의 아들의 성적인 접근을 부추겼거나 최소한 동의했다는 것을 암시한다.

12 만일 아버지가 며느리와 함께 잠자리를 했다면, 그는 자기 아들의 명예를 더럽힌다. 그런 행위는 "혼합, 혼돈"(תבל – 테벨)이란 이름이 붙는다. 수간 역시 19:

23에서 그런 꼬리표가 붙는다. 참조. 18:15; 겔 22:11.

13 남성의 동성 연애는 "가증한 것, 역겨운 것"(תועבה -토에바)으로 간주된다(참조. 18:22). 그런 행위는 사형을 수반한다.

14 모녀를 둘 다 "취한"(לקח -라카흐) 남자는 불에 태워야 한다(참조. 18:17). 이 문맥에서 웬함(Wenham, 280)은 라카흐(לקח)가 전문적 의미인 "…와 결혼하다" 대신에 "…와 함께 살다"라는 의미를 담고 있는 것으로 이해한다. 왜냐하면 그는 그런 결합은 어떠한 것도 공적인 재가를 받지 못했을 것이라고 믿기 때문이다. 지시된 형벌은 그 남자와 두 여자의 불사름이다. 그러나 이러한 형벌은 돌로 치는 사형을 대신하는 것이 아니라 그것에 추가된다. 다시 말해, 사체를 태우는 것이다(참조. 수 7:15, 25; 레 21:9; 삿 14:15; 15:6; 창 38:24). "불사름"은 이러한 범죄자들의 적절한 매장을 허용치 않으며, 그리하여 고대인들이 보기에 그들은 가중 처벌을 받았다. 그 형벌은 또한 그런 "음란 행위"(זמה -짐마)의 오염으로부터 땅을 정결하게 만들었다(참조. 18:17; Hoffmann, 2:71-73). 징벌 형식의 하나로서 불사름은 하나님의 이 방식의 사용으로 거슬러 올라갈 수 있다. 하나님께서는 누군가가 자신의 목적에 무엄하게 도전하는 생소한 물건이나 사람을 동반하여 함부로 성소에 들어오려고 하는 사람을 이러한 방식으로 죽이셨던 것이다(예를 들어, 10:12; 민 16:35).

여성 복수 목적격인 에트헨(אתהן, "그녀들을")은 두 여자가 모두 죽어야 한다는 것을 의미한다. 두 여자 모두 사형을 당해야 하는 이유에 대한 의문은 랍비들에게 큰 어려움을 주었다. 왜냐하면 그 여자들 중 한 명과의 결혼은 합법직이있기 때문이다. 단지 두 번째 여자와의 결혼만이 불법적이었다. 유대 전승은 이에 대해 다양한 해석을 갖는다. 이스마엘(R. Ishmael)은 단지 마지막에 결혼한 여자만이 사형에 처해진다고 주장한다. 그는 에트헨(אתהן, "그녀들을")이 "이 여자 아니면 저 여자"를 의미하는 것으로 해석한다. 그러나 아키바(R. Akiba)는 에트헨(אתהן)이 "두 여자 모두"를 의미한다고 이해한다. 라쉬(Rashi, 93, n.)는 두 여자 모두 그 남자에게 금지되었다고 설명하는데, 이는 그가 이전에 이미 결혼한 몸이었기 때문이라는 것이다. 두 여자 모두 그런 형벌 아래 놓이게 되는 이유에 대한 또 다른 가능한 설명은 그녀들이 모녀지간이기 때문에 두 사람 사이에 그런 생활에 대한 타협을 이루기 위해 모종의 공모가 있었을 것으로 추측된다는 것이다.

15-16 참조. 18:23; 출애굽기 22:18(19); 신명기 27:21. 수간은 해당 사람과 짐승 모두에 대해 사형을 수반한다. 어떤 점에서 이러한 부적절한 행위로 인한 죄

책이 그 짐승에게 부여되는 것이다. 수간은 공동체로부터 부정결을 제거하기 위해 사형에 처해져야 한다.

17 아버지 쪽의 자매이든 어머니 쪽의 자매이든 어떤 자매를 "취하고"(קלח – 라카흐), 즉 그녀와 결혼하고 신방을 차려 그 결혼을 완성하는 남자는 "치욕스런 일"(חסד – 헤쎄드)을 저지른다(참조. 18:9, 11; 신 27:22; 겔 22:11). 구약에서 중요한 단어인 헤쎄드(חסד)는 보통 "충실한 혹은 신실한 사랑"을 표현한다. 아마도 다른 어근에서 온 동음이의어 헤세드(חסד)는 "불명예를 들어, 부끄러운 일"을 의미한다. 이 두 번째 어근은 단지 두 번 발생하는데, 이 곳과 잠언 14:34에서이다. 한 형제가 자신의 자매의 명예를 지켜 줘야 하기 때문에, 그가 책임을 지게 된다. "그가 자신의 죄를 감당해야 한다"(עונו נשׂא – 아보노 나사, 개역 성경: 그 죄를 당하리라; 참조. 7:18; 19:8). 이 법의 표현인 "그는 그녀의 벌거벗음(개역 성경: 하체)을 보고, 그녀는 그의 벌거벗음을 본다"는 두 사람이 공히 적극적으로 연루되어 있다는 것을 의미한다. 그러므로 둘 다 "제명된다"(끊어진다)(נכרתו – 니크라트, 참조. 7:21, 27; 19:8; 민 19:13, 20). 이 징벌의 무게는 "그들의 백성들의 자녀들 앞에서"(개역 성경: 그 민족 앞에서)라는 표현으로 가중된다. 그럼에도 불구하고, 큰 죄의 짐은 그 형제에게 부과된다. 그는 책임을 지는 위치에 있는데, 이는 그가 자신의 자매의 명예를 지켜 주는 더 큰 책임감을 갖기 때문이다.

18 참조. 18:19; 12:2, 7; 15:19, 24; 에스겔 22:10. 한 남자가 월경 중인 어떤 여자와 성관계를 가질 때, 그와 그 여자는 책임을 피할 수 없다. 제시된 이유는 그가 "그녀의 샘, 근원"(מקרה – 메코라)을 "노출되게"(הערה – 헤에라) 했으며, 그녀는 "그녀의 피의 근원"(מקור דמיה – 메코르 따메이하)을 "드러냈다"(גלה – 갈라)는 것이다(참조. 12:7). 이러한 법리적 이유는 성의 신비와 피에 대한 금기에 뿌리내리고 있다(참조. Elliger, 276).

19 참조. 18:12-13. 이모나 고모와의 성관계는 금지된다. 이것은 성결법에서 어머니가 아버지보다 먼저 언급되는 또 하나의 사례다(참조. 19:3; 21:2). 이모의 우선적 위치는 양쪽 부모의 누이와의 관계가 공히 금지된다는 것을 강조하기 위함이다. 일반적으로 근친상간의 법들은 아버지 쪽이 더 엄격하다. 그러나 양가의 아주머니들(이모, 고모 – 역자주)이 모두 금지된다.

20 한 남자가 자신의 숙모(삼촌의 아내)와 성관계를 갖는다면, 그들은 둘 다 자신들의 행위에 대해 책임을 져야 한다(חטאם ישׂאו – 헤트암 이사우). 책임감을 지칭하는 이 표현은 헤트(חטא, "죄")가 아본(עון, "악행")을 대신해서 사용되었다는 점

에서 보기 드문 것이다. 그들의 형벌은 무자식인 신세로(ערירי – 아리리, 문자적으로 "빼앗긴") 죽는 것이다. 이것은 무거운 형벌인데, 왜냐하면 그것이 그들의 가문의 최후를 의미하기 때문이다. 이러한 형벌은 가계의 연속을 보장하기 위해 고안된 결혼 관습과 직접적인 대립 관계 속에 있다. 스네이스(Snaith, 97-98)는 이 단어의 의미를 "후손을 빼앗김"(stripped of posterity), 즉 아버지의 기억을 보존하기 위한 합법적인 상속자가 전혀 없다는 것으로 제한한다(참조. 삼하 18:18). 물론 오직 하나님만이 이 징벌의 집행을 보장하실 수 있다. 이 징벌의 가혹함은 예레미야가 이 저주로 여호야긴을 저주한 일에서 입증된다(22:30).

[21] 참조. 18:16. 한 형제가 자신의 죽은 형제의 아내와의 결혼이 요구되는 상황, 즉 계대 결혼을 제외하고는(신 25:5-6) 자신의 형제의 과부와 결혼할 수 없다. 이러한 경우, 한 형제가 죽은 형제의 부동산과 이름을 부당하게 넘겨받아 자신이 접수하고 그 형제의 기억을 제거하려는 수작일 수 있었다. 그런 결합은 "추악한, 더러운, 불결한"(נדה – 니다) 것으로 불리는데, 이것은 "월경"을 지칭하는 단어다(참조. "원문주해" 12:2.c.). NJPS는 그것을 "외설"(indecency)로 번역한다. 그 징벌은 "무자식"(ערירי – 아리리)이거나 그런 상태가 되는 것이다. 이 징벌에 놓인 강조점은 그 사람들이 자신들의 가문의 계보를 이어나가 자신들이 죽은 후에 자신들을 기억해 줄 후손을 갖지 못할 것에 놓여 있다. 만일 양측의 어느 한쪽이라도 이미 자녀를 가졌다면, 이 징벌이 의미하는 바는 부모인 그들이 자신들의 자녀보다 더 오래 살 것을 의미한다.

[22]-[23] 참조. 18:3-5, 24-30. 하나님께서는 바로 자신이 그 땅에 있는 민족들을 추방하려고 작정한 장본인이심을 가리켜 주신다. 왜냐하면 하나님께서는 그들의 불결한 관행들을 "혐오하시기"(קוץ – 쿠츠) 때문이다. 쿠츠(קוץ)는 지속적으로 화를 돋군 바람에 발생된 깊은 감정의 역겨움과 비난을 전해 준다(참조. 창 27:46; 민 21:5; 22:3).

[24]-[26] 하나님께서는 자신의 약속을 성취하실 것이고, 따라서 이스라엘은 그 땅을 "소유할"(ירש – 야라쉬) 것이다. 야라쉬(ירש)는 "…을 소유로 삼다"와 "…의 소유를 빼앗다"를 모두 의미한다. 왜냐하면 한 민족이 다른 민족을 몰아냄으로써 땅을 차지하기 때문이다. 이스라엘은 하나님께서 그들과 함께 하신다고 하셨기 때문에 다른 민족들을 몰아냄으로써 젖과 꿀이 흐르는 땅을 소유로 얻게 될 것이다. 약속된 상속(기업)의 땅 가나안은 하나님께서 모세를 불러 이스라엘을 이집트로부터 불러내어 인도할 것을 요구하셨을 때 최초로 젖과 꿀이 흐르는 땅으로 묘사되었다

(출 3:8, 17; 참조. 신 6:3). 할라브(חלב, "젖")는 염소의 젖을 지칭하고, 데바쉬(דבשׁ, "꿀")는 대추야자 열매로부터 추출한 시럽을 지칭한다. 약속된 땅에서 이스라엘은 그들이 몰아낼 예정인 민족들과 다르게 살아야 한다. 왜냐하면 하나님께서 그들이 자신의 법령과 규례를 따르도록 그들을 구별해 놓으셨기(הבדיל – 힙딜) 때문이다. 이웃들로부터 이스라엘의 분리를 강화하기 위해 하나님께서는 그들에게 특정한 음식법을 주셨다(11장). 하나님께서는 자기 백성이 어떤 부정한 동물을 섭취함으로써 스스로를 "역겹게, 가증하게"(שׁקץ – 쉐케츠) 만들지 않도록 정한 동물과 부정결한 동물 사이를 구별할 것을 요구하신다(참조. 11:9-12; 41:44).

27 참조. 6절; 19:31. 초혼술을 금지하는 이 법은 구체적으로 그러한 기교를 부리는 남자나 여자에게 적용된다. 사형의 형벌이 초혼술사나 심령술사(박수)에게 내려지는 조치다. 그것은 돌을 던지는 방식으로 집행되어야 한다(참조. 2절).

해설

18:1-30에 대한 "해설"을 보라.

E. 제사장들을 위한 특별한 법(21:1-24)

참고문헌

Bailey, J. W. "The Usage in the Post Restoration Period of Terms Descriptive of the Priest and High Priest." *JBL* 70(1951) 217-25. **Zipor, M.** "Restrictions on Marriage for Priests(Lev 21,7.13-14)." *Bib* 68(1987) 259-67.

본 문

1 여호와께서 모세에게 이르시되 아론의 자손 제사장들에게 고하여 이르라 백성 중의 죽은 자로 인하여 스스로 더럽히지 말려니와

1 Yahweh said to Moses: "Say to the priests, the sons of Aaron, and say to them: No one may make himself unclean for a death [a]among his relatives[b]

2 골육지친인 부모나 자녀나 형제나

2 except for his[a] closest relatives: his mother, his father,[b] his son,[c] his daughter, his brother.[d]

3 출가하지 아니한 처녀인 친 자매로 인하여는 몸을 더럽힐 수 있느니라

3 But he may make himself unclean for[a] his marriageable[b] sister, who is near to him and who does not have a husband.[c]

4 제사장은 백성의 어른인즉 스스로 더럽혀 욕되게 하지 말지니라

4 He may not make himself unclean for those related by marriage,[a] for he would defile himself.[b]

5 제사장은 머리털을 깎아 대머리 같게 하지 말며 그 수염 양편을 깎지 말며 살을 베지 말고

5 "They shall not make bald[a] patches on their heads[b] or shave off the corner of their beards or make gashes[c] in their bodies.[d]

6 그 하나님께 대하여 거룩하고 그 하나님의 이름을 욕되게 하지 말 것이며 그들은 여호와의 화제 곧 그 하나님의 식물을 드리는 자인즉 거룩할 것이라

6 They are to be holy to their God; they shall not profane the name of their God, because they present the gifts[a] of Yahweh, the food[b] of their God; they are to be holy.[c]

7 그들은 기생이나 부정한 여인을 취하지 말 것이며 이혼당한 여인을 취하지 말지니 이는 그가 여호와께 거룩함이니라

7 "They shall not marry a harlot, a hierodule,[a] and they shall not marry[b] a divorced[c] woman, because each priest[d] is holy to his God.[e]

8 너는 그를 거룩하게 하라 그는 네 하나님의 식물을 드림이니라 너는 그를 거룩히 여기라 나 여호와 너희를 거룩하게 하는 자는 거룩함이니라

8 You are to make sure he is holy,[a] because he presents the food[b] of your God.[c] You[d] are to regard him as holy, because I Yahweh, who sanctify you,[e] am holy.

9 아무 제사장의 딸이든지 행음하여 스스로 더럽히면 그 아비를 욕되게 함이니 그를 불사를지니라

9 "If a priest's[a] daughter defiles[b] herself by harlotry, she defiles her father.[c] She is to be burned with fire.

10 자기 형제 중 관유로 부음을 받고 위임되어 예복을 입은 대제사장은 그 머리를 풀지 말며 그 옷을 찢지 말며

10 "The priest, who is pre-eminent among his brothers,[a] on whose head the anointing oil has been poured,[b] and who has been ordained to wear[c] the priestly garments,[d] is not to let his hair be unkempt nor to tear his clothes.

11 어떤 시체에든지 가까이 말지니 부모로 인하여도 더러워지게 말며

11 He shall not enter any place of the dead.[ab] He shall not make himself unclean for his father or his mother.[b]

12 성소에서 나오지 말며 그 하나님의 성소를 더럽히지 말라 이는 하나님의 위임한 관유가 그 위에 있음이니라 나는 여호와니라

12 He shall not leave the sanctuary in order that he not profane the sanctuary of his God, because the consecration[a] of the anointing oil of his God is on him. I am Yahweh.

13 그는 처녀를 취하여 아내를 삼을지니

13 "He[a] is to marry a young virgin.[bc]

14 과부나 이혼된 여인이나 더러운 여인이나 기생을 취하지 말고 자기 백성 중 처녀를 취하여 아내를 삼아

14 He shall not marry a widow, a divorcee, a hierodule,[a] or a harlot,[bc] but he is only to marry a virgin from his own people.[d]

15 그 자손으로 백성 중에서 더럽히지 말지니 나는 그를 거룩하게 하는 여호와임이니라	**15** He is not to profane his offspring among his relatives,[a] because[b] I am Yahweh who sanctifies him."
16 여호와께서 모세에게 일러 가라사대	**16** Yahweh spoke to Moses:
17 아론에게 고하여 이르라 무릇 너의 대대 자손 중 육체에 흠이 있는 자는 그 하나님의 식물을 드리려고 가까이 오지 못할 것이라	**17** "Speak to Aaron:[a] No one from your seed, in any generation,[b] who has a blemish may come near to present[c] the food of his God.
18 무릇 흠이 있는 자는 가까이 못할지니 곧 소경이나 절뚝발이나 코가 불완전한 자나 지체가 더한 자나	**18** No[a] one who has a blemish[b] may come near: one who is blind, lame, disfigured,[c] or deformed,[d]
19 발 부러진 자나 손 부러진 자나	**19** one who has an impaired leg or impaired hand,[a]
20 곱사등이나 난장이나 눈에 백막이 있는 자나 괴혈병이나 버짐이 있는 자나 불알 상한 자나	**20** or who is a hunchback,[a] has a withered member,[b] a discoloration of the eye,[c] a festering rash,[d] lichen,[e] or damaged[f] testicles.
21 제사장 아론의 자손 중에 흠이 있는 자는 나아와 여호와의 화제를 드리지 못할지니 그는 흠이 있은즉 나아와 하나님의 식물을 드리지 못하느니라	**21** None of the offspring of Aaron, the priest, who has a blemish[a] may come near to present[b] the gifts for Yahweh.[c] He who has a blemish shall not come near to present the food of his God.[d]
22 그는 하나님의 식물의 지성물이든지 성물이든지 먹을 것이나	**22** He may eat the food of his God,[a] both that which is most holy and that which is holy.[b]
23 장 안에 들어가지 못할 것이요 단에 가까이 못할지니 이는 그가 흠이 있음이라 이와 같이 그가 나의 성소를 더럽히지 못할 것은 나는 그들을 거룩하게 하는 여호와임이니라	**23** But he shall not enter the curtain or approach the altar, because he has a blemish, and he may not defile my sanctuary,[a] because I am Yahweh who sanctifies them."[b]
24 모세가 이대로 아론과 그 아들들과 온 이스라엘 자손에게 고하였더라	**24** Thus Moses spoke to Aaron, to his sons, and to all the Israelites.

원문주해

1.a. 참조. "원문주해" 19:28.b.

1.b. 마소라 본문(MT)의 암마이브(עמיו, "그의 친족들") 대신 사마리아 오경(Sam), 시리아역(Syr), 탈굼(Tg) 그리고 탈굼 위-요나단(*Tg. Ps.-J.*)은 단수 명사 암모(עמו, "그의 백성")로 읽는다. 70인경(LXX)은 복수 대명사 "그들의"로 읽는다.

2.a. 70인경은 복수 대명사를 갖는다.

2.b. 사마리아 오경(Sam)과 시리아역(Syr)은 마소라 본문(MT)을 뒤바꾸어 레아비브 우레임모(ולאביו ולאמו, "그의 아버지와 그의 어머니에 대하여")로 읽는다. 참조. "원문주해" 19:3.a.

2.c. 사마리아 오경(Sam), 70인경 필사본들(LXX^{mss}), 탈굼 필사본들(Tg^{mss})에는 와우

(ו, "그리고")가 빠져 있다.

2.d. 사마리아 오경과 70인경 필사본들(mss)에는 와우(ו, "그리고")가 빠져 있다.

3.a. 마소라 본문(MT)의 라흐(לה, "그녀에 대해서는") 대신 70인경은 에피 투토이스(ἐπὶ τούτοις, "이들에 대해서는")로 읽는다. 만일 "그녀"가 이 구절의 첫 부분에 있는 여성형을 선행사로 받은 어형 변화의 결과가 아니라면(3인칭 여성 단수－역자주) 그것은 설명이 곤란해지며, 따라서 사본 전수의 오류다(Sun, "Investigation," 267).

3.b. 웬함(G. Wenham, "B[e]tûlāh 'a girl of marriageable age,'" *VT* 22[1972] 326-48)은 베툴라(בתולה)가 "결혼할 수 있는 연령의 젊은 숙녀"를 의미한다고 주장한다. 그렇다면 그것은 "처녀"를 지칭하는 전문 용어가 아니다. 그것이 아니라면, "남편이 없는"이라는 절 문장은 필요하지 않을 것이다. 여러 세기를 거치면서 이 단어가 이러한 전문적 의미를 지니게 되었지만, 웬함이 판단하기에 그 일은 기독교 시대 이전에는 분명하게 발생하지 않았다.

3.c. 이것은 미정격(*casus pendens*)으로서 동사 앞에 있는 라흐(לה, "그녀에 대해")가 그것을 받는다.

4.a. 마소라 본문(MT)의 바알 베암마이브(בעל בעמיו, "자신의 사람들〈친족들－역자주〉 중의 한 남편")는 해석가들을 난처하게 만들었다(개역 성경: 백성의 어른; 대다수 역본들은 바알을 "어른"으로 번역하지만, RSV와 같은 일부 역본은 "남편"으로 번역한다－역자주). 딜만(Dillmann, 619)은 바알(בעל)을 브에벨(באבל, "상중〈喪中〉에")로 수정한다. 버톨렛(Bertholet, 74)과 엘리거(Elliger, 279)는 르베울라트 바알(לבעלת־בעל, "유부녀에 대해")로 읽는다(참조. 신 22:22). 그 표현은 결혼을 통해 그와 친척이 된 사람들을 의미하는 것으로 간주된다. 마소라 본문(MT)의 암마이브(עמיו, "그의 친족들")의 다른 독법들에 대해서는 "원문주해" 1.a.를 보라.

4.b. 마소라 본문(MT)의 헤할로(החלו, "스스로를 더럽히다, 신성을 모독하다")는 니팔 부정사 구문이다(GKC § 67t).

5.b. 사마리아 오경(Sam)은 케레(qere)를 지지하며 서두에 와우(ו)를 추가하여 벨로 이크루후(ולא יקרחו, "그리고 그들이 깍지 말아야 한다")로 읽는다. 케팁(Ketib)인 로 이크르하(לא יקרחה, "사람은 깍지 말아야 한다")는 뒤이어 나오는 동족 목적어 코르하(קרחה, "대머리")로 인해 발생한 서기관의 실수다. 70인경(LXX)은 이 동사를 2인칭 복수형으로 받아들인다.

5.b. 70인경(LXX)은 에피 네크로(ἐπὶ νεκρῷ, "죽은 자를 위해")를 추가한다. 참조. 신 14:1.

5.c. 마소라 본문(MT)의 사라테트(שׂרטת, "베인 상처"; 개역 성경: 칼자국)에 대하여 사마리아 오경(Sam)은 그 철자를 사라테(שׂרטה)로 쓴다.

5.d. 5절은 교차 구조(chiasm)로 배열되어 있다. 5aα절은 5aβ절과 5b절에서 순서가 바

뀐다: 동족 목적어를 가진 동사:위치::연계형으로 된 위치:동사::위치:동족 목적어를 가진 동사.

6.a. 참조. "원문주해" 1:9.g.

6.b. 너무 생생한 신인동형론적 표현을 피하기 위해 70인경(LXX)은 레헴(לחם, "떡")을 도라(*δῶρα*, "선물들")로 번역한다. 비슷하게 탈굼(Tg)은 코르반(קורבן, "봉헌물")을 사용한다. 참조. "원문주해" 3:11.b. 이 두 역본은 8, 17, 21, 22절에서 이러한 관행을 이어간다.

6.c. 마소라 본문(MT)의 코데쉬(קדש, "거룩")에 대해 사마리아 오경(Sam)과 여러 역본들은 이 구절의 서두에서 그런 것처럼 복수형인 코드쉼(קדשים, "거룩한 사람들")으로 읽는다. 고대 레위기 두루마리(11QpaleoLev)는 사마리아 오경을 지지하는 것처럼 보인다. 그 이문은 문법적으로는 선호할 만하지만, 썬(Sun, "Investigation," 269)은 마소라 본문을 더 어려운 독법으로서 수용한다.

7.a. 조나(זנה, "기생, 성적으로 자유로운 여자") 뒤에 나오는 할랄라(חללה)라는 단어는 즉시 정의될 수 있는 것이 아니다(Zipor, *Bib* 68[1987] 259-67). 네 가지 가능성이 제시되었다. (1) 그것은 할랄(חלל II, "뚫다, 파다")로부터 유래하여 "처녀성을 잃은 소녀"를 의미한다. 그러나 이러한 의미는 조나(זנה)만으로 충분하기에 과잉된 표현이다. (2) 그것은 메홀로트(מחולות, "무녀들")와 관련되어 종교적 매춘에 "헌신된 여자들"을 의미한다(참조. M. Z. Levin, "חללה," *Beth Mikra* 29[1984] 180-81). (3) 지포르(Zipor, 265)는 가장 일반적으로 수용되는 어근인 할랄(חלל I, "속되게 하다, 욕되게 하다")로 되돌아가 그 단어가 "신전 노예"(hierodule)를 의미하는 것으로 받아들인다. (4) 레빈(Levine, 143)은 조나 붸할랄(זנה חלל)에 대한 또 다른 해석을 제공한다. 그는 그것을 "창녀로 전락한 여자"를 의미하는 중언법(hendiadys)으로 받아들인다. 14절에서 할랄라(חללה)의 발생은 세 번째 설명에 호의적이다. 제의 창녀들에 관해서는 E. J. Fisher) "Cultic Prostitution in the Near East," *BTB* 6(1976) 225-36를 보라. 지포르(Zipor)는 제사장이 결혼하지 말아야 하는 여인들의 목록을 갖는 7절과 14절 사이에 교차 구조가 있다는 사실을 관찰한다(히브리어 원문 순서).

7절	גרושה(이혼당한)	חללה(신전 노예)	זנה(창녀)	
14절	זנה(창녀)	חללה(신전 노예)	גרושה(이혼당한)	אלמנה(과부)

(읽기 참고: גרושה – 게수라; חללה – 할랄라; זנה – 조나; אלמנה – 알마나 / 역자주)

알마나(אלמנה)가 대제사장을 위한 목록에 추가되기 때문에, 그것은 강조를 위해 앞에 위치한다.

7.b. 70인경(LXX)은 로 이카후(לא יקחו, "그들은 결혼하지 말아야 한다")를 읽지 않는다. 이러한 누락은 더 나은 그리스어 독법을 위한 번역자의 선호에서 비롯되었을 수 있다.

7.c. 마소라 본문(MT)은 게루샤 메이샤(גרושה מאישה, 문자적으로는 "그녀의 남편에 의해 던져진")로 읽는다. 이 어구에서 전치사 민(מן, "…로부터")은 행위자를 나타낸다(*IBHS* § 11.2.11d).

7.d. 주어 "제사장"이 명확한 읽기를 제공하기 위해 영어 번역본들에서 삽입된다. 이것은 또한 7a절의 복수형으로부터 7b절의 단수형으로의 전환에 의해 요구된다.

7.e. 70인경(LXX)은 토 퀴리오(*τῷ κυρίῳ*, "주님[여호와]께")로 읽는다.

8.a. 마소라 본문(MT)의 2인칭 단수 대신 70인경(LXX)은 3인칭 단수 동사로 읽는다.

8.b. 고대 레위기 두루마리(11QpaleoLev)는 직접목적어 표시인 에트(את)를 갖지 않는다. 참조. "원문주해" 21:6.b.

8.c. 마소라 본문(MT)의 엘로헤이카(אלהיך, "너의 하나님") 대신 70인경(LXX)은 퀴리우 데우 휘몬(*κυρίου θεοῦ ὑμῶν*, "주 너희의 하나님")으로 읽는다. 70인경은 더 내용을 채운 독법의 결과다.

8.d. 70인경(LXX)은 레카(לך, "너를 위해")를 읽지 않는다.

8.e. 마소라 본문(MT)의 메카디쉬켐(מקדשכם, "너희를 거룩하게 하는") 대신 고대 레위기 두루마리(11QpaleoLev), 사마리아 오경(Sam) 그리고 70인경(LXX)은 23절에서처럼 메카드샴(מקדשם, "그들을 거룩하게 하는")으로 읽는다. 유사한 이문이 또한 22:32에서도 발견된다.

9.a. 이쉬 코헨(איש כהן)이라는 어구에서, 구체적 명사가 일반적 명사와 동격을 이루고 있다(Joüon § 131b). 이것은 이 어구가 발생한 유일한 경우다(Sun, "Investigation," 271).

9.b. 마소라 본문(MT)은 할랄(חלל)의 니팔 미완료형인데, 그것은 첫 번째 음절에 있는 모음의 보상적 장모음을 가졌다(GKC § 67t).

9.c. 70인경(LXX)과 벌게이트역(Vg)은 토 오노마(*τὸ ὄνομα*, "그 이름을")를 삽입한다.

10.a. 고대 레위기 두루마리(11QpaleoLev)는 단수 대명사 접미어가 붙은 메에하이브(מאחיו, "그의 형제로부터")로 읽는다.

10.b. 마소라 본문(MT)의 유차크(יוצק)는 호팔 미완료형이다. 이 미완료는 지속적인 조건을 표현하고 있다(Baentsch, 407).

10.c. 전치사 레(ל)를 가진 부정사 연계형은 뒤따라 수반되는 상황들을 나타낸다(GKC § 114o).

10.d. 이것은 확장된 미정격(*casus pendens*)이다. 그것은 이 동사의 일부분인 대명사 접미어 주격이 이어받는다.

11.a. 70인경(LXX)과 시리아역(Syr)은 단수형으로 읽는다. 참조. 민 6:6. 고대 레위기 두루마리(11QpaleoLev)는 마소라 본문(MT)을 지지한다. 네페쉬(נפש, "영혼")가 "죽은

자"라는 의미로 사용되는 용법에 관해서는 "원문주해" 19:28.b를 참조하라.

11.b. 전치사구가 강조를 위해 동사 앞에 위치한다. 레빈(Levine, 144-45)은 전치사 "…위에"에 대한 대안적 방법, 즉 "…때문에"를 제시한다. "그는 죽은 자들 때문에 어떤 장소에도 들어가지 말아야 한다."

12.a. 여기서 네제르(נזר)는 대제사장의 두건 위에 있는 거룩한 관(נזר הקדש – 네제르 하카도쉬, 8:9; 출 29:6; 39:30)이 아닌 "성별"(개역 성경: 위임한)을 의미한다.

13.a. 인칭대명사 후(הוא, "그는")의 사용과 그것의 위치는 둘 다 강조를 위함이다. 그것은 이 법이 대제사장에게 적용된다는 것을 강조한다.

13.b. 참조. "원문주해" 21:3.a. 웬함(Wenham)은 베툴라(בתולה)에 "처녀"라는 의미를 제공하는 곳이 바로 이 문맥이라고 생각하지만, 이 단어의 사용은 또한 그 소녀가 "어린 소녀, 십대"라는 의미를 전달한다(*VT* 22[1972] 337-38). 참조. "원문주해" 3.a.

13.c. 70인경(LXX)은 에크 투 게누스 아우투(*ἐκ τοῦ γένους αὐτοῦ*, "그의 세대로부터")를 추가한다(70인경의 Brenton 번역은 "자신의 지파 중의"이다 – 역자주).

14.a. 참조. "원문주해" 7.b.

14.b. 사마리아 오경(Sam), 70인경(LXX), 탈굼 위-요나단(*Tg. Ps.-J.*) 그리고 벌게이트역(Vg)은 와우(ו, "또는")를 읽는다. 버톨렛(Bertholet, 75)은 만일 조나(זנה)가 7절 이후의 보충 주해(gloss)가 아니라면 와우(ו)를 읽는 것이 필요하다고 주석한다.

14.c. 이것은 목적격 역할을 하는 복합 미정격(*casus pendens*)이다. 그것은 에트 엘레(את־אלה, "이것들을")가 이어받는다. 이 목록은 강조를 위해 동사 앞에 나온다.

14.d. 참조. "원문주해" 1.b; 히브리어 필사본(ms) 하나가 이 이문으로 읽는다.

15.a. 참조. "원문주해" 1.b.

15.b. 70인경(LXX)은 키(כי, "왜냐하면")를 읽지 않는다.

17.a. 70인경은 레모르(לאמר, "이르라")에 해당되는 대응어를 전혀 갖지 않는다.

17.b. 마소라 본문(MT)의 레도로탐(לדרתם, "그들의 대대에") 대신 70인경(LXX)은 에이스 타스 게네아스 휘몬(*εἰς τὰς γενεὰς ὑμῶν*, "너희 대대에")으로 읽는다.

17.c. 마소라 본문(MT)의 레히크리브(להקריב, "드리기 위해") 대신 사마리아 오경(Sam)은 레하기쉬(להגיש, "가까이 가기 위해")로 읽는다. 히브리어 필사본(ms) 하나에는 이 단어가 빠져 있다.

18.a. 몇몇 히브리어 필사본들(mss)에는 키(כי, "…하는 것")가 빠져 있다. 그것의 서두 위치는 강조를 알려 준다.

18.b. 확장된 주어가 강조를 위해 동사 앞에 위치한다.

18.c. 하룸(חרום)은 "갈라진"을 의미한다(예를 들어, 사 11:15; 개역 성경: 〈코가〉 불완전한; 표준새번역과 공동번역: 〈얼굴이〉 일그러진). 유대 전승은 이것을 "뒤틀린, 부러진 혹은 갈라진 코"를 의미하는 것으로 간주해 왔다(참조. KB, 340). 야스트로우(Jastrow, 503)는 그것을 "코가 납작한"으로 번역한다. 카일 델리취(Keil and Delitzsch, 432)는 이 단어를 신체의 절단, 특히 얼굴의 어떤 기관의 절단을 의미하는 것으로 간주한다.

18.d. 사루아(שָׂרוּעַ)는 "늘어난"을 의미한다. 신체의 한 부분과 관련하여, 그것은 비정상적으로 긴 기관을 의미한다(참조. Jastrow, 1632). 기슨(Giesen, *TDOT* 5:202)은 그것이 청각 장애와 관련될지 모른다고 제안한다. 흥미롭게도 70인경(LXX)이 이러한 견지에서 오토트메토스(ὠτότμητος, "찢어진 귀를 가진")로 읽는다.

19.a. 70인경(LXX)에서 이 두 질병은 순서가 바뀌어서 나타난다.

20.a. 기벤(גִּבֵּן)은 "곱사등"을 의미하는 것으로 간주된다(BDB, 148; KB, 167). 이것은 대부분의 영어 번역본들이 그것을 번역하는 방식이다. 그렇지만 NEB는 또 다른 유대 전승에 근거하여 그것을 "기형적인 눈썹"으로 번역한다.

20.b. 다크(דַּק, "여윈, 수척한")는 깡마른 소(창 41:3-4)와 곱게 빻은 향료(레 16:12)에 대해 사용된다. 인간에 대해 사용될 때, 한 가지 제안은 "난쟁이"다(참조. KB, 220). 카일 델리취(Keil and Delitzsch, 433)는 이 단어를 비정상적으로 여위었거나 마른 몸 또는 신체의 한 기관을 포함하는 것으로 받아들인다. 탈굼(Tg)은 그것을 두카(דוקא)로 번역하는데, 야스트로우(Jastrow, 288)는 그 아람어 단어를 "가려진 혹은 바짝 여윈 부위"로 정의하면서 중간에 "또는 **성장 중에 바짝 여윈, 즉 난쟁이**"를 끼워 넣는다. 해리슨(Harrison, 211)은 난쟁이란 기형적 불구자가 아니라 단지 키가 보통 이하인 사람일 뿐이라고 주석한다. 카일의 입장이 수용되는데, 이는 그것이 그 어근의 의미에 더 가깝기 때문이다.

20.c. 마소라 본문(MT)의 브에이노(בְּעֵינוֹ, "그의 눈에") 대신 시리아역(Syr), (70인경), 탈굼(Tg) 그리고 탈굼 위-요나단(*Tg. Ps.-J.*)은 브에이나이브(בְּעֵינָיו, "그의 눈들에")로 읽는다. 테발룰(תְּבַלֻּל)은 "혼합, 모호함"을 의미한다(BDB, 117). BDB는 이 문맥에서 그것이 "결함이 있는 시력"을 의미할 수 있다고 제안한다. 라쉬(Rashi, 98)는 그것을 눈을 가로질러 검은 홍채(동공 주위의 고리 모양의 검은 막 – 역자주)까지 뻗은 하얀 선(white line)을 의미하는 것으로 받아들인다(아마 일반적으로는 백태, 전문적 의학 용어로는 "익상편"이라고 칭하는 눈병을 말하는 것 같다 – 역자주). 동일한 흐름 속에서, 스네이스(Snaith, 101)는 그것이 눈의 흰자위와 검은자위가 각자의 순수한 색깔을 유지하지 못하는 어떤 결함을 의미한다고 제안한다.

20.d. 가라브(גָּרָב)에 대해 BDB(173)는 "옴, 부스럼" 그리고 쾰러 바움가트너 사전(KB, 193)은 "곪은 뾰루지"라는 뜻을 부여한다. 이 용어는 또한 22:22과 신 28:27에서도 피부 질환을 지칭하기 위해 나타난다.

20.e. 얄레페트(יַלֶּפֶת)는 BDB(410)에 의해 "딱지, 비듬"으로 번역된다. 카일 델리취(Keil and Delitzsch, 433)는 "백선"이란 뜻을 부여한다. 탈굼(Tg)은 그것을 하자잔(חזזן, "태선, 즉 표피 탈락과 때로 피부 궤양과 연관되는 피부병")으로 번역한다(Jastrow, 442).

JB는 그것을 "고름이 흐르는 종기"(running sore)로, 또한 NEB는 "피부 발진"(eruption)으로 번역한다.

20.f. 마소라 본문(MT)의 메로아흐(מרוח)에 대해 BDB(598)은 두 가지 가능성을 제공한다: 하나는 "문질러 벗겨지다, 타격을 입다"를 의미하는 어근 마라흐(מרח)에서 왔을 가능성, 다른 하나는 "확장된"을 의미하는 어근 레봐흐(רוח)에서 왔을 가능성이다. 쾰러 바움가트너 사전(KB)은 이 연계형 사슬을 설명의 소유격으로 해석한다. 즉 그 소유격은 더욱 정밀한 개념을 제공한다(GKC § 128x). 그것은 고대인들의 관념 속에서 그 사람을 씨 마른 사람으로 간주되도록 만드는 비정상적인 고환을 묘사한다. 누르체(Noordtzij, 220)는 마소라 본문(MT)이 메르봐흐(מֶרְוָח, "탈장")로 모음 구두점이 찍힐 수 있다고 추론한다.

21.a. 참조. "원문주해" 18.b.

21.b. 마소라 본문(MT)의 이가쉬 레히크리브(יגש להקריב, "그가 가까이 나아와 드리다") 대신 사마리아 오경(Sam)은 단지 이가쉬(יגש)만 읽는데, 아마도 17절에 있는 그 역본의 독법과 일치시키기 위함일 것이다.

21.c. 마소라 본문(MT)의 에트 이쉐이 아도나이(את־אשי יהוה, "여호와를 위한 예물": 개역 성경: 여호와의 화제) 대신 70인경(LXX)은 타스 뒤시아스 토 데오 수 호티(*τὰς θυσίας τῷ θεῷ σου ὅτι*, "…하기 때문에 너의 하나님을 위한 희생들을")로 읽는다.

21.d. 부정사 앞에 직접목적어를 놓는 것은 아람어 문체인데, 이것은 여기에서처럼 구약의 몇몇 군데에서 발생한다(GKC § 142f, n.). 그러나 사마리아 오경(Sam)은 이 직접목적어를 동사 뒤에 배치한다. 참조. "원문주해" 6.b.

22.a. 사마리아 오경은 레헴 엘로하이브(לחם אלהיו, "그의 하나님의 음식")를 읽지 않는다. 참조. "원문주해" 6.b.

22.b. 복합적인 직접목적어가 강조를 위해 동사 앞에 위치한다.

23.a. 70인경(LXX)은 토 하기운 투 데우 아우투(*τὸ ἅγιον τοῦ θεοῦ αὐτοῦ*, "그의 하나님의 성소")로 읽는다. 마소라 본문(MT)의 미코드쉐이(מקדשי)는 복수형이다. 이 복수형의 사용은 성전 영역 안과 밖의 모든 다양한 구역들을 지시한다.

23.b. 복수 대명사 접미어는 앞에 있는 성전 구역들을 받는다. 참조. "원문주해" 23.a.

양식/구조/배경

이 연설의 구조는 다음과 같은 개요를 갖는다.

I. 아론 집안의 제사장들에 관한 두 연설(1-23절)

A. 제사장의 정결에 관한 첫 번째 연설(1-15절)

1. 도입 형식문(1aα절)
2. 연설(1aβ-15절)
   - a. 이중적인 연설 위탁(1aβ-bα절)
   - b. 연설 자체(1bβ-15절)
     - 1) 아론 집안의 제사장들에 관하여(1bβ-9절)
       - a) 금지 사항들(1bβ-5절)
         - (1) 죽은 친족들과 관련하여 금지되는 것들(1bβ-4절)
           - (a) 금지 자체(1bβ절)
           - (b) 예외 조항들의 나열(2-3절)
           - (c) 재진술되는 금지들(4절)
         - (2) 애도 의례의 금지(5절)
       - b) 제사장의 거룩과 관련된 법(6-8절)
         - (1) 두 개의 명령과 금지(6절)
         - (2) 제사장의 결혼 가능한 여자들과 관련된 금지(7절)
         - (3) 제사장을 거룩하게 하라는 계명(8절)
           - (a) 두 가지 계명과 이유(8a-bβ절)
           - (b) 확장된 여호와의 자기 소개 형식문(8γ절)
       - c) 창녀가 된 제사장의 딸에 관한 법(9절)
     - 2) 대제사장에 관하여(10-15절)
       - a) 대제사장의 신분 확인(10a절)
       - b) 대제사장에 관한 법(10b-15절)
         - (1) 시체와 관련된 금지(10b-12절)
           - (a) 일련의 금지들(10b-12bα절)
             - (i) 애도 행위와 시체 접촉과 관련된 금지(10b-11절)
             - (ii) 성소를 오염으로부터 보호하는 금지(12a-bα절)
           - (b) 여호와의 자기 소개 형식문(12bβ절)
         - (2) 대제사장이 결혼 가능한 여자들에 관한 법(13-14절)
         - (3) 후손을 더럽히는 것을 막는 금지(15절)
           - (a) 금지 자체(15a절)
           - (b) 확장된 여호와의 자기 소개 형식문(15b절)

B. 아론 가문의 제사장의 자격을 박탈시키는 흠에 관한 두 번째 연설(16-23절)

1. 도입 형식문(16절)
2. 연설(17-23절)
   a. 연설 위탁(17a절)
   b. 연설 자체(17b-23절)
      1) 기본 금지(17b절)
      2) 자격을 박탈시키는 특징들의 목록과 더불어 재진술되는 금지(18-20절)
      3) 자격이 박탈된 제사장의 금지 사항과 권리(21-22절)
         a) 우선적 금지의 재진술(21절)
         b) 자격이 박탈된 성물 음식에 대한 제사장의 특권(22절)
      4) 그런 제사장들의 성소에서의 활동을 막는 금지(23절)
         a) 금지 자체(23a-bα절)
         b) 확장된 여호와의 자기 소개 형식문(23bβ절)

II. 모세가 그 연설들을 전했다는 순종 보고(24절)

두 개의 연설이 이 부분을 채운다. 첫 번째 연설은 제사장들에게(1절), 두 번째 것은 아론에게 전달된다(16절). 첫 번째 연설의 내용은 제사장들(2b-9절)과 대제사장(10-15절) 둘 다에 관한 것이다. 두 번째 연설은 모든 제사장을 포괄하지만, 그것이 아론에게 전달된다. 이는 대제사장이 자격을 잃은 어떤 제사장의 제단 업무를 제지할 책임을 지고 있기 때문이다. 제사장들이 이 연설들의 직접적인 청중이지만, 이 부분이 레위기 안에 설정된 것은 21:24에 있는 진술에 의해 강조되는 바와 같이 제사장들에게 내린 이 지침이 공동체 전체의 구두 교육을 위해 보존되었다는 것을 의미한다. 백성들은 제사장에게 부과된 요구 조건들, 다시 말해 죽은 사람과의 접촉으로 인한 부정결, 그들의 결혼 가능한 여성들 그리고 자격 박탈의 요인이 되는 그들의 신체적 결함을 숙지하기 위해서 그 연설을 전해들을 뿐만 아니라, 또한 그들은 제사장들이 하나님께서 명령하신 대로 거룩한 삶을 영위하여 스스로를 거룩하게 하는지 확인할 책임을 져야 한다(8절). 아울러 거룩한 제사장직의 규정에 대한 이러한 지식은 회중들에게 거룩의 성격에 대한 더욱 큰 통찰을 제공한다.

이 부분의 각 연설은 도입 형식문으로 시작하며(1, 16절), 각자 분사절인 아니 아도나이 메카데쉬(אני יהוה מקדש, "나는 거룩하게 하는 여호와니라": 15, 23절)에 의해 확장된 자기 소개 형식문과 더불어 끝난다. 이 분사절은 또한 21:8에서도 회중들에게 지시되는 권면의 말씀을 강화하기 위해 나타난다.

첫 번째 연설은 두 편으로 나뉜다. 첫째 편(1-9절)은 제사장들을 위한 규정을 담고 있으며, 둘째 편(10-15절)은 대제사장을 위한 것이다. 양자 모두에서 시신과의 접촉으로 인한 부정결의 문제와 결혼 가능한 여자들에 대한 문제가 동일한 순서로 다루어진다. 첫 편의 문단은 두 개의 추가물을 첨부한다: 아마 회중들에게 전달되었을 권면(8절)과 제사장의 딸의 창녀 행위에 대한 규정(9절). 일련의 법들 속에 하나의 권면이 위치하는 것은 성결 본문 자료의 전형적인 문체다(참조. 18장). 두 번째 첨가는 제사장의 딸의 행위가 문제가 되었을 때 발생되었다. 그것은 제사장의 전문 지식으로부터 취해져서 회중들을 위한 일반 지침에 포함되었다. 그것은 의심할 바 없이 그런 관행들을 철폐하는 데 있어서 회중의 도움을 얻기 위해서였다. 두 번째 연설(16-23절)은 제사장들을 제단의 직무에서 자격 박탈시키는 신체적 결함과 질환의 목록을 제공한다.

모두 거룩과 연관되어 있는 몇 가지 핵심적 어근이 이 두 개의 연설을 한데 엮어 준다: 카다쉬(קדשׁ, "거룩": 6[2회], 7, 8[4회], 12[2회], 15, 22[3회], 23[2회]절), 타메(טמא, "부정결": 11절), 할랄(חלל, "속되게 하다": 6, 9, 12, 14, 15, 23절). 마찬가지로 카라브(קרב, "이끌어오다, 바치다": 6, 8, 17[2회], 18, 21[2회]: 참조. 6, 8절)와 같은 희생 용어들 역시 주요 소재인 까닭에 중요한 것들이다.

대부분의 본문 자료는 단수(1b-4, 7b, 8, 10-15, 17b-23bα절)와 복수(5-7a, 23aβ절)를 오가면서 3인칭의 비인칭적 문체로 기록된다. 이러한 수의 변동이 두 명의 다른 저자를 필요로 하지는 않는데(예를 들어, Kilian, *Literarkritische*, 89-91), 이는 연설자가 단순히 제사장 전문 지식 자료집에 있는 두 개의 상이한 위치에서 이 연설을 끌어왔기 때문이다. 이러한 비인칭적 문체는 그 본문 자료가 그러한 기초 자료에서 취해졌다는 것을 시사해 준다(참조. Begrich, "Die priestliche Tora"). 연설자는 직접 전달 형식으로 된 약간의 자료를 첨부했다(3인칭의 비인칭적 문체가 아니라 2인칭으로 상대에게 직접 전달하는 방식 - 역자주). 그는 8절을 회중들이 제사장들의 성화의 삶을 예의 주시하도록 요청하는 하나의 권면으로 삽입했다. 여호와의 자기 소개 형식문은 그 연설자의 것으로 할당될 수 있을 것이다(15b, 24bβ절). 23b절에서 그는 또한 성소를 속되게 하지 말라는 권면을 한다.

이러한 일부의 본문 자료의 기원에 대하여 노트(Noth, 163)는 제사장의 거룩에 관한 법규와 신체적 결함에서 오는 직무 배제에 관한 법규들을 이스라엘의 국가 수립 이전 시대로 돌린다. 그렇지만 그는 10-15절에 있는 제의적 그림을 "성직 계급의 지도자를 갖는 통일된 제사장 제도"를 그린 것으로 관찰한다(154). 그는 이것의 연대를 신명기 형성 이후의 포로기 시대로 잡지만, 학개와 스가랴 시대에 대제사장의 역할이 더욱 선명하게 정의되기 이전으로 정한다. 그럼에도 불구하고, 이러한 대제사장의 그림은 8-9장에 있는 기름부음 예식과 제단에서 드린 최초의 희생제와 일치한다. 그렇다면 이 자료는 광야에서 한 국가로서의 이스라엘의 형성기에 그 기원을 두고 있다.

주석

1a 모세는 특정하게 아론 가문의 제사장들, 즉 성소에서 희생을 드리며 섬기는 제사장들에게 연설하라는 지시를 받는다. 성소의 거룩성을 보존하기 위해 특별한 표준들이 거룩한 구역에서 일하는 사람들 위에 부여된다.

1b-3 시작하는 법은 제사장들과 시신과의 접촉을 규정한다. 인간 경험 속의 중대한 충격인 죽음은 모든 종교 체제에서 핵심적인 문제다. 각각의 종교는 매장에 대한 관례들과 죽은 자에게 부여하는 예우를 규정한다. 많은 고대 사회에서 망자가 숭배되었다. 초기 이집트인들은 파라오(바로)들이 엄청난 국가적 예산을 들여 그들의 마지막 안식처인 피라미드를 준비하는 데 여러 해를 보낼 정도로 죽음에 깊이 몰입되어 있었다. 그렇지만 이스라엘에서는 죽음과 성소 사이에 엄청난 장벽이 놓여 있었다. 왜냐하면 인간의 죄로 인한 최후의 저주인 죽음은 가장 큰 오염력을 지녔기 때문이다(민 19:11-22). 망자 숭배가 여호와 예배의 일부가 되지 말아야 했기 때문에 시신의 처리는 세속의 영역으로 격하되었다. 여호와는 죽은 자의 하나님이 아니라 산 자의 하나님이시다(눅 20:38). 그러므로 이스라엘 제의의 법들과 의례들은 어떠한 망자 예배든 차단시켰다.

이스라엘 제사장들은 회중의 구성원들을 위해 장례식에 관여할 수 없었고, 심지어 참석할 수조차 없었다. 어떤 직계 가족의 하나가 죽은 경우, 제사장은 부모, 자녀, 형제 혹은 미혼인 누이로 인해서 부정하게 되는 것이 가능했다. 결혼한 누이를 위해서는 전혀 허용이 되지 않는데, 이는 그녀가 다른 가족에게 속하기 때문이다. 제사장의 아내에 대한 언급이 전혀 없다는 것은 놀랍다. 그 이유는 단순히 아내의 경우 제사장의 가장 가까운 인척인 이유로 허용될 수 있었기 때문일 것이다. 그렇다면 그녀는 "친족"(שְׁאֵר – 쉐아르)이란 용어에 포함된다(18:6을 보라). 에스겔이 자기 아내의 죽음을 애도하지 않은 사례가 이러한 입장을 무효로 만들지 않는다. 왜냐하면 그 경우에 제사장인 에스겔은 여호와로부터 특정한 개인적 지침을 받았기 때문이다(겔 24:15-18).

4 이 구절의 표현은 난해하기 때문에 해석을 둘러싼 논쟁이 벌어진다. 웬함(Wenham, 290)은 이 구절이 제사장이 문제의 소지를 지닌 여자와 결혼하여 자신을 더럽히지 말아야 한다고 말함으로써 7절을 예견하는 것일 수 있다고 제안한다. 그러나 이 구절을 인접한 문맥 속에서 해석하는 것이 가장 나은 것 같다. 그렇다면 이 법령은 제사장이 심지어 자신의 아내에 대해서도 죽음의 문제로 부정하게 되지 말 것을 말하고 있다. 그런 엄격한 의무 준수는 정당화되지 않은 것으로 보인다(참조. 1b-3절). 라쉬(Rashi)는 이 법령을 제사장이 아내가 되기에 부적격했던 자신의 아내를 매장하지 못하도록 막는 것으로 설명한다. 그러나 본문에는 부적격한 아내에 대한 언급이 전혀 없다. 가장 훌륭한 해석이 카젤(Cazelles)에 의해 제안되어 킬리안(Killian)에 의해 수용되었다(*Literarkritische*, 85): 제사장은 자신의 아내의 친족들 중 하나를 위해 애도함으로써 부정하게 되어서는 안 된다. 만일 이것이 맞다면, 4절에 있는 암(עם, "백성")이 1b절에서는 한 지파를 지칭하는 데 사용되는 것과 대조적으로 한 작은 그룹을 지칭하는 좁은 의미를 전달한다.

5-6 제사장들은 가장 가까운 친족들을 위해 애도할 때(참조. 19:27, 28; 신 14:2) 주변 국가들의 애도 관습들을 따라해서는 안 된다(참조. 왕상 18:28). 살을 베거나 모발을 미는 행위는 어떤 것이라도 거룩에 대한 증거로서 온전하고 완전해야 할 그들의 몸을 훼손할 것이다. 금지된 면도는 이마 위의 머리털 부위를 대머리로 만드는 것을 의미한다(신 14:1). 이중적 이유가 진술된다. (1) 그들은 그들의 하나님의 이름을 속되게(חלל – 할랄) 하지 말아야 하고, (2) 그들은 여호와의 예물들(אשׁי יהוה – 이쉐이 아도나이)을 바치기 때문에 거룩해야 한다. 거룩은 제사장들이 하나님과 백성 사이의 중재자로서 확신을 가지고 직무를 수행하고, 또한 그 직무가 유효한 결과를 낳도록 그들에게 힘을 준다. 만일 그들이 이러한 이교의 애도 관습을 실천한다면 그들은 그들의 하나님의 이름, 즉 그들이 성소에서 직무를 수행할 때 의존하는 그 이름을 모욕하는 셈이다. 그런 더럽힘은 그들의 거룩한 성품을 손상시키면서 제사장으로서의 유효성을 상실하게 만든다.

7 제사장이 결혼할 수 있는 대상에 대해 높은 기준이 설정되어 있다. 그는 "창녀"(זנה – 조니)였던 여인과 결혼할 수 없다. 이러한 제한은 뻔하기 때문에, 이 강력한 단어가 여기에서는 빈도에 대한 구체적인 명시 없이 처녀성을 잃은 여자에게 적용된다(참조. Hoffmann, 2:87-88). 만일 제사장이 성적으로 느슨했던 여자와 결혼한다면, 그는 결혼 후 첫 번째 아이가 자기 자식이라는 것을 확신할 수 없었다. 제

외된 또 다른 여자는 이방 제의 관행들에 동참했던 신전 창녀(hierodule: 이 단어는 원래는 "신성한 종"을 뜻했다 – 역자주)였다(개역 성경: 부정한 여인). 신전 창녀는 이교 종파들에서는 "거룩한 여자"(קדשה – 케데샤)로 불린 반면(참조. 호 4:14), 현재의 법에서는 "속된 여자"(חללה – 할랄라)로 불린다. 이스라엘이 강한 이교의 영향 아래 놓일 때마다, 거룩한 제사장을 위한 이상형의 여자가 그런 거룩한 여자였을 것이라고 생각해 볼 수 있을 것이다. 그러나 이 법에 드러난 거룩의 표준은 그런 믿음에 파문을 선언한다. 아울러 제사장은 "이혼당한 여자"(גרושה – 게루샤)와 결혼할 수 없는데, 그 이유는 아마도 다른 남자에 대한 그녀의 정절 서약이 위반되었기 때문일 것이다. 이러한 부류에 속한 여자들과의 결혼은 제사장을 부정하게 만들 것이며, 그것은 그가 제단에서 의식을 집례할 수 없다는 것을 의미한다.

8 이 구절에서 연설이 간접 전달 방식에서 직접 전달 방식으로 전환된다. 누가 직접 전달의 대상인가? 1절에 비추어 볼 때, 그것은 제사장들일 수 있다. 그렇다면 제사장들은 자신의 그 법의 준수를 스스로 감시할 것이다. 호프만(Hoffmann, 2:89)은 단수의 사용을 언약 공동체의 대표자인 모세에게 지시되는 것으로 이해한다. 그는 이런 해석의 근거를 1bα절에 있는 아마르타(אמרת, "너는 고할지어다")에 둔다. 그러나 17-26장의 더 넓은 문맥에서 보면, "너"는 회중을 지칭한다. 이러한 입장은 24절의 포함에 의해 확증된다. 그렇다면 회중은 제사장들을 거룩하게 만들라는 권고를 받는다. 즉 그들은 제사장이 희생을 바칠 수 있도록 그가 이러한 법령들에 따라 사는지 확인할 책임을 져야 한다. 각 제사장들은 공동체의 유익을 위해 거룩한 삶을 살아야 한다. 이어서 여호와는 성화(聖化)를 성취하는 거룩하신 분이라는 것이 되풀이된다.

9 창녀가 된 제사장의 딸은 그녀의 아버지를 "속되게 한다"(חלל – 할랄). 고대 이스라엘에서 가족은 견고한 단위였기 때문에 식구들 각자의 행위나 성격은 다른 식구들에게 영향을 끼쳤다. 이러한 경우에 제사장의 가족과 회중으로부터 그 불결의 원인이 제거될 필요가 있었다. 창녀가 된 제사장의 딸에 대한 징벌은 불사름인데, 이는 불이 불결을 깨끗이 제거해 주기 때문이다. 대부분의 해석가들은 그 징벌이 돌로 쳐서 사형에 처한 뒤에 시신을 태우는 것으로 이해한다. 이스라엘에서 화장이 선호되었다는 증거는 전혀 없다. 그러므로 시신의 소각은 굴욕적인 징벌의 일부였으며, 그것은 이 제사장의 딸이 완전히 지면에서 제거되었다는 것을 의미한다.

10 대제사장은 모든 제사장들의 우두머리다. 여기서 그의 직무를 나타내는 완전한 명칭이 사용된다: "자기 형제들보다 더 큰 제사장"(הכהן הגדול מאחיו – 하코헨

하게돌 메아하이브). 그는 머리에 "붓는 기름"(שמן המשחה – 쉐멘 하미쉬하; 개역성경: 관유)으로 기름부음을 받은 사람이며(8장; 16:32; 민 35:25) 위임을 받은 사람이다(문자적으로 "그는 두 손을 채웠다"; 참조. 8:22). 위임을 받은 후에 그는 대제사장 직무를 위해 만들어진 장엄한 의복들을 입는다(8:6-9; 출 28:1-29:9). 대제사장은 직접 아론의 직계 가족에서 나와야 한다(민 25:10-12). 이스라엘에서 그는 내성소와 지성소에서 여호와께 가장 가까이 접근하여 봉사하는 사람이기 때문에 다른 제사장들보다 더 높은 거룩의 기준에 따라 살아야 한다.

[11]-[12] 거룩과 죽음의 반립 관계로 인해 대제사장은 가까운 식구의 시신조차도 그것을 접촉하여 자신을 더럽혀서는 안 된다(역시 겔 44:25). 가족의 일원을 위한 애도의 기간에 그는 자신의 모발을 헝클어진 채로 방치하고 기름을 사용하지 않는, 혹은 옷을 찢는 외면적 애도의 표시조차도 할 수 없다. 모발을 방치하지 말라는 법령에 순종하기 위해 바빌로니아 탈무드 산헤드린(*b. Sanh.* 22b)은 대제사장이 모발을 자르지 않고 지낼 수 있는 기간을 30일로 제한한다(모발〈hair〉은 머리카락과 수염을 공히 포함한다 – 역자주). 대제사장의 아내의 죽음에 대해서는 아무런 언급이 없다. 이것과 관련하여 무슨 완화 조치들이 있었는지는 언급되어 있지 않다.

가까운 친족을 위한 애도의 기간에 대제사장은 성소에 있는 자신의 거주지를 떠나는 것이 허용되지 않는다. 즉 그는 자신의 위치에 머물러 회중 전체의 유익을 위해 직무를 수행하는 중에 있어야 한다. 하나님에 대한 그의 의무는 자신의 가족에 대한 책임을 능가한다(Wenham, 291).

[13]-[15] 대제사장은 제사장들에 비해 결혼할 수 있는 대상이 더욱 제한된다. 그는 과부와 이혼녀, 신전 창녀 혹은 성관계 경험이 있는 여자(זנה – 조나; 참조. 7절)와 결혼할 수 없다. 그런 여자들이 점차적인 부적절성의 정도에 따라 순서대로 언급된다. 대제사장은 오직 처녀와 결혼할 수 있다. 그런 방식으로 그는 잠재적인 차기 대제사장인 자신의 장남이 순결한 혈통이 되는 것을 보장한다. 이 처녀는 "그의 백성 중에서"(מעמיו – 메암마이브) 나와야 한다. 이 단어는 좁게는 "제사장의 딸"을 (Philo), 혹은 더 넓게는 "이스라엘 사람"을 의미하는 것으로 받아들여졌다(Hoffmann, 2:93). 이 때문에 랍비들은 대제사장이 개종자와 결혼할 수 있는지의 여부를 놓고 논쟁을 벌였다. 하나님께 대한 그의 헌신의 정결성과 독보성은 그의 결혼 관계의 정결성과 독보성에 반영되어야 한다.

[17]-[21] 제단에서 섬기기 위해 제사장은 전신이 온전해야 한다. 그의 신체적 완전성은 거룩의 관념의 외형적 표현이다(M. Douglas, *Purity*, 51-52). 어떠한 신체적

결함이든 그것은 사람을 불완전하게, 제사장으로서의 역할을 하기에 부적합하게 만든다. 제사장의 온전성은 희생 짐승들의 온전성과 마찬가지로 성소의 거룩과 하나님의 거룩을 증거한다. 어떤 사람의 제사장 기능을 박탈하는 결함은 다음과 같은 것들을 포함한다: "시각 장애"(עור – 이붸르), "다리 장애"(פסח – 피세아흐), "외적 손상"(חרום – 하룸, 어떤 손상이든 상관이 없다). 그러나 기슨(Giesen, "חרם ḥrm II," *TDOT* 5:202)은 하룸(חרום)을 더 구체적으로 "구멍이 뚫리거나 비틀어진 코 격막이나 구개열(=언청이)로 인해 코 먹는 소리를 내는 언어 장애"로 규정한다. "기형적 몸의 상태"(שרוע – 사루아), 즉 너무 짤막하거나 너무 긴 흉한 신체 부위를 갖는 것, 혹은 아마도 다지증(多指症)과 같이 과잉의 어떤 것을 갖는 것, 혹은 갈라진 귀를 갖는 것, "부러진 다리 혹은 발"(שבר רגל – 쉐베르 레겔), "부러진 손"(שבר יד – 쉐베르 야드), "꼽추"(גבן – 기벤), "매우 야윈 사람"(דק – 다크, 개역 성경: 난장이), "눈에 있는 변색 점이나 선"(תבלל בעינו – 테발룰 브에이노), "괴혈병"(גרב – 가라브), "버짐, 비듬 혹은 부스럼"(ילפת – 얄레페트), 혹은 "으스러진 고환"(מרוח אשך – 메로아흐 에쉐크). 이러한 결함 목록은 22:22-24에 있는 동물들에 적용되는 목록에 상응한다(참조. Milgrom, "Ethics and Ritual," 180-81). 여기에 언급된 피부병인 "괴혈병"(גרב – 가라브)과 "버짐 혹은 비듬"(ילפת – 얄레페트)은 13장에 있는 "악성 피부병"(צרעת – 차라아트)이라는 용어에 포함되지 않는다. 이러한 사실은 우리에게 사람을 공동체로부터 격리시키지 않았던 여타의 피부병들이 있었다는 사실을 알려 준다. 그러나 그것들은 제사장이 성소에서 섬기지 못하게 하기에는 충분히 심각한 것으로 생각되었다. 이것은 제사장에게 부과된 더 높은 기준에 대한 또 하나의 지시다.

22-23 그렇지만 그러한 어떤 결함을 지닌 제사장이라도 거룩한 것과 가장 거룩한 것으로 분류되는 제물들을 먹을 수는 있었다. 거룩한 부분들은 화목 제물의 제사장 몫(7:31-34), 첫 수확물(민 18:12-13), 정결한 짐승의 첫 새끼(민 18:15), 십일조(민 18:26) 그리고 다른 봉헌된 것들(민 18:14; Noordtzij, 220)이다. 가장 거룩한 부분들은 속죄제, 속건제 그리고 소제의 제물들의 제사장 몫(6:22[29]; 7:1, 6; 2:3, 10; 6:9-11[16-18])과 진설병(레 24:8-9)을 포함한다. 비록 이러한 흠들이 제사장으로 하여금 제단을 섬기지 못하게 만들었지만, 제사장이 가난한 신세로 전락하거나 어쩔 수 없이 다른 직업으로 생계를 유지하는 신세가 되어서는 안 된다.

24 이 구절은 모세가 충실하게 하나님의 명령에 순종하여 자신이 여호와께로부터 받은 말씀을 아론 집안 사람들과 이스라엘 백성들에게 전달했다고 진술한다. 그

것은 모세가 이 곳에 이르러 그 말씀들을 회중에게 말했다는 것을 의미한다. 백성들은 제사장들이 따르며 살아야 하는 특정한 기준들에 대한 지식을 전해 들어야 한다. 그러한 기준들은 사적인 전문 지식으로 보호되지 말아야 한다. 백성들은 제사장들에 대한 기본적인 정보를 입수할 권리가 있다. 이러한 절차는 백성들의 하나님과의 만남을 지배하는 사제 계급의 발전을 막는 데 일조했다. 회중은 자신들의 특별한 역할과 제사장들에게 부과된 엄격한 규율을 바르게 인식하고 있어야 한다. 이러한 순종 보고는 8:21b, 36; 16:34b에 있는 유사한 보고들과 일치한다. 이러한 제의법안에서 주기적으로 모세와/혹은 백성들이 여호와께서 그들에게 행하라고 지시하신 것을 실행했다는 사실이 보고된다. 이 순종 보고가 적용되는 본문 자료는 결정하기 어렵다. 그것은 단지 21장뿐일 수 있다. 그렇다면 그것은 도입 형식문이 일으키는 약간의 긴장, 즉 특정적으로 제사장들에게 전달된 이러한 법들이 백성들의 구두 교육의 정황에서 나온다는 긴장을 알려 준다. 또 다른 가능성은 그것이 17:1-21:23의 모든 자료들을 포함한다는 것이다. 즉 그것은 마지막 순종 보고가 되는 셈이다. 이것이 사실이라면, 왜 이 순종 보고가 22장 이후에는 나타나지 않았을까? 21장과 22장이 주제와 문체 둘 다에 의해 밀접히 연결되어 있는데 말이다. 그러므로 이 순종 보고는 21장에 있는 두 개의 연설 단위에 대한 도입 형식문들을 단지 제사장들에게만 전달되는 것으로부터 역시 온 백성에게도 전달되는 것으로 새롭게 방향을 설정하기 위한 것으로 받아들여진다.

해설

제사장들은 고대 이스라엘에서 절대적인 지도권을 가졌다. 그들은 백성들을 하나님의 방식으로 지도하고 그들을 위해 중재했으며, 제의가 제 기능을 발휘하게 할 책임이 있었다. 백성들보다 하나님께 더욱 근접한 거리에서 일을 하면서, 그들은 더 높은 기준에 따른 삶으로 스스로를 성결케 해야 했다. 대제사장은 휘장 안으로 들어가기 때문에 더욱 거룩한 삶을 살아야 했다.

제사장들에게 부여된 더 높은 수준의 거룩이 이 연설에서 세 가지 방식으로 규정된다: 죽은 자와의 접촉으로부터 오는 부정결의 기피, 결혼 대상의 제한 그리고 신체적 결함으로 인한 제한들. 첫째, 제사장들은 사체와의 접촉으로 인한 부정결과 관련하여 주의 깊은 규제를 받았다. 죽음은 오염력이 가장 막강한데, 왜냐하면 그것은 죄의 저주로서 생명과 정반대이기 때문이다. 여호와께서는 살아 계신 하나님, 즉 생명을 주시고 유지시키시는 하나님이시다. 제사장은 단지 가장 가까운 친족에 대해서만 사체로 인한 오염이 용인되었지만, 대제사장은 아마도 자신의 아내를 제외하고는 어떤 사람의 사체에 대해서도 오염되어선 안 되었다. 이러한 기준은 생명의 궁극적인 가치를 가르쳤다. 그것은 또한 적절치 못한 망자에 대한 예우에서 표현되는 대로 망자에게 매혹당하지 못하게 하고 어떠한 유형의 망자 숭배든지 금지시켰다.

두 번째 제한 분야는 제사장이 결혼할 수 있는 대상에 주목한다. 남자와 여자는 결혼 관계에서 한 몸이 되기 때문에, 제사장은 단지 처녀나 과부와 결혼할 수 있었다. 그는 이교 신전에서 거룩한 여사제였던 여자나 이혼당한 여자와 연합할 수 없었다. 대제사장에게 부과된 더 높은 기준은 그가 오직 처녀와 결혼할 수 있었다고 말한다.

세 번째 제한은 제사장이 신체적으로 완전해야 한다는 것이다. 흠을 가진 사람, 기형적 신체를 가진 사람 혹은 피부 발진을 가진 사람은 누구든지 제사장으로 일할 수 없었다. 신체적 온전성은 그의 사역의 온전성에 상응한다. 그런 사람은 제사장으로 일할 수는 없었지만, 후원물과 주거 구역에 관한 한 제사장의 특권을 유지했다. 제사장이 신체적 결함을 가졌다 해서 자신이든 자신의 가족이든 재정적 곤란을 겪지는 않았다.

우리의 대제사장이신 그리스도께서는 자신의 절대적인 도덕적 순결 가운데 거룩의 최상의 기준에 도달하셨다(고후 5:21; 히 4:14-15; 7:25-28; 벧전 2:22; 요일 3:5; 참조. 요 8:46; 행 3:14). 그분은 하나님께 완전히 순종하시는 가운데 땅에서의 자신의 대제사장의 역할을 완수하셨으며(히 7-8장; 10:19), 계속해서 하늘의 성소에서 자신을 믿는 모든 사람을 위해 대제사장으로서의 역할을 수행하신다(히 10:11-25). 그분은 교회의 머리로서 교회가 성결하고 흠이 없도록 자신의 신부인 교회를 거룩하게 하신다(엡 1:4; 5:25-27; 골 1:22). 그리스도의 거룩케 하시는 사역은 그분이 순결하고 흠 없는 신부와 결혼하실 때, 즉 어린양의 혼인 만찬에서 완수될 것이다(레 19:7-8).

제사장들의 이러한 책임과 특권은 새 언약의 구성원들에게 통찰력을 주는데, 이는 그리스도를 믿는 모든 신자들이 제사장이기 때문이다(벧전 2:4-10; 레 1:6; 5:10; 20:6). 제사장으로서 유효한 역할을 하기 위해 그들은 하나님 앞에서 자신을 거룩하고 흠 없이 지켜야 한다(벧후 3:11-12, 14; 빌 1:10; 2:15; 살전 5:12-23; 딛 2:11-14). 의식적 정결에 대한 날카로운 관심 대신 도덕적 정결에 대한 성실한 열망이 있다. 교회의 지도자들과 감독들은 평신도들에게 요구되는 것보다 더 큰 규율을 가지고 처신해야 한다. 이것은 지도자들에게 요구된 더 높은 기준에서 볼 수 있다(딤전 3:1-13; 딛 1:5-9). 새 언약의 제사장들은 음흉한 죽음의 추파를 보내는 이러한 일상사에 지나치게 몰두하지 말아야 한다(마 6:25-34; 눅 12:33-34; 참조. 눅 9:60; 14:33). 그 대신 그들은 하나님 나라의 구원의 능력을 세계 도처의 고통받는 사람들에게 전하는 데 전력을 다해야 한다.

F. 제사장의 성물 음식의 섭취에 관한 법(22:1-16)

본 문

1 여호와께서 모세에게 일러 가라사대

1 Yahweh spoke to Moses:

2 아론과 그 아들들에게 고하여 그들로 이스라엘 자손이 내게 드리는 성물에 대하여 스스로 구별하여 내 성호를 욕되게 함이 없게 하라 나는 여호와니라

2 "Speak to Aaron and his sons: let them treat with due respect the holy offerings of the Israelites which they are consecrating to me in order that they do not defile my holy name. I am Yahweh.

3 그들에게 이르라 무릇 너의 대대 자손 중에 그 몸이 부정하고도 이스라엘 자손이 구별하여 여호와께 드리는 성물에 가까이하는 자는 내 앞에서 끊어지리라 나는 여호와니라

3 "Say to them: If any of your descendants,[a] in any generation, in a state of uncleanness, comes near the holy offerings which the Israelites consecrate to Yahweh, that person will be cut off from my presence. I am Yahweh.[b]

4 아론의 자손 중 문둥 환자나 유출병이 있는 자는 정하기 전에는 성물을 먹지 말 것이요 시체로 부정하게 된 자나 설정한 자나

4 "If any descendant of Aaron[a] has a grievous skin disease[b] or a discharge, he may not eat any of[c] the holy offerings until he is clean. Anyone who touches anything defiled by a corpse[d] or anyone who has an emission of semen,[e]

5 무릇 사람을 부정하게 하는 벌레에 접촉된 자나 무슨 부정이든지 사람을 더럽힐 만한 자에게 접촉된 자

5 or anyone who touches any crawling thing that makes one unclean, or any person by whom he is made unclean by whatever kind of uncleanness[a] –

6 곧 이런 것에 접촉된 자는 저녁까지 부정하니 몸을 물로 씻지 아니하면 성물을 먹지 못할지며

6 the person who touches any such thing will be unclean until evening, and he shall not eat any[a] of the holy offerings unless he wash his body in water.

7 해 질 때에야 정하리니 그 후에 성물을 먹을 것이라 이는 자기의 응식이 됨이니라

8 절로 죽은 것이나 들짐승에게 찢긴 것을 먹음으로 자기를 더럽히지 말라 나는 여호와니라

9 그들은 나의 명을 지킬 것이라 그것을 욕되게 하면 그로 인하여 죄를 짓고 그 가운데서 죽을까 하노라 나는 그들을 거룩하게 하는 여호와니라

10 외국인은 성물을 먹지 못할 것이며 제사장의 객이나 품군은 다 성물을 먹지 못할 것이니라

11 그러나 제사장이 돈으로 사람을 샀으면 그 자는 그것을 먹을 것이고 그 집에서 출생한 자도 그러하여 그들이 제사장의 식물을 먹을 것이며

12 제사장의 딸은 외국인에게 출가하였으면 거제의 성물을 먹지 못하되

13 그가 과부가 되든지 이혼을 당하든지 자식이 없이 친정에 돌아와서 어릴 때와 같으면 그는 그 아비의 응식을 먹을 것이나 외국인은 먹지 못할 것이니라

14 사람이 부지중 성물을 먹으면 그 성물에 그 오분 일을 더하여 제사장에게 줄지니라

15 이스라엘 자손이 여호와께 드리는 성물을 그들은 더럽히지 말지니

16 그들이 성물을 먹으면 그 죄로 인하여 형벌을 받게 할 것이니라 나는 그들을 거룩하게 하는 여호와니라

7 When the sun sets, he becomes clean. Afterwards he may eat of the holy offerings, for they are his food.

8 He shall not eat[a] of any animal found dead or ripped by wild animals[b] to become unclean by it.[c] I am Yahweh.

9 "The priests shall keep my instructions lest they become guilty[a] by them and die thereby because they defile it.[b] I am Yahweh[c] who sanctifies them.

10 "No laity[a] may eat anything holy. Neither may a priest's guest nor his hired worker eat anything holy.

11 But if a priest purchases a slave with money, he may eat of it,[a] and as for slaves born[b] in his house, they[c] may eat of his food.

12 If a priest's daughter marries a layman, she shall not eat any of the holy contributions.[a]

13 But if a priest's daughter is widowed or divorced, without children, and she returns to her father's house as in[a] her youth,[b] she may eat of her father's food. No lay person,[c] though, may eat of it.

14 "If anyone eats of a holy offering inadvertently, he is to add 20 percent to it and give to the priest the holy offering.

15 They shall not profane the holy offerings of the Israelites which they have elevated to Yahweh

16 lest they bring on[a] themselves guilt requiring reparation[b] when they eat of the holy offerings. I am Yahweh who sanctifies them."

원문주해

3.a. 마소라 본문(MT)의 미콜 자르아켐(מכל־זרעכם, "너희의 모든 씨 중에": 개역 성경: 자손 중에) 대신 몇몇 히브리어 필사본들(mss), 70인경 필사본들(LXX[mss]) 그리고 벌게이트역(Vg)은 미자르아켐(מזרעכם, "너희 씨 중에")으로 읽는다.

3.b. 원 70인경(LXX[*])은 호 데오스 휘몬(*ὁ θεὸς ὑμῶν*, "너희의 하나님")을 추가한다.

4.a. 몇몇 히브리어 필사본들(mss)과 70인경(LXX)은 하코헨(הכהן, "그 제사장")을 추가한다. 참조. "원문주해" 1:7; 21:21.

4.b. 참조. 13장.

4.c. 전치사 베(ב)는 부분의 용법이다. 게세니우스 문법(GKC, § 119m)은 이 용법이 "어떤 일에(*in*) 참여한다는 이차적 개념을 동시에 지닌, 어떤 일로(*to*) 확장되는 행동의 개념"을 전달한다고 말한다.

4.d. 터메 네페쉬(טמא־נפש)는 도구의 소유격이다. "시체로 인해 부정한"(*IBHS* § 9.5.1d; Joüon § 129i). 네페쉬(נפש)의 이러한 의미에 관해서는 "원문주해" 19:28.b를 참조하라.

4.e. 참조. "원문주해" 15:16.a.

5.a. 4b절에서 시작되는 이 길게 늘어진 일련의 명사절은 긴 미정격(*casus pendens*)으로서의 역할을 한다. 그것은 6절에서 네페쉬(נפש, "사람, 아무개")가 다시 받는다.

6.a. 이것은 전치사 민(מן)의 부분의 용법으로서 "일부, 어떤 것"을 의미한다(BDB, 580).

8.a. 사마리아 오경(Sam)과 벌게이트역(Vg)은 복수 동사로 읽는다.

8.b. 복합적인 직접목적어가 강조를 위해 동사 앞에 위치한다.

8.c. 70인경(LXX)은 더 나은 그리스어 번역을 위해 복수 대명사를 사용하는데, 이는 선행사가 복수이기 때문이다.

9.a. 참조. 19:17; 20:20; 24:23.

9.b. 이 3인칭 단수 대명사의 선행사는 포괄적 단어인 코데쉬(קדש, "거룩")다(Bertholet, 76). 그렇지만 70인경(LXX)은 "원문주해" 9.a절과 9.b절에 있는 동사들과 일치하도록 복수 대명사를 갖는다.

9.c. 원 70인경(LXX*)은 호 데오스(ὁ θεός, "하나님")를 추가한다.

10.a. 주어가 강조를 위해 금지 명령 앞에 위치한다.

11.a. 70인경(LXX)은 전치사구 보(בו, "그것을")를 에크 톤 아르톤 아우투(ἐκ τῶν ἄρτων αὐτοῦ, "자신의 음식을")로 번역함으로써 그 법을 더욱 뚜렷하게 만든다.

11.b. 사마리아 오경 필사본들(Sam[mss]), 시리아역(Syr), 탈굼(Tg) 그리고 탈굼 위-요나단(*Tg. Ps.-J.*)은 복수 연계형으로 읽는다. 마소라 본문(MT)은 앞에 두 개의 요드(י)가 존재함으로써 발생된 실수일 수 있다. 뒤를 잇는 "그들은"은 미정격(*casus pendens*)인 이 어구가 복수였다는 것을 암시한다.

11.c. 70인경(LXX)은 헴(הם, "그들이")에 와우(ו)를 붙여 읽는다.

12.a. 참조. "원문주해" 7:32.a.

13.a. 몇몇 히브리어 필사본들(mss)은 전치사 케(כ, "…처럼") 대신 베(ב, "…안에")로 읽는다.

13.b. 얼마나 많은 것들이 조건절에 포함되는지에 대해서는 견해 차가 존재한다. 어떤 사람들은 붸샤바(ושבה, "그리고 그녀가 돌아와서")가 밀레헴(מלחם, "음식으로부터"; 개역 성경: 응식을)으로 시작되는 문장을 주절로 삼는 조건절의 일부로 간주한다. 그러나 라쉬(Rashi, 100b)는 붸샤바(ושבה)를 주절에 할당한다. "만일 그녀가 자녀가 없다면, 그녀는 돌아올 것이요." 라쉬의 주해는 붸샤바(ושבה)의 악센트 위치가 자신의 해석을 지지한다는 것을 지적한다.

13.c. 이 문맥에서 자르(זר, "낯선 사람, 외부인"; 개역 성경: 외국인)는 제사장 가문에 속하지 않은 사람을 지칭하는 데 사용된다(자르⟨זר⟩의 유사한 용례에 대해서는 신 25:5을 참조하라; Kilian, *Literarkritische*, 94).

16.a. "죄책을 유발하다"(개역 성경: 형벌을 받게 하다)를 의미하는 이 숙어에서 이것은 드물게 나타나는 나사(נשא, "들어 올리다")의 히필형이다.

16.b. 아본 아쉬마(עון אשמה, 문자적으로 "속건의 죄")는 난해한데, 왜냐하면 아본(עון)이 "죄" 혹은 죄를 범함으로 인해 발생되는 "죄책"을 의미할 수 있으며, 또한 아쉬마(אשמה)는 "죄책"이나 "침해" 혹은 "속건 제물"을 의미할 수 있기 때문이다(참조. 5:14-26[6:7]). 이 어구가 다양하게 해석되어 왔다는 것은 놀라운 일이 아니다: RSV, "죄악과 죄책"(iniquity and guilt); NIV, "지불을 요구하는 죄책"(guilt requiring payment); NEB, "죄책과 그것의 벌금"(guilt and its penalty); 그리고 JB, "속건(배상)의 희생을 요구하는 과실"(a fault demanding a sacrifice of reparation). 이어지는 설명에서 처리 방법이 구체적으로 명시되기 때문에 아본(עון)은 "죄책"을 의미하며, 따라서 아쉬마(אשמה)는 범법에 대한 벌금, 아니면 보상을 지시하게 된다. 이 법안의 초점이 악행의 제거이기 때문에, 아쉬마(אשמה)는 아마도 그 범죄 행위를 보상할 속건(배상)을 지시할 가능성이 매우 크다.

양식/구조/배경

이 연설의 구조는 다음과 같다.

I. 도입 형식문(1절)
II. 연설(2-16절)
  A. 이중적인 연설 위탁(2-3aα절)
    1. 명령을 수반하는 첫 번째 연설 위탁(2절)
      a. 연설 위탁 자체(2aα절)
      b. 성물들을 보호하라는 기본 명령(2aβ+b절)
        1) 명령 자체(2aβ+bα절)
        2) 여호와의 자기 소개 형식문(2bβ절)

2. 두 번째 연설 위탁($3a\alpha^1$절)

B. 연설 자체($3a\alpha^2$-16절)

1. 부정한 채로 성물에 접근하는 일에 대한 근본적이고 범주적인 법($3a\alpha^2$+b절)
   a. 법 자체($3a\alpha^2+b\alpha$절)
   b. 여호와의 자기 소개 형식문($3b\beta$절)
2. 성물 음식 섭취의 가부에 대한 법(4-16절)
   a. 제사장들의 경우(4-9절)
      1) 부정결의 유형의 확인(4-7절)
         a) 지속적인 부정결의 유형에 대한 법(4a절)
         b) 일시적인 부정결의 유형에 대한 법(4b-$6b\alpha$절)
            (1) 기본 사례(4b-$6a\alpha$절)
            (2) 수반된 결과($6a\beta+b\alpha$절)
         c) 회복에 대한 법($6b\beta$-7절)
      2) 죽은 채 발견된 짐승들의 고기 섭취 금지(8절)
         a) 금지 자체(8a절)
         b) 여호와의 자기 소개 형식문(8b절)
      3) 권고(9절)
         a) 권고 자체(9a절)
         b) 여호와의 자기 소개 형식눈(9b절)
   b. 제사장에게 가까운 사람들의 성물 음식 섭취의 가부에 대하여(10-14절)
      1) 각 사람의 제사장과의 관계에 근거한 법들(10-13절)
         a) 먹을 수 없는 사람들(10절)
         b) 먹을 수 있는 제사장들의 종들(11절)
         c) 제사장의 딸의 먹을 권리(12-13a절)
         d) 이방인은 먹을 수 없다는 법의 반복(13b절)
      2) 우연한 성물 음식의 섭취에 대한 배상법(14절)
   c. 금지의 요약(15-16절)
      1) 금지 자체(15-16a절)
      2) 여호와의 자기 소개 형식문(16b절)

이 간략한 연설은 21장의 두 연설에 추가로 첨부되었다. 그것은 21:22에 있는 뭬민 하코다쉼 요켈(ומן־הקדשים יאכל, "그리고 그들은 거룩한 제물들로부터 먹을 수 있다"; 개역 성경: 성물이든지 먹을 것이나)이라는 진술에 대한 확장이다(Elliger, 285, 287). 그것이 바로 성물을 다루고 성물 음식 섭취를 규정하는 법이 여기에 포함된 이유다. 21장의 두 연설과 마찬가지로, 이 연설은 아론 가문의 사람들에게 전달된다. 연설 위탁 형식문은 아론(=21:17a)과 그의 아들들(=22:2aβ)을 거명한다. 이 연설은 독자적인 단위로 간주되는데, 그 이유는 21:24에 있는 결론 형식문이 21장을 뚜렷이 정의된 한 단위로 꾸미기 때문이다. 이 연설은 21장에서 취급된 내재적인 혹은 지속적인 부정결의 문제와 대조되어 일시적인 부정결의 문제를 다룬다는 점에서 21장과 구별된다. 다른 관점에서 21장은 제사장의 신분과 밀접한 문제들, 즉 가족 구성원의 죽음, 결혼 대상이 될 수 있는 여자 그리고 신체적 결함들을 고려하는 반면, 이 연설은 신성한 음식의 취급에 주목한다.

이 연설은 두 개의 연설 위탁 형식문을 갖는다. 첫 번째 것(2절)은 제사장들이 거룩한 제물들을 "성별해야"(נזר – 나자르)하며 자신들을 부정한 것들과의 접촉에서 보호해야 한다는 전반적인 명령을 소개한다. 두 번째 형식문은 이 연설의 몸통의 서두다. 일련의 비인칭적 사례들은 제사장이 부정결한 상태에서 여하한 희생 제물도 먹을 수 없도록 차단한다. 그것은 과실에 대한 중대한 징벌에 의해 강조되는 권고와 더불어 마무리된다(9절). 이 권고는 분사절로 확장된 자기 소개 형식문에 기반을 두고 있다: 아니 아도나이 메카데샴(אני יהוה מקדשם, "나는 그들을 거룩하게 만드는 여호와니라"). 전형적으로 이러한 성결한 삶에 대한 분할 전반에 걸쳐 여러 가지 권면이 발견된다. 짧은 자기 소개 형식문인 아니 아도나이(אני יהיה, "나는 여호와니라")는 기본 명령(2절), 첫 번째 법(3절) 그리고 8절에 있는 금지를 강조한다. 두 번째 문단(14절)은 "무의식적으로"(בשגגה – 비쉐가가) 거룩한 것을 먹은 사람이 어떻게 그 실수를 교정할 수 있는지를 규정한다. 네 번째 문단(15-16절)은 제사장들에게 성물들을 속되게 만드는 이스라엘 사람들의 행위에 대하여 경고한다. 확장된 자기 소개 형식문 "나는 그들을 거룩하게 만드는 여호와니라"는 이러한 경고를 강조하고 이 연설을 결론으로 이끈다.

핵심 단어들이 이 연설을 하나로 통합시킨다: 어근 카다쉬(קדש, "거룩하다")의 여러 가지 형태(2[3회], 3[2회], 4, 7, 9, 10[2회], 12, 14[2회], 16[2회]절), 할랄(חלל, "속되게 하다": 2, 9, 15절), 타메(טמא, "부정하다")의 여러 가지 형태(3, 4, 5[3회], 6, 8절), 타헤르(טהר, "정결하다": 4, 7절) 그리고 아칼(אכל, "먹다": 4,

6, 7, 8, 10[2회], 11[2회], 12, 13[2회], 14, 16절). 여호와의 자기 소개 형식문은 또 하나의 통합시키는 끈이다(2, 3, 8, 9, 16절).

주석

2 제사장들은 이스라엘 사람들이 여호와께 드린 거룩한 예물들을 "성별하는 데"(נזר – 나자르) 주의를 기울여야 한다. 만일 그들이 이 점과 관련하여 잘못을 범한다면, 그들은 여호와의 이름을 속되게 만든다.

3 보통의 본토인과 마찬가지로 제사장은 일상적인 생활 과정에서 부정하게 된다. 그가 부정하게 될 때는 그 어떤 거룩한 것과도 접촉할 수 없다. 거룩한 것은 더럽혀져서는 안 된다. 여기서 성물들은 구체적으로 제단에 올리지 못한 거제물들이다(7:28-34; 저자가 이해하는 거제와 요제에 대해서는 이 책 2:11의 "주석"을 보라 – 역자주). 아마도 그것들은 거룩하게 간주되지 않는 경향이 있었을 것이다. 왜냐하면 그것들은 제단 위에 놓이지 않아서 더욱 가볍게 취급되었기 때문이다. 거룩한 것의 더럽힘은 혹독한 제명(끊어짐)의 형벌을 수반한다(참조. 7:20-21). 그런 범죄한 제사장은 다시는 제단에서 섬길 수 없었다.

4-**5** 명확히 정해지지 않은 오랜 기간 동안 부정하게 된 사람들이 구체적으로 명시된다. "악성 피부병"(צרוע – 차루아)을 앓는 사람(참조. 13절), 혹은 임질 따위의 "유출"(זב – 자브)을 가진 사람(참조. 15:1-12)은 정결해질 때까지, 다시 말해 그 질병에서 회복되어 통합 의례(rite of aggregation)를 거치기 전까지는 성물 음식을 먹을 수 없다(14:1-20; 15:13-15).

이어서 사람을 부정하게 만들지만 단지 저녁까지만 부정하게 되는 네 가지 상황이 언급된다: 동물 사체나 시신과의 접촉으로 부정하게 된 어떤 것을 만지는 것(5:2; 11:8, 11, 24-28, 32-40; 민 19:11, 14-16), 정액의 사정(15:16, 18) 혹은 부정한 "기는 동물"(שרץ – 쉐레츠, 11:29-30; 41-45)이나 부정결을 겪는 사람(예를 들어, 15:2-12)을 만지는 것. 이러한 일련의 사례들은 각자 조건절로 주어지고 있을 뿐 주절이 없다. 그것은 마지막 법과 동일하다는 것이 암시된다. "정하기 전까지는 성물을 먹지 말 것이요"(4a$\gamma\delta$절).

6-**7** 부정한 제사장은 전신 목욕을 해야 하며 해질 때 정결하게 된다. 이후에 그는 이러한 제물들을 먹을 수 있다.

8 자연사한(נבלה – 네벨라) 혹은 야수에게 뜯긴(טרפה – 트레파; 11:39-40; 17

:15) 정결한 짐승을 먹지 말라는 이 법령은 구체적으로 제사장들에게 적용되는데, 이는 그들이 성소에서 봉사하기 때문이다(참조. 겔 44:31. 이 구절은 구체적으로 어떤 새〈מִן־הָעוֹף – 민 하오프〉이든, 혹은 어떤 짐승〈מִן־הַבְּהֵמָה – 민 하브헤마〉이든 먹지 말라고 지시한다). 이 법령은 평신도보다는 제사장들을 위해 더욱 엄격한 형식을 갖추었다(17:15-16).

9 제사장들은 이 법에 주어진 하나님의 요구를 지키라는 권면을 듣는다. 만일 그들이 이 법을 지키지 않는다면, 그들은 자신에게 죄를 불러와 자칫 죽임을 당할 수 있다. 수반되는 결과는 잠재적으로 대단히 가혹한데, 이는 그들이 거룩한 것을 "속되게 했기"(חלל – 할랄) 때문이다. 제사장들은 이 법들이 자신들을 거룩하게 만드시는 여호와께서 주신 사실을 염두에 두어야 한다.

10 제사장들을 위해 일하는 사람들은, 그들이 아무리 제사장들에게 하사 받은 구역에 머물러 있다 할지라도, 그 어떤 거룩한 제물들도 먹을 수 없다. 여기서 자르(זָר, "외부인"; 개역 성경: 외국인)는 이스라엘인이든 타국인이든 제사장들 속에서 살지만 아론 가계의 일원이 될 자격을 갖추지 못한 사람들을 의미하며, 토샤브(תּוֹשָׁב)는 단기간 동안 제사장과 함께 머무는 손님을 의미한다(Snaith, 102).

11 제사장이 산 노예들과 그들이 제사장의 집안에 들어온 후에 그들에게서 태어난 자녀들은 성물 음식을 먹을 수 있다. 왜냐하면 그들은 그 가족의 일원이 되었기 때문이다. 이러한 기준은 아브라함에게 지시된 바, 사들인 노예들에게 할례를 베풀어 언약 백성의 일부로 삼으라는 지침과 일치한다(창 17:12-13).

12-13 제사장의 딸은 당연히 성물 음식에 접근할 수 있다. 그러나 그녀가 아론 혈족이 아닌 사람과 결혼한다면, 그녀는 "거룩한 기부물"(תְּרוּמַת הַקֳּדָשִׁים – 테루마트 하코다쉼; 개역 성경: 거제의 성물)에 대한 권리를 박탈당한다(참조. 3절). 그 기부물은 여호와께 "헌정된", 그러나 제단 위로 올리지 않는 제물의 부분이다(참조. 7:32). 만일 이 몫이 차단된다면, 그 딸은 모든 희생 제물의 몫에서 배제된다. 그렇지만 만일 그녀가 무자식인 상태로 과부나 이혼녀가 되어 집으로 돌아온다면, 그녀의 이러한 음식에 대한 권리는 재확립된다.

14 만일 어떤 사람(אִישׁ – 이쉬)이 무심코(בִּשְׁגָגָה – 비쉐가가) 성물 음식의 일부를 먹는다면, 그는 그 성물 음식에 1/5을 더하여 반환해야 한다. 잘못한 당사자의 신분은 확인되지 않는다. 그는 제사장인가(대부분의 해석가들), 아니면 평신도인가(Keil and Delitzsch, 435)? 5:14-16에 따르면 성물 음식을 먹는 평신도는 더 큰 징벌에 처해지기 때문에, 이 법은 제사장의 무의식적인 행위를 다루고 있음이 분명

하다.

15-16 이 두 구절은 3인칭 복수 동사들로 구성되어 있기 때문에, 거룩한 제물들의 신성을 더럽히는 당사자의 신분 확인은 계속해서 불분명하다. 카일 델리취(Keil and Delitzsch, 435)는 그 주어를 백성들로 간주한다: 따라서 그들이 해석하는 16절의 의미는 제사장들이 죄책을 가진 사람들로 하여금 14절에 명시된 배상 책임에 따라 자신들의 행위의 결과들을 받아들이도록 만들어야 하는 것이다. 그러나 만일 15절의 주어가 14절에 비추어 더 바람직하게 보이는 것처럼 제사장들이라면, 16절은 거룩을 더럽히는 그들의 행위가 백성들에게 죄책을 불러 온다는 것을 의미한다(참조. Noordtzij, 224; Elliger, 294). 어찌 되었든 이 경우는 제사장들이 성소에서 직무 중일 때 매우 주의하도록 당부한다. 그들은 제단에 바친 거룩한 예물들의 탈성화(desecration)를 전부 막아야 하는데, 이는 그런 잘못된 행위가 배상(=עון אשמה - 아본 아쉬마, 속건)을 요구하는 죄책을 가져올 것이기 때문이다(개역 성경: 형벌을 받게 할 것이라). 이러한 죄책은 특정하게 제사장들이 오염된 성물 음식을 먹을 때 유발된다. 그러므로 이 희생 의식에 있는 모든 의례는 바치는 자(들)의 유익을 위해 제물이 받아들여질 수 있도록 그 규정에 따라 수행되어야만 했다.

해설

제사장들은 매우 신중을 기울여 거룩한 것과 속된 것을 분리하고 정결한 것과 부정결한 것 사이를 구별해야만 했다. 그들은 결코 부정한 것을 거룩한 것의 영역으로 가져올 수 없었다. 그들은 거룩한 것이 오염되지 않도록 그것을 잘 다루어야 했다. 제사장들이 이러한 기준에서 느슨해질 때, 그들은 하나님의 거룩한 이름을 속되게 했다.

제사장들은 제의적 정결법의 어느 하나라도 어기지 않기 위해 스스로 경계해야만 했다. 그들의 가족들은 제물들에 대한 어떤 권리를 가졌다. 이러한 권리는 제사장의 집안 일을 돕는 종들과 노예들에게 확대되었다. 그러나 만일 딸이 제사장 혈족 밖에서 결혼한다면, 그녀는 이러한 음식에 대한 권리를 빼앗겼다. 그러나 만일 남편이 죽거나 이혼을 당해 그녀가 남편을 잃었으되 자녀가 없을 때, 그녀는 집으로 돌아올 수 있었으며 이러한 권리가 그녀에게 원상복귀되었다.

만일 제사장이 실수로 성물 음식을 남용했다면, 그는 자신의 잘못을 교정할 수 있었다. 그는 무심코 먹은 것에 1/5을 더하여 갚을 수 있었다.

고대의 제사장들과 마찬가지로, 교회의 감독들과 목사들 그리고 장로들은 평신도들보다 더 큰 책임을 지니고 있다. 그들은 하나님의 말씀에 순종함으로써 스스로를 정결하게 지켜야 한다(딤전 3:2; 5:22; 딛 1:6-9). 그들은 사랑을 품고, 또한 자원하여 세워 주는 마음을 가지고 회중을 이끌어야 한다(벧전 5:2; 딛 2:7-8). 그들은 권력에 목마른 행정관이 아닌 하나님의 구원의 은총의 모범이 되어야 한다(벧전 5:3). 실로 이러한 지도자들은 존경과 영예를 돌릴 가치가 있다(벧전 5:5; 딤전 5:1, 17). 그들의 책임과 더불어 특권이 동반한다. 감독들과 목사들은 회중들로부터 생활비를 받을 자격이 있다(고전 9:9-14; 딤전 5:17-18; 마 10:10; 눅 10:7). 그러한 후원은 그들 가족들의 필요를 포함한다. 그렇지만 목사들은 하나님의 백성들의 헌금을 낭비하거나 유용하지 않도록 주의해야 한다(참조. 딤전 6:7-11). 그들은 언제든 잘못을 범할 때마다 자백과 그들이 유용했던 것의 합리적인 배상을 통해 그 상황을 바로잡을 필요가 있다.

G. **희생으로 드릴 수 있는 짐승들에 대한 법**(22:17-33)

본 문

17 여호와께서 모세에게 일러 가라사대	**17** Yahweh spoke to Moses:
18 아론과 그 아들들과 이스라엘 온 족속에게 고하여 이르라 이스라엘 자손이나 그 중에 우거하는 자가 서원제나 낙헌제로 번제를 여호와께 예물로 드리려거든	**18** "Speak to Aaron and his sons and all the Israelites[a] and say to them: Whenever any one[b] from the house[c] of Israel or from the resident aliens[d] in Israel presents an offering, either for any of their vows or for any of their freewill gifts, which may be presented[e] to Yahweh[f] for a whole offering,
19 열납되도록 소나 양이나 염소의 흠 없는 수컷으로 드릴지니	**19** it is to be a male free from defect from[a] cattle, sheep, or goats for it to be accepted for you.
20 무릇 흠 있는 것을 너희는 드리지 말 것은 그것이 열납되지 못할 것임이니라	**20** You shall not present[a] any animal which has a blemish, because it will not be accepted on your behalf.
21 무릇 서원한 것을 갚으려든지 자의로 예물을 드리려든지 하여 소나 양으로 화목제 희생을 여	**21** Whenever anyone presents an offering of well-being to Yahweh to fulfill[a] a vow or for a

호와께 드리는 자는 열납되도록 아무 흠이 없는 온전한 것으로 할지니

freewill offering,[bc] from[d] cattle or from[d] sheep, it is to be perfect in order to be acceptable; it shall not have any blemish.

22 눈먼 것이나 상한 것이나 지체에 베임을 당한 것이나 종기 있는 것이나 괴혈병 있는 것이나 비루먹은 것을 너희는 여호와께 드리지 말며 단 위에 화제로 여호와께 드리지 말라

22 You shall not present to Yahweh any animal that is blind, has a broken limb, is mutilated,[a] has seeping sores,[b] a festering rash,[c] or a skin disease,[de] and you shall not make from them a gift to Yahweh on the altar.

23 우양의 지체가 더하거나 덜하거나 한 것은 너희가 낙헌 예물로는 쓰려니와 서원한 것을 갚음으로 드리면 열납되지 못하리라

23 But you may make[a] as a freewill offering a bull or a sheep that has any member that is too long or stunted,[b] but such will not be accepted for a vow.[c]

24 너희는 불알이 상하였거나 치었거나 터졌거나 베임을 당한 것은 여호와께 드리지 말며 너희 땅에서는 이런 일을 행치도 말지며

24 You shall not present[a] to Yahweh an animal with bruised,[b] crushed, torn, or cut-off testicles. You shall not do this in your own land.

25 너희는 외방인에게서도 이런 것을 받아 너희의 하나님의 식물로 드리지 말라 이는 결점이 있고 흠이 있는 것인즉 너희를 위하여 열납되지 못할 것임이니라

25 You shall not get any such as these from foreigners and present them as food[a] for your God. Because of deformities[b] and blemishes in them, they will not be accepted on your behalf."

26 여호와께서 모세에게 일러 가라사대

26 Yahweh spoke to Moses:

27 수소나 양이나 염소가 나거든 칠 일 동안 그 어미와 같이 있게 하라 제팔일 이후로는 여호와께 화제로 예물을 드리면 열납되리라

27 "Whenever a calf or a lamb or a goat is born, it is to remain with its mother seven days. From the eighth day on it will be acceptable for an offering, a gift to Yahweh.

28 암소나 암양을 무론하고 어미와 새끼를 동일에 잡지 말지니라

28 You shall not slaughter on the same day a cow or a ewe[a] and its young.

29 너희가 여호와께 감사 희생을 드리거든 너희가 열납되도록 드릴지며

29 When you sacrifice[a] a sacrifice of praise to Yahweh, you are to sacrifice it[b] in a manner that it will be accepted on your behalf.

30 그 제물은 당일에 먹고 이튿날까지 두지 말라 나는 여호와니라

30 It is to be eaten on that day; you[a] shall not leave any of it over until morning. I am Yahweh.

31 너희는 나의 계명을 지키며 행하라 나는 여호와니라

31 "Keep my commandments and do them. I am Yahweh.[a]

32 너희는 나의 성호를 욕되게 말라 나는 이스라엘 자손 중에서 거룩하게 함을 받을 것이니라 나는 너희를 거룩하게 하는 여호와요

32 You shall not profane my holy name, for I will be proclaimed holy in the midst of the Israelites. I am Yahweh,[a] your sanctifier,[b]

33 너희 하나님이 되려고 너희를 애굽 땅에서 인도하여 낸 자니 나는 여호와니라

33 who has brought you out of Egypt to be your God. I am Yahweh."

원문주해

18.a. 마소라 본문(MT)의 브네이(בני, "…의 아들들") 대신 70인경(LXX)은 쉬나고게(*συναγωγῆ*, "회집, 회중")로 읽는다. 참조. "원문주해" 19:2.a.

18.b. 이쉬 이쉬(איש איש)에 관해서는 17:3; 18:6을 참조하라.

18.c. 마소라 본문(MT)의 미베이트(מבית, "…의 집의"; 개역 성경: 이스라엘 자손이나) 대신 70인경(LXX)과 탈굼 필사본들(Tg[mss])은 미브네이(מבני, "…의 아들들 중에")로 읽는다.

18.d. 몇몇 히브리어 필사본들(mss), 사마리아 오경(Sam), 70인경(LXX), 시리아역(Syr) 그리고 벌게이트역(Vg)은 하가르(הגר, "체류하는")를 추가한다. 마소라 본문은 쉽게 중자탈락으로 발생할 수 있었을 것이다. 한편, 하게르 하가르(הגר הגר, "체류하는 이방인")라는 어구의 빈번한 사용은 더 충실한 본문을 만드는 결과를 가져왔을 것이다. 마소라 본문(MT)이 더 단순한 본문으로서 지지를 받지만, PIR은 이 이문을 B등급으로 매기면서 호감을 갖는다. 70인경(LXX)은 추가로 프로스 아우투스(*πρὸς αὐτούς*, "그들 중에")를 읽는다.

18.e. 3인칭 복수는 실질상의 수동태다(GKC § 144f).

18.f. 마소라 본문(MT)의 라도나이(ליהוה, "여호와께") 대신 원 70인경(LXX*)은 토 데오(*τῷ θεῳ*, "하나님께")로 읽는다.

19.a. 전치사 베(ב)는 "…의 중에"라는 의미를 전달한다("…의 영역 속에"; GKC § 119i).

20.a. 70인경(LXX)은 퀴리오(*κυρίῳ*, "주님께")를 추가한다.

21.a. 팔레(פלא)는 "놀랍다, 특별하다"를 의미한다(BDB, 810). 그것은 피엘형으로는 단지 세 번 나타나는데, 각각 희생을 직접 목적어로 갖는다(민 15:3, 8). BDB는 그것을 "…를 특별하게 만들다"로 번역하는 반면, 쾰러 바움가트너 사전(KB, 876)은 "…특별한 일을 이행하다"라는 의미를 부여한다. 그것은 또한 희생과 관련하여 히필형으로 두 번 나타난다(27:2; 민 6:2). 그 용법에 대해서 BDB는 "힘든/어려운 일을 하다"를, 쾰러 바움가트너 사전(KB)은 "놀라운 일을 수행하다"라는 의미를 부여한다. 알베르츠(R. Albertz, "פלא *pl'* ni. wunderbar sein," *THAT* 2:416)는 이 문맥이 희생이 "특별하다"는 어떠한 암시도 주지 않는다고 설명한다. 그는 팔레(פלא)를 "성취하다, 수행하다"를 의미하는 것으로 간주한다. 그는 이것이 전문적인 희생 용어로 보존되어 온 두 번째 어근인 팔라(פלא)에서 왔을 가능성이 매우 높다고 생각한다.

21.b. 하나의 히브리어 필사본(ms), 사마리아 오경(Sam) 그리고 탈굼 위-요나단(*Tg. Ps.-J.*)에는 네다바(נדבה, "자원제"; 개역 성경: 낙헌제)에 붙은 레(ל, "…에게")가 빠져 있다.

21.c. 70인경(LXX)은 엔 타이스 헤오르타이스 휘몬(*ἐν ταῖς ἑορταῖς ὑμῶν*, "너희의

절기들에")을 추가한다.

21.d. 참조. "원문주해" 19.a.

22.a. 마소라 본문(MT)의 하루츠(חרוץ)는 하라츠(חרץ, "깎다, 날카롭게 만들다")의 칼 수동태 분사다(BDB, 358). 그것은 날카로운 어떤 물건으로 가르거나 짼 짐승을 의미한다.

22.b. 얄레페트(יבלת)에 대해, BDB(385)는 "고름이 흐르는 종기(running sore)나 피부 궤양"이란 뜻을 부여하지만, 쾰러 바움가트너 사전(KB, 367)은 그것을 아카드어 우블루(*ublu*, "사마귀")와 관련시킨다. 그러나 딜만(Dillmann, 627)은 그것이 야발(יבל, "흐르다")에서 유래하여 고름이 스며 나오는 종기를 의미하는 것으로 간주한다. 이러한 설명은 어원론 때문에 선호할 만하다. 고대 레위기 두루마리(11QpaleoLev)에서는 야벨레트(יבלת)와 얄레페트(ילפת)가 위치를 뒤바꾼다.

22.c. 참조. "원문주해" 21:20.d.

22.d. 참조. "원문주해" 21:20.e.

22.e. 이 일련의 결함들은 강조를 위해 맨 앞에 나오는 미정격(*casus pendens*)이다. 그것은 직접목적어 엘레(אלה, "이것들을")가 다시 받는다.

23.a. 이 동사는 사마리아 오경(Sam)에서 복수형이다. 이러한 변화는 문맥 속에 있는 복수 동사들과 일치시키기 위해 만들어졌다. 아사(עשה, "행하다, 만들다")는 이러한 유형의 제물을 위한 희생 의례를 행하는 것을 지칭하는 부드러운 단어다.

23.b. 이 복합적인 미정격(*casus pendens*)은 강조를 위해 맨 앞에 위치한다. 그것은 오토(אתו, "그것을")가 다시 받으며, 또한 동사 예라쩨(ירצה, "그것이 열납될 것이다")의 접두어(afformative, 즉 미완료 3인칭 남성 단수인 요드[י] – 역자주)가 이어받는다.

23.c. 직접목적어가 강조를 위해 동사 앞에 나온다. 70인경(LXX)은 소유대명사 수(σου, "너의")를 추가하여 유켄(εὐχήν)을 더욱 정확하게 한정짓는다. 70인경은 다른 히브리어 본문을 가졌을지도 모른다. 아니면 그것은 그리스어 번역을 명료하게 만들려 했는지도 모른다.

24.a. 프로사크세이스 아우타(*προσάξεις αὐτα*)를 갖는 70인경(LXX)은 마소라 본문(MT)의 로 타크리부(לא תקריבו, "너희는 드리지 말라")를 "너는 그것을 드리지 말라"로 읽는다.

24.b. 사마리아 오경(Sam), 70인경(LXX) 그리고 벌게이트역(Vg)은 마우크(מעוך)에 붙은 와우(ו)를 읽지 않는다.

25.a. 참조. "원문주해" 21:6.b.

25.b. 모쉬하트(משחת)는 어근 샤하트(שחת, "망가뜨리다, 황폐화시키다, 손상시키다")에서 온 무크탈(*muqtal*) 형태다. BDB(1007-8)는 그것을 "파괴된, 망가진, 손상된"으로 번역하며, 쾰러 바움가트너 사전(KB, 609)은 "상처난, 결함 있는"이란 뜻을 부여한다. 고

대 레위기 두루마리(11QpaleoLev)는 마소라 본문(MT)의 모쉬하탐 빠헴(משחתם בהם) 대신 모쉬하팀 헴(משחתים הם)으로 읽는다. 이 이문은 호팔 분사형 "그들이 기형이다"(they are deformed)일 수 있다. 사마리아 오경(Sam)과 70인경(LXX)은 이문융합된 독법인 모쉬호탐 빠헴(משחתם בהם, "그들의 기형들이 그들 안에 있다")을 갖는다.

28.a. 마소라 본문(MT)의 오 세(או־שה, "또는 암양") 대신 사마리아 오경(Sam)과 원 70인경(LXX*)은 23절에서 그런 것처럼 붸세(ושה, "그리고 암양")로 읽는다.

29.a. 이 제의 법안에서 "제바흐(זבח)는 보통 샤하트(שחט)가 갖는 의미인 "도살" 이상의 의미를 갖는다. 그것은 전체적인 희생 의식을 수행하는 것을 의미한다(Elliger, 301).

29.b. 몇몇 히브리어 필사본들(mss), 사마리아 오경(Sam), 70인경(LXX) 그리고 시리아역(Syr)은 동사 티즈베후(תזבחו, "너는 그것을 희생으로 잡아야 한다")에 붙은 대명사 접미어를 읽는다. 이러한 독법은 선호할 만하다.

30.a. 하나의 70인경 필사본(LXX ms)과 시리아역(Syr)은 붸로(ולא, "그리고 아니다")를 읽는다.

31.a. 사마리아 오경(Sam)과 원 70인경(LXX*)은 아니 아도나이(אני יהוה, "나는 여호와다")를 읽지 않는다. 더 짧은 독법이 선호할 만하다. 이 어구는 이 구절에서 아주 빈번히 나타나기 때문에, 그것이 쉽게 추가될 수 있었을 것이다.

32.a. 두 개의 히브리어 필사본(mss)이 아니 아도나이(אני יהוה, "나는 여호와다")를 빠뜨린다.

32.b. 마소라 본문(MT)의 메카디쉬켐(מקדשכם, "너희를 거룩하게 하시는 분") 대신 사마리아 오경(Sam)과 탈굼 필사본들(Tg^{mss})은 메카디샴(מקדשם, "그들을 거룩하게 하시는 분")으로 읽는다. 참조. "원문주해" 21:8.e.

양식/구조/배경

이 단위의 구조는 다음과 같은 개요를 갖는다.

I. 첫 번째 연설(17-25절)
  A. 도입 형식문(17절)
  B. 연설(18-25절)
    1. 연설 위탁(18a절)
    2. 연설 자체(18b-25절)
      a. 번제를 위한 짐승들에 대한 법(18b-20절)
      b. 화목제를 위한 짐승들에 대한 법(21-24절)
        1) 기본 법(21절)

2) 희생으로 자격 미달인 짐승들의 특징(22-24절)

c. 타국인에게 얻은 짐승들을 바치지 말라는 금지(25절)

II. 두 번째 연설(26-33절)

A. 도입 형식문(26절)

B. 연설 자체(27-33절)

1. 법들(27-30절)

a. 어린 짐승들의 희생에 대한 법(27-28절)

b. 찬양(감사) 제물의 섭취에 대한 법(29-30절)

2. 권고(31-33절)

이 부분은 아론과 그의 아들들, 그리고 백성에게 전달됨으로써 선행하는 연설과 분리된다(참조. 17:2). 열납될 수 있는 짐승들만 제단에 가져오는 것을 확인할 책임이 제사장들과 평신도 모두에게 부여된다. 여기서 쟁점은 공적인 희생이 아니라 사적인 희생들이다(Elliger, 296).

이 부분은 두 개의 짧은 설교를 갖는다: 하나는 짐승을 자격 미달시켜 제물로 열납될 수 없게 하는 특징들에 대한 것이고(17-25절), 다른 하나는 희생에 쓸 짐승의 선택에 여러 가지 제한을 가하는 것이다(26-30절). 이 두 연설에 권고가 뒤따른다(31-33절).

첫 번째 연설은 "번제들"(עלות – 올로트)이나(1장) "화목제들"(זבחי־שלמים – 지브헤이 쉘라밈)로 바쳐진(3장) "서원 제물들"(נדרים – 네다림)과 "자원(낙헌) 제물들"(נדבות –네다보트)에 우선적으로 관심을 갖는다. 이러한 제사들은 자발적이고 사적이기 때문에, 백성들은 최상품의 짐승을 바치는 열정이 떨어지는 경향이 있을 수 있었다.

자원(낙헌) 제물로 쓸 짐승의 경우 어떤 사소한 흠들이 허용되지만, 서원 제물은 그렇지 않기 때문에 자격 박탈시키는 흠들의 목록이 화목제에 관한 자료에 등장한다. 짐승의 흠들의 목록은 제사장들의 그것에 상응한다(21:18-20; 참조. Milgrom, "Ethics and Ritual," 180-81). 양자의 목록에 나열된 흠들의 숫자는 12이며, 둘 다 시각 장애(עור – 이붸르)로 시작하여 손상된 고환으로 끝난다. 다섯 가지 용어가 확인된다(Milgrom, 180): 맹안, 기다란 사지(elongated limbs), 부러진 뼈, 종기, 부스럼이다(개역 성경: 눈먼 것, 상한 것, 지체가 베인 것, 종기, 괴혈병). 두 목록에 있는 결함들의 분류를 비교해 보면 교차 구조가 만들어진다: 제사장들에 대한 패턴에 열거된 결합들은 넷, 둘, 여섯인 반면, 짐승들에 대해서는 그 패턴이 여섯, 둘, 넷이다: 이러한 교차 구조는 그 단위가 이 연설을 21장에 있는 연설에 단단히 결속시키기 위해 작성되었다는 것을 시사한다.

이 연설에 담긴 세부 사항들의 일부는 하나의 번제(1장)와 세 종류의 화목제(7:11-18)에 대해 말하는 1-7장의 규정들과 일치하지 않은 것으로 보인다(번제의 경우 22:18에서 두 가지 번제, 즉 서원의 번제와 자원⟨=낙헌⟩의 번제가 언급되고, 화목제의 경우는 세 가지가 아니라 22:21에서 서원의 화목제 한 가지만 언급되므로 – 역자주). 번제와의 명백한 모순은 단순히 1장에 있는 번제 규정에 대한 연설에서 사람이 바칠 수 있는 번제의 종류에 아무런 포괄적 범위가 주어지지 않았기 때문일 수 있다. 여러 다른 종류의 화목제가 3장의 화목제 규정에 언급되지 않다가 나중에 7:11-18에 제시되는 것과는 달리 말이다. 더욱 혼란스러운 것은 18-25절에 화목제로 드리는 토다(תודה, "찬양⟨감사⟩의 제물")에 대해 아무런 언급이 없다는 것이다. 그러나 29절에서 그것이 취급되는 것은 연설자가 18-25절에서 그것에 대해 말하지 않기로 선택했다는 것을 시사한다. 그 이유는 특별히 토다에 대한 언급이 토다와 다른 종류의 화목제들 사이의 차이를 강조하기 위한 것이기 때문이다. 그 차이란 오직 감사제의 고기는 오직 희생의 당일에만 먹을 수 있는 반면(7:15), 이와 대조적으로 서원과 자원(낙헌)의 화목제로 바친 제물은 당일과 이튿날에 먹을 수 있도록 허용된 점이다(7:16). 그러므로 이 단락은 서원의 제물과 자원(낙헌)의 제물이 번제와 화목제의 어느 하나로 드려질 수 있었다고 가르치지만, 감사의 제물의 경우는 그렇지 않았을 것이다(즉 이것을 번제로는 바치지 않았다 – 역자주).

두 번째 짧은 설교는 첫 번째의 것과 관련되어 있다. 이 연설은 짐승의 도살에 대한 법들을 제공한다. 갓 태어난 새끼는 8일째까지 희생으로 드릴 수 없었으며, 같은 날 한 짐승과 그것의 새끼를 희생으로 드리는 것이 금지되었다. 이러한 점을 고려할 때, 이 법은 동물의 생명에 대한 배려와 더불어 그 동물의 생명이 존중과 동정심을 받는 가운데 취해져야 한다는 것을 공히 보여 주고 있다.

이 부분은 18:2-5, 24-30; 19:37; 20:22-26에 있는 권면들에 상응하는, 하나님의 계명들을 지키라는 권면과 함께 마무리된다. 이 권고는 구체적으로 이 부분, 즉 희생용 짐승들에 관한 부분에 적용되지만, 그것은 또한 21-22장의 큰 문단을 마무리하면서 두 장 모두에 적용되기도 한다.

이 연설들은 두 가지 이유로 여기에 첨부되어 있다. 첫째로 대부분의 화목제는 제사장과 평신도가 공히 먹을 수 있기 때문에, 그 연설은 제사장의 성물 음식의 섭취에 대한 특권을 규정하는 연설 이후에 나온다. 둘째로 제사장은 제단에서 섬기기 위해 흠이 없어야 하는 것과 마찬가지로(21:17-23), 제단에 바치는 짐승들도 모든 흠들로부터 자유로워야 한다. 제사장과 희생 짐승 둘 다 여호와의 거룩의 증거로서 "온전"(תמים – 타밈)해야 한다.

이 연설들은 23b절의 2인칭 단수의 경우를 제외하고 비인칭적 문체와 2인칭 복수의 직접 전달 형식이 혼합되어 있는 법들로 구성되어 있다. 연설자는 제사장의 전문 지식에서 자료를 취해 그것을 자신의 청중에게 직접적으로 말하기 위해 직접 전달 형식 속에 끼워 넣었다.

몇 가지 핵심 용어들이 이 두 연설을 하나로 통합시킨다: 히크리브(הקריב, "바치다, 가져오다": 18[2회], 20, 21, 22, 24, 25절), 코르반(קרבן, "제물, 봉헌물": 18, 27절), 어근 라짜(רצה, "열납되다, 기쁘게 받다": 19, 20, 21, 23, 25, 27, 29절), 타밈(תמים, "완전한, 완벽한, 흠 없는": 19, 21절) 그리고 뭄(מום, "흠": 20, 21, 25절). 그렇다면 핵심 주제는 제물을 바치는 사람의 유익을 위해 하나님께 열납될 수 있는 짐승들의 희생제다.

주석

18 이 법은 모든 사람(איש איש – 이쉬 이쉬)에게 전해진다(참조. 17:3; 18:6; 22:4). 이스라엘 사람들(מבית ישראל – 미베이트 이스라엘)과 이스라엘 가운데 체류하는 타국인(מן־הגר בישראל – 민 하게르 베이스라엘) 사이에는 아무런 차별이 없어야 한다. 이스라엘 가운데 사는 어떤 타국인이 여호와를 자신의 하나님으로 섬길 기회를 가졌다는 사실을 강조하는 것은 중요하다. 만일 그가 여호와를 섬기기로 선택했다면, 그는 이스라엘 사람들과 동일한 종류의 제사를 드렸다. 그는 더 높은 수준을 고수하려고 애쓸 필요가 없었고, 또한 그를 위해 어떠한 완화조치도 마련되지 않았다. 누구든지 "서원 제물"(נדר – 네데르) 혹은 "자원(낙헌) 제물"(נדבה – 네바다)을 "번제"(עלה – 올라)로 바칠 수 있다(참조. 1장). 이것은 제물 전체가 제단 위에서 태워져야 한다는 것을 의미한다(서원 제물과 자원〈=낙헌〉 제물에 대해서는 7:16을 참조하라).

19-20 "소떼"(בקר-바카르), "양떼"(כשׂבים – 케사빔) 그리고 "염소들"(עזים – 이짐)은 번제를 위한 규정에서 지정된 짐승들이다(1:3-13). 이 두 종류의 번제는 자발적이기 때문에 가난한 사람을 위한 대체 짐승에 관한 조항이 제공되지 않는다

(참조. 1:14-17절). 근본적인 쟁점은 어떤 제물이 하나님에 의해 수납되어(רצה – 라차) 그것을 바치는 사람에게 효력을 발휘한다는 것을 분명하게 확증해 주는 것이다. 하나님께 열납된 제물이 되려면, 짐승은 완전하거나 결함이 없는(תמים – 타밈), 혹은 결점이나 흠(מום – 뭄)이 없는 수컷이어야 한다(1:3). 이 용어들 중 첫 번째 것은 긍정적이고 두 번째 것은 부정적인 것으로 두 용어가 함께 모든 종류의 결함을 포괄한다. 우리는 결코 하나님께서 아무리 작은 흠이라 할지라도 어떤 흠이 있는 짐승을 단지 열납하실 것이라고 추정할 수는 없다. 말라기는 자신의 시대에 제2성전에서 드려진 짐승들의 품질에 관해 느슨해진 기준을 증언한다(1:14). 백성들은 눈이 안 보이거나 다리를 절거나 병든 짐승을 바쳤다(1:8; 참조. 13절). 여호와께서는 자신의 가축 떼로부터의 어떤 짐승을 서약한 뒤 그 짐승 대신 손상된 짐승(משחת – 모쉬하트)을 희생으로 바치는 사람들을 저주하신다. 그런 사람은 사기꾼이다(נוכל – 노켈, 말 1:14).

21-24 "화목제"(זבח־שלמים – 제바흐 쉘라밈)와 관련하여(참조. 3장), 짐승은 그것이 "서원"(נדר – 네데르)의 성취로 바치는 제물이든지 "자원(낙헌) 제물"(נדבה – 네바다)이든지 어떠한 흠도 있어서는 안 된다. 이 요점은 반복적으로 진술되는데, 이는 이러한 종류의 제물들을 하나님께서 정해 놓으신 요구 조건들을 충족하기 위해 드리는 것이 아니라 순전히 평신도가 어떤 동기를 부여받아 바치기 때문이다. 그럴 듯한 상상은 제사자가 이러한 부류의 제사를 위해 허용된 짐승들과 관련하여 하나님이 더 관대하실 것으로 추측했으리라는 것이다. 그 제사자의 추측은 23절에서 보는 바와 같이 단지 자원(낙헌)의 제물과 관련해서만 타당하다. 특정한 결함이나 흠들이 나열된다: "눈먼 것"(עות – 이붸르), "어떤 사지나 신체 부위가 부러진 것"(שׁבור – 샤부르, 개역 성경: 상한 것), "지체가 절단된 것"(חרוץ – 하루츠), "고름이 흐르는 종기나 궤양"(יבלת – 야벨레트) 혹은 "피부염"(גרב – 가라브, 개역 성경: 괴혈병), "태선(苔蘚), 비듬, 부스럼"(ילפת – 얄레페트; 개역 성경: 비루먹은 것). 이러한 결함들 가운데 어떤 것을 지닌 동물은 어느 것도 여호와께 제단 위에서 "예물"(אשׁה – 이쉐)로 바칠 수 없다(참조. 1:9). 엘리거(300)는 이 마지막 문장을 공적인 희생(אשׁה – 이쉐)이 사적인 희생들에 대한 규범 역할을 하는 것으로 해석한다.

만일 어떤 짐승이 정상적인 것보다 더 긴 지체(שׂרוע – 사루아)를 지니고 있다면, 혹은 반대로 어떤 지체가 너무 왜소하다면(קלוט – 칼루트), 그것은 제물로 바칠 수 없을 것이다. 딜만(Dillmann, 628)은 이러한 형용사들이 어떤 몸의 일부의 크기뿐만 아니라 수에도 적용되는 것으로 간주한다. 이 법은 지나치게 거구이거나 난쟁이 같이 왜소한 짐승을 포함했다. 여기서 만들어지는 한 가지 예외는 "자원(낙헌) 제물"(נדבה – 네다바)을 위한 짐승의 완전성에 대한 것이다. 그러나 "서원"(נדר – 네데르)을 위한 예물은 예외가 아니다. 이것은 서원이 대단히 중요한 문제로 간주된다는 것을 시사한다.

짐승의 고환의 결함은 그 짐승을 제물로서 부적절하게 만들었다. 이것은 어떤 식으로든 변형되었거나 손상된 고환을 포함했다: "타격을 입은 것"(מעוך – 마우크), "깨진 것"(כתות – 카투트), "찢긴 것"(נתוק – 나투크), "베인 것"(כרות – 카루트). 이러한 용어들은 어떤 짐승을 거세하는 네 가지 방법에 대한 묘사일 수 있다. 그런 짐승들은 더 이상 온전하지 않았기 때문에, 그것은 거룩의 표준에 맞지 않았다. 항상 가축 떼로부터 그런 짐승을 취하려 하나님께 제물로 바치려는 유혹이 있었을 것이다.

"너희는 너희의 땅에서 [그렇게] 행치도 말지며"라는 문장의 해석은 분분하다. 어떤 사람들(Wenham, 295와 Elliger, 300)은 이 금지를 어떤 짐승도 이스라엘에서 거세될 수 없었다는 의미로 받아들인다. 그러나 딜만(Dillmann, 628)은 만일 그것이 사실이라면 이렇게 거세된 짐승들의 희생을 반대하는 법을 가질 필요가 없었을 것이라고 주석한다. 또 다른 견해는 "너희의 땅"을 이방인들의 땅과 대조되는 것으로 이해한다. 즉 이스라엘은 이웃 민족들이 행하는 것을 자신들의 땅에서 발생하지 못하게 해야 한다. 딜만(629)은 "너희의 땅"을 "광야에서"와 대비되는 것으로 간주한다. 이것은 이 법이 약속된 땅에서 계속 강화되어야 한다는 것을 의미한다.

25 이 법은 이스라엘 사람들이 타국인으로부터 열등한 짐승들을 구입해서 제단에 바치지 못하도록 막는다.

27-29 어떤 기본적인 동정어린 배려들이 제사로 드릴 짐승들의 선택을 위해 마련된다. 갓 태어난 새끼들은 7일이 넘을 때까지는 어미로부터 취할 수 없다(출 22:29[30]). 이러한 시간적 순서는 8일째에 새끼를 할례하기 위해 설정된 시간과 병행을 이룬다. 추가적으로 어미와 그것의 새끼가 같은 날 희생되어서는 안 된다. 새와 그것의 어린 새끼들을 함께 음식으로 취하는 것을 제한하는 유사한 기준이 신명기 22:6에 나타난다. 이러한 규례들의 법리적 이유는 진술되어 있지 않다. 아마도 어미와 그것의 새끼를 같은 날 바치지 못하게 하는 법령은 다산을 위해 마술적 관행들에 뿌리박고 있던 어떤 이교의 제의 관행에 대항했을 것이다(참조. Noth, 163). 또 다른 설명은 자그마한 가축을 가진 사람이 만일 종교적 열심에 사로잡혀 어미와 새끼를 같이 바친다면 자신의 생계를 위험에 처하게 할 수도 있었다는 것이다. 이

러한 법은 이미 드러난 바 소위 인도적 배려들로 인해 생겼을 것이다(Haran, "Seething a Kid in Its Mother's Milk," *JJS* 30[1979] 23-35). 하나님께서는 아낌없는 바치기를 장려하시지만 어리석은 바치기는 권하지 않으신다.

희생을 위한 짐승이 일 년생이어야 한다고 여러 번 명시되지만(예를 들어, 9:3; 12:6; 23:12), 희생에 적당한 짐승의 연령의 상한선은 주어지지 않는다. 사사기 6:25에서는 7년 된 수소의 제사에 대한 언급이 있다.

30 화목 제물에서 취한 음식은 아침까지 남겨 둘 수 없다(참조. 7:15-18; 19:5-8).

31-32 백성들은 하나님께로부터 받은 이러한 계명들(מצות – 미쯔보트)을 지키고(שמר – 샤마르) 그것들을 행하라(עשה – 아사)는 권면을 받는다(참조. 18:4, 5, 26aα; 19:37; 20:22a). 미츠보트(מצות)는 성결법전에서 거의 사용되지 않는 단어이며(26:3), 희생에 대한 규정들(4:2, 13, 22, 27; 5:17)에서 단지 몇 번 나타난다(Elliger, 297). 반대로 백성들은 이러한 법령들의 어떤 것을 위반하여 하나님의 거룩한 이름을 속되게(חלל – 할랄) 하지 말라고 경고 받는다(참조. 18:21; 21:12aγ). 하나님께서는 자기 백성들의 열정적이고 마음을 다한 이러한 법령의 준수를 통해 그들 가운데서 거룩하신 분으로 대우받으셔야 한다(19:12b절). 충실한 준수는 하나님에 대한 예우다. 백성들이 하나님을 존중해 드릴 때, 그분은 그들 가운데서 그들을 거룩하게 하신다(20:8; 21:8). 그분은 자신의 이름을 자기 백성 가운데 두셨기 때문에, 그들은 그 이름을 더럽히지 않는 방식으로 잘 처신해야 한다. 그들이 하나님의 법들의 어느 하나라도 어길 때면, 그들은 그분의 이름을 부끄럽게 만든다. 즉 그분의 명성에 흠을 내는 것이다. 그분의 명성은 이스라엘과 본질적으로 엮어져 있는데, 이는 여호와께서 자신을 이스라엘이 강대국의 속박 아래 놓여 있던 이집트 땅에서 그들을 구원하신 하나님으로 확인해 주셨기 때문이다(참조. 19:36; 25:38; 26:13). 이러한 위대한 구원의 행위는 자기 백성에 대한 그분의 사랑과 그들이 그분을 하나님으로 삼게 하려는 소망을 드러내어 준다(참조. 11:45; 25:38; 26:45). 여호와께서 그들을 위해 행하신 일로 인해, 그들은 그분의 계명들을 지켜야 할 모든 이유를 갖는다.

해설

거룩하신 하나님께서는 제단 위에 희생으로 바치는 짐승들이 모든 흠으로부터 벗어나야 할 것으로 요구하셨다. 불완전한 예물은 그것을 바치는 자가 제물을 받으시는 하나님의 절대적 완전성을 감안하지 않는다는 것을 시사한다. 짐승이 완전하기 위해서는 결함이 없어야 하고 성적으로 온전해야 했다. 창조 질서의 성적인 능력은 하나님에 의해 창조되었으며 축복을 받았다. 거세된 짐승은 필수적인 능력들 가운데 하나를 상실하여 더 이상 완전하지 않다.

모든 생명의 창조자이신 하나님께서는 백성들이 거룩한 제단 위에서 희생되던 짐승들을 향해 무감각한 태도를 갖지 않을까 염려하셨다. 그래서 그분은 동물들에 대한 인간적 배려가 깊이 배어든 법들을 고안하셨다. 두 개의 그러한 법이 여기서 발견된다: 새로 태어난 짐승은 8일이 될 때까지 희생으로 드릴 수 없으며, 어미와 새끼가 같은 날 희생으로 드릴 수 없다.

완전한 희생의 기준은 신약의 기독론의 초석이다. 예수님은 모든 죄로부터 완전히 자유로우셨기 때문에 최종적이고 궁극적인 희생이시다(히 9:14). 진정으로 예수님은 점도 없고 흠도 없으신 하나님의 어린양이셨다(벧전 1:19; 요 1:29; 계 5:6; 7:9; 12:11; 13:8; 15:3; 17:14; 19:9; 21:22).

H. 절기들에 대한 월력(23:1-44)

참고문헌

Amadon, G. "Ancient Jewish Calendation." *JBL* 61(1942) 227-80. **Amsler, S.** "Les documents de la loi et la formation du Pentateuque." In *Le Pentateuque en question.* Ed. A. Pury. La Monde de la Bible. Genève: Éditions Labor et Fides, 1989. 244-57. **Andreasen, N.-E.** *The Old Testament Sabbath: A Tradition-Historical Examination.* SBLDS 7. Missoula, MT: SBL, 1972. ______. "Recent Studies of the Old Testament Sabbath: Some Observations." *ZAW* 86(1974) 453-69. ______. *Rest and Redemption: A Study of the Biblical Sabbath.* AUSMR 11. Berrien Springs, MI: Andrews UP, 1978. **Atkinson, C. W.** "The Ordinances of Passover-Unleavened Bread." *ATR* 44(1962) 70-85. **Auerbach, E.** "Die Feste im Alten Israel." *VT* 8(1958) 1-18. ______. "Neujahrs- und Versoehnungs-Fest in den biblischen Quellen." *VT* 8(1958) 337-43. **Avishur, Y.** "*pĕrî ēṣ hādār*(Lev 23:40) – A Fruit Which Isn't a Fruit and a *hādār* Which Isn't a Citron"(Heb.). *Beth Mikra* 34(1988/89) 135-39. **Ben Shachar, Z.** "The Day after the Šabbāt"(Heb.). *Beth Mikra* 24(1979) 227-28. **Block, D.** "New Year." *ISBE* rev. 3:529-32. **Cazelles, H.** "The Bible and Liturgical Times: Eschatology and Anamnesis." *StLit* 14(1981) 23-33. **Clines, D. J. A.** "The Evidence for an Autumnal New Year in Pre-Exilic Israel Reconsidered." *JBL* 93(1974) 22-40. **Dressler, H. H. P.** "The Sabbath in the Old Testament." In *From Sabbath to Lord's Day: A Biblical, Historical, and Theological Investigation.* Ed. D. Carson. Grand Rapids: Zondervan, 1982. 21-41. **Engnell, I.** "Paesah-Massot, A Hebrew Annual Festival of the Ancient Near East Pattern." In *Proceedings of the Seventh Congress for the History of Religion.* Amsterdam: North Holland Publishing Company, 1951. ______. "New Year Festivals" and "The Passover." In *A Rigid Scrutiny: Critical Essays on the Old Testament by I. Engnell.* Tr. and ed. J. T. Willis. Nashville: Vanderbilt UP, 1969. 180-84, 185-96. **Füglister, N.** *Die Heilsbedeutung des Pascha.* SANT 8. Munich: Kösel, 1963. **Gandz, S.** "The Calendar of Ancient Israel." In *Homenaje a Millás-Vallicrosa.* Barcelona: Consejo Superior de Investigaciones Cientificas, 1954. **Goldstein, B. R.**, and **Cooper, A.** "The Festivals of Israel and Judah and the Literary History of the Pentateuch." *JAOS* 110(1990) 19-31. **Gölz, F.** "Vom biblischen Sinn des Sabbat." *Theologische Beiträge* 9(1978) 243-56. **Görg, M.** "*Paesaḥ*(Pascha): Fest des 'schlagenden' Gottes?" *BN* 43(1988) 7-11. **Goudoever, J. van.** *Biblical Calendars.* Leiden: Brill, 1961. **Haag, H.** *Vom alten zum neuen Pascha: Geschichte und Theologie des Osterfestes.* SBS 49. Stuttgart: Katholische Bibelwerk, 1971. ______. "Das Mazzenfest des Hiskia." In *Wort und Geschichte: FS Kal Elliger.* Ed. H. Gese and H. P. Rüger. AOAT 18. Kevelaer: Butzon & Bercker; Neukirchen-Vluyn: Neukirchener, 1973. 87-94. **Hahn, F.** "Schabbat und Sonntag." *EvT* 46(1986) 495-507. **Halbe, J.** "Passa-Massot im deuteronomischen Festkalendar: Komposition, Entstehung und Programm von Dtn 16 1-8." *ZAW* 87(1975) 147-68. ______. "Erwägungen zu Ursprung und Wesen des Massotfestes." *ZAW* 87(1975) 324-46. **Hallo, W. W.** "New Moons and Sabbaths: A Case Study in the Contrastive Approach." *HUCA* 48(1977) 1-18. **Haran, M.** "The Passover Sacrifice." In *Studies in the Religion of Ancient Israel.* VTSup 23(1972) 86-116. **Henninger, J.** *Les fêtes de printemps chex les Sémites et la Pâque israélite.* Études bibliques. Paris:

J. Gabalda, 1975. **Hoenig, S.** "The Duration of the Festival of Matzot." *JQR* 49(1958/59) 274-77. **Horn, P. H.** "Traditionsschichten in Ex 23,10-33 und Ex 34, 10-26." *BZ* 15(1971) 202-22. **Jastrow, M.** "On «ממחרת השבת»(the Day after the Sabbath)." *AJSL* 30(1914) 97-110. **Katz, P.** "מִקְרָא in der griechischen und lateinischen Bibel." *ZAW* 66(1953) 253-55. **Keel, O.** "Erwägungen zum Sitz im Leben des vormosaischen Pascha und zur Etymologie vom פֶּסַח." *ZAW* 84(1972) 414-34. **Knohl, I.** "The Priestly Torah Versus the Holiness School: Sabbath and the Festivals." *HUCA* 58(1987) 65-117. **Kraus, H.-J.** "Zur Geschichte des Passah-Massot-Festes im Alten Testament." *EvT* 18(1958) 47-67. ______. *Worship in Israel: A Cultic History of the Old Testament.* Tr. G. Buswell. Oxford: Basil Blackwell, 1966. **Kutsch, E.** "Die Wurzel עצר im Hebräischen." *VT* 2(1952) 57-69. ______. "מִקְרָא." *ZAW* 66(1953) 247-53. ______. "Erwägungen zur Geschichte der Passafeier und des Massotfestes." *ZTK* 55(1958) 1-35. ______. "Der Sabbat-ursprünglich Vollmondtag?" BZAW 168(1986) 71-77. **Laff, P.** *Die Pascha-Feier Israels: Eine literarkritische und überlieferungsgeschichtliche Studie.* BBB 36. Bonn: Peter Hanstein, 1970. **Lewy, H.,** and **Lewy, J.** "The Origin of the Week and the Oldest West Asiatic Calendar." *HUCA* 17(1942/43) 1-152. **MacRae, G. W.** "The Meaning and Evolution of the Feast of Tabernacles." *CBQ* 22(1960) 251-76. **Manfred, G.** "Päsah: Fest des 'schlagenden' Gottes?" *BN* 43(1988) 7-11. **Martin-Achard, R.** *Essai biblique sur les fetes d'Israel.* Paris: Librairie protestante, 1974. **May, H.** "The Relation of the Passover to the Feast of Unleavened Cakes." *JBL* 55(1936) 65-82. **McKay, J. W.** "The Date of Passover and Its Significance." *ZAW* 84(1972) 435-47. **Moore, J.** *New Year with Canaanites and Israelites.* Kampen Cahiers 21 and 22. Kampe: Kok, 1972. **Morgan, D.** "The So-called Cultic Calendars in the Pentateuch: A Morphological and Typological Study." Diss., Claremont University, 1974. **Morgenstern, J.** "The Origin of Maṣṣoth and the Maṣṣoth Festival." *AJT* 21(1917) 275-93. ______. "The Three Calendars of Ancient Israel." *HUCA* 1(1924) 13-78. ______. "Additional Notes on 'The Three Calendars of Ancient Israel.'" *HUCA* 3(1926) 77-107. ______. "Supplementary Studies in the Calendars of Ancient Israel." *HUCA* 10(1935) 1-148. **Oesterley, W.** "Early Hebrew Festival Rituals." In *Myth and Ritual.* Ed. S. H. Hooke. London: Oxford UP, 1933. **Otto, E.** *Das Mazzotfest in Gilgal.* BWANT 107. Stuttgart: W. Kohlhammer, 1975. ______. "Feste und Feiertage: II. Altes Testament." *TRE* 11(1983) 96-106. **Pedersen, J.** "Passahfest und Passhlegende." *ZAW*

52(1934) 161-75. **Robinson, G.** "The Idea of Rest in the Old Testament and the Search for the Basic Character of Sabbath." *ZAW* 92(1980) 32-42. ______. *The Origin and Development of the Old Testament Sabbath: A Comprehensive Exegetical Approach.* Beiträge zur biblischen Exegese und Theologie 21. Frankfurt am Main: Peter Lang, 1988. **Rost, L.** "Weidewechsel und altisraelitischer Festkalendar." *ZDPV* 66(1943) 205-16. **Rylaarsdam, J.** "Booths, Feast of." *IDB* 1:455-58. ______. "Feasts and Fasts." *IDB* 2:260-64. ______. "Passover and Feast of Unleavened Bread." *IDB* 3:663-66. ______. "Weeks, Feast of." *IDB* 4:827-28. **Sauer, G.** "Israels Feste und ihr Verhältnis zum Jahweglauben." In *Studien zum Pentateuch.* FS W. Kornfeld. Ed. G. Braulik. Wien: Herder, 1977. 135-41. **Schmitt, R.** *Exodus und Passa: Ihr Zussamenhang im Alten Testament.* 2 neubearbeitete Auflage. Orbis Biblicus et Orientalis 7. Freiburt: Universitätsverlag; Göttingen: Vandenhoeck & Ruprecht, 1981. **Segal, J. B.** *The Hebrew Passover: From the Earliest Times to A.D. 70.* London Oriental Series 12. London: Oxford UP, 1963. ______. "The Hebrew Festivals and the Calendar." *JSS* 6(1961) 74-94. **Siker-Gieseler, J.** "The Theology of the Sabbath in the Old Testament: A Canonical Approach." *Studia Biblia et Theologica* 11(1981) 5-20. **Snaith, N. H.** *The Jewish New Year Festival.* London: SPCK, 1947. **Stewart, R.** "The Jewish Festivals." *EvQ* 43(1971) 149-61. **Tsevat, M.** "The Basic Meaning of the Biblical Sabbath." *ZAW* 84(1972) 447-59. **Vaux, R. de.** *Ancient Israel: Its Life and Institutions.* Tr. John McHugh. London: Darton, Longman & Todd, 1961. **Wambacq, B. N.** "Les origines de la Pesah israelite." *Bib* 57(1976) 206-24. ______. "Les origines de la Pesah israelite(suite et fin)." *Bib* 57(1976) 301-26. ______. "Les Massot." *Bib* 61(1980) 31-54. **Welch, A. C.** "On the Method of Celebrating Passover." *ZAW* 45(1927) 24-29. **Wolff, H. W.** "The Day of Rest in the Old Testament." *CTM* 43(1972) 498-506. **Zeitlin, S.** "Notes relatives au calendrier juif." *REJ* 89(1930) 349-59. **Zerafa, P. O. P.** "Passover and Unleavened Bread." *Ang* 41(1964) 235-50.

본 문

1 여호와께서 모세에게 일러 가라사대
2 이스라엘 자손에게 고하여 이르라 너희가 공포
하여 성회를 삼을 여호와의 절기는 이러하니라

1 Yahweh spoke to Moses:
2 "Speak to the Israelites and say to them: The
appointed feasts of Yahweh which you will
proclaim as sacred assemblies:[a] these are[b] my

3 엿새 동안은 일할 것이요 일곱째 날은 쉴 안식일이니 성회라 너희는 무슨 일이든지 하지 말라 이는 너희 거하는 각처에서 지킬 여호와의 안식일이니라

4 기한에 미쳐 너희가 공포하여 성회로 삼을 여호와의 절기는 이러하니라

5 정월 십사 일 저녁은 여호와의 유월절이요

6 이 달 십오 일은 여호와의 무교절이니 칠 일 동안 너희는 무교병을 먹을 것이요

7 그 첫날에는 너희가 성회로 모이고 아무 노동도 하지 말지며

8 너희는 칠 일 동안 여호와께 화제를 드릴 것이요 제칠일에도 성회로 모이고 아무 노동도 하지 말지니라

9 여호와께서 모세에게 일러 가라사대

10 이스라엘 자손에게 고하여 이르라 너희는 내가 너희에게 주는 땅에 들어가서 너희의 곡물을 거둘 때에 위선 너희의 곡물의 첫 이삭 한 단을 제사장에게로 가져갈 것이요

11 제사장은 너희를 위하여 그 단을 여호와 앞에 열납되도록 흔들되 안식일 이튿날에 흔들 것이며

12 너희가 그 단을 흔드는 날에 일 년 되고 흠 없는 숫양을 번제로 여호와께 드리고

13 그 소제로는 기름 섞은 고운 가루 에바 십분 이를 여호와께 드려 화제를 삼아 향기로운 냄새가 되게 하고 전제로는 포도주 힌 사분 일을 쓸 것이며

14 너희는 너희 하나님께 예물을 가져오는 그 날까지 떡이든지 볶은 곡식이든지 생 이삭이든지 먹지 말지니 이는 너희가 그 거하는 각처에서 대대로 지킬 영원한 규례니라

appointed feasts.

3 For six days[a] work is to be done:[b] then on the seventh day is a Sabbath of solemn rest, a sacred assembly:[cd] you will not do[e] any work. It is a Sabbath to Yahweh in all your settlements.

4 "These[a] are the appointed feasts of Yahweh, the sacred assemblies[b] which you are to proclaim at the time appointed for them.

5 In the first month on the fourteenth[a] day of the month between twilight and dark is Yahweh's Passover.[b]

6 On the fifteenth day of this month is the Feast of Unleavened Bread to Yahweh. Seven days you are to eat unleavened bread.

7 On[a] the first day you are to have a sacred assembly: you are not to do any usual work.

8 You are to present gifts[a] to Yahweh for seven days.[b] On[c] the seventh day is a sacred assembly:[d] you are not to do any usual work."

9 Yahweh spoke to Moses:

10 "Speak to the Israelites and say to them: When you come to the land which I am giving you and you reap its harvest, you are to bring the sheaf[a] of the firstfruits of your harvest to the priest.

11 He is to raise up the sheaf before Yahweh for acceptance on your behalf. On the morning after the Sabbath the priest is to raise it up.

12 On the day when you raise up the sheaf,[a] you are to offer a year-old male lamb without defect for a whole offering to Yahweh.

13 The grain offering with it is to be two-tenths of an ephah of fine flour mixed with oil, a gift to Yahweh, a soothing aroma:[a] and the drink offering[b] with it is to be a fourth of a hin of wine.

14 You will not eat bread, roasted grain, or fresh grain[a] until this very day, until you have brought[b] the offering[c] of your God. This is a perpetual decree for your generations in all your settlements.

15 안식일 이튿날 곧 너희가 요제로 단을 가져온 날부터 세어서 칠 안식일의 수효를 채우고

15 "You are to count[a] from the morning after the Sabbath, from the day when you brought the sheaf as an elevated offering:[b] it is to be[c] seven full weeks:

16 제 칠 안식일 이튿날까지 합 오십 일을 계수하여 새 소제를 여호와께 드리되

16 you are to count fifty days unto the morning of the seventh Sabbath: then you are to present a new grain offering to Yahweh.

17 너희 처소에서 에바 십분 이로 만든 떡 두개를 가져다가 흔들지니 이는 고운 가루에 누룩을 넣어서 구운 것이요 이는 첫 요제로 여호와께 드리는 것이며

17 From your settlements you are to bring[a] two loaves of bread[b] for an elevated offering: it is to be made of two-tenths[c] of an ephah of fine flour: they are to be baked with leaven as (an offering of) first ripe grain to Yahweh.

18 너희는 또 이 떡과 함께 일 년 되고 흠 없는 어린양 일곱과 젊은 수소 하나와 숫양 둘을 드리되 이들을 그 소제와 그 전제와 함께 여호와께 드려서 번제를 삼을지니 이는 화제라 여호와께 향기로운 냄새며

18 In addition to[a] the bread you are to present seven[b] year-old lambs without defect, one young bull, and two rams:[c] they are to be a whole offering to Yahweh with their grain offering and their drink offerings, a gift for a soothing aroma to Yahweh.

19 또 숫염소 하나로 속죄제를 드리며 일 년 된 어린 숫양 둘을 화목제 희생으로 드릴 것이요

19 You are to offer[a] one male goat for a purification offering and two year-old lambs for an offering of well-being.[b]

20 제사장은 그 첫 이삭의 떡과 함께 그 두 어린 양을 여호와 앞에 흔들어 요제를 삼을 것이요 이 것들은 여호와께 드리는 성물인즉 제사장에게 돌릴 것이며

20 The priest is to raise them with the bread of the first ripe grain as an elevated offering before Yahweh, with the two lambs:[a] they will be holy to Yahweh for the priest.[b]

21 이 날에 너희는 너희 중에 성회를 공포하고 아무 노동도 하지 말지니 이는 너희가 그 거하는 각처에서 대대로 지킬 영원한 규례니라

21 You are to make a proclamation on this very day:[a] you are to hold a sacred assembly. You are not to do any usual work.[b] It is a perpetual decree in all your settlements for your generations.

22 너희 땅의 곡물을 벨 때에 밭 모퉁이까지 다 베지 말며 떨어진 것을 줍지 말고 너는 그것을 가난한 자와 객을 위하여 버려 두라 나는 너희 하나님 여호와니라

22 When you reap the harvest of your land,[a] you will not completely reap the corners of your fields, nor will you gather the gleanings of your harvest.[b] You are to leave them for the poor and the alien. I am Yahweh your God."

23 여호와께서 모세에게 일러 가라사대

23 Yahweh spoke to Moses:

24 이스라엘 자손에게 고하여 이르라 칠 월 곧 그달 일 일로 안식일을 삼을지니 이는 나팔을 불어 기념할 날이요 성회라

24 "Speak to the Israelites: In the seventh month on the first day of the month you are to observe a solemn rest, a memorial proclaimed with trumpet blasts, a sacred assembly.[a]

25 아무 노동도 하지 말고 여호와께 화제를 드릴

25 You will not do any usual work: you are to

지니라
26 여호와께서 모세에게 일러 가라사대
27 칠 월 십 일은 속죄일이니 너희에게 성회라 너희는 스스로 괴롭게 하며 여호와께 화제를 드리고

28 이 날에는 아무 일도 하지 말 것은 너희를 위하여 너희 하나님 여호와 앞에 속죄할 속죄일이 됨이니라
29 이 날에 스스로 괴롭게 하지 아니하는 자는 그 백성 중에서 끊쳐질 것이라

30 이 날에 누구든지 아무 일이나 하는 자는 내가 백성 중에서 멸절시키리니

31 너희는 아무 일이든지 하지 말라 이는 너희가 그 거하는 각처에서 대대로 지킬 영원한 규례니라
32 이는 너희의 쉴 안식일이라 너희는 스스로 괴롭게 하고 이 달 구 일 저녁 곧 그 저녁부터 이튿날 저녁까지 안식을 지킬지니라

33 여호와께서 모세에게 일러 가라사대
34 이스라엘 자손에게 고하여 이르라 칠 월 십오 일은 초막절이니 여호와를 위하여 칠 일 동안 지킬 것이라
35 첫날에는 성회가 있을지니 너희는 아무 노동도 하지 말지며
36 칠 일 동안에 너희는 화제를 여호와께 드릴 것이요 제팔일에도 너희에게 성회가 될 것이며 화제를 여호와께 드릴지니 이는 거룩한 대회라 너희는 아무 노동도 하지 말지니라

37 이것들은 여호와의 절기라 너희는 공포하여 성회를 삼고 번제와 소제와 희생과 전제를 각각 그 날에 여호와께 화제로 드릴지니

38 이는 여호와의 안식일 외에, 너희의 헌물 외에, 너희의 모든 서원 예물 외에, 너희의 모든 낙헌 예물 외에 너희가 여호와께 드리는 것이니라

present gifts[a] to Yahweh."
26 Yahweh spoke to Moses:[a]
27 "Moreover,[a] on the tenth of this seventh month is the Day of Atonement.[b] You are to have a sacred assembly. You are to practice self-denial and present gifts to Yahweh.
28 You[a] will not do any work on this very day, because it is the Day of Atonement,[b] for making expiation for yourselves before Yahweh your God.
29 Indeed[a] any person who does not practice self-denial[b] on this very day is to be cut off[c] from the people.
30 As for any[a] person who does any work on this very day,[b] I will make that person perish[c] from among the people.[d]
31 You[a] will not do any work:[b] it is a perpetual decree for your generations in all your settlements.
32 It is for you a Sabbath of solemn rest: you are to practice self-denial. On the ninth day of this month in the evening,[a] from evening to evening, you are to observe[b] your Sabbath."[c]
33 Yahweh spoke to Moses:
34 "Speak to the Israelites: On the fifteenth day of this seventh month is the Feast of Booths for seven days to Yahweh.[a]
35 On[a] the first day is a sacred assembly. You will not do any kind of work.
36 You are to present gifts[a] to Yahweh for seven days.[b] On the eighth day[c] you are to observe a sacred assembly, and you are to present gifts[a] to Yahweh. It is a solemn holiday. You will not do any kind of work.
37 "These are the appointed feasts of Yahweh which you will proclaim as sacred assemblies to present gifts to Yahweh, whole offerings, grain offerings, sacrifices, and drink offerings[a] as prescribed for each day
38 apart from the Sabbaths of Yahweh, apart from your gifts,[a] apart from your vow offerings, apart from your freewill offerings, which you

give to Yahweh.

39 너희가 토지 소산 거두기를 마치거든 칠 월 십오 일부터 칠 일 동안 여호와의 절기를 지키되 첫날에도 안식하고 제팔일에도 안식할 것이요

39 "Moreover,[a] on the fifteenth day of the seventh month,[b] when you have gathered the produce of your land,[c] you are to celebrate the Feast of Yahweh[d] for seven days:[e] the first day is a solemn rest and the eighth day is a solemn rest.

40 첫날에는 너희가 아름다운 나무 실과와 종려 가지와 무성한 가지와 시내 버들을 취하여 너희 하나님 여호와 앞에서 칠 일 동안 즐거워할 것이라

40 On the first day you are to take the fruit of magnificent trees,[a] fronds of palm trees, boughs[b] of leafy trees and of willows[c] by the brook, and you are to rejoice before Yahweh your God for seven days.[d]

41 너희는 매년에 칠 일 동안 여호와께 이 절기를 지킬지니 너희 대대로의 영원한 규례라 너희는 칠 월에 이를 지킬지니라

41 You are to celebrate it as a festival to Yahweh for seven days[a] in the year. You are to celebrate it in the seventh month as a perpetual decree for your generations.

42 너희는 칠 일 동안 초막에 거하되 이스라엘에서 난 자는 다 초막에 거할지니

42 You are to dwell in booths[a] for seven days. All the citizens of Israel are to dwell[b] in booths[c]

43 이는 내가 이스라엘 자손을 애굽 땅에서 인도하여 내던 때에 초막에 거하게 한 줄을 너희 대대로 알게 함이니라 나는 너희 하나님 여호와니라

43 in order that your descendants may know that I made the Israelites dwell in booths when I brought them out of the land of Egypt.[a] I am Yahweh your God."

44 모세가 여호와의 절기를 이스라엘 자손에게 공포하였더라

44 Moses declared to the Israelites the appointed feasts of Yahweh.

원문주해

2.a. 탈굼(Tg)은 단수형을 갖는다.

2.b. 대명사 헴(הם, "그것들은")은 연결사(copula) 역할을 한다.

3.a. 이것은 행동의 지속성을 나타내는 시간의 목적격(대격)의 한 가지 예이다(참조. GKC § 118i). 목적격의 이러한 용법은 이 장에서 자주 등장한다.

3.b. 마소라 본문(MT)의 테아세(תעשה, "〈노동이〉 행해져야 한다")는 3인칭 여성 니팔 미완료형이다(개역 성경은 니팔형이지만 능동태로 번역하여 "일할 것이요"다-역자주). 이것을 사마리아 오경(Sam)은 3인칭 남성 니팔 미완료형인 예아세(יעשה, "그것이 행해져야 한다")로 읽는 반면, 70인경(LXX)은 포이에세이스(*ποιήσεις*, "너는 행해야 한다")를 갖는다. 이것은 마소라 본문(MT)의 형태를 2인칭 단수 칼 미완료로 해석한 것이다. PIR(198)은 이러한 이문들을 어려운 독법의 단순화 작업으로 설명한다.

3.c. 이 두 개의 연계형 사슬은 빠욤 하쉐비이(ביום השביעי, "제7일에")와 동격 관계에

놓여 있다.

3.d. 70인경(LXX)은 토 퀴리오(τῷ κυρίῳ, "주님께")를 추가한다.

3.e. 원 70인경(LXX*)은 단수형으로 읽는다.

4.a. 사마리아 오경(Sam)과 몇몇 70인경 필사본들(LXX mss)은 와우(ו)를 읽는다.

4.b. 탈굼 필사본들(Tg[mss])은 단수형으로 읽는다. 참조. "원문주해" 2.a.

5.a. 사마리아 오경(Sam), 70인경(LXX) 그리고 벌게이트역(Vg)은 6절과 민 28:16에서처럼 욤(יום, "날")을 추가한다.

5.b. 페싸흐(פסח, "유월절")의 의미에 관해서는 J. Durham, *Exodus*, WBC 3, 155를 보라. Levine은 자신의 주석에서(156) 이 단어의 어근이 칼형 "두 발로 버티다, 둘러막다"에서 유래했을 수 있다고 제안한다(왕상 18:21). 이러한 확인은 NJPS의 번역인 "보호해 주는 제물"로 이어졌다.

7.a. 70인경(LXX)은 와우(ו)를 읽는다. 참조. "원문주해" 8.a.

8.a. 마소라 본문(MT)의 이쉐(אשה, "예물들": 집합명사) 대신 70인경(LXX)은 홀로카우토마(ὁλοκαύτωμα, "번제")로 읽는다. 마소라 본문은 번제를 12절에서처럼 보통 올라(עלה)로 표현한다. 그렇지만 카이로 게니자에서 나온 필사본들(mss)은 이 구절에서 올라(עולה, "번제")를 추가한다.

8.b. 참조. "원문주해" 3.a.

8.c. 하나의 히브리어 필사본(ms), 70인경(LXX) 그리고 시리아역(Syr)은 와우(ו)를 읽는다.

8.d. 70인경(LXX)은 에스타이 휘민(ἔσται ὑμῖν, "너희는 가질지어다, 개최할지어다")=예히 라켐(יהי לכם)을 추가한다. 참조. 7, 21, 27, 36절.

10.a. 사마리아 오경(Sam)과 탈굼 위-요나단(*Tg. Ps.-J.*)은 이 단어에 관사를 붙여 읽는다.

12.a. 부정사 연계형이 시간절을 만들기 위해 시간구인 빠욤(ביום, 문자적으로 "…의 날에") 뒤에 나타난다. 그것이 주동사 뒤에 나오는 것은 매우 특이하다(Sun, "Investigation," 367-68). 종종 그런 것처럼, 여기서 부정사 연계형이 이중 목적격을 갖는다. 부정사에 붙은 대명사 접미어는 절 문장의 주어 역할을 하며 불변사 에트(את)가 이끄는 두 번째 목적격이 진짜 목적격이다.

13.a. 70인경(LXX)은 이 형식문이 빈번히 표현하는 것처럼 토 퀴리오(τῷ κυρίῳ, "주님께")를 추가한다. 참조. 1:9.

13.b. 케팁(ketib)은 니쓰코(נסכה, "제주"〈祭酒〉: 개역 성경: 전제)이며 케레(qere)는 (사마리아 오경에 기록된 것처럼) 니쓰코(נסכו, "그것과 더불어 제주")이다(몇몇 영역본들에서는 "그것의 제주"〈its the drink offering〉이다. 여기서 "그것"은 앞에 나온 번제를 가리킨다 – 역자주).

14.a. 참조. 2:14-16, "주석" 항목.

14.b. 이것은 아드(עַד, "…까지")와 더불어 부정사 연계형이 이끄는 양보절이다. 참조. "원문주해" 43.a.

14.c. 참조. 1:2, "주석" 항목.

15.a. 이 주석의 영어 번역과 같이 70인경(LXX)은 라켐(לָכֶם, "너희를 위해")에 상응하는 것이 전혀 없는데, 이는 그것이 어떤 언어들에서 번역을 거추장스럽게 만들기 때문이다.

15.b. 이 때를 나타내는 절은 "그 날로부터"라는 구에 의해 도입된 부정사 구문으로 구성되어 있다. 참조. n. 12.a.

15.c. 70인경(LXX)에는 이 단어가 빠져 있다.

17.a. 알렙(א)에 찍힌 활점(mappîq)에 대해서는 게세니우스 문법(GKC § 14d)을 참조하라.

17.b. 사마리아 오경(Sam), 70인경(LXX), 시리아역(Syr) 그리고 탈굼(Tg)은 할로트(חַלּוֹת, "떡 덩이들")를 추가한다. PIR(198)은 쉐타임(שְׁתַּיִם, "두 개")을 동격으로 이해한다. 그렇다면 마소라 본문(MT)이 더 선호되는 독법이다.

17.c. 표준 히브리어 성경(*BHS*)은 70인경(LXX)의 에크 뒤오(*ἐκ δύο*)가 한 히브리어 본문의 미쉬네이(מִשְׁנֵי)를 암시한다고 제안한다.

18.a. 알(עַל)은 "…에 더하여"라는 의미를 갖는 것으로 간주된다(BDB, "עַל" 4.b., 755).

18.b. 마소라 본문(MT)의 연계형 쉬브아트(שִׁבְעַת, "일곱") 대신 사마리아 오경(Sam)과 탈굼(Tg)은 절대형 쉬브아(שִׁבְעָה)로 읽는다.

18.c. 사마리아 오경(Sam)과 70인경(LXX)은 테미밈(תְּמִימִם, "흠 없는")을 추가한다.

19.a. 70인경(LXX)은 3인칭 복수형을 갖는다.

19.b. 사마리아 오경(Sam)은 이 단어에 관사를 붙여 읽는다. 70인경(LXX)은 메타 톤 아르톤 투 프로토게네마토스(*μετὰ τῶν ἄρτων τοῦ πρωτογενήματος*, "첫 이삭들의 떡과 더불어")를 추가하는데, 이것은 20절과 같이 이 행을 가득 채운다.

20.a. 사마리아 오경(Sam)과 70인경(LXX)은 이 단어에 관사를 붙여 읽는다.

20.b. 70인경(LXX)은 토 프로스페론티 아우타 아우토 에스타이(*τῷ προσφέροντι αὐτὰ αὐτῷ ἔσται*, "그것은 그것들을 바치는 그〈제사장〉에게 속해야 한다")를 추가한다.

21.a. 70인경(LXX)은 마소라 본문(MT)과는 다른 방식으로 이 히브리어 본문을 둘로 나눈다. 브에쳄 하욤 하제(בְּעֶצֶם הַיּוֹם הַזֶּה, "바로 이 날에") 대신 70인경(LXX)은 타우텐 텐 헤메란 클레텐(*ταύτην τὴν ἡμέραν κλητήν*, "〈너는 부를지어다〉 이 날은 선별된 날이라고")으로 읽으며, 또한 미크라 코데쉬 이흐예 라켐(מִקְרָא־קֹדֶשׁ יִהְיֶה לָכֶם, "너희가 성회를 가져야 한다") 대신 70인경은 미크라(מִקְרָא)를 선행하는 어구와 함께 두면서 하기

아 에스타이 휘민(ἁγία ἔσται ὑμῖν, "그것은 너희에게 거룩해야 한다")으로 읽는다(즉 마소라 본문은 מקרא־קדש를 연계형 사슬로 보지만, 70인경은 이 두 단어 사이를 문장의 구분점으로 본다 – 역자주).

21.b. 70인경(LXX)은 엔 아우테(ἐν αὐτῇ, "그것 안에")를 추가한다.

22.a. 시간절이 전치사 베(ב)와 더불어 부정사 연계형으로 구성되어 있다. 참조. "원문주해" 12.a.

22.b. 마소라 본문(MT)의 베쿠츠레카(בקצרך, "너의 추수 때에") 대신 사마리아 오경(Sam)은 리크쪼르(לקצר, "추수하기 위해")로 읽는다.

24.a. 70인경(LXX)은 생략된 히브리어 본문을 에스타이 휘민(ἔσται ὑμῖν, "그것이 너에게 …이어야 한다")으로 채운다.

25.a. 참조. "원문주해" 3.a.와 8.b.

26.a. 시리아역(Syr)은 따베르 엘 브네이 이스라엘 레모르(דבר אל־בני ישראל לאמר, "이스라엘 족속에게 말하여 그들에게 이르라")를 추가한다.

27.a. 70인경(LXX)은 선행하는 문장과 대조를 이루게 하는 부사 아크(אך)를 단순히 카이(καὶ, "그리고")로 해석한다.

27.b. 사마리아 오경(Sam)과 70인경(LXX)은 이 단어에 붙은 관사를 읽지 않는다.

27.c. 참조. "원문주해" 8.b.

28.a. 70인경(LXX)은 와우(ו)에 대한 대응어를 갖지 않는다.

28.b. 70인경은 휘민(ὑμῖν, "너희를 위해")을 추가한다.

29.a. 70인경은 키(כי, "…하는 것")를 번역하지 않는다. 썬(Sun, "Investigation," 372)은 키(כי)가 강조의 효력을 갖는 것으로 주석한다.

29.b. 왈키(B. Waltke and M. O'Connor, *IBHS*, § 25.5)는 이 푸알형을 재귀적 용법으로 해석한다.

29.c. 70인경(LXX)은 와우(ו)에 대한 대응어를 갖지 않는다.

30.a. 70인경은 콜(כל, "모든, 누구든지")을 읽지 않는다.

30.b. 이 긴 절 문장은 직접목적어를 위한 미정격(*casus pendens*)이다. 그것은 에트 하네페쉬 하후(את־הנפש ההוא, "그 사람을")가 다시 받는다.

30.c. 여호와를 대명사의 선행사로 받는 뚜렷한 1인칭 동사 하아바드티(האבדתי, "내가 멸절시키리라") 대신 70인경(LXX)은 수동태인 아포레이타이(ἀπολεῖται, "〈그 영혼〉이 멸망당할 것이다")를 사용한다. 70인경 번역자는 너무 생생한 신인동형론적 표현을 피하려고 애쓴다. 썬(Sun, "Investigation", 372)은 이것이 하아비드(האביד, "망하게 하다")가 일반적 표현인 니크라트(נכרת, 징계를 받아 "제명되다〈끊어지다〉")를 대신해서 나타나는 유일한 본문이라고 설명한다(참조. 7:19-21에 관한 "주석").

30.d. 마소라 본문(MT)의 암마흐(עמה, "그녀의 백성") 대신 사마리아 오경(Sam)은

29절에서 그런 것처럼 암메이하(עַמֶּיהָ, "그녀의 백성들")를 갖는다.

31.a. 몇몇 히브리어 필사본들(mss), 사마리아 오경(Sam) 그리고 시리아역(Syr)은 와우(ו)를 읽는다.

31.b. 직접목적어가 강조를 위해 동사 앞에 위치한다.

32.a. 몇몇 히브리어 필사본들(mss), 70인경(LXX) 그리고 벌게이트역(Vg)에는 빠에레브(בָּעֶרֶב, "저녁에")가 빠져 있다.

32.b. 마소라 본문(MT)의 칼형 티쉬베투(תִּשְׁבְּתוּ, "너는 안식해야 한다") 대신 사마리아 오경(Sam)은 히필형 타쉬비투(תַּשְׁבִּיתוּ)로 읽는다.

32.c. 동족 목적어 샤바트(שַׁבָּת, "휴식, 안식일")의 사용은 모든 안식일 규정들의 준수를 강조한다.

34.a. 참조. "원문주해" 3.a.

35.a. 70인경(LXX)은 카이(και, "그리고")를 가진 문장으로 시작된다.

36.a. 참조. "원문주해" 8.b.

36.b. 이 시간의 어구는 서두에 위치하면서 강조를 받는다. 그것은 다음 문장의 서두에 있는 시간의 어구 빠욤 하쉬미니(בַּיּוֹם הַשְּׁמִינִי, "제8일에")를 돋보이게 하기 위해 사용된다.

36.c. 사마리아 오경(Sam)은 이 단어에 와우(ו)를 붙여 읽는다. 70인경(LXX)은 카이 헤 헤메라 헤 오그돈(*καὶ ἡ ἡμέρα ἡ ὀγδόν*, "그리고 제8일은")으로 읽는다.

37.a. 마소라 본문(MT)의 올라 우민하 제바흐 우네사킴(עֹלָה וּמִנְחָה זֶבַח וּנְסָכִים, "번제와 소제와 희생과 전제들") 대신 70인경(LXX)은 홀로카우토마타 카이 뒤시아스 아우톤 카이 스폰다스 아우톤(*ὁλοκαυτώματα καὶ θυσίας αὐτῶν καὶ σπονδὰς αὐτῶν*, "번제들과 그것들의 희생들과 그것들의 전제물들")으로 읽는다.

38.a. 사마리아 오경(Sam)은 콜(כֹּל, "모든")을 추가한다.

39.a. 참조. "원문주해" 27.a.

39.b. 70인경(LXX)은 투투(*τούτου*, "이것의")를 추가한다.

39.c. 참조. "원문주해" 22.a.

39.d. 70인경(LXX)은 마소라 본문(MT)의 타호구 에트 하그 아도나이(תָּחֹגּוּ אֶת־חַג־יְהוָה, "너는 여호와의 절기를 기념해야 한다")를 헤오르타세테 토 퀴리오(*ἑορτάσετε τῷ κυρίῳ*, "너는 여호와께 절기를 준수해야 한다")로 번역한다.

39.e. 참조. "원문주해" 3.a.

40.a. 케리 에쯔 하다르(פְּרִי עֵץ הָדָר)라는 어구는 "엄선된 나무 실과"(the choice fruit of trees, NIV) 혹은 "수려한 나무의 소산물"(the product of magnificent trees, 대부분의 영어 번역)일 수 있다(개역 성경: 아름다운 나무 실과). 문법적으로 보면 후자가 호감이 간다는 것이 암시되는데, 왜냐하면 이 어구가 총칭적(generic)이고 또한 그것과 동격인

뒤잇는 세 개의 어구에 의해 구체화되기 때문이다(참조. Levine, 163).

40.b. 사마리아 오경(Sam)과 70인경(LXX)은 복수형으로 읽는다. 히브리어 본문은 집합적 의미를 가질 수 있다.

40.c. 마소라 본문(MT)의 붸아르베이 나할(וערבי־נחל, "그리고 시내의 버드나무들의") 대신 70인경(LXX)은 카이 이테아스 카이 아그누 클라두스 에크 케이마루(*καὶ ἰτέας καὶ ἄγνου κλάδους ἐκ χειμάρρου*, "그리고 버드나무들과 시내의 '순비기나무(chaste tree)'의 가지들")로 읽는다. 간추린 리들 스코트 헬라어 사전(*A Lexicon Abridged from Liddel and Scott's Greek-English Lexicon*,[Oxford: Clarendon Press, 1958] 6)은 아그누수 카스투스(*agnus castus*: 순비기나무의 학명 – 역자주)가 버드나무처럼 키가 큰 나무라고 말한다. "…의"는 정확한 의미를 전달하기 위해 이 주석의 영어 번역에서 추가되었다.

40.d. 참조. "원문주해" 3.a.

41.a. 70인경(LXX)은 "그리고 너는 그것을 7일 동안 여호와께 절기로 기념해야 한다"라는 문장을 갖지 않는다. 이것은 중자탈락의 오류에서 비롯되었다.

42.a. 이 히브리어는 이 절기를 위해 세워진 특별한 유형의 초막을 언급하기 위해 정관사를 사용한다(GKC § 126q, r). 빠쑤코트(בסכת, "초막들에서")가 강조를 위해 먼저 나온다(참조. "원문주해" 42.c.)

42.b. 비록 히브리어 본문에서 주어가 단수일지라도, 동사는 복수다. 그 이유는 주어가 집합적 의미를 갖기 때문이다(GKC § 145b).

42.c. 이 구절의 패턴은 a:b:c::d:b:a이다. 중앙에 두 개의 다른 구성 단위가 있다. 구성 단위 c는 그 절기의 기간을 구체적으로 명시한다 – 쉬브아트 야밈(שבעת ימים, "7일 동안"). 그리고 구성 단위 d는 이 절기에 참여할 것이 요구되는 사람들을 확인해 준다 – 콜 하에즈라흐 베이스라엘(כל־האזרח בישראל, "이스라엘의 모든 시민"; 개역 성경: 이스라엘에서 난 자는 다). 그러나 이 구절에서 강조가 주어지는 곳은 구성 단위 a, 빠쑤코트(בסכת, "초막들에서")인데, 왜냐하면 그것이 그 법령을 둘러싸고 있을 뿐 아니라 일반적인 문법적 위치가 아닌 서두에 위치하기 때문이다.

43.a. 참조. "원문주해" 12.a.

양식/구조/배경

이 연설의 구조는 다음과 같은 윤곽을 가질 수 있다.

I. 안식일, 유월절 그리고 무교절에 대한 연설(1-8절)
  A. 도입 형식문(1절)
  B. 연설(2-8절)

1. 연설 위탁 형식문(2aα절)
2. 연설 자체(2aβ-8절)
a. 상단 부기와 안식일(2aβ-3절)
1) 절기들에 관한 상단 부기(2aβ+b절)
2) 안식일에 관하여(3절)
b. 유월절과 무교병에 대한 월력(4-8절)
1) 고대의 월력에 대한 상단 부기(4절)
2) 유월절과 무교병에 대한 규정들 자체(5-8절)
a) 유월절을 위한 날짜 지정(5절)
b) 무교절을 위한 날짜 지정과 규정들(6-8절)

II. 곡식단의 제물과 칠칠절(9-22절)
A. 도입 형식문(9절)
B. 연설(10-22절)
1. 연설 위탁 형식문(10aα절)
2. 연설 자체(10aβ-22절)
a. 첫 이삭 한 단의 제물과 칠칠절에 관하여(10aβ-21절)
1) 첫 이삭 한 단에 대한 규정들(10aβ-14절)
2) 칠칠절에 대한 규정들(15-21절)
a) 규정들 자체(15-21a절)
(1) 날짜 지정(15-16a절)
(2) 규정 자체(16b-21a절)
b) 하단 부기(21b절)
b. 가난한 자에 관해 첨부된 법들(22절)
1) 두 가지 금지와 명령(22a+bα절)
2) 여호와의 자기 소개 형식문(22bβ절)

III. 나팔절에 대한 연설(23-25절)
A. 도입 형식문(23절)
B. 연설(24-25절)
1. 연설 위탁 형식문(24a절)
2. 연설 자체(24b-25절)
a. 날짜 지정(24b절)

b. 규정들(25절)
IV. 속죄일에 대한 연설(26-32절)
A. 도입 형식문(26절)
B. 연설 자체(27-32절)
1. 날짜 지정(27aα절)
2. 규정들(27aβ-32절)
a. 규정들에 대한 첫 번째 진술(27aβ-31절)
1) 규정들 자체(27aβ-31a절)
a) 예전 규정(27aβ-28절)
b) 형벌을 수반하는 두 가지 보편적인 법(29-30절)
c) 금지(31a절)
2) 하단 표제(31b절)
b. 두 규정과 날짜 지정에 대한 재진술(32절)
V. 초막절에 대한 연설(33-43절)
A. 도입 형식문(33절)
B. 연설(34-43절)
1. 연설 위탁 형식문(34a절)
2. 연설 자체(34b-43절)
a. 초막절에 대한 첫 번째 단위(34b-36절)
1) 날짜 지징(34b질)
2) 규정들(35-36절)
b. 고대 월력에 대한 하단 부기(37-38절)
c. 초막절에 대한 부록(39-43절)
1) 날짜 지정(39aα절)
2) 규정들(39aβ-41절)
a) 규정들 자체(39aβ-41a절)
b) 하단 부기(41b절)
3) 추가적 계명들과 역사적 근거(42-43절)
a) 규정들 자체(42-43a절)
(1) 초막에 거주하는 것에 관하여(42절)
(2) 목적: 구원의 역사에 뿌리내리기(43a절)

b) 여호와의 자기 소개 형식문(43b절)

VI. 순종 진술(44절)

이 토론을 시작할 때 먼저 이 연설들의 묶음과 뒤잇는 24-26장에 있는 연설들의 청중이 21-22장에 있는 청중과 다르다는 사실을 주목하는 것이 중요하다. 그러한 차이의 이유는 여기서는 모세가 회중들에게 말씀을 전하는 반면, 21-22장에서는 그가 제사장들인 아론과 그의 아들들에게 연설을 하도록 명령을 받았기 때문이다. 이러한 청중의 변화는 특정적인 제사장들을 위한 규정들로부터(21-22장) 회중 전체를 위한 문제들로 바뀌는(23-26장) 전환을 나타내 준다. 이 연설은 이스라엘의 절기 월력을 제시한다. 그것은 다섯 개의 절기들을 규정한다－유월절과 무교절(4-8절), 칠칠절(9-22절), 나팔절(23-25절) 그리고 초막절(33-36절). 출애굽기 23:14-17, 34:18-26 그리고 신명기 16:1-17에서 발견되는 절기 확정과 대조적으로 이 월력은 민수기 28-29장에 있는 것과 더불어 두 개의 추가적인 큰 날을 포함한다: 7월 1일과 10일. 이 본문의 우선적인 목적은 이러한 다섯 개의 절기들의 기념을 위한 날짜를 정하기 위함이다. 때때로 절기들의 연장이 주어진다(5a, 34b, 39a절). 이차적 목적은 주어진 절기의 의식들을 확대하고 확정하기 위해 어떤 의식적 규정들을 제공하기 위함이다. 그러므로 두 개의 장르가 뒤섞여 있다: 날짜 지정과 의식 규정들(참조. Reventlow, *Das Heiligkeitsgesetz*, 103). 이러한 방식의 혼합은 바벨론, 우가릿 그리고 이집트의 월력들이 입증하는 바와 같이 고대 월력에서 일반적인 것이다(Morgan, "Cultic Calendars," 220-21).

현재의 본문은 두 개의 중복되는 구조를 갖는다. 가장 확실하고 두드러진 구조는 레위기의 많은 연설들과 비슷한 기본적인 연설의 틀이다. 그것은 도입 형식문으로 시작하여(1절) 연설 위탁 형식문이 뒤따른다(2aα절). 이 연설은 44절의 순종 형식문으로 마무리된다. 그런 형식문은 레위기의 몇몇 다른 장소에서도 나타난다(예를 들어, 8:36; 16:34b). 이러한 구조는 비록 몇 개의 도입 연설 형식문들이 이 연설의 곳곳에서 나타날지라도, 이 23장이 단일한 연설이라는 사실을 알려 준다. 사실상 더 큰 연설 속에 있는 도입 연설 형식문들은 현재의 장과 같이 빈번하지는 않지만, 앞서 6-7장과 13-14장에서 관찰된 바 있었다.

내부적인 구조는 1, 9, 23, 26, 33절의 도입 형식문들로 확인되는 다섯 개의 연설 보고에 의해 드러난다. 이러한 연설들은 각각 절기들 중 하나에 대한 규정들을 내놓는다. 더 면밀히 살펴보면 이러한 연설 보고들은 고대의 월력에 의존되어 있다는 것이 드러나는데, 이는 이 연설들의 뼈대의 기저에 그러한 월력이 자리하고 있기 때문이다. 이러한 월력은 표제인 엘레 모아데이 아도나이(אלה מחועדי יהוה, "이것들은 여호와의 지정하신 절기들이다"; 4절)와 요약 진술인 엘레 모아데이 아도나이 아쉐르 티크르우 오탐(אלה מועדי יהוה אשר־תקראו אתם, "이것들은 너희가 공포할 여호와의 지정하신 절기들이다"; 37절)에 의해 식별된다. 이러한 고대 월력은 각 절기의 규정들이 자충족적인 연설 단위들에 배치되도록 다섯 개의 연설로 나뉘었다. 이러한 월력의 분할은 월력이 하나의 연설의 형식 속에 배치된 후에 발생되었는데, 이는 첫 번째 절기(4-8절)가 자체적인 도입 형식문을 갖지 않기 때문이다. 사실상 월력을 분리된 연설들로 세분했던 사람은 전체 연설에 대한 표준적 서론이 이중적 임무를 하기를 의도한다(1-2aα절). 즉 그것은 유월절과 무교절에 대한 규정(5-8절)뿐만 아니라 전체 연설을 도입한다. 이러한 절기들을 모아데이 아도나이 미크라에이 코데쉬(מועדי יהוה מקראי קדש, "여호와께서 지정하신 절기들, 곧 성회들")로 간주하는 두 개의 상단 부기(2b절과 4a절)가 포함된 것은 이러한 분석을 지지한다. 최종 저자는 그 첫 번째 상단 부기를 전체 연설의 도입으로 배치했으며(2aβ+b절), 고대 월력에서 유래한 두 번째 다른 부기는 그대로 두었다(4절).

왜 몇 개의 도입 연설 형식문들이 단일한 연설에서 사용되었을까? 그 답은 기능적 이유 때문이라는 것이다. 각 문단에 자체적인 도입 형식문이 주어진 이유는 각각의 연설이 그 자체로 교육의 말씀 역할을 할 수 있게끔 하기 위함이다. 즉 이러한 절기들 중 어떤 것을 기념할 때, 그 특별한 절기의 행사를 위해 성소에 집결한 백성들을 교육할 목적으로 그 절기에 해당된 규정이 읽혀졌을 것이다. 그렇다면 각각의 도입 연설 형식문은 하나의 절기에 대한 규정들의 시작을 표시하며, 동시에 그 특정한 규정의 권위를 확립하는 기능을 한다. 그럼에도 불구하고 이 연설의 세분화는 전체 연설이 하나의 단일한 연설로서 전체로 전달되는 것을 방해하지 않았다. 그 연설 전체의 선포를 요구했던 행사들에서는 이 형식문들이 다양한 절기들의 구분 표시가 되고, 동시에 회중들에게 각 절기나 큰 날이 구체적으로 하나님에 의해 제정되었다는 사실을 확증해 주었다.

다섯 개의 연설로 월력을 세분한 것에 더하여, 고대 월력이 다양한 변화와 확장을 겪었다는 증거들이 있다. 고대 월력은 비인칭적이면서 법적인 문체로 된 짧고 산뜻한 문장들로 특징지어진다. 레벤트로우(Reventlow, *Das Heiligkeitsgesetz*, 105)에 따르면, 고대 월력의 도입 문장의 세 가지 필수적인 요소는 날짜, 절기 이름 그리고 라도나이(ליהוה, "여호와께")라는 어구다. 그는 아마도 네 번째와 다섯 번째 요소는 두 개의 어구, 즉 빠욤 미크라 코데쉬(ביום מקרא־קדש, "그 날에 성회가 있다")와 로 타아세 콜 므레케트 아보다(לא תעשה כל־מלאכת עבדה, "어떤 일도 하지 마라")일 수 있다고 제안한다. 콜윈스키(Cholewínski, *Heiligkeitsgesetz*, 82-83)는 비슷한 목록을 만들어 희생들 바치기에 대한 일반적 규정인 붸히크리브 아세 라도나이(והקריב אשה ליהוה, "그리고 그는 여호와께 예물을 바쳐야 한다")를 추가한다. 모간(Morgan, "Cultic Calendars," 67)은 날짜를 정하고 또한 절기의 정체에 관한 하나의 어구를 제공하는 진술을 "월력 고정"(calendrical fixation)이라는 장르로 간주한다(이 장의 구조에 대한 개요에서는 "날짜 지정"으로 번역했다 – 역자주). 단지 몇몇 구절만이 완전히 고어체의 비인칭적 문체로 남아 있다(5, 13, 20, 29, 34절). 연설자는 직접 전달의 형식으로 된 자료를 통합함으로써 이러한 비인칭적 문체를 새로운 방향으로 전환시켰다. 이 변화들은 이 연설의 수사학적 효과를 강화했다. 이러한 더욱 강력한 문체로 인해 이 연설은 다른 목적을 달성한다. 즉 강화된 문체는 백성들에게 동기를 부여하여 그들이 여호와의 지침에 순종하여 이 다섯 절기를 충실하게 지키게끔 만든다. 그럼에도 불구하고, 그 확장들은 이 연설을 사방으로 분산시키는 원심력이다. 연설자는 이 원심력에 맞서 그 힘을 한데 끌어모을 다양한 어구들을 사용한다. 하나로 통합하는 이러한 끈들은 다음과 같은 핵심 단어들과 어구들이다: 모에드(מועד, "지정된 절기"; 2[2회], 4[2회], 37절), 미크라 코데쉬(מקרא קדש, "성회"; 2, 3, 4, 7, 8, 21, 24, 27, 35, 36, 37절), 샤바트(שבת, "안식일"; 3, 11, 15[2회], 16, 32[2회]절), 샤바톤(שבתון, "엄숙한 휴식"; 24, 32, 39[2회]; 개역 성경에서는 이 히브리어 단어가 단순히 샤바트와 같은 의미인 "안식일"로 번역되거나, 그것과 별 다른 차이가 없는 "쉴 안식일"로 번역되어 있다 – 역자주) 카라(קרא, "부르다"; 4, 37절), 멜라카(מלאכה, "노동"; 3, 7, 8, 21, 25, 27, 30, 31, 35, 36절), 라도나이(ליהוה, "여호와께"; 3, 5, 6, 12, 13, 16, 17, 18[2회], 20, 25, 27, 34, 36[2회], 37, 38, 39[חג־יהוה – 하그 아도나이, "여호와의 절기"], 41절), 리프네이 아도나이(לפני יהוה, "여호와 앞에"; 28, 40절), 베콜 모쉬보테이켐(בכל מושבתיכם, "너희의 모든 거하는 처소에서"; 3, 14, 17[ממושבתיכם – 미모쉬보테이켐, "너희의 처소로부터," 21, 31절) 그리고 브에첸 하욤 하제(בעצם היום הזה, "바로 그 날에"; 28, 30절).

네 가지 중요한 보충 자료가 고대 월력에 추가되었다. 바로 시작 부분에서 안식일을 준수하라는 지침이 추가되었다(참조. Elliger, 311; Noth, 168). 현대적 관점에서 볼 때, 7일마다 찾아오는 안식일에 관한 그 법은 절기력에는 다소 엉뚱한 것처럼 보인다. 왜냐하면 이 날의 준수의 반복적인 규칙성은 일 년에 한 차례 지키는 다른 절기들과 다르기 때문이다. 주요 절기들의 날짜 지정(월력 고정)들에 대한 자료와 더불어 안식일에 관한 계명이 포함된 것은 이 연설에만 유일한 것이 아니다. 이 짧은 절기 규정들(14-17절)에 바로 앞서 출애굽기 23장에서 안식일을 지키라는 계명이 나온다(12절). 출애굽기 34:18-24에서 발견되는 절기 규정들 가운데 안식일을 지키라는 명령이 나타난다(21절). 계명들과 규정들을 함께 엮는 이러한 문체는 오경에서 자주 나타난다. 안식일을 포함하는 세 가지 추가적인 이유가 주어질 수 있다. 첫째로, 백성들의 충실한 안식일 준수는 절기들의 충실한 준수를 위한 모형을 세워 줄 것이다. 둘째로, 안식일은 칠칠절의 기념 시기를 결정할 때 제 역할을 한다(15-16절). 셋째로, 안식일 준수에 대한 법들은 절기들의 기간에 포함된 특히 엄숙한 날들로 이양된다. 즉 어떤 절기의 특정한 날들은 안식일처럼 준수해야 한다. 안식일에 관한 이러한 지침에 나타나는 특정한 어휘들은 그것이 이 연설을 위해 작성되었다는 추가적인 증거를 제공하는데, 그 이유는 그 어휘들이 이 연설 속에서 반복적으로 발생하는 단어들에 속해 있기 때문이다. 특히 다음과 같은 용어들이다: 멜라카(מלאכה, "노동"), 샤바트 샤바톤(שבת שבתון, "엄숙한 휴식의 안식일"; 개역 성경은 "안식일" 혹은 "너희의 쉴 안식일"로 번역하여 샤바트〈=안식일〉와 잘 구분이 안 된다 – 역자주), 미크라 코데쉬(מקרא קדש, "성회"), 베꼴 모쉬보테이켐(בכל מושבתיכם, "너희의 모든 거하는 처소에서"; 위의 목록을 보라). 그렇다면 이 안식일에 대한 계명은 이러한 절기 월력에 적합하게 만들어졌으며, 이 연설의 최종 형식의 필수적인 부분이다.

두 번째 추가는 연설의 마지막에 나타난다(39-43절; Elliger, 305-6; Noth, 125). 그것은 초막절에 대한 특별한 지침을 제시한다. 이 문단은 후대의 삽입이라는 여러 징표들을 갖는다. 첫째로, 그것은 고대 월력에 대한 하단 부기 이후에 나온다(37-38절). 둘째로, 그것은 35절에 있는 것과 아주 흡사한 세부적인 날짜 지정(월력 고정)과 함께 시작되는데(39절), 35절의 날짜 지정은 만일 그것이 독자적으로 존재했던 것이 아니라면 과잉의 것으로 간주될 수 있을 정도로 이 문단의 시작 부분과 아주 비슷하다. 그럼에도 불구하고, 이 절기에 대한 이러한 두 지침은 두 단위의 커다란 차이들에서 증거되는 바와 같이 서로 다른 기원을 가졌다. 이 절기의 이름이 34절에서는 하그 하쑤코트(חג הסכות, "초막절")이지만, 39절에서는 하그 라도나이(חג ליהוה, "여호와의 절기")이다. 후자의 명칭은 그 절기를 위한 이차적인 날짜 지정(월력 고정)과 예식이 작성되었던 시기에 이 절기의 격상된 지위를 암시한다. 첫 번째 단위에서 그 절기의 1일과 8일이 미크라 코데쉬(מקרא־קדש, "성회")인 반면

(35, 36절), 두 번째 단위에서는 이 날들이 샤바톤(שַׁבָּתוֹן, "엄숙한 휴식의 날")이다(39절: 개역 성경은 "안식하고"로 번역하여 "안식일"〈שַׁבָּתוֹן - 샤뱌트〉과 구분이 되지 않는다 – 역자주). 그렇지만 두 번째 단위는 수려한 나무들에서 취한 가지들의 사용을 지시하는 점에서 첫 번째 것을 능가한다. 그것은 또한 이 절기를 이스라엘의 역사에 묶어 두는 중대한 기여를 한다. 마지막으로 단지 첫 번째 단위만이 8일을 아체레트(עֲצֶרֶת), 곧 "엄숙한 축일"(개역 성경: 대회)로 규정한다(36절). 그러므로 이 두 번째 단위는 이 절기의 축하가 특별한 방식으로 발전했던 어떤 지방 성소의 월력에서 유래했을 가능성이 매우 크다. 이 절기에 대한 이러한 다른 방식의 월력을 입수한 어떤 서기관이 그것을 두 가지 이유로 이 공식적인 월력에 포함시켰다. 첫째로, 이 월력은 다른 곳에 지시되지 않은 의식 관행들의 설명으로 이 절기의 준수를 풍성하게 만들었다. 둘째로, 그것은 이 절기를 이스라엘의 구원사, 즉 여호와께서 광야에서 자기 백성을 보존하신 날들에 결부시킴으로써 그것의 영적인 의미를 확대시켰다. 물론 이러한 역사적 연결은 이 절기에 초막을 세우는 전통의 의의를 더욱 크게 만든다. 그 서기관은 두 편을 모두 보존했는데, 이는 그가 두 월력이 모두 전통에서 온 것이기에 동등한 권위를 가진 것으로 간주했기 때문이다. 여호와의 자기 소개 형식문(43b절)은 42절에 있는 명령들에 적용되거나 혹은 39-43a절에 있는 절기 규정에 대한 결론이다. 전자가 더 바람직한데, 이는 거룩한 삶에 관한 성결법에 있는 많은 법들이 이 형식문의 지지를 받지만 절기 규정들은 어느 것도 이 형식문을 사용하지 않기 때문이다. 어떤 경우든지 초막절에 관한 이 규정은 18-20장에 있는 자료를 작성한 그룹들에서 기원한 것이다.

고대 월력의 세 번째 확장이 칠칠절(Feast of Weeks)의 확장된 취급에서 발견된다(9-22절; 참조. Elliger, 307-9). 이 확장의 길이는 이 지침들을 민수기 28:26-31에 나타난 이 절기들에 대한 지침들과 비교해 봄으로써 가시화된다. 이 절기가 기본적으로 다른 월력 본문들에서 무시되고 있기 때문에, 저자는 이 절기의 날짜를 더욱 정확히 지정하고 절기 의식들을 위한 규정들을 제공하기 위하여 제사장의 전문 지식을 담고 있는 다양한 기초 자료들에 의존했다. 크놀(Knohl, *HUCA* 58[1987] 81, 85)은 훨씬 더 멀리 나아간다. 그는 성결 학파가 고대의 지방 관습을 중앙 성소의 공적인 예식에 맞도록 변경시키고자 고대의 문헌 단락을 개정했다고 주장한다.

칠칠절에 대한 이 연설의 첫 편은 그 절기의 날짜와 더불어 개시하지 않고 오메르(עֹמֶר, "곡식단")의 제물에 대한 의식적 지침과 더불어 개시한다. 즉 그것은 첫 이삭의 제물에 대한 규정을 제공한다. 이 의식은 곡물 추수와 관련된 언약 공동체의 중심 의식이다(참조. 2:14). 첫 이삭의 단을 바치라는 규정(10-11절)에 특정한 희생들을 바치라는 규정이 결부되어 있다(12-13절). 이 하위 단위는 한 가지 금지와 함께 마무리된다(14절). 첫 이삭을 바치는 날짜는 무교절 기간에 속해 있지만, 그 제물에 대한 규정들은 첫 번째 연설이 아닌 두 번째 연설에 포함되어 있다. 이는 칠칠절의 날짜를 정하기 위한 시간 언급을 확실히 해두려는 목적 때문이다. 그러나 곡식단의 제물에 대한 많은 세부 사항들이 포함되었는데, 이는 이 의식이 토라(Torah)의 다른 곳에서는 발견되지 않기 때문이다. 칠칠절은 첫 이삭의 단을 제물로 바친 뒤 50일이 지난 날짜에 해당된다. 50일의 기간(7 곱하기 7에 1을 더한 것)은 고대 셈족 계열의 민족들에게 대단히 중요했는데, 왜냐하면 그것이 하나의 거대한 시간 단위를 표시했기 때문이다(참조. H. and J. Lewy, *HUCA* 17[1942/43] 47-115). 희년은 고대 이스라엘에서 50이란 숫자의 중요성을 증거한다. 50일을 세는 것에 근거하여, 칠칠절의 날짜는 이 두 번째 연설 보고에 있는 새로운 문단의 서두가 된다. 이상하게도 이 절기의 구체적인 이름이 주어지지 않는다. 그렇지만 희생 제물을 드리기에 대한 규정이 누룩과 함께 구운 떡을 드리기에 대한 규정과 더불어 나란히 주어진다(17-20절). 이 두 날, 즉 곡식단을 바치는 날과 칠칠절은 곡물 추수의 시작과 끝을 구성하는 틀이다.

네 번째 첨가는 칠칠절에 대한 연설의 끝에 나온다(22절). 가난한 자를 위한 들판의 이삭 줍기를 규정하는 법 하나가 포함된다. 이 법의 문체는 이 연설에 독특하다. 이 법은 포도밭에 대한 언급이 누락된 것을 제외하고는 19:9-10에 있는 법의 반복이다. 이러한 누락은 이 법이 의도적으로 이 위치에 배정되도록 채택되었다는 증거다. 왜냐하면 칠칠절은 포도원과 과수원의 추수가 아닌 곡물 추수를 기념하기 때문이다. 왜 여기서 이 법이 포함되었는가? 이 월력에는 그 외에는 그러한 법들이 없는데 말이다. 이 법과 더불어 첫 수확물에 대한 규정이 칠칠절에 관한 월력 지침의 틀을 형성한다. 그러한 규정과 이 법은 모두 여호와께서 그 땅과 땅의 소산물의 주님이시라는 신학을 기반으로 하고 있다. 이스라엘은 그분께 첫 수확물을 바침으로써 그분의 주권을 인정한다. 나아가 그들은 가난한 자들과 타국인들을 위해 추수물의 이삭을 남기는 법을 준수함으로써 그들의 주님이신 여호와는 거룩하시고 자비로우신 분임을 인정한다. 그들은 순종할 때 충만한 기쁨으로 풍성한 수확을 기념하게 된다. 여호와의 주권에 대한 이러한 인정은 분명히 성결법전이 본래의 자리다. 여호와의 주권에 대한 이러한 강조는 더 긴 여호와의 자기 소개 형식문이 포함됨으로써 확증된다(22bβ; 참조. 18:1-2에 있는 부록). 이러한 형식문이 여기에 나타나는 이유는 그것이 19장에서와 마찬가지로 선행하는 법에 덧붙여졌기 때문이다. 그러므로 이 법은 칠칠절에 대한 지침의 틀을 형성하기 위해 첫 추수물에 대한 예전적 규정과 결합되어 있다.

요약하자면, 이 연설은 몇 개의 연설 단위로 나누어진 고대의 월력으로 구성되어 있다. 이스라엘의 역사가 진행되면서 그 월력에 여러 추가가 발생했는데, 그것은 점점 증대하는 순례 절기들의 중요성을 반영하기 위함이었다. 이 연설이 현재 그것이 지니고 있는 기본 형식을 갖추었을 때 안식일과 속죄일에 대한 자료들이 이 연설에 포함되었는데, 이는 그 연설이 공동체의 예배를 위한 특정한 시간들 – 규칙적인 시간의 흐름과 특별한 월력의 계절에 따라 결정되는 바와 같이 – 을 알려 주기 위해서였을 것이다.

썬(Sun, "Investigation," 400; 참조. Elliger, 309-10)은 속죄일을 위한 날짜 지정(월력 고정, 26-32절)을 이차적인 삽입으로 간주한다. 썬은 이러한 주장의 근거를 그것의 "특유한 예전적 형식"에 두고 있다. 16장의 "양식/구조/배경"에서 논증된 바와 같이, 이 단락(26-32절)과 16:29-34a이 밀접한 예전적 결속을 이루고 있으며, 이것은 양자가 동일한 손길에서 유래했거나 아니면 어느 한 문단이 다른 것으로부터 개작되었다는 것을 시사한다. 두 문단의 간결성은 전자의 견해를 선호한다. 이 문맥에서 그 자료의 처음 부분은 고대의 문체를 따라 작성되었다(위의 설명과 Cholewínski, *Heiligkeitsgesetz*, 88-90를 보라). 그 자료의 나머지는 이 문단 부분에 독특하다. 그러므로 속죄일에 대한 자료는 고대의 월력과 결속되어 있는데, 이는 이러한 가장 엄숙한 금식일과 이스라엘에서 기념된 다른 주요 절기들과의 관련성을 확립하기 위함이다.

모간(Morgan, "Cultic Calendar," 118-21)은 이 본문과 민수기 28-29장의 장르를 "월력"으로 간주한다. 모간은 "월력"이라는 장르를 자신이 "절기 규정들"이라고 명명한 장르와 구별지었다. 그것들은 출애굽기 23:10-19; 34:18-24; 그리고 신명기 16:1-17에서 발견된 바와 같은 것들이다. "월력" 본문은 온 백성이 예배를 위해 집결해야 했던 절기 행사를 확인해 주고, 그것들의 시간과 기간을 결정하며 어떤 의식적 규정들을 제시한다(Morgan, 219). 이러한 절기 월력이 절기에 집결한 회중의 교육을 위해 하나의 연설 속에 자리잡게 되었다. 이 연설의 여러 부분은 어느 제의 중심지에서든지 특별한 절기 행사가 있을 때 그 절기에 대해 백성들을 가르치기 위해 사용될 수 있었다.

주석

[2] 이 법안은 "여호와의 지정하신 절기"(מועדי יהוה – 모아데이 아도나이)에 관한 것이다. 모아데이(מועדי)는 야아드(יעד, "지정하다, 설정하다")에서 온 단어로 "지정된 시간, 설정된 시간", 즉 특별한 의의를 지니는 시간을 의미한다. 이것은 오헬 모에드(אהל מועד, "회막")라는 어구에서 사용된 명사다(참조. 1:1). 이 단어는 연중에 "지정된 시간들/철들"이 있다는 것을 알리기 위해 여기서 복수형으로 나타난다. 소유격 아도나이(יהוה, "여호와")는 목적격 소유(여호와를 위한 절기)일 수도 있고 주격 소유(여호와에 의한 절기)일 수도 있다. 창세기 1:14은 하늘의 군상들, 즉 해, 달, 별들이 이러한 큰 날들을 위한 시간들을 정하기 위해 하나님에 의해 창조되었다는 것을 확증함으로써 후자를 지지한다. 이것들은 또한 여호와를 위한 절기들인데, 이는 그 절기들이 농토와 가축 떼를 풍성히 축복하신 것에 대해, 또한 이스라엘을 부르셔서 존재하도록 하신 것에 대해 그분을 예배하고 찬양하기 위한 때이기 때문이다. 그렇다면 두 가지 의미 모두 이 어구에 의해 전달된다. 이 단어와 밀접히 관계된 것이 미크라 카도쉬(מקרא קדוש)인데, 그것은 다음과 같이 다양하게 번역된다. "집회, 소집"(NIV, NEB), "신성한 행사"(NJPS), "성회"(JB) 그리고 "거룩한 대회"(Wenham, 301). 미크라(מקרא)는 절기 중의 특별한 큰 날들에 적용되기에 모에드(מועד)보다 더 제한적이다. 이 어구에서 미크라(מקרא)의 사용은 초승달의 최초의 징후를 기대하기 위해 공식적인 관찰자들을 임명하는 관행에서 왔을 수 있다. 초승달을 관찰할 때 그들은 큰 날의 시작을 선포하기 위해 땅 전역에 미크라(מקרא, "부름, 소집")를 통보했다. 미크라(מקרא)라는 단어는 구약의 몇 곳에서 무더기로 발생한다: 현재의 레위기 23장(11회), 민수기 28-29장(6회) 그리고 출애굽기 12:16(2회). 한 날이 미크라 코데쉬(מקרא קדש)로 불리는데, 이는 그 날이 그 절기 중의 큰 날로서 공동체가 하나님의 예배와 삶의 기쁨들의 축연에 집결하기 위해 모든 일상사를 내려놓는 날이기 때문이다. 이 날들은 여호와의 예배가 그 날들의 유일한 초점이기 때문에 거룩하고 신성하다(קדוש – 카도쉬).

[3] 어근 샤바트(שבת)는 "일을 중단하다, 쉬다"를 의미한다. 그것은 여호와를 공경하는 가운데 일을 중단하는 전적인 안식의 날이라는 것을 강조하기 위해 샤바트 샤바톤(שבת שבתון, "엄숙한 휴식의 안식일")이라는 어구가 사용된다(참조. 24, 32, 39절; 16:2930에 대한 "주석". 개역 성경에서는 단순히 "쉴 안식일"로 번역된다 – 역자주). "안식일"(שבת – 샤바트)에 어떠한 "노동"(מלאכה – 멜라카)도 해서는 안

된다는 금지 명령이 있다(참조. 출 16:23-30; 민 15:32-36). 일을 위한 기술과 노동의 이득을 함축하는 멜라카(מלאכה)는 아보다(עבדה, "일, 사역")보다 더 포괄적인 용어이기 때문에, 이 명령에 의해 금지되는 일의 종류는 아주 폭넓다. 제사장 법안 어디에도 어떤 일의 종류가 금지되는지에 관해, 혹은 얼마나 많은 수고를 해야 노동으로 인정되는지에 대해 구체적인 법들이 없다는 것은 놀랍다. 이것은 랍비 저작들에 있는 안식일에 대한 수많은 법들에 비추어 볼 때 더욱 놀랍다. 이러한 사실은 하나님께서 자기 백성들에게 원칙만 제시하시고 그것들을 따라 사는 가운데 세부적으로 성취하기를 원하신다는 것을 가르쳐 준다. 물론 이로 인하여 안식일 법은 안식일을 변화하는 시대 속에서 다양한 문화적 정황들에 적용할 수 있도록 허용하는 영속적 특징을 부여받는다. 오경으로부터 발견되는 것들로서, 안식일에 허용되지 않은 일의 종류는 다음과 같은 것들이 포함된다: 쟁기질과 추수(출 34:21), 불에 굽고 끓이는 음식 준비(출 16:23), 불 지피기(출 35:3) 그리고 나무하기(민 15:32-36). 예레미야 17:21에서는 짐 운반이 금지되었으며, 아모스 8:5과 느헤미야 13:15-21에 따르면 사고 파는 행위가 불법이었다. 베꼴 모쉬보테이켐(בכל מושבתיכם, "너희의 모든 거처에서")이라는 어구는 단지 성소에서만이 아니라 "너희 모든 집에서"를 의미한다(참조. 출 35:3; Porter, 180).

그렇다면 안식일은 전적인 휴식의 날이며 공동체가 여호와의 예배에 주의를 집중하기 위한 시간이다. "그것은 여호와께 안식일이다"(שבת הוא ליהוה – 샤바트 후 라도나이)라는 어구는 그 날이 여호와를 공경하는 가운데 준수되어야 한다는 것을 알려 준다(참조. 사 58:13-14). 안식일은 그 날의 준수가 십계명의 하나일 정도로 이스라엘에게 중요하다(출 20:8-11; 신 5:12-15). 불행히도 안식일의 기원은 알기 어려운 상태다. 고대 중동의 다른 나라들은 일반적으로 달의 주기와 결부시켜서 거룩한 날들을 지켰다. 그러나 일주일 주기의 안식일 패턴은 지금까지 이스라엘에게 유일무이한 것으로 드러났다.

안식일을 지키라는 네 번째 계명은 매우 자유하게 하는 것인데, 이는 땅 소유자들이 휴식을 얻을 뿐만 아니라 그들의 종들과 짐승들도 그러하기 때문이다. 이것은 인간성의 진보의 측면에서 놀라운 진전이다. 왜냐하면 노동 조합이 결성되기 오래 전에 그 계명은 지위를 막론하고 모든 노동자들의 주기적인 휴식 시간에 대한 권리를 인정해 주기 때문이다. 심지어 짐승들도 쉬어야 한다. 이 법은 모든 노동자들이 일상의 수고로부터 벗어나 그들의 노동의 산물과 하나님께서 창조하신 세계를 즐기도록 그들을 자유하게 만든다. 하나님께서는 인간들이 끝없는 수고에 매여 있지 말

것을 선언하고 계신다. 삶에는 일보다 훨씬 많은 것들이 있다. 백성들은 자신들의 노동의 산물을 즐길 시간을 필요로 한다. 안식일은 기쁨과 찬양의 날이어야 한다(출 23:12; 신 5:12-15; 사 58:13; 호 2:13[11]). 나아가 안식일은 언약의 징표(출 31:13-17), 즉 여호와와 이스라엘 사이의 언약을 구별짓는 표시다. 안식일의 준수는 언약을 강력하고 생명력 있게 유지시킨다. 시커-기셀러(Siker-Gieseler, *Studia Biblica et Theologica* 11[1981] 13)는 "이스라엘이 안식일을 지키는 한, 그것은 이스라엘이 하나님을 성결케 하시는 분이요 창조자로 인정하기를 원하는 증표다"라고 주석한다. 제사장 자료에 백성들이 안식일을 준수하라는 빈번한 권면들이 있다는 것은 전혀 이상한 것이 아니다(19:3, 30; 26:3; 출 23:12; 35:2; 민 15:32-36; 28:9, 10).

4 이 상단 부기는 이 고대 월력의 주 표제다. 이것은 2절 후반부의 반복 진술이다.

부록: 구약의 월력들과 이스라엘의 순례 절기들

오경에서 절기 월력은 다섯 군데서 나타난다: 출애굽기 23:14-17; 34:18-26; 신명기 16:1-17; 레위기 23장; 민수기 28-29장. 다른 곳의 유일한 월력은 에스겔 45:18-25에서 발견되는 짧은 것이다. 세부적인 내용에서 정도의 차이가 있는 가운데, 이 단락들은 날짜들과 기간들을 설정하고 때로는 고대 이스라엘에서의 연례 예식들을 위한 예전적 지침을 제공한다. 출애굽기 23:14-17과 34:18-26의 월력들은 통상적으로 가장 오래된 것들로 간주된다. 이 비슷한 두 월력은 세 가지 동일한 절기들을 동일한 순서로 약술한다: 무교절, 칠칠절, 초막절. 이 월력들은 정확한 날짜들을 구체적으로 명시하지 않기 때문에, 각각의 절기의 날짜는 설정된 한 해의 각 추수기에 맞추어 지정되었다.

마찬가지로 신명기 16:1-17의 월력은 세 가지의 매년의 절기들에 대한 지침을 내린다. 의식적 규정들이 출애굽기에 있는 것들보다 이 월력에서 더욱 발전되고 완전해진다(예를 들어, 2-8절). 또한 절기들의 날짜와 기간의 더욱 정확한 계산이 있다. 여기서 유월절이 현저하게 눈에 띈다. 유월절은 아빕월에 순례 절기로 기념되어야 하는데, 유월절은 그것의 기원인 가족 축연(household celebration)에서 전환된 절기다(출 12:1-13). 그렇지만 무교절은 이름이 언급되어 있지 않다. 그럼에도 불구하고, 누룩 사용의 금지(3-4, 8절; 참조. 출 23:15; 34:18, 25), 의식적 지침(3-4, 8절; 참조. 출 23:18) 그리고 동일한 역사적 근거(1, 4, 6절; 참조. 출 23:15; 34:18)는 이 절기가 유월절의 일부로 추정된다는 것을 시사한다. 9절에서 칠칠절을 위한 시간이 진술되고, 13절과 15절은 초막절 기간을

7일 간으로 명시한다. 이러한 월력은 각 절기가 "그[여호와]가 선택할 장소에서"(16:2, 11, 15) 기념되어야 한다고 강조한다.

레위기 23장과 민수기 28-29장은 더 정확하게 각 절기의 시작 시점과 기간을 정한다. 세 가지 순례 절기의 농경적 특징이 계속 증거되는 반면(예를 들어, 레 23:10, 22, 39-40; 민 28:26), 절기들의 날짜들은 더 이상 추수들과 관련되지 않고 지정된 달의 특정한 숫자로 명기된 날들과 관련되어 있다. 날짜들 및 예전적 규정들과 관련된 이러한 월력들의 특징은 그것들의 배경이 중앙 성소였다는 것을 시사한다. 유월절과 무교절은 밀접히 연결되어 있음에도 양자의 차이점이 유지되는데, 이는 그것들의 시간적 관계가 더욱 정밀하게 규정되기 때문이다. 추가적으로 이 월력들(레 23장과 민 28-29장 – 역자주)은 두 개의 더욱 큰 날들을 지정한다: 티쉬리(7월) 1일의 나팔을 부는 날(민 29:1-6)과 티쉬리 10일의 백성들의 모든 죄를 제거하는 의식이 있는 날(민 29:7-11, 즉 나팔절과 속죄일 – 역자주).

에스겔 45:21-25의 월력은 우선적으로 두 개의 7일 간의 절기를 위한 날짜들을 지정한다: 하나는 1월에 있고, 다른 하나는 7월에 있다. 그 월력은 통치자(개역 성경: 왕)에게 요구되는 제물들을 지시한다. 유월절이 유일하게 이름이 나온 절기다. 무교절에 대한 언급은 없지만, 무교병과 7일의 기간에 대한 언급에서 그것이 추론된다(레 23장과 민 28장처럼 8일 간이 아니다). 7월에 있는 그 절기의 날짜와 기간으로부터 초막절이 의도되어 있다는 것은 분명하다. 이러한 가을 절기에 통치자를 위해 지정된 희생들은 유월절에 그에게 요구되는 것들과 병행을 이룬다. 민수기 29:17-38과 비교해 볼 때 이 절기의 희생들의 숫자는 상당히 감소하는데, 아마도 이는 에스겔서의 통치자들에 대한 특별한 배려 때문일 것이다. 칠칠절과 신년은 무시되어 있는데, 아마도 통치자들이 이러한 큰 날들에 눈에 띄는 예전적 역할을 하지 않았기 때문일 것이다. 이 월력에는 성전 정화를 위한 두 날의 속죄일에 대한 규정이 첨부되어 있다(18-20절): 1월 1일과 같은 달 7일(70인경에서는 7월 1일인데, Zimmerli[*Ezekiel 2*, 483]는 이 이문이 마소라보다 더 나은 점을 찾지 못한다).

이 절기 월력들에 있는 차이는 우리에게 이스라엘의 다양한 절기 준수가 정적이지 않고 동적이라는 것을 알려 준다. 이러한 이해는 이스라엘 역사 속에서 부림절(Purim, 에스더서에 있다)과 수전절(Hanukkah)의 추가에 의한 절기들의 지속적인 확장에 의해 확증된다.

고대 이스라엘에서 절기들의 발전에 있어서 중요한 쟁점은 이러한 절기들의 특정한 날짜들의 지정이었다. 대부분의 학자들은 초기에는 절기들을 위한 고정된 날짜들이 없었다고 믿는다. 추수를 기념하는 각 절기는 항상 백성들이 특정한 추수를 마칠 때 시작되었다. 즉 추수의 기념 시기가 다양한 기상 조건으로 인해 철마다 달랐다. 이러한 입장은 절기들 가운데 두 절기의 다양한 이름에 의해 실증된다: 칠칠절(출 34:22; 신 16:10; 민 28:26)

은 또한 맥추절(출 23:16a)과 "초실절"(출 34:22; 참조. 민 28:26)이며, 나중에 포로기 이후 시대에는 그것이 "오순절"(제2마카비서 12:31-32과 토빗서 2:1)이라는 이름을 받았다. 반면에, 초막절은 출애굽기 34:22에서 "수장절"이라는 이름을 갖는다. 그렇지만 세갈(Segal)은 다른 입장을 취하여 봄/가을 축제가 처음에는 춘/추분과 결부되어 있었다고 주장한다. 따라서 각각의 추수연은 그 축제들에 맞추어 만들어져 있었다(참조. Segal, *JSS* 6[1961] 85). 어느 경우가 되었든지, 이스라엘이 그 규모와 정치적인 위세가 커졌을 때 이스라엘 전역의 모든 백성들이 국가적 절기에 집결할 수 있도록 절기들의 날짜와 사전에 예정된 성소들을 지정해 놓는 것이 필요하게 되었다(Segal, *Passover*, 128). 레위기, 민수기 그리고 에스겔의 월력들은 그 절기들을 위해 특정한 날짜들이 지정되었다는 것을 증거한다(레 23:5, 6, 34; 민 28:16, 17; 29:12; 겔 45:21, 25).

이어서 우리는 이 세 가지 절기가 언제부터 종교적 순례 행사로 지켜지게 되었는지를 물어야 한다. 첫 번째 증거는 엘가나가 중앙 성소로 순례들을 했다는 언급에서 나타난다(삼상 1:3, 21; 참조. Kutsch, *ZTK* 55[1958] 32-33). 제한된 세부적 내용들은 그 절기가 초막절이었다는 것을 넌지시 알려 준다. 만일 이것이 정확하다면, 순례 여행에 의한 이 절기의 축연 행사는 왕정 수립 이전에 시작되었다. 쿠취(Kutsch)는 "매년"이라는 용어가 그 당시 실로와 벧엘을 향한 순례들이 초막절에 이루어졌다는 것을 암시한다고 주장한다. 후대에 또 다른 두 개의 농경 절기가 순례 여행에 의해 준수되었다. 어떤 사람은 신명기 16:16이 이러한 변화의 방향을 지시해 준다고 주장한다(참조. Auerbach, *VT* 8[1958] 16-17). 제의가 예루살렘에 중앙화되고 난 후에 이러한 순례 여행들의 역할이 커졌다.

다음으로, 레위기 23장에 있는 월력을 더 잘 이해하기 위해서는 세 가지 주요 절기들의 기원과 발전이 고려되어야 한다. 이 부록의 한계를 감안해 볼 때, 다양한 절기들에 대한 최근의 수많은 연구들의 일부만이 참작될 뿐이다. 춘계 축제는 유월절과 무교절의 연합이었다. 이 두 절기 사이의 연관성의 발전은 매우 복잡한 전승사적 질문거리다. 첫 번째 놀라운 사실은 유월절이 가장 오랜 고대의 월력들에서 명확히 언급되어 있지 않다는 것이다. 그렇지만 후대의 월력들에서 그것은 일관되게 무교절과 결부되어 있다. 다른 주요 절기들과 비교해 볼 때 유월절은 구약에서 단 한 번 "순례 절기"(חַג – 하그)로 지칭되는데, 무교절과의 관련 속에서 언급된다(출 12:14). 이 두 절기와 관련된 의례들에 근거하여 학자들은 유월절의 유목적 기원과 무교절의 농경적 기원을 주장해 왔다.

유월절에 대해 유목적 기원을 주장하는 주된 이유는 본래 반(semi)-유목민 사이에 그 기원을 두는 관행인 일 년 된 어린양 희생의 중심적 역할 때문이다(de Vaux, *AI* 2:489; 참조. Kraus, *Worship*, 46-48). 이 희생의 많은 특징들은 이러한 입장을 옹호한다: 어린양은 불에 구웠고, 제의 비품은 전혀 사용되지 않으며, 무교병과 쓴 나물이 식사에 들어가고, 제단도 제사장도 없으며, 집의 문설주 위에 피를 바르는 독특한 의례가 있다(de Vaux, *AI* 2:489). 분명히 희생 행위의 중심적 역할은 다른 절기들에 있는 밭의 소산물에 대한 강조와 뚜렷이 대조되어 있다. 몇몇 학자들의 추론에 의하면, 이 절기의 원래의 목적은 가축의 번식력을 높이고 새로운 목초지로 양떼를 몰고 가는 동안 그것들의 보호를 보장받기 위함이었다(Ringgren, *Israelite Religion*, 187). 그럼에도 불구하고, 유월절의 유목적 기원을 반박하는 일부 학자들이 있다(Engnell, "The Passover," 192-93; Segal, *Passover*, 91-95를 보라). 예를 들어, 웜바크(Wambacq, *Bib* 57[1976] 301-26)는 유월절과 고대의 유목 절기들 사이의 연관은 한쪽이 다른 쪽에서 유래했다는 증거로 큰 무게를 두기에는 너무 일반적이라고 주장한다. 그의 판단에 의하면, 오히려 무교병 섭취와 같이 유월절에 부속되어 있는 특정한 의례들은 이 절기의 기원이 그 절기를 형성시킨 역사적인 출애굽 사건, 곧 이스라엘을 한 국가로 탄생하게 했던 그 사건에 있다는 것을 증거한다.

유월절의 날짜에 관해 말하자면, 중요한 점은 그것을 밤에 기념하는 것인데, 이러한 사실은 이 절기의 행사가 레위기와 민수기, 그리고 에스겔의 월력들에 언급된 바와 같이 원래 만월이나 만월에 가까운 시간에 시행되었다는 것을 시사한다(Martin-Achard, *Essai biblique*, 33; Kutsch, *ZTK* 55[1958] 18-19; de Vaux, *AI*, 2:490). 이스라엘 역사가 진행되는 동안 유월절 준수를 위한 장소는 가정과 성소 사이를 오락가락했다. 그것은 원래 각 가정에서 기념되었다. 후대에 그것은 성전에서 기념되는 순례 절기가 되었다(민 28:16-25; 신 16:1-8; 스 6장; 희년서⟨*Jub.*⟩ 49:16; 요 11:55-57; 참조. 마 20:18). 주후 70년 예루살렘의 몰락 이후에 유월절 기념은 가정으로 복귀되었다. 어떤 사람들은 유월절의 변동을 신명기주의자들(신명기 학파)의 중앙화 성향의 결과인 순례 절기의 탓으로 돌린다. 여호수아 5:10-12은 길갈에서 있었던 초창기의 유월절 기념을 보고한다. 이것에 근거한 정밀한 관점에서 볼 때, 한 중앙 성소에서의 유월절 기념은 신명기적 혁신이 아니었다. 오히려 신명기적 개혁은 지방 성소에서의 유월절 기념을 예루살렘으로 옮겼다(Noth, 169; 참조. Kraus, *Worship*, 50-51). 한편, 드보(De Vaux, *AI*, 2:488)는 그 과정이 역순으로 발생했다고 본다. 그는 유월절이 지파 연맹체의 중앙 성소에서의 준수로부터 지파 결속의 약화와 가나안 정착으로 인해 발생된 제의적 예배의 탈중앙화와 더불어 가정으로 이동했다고 주장한다. 단지 요시야의 개혁 아래서만 그것은 중앙 성소로의 순례가 되었다. 그렇지만 가정으로부터 지방의 제의 중심지들로, 최종적으로는 예루살렘으로의 이동이 더 논리적 진행인 것으로 보인다.

무교절에 관해 말하자면, 그것의 기원은 유월절과의 관계로 인해 복잡해지면서 모호하다. 대부분의 학자들은 무교절이 농경 공동체에 그 원래의 배경을 두고 있었다고 주장한다(Kraus, *Worship*, 47-48). 그것은 보리 추수를 감사하는 축연과 하나님께 첫 곡식단들을 헌정하기 위한 절기였다. 백성들은 하나님께 새로운 추수의 첫 수확물들을 드림으로써 추수물의 나머지는 그들이 자유롭게 사용할 수 있었다. 연중의 주기 속에서의 이러한 분기점을 상징하기 위해 햇곡식의 낟알을 볶아서 빵을 굽되 누룩과 같은 과거의 것들이 전혀 사용될 수 없었다(Porter, 182; Kraus, *Worship*, 48). 크라우스(Kraus, *Worship*, 48-

49)는 이스라엘이 가나안의 이웃 국가들로부터 무교절을 넘겨받았을 때 그것을 세 가지 방식으로 변경시켰다고 주장한다. (1) 그들은 그 절기를 여호와의 것으로 돌려드렸다(출 23:15; 레 23:6). 이것은 그들이 못(Mot)에 대한 바알의 승리와 같은 그 어떤 다산 신화(myths of fertility)도 전혀 낭송하지 않았다는 것을 의미한다. (2) 그 절기는 중앙 성소에 집결된 전 민족을 위한 것이었다(출 23:17; 34:24). (3) 이 절기는 이스라엘의 구원사와 엮여 있다. 그렇지만 출애굽기에 있는 가장 오래된 월력들은 이 절기를 출애굽과 연관시키며, 여호수아 5:11에서는 가나안 땅에서 햇곡식의 이삭을 먹은 일이 이 날 발생했다.

웜바크(Wambacq)와 할베(Halbe)는 무교절의 기원을 새롭게 탐구하여 각자 독자적으로 이 절기가 농경적 배경에 그 기원을 두고 있지 않다는 결론을 내렸다. 그들은 수많은 이유를 나열한다. 무교병에 대한 언급이 자동적으로 농경적 배경을 요구하지는 않는다. 왜냐하면 그런 빵은 반죽이 발효될 시간이 없는 그 어떤 상황(이를테면, 이동 중에 있을 때)에서든지 베두인들과 농부들 양자 모두의 음식이었기 때문이다(Halbe, *ZAW* 87 [1975] 339; 참조. Wambacq, *Bib* 61[1980] 38). 가장 오래된 기초 자료들에 있는 세 가지 연례 절기 중 이 절기만이 아빕(Abib)이라는 이름을 가진 달 속에 날짜가 지정된다 - 그것은 포로기 이전의 달의 이름 중 하나였다(Halbe, 334; 참조. Wambacq, 35-36). 이러한 사실은 이 절기의 준수의 고대성을 지적한다. 웜바크(37-4)는 무교절을 지칭하는 다양한 본문들을 두루 연구하는데, 무교병과 곡물 추수 사이의 어떠한 연관도 발견하지 못한다. 그러므로 비평 학자들에 의해 만들어진 이러한 연관짓기는 본문상의 지지가 부족하다. 덧붙여서, 할베는 무교절의 준수는 바로 그것의 특징으로 인해 학자들이 가정했던 농경적 생활 방식과 결부되지 않았다고 아주 강력하게 주장한다(336-37). 왜냐하면 추수가 시작된 이후 7일 간의 절기는 다 익은 곡식을 열풍과 같은 자연 재해에 의해 파괴될 위험에 방치하는 셈이 되기 때문이다. 달리 말하자면, 그런 시기에 어떤 절기의 준수는 농부들이 추수할 때 갖게 되는 긴박감과 크게 상충되었을 것이며, 따라서 농경적 배경에서 그런 절기의 준수란 발생할 수도 없었고 또한 존속될 수도 없었을 것이다.

이 두 학자의 논증은 이 절기의 기원에 대한 팽배한 비평적 입장을 옆에 제쳐놓아야 할 정도로 강력하다. 더욱이 가장 초기의 구약 전승이 무교병 섭취를 출애굽 사건과 연관지을 뿐만 아니라(출 23:15; 34:18; 참조. Halbe, *Bib* 61[1980] 339), 유월절과 무교병 섭취의 연합은 여호수아 5:10-12에서 보고된 바와 같이 역시 가나안에서의 첫 번째 유월절 기념에서도 증거된다(참조. 출 12:34, 39). 결과적으로 무교병은 이집트 탈출의 긴급성을 상징하는 역할을 할 뿐만 아니라, 또한 그것은 약속의 땅에서 최초로 먹은 음식으로서 출애굽 약속의 성취의 상징 역할을 하기도 한다(Halbe, 341). 이 절기의 축연은 새로운 추수물이 여전히 익어 가고 있는 도중에 열렸으며, 따라서 농업적 이해관계와 긴장 속에 있지 않았다. 이것이 바로 그 절기가 가장 오래된 절기 월력들에서 규정되어 있는 방식이다(출 23:15와 34:18). 그렇다면 이러한 점에 비추어 볼 때 무교절은 이스라엘 고유의 것이었다.

그렇지만 웜바크의 판단에 의하면(*Bib* 61[1980] 51), 무교절은 처음에 단 하루만 지켰다. 이 절기에 대한 두 개의 가장 초기의 보고들은 그의 입장을 지지한다. 분명히 출애굽 사건에서 이스라엘은 이 절기를 7일 동안 기념하기 위해 주변에 머물러 있지 않았으며, 여호수아 5장에 있는 기사는 그 절기가 단 하루 동안 개최된 것처럼 읽힌다. 최종적으로 이 절기는 일주일 간의 기념으로 연장되었다(Wambacq, 51; 출 13:6; 신 16:8; 대하 30:21; 35:17). 이러한 변화에 대하여, 웜바크는 아마도 백성들이 성소에서 하루만 보내고 무교병을 먹는 것을 지시하는 절기의 남은 날은 집에서 그 날을 준수했다고 생각한다(38). 후대에 가서야 일주일 전체를 성소에서 보냈다.

이 두 절기가 언제 어떻게 결합되었는지를 묻는 질문에 답하기 위해 많은 상상력에 의한 제안들이 있었다. 드보의 판단에 의하면(de Vaux, *AI*, 2:491-92), 그것들은 요시야의 개혁 기간에 연결되었다. 이 개혁은 유월절을 무교절처럼 순례 절기로 만들었기 때문에, 무교절은 날짜에 개의치 않고 유월절에 바로 이어서 기념되었다. 왜냐하면 유월절의 날짜는 이미 보름달이 뜨는 날로 고정되어 있었기 때문이다. 드보는 에스겔이 이 날짜들을 알고 있었다는 사실로부터(45:21) 추가적인 지지를 모으면서 이러한 변화의 연대를 포로기 직전으로 잡는다. 그럼에도 불구하고, 유월절의 날짜는 보름달을 기준으로, 무교절은 안식일을 기준으로 지정되었다는 사실은 다양한 유대 분파들 사이에서 이러한 월력 본문들의 정확한 해석에 끊임없는 논쟁들을 불러 왔다(참조. 15-16절에 대한 "주석"). 레위기 23:3-8은 이 두 절기의 합병을 증언한다.

또 다른 쟁점은 무교절과 유월절의 관계, 즉 어느 한 절기가 어떤 시대에 우세하다 나중에 다른 절기가 더 중요시되는 문제다. 이스라엘이 그 땅에 정착하게 되었을 때, 유월절은 무대 뒤로 희미하게 사라졌다(왕하 23:22; Halbe, *ZAW* 87[1975] 341). 이후 춘계 축제는 무교절로 기념되었다. 이러한 변화는 농경 생활 방식을 이스라엘의 구원사와 결부시켜 놓았다. 할베의 이해에 따르면, 신명기 16:1-7은 유월절을 중앙 성소에서 기념되는 순례 축제로 격상시키기 위한 후대의 프로그램이다. 따라서 유월절이 가장 오래된 월력들에 있는 무교절의 자리를 대신하게 되었다. 모겐스턴(Morgenstern)은 유월절의 중요성이 커지게 된 또 다른 이유를 내놓는다. 그는 그러한 변화를 점성술과 관련된 이방 관행들의 위험을 줄이려는 욕구에서 기인된 것으로 본다. 무교절이 춘분과 관련되어 있기 때문에 점성술이 이스라엘 예배에 침투했다는 것이다(*HUCA* 1[1924] 46-49).

비록 유월절이 우세한 자리에 올랐지만, 무교병의 사용은 보존되어 그것을 7일 동안 먹었다. 나중에 오래도록 존재해 온 무교절 준수의 관행이 인정되어 춘계 축제를 이중적 절기로, 즉 유월절/무교절로 간주하는 절충이 이루어졌다(참조. 스 6:19-22; Halbe, *ZAW* 87[1975] 342-43). 사실 할베는 신명기 16:1-8에서 두 개의 전통을 발견한다. 한 전통에서는 오직 유월절만이 순례 절기였다(6-7절). 그 후에 백성들은 집으로 돌아가 7일 동안 무교병을 먹었다. 그러나 8절은 무교절이 성소에서 일주일 간의 절기로 준수되어야 한다고 규정한다. 레위기 23장의 월력은 유월절과 무교절 사이의 결합을 받아들여 무교절의 첫날과 마지막 날의 엄숙성을 강화했다(참조. 민 28:16-25).

축제의 순환적 주기 속에 있었던 농경 축연들 중 두 번째 것인 칠칠절(the Feast of Weeks)은 밀 추수의 완료를 기념했다. 그것은 "추수의 축제"(חַג הַקָּצִיר – 하그 하케찌르, 출 23:16), "칠칠절"(חַג שָׁבֻעֹת – 하그 샤부오트, 출 34:22; 신 16:10, 16) 그리고 "너희의 주간들"(שָׁבֻעֹתֵיכֶם – 샤부오테이켐, 민 28:26; 개역 성경: 칠칠절)로 불렸다. 레위기 23:15에 따르면, 그 절기는 거제의 곡식단을 가져온 후에 칠 주 동안 기념되었다(개역 성경에서는 요제인데, 저자 하틀리는 그 히브리어 단어를 "elevated offering", 즉 거제로 해석한다. 그 이유에 대해서는 2:11의 "주석"을 보라 – 역자주). 50일의 기간은 이 절기에 펜테코스테(*πεντηκόστη*, "50"), 영어로 펜티코스트(Pentecost, 오순절)라는 이름을 부여했다. 그 절기는 밀 추수의 끝 무렵에 이르러 밀 추수의 첫 수확물들을 바치던 흥겨운 추수 행사였다(출 23:16; 34:22; 정확하게는 23:10에 있는 바 칠칠절의 첫 날, 곧 밀 추수 초기에는 그 해의 첫 수확 혹은 첫 이삭〈레쉬트〉을 바치고, 23:16에 있는 바 추수의 끝 무렵인 50일 뒤에는 그 해의 햇곡식 혹은 새 소제〈하다샤〉를 바친다. 즉 여기서 첫 수확물과 햇곡식은 구분되어야 한다. 첫 수확물을 바치는 칠칠절의 시작이 언제부터인지는 15-22절의 "주석"을 보라 – 역자주). 이 절기가 기본적으로 추수 축제였지만, 그럼에도 불구하고 이스라엘은 그것을 "여호와 앞에서"(לַיהוה – 라도나이) 지켰다(레 23:16; 민 28:26; 신 16:19; Kraus, *Worship*, 57). 이것은 그 절기가 자연의 세력이 아닌 여호와의 주권에 뿌리내리고 있다는 것을 의미한다.

구약에서 칠칠절을 분명하게 지칭하는 유일한 언급은 다른 연례 절기들과의 연관 속에서 나타난다. 예를 들어, 열왕기상 9:25은 세 가지 연례 절기가 있었다고 진술한다. 놀랍게도 에스겔 45장의 절기 월력에서는 그것이 빠져 있다. 포터(Porter, 184)는 구약에서 칠칠절에 대한 언급이 희소한 이유는 그것이 단지 하루만 지켜졌기 때문이라고 설명한다. 크라우스(Kraus)가 판단하기에, 이 절기는 최종적으로 일주일 간의 기념으로 확장되었다(민 28:24; *Worship*, 56). 다른 사람들은 그 절기에 대한 언급이 희박한 이유가 그것이 춘/추분과 관련되어 있지 않은 데 있다고 제안한다. 그러나 칠칠절이 갖는 미미한 역할에 대한 가장 최상의 설명은 그것이 이스라엘의 구원사와 명확히 연결되지 않았다는 것이다(Martin-Achard, *Essai biblique*, 53). 뒤늦게 제2성전 시대에 그것이 시내 산 언약 수여와 관련지어졌지만 말이다(희년서〈*Jub.*〉 6:1-21; 14:1-20). 그렇지만 이러한 연관성은 역대하 15:10-14에서 암시될 수 있는데, 그 단락은 3월에 기념되었던 언약 갱신을 위한 축제를 언급한다. 출애굽기 19:1에서 이스라엘이 하나님께로부터 율법을 받기 위해 시내 산에 집결했던 날짜는 이러한 연관성을 지지한다. 포로기 이후 공동체에서 언약 갱신 예식은 이 절기의 중요한 부분이었다(Kraus, *Worship*, 59).

세 번째 주요 절기는 가을에 기념되었던 "초막절"(חַג הַסֻּכּוֹת – 하그 하쑤코트)이다(레 23:34, 42; 신 16:23; 31:10; 대하 8:13; 스 3:4; 느 8:14-15; 슥 14:16). 그것의 이름들은 다양하다: "수장절"(חַג הָאָס[ִי]ף – 하그 하아씨프, 출 23:16; 34:22), "여호와의 절기"(חַג יְהוָה – 하그 아도나이, 레 23:39; 삿 21:19; 호 9:5) 혹은 단순히 "그 절기"(הֶחָג – 하하그, 왕상 8:2, 65; 12:32; 겔 45:25; 느 8:14; 대하 5:3; 8:7; 요 7:2). 이러한 이름들은 고대 이스라엘에서의 그 날의 중요성에 대한 강력한 암시다(Porter, 188). 그 날의 행사는 과수원과 포도원의 수확물을 거두어 포도즙을 짠 후에 개최되었다(신 16:23). 스네이스(Snaith, 25)는 그것이 포로기 이전 시대에 가장 중요한 절기였다고 믿는다. 이 절기는 노래와 춤으로 특징지어졌던 가장 기쁜 날로 알려졌다. 신명기와 레위기는 그 절기가 7일 간 지속되어야 한다고 말하지만, 레위기 23:36은 8일째의 날을 "엄숙한 집회"(עֲצֶרֶת – 아쩨레트, 거룩한 대회)와 무노동의 날로 추가한다. 레위기 23:42-43에서는 이 절기가 이스라엘의 구원사, 즉 광야에서 "초막"을 지어 체류하던 시대와 결부되어 있다. 결과적으로 그 날은 새로운 소산물을 기쁨으로 기념하고 동시에 여호와께서 자기 백성을 어떻게 인도하시고 보살피셨는지를 기억하는 시간이었다.

다양한 본문들은 이러한 축전 예식의 초기 형태에 그것들의 배경을 두고 있는 것 같다(삿 9:27; 21:19-21; 삼상 1:3, 21; 참조. 호 9:5; 왕상 12:32; van Goudoever, *Biblical Calendars*, 30; Kutsch, *ZTK* 55[1958] 32; Snaith, 24; MacRae, *CBQ* 22[1960] 251-52). 이 절기는 왜 쑤코트(סֻכּוֹת), 곧 "초막들"이라는 이름을 취했을까? "초막들"은 무슨 역할을 했을까? 초막에서 살라는 최초의 지침은 신명기 16:13에 나온다. 레위기 23:40은 순례객들이 모은 나뭇가지들이 초막 건설의 재료들이었다는 것을 암시한다. 그렇지만 그런 재료들은 광야에서 입수할 수 없었을 것이다. 광야에서 사용된 은신처는 초막이나 오두막이 아닌 천막이었다. 그러므로 어떤 학자들은 이 절기를 탄생시킨 다른 배경을 찾는다. 그들이 추론하는 그 배경은 가을 추수기에 들판에서 일꾼들이 먹고 자면서 추수물을 감시하기 위한 장소로 일시적인 은신처를 세우는 관행이었다(MacRae, 255; de Vaux, *AI*, 2:501). 맥리(MacRae)는 추수가 가까워질 때 사람들은 자신들이 일하던 바로 그 들판에서 갑작스럽게 기쁨에 찬 축연을 개최했다고 추론한다. 그는 이렇게 말한다. "오두막은 축연 자체의 제의적 상징으로서의 역할을 했을 것이다"(255). 이러한 기쁨으로 가득 찬 축연은 결국에는 들판에서 성소로 옮겨졌으며, 위에서 언급한 대로 그것은 광야 전승들에 통합되었다(Morgenstern, *HUCA* 1[1924] 58; Martin-Achard, *Essai biblique*, 78; MacRae, 259; Cazelles, *StLit* 14[1981] 30-31).

이 절기의 기원과 역사적 과정을 설명하기 위해 몇 가지 다른 재구성이 제안되었다. 예를 들어, 크라우스는 고대의 천막 절기(tent feast)에서 그 기원을 찾는다. 그는 제사장직과 중앙에 언약궤를 안치한 성막(the Tent)과 더불어 이스라엘의 천막(tent) 생활을 그리고 있는 광야 전승에서 그런 배경의 증거를 발견한다(민 2-3장). 가나안에 정착한 후에 초막이 천막을 대체했다. 왕정 시대에 다윗 언약의 회상이 이 절기의 중심적 부분이 되었다. 맥리(MacRae, *CBQ* 22[1960] 259-61)는 크라우스의 제안을 검토하여 본문들에는 이러한 재구성을 위한 충분한 증거가 없다고 판단한다. 맥리(260-63)는 몇몇 사람과 마찬가지로 사사 시대에 이스라엘 족속이 천막과 연루된 고대의 가나안 족속의 순례 축제를 넘겨받았다고 추론하면서 다른 제안을 내놓는다. 그는 이 제안의 많은 부분을 하그(חג)의 문자적 의미인 "순례"에 근거를 두고 있다. 이 가나안 절기의 뿌리들은 고대에 성소로 갔던 유목 순례에 있었는데, 그 순례는 천막과 관련되어 있었고 가을에 발생했다. 맥리(263)는 이러한 제안이 확실하지 않은 사실에 근거하고 있다는 것을 인정하지만, 크라우스의 연구와 더불어 그의 연구는 이 축제의 초기 기원의 가능성을 뒷받침한다.

신명기 31:10-13에 따르면, 이 절기에는 칠 년마다 언약 갱신 예식이 있었다. 크라우스가 제안한 대로, 왕정 시대에 그 절기의 초점이 시내 산 언약에서 다윗과 여호와 사이의 언약으로 옮겨졌을 가능성이 있다(참조. 삼하 7:8-16; 시 132). 이것은 솔로몬이 그 웅장한 성전을 봉헌하기 위해 이 절기의 시기를 선택한 이유를 설명해 줄 수 있다(왕상 8:2). 에스라 시대에 포로기 이후 유대 공동체의 지도자들은 이 절기의 기념을 되살려 놓았다(느 8:13-18). 이 행사에서 백성들은 열정적으로 성전 뜰과 성읍 광장으로부터 개인 저택의 옥상에 이르기까지 도처에 초막들을 세웠다. 이 개혁이 진행되고 있을 때, 에스라는 이 절기 동안 매일 하나님의 율법을 낭송했다.

초막절에 개최된 이스라엘의 축전의 특징에 대해서는 두 가지 우선적인 제안이 만들어졌다. 첫 번째 제안은 여호와의 즉위식(the celebration of Yahweh's enthronement)을 이 절기에 배정했다(참조. J. Gray, *The Biblical Doctrine of the Reign of God*[Edinburg: Clark, 1979] 10-32). 모빙켈(Mowinckel)과 다른 스칸디나비아 학자들은 그것이 시편 47, 93, 96-99편을 포함하는 즉위 시들을 재연하기 위한 삶의 자리였다고 주장한다(*The Psalm in Israel's Worship*, tr. D. R. Ap-Thomas[New York: Abingdon Press, 1967] 1:106-92). 그들의 재구성에 의하면, 여호와의 즉위는 원래 장막절(Feast of Tabernacles)의 핵심적인 날이었던 설날에 발생했다. 이러한 제안이 갖는 주된 난점은 모빙켈이 이 절기에 있는 고대 이스라엘의 즉위 축제를 재구성하기 위해 고대 이스라엘의 본문들을 충분히 고려하지 않고 너무 지나치게 바벨론 관행들에 의존했다는 것이다. 크라우스는 다른 방법을 사용하여 초막절의 핵심 주제가 하나님 나라의 선포라는 것을 보여 주려 했다(H.-J. Kraus, *Die Konigsherrshcaft Gottes im Alten Testament*, BHT 13[Tubingen: Mohr (Siebeck), 1951]; 또한 *Worship*, 203-8). 크라우스는 초막절을 여호와의 즉위식으로 보지 않고 왕실의 시온 축제로 이해한다. 강조점은 여호와와 다윗 사이의 언약과 자신의 통치의 자리로서 시온의 설립이었다(시 132편). 예루살렘의 몰락 후에, 이 절기는 다가오는 하나님의 통치에 대한 이스라엘의 종말론적 희망을 품는 배경이 되었다. 이 희망에 대한 핵심 단락은 이사야 52:7-10인데, 그것은 크라우스가 판단하기에 포로기에 작성되었다. 다가오는 여호와의 평화로운 통치에 대한 제2이사야의 비전은 크라우스가 종말론적으로 이해한 즉위 시들(enthronement psalms)의 작성에 영감을 불어넣었다. 그는 이러한 입장을 뒷받침하려고 장막절에서 끌어온 비유들로 여호와의 우주적 통치를 묘사하는 몇몇 다른 종말론적 본문들에 의존한다. 스가랴 14:16-19은 구체적으로 이 절기의 이름을 여호와의 지상 통치를 찬미하는 축제로 부른다. 사실상, 이 절기는 스가랴 12-14장의 전체적인 종말론적 메시지를 위한 배경일지도 모른다. 덧붙여서, 종종 "소묵시록"으로 불리는 이사야 24-27장과 함께 이사야 60-62장은 초막절을 그 배경으로 삼는다. 이러한 종말론적 단락들은 이 절기가 메시아 대망의 의의를 간직하고 있었다는 것을 증거한다.

두 번째 제안은 언약 갱신이 초막절의 일부였다고 추론한다. 폰 라드(von Rad, *The Form-Critical Problem of the Hexateuch*)와 바이저(Weiser, *The Psalms*, tr. H. Hartwell, OTL[Philadelphia: Westminster, 1976] 35-52)는 이러한 견해를 옹호했다. 수많은 요소들이 이러한 갱신에 핵심적이다: 여호와의 신현(시 50:2-3), 아마도 제의 연극(cultic drama)에서 행해진 역사 속에서의 여호와의 행위의 요약적 반복, 언약 갱신, 판결들의 선언 그리고 축복과 저주의 선언(Ringgren, *Israelite Religion*, 194-95).

이러한 제안들은 이 축전의 주간을 채웠던 의례와 행위들의 일부를 복구하려 한다. 어쨌든 언약과 여호와의 통치라는 주제들이 특별히 초막절과 결부되어 있다는 것은 확실하다. 이러한 주제들을 묘사하기 위해 사용된 그 축전들의 유형은 남아 있는 제한된 양의 증거로 인해 가정적인 재구성이 얼마든지 가능하다. 그럼에도 불구하고, 이러한 재구성들은 이 절기들이 고대 이스라엘에서 가졌던 중대한 역할을 보여 주는 창조적인 제안들이다.

이 재구성들은 요한복음 7장에 기록된 바와 같이 장막절에 선포된 예수님의 강력한 말씀들의 배후에 있는 전통을 지적한다. 그 보고에 따르면, 예수께서는 장막절에 참여하기 위해 은밀히 예루살렘으로 올라가셨다. 가장 큰 날인 그 절기의 마지막 날에, 아마도 대제사장이 풍성한 봄 수확에 필요한 넉넉한 가을비에 대한 기원과 관련된 물 붓기 의례를 진행하고 있을 때, 예수께서는 이렇게 외치셨을 가능성이 아주 높다. "누구든지 목마르거든 내게로 와서 마시라. 나를 믿는 자는 성경에 이름과 같이 그 배에서 생수의 강이 흘러나리라"(요 7:37; 참조. 슥 14:17; R. Brown, *The Gospel according to John I-XII*, 327). 군중들 틈에서 사람들은 이 말씀의 의미와 예수님의 메시아 여부를 놓고 서로 논쟁을 벌이기 시작했다. 메시아에 대한 그들의 토론은 이 절기와 이스라엘의 메시아 대망 사이의 연관성이 신약 시대에서 존속하고 있었다는 사실을 증거한다.

이러한 세 가지 순례 절기들에 덧붙여서 레위기 23장은 추가적으로 두 개의 축전, 즉 7월 1일과 7월 10일의 기념을 지시한다. 7월 1일은 양각 나팔을 불기 위한 날이다(23:24; 민 29:1-6). 엄격한 휴식이 지켜져야 하고, 지정된 희생들이 드려져야 하며, 회중들의 집회가 개최되어야 했다. 카젤(Cazelles, *StLit* 14[1981] 29)과 모겐스턴(Morgenstern, *HUCA* 10[1935] 74-75, 80)과 같은 어떤 학자들은 이 기쁨의 축전을 신년 축제로 해석한다. 이 축일은 유대인들이 바벨론의 신년 축제에 걸맞은 축제를 갖기 위해서 이스라엘의 월력에 들어왔을 것이라는 추론이 있었다. 하지만 신화적 영향들을 피하기 위해 유대인들은 자신들의 설날을 바벨론의 기념일에서 반 년이 늦은 가을로 정했다(Auerbach, *VT* 8[1958] 341). 이러한 추론은 구약에 설날에 대한 언급이 전혀 없다는 사실과 충돌된다(Auerbach, 338-41). 심지어 에스라가 티쉬리(7월) 1일에 율법을 낭송했다는 후대의 언급 속에도(느 7:73b-8:12) 그 날이 설날이었다는 암시가 전혀 없다. 실상 요세푸스(Josephus)도 필로(Philo, *De specialibus legibus* 11.188)도 자신의 절기 목록에 설날 축제를 포함하지 않는다. 오히려 레위기 23장과 민수기 29장의 월력에 있는 이 큰 날(7월 1일 – 역자주)은 이 7월에 있을 중요한 절기들을 위한 준비 단계로 설정되었다(Kraus, *Worship*, 67-68). 그럼에도 불구하고, 티쉬리 1일은 유대교에서 설날이 되었으며, 다만 이렇게 발전한 이유들이 모호하게 남아 있을 뿐이다(Clines, *JBL* 93[1974] 628).

로쉬 하샤나(ראש השנה, "그 해의 머리")라는 어구는 "설날"을 지칭하는 히브리어 용어가 되었다. 그것은 오직 에스겔 40:1에서만 나타나지만, 그것도 티쉬리(7월) 1일이 아닌 티쉬리 10일을 지칭한다(참조. Zimmerli, *Ezekiel*, 2, 345-46). 그러나 드보의 견해를 따르면, 그것은 니산(1월) 10일을 지칭하는 날이다(*AI*, 2:502-4. 개역 성경: 정월 십일). 짐멀리는 에스겔서에 있는 이 날짜가 레위기 25:9에 맞추어 설정되었다는 것을 보여 주는데, 그 구절에서는 희년이 티쉬리(7월) 10일에 시작된다. 두 곳의 본문, 즉 레위기 23:27과 25:9에서 티쉬리(7월) 10일은 속죄일로 불린다. 이 큰 날의 중요성은 전적인 휴식의 요구(레 23:32)와 레위기 16장에 지시된 정교한 의식에 의해 증명된다. 고대에 속죄일과 함께 매년의 주기를 시작하는 것은 일반적이었다. 그것이 바로 학자들이 티쉬리 10일이 처음에 이스라엘의 설날이었다고 주장하는 이유다. 스네이스의 견해로는 음력에서 열흘이 더 긴 양력으로의 전환이 그 날을 설날 축제가 되게 하는 결과를 낳았다. 그러므로 티쉬리 월의 처음 열흘은 "월력 외의" 날들로 간주되었으며 참회의 날들이 되었다(Snaith, 135). 스네이스의 입장은 폭넓은 지지를 받지 못했다. 그럼에도 불구하고, 유대교에서 속죄일은 한 해의 가장 엄숙한 날이 되었으며 설날과는 아주 별개의 것이었다. 16장에 대한 자료를 참고하라.

(박사 과정의 Steben Wilkens가 이 자료를 준비하는 데 도움을 주었다.)

5 고대 이스라엘서는 날짜들이 주간이 아닌 달을 기준으로 지정되었다. 달들은 숫자가 매겨졌다. 이웃 나라들에서는 달들과 날들이 다양한 신들의 이름으로 된 명칭이 부여되었다. 그렇지만 이스라엘은 날들과 달들을 단순히 숫자로 지칭함으로써 시간의 움직임을 신성시하는 이러한 다신적 관행들을 피하려 했다. 그럼에도 불구

하고, 바벨론 민족과의 접촉 이후에 그들은 달들을 이름으로 지칭하기 시작했다. 현재의 월력에서는 달의 숫자 매기기가 봄에 시작된다.

이 월력의 첫 번째 절기는 유월절이다. 그것은 이집트의 속박으로부터 벗어난 출애굽을 기념한다. 많은 학자들이 이 절기가 초기의 반-유목적인 춘계 축제에 그 뿌리를 두고 있다고 주장하지만, 유월절의 독특한 이스라엘적 특징은 그 날이 근본적으로 그들의 구원사와 결부되어 있다는 것을 증거한다.

이 월력은 유월절의 기념에 대한 세부 내용을 거의 제공하지 않는다. 그러므로 그것은 예를 들어 출애굽기에서 발견되는 규정들(12:1-13, 21-27)과 같은 다른 규정들의 지식을 전제한다. 이 절기의 날짜는 1월 14일이다. 이 날짜는 춘분 후의 첫 번째 만월의 날이다. 그 날은 두 저녁 사이에 시작된다(בין הערבים – 베인 하아르바임. 개역 성경에서는 단순히 "저녁" – 역자주). 이 제의의 핵심은 식사를 위해 쓸 각 가정의 일 년생 어린양의 준비였기 때문에 베인 하아르바임(בין הערבים)은 양의 도살을 위한 시간이다. 그렇지만 이 불명확한 어구는 다양한 해석들을 불러 왔다. 자주 그것은 일몰과 완전한 어둠 사이의 시간으로 이해된다. 랍비 나단(Rabbi Nathan, *Mekilta Bo* 5)은 그것이 해가 서쪽으로 기울기 시작하는 정오 이후에 시작된다고 말한다(Levine, 156). 미쉬나 페사힘(*m. Pesaḥ*. 5.1)에 따르면, 유월절 희생은 제2성전에서 오후 3시 이후에 드려지기 시작했다.

[6]-[8] 유월절의 뒤를 따라 "무교절"(חג המצות – 하그 하마쪼트)이 이어져 7일 동안 지속된다. 이 절기는 이 모든 기간 동안에 누룩이 전혀 허용되지 않았기 때문에 그러한 이름을 받았다. 마초트(המצות)라는 단어는 새로운 곡식으로 만들어 누룩 없이 구운 작고 둥근 빵(wafer)을 지칭하는 용어가 되었다. 이 춘계 축제는 다양한 구절들에서 둘 중 어느 한 이름으로 지칭되었다. 예를 들어, 에스겔 45:21에서는 7일 간 지속되는 유월절로 언급되지만, 역대하 30:13, 21과 에스라 6:22에서는 두 절기가 모두 무교절로 불린다.

하그(חג, "축제")는 종교적 목적을 갖는 축제를 의미한다(Haran, *Temples*, 290). 구약에서 단지 세 가지의 축전만이 이 용어로 확인될 뿐이다: 무교절, 칠칠절, 초막절. 하그(חג)의 어원은 확정되지 않았다. 하르벡(Hrbek)은 그것을 어근 하그(חג, "둥글다, 순환하다, 굽이치다")에서 취한다. 그 후에 그 의미가 "원형을 만들거나 그리다", 나중에는 "춤추다"로 발전되었다(G. Botterweck, "חג chagh," *TDOT* 4:203에서 인용함). 그렇지만 하란(Haran, *Temples*, 289)은 이 어근의 의미를 "춤추다"로 확장하는 것은 과잉 해석이라고 주장한다. 어쨌든, 구약에서 하그(חג)는 "축제의 모임"을 지칭한다. 그런 축제는 일반적으로 성소로의 순례를 요구했다(Haran, *Temples*, 290).

이 절기의 첫 날과 마지막 날에는 어떠한 일상적인 노동(כל־מלאכת עבדה – 콜 믈레케트 아보다)도 해서는 안 된다. 이 단어들은 중언법으로 함께 사용된다. 그것들은 "일상의 노동"(NEB), "정규적인 일"(NIV) 그리고 "힘든 일"(JB)로 번역된다. 이 어구는 의도적으로 바로 직전의 3절에서 되풀이된 제4계명을 상기시킨다. "너희는 엿새 동안 모든 일을 힘써 하여라"(출 20:9). 이 절기의 그 밖의 날에는 특별한 활동들(예물을 계속 드리기; 개역 성경은 예물이 아닌 화제로 번역한다 – 역자주)이 있었지만, 그럼에도 불구하고 백성들은 노동을 할 수 있었고 일상적인 잡일을 할 수 있었다.

날마다 "예물들"(אשה – 이쉐, 집합명사. 참조. "원문주해" 1:9.g.; 개역 성경: 화제)이 여호와께 드려져야 한다는 것을 특정적으로 명시하는 짧은 일반적인 의식 규정이 있다. 여기서 희생들을 지시하는 일반적 단어는 또 다른 본문에 있는 바, 이 절기의 각 날을 위한 상세한 희생 규정을 전제한다. 그런 목록이 민수기 28-29장에서 발견된다. 이 절기에 관해서는 출애굽기 12:14-20; 13:3-10; 민수기 28:17-25; 신명기 16:3-9; 에스겔 45:21-24을 보라.

9-14 두 번째 연설은 의식 규정과 함께 시작된다. 그것은 첫 수확물의 제사를 규정한다. 이것은 그 자체로 중요하며, 또한 그것이 그 다음 절기를 위한 계산을 시작하기 때문에 중요하다(참조. 출 23:19a; 34:26a). 그것은 첫 번째 "곡식단"(עמר – 오메르)을 바치라는 요구를 명문화한다. 그것은 첫 번째로 익기 때문에 아마도 보리였을 것이다. 오메르(עמר)는 종종 "곡식단", 즉 곡식 줄기의 묶음으로 번역된다. 그러나 유대 전승에서(민 15:20; *b. Menaḥ*. 66a, 68b) 오메르는 물을 섞은 보리 가루로 만든 빵이다(Noordtzij, 234). 여기서 규정된 의식은 공동체의 첫 수확물의 제사다(Keil and Delitzsch, 460). 그렇다면 이 지침은 민수기 18:12-13과 신명기 26:1-11에서 지시된 것과 다른데, 왜냐하면 그 본문들은 개인이 드리는 첫 수확물의 증정을 말해 주기 때문이다(Noordtzij, 233). 노트(Noth, 170)는 다른 방식으로 해석한다. 그는 땅 소유자 각자가 한 묶음의 첫 이삭들을 가져왔다고 제안한다. 제사장이 그것들을 일정 기간 동안 받아서 지정된 날에 바쳤다.

11 여기에 규정된 의식에서 제사장은 "곡식단"(עמר – 오메르)을 받아서 그것을 여호와께 "들어 올린다"(הניף – 헤니프). 이러한 동작은 여호와에 대한 예물 증정을 상징한다(참조. 7:30). 그것들은 들판의 축복에 대하여 여호와께 드리는 찬양의 예

물들이다. 이 의식은 그 제물이 "너희를 위해 열납될 수 있도록"(לרצנכם - 리레초네켐) 하기 위하여 수행되었다. 이 어구는 그 제물이 그것이 바쳐지는 목적을 달성하는 것을 의미한다(참조. 1:3-4). 의식을 진행한 후에, 그 예물들은 제사장에게 주어진다. 이것은 무교절 기간 동안에 수행되어야 한다. 15절에서 미모호로트 하샤바트(ממחרת השבת)의 가능한 의미가 토론된다(개역 성경: 안식일 이튿날).

12-**13** 보리로 만든 떡의 증정에 동반되는 것은 흠 없는(תמים - 타밈) 일 년생 숫양을 드리는 "번제"(עלה - 올라)다. 또한 2/10에바, 즉 7쿼트 혹은 7.28리터 가량의 기름 섞은 소제물이 있다(1쿼트=1/4갤런으로서 영국과 미국이 약간 차이가 나지만 1리터보다 약간 많다 - 역자주). 이 제물은 정상적인 소제물(민 28:13)의 두 배다. 그것은 "여호와께 예물(화제)"(אשה ליהוה - 이쉐 라도나이)과 "흠향되는(진정시키는) 향"(ריח ניחוח - 레아흐 니호아흐, 개역 성경: 향기로운 냄새)으로 간주된다(참조. 1:9). 추가로 "전제"(נסכה - 니스코)가 있어야 한다. 그것은 포도주 힌 1/4, 즉 약 2.5핀트 혹은 1.5리터 가량으로 구성된다(참조. Snaith, 106).

14 햇보리는 첫 수확물이 가장 높으신 여호와께 드려지기 전까지는 전혀 먹을 수 없다. 이 의식은 하나님께서 땅의 주인이시고 백성들의 주님이 되신다는 그들의 확증을 표현한다. 하나님께서는 주님이시기 때문에, 최상품인 곡식의 첫 소산물이 그분께 드려져야 마땅하다. 하나님께서는 첫 소산물을 받으신 후, 이어서 추수물의 나머지를 백성들이 사용하도록 허용하신다. "볶은 곡식"(קלי - 칼리)과 "날곡식"(כרמל - 카르멜)에 대해서는 2:14을 참조하라.

15-**22** 이것은 두 번째 순례 절기에 대한 규정이지만, 여기에서는 명칭이 주어지지 않는다. 여타의 구약 본문들에서 그것의 이름은 다양하다: "칠칠절"(חג השבעות - 하그 샤부오트, 출 34:22; 신 16:10), "추수절"(חג קציר - 하그 하케치르, 출 23:16; 개역 성경: 맥추절) 그리고 "처음 익은 열매 드리는 날"(יום הבכורים - 욤 하비쿠림, 민 28:26). 그것은 곡식 추수의 끝을 표시해 준다. 새로운 "곡식"(소제물)(מנחה - 민하)의 제사를 구성하는 것은 햇밀의 가루를 구워서 만든 두 덩이의 빵이며 각 덩이는 1/10에바(3.64리터)의 양이다(Noordtzij, 236). 여기서는 "누룩"(חמץ - 하메츠)이 사용되는데(출 34:22), 이것은 이 날이 기쁨의 행사라는 것을 상징한다. 노트(172)는 땅 소유자들 각자가 두 덩이를 가져와야 한다고 추론한다. 이 덩이들은 여호와께 들어올려 바쳤다(참조. 11절; 개역 성경: 요제로). 그러나 그것들을 제단 위에 놓아선 안 되는데, 이는 그것들이 누룩을 포함하기 때문이다. 그 의식 후에, 그 빵 덩이들은 제사장들에게 주어진다. "첫 수확물"(בכרים - 비쿠림)에 대해

서는 2:12; 출애굽기 22:29(30); 23:19; 34:26; 민수기 18:12-13을 보라.

이 절기의 날짜는 첫 수확물이 "안식일 이튿날"(ממחרת השבת - 미모호라트 하샤바트) 드려진 이후 칠 주간이다. 첫 수확물을 바치는 날로 확인되는 이 날에 대해서는 많은 논쟁이 진행되었다. 반 구도버(van Goudoever, *Biblical Calendars*, 18-29)는 50일을 세기 시작하는 샤바트(שבת)에 대하여 네 가지 해석을 나열하면서 설명한다. 첫 번째 해석에서 샤바트(שבת, "안식일")는 무교절의 첫날, 즉 니산(1월) 15일을 지칭한다. 그렇다면 샤바트(שבת)는 주간의 7일째 되는 날이 아니라 엄숙한 휴식의 날을 의미하는 것으로 간주된다. 피쉬베인(M. Fishbane)의 설명에 의하면, 첫 번째 유월절이 약속의 땅에 진입했을 때 기념되었다고 보고하는 여호수아 5:10-12은 백성들이 니산(1월) 15일에 떡(빵)과 "구운 곡식"(קלי - 칼리)을 먹었다고 묘사한다(*Biblical Interpretation*, 147-49). 그는 여호수아 5:10-12이 레위기 23:10-14의 주해라는 것을 증명한다. 피쉬베인(149-51)은 계속해서 이 두 단락에 있는 샤바트(שבת)는 고대에 그 용어가 전문적으로 지칭했던 "만월"을 의미한다고 주장한다. 70인경(LXX), 시프라 주석(*Sipra 'Emor* 23:11, 15), 탈굼 예루살렘(*Targum Yerusalmi*)과 탈굼 옹켈로스(*Targum Onqelos*), 필로(*Special Laws* 2:162, 176) 그리고 요세푸스(*Ant.* 3.10.5)는 이 입장을 지지한다(van Goudoever, *Biblical Calendars*, 18-19). 두 번째 입장은 그 날이 무교절 기간에 들어 있는 안식일이라는 것이다. 모두 제사장적 기원을 갖는 것이 유력한 세 개의 분파, 보에투스파(Boethusians), 사마리아인 그리고 카라이즘파(Karaites)가 이 입장을 따른다(van Goudoever, 23; 보에투스파는 주후 70년 예루살렘 파괴 전까지 약 1세기 동안 번영했던 유대 분파로 설립자는 보에투스〈Boethus〉다. 그들의 역사는 모호하지만 어떤 학자들은 사제 계급 구조를 갖는 등 사두개파와 많은 유사점을 가진 것에 근거하여 그들을 사두개파의 한 교파로 간주한다. 한편, 카라이즘은 그 어원이 카라〈קרא, "부르다, 외치다, 읽다"〉에서 온 유대교의 교파인데, 그 신조를 신봉하는 자들을 카라이트〈Karaites〉라고 부른다. 8세기에 바그다드에서 기원한 그들은 랍비주의와 탈무드주의를 반대하고 오직 성경 자체만을 신조로 삼았다 - 역자주). 버톨렛(Bertholet, 80)은 신명기 26:9이 이 입장을 뒷받침한다고 주장한다. 세 번째 입장은 무교절이 끝난 다음날, 즉 니산(1월) 22일이라는 것이다. 에티오피아에 있는 한 유대교 분파는 이 관행을 따른다. 반 구도버(25)는 이 전통의 기원이 포로기 이후 시대로 거슬러 올라갈 수 있다고 추론한다. 네 번째 입장은 샤바트(שבת)가 무교절 바로 직후의 안식일이라는 것이다. 반 구도버(25)는 희년서(Book of Jubilees)가 비록 간접적이긴 하지만 이 입장을 지지한다고 생각한다. 어쨌든, 그는 50일을 세는 관심은 주류 유대교보다는 분파들에게 더욱 중요했다는 사실을 발견한다(29). 기독교인들의 경우, 니케아 공의회는 오순절(πεντηκοστή, Pentecost)에 대해 주일부터 주일까지에 이르는 50일 계산법을 정했다(주일부터 시작해서 7주 후 마지막 주일까지 도합 50일–역자주). 그러므로 이것은 제사장 월력을 따르고 있다(van Goudoever, 182).

출애굽기 19:1의 표제에 있는 날짜는 시내 산에서의 율법 수여를 칠칠절과 관련시킨다. 주후 70년의 제2성전 파괴 이후에, 이 절기는 하나의 율법절(a Feast of the Law)이 되었다.

18-21 떡 덩이들에 추가해서 흠 없는 일 년생 어린양 일곱 마리, 어린 수소 한 마리, 숫양 두 마리를 여호와께 "번제"(עלה–올라)로 드려야 하며(참조 1장), 동시에 그것들의 "소제물들"(מנחה–민하, 참조. 1장)과 "전제물들"(נסכים–네싸켐)이 함께 드려진다. 이것들은 "여호와께 음향되는 예물(화제)"(ריח־ניחח ליהוה–레아흐 니호아흐 라도나이)이다(참조. 1:9). 추가로 숫염소 한 마리(שעיר־עזים–세이르 이짐)를 "속죄 제물"(חטאת–하타트)로(참조. 4장), 일 년생 어린양 두 마리를 "화목제의 희생"(זבח שלמים–제바흐 쉘라밈)으로 드려야 한다(참조. 3장). 레빈(Levine, 159)은 이것이 화목제를 공적인 희생으로 규정하는 유일한 법이라는 것을 관찰한다. 처음 익은 곡식으로 만든 빵과 더불어 어린양 두 마리는 또한 "거제물"(תנופה–테누파, 개역 성경: 요제)로 바쳐야 한다(저자 하틀리는 요제를 거제로 이해한다. 자세한 것은 2:11의 "주석"을 보라–역자주). 그것은 이 화목제가 개인이 아닌 회중들에 의해 드려지기 때문에 거제물(개역 성경: 요제)이다(Noordtzij, 236). 그것이 거제물로 드려질 때, 제단 위로 올리지 않고 제사장의 몫이 된다. 이 제물은 "거룩한 것"(קדש–코데쉬)으로 불린다. 그러므로 적절한 몫이 제사장에게 주어지는 것이다. 후대의 관행은 이 제물들의 목록을 민수기 28장에 있는 목록과 관련시키는데, 거기에 있는 소제물들을 공식적인 제물로 간주하고 이 단락을 추가적인 제물에 대한 지침으로 받아들인다(Noordtzij, 237). 이 제물들을 바치는 날은 "성회"(מקרא־קדש–미크라 코데쉬)로 선포된다. 일상의 노동은 전면 중단되어야 한다.

22 이 법은 땅 주인이 밭의 모퉁이를 추수하지 않은 채 남겨 둘 것을 명령하고 가난한 자들을 위해 약간의 곡식이 남아 있도록 추수 후 밭의 이삭 줍기를 금지하는 법령을 되풀이해서 하달한다. 참조. 19:9-10. 그것이 여기서 반복되는 이유는 추수물을 여호와께 헌물로 드리는 것에 더하여 백성들이 가난한 사람을 향한 동정심을 보여 줄 필요가 있다는 것을 그들에게 가르치기 위해서다. 아낌없이 주는 것은

하나님의 온전한 욕구를 성취하기 위해 하늘을 향해야 할 뿐만 아니라 동시에 땅을 향해야 한다.

23-25 이 연설은 7월 1일을 큰 날로 정한다. 7월은 월력에서 가장 중요한 달인데, 이는 이스라엘 민족에게 7이라는 숫자가 대단히 중요했기 때문이다. 7월은 세 개의 축전을 갖는 일 년 중 가장 성대한 축제의 달이다. 이 달에는 연중의 가장 중요한 날인 속죄일과 가장 기쁜 축제인 초막절이 있다. 7월이 축제들로 가득 찬 부분적인 이유는 그 달이 농사일이 드문 농한기로서 포도와 올리브 추수의 끝 무렵이며 겨울 곡식을 위해 땅을 준비하기 직전이었기 때문이다.

7월 1일은 "엄숙한 휴식"(שבתון – 샤바톤)의 날이며 일상의 노동을 전혀 하지 말아야 한다. 그 날은 "성회"(מקרא קדש – 미크라 카도쉬)다(참조. 2절; 민 29:12). 그 날은 양의 뿔로 "나팔 소리"(תרועה – 테루아)(시 81:4[3])와 함께 기념되는 "회상, 기억"(זכרון – 지크론)의 날이다. NEB는 테루아를 "환호"로 번역한다. 양각 나팔 불기는 그것이 여기서 큰 날을 선언하는 것처럼 고대 이스라엘에서 중요한 때들을 나타냈다. 뿔 나팔은 어떤 희생들의 의식에서 특정한 시간들에 불었다. 가장 흔하게는 뿔 나팔 소리가 백성들을 집회에 부르고 군대를 소집해 대열을 갖출 때 사용되었다. 포터(Porter, 188)는 오는 해에 대한 운명을 결정하기 위한 시간이었던 바벨론의 신년 축제를 이스라엘의 이 날과 대조한다. 이스라엘은 자신들의 미래가 하나님께서 자기 백성에게 준 약속을 기억하는 가운데 자기 백성을 향해 행동하시는 그분의 행위에 의해 결정된다고 믿었다. 그리하여 지카론(זכרון, "기억, 회상")이란 단어가 이 날의 중대한 의의를 특징짓는다. 이스라엘이 하나님과 그분의 행위들을 기억하는 것인가? 아니면 하나님께서 이스라엘을 기억하시는 것인가? 제사장 본문들에서 지카론(זכרון)의 용법은 후자의 견해를 옹호한다(참조. Childs, Memory and Tradition, 67; H. Eising, "זכר *zākhar*," *TDOT* 4:78). 하나님께서는 자신이 이스라엘을 기억하도록 만드는 징표와 의식들을 그들에게 주셨다. 백성들은 하나님의 기억을 불러일으킴으로써 그분의 마음을 움직여 그분이 조상들에게, 특히 아브라함에게 하셨던 약속들(창 12:1-3)과 언약에 근거하여 은혜로 자신들에게 행동하시게끔 만들었다. 기억은 언약의 양측이 언약 관계를 생동적으로 유지하게 만드는 절대적인 수단이다. 이때 회상의 목적은 양측에 언약 관계의 지속을 도모하기 위함이다(Childs, 68).

이 날 이쉐(אשה, "예물들"), 즉 규정된 일련의 제물들이 여호와께 드려져야 한다. 이 제물들은 민수기 29:2-6에 나열되어 있다(참조. 겔 45:18-19). 이 본문도 오경에서 월력을 담고 있는 다른 네 곳의 본문도 이 날의 중요성을 전해 주지 않는다. 포로기 이후 공동체에서 셀류시드 시대부터 이 절기가 신년의 날(설날), 즉 로쉬 하샤나(Rosh Hashana; "그 해의 머리"라는 뜻이다–역자주)가 되었다(참조. 겔 40:1; Dillmann, 646-47). 유대 설날의 기원은 많은 논란이 있는데, 부분적인 이유는 학자들이 그 월력이 봄에 시작되는지 가을에 시작되는지 결정할 수 없기 때문이다. 일부는 봄에 시작하는 제의력과 설날과 더불어 가을에 시작하는 민간력과 같이 하나 이상의 월력이 있었다고 제안한다. 고대 이스라엘에서 있었던 이 날의 기념에 대한 세부적인 내용과 의식들이 부족한 것은 신년 축제가 이스라엘의 이웃들의 다신 종교들에서 차지하고 있던 월등한 위치에서 기인했을 수 있다. 그 축제는 이방 민족들의 신화적 세계관에 핵심이었다.

26-32 7월 10일은 16장에서 장황하게 다루었던 속죄일이다. 여기서 그것은 욤 하키푸림(יום־הכפרים), 문자적으로 "속죄들의 날"로 불린다(복수형. 이 어구는 다른 곳에서는 단지 25:9에서만 나온다). 복수형은 히브리어에서 최상급을 표현하는 방법들 중 하나다. 그러므로 그 어법은 이 날이 충분하고 완전한 대속이나 속죄의 날이라는 것을 의미한다. 민족 전체가 이 날을 지킨다. 그 날은 안식의 날이다. 이 사실은 강조가 되고 있는데, 왜냐하면 세 번에 걸쳐 아무런 "노동"(מלאכה–멜라카)도 하지 말라고 언급되며(28, 30, 31절), 32절에는 이 날이 완전한 휴식의 날(שבת שבתון–샤바트 샤바톤; 참조. 3절; 16:31)이라고 지시하는 두 개의 진술이 있기 때문이다. 이 날은 가장 엄숙한 날, 즉 국가의 죄를 위한 애도의 날이기 때문에, 백성들은 스스로 고행을 해야 한다(עניתם את־נפשתיכם–이니템 에트 나프쇼테이켐; 참조. 16:31). 이 어구는 백성들이 하루 종일 전적인 금식을 해야 한다는 것을 의미한다. 그들의 영적인 고행에 더하여 그들의 기도가 있었다. 그러므로 비록 대제사장이 14장에 있는 규정에 따라 회막에서 엄숙한 예식들을 진행하는 핵심 인물이라 할지라도, 전 공동체가 금식과 모든 세상적인 기쁨들의 절제를 통해 이 날의 영적인 가치에 의미 있게 기여한다. "예물들"(אשה–이쉐, 개역 성경: 화제)이 여호와께 드려져야 한다.

이 날을 준수하지 않을 경우 그 징벌은 "제명"(끊어짐)의 형벌이다(נכרתה–니크라트; 참조. 7:19-21). 이 징벌은 30절에서 추가적인 문장으로 설명된다: "내가 백성 중에서 그 사람을 멸하리라"(האבדתי את־הנפש ההוא מקרב עמה–하아바드티 에트 하네페쉬 하히 미케레브 암마). 하나님은 속죄일에 대한 이 법들을 위반하는 사람은 누구든지 처벌할 책임을 지시는 분이다.

이 법은 속죄일이 저녁부터 저녁까지 기념되어야 한다는 것을 말한다. 이 곳은 월력에서 어떤 큰 날을 위한 정확한 시간이 지정되어 있는 유일한 곳이다. 이 유일무이한 표현은 강조를 전달한다. 그 밖의 다른 절기들이 고대 이스라엘에서 저녁에 시작되었는지의 여부는 논쟁이 되고 있다. 레빈(161)은 라쉬밤(Rashbam)을 안식일과 그 밖의 절기들이 새벽에 시작되었다고 주장한 한 명의 랍비로 인용한다. 훨씬 후대의 랍비 전통은 모든 날이 저녁에 시작되었다고 확정했다.

33-36 이것은 연중에 가장 흥겨운 축제인 "초막절" 혹은 "장막절"(חג הסכות – 하그 하쑤코트)을 위한 월력이다(참조. 신 16:13; 31:9-13; 민 29:12-39, 이 단락에서는 이 절기를 위한 매일의 제사들이 드려진다). 그 날은 만월인 그 달 15일에 시작되어 일주일 동안 지속된다. 출애굽기 23:16과 34:22에서 그 날은 "수장절"로 불린다. 모든 절기들 중에서 초막절은 단순히 "절기"로 지칭될 수 있다(왕상 8:2, 65; 12:32; 대하 7:8-9; 느 8:14; 요 7:37). 그 날은 수카(סכה), 곧 "초막"이란 단어로부터 초막절이라는 이름을 얻는다. 초막은 나뭇가지로 만든 임시적인 은신처로 이 절기에 순례객들에 의해 세워진다. 초막은 지붕을 갖지만, 보통 한쪽은 개방되어 있다. 이 흥겨운 축제는 포도나무와 올리브(감람)나무의 추수를 기념한다(참조. 삿 21:19-21; 삼상 1:3-5).

이 절기의 첫날은 "성회"(מקרא־קדש – 미크라 카도쉬)다(참조. 2절). 어떤 노동도 해서는 안 된다. 8일이 이 절기에 추가된다. 이 날 역시 성회로 모이며, 그것은 어떤 노동도 할 수 없음을 의미한다. 이 날은 나아가 아체레트(עצרת)로 불린다. 그 단어는 정확한 의미가 남아 있지 않기 때문에 다양한 해석이 주어진다. "엄숙한 모임"(NJPS), "성회"(Wenham), "마무리 집회"(NIV) 그리고 "마무리 예식"(NEB). 솔로몬 성전 봉헌식을 위한 일주일 간의 축제를 마무리한 날인 제8일이 역시 아체레트(עצרת)로 불렸다. 노트(Noth, 175)는 그것이 "금기일"을 의미한다고 추론하면서 "특별한 절기일"(special feast-day)이라는 번역을 제안한다. 어근 아차르(עצר)의 의미인 "억제하다, 제지하다"라는 국가적 금식일을 지칭하는 용례와 일치한다(욜 1:14; 2:15). 이 단어가 한 주간의 축제의 마지막 날을 위해 사용되었다는 것은 그 절기의 마지막 날에 수행된 특별한 예식들을 상기시킨다. 후대에 그 날은 토라 낭송이 끝난 뒤 새로운 주기가 시작되는 날이 되었다. "엄숙한 명절"은 아체레트(עצרת)를 지칭하는 가장 최상의 번역일 수 있다. 이 단어가 온전한 날을 가리킨다는 점에서, 그것에 대해 "집회 혹은 집결"이라는 의미를 사용하는 것은 너무 제한적이다. 덧붙여서 "엄숙한"은 장엄한 행사이든 침울한 행사이든 어느 것이나 지시할 수 있기 때문에, 이 단어는 이 날의 큰 축제들에서 느끼는 환희의 감정들과 그 절기의 마지막 날이라는 슬픔이 혼합되어 있는 특징을 반영한다.

37-38 이것은 월력 본문을 위한 요약 진술이다. 이 절기의 여러 날들은 다음과 같은 종류들을 포함하여 다양한 제물들을 드리는 시간들이다: "번제물"(עלה – 올라), "소제물"(מנחה – 민하), "희생 제물"(זבח – 제바흐), 즉 화목 제물, "전제물들"(붓는 제물들)(נסכים – 네싸킴). 이것들은 안식일을 위해 지정된 제물들과 백성들의 "헌물들"(מתנות – 마트노트), "서원 제물들"(נדרים – 네다림) 그리고 "자원(낙헌) 제물들"(נדבות – 니드보트)에 추가해서 드려야 한다. "헌물들"(מתנות – 마트노트)은 제단 위에서 태우지 않고 바치는 모든 제물들을 포함한다. 이를테면, 각 지파의 족장들의 예물과 십일조, 첫 소산물 그리고 거제물(민 18:11, 29)과 같은 것들이다(Keil and Delitzsch, 447). 이 용어는 "거룩한 것들"(קדשים – 코다쉼)보다 더 넓은 의미를 갖는다(Elliger, 322). "자원(낙헌) 제물"(נדבות – 니드보트)은 화목 제물들과 더불어 서원의 성취에 대한 감사와 자발적인 찬양을 위해 드리는 화목 제물들을 포함한다(Keil and Delitzsch, 447). 특별히 이러한 지침은 이스라엘이 어떤 제물로부터 이중적 대가를 얻으려는 시도를 차단한다. 예를 들어, 어떤 절기의 제물을 드리면서 그것을 동시에 자신의 다른 헌물이나 의무의 하나로 주장하는 행위다.

39-43 초막절을 위한 추가적인 규정들이 주어진다. 절기의 첫날에 백성들은 다음과 같은 것들을 취해야 한다: "아름다운 나무들의 열매"(פרי עץ הדר – 페리 에츠 하다르), "종려나무 잎사귀들"(כפר תמרים – 카포트 테마림), "두꺼운 잎사귀가 무성한 나뭇가지들"(ענף עץ־עבת – 아나프 에츠 아보트, KB, 735; 개역 성경: 무성한 가지) 그리고 "강바닥(river bed)의 버드나무"(ערבי־נחל – 아르베이 나할, 와디〈wadi〉에서 자라는 것; 개역 성경: 시내 버들). 아르베이 나할(ערבי־נחל)에 대해서는 어떤 사람들이 이 나무를 대중적인 이름인 포풀루스 유프라티카(*populus euphratica*)로 확인하지만, 그것은 팔레스타인에 풍부하게 자라는 샐릭스 프라질리스(*Salix fragilis*)와 샐릭스 알바(*Salix alba*)다(Snaith, 108). 이 해석은 세 종류의 아름다운 나무가 나열되는 것으로 이해한다(참조. Keil and Delitzsch, 448). 후대의 유대 전승은 하다르(הדר)를 어근 두르(דור, "지속적인")에서 온 하두르(הדור), 즉 어떤 비-낙엽성 나무로 이해했다. 그들은 시트론(citron; 귤과 같은 속〈屬〉에 속한 식물 – 역자주)을 이러한 아름다운 나무 열매(하다르)로 사용했다(Levine, 163). 유대 전승은 또한 예배자들 각자가 이 나뭇가지들로부터 각각 하나씩 취하여 간직

하고 있어야 한다고 이해했다. 그래서 이 각각의 나무들에서 취한 가지들은 황금실로 한데 묶어서 루랍(לולב)이라 불리는 축제용 가지 다발을 만들었다. 순례자들은 이 루랍을 이 초막절 동안 열을 지어서 들고 갔다. 마치 물 붓기 의식에 쓸 물을 가지고 기혼 샘에서 성전까지 행진할 때와 같이 말이다.

백성들은 이 주간 동안에 기거할 "초막들"(סכת – 쑤코트)을 세워야 한다. 그것은 명시적으로 진술되지 않지만, 우리는 이 초막들이 여기에 언급된 나무들에서 취한 가지들로 만들어진다고 추론할 수 있다. 이 초막들은 어떤 사람이 인간이든 짐승이든 약탈자들로부터 밭을 보호하려고 추수기에 들판에서 살고자 거기에 세운 임시적인 은신처처럼 지어진다(느 8:16). 여기에 규정된 바와 같이 전승 속에서 이러한 초막들은 백성들이 광야 여행 기간에 살았던 임시적인 거처들을 상징하게 되었다. 백성들이 광야에서는 초막이 아닌 "천막들"(אהלים – 오헬림)에서 살았다는 점에서 여기에는 약간의 모순이 있다. 그러나 그 전승에는 깊은 뜻이 있는데, 이는 이스라엘 민족이 출애굽을 할 때 첫 번째 쉬던 장소가 "숙곳"(סכות – 쑤코트)이었기 때문이다(출 12:37; 민 33:5). 레빈(163)은 쑤코트(סכות)가 장소이자 주거 형식인 이중 의미어(double entendre)라는 것을 지적한다. 그렇지만 이 은신처들은 광야의 고초가 아닌 하나님의 은혜를 상기하기 위함이다. 그런 극심한 환경 속에서 그토록 여러 가지 방식으로 자신의 백성들을 공급해 주신 그 은혜를 말이다(Keil and Delitzsch, 449-50). 이러한 해석은 광야의 관목들이 아닌 약속의 땅의 아름다운 나무들로 초막을 짓는다는 사실에 의해 지지를 받는다(참조. 신 8:7-8). 이 초막들은 이러한 흥겨운 절기 기간에 백성들이 자신들을 돌보아 주심에 대해 하나님께 올려드리는 감사를 상징한다. 이러한 방식으로 이 절기는 이스라엘의 구원사와 결부되었다. 이 절기 기간에 "이스라엘의 모든 본토인들"(כל־האזרח בישראל – 콜 하에즈라흐 베이스라엘)이 초막에서 살아야 한다고 구체적으로 명시된다.

44 이 구절은 이스라엘의 과거의 기억으로 거슬러 올라갔던 이 절기들의 독특한 특징이 하나님께서 시내 산에서 모세에게 말씀하셨다는 사실에 그 권위를 두고 있음을 강조한다.

해설

이 월력은 다섯 가지 연례 절기의 날짜와 기간을 정한다. 그것은 또한 이 큰 날들의 어떤 희생 규정들을 제시한다. 이 월력은 안식일에 대한 계명과 더불어 시작된다. 안식일은 매 주간의 7일째에 지키는 휴식의 날이다. 이 날의 제정은 인간들을 자유케 하는 엄청난 힘이었다. 하나님께서는 자기 백성들을 모두 일상의 노동의 속박으로부터 자유케 하신다. 거기에는 주인과 종, 남종과 여종, 부자와 가난한 자, 귀족과 농부 모두가 포함된다. 그들은 자신들의 노동의 산물들을 즐기고 자신들의 창조자요 구원자이신 여호와께 예배드리기 위해 일상의 노동을 중단한다. 이 날을 준수하는 가운데 백성들은 자신들의 물질적인 목적들을 창조주이신 하나님의 주권 아래 복종시킨다(참조. Tsevat, *ZAW* 84[1972] 455). 안식일의 충실한 준수를 통해 백성들은 자신들의 일상의 삶에 대한 하나님의 주권을 선포한다.

쉼은 안식일의 본질적인 특징이다. 이스라엘 민족이 깨어나 모든 노동이 금지된 매 안식일 아침마다 그들의 모든 생각은 이 날을 하나님께 예배드리는 가운데 보낼 방법에 집중된다. 만일 그 어떤 일이라도 허용된다면 당사자는 공동체 예배로부터 끌려나가 어떤 궁핍한 생활의 압박 가운데 놓이게 되지만, 이 기준의 절대성은 강력하게 끌어당기는 힘이 있는 땅에 속한 욕구들을 막아 준다. 이러한 노동 금지가 조금이라도 느슨하게 된다면, 전 공동체가 참여하는 이 안식일과 매년의 축제들의 정신은 훼손당할 것이다. 이러한 사실을 알고 있기 때문에 이 월력은 안식일을 집중 조명한다.

안식일의 쉼과 같이 쉼은 사람의 영적인 여정의 목적지다. 그것은 하나님과의 관계 때문에 사람이 누리게 되는 안전과 축복을 강조한다. 두 곳의 신약 본문이 안식을 예수님의 메시아 사역에 대한 비유로 사용한다. 예수께서는 무거운 짐으로 허리가 휘어지는 모든 사람들이 자신 안에서 쉼을 얻으라고 초대하신다(마 11:28-30). 그리고 히브리서는 예수님을 따르는 모든 사람들이 하나님께서 그들을 위해 마련해 놓으신 안식일의 쉼에 들어갈 것을 권고한다(4:1-11)

안식일에 대한 명령에 이어서 이 월력은 다섯 가지의 매년 절기들을 위한 시간을 정한다: 유월절과 무교절, 칠칠절, 7월 1일의 나팔절, 속죄일 그리고 초막절. 이 절기들 가운데 두 개의 중대한 순례 절기가 있는데, 이 목록의 첫 번째와 마지막 절기다. 이 두 절기는 각각 새로운 추수의 싱싱한 수확물과 더불어 이스라엘 역사 속의 하나님의 특별한 구원 행위를 동시에 기념한다. 이 두 방향의 초점은 서로 짝이 안 어울리는 것이 아니다. 왜냐하면 안식일의 이중적 목적과 마찬가지로 이러한 추수 축전들은 그 수확에 대하여 창조주이시며 보존자이신 하나님께 찬양을 드리는 것이며, 그분을 주님과 인도자로 찬양하면서 하나님의 위대한 구원의 행위를 자세히 알리는 것이기 때문이다. 하나님에 대한 이러한 두 가지 그림은 성경에 뒤섞여있으며,

그것들은 여호와의 예배에서 나란히 표현된다. 창조주 하나님의 그림은 그분의 권능, 지혜 그리고 위엄을 높인다. 구원자 하나님의 그림은 그분의 자비, 사랑 그리고 내재하심을 드러낸다. 자비로운 구원의 하나님은 자기 자신과도, 자신이 창조하신 세계와도 대립되지 않으신다. 그분이 창조자시라는 것은 그분이 자신의 뜻을 성취할 권능을 가지셨음을 의미한다. 그분이 구원자시라는 것은 그분이 자기 백성의 구원과 행복을 위해 행동할 뜻과 동기를 간직하고 계심을 의미한다. 하나님의 두 이미지는 존재해 계시고 사랑을 베풀고 계시는 하나님을 선명하게 이해하기 위해 필수적이다. 인간 편에서 볼 때, 새로운 추수물로 인한 기쁨과 더불어 여호와의 구원의 행위들은 그들의 축연을 역동적으로 만든다. 이러한 요소들은 경쟁 관계에 있지 않으며 오히려 서로를 보충하여 증대시킨다.

춘계 축제는 유월절과 무교절이다. 그 축제의 첫날인 유월절의 중심에는 불에 구운 일 년생 어린양으로 된 특별한 식사가 있다. 그것은 쓴 나물과 무교병을 곁들여 먹는다. 이러한 식사는 이집트에서의 이스라엘의 마지막 밤을 기념한다. 그날 밤에 죽음의 천사가 이집트를 거쳐 가면서 여호와의 지시에 순종하여 문설주에 피를 바른 집 안에 있는 경우를 제외하고 모든 첫 소생들을 죽였다. 재난을 당한 바로는 히브리 노예들에게 떠나라고 명령했다. 그날 밤 하나님의 백성으로서의 이스라엘이 탄생했다.

유월절에 바로 뒤이어 무교절이 시작된다. 이 절기는 보리 추수의 시작을 기념한다. 이 햇곡식은 누룩 없이 먹는다. 이 규정은 최초의 유월절의 밤에 만든 그 떡이 누룩이 없었다는 섬에서 출애굽 및 유월절과 무교절의 역사적 연결을 형성한다. 무교병은 그 밤의 놀라운 구원과 관련된 긴박함의 상징이었다.

이 월력의 두 번째 절기는 칠칠절이다. 이 절기는 밀 추수의 마무리를 기념한다. 이스라엘 역사에서 이 절기는 시내 산에서의 율법 수여 및 언약 체결과 결부되었다(참조. 출 19:1). 그 날은 50일 후에 찾아온다. 그것이 바로 이 날을 오순절이라고 부르는 이유다. 50이란 숫자는 이 절기에 중요한데, 이는 고대의 관점에서 50일은 한 묶음의 시간 간격을 표시했기 때문이다. 이 월력은 50일을 세는 것이 첫 수확물의 곡식단을 바치는 날과 함께 시작된다는 것을 명시한다. 이 곡식단은 무교절 기간에 드려지지만, 정확한 날짜는 논쟁거리다.

첫 수확물의 제사는 공동체가 여호와의 땅의 소유권과 현재의 추수에 대한 정당한 권리를 인정하는 의식이다. 백성들이 친히 첫 수확물을 먹는 것은 여호와의 땅의 축복하심에 대한 직접적인 모욕이었을 것이다. 여호와는 주님이시기 때문에, 그분은 정당하게 그 첫 수확물을 요구하신다. 첫 이삭의 단을 거제(개역 성경: 요제)로 드리는 의례는 첫 수확물을 바치는 것을 상징한다. 백성들이 그러한 방식으로 첫 수확물을 드리는 즉시 여호와께서는 남은 추수물을 백성들이 쓸 수 있도록 허용하신다. 이 의식 후에 백성들은 여호와께서 그들에게 주신 추수에 대한 깊은 감사와 함께 그 추수물로 생계를 잇는다. 이러한 의식을 통해 인간은 하나님의 주권 아래 있는 공동체 안에서의 그들의 위치를 인정한다.

그러므로 이러한 첫 수확물의 의식은 백성들로 하여금 땅의 산물을 양심에 거리낌 없이 즐길 수 있게 해주었으며, 또한 그것은 인간의 탐욕과 욕심을 억제하기를 추구한다. 마치 부자 스스로 "(내) 영혼아 여러 해 쓸 물건을 많이 쌓아 두었으니 평안히 쉬고 먹고 마시고 즐거워하자 하리라"(눅 12:19)고 말하게 만드는 그런 탐욕 따위를 말이다. 하나님께서는 자기 백성이 이기심의 폭군으로 돌변하지 않는 한, 그들에게 생계를 위해 사용하도록 물질적 선물들을 주신다. 가난한 자들과 타국인들이 이삭 줍기를 하도록 추수물의 이삭들과 밭의 모퉁이를 남겨 놓으라는 법은 이와 동일한 문제를 알려 준다. 첫 수확물과 이삭 줍기에 대한 법은 이스라엘이 탐욕을 품지 못하도록 높은 장벽을 세운다. 첫 수확물과 이삭 줍기에 대한 이러한 법을 지킨 뒤에 백성들은 칠칠절을 기념하기 위해 모인다. 그 감사절 기간에 그들은 누룩을 넣어서 만든 빵을 먹을 수 있다. 이것은 그들이 여호와에 대한 순종의 예배가 가져다 주는 복된 유익들에 완전히 참여하는 것을 상징한다.

이어서 세 가지 중요한 절기가 7월에 들어가 있다. 7은 가장 신성한 숫자이기 때문에 가장 엄숙한 날과 가장 즐거운 축제가 이 달에 포함된다. 7월은 또한 농경적 관점에서 볼 때 중심축과 같은데, 이는 그 달이 올리브(감람)나무와 포도원 추수의 끝에, 그리고 가을비가 내리기 직전에 찾아오기 때문이다. 이 수확기의 맛있는 과일들은 생명을 안락하고 복되게 하는 산물들이다. 즉 그것들은 몸에 바르고 요리를 하고 불을 밝히는 데 쓸 기름과 사람의 마음을 기쁘게 하는 포도주를 만드는 데 사용된다(시 104:15). 건조한 긴 여름이 끝날 무렵의 그 절기는 필수적인 큰 가을비에 대한 기대를 불러일으키는 시간이다.

7월 1일은 안식의 날인 큰 날이다. 그 날은 양각 나팔을 불어서 표시한다. 나팔 소리는 하나의 회상이다. 즉 그것은 과거 자기 백성을 책임지겠다고 하신 여호와의 약속들에 대한 그분의 기억을 불러일으켜 그분께서 자신의 약속들에 비추어 현재의 시간 속에서 그들을 향해 행동하시도록 만든다. 구약에서는 이 날에 대해 그 외의 별다른 것이 언급되지 않는다. 유대교에서 이 날은 설날이 되었으나, 이 본문에서는 그것이 그러한 지위를 갖지 않는다.

7월 10일은 속죄일이다(참조. 16장). 이 날은 일 년 중 가장 엄숙한 날이다. 아무런 노동도 해서는 안 되며, 백성들은 금식을 해야 한다. 이 날에 대제사장에 의해 거행되는 특별한 의식들은 공동체 전체의 대속을 확증한다. 이 날의 충실한 준수는 성소와 그것의 모든 도구들의 효력을 보장하여 새해에 여호와를 향해 나아갈 수 있게 만든다. 그것은 또한 여호와께서 자기 백성의 모든 죄를 용서하셨음을 보장하고 지성소에 계셔서 자기 백성들 가운데 지속적으로 거하실 것을 보장한다. 이 날이 그토록 엄숙하고 공동체가 여호와께 합당하게 지내기 위해 필수적이었기 때문에, 이 날의 규례들을 준수하지 않을 경우 그 형벌은 공동체로부터 제명(끊어짐)되는 것이라는 사실이 강조된다.

이 달의 세 번째 절기는 초막절이다. 이 절기는 7월 15일에 시작해서 7일 동안 지속되며 마무리하는 8일째 날이 더해진다. 그 날은 또한 여호와의 절기로 불린다. 그 날은 연중에 가장 흥겨운 절기다. 백성들은 중앙 성소로 여행한다. 거기서 그들은 일시적 은신처인 초막을 짓고 그 절기 동안 거주한다. 이 초막들은 조상들이 광야에 체류하는 동안 천막에서 살았던 오랜 기간을 상징하게 되었다. 여호와께서는 백성들이 광야 체류의 기간이 늘어난 이유가 조상들의 불순종 때문이었다는 것을 기억하기를 원하시는 반면, 초막은 우선적으로 백성들로 하여금 조상들이 천막에서 살았던 기간에 그들을 먹여 살리신 여호와의 은혜의 수단들을 기억하게 만든다. 그들의 현재의 거처를 이러한 초막과 비교함으로써 백성들은 여호와께서 땅을 기업(상속물)으로 주시고 거주할 집을 주시는 가운데 자신들에게 얼마나 많은 것을 행하셨는지를 다시 한 번 깨달을 수 있다.

여호와께서는 자기 백성이 각각의 절기를 기념하는 것에 열정적인 관심을 가지신다. 공동체는 절기에 동참함으로써 여호와께서 자기 백성을 위해 행하셨던 위대한 행위들을 중심으로 하나가 된다. 참여는 하나님에 대한 공동체의 믿음을 성장시킨다. 이 절기 의식들은 백성들을 그들의 구원의 상속물에 직접 연결시킨다. 동시에 백성들은 새로운 추수물에 대해 하나님께 감사하며 하나님께서 행하신 일을 함께 기억한다. 기념식은 공동체의 기억을 자극하여 이스라엘 나라의 탄생과 형성을 위해 하나님께서 행하신 일을 생생히 기억나게 한다. 그러한 행사는 각 세대가 나라를 형성시킨 사건들에 동참할 수 있게 한다. 이 기억을 통한 참여로 인해 그 위대한 구원 행위들에 수반된 혜택들이 계속 존속된다. 활발한 회상에 의해 각 절기의 독특한 관습과 관행들에 의미가 부여된다. 이러한 절기들을 준수함으로써 백성들은 하나님의 전능한 행위에 수반된 신적인 목적들을 구현한다.

이러한 절기들은 신약에서 다양한 방식으로 그 중요성을 갖는다. 예수님의 사역에서 몇 가지 사건들이 절기들 중 하나와 관련되어 발생한다. 때로 그분의 말씀은 절기를 배경으로 삼는다. 예를 들어, 초막절 마지막 날에 예수께서는 이렇게 말씀하셨다. "누구든지 목마르거든 내게로 와서 마시라 나를 믿는 자는 성경에 이름과 같이 그 배에서 생수의 강이 흘러나리라"(요 7:37-38). 이 말씀은 초막절의 관습과 소망들에 비추어 볼 때 완전히 이해될 수 있다. 이 절기에 유대인들은 광야에서의 체류를 회상했으며, 하나님께서 풍부한 추수에 필요한 많은 비를 보내 주시기를 기도했다. 예수께서는 이 말씀을 광야에서 모세가 바위를 내리쳐 물이 나온 사건(민 20:2-13)과 앞으로 내릴 비를 향한 백성들의 희망에 결부시키셨다. 나아가 이 절기는 주님의 날과, 또한 이스라엘의 모든 적들을 향한 메시아의 나팔과 연관지어졌다(Brown, *John*, 1:326-27). 추가적으로 스가랴 14:8과 에스겔 47:1과 같은 어떤 종말론적 본문들은 성전 문지방에서 흘러나오는 생명수를 묘사한다. 그러므로 이 말씀을 통해 예수께서는 백성들의 생명수와 메시아에 대한 기도가 경이롭고 예상치 못한 방식으로 자신 안에서 응답되고 있다고 회중들에게 말씀하고 계셨다. 분명히 예수님의 이 말씀은 초막절의 배경에 비추어서 풍부한 의미를 입는다.

더욱 중요하게는 하나님께서 계속적으로 신약에서도 자신의 약속의 빛 속에서, 또한 자신이 이스라엘에게 행하셨던 것에 일치하게 행동하셨다. 그리하여 그분은 새로운 구원의 행위를 성취하기 위해 이 절기들 중 둘을 선택하셨다. 예수께서는 유월절 전날 오후에 우리 죄를 위하여 죽으셨다. 그 특별한 가족 식사를 위한 어린 양이 도살되고 있던 그 시간에 말이다(요한복음은 예수님이 죽으신 날이 유월절 예비일이었다고 명시하는데〈요 19:14〉, 이것은 유월절 전날로 해석된다. 예수님의 최후의 만찬일과 죽으신 날에 대해 공관복음과 요한복음이 언뜻 모순되어 보이는 듯하고, 일출설과 일몰설을 둘러싼 견해 차이로 인하여 많은 해석상의 논란이 있다-역자주). 그 후 하나님께서는 그분을 유월절 이후 무교절 주간의 첫날에 죽은 자 가운데서 일으키셨다. 예수님의 위대한 구원 행위는 출애굽에 상응한다. 출애굽이 여호와와 이스라엘 사이의 언약을 형성시키는 구원 행위였던 것과 마찬가지로, 그렇게 예수님의 죽음과 부활은 하나님과 예수님을 믿는 모든 사람들 사이에 체결된 새 언약을 형성시키는 구원 행위가 되었다. 출애굽의 언어와 사건들은 예수님의 죽음과 부활 속에서 행하신 하나님의 구원 사역을 이해하기 위한 최상의 은유들로 사용된다.

예수님의 부활 후 50일이 지난 오순절에 성령이 예루살렘에 모인 사도들 위에 부어졌다. 옛 언약 하에서 율법이 돌판들에 새겨진 반면, 새 언약 하에서는 성령께서 육체의 마음판에 하나님의 사랑의 율법을 기록하신다. 나아가 성령께서 사도들 위에 강림하신 후에 베드로는 이 사건들의 의미를 예루살렘에 모인 군중들에게 선포했다. 그 군중들은 각자 자신들의 언어로 그 설교를 들었다. 이 기적은 새 언약이 그들의 국적이나 언어와 상관없이 모든 믿는 사람들을 위한 것임을 강력하게 상징했다.

놀랍게도 교회는 기쁨에 가득 찬 초막절에 상응하는 것이 전혀 없다. 그렇지만 구약에서는 여호와의 통치가 이 절기와 연관된다. 몇몇 선지자들은 다가올 하나님의 통치에 대한 그들의 예언에서 이 절기로부터 가져온 상징들을 사용한다(예를 들어, 사 52:7-13; 슥 12-14장). 그들은 하나님께서 친히 예루살렘에 있는 자신의 보좌로부터 전 세계에 대한 평화로운 통치를 수립하실 시대를 내다본다(사 2:2-4; 미 5:1-4). 여호와께서는 모든 분쟁들을 해결하실 것이다. 마침내 평화가 세상을 지배할 것이다. 모든 민족들은 여호와의 가르침을 받고 이 큰 절기들을, 무엇보다 초막절을 기념하기 위해 예루살렘으로 몰려 올 것이다. 그러므로 초막절은 모든 신자들을 위한 약속의 말씀을 계속적으로 붙들고 있다. 그것은 예수님의 재림을 지시하며, 또한 그분이 왕의 왕으로서, 또한 주의 주로서 세계를 통치하실 것을 지시한다.

마지막 논점으로 신약에서 안식일의 역할을 간략히 생각해 보자. 안식일은 유대인들과 예수님 사이의 논쟁의 초점이었다. 예수께서는 그 시대의 정통 종교 집단들에 의한 지나치게 세밀화된 안식일 준수를 공격하셨다. 그분은 많은 이유로 그렇게 하셨다. 그들의 과중한 안식일 법들은 즐거운 예배의 날을 사람이 감당하기에 너무 무거운 짐들을 진 채로 수렁에 빠지게 한 날로 바꾸어 놓았다. 이 종교 집단들은 율법을 자발적인 하나님의 사랑보다 위에 놓았다. 어떤 면에서 율법이 그들의 하나님이 되었다. 그들의 너무 신중한 율법 준수는 그들을 하나님과의 교제로부터 차단시켰다. 예수님께서 바리새인들의 안식일 이해를 공격하신 훨씬 더 큰 이유가 있었다. 그분은 언약의 증표인 안식일이 새 언약의 도입과 함께 파기될 때가 왔음을 보여 주고 계셨다. 예수께서는 자비와 동정심에 의한 행동을 밖으로 밀어낸 안식일의 위선적 오용을 비난하는 가운데 자신의 사역이 새로운 포도주임을 드러내고 계셨다. 그것은 옛 언약의 낡은 포도주 부대를 터뜨려 놓을 것이다. 예수님의 사역은 자신을 따르는 자들에게 안식일 준수로부터의 자유를 베푸셨다. 그렇지만 그토록 물질이 풍요한 시대에 살고 있는 우리는 힘든 수고와 물질적 상품들의 속박으로부터 자유, 즉 안식일을 지키라는 계명의 원래의 목적이었던 그 자유를 경험할 필요가 있다. 우리는 성부 하나님과 우리의 주님이신 예수님께 예배드리는 날이 필요하다. 우리는 은혜의 방편들에 참여하기 위한 매주의 규칙적인 시간이 필요하다. 우리는 우리의 공동의 기억을 되살리는 날, 즉 우리 가운데 십자가의 구원의 능력이 생동적으로 살아 있게 할 날이 필요하다. 우리는 예배의 날을 무거운 짐으로 만들지 않고 안식일과 결부된, 인간 사회를 형성시키는 힘을 회복해야만 한다.

제의력이 이스라엘에 중요했던 것과 마찬가지로, 역시 교회에게도 예배력은 중요하다. 예배력을 준수함으로써 우리는 우리를 위한 하나님의 전능하신 구원의 행위와 접촉하게 된다. 이 구원의 행위를 기념할 때마다 우리는 공동체의 기억을 확립한다. 더욱 중요하게는 우리는 믿음의 공동체 안에서 하나님의 성령의 성결케 하시는 힘을 제한 없이 공급받는다. 성결하게 된 백성은 권능을 받은 백성, 즉 현 시대의 사회 속에 존재하는 구원의 세력이다.

I. **등잔용 기름과 진설병에 대한 규정**(24:1-9)

참고문헌

Beck, H. F. "Bread of the Presence." *IDB* 1:464. **Boer, P. A. H. de.** "An Aspect of Sacrifice: I. Divine Bread." In *Studies in the Religion of Ancient Israel.* VTSup 23. Leiden: Brill, 1972. 27-36. **Callaway, P. R.** "'RBYH in the Temple Scroll XXIV,8." *RevQ* 12(1986) 269-70. **Forbes, R. J.** *Studies in Ancient Technology.* Vol. 3. 2nd ed. Leiden: Brill, 1965. **Levine, B. A.** "The Descriptive Tabernacle Texts of the Pentateuch." *JAOS* 85(1965) 307-18. **Meyers, C. L.** *The Tabernacle Menorah: A Synthetic Study of a Symbol from the Biblical Cult.* AASOR 2. Missoula: Scholars Press, 1976. **Pelletier, A.** "Une particularité du rituel des 'pains d'oblation' conservée par la Septante(Lev xxiv 8 & Ex xxv 30)." *VT* 17(1967) 364-67. **Ross, J. F.** "Oil." *IDB* 3:592-93. **Sperber, D.** "The History of the Menorah." *JJS* 16(1965) 135-59. **Yarden, L.** *The Tree of Light: A Study of the Menorah, the Seven-Branched Lampstand.* Ithaca: Cornell UP, 1971.

본　문

1 여호와께서 모세에게 일러 가라사대
2 이스라엘 자손에게 명하여 감람을 찧어 낸 순결한 기름을 켜기 위하여 네게로 가져오게 하고 끊이지 말고 등잔불을 켤지며
3 아론은 회막 안 증거궤 장 밖에서 저녁부터 아침까지 여호와 앞에 항상 등잔불을 정리할지니 너희 대대로 지킬 영원한 규례라

4 그가 여호와 앞에서 순결한 등대 위의 등잔들을 끊이지 않고 정리할지니라
5 너는 고운 가루를 취하여 떡 열둘을 굽되 매 덩이를 에바 십분 이로 하여

6 여호와 앞 순결한 상 위에 두 줄로 한 줄에 여섯씩 진설하고
7 너는 또 정결한 유향을 그 매 줄 위에 두어 기념물로 여호와께 화제를 삼을 것이며

8 항상 매 안식일에 이 떡을 여호와 앞에 진설할지니 이는 이스라엘 자손을 위한 것이요 영원한 언약이니라
9 이 떡은 아론과 그 자손에게 돌리고 그들은 그것을 거룩한 곳에서 먹을지니 이는 여호와의 화제 중 그에게 돌리는 것으로서 지극히 거룩함이니라 이는 영원한 규례니라

1 Yahweh spoke to Moses:
2 "Command the Israelites, Let them bring[a] you[b] pure, pounded olive oil for the light in order that the lamps may be kept burning continually.
3 Outside the curtain before the testimony[a] in the Tent of Meeting, let Aaron[b] attend[c] them from evening until morning before Yahweh continually. It is a perpetual decree for your generations.
4 He is to keep[a] the lamps in trim on the lampstand of pure gold[b] before Yahweh continually.[c]
5 "You are to take[a] fine flour and bake[ab] twelve loaves from it: two-tenths of an ephah is to be in each loaf.
6 You are to set[a] them in two[b] rows, six in a row, on the table of pure gold[c] before Yahweh.
7 In[a] each row[b] you are to place[c] pure frankincense[d] so that the bread may be a memorial: it is a gift[e] to Yahweh.
8 Every Sabbath[a] he is to set it[b] in order before Yahweh continually: it is from the Israelites as a perpetual covenant.
9 They become Aaron's and his sons: and they are to eat them[ab] in a holy place, because they are[c] most holy from the gifts to Yahweh. It is a perpetual decree."

원문주해

2.a. 이 구성 형식에서 명령 뒤에 나오는 와우(ו)를 가진 저시브(jussive, 흔히 간접명령으로 부르나 부정확한 번역이다 – 역자주)는 그 명령의 내용을 표현한다(Joüon § 177j).

2.b. 마소라 본문(MT)의 엘레이카(אֵלֶיךָ, "너에게") 대신 원 70인경(LXX*)은 모이($\mu o\iota$, "나에게")로 읽는다.

3.a. 에두트(עֵדֻת, "증거")는 루호트 하에두트(לֻחֹת הָעֵדֻת, "증거판")라는 어구에서(출 31:18; 32:15), 또한 그 단어 단독으로(출 25:16, 21) 십계명을 지칭하는 데 사용된다. 이 "증거"는 언약궤에 안치되어 있다(출 25:16, 21). 이 궤는 때로 아론 하에두트(הָעֵדֻת

ארון, "증거궤")로 불린다(출 25:22; 26:33, 34). 단지 여기에서만 파로케트 하에두트(פרכת העדות, "증거의 휘장 또는 막")라는 어구가 나타난다. 병행 본문인 출 27:21에서는 그것이 카로케트 아쉐르 알 하에두트(פרכת אשר על־העדות, "증거에 관한 휘장")다(참조. 출 30:6; Elliger, 327).

3.b. 몇몇 히브리어 필사본들(mss), 사마리아 오경(Sam) 그리고 70인경(LXX)은 출 27:21에서처럼 우바나이브(ובניו, "그리고 그의 아들들")를 추가하는데, 이것은 이 본문들이 조화를 이루도록 하기 위함이다.

3.c. 아라크(ערך)는 "배열하다, 정돈하다"를 의미한다. 그것은 탁자를 "진열하는 것"(잠 9:2; 사 21:5; 65:11)과 반죽으로 "작업하다"를 지칭하기 위해 사용된다(참조. Jastrow, 1118). 더햄(Durham, Exodus, *WBC* 2, 379; "원문주해" 21.a)은 등잔들에 대한 언급 속에 나오는 아라크(ערך)가 등잔들을 가지런히 진열하여 연료를 채우고 심지를 다듬어 불을 켜는 것을 의미하는 것으로 해석한다.

4.a. 70인경(LXX)은 2인칭 복수형으로 읽는다. 참조. "원문주해" 5.a, 6.b, 7.c. 이 복수형은 "원문주해" 3.b에 있는 이문과 일치한다.

4.b. 형용사 테호라(טהרה, "정결한, 깨끗한")의 의미는 불확실하다. 그것은 그 등대가 성소에서 사용하기 위해 의식적으로 준비된 것, 즉 "정결한" 것을 묘사하는지도 모른다. 유대 전승은 그것을 이 비품이 순금으로 만들어진 사실을 지시하고 있는 하나의 실명사로 간주한다. 6절에 진설병이 놓인 탁자에 사용된 타호르(טהר)의 비슷한 용례가 있다. 메이어스(Meyers, *Tabernacle Menorah*, 167-68)는 메노라(מנרה, "등대")와 더불어 사용되는 테호라(טהרה)는 시각적 감각에서, 또한 아마도 질서 감각에서(in a cosmic sense) 등잔의 "밝기"를 묘사할 수 있다고 제안한다(참조. 출 31:8; 39:37). 그녀(195, n.9)는 타호르(טהר)와 6절에 있는 탁자의 결합이 등대에 대한 묘사에 의해 영향을 받았다고 생각한다. 이 입장들 사이에서 결정은 쉽지 않다. 6절에서 타호르(טהר)가 나타난 것을 고려하여 전통적 해석이 지지를 받아 왔다.

4.c. 마소라 본문(MT)의 타미드(תמיד, "지속적으로, 끊이지 않고") 대신 사마리아 오경(Sam)과 70인경(LXX)은 아드 보케르(עד בקר, "아침까지")를 갖는다. 썬(Sun, "Investigation," 410)은 이것을 3절의 번역에 조화시킨 것으로 여긴다.

5.a. 참조. "원문주해" 4.a.

5.b. 아파(אפה, "굽다")라는 동사는 이중 목적어를 취할 수 있다: 어떤 것을 구워서 다른 어떤 것으로 만들다(GKC § 117ii).

6.a. 참조. "원문주해" 4.a.

6.b. 마소라 본문(MT)의 절대형 쉐테임(שתים, "둘") 대신 사마리아 오경(Sam)은 연계형 쉐테이(שתי, "둘")로 읽는다.

6.c. 참조. "원문주해" 4.b.

7.a. 레빈(Levine, 166)은 이 문맥에 있는 전치사 알(על)을 "…에 가까이, …와 함께" 라는 의미로 해석한다.

7.b. 시리아역(Syr)과 탈굼 위-요나단(*Tg. Ps.-J.*)은 복수형으로 읽는다. PIR(199)은 이 단수형을 배분의(distributive) 단수로 해석한다.

7.c. 참조. "원문주해" 4.a.

7.d. 70인경(LXX)은 카이 할라(*καὶ ἅλα*, "그리고 소금")를 추가한다.

7.e. 마소라 사본(MT)의 이쉐(אשה, "선물") 대신 70인경(LXX)에는 과거분사 프로케이메나(*προκείμενα*, "놓는")로 되어 있다. 이쉐(אשה)에 대해서는 n. 1:9g를 참조하라.

8.a. 몇몇 히브리어 필사본들(mss), 70인경(LXX) 그리고 시리아역(Syr)에는 두 번째 나타나는 베욤 하샤바트(ביום השבת, "안식일에")가 빠져 있다.

8.b. 히브리어 본문은 대명사 접미어를 가진 미완료를 실질적인 수동태로 사용한다.

9.a. 마소라 본문(MT)의 아칼루후(אכלהו, "그들은 그것〈남성〉을 먹어야 한다") 대신 탈굼 네오피티(*Tg. Neof.*)는 아칼루하(אכלוה, "그들은 그것〈여성〉을 먹어야 한다")로 읽는다. 이것은 와우 전위(waw metathesis)의 한 가지 사례다. 비록 이 대명사가 집합적으로 떡 덩이들을 지시할지라도, 이 주석의 영어 번역은 명료함을 위해 복수형을 선호한다.

9.b. 9절에서 첫 번째 동사를 위해서는 여성 주어가, 두 번째 동사를 위해서는 남성 목적어가 존재한다. 이 주어와 목적어는 남성 명사인 레헴(לחם, "떡")을 지시하기 위해 필요한 것처럼 보일 것이다. 그러나 아마 첫 번째 동사의 주어가 5절에 있는 여성 명사 할라(חלה, "떡 덩이")일 가능성이 크다(de Boer, "Divine Bread," 31). 분명히 이러한 성의 전환은 혼란을 준다.

9.c. 마소라 본문(MT)의 남성형 후(הוא) 대신 사마리아 오경(Sam)은 여성형 히(היא)로 읽는다. 참조. "원문주해" 9.b.

양식/구조/배경

17-26장에서 24장은 변칙적인 특징들을 갖는다. 여호와께서 모세에게 하달하시는 두 개의 연설이 있지만, 초점이 모세가 청중에게 메시지를 전달하라는 위탁을 받는 것에 놓여 있지 않다. 첫 번째 연설에서 모세는 이스라엘 사람들에게 성소 내에서의 두 가지 제의 관행을 유지하라는 명령을 내리도록 위탁받는다. 두 번째 연설에는 이러한 범법자에 대한 징벌이 명시된 모세에게 내린 지침과 이스라엘 사람들에게 부여된 한 묶음의 법을 수반하는 사법적 문제에 대한 기사가 있다.

또 하나의 쟁점이 되는 문제는 두 개의 보고 사이에 어떠한 관련도 없다는 것이다. 여호와의 연설을 위한 도입 형식문인 1절은 단지 2-9절에 있는 연설을 도입할 뿐이다. 이것은 단지 10-22절과 관련되어 있는 23절의 순종 보고에서 더욱 확실해진다. 이 두 개의 짧은 보고가 왜 함께 배치되었는지는 여전히 불확실한 채로 남아 있다. 더욱이 성결법의 문맥 내에서 이러한 지침과 법규들의 자리 배정을 설명하기란 여간 어려운 일이 아니다. 그것들은 제의력(23장)과 안식년 및 희년에 대한 규정들(25장) 사이에 나타나지만, 이 장은 의식적 실천들이 규칙적으로 이루어진다는 것을 제외하고는 월력에 대한 관심과는 거의 관련이 없다. 그러므로 이 자료는 23장과 25장 사이에 멋대로 끼어 들어온 것처럼 보인다. 이러한 결론에 반대하기 위해 어떤 학자들은 10-23절은 1-9절에 있는 제의 재료들의 전시를 긴밀하게 뒤따르는 사건으로 위치한다고 설명한다(Keil and Delitzsch 453; Harrison, 220). 이러한 설명의 장점은 출애굽기-민수기를 한 서사의 문맥 속에 있는 규정들의 조직망으로 인식한 점이다. 서사들은 광야 체류에 대한 이야기를 밝혀 주고 규정들을 위한 삶의 정황을 마련해 준다. 불행히도 이러한 입장을 설명해 줄 다른 증거가 존재하지 않는다. 첫 번째 단위의 자리 배정에 관하여, 딜만(Dillmann, 652)은 그것이 추수물(קָצִיר – 케치르)과 저장한 포도(אָסִיף – 아씨프)를 여호와의 예배에 사용하는 의식들에 관심을 갖는다는 사실을 관찰한다. 그러한 점에서 이 규정들은 23장에 지시된 바 이러한 산물들의 추수를 기념하는 절기들과 연관되어 있다. 버톨렛(Bertholet, 83)은 다른 방식으로 생각하여 여호와를 위한 특정한 절기들에 초점을 맞추는 23장과 여호와에 대한 정기적이고 지속적인 예배에 초점을 맞추는 24:1-9 사이에는 뚜렷한 대조가 있다고 지적한다. 이 24장의 위치에 대한 더 훌륭한 설명들은 우리에게 보이지 않는다. 이 장의 문단들이 두 개의 독특한 연설로 구성되어 있기 때문에, 그것들은 분리해서 취급된다.

1-9절에 있는 연설의 구조는 다음과 같은 윤곽을 갖는다.

I. 도입 형식문(1절)
II. 연설(2-9절)
  A. 등잔 기름에 관하여(2aα-4절)
    1. 위탁 형식문(2aα절)
    2. 연설 자체(2aβ-4절)
      a. 기름 공급에 대해 이스라엘 족속에게 내린 명령(2aβ+b절)
      b. 아론이 등잔(들)을 지키라는 명령(3절)
      c. 이 의식에 대한 일반 명령(4절)

B. 여호와 앞의 진설병에 관하여(5-9절)
  1. 모세에게 내린 지침(5-7절)
    a. 떡의 준비에 대하여(5절)
    b. 성소의 상 위에 떡을 진열하는 것에 대하여(6-7절)
  2. 매주 안식일마다 떡의 진열에 대하여 제사장들에게 내린 지침(8절)
  3. 아론 가계에 그 떡의 할당과 그것의 섭취를 규정한 법(9절)

이 연설의 도입 형식문은 전형적인 것이지만, 위탁 형식문은 그렇지 않다. 왜냐하면 차브(צו, "명령하라")라는 용어가 다른 곳에서는 단지 6:2(9)에서만 발견되기 때문이다. 그렇지만 "이스라엘 자손들에게 명령하라"는 어구는 민수기 5:2; 28:2; 34:2; 35:2에서 발견된다. 대체로 모세는 하나님께로부터 받은 메시지를 전달해야 하지만, 여기서는 그가 이스라엘 자손들에게 뒤이어 나올 지침들을 수행하라고 명령해야 한다. 이 곳의 2-3절과 거의 동일한 출애굽기 27:20-21에 있는 병행 기사에서는 차바(צוה)의 형태가 다르다: 테차붸(תצוה, "너는 명령해야 한다"; 출 27:20)와 차브(צו, "명령하라"; 레 24:2). 하란(Haran, *Temples*, 209)은 출애굽기에서 모세가 "그의 미래의 직무에 대해 미리 주의를 받았으며", 레위기에서는 그가 그것을 행하라는 명령을 실제로 받았다고 제안한다. 이러한 지침들에서 이스라엘 자손들은 깨끗한(정결한) 기름을 가져와야 하는데, 성막 내에서의 책무는 모세와 아론에게 주어진다. 여러 진술 속에 나오는 "너"의 선행사의 정확한 정체가 모호하다. 2절에서 그것은 모세인 것처럼 보인다. 그 경우 아마 모세가 ~~등불을~~ 위해 백성들이 가져오는 기름을 관리하는 것으로 추론해 볼 수 있다(2aβ+b). 5-7절에서 "너", 즉 밀가루를 취하여 떡을 만들고 그것을 상에 진열할 책임이 있는 사람의 정체는 결정하기가 어렵다. 당장의 추론은 그가 모세라는 것이다. 그렇지만 8-9절의 표현은 떡을 새로운 떡으로 바꾸어 상에 진열할 책임을 아론과 그의 아들들에게 맡긴다. 이것에 비추어 볼 때, 5-7절에 있는 "너"의 선행사는 아마 아론일 것이다. 이러한 입장은 3절에서 지지를 받는데, 거기서 아론에게는 등잔들을 살필 책임이 주어진다. 다른 필사본들(mss)과 역본들이 5-7절에서 복수형 "너희"로, 또한 2절에서 "너에게" 대신 "나에게"로 읽는다는 것은 고대의 해석가들이 역시 "너"의 선행사를 결정하는 데 어려움을 느꼈다는 것을 시사한다. 만일 이 대명사들의 선행사가 모세라면, 처음 기름이 반입되고 떡이 준비되어 진열될 때는 이러한 지침들을 수행하는 것이 모세의 특권이었음을 의미할 수 있다. 그 후에 그것은 아론과 그의 아들들의 책임이 되었다. 이러한 책임의 전환은 8-9절의 표현에서 어느 정도 지지를 발견한다. 사실 이 본문의 청자들에게는 그 의식들의 사회적 맥락이 "너"의 선행사를 아론으로 확증해 주었을지도 모른다(즉 제사장들의 권위가 높아진 포로기 직후의 사회적 맥락 – 역자주). 후대에 역대상 9:32은 고핫 자손들이 그 떡을 준비할 책임을 갖는다고 보고한다.

구조의 윤곽이 보여 주는 바와 같이, 이 규정은 두 개의 구별된 부분을 갖는다: 등잔에 쓸 기름에 대한 것(2aβ-4절)과 여호와 앞의 진설병에 대한 것(5-9절). 이 두 가지 문제는 비록 항상 서로 연관되어 있는 것은 아니지만, 둘 다 내성소에서 발생되고 둘 다 소모되어 없어지는 재료의 규칙적인 재공급을 다루는 의식에 대한 규정이라는 점에서 상호 관련되어 있다. 이 등불들과 떡 사이의 개념적 관련성을 넘어서서, 기름과 떡에 대한 지침들은 의미론적으로 또한 구조적으로 연관되어 있다. 의미론적 연관들은 다음과 같은 단어들의 사용을 포함한다. (1) 타미드(תמיד, "항상, 지속적으로")가 이 의식들의 규칙성과 영속성을 표현하기 위해 네 번 사용된다(2, 3, 4, 8절). (2) 아라크(ערך, "진열하다, 가지런히 놓다, 손질하여 다듬다": 3, 4, 8절)가 마아라케트(מערכת, "줄"〈row〉)과 함께 나란히 나온다(6, 7절). 아라크(ערך)의 일차적 의미는 등불들보다는 떡과 더 자연스럽게 어울리는데, 이는 사람이 진열상 위에 떡을 진열하지만, 보통 등불을 진열하지는 않기 때문이다. 만일 이 단어가 "손질하여 다듬다"를 전문적 의미로 갖지 않는다면 말이다("원문주해" 3.c.를 보라). 어떤 경우든, 저자는 이 동사가 비록 서로 상이한 두 가지 방식으로 사용되었지만, 두 단위를 하나로 묶어 주는 끈들의 하나로 이 동사를 채택했다. (3) 라카흐(לקח, "취하다")가 2절과 5절에서 나타나는데 서로 다른 뉘앙스를 갖는다. (4) 호크 올람(חק עלם, "영원한 규례")이 3, 9절에서, 베리트 올람(ברית עלם, "영원한 언약")이 8절에서 나타난다. (5) 리프네이 아도나이(לפני יהוה, "여호와 앞에서")가 3, 4, 6, 8절에서 사용된다. 각각의 품목이 여호와 앞에(לפני יהוה – 리프네이 아도나이), 즉 성소의 가장 거룩한 장소 앞에 놓이며, 각 품목은 최상의 재료로 만들어진다. (6) 자크(זך, "순결한")가 2절에서 올리브(감람나무) 기름과 함께, 그리고 7절에서 유향과 함께 사용된다. (7) 타헤르(טהר, "정결한")가 4절과 6절에서 나타난다. 형용사 타헤르(טהר, "정결한")는 이러한 소모되어 없어지는 품목들을 담는 각각의 용기들과 관련되어 있다(참조. "원문주해" 4.b.). 이렇게 뒤엉켜 있는 어휘들은 의심할 여지없이 이 두 묶음의 지침들이 함께 배치되도록 작성되었다는 것을 시사한다.

2aβ-4절과 5-9절의 구조는 또한 다소 병형을 이룬다. 각 단위의 지침들은 동사 라카흐(לקח, "취하다")와 함께 시작되며(2, 5절), 끝에서 동사 아라크(ערך, "진열하다")를 갖는다(3, 4, 8절). 두 번째 단위는 밀가루 준비에 큰 주의를 기울이라는 지시 때문에 약간 더 길고 복잡하다. 만일 4절이 추가라면, 두 단위 모두 동시에 호크 올람(חק עלם, "영원한 규례": 3, 9절)으로 끝난다.

첫 번째 단위에서 세 가지 지침이 주어진다. 맨 처음의 지침은 이스라엘 자손들이 등잔에 쓸 기름을 취하여(לקח – 라카흐) 모세에게 주라는 것이다. 두 번째 지침은 아론이 그 등불을 유지하고 지키라는 것이다. 세 번째 지침은 그가(아마도 아론으로 추정되는) 그 등불들을 지키라는 것이다. 이 각각의 지침들에 타미드(תמיד, "항상, 지속적으로")라는 단어가 이 의식들의 규칙성을 강조한다. 다음에 나오는 도표는 각 지침의 주어, 동사 그리고 목적어를 보여 준다.

	주어	동사	목적어
2b절	이스라엘 자손들	라카흐(לקח, "취하다")	기름
3절	아론	아라크(ערך, "정돈하다")	등잔
4절	(아론)	아라크(ערך, "정돈하다")	등잔들

그렇지만 이 구절들의 구조는 단순히 세 가지 품목의 목록이 아니다. 처음 두 개의 지침은 분명히 서로 구별되는데, 이는 제사장이 등불을 지킬 책무가 순서적으로 백성들의 기름 공급의 의무를 뒤따르기 때문이다. 두 번째와 세 번째 지침의 상호관계는 분명하지 않은데, 이는 둘 다 아론에 의한 등잔(들) 돌보기에 속하기 때문이다. 4절에서 복수 "등잔들"이 단수 "등잔"을 대체하며, 메노라(מנרה, "등잔대")라는 용어가 마오르(מאור, "빛")라는 용어를 대체한다. 3절에서 보살피는 등잔이 4절에 있는 등잔들과 동일한 것인지의 여부는 분명하지 않다. 그 등잔은 등잔들과 어떻게 구별되어야 할까? 혹은 만일 그것들이 같은 것이라면, 3절에 비해 거의 추가가 되지 않은 4절이 도대체 왜 필요한 것일까? 노트(Noth, 177)는 4절이 2-3절에 있는 지침들을 출애굽기 25:31-37의 메노라(מנרה, "등잔대")에 융화시킨다고 주장함으로써 이러한 차이를 설명한다. 어쨌든 4절은 다른 기원을 갖는데, 이는 메노라(מנרה, "등잔대")가 마오르(מאור, "빛") 대신 사용되고(2절; 참조. 출 39:37), 네로트(נרות, "등잔들")가 네르(נר, "등잔") 대신 사용되기 때문이다(2절).

진설병은 오경의 다른 곳에서는 성소에 쓰기 위해 아카시아나무(개역 성경: 조각목)로 만든 상을 제작하라는 지침들에서 언급된다(출 25:23-30). 또한 모세가 완성된 성막을 점검했을 때 이 떡이 상 위에 있었다는 언급이 있다(출 39:36). 출애굽기 40:22-23은 모세가 상을 펴서 그 위에 떡을 놓았다고 상세히 이야기한다. 그렇다면 진설병을 굽고 진열하는 지침들이 그렇게 늦게 레위기에서 나온다는 것은 혼란을 일으킨다. 한 가지 설명은 레위기에 있는 이 기사가 제의 운용에서 사용되던 소모성 재료들의 계속적인 보충을 취급하는 반면, 출애굽기 25-40장에 있는 기사는 우선적으로 제의 관행들의 최초의 실행과 관련되어 있다는 것이다. 어쨌든, 이 단락은 진설병에 대한 추가적인 중요한 세부 내용을 제공한다. 떡의 갯수와 각각의 떡의 밀가루의 품질, 매주 새로운 떡의 보충 그리고 제사장이 오래된 떡을 먹을 책임을 포함해서 말이다. 레위기의 다른 곳과 마찬가지로 이 본문은 회막에서의 중요한 실천들에 대한 정보를 제공하지만, 그것은 구체적인 정보가 희박한 이유로 불충분하다. 그럼에도 불구하고, 어떤 의미로는 바로 그 자체의 특성상 백성들 눈에 보이지 않았을 이 실천들은 그들에게 어떤 관심 사항이 아니었을까? 아울러 이러한 의식들을 수행할 때, 제사장들은 하나님의 백성을 대표한다. 즉 이 의식들은 단순히 제사장들만이 아니라 공동체 전체의 유익을 위한 것이다. 이 규정들은 회중 전체의 교육을 위해 작성되었다. 비록 그것들이 제사장의 전문 지식에서 채택되었지만 말이다. 이 연설은 레위기에 있는 다른 것들과 마찬가지로 절기에서 말씀을 하달하기 위해 만들어졌다.

(이 자료는 박사 과정의 Stephen A. Reed의 협조로 준비된 것이다.)

주석

2-3 이 구절들은 일곱 분지(分枝)를 갖는 "등잔대"(מנרה – 메노라)에 쓸 기름 공급에 대한 지침에 속한다. 이 지침은 등잔에 쓸 기름을 다룬다. 그것들은 이미 출애굽기 27:20-21에서 사실상 동일한 어법으로 주어져 있다.

메노라(Menorah)를 만들라는 규정은 출애굽기 25:31-40에서 발견된다. 그것을 만들었다는 보고는 출애굽기 37:17-24에 나온다. 그리고 그것을 기름부어 설치했다는 보고가 출애굽기 40:9, 24-25에서 발견된다. 민수기 8:1-4에서 아론은 진설병이 진열된 상을 비추도록 내성소에 등잔을 놓으라는 지시를 받는다(Budd, *Numbers*, WBC 5, 86-87). 그것의 운반에 대한 지침은 민수기 3:31과 4:9에서 볼 수 있다.

백성들은 기름을 가져와야 하며, 아론은 "등잔"(נר – 네르)을 깨끗이 다듬어야 한다(개역 성경: 정리하다). 등잔에 쓸 올리브(감람나무) 기름은 최상의 품질이어야 한다. 그것은 정결성을 보장하기 위해 손으로 두들겨 짜내야 한다(Snaith, 109). 부수적으로 그것은 또한 상번제와 함께 사용된다(출 29:40; 민 28:5; 상번제는 개인의 번제와 달리 매일 아침과 저녁에 제사장들이 드리는 공식적 번제다 – 역자주). 이러한 종류의 기름은 거의 연기를 내지 않고 환하게 빛을 내며 탄다(Durham, *Exodus*, WBC 3, 380). 그것은 국가 간의 채무 이행에서 사용될 정도로 대단히 높은 가치가 부여되었다. 예를 들어, 솔로몬은 두로 왕 히람에게 막대한 부채를 갚을 때 이 최상품의 기름을 보냈다(왕상 5:25[11]). "빛"(מאור – 마오르)은 "항상, 지속적으로"(תמיד – 타미드), 즉 매일 밤마다 저녁부터 아침까지 타야 한다. 마오르(מאור)는 메노라(מנרה, "등잔대") 대신 사용될 수 있다. 출애굽기 35:14에서 메노라트 하마오르(מנרת המאר, "빛을 위한 등잔대")가 입증하는 바와 같이 말이다(Durham, 380). 타미드(תמיד)라는 단어는 영구적인 의식을 지시하지만, 하란이 제안한 대로 이것이 반드시 "'멈추지 않는, 중단 없는, 지속적인'을 의미하지는 않는다. 그것은 오히려 그 해당된 의식적 행위들이 규칙적 간격과 정해진 시간들에 반복되어야 한다는 것"을 의미한다(*Temples*, 207). 등잔들은 밤중에 불을 밝히고 있었다. 그것들은 하루에 두 번, 해질 무렵과 새벽에 점검되었다. 요세푸스는 그 등잔대의 세 개의 등불은 온 종일 태워서 켜 놓았다는 후대의 관행을 언급한다(*Ant.* 3.8.3).

네르(נר, "등잔")라는 단어의 사용은 고찰할 필요가 있는데, 왜냐하면 그것은 2절에서는 단수형 네르(נר)이고 4절에서는 복수형 네로트(נרות)이기 때문이다. 이 이중적 용례는 다른 곳에서도 나타난다. 출애굽기 27:20은 한 등잔을 켜는 것을 묘사하지만(역시 삼상 3:3을 참고하라), 출애굽기 30:7-8과 민수기 8:2-3과 같은 다른 본문들에서는 복수형으로 등잔들을 지시한다. 누르체(Noordtzij, 243)는 2절의 단수 네르(נר, "등불")와 4절의 네로트(נרות, "등불들")가 일곱 분지(分枝)의 등잔대의 단일성과 다수성에 대해 말한다고 주장한다. 그렇다면 하란이 제안한 대로(*Temples*, 208, n. 4) 네르(נר)가 집합적으로 사용되었다는 것이 가능할 수 있다. 또 다른 접근법을 취한 메이어스(C. Meyers)는 회막과 관련된 단일 등잔에 대한 전승이 있었고, 장막과 관련된 다수 등잔에 대한 전승이 있었다고 추론한다. 이 단락에서 그것들이 함께 병합되었다는 것이다(*Tabernacle Menorah*, 26).

5 이 연설들의 두 번째 편은 임재의 상(the table of the Presence)에 올릴 떡에 대한 어떤 규정들을 제공한다. 이 떡들은 할라(חלה, "떡": 참조. 2:4)라 불리며 "고운 밀가루"(סלת – 쏠레트, 참조. 2:1)로 만들어야 한다. 바벨론 탈무드 메나호트(*b.*

Menah. 76b)에 따르면, 밀가루는 열한 번을 체로 걸러내야 한다. 그 떡은 "임재의 떡"(לחם פנים –레헴 파님)이라 불린다(출 25:30; 35:13; 39:36; 삼상 21:7[6]; 왕상 7:48; 대하 4:19; NEB, NIV; 개역 성경: 진설병). "임재의 떡"이라는 표현의 정확한 번역과 의미는 논란이 되어 왔다. 초기 역본들은 이 떡에 대해 다양한 단어들을 사용한다. 히브리어는 문자적으로 "얼굴의 떡"(bread of the face, 혹은 facial bread)을 의미한다. NJPS는 "진열한 떡"(bread of display)으로 번역한다(Levine, 165). JB는 "계속적인 제물의 떡"(the bread of the continual offering, 출 39:36), 그리고 KJV는 "진설병"(shewbread)으로 번역한다. 드 보어(De Boer)는 "하파님(*hapānîm*)은 떡 덩이들 위에 떡 도장을 찍어서 그렸을지도 모를 여호와의 얼굴을 가리킨다"고 제안한다("Divine Bread," 35). 이것은 여호와의 떡이며 그분이 처분할 권한을 가지신다(de Boer). 그러므로 "여호와는 자신을 믿는 자들에게 신적인 힘, 즉 신적인 생명을 친히 부여하고 드러내시는 주체다"(de Boer, 35). 고대에 다양한 방법을 써서 떡을 장식했다는 증거가 있다. 갈라바리스(G. Galavaris)는 "고대에 종교적 목적을 위해 사용되는 떡과 과자는 다양한 형태를 가졌거나 혹은 떡을 받는 신을 직접 나타내는 도안이나 그 떡이 드려지는 목적을 보여 주는 도안들이 찍혀 있었다"고 말한다(*Bread and the Liturgy: The Symbolism of Early Christian and Byzantine Bread Stamps*[Madison: The University of Wisconsin Press, 1970] 22). 그렇지만 이러한 제안은 어떠한 하나님의 형상이나 모양도 만들지 말라는 제2계명을 전제해 볼 때 의심스럽다(출 20:4//신 5:8). 하지만 존슨(Johnson)은 파님(פנים)이란 단어는 이 떡이 여호와의 개인적인 떡이라는 의미를 전달한다는 입장이다("Aspects of the use of the term פָּנִים in the Old Testament," in *FS O. Eissfedlt*, 편집 J. Fück[Halle und der Salle: Max Niemeyer, 1947] 159). 어쨌든 하나님께서는 자신의 임재 앞에 놓인 이 떡을 보고 그것을 받으신다(Levine, 165). 이 떡이 구약에서 다양한 용어로 지칭된다는 사실이 추가될 수 있다. 그것은 역대상 9:32에서 "겹으로 쌓은 떡"(מערכת –마아레케트)으로 불린다. 민수기 4:7에서는 "지속적인 떡"(לחם התמיד –레헴 하타미드, 그리고 상은 "임재의 상"〈שלחן הפנים –샬혼 하파님〉이다. 개역 성경: 진설병의 상), 그리고 사무엘상 21:5(4)에서는 "거룩한 떡"(לחם קדש –레헴 카도쉬)이다.

또 다른 쟁점은 이 떡 덩이들의 크기에 관한 것이다. 각 덩이는 "고운 가루"(סלת –쏠레트)의 (에바) 2/10를 가져야 한다(참조. 2:1). "에바"라는 용어가 이 본문에 없을지라도, 아마도 "2/10"는 한 에바의 2/10를 가리킨다(de Vaux, *AI*, 1:200). 한

에바의 양의 측정치는 불확실하다. 웬함(Wenham, 310)은 각 떡 덩이가 밀가루 3 리터나 3.5파운드 정도 되었다고 추론한다. 이러한 양은 참으로 큰 떡 덩이를 만들어 냈을 것이다.

[6] 열두 개의 떡 덩이가 지면에 낮게 놓인 작은 상(3피트×1.5피트) 위에 올려졌다(출 25:23-30//37:10-16). 열두 덩이는 본문이 그것을 명확히 확증하지 않을지라도 열두 지파를 대표한다(참조. Josephus, *Ant.* 3.6.6). 식탁 표면이 가로 3피트(90cm), 세로 1.5피트(45cm)이고 또한 다른 용기들을 놓을 공간도 있어야 했기 때문에, 그 모든 떡을 그 상에 어떻게 놓을 수 있었는지 상상하기가 어렵다. 떡 덩이들이 두 줄로 진열되었을까? 아니면 그것들은 각각 여섯 덩이로 된 두 개의 더미로 쌓아 올려졌을까? 이 덩이들의 크기를 감안해서 어떤 학자들은 그 떡들이 두 줄이 아닌 두 더미를 이루었을 것이라고 제안했다. 이 떡 덩이들을 취급하는 방식이 다양했다는 것은 후대의 자료들이 하나 이상의 상을 언급한다는 사실로써 뒷받침된다. 역대기 기자는 진설병을 위한 상들을 언급한다(대상 28:16). 솔로몬 성전은 역대하 4:8에 따르면 열 개의 상을 가졌다. 반대로 열왕기상 7:48은 단지 하나의 상만을 언급한다.

[7] "정결한 유향"(לבנה זכה – 레보나 자카)을 각 줄과 함께 놓아야 한다. 그러나 어디에 놓아야 하는가? 누르체(Noordtzij, 243)는 본래 그 유향을 떡 위에 뿌렸다고 생각한다. 하지만 제사장들이 그 떡을 먹었다는 사실은 이 입장에 반론을 제기할 것이다. 후대의 전통은 그 유향을 떡들 옆에 있는 두 개의 황금 잔에 놓았다. 이어서 그 유향을 제단 위에서 태웠다(Noordtzij, 243). 아마도 그 유향은 떡 더미들 맨 위에 놓았을 것이다. 유향이 탈 때 하나님께서는 향기로운 냄새를 맡고 그 진설병을 기억하신다. 타는 유향은 이 의식을 "회상, 기념"(אזכרה – 아즈카라)으로 만든다(참조. 2:2). 그것은 하나님의 기억을 자극하여 그분이 자기 백성과의 언약 교제에 참여하시게 한다.

[8]-[9] 이 구절들에 따르면, 새로운 떡이 매 안식일마다 상 위에 놓여야 한다. 이때 제사장들은 그 오래된 떡을 먹어야 한다. 이 규정은 특이한데, 왜냐하면 일반적으로 같은 날 떡을 굽고 먹기 때문이다. 떡이 누룩 없이 만들어지는지의 여부는 명확하게 진술되어 있지 않다. 드 보어(De Boer)는 제사장이 나중에 일주일이 지나 그것을 먹을 때는 아마도 "그 떡이 곰팡이가 끼어 돌처럼 딱딱해졌을 것"이라는 분명한 문제를 지적한다("Divine Bread," 27). 그러므로 제사장들이 이 떡들을 7일 후에 먹어야 한다는 사실은 분명히 그 떡들이 무교병이라는 것을 지지한다. 후대의

자료들에서는 명백하게 그 떡들이 무교병이라고 진술된다(*m. Menaḥ*. 5.1; Josephus, *Ant.* 3.6.6; 10.7).

이 떡들은 가장 거룩한 것으로 성소 안에 있는 제사장들만이 먹을 수 있다(참조. 6:9[16]). 떡은 먼저 여호와께 바쳐지고, 뒤이어 그분께서 그것을 제사장들에게 돌려 주신다. 제사장들의 이 떡의 섭취는 열두 지파의 모든 구성원들이 여호와와 식탁 교제 중에 있다는 것을 상징했다.

해설

향단과 더불어 등잔대와 진설병의 상은 성막의 성소 내에 있던 유일한 비품들이었다. 세워져 있던 등잔들과 식탁 위의 떡들은 정기적으로 관리되어야 했다. 등잔들은 가다듬어서 정기적으로 기름을 재충전하여 매일 밤 밤새도록 탈 수 있게 해야 했다. 진설병은 매주 교체되었다.

불행히도 이러한 의식들의 성격과 의의에 대해서는 더 이상 언급되지 않는다. 이러한 의례들은 이스라엘에게 강력한 상징들을 주었을 것으로 상상해 볼 수 있다. 그 지속적으로 타는 등불은 그들에게 하나님은 빛의 하나님이심을 상기시켰다. 그분은 어둠 속이 아니라 빛 가운데서 예배를 받으셔야 한다(참조. 사 45:18-19). 열두 덩이의 떡이 놓인 상은 하나님과 교제 중에 있는 열두 지파를 대표한다. 즉 하나님께서는 자신의 거처에서 열두 지파를 위해 식사를 마련하신 주인으로 행세하신다. 이 식사는 매주 제사장들이 백성들을 대표해서 하나님의 임재 가운데 거룩한 방(성소 내부)에서 먹었다.

기름과 진설병의 유지와 사용을 규정하는 지침들은 최소한의 것들이지만, 이 법들은 인간의 절박한 궁핍함을 외면할 정도로 그렇게 엄격하게 준수되어야 했던 것은 아니다. 한때 다윗이 도망자가 되어 사울 왕에게 바짝 추적을 당했을 때, 다윗과 그의 사람들은 크게 허기가 졌다(삼상 21:2-7[1-6]). 그들은 아비멜렉이 제사장으로 있었던 놉의 성소에 머물렀다. 다윗은 그 대제사장에게 자신들의 절박한 음식의 필요를 호소했다. 아비멜렉은 그들에게 진설병을 건넴으로써 응답해 주었다. 그는 단지 다윗과 그의 사람들이 여성들과의 접촉으로 인한 부정한 상태가 아닐 것만을 요구했다. 이 기사는 예수님이 사용하심으로써 그 중요성이 부각되었다. 예수께서는 자신의 제자들이 안식일에 들판을 지나가면서 곡식을 일부 뜯어먹은 것을 두고 바리새인들이 문제를 제기하자 그들을 반박하기 위해 그 기사를 사용하셨던 것이다

(마 12:1-8; 막 2:23-28; 눅 6:1-5). 그런 행위를 추수의 범주로 규정했던 전통에 근거해서 바리새인들은 제자들의 행위를 노동으로 간주했으며, 그것은 제자들이 십계명의 제4계명을 어긴 것을 의미했다. 예수님께서는 그에 대한 응답으로 다윗을 위한 아비멜렉의 대범한 행위를 인용하면서 자신의 제자들의 활동을 정당화하셨다. 아비멜렉은 가장 거룩한 것을 취하여 신적인 비난을 받는 일이 없이 평민들에게 주었다. 예수께서는 상식과 인간에 대한 동정이 율법의 엄격한 이해보다 훨씬 중요하다는 것을 주장하고 계신다.

예수께서는 이러한 빛과 떡의 두 가지 상징을 취하여 자신에게 적용하셨다. 그분은 "나는 세상의 빛이다"라고 말씀하셨다(요 8:12; 9:5). 다른 때에는 그분은 "나는 생명의 떡이다"라고 말씀하셨다(요 6:35, 48). 이러한 말씀들을 통해 예수께서는 자신을 믿는 모든 사람들을 위한 회막의 성소의 기능들을 친히 성취하신다고 주장하셨다. 이 성소에서 수행되는 제사들과 의식들의 엄청난 혜택들이 이제 예수님을 통해 교회에 주어진다. 신자들은 전 세계를 비추는 참된 빛, 어둠 속에서 발하는 빛 그리고 꺼지지 않는 빛을 소유한다(요 1:5). 그리고 그들은 성만찬에서 예수님의 몸에 참여한다. 그렇게 함으로써 그들은 예수님의 죽음이 가져다 준 대속의 공로들로 인하여 삼위일체 하나님과 식탁 교제를 갖는다. 성찬을 받은 후에, 모든 참여자들은 죄 사함을 받으며 하나님의 가족의 일원으로 받아들여진다는 것을 확신한다.

J. 신성 모독 사건과 개인적 상해에 대한 법(24:10-23)

참고문헌

Alt, A. "Zur Talionsformel." *ZAW* n.f. 11(1934) 303-5(=*Kleine Schriften zur Geschichte des Volkes Israel I.* Münich: C. H. Beck'sche Verlagsbuchhandlung, 1953. 341-44. =In *Um das Prinzip der Vergeltung in Religion und Recht des Alten Testaments.* Ed. K. Koch. Wege der Forschung 125. Darmstadt: Wissenschaftliche Buchgesellschaft, 1972. 407-11). **Brichto, H. C.** *The Problem of "Curse" in the Hebrew Bible.* SBLMS

13. Philadelphia: Society of Biblical Literature and Exegesis, 1963. **Crüsemann, F.** "'Auge um Auge …'(Ex 21,24f). Zum sozialgeschichtlichen Sinn des Talionsgesetzs im Bundesbuch." *EvT* 47(1987) 411-26. **Daube, D.** *Studies in Biblical Law.* Cambridge: Cambridge UP, 1947; New York: KTAV, 1969. 102-53. **Diamond, A. S.** "An Eye for an Eye." *Iraq* 19(1957) 151-55. **Doron, P.** "A New Look at an Old Lex." *JANESCU* 1(1969) 21-27. **Finkelstein, J. J.** "Ammisaduqa's Edict and the Babylonian 'Law Codes.'" *JCS* 15(1961) 91-104. **Fishbane, M.** *Biblical Interpretations in Ancient Israel.* Oxford: Clarendon Press, 1985. **Fisher, E. J.** "*Lex Talionis* in the Bible and Rabbinic Tradition." *Journal of Ecumenical Studies* 19(1982) 582-87. **Frymer-Kensky, T.** "Tit for Tat: The Principle of Equal Retribution in Near Eastern and Biblical Law." *BA* 43(1980) 230-34. **Gabel, J. B.,** and **Wheeler, C. B.** "The Redactor's Hand in the Blasphemy Pericope of Leviticus xxiv." *VT* 30(1980) 227-29. **Hayes, J. H.** "Restitution, Forgiveness, and the Victim in Old Testament Law." *Trinity University Studies in Religion* 11(1982) 1-23. **Levy, L.** *Treason against God: A History of the Offense of Blasphemy.* New York: Schocken Books, 1981. **Livingston, D. H.** "The Crime of Leviticus xxiv 11." *VT* 36(1986) 352-54. **McCarthy, C.** *The Tiqqune Sopherim.* Göttingen: Vandenhoeck & Ruprecht, 1981. **Mikliszanski, J. K.** "The Law of Retaliation and the Pentateuch." *JBL* 66(1947) 295-303. **Mittwoch, H.** "The Story of the Blasphemer Seen in a Wider Context." *VT* 15(1965) 386-89. **Reed, S.** "Blasphemy in the Hebrew Bible." Paper presented at Annual Meeting of the Pacific Coast Region of SBL, March 17, 1989. **Scharbert, J.** "«Fluchen» und «Segnen» im Alten Testament." *Bib* 39(1958) 1-26. **Schult, H. S.** "Lev 24:15b und 16a," *DBAT* 7(1974) 31-32. **Thiselton, A.** "The Supposed Power of Words in the Biblical Writings." *JTS* n.s. 25(1974) 283-99. **Weingreen, J.** "The Case of the Blasphemer(Leviticus xxiv 10ff.)." *VT* 22(1972) 118-23. **Weismann, J.** "Talion und öffentliche Strafe im Mosaischen Rechte." In *Um das Prinzip der Vergeltung in Religion und Recht des Alten Testaments.* Ed. K. Koch. Wege der Forschung 125. Darmstadt: Wissenschaftliche Buchgesellschaft, 1972. 325-404.

본 문

10 이스라엘 여인의 아들이요 그 아비는 애굽 사
람 된 자가 이스라엘 자손 중에 나가서 한 이스라

10 Now an Israelite[a] woman's son, whose father
was an Egyptian, came out of his dwelling[b] into

엘 사람과 진 중에서 싸우다가

11 그 이스라엘 여인의 아들이 여호와의 이름을 훼방하며 저주하므로 무리가 끌고 모세에게로 가니라 그 어미의 이름은 슬로밋이요 단 지파 디브리의 딸이었더라
12 그들이 그를 가두고 여호와의 명령을 기다리더니
13 여호와께서 모세에게 일러 가라사대
14 저주한 사람을 진 밖에 끌어내어 그 말을 들은 모든 자로 그 머리에 안수하게 하고 온 회중이 돌로 그를 칠지니라
15 너는 이스라엘 자손에게 고하여 이르라 누구든지 자기 하나님을 저주하면 죄를 당할 것이요

16 여호와의 이름을 훼방하면 그를 반드시 죽일지니 온 회중이 돌로 그를 칠 것이라 외국인이든지 본토인이든지 여호와의 이름을 훼방하면 그를 죽일지니라

17 사람을 쳐죽인 자는 반드시 죽일 것이요

18 짐승을 쳐죽인 자는 짐승으로 짐승을 갚을 것이며
19 사람이 만일 그 이웃을 상하였으면 그 행한 대로 그에게 행할 것이니
20 파상은 파상으로 눈은 눈으로 이는 이로 갚을지라 남에게 손상을 입힌 대로 그에게 그렇게 할 것이며
21 짐승을 죽인 자는 그것을 물어 줄 것이요 사람을 죽인 자는 죽일지니

22 외국인에게든지 본토인에게든지 그 법을 동일히 할 것은 나는 너희 하나님 여호와임이니라

23 모세가 이스라엘 자손에게 고하니 그들이 저주한 자를 진 밖에 끌어내어 돌로 쳤더라 이스라엘 자손이 여호와께서 모세에게 명하신 대로 행하였더라

the camp of[b] the Israelites. Then the Israelite woman's son and an Israelite[c] began to quarrel[d] in the camp.

11 The Israelite woman's son then misspoke[a] the Name[b] and cursed.[c] They brought him to Moses. His mother's name was Shelomith, the daughter of Dibri, of the tribe of Dan.
12 They put him[a] in custody waiting for the will of Yahweh to be revealed[b] to them.[c]
13 Then Yahweh said to Moses:
14 "Lead the one who has cursed outside the camp. Let all who heard him lay their hands on his head, and let all the congregation[a] stone him.
15 You are to speak[a] to the Israelites: Whoever[b] curses his God[c] will be held responsible for his sin.[d]
16 One who misspeaks the Name of Yahweh will be put to death. The entire congregation must surely stone[a] him. Whenever anyone, either the resident alien or the native,[b] misspeaks the Name,[c] he will be put to death.
17 Whenever any person[a] strikes and kills a human,[b] he will be put to death.
18 Whoever[a] strikes and kills a beast[b] will make it good, life for life.
19 When one causes a disfigurement in his associate, it will be done to him as he has done:
20 fracture for fracture, eye for eye, tooth for tooth: just as he has disfigured a person, it will be done to him.
21 Whoever strikes and kills a beast will make it good:[a] whoever strikes and kills a human[b] will be put to death.[c]
22 You[a] are to have one standard[b] for the resident alien and for the native, for I am Yahweh your God."
23 Then Moses spoke to the Israelites, and they brought the one who had cursed outside the camp and stoned him with stones.[a] Thus the Israelites did just as Yahweh had commanded Moses.

원문주해

10.a. 이스라엘(ישׂראל)의 종족 명사(gentilic)는 드물게 나타난다: 여성형 이스라엘리티(ישׂראלית)는 세 번 나오는데, 여기서 두 번, 그리고 11절에서 나오며, 남성형 이스라엘리(ישׂראלי)는 이 곳과 삼하 17:25에서 나온다(Joüon § 88Mg).

10.b-b. 이 어구는 상황을 명료하게 만들기 위해 영어 번역본들에 추가되어 왔다.

10.c. 사마리아 오경(Sam)은 이 단어에 붙은 관사를 갖지 않는다. 이것이 선호되는 독법이다(Elliger, 330).

10.d. 드물게 사용된 나차(נצה) I은 "투쟁하다, 싸우다"를 의미한다(BDB, 663; KB, 675). 그것은 출 2:13; 21:22; 신 25:11에서 니팔형으로, 민 26:9(2회)과 시 60:2(칭호)에서는 히필형으로 나타난다. 이러한 언급들은 그 싸움이 맹렬했다는 것을 시사한다. 마차(מצה, "싸움, 다툼")는 이 어근에서 파생된 명사다(사 58:4; 잠 13:10; 17:19).

11.a. 봐이코브(ויקב)가 어근 나카브(נקב, "…를 꿰뚫다, 파다")에서 왔는지, 아니면 카바브(קבב, "저주하다")에서 왔는지가 논쟁되고 있다(BDB, 867; 만일 카바브〈קבב〉에서 왔다면, 여기 있는 형태는 아람어 미완료 중복점의 한 가지 예이다[GKC § 67g]). 나카브(נקב)의 기본적 의미는 "…를 꿰뚫다, 파다"로서, 예를 들어 상자 뚜껑에 구멍을 파는 것(왕하 12:10[9])과 바위에 터널을 파는 것이다(실로암 비문에서 그런 의미로 사용되었다). 이러한 굳어진 의미들에 더하여, 이 어근은 "…를 이름짓다, …로 부르다"를 의미한다. 카바브(קבב, "저주하다")에서 봐이코브(ויקב)를 취하는 버톨렛(Bertholet, 85)과 같은 사람들은 16절에 있는 분사형의 나카브(נקב) 용례로 인해 난관에 부딪힌다. 버톨렛이 생각한 대로 만일 11절과 16절 사이에 어근 카바브(קבב)와 나카브(נקב)에 대한 언어 유희가 존재하지 않는다면 말이다. 그렇지만 이 단어들의 의미에 대한 통상적인 이해는 그러한 언어 유희를 보여 주지 않는다. 또 다른 입장은 나카브(נקב) II 형태를 카바브(קבב)의 부차적 형태(by-form)로 제안한다(BDB, 867; *TWOT* 596).

11.b. 70인경 필사본들(LXX mss)과 탈굼(Tg)은 아도나이(יהוה, "주님")를 추가한다. 참조. "원문주해" 16.b. 몇몇 사람들(예를 들어, Baentsch, 420)은 원 본문은 쉠 아도나이(שׁם יהוה, "여호와의 이름")이거나 아도나이(יהוה, "여호와")라고 읽었는데, 후대의 자료들이 여호와의 개인적 이름이 "저주하다"를 의미하는 동사 뒤에 나오지 않도록 단어 하쉠(השׁם)을 대체했거나 이름 아도나이(יהוה)를 제거했다고 추론한다.

11.c. 저주에 대한 두 동사인 봐이코브(ויקב)…봐예칼렐(ויקלל)은 후자가 전자를 수식하도록 함께 취해졌을 것이다. "그는 불경스럽게 저주를 발설했다"(Levine, 166).

12.a. 마소라 본문(MT)처럼 동사에 붙은 대명사 대신 고대 레위기 두루마리(11QpaleoLev)는 대명사 접미어가 붙은 목적격 표시를 가진 야니후 에토(יניחו אתו, "그들은 그를 …에 두어야 한다"; 개역 성경: 가두다)로 읽는다.

12.b. 파라스(פרשׁ)는 구약에서 단지 네 번 나온다(칼형은 여기에서만; 겔 34:12에서

는 니팔형; 민 15:34과 느 8:8에서는 푸알형). 그것은 "뚜렷하게, 분명하게 만들다, 명확하게 번역하다"라는 의미를 갖는다(BDB, 831; KB, 918). 피쉬베인(Fishbane, *Biblical Interpretation*, 100-102)은 그것을 "법적 통치를 하다"로 번역한다. 명사 파라샤(פרשה, "명확한 진술, 정확한 〈돈의〉 액수, 양")가 에 4:7에 나타나며, "(어떤 사람의 행동에 대한) 충분한 설명"(NIV)은 에 10:2에서 발견된다. 쾰러 바움가트너 사전(KB)에 의하면 잠 23:32의 야프리쉬(יפרש)가 이 어근에서 온 것으로 간주되지만, BDB는 그것을 다른 어근인 파라쉬(פרש) II로 분류한다.

12.c. 마소라 본문(MT)의 라헴(להם, "그들에게") 대신 70인경(LXX)과 벌게이트 필사본들(Vg^{mss})은 로(לו, "그에게")로 읽는다.

14.a. 참조. "원문주해" 4:13.a.

15.a. 마소라 본문(MT)의 테다베르 레모르(תדבר לאמר, "너는 말하여 이르기를") 대신 70인경(LXX)은 랄레손 카이 에레이스 프로스 아우투스(*λάλησον καὶ ἐρεῖς πρὸς αὐτούς*, "그들에게 말하고 이르라")를 갖는다.

15.b. 이쉬 이쉬(איש איש, "사람, 사람")의 분배의 용법(distributive use)에 관해서는 "원문주해" 20:2.b를 보라.

15.c. 마소라 본문(MT)의 엘로하이브(אלהיו, "그의 하나님") 대신 70인경 바티칸 사본 및 알렉산드리아 사본(LXX^{BA})은 데온(*θεόν*, "하나님")으로 읽는다.

15.d. 참조. "원문주해" 5:1.b.

16.a. 복수 동사는 회중의 각 구성원들이 돌팔매질에 참여해야 한다는 것을 강조한다. 동사 앞에 있는 부정사 절대형은 그런 행동을 취해야 하는 회중의 의무를 강조한다(참조. GKC § 113n).

16.b. 전치사 케…케(כ…케, "…뿐만 아니라 …처럼")는 당사자들이 같은 수준에 있다는 것을 알려 준다(*IBHS* § 11.w.9b; 참조. § 38.5, n.29). 그 외에 분명하게 외국인 거주자들에게 전달된 다른 법들은 출 12:19, 49; 레 16:29; 17:15; 18:26; 민 9:14; 15:30을 포함한다(Wenham, 311).

16.c. 70인경(LXX)은 퀴리우(*κυρίου*, "주님")를 추가하는데, 이는 그것을 이 구절의 서두에 나타나는 동일한 어구와 맞추기 위함이다. 아마도 아도나이(יהוה)가 마소라 본문(MT)에서 우연히 빠졌을 것이다. 참조. "원문주해" 11.b.

17.a. 동어 반복으로 보이는 단어들인 네페쉬 아담(נפש אדם, "사람 인간")은 역시 민 19:11에서도 같이 나타나지만, "어떠한 사람의 사체든지"라는 다른 뉘앙스를 갖는다(Baentsch, 421). 흥미롭게도 18절에 있는 법은 네페쉬(נפש, "사람")를 사용하며 21절의 법은 아담(אדם, "인간")을 사용한다.

17.b. 70인경(LXX)은 카이 아포다네(*καὶ ἀποθάνῃ*, "그리고 그는 죽는다")를 추가한다.

18.a. 몇몇 히브리어 필사본들(mss), 70인경(LXX) 그리고 벌게이트역(Vg)에는 네페쉬(נפשׁ, "사람")가 빠져 있다.

18.b. 참조. "원문주해" 17.b.

21.a. 70인경(LXX)에는 "짐승을 죽인 자는 배상해야 한다"가 빠져 있다.

21.b. 참조. "원문주해" 17.b.

21.c. 70인경(LXX)은 17절과 마찬가지로 무트 유마트(מות יומת, "그는 반드시 죽어야 한다")로 읽는다.

22.a. 70인경(LXX)은 라켐(לכם, "너희를 위해")에 해당되는 대응어를 전혀 갖지 않는다.

22.b. 표준 히브리어 성경(*BHS*)과 게세니우스 문법(GKC § 134d)은 에하드(אחד, "하나")가 그 명사를 뒤따른다는 이유로 연계형 명사 대신 절대형 명사로 읽는다. 참조. 민 15:16. 미쉬파트(משפט, "판결, 선고, 법령")는 또한 "규범, 표준"을 의미할 수 있다(Levine, 168).

23.a. 시리아역(Syr)은 봐야모트(וימת, "그래서 그가 죽었다")를 추가한다.

양식/구조/배경

이 문단은 세 개의 단위를 갖는다: 신성 모독 사건에 대한 보고와 사법적 결과들(10-12절), 여호와께서 모세에게 주신 연설에 대한 보고(13-22절) 그리고 순종 보고(23절). 이 단위들을 연결하는 끈은 신성 모독 사건이다. 이 문단의 구조는 다음과 같은 윤곽을 갖는다.

I. 신성 모독 사건(10-12절)
  A. 언쟁 중에 나온 신성 모독 발언(10-11a절)
  B. 하나님의 지시를 기다리면서 신성 모독자를 감금(11aα-12절)
II. 신성 모독 사건의 해결책과 그 외의 법들에 대한 여호와의 선언(13-22절)
  A. 도입 형식문(13절)
  B. 선언 자체와 법들(14-22절)
    1. 신성 모독자의 처형에 대한 지침(14절)
    2. 백성들에게 하달하도록 모세에게 위임함(15-22절)
      a. 위임 형식문(15a절)
      b. 연설 자체(15b-22절)
        1) 특정한 법들(15b-21절)

a) 하나님을 저주하는 것에 관하여(15b-16절) 법 표시
(1) 하나님/신들을 저주하는 것에 관하여(15b절) A
(2) 여호와의 이름을 모독하는 것에 관하여(16절) B
(a) 기본적인 법(16a절)
(b) 그 법이 본토인과 체류하는 타국인에게 동일하게 적용된다는 법적 원칙(16b절)
b) 살생과 개인적 상해에 대하여(17-21절)
(1) 인간 살생에 관하여(17절) C
(2) 짐승 살생에 관하여(18절) D
(c) 사람에게 가한 상해에 관하여(19-20절) E
(i) 사례(19a절)
(ii) 규정: 동해 복수법(*lex talionis*)(19b-20절)
(d) 짐승 살생에 관하여(21a절) F
(e) 인간 살생에 관하여(21b절) G
2) 법들이 본토인과 체류하는 타국인들에게 똑같이 적용된다는 법적 원칙(22절)
a) 법적 원칙(22a절)
b) 여호와의 자기 소개 형식문(22b절)
III. 모세와 백성들에 의해 신성 모독자에게 형벌을 가하는 순종 보고(23절)
A. 모세의 여호와의 말씀 전달에 대한 보고(23aα절)
B. 백성들의 순종 보고(23aβ-b절)

이 단원의 서사 패턴의 분석은 두 가지 기본 부분을 보여 준다: 문제와 해결. 베스터만(C. Westermann)이 말한 바 "서사는 긴장에서 그것의 해결로 이어지는 사건들의 연속에 문학적 형식을 제공한다"는 서사 개념에 근거하자면(*The Promises to the Fathers: Studies on the Patriarchal Narratives*, tr. D. Green[Philadelphia: Fortress, 1980] 36), 이 단락은 하나의 서사로 특징지어진다.

이 문단은 여호와의 모세에 대한 말씀 전달이 이어지는 법들을 위한 골격으로 기능하는 서사로 시작된다는 점에서 레위기 내에서 독특하다. 그럼에도 불구하고, 10장의 구조가 이러한 패턴과 어느 정도 유사성을 갖는다. 아론의 두 아들 나답과 아비후의 죽음에 대한 기사(10:1-7)에 이어서, 여호와께서는 아론에게 일반적 지

침들을 포함한 특수한 법을 주신다(10:8-11).

피쉬베인(M. Fishbane, *Biblical Interpretations*, 98)은 이 사례가 구조적으로, 또한 실질적으로 오경에 있는 다른 세 가지 사례와 비슷하다는 것을 보여 주었다. 그것들도 역시 "광야 유랑의 기간에 만들어진 특수한(ad hoc) 법률적 상황들이다"(민 9:6-14; 15:32-36; 27:1-11). 이 모든 사례에서 어떤 법률적 전례를 토대로 판결이 내려질 수 없는 상황이 발생한다. 그러므로 그 문제를 해결하기 위해 이스라엘 백성은 더 많은 지침을 구해야 한다. 그런 문제에 당면했을 때 지도자들은 그 문제를 최고의 권위, 즉 먼저 모세에게, 그 다음에 하나님께 가져갔다. 피쉬베인에 따르면, 이러한 사례들의 패턴은 사중적이다. (1) 어려운 사건이 모세에게 넘겨진다(11절). (2) 문제의 그 사건을 판결하기 위한 특정한 법이 불확실하기 때문에 결국 하나님께 자문을 구한다(12절). (3) 모세는 여호와께로부터 특정한 지침들을 받는다(13-14절). (4) 여호와께 받은 지침들이 준수되었다는 보고가 있다(23절; Fishbane, 102). 이러한 패턴은 공동체가 특별히 난해한 법적 사건들을 해결하는 기본 조례를 보여 준다.

불행히도 이 단락에서 그 형벌을 정하는 데 왜 어려움이 있는지에 대한 자세한 이유가 진술되어 있지 않다. 신성 모독 행위가 공개적으로 발생했기 때문에 문제는 심문이 필요한지의 여부를 결정하는 것이 아니라, 바른 판결을 내릴 필요성이었다. 피쉬베인(*Biblical Interpretations*, 101)은 이 사례가 발생시키는 두 가지 기초적인 질문들을 내놓는다: 혼혈 이스라엘 사람은 하나님을 모독하거나 지도자(prince)를 저주하는 것을 금지하는 법의 지배를 받는가(출 22:27[28])? 그리고 이 법을 어긴 혼혈 이스라엘 사람에게 적합한 형벌은 무엇인가? 그러므로 이 법을 적용하는 데 있어서 질문은 혼혈인의 지위에 대한 것이다. 그것은 본문이 범죄자의 혈통에 대해 크게 관심을 갖는 이유를 설명해 준다. 이것은 포로기 혹은 포로기 이후 시대에 대단히 중요한 쟁점이 되었다(Noth, 179). 그러나 그러한 사실은 이 상황이 그 시대를 위해 만들어졌다는 것을 지시하지 않는다. 왜냐하면 하나님의 이름을 남용하는 문제는 시간의 제한을 받지 않기 때문이다.

이 사례가 처음에 단일한 사건이었든 아니든 그것은 최초의 신성 모독죄의 사례로서 정경적 위치에 있으며, 이러한 위치 지정은 이 기사를 신성 모독죄에 대한 모범적 사례로 끌어올린다. 이 위치는 15절과 16절에서 법들로 넘어간다. 그 법들은 앞으로의 신성 모독죄에 대한 모든 법안들의 토대가 된다.

여호와의 연설의 두 번째 부분에서(15-22절), 여호와께서는 모세에게 이스라엘 백성들에게 일곱 개의 법을 포함한 메시지(15b-22절)를 전달하도록 위탁하신다(15a절). 이 각각의 법들은 두 개의 본질적인 부분으로 나뉠 수 있다(위의 구조 개요를 보라): 사례의 진술과 그 사례에 대해 지시된 규정. 그럼에도 불구하고, 이 일련의 사례들이 한데 엮어진 이유를 설명하는 것은 단순한 문제가 아니다. 거기에는 파악될 수 있는 공통의 주제도 없고, 그 사례와 규정들도 서로 다르다. 첫 번째 사례는 이쉬 이쉬(איש איש, "누구든지": 15b절)로 표현되며, 뒤잇는 여러 사례들은 이쉬 키(איש כי, "만일 어떤 사람이": 17, 19절)가 이끄는 분사 형식들(16, 18, 21절)로 바뀐다. 이러한 문체는 21절에서 두 개의 분사절의 사용으로 더욱 복잡해진다. 징벌들은 다양한 형식들로 되어 있다: 모트 유마트(מות יומת, "그는 정녕 죽을 것이다": 16a, 17절), 유마트(יומת, "그는 죽을 것이다": 16b, 21절), 샬렘(שלם, "배상할 것이다": 18, 21절), 나사 하투(נשא חטאו, "그는 죄책이 있게 된다": 15절; 개역 성경: 죄를 당할 것이요) 그리고 동해복수법(*lex talionis*). 이러한 사실들은 이 일련의 법들에 있는 비유사성들을 보여 준다.

그렇지만 이 자료의 주의 깊은 관찰은 어떤 흥미로운 통합 요소들이 있다는 것을 보여 준다. 첫째로, 본토인들뿐만 아니라 이방인들에게도 적용되는 한 가지 기준이 있다는 원칙이 강조된다. 이 원칙은 16b절에 있는 법에 붙어 있으며, 다시 22절에서 그것이 이 일련의 사례들에 있는 모든 법들에 적용된다는 것을 시사하는 일반 원칙으로 등장한다. 이 원칙은 그 해당 사례에 대단히 중요하다. 이러한 법들의 어느 것에도 혼혈인의 법적 지위에 대한 명백한 진술이 전혀 없지만 말이다. 둘째로, A-D와 F-G로 확인되는 그 법들은 쌍으로 나타난다. 법 A와 B는 둘 다 신성 모독/저주를 규정한다. 법 C와 D는 둘 다 살생에 대한 것이다−첫 번째는 인간 살생이며, 두 번째는 짐승 살생이다. 법 F와 G도 살생에 속한다. 첫 번째는 짐승이며, 두 번째는 인간이다. 법 E는 동해복수법(*lex talionis*)의 원리를 제시한다. 그것은 먼저 원리로 진술되고(19b절) 세부 사항에서 재진술된다(20절). 셋째로, 16b-22절에 있는 법들 속에는 교차 구조가 존재한다(B:C:D:E::F:G:22절). 법 C는 구조는 다르지만 법 G와 동일하고, 법 D는 법 F와 거의 동일하다. 법 B는 결론적 원칙인 22a절과 접촉되는 요소를 갖는데, 둘 다 카게르 카에즈라흐(כגר כאזרח, "외국인도 본토인도")라는 어구를 포함한다는 점에서 그렇다. 이 교차 구조에서 동해복수법(*lex talionis*)의 원리를 제시하는 법 E는 연속되는 법들의 중앙에 위치한다(참조. Wenham, 312). 그러므로 이 일반적인 법리적 원리는 강조되는 요점이다. 넷째로, 처음 두 개의 법과 나머지 법들 사이에는 대조가 있다. 처음 두 개의 법은 하나님께 대하여 저지른 범죄에 관한 것이고, 다음 다섯 개의 법은 인간이나 짐승에 대한 범죄들에 속한다. 이러한 관찰 사항들은 이 법이 두 개의 초점을 가진다는 것을 드러내어 준다. 이 교차 구조는 중심에 진술된 동해복수법(*lex talionis*)의 원리에 초점을 맞추는 반면, 혼혈인의 신성 모독 행위 사건의 설명은 15-16절에서 하나님의 이름을 저주하는 것을 금지하는 법들에 초점을 맞춘다. 연설자는 이러한 문학적 기법들을 사용함으로써 특정한 법과 더불어 개인적 상해에 대한 법들의 근저에 흐르는 원칙을 공히 돋보이게 한다. 이 법들이 이와 같은 특정한 신성 모독의 사례에 관한 보고 속에 현재와 같이 배치되도록 문학적 기법이 사용되어 편성되었던 것이 분명하다.

순종 보고에 관해 말하자면(23절), 그것은 13-22절의 두 개의 주요 부분에 상응하는 두 부분으로 구성된다. 모세가 먼저 23a절에서 한 메시지를 전달한다(דבר – 다바르). 이것은 15-22절에서 여호와께서 하달하시는(דבר – 다바르) 메시지에 상응한다. 이어서 회중들이 그 신성 모독자를 사형에 처하기 위해 "끌어내야"(הוציא – 호치) 한다(23aβ-b절). 이 단계의 절차는 14절에서 발견되는 "끌어내라"(הוצא – 호체)는 명령에 상응한다. 그것은 또한 서사의 도입어인 "그리고 그가 나갔다"(ויצא – 봐예체, 10절)로 거슬러 올라가 상호 연결시킨다. 내용상으로는 이 구절은 일차적으로 두 번째 단위와 관련되지만, 이러한 치밀한 교차 구조의 사용은 순종 보고를 전체 문단에 연결되도록 묶는다. 그럼에도 불구하고, 이 구절의 형식이 이 전체 단락의 구조를 지배하지 않는다.

엘리거(Elliger, 330)는 이 문단의 장르를 법적 원인론(legal aetiology)으로 규정한다. 우리가 이러한 분류를 수용하든 말든, 이 법들이 신성 모독 기사에 첨부되어 있음으로 인해 법적인 지침들이 훨씬 생생하고 강력해진다(참조. Elliger, 330).

(이 자료는 박사 과정의 Stephen A. Reed의 협조로 준비되었다.)

주석

[10]-[11] 어느 날 이스라엘인 어머니와 이집트인 아버지 사이에 태어난 어떤 남자가 이스라엘 백성들 가운데로 나갔다(יצא – 야차). 카일 델리취(453)는 이 표현을 그 사람이 이스라엘 사람들이 살고 있던 본 진영에서 떨어진 자신의 야영지를 떠났다는 의미로 이해한다. 본문은 이 사람이 혼혈인이었다는 것을 분명하게 밝힌다. 그 남자의 어머니의 이름, 그녀의 가문의 이름 그리고 그녀의 지파의 이름이 그녀의 의심할 바 없는 이스라엘 혈통을 증명하기 위해 제시된다. 이 사람이 본 진영 안에

서 어떤 이스라엘 사람과의 싸움에 말려들었다. 싸움이 한창일 때 그는 하나님의 이름인 여호와를 "저주하는" 혹은 "모독하는"(קלל - 칼랄) 방식으로 불렀다(נקב - 나카브). 유감스럽게도 본문은 그 사람이 신성 모독의 비난을 받을 일을 말한 것인지 행한 것인지를 진술하지 않는다. 이것은 많은 질문을 일으킨다. 신성 모독죄는 그 싸움과 직접 관련되었는가? 그 혼혈인이 하나님의 이름을 말함으로써 혹은 하나님께 탄원함으로써 그 이스라엘 사람을 저주했는가? 혹은 그는 하나님의 개인적인 이름을 잘못 발음했을까? 혹은 그는 자신의 저주를 여호와의 이름으로 여호와께 직접 퍼부었을까?

이 사건의 이해는 우리가 저주에 사용된 두 가지 용어, 즉 칼랄(קלל)과 나카브(נקב)의 정확한 의미에 대해 별로 아는 바가 없기 때문에 어려움이 있다. 사실 고대의 신성 모독죄에 대한 견해를 정확히 알기 위한 노력은 그 자체로 대단히 어려운데, 이는 고대 히브리인들이 하나님을 저주하는 내용의 발언 속에서 그분을 저주한다는 암시를 어떻게든 피하기를 원했기 때문이다(Reed, "Blasphemy"). 그러므로 이러한 관점은 그들이 신성 모독을 지칭할 때 온갖 종류의 완곡어법(euphemisms)을 사용하게 만들었다. 예를 들어, 욥의 아내는 욥에게 하나님을 저주하고(ברך - 바라크, 문자적으로 "축복하다") 죽으라고 조언한다(욥 2:9). 이러한 점에서 완곡어법을 사용하는 일차적 이유는 신성 모독 행위에서 발언되었던 것을 정확히 쓰거나 말하는 것이 그 자체로 신성 모독의 행위가 될 난처한 상황을 피하기 위함이었다. 그러므로 여기서 "저주하다"에 대해 사용된 단어들은 아마도 이러한 방식의 연설을 위한 온건한 단어들일 가능성이 매우 높다.

추가적인 난점은 저주를 지칭하는 히브리어 단어가 몇 개 있는 반면, 신성 모독을 지칭하는 전문적인 히브리어 단어가 없다는 것이다. 나카브(נקב)와 칼랄(קלל)에 대한 연구는 두 단어 모두 폭넓은 의미를 갖는다는 것을 시사한다. 나카브(נקב)는 목적어로 11절에서는 하쉠(השם, "그 이름")을, 16절에서는 더 완전한 이름 형태인 쉠 아도나이(שם יהוה)를 갖는다. 따라서 나카브(נקב)가 더 가벼운 단어인 것으로 보인다. 나카브(נקב)는 "…을 뚫다, 계약하다, 결정하다, 이름짓다, 지칭하다"(긍정적이든[암 6:1] 부정적이든[잠 11:26] 하나의 이름으로: KB, 678-79)를 의미한다. 이러한 다양한 의미들이 있기에 나카브(נקב)가 어떻게 "경시하다, 명예를 훼손하다, 얕잡아보다"라는 의미에 대한 완곡어법으로 사용될 수 있는지 분명해진다. 이러한 것에 비추어서 가벨(Gabel)과 휠러(Wheeler)는 혼혈인들이 단순히 하나님의 특정한 이름을 부르지 않았다고 주장한다(*VT* 30[1980] 229). 그렇지만 다른 사람들은 나카브(נקב)가 "불경건하고 경멸적인 말로 하나님의 이름을 발언하는 것"을 의미한다고 생각한다(Weingreen, *VT* 22[1972] 121; 참조. J. Scharbert, "נקב naqab," *TWAT* 5:590-91). 이러한 두 번째 입장에 따르면, 나카브(נקב)는 고대의 청중들에게 하나님의 이름의 도전적이고 비방적인 발설 방식을 전달했다. 그러나 이러한 입장은 이 단어를 너무 과도하게 이해하는 것으로 보인다. 칼랄(קלל)에 관해 말하자면, 그것은 "신속하다, 가볍다, 하찮은 대우를 받다", "저주하다", 즉 치욕적으로 대우하다(BDB, 886; C. A. Keller, "קלל *qll* leicht sein," *THAT* 2:641-43)를 의미한다. 단지 구약에서 두 곳의 언급, 즉 15절과 출애굽기 22:27(28)에서만 칼랄(קלל)이 엘로힘(אלהים, "하나님")을 목적어로 갖는다. 사무엘상 3:13은 대부분의 학자들에 의해 세 번째의 그런 언급으로 간주된다. 거기서 마소라 본문(MT)은 엘로힘(אלהים, "하나님") 대신 라헴(להם, "그들에게")으로 읽는다. 마소라 본문은 "서기관들의 수정"(*tiqqune sopherim* – 티꾸네 쏘프림) 중의 하나, 즉 서기관들이 이를테면 지나치게 신인동형론적인 것과 같은 불쾌하거나 난처하게 만드는 읽기를 더 쉬운 읽기로 바꾼 본문으로 간주된다. 현재의 단락에 있는 세 번의 다른 경우(11, 14, 23절)는 어떤 목적어가 없이 칼랄(קלל, "신성 모독")을 지칭하는 데 사용된다(개역 성경에서는 "여호와의 이름을 훼방하며 저주하므로"인데, 원문은 "여호와의 이름을 훼방하다"이며 신성 모독을 지칭하는 "저주하다"〈칼랄〉는 목적어가 없다 – 역자주). 고대 이스라엘 저자들이 동사 칼랄(קלל)에 하나님의 이름을 사용하기를 꺼려 했다는 것이 아주 명백하다. 이것은 칼랄(קלל)이 문자적 의미인 "경히 여기다"에서 "저주하다"로 변동하고 있었다는 사실을 시사한다. 그럼에도 불구하고 켈러(Keller, *THAT* 2:644)는 그것의 문자적 의미가 "저주"라는 의미의 용례 배후에 놓여 있으며, 따라서 아라르(ארר), 알라(אלה)와 같이 저주에 대한 더욱 심한 단어들과 구별된다고 말한다.

이 단락에서 칼랄(קלל, "저주하다")이 나카브(נקב) 뒤에서 와우 연속법으로 사용됨으로써 나카브(נקב)의 뜻이 더욱 선명해진다. 두 단어는 함께 중언법(hendiadys)일 수 있다(Levine, 166). 분명히 이 두 동사는 함께 취해져야 하며, 그것은 두 단어가 두 가지의 구별된 행동이 아니라 단일한 잘못된 행동을 묘사하는 것을 시사한다(Livingston, *VT* 36[1986] 353). 다음과 같은 결론을 내릴 수 있을 것이다: 아마도 나카브(נקב)의 하쉠(שם, "이름")을 수반하는 용법은 이 혼혈인이 하나님의 계시된 이름을 다르게 불렀다는 것을 의미하며, 또한 칼랄(קלל)의 추가는 그가 그 이름을 얕잡아 불렀다는 것을 의미한다는 것이다. 그가 자신과 싸우던 이스라엘인을 하나님의 이름을 사용하여 저주했는지, 아니면 하나님 자체를 저주했는지는 알기 어렵다. 미쉬나(Mishnah)에 있는 한 단락에 근거하여(*Sanh.* 7. 5), 리빙스톤(Livingston, 353)은 이 사례가 그렇게 심각하게 다루어진 이유가 그 범죄자가 여호와를 바로 그 여호와의 이름을 가지고 저주했기 때문이라고 결론내린다.

이 사람의 발언을 들었던 사람들은 그가 직접적으로 십계명의 제3계명을 어겼다는 것을 인식했다(출 20:7//신 5:11; 참조. 출 22:27[28]). 이러한 범죄의 심각성으로 인해, 그들은 그를 곧바로 모세에게 데려갔다. 모세는 자신이 하나님께로부터 직접 이 범죄자를 처리하는 방안을 알 수 있을 때까지 그를 감금해 두었다. 공동체 앞에 놓인 질문은 그 혼혈인의 죄책이 아니라 그의 양면적인 사회적 신분 때문에 무엇이 적절한 형벌인가 하는 것이었다.

12 고대 중동에서 감옥의 사용은 미미했다. 감옥은 작은 나라에서 혹은 지파의 집단 속에서는 사실상 존재하지 않았다. 그래서 이 유죄자를 "구치소"(משמר – 미쉬마르)에 감금한다는 언급은 고대 이스라엘에서 투옥에 대한 드문 예이다. 유사한 감금 사례가 민수기 15:34에서 보고된다.

13-14 여호와께서는 모세에게 답변하여 그 신성 모독자를 진영 밖으로 데려가라는 지시를 내리셨다. 그 저주를 들었던 모든 사람들은 그 사람의 머리에 안수한 뒤 모든 회중이 그를 돌로 쳐야 했다. 사형이 이 범죄에 수반되었는데, 이는 그것이 하나님의 이름에 담겨 있는 하나님의 본질 자체를 대적한 죄였기 때문이다. 사형 집행은 인간의 생명을 취함으로써 진영을 더럽히지 않기 위해 진영 밖에서 이루어져야 했다. 그러나 왜 신성 모독을 들었던 사람들이 그의 머리에 안수를 해야 했을까? 한 가지 견해는 그 신성 모독을 들은 사람들이 그 죄의 심각성에서 비롯된 죄책을 초래했다는 것이다(Wenham, 311). 다른 견해로 누르체(Noordtzij)는 들은 사람들을 "효력을 끼치는 마술 언어들로 감염되어 있는 상태"로 묘사한다(245). 세 번째 견해는 청자들이 신성 모독을 들음으로써 초래한 죄책을 스스로 제거해야만 했다고 주장한다(Porter, 194). 그러나 청자들의 책임을 이해하는 네 번째 방식이 있다. 그들은 신성 모독의 발언을 들음으로써 십계명 중의 한 계명의 위반에 대한 목격자가 되었다. 그로 인하여 그들은 범죄자의 유죄 판결과 형벌로 이어지는 적절한 절차를 취할 책임을 지게 되었다(참조. 5:1). 나사(נשׂא, "지다, 운반하다")가 알려 주는 바와 같이, 그들이 져야 할 짐은 들음에 의한 죄의 책임에 있지 않고 다른 사람을 처벌해야 하는 책임에 있다. 그런 행동은 그들이 동료 인간을 고발하고 싶지 않은 자연스러운 인간의 심정을 극복할 것을 요구했다. 그들은 그 범죄자를 돌로

칠 때 "그의 머리에 안수해야 했다"(참조. 1:4). 이러한 행위는 그들이 이 사람이 유죄자이고 그의 피가 그의 머리에 있다는 사실을 인정한다는 것을 의미했다. 즉 그 피고인이 유죄하기 때문에 청자들은 그의 생명을 취함에 있어서 어떠한 죄책도 초래하지 않았다(참조. 20:9).

15-16 일련의 법들이 이 신성 모독 사건에 대한 보고에 부속되어 있다. 처음 두 개의 법은 신성 모독에 대한 형벌을 진술하는데, 하나님이나 신들을 저주하는 것과 여호와의 이름을 잘못 부르는 것 사이를 구별하고 있다. 전자의 행위는 명확하지 않은 징벌을 수반한다. 그런 죄를 범한 사람은 자신의 죄에 책임을 져야 한다. 후자의 범행은 사형을 수반한다. 이 두 법 사이의 차이는 두 가지 논점에 놓여 있다. 첫째로, 그것들은 하나님에 대해 서로 다른 단어들을 사용한다. 15절에서 그것은 엘로헤이(אלהיו)이다. 그것은 천지의 창조자이신 "그의 하나님"이거나, 혹은 다른 민족들의 신들과 심지어 악령들일 수 있다(Schult, *DBAT* 7[1974] 31가 그렇다). 16절에서 그 죄는 자신을 이스라엘에게 드러내신 하나님의 구체적인 이름인 "여호와"(יהוה)께 대한 것이다(참조. 출 6:3). 두 번째 차이는 첫 번째 법이 칼랄(קלל, "저주하다")을 사용하고 두 번째 법은 나카브(נקב, "이름을 잘못 부르다")를 사용한다는 것이다(11-12절을 보라). 그러므로 첫 번째 법은 일반적인 것이다. 만일 이스라엘 사람이든 타국인이든 어떤 사람이 하나님 혹은 신들을 저주한다면, 그가 저주한 신은 그 사람의 무엄한 행동을 징계할 것이다.

이방 신들에 대한 신성 모독은 고대 이스라엘에서 심각한 문제로 간주되지 않았다. 기드온이 바알 제단을 쓰러뜨리고 신성한 나무숲을 벌목한 사건은 이 입장을 뒷받침한다(삿 6:25-32). 바알의 성소를 속되게 만든 것에 대해 백성들은 기드온의 죽음을 요구했으나, 그의 아버지가 끼어들어 자신의 아들의 편에 서서 이렇게 주장했다. "바알이 과연 신일진대 그 단을 훼파하였은즉 스스로 쟁론할 것이니라"(삿 6:31). 이 논박이 백성들에게 먹혀들어 그들은 기드온을 풀어 주게 되었다.

두 번째 법은 이스라엘 사람이든 타국인이든 누구도 하나님의 계시된 이름인 여호와라는 이름을 가볍게 혹은 경멸하는 식으로 대놓고 말하지 말라고 규정한다. 여호와의 이름이 그렇게 남용될 때마다 "회중"(עדה–에다, 참조. 4:13)은 그 신성 모독자를 돌로 쳐 사형에 처할 책임이 있게 된다. 왜냐하면 공동체는 자신들의 존재가 여호와에 대한 헌신 속에 유지된다는 것을 인식하고 있었기 때문이다. 사형의 형벌이 15절에서 세 번 표현됨으로써 강조된다: 두 번은 "그는 죽음을 당해야 한다"(יומת–유마트, 참조. 20:2, 9)로, 한 번은 "돌로 치다"(רגם–라감, 참조. 20:2,

27)로. 덧붙여서, 이 법은 그것이 이스라엘 본토인(אזרח-에즈라흐)과 체류하는 이방인(גר-게르) 모두에게 공히 적용된다고 명백하게 진술한다. 이 법의 범위에 대한 이러한 세부 사항의 포함과 더불어 22절에서의 그것의 반복이 교차 구조를 이루면서("양식/구조/배경"을 보라) 시사해 주는 바는, 이 한 무리의 법들의 틀을 형성하기 위해 위의 사례를 선택한 일차적인 이유가 이스라엘 속에 사는 혼혈인들과 타국인들이 여호와를 자신들의 하나님으로 예배하든 안 하든, 그들이 그 신성 모독법의 지배를 받는다는 기준을 강조하기 위함이라는 것이다.

후대의 유대 전승은 15절과 16절을 확장된 방식으로 해석하여 사람이 어떠한 하나님의 이름이라도 그것을 사용해서 저주해서는 안 된다고 주장했다. 유대 랍비들은 주장하기를 누구든지 그 이름(즉 יהוה-역자주)을 사용하는 사람은 돌팔매질을 당할 것이지만, 만일 어떤 사람이 신성한 네 문자(tetragrammaton)가 아닌 다른 이름을 사용할 경우에는 채찍질을 당하거나 추방당할 것이라고 말한다(*m. Sanh.* 7.5; *b. Sanh.* 56; tetragrammaton란 네 개의 자음으로 된 하나님의 이름인 아도나이〈יהוה〉를 지칭하는 전문 용어다. 이 이름이 아닌 다른 이름으로 저주하는 것은 죄의 정도가 덜하다는 의미다-역자주). 나아가 다른 단락들과 더불어 이 법들은 제2성전의 유대인들이 신성한 네 문자인 YHWH를 발음하는 것을 중단하도록 영향을 끼쳤다. 이러한 입장의 결과로 현 시대의 유대인들은 성경을 읽는 중에 이 하나님의 이름을 만나게 되면 일반적으로 아도나이(אדני, "나의 주")나 하쉠(השם, "그 이름")으로 발언한다.

17 살인자에 대한 형벌은 사형이다. 율법은 과실치사범과 살인범을 구별한다(출 21:12-14).

18 짐승을 죽이는 사례에서, 짐승을 죽인 사람은 그 손실에 대해 배상할 책임이 있다. 왜 그런 상황이 고려되어야 했을까? "'영혼'을 치는 사람"(מכה נפש-마케 네페쉬)이라는 어구는 이 법과 선행하는 살인에 대한 법 모두에 공통적이다. 짐승의 피를 뿌리는 것은 구약의 레위기 법들에서 대단히 중요하기 때문에(특히 17장), 일부 학자들이 짐승을 죽인 사람은 누구든지 사형의 징벌을 받아 마땅하다는 입장을 내놓는 것도 가능했을지 모른다. 이 법은 그러한 가능성을 반대했다. 그것은 죽임을 당한 짐승에 대해 정당한 배상이 이루어져야 할 것(שלם-샬렘)을 요구한다. 동해복수법(*lex talionis*=נפש תחת נפש-네페쉬 타하트 네페쉬, "생명에는 생명으로")이 알려 주는 것처럼 말이다. 이러한 원리가 이어지는 일련의 법들에서 확대될 것이다.

19-20 이 한 다발의 법들은 구체적인 법(19절)으로 시작하여 일반적인 상해 목

록으로 이동한 뒤(20a절) 다시 구체적인 법(20b절)으로 복귀한다. 19절에 있는 쟁점은 동료나 이웃(עמית – 아미트)에게 영구적인 신체적 절단의 유형인 "상해"(מום – 뭄)를 입히는 것에 대한 것이다(참조. 5:21[6:2]). 21:17과 22:20-21에서 뭄(מום)은 다양한 신체적 기형들을 지시한다(Levine, 168). 가해자에게 그가 입혔던 동일한 상해를 징벌로 내리는 원칙은 동해복수법(*lex talionis*)이라 불린다. *Lex talionis*는 공의의 기준, 하나에 대해 둘 이상이거나 반대로 둘 이상에 대해 하나가 아니라, 하나에 대해 하나라는 기준이다. 그것은 각각의 가해에 대해 측정 가능하고 정확한 등가의 징벌을 정한다. 그것은 몇몇 고대의 사법 제도들에서 기본 원리로 설정되어 있다. 예를 들어, 그것은 함무라비 법전(§ 190)에서 발견되며, 그 이전에 리핏 이슈타르의 법들(Lipit-Ishtar, § 25)에서 나타난다. 그럼에도 불구하고, 히브리 법전과 함무라비 법전 사이에는 중대한 차이가 있는데, 그것은 함무라비 법전에서 이 기준은 단지 자유인의 경우에만 적용되기 때문이다.

구약에서 동해복수법의 존재는 그것을 야만적 사회의 잔존물로 이해한 해석가들에게 아주 곤혹스러운 것이 되곤 했다. 그렇지만 최근의 연구는 이러한 견해를 뒤집어 놓았다. 학자들은 함무라비 법전보다 몇 세기 앞선 에쉬눈나의 법들(Eshnunna, § 42-48)과 우르-남무의 법들(Ur-Nammu, § 15-19)은 개인적 상해에 대해 벌금을 부과했다는 것을 발견했다. 신들과 왕에 대한 상해만이 중벌에 처해졌다. 후대에 리핏 이슈타르의 법과 함무라비 법전은 동해복수법(*lex talionis*)의 원리를 도입했다. 그리하여 핑켈스타인(Finkelstein)에 따르면, 이 법전들은 개인에 대한 상해를 순수한 민간 송사 차원에서 형법적 차원으로 격상시켰다(Finkelstein, *JCS* 15[1961] 98; A. Diamond, *Iraq* 19[1957] 154; T. Frymer-Kensky, *BA* 43[1980] 223). 이 법 제정자들은 개인적 상해를 입히는 것이 사회의 복지와 공동체 내의 도덕적 질서에 공히 해를 끼친다는 것을 깨닫게 되었다(Finkelstein, 98). 그렇지만 이것이 "동해 복수"(tit for tat)가 바벨론에서든 고대 이스라엘에서든 문자적으로 실천되었다는 것을 의미하지는 않는다. 사실상, 그 원리가 진술되어 있는 일부 본문들에서 그것은 문자적인 의미로 간주될 수 없다. 예를 들어, 신명기 19:20-21에서 그 원리는 악의적인 증인으로 행세하는 것을 금지하는 법들 뒤에 등장하는데, 이는 거짓 증언을 한 유죄자가 마땅히 치를 정당한 배상을 결정하기 위한 법적인 원리를 제공하기 위해서다(T. Frymer-Kensky, 232).

동해복수법이 고대 이스라엘에서 문자적으로 실천되지 않았다는 추가적인 지지는 단지 두 개의 본문만이 신체 절단의 형벌을 보고한다는 사실에 의해 마련된다.

신명기 25:12에 따르면, 자신의 남편이 다른 사람과 싸울 때 어떤 여자가 자기 남편을 도우려고 그 상대방의 음낭을 붙잡으면 그녀의 손을 잘라야 한다. 민수기 16:14에는 징벌로 눈을 뽑는다는 언급이 있다. 비록 이 언급이 비아냥대는 가운데 나오지만 말이다. 그러므로 동해복수법(*lex talionis*)은 일차적으로 해당 사건에서 입은 손실과 동등한 가격을 설정하기 위한 토대 역할을 한다. 예를 들어, 눈을 잃은 노예는 자신의 손실에 대한 대가로 자유를 얻었다(출 21:26). 물론 신체 기관의 손실에 대한 등가 액수를 결정하는 데 있어서 난점들 중의 하나는 법정이 가해자에게 너무 높은 배상을 요구할 가능성이 있다는 것이다. 그러므로 그 법은 동해복수법을 진술할 때 하나의 원칙을 제공하고 있다. 그것은 법정이 개인적 상해의 사례들에서 정당한 보상액을 결정하도록 하기 위한 원칙이며, 동시에 법정이 가해자에게 지나치게 많거나 지나치게 적은 액수를 부과함으로써 발생될 수 있는 부당한 배상의 남용을 바로잡기 위한 원칙이다. 그럼에도 불구하고, 모살(謀殺)일 경우에는 동해복수법이 문자적으로 적용되었다(민 35:16-21). 사람은 하나님의 형상으로 만들어져 본연의 가치를 지니고 있기 때문에(창 9:5-6), 인간 생명의 탈취에 대해서는 어떠한 배상도 충분하지 않다(참조. 시 49:8-9[7-8]). 그렇지만 살인 사건에서 징벌은 그 특성상 피의 복수에 상응하지 않는다(Noordtzij, 248-49).

21 참조. 17-18절.

22 참조. 15-16절.

23 이 보고는 모세와 백성들이 여호와의 지침을 이행하는 것을 완료했다는 사실을 강조한다. 이러한 유형의 보고는 그들의 하나님 여호와의 말씀에 대한 백성들의 순종을 강조하기 위해 출애굽기와 레위기에서 종종 발견된다.

해설

이 문단은 여호와의 이름을 모독한 모든 사람에 대한 사형의 징벌을 규정하며 동해복수법의 원리를 진술한다. 하나님의 이름의 의도적인 오용은 매우 심각한 범죄다. 제3계명은 사람이 그의 하나님이신 여호와의 이름을 헛되이 취하지 말라고 진술한다(출 20:7//신 5:11). 즉 다른 무엇보다도 사람은 하나님의 이름으로 취해진 서약에 의해 거짓 맹세를 할 수 없다. 그것은 또한 사람이 어떠한 상황에서도 여호와의 이름을 가볍게 사용하지 말라는 것을 의미한다.

연속해서 신약은 신성 모독을 하나님께 대한 노골적인 죄로 간주한다(약 3:9

-12; 딤전 1:20). 그러므로 예수께서는 자신의 추종자들에게 단순하고 꾸밈없는 언어를 사용하라고 요구하신다. 예수님은 그들에게 "예"는 예를 들어, "아니오"는 아니오라고 말하도록 권면하신다(마 5:37; 참조. 약 5:12). 사람의 말이 꾸밈이 없고 진실하다면, 그 사람은 굳이 자신의 말을 맹세로 뒷받침하려 할 필요가 없다. 사도들은 이 원리에 의지하여 신자들이 비난받지 않을 건전한 말을 사용하라고 권면한다(딛 2:8). 바울은 사람들이 서로를 세우는 방식으로 다른 사람에게 대답할 수 있도록 그들의 말에 소금을 칠 것을 원한다(골 4:6). 신자들은 혀를 통제함으로써 자신들의 온전함을 성령의 은사들에 종속시킨다(약 3:2, 13). 그렇게 함으로써 신자들은 교제 가운데 평화를 도모하고 의의 열매를 거둔다(약 3:18).

고대 이스라엘에서 신성 모독 행위는 사형의 징벌을 수반했다. 성경은 공동체가 이러한 기준을 고수했다고 증거한다. 이러한 범죄로 고발당한 사람은 심지어 거짓으로 고발을 당한다 할지라도 죽음의 위험 가운데 있었다. 이 사실을 알고 있었던 이세벨 여왕은 나봇에게 신성 모독죄를 덮어씌워 그를 사형당하게 만들었다. 그리하여 그녀는 자신의 남편 아합 왕으로 하여금 나답이 지파의 상속물은 양도될 수 없다는 고대 이스라엘의 법에 근거하여 왕에게 팔기를 거부한 포도원을 소유할 수 있게 해 주었다(왕상 21:1-14). 신약에서 예수님은 유대 공동체의 안전을 위협했다는 이유로 대제사장 앞으로 끌려가셨다(마 26:57-68). 대제사장은 예수님을 칠 명분을 찾았으나 예수님의 말을 신성 모독으로 이해할 수 있기 전까지는 아무것도 발견할 수 없었다(마 26:65). 그것에 근거하여 대제사장은 군중들을 선동하여 예수를 사형에 처해 마땅하다고 소리치게 만들었다. 나중에 교회의 초기 시절에 유대 당국자들은 사도들의 강력하고 권능 있는 설교와 교훈으로 인해 골치가 아팠다. 왜냐하면 그들의 증언이 수많은 회심자를 낳았기 때문이다. 스데반의 설교는 특히 심기를 불편하게 만들었다. 스데반의 위세를 떨치는 사역을 막기 위해 그들은 그를 신성 모독죄로 고발했다. 스데반의 심문에서 그들은 그의 변호에 크게 화가 나 어떤 유대 지도자들이 결국 그를 돌로 쳐서 죽이기에 이르렀다(행 6:8-15; 7:54-60).

두 번째 이 문단의 주요 주제인 동해복수법의 원리는 특정한 사례들에 대한 징벌을 결정하기 위한 바른 토대를 확립한다. 이 원리는 구약에서뿐만 아니라 고대 근동의 다른 민족들의 법전들에서도 발견된다. 그러므로 그것은 많은 민족들에게 공통적인 재판의 원리에 대한 기본적 진술이었다. 그것은 다른 사람들에게 끼친 해를 범죄 행위, 즉 사회 전체의 복지에 해로운 행위로 판단하는 고대 중동의 유산이다. 이스라엘에서 이 동해복수 원리의 적용은 살인의 경우를 제외하고는 다른 사람에게 신체적 해를 끼친 사람에게 신체적 상해를 명령하지 않는다. 오히려 그것은 정당한 배상을 결정하기 위한 기초를 설정한다. 그 원리에 첨부된 바 하나님께서 주신 그 법들은 이스라엘에게 적용될 때 이방인과 본토인, 부자와 가난한 자 사이의 모든 차별을 제거한다. 구약은 단지 몇몇 다른 법들에서만 노예와 자유인 사이에 차별을 둔다. 그러므로 이스라엘 공동체에서 율법을 어긴 사람에 대한 최종 판결을 내릴 때 신분이 참작되어서는 안 된다. 그렇지만 동해복수법은 문자적으로 살인의 사례에서는 적용되어야 했다. 왜냐하면 인간 생명의 손실에는 어떠한 배상도 적절하지 않기 때문이다.

마태복음 5:38에서 예수께서는 동해복수법의 원리를 인용하여 자신의 제자들에게 더 높은 법, 악인에 대한 무저항의 법을 따르라고 요구하신다. 그는 다른 사람에 대한 분노가 대단히 심각하며, 어떤 경우에 살인만큼 심각하다고 가르치신다(마 5:21-26). 그러므로 예수께서는 그들이 "눈에는 눈, 이에는 이"라는 기준에 표현된 바 그 법의 자구 그대로 살기 때문에 스스로 의롭다고 그릇된 생각을 하는 사람들의 확신을 뿌리째 흔들어 놓으신다. 이 원리에 대한 집착은 의로운 분노를 가장하여 복수를 조장할 가능성을 갖는다. 그것은 심지어 사람이 이웃에게 해를 입혀 자신을 과시하려는 마음을 일으킨다. 대조적으로 예수께서는 자신을 따르는 자들에게 복수를 하지 말고 손해를 당하라고 요구하신다. 이러한 원칙은 예수님의 유명한 말씀인 "누구든지 네 오른 뺨을 치거든 왼 뺨도 돌려 대라"(마 5:39)는 교훈에서도 진술된다. 이 금언은 흔히 달성할 수 없는 것으로 무시되곤 한다. 그러나 예수님을 철저히 따르는 사람들은 매일의 생활 속에서 자신들이 권리를 주장할 정당한 근거를 가졌음에도 불구하고, 그런 권리 주장이 갈등과 불화를 야기할 것이기 때문에 그것을 포기해야 하는 많은 상황이 발생한다는 것을 알고 계신다. 신자들은 시정을 요구하지 않고 손실을 받아들이거나 해를 입을 때마다, 또한 그들이 모욕을 친절로 갚을 때마다 사람들 사이에서 평화를 증진시키며(참조. 약 3:18) 놀라운 변화를 일으키는 예수님의 은혜에 대한 증인이 된다. 이러한 방식으로 신자들은 세상의 소금이 된다(마 5:13). 그런 회복의 행위들을 통해 신자들은 다음과 같은 말씀을 잊지 않는다. "원수를 갚지 말고 진노하심에 맡기라 기록되었으되 원수 갚는 것이 내게 있으니 내가 갚으리라고 주께서 말씀하시니라"(롬 12:19; 히 10:30; 참조. 레 19:18; 신 32:35).

신약은 그 밖의 다른 구절들에서 공의의 수행을 행정 당국에 맡긴다(행 25:11; 롬 13:4; 벧전 2:14, 20). 그러므로 신자들은 자신들이 예수님의 고통에 참여할 때

능욕과 악행을 기쁨으로 참도록 요청 받는다(벧전 4:13). 이것이 의미하는 바는 한 사회 속에서 공의가 시민 정부에 의해 장려되지만, 공동체 구성원들 사이의 평화는 그들에게 가해진 악행을 용서하고 인내하는 신자들에 의해 증진된다는 것이다.

K. 7년 주기를 위한 월력, 그리고 축복과 저주(25:1-26:46)

양식/구조/배경

거룩한 삶에 대한 법들(성결법, 17-26장)의 마지막 문단은 25장과 26장으로 구성된다. 그 문단은 위탁 형식문(25:2aα)이 그 뒤를 잇는 도입 형식문(25:1)과 요약 진술(26:46)로 눈에 띄게 표시된다. 이 두 형식문은 함께 봉합 구조(inclusio)를 이루면서 모두 베하르 씨나이브(בהר סיניו, "시내 산에서")를 갖는다. 이것이 갖는 중요성은 레위기 내에서 단지 이 도입 형식문만이 여호와께서 시내 산에서 말씀하시는 것을 묘사한다는 것을 인식할 때 더욱 커진다.

마지막 구절은 결론 형식문이다. 그것은 성결법(17-25장)에 대한 결론인가? 아니면 7:37-38에 비슷한 결론 형식문이 있으므로 8-26장의 자료에 대한 결론인가? 그것도 아니면 레위기 전체에 대한 결론인가? 후킴(חקים, "법령들"〈법도〉)과 미쉬파팀(משפטים, "법들"〈규례〉)은 18:4, 5, 26, 30; 19:37; 20:22; 25:18; 26:43과의 연관성을 확립한다. 그것은 18:4과 함께 성결법을 위한 외적 골격을 형성한다. 여기서 사용된 후킴(חקים, "법령들"〈법도〉)은 남성형이지만, 방금 나열된 언급들에서는 여성형이다. 그렇지만 레위기의 그 밖의 몇몇 곳에서는 남성형이다: 6:11(18, 15(22), 7:34; 10:11, 13, 14, 15; 24:9. 남성형의 사용은 요약 진술이 (17) 18-26장의 골격을 만드는 것보다 더 큰 기능을 갖는다. 이러한 판단은 토로트(תורת, "율법들")의 포함으로 확증된다. 이 단어는 6:2(9)-15:32에서 15회 나타나지만, 17-26장에서는 한 번도 나오지 않는다. 그렇다면 그 요약 진술은 레위기 전체를 위한 것이다.

세 개의 문단이 이 긴 연설을 구성한다: 안식년과 희년의 월력 고정과 그것들에 수반된 법들(25:2aβ-55), 어떤 일반적인 법들(26:1-2) 그리고 축복과 저주 및 회복(26:3-45). 이러한 제목들이 시사하는 바와 같이, 가장 큰 두 개의 자료 뭉치가 독자적인 주제들을 취급한다. 그렇다면 왜 이 두 개의 주요 단위들이 단일한 연설로 집합체를 이루었을까? 특별히 그 밖의 본문들은 작은 단위들 속에 놓이는데 말이다(예를 들어, 22장과 23장). 불행히도 아무런 답변도 즉각 제시되지 않는다. 그 답변에 대한 중요한 실마리는 가장 심한 저주, 즉 추방이 안식년 준수의 실패에서 비롯된 결과라는 것이다(26:33-35). 이스라엘이 포로로 잡혀가게 되어 땅은 안식을 누릴 것이다. 이스라엘이 하나님께 복종하지 않고 안식년들을 준수하지 못한다면, 하나님께서는 그들을 추방하여 땅을 묵혀 두실 것이다. 바로 땅을 묵혀 두어야 했던 그 안식년들을 만회하기 위해서 말이다. 이 상황의 배후에 있는 추론은 만일 이스라엘이 하나님께서 그들에게 주신 법들을 지키지 않는다면, 그들은 거의 틀림없이 안식년을 지키지 않을 것이라는 사실을 전제한다.

이 주석의 연구는 보통 그 자료의 분할들을 설정하는 구조 분석을 따라 이루어졌다. 동일한 혹은 관련된 주제에 대한 어떤 짧은 연설들을 토론을 목적으로 한데 묶었을지라도 말이다(예를 들어, 5:14-26[6:7]; 22:17-33). 따라서 이것이 매우 긴 문단이 된다 할지라도 구조가 먼저 제시될 것이다. 이 장황한 연설의 토론은 구조의 주요 분할을 토대로 세 개의 문단으로 나뉠 것이다. 이 연설의 기본 구조는 다음과 같다.

- I. 도입 형식문(25:1)
- II. 연설(25:2-26:45)
  - A. 연설 위탁(25:2aα)
  - B. 연설 자체(25:2aβ-26:45)
    - 1. 7년 주기에 대한 법안(25:2aβ-55)
    - 2. 어떤 일반 계명들(26:1-2)
    - 3. 축복, 저주 그리고 회복(26:3-45)
- III. 요약 진술(26:46)

1. 7년 주기: 안식년과 희년(25:1-55)

참고문헌

Ahiuvia, A. "What is *Hona'ah*?"(Heb). *Beth Mikra* 18(1972/73) 51-57. **Alexander. J. B.** "A Babylonian Year of Jubilee?" *JBL* 57(1938) 75-79. **Auerbach, E.** "Das Zehngebot—Allgemeine Gesetzes-Form in der Bibel." *VT* 16(1966) 255-76. **Bacchiocchi, S.** "Sabbatical Typologies of Messianic Redemption." *Journal for the Study of Judaism* 17(1986) 153-76. **Cardellini, I.** *Die biblischen "Sklaven"-Gesetze im Lichte des keilschriftlichen Sklavenrechts: Ein Beitrag zur Tradition, Überlieferung und Redaktion der alttestamentlichen Rechtstexte.* BBB 55. Königstein/Ts: Bonn: Peter Hanstein, 1981. 280-311. **Cortese, E.** "L'anno giubilare: profezia della restaurazione?" *RBibIt* 18(1970) 395-409. **Daube, D.** *Studies in Biblical Law.* Cambridge: Cambridge UP, 1947; NY: KTAV, 1969. **David, M.** "The Manumission of Slaves under Zedekiah." *OTS* 5(1948) 63-79. **Ellison, H. L.** "The Hebrew Slave: A Study in Early Israelite Society." *EvQ* 45(1975) 30-35. **Finkelstein, J. J.** "Some New Mishnarum Material and Its Implication." In *Studies in Honor of Benno Landsberger on His Seventieth Birthday, April 21, 1965.* The Oriental Institute of the University of Chicago Assyriological Studies 16. Chicago: University of Chicago Press, 1965. **Freeley-Harnik, G.** "Is Historical Anthropology Possible? The Case of the Runaway Slave." In *Humanizing America's Ironic Book.* Ed. G. Tucker and D. Knight. SBL Biblical Scholarship in North America 6. Chico, CA: Scholars Press, 1982. 95-126. **Gamoran, H.** "The Biblical Law against Loans on Interest." *JNES* 30(1971) 127-34. **Ginzberg, E.** "Studies in the Economics of the Bible." *JQR* 22(1931/32) 343-408. **Gnuse, R.** "Jubilee Legislation in Leviticus: Israel's Vision of Social Reform." *BTB* 15(1985) 43-48. ______. *You Shall Not Steal: Community Property in the Biblical Tradition.* Maryknoll, NY: Orbis Books, 1985. 10-47. **Gordon, C. H.** "Parallèles nouziens aux lois et coutimes de l'A. T." *RB* 44(1935) 38-41. ______. "Sabbatical Cycle or Seasonal Pattern?" *Or* n.s. 22(1953) 79-81. **Gressmann, H.** "Jobeljaar." In *Religion in Geschichte und Gegenwart.* Ed. H. Gunkel and O. Scheel. Tübingen: Mohr, 1912. 580-81. **Hoenig, S.** "Sabbatical Years and the Year of Jubilee." *JQR* 59(1969) 222-36. **Hogg, J. E.** "The Meaning of לצמתת

in Lev 25:23-30." *AJSL* 42(1925/26) 208-10. **Horst, F.** "Das Eigentum nach dem AT." In *Kirche im Volk, Heft 2: Das Eigentum als Problem evangelischer Sozialethik.* Essen: Essener Druckerei Gemeinwohl, 1949. 87-102(=In *Gottes Recht: Gesammelte Studien zum Recht im AT.* ThB 12. Munich: Chr Kaiser, 1961. 203-21). ______. *Das Privilegrecht Jahwes: Rechtsgeschichteliche untersuchungenzum Deuteronomium.* FRLANT 45. Göttingen: Vandenhoeck & Ruprecht, 1930(=*Gottes Recht.* ThB 12. Munich: Chr Kaiser, 1961. 17-154). ______. "Zwei Begriffe für Eigentum(Besitz): נַחֲלָה und אֲחֻזָּה." In *Verbannung und Heimkehr: Beiträge zur Geschichte und Theologie Israels im 6. und 5. Jahrhundert v Chr.* FS W. Rudolph. Ed. A. Kuschke. Tübingen: Mohr(Siebeck), 1961. 135-56. **Hubbard, R., Jr.** "The Go'el in Ancient Israel: Theological Reflections on an Israelite Institution." *Bulletin for Biblical Research* 1(1991) 3-19. **Japhet, S.** "The Relationship between the Legal Corpora in the Pentateuch in Light of Manumission Laws." *Scripta Hierosolymitana* 31(1986) 63-89. **Jirku, A.** "Das israelitische Jobeljahr." In *FS R. Seeberg.* 2. *Zur Praxis des Christentums.* Leipzig: Scholl, 1929. 169-79(=In *Von Jerusalem nach Ugarit.* Gesammelte Schriften. Graz, Austria: Akademische Druck- u. Verlaganstalt, 1966. 319-29). **Johnson, A. R.** "The Primary Meaning of √גאל." VTSup 1(1953) 67-77. **Kapelrud, A. S.** "The Number Seven in Ugaritic Texts." *VT* 18(1968) 191-99. **Kaufman, S. A.** "A Reconstruction of the Social Welfare Systems of Ancient Israel." In *In the Shelter of Elyon: Essays on Ancient Palestinian Life and Literature.* FS G. W. Ahlström. Ed. W. Barrick and J. Spencer. JSOTSup 31. Sheffield: JSOT Press, 1984. 277-86. **Kilpatrick, G. D.** "Luke 2,4-5 and Leviticus 25,10." *ZNW* 80(1989) 264-65. **Kline, R. W.** "A Liberated Lifestyle: Slaves and Servants in Biblical Perspective." *Currents in Theology and Mission* 9(1982) 212-221. **Klostermann, A.** "Über die kalendarische Bedeutung des Jobeljahres." In *Der Pentateuch: Beiträge zu seinem Verständnis und seiner Entstehungsgeschichte.* Leipzig: U. Deichert'sche, 1893. 419-47. **Lambert, G.** "Jubilé hébreu et jubilé chrétien." *NRT* 72(1950) 234-51. **Lang, H.** "The Jubilee Principle: Is It Relevant for Today?" *The Ecumenical Review* 38(1986) 437-43. **Leggett, D. A.** *The Levirate and Goel Institutions in the Old Testament with Special Attention to the Book of Ruth.* Cherry Hill, NJ: Mack, 1974. **Lemche, N. P.** "The 'Hebrew slave.'" *VT* 25(1975) 129-44. ______. "The manumission of slaves—the fallow year—the sabbatical year—the jobel year." *VT* 26(1976) 38-59. ______. "*Andurārum* and *Mīšarum:*

Comments on the Problem of Social Edicts and Their Application in the Ancient Near East." *JNES* 38(1979) 11-22. **Lemoine, F.-M.** "Le jubilé dans la bible." *Vie Spirituelle* 81(1949) 262-88. **Lewy, J.** "The Biblical Institution of *D^e^rôr* in the Light of Akkadian Documents." *Eretz Israel* 5(1958) 21-31. **Lieber, D. L., Greenburg, M., Safrai, S.,** and **Rothkoff, A.** "Sabbatical Year and Jubilee." *EncJud* 14(1971) 574-86. **Loretz, O.** "Ugaritisches ṣamātu und hebräisches ṣm(y)tt." *BZ* n.f. 6(1962) 269-79. **Maloney, R. P.** "Usury and Restrictions on Interest-taking in the Ancient Near East." *CBQ* 36(1974) 1-20. **Meinhold, A.** "Zur Bezeihung Gott, Vol., Land, im Jobel-Ausammenhang." *BZ* 29(1985) 245-61. **Mendelsohn, I.** *Slavery in the Ancient Near East.* New York: Oxford UP, 1949. **Miller, P. D., Jr.** "Luke 4:16-21." *Int* 29(1975) 417-21. **Moore, M. S.** "Haggo'el: The Cultural Gyroscope of Ancient Hebrew Society." *Restoration Quarterly* 23(1980) 27-35. **Morgenstern, J.** "Jubilee, Year of." *IDB* 2:1001-2. **Neufeld, E.** "The Socio-economic Background of *Yōbēl* and *Š^e^miṭṭā*." *Rivista degli Studi Orientali* 33(1958) 53-124. ______. "*Ius redemptionis* in Ancient Hebrew Law." *RIDA* 8(1961) 29-40. **North, R.** "The Redeemer God." *Int* 2(1948) 3-16. ______. "Biblical Echoes in the Holy Year." *AER* 123(1950) 416-36. ______. "The Biblical Jubilee and Social Reform." *Scripture* 3(1951) 323-35. ______. *Sociology of the Biblical Jubilee.* AnBib 4. Rome: Pontifical Biblical Institute, 1954. **Offord, J.** "Arcḥaeological Notes on Jewish Antiquities: XLI. Land Ownership in Ancient Palestine and Egypt and the Jubilee Year." *PEQ* 50(1918) 37-39. **Ploeg, J. van der.** "Studies in Hebrew Law: IV. The Religious Character of the Legislation." *CBQ* 13(1951) 169-71. **Rabinowitz, J. J.** "A Biblical Parallel to a Legal Formula from Ugarit." *VT* 8(1958) 95. **Ringe, S. H.** *Jesus, Liberation and the Biblical Jubilee.* Philadelphia: Fortress, 1985. **Sarna, N.** "Zedekiah's Emancipation of Slaves and the Sabbatical Year." In *Orient and Occident.* Ed. H. Hoffner, Jr. AOAT 22. Kevelaer: Butzon & Becker, 1973. 143-49. **Schaeffer, H. D.** *Hebrew Tribal Economy and the Jubilee as Illustrated in Semitic and Indo-European Village Communities.* Leipzig: Hinrichs, 1923. **Seeligmann, I. L.** "Lending, Pledge, and Interest in Biblical Law and Biblical Thought"(Heb). In *Studies in Bible and the Ancient Near East.* FS S. E. Loewenstamm. Ed. Y. Avishur and J. Blau. Jerusalem: E. Rubinstein's, 1978. 183-205. **Selms, A. van.** "Jubilee, Year of." *IDBSup* 496-98. **Snaith, N.** "The Hebrew Root G'L(I)." *ALUOS* 34(1972) 60-67. **Stamm, J. J.** *Erlösen und Vergeben im Alten Testament: Eine Begriffsgeschliche Untersuchung.*

Bern: A. Francke, 1940. ______. "גאל *g'l* erlösen." *THAT* 1:388-92. **Stein, S.** "The Laws on Interest in the Old Testament." *JTS* n.s. 4(1953) 161-70. **Stone, E.** *Die hebräische Jobelperiode.* Hamburg: 1912. ______. "The Hebrew Jubilee Period." *Westminster Review* 175(1911) 684-96. **Strobel, A.** "Die Ausrufung des Jobeljahres in der Nazarethpredigt Jesu: Zur apokalyptischen Tradition Lc 4:16-30." In *Jesus in Nazareth.* Ed. W. Eltester. BZNW 40(1972) 38-50. **Sutherland, J. R.** "Usury: God's Forgotten Doctrine." *Crux* 18(1982) 9-14. **Szlechter, E.** "Le prêt dans l'Ancien Testamentet dans les Codes mésopotamiens d'avant Hammourabi." *RHPR* 35(1955) 16-25. **Uffenheimer, B.** "Sabbath, Sabbatical Year, and Jubilee"(Heb). *Beth Mikra* 30(1984/85) 28-40. **Vischer, L.** "Ein heiliges Jahr?" In *Äkumene: Möglichkeiten und Grenzen heute.* Ed. K. Froehlich. Tübingen: Mohr(Siebeck), 1982. 151-70. **Wacholder, B. Z.** "The Calendar of Sabbatical Cycles during the Second Temple and the Early Rabbinic Period." *HUCA* 44(1973/74) 153-96. **Wallis, G.** "Das Jobeljahr-Gesetz, eine Novelle zum Sabbathjahr-Gesetz." *MIO* 15(1969) 337-45. **Westbrook, R.** "Jubilee Laws." *ILR* 6(1971) 209-26. ______. "Redemption of Land." *ILR* 6(1971) 367-75. ______. "The Price Factor in the Redemption of Land." *RIDA* 32(1985) 97-127. ______. *Property and the Family in Biblical Law.* JSOTSup 113. Sheffield: JSOT, 1991. **Westphal, M.** "Sing Jubilee." *The Other Side* 150(March 1984) 22-24. **Wright, C. J. H.** "What Happened Every Seven Years in Israel? Old Testament Sabbatical Institutions for Land, Debts and Slaves: Part I." *EvQ* 56(1984) 129-38. ______. "What Happened Every Seven Years in Israel? Old Testament Sabbatical Institutions for Land, Debts and Slaves: Part II." *EvQ* 56(1984) 193-201. ______. *An Eye for an Eye: The Place of Old Testament Ethics Today.* Downers Grove, IL: InterVarsity Press, 1983. 57-59, 60-61, 78-79, 82-84, 101-2, 156-57. ______. *God's People in God's Land: Family, Land, and Property in the Old Testament.* Grand Rapids: Eerdmans; Exeter: Paternoster, 1990. **Yaron, R.** "Redemption of Persons in the Ancient Near East." *RIDA* 6(1959) 155-76. ______. "A Document of Redemption from Ugarit." *VT* 10(1960) 83-90. **Zimmerli, W.** "Das 'Gnadenjahr des Herrn.'" In *Archäologie und AT.* FS K. Galling. Tübingen: Mohr(Siebeck), 1970. 321-32.(=In *Studien zur alttestamentlichen Theologie und Prophetie.* Gesammelte Aufsätze 2. TBü 51. Münich: Kaiser, 1974. 222-34). **Ziskind, J. R.** "Petrus Cunaeus on Theocracy, Jubilee and the Latifundia." *JQR* 68(1978) 235-54. **Zuchkermann, B.** "Über Sabbatjahrcyclus und Jobelperiode: ein Beitrag zur

Archäologie und Chronologie … mit einer angehängten Sabbatjahrstafel." In *Jahresberichte des jüisch-theologischen Seminars*. Breslau: Korn, 1857.

본 문

1 여호와께서 시내 산에서 모세에게 일러 가라사대

1 Yahweh spoke to Moses at Mount Sinai:

2 이스라엘 자손에게 고하여 이르라 너희는 내가 너희에게 주는 땅에 들어간 후에 그 땅으로 여호와 앞에 안식하게 하라

2 "Speak to the Israelites and say to them: When you enter the land which I am going to give you, the land[a] will observe a sabbath to Yahweh.

3 너는 육 년 동안 그 밭에 파종하며 육 년 동안 그 포도원을 다스려 그 열매를 거둘 것이나

3 Six years[a] you will sow your fields, and six years you will prune your vineyards and gather the produce.

4 제칠년에는 땅으로 쉬어 안식하게 할지니 여호와께 대한 안식이라 너는 그 밭에 파종하거나 포도원을 다스리지 말며

4 Then in the seventh year the land will have a sabbath of solemn rest,[a] a sabbath to Yahweh. You shall not sow your fields nor prune your vineyards.

5 너의 곡물의 스스로 난 것을 거두지 말고 다스리지 아니한 포도나무의 맺은 열매를 거두지 말라 이는 땅의 안식년임이니라

5 You shall not reap that which grows of itself[ab] nor harvest the grapes[c] of your untrimmed[d] vines. The land is to have a year of solemn rest.

6 안식년의 소출은 너희의 먹을 것이니 너와 네 남종과 네 여종과 네 품꾼과 너와 함께 거하는 객과

6 Whatever the land yields for you[a] in the sabbath year will be food for you, your male servant,[b] your female servant, your hired worker, and the guest[b] who is living with you,

7 네 육축과 네 땅에 있는 들짐승들이 다 그 소산으로 식물을 삼을지니라

7 and for your cattle and the animals which are on your land. All its produce will be for food.

8 너는 일곱 안식년을 계수할지니 이는 칠 년이 일곱 번인즉 안식년 일곱 번 동안 곧 사십구 년이라

8 "You will count seven sabbaths of years – seven times seven years – so that the seven sabbaths of years amount to forty-nine years.

9 칠 월 십 일은 속죄일이니 너는 나팔 소리를 내되 전국에서 나팔을 크게 불지며

9 Then you will sound[a] the trumpet[b] on the tenth day of the seventh month: on the Day of Atonement you will sound the trumpet throughout your land.

10 제오십 년을 거룩하게 하여 전국 거민에게 자유를 공포하라 이 해는 너희에게 희년이니 너희는 각각 그 기업으로 돌아가며 각각 그 가족에게로 돌아갈지며

10 You will declare the fiftieth year[a] to be holy, and you will proclaim emancipation[b] in your land to all its inhabitants. It will be the Jubilee for you. Everyone will return to his family's property,[c] and everyone will return to his extended family.

11 그 오십 년은 너희의 희년이니 너희는 파종하지 말며 스스로 난 것을 거두지 말며 다스리지 아니한 포도를 거두지 말라

11 It will be the Jubilee, i.e., the fiftieth year, for you: you shall not sow, nor reap what grows of itself, nor harvest its untrimmed vines.

12 이는 희년이니 너희에게 거룩함이니라 너희가
밭의 소산을 먹으리라
13 이 희년에는 너희가 각기 기업으로 돌아갈지
라
14 네 이웃에게 팔든지 네 이웃의 손에서 사거든
너희는 서로 속이지 말라

15 희년 후의 연수를 따라서 너는 이웃에게 살
것이요 그도 그 열매를 얻을 연수를 따라서 네게
팔 것인즉

16 연수가 많으면 너는 그 값을 많게 하고 연수
가 적으면 너는 그 값을 적게 할지니 곧 그가 그
열매의 다소를 따라서 네게 팔 것이라

17 너희는 서로 속이지 말고 너희의 하나님을 경
외하라 나는 너희 하나님 여호와니라

18 너희는 내 법도를 행하며 내 규례를 지켜 행
하라 그리하면 너희가 그 땅에 안전히 거할 것이
라
19 땅은 그 산물을 내리니 너희가 배불리 먹고
거기 안전히 거하리라
20 혹 너희 말이 우리가 만일 제칠년에 심지도
못하고 그 산물을 거두지도 못하면 무엇을 먹으
리요 하겠으나
21 내가 명하여 제육년에 내 복을 너희에게 내려
그 소출이 삼 년 쓰기에 족하게 할지라

22 너희가 제팔년에는 파종하려니와 묵은 곡식을
먹을 것이며 제구년 곧 추수하기까지 묵은 곡식
을 먹으리라

23 토지를 영영히 팔지 말 것은 토지는 다 내 것
임이라 너희는 나그네요 우거하는 자로서 나와
함께 있느니라
24 너희 기업의 온 땅에서 그 토지 무르기를 허
락할지니
25 만일 너희 형제가 가난하여 그 기업 얼마를
팔았으면 그 근족이 와서 동족의 판 것을 무를 것

12 For it is the Jubilee, and it is to be holy for
you. You may eat the produce of your fields.
13 "In the year of Jubilee everyone is to return
to his family's property.
14 If you sell[a] property to a fellow countryman[b]
or you purchase[c] from a fellow countryman, do
not take advantage[d] of each other.
15 According to the number of years since the
Jubilee you are to buy from your fellow country-
man, and he is to sell it to you on the basis of
the number of productive years.
16 In proportion to[a] a great number of years its
price will be greater, and in proportion to[a] a few
number of years its price will be less, because he
is selling you a certain number of its harvests.
17 You are not to take advantage of each other,
but you are to fear your God,[a] because[b] I am Yah-
weh your God.[c]
18 "You will keep my decrees[a] and observe my
laws[b] and do them in order that you may dwell
in the land securely.
19 The land will yield its fruit: you will eat to
satisfaction and dwell there securely.
20 Whenever you ask, 'What shall we eat in the
seventh year if[a] we do not sow or gather our
produce?'[b]
21 I shall order my blessing to you in the sixth
year so that the land will yield[a] produce[b] for
three years.
22 When you sow in the eighth year,[a] you will
eat from the old harvest, and you will continue
to eat the old produce[b] until the ninth year when
its produce arrives.
23 "The land[a] shall not be sold in perpetuity[b]
because the land is mine and you are resident
aliens and tenants with me.
24 In all the land of your possession you must
provide for the right of redemption of the land.
25 "If[a] one of your brothers[b] becomes poor[c] and
sells any of[d] his property, his nearest[e] relative is

이요

to come and redeem what his brother has sold.

26 만일 그것을 무를 사람이 없고 자기가 부요하
게 되어 무를 힘이 있거든

26 If a man has no one to redeem it but he prospers and gains enough for its redemption,

27 그 판 해를 계수하여 그 남은 값을 산 자에게
주고 그 기업으로 돌아갈 것이니라

27 he is to calculate the value for the years since its sale and return the balance[a] to the person to whom he has sold it. Then he may return to his own property.

28 그러나 자기가 무를 힘이 없으면 그 판 것이
희년이 이르기까지 산 자의 손에 있다가 희년에
미쳐 돌아올지니 그가 곧 그 기업으로 돌아갈 것
이니라

28 But if he does not gain enough to get it back, the property sold remains with the buyer until the year of Jubilee. It will revert back in the Jubilee, and he will return to his own property.

29 성벽 있는 성내의 가옥을 팔았으면 판 지 만
일 년 안에는 무를 수 있나니 곧 그 기한 안에 무
르려니와

29 "If one sells a house in a walled city, he retains the right of redemption until the end of the year of its sale.[a] Its right of redemption will be during that time.

30 주년 내에 무르지 못하면 그 성내 가옥은 산
자의 소유로 확정되어 대대로 영영히 그에게 속
하고 희년에라도 돌려 보내지 아니할 것이니라

30 If it is not redeemed before a full year has passed, the house in the walled[a] city will become the buyer's and his descendants' in perpetuity. It will not revert back at the Jubilee.

31 그러나 성벽이 둘리지 아니한 촌락의 가옥은
나라의 전토 일례로 물러 주기도 할 것이요 희년
에 돌려보내기도 할 것이니라

31 However, houses in villages without surrounding walls are to be treated[a] as fields. They have a right of redemption,[b] and[c] they revert back[d] at the Jubilee.

32 레위 족속의 성읍 곧 그 기업의 성읍의 가옥
은 레위 사람이 언제든지 무를 수 있으나

32 "Regarding Levitical cities, houses in the cities of their possession[ab] carry an enduring right of redemption for the Levites

33 레위 사람이 만일 무르지 아니하면 그 기업된
성읍의 판 가옥은 희년에 돌려보낼지니 대저 레
위 사람의 성읍의 가옥은 이스라엘 자손 중에서
얻은 기업이 됨이니라

33 which any of the Levites may exercise:[a] and a house sold in a city[b] of their possession[c] will revert back at the Jubilee because houses in the Levitical cities are[d] their possession among the Israelites.

34 그러나 그 성읍의 들의 사면 밭은 그의 영원
한 기업이니 팔지 못할지니라

34 But the pasture lands[a] belonging to their cities shall not be sold because such[b] is their[c] inalienable possession.[d]

35 네 동족이 빈한하게 되어 빈 손으로 네 곁에
있거든 너는 그를 도와 객이나 우거하는 자처럼
너와 함께 생활하게 하되

35 "If one of your brothers becomes poor and cannot support himself among you, you are to help[a] him as you would a resident alien[b] or a temporary resident so that he[c] can continue to live among you.

36 너는 그에게 이식을 취하지 말고 네 하나님을

36 Do not take from him interest on money or

경외하여 네 형제로 너와 함께 생활하게 할 것인즉
37 너는 그에게 이식을 위하여 돈을 꾸이지 말고 이익을 위하여 식물을 꾸이지 말라
38 나는 너희 하나님이 되려고 또는 가나안 땅으로 너희에게 주려고 애굽 땅에서 너희를 인도하여 낸 너희 하나님 여호와니라
39 네 동족이 빈한하게 되어 네게 몸이 팔리거든 너는 그를 종으로 부리지 말고
40 품꾼이나 우거하는 자같이 너와 함께 있게 하여 희년까지 너를 섬기게 하라
41 그 때에는 그와 그 자녀가 함께 네게서 떠나 그 본족에게로 돌아가서 조상의 기업을 회복하리라
42 그들은 내가 애굽 땅에서 인도하여 낸 바 나의 품꾼인즉 종으로 팔리지 말 것이라
43 너는 그를 엄하게 부리지 말고 너의 하나님을 경외하라
44 너의 종은 남녀를 무론하고 너의 사면 이방인 중에서 취할지니 남녀 종은 이런 자 중에서 살 것이며
45 또 너희 중에 우거한 이방인의 자녀 중에서도 너희가 살 수 있고 또 그들이 너희 중에서 살아서 너희 땅에서 가정을 이룬 그 중에서도 그리할 수 있은즉 그들이 너희 소유가 될지니
46 너희는 그들을 너희 후손에게 기업으로 주어 소유가 되게 할 것이라 이방인 중에서는 너희가 영원한 종을 삼으려니와 너희 동족 이스라엘 자손은 너희 피차 엄하게 부리지 말지니라
47 너희 중에 우거하는 이방인은 부요하게 되고 그 곁에 사는 너희 동족은 빈한하게 됨으로 너희 중에 우거하는 그 이방인에게나 그 족속에게 몸이 팔렸으면
48 팔린 후에 그를 속량할 수 있나니 그 형제 중 하나가 속하거나

food,[a] but you will fear your God[b] so that your countryman may continue to live[c] among you.
37 You shall not lend him money at interest or charge interest[a] on credit for your food.
38 I am Yahweh your God, who brought you out of Egypt to give you the land of Canaan and to be your God.
39 "If one of your brothers among you becomes poor and sells himself to you, you shall not make him do the work[a] of a slave.
40 He is to be treated like a wage earner or a temporary resident among you; he is to work for you until the year of Jubilee.
41 Then he and his children will be released from you,[a] and he will return to his clan and his ancestral possession.
42 Because they are my servants whom I brought out of Egypt, they are not to be sold according to the price of slaves.
43 You are not to rule over them ruthlessly,[a] but you will fear your God.[b]
44 "The male and female slaves[a] which you have are to come from the surrounding nations; from them you may buy male and female slaves.[a]
45 You may also buy children[a] of temporary residents living among you[bc] and from their clans which are among you and have been born in your land. They become your property.
46 You may will them to your children as property, and you may make them serve[a] forever. But regarding your brothers, the Israelites, you shall not rule over a brother ruthlessly.
47 "If an alien or a temporary resident among you becomes rich and one of your brothers beside him becomes poor and sells himself to an alien, a temporary resident[a] among you, or to a member of[b] the alien's clan,
48 he still has the right of redemption after[a] he has sold himself; one of his brothers may redeem him.

49 삼촌이나 사촌이 속하거나 그 근족 중 누구든지 속할 것이요 그가 부요하게 되면 스스로 속하되

49 Or an uncle[a] or a cousin may redeem him: or any close relative of his extended family may redeem him: or[b] if he prospers, he may redeem himself.

50 자기 몸이 팔린 해로부터 희년까지를 그 산 자와 계산하여 그 년수를 따라서 그 몸의 값을 정할 때에 그 사람을 섬긴 날을 그 사람에게 고용된 날로 여길 것이라

50 He and his owner are to calculate from the year he sold himself until the year of Jubilee: the price of his sale is to be set according to the wages of a hired worker for that number of years.

51 만일 남은 해가 많으면 그 연수대로 팔린 값에서 속하는 값을 그 사람에게 도로 주고

51 If there are many years left, in proportion to[a] their number, he is to pay as the price of his redemption some of the money from his purchase.

52 만일 희년까지 남은 해가 적으면 그 사람과 계산하여 그 연수대로 속하는 그 값을 그에게 도로 줄지며

52 If there are few years left until the year of Jubilee, he is to calculate and pay the price of his redemption in proportion to[a] the number of years.

53 주인은 그를 매년의 삯군과 같이 여기고 너의 목전에서 엄하게 부리지 못하리라

53 He is to be treated as a worker hired from year to year, and you are to see that he is not ruled over[a] ruthlessly.

54 그가 이같이 속하지 못하면 희년에 이르러 그와 그 자녀가 자유하리니

54 But if he is not redeemed in any of these ways, he is to go free in the year of Jubilee, both he and his children,

55 이스라엘 자손은 나의 품꾼이 됨이라 그들은 내가 애굽 땅에서 인도하여 낸 나의 품군이요 나는 너희 하나님 여호와니라

55 because the Israelites are my servants: they are my servants, whom I brought out of Egypt. I am Yahweh your God."

원문주해

2.a. 70인경(LXX)은 여기서 헨 에고 디도미 휘민(*ἣν ἐγὼ δίδωμι ὑμῖν*, "내가 너희에게 주는")이라는 절 문장을 반복한다.

3.a. 시간 명시가 강조를 위해 먼저 나온다. 이것은 시간의 목적격의 한 가지 예이다(GKC § 118i).

4.a. 참조. 6:29-31과 23:3에 관한 "주석".

5.a. 마소라 본문(MT)의 에트(את, "…를") 대신 사마리아 오경(Sam), 70인경(LXX) 그리고 시리아역(Syr)은 붜에트(ואת, "그리고 …를")로 읽는다. 어느 독법이든 가능하다. 마소라 본문이 더 특이한 독법이기에 간직된다.

5.b. 싸피아흐(ספיח)는 지난 추수에서 떨어진 낟알로부터 자란 것이다. 그것은 또한 들판에 남은 것의 이차적 성장을 포함할 수 있다. 사마리아 오경(Sam)과 탈굼(Tg)은 마소라 본문(MT)의 싸피아흐(ספיח, "자란 것") 대신 11절과 마찬가지로 복수형인 쎄피헤

이(ספחי, "자란 것들")로 읽는다.

5.c. 중강점(*dageš forte*)이 쉐와(*šewa*)를 가진 자음을 강화시킨다(GKC § 20b).

5.d. 나지르(נזיר)는 가꾸지 않은(가지를 치지 않은) 포도나무에서 자란 것이다. 마찬가지로 그것은 여호와께 특별한 서원과 더불어 자신을 성별해 드린 나실인의 자르지 않은 머리털을 지칭한다(민 6:2, 13, 18, 19, 20, 21). 몇몇 히브리어 필사본들(mss)은 복수 명사인 네지레이카(נזיריך, "너의 가꾸지 않은 포도나무들")로 읽는다.

6.a. "너의"가 모두 단수형인 반면, 마소라 본문(MT)에 있는 이 형태는 복수형이다.

6.b. 사마리아 오경(Sam)에서는 이 일련의 명사들이 복수형이다. 집합명사로 취해진 단수가 더 어려운 독법이기에 선호된다. 참조. 44절.

9.a. 소리와 관련이 있는 목적격을 동반한 히필형의 아바르(עבר, "…을 통과하다, …위를 지나가다")는 "선포하다, 소리를 내다"를 의미한다(BDB, "עבר hiph 2.a.," 718).

9.b. 70인경(LXX)은 이 곳과 이 구절의 마지막에서 엔 파세 테 게 휘몬(*ἐν πάσῃ τῇ γῇ ὑμῶν*, "너희 모든 땅에서")으로 읽는다.

10.a. 게세니우스 문법(GKC § 134o, n)은 쉐나트(שנת, "…의 해") 형태를 진정한 지배 명사(nomen regens)가 아니라 단순히 접합형(connective form)으로 해석한다(nomen regens란 히브리어에서는 연계형 명사에 해당되는데, 이 용어에 대한 자세한 설명은 "원문주해" 13.9.b.에 있는 역자주를 참고하라 – 역자주).

10.b. 데도르(דרור, 문자적으로는 "자유롭게 흐르는, 달리는")는 "자유"를 의미한다. 후자의 의미에서 그것은 노예 상태로부터 자신들의 상속받은 땅으로 복귀하는 계약직 노예의 해방을 지칭한다. 이 단어는 렘 34:8, 14에서 나타난다. 시드기야 왕은 히브리인 남녀 노예들의 해방을 선포했다. 많은 학자들은 이 선포를 출 21:2이나 신 15:2에 비추어 해석한다. 그것은 위기의 때에 여호와의 호의를 얻기 위해 실행되었다. 일단 위기를 모면하면, 소유주들은 자신들의 말을 뒤집고 노예들을 되찾아 가려 했다. 이 단어가 나타나는 다른 한 곳은 겔 46:17이다. 이 문맥은 양도 불가한 왕실 재산을 다루는데, 그것은 단지 데도르(דרור, "자유")의 해가 돌아올 때까지만 임대될 수 있다. 그 이후에 그것은 지도자(נשיא – 나시)에게 되돌아간다. 짐멀리(Zimmerli, *Ezekiel 2*, 497)는 이 데도르(דרור)가 제50년에 이루어지는 재산의 원상 복귀를 지칭하는 것으로 이해한다. 마지막으로 사 61:1은 갇힌 자들을 위해 데도르(דרור)를 선포하기 위해 장차 올 선지자에 대해 말한다. 이것은 하나님의 나캄(נקם, "복수, 심판")의 날일 뿐만 아니라 여호와의 라촌(רצון, "기쁨")의 해일 것이다. 이 날은 이상적 시대의 막을 열 것이다. 참조. 노르트(R. North), "דרור d^edôr," *TDOT* 3:265-69.

10.c. 참조. F. Horst, "Zwei Begriffe für Eigentum(Besitz): נחלה and נחזה," in *Verbannung und Heimkehr: Beiträge zur Geschichte und Theologie Israels im 6. und 5. Jahrhundrt v Chr*, FS W. Rudolph, ed. A. Kuschke(Tübingen: Mohr, 1961) 135-56.

14.a. 사마리아 오경(Sam), 70인경(LXX), 시리아역(Syr) 그리고 벌게이트역(Vg)은 단수 동사를 갖는다. 이 형태는 단수 대명사 접미어들과 조화를 이룬다.

14.b. 카일 델리취(Keil and Delitzsch)는 아미테카(עמיתך, "너의 동료 주민")에 붙은 단수 접미어가 배분적 용법(distributive force)을 지닌 것으로, 즉 모든 개개의 이스라엘 사람을 지칭하는 것으로 이해한다.

14.c. 카나(קנה, "사다")의 부정사 절대형의 사용은 아마 문법적으로 너무 난해할 것이다. 만일 접두어가 떨어져 나갔다면, 더 나은 독법은 티크네(תקנה)일지 모른다(Elliger, 337). 그럼에도 불구하고, 부정사 절대형은 아마도 선행하는 정형 동사(finite verb)를 계속 이어가기 위해 사용되었을 것이다(GKC § 113z; Bertholet, 90. 정형 동사 혹은 정동사란 인칭, 성, 수, 시제, 법 등에 의해 한정되는 동사의 어형으로 문장 속의 일반적인 동사를 말하고, 반면에 부정형 동사란 그러한 것들에 의해 한정되지 않는 부정사나 동명사, 분사 따위를 말한다 – 역자주).

14.d. 참조. "원문주해" 19:33.b.

16.a. 복합 전치사 레피(לפי)는 "…의 비율에 따라, …에 비례하여"를 의미한다(BDB, "פה, 6.c.," 805).

17.a. 원 70인경(LXX*)은 퀴리온 톤 데온 수(*κύριον τὸν θεόν σου*, "주 너의 하나님")로 읽는다.

17.b. 70인경(LXX)은 키(כי, "왜냐하면")가 빠져 있다.

17.c. 시리아역(Syr)은 앞서 나온 이 단어의 사용과 일치하도록 단수 접미어를 갖는다. 이것은 본문 평준화 작업의 한 가지 예이다.

18.a. 70인경(LXX)은 판타(*πάντα*, "모든")를 추가한다.

18.b. 70인경(LXX)은 파사스(*πάσας*, "모든")를 추가한다.

20.a. 때로 헨(הן, "보라")은 "만일"이라는 용법을 갖는다.

20.b. 많은 히브리어 필사본들(mss), 사마리아 오경(Sam), 70인경(LXX), 시리아역(Syr) 그리고 벌게이트역(Vg)은 테부오테이누(תבואתינו, "우리의 추수들")로 읽는다. 이 독법에 대한 폭넓은 지지는 그것에 무게를 둔다.

21.a. 사마리아 오경(Sam)은 아스타(עשתה)로 읽지만, 마소라 본문(MT)은 아마 오래된 형태인 3인칭 여성 단수 완료형을 보존하고 있을 것이다(GKC § 75m).

21.b. 사마리아 오경(Sam)과 70인경(LXX)은 테부아타(תבואתה, "그것의 소출")로 읽는다.

22.a. 이것은 목적어 표시인 에트(את)가 드물게 시간의 목적어와 함께 나타나는 한 가지 사례다(Joüon § 126i).

22.b. 70인경(LXX)은 팔라이아 팔라이온(*παλαιὰ παλαιῶν*, "묵은 것들 중에 묵은 것들")으로 읽는다. 참조. 26:10.

23.a. 하아레츠(הארץ, "그 땅")라는 단어가 강조를 위해 먼저 나온다. 그것은 또한 새로운 문단의 신호 역할을 한다.

23.b. 리츠미투트(לצמתת, "영원히")라는 어구는 어근 차마트(צמת, "끝내다")에서 왔다. 이 단어는 단지 이 숙어에서만 나타난다. 호그(J. E. Hogg, "The Meaning of לצמתת in Lev 25:23-30," *AJSL* 42[1925/26] 210)는 츠미투트(צמתת)를 "상환권=무를 권리 없이" 혹은 "파는 자의 상환권이 훼손된 가운데"를 의미하는 것으로 이해한다. 참조. J. Rabinowitz, *VT* 8(1958) 95.

25.a. 몇몇 히브리어 필사본들(mss), 사마리아 오경(Sam), 70인경(LXX) 그리고 시리아역(Syr)은 붸키(וכי, "그리고 그것")로 읽는다. 와우(ו)가 마소라 본문(MT)에서 떨어져 나갔을 가능성이 있다.

25.b. 70인경(LXX)은 39절과 마찬가지로 호 메타 수(*ὁ μετὰ σοῦ*, "너와 함께 있는〈형제〉")를 추가한다. 이것은 본문의 평준화 작업의 또 다른 예이다.

25.c. 무크(מוך, "낮다, 침체되다, 하락하다, 빈곤해지다"; BDB, 551; KB, 526)는 단지 25, 35, 39, 47절과 27:8에서만 나타난다. 우가릿어에는 "가라앉다, 사라지다"를 의미하는 마크(*mk*)라는 단어가 있다(*UT* #1473). 레빈(Levine, 175)은 그것이 어근 마카크(מכך, "붕괴하다")에서 와서 사람이 가난에 처하게 된 것을 의미한다고 제안한다.

25.d. 전치사 민(מן, "…로부터")은 부분의 용법(partitive use), 즉 "…의"라는 뜻을 갖는다(GKC § 119w, n.2).

25.e. 한정하는 형용사 하카로브(הקרב, "가까이 있는 사람")는 이 문맥에서 최상급의 효력을 갖는다(Baentsch, 427).

27.a. 오데프(עדף)는 구약에서 흔치 않은 단어다. 여기서 그것은 "초과, 과잉"을 의미한다(BDB, 727). 다른 곳에서는 그것이 칼형으로 사용되어 음식의 "과잉"(출 16:23), 어떤 부류의 사람들의 "초과"(민 3:46, 48, 49) 그리고 휘장 길이의 "초과"(출 26:12, 13)를 지칭한다.

29.a. 70인경(LXX)에는 미메카로(ממכרו, "그것을 판매한 후"; 개역 성경: 판지)가 빠져 있다.

30.a. 마소라 본문(MT)의 케팁(ketib)인 로(לא, "아니다") 대신 사마리아 오경(Sam)과 여러 역본들은 케레(qere)인 로(לו, "그의 것")로 읽는다. 그것의 선행사는 일반적으로 여성 명사인 이르(עיר)인데 여기서는 남성으로 받고 있다(PIR, 200-201). 표준 히브리어 성경(*BHS*)은 라흐(לה, "그녀의 것")를 제안한다.

31.a. 고대 레위기 두루마리(11QpaleoLev), 사마리아 오경(Sam), 70인경(LXX), 시리아역(Syr), 탈굼(Tg) 그리고 탈굼 위-요나단(*Tg. Ps.-J.*)은 복수 주어와 일치하도록 복수 동사로 읽는다. 그렇지만 역시 탈굼 네오피티(*Tg. Neof.*)의 지지를 받는 단수는 배분 용법의 단수일 수 있다(GKC § 145m).

31.b. 70인경(LXX)은 32절에서 그런 것처럼 뤼트로타이 디아 판토스(*λυτρωταὶ διὰ παντός*)=구알라트 올람(גאלת עולם, "영속적인 상환권〈무를 권리〉")을 갖는다.

31.c. 고대 레위기 두루마리(11QpaleoLev)는 와우(ו, "그리고")를 갖지 않는다. 이것은 중자탈락의 오류일 수 있다.

31.d. 70인경(LXX)과 탈굼(Tg)은 복수 동사로 읽는데, 이것은 아마도 이 주석의 영어 번역에서 그런 것처럼 의미가 통하도록 하기 위함이다.

32.a. 마소라 본문(MT)에서 이 어구는 미정격(*casus pendens*)이다. 그것은 동사 티흐예(תהיה, "그것이 …일 것이다")의 접두어가 이어받는다(참조. "원문주해" 32.b.).

32.b. 동사 티흐예(תהיה)는 술어 게울라트 올람(גאלת עולם, "영속적인 상환권〈무를 권리〉")의 성을 따라 여성이다(Joüon § 150m; 참조. "원문주해" 33.b.).

33.a. 벌게이트역(Vg)은 이 동사 앞에 부정어를 갖는데, 버톨렛(Bertholet, 91), 딜만(Dillmann, 670) 그리고 NEB가 이것을 수용한다. 그렇지만 PIR(201), NEB 그리고 JB는 이 절 문장을 조건절로 간주한다. 첫 번째 절 문장은 구체적인 법령으로 이어지는 일반 진술일 수 있는데, NIV가 그렇게 번역한다. 묄러(H. Möller)는 훌륭한 설명을 제공한다. 즉 아쉐르(אשר)가 이어지는 이그알(יגאל, "그는 되무르기를 해야 한다")과 연결되지 않고 선행하는 게울라트 올람(גאלת עולם)과 연결된다는 것이다("Lösungsvorschlag für eine Crux interpretum〈Lev 25:33〉," *ZAW*[1978] 411-12).

33.b. 마소라 본문(MT)의 빠이트 붸이르(בית ועיר, "한 집과 한 성읍") 대신 표준 히브리어 성경(*BHS*)은 빠이트 이르(בית עיר, "한 성읍에 있는 한 집")를 제안하는데, 이는 32절과 33절에서 복수형인 빠테이 아레이(בתי ערי, "성읍들에 있는 집들")가 나타나기 때문이다. 70인경(LXX)은 여기서 복수로 읽는다. 와우(ו)가 연계형 사슬을 끊어서 큰 덩이의 복합 주어를 만들어 낸다. PIR은 마소라 본문(MT)이 이해될 수 있도록 작업을 한다. "[팔린] 집을 [그가 떠나야 하고], 그리고 자신의 소유지가 있는 성읍으로 [가야 한다]), [he shall leave] the house [which has been sold] and [go] to the city of his possession." 그들은 다음과 같은 주석을 덧붙인다: 레위인에게 속한 어떤 소유지는 한 레위인에 의해 다른 레위인으로부터 – 그는 자신에게 소유권이 보존되어 있는 한 성읍을 가진 레위인이다 – 상환되어야 한다(202).

33.c. 마소라 본문(MT)의 아후자토(אחזתו, "그의 소유") 대신 70인경(LXX), 탈굼 위-요나단(*Tg. Ps.-J.*) 그리고 탈굼 옹켈로스 필사본들(*Tg. Onq.*[mss])은 아후자탐(אחזתם, "그들의 소유")을 갖는다. 이것은 번역자가 이해될 수 있는 번역을 하려고 하는 또 다른 사례일 수 있다.

33.d. 대명사 후(הוא)는 여성 단수인데, 왜냐하면 그것이 남성 복수 주어인 바테이 아레이 하레비임(בתי ערי הלוים, "레위인들의 성읍들의 집들")이 아니라 여성 단수 술어인 아후자탐(אחזתם, "그들의 소유")에 성과 수를 맞추기 때문이다(GKC § 145o, n.; Joüon

§ 149c; 참조. "원문주해" 32.a).

34.a. 70인경(LXX)은 복수 단어인 호이 아그로이 호이 아포리스메노이(*οἱ ἀγροὶ οἱ ἀφωρισμένοι*, "특별한 밭들")를 갖는다.

34.b. 마소라 본문(MT)의 후(הוא, "그것") 대신 사마리아 오경(Sam), 고대 레위기 두루마리(11QpaleoLev), 탈굼 네오피티(*Tg. Neof.*) 그리고 시리아역(Syr)은 여성인 후(היא, "그것")로 읽는다. 이것은 아후자(אחזה, "소유물")에 성을 일치시키기 위함이다.

34.c. 마소라 본문(MT)의 라헴(להם, "그들에게"="그들의") 대신 몇몇 히브리어 필사본들(mss)은 라켐(לכם, "너희에게"="너희의")으로 읽는다. 고대 레위기 두루마리(11QpaleoLev)는 마소라 본문을 지지한다.

34.d. 호그(J. E. Hogg, *AJSL* 42[1925/26] 210)를 보라.

35.a. 사마리아 오경(Sam)과 히브리어 필사본들(mss)은 이 동사를 히필형이 아닌 피엘형으로 읽는다.

35.b. 마소라 본문(MT)의 게르(גר), "거주하는 이방인" 대신 70인경(LXX)과 벌게이트역(Vg)은 케게르(כגר, "거주하는 이방인처럼")로 읽는다. 이것은 아마 이 주석의 영어 번역에서 그런 것처럼 더 나은 번역을 제공할 것이다(PIR, 202-3이 그렇다).

36.a. 12세기로 거슬러 올라가면, 나샤크(נשך)가 선불 대부금으로부터 공제되는 이자(interest)로, 또한 타/마르비트(מ/תרבית)는 "대부금을 갚을 때 치러야 하는 인상액(increase)"으로 묘사되어 왔다(E. Neufeld, *HUCA* 26[1955] 355-57; E. A. Speiser, *Y. Kaufmann Jubilee Volume*, 44). 이 입장은 네쉐크(נשך)를 어근 나샤크(נשך, "물다")로부터 취함으로써 근거를 확보한다. 로벤스탐(S. Loewenstamm, "נשך and מ/תרבית," *JBL* 88[1969] 78-80)은 이러한 확인에 의심을 품으면서 나샤크(נשך)가 "이자"가 아닌 어떤 다른 의미를 갖는다고 제안할 만한 증거가 전혀 없다는 점을 지적한다. 만일 그렇다면 나샤크(נשך, "이자")는 다른 어근의 나샤크(נשך) II에서 온 것이다(KB, 689가 그렇게 본다). 나샤크(נשך)는 마/타르비트(מ/תרבית)와 어떻게 다른가? 로벤스탐은 타르비트(תרבית)가 식량 대출에 붙는 이자를 지시한다고 주장한다(겔 18:8, 13, 17; 22:12; 잠 28:8). 37절의 어법은 이러한 제안에 강력한 지지를 보낸다. 로벤스탐은 엘람에서 나온 아카드 문헌들이 이러한 서로 다른 종류의 이자들에 대한 두 개의 단어를 갖는다는 사실을 발견한다.

36.b. 70인경(LXX)은 에고 퀴리오스(*ἐγὼ κύριος*, "나는 주님이시다")를 추가한다.

36.c. 마소라 본문(MT)의 붸헤이(וְחֵי, "그리고 …의 생명") 대신 게세니우스 문법(GKC § 76i)은 35절에서처럼 칼 3인칭 완료형의 단축형인 봐하이(וָחַי, "그리고 그가 산다")로 읽기를 선호한다.

37.a. 사마리아 오경(Sam)은 마소라 본문(MT)의 베마르비트(במרבית) 대신 베타르비트(בתרבית)라는 철자를 갖는다.

39.a. 마소라 본문(MT)의 타아보드 보(תעבד בו, "너는 그가 일하게 하지〈말라〉") 대

신 70인경(LXX)은 둘류세이 소이(*δουλεύσει σοι*, "그는 너를 섬기게 하지〈말라〉")로 읽는다.

41.a. 마소라 본문(MT)의 메임마크(מעמך, "너[의 가운데]로부터") 대신 70인경(LXX)은 테 아페세이(*τῇ ἀφέσει*)=베요벨(ביובל, "희년에")을 갖는다.

43.a. 파라크(פרך)는 "엄격함, 가혹함"(BDB, 827)을 의미한다. 아카드어 파라쿠(*parāku*, 명사 파르쿠-*parku*)에 있는 이 어근은 "훼방하다, 가로막다"를 의미하고(*AHw* 828-29), 아람어에서는 "때리다, 부스러뜨리다, 부수다"를 의미한다(Jastrow, 1228-29). 그것은 독재자가 의도적으로 다른 사람으로 하여금 잔인한 고초와 참을 수 없는 노동 환경을 견디게 하면서 그를 지배하는 것을 지칭한다.

43.b. 참조. "원문주해" 17.a.

44.a. 참조. "원문주해" 6.a. PIR(203)은 이 단수형들을 집합 명사들로 해석한다.

45.a. 참조. "원문주해" 25.d.

45.b. 70인경(LXX)은 아쉐르 임마켐(אשר עמכם, "너희와 함께[살고 있는]")을 번역하지 않는다.

45.c. 이 복합 전치사구는 미정격(*casus pendens*)인데, 전치사 민(מן, "…로부터")에 붙은 대명사 접미어가 그것을 이어받는다.

46.a. 70인경(LXX)에는 빠헴 타아보두(בהם תעבדו, "너는 그들이 섬기게 할지어다": 개역 성경: 종으로 삼으려니와)가 빠져 있다.

47.a. 몇몇 히브리어 필사본들(mss), 사마리아 오경 필사본들(Sam.^{mss}), 70인경(LXX) 그리고 시리아역(Syr)은 붸토샤브(ותושב, "그리고 일시적인 거주자", 개역 성경: 우거하는 이방인)로 읽는다. 사마리아 오경(Sam)은 울레토샤브(ולתושב, "그리고 일시적인 거주자를 위해")로 읽는다. PIR(203)에 따르면, 이러한 이문들은 그 독법을 단순하게 만들어 이 구절을 다른 비슷한 본문들에 끼워 맞춘다. 그럼에도 불구하고, 문맥이 제시하는 대로 서로 다른 두 부류의 이방인들이 게르(גר, "타국인")와 토샤브(תושב, "일시적인 거주자")에 의해 지칭된다는 것을 보여 주기 위해 전치사나 접속사와 같은 몇몇 표시들이 요구된다(47절 서두에도 두 단어가 나란히 나오는데, 개역 성경은 두 단어를 묶어서 "우거하는 이방인"으로 번역했으나 개역 개정 성경은 "거류민이나 동거인"으로 둘을 정확히 구분해서 번역한다-역자주).

47.b. 70인경(LXX)에는 오 르에케르(או לעקר, "혹은 어떤 구성원에게": 개역 성경: 그 족속에게: 표준새번역: 〈그 가족 가운데〉 누구에게)가 빠져 있다.

48.a. 전치사 아하레이(אחרי)는 일반적으로 부정사 연계형을 지배한다. 아하레이 아쉐르(אחרי אשר, "…한 후에")라는 어구는 전치사가 동사 앞에 나오는 이 구절과 사무엘하 5:9b을 제외하고는 대체로 정동사(finite verb, 혹은 정형동사라고도 한다-역자주) 앞에 위치한다(BDB, 30[pl 3]: Joüon § 129p: GKC § 130d).

49.a. 70인경(LXX)에는 첫 번째 오(אוֹ, "혹은")가 빠져 있지만, 이것은 아마도 단순히 그리스어로 더 나은 독법을 제공하기 위함일 것이다.

49.b. 마소라 본문(MT)의 오(אוֹ, "혹은") 대신 70인경(LXX)은 붸임(וְאִם, "그리고 만일")으로 읽는 것으로 보인다.

51.a. 참조. "원문주해" 16.a.

52.a. 참조. "원문주해" 16.a; 51.a.

53.a. 여기서 라다(רדה, "지배하다")의 목적어가 목적격 위치에 있지만, 보통 그것의 목적어는 43절과 46절에서 그런 것처럼 전치사 베(בְּ)의 지배를 받는다. 여기서 이 동사는 실질적인 수동태 역할을 한다.

양식/구조/배경

내용을 토대로 볼 때, 이 연설은 두 개의 거대 문단을 갖는다. (1) 몇 가지 법을 가진 안식년을 위한 월력의 확정(2bβ-7절), 그리고 (2) 몇 가지 광범위한 법들을 가진 희년을 위한 월력의 확정(8-55절). 그렇지만 구조 분석을 토대로 다른 방식으로 나뉘는 두 개의 거대 문단이 있다. (1) 몇 가지 법들을 가진 안식년과 희년을 위한 월력(2bβ-22절), 그리고 (2) 희년과 관련해서 재산과 채무 노예(빚 때문에 노예가 된 사람－역자주)에게 적용되는 게울라(גְּאֻלָּה, "구속〈무르기〉에 관한 법들")를 규정하는 법안(23-55절; 참조. Sun, "Investigation," 499; 히브리어 명사 게울라〈גְּאֻלָּה〉의 번역은 영어로 redemption인데, 역자는 우리말로 이것을 문맥에 따라 "구속, 상환, 속량"으로 다르게 번역했음을 밝힌다－역자주). 이 주석에 있는 내부분의 경우와 마찬가지로, 연설의 형식을 고찰할 때 구조를 나타내는 표시들을 따라간다.

다음의 구조적 개요는 25:1-26:46에 관한 "양식/구조" 항목에 있는 개요의 확대로서 "1. 7년 주기에 대한 법안(25:2aβ-55)"에 속한 것이다.

a. 안식년과 희년에 대한 월력과 법들(2aβ-22절)
  1. 안식년에 관하여(2aβ-7절)
    a. 기본 규정(2aβ-b절)
    b. 규정에 대한 해설(3-7절)
      (1) 정상적인 6년 동안의 농경 활동에 대한 서술(3절)
      (2) 7년 동안의 농경 활동으로부터의 휴식에 대한 규정(4-7절)
  2. 희년에 관하여(8-17절)

a. 희년에 대한 기본 규정(8-12절)
(1) 희년에 대한 월력(8절)
(2) 희년의 선포(9-10절)
a) 선포 자체(9절)
b) 해방의 선포와 세습 재산의 회복 명령(10절)
(3) 희년에 대한 해설(11-12절)
a) 희년의 확인(11a절)
b) 파종과 추수의 금지(11b-12a절)
c) 땅의 소산물을 먹도록 허용(12b절)
b. 희년과 관련된 땅의 임대에 관하여(13-17절)
(1) 희년에 세습 재산의 회복에 대한 기본 진술(13절)
(2) 땅의 임대에 대한 규정(14-16절)
(3) 권고(17절)
a) 금지와 권면(17a절)
b) 여호와의 자기 소개 형식문(17b절)
3. 권고(18-19절)
4. 백성들의 염려에 대한 논박(20-22절)
b. 희년과 관련해서 친족에 의한 무르기에 관한 법(23-55절)
1. 땅의 매매/임대에 관한 법들(23-34절)
a. 기본적인 법(23-24절)
b. 기본적인 법에 대한 해설(25-34절)
(1) 빚 때문에 임대된 세습 재산의 무르기에 대한 법(25-28절)
(2) 주택 매매에 관하여(29-31절)
a) 성벽이 있는 성읍에서는 허용(29-30절)
b) 성벽이 없는 촌락에서는 금지(31절)
(3) 레위인들에게 속한 재산의 매매에 관한 법(32-34절)
2. 가난한 이스라엘 사람들을 위한 대부에 대한 법(35-38절)
a. 기본 규정(35절)
b. 이자를 노린 대부를 금지하는 법(36-37절)
c. 확장된 여호와의 자기 소개 형식문(38절)
3. 빚으로 인한 노예 상태에 대한 법(39-55절)

a. 이스라엘인 채무 노예에 관하여(39-43절)
(1) 일차적인 일련의 법들(39-41절)
a) 사례(39a절)
b) 규정 자체(39b-41절)
i) 노예 사역의 성격(39b-40a절)
ii) 희년에 해방(40b-41절)
(2) 이유(42-43절)
a) 이유 자체(42a절)
b) 금지들(42b-43a절)
c) 권면(43b절)
b. 이스라엘인의 노예 소유에 관한 법(44-46절)
(1) 법 자체(44-46a절)
a) 노예 획득(44-45a절)
b) 노예의 재산으로서의 신분 확인과 노예 상속에 대한 법(45b-46a절)
(2) 이스라엘인 노예의 혹사 금지(46b절)
c. 체류 이방인에게 붙들린 이스라엘인 채무 노예의 속량에 대한 법(47-55절)
(1) 기본적인 법(47-54절)
a) 사례(47절)
b) 채무 노예의 속량 방법(48-54절)
i) 속량권과 속량의 책임자들(48-49절)
ii) 속량 가격의 결정(50-52절)
iii) 이스라엘인 노예에 대한 일반적인 취급(53절)
iv) 희년에 이스라엘인 노예의 보장된 해방(54절)
(2) 이유(55절)
a) 이유 자체(55a절)
b) 여호와의 자기 소개 형식문(55b절)

첫 번째 문단은 안식년을 다룬다. 그것은 두 종류의 자료로 구성되어 있다: 일반적인 법들(3-4a절)에 의해 해설되는 안식년 준수를 위한 월력(2b절)과 토지 묵혀두기에 대한 구체적인 법들(4b-5절; 6-7절). 두 번째 문단은 희년을 위한 시간 설정(8절)과 그것의 시작의 선포(9-10절)에 초점을 맞춘다. 그것은 안식년을 위한 휴경법들이 희년 기간에 적용된다는 것을 전제한다. 비슷한 안식년에 대한 법(4b-5a절)과 동일한-비록 짧지만-기본 형식에서 주어진 파종과 추수를 금지하는 하나의 법이 있다(11b절). 이것에 어떤 가족의 재산이 희년에 상환되는 것에 대한 법안이 첨부되어 있다(13-16절). 그것은 하나님을 두려워하라는 권면으로 강조되는 짧은 권고와 여호와의 자기 소개 형식문으로 마무리된다(17절).

이어서 희년에 대한 법들과 가능하게는 안식년에 대한 법들이 한 권고에 의해 뒷받침된다(18-19절). 그 권고는 성결법의 핵심 문단(18-20장)에서 발견되는 것과 동일한 문체다. 그것은 하나님의 법령들을 행하고 그분의 법도들을 지키라는 명령으로 시작된다(참조. 18:4-5, 26; 19:37; 20:8, 22). 또한 그것은 그 땅에 안전히 거할 것이고 풍성한 먹을 것을 소유하게 될 것이라는 이중적 약속에 의해 지원을 받는다. 포함된 한 가지 약속은 성결법 전체에 흩어져 있는 다른 약속들과 일치한다. 예를 들어, 18:5에는 일반적인 생명의 약속이 있고, 20:24에는 가나안 땅을 소유할 것이라는 약속이 있다. 이어서 안식년과 안식년 다음해를 위한 충분한 식량의 보유에 대한 백성들의 염려를 알려 주는 논박이 있다(20-22절). 만일 그 두 해(안식년과 희년-역자주)가 동시에 찾아온다는 이론이 타당하지 않다면, 8년째의 파종에 대한 언급(22절)이 알려 주는 바는 이 논박이 원래 희년이 아닌 안식년의 주기를 말해 준다는 것이다. 그렇지만 문맥에 의하면 이 논박은 우선적으로 안식년에 적용되며 확장되어 희년에도 적용된다. 제6년에 거둘 들의 산물들에 대한 하나님의 특별한 축복의 약속(21절)은 그러한 안식년 준수가 불러올 잠재적인 재정적 곤란에 대한 백성들의 걱정을 감안해 볼 때 적절하다. 결론적으로 이 문단의 두 개의 단위는 그런 방식으로 밀접히 연관되어 있는데, 이는 희년이 큰 안식년이기 때문이다.

재산 매매와 채무 노예에 관한 세 묶음의 법들에 연결되어 있는 법들은 다음 두 가지 것이다: 재산 매매권과 재산 상환권(גאלה-게울라, 무를 권리; 25-34절)에 관한 법들과 채무로 인한 노예 신분에 관한 법들(39-55절). 이 법들은 희년과 내적인 관련성을 갖는데, 이는 희년이 그런 계약들의 만기일이기 때문이다. 이 세 묶음의 법들은 각자 동일한 사례를 가지고 출발한다: 키 야무크 아히카(כי ימוך אחיך, "만일 너희 형제가 가난하게 되거든"). 이러한 문체상의 조화는 이 세 묶음의 법들이 이 연설을 위해 가지런히 배열되었다는 결론을 뒷받침한다. 이 법들은 희년의 해방시키는 힘의 필수적인 한 부분으로 기능한다. 두 개의 짧은 권고가 이스라엘이 이 법들에 순응하도록 그들에게 동기를 부여하기 위해 이 자료의 구조 속에 끼어 들었다(42, 55절).

이 법들이 희년 법안에 통합되었던 일차적인 이유는 채무 빚이 모든 이스라엘 백성의 평등, 곧 모든 가문의 세습 재산(patrimony)에 대한 영구적인 권리에 기반을 둔 그 평등 사회의 기초에 대한 가장 큰 내부적 위협이었기 때문이다. 이러한 법들은 시간이 지날수록 어떤 사람을 부자로 만들고 다른 사람은 가난한 자로 만들었던 행운과 불행의 세력들(즉 부와 건강 따위를 결정하는 자연의 힘이나 사회적 힘 – 역자주) 속에서 이러한 평등의 이념을 지키기를 원했다. 입법자는 자연의 힘들이나 사회적 힘들이 작용하지 못하도록 억제하려는 것이 아니었다. 오히려 제의적 법안을 통해 그 입법자는 모든 채무 빚이 탕감되고 모든 세습 재산이 원 소유자에게 돌아가는 시간을 정함으로써 이스라엘 가운데 노예 계층의 증가를 막으려 했다. 두 가지 사면이 동시에 발생했다는 것은 중요하다. 왜냐하면 그것은 모든 사면된 이스라엘인 채무 노예(빚 때문에 노예가 된 사람 – 역자주)가 자유롭고 분명하게 자신의 세습 재산으로 복귀하여 다시 자신의 가족을 부양할 수 있게 해주었기 때문이다. 그러므로 이러한 법들은 희년법에 대한 이질적 첨가물이 아니라 희년 프로그램에 절대 필요한 요소다.

이러한 상환(무르기) 법들이 성결법안(17-26장) 속에 배치될 때 각색되었다는 몇 가지 표식이 있다. 채무 빚에 대한 법들(35-38절)은 출애굽 사건을 언급하는 관계 절과 더불어 확장된 여호와의 자기 신원 확인 형식문으로 마무리된다(38절; 참조. 18:1-2에 있는 부록). 42절에서 다시 이스라엘은 여호와께서 이집트에서 구출해 내신 그분의 종으로 확인된다. 출애굽 사건에서 여호와께서는 자신의 자비로운 성품을 드러내셨다. 그것은 이스라엘 백성이 다른 사람들, 특히 불행한 사람들을 대할 때 보여 주어야 하는 인격적 특질이다(참조. 19:9-10, 13-14). 55절의 비슷한 진술은 이 일련의 법들을 마무리한다. 추가적으로, 동기를 부여하는 진술인 "너는 너의 하나님을 경외하라"(ויראת מאלהיך – 봐야레타 메엘로헤이카; 36, 43b절; 참조. 17절)가 있다. 이 진술에 종을 "엄하게 부리지"(תרדה בפרך – 티르데 베파레크) 말라는 윤리적 명령이 연결되어 있다(43, 46, 53절). 그것은 그 동사의 2인칭 단수 형태가 입증하는 바와 같이 그 동기 부여에 결속되어 있으며, 또한 그것은 19장에 있는 몇 가지 법과 일치한다(예를 들어, 11, 14, 18절). 이 윤리적 동기 부여는 거룩한 삶에 관한 법들, 특히 19장에 있는 연설의 지향점(ethos)과 아주 잘 어울린다. 그렇다면 이러한 법들은 거룩한 삶에 관한 자료의 필수적인 부분이다.

이 연설의 작성은 세 가지 독특한 문체로 표시된다: 비인칭적인(impersonal) 법들(26-34, [41], 42, 48-54[53bβ절은 제외]절), 2인칭 단수로 된 법들(3-5, 6-7, 8-9a, 14a, 15-16, 17bα, 25, 35-37, 39-40, [41], 43-44a, 46aβ, 47, 53b절) 그리고 2인칭 복수로 제시된 권고적이면서 법적인 자료(2aβ+b, 9b-13, 14b, 17a, 17bβ-24, 38, 44b, 45, 46a+bα, 55b절). 문학 비평가들은 이러한 문체상의 차이들을 다양한 기초 자료들을 확인하는 하나의 수단으로 사용한다. 노트의 판단으로는(Noth, 184) 문체의 혼합은 이러한 단락이 길고 점차적인 발전의 산물이라는 증거가 되지만, 그로서는 다양한 단계들을 더 이상 분간하기가 어렵다. 이 연설의 연대에 관하여 노트(185)는 희년과 원 소유자에게 땅을 반환하라는 지침이 이스라엘의 가나안 정착 시대로 거슬러 올라갈 수 있다는 것에 동의한다. 그는 이 장이 23장의 최종 완성 이전에 현재의 형태에 이르렀다고 결론내리는데, 왜냐하면 이 장에서는 한 해가 7월 10일에 시작되기 때문이다(9절; 23:24b-25). 킬리안(Kilian, *Literarkritische*, 147-48)은 레위기 25장에서 세 개의 자료 층을 발견한다. 추가로 그는 제사장 저자가 처음 두 개의 자료 층으로 구성된 문서에 몇 군데 편집적 변화를 가했다는 증거를 발견한다. 아울러 그는 상환(무르기) 법안이 희년에 관한 자료와 아주 다르다고 판단한다(145-47). 희년 본문 자료는 성결법전의 다른 곳에서는 입증되지 않는 하나의 기초 자료로부터 왔다. 이 편집자는 느헤미야 시대 이후에 작업했음이 분명한데, 왜냐하면 느헤미야 5장에 보고된 사건들은 희년 법안에 대해 전혀 알지 못하고 있음을 보여 주기 때문이다. 마찬가지로 엘리거(Elliger, 347-48)는 이 연설의 매우 복잡한 문학사를 재구성하면서 그것이 작성 과정에서 다섯 단계를 거쳤다고 주장한다. 두 명의 더 초기의 작업자에게서 유래한 자료가 첫 번째 성결법전 편집자에 의해 취해졌다. 2인칭 남성 복수형의 사용으로 확인될 수 있는 그 편집자는 1-2, 6aα, 9b, 10, 11aβ-12, 17b-19, 23-24, 55절을 추가했으며, 또한 3-5절을 삽입했다. 이 동일한 편집자가 18장의 골격을 만들었다. 이 이론과 이 편집적 손질의 특징들, 그리고 시내 산에 대한 언급에 근거하여 엘리거는 이 연설이 원래 성결법전의 도입부였다고 추론한다. 성결법전의 두 번째 편집자에 의한 그 다음 손질(17-26장에 대한 "양식/구조/배경"을 보라)은 이 연설을 현재의 위치로 이동시켰으며 몇 개의 추가물을 포함시켰다(41b, 42, 44b, 45, 46abβ, 47bγ, 49a, 50b-53절). 마지막으로 어떤 추가적인 자료가 이 연설에 첨부되었다. 콜윈스키(Cholewínski, *Heiligkeitsgesetz*, 101-18)는 이 연설에서 세 개의 자료 층을 확인한다. 이 자료 층들은 기본적으로 위에 제시된 문학적 문체들을 따른다. 그의 판단에 의하면, 2인칭 단수로 작성된 그 자료 층을 추가한 편집자는 성결법전 내에서 오직 여기에서만 작업을 했다(105). 최종 편집자는 성결법전의 주 편집자였다. 그는 2인칭과 3인칭 복수형과 봉합 구조들을 사용하고, 또한 색다른 형식들을 사용함으로써 자신의 정체를 드러낸다. 이 편집자는 차별된 신학적 관점으로 이 법들을 하나로 엮었다. 썬(Sun, "Investigation," 549-50)이 다른 견해를 가지고 내린 결론에 의하면, 단수로 되어 있는 여러 그룹의 법들(3-7, 15-16, 25-34, 35-37, 39-43, 47-54절)은 문학적 관점으로 볼 때 동질성을 갖고 있으며, 또한 재산과 노예 제도의 규칙에 대한 법들은 희년 준수와 더 이상 분리될 수 없을 정도로 서로 밀접히 결부되어 있다. 썬은 8-9절이 더 긴 본문의 파편이라는 것을 인식하면서 좀더 초기의 본문들에서 안식년이 이미 희년과 관련되어 있었다고 결론내린다. 그러므로 그는 25장에서 단 한 사람의 편집 작업이 이루어졌다고 확신한다. 이 작업의 손길은 복수형의 사용에 의해 확인될 수 있다(2aβb, 6*, 9b-10, 14, 17aαb[아마 17aβ], 18-19, 20-22, 23-24, 38, 47, 44-46, 55절).

이러한 분석을 통한 연구 결과, 이 연설은 적어도 두 번의 편집을 거쳤다는 것이 분명하다. 첫 번째 편집은 구조적 이음새들에서 2인칭 단수형들이 사용된 사실에 의해 식별될 수 있다. 월력 자료와 안식년에 대한 법들이 하나의 덩어리를 이루고 있다. 그렇지만 희년에 대한 월력은 서로 다른 두 개의 층을 갖는다. 그것은 2인칭 단수로 시작하며(8-9a절), 그 자료의 대부분(9b-13절)에서 2인칭 복수로 전환된다. 이러한 전환은 서로 다른 기초 자료에서 온 그 본문 자료가 접합되어 있다는 것을 암시한다. 상환(무르기) 법안은 세 가지의 독특한 문체들로 제시된다. 땅의 임대에 대한 법들(25-34절)과 체류 이방인에게 억류되어 있는 이스라엘 채무 노예의 속량(무르기)에 대한 법들(47-54절)은 2인칭 단수로 나타나는 사례의 진술을 제외하고는 비인칭적인 사례법들(impersonal casuistic laws)이다. 가난한 이스라엘 사람들에게 이자 없이 대부하는 것에 관한 법들(35-37절)은 2인칭 단수로 작성되어 있는 반면, 이스라엘 백성들의 노예 소유에 관한 법들은 서두의 행(44a절)을 제외하고는 2인칭 복수로 주어진다. 이러한 서로 다른 문체들은 이 여러 묶음의 법들이 제사장적 법률 자료의 서로 다른 부분들에서 취해졌을 가능성을 지시한다. 이 여러 묶음의 법들은 각 문단에 2인칭 단수로 작성된 사례를 가짐으로써 일반 법안 속에 놓이게 되었다(25, 35, 39절). 이스라엘인 채무 노예를 속량(무르기)하는 법들에 관한 문단에서는 그 사례가 비슷한 형식을 띈다.

2인칭 단수를 선호했던 어떤 사람이 첫 번째 편집에서 이 법들의 수집을 위한 최초의 골격을 만들었다. 안식년을 위한 월력과 희년 월력을 시작하는 본문 자료(8-9a절)가 1인칭으로 되어 있기 때문에, 이 연설의 가장 오래된 단계에는 안식년과 희년에 관한 법안이 포함되어 있었다. 후대에 이 법안이 거룩한 삶에 관한 분할 부분에 있는 연설들 중 하나로 포함되는데, 이때 2인칭 복수를 선호했던 연설자가 이 연설의 수사학적이고 신학적인 효력을 강화하기 위해 자료를 포함시켰다. 그 사람이 어쩌면 이 연설을 이 성결법에 강하게 엮기 위해 권고 자료(17, 18-19절), 여호와의 자기 신원 확인(self-identification) 형식문(38, 55절) 그리고 논박(20-22절)을 포함시켰을지도 모른다. 희년에 대한 추가적인 규정들을 포함시킨 것도 바로 이 사람일 수 있다(9b-12절). 그는 이 법들을 다른 기초 자료에서 발견할 수 있었을 것이다. 이 단계에서 안식년의 토대가 되는 신학이 이 연설의 틀을 봉합 구조들로 구축하기 위해 가미되었다. 이것이 이차 편집을 불러왔다.

콜윈스키(Cholewínski, *Heiligkeitsgesetz*, 106-8)는 세 쌍의 봉합 구조를 발견했다: 2a$\beta\gamma$～17b-19절, 23-24～38절 그리고 42-55절. 이 구절들은 분명히 이 법안의 토대가 되는 신학적 약속들을 백성들로 하여금 그 법들을 지키게 만드는 동기 부여로 표현한다. 첫 번째 쌍에서 여호와께서는 이스라엘에게 땅을 주시고, 땅은 이스라엘에게 소산물을 공급한다. 그러므로 이스라엘은 땅을 매 7년마다 쉬게 함으로써 여호와께 복종할 필요가 있다. 두 번째 봉합 구조에서는 여호와께서 이스라엘에게 가나안 땅을 주셨으며, 이스라엘은 땅에 "상환(무르기)권"(גאלה – 게울라)을 부여해야 한다. 세 번째 쌍에서 여호와께서는 이스라엘을 이집트로부터 되찾았기(무르기) 때문에, 그들은 그분의 종들이 되었다. 그러므로 그들은 동료 이스라엘 사람을 영원한 종으로 팔아서는 안 된다. 이렇게 여호와를 이집트로부터 이스라엘을 인도하셨던 분으로 보고, 또한 그들에게 땅을 주신 분으로 보는 신학적 주제가 이 봉합 구조들에 뒤엉켜 있다. 이 각각의 쌍들의 두 번째 것들도 역시 여호와의 자기 소개 형식문을 갖는다. 마지막으로 26장에서 2인칭 복수의 지배적인 사용을 감안해 볼 때, 이 연설자는 이 두 뭉치의 본문 자료를 단일한 연설로 결합시킨 장본인이다.

두 가지의 추가적인 쟁점들이 이 법들과 관련하여 언급될 필요가 있다. 하나는 희년법들의 기원이며, 다른 하나는 이 법들과 오경 속의 유사한 구절들과의 관계다.

희년의 기원

학자들은 희년 법안의 기원에 대한 설명에서 폭넓게 나뉘어져 있다. 어떤 사람들은 그 법들을 이스라엘의 초기 시대로 할당한다(예를 들어, Jirku, "Jobeljahr," 172-79; Ginzberg, *JQR* 22[1931/32] 364-91; Lewy, *Eretz Israel* 5[1958] 29-30; van der Ploeg, *CBQ* 13[1951] 169-71; van Selms, *IDBSup* 497). 다른 많은 사람들은 그 법들이 포로기 이후 공동체의 이상주의자 집단(visionary circle)에서 나온 유토피아적 이상이라고 주장한다(예를 들어, Pedersen, *Israel*, 1:89; de Vaux, *AI*, 1:175-77; Porter, 196-98; Snaith, 163; Westbrook *ILR* 6[1971] 224-26; Gnuse, *BTB* 15[1985] 46). 카우프만(Kaufman)은 이 법들이 왕들에 의해 자유(דרור－데로르)가 선포되는 관행을 가졌던 어떤 고대의 지파 단위의 "희년"(יובל－요벨; a tribal "jubilee")이 "새로운 50년 주기의 희년 선포"로 합병된 것이라고 주장한다("Reconstruction," 283).

이 논쟁이 해결되기까지는 요원하다. 이 법안의 후대 기원을 뒷받침하기 위해 후자의 학자들이 내놓은 몇 가지 사실적 근거들이 있다. 먼저 더 초기의 문서들에는 그것에 대한 어떤 언급이 결핍되어 있다는 것이다. 역대하 36:21이 지지 근거로 인용되는데, 이는 그 구절이 안식년이 오랫동안 준수되어 오지 않았다고 보고하기 때문이다. 에스겔 46:17과 이사야 61:1-3에 있는 데로르(דרור), 곧 노예와 포로들의 해방에 대한 언급들은 아마도 희년의 이념과 연관될 것이다. 만일 어떤 관련이 있다면, 대다수의 비평학자들이 포로기 이후로 할당하는 이 언급들은 희년 법안의 연대를 이와 동일한 시대로 잡는 것을 지지한다. 둘째로, 희년 법안은 빚의 탕감과 히브리인 노예들의 석방에 대한 신명기적 법들의 개혁으로 간주되며, 따라서 후대의 것이다. 셋째로, 이 법안의 이상적인 지침들의 실천은 나라 전반에 그리고 특히 부자들에게 엄청난 경제적 고통을 초래할 것이기 때문에, 많은 학자들은 이 법안을 귀환하는 유배자들의 유토피아적 이상, 즉 한 번이라도 실천에 옮기기에는 너무 숭고했던 이상으로 간주한다(예를 들어, de Vaux, *AI*, 1:177). 넷째로, 희년 법안이 알려 주는 사회적·경제적 학대들은 사사기와 사무엘상에서 증거되는 보다 단순했던 지파적 사회보다 훨씬 후기에 발생했다(Gnuse, *BTB* 15[1985] 46). 이러한 급진적인 법안을 출현시킨 정황을 찾아보기 위해 월리스(G. Wallis, *MIO* 15[1969] 341-45)는 이 법안이 유배자들의 이스라엘 귀환 시기에 그들이 작성한 것으로서 그 목적은 아마 포로기 동안 잃어버린 자신들의 땅에 대한 권리를 되찾기 위함이었을 것이라고 제안한다.

이 법안의 포로기 이후 연대 설정을 찬성하는 분위기가 강하지만, 세 가지 종류의 논증들이 희년 신학의 초기 기원을 지지하기 위해 제시될 수 있다. 첫 번째는 네 개의 희귀한 단어들의 발생이다. 그 단어들의 생소함은 그것들이 히브리어의 초기 단계에서 왔다는 징표다. 가장 놀라운 것은 요벨(יובל, "희년")이라는 핵심 단어의 정확한 의미와 어원이 불확실하다는 것이다. 반 셈스(van Selms)와 같은 어떤 학자들은 그것의 문자적 의미가 "숫양의 뿔"이라는 것을 증명하려 하지만(*IDBSup* 496), 노스(North)는 그것의 의미가 단지 10절로부터 식별될 수 있을 뿐이라고 생각한다(*TDOT* 6:3). 그러므로 그것의 기본적 의미에 합의된 바가 없다. 파라크(פרך, "엄한, 가혹한")라는 단어는 모호하다. 그것은 단지 43, 46, 53절에서, 그리고 같은 방식으로 출애굽기 1:13, 14에서만 나타난다. 이러한 사실들은 그것이 고대의 단어였다는 것을 제안한다. 이 단어는 에스겔 34:4에서 나타나지만, 에스겔은 아마 그것을 레위기 25장과 출애굽기 1장에 언급된 노예들에 대한 가혹한 대우를 암시하기 위해 사용했을 것이다(Cooke, *Ezekiel*, 374). 무크(מוך, "낮다, 가난하게 되다")라는 용어는 단지 25, 35, 39, 47절과 27:8에서만 발생한다. 만일 그것이 우가릿어 무크(*mk*, "가라앉다, 사라지다")의 동족어라면, 그것은 고대의 단어다. 리츠미투트(לצמתת, "영구히")는 단지 이 숙어로만 나타나며 23절과 30절에서만 사용된다. 라비노위쯔(Rabinowitz, *VT* 8[1958] 95)는 우가릿 문서들에서 병행 어구인 사미드 아디 다리티(*ṣamid adi darīti*, "영원히 멀어진")를 발견한다. 그는 나아가 우가릿에서 입증되는 재산 법들과 레위기 25장에 있는 법들 사이의 관련성에 근거하여 레위기 25장의 법들이 초기 시대에서 왔다고 주장한다.

둘째로, 구약에는 희년에 대해 단지 소수의 언급밖에 없지만(레 27:16-25와 민 36:4), 그것들은 그런 법안의 존재를 당연시 여긴다. 이 법안에 대한 또 하나의 암시는 예루살렘을 산헤립의 포위로부터 구해 줄 것이라는 여호와의 약속에서 발견된다(사 37:21-35). 30절은 청중들의 관심을 안식년이나 희년으로 이끄는데, 레위기 25:5, 11, 22과 아주 비슷한 언어로 제시된다. 그 징조를 작성할 때(사 37:30, "이것이 왕에게 징조가 되리니" – 역자주) 이사야는 그 징조가 더욱 강력한 효과를 갖도록 아마 희년 전통에 의존했을 것이다. 덧붙여서, 룻 이야기의 전체 구상은 게울라(גאלה, "재산 상환〈무르기〉권")에 대하여 이러한 희년 법안이나 비슷한 법안을 요구한다(참조. Leggett, *Levirate*, 292-95). 또 다른 연결고리는 주전 588년에 자연재해가 있을 때 하나님의 은혜를 얻고자 시드기야 왕이 히브리인 노예들을 석방한 사건에서 발견될 수 있다(렘 34:8-22). 시드기야는 아마 이 희년 법안이나 비슷한 고대의 법안을 따르려고 애썼을 가능성이 매우 높다. 예레미야에서 사용된 언어(렘 34:8-22)는 오경에 있는 몇몇 본문과 연관성을 갖는다(W. Holladay, *Jeremiah 2*,

Hermeneia[Minneapolis: Fortress, 1989] 238). 호프쉬(חפשי, "해방, 사면")는 출애굽기 21:2과 관련되며, 히브리인 노예들의 석방에 대한 법의 언급은 신명기 15:1과 12과 일치한다. 카라 데로르(קרא דרור, "해방을 선포하다")라는 전문적 어구의 사용은 레위기 25:10 및 그것에 종속된 40-41절과의 직접적인 연결을 확립한다. 예레미야의 그 단락은 널리 알려져 있던 고대의 법적 전통에 의존하고 있는 것이 분명하다. 레위기 25장에서 발견되는 바와 같이 그 전통에 대한 그런 한 가지 특정한 형식이 아니라 말이다. 재산 무르기의 의무에 대한 또 하나의 가능한 언급은 모호한 구절인 에스겔 11:15 배후의 사회·경제적 배경일 수 있다(W. Brownlee, "The Aftermath of the Fall of Judah according to Ezekiel," *JBL* 89[1970] 393; Leggett, *Levirate*, 89, n. 23; Zimmerli, *Ezekiel* 1, 261). 안식년에 대한 이러한 언급들과 희년과 관련된 법들이 몇 군데서 드문드문 나타나긴 하지만, 그것들은 적어도 안식년과 희년에 관한 이 법안에 부합했던, 이스라엘의 초기 역사로 거슬러 올라가는 법적인 전통이 존재했다는 것을 시사한다.

셋째로, 주전 2천 년경에 다른 중동 국가들은 희년의 채무법 및 노예법과 어떤 유사점들을 갖는 일반적인 탕감을 실천했다. 누주(Nuzu)에서는 재산이 수두투(*šudûtu*) 혹은 안두라루(*andurāru*) 이후에 양도되었다(C. H. Gorden, *RB* 44[1935] 34-41). 후자의 아카드어 단어는 아마 데로르(דרור, "사면, 해방")와 직접적으로 연관된다. 그 시기(주전 2400-2200년)와 구 바벨론 시대(주전 1900-1600년)에 왕들은 미쉬나룸(*mīšnarum*)이라는 왕실 칙령을 내렸는데, 그것은 사적인 빚과 공적인 빚, 밀린 세금을 탕감하고 채권자가 압류한 땅을 풀어 주고 노예가 된 자유인을 해방시켜 주는 것이었다. 이것은 다양한 개혁들의 시작이었다(참조. Westbrook, *ILR* 6[1971] 215-19). 이러한 관행은 통상적으로 왕의 통치의 첫해나 7년째에 실천되었다. 왕은 자신의 통치 기간에 한 번 이상 그런 칙령을 내렸을 것이다. 그런 포고령을 통해 그는 백성들 가운데 더욱 큰 경제적 평등을 재확립하려 했다. 이러한 칙령들의 효과는 계속적인 새로운 칙령의 필요성이 입증하고 있듯이 일시적이었다. 그럼에도 불구하고 그 칙령들의 존재는 주전 2천 년은 그런 사면 법들이 실천되었던 시대였다는 것을 증명한다(참조. M. Weinfeld, "Institutions, in the Priestly Source," *Eighth World Congress of Jewish Studies*, 126-29; Lewy, *Eretz Israel* 5[1958] 29). 레위기의 희년 법안은 메소포타미아의 관행과 차이가 나는데, 그것이 군주들이 내리는 산발적인 칙령에 의존하지 않고 해방의 선포를 위한 법적으로 고정된 주기에 의해 결정된다는 점에서 그렇다. 루이(Lewy, *Eretz Israel* 5[1958] 29)

는 왕이 통치하지 않는 어떤 국가는 그런 칙령을 선포하기 위한 고정된 주기를 가져야 했다는 통찰을 제공한다. 그렇지만 웨스트부룩(Westbrook)은 이러한 차이가 아주 근본적인 것이라는 사실을 발견하여 이스라엘의 법들과 미쉬나룸(*mīšnarum*) 사이의 병행점들은 희년이 초기의 이스라엘 법안이라는 주장을 지지하기 위한 비중 있는 근거들이 아니라고 주장한다(참조. Lemche, *VT* 26[1976] 39-41). 웨스트부룩의 논증에 비추어 볼 때, 메소포타미아의 법적 관행들과의 여러 병행들은 희년이 더 초기의 이스라엘의 기원의 시대에서 유래했다는 어떤 증거를 제공하긴 하지만, 입증 자료는 아니라고 말할 수 있다.

후기 연대를 주장하는 사람들에 의해 희년에 대한 언급의 희소성이 이러한 논쟁에서 많은 비중을 차지한다는 점이 주시되는데, 구약에서 희년에 대한 언급이 아주 적다는 것은 크게 놀랄 만한 일이 아니다. 왜냐하면 희년은 단지 50년에 한 번 발생하기 때문이다. 어떤 중대한 사건이 이 희년 법들에 비추어 보아야 더욱 잘 이해될 수 있는 경우가 아닌 한, 이스라엘 역사의 초기 시대에 대해 알려 주는 희소한 성경의 본문 자료가 희년을 언급할 이유는 거의 없었을 것이다. 왕국 시대를 다루는 역사적 저작들 속에 희년에 대한 언급이 부족한 또 다른 이유는 이스라엘이 안식년들을 준수하지 못했다는 역대하 36:21의 진술에서 발견된다. 대부분의 학자들은 안식년 준수에 대해 회의적인 반면, 어떤 연구물들은 그러한 회의주의에 도전해 왔다. 희년이 후대의 법안이라고 주장하는 사람들은 후기의 본문 자료들에 그것에 대한 언급들이 희소하다는 난관에 봉착한다. 이러한 희소성은 두 가지 이유로 인해 그들의 입장에 더욱 큰 장애물이다. 첫째로, 그것에 대해 언급할 기회들을 더 많이 주고 있는 한층 더 후대의 자료들이 존재한다. 둘째로, 만일 포로기 이후 공동체의 열정적인 이상주의자들이 유배를 불러 온 여러 종류의 사회적 범죄들에 맞서기 위해 이러한 희년 성명(manifesto)을 고안했다면, 분명히 희년의 최초의 준수에 대한 어떤 언급들이 있을 것이다. 특별히 포로기 이후 공동체는 안식일과 같은 유대 공동체에 특유했던 법들을 준수하는 데 대단히 열정적이었기 때문이다. 그누스(Gnuse, *BTB* 15[1985] 46)와 같이 희년이 그것이 기원한 바로 그 시대에 잊혀졌다고 말하는 것은 선뜻 믿기가 어렵다. 와콜더(Wacholder, *HUCA* 44[1973]/74] 153-84)는 안식년이 포로기 이후부터 주후 5세기까지 활기 있게 준수되었다는 사실을 보여 주었다. 그럼에도 불구하고 그는 희년 준수의 흔적은 전혀 발견하지 못한다(154). 마찬가지로 사르나(Sarna)는 시드기야의 노예 해방에 대한 철저한 연구를 통해 588/87년과 595/94년에 유다에서 안식년이 있었다고 결론지었다("Zedekiah's Emancipation," 148-49). 안식년에 대한 회의주의가 약화되었기 때문에, 희년 준수에 대한 압도적인 회의주의에 도전하는 증거가 발견되는 것이 가능해질 수 있다.

특정 문제에 대한 언급이 드물다는 사실이 반드시 그것이 중요하지 않다는 의미는 아닌데, 왜냐하면 제의에서 많은 중요한 항목들, 예를 들어 진설병, 속건제 그리고 칠칠절과 같은 것들이 구약 내에서 그것들의 기본 규정들을 벗어난 다른 곳에서는 별로 언급되지 않기 때문이다(참조. 16장의 역사에 대한 "양식/구조/배경"). 그러므로 희년에 대한 언급의 부족이 반드시 그 해가 결코 기념되지 않았다는 것을 의미하지는 않으며, 또한 이 법안이 후대에서 기원했다는 것을 당연시하지도 않는다.

이러한 다양한 논증들을 비교 검토해 보았을 때, 무게 중심은 혈족의 재산과 채무 노예의 양도 불가성에 관한 법적인 틀의 초기 기원과 함께 안식년과 희년의 초기 기원으로 기운다는 것을 알 수 있다. 이 법안의 최종 형식은 정착 후에 만들어졌다. 왜냐하면 이 법안은 이스라엘이 가나안에 정착한 후에 발생한 복잡한 사회적 쟁점, 즉 성벽이 있는 성읍들과 성벽이 없는 성읍들에서 이루어진 주택 매매를 각각 다루기 때문이다. 성벽이 있는 성읍들에서의 주택 매매에 대한 이러한 법들은 아마도 곁에서 나란히 공존하던 가나안 민족과 이스라엘 민족의 혼합된 도시 주민들의 필요에 따른 것일 가능성이 매우 높다. 그러므로 안식년은, 또한 희년의 공상적 이상은 이스라엘을 탄생시킨 이념(ideology)에 정박되어 있었으며, 그 법안은 이스라엘의 역사 속에서 변모하는 사회적 정황들에 맞게 개작되었다.

오경 내의 병행 본문들과의 관계

또 다른 중요한 쟁점은 안식년과 노예 해방, 그리고 땅을 묵혀 두기에 대한 다른 구약 법안과 현재의 법안의 관계다. 두 구약 본문인 출애굽기 23:10-11과 신명기 15:1-11은 휴경년과 관련된 법들을 담고 있으며, 그 외의 다른 두 본문은 노예 해방에 대한 지침을 내린다.

출애굽기 23:10-11에 있는 법들은 가난한 자와 야생 동물에 대한 배려가 법 제정의 동기다. 이 동기 부여를 설명하기 위해 많은 해석가들은 어디에도 안식년이 나라 전체가 동시에 지켜야 할 고정된 해로 언급되어 있지 않다는 사실을 주목했다. 그들의 주장에 의하면, 가난한 자와 짐승을 모두 돕는다는 목표는 만일 휴경년이 이 밭에서 저 밭으로 순환되면서 지켜진다면, 즉 일부의 땅을 한 해 동안 번갈아가며 묵혀 둔다면 훨씬 더 유익하게 달성되었을 것이다(예를 들어, Baentsch, *Exodus*, 206). 그렇지만 레위기 25:2-7에 있는 법안은 분명하게 모든 농경지를 동일한 제7년에 묵혀 두어야 한다고 포고한다. 그럴 경우에 만일 출애굽기 23장에 대한 위와 같은 해석이 정확하다고 가정한다면, 레위기 25장은 출애굽기 23장과는 다른 프로그램을 보여 주고 있을 것이다. 그러나 출애굽기 23:10-11과 레위기 25:2-7을 비교해 보면 아무런 모순도 나타나지 않는다.

신명기 15:1-11은 어떻게 이 두 본문과 조화될 수 있는가? 이 단락은 일차적으로 빚의 탕감에 관심을 갖는다. 핵심 단어는 쉐미타(שמטה, "사면, 면제"), 전문적 의미로 "빚의 면제"다. 이 단어는 레위기 25장에서 나타나지 않지만, 출애굽기 23:11에서 발견된다. 라이트(Wright, *EvQ* 56[1985] 133)는 신명기 15:1-11에 있는 법들이 휴경년을 전제한다는 입장을 취한다(134). 신명기 15:1-11에는 분명한 농사 관행들의 규정이 전혀 없다는 사실을 주목할 필요가 있다. 만일 라이트의 입장이 정확하다면, 신명기는 안식년의 관행에다 이 해에 부채가 징수될 수 없다는 법을 추가한 셈이다. 덧붙여서, 쉐미타(שמטה)의 관행은 다양하게 이해된다. 한 가지 해석은 저당물을 잡은 사람이 7년째에 그 저당물을 내주어야 한다는 것이다. 노스(North, *Sociology*, 199)는 그 저당물이 한 필지의 땅이나 비싼 물건일 수 있다고 생각하지만, 호스트(Horst, *Privilegrecht*, 59-61)와 같은 다른 사람들은 그 저당물을 사람으로 받아들인다. 또 다른 해석은 어떤 사람의 채무 전체가 말소되었다는 것이다. 그러나 한 무리의 학자들, 즉 드라이버와 화이트(179), 카일 델리취(Keil and Delitzsch, 3:369) 그리고 라이트(*EvQ* 56[1984] 135-36)와 같은 사람들은 전체적인 부채가 말소된 것이 아니라 단지 부채의 지불이 땅이 휴경하는 해 동안 유보되었다고 생각한다. 크레이기(Craigie, *Deuteronomy*, 236)는 이러한 입장을 받아들이면서, 곡식 빚의 경우에는 휴경년 동안에 유보가 필수적이었을 것이라고 설명한다. 왜냐하면 휴경년을 준수하면 농부는 그 해 동안에 부채를 지불하기 위한 수단을 전혀 갖게 되지 못할 것이기 때문이다. 만일 부채의 지불이 단지 유보되었을 뿐이라는 입장이 옳다면, 부채에 관한 희년 법들은 신명기에 있는 법들보다 가난한 사람들을 위해 훨씬 더 급진적인 것이고 훨씬 큰 해방을 주는 것이었다.

다른 두 본문인 출애굽기 21:2-6과 신명기 15:12-18은 노예 해방에 관한 법들을 갖는다. 출애굽기에 따르면, 히브리인 노예는 6년 동안 섬겨야 하고 7년째에는 석방되어야 한다. 만일 사람이 자신의 아내와 함께 노예 신분이 된다면 둘 다 자유로이 나갈 수 있다. 그러나 만일 사람이 자신의 노예 예속 기간 동안에 결혼을 한다면 그의 아내와 자녀들은 남겨 놓고 나와야 한다. 그렇지만 그 사람이 노예로 머물러 있기를 원한다면, 그는 자유케 될 모든 권리를 상실하게 되나 자신이 원한 대로 할 수 있다. 신명기 15:12-18은 추가적인 조항을 가지고 이러한 노예에 대한 법들을 재진술한다. 그 조항은 노예가 자유롭게 될 때, 그의 주인은 그에게 자신의 가축 떼와 타작 마당과 포도주 틀에서 가져온 풍부한 식료품을 제공해야 한다는 것이다. 많은 학자들은 그 6년의 기간은 전 국가적인 제7년(안식년-역자주)이 아닌 각각의 사례에 개별적으로 적용된다고 이해한다(예를 들어, Craigie, *Deuteronomy*, 238; Gnuse, *BTB* 15[1985] 45). 제7년이 정확히 어떤 것인지는 여전히 논쟁이 되고 있는 상태다. 그렇지만 다른 관점에서 살펴볼 때 신명기 15장과 레위기 25장 사이에는 몇 가지 접촉점이 존재한다. 신명기 15:12에서는 히브리인 노예가 "너의 형제"(אחיך-아히카)로 명명되는데, 이것은 레위기 25:25, 35, 36, 39, 46, 47절과 동일하다(참조. 48절). 양자의 법 모두 이집트로부터의 구원의 역사에 결속되어 있다(15절; 레 25:38, 42, 55). 하나님의 축복의 약속은 신명기에 있는 이러한 법들을 지키도록 하기 위한 동기 부여다(14b, 18b절). 하나의 병행이 레위기 25장, 곧 안식년과 희년 준수를 위한 동기 부여들을 갖는 레위기 25장에서 발견된다(18-19절, 20-22절). 이러한 연결고리들이 강력히 시사하는 바는 어떤 전통 속에 있는 법들이 다른 전통 속에 있는 법들에 의해 영향을 받았다는 것이다(참조. Kilian, *Literarkritische*, 132).

이러한 비교로부터 하나의 난해한 질문이 발생한다. 만일 노예들이 매 7년마다 해방되었다면, 희년의 노예 해방은 도대체 왜 필요한가? 이 문제를 해명하려는 몇 가지 시도가 있었다. 한 가지 접근법은 레위기 법들은 더 오래된 법들을 개혁하려는 노력의 산물이었다고 주장한다. 예를 들어, 드라이버(S. R. Driver)는 신명기에 있는 법들에 규정된 6년의 노예 예속 시한은 비실용적이며 시행될 수 없는 것으로 판명되었다고 제안한다(Deuteronomy, *ICC*, 185). 이 상황을 바로잡기 위해 희년 법들은 노예 예속의 햇수를 연장시켰으며(이 경우 최장 50년까지 가능하다-역자주), 이어서 주인은 자신의 종에게 친절하게 대우할 것을 요구했다. 긴즈버그(Ginzberg)는 동일한 관점에서 레위기 25장은 더 기한이 길고 안정된 노동력을 제공함으로써 부자들을 돕기 위해 만들어졌다고 말한다(*JQR* ns 22[1932] 349). 그렇다면 희년은 모든 이스라엘 본토인들의 자유를 증진하는 것이 아니라, 대부분의 경우에 채무 노예들을 더 오랜 연한 동안 섬기게 만들었을 것이다.

두 번째 접근법은 전승사 비평을 다양한 본문들에 적용함으로써 그 차이들을 설명한다. 예를 들어, 렘체(Lemche)는 독특한 접근법을 취한다(*VT* 26[1976] 49-51). 그는 요벨(יובל)이 "노예 해방의 해"(manumission year), 곧 "사면의 해"를 의미하는 것으로 해석한다. 본래 그것은 시간의 간격을 알려 주지는 않았다. 따라서 그것은 출애굽기 21:2-6과 신명기 15:12-18에 일치하게 제7년에 준수되었다. 렘체는 7년의 기간이 각 노예와 각 재산의 매매에 적용되었다는 입장을 취한다. 시간이 흐르면서 레위기 25장의 법안은 휴경년에 대한 법과 부수적인 사회적 법의 추가와 함께 규모가 커졌다. 희년 법들이 각각의 사례들로부터 국가적 프로그램으로 전환될 때, 편집자는 희년 준수가 주는 경제적 타격 때문에 희년을 매 일곱 번째의 안식년으로 삼았다. 렘체는 레위기 25장에 있는 법안이 오랜 성장과 발전의 역사적 과정을 거쳤다고 결론짓는다. 이 법안의 어떤 부분들은 언약서(the Book of the Covenant, 출 20-23장을 일컫는다 – 역자주)와 신명기에 있는 안식년 법들로부터 취해졌다. 불행히도 그와 같은 복잡한 재구성들은 증거의 부족으로 인해 실증도 논박도 불가능하다.

세 번째 접근법은 그 법들이 노예 상태로 이끈 다른 사회적 상황들을 전해 준다는 관점에서 연구한다. 멘델슨(Mendelsohn, *Slavery*, 89)은 출애굽기-신명기에서 언급되는 노예들은 채무 때문에 강제로 노예 신세로 전락했지만, 레위기 25장의 노예들은 자신의 채무를 갚기 위해 자신을 스스로 노예로 팔았다고 한다. 이러한 제안은 강제로 노예 신분으로 전락되어 단지 6년 동안 섬겨야 하는 사람과는 달리 평생토록 수십 년을 노역해야 하는 자발적인 노예 신분이 되고 마는 현저하게 대조적인 불평 등으로 인해 난관에 부딪힌다. 동일한 방식으로 한 가지 설명을 제시하는 라이트(Wright, *EvQ* 56[1984] 195-200)는 서로 다른 묶음의 법들이 서로 다른 두 계층에게 전달하고 있다고 지적함으로써 그 수수께끼를 해결하려 한다: 즉 출애굽기/신명기에서는 히브리인(עברי)에게, 레위기에서는 이스라엘 사람에게. "히브리인"은 다른 사람을 위해 용역을 함으로써 생계를 꾸려 나갔던 땅이 없는 사람들의 사회적 계급을 의미한다. 만일 어떤 히브리인이 채무를 지게 되었다면, 그는 6년 동안 노예가 되었다. 그는 석방될 때 "자유롭게"(חפשי – 호프쉬), 즉 땅에 대한 권리는 없으나 일용직 노동자나 소작인으로 계속 살아갈 수 있는 자유인이 되었다. 대조적으로 레위기 25장의 법들은 빚 때문에 고용된 노동자로 자신을 주인에게 맡겼으나 세습 재산은 소유하고 있는 어떤 이스라엘 사람에게 전하는 지침이다. 그는 속량(무르기)될 권리를 간직하고 있었기에, 어떤 친족이 어느 때든 그를 속량하거나 또는 그의 자유를 살 수 있었다. 라이트의 제안은 땅을 가진 이스라엘 사람이 땅이 없는 노동자보다 통상적으로 훨씬 더 오랜 기간을 속박 상태에 있게 된다는 커다란 장애에 직면한다. 그의 제안에는 또 다른 난점이 있는데, 그것은 바로 언약적 이상 아래서는 이러한 "히브리인들"이 자신들도 세습 재산을 가져야 한다는 생각을 가졌다는 것이다.

서로 상이한 본문들 간의 긴장을 설명하려는 네 번째 시도는 노예에 대한 이러한 여러 뭉치의 법들이 땅과 시간 양자 모두에 대한 언급에서 차이가 있다는 사실을 강조한다. 출애굽기와 신명기의 법들은 레위기의 법안에서 핵심적 쟁점인 땅 문제를 직접 말해 주지 않는다. 아울러 그러한 법들은 그 법들이 각자 개인적인 노예들의 예속 기간을 다루고 있을 가능성이 크다는 점에서 서로 다르게 시간 문제를 언급하는 반면, 레위기에 있는 법들은 모든 노예들에 대한 동시적인 자유의 선포에 관심을 갖는다. 레위기는 모든 이스라엘 가족들이 각자의 세습 재산에 의지해 살면서 자유케 되는 한 해, 즉 매 일곱 번째의 안식년(희년－역자주)을 가져야 했다. 그러므로 특별히 이 법안은 어떤 노예가 자신을 평생토록 주인에게 예속시킬 권리를 갖는 출애굽기와 신명기의 노예 해방 법들에 있어서 예외 조항을 알려 주었다. 비록 그 노예가 예속되어 있는 중에 결혼을 하여 자녀를 낳았다 할지라도, 그러한 노예와 또한 의심할 바 없이 그의 가족은 희년에는 해방되어야 했다. 나아가 이 법들은 장기간 무거운 채무를 지게 된 사람의 상황을 알려 준다. 그런 사람이 완전히 모든 빚을 탕감 받을 어떤 시점이 존재했다. 그러므로 희년은 모든 이스라엘 민족이 매 50년마다 여호수아가 땅을 분배했던(수 13-19장) 당시 그대로 세습 재산을 반환 받고 또한 자유인의 신분으로 회복되는 것을 그 목표로 삼았다. 그렇다면 분명히 이 법안은 채무 노예의 문제에 대해 출애굽기와 신명기에서 발견되는 법들과는 다른 차원의 내용을 알려 준다. 이 법들의 커다란 목표는 단순히 7년 노예 상태 후에 어떤 히브리인에게 자유를 주기보다는 이스라엘인 종신 노예 계층의 확대를 막는 것이었다.

결론적으로 만일 출애굽기, 레위기 그리고 신명기에서 발견되는 채무 탕감과 노예 해방에 관한 법들이 동일 선상에서 읽혀진다면, 그것들 사이에는 어떤 모순이 존재하지만, 모든 사회는 서로 다른 관점에서 작성되는 법들을 소유하며, 그 법들은 엄격한 문자적 이해로는 서로 충돌하는 조항들을 포함하는 각기 상이한 상황들을 알려 준다. 사법 제도의 이러한 공통적인 현상은 통상적으로 특정 상황과 법리적 해석의 전례에 의존하여 어떤 법들에 다른 법들보다 우선권을 주는 방식으로 해결된다. 바로 그것이 고대 이스라엘에서의 상황이었을 것이다. 왜냐하면 이러한 서로 다른 묶음의 사면 법들을 적용할 때 처리할 수 없는 것은 전혀 없기 때문이다. 역으로, 이러한 상이한 묶음의 법들이 존재함으로써 고대 이스라엘의 시민들이 종신 노예가 되지 못하도록 막는 강력한 안전망이 마련된다.

주석

1 이것은 "시내 산에서"(בהר סיני – 베하르 씨나이)라는 어구를 갖는 유일한 도입 형식문이다. 그것은 26:46의 요약 진술에 있는 동일한 어구와 연결되어 이 연설의 골조를 형성한다. 이 도입 형식문은 부록(27장)을 제외하고는 레위기에서 최종 연설이기 때문에 색다르다. 모세가 시내 산에서 율법을 받았다는 언급은 이 연설의 권위를 강조한다.

2 땅의 주인이신 하나님께서는 이스라엘과 언약 관계로 들어갔기 때문에 그들에게 땅을 상속물로 주신다. 이러한 진리는 안식년과 가문의 세습 재산의 상환(무르기)권을 다루는 법들을 위한 토대다. 하나님께서는 땅이 7년마다 주기적인 휴식을 얻는 것에 관심을 갖고 계신다. 백성들이 7일 마다 쉬어야 하는 것처럼, 땅은 7년마다 쉬어야 한다. 하나님께서는 자신의 백성이 약속의 땅의 선물과 자신이 베푸는 축복의 은혜를 누릴 수 있도록 끊임없는 노동에서 벗어나기를 원하신다. 이 휴식의 준수는 "여호와께 안식일"(שבת ליהוה – 샤바트 라도나이)이라는 어구가 말해 주듯이 여호와를 공경하는 행위다(Rashi, 113). 그런 준수를 통해 백성들은 땅에 대한 여호와의 주권을 분명하게 인정하며 자신들의 양식 공급을 위해 그분을 신뢰하는 모습을 담대하게 보여 준다.

4-7 안식년에는 모든 농경 활동이 중단되어야 한다. 땅 주인은 자신의 밭에 파종해서도 안 되고 포도나무나 과실수를 가지치기해서도 안 된다. 또한 밭에서든 포도원에서든 스스로 자란 것을 추수하는 것이 허용되지 않는다. 추수기에 어떤 사람은 자연히 자란 곡식과 과일을 추수하고픈 유혹에 빠질 수 있을 것이다. 그러나 백성들은 제7년의 자연적 성장으로부터 어떤 이득도 취해서는 안 된다. 분명히 가족의 모든 식구들은 하나님께 일용할 양식에 대해 감사하며 그 생산물을 먹을 수는 있지만, 그들은 팔거나 저장하기 위해 그 수확물을 추수할 수는 없다. 오히려 땅 주인들은 이 수확물을 자신들의 종들과 노동자들, 그리고 짐승들과 자유롭게 나누어 먹어야 한다(참조. 출 23:10-11). 6절에 있는 백성들의 목록은 이스라엘 사람은 누구도 음식에 쓰려고 안식년의 소산물을 수집하는 데서 배제되지 않는다는 것을

의미한다.

[8] 7은 가장 신성한 숫자다. 그러므로 일곱 개의 7은 훨씬 더 신성하다. 제49년은 하나의 안식년이다. 그 해의 더욱 큰 신성함은 요벨(יובל), 즉 "희년"이라 불리는 제50년에 기념된다(10절). 어느 해가 제50년으로 간주되는지는 13절에 있는 희년에 대한 부록을 보라.

[9]-[10] 희년은 그 땅 전역에 "나팔"(שופר – 쇼페르), 즉 양의 뿔을 불어서 선포되어야 한다. 그 표현은 포고자들이 그 나팔이 불려졌다는 것을 알리면서 땅 전역을 돌아다니는 것을 묘사한다(Elliger, 352). 이것은 속죄일인 티쉬리(Tishri, 7월) 10일에 발생했다. 희년이 이 날에 시작되는 것은 아주 잘 어울리는데, 이는 그 날이 온 나라가 모든 죄로부터 용서를 받는 연중 가장 엄숙한 날이기 때문이다. 이 날에 "자유"(דרור – 데로르)가 선포된다. 즉 모든 부채가 탕감되고 자신의 세습 재산을 임대했던 땅 주인은 자신의 땅을 되찾고 이스라엘인 채무 노예는 사면된다. 새로운 희년 주기의 처음에 이스라엘 민족은 자신의 세습 재산에 의존하여 사는 자유 시민이 되어야 한다. 그러므로 이 제50년은 특별히 성별된다(קדש – 카도쉬).

요벨(יובל)의 의미는 분명하지 않다. 흔히 제안되는 의미는 "숫양"이다. 케렌 하요벨(קרן היובל, "'희년' 나팔")이라는 어구에서(수 6:5) 요벨(יובל)은 악기를 지칭하는 것으로 보인다(참조. 출 19:13). 반 셈스(Van Selms)는 쇼프로트 하요벨림(שופרות היובלים)이 "숫양들의 뿔 나팔들"을 의미한다고 제안한다(수 6:4, 6, 8, 13). 그러므로 요벨(יובל)은 "숫양의 뿔"을 의미한다(*IDBSup* 496). 노스(North)는 요벨(יובל)이 뿔과 어떤 상관이 있다는 것을 수긍하지 못한다(*TDOT* 6:1-2). 노스의 견해로는 여호수아 6:5과 출애굽기 19:13에서 공히 마샤크(משך)가 그 어구에 선행하면서 "나팔 소리"를 의미하는데, 요벨(יובל)의 의미는 미해결된 채로 남는다. 노스에게 있어서 요벨(יובל)은 레위기에 있는 이 구절로부터 입수되어야 한다. 여기서 그것은 일곱 번째 안식년에 발생하는 흥겨운 귀향(homecoming)을 지칭하는 이름이다(*TDOT* 6:3). 요벨(יובל)의 전문적 의미는 확실하지만, 그것의 어원과 일반적 의미는 감추어져 있다. 요벨(יובל)은 이 본문에서 고유명사로 사용되는데, 이는 그것이 관사가 없이 히 요벨(היא יובל, "그것은 희년이다")이라는 형식문에서 나타나기 때문이다.

[11]-[12] 안식년 동안의 파종과 추수에 대한 모든 제한들(4-7절)은 희년에도 적용된다. 희년은 거룩한 해로 선언된다. 그 해에 자란 소산물을 자유롭게 먹으라는 허용이 반복되어 강조된다.

13 이 구절은 10b절의 메시지의 반복이다.

부록: 희년

혼란스러운 질문은 희년은 어느 해였는가, 또는 어떤 시간 간격을 가졌는가 하는 것이다. 이것은 2년 연속 휴경년의 준수가 초래했을 엄청난 경제적·사회적 고초로 인해 제기되는 질문이다. 이 질문에 답하기 위해 어떤 창의적인 제안들이 제시되어 왔다.

한 가지는 희년이 결코 준수할 목적으로 고안되지 않은 유토피아적 이상이었다는 것이다(이 입장의 논지에 대해서는 "양식/구조/배경"을 참조하라).

다른 제안은 희년을 49년마다 달력에 끼워 넣는 49일짜리 "윤년"(leap year)으로 해석한다(Hoenig, *JQR* 59[1969] 222-23; Wenham, 319; 이것은 49년마다 불과 49일을 1년으로 여긴 짧은 윤년을 지켰다는 것으로, 이 윤년은 윤달이 있는 해라는 통상적인 의미의 4년 주기의 윤년과는 다른 개념이다 – 역자주). 이 윤년은 음력을 양력에 맞춰 재조정하기 위한 것이었다. 그런 윤년은 제2성전의 월력에서 희년이 사라진 이유를 설명해 준다. 왜냐하면 양-음력의 채택은 이런 여분의 날들의 필요성을 제거했기 때문이다(Hoenig, 236). 이러한 입장을 한층 뒷받침하기 위해, 그것의 옹호자들은 레위기 25:8을 수정하여 "해들의 일곱 안식일의 **날들**(the *days* of the seven sabbaths of years)[마소라 본문: 해들], 즉 49일이 너에게 일 년이 될 것이다"로 읽는다(S. Zeitlin, "Some Stages of the Jewish Calendar," *SAJ Review* 8[1929] 6-8; Hoenig, 222에 의한 최초의 제안). 불행히도 이러한 입장에서 그러한 수정은 아무런 본문상의 지지를 받지 못한다. 그러나 이 입장에 가장 곤란한 장애물은 49일이 월력과 양력을 재조정하기에 충분하지 않다는 것이다. 49년의 기간에 완전한 재조정을 위해서는 약 61일의 날짜가 필요할 것이다(참조. Gnuse, *BTB* 15[1985] 47). 마찬가지로 불만족스러운 다른 견해들로서 희년을 윤달이 있는 해로 해석하려는 시도들이 노스에 의해 설명되었다(North, *Sociology*, 125-29).

몇몇 해석가들(참조. North, Sociology, 122-25)은 일곱 번째의 안식년과 제50년의 희년이 종교력과 민간력과 같은 두 가지 상이한 월력의 중복이라는 것을 증명하려 했다. 주된 난점은 휴경년이 가을에 시작되지 않는다면, 그것은 어떤 경우라도 2년 동안의 연속적인 농사를 방해하여 대단히 큰 부담이 되고 만다는 것이다. 본문은 희년이 가을, 곧 7월에 시작된다고 말한다. 마찬가지로 희년에 파종과 수확을 금지하는 법의 언어적 표현은 휴경년이 가을에 시작되었다는 것을 시사한다.

노스는 상상력에 의존한 제안을 내놓았다(North, *Sociology*, 118-20). 휴경년의 중요성을 깎아 내리면서, 그는 이 법안의 의도가 가난한 사람들의 구제를 위한 것이었다는 전제 위에 자신의 입장을 발전시켰다. 가난한 사람들의 필요를 채우기 위해 농토는 권리를 상실한 사람들에게 어떤 음식을 제공하려는 목적으로 돌아가면서 안식년을 준수했다. 즉 땅 주인은 가난한 사람들에게 혜택이 돌아가도록 추수에 대한 자신의 권리를 양보했다(North, 118). 그러므로 공통의 국가적 안식년이나 희년은 전혀 존재하지 않았다. 이러한 해석은 매우 혁신적이지만, 그것은 레위기 25장의 법안과는 정반대되는 입장이다.

최근의 몇몇 학자들이 채택한 제안은 제49년의 안식년과 희년이 같다는 주장이다(예를 들어, van Selms, *IDBSup* 496; North, *Sociology*, 129-33). 제49년은 7년들의 순서적 연속의 절정이다: 일곱 번째 날, 일곱 번째 달, 일곱 번째 해(안식년) 그리고 일곱 번째 안식년(North, 132). 절정에 이른 49년째의 해는 "희년" 혹은 제50년(יובל – 요벨)이라 불린다. 해석의 방향은 동일하지만 다른 경향의 관점을 가진 카우프만(Kaufman, "Reconstruction," 278)은 "희년"을 일곱 번째 안식년 기간의 일정한 시점에 있었던 자유의 선포로 이해한다.

일곱 번째 안식년과 희년이 어떻게든 중복된다는 입장은 20-22절에서 발견되는 바 희년과 안식년을 견디게 할 풍성한 양식을 주신다는 약속과 일치한다. 문맥을 근거로 우리는 이 약속이 희년에 대한 것으로 추측할 수 있지만, 내용에 대한 면밀한 관찰은 그것이 안식년에 부합한다는 것을 시사한다. 그 약속에 대해서 의심하는 사람들이 묻는다. "우리는 제7년에 무엇을 먹어야 합니까?" 만일 2년 연속 휴경년이 있었다면, 우리가 예상해 볼 수 있는 질문은 "우리가 제8년에 무엇을 먹어야 합니까?"이든지 "우리가 2년의 휴경년 동안 무엇을 먹어야 합니까?"이다. 이 약속이 3년 동안 쓸 음식의 필요에 대해 말하지만, 그것의 일차적인 관심은 제7년에 쓸 음식에 대한 것이다. 이 약속이 2년 연속의 휴경년에 대해 고려하지 않는다는 결정적인 증거는 제8년의 파종에 대한 언급이다. 만일 희년이 제50년이었다면, 그것은 제8년이었을 것이며, 파종은 허락되지 않았을 것이다. 이 약속은 모든 휴경년이 3년의 부분적인 연한들로 채워졌다는 사실을 인식한다. 안식년이 가을에 시작되었다는 점에서, 그 휴경은 제7년과 제8년을 거쳐서 제9년째로 이어졌다. 만일 연한의 계산이 봄에 시작하는 월력에 의한 것이었다면, 휴경년은 제7년 및 8년을 부분적으로 포함한 기간이었을 것이며, 제8년 가을에 파종한 씨의 추수물은 제9년의 시작 전까지 수확되지 않았을 것이다(Hoenig, *JQR* 59[1969] 226-29). 제9년이 되어서야 정상적인 파종과 추수의 주기가 실현되었을 것이다. 덧붙여서 이러한 계산법을 적용할 때 2년 연속의 휴경년이었다면, 그것은 부분적인 연한을 포함하여 4년을 채웠을 것이다. 그러므로 만약에 이 약속이 문맥에 암시하는 대로 희년과 관련된 것이라면, 이 약속은 희년과 49년째의 안식년이 중복되었다는 강력한 암시다.

만일 본문이 제50년에 대해 말한다면, 고대의 시간 계산법은 현대의 방식과 톱니바퀴처럼 정확히 맞물리지가 않는다. 특히 숫자가 상징적으로 사용될 때 그러하다. 모든 월력이 날짜 계산에 어려움을 제공한다. 예를 들어, 5월 7일부터 10일까지는 나흘을 일부분 포함한다 할지라도 사흘로 간주된다. 비슷하게 일곱 번째 안식년인 희년부터 다음 희년까지는 50년이다(North, *Sociology*, 130). 칠칠절이 유월절 이후 제50일째에 시작된다고 규정하는 본문들은 동일한 날짜 계산법에 직면한다. 오순절은 유월절 이후 50번째의 날, 즉 일곱 번째 안식일 다음날이다. 레위기 23:16에 있는 월력 서술은 오순절을 "일곱 번째 안식일 다음날"로 확인해 준다. 비록 그것이 안식일이 아닌 안식일 다음날부터 날짜 계산이 시작되는데도 말이다. 즉 정확히 49일이 50일로 계산된다(North, 131). 현대의 날짜 계산법에는 이러한 방식이 난관이 되지만, 고대인들에게는 반드시 문제가 되는 것은 아니었다. 그 이유는 특히 그들이 연한을 연속적인 방식으로 계산하지 않았기 때문이다. 덧붙여서 만일 다니엘 9:24의 490년이 열 번의 희년이라면, 이 구절은 희년이 한 주기의 일곱 번째 안식년이었다는 입장을 지지한다. 이러한 점에 비추어 50이라는 숫자는 구체적인 월력의 숫자라기보다는 좀더 상징적인 것일 수 있다. 이러한 마지막 제안은 포로기 이후 공동체가 안식년을 기억하고 있었지만 왜 희년에 대해서는 전혀 언급하지 않았는지에 대한 이유를 설명해 줄 수 있다. 예를 들어, 요세푸스(Josephus)는 126년 동안의 안식년에 대해 기록하지만, 희년에 대해서는 아무런 설명도 하지 않는다(*Ant.* 13.9.5; 14.10.6).

일곱 번째 안식년과 희년을 동일시하는 이러한 입장은 이 법안이 국가적 재앙이었던 것이 아니라 자유를 증진하기 위해 고안된 법안으로서 고대 이스라엘의 역사의 어떤 시대들에 어느 정도 지켜졌다는 것을 인정하려는 진지한 시도다. 희년과 안식년의 관계를 설명하려 할 때, 안식년의 시작에 대한 아무런 지침이 없다는 것을 주목하는 것이 중요하다. 이러한 결여는 희년을 7월에 선언한다는 명시적인 지침과 두드러지게 대조된다. 희년을 선언하는 이러한 특징적인 방식은 이 안식년을 다른 안식년들과 구별된 것으로 특징짓기 위함일 수 있다.

(이 자료는 박사 과정의 Steve Wilkens의 도움으로 마련되었다.)

14-16 재산 매매에서 가격은 다음 희년 전까지 남은 햇수에 의해 결정된다. 실제로 땅은 사고 팔 수 없다. 오히려 땅은 다음 희년 전까지 임대될 수 있다. 땅 한 필지의 값은 다음 희년까지 남은 햇수에 따라 정해져야 한다. 상환(무르기) 가능한 땅이 연루된 거래에서 판매자는 이미 지난 추수물들의 가격을 뺀 매매 가격으로 그것을 되살 수 있다. 공시 지가를 결정함으로써 구매자가 더 가난한 형제를 착취하여 이익을 취하지 못하도록 만든다. 즉 동포가 가난한 처지로 인해 어쩔 수 없이 더 낮은 가격으로 한 구획의 땅을 임대로 내놓게 되고, 나중에 구매자가 판매자나 그의 친족이 그 땅을 무르기를 요구할 때 높은 가격을 매기지 못하게 하는 것이다(참조. Westbrook, *RIDA* 32[1985] 98-100). 권력자가 세습 자산을 팔라고 요구할 수 없다는 사실은 나봇이 자신의 땅을 팔라는 아합 왕의 요구를 거절한 이야기에서 입증된다(왕상 21:1-26). 이스라엘의 법 아래서 아합은 나봇이 살아 있는 한 그 포도원을 요구할 힘이 없었다. "동료, 이웃"(עמית – 아미트, 개역 성경: 남)의 가문 재

산을 임차할 때, 그를 "학대" 혹은 "갈취"(הונה – 호나)하지 말라(참조. 19:33)는 일반 명령이 있다. 이러한 금지가 의미하는 것은 다른 무엇보다도 임차인(leaser)이 동료 이스라엘 사람의 땅을 사용하기 위한 흥정에서 일방적으로 유리한 조건을 밀어붙여 그 사람의 채무 부담을 적절하게 덜어 주지 못하는 일이 발생하지 않게 해야 한다는 것이다.

17 서로를 갈취하지 말라는 권고가 14b절부터 반복되며 그것은 이스라엘 신앙의 모퉁이돌, 즉 각 사람의 하나님에 대한 "경외"(ירא – 야레)에 그 토대를 두고 있다(참조. 19:14). 사람은 하나님을 경외할 때 개인적 수입보다 인격적 관계들에 훨씬 더 큰 가치를 부여하게 된다. 이 가치는 하나님을 "너희의 하나님"으로 칭하는 것이 지시하는 바와 같이, 하나님과의 개인적 관계와 함께 시작된다(참조. 19:14). 이 권면의 중요성은 여호와의 자기 소개 형식문으로 한층 강화된다(참조. 18:2).

18-19 이 지점에서 하나님의 법들을 따르라는 확장된 권면이 등장한다. 이것은 훌륭한 수사학적 장치로서 이 장치를 통해 연설자는 청중들이 이 구체적인 규준들을 준수하게 만들고자 한다. 그 권고는 그들이 그 땅에 안전히 거할 것이며(효과를 위해 두 번 반복된다), 배불리 먹을 충분한 양식을 갖게 될 것이라는 약속들로 강조된다. 그리하여 여호와께서는 추수기에 빈번히 나라 변방을 침략하려고 위협을 가하는 약탈자 무리들로부터 자기 백성을 보호하실 것이라고 약속하신다. 그런 침략들은 순식간에 침략자들이 몇 달 동안의 노동의 결실을 탈취해 가기 때문에 거주민들을 빈곤에 빠뜨린다. 그런 침략을 경험하게 되면, 백성들은 도덕성에서 이탈하며 생존의 몸부림 가운데 사소한 것들까지 숨겨놓게 된다. 기드온의 시대의 시국이 바로 그런 것이었다(삿 6:1-6). 반대로, 하나님의 보호의 약속에 대한 믿음은 자신감을 높여 준다.

20-22 그 연설자는 직접 백성들의 질문, 즉 그들이 휴경년인 제7년에 무엇을 먹을 것인지 묻는 질문을 전달해 준다. 연설자는 회중의 우선적인 질문을 예상함으로써 능숙하게 청중의 저항을 극복하는 가운데 주도권을 유지한다. 여호와께서는 그들의 질문에 답변하신다. 그분은 자신이 제6년에 특별한 방식으로 그 땅을 축복하실 것이라고 약속하신다. "나의 축복"(ברכתי – 비르카티) 앞에 "명령하다"(צוה – 치바)를 사용한 것은 백성들에게 풍성한 추수를 주시겠다는 여호와의 확고한 의지를 강조한다. 묵은 소산물은 부분적 연한들을 포함한 3년의 기간 동안 먹기에 충분할 것이다. 물론 백성들 스스로는 엄청난 추수물을 저장하고 현명하게 분배할 책임을 가질 것이다. 이 3년의 기간이 안식년에 적용되어 제6, 7, 8년인지, 아니면 희년

때의 2년 연속의 휴경년, 즉 제7년과 8년에 더하여 추수를 기다리는 제9년이 요구되는 것처럼 보이는 희년 주기의 연도에 적용되는 것인지는 논란이 된다. 전자가 선호되는 입장인데, 이는 본문이 제8년에는 파종을 할 것이라고 말하기 때문이다. 제8년의 파종은 만일 희년이 제50년이었다면 금지되었을 것이지만, 안식년 주기의 제8년이었다면 금지되지 않았을 것이다. 제9년에 대한 언급은 현실적인 것인데, 이는 한 번의 안식년 주기에서 휴경년 동안에 고갈된 식량을 벌충하기 위해서는 2년이 필요하기 때문이다. 특히 한 해의 서로 다른 소산물을 위한 추수들이 서로 다른 시기에 이루어진다는 것을 감안하면 말이다. 문맥 속에서 일차적으로 안식일을 위한 약속이 또한 희년에도 적용될 수 있다.

23-24 각 가족은 자신들의 상속물을 소유한다. 그것은 영원히(לצמתת – 리츠니투트) 매매될 수 없다. 각 가족의 상속물에 대한 권리의 배후에 있는 원리는 하나님께서 친히 그 땅에 대한 소유권을 쥐고 계신다는 신학을 기반으로 하고 있다. 그렇다면 백성들은 하나님께 대하여 "체류 이방인"(גרים – 게림)이나 "소작인"(תושבים – 토샤빔)이다. "나와 함께"라는 어구는 아마도 "나의 보호 아래"라는 의미를 전달할 것이다(H. D. Preuss, "את *'ēth*," *TDOT* 1:450). 어떤 이스라엘 사람의 손님인 이방인이 그 집의 가장의 보호 아래 있는 것과 마찬가지로, 역시 이스라엘의 가족들도 여호와의 소유지인 그 땅에 체류하는 이방인으로서 그분의 보호 아래 놓인다. 여호와와 이스라엘의 가족들 사이의 긴밀한 관계뿐만 아니라 이 위대하신 하나님께서 그들에게 제공하시는 안전이 여기서 강조된다. 소유주이신 하나님께서는 이스라엘의 가족들이 언약 아래서 받았던 상속물로 간직하고 있던 모든 자산이 "상환(무르기)권"(גאלה – 게울라)을 수반한다고 천명하신다. 혹은 그것을 다른 방식으로 말하자면, 이스라엘이 차지하고 있는 그 어떤 땅도 "상환권"으로부터 면제될 수 없다. 이 법의 의도에서 교묘하게 우회하여 법망을 빠져 나갈 구멍을 고안해서는 안 된다.

25 이 법은 "가난"(מוך – 무크)하여 생존을 위해 자신의 세습 자산을 팔아야 할 정도로 빚더미에 주저앉게 된 사람을 다룬다. 드문 단어인 무크(מוך)는 35절에서 짝을 이루는 표현인 마타 야도(מטה ידו, "그가 자생할 수 없다", 문자적으로는 "그의 손이 떨리다")에서 명료해진다. 즉 그 사람이 더 이상 자신의 가족을 부양할 수 없다(Hubbard, *Bulletin for Biblical Research* 1[1991] 7). 이러한 은유적 표현은 가난이 어떤 사람에게 끼치는 가혹한 영향을 암시해 준다. 그토록 가난한 사람을 위한 첫 번째 방어선은 자신의 상속물의 일부(גאלו הקרב אליו – 고알로 하카로브 엘라이브)를 "가장 가까운 친족"에게 파는 것이다. 이 친족은 그에게 찾아와(בא – 바)

그를 구속해 준다(גאל – 가알, "무르다"). "친족 구속자"(גאל – 고엘)의 의무는 "몰수되었거나 박탈당한 자격이나 소유권을 되찾는다는 뜻으로 권리를 주장하는 것"이다(Neufeld, *RIDA* 8[1961] 34). 바(בא)는 여기서 전문적인 사법적 용법으로서, 말하자면 비참한 상황에 놓인 친척을 위해 어떤 사람이 친족으로서의 자신의 책임을 수행하는 것이다(Elliger, 355). "가장 가까운 친족"이라는 표현은 형제가 팔아넘긴(ממכר – 밈카르) 자산에 대해 연대 책임이 있었다는 것을 시사한다. 그런 순서의 서열에 대한 유일한 구약의 언급이 48-49절에서 발견된다. 그것은 형제들로 시작해서 삼촌과 조카로 이동한다. 이 입장은 그러한 구절들에 있는 서열이 현재의 구절에 적용될 수 있다는 것을 전제하고 있지만, 포터(Porter, 206)는 이 사례에서의 친족들의 범위는 49절에 있는 사례보다 훨씬 폭이 넓다고 생각한다. 그럼에도 불구하고, 두 사례의 연관성을 뒷받침해 주는 단어들은 아흐(אח, "형제")와 가알(גאל, "구속하다, 속량하다〈무르다〉, 구속자")이다(히브리어 명사 "구속자"는 "고엘"로 읽는다. 한편, 히브리어 가알의 영어 번역은 "redeem"이지만, 우리말 의미는 기본적으로 "돈을 지불하고 되사다, 무르다"인데, 역자는 문맥과 대상에 따라 "속량/속신하다, 상환하다, 구속하다" 등으로 번역했다 – 역자주). 불행히도 연대 책임의 순서적 계보에 대한 더 이상의 상세한 내용은 보존되어 있지 않다. 그런 구속자의 순서적 계보가 존재했다는 것은 룻기에 의해 뒷받침된다. 보아스는 자기에게 친족 역할을 해 달라는 룻의 요구에 응답했지만, 보아스가 행동에 옮기기 전에 그보다 더 가까운 어떤 친족에게 룻의 구속자 역할을 할 기회가 주어져야 했다(참조. 룻 3:12; 4:1-6).

학자들은 이 법에 관하여 두 가지 쟁점을 논박한다. 첫째로, 그들은 이 친족이 이미 다른 사람에게 팔린 땅을 되사는 것인지, 아니면 그의 가난한 친족이 팔려고 내놓은 땅에 대해 선매권을 갖는 것인지에 대해 묻는다(참조. Leggett, *Levirate*, 88-92). 뒤따르는 두 개의 법이 다루고 있는 사례들은 분명히 전자의 입장에 우호적이다. 반대로, 예레미야는 어떤 사람의 사촌이 소유한 한 필지의 땅을 직접 그로부터 매입함으로써 그것을 구입할 수 있는 권리를 행사하는데(렘 32장), 이것은 후자의 입장을 지지한다. 보아스가 룻의 문제를 처리하는 절차(룻 4장)는 예레미야서에 기록된 것과 일치한다. 레게트(Leggett, 91-92)는 전자의 입장이 이 법의 우선적인 의도였으며 선매권이 그것으로부터 발전했다고 주장한다. 두 번째 쟁점은 구속(무르기)된 자산이 원 주인의 관리 아래 놓이게 되는지, 아니면 희년까지 구속자가 관리하는지에 대한 것이다. 대부분의 학자들은 전자의 입장을 받아들이면서 구속

(무르기)은 그 자체의 의미에 의하면 그 자신의 원 주인에게 되돌아간다는 것을 암시한다고 주장한다. 그렇지만 소수의 학자들은 후자의 입장을 옹호하면서 구속자가 개입할 때 그 재산을 더 큰 가족 안에 보존하고 그 소유지로 농사를 지을 수 있게 하려는 일차적인 목적을 갖지만, 반드시 되찾은 그 재산을 즉시 자기 형제의 수중에 넘기려는 의도는 갖지 않는다고 주장한다(Pedersen, *Israel*, 1:84-88; D. Daube, *The NT and rabbinic Judaism*, 273). 우가릿 문헌은 이 입장을 지지하는데, 그 이유는 그것이 한 사람이 일곱 명을 구속해 주고 그가 그들의 구속 값을 보상받을 때까지 그들의 땅을 계속 소유했던 것처럼 읽히기 때문이다(Yaron, *VT* 10 [1960] 89-90). 나아가 35절에 있는 바 어떤 사람이 자신의 어려움에 처한 친족을 선물이 아닌 대부금으로 도와야 한다고 규정하는 법이 이 입장의 지지 근거로 취해지는데, 이는 그 사례에서 그 친족이 자신의 빈곤한 형제에게 무조건적인 기부를 하지 않기 때문이다. 다른 사람들은 만일 구속자가 단순히 처음의 구매자를 대신해서 그 토지를 넘겨받을 뿐이라면 그것이 어떻게 그 구속자가 비참한 형제를 돕는 행위가 되는 것인지를 반문한다. 아울러, 뒤잇는 두 개의 법이 다루는 사례들은 분명히 전자의 해석을 지지한다. 라이트(Wright, *God's People*, 122)는 각 상황의 특수성에 의존하여 이 법이 두 가지 가능성을 모두 허용한다고 생각한다. 일단 소유물이 구속(무르기)되면, 어떤 혈족이 그들의 친족의 세습 자산(구속된 토지)이 생산력을 갖도록 그들의 친족을 지도할 수 있었으리라 상상해봄 직하다. 우리가 이러한 대안들을 어떻게 이해하든지 간에, 이 법의 의도는 토지가 혈족의 수중에서 벗어나지 못하도록 그것을 보호하기 위한 것이다. 나아가 아히로트(Eichrodt)가 말한 대로, 이 법들은 고대 이스라엘에서 땅 투기를 차단하여 그 결과 이스라엘 사람들이 어떤 자산을 보유함으로써 지속적으로 자립할 수 있는 가능성을 높여 주었다(*Theology of the OT*, 1:96-97).

26-27 이 세습 토지를 임대로 내놓은 사람은 부채를 청산함으로써 자신의 상속물을 재소유할 권리를 보유한다. 어떤 사람이 자신의 토지를 팔았으나, 그 후 번영을 누리는 사람이 될 수 있다. 어쩌면 그가 자신의 남은 소유지에서 풍작을 거둘 수도 있고, 아니면 그가 고용된 노동자로 일하여 임금을 저축할 수도 있으며, 혹은 그가 유산 상속 따위의 뜻밖의 재산을 얻을 수도 있다. 이 법은 잃었던 땅을 재구입할 때 그 땅값이 정당하게 매겨질 것을 요구함으로써 매입자가 그 땅을 돌려 주기를 거부하지 못하게 하여 소유권을 가진 가족을 보호해 준다. 원 주인이 받는 땅의 원가는 그 땅이 임대된 후 추수가 이루어진 곡식의 가격을 감한 것이어야 한다.

28 그러나 만일 그 원 주인이 자신의 땅을 재구입할 만한 충분한 돈을 모으지 못하면, 그 땅은 희년에 그에게 조건 없이 깨끗이 반환된다. 그는 자신의 상속 토지를 경작하기 위해 복귀한다. 이 경우에 여호와께서 친히 이러한 법안을 통해 그의 친족으로 행세하신다(참조. Hubbard, *Bulletin for Biblical Research* 1[1991] 8-13). 여호와께서는 그렇게 하심으로써 마치 자기 백성을 이집트의 속박으로부터 구원하실 때와 마찬가지로, 지속적으로 자신의 압제당하는 백성들을 위해 행동하신다. 후바드(Hubbard)의 견해에 의하면, "무르기는 이스라엘에 존재하는 하나의 제도화된 출애굽이 되는 셈이다"(11).

29-31 "성벽이 있는 성읍"(עיר חומה – 이르 호마)에 있는 가옥들은 항구적인 "상환권"(גאלה – 게울라)을 갖는 것이 아니다. 주택은 매매가 가능하다. 그러한 집이 팔린 뒤에는 그 직후 일 년 안에 무를 수 있다. 그 이후에는 그 집은 매입자가 원하는 한 영원히 그의 소유가 된다. 희년은 그러한 집의 소유권에 아무런 영향도 주지 않는다. 상환법들에 포함된 이러한 예외는 성벽이 있는 성읍에서의 생활 방식에 어울린다. 이러한 대도시들에서는 인구가 인종적으로 뒤섞여 있었으며, 주민들이 토지에 의존해서 생계를 꾸리지 않았다. 그 성읍들에 살았던 가나안 족속들과 다른 체류 이방인들은 이스라엘의 토지 상속법들의 지배를 받지 않았다. 따라서 이러한 예외로 인하여 그들은 이스라엘의 성벽이 있는 성읍들에서는 집을 사고 팔 수 있는 권리를 부여받았다. 그렇지만 어떤 마을(חצר – 하체르)에 있는 가옥은 농토로 취급된다. 그것은 진정으로 "상환권"(גאלה – 게울라)을 수반한다. 그 가옥은 임대될 수 있으나 희년에 원 주인에게 반환되어야 한다.

32-34 레위인의 성읍들의 가옥들도 역시 "영원한 상환권"(גאלת עולם – 게울라트 올람)을 수반한다. 왜냐하면 레위인들은 목초지와 더불어 선물로 받은 성읍들 외에는 어떠한 상속 재산도 없기 때문이다(민 35:1-8; 수 21장). "목초지"(מגרש שדה – 스데 미그라쉬)는 결코 팔 수 없는데, 이는 그것이 "영원한 소유물(기업)"(אחזת עולם – 아후자트 올람)이기 때문이다. 스데 미그라쉬(מגרש שדה)는 레위인들이 가축을 방목할 수 있는 레위 성읍들 주변의 땅이다. 레위인들의 업무는 성소에서 백성들을 섬기는 것이며 그들에게 율법을 가르치는 것이기 때문에, 그들은 농사와 목축을 하는 부담을 져서는 안 된다. 그러므로 그들의 집은 그들의 우선적인 소유물이다. 따라서 상환법들이 그들의 집에 적용된다. 이 주택들은 희년에 원주인에게 반환된다(겔 48:13-14). 제사장들은 아마 레위인이라는 용어에 포함되는 것이 분명할 것이다(Hoffmann, 2:343).

35-37 여기서는 빈곤에 처한 동료 이스라엘 사람에게 대부를 해주는 문제를 다루고 있다. 이 법들은 가난한 동료 이스라엘 사람에게 이자를 붙여 대부하는 행위를 금지한다. 어떤 형제가 돈이 필요할 때면 마치 이방인이나 나그네를 대하듯이 어떤 공동체의 일원이 "그를 지원해야"(החזיק – 헤헤지크, 문자적으로는 "강하게 만들다") 한다. 처음 제시되는 법은 동료 이스라엘 사람을 위한 대부를 요구한다. 만일 아무런 이자도 붙일 수 없다면 어떤 사람들이 가난한 공동체 구성원에게 대부해주지 않을 수도 있었을 것이다. 이 법은 사람이 타국인에게는 너그럽게 대하면서도 가난에 직면한 동료 친족을 향해서는 동정심을 저버리는 일이 있어서는 안 된다는 것을 알려 준다. 문제의 핵심은 동료 이스라엘 사람은 누구도 재정적 지원을 바라는 형제의 궁핍함을 이용해 이익을 취해서는 안 된다는 것이다. 그는 금전적 대부에 이자를 붙여서도(נשׁך – 네쉐크) 안 되고 종자나 음식을 꾸어 줄 때도 인상 차액을 남겨서는(תרבית – 타르비트) 안 된다(참조. 출 22:24[25]; 신 23:20-21[19-20]; "원문주해" 36.a.를 보라). 그러므로 어떠한 신용 대부라도 이자의 부과가 금지된다.

이러한 금지는 성경적 믿음의 기본 전제인 하나님에 대한 경외에 의해 뒷받침된다(참조. 17절). 하나님에 대한 헌신은 신자들이 타인들에게, 그들이 번창하는 사람이든 가난한 사람이든 동정심을 나타내도록 동기를 부여한다. 여호와의 자기 정체 확인이 포함됨으로써 이 법의 권위가 강조된다. 이러한 형식은 여호와가 이스라엘의 하나님이 되시고 이스라엘은 하나님의 백성이 된다는 언약 관계를 인정한다. 여호와께서는 이집트의 속박으로부터 그들을 구원하여 자신을 그들의 하나님으로 예배할 수 있도록 그들에게 가나안 땅을 선사하셨다(참조. 2절). 출애굽에 대한 이러한 언급은 또한 여호와께서 자신이 자비를 보여 주셨던 그들에게서 자비의 표현을 요구하고 기대하신다는 원리를 전해 준다.

이자를 포함한 대부를 금지하는 이러한 법들의 형식은 상업적 목적으로 이자를 남기는 대부의 문제를 알려 주는 것이 아니다. 노이펠트(Neufeld)는 이러한 사실로부터 한 가지 추가적인 결론을 보태는데, 그것은 구약의 법들이 이자를 남기는 상업적 대부를 반대하지 않았으며, 바로 출애굽기 22:24[25]과 더불어 이 일련의 법들이 바로 가난한 사람들에게 초점을 맞춘다는 것이다(*HUCA* 46[1955] 365; 참조. Noth, 178-79). 가모란(Gamoran, *JNES* 30[1971] 127-34)은 노이펠트의 입장을 폄하한다. 그는 신명기 23:19-20의 법들은 이자를 붙이는 대부 금지에 있어서 상당히 포괄적이라고 강조한다. 그럼에도 불구하고, 노이펠트가 이자를 금지하는 이러한 법들이 금전적 대부의 모든 상황을 포괄하지 않는다고 제안한 점에서 옳을 것이다. 불행히도 이러한 문제를 해결해 줄 만한 충분한 정보가 없다. 그럼에도 분명히 그 법은 가난한 사람들에게 이자를 붙이는 대부의 금지에 있어서 과감하고도 확고하다.

39-40 흉년이나 역병, 개인적 질병, 침략꾼 또는 그 밖의 어려운 상황들에 둘러싸일 때, 어떤 형제는 자신을 다른 사람에게 품꾼으로 팔아야 할 정도로 가난(מוך –무크)해질 수 있다. 이것은 특별히 사사 시대의 현실이었을 것이다. 왜냐하면 당시 이스라엘 민족은 농업에 있어서 부족한 자본과 미숙한 경험을 가지고 가나안 땅의 점유를 시작했기 때문이다. 사사기가 증언하는 대로, 침략자들에 의해 타격을 입은 손실은 이러한 농민들에게 엄청난 경제적 고초를 가져다 주고 많은 사람들의 세습 자산(토지–역자주)의 안전을 위협하는 고질적인 문제였다. 어떤 이스라엘 사람이 다른 이스라엘 사람의 품꾼으로 자신을 팔면, 그의 주인은 그에게 노역을 시킬 수 있지만 노예가 하는 비천한 임무를 맡겨서는 안 된다. 그런 임무에는 그 품꾼을 고통스럽게 하면서 비천하게 만들 뿐 거의 가치가 없는 일도 포함된다. 그런 잔혹한 일이 어떤 이스라엘의 종에게 발생하면 안 된다. 따라서 주인은 자신의 이스라엘인 노예를 "고용된 종(품꾼)"(שׂכיר –사키르)으로 대우해야 한다. 사키르(שׂכיר)는 그가 정규적인 임금을 받는다는 의미가 아니다. 비록 그가 처소와 음식에 추가로 어떤 보수를 받았을 것이지만 말이다. 오히려 그는 고용된 노동자가 받는 존중을 받았을 것이며, 그의 임무는 고용된 일꾼들의 임무와 비슷했을 것이다. 유대 전통에서 유대인 노예는 자신이 스스로 흥정해서 고용되어야 한다(Hoffmann, 2:349).

41-42 그 이스라엘인 노예는 희년까지 일해야 한다. 그 후 그와 그의 아들들은 "그의 혈족"(משפחתו –미쉬파흐토)과 "그의 조상들의 유산"(אחזת אבתיו –아후자크 아보타이브)으로 복귀해야 한다. 미쉬파하(משפחה)는 구약에서 엄격한 의미로 사용되지 않는다. 그것은 한 아버지의 집안들의 집합이며 보통은 지파(부족)의 하위 단위다. 갓월드(Gottwald, *The Tribes of Yahweh*, 257-67)는 미쉬파하(משפחה)를 "확장된 가족들의 보호 연합체"로 간주한다. 매 희년마다 모든 이스라엘 사람들은 자유민의 신분으로 복귀한다. 출애굽기 21:2-6과 신명기 15:12-18에 따르면, 히브리인 노예는 제7년에 석방되어야 한다. 그러나 제7년에 자신의 자유를 단념한 히브리인 노예는, 예를 들면 자신의 노예 신분 14년째에 그렇게 재차 자신의 자유를 주장하거나 요구할 수 있는 권리를 전혀 갖지 못한다(참조. Hoffmann, 2:348-49). 그

렇지만 많은 사람들은 희년에서의 이러한 자유의 선포가 그들의 석방의 때인 제7년에 자신을 그들의 주인에게 속박해 두었던 이스라엘 사람들을 포함한다고 믿는다(*b. Qidd*, 15a; Josephus, *Ant.* 4.8.28).

이 법은 특별히 종의 신분으로 남게 된 노예의 자녀들에게 적용된다. 그들은 희년에 그들의 아버지와 함께 자유롭게 풀려난다. 출애굽기 21:2-6과 대조적으로, 이 법은 아버지의 예속 전에 태어난 자녀들과 예속 기간에 태어난 자녀들 사이에 아무런 구별을 두지 않는다. 희년에 주인은 예속 기간에 태어난 자녀들에 대한 권리 주장을 하지 못하는 것이 분명하며, 또한 그 자녀들을 이용하여 그들의 아버지의 예속 기간을 억지로 연장할 수도 없다. 이 법을 위한 동기는 모든 이스라엘 민족이 여호와께 노예였다는 사실에 대한 기억이다(참조. 55절). 여호와께서는 이집트의 예속으로부터 이스라엘을 속량하셨으며, 그들은 그분의 노예가 되었다. 그러므로 여호와는 자신을 판 사람과 그 사람을 산 사람 모두의 주인이시기 때문에, 이스라엘 사람은 누구든지 다른 이스라엘 사람의 영속적인 노예로 팔려서는 안 된다.

43 동료 이스라엘의 주인이 되는 사람은 그 사람을 "가혹하게(엄하게)"(פרך – 페레크) "다스려서는(부려서는)"(רדה – 라다) 안 된다. 어근 라다(רדה)는 "찧다, 빻다, 갈다"(칼형) 그리고 "부수다, 깨뜨리다, 문질러 없애다"(피엘형; KB, 911)를 의미한다. 노예에 대해 사용될 때 이 단어는 몸을 부수고 마음을 갉아먹는 노역을 묘사한다. 이 규준을 따르라는 호소는 그 주인이 여호와를 "경외하라"(ירא – 야레)는 것이다(참조. 17, 36절).

44-46 이스라엘 민족은 남종이든 여종이든 노예 소유가 허용된다. 그런 노예들은 주변 국가들과 이스라엘 내의 체류 이방인들, 그리고 나아가 이스라엘에서 태어난 이방인들로부터 사들여야 한다. 이 노예들은 영구적인 종들이 된다. 노예들은 "재산, 소유"(אחזה – 아후자)로 분류되기 때문에, 그들은 그 가족의 상속물의 일부로 아버지로부터 아들에게 넘겨진다. 그럼에도 불구하고, 이 법은 이스라엘 사람에게 자신의 노예들을 친절히 대우하라고 요구한다. 노예 소유의 허용을 전제로, 주인이 이스라엘인 노예를 가혹하게 다스리지 말라는 명령이 되풀이된다(참조. 43절). 이 법안은 이스라엘 거민들로 하여금 생득적 노예 신분의 두려움에서 벗어나게 하지만, 또한 노예 제도가 보편적으로 비난을 받기까지는 가야 할 길이 아주 먼 여정이 될 것이라는 사실을 보여 준다.

47-53 이 문단은 가난한 신세로 전락한 어떤 이스라엘 사람이 자신을 "일시적으로 거주하는 체류 이방인"(גר תושב – 게르 토샤브)에게 팔아 넘겨야 하는 상황을

다룬다. 이 항목의 법들은 농부들의 자유를 유지하는 데 결정적인데, 이는 고대 중동에서 채무가 사람을 노예로 만드는 일차적인 원인이었기 때문이다(Leggett, *Levirate*, 100). 만일 어떤 이스라엘 사람이 자신을 비-이스라엘 사람에게 판다면, 그 상황이 그의 "속량권(무르기권)"(גאלה – 게울라)을 무효로 만드는 것은 아니다. 그의 친족들 중 한 명이 그를 속량한다. 현재의 구절들에서 친족 역할을 할 사람들은 다음과 같이 나열된다: "그의 형제들"(אחיו – 아히브) 중 하나, 혹은 "그의 삼촌들"(דדו – 도도) 중에서, "그의 사촌들"(בן־דדו-벤 도도) 중에서, 혹은 "그의 확대된 가족의 근족"(משאר בשרו ממשפחתו – 미쉬에르 베사로 미미쉬파흐토) 중에서 하나(참조. 18:6; 41-42절). 가족의 친밀한 식구들은 그 가족의 다른 식구를 위해 가장 가까운 친척으로 행세할 의무가 있는 것이 분명하다. 비록 책임의 순서가 여기에 명시되어 있지 않지만, 그 토대는 가장 가까운 친족의 범주로 시작함과 동시에 최고의 연장자로부터 최저의 연소자인 것으로 추정될 수 있을 것이다. 삼촌이 아버지 쪽인지 어머니 쪽인지 지시되어 있지 않으며, 또한 사촌을 넘어서 확대되는 친족들의 의무가 있는지의 여부도 언급되어 있지 않다. 어떻든지 간에, 갓월드(Gottwald)는 "**미쉬파하**(*mishpāḥāh*)는 그 어떤 궁핍한 가족 구성원을 위해서든 **고엘**(*gō'ēl*)을 행할 의무를 지녔던 가장 넓은 사회적 통합체인 것으로 [이해된다]"고 진술한다(*The Tribes of Yahweh*, 264). 채무 노예 역시 자신의 자유를 살 권리를 계속 유지한다(참조. 25절). 그런 종의 속량 값은 다음 희년까지 남은 기간에 따라 고용된 노동자의 임금을 토대로 결정되어야 한다.

이스라엘인 주인이 이스라엘인 종을 통솔하기 위한 규준은 또한 체류 이방인의 이스라엘 종을 취급하기 위한 규준이기도 하다(참조. 43, 46절). 타국인 주인은 자신의 이스라엘인 종을 고용된 일꾼으로 대우해야 한다. 그는 그를 "가혹하게"(בפרך – 베페레크) 다루지 말아야 한다(참조. 43절). 만일 타국인에게 팔린 이스라엘 사람이 속량되지 않았다면, 그와 그의 자녀는 희년에 완전한 자유를 얻는다.

54-55 만일 채무 노예가 자유 획득을 위한 어떤 방법에 따라 "속량"(גאל – 가알)되지 않았을지라도 희년에는 "풀려난다"(יצא – 야차). 이스라엘의 노예는 자신과 더불어 자녀들의 해방을 얻는다. 동사 야차(יצא)의 사용은 상당한 의미가 있다. 후바드가 지적한 대로(*Bulletin for Biblical Research* 1[1991] 11) 그것은 곧 등장할 언급, 즉 여호와께서 자기 백성과 자신의 "종들"(עבדים – 아바딤)을 이집트로부터 데리고 나오셨다는 언급과 관련되어 있다. 이러한 어법은 희년에서의 석방이 출애굽과 동일한 성격을 갖는다는 것을 의미한다. 매 희년마다 여호와께서는 반복해서

이스라엘의 위대한 속량자(=גאל-고엘, "구속자")로 행동하신다. 이러한 희년 법안은 이스라엘이 여호와께서 이집트의 속박으로부터 이끌어내셨던 여호와의 종이라는 확언과 더불어 마무리된다(참조. 38, 42절). 온 이스라엘 족속이 여호와의 종이라는 진술은 역사적 기원에 대한 표현에서 진술되고, 이어서 "그들은 나의 종들이다"는 선언 형식문에서 재진술됨으로써 강조된다. 이러한 특별한 법안은 이스라엘의 특별한 구원사에 그 토대를 두고 있다. 이 법안에 대한 이스라엘의 믿음의 순종은 "첫 번째 해방-이집트의 속박으로부터의 해방-을 영속화한다"(Hubbard, 11). 모든 사람들, 심지어 가장 고위직의 인사들까지도 여호와의 종들이기 때문에, 그들은 그분 앞에서 자신들이 대우받기 바라는 대로 자신들의 종들을 대우하고 희년에 분명하게 그들을 석방해 주어야 할 책임이 있다. 더욱이 이 법안은 자기 소개 형식문이 알려 주는 대로 그들의 하나님이신 여호와의 거룩한 성품에 그 토대를 두고 있다(참조. 18:2).

해설

이 연설은 안식년과 희년을 위한 법안을 내놓는다. 매 7년은 안식년이다. 그 해에 땅은 휴경함으로써 쉬어야 한다. 안식년에 자란 열매는 어떤 것도 추수되거나 저장도 매매도 할 수 없다. 그럼에도 불구하고, 이스라엘에 사는 모든 사람은, 특히 가난한 사람과 이방인은 자신들의 매일의 필요를 위해 저절로 자란 모든 소산물을 마음껏 모으도록 허락 받았다. 가축이든 야생 동물이든 짐승들은 모두 들에서 마음대로 풀을 뜯어먹을 수 있다.

일곱 번째 안식년 혹은 바로 그 다음해인 제50년은 희년이었다. 그 해에 땅은 휴경해야 한다. 더욱 중요하게는 그 땅 전역에 자유가 선포되어야 했다. 모든 이스라엘인 노예들이 풀려났으며 빚 대신 임대되었던 모든 세습 자산은 원 주인에게 반환되었다. 희년의 목표는 언약 아래 있는 모든 이스라엘 시민들의 이상적 평등을 보존함으로써 이스라엘 내의 다양한 혈족들의 유대를 유지하는 것이었다. 다른 관점에서 보자면, 이 법안은 부자들이 세습 자산들을 축적해 거대한 부동산을 소유하게 되고 가난한 자들은 땅이 없는 소작인으로 전락하는 것을 방지하기 위한 것이었다(참조. 사 5:8). 그러므로 그것은 채무와 무토지로 인간성을 말살하는 권세들을 정면으로 공격했다(참조. W. Brueggemann, *Finally Comes the Poet: Daring Speech for Proclamation*[Minneapolis: Fortress, 1989] 102-4). 이러한 법들의 준수는 명백히 백성들이 7년 중 한 해의 생산물을 잃게 되면서 그만큼 수입을 얻지 못하게 된다는 것을 의미했다. 안식년 동안 백성들은 자신들의 필요를 공급해 달라고 전적으로 여호와께 의존해야만 했을 것이다. 그러므로 여호와께 대한 순종은 믿음이 혼합된 힘든 노역을 요구했다. 그렇지만 여호와께서는 자기 백성에게 은혜를 베풀지 않으신 채 그들에게 무거운 의무만을 부여하신 것이 아니었다. 그분은 그 땅을 축복하시겠다고 약속하셨다. 그로 인하여 땅은 제6년에 넉넉한 양을 생산함으로써 백성들은 다음 7년 주기의 첫 수확을 기다리는 동안, 즉 해당 안식년과 그 다음해까지 쓰기에 충분한 식량을 충당하게 될 것이다(20-22절). 덧붙여서, 여호와께서는 그들이 안전히 거할 수 있도록 그들을 보호하시겠다고 약속하셨다(19절). 이러한 약속들은 고대의 시대에 소규모의 성읍들에 사는 거주민들이 흉작과 침략꾼들에 의한 약탈을 가장 두려워했음을 알려 준다.

이 법안의 주요 신조는 상환(무르기)법들이다. 이 법들은 세습 자산의 소유권과 개인의 자유의 보존에 대한 쟁점을 다룬다. 땅 상환에 대한 이 법안은 여호와께서 언약을 통해 자기 백성에게 선사하셨던 그 땅을 그분이 소유하고 계신다는 약속 위에 세워졌다. 이스라엘의 가족들은 사실상 땅을 경작하여 그것의 생산물로 살아가는 소작농이었다. 그러므로 여호와의 토지 소유권에 대한 믿음은 고대 이스라엘에서 한 가족이 보유하는 그들의 세습 자산에 대한 영원한 권리 위에 세워진 특수한 경제 제도를 만들어 냈다. 언약 아래서 각 가족에게 분배된 한 필지의 땅들은 각각 상환권(무를 권리)을 갖는다. 결코 채무 빚 때문에 어떤 가족이 어쩔 수 없이 자신들의 땅을 팔 수는 없다. 그러나 그들이 재정난에 봉착했을 때는 다음 희년까지 남은 햇수 동안 그것을 임대할 수 있다. 세습 자산에 수반되는 상환권은 만일 원 소유자가 자신의 채무 이행을 완료하게 되면 언제든지 자신의 세습 자산에 대한 완전한 관할을 주장하도록 허용했다. 즉 임차인은 임대인(원 소유자-역자주)에게로의 땅의 반환을 보류할 수 없었다. 임대인은 셋 중 한 가지 방법으로 그 세습 자산을 무를 수 있었다. (1) 친족이 채무 빚을 갚아 줄 수 있었다. (2) 그 가족의 가장이 충분한 돈을 모았을 때 그는 친히 그 세습 자산을 무를 수 있었다. (3) 희년에는 세습 자산이 채무 빚이 면제되는 원 소유자에게 자동적으로 반환되었다. 마지막 방안으로 여호와께서 친히 자신의 친족의 자산을 해방시키면서 가장 가까운 친족 역할을 해주셨다(Hubbard, *Bulletin for Biblical Research* 1[1991] 11).

자산 상환권에 대한 예외가 성벽이 있는 성읍들의 주택들을 위해 마련되었다. 이러한 차이가 있는 이유는 그 성읍들이 주로 가나안 민족들이 거주했던 곳이기 때문이었을지도 모른다. 어떻든지 간에 농부와는 달리 성벽이 있는 성읍에서 어떤 가옥을 소유한 사람은 자신의 생계를 위해 그 자산 품목에 의존하지 않았으며, 또한 그 가옥은 언약하에 이스라엘 사람들에게 분배된 땅의 상속의 일부분이 아니었다. 사람이 성벽이 있는 성읍의 가옥을 팔 때면, 그가 그 집을 되찾기 위한 기간은 일 년이었다. 그 후에는 그 매각은 돌이킬 수 없었다.

레위인의 성읍들에 있는 주택들, 즉 땅 전역에 레위인들에게 할당된 성읍들은 상환권을 보존한다(민 35:1-8). 레위인들은 아무런 지파별 상속 자산을 받지 않았기 때문에, 또한 이러한 성읍들이 그들에 대한 여호와의 선물이었기 때문에 그들은 자신들의 주택을 매각할 수 없었으며, 단지 희년까지 임대해 줄 수 있을 뿐이었다. 레위인의 성읍에 있는 바, 반환 요구가 불가능했던 어떠한 가옥이라도 희년에는 모두 원 주인에게 반환되었다. 또한 레위인은 그들의 성읍에 딸린 목초지를 팔 수 없었다.

상환(무르기) 법안은 가난한 사람을 위한 대부와 채무 노예들의 대우 및 해방을 다룬다. 그것이 이러한 문제들을 알려 주는 이유는 모든 이스라엘 족속의 사회적 평등의 이상에 대한 주요 위협이 채무였기 때문이다. 채무는 한 가족을 그들의 땅으로부터 분리해 놓았으며 가족들에게서 자유를 빼앗아 갈 수 있었다. 가장은 가족을 기근으로부터 지키기 위해 식구들과 자신을 팔아야만 할 수도 있었다. 가난한 동료 시민들에게 이자를 붙인 대부를 금지하는 이러한 법들은 빠르게 그리고 자동적으로 증가하는 채무 빚을 막아 주었다. 채무 빚에 붙는 복리 이자는 소작농들의 재산을 점점 더 궁핍한 상태로 몰고 갔을 것이다. 이러한 채무 빚의 압박을 차단하기 위해 이러한 법들은 채무 부담을 더 낮은 수준으로, 그리고 보다 쉽게 처리할 수 있는 수준으로 유지시키려 했다. 채무 빚에 관한 이러한 법들의 신학적 기반은 여호와께서 이스라엘을 이집트의 속박으로부터 구원하셨다는 것이다. 이제 그들은 모두 그분의 종이었다. 즉 모든 언약의 구성원들은 여호와께서 구속해 주신 종들로서 평등한 위치에 놓였다.

그럼에도 불구하고, 삶의 과정 속에서 무거운 채무 빚을 진 어떤 이스라엘 사람은 자신의 의무를 다해야만 했다. 그런 사람은 자신을 노예로 팔 수 있었다. 예를 들어, 이미 자신의 세습 자산을 임대로 내놓았고 더욱 큰 채무 빚에 직면한 사람은 어쩔 수 없이 이러한 방식을 따랐을 것이다. 어떤 이스라엘 가족이 영구적으로 예속된 종이 되지 못하도록 막기 위해 채무 노예를 위한 이러한 구속 법들이 주어졌다. 그 법들은 어떤 이스라엘인 노예가 속박으로부터 해방을 얻는 네 가지 방식을 제시해 주었다. (1) 어느 때고 어떤 친족이 그를 구속해 줄 수 있었다. (2) 그가 충분한 자금을 모으게 되면－아마 가장 가능성 있게는 유산 상속과 같은 뜻밖의 수입을 통해－자신의 자유를 살 수 있었다. (3) 출애굽기 21:2과 신명기 15:12에 따르면, 노예는 6년의 예속 기간을 끝으로 해방되었다. 그렇지만 이 해방의 시점에서 노예 자신이 주인에게 평생토록 종으로 예속되어 살겠다고 합의할 수 있었다(신 15:16-17). 어떤 이스라엘인 노예가 아마 이러한 절차를 받아들였던 한 가지 이유는 그가 스스로 삶을 꾸려 나가기가 두려웠기 때문이다. 그러나 그런 행동에 대한 일차적인 이유는 만일 어떤 채무 노예가 자신의 예속 기간 동안 결혼하여 자녀를 갖게 될 경우 그의 아내와 자녀들이 그와 함께 풀려나지 못한다는 규정 때문이었다(출 21:4-6). 그는 자신의 가족과 함께 머물기 위해 스스로를 자신의 주인에게 예속해 둘 수 있었다. 만일 그가 그렇게 한다면, 그의 노예 상태는 평생 동안 지속되었다. 채무 노예들에 대한 이 묶음의 법들은 이것만 놓고 본다면 이스라엘인 노예 계층의 확산을 가능하게 만들었다. (4) 이스라엘인 노예의 해방을 위해 최종적으로 마련된 법적 장치는 희년이 시작되는 시점에 선언되는 해방의 선포였다. 그 노예가 예속의 첫 번째 주기에 있었든지 혹은 자발적으로 자신을 주인에게 속박해 두었든지 말이다. 이 법안은 자신을 주인에게 묶어 둔 채무 노예를 포함하여 이스라엘 가족의 노예 예속의 기간에 시한을 설정했다. 이 법안에는 그런 사람의 아내에 대해서는 아무런 언급이 없지만 그녀 역시 석방되었을 것으로 추론된다. 이러한 네 가지 방식의 해방이 이스라엘 사람에게 보장되었다. 그가 동료 이스라엘 사람의 채무 노예가 되었든 아니면 체류 이방인의 채무 노예가 되었든 말이다. 즉 이스라엘에서 사는 타국인 주인은 이스라엘 사람과 차별 없이 동일한 법에 따라 살아야 했다.

아울러 이 법안은 주인이 이스라엘인 채무 노예를 대우해야 하는 방식을 다루었다. 그런 종은 예속된 노예가 아닌 고용된 종으로 대우해야만 했다. 그는 가혹하게 취급되지 말아야 하며, 또한 모욕적인 임무를 할당받아서는 안 된다. 만일 어떤 땅 주인이 이미 노예들을 소유하고 있었다면, 그는 결코 이스라엘 사람을 타국에서 혹은 체류 이방인들로부터 사들인 노예들 속에 숫자로 세어서 포함시켜서는 안 된다. 이방인 노예들은 재산의 일부가 되었으며 유산의 일부로 상속되었다.

이 법안에 있는 두 가지 동인이 이스라엘이 해방을 선포하도록 북돋았다. (1) 여호와에 대한 경외(17절)와 (2) 이집트로부터의 구원(38절). 이스라엘 사람들은 각자 여호와에 대한 두려움 혹은 경외의 빛 속에서 행동해야 한다. 인간은 그런 경외감에 의해 동기 부여를 받아 여호와의 법을 성실하게 순종했다. 누구든지 여호와를 두려워하는 사람은 여호와께서 존귀하게 여기는 사람을 존귀하게 여겼다. 여호와께서 자신이 구속한 백성을 사랑하시고 축복하셨던 것처럼, 그분의 백성은 서로 존귀하게 여기고 사랑해야 했다. 어떤 이스라엘 사람도 다른 이스라엘 사람 위에 무자비하게 군림할 수 없었다. 아울러 이스라엘 사람은 이집트에서 노예였기 때문에, 여호와께서는 그들이 자신이 구원하신 것을 감사의 마음으로 기억하기를 원하셨다. 이러한 태도는 그들이 동료 이스라엘 사람들을 예속된 노예처럼 취급하지 않음으로써, 또한 속박으로부터 속량될 만한 조건이 아무것도 충족되지 않은 때나 희년에 그들에게 자유를 선사함으로써 구체적으로 표현된다.

희년의 원리는 고대의 귀향 축전을 장려했다(North, *Sociology*, 158). 권리를 잃은 모든 이스라엘 사람들이 자신들의 세습 자산으로 돌아가는 날은 여호수아가 이스라엘이 각 가족에게 땅을 최초로 분배했던 날만큼 기뻤을 것이다(수 13-21장). 그런 제도는 경제적 압박에 사로잡힌 사람들과 채무 빚을 진 사람들에게 새로운 날에 대한 진정한 희망을 불어넣어 주었다. 예전의 채무자들이 자유로운 이스라엘 사람으로서 새로운 희년 주기를 시작했다. 빚으로 인해 어쩔 수 없이 예속되었던 사람들은 석방의 날이 다가오고 있다는 것을 인식하면서 더 편한 마음으로 일할 수 있었으리라. 이러한 법안을 제정함으로써 여호와께서는 자신을 "약자의 강력한 보호자"로 드러내셨다(Hubbard, *Bulletin for Biblical Research 1*[1991] 13). 그분은 자신의 언약 백성들 가운데 끊임없는 빈곤의 순환을 만들어 내는 세력들에 맞서 높은 장벽을 세우셨다. 이것의 실천은 여호와께서 그들에게 요구하셨던 평화에 이르는 한 길이었다.

여호와께서 이스라엘에게 안식년과 희년을 주신 이유는 그들의 끊임없는 파종과 추수 행위를 중단시킴으로써 그들이 더욱 많은 것을 축적하려는 인간적 욕망을 절제하도록 하기 위함이었다. 탐심은 사람이 자신의 소유물을 누리지 못하게 만든다. 왜냐하면 그것은 사람이 더욱 많은 소유에 모든 정력을 소비하도록 내몰기 때문이다. 반대로, 만일 사람이 자신이 가진 것으로 사는 법과 정기적으로 노동에서 벗어나 휴식을 취하는 법을 배울 수 있다면, 그 사람은 자신이 얻은 것을 고마운 마음으로 향유하며 깊이 감사할 시간을 갖는다. 덧붙여서, 여호와께서는 자신의 백성들에게 사람들과 마찬가지로 땅이 휴식을 취할 필요가 있다고 가르치고 계신다. 여기에 일찍이 존재했던 자연 보호가 표명되어 있다. 백성들은 자신들의 당장의 만족을 위해 비옥한 땅을 고갈시킴으로써 자신들의 생계를 의존하고 있던 땅을 혹사시키지 말아야 한다. 오히려 그들은 땅이 세대를 거쳐 그 비옥함을 유지할 수 있도록 땅의 사용을 조절해야 한다. 그런 조절은 여호와께서 자기 백성의 필요를 채워 주신다는 믿음의 표현이다.

고대 히브리 사회에서 희년 법안이 끼친 영향은 구약에서 그것에 대한 언급이 희소하기에 평가하기가 불가능하다. 그것의 효과는 의심할 바 없이 제의 법전집에서 사라지고 없는 어떤 낭만적인 포고령(romantic manifesto)의 효과보다 훨씬 더 컸을 것이다. 룻기는 사사 시대의 막바지에 백성들 속에서의 친족 구속(救贖)법의 중요성에 대해 분명하게 증언한다(참조. 2:20; 3:9, 12, 13; 4:1-12, 14). 나봇의 포도원에 대한 기사는 북이스라엘에서 백성들이 고대의 그 정규적인 법들을 고수하고 있었음에도 불구하고 왕들은 그 법들을 무시했다는 사실을 알려 준다(왕상 21:1-24). 양도될 수 없는 지파의 상속 재산들에 대한 법들과 이자를 붙인 대부의 금지는 유대 국가의 사회적 연대성의 토대이자 북이스라엘의 멸망 이후 수십 년 동안 자치 국가로서 존속했던 능력의 근원일 수 있다. 이 법들이 남 유대에서 완전히 잊혀진 것은 아니었다는 사실은 예레미야에 기록된 두 사건들로부터 증명된다: 국가적 중대 위기의 때에 시드기야에 의한 히브리 노예들의 해방 선언(렘 34:8-17)과 예레미야에 의해 아나돗에 있는 그의 숙부의 밭이 구속(救贖)된 일(렘 32:6-15). 이 법들이 끼친 영향에 대한 이와 같은 추론은 그 법들이 문자적으로 지켜졌다는 것을 의미하지 않는다. 오히려 그것은 그 법들이 고대 유대 사회의 단결, 곧 유다가 북이스라엘 국가보다 약 140년을 더 존속한 요인이었던 단결에 기여했다는 것을 말하고 있다.

후대의 성경에서는 안식일, 안식년 그리고 희년이 여호와께서 전 세계 위에 군림하시어 통치하실 이상적 시대의 모형들로 기능한다. 희년은 모든 이스라엘 사람의 채무와 노예 상태로부터의 해방을 나타냈기 때문에, 그것은 모든 사람이 모든 부채로부터 해방되어 그들의 하나님께서 선물로 주신 유산(기업)을 누리며 살고 열심히 여호와를 섬기게 될 이상적 시대의 모형이 되었다. 세 개의 미래 상상적 구약 본문들이 희년의 용어들과 이미지들을 다가올 구원에 대한 묘사로 사용한다. 첫째로, 이사야 61:1-3은 장차 나타나서 해방, 즉 희년을 선포하게 될 한 선지자에 대해 말한다. 그것은 여호와의 은혜의 해요 복수의 날이 될 것이다. 압제와 속박, 그리고 투옥을 겪었던 신자들은 해방될 것이다. 애통하는 자들은 위로를 받을 것이다. 약속된 땅에서 백성들은 황폐한 곳을 재건할 것이다. 반대로 탐욕으로 부를 축적한 사람들은 그들의 불의한 수입들을 잃을 것이며 하나님의 징벌을 받게 될 것이다. 이 위대한 날에 여호와께서는 백성들을 속박하는 부채와 빈곤의 순환을 끝내실 것이다

(Brueggemann, *Finally Comes the Poet*, 105). 둘째로, 다니엘 9:24-27에 있는 다니엘의 환상은 열 번째 희년에 시작되는 메시아 시대를 설정한다(49×10=490년; A. Lacocque, *The Book of Daniel*[Atlanta: John Knox Press, 1979] 178). 이 대 희년은 죄가 그치고 불법은 완전히 대속되며 영원한 공의가 도입되고 여호와의 예배가 기름부음 받은 성소에서 드려지는 시대를 열 것이다(24절). 셋째로, 이상적 이스라엘에 대한 상세한 환상 속에서 에스겔은 재산 상환권에 대한 법들을 특정하게 민족을 이끌게 될 귀인(개역 성경: 왕)의 재산에 적용한다(46:16-18). 그의 재산은 상환권에 의해 보호될 뿐만 아니라, 국가의 우두머리인 그 귀인은 백성들을 그들의 유산으로부터 강제 퇴거시킬 수 없다. 희년을 메시아 시대의 모형으로 사용하는 전통은 유대교로 이어진다. 예를 들어, 희년서(*The Book of Jubilees* 1:29)와 11Q 멜기세덱서(11Q Melchizedek).

예수님의 사역에 대한 해석에서 희년이 모형으로 사용된 두 가지 사례가 있다. 이 신약 본문들 중 가장 중요한 것은 나사렛 회당 방문에 대한 누가의 기사다. 거기서 예수께서는 이사야 61:1-2을 성경일과(聖經日課, Scripture lesson)로 낭독하셨다(눅 4:16-30; Tannehill, *BZNW* 40[1973] 51, 75; 성경일과란 주기적인 성경 낭독의 일정한 분량을 말한다-역자주). 누가는 이 장면을 예수님의 사역의 프로그램을 보여 주는 예표적 사건으로 선정한다. 예수께서는 구약의 이 단락을 낭독하심으로써 자신이 가난한 자에게 복음을 전파하고, 갇힌 자의 해방 혹은 사면과 소경의 시야 회복을 선포하고, 압제받는 자를 자유케 하고, 주님의 은혜의 해를 선포하기 위한 성령의 기름부음 받은 자라고 주장하셨다. 탄니힐(Tannehill)은 이러한 관념들, 무엇보다도 해방의 선포가 누가-행전에 있는 예수님의 사역과 가르침에 뚜렷하게 나타난다는 것을 보여 준다. 첫째로, 예수께서는 세례를 받으실 때 성령의 기름부음을 받았으며(눅 3:21-23), 누가는 예수님의 계속적인 성령 부여를 강조한다(4:1, 14; 참조. 행 4:27; 10:38). 둘째로, 누가는 이사야의 설교 본문들에서 선포를 지칭하는 단어를 자주 사용한다(저자 하틀리가 그 단어를 분명히 명시하지는 않지만, 아마도 그것은 카라 쉐나트 라촌〈קרא שנת־רצון, "은혜의 해를 외치다"〉이며, 헬라어로 유앙겔리조〈*ευαγγηλιζω*, "복음을 선포하다"〉에 해당된다-역자주). 그것은 한 차례 사용되는 마태복음과 비교해서 열 배나 되며 마가복음에서는 사용되지 않는다. 그러므로 누가가 예수님의 사역에 대한 세 군데의 요약적 진술에서 이 단어를 사용하는 것을 볼 때(4:43; 8:1; 20:1), 그는 예수님을 이러한 임무를 성취하시는 분으로 묘사하고 있는 것이 분명하다(Tannehill, 69-70). 셋째로, 누가는 예수님의 가난한 자를 향한 선교를 부각시킨다. 넷째로, 70인경(LXX)에서 희년에 해당되는 이름인 해방/사면이라는 단어가 누가-행전에서 예수님의 지상 사역의 핵심적 측면을 드러내 주는 기능을 한다(참조. 눅 7:36-50; 19:1-10; 24:47; 행 2:38; 5:31; 10:43; 13:38; 26:18; Tannehill, 68). 이러한 요지들의 총합은 예수님의 사명과 더불어 "주의 은혜의 해"가 도래했다는 것을 의미한다(Tannehill, 71). 나아가 그 나사렛 장면에서 희년에 대한 언급은 메시아 시대를 도래시킬 대 희년에 대한 다니엘의 환상과의 관련성을 확립한다. 스트로벨(Strobel, *BZNW* 40[1973] 44-46, 49-50)은 예수님의 시대에 다니엘이 예언한 최종적인 열 번째의 희년이 발생하게 되리라는 기대가 있었다는 것을 증명한다. 누가는 예수께서 다니엘의 예언 속에서 여호와께서 지정하신 때에 종말의 시대를 친히 도래시키셨던 나사렛 장면을 이야기함으로써 그 기대에 의존한다.

예수님의 사역과의 관계 속에서 나오는 희년에 대한 두 번째 언급은 그가 메시아인지 아닌지 묻는 세례 요한의 질문에 대한 예수님의 답변에서 등장한다(눅 7:20-23; 마 11:2-6). 예수께서는 자신이 소경과 다리 장애인과 나환자를 고쳤으며, 죽은 자를 일으키고 가난한 자들에게 말씀을 선포했다고 하셨다. 그분은 희년의 그림으로 채워진 종말론적 본문인 이사야 35:5-7과 61:1의 언어들을 함께 사용하여 답변하셨다. 그렇게 함으로써 예수께서는 자신이 기름부음 받은 말씀의 전달자로서 여호와의 은혜의 해를 가져오고 있다고 주장하고 계시는 것이다.

희년의 목적이 예수님에게 중요했다는 것은 나아가 이 법안의 목표가 그분의 가르침의 핵심이었다는 사실에 의해 증명된다. 예수께서는 사람의 마음은 그의 보물이 있는 곳에 있다고 가르치면서 개인적 영광을 위해 땅 위에 보물을 쌓아 두지 말라고 말씀하셨다(마 6:19-21). 그분은 사람들이 서로 돕도록, 즉 타인이 자신의 가장 가까운 친족이라는 책임을 받아들일 수 있도록 장려하셨다. 만일 어떤 사람이 1마일을 가자고 강요한다면, 그 사람은 2마일을 가야 한다(마 5:40-42). 무엇보다도 예수께서는 자신을 믿는 모든 사람에게 용서를 부여하셨으며, 용서를 받은 사람은 다른 사람을 용서해야 한다고 가르치셨다(마 6:14-15; 막 11:25; 눅 17:4). 그분의 왕국에서는 모든 백성이 자유롭고 평등하다. 희년 법안의 목표가 실현되고 있다.

희년과 메시아 시대의 그림 사이의 또 하나의 상징적인 관련은 나팔 소리로 희년을 선포하는 관습이다. 메시아 시대가 나팔 소리와 함께 시작될 것이라는 언급이 신구약 성경에 빈번하게 나온다. 이사야는 나팔 소리가 울릴 것이며 유배된 사람들이 예루살렘에 있는 거룩한 산에서 여호와께 예배드리기 위해 온 땅으로부터 돌아올 것이라고 예언한다(27:13). 스가랴 9:9-17에서 나팔 소리는 메시아의 의기양양한 승리의 예루살렘 입성과 전 지구적 평화의 시대의 시작을 알린다. 신약은 이러한 이미지를 사용하면서 그 승리가 예수 그리스도의 재림을 알릴 것이라고 선포한다(고전 15:52; 살전 4:16; 마 24:31).

이러한 희년 성명은 구약의 한 잊혀진 책의 본문들에서 사라지지 않았다. 그것은 자유의 종(the Liberty Bell: 1776년 7월 4일 미국의 독립을 알린 종으로서 필라델피아에 있다 - 역자주)에 새겨져 있는 "온 땅에 자유를 선포하라"는 10절의 말씀이 증언하는 바와 같이 서구의 사회적 사상의 태동에 영향을 끼쳤다. 희년은 사회적 조화의 시대에 실현되고 있는 농경 사회의 이상을 간직하고 있다. 이러한 이상들은 종종 민주주의 지도자들과 위대한 사회 개혁가들에게 영감을 불어넣었다. 각 가족의 토지 소유권을 장려하는 이 법안은 각 가족이 사유 재산권을 갖는 서구의 이념에 기여했다. 그렇지만 여기에 나오는 토지 소유권에 대한 관점은 혁명적이다. 그것은 부유층이 빈곤층을 강제 퇴거시키면서 광대한 토지를 축적하도록 허용하는 방식으로 사유 재산권을 장려하지 않으며, 또한 인플레이션을 불러와 결국 빈곤을 심화시키는 땅의 매매를 허용하지 않는다. 또한 이러한 희년 성명은 토지의 사회적 혹은 공동 소유권을 장려하지 않는다. 대신 이 법안은 각 가족이 한 필지의 땅에 대한 양도 불가한 소유권을 갖는다고 규정한다. 그것은 재산권에 수반되는 책임 있는 노역을 권장하며, 동시에 그것은 여호와에 대한 그들의 믿음에서 비롯된 모든 여호와의 백성의 책임 있는 동포애를 장려한다. 더욱 번영하는 사람들은 그들의 더 가난한 형제들을 도와 그들을 자신들의 수준으로 끌어올린다. 왜냐하면 그들은 여호와를 경외하기 때문이다. 친족은 친족을 돕고 이웃은 이웃을 도와 그들이 경제적 난국에 맞서 이겨내도록 한다. 탐욕과 욕심은 저지된다. 이러한 놀라운 희년 성명은 주 예수 그리스도의 왕국이 완전히 실현될 때까지 계속해서 종말론적이자 유토피아적인 사고를 불어넣어 줄 것이다.

2. 믿음의 예배에 대한 몇 가지 일반 계명들(26:1-2)

본 문

1 너희는 자기를 위하여 우상을 만들지 말지니 목상이나 주상을 세우지 말며 너희 땅에 조각한 석상을 세우고 그에게 경배하지 말라 나는 너희 하나님 여호와임이니라	1 "You shall not make for yourselves idols,[a] and you shall not set up an image[b] or a sacred pillar[c] for yourselves, and you shall not place a sculptured stone[d] in your land to bow down before it, because[e] I am Yahweh your God.
2 너희는 나의 안식일을 지키며 나의 성소를 공경하라 나는 여호와니라	2 Keep my Sabbaths and revere my sanctuary. I am Yahweh.

원문주해

1.a. 참조. "원문주해" 19:4.a.

1.b. 어근 파쌀(פסל, "우상, 형상")은 "빠개서 형상으로 만들다"를 의미한다. 파쌀(פסל)은 나무(사 40:20; 44:17), 돌(합 2:18-19) 그리고 금속(삿 17:3-4; 사 40:19)을 포함하는 다양한 재료로 만든 모든 형상을 포함한다. 이 재료들은 금과 은으로 도금될 수 있으며, 나아가 보석들로 장식할 수도 있었다.

1.c. 마체바(מצבה)는 어근 나차브(נצב, "서다, 정박하다")에서 왔다. 그것은 기념이나 제의적 목적을 위한 기둥으로 세워졌던 돌을 지칭한다. 자주 이 기둥들은 제단이나 성소 근처에 세워졌다. 세워진 기둥들이 모두 제의적 용도는 아니었기 때문에, 모든 기둥들이 다 비난받지는 않았다. 구약의 여러 시대에서 사람들은 동맹, 죽음 그리고 중요한 사건들을 기념하기 위해 다양한 크기의 기둥들을 세웠다. 예를 들어, 야곱은 벧엘에 기둥을 세워 그것에 기름을 부었다(창 28:18; 참조. 35:14). 그는 또한 자신이 라반과 합의에 이른 공식적인 협약을 위해 한 기둥을 세웠다(창 31:45-54). 모세는 언약을 조인하기 위해 희생들을 바쳤던 시내 산의 제단 곁에 열두 돌을 세웠다(출 24:4; 참조. 수 4:20-24). 한편, 중동 전역의 민족들이 특정한 신을 위해 다양한 높이의 돌들을 세웠다. 그것들은 다듬지 않았거나 부분적으로 옷을 입히거나 형상으로 만들어졌고, 조각이 되기도 하고 그렇지 않기도 했다. 이러한 종류의 기둥들은 예배의 대상이었기 때문에, 이스라엘은 신성한 기둥들을 세우지 말 것과(이 구절; 신 16:22), 세워져 있는 기둥들을 부수라는 명령을 받았다(출 23:24; 신 7:5; 12:3). 때로 이스라엘은 그런 기둥들을 숭배했으나(왕하 17:10; 호 10:1), 그들의 위대한 개혁가들은 그것들을 때려 부쉈다(대하 14:2[3]; 왕하 18:4; 대하 31:1; 왕하 23:14).

1.d. 마스키트(מַשְׂכִּית)는 잠 25:11에서 "그림"을 의미한다. 에벤 미스키트(אֶבֶן מַשְׂכִּית)는 (문자적으로) "양각화가 새겨진 돌"을 의미한다(KB, 605-6; 참조. Y. Masur, "מַשְׂכִּית אֶבֶן," *Leshonenu* 24[1959/60] 181-82). 포터(Porter, 207)는 이것이 메소포타미아에서 논밭의 경계를 표시하기 위해 사용된 경계석이라고 생각한다. 이 돌들 위에 어떤 신의 표상들이 새겨져 있었다. 이 단어는 이러한 돌들을 포함할 수도 있지만, 그것들에 국한되지는 않았다(참조. 민 33:52). 이것은 겔 8:12에 있는 하드레이 마스키토(חַדְרֵי מַשְׂכִּיתוֹ, "그림들의 방들": 개역 성경: 우상의 방안)라는 단어에 의해 증명된다. 이것은 우상들이 있는 방을 의미한다. 아마 그것들 중 하나 혹은 그 이상이 돌에 새겨지고 받침대 위에 놓여져 있었으며, 또는 아마도 벽면을 따라 다양한 신들의 양각화가 새겨진 웅장한 돌이 있거나 이 신들의 그림이나 그들에 대한 다양한 신화로부터 온 여러 가지 장면들이 벽에 그려져 있었을 것이다(참조. Levine, 181; Zimmerli, *Ezekiel 1*, 220-21).

1.e. 70인경(LXX)과 시리아역(Syr)에는 키(כִּי, "왜냐하면")가 빠져 있다.

양식/구조/배경

이 짧은 묶음의 법들은 주기적 시간에 대한 규정들과 이어지는 축복과 저주에 관한 규정들 사이를 잇는 다리 역할을 한다. 실제로 연설자는 그것들을 채택하여 25장에 있는 본문 자료를 26장에 있는 것과 연결하기 위해 표준적인 도입 형식문의 위치에 배치한다. 다음에 나오는 이 짤막한 다리의 구조적 개요는 25:1-26:46에 관한 "양식/구조" 항목에 나오는 개요의 확장이며, "2. 어떤 일반 계명들(2:1-2)"에 속해 있다.

- a. 우상에 대한 금지(1절)
  - 1. 세 가지 금지(1a절)
  - 2. 여호와의 자기 소개 형식문(1b절)
- b. 안식일 준수와 성소 존중에 대한 계명(2절)
  - 1. 계명들 자체(2a절)
  - 2. 여호와의 자기 소개 형식문(2b절)

이 짤막한 단위의 의도는 큰 수사학적 효과를 전달하기 위함이다. 왜냐하면 세 개의 간결한 범주적 금지들에 이어 두 개의 짧은 범주적 계명들이 뒤따르며, 두 묶음의 법들은 공히 여호와의 자기 소개 형식문에 의해 강조되기 때문이다. 그 자기 소개 형식문은 긴 형식문이 뒤따르는 짧은 것이다. 1절에 있는 법들과 유사한 법들이 19:4에서 나타나는 반면, 2절에 있는 법들은 19:30에서 반복되고 2aα절 또한

19:3aβ에서 발견된다. 킬리안(Kilian, *Literarkritische*, 158)은 그 법들이 이 편집자에게 반복할 가치가 있는 중요한 규정들이기 때문에 성결법전의 편집자에 의해 여기에 놓이게 되었다고 추론한다. 편집자가 그 법들을 여기에 놓았든 아니든, 그것들은 이 연설을 거룩한 삶에 대한 법들(성결법)과 결부시켜 놓는다.

25-26장의 구조를 다룰 때 혼동되는 쟁점은 이 두 구절의 위치다. 예를 들어, 노트(Noth, 193)와 레빈(Levine, 181-82)과 같은 어떤 학자들은 이 두 구절을 선행하는 구절들과 함께 묶어서 배열한다. 이러한 관점에서 보면, 안식일의 계명은 25장에 있는 희년에 대한 월력 자료와 통합되어 있다. 더욱 중요한 점은 두 단위 모두 대부분 법들로 구성되어 있다는 사실이다. 그러나 이러한 이유들은 아주 일반적이며 강한 설득력과는 거리가 멀다.

더욱 중요한 이유는 이러한 단어들이 이스라엘로 하여금 곧 이어 나올 축복과 저주에 대한 말씀을 듣도록 준비하게 만든다는 것이다. 그것들은 청중의 마음에 언약을 기억나게 하는데, 이는 그 계명들 중 두 가지인 우상 숭배의 금지와 안식일 준수의 명령이 시내 산 언약(출 19-24장)의 쐐깃돌인 십계명의 일부이기 때문이다(출 20:4, 8). 추가적으로 여호와의 자기 소개 형식문의 사용은 마찬가지로 그 언약을 지시하는데, 이는 그것이 십계명 하달의 머리말이 되기 때문이다(출 20:2; 참조. 18:2의 부록). 이 구절들이 고안된 이러한 배후의 이유들은 서두의 도입 형식문에 있는 시내 산에 대한 언급에서 추가적인 지지를 얻는다. 이러한 언급은 이 법들이 시내 산 언약을 그 배경으로 갖는다는 사실을 증거한다(참조. Wright, *God's People*, 149). 이어지는 축복과 저주는 추후의 26:3-46에 대한 "양식/구조/배경"에서 증명되는 바와 같이 언약 문서의 필수적인 부분이다. 이렇듯 26:1-2과 26:3-45 사이의 연결은 아주 강력하다. 그러므로 이 법들은 청중들로 하여금 뒤따르는 축복과 저주를 들을 준비를 하게 만드는데, 이는 그 법들에 대한 순종은 여호와의 마음을 움직이게 하여 그분이 이미 약속하신 대로 자기 백성을 축복하실 것이며, 반면에 그것들의 위반은 이스라엘을 연쇄적인 저주의 징계의 위험에 빠뜨릴 것이기 때문이다. 덧붙여서 26:40-45의 유배된 이스라엘의 귀환에 대한 지침들과 연결고리가 있는데, 이는 이스라엘이 약속된 땅에 돌아올 때 이 법들을 그들의 하나님이신 여호와의 역동적이고 갱신된 공동체를 건설하기 위한 토대로서 따르고 지켜야 하기 때문이다. 이 구절들의 위치에 관한 이러한 해석을 뒷받침하는 의미 있는 추가적인 지지가 킬리안으로부터 제시되는데(Kilian, *Literarkritische*, 158-59), 이는 그가 출애굽기에 있는 언약서와의 병행점을 발견하기 때문이다. 그는 1절과 유사한 금지가 언약서의 마지막 부분 근처에서(23:24) 나타나며, 언약서의 그 다음 행인 출애굽기 23:25aα은 여호와를 섬기는 자들을 축복하신다는 그분의 약속이 나오면서 26:3과 병행을 이룬다고 설명한다. 출애굽기 23장에 있는 이러한 비슷한 패턴은 26:1-2을 곧바로 축복과 저주의 나열로 이어지는 서두로 받아들이는 것을 확증해 준다. 이러한 짤막한 단위의 존재 이유에 대한 신학적 설명은 수사학적 효과와 일치한다.

주석

1 이 장은 19:4에 나오는 우상에게 돌아서지 말라는 계명의 반복 진술과 더불어 시작된다. 이 계명은 십계명의 제2계명에 대한 해설이다(출 20:4-6//신 5:8-10). 우상들을 지칭하기 위해 사용된 네 단어는 모든 유형의 우상 숭배를 포괄한다: "우상들"(אלילים – 엘릴림), "형상들"(פסל – 페쎌, 개역 성경: 목상), "신성한 기둥"(מצבה – 마체바, 개역 성경: 주상), "조각한 돌"(אבן משׂכית – 에벤 마스키트, 개역 성경: 석상). 페쎌(פסל, "형상들")은 다양한 재료로 만들어진 신의 모습들을 나타낸다. 마체바(מצבה, "신성한 기둥")는 기둥들로 세워진 다양한 크기의 돌들을 의미한다. 에벤 마스키트(אבן משׂכית, "조각한 돌")는 신의 모습이나 신의 상징적 표상이 조각되어 있는 돌들을 지칭한다. 그것들은 경계석과 같이 작은 돌일 수도 있었고 석주로 세워진 거대한 돌일 수도 있었다.

2 안식일 준수에 대한 십계명의 제4계명(출 20:8-11)이 재진술된다. 참조. 19:3, 30; 23:3. 다음 계명은 여호와께서 거하시는 장소인 "나의 성소를 존중하라"(מקדשי תיראו – 미크다쉬 티라우)이다. 이 계명은 또한 19:30에서도 발견된다. 안식일 준수와 성소 존중은 모두 여호와의 최상의 주권을 인정한다.

해설

여호와께서는 자신의 백성으로부터 독점적인 예배를 요구하신다. 그들은 매개물이 무엇이었든 그분을 어떠한 모양으로도 만들어서는 안 된다. 다른 민족들은 자신들의 신들을 표현하려고 우상들을 제작했다. 그들은 그 신들을 섬기려고 기둥들을 세웠으며 그 신들과 그들의 업적이 묘사되어 있는 돌들을 깎았다. 이어서 그들은 이러한 싸늘한 기념비들 앞에 엎드렸다. 이와 반대로 여호와는 창조주이시며 창조된 질서의 어떠한 매개물로도 표현될 수 없다. 그분은 영이시다. 그분은 신령과 진정으로 예배를 받으셔야 한다(요 4:24). 여호와의 예배에 필수적인 것으로 백성들은 자신들의 지상의 책무로부터 휴식하고 여호와를 자신들의 창조자와 구원자로 기억함으로써 안식일을 지켜야 한다. 진실한 마음으로 여호와께 예배드리기 위해서는 여호와께서 자신의 임재를 나타내시는 성소를 존중해야 한다. 다시 말해, 성소의 신성함을 증진시키는 것이다. 인격적인 하나님이신 여호와는 자신이 지정해 준 희생제사들을 통해, 또한 자신을 나타내 주는 인공적인 대상물이 아닌 말씀을 통해 자기 백성이 자신에게 나아올 수 있게 하셨다.

3. 축복과 저주(26:3-46)

참고문헌

Baltzer, K. *The Covenant Formulary in Old Testament, Jewish, and Early Christian Writings.* Tr. D. Green. Philadelphia: Fortress, 1971. **Batto, B.** "The Covenant of Peace: A Neglected Ancient Near Eastern Motif." *CBQ* 49(1987) 187-211. **Buis, P.** "Comment au septième siècle envisageait-on l'avenir de l'alliance? Étude sur Lev. 26,3-45." In *Questions disputées d'Ancien Testament: Méthode et Théologie.* Ed. C. Brekelmans. Bibliotheca Ephemeridum Theologicarum Lovaniensium 33. Leuven/Louvain: Leuven UP, 1974. 131-40. **Fensham, F. C.** "Malediction and Benediction in Ancient Near Eastern Vassal-Treaties and the Old Testament." *ZAW* 74(1962) 1-9. **Frankena, R.** "The Vassal-Treaties of Esarhaddon and the Dating of Deuteronomy." *OTS* 14(1965) 122-54. **Hillers, D. R.** *Treaty Curses and the Old Testament Prophets.* BibOr 16. Rome: Pontifical Biblical Institute, 1964. **Levine, B.** "The Epilogue to the Holiness Code: A Priestly Statement on the Destiny of Israel." In *Judaic Perspectives on Ancient Israel.* Ed. J. Neusner et al. Philadelphia: Fortress, 1987. 9-34. **Lipiński, E.** "*Nešek* and *Tarbīt* in the Light of Epigraphic Evidence." *Orientalia Lovaniensia Periodica* 10(1979) 133-41. **Lohfink, N.** "Die Abänderung der Theologie des priestlichen Geschichtswerk im Segen des Heiligkeitsgesetzes: Zu Lev 26,9.11-13." In *Wort und Geschichte.* FS Karl Elliger. Ed. H. Gese and H. Rüger. AOAT 8. Neukrichen- Vluyn: Neukirchener, 1973. 129-36. **McCarthy, D. J.** *Treaty and Covenant: A Study in Form in* *the Ancient Oriental Documents and in the Old Testament.* AnBib 21A. Rome: Biblical Institute Press, 1981. **Noth, M.** "'For All Who Rely on Works of the Law Are under a Curse.'" In *The Laws in the Pentateuch and Other Studies.* Tr. D. Ap-Thomas. Edinburgh: Oliver & Boyd, 1967. 118-31. **Paul, S. M.** *Studies in the Book of the Covenant in the Light of Cuneiform and Biblical Law.* VTSup 17. Leiden: Brill, 1970. **Waltke, B. K.** "The Phenomenon of Conditionality within Unconditional Covenants." In *Israel's Apostasy and Restoration.* FS R. K. Harrison. Ed. A. Gileadi. Grand Rapids: Baker Book House, 1988. 123-39.

본 문

3 너희가 나의 규례와 계명을 준행하면	**3** "If you walk in my decrees and faithfully keep[a] my commandments,
4 내가 너희 비를 그 시후에 주리니 땅은 그 산물을 내고 밭의 수목은 열매를 맺을지라	**4** I shall send you[a] the rains[b] in their seasons, and the ground will yield its crops and the trees of the field their fruit.
5 너희의 타작은 포도 딸 때까지 미치며 너희의 포도 따는 것은 파종할 때까지 미치리니 너희가 음식을 배불리 먹고 너희 땅에 안전히 거하리라	**5** Threshing[a] will continue for you until vintage[b] and vintage will continue until sowing.[bc] You will eat bread to satisfaction, and you will dwell securely in your land.
6 내가 그 땅에 평화를 줄 것인즉 너희가 누우나 너희를 두렵게 할 자가 없을 것이며 내가 사나운 짐승을 그 땅에서 제할 것이요 칼이 너희 땅에 두루 행하지 아니할 것이며	**6** I shall give peace[a] in the land in order that you may lie down without being frightened.[b] I shall remove the wild beasts from the land. The sword will not pass[c] through your land.[d]
7 너희가 대적을 쫓으리니 그들이 너희 앞에서 칼에 엎드러질 것이라	**7** You will pursue your enemies, and they will fall by the sword before you.
8 너희 다섯이 백을 쫓고 너희 백이 만을 쫓으리니 너희 대적들이 너희 앞에서 칼에 엎드러질 것이며	**8** Five of you will chase a hundred and a hundred of you will chase ten thousand and your enemies will fall by the sword before you.
9 내가 너희를 권고하여 나의 너희와 세운 언약을 이행하여 너희로 번성케 하고 너희로 창대케 할 것이며	**9** I shall turn[a] to you, I shall make you fruitful, I shall increase your number, and I shall maintain my covenant with you.
10 너희는 오래 두었던 묵은 곡식을 먹다가 새 곡식을 인하여 묵은 곡식을 치우게 될 것이며	**10** You will be eating from an earlier harvest long stored until you have to remove the old to make room for the new harvest.[a]
11 내가 내 장막을 너희 중에 세우리니 내 마음이 너희를 싫어하지 아니할 것이며	**11** "I shall put my tabernacle[a] in your midst, and I shall not abhor[b] you.
12 나는 너희 중에 행하여 너희 하나님이 되고	**12** I shall walk about among you. I shall be your

너희는 나의 백성이 될 것이니라

13 나는 너희를 애굽 땅에서 인도하여 내어 그 종된 것을 면케 한 너희 하나님 여호와라 내가 너희 멍에 빗장목을 깨뜨리고 너희로 바로 서서 걷게 하였느니라

14 그러나 너희가 내게 청종치 아니하여 이 모든 명령을 준행치 아니하며

15 나의 규례를 멸시하며 마음에 나의 법도를 싫어하여 나의 모든 계명을 준행치 아니하며 나의 언약을 배반할진대

16 내가 이같이 너희에게 행하리니 곧 내가 너희에게 놀라운 재앙을 내려 폐병과 열병으로 눈이 어둡고 생명이 쇠약하게 할 것이요 너희의 파종은 헛되리니 너희의 대적이 그것을 먹을 것임이며

17 내가 너희를 치리니 너희가 너희 대적에게 패할 것이요 너희를 미워하는 자가 너희를 다스릴 것이며 너희는 쫓는 자가 없어도 도망하리라

18 너희가 그렇게 되어도 내게 청종치 아니하면 너희 죄를 인하여 내가 너희를 칠 배나 더 징치할지라

19 내가 너희의 세력을 인한 교만을 꺾고 너희 하늘로 철과 같게 하며 너희 땅으로 놋과 같게 하리니

20 너희 수고가 헛될지라 땅은 그 산물을 내지 아니하고 땅의 나무는 그 열매를 맺지 아니하리라

21 너희가 나를 거스려 내게 청종치 않을진대 내가 너희 죄대로 너 희에게 칠 배나 더 재앙을 내릴 것이라

22 내가 들짐승을 너희 중에 보내리니 그것들이 너희 자녀를 움키고 너희 육축을 멸하며 너희 수효를 감소케 할지라 너희 도로가 황폐하리라

23 이런 일을 당하여도 너희가 내게로 돌아오지 아니하고 나를 대항할진대

24 나 곧 나도 너희에게 대항하여 너희 죄를 인하여 너희를 칠 배나 더 칠지라

25 내가 칼을 너희에게로 가져다가 너희의 배약한 원수를 갚을 것이며 너희가 성읍에 모일지라

God and you will be my people.

13 I am Yahweh your God, who brought you out of Egypt so that[a] you would no longer be slaves[b] to the Egyptians.[c] I broke the bars of your yoke and enabled you to walk upright.[d]

14 "But if you will not obey me and you will not do all[a] these commandments,

15 and[a] if you despise my decrees[b] and abhor my laws by not doing my commandments so that you break my covenant,

16 I shall surely do this to you: I shall inflict on you sudden terror[a] – wasting disease,[b] fever,[c] diminishing[d] eyesight, and loss of appetite.[e] You will sow your seed in vain, for your enemies will eat it.

17 I shall set my face against you so that you will be crushed by your enemies. Those who hate you will rule[a] over you. You will flee though no one is pursuing you.

18 "If in spite of these things you will not listen to me, I shall go on to discipline[a] you seven times[b] for your sins.

19 I shall break your strong pride. I shall make the sky like iron for you and your land like bronze.[a]

20 Your strength will be spent for nought, for your land will not give its crops and the trees of the earth[a] will not yield their fruit.

21 "If you defy[a] me[b] and you are not willing to listen to me, I shall increase your afflictions seven times according to your sins.

22 I shall loose[a] wild beasts against you: they will rob you of your children,[b] destroy your cattle, make you few in number, and your roads will be deserted.

23 "If in spite of these things you do not accept my[a] discipline and you continue to defy me,

24 then[a] even I shall defy you:[b] I, even I, shall smite you seven times[c] for your sins.

25 I shall bring the sword on you for vengeance, the vengeance prescribed by the covenant.[a]

도 너희 중에 염병을 보내고 너희를 대적의 손에
붙일 것이며

26 내가 너희 의뢰하는 양식을 끊을 때에 열 여
인이 한 화덕에서 너희 떡을 구워 저울에 달아 주
리니 너희가 먹어도 배부르지 아니하리라

27 너희가 이같이 될지라도 내게 청종치 아니하
고 내게 대항할진대
28 내가 진노로 너희에게 대항하되 너희 죄를 인
하여 칠 배나 더 징책하리니
29 너희가 아들의 고기를 먹을 것이요 딸의 고기
를 먹을 것이며
30 내가 너희의 산당을 헐며 너희의 태양 주상을
찍어 넘기며 너희 시체를 파상한 우상 위에 던지
고 내 마음이 너희를 싫어할 것이며
31 내가 너희 성읍으로 황폐케 하고 너희 성소들
로 황량케 할 것이요 너희의 향기로운 향을 흠향
치 아니하고
32 그 땅을 황무케 하리니 거기 거하는 너희 대
적들이 그것을 인하여 놀랄 것이며
33 내가 너희를 열방 중에 흩을 것이요 내가 칼
을 빼어 너희를 따르게 하리니 너희의 땅이 황무
하며 너희의 성읍이 황폐하리라

34 너희가 대적의 땅에 거할 동안에 너희 본토가
황무할 것이므로 땅이 안식을 누릴 것이라 그 때
에 땅이 쉬어 안식을 누리리니

35 너희가 그 땅에 거한 동안 너희 안식 시에 쉼
을 얻지 못하던 땅이 그 황무할 동안에는 쉬리라

36 너희 남은 자에게는 그 대적의 땅에서 내가
그들의 마음으로 약하게 하리니 그들은 바람에
불린 잎사귀 소리에도 놀라 도망하기를 칼을 피
하여 도망하듯 할 것이요 쫓는 자가 없어도 엎드
러질 것이라
37 그들은 쫓는 자가 없어도 칼 앞에 있음같이
서로 천답하여 넘어지리니 너희가 대적을 당할
힘이 없을 것이요

When you gather in your cities, I shall send a
pestilence[b] among you, and you will be given
into the hand[c] of your enemy.
26 When I break your supply of bread, ten
women will bake your bread in one oven, and they
will distribute your bread by weight. You will eat,
but you will not be satisfied.
27 "If in spite of this you do not listen to me
and you continue to defy me,
28 I shall angrily defy you; and I, even I, shall
discipline you for your sins seven times.
29 You will eat the flesh of your sons, and you
will eat the flesh of your daughters.[a]
30 I shall destroy your high places,[a] demolish
your incense altars, and pile your corpses[b] on the
corpses of your idols;[c] I myself shall abhor you.
31 I shall reduce your cities to ruins and make
desolate your sanctuaries,[a] and I shall not delight
in the soothing aroma of your sacrifices.
32 I shall make the land[a] so desolate that your
enemies who occupy it will be appalled at it.
33 I shall scatter you among the nations, and I
shall unsheath my sword after you so that your
land will be laid waste and your cities will become[a]
ruins.
34 Then the land will enjoy its sabbath years all
the time that it lies desolate[a] and you are in the
land of your enemies; then the land will rest and
enjoy[b] its sabbaths.
35 All the time that it lies desolate[a] it will have
rest because it did not rest during the sabbath
years when you dwelt on it.
36 As for those among you who are left, I shall
make their hearts timid in the land of their enemies
so that the sound of a blowing leaf will chase them.
They will flee as though fleeing from the sword,
and they will fall though no one is chasing them.
37 They will stumble over each other as though
fleeing from the sword[a] even though no one is
chasing them. You will not make a stand[b] before

your enemies.

38 너희가 열방 중에서 망하리니 너희 대적의 땅이 너희를 삼킬 것이라

38 You will perish among the nations. The land of your enemies will devour you.

39 너희 남은 자가 너희 대적의 땅에서 자기의 죄로 인하여 쇠잔하며 그 열조의 죄로 인하여 그 열조같이 쇠잔하리라

39 Those who are left among you will languish away[a] in the land of your[b] enemies because of their iniquity.[c] They will also languish away because of their fathers' iniquities added to theirs.[d]

40 그들이 자기 죄와 그 열조의 죄와 및 그들이 나를 거스린 허물을 자복하고 또 자기들이 나를 대항하였으므로

40 "But if they will confess their iniquity and the iniquity of their fathers by their treacherous deeds which they have done against me and verily by which they have defied me –

41 나도 그들을 대항하여 그 대적의 땅으로 끌어 갔음을 깨닫고 그 할례받지 아니한 마음이 낮아져서 그 죄악의 형벌을 순히 받으면

41 indeed, I will have defied them in that I will have brought[a] them into the land of their enemies –if perchance[b] their uncircumcised heart is humbled and they make compensation for their iniquity,

42 내가 야곱과 맺은 내 언약과 이삭과 맺은 내 언약을 생각하며 아브라함과 맺은 내 언약을 생각하고 그 땅을 권고하리라

42 I shall remember my covenant[a] with Jacob,[b] and I shall remember also my covenant[a] with Isaac,[b] and verily my covenant[a] with Abraham,[b] and I shall remember the land.

43 그들이 나의 법도를 싫어하며 나의 규례를 멸시하였으므로 그 땅을 떠나서 사람이 없을 때에 땅이 황폐하여 안식을 누릴 것이요 그들은 자기 죄악으로 형벌을 순히 받으리라

43 For the land will be forsaken by them[a] and will enjoy[b] its sabbaths while it lies desolate[c] without them. They will make compensation for their iniquity because, even because,[d] they despised my laws and abhorred my decrees.

44 그런즉 그들이 대적의 땅에 거할 때에 내가 싫어 버리지 아니하며 미워하지 아니하며 아주 멸하지 아니하여 나의 그들과 세운 언약을 폐하지 아니하리니 나는 여호와 그들의 하나님이 됨이라

44 Yet in spite of this[a] when they are in the land[b] of their enemies, I shall not despise them or abhor them to destroy them completely, breaking my covenant with them, because I am Yahweh their God.

45 내가 그들의 하나님이 되기 위하여 열방의 목전에 애굽에서 인도하여 낸 그들의 열조와 맺은 언약을 그들을 위하여 기억하리라 나는 여호와니라

45 I shall remember for their sake the former covenant, when I brought them out of Egypt in the sight of the nations in order to be their God. I am Yahweh."

46 이상은 여호와께서 시내 산에서 자기와 이스라엘 자손 사이에 모세로 세우신 규례와 법도와 율법이니라

46 These are the decrees, laws, and instructions[a] which Yahweh established between himself and the Israelites at Mount Sinai through Moses.

원문주해

3.a. 두 개의 동사 티쉬메루(תשמרו, "네가 지키고")와 봐아시템(ועשיתם, "그리고 네가 행하〈면〉")은 "부지런히, 충실하게 지키다"를 의미하는 중언법이다(Levine, 182; 개역성경에서는 두 동사를 묶어서 "준행하면"으로 번했한다 – 역자주).

4.a. 때로 동사에 붙은 대명사 접미어가 여격처럼 기능한다(Joüon § 129h).

4.b. 게쉠(גשם, "비")의 복수형은 구약에서 매우 드물다. 그것은 단지 이 곳과 겔 34:26; 스 10:9, 13; 시 105:32에서만 나타난다.

5.a. 명사 다이쉬(דיש, "타작〈의 진행〉")는 단지 이 구절에서만 나타난다. 그렇지만 동사 두쉬(דוש, "타작하다")는 잘 입증된다(예를 들어, 신 25:4).

5.b. 쥬옹(Joüon § 125h)은 비한정적 명사에 불변사 에트(את)가 사용된 이유를 명료한 이해를 위한 욕구 때문이라고 설명한다(목적어 표시인 에트〈את〉는 일반적으로 관사나 소유대명사가 붙은 한정 목적어에 사용되는데, 여기서는 드물게 비한정 목적어에 붙었다 – 역자주).

5.c. 사마리아 오경(Sam)은 이 단어에 정관사를 붙여 읽는다.

6.a. 바토(Batto, *CBQ* 49[1987] 203-6)는 이 숙어에서 나탄(נתן)이 "심다"를 의미한다고 제안하면서, 이 구절이 신적인 언약의 결과로서의 땅 위의 평화라는 낭만적 주제의 일부라는 것을 보여 주려고 한다. 그는 계속해서 마 10:34과 눅 12:51에 있는 예수님의 말씀이 의도적으로 이 구절과 대립되는 것으로 구성되었다는 것을 증명한다.

6.b. 이것은 와우(ו)가 이끄는 상황절이다(Joüon § 159d).

6.c. 헤레브 타아보르(חרב תעבר, "검이 통과할 것이다")라는 숙어는 구약의 다른 곳에서는 단지 겔 14:17에서만 나타난다.

6.d. 이 문장이 70인경(LXX)에서는 이 구절의 서두에 나온다.

9.a. 파나 엘(פנה אל)은 "…로 돌이키다, 돌이켜 보다, 호의적으로 바라보다, 주시하다"를 의미한다(왕하 13:23; 겔 36:9-10; 시 25:16; 69:17[16]; 86:16; 119:132; BDB, 815).

10.a. 동사들이 교차 구조적으로 배열되어 있다.

11.a. 마소라 본문(MT)의 미쉬카니(משכני, "나의 장막") 대신 70인경 바티칸 사본 및 알렉산드리아 사본(LXX^{BA})은 텐 디아데켄 무(*τὴν διαθήκην μου*)=베리티(בריתי, "나의 언약")로 읽는다.

11.b. 가알(געל, "혐오하다, 역겨워하다")은 구약에서 아홉 번 나타나는데 다섯 번이 이 장에서 사용된다: 15, 30, 43, 44절; 참조. 렘 14:19; 겔 16:5, 45. 레빈(Levine, "Epilogue," 14)은 이 어근의 기본 이미지가 "물리적 부패, 오물"이라는 것을 발견한다.

13.a. 민(מן)+부정사 연계형은 부정적 결과를 표현한다(Joüon § 169h).

13.b. 마소라 본문(MT)의 미흐요트 라헴 아바딤(מהית להם עבדים) 대신 70인경(LXX)은 온톤 휘몬 둘론(ὄντων ὑμῶν δούλων, "너희가 종이었던 〈곳〉")으로 읽는다.

13.c. 마소라 본문(MT)은 라헴(להם, "그들에게")으로 읽는다. 이 주석의 영어 번역은 명료함을 위해 선행사인 "이집트인들"을 사용한다.

13.d. 목적격 코메미유트(קוממיות)는 주어에 대한 성질을 표현한다(Joüon§ 126d). 단지 여기에서만 나타나는 이 단어는 어근 쿰(קום, "일어나다, 일어서다")에서 왔다. BDB(879)는 그것에 "똑바름"이라는 의미를 부여하지만, 쾰러 바움가트너 사전(KB, 1018)은 그것을 부사적 기능의 견지에서 "똑바른 태도로"라는 의미로 정의한다(참조. GKC § 86k).

14.a. 70인경(LXX)은 콜(כל, "모든")로 읽지 않는다.

15.a. 몇몇 히브리어 필사본들(mss), 사마리아 오경 필사본들(Sam[mss]), 시리아역(Syr) 그리고 벌게이트역(Vg)은 와우(ו)를 갖지 않는다. 70인경(LXX)은 그것을 알라(ἀλλά, "그러나")로 번역한다.

15.b. 70인경(LXX)은 베후코타이(בחקתי, "나의 규례들을")를 대명사 아우토이스(αὐτοῖς, "그것들을")로 번역한다.

16.a. 쥬옹(Joüon§ 102d)에 따르면, 실명사 베할라(בהלה)는 부사적으로 사용된다. "나는 놀라운 공포를 일으키며 너희를 칠 것이다"(개역 성경: 너희에게 놀라운 재앙을 내려). 어근 빠할(בהל)은 "놀라게 하다, 두렵게 하다, 서두르다"를 의미한다. 그런 공포는 전율이 일어나게 할 것이다(욥 21:6). 공포는 혼란과 공황 상태를 발생시켜 사람들이 달아나게 만든다(시 48:6[5]; 렘 51:32). 오첸(B. Otzen)은 "명사 베할라(*behalah*)는 단순히 갑작스러운 죽음과 관련된 혹은 그것과 동일한 공포를 의미한다"고 말한다("בהל *bhl*," *TDOT* 2:5). 사마리아 오경(Sam)은 잘못된 철자인 빠할라(בחלה)를 갖는다.

16.b. 하샤헤페트(השחפת)는 단지 이 곳과 신 28:22에서만 나타난다. 그것의 의미는 "소모성 질환, 폐병"으로 간주된다.

16.c. 카다하트(קדחת, "열병")는 어근 "불붙다"에서 왔다. 이 단어는 단지 이 곳과 신 18:22에서만 나타난다.

16.d. 눈과 관련해서 나오는 칼라(כלה, "완성하다, 끝내다")는 사람의 시력을 망치는 질병을 묘사한다(BDB, 428).

16.e. 어근 두브(דוב, "수척해지다")는 아마도 다아브(דאב, "힘이 빠지다, 쇠약해지다")의 다른 철자일 수 있다(BDB, 187). 다아본 네페쉬(דאבון נפש, "쇠약해짐, 수척함")라는 어구가 병행구절인 신 28:65에서 나타난다. 네페쉬(נפש)와 더불어 쓰일 때 이 단어는 "의기소침"을 의미할 수 있다. 혹은 만일 네페쉬(נפש)가 "목구멍"이라는 문자적 의미에 더 가깝다면, 그 어구는 "식욕 부진"을 의미한다.

17.a. 마소라 본문(MT)의 붸라두(ורדו, "그리고 그들이 다스릴 것이다") 대신 70인경

(LXX)은 가이 디오크손타이(*καὶ διώξονται*)=붸라데푸(ורדפו, "그리고 그들이 추적할 것이다")를 갖는다. PIR(204)은 그 이문이 병행구절에 동화시킨 것이라고 설명한다.

18.a. 이 피엘 부정사 연계형은 접미사 헤(ה)를 갖는다(GKC § 52p; Joüon § 52c).

18.b. 종종 곱셈 개념이 홀로 나오는 기수로 표현된다(Joüon § 142q).

19.a. 네후샤(נחושה, "동, 구리")는 네호쉐트(נחשת)의 시적인 철자법이다(예를 들어, 욥 20:24; 사 45:2).

20.a. 고대 레위기 두루마리(11QpaleoLev)의 지지를 받는 하아레츠(הארץ, "그 땅") 대신 몇몇 히브리어 필사본들(mss), 70인경(LXX) 그리고 탈굼 위-요나단(*Tg. Ps.-J.*)은 하사데(השדה, "그 들")로 읽는다. 70인경도 소유대명사 휘몬(*ὑμῶν*, "너희의")을 갖는다. 엘리거(Elliger, 363)는 그 이문의 독법을 수용하지만, PIR(204)은 그 이문이 비슷한 구절에 동화된 것으로 이해한다.

21.a. 케리(קרי, "만남"; KB, 1065)는 구약에서 일곱 번 사용되는데 모두 이 장에서 나오며 또한 동사 할라크(הלך, "걷다")와 결합된 숙어로만 나타난다(때로 전치사 베〈ב, "…안에, …와 함께"〉가 קרי 앞에 붙는다[24, 27절]). 이 숙어는 "반대로 걷다, 저항하다, 반대하다"를 의미한다. 그러나 레빈(Levine, "Epilogue," 15)은 케리(קרי)를 카라르(קרר, "차다, 춥다")로부터 취한다. 그렇다면 이 숙어는 (문자적으로) "냉담하게 걷다"를 의미한다.

21.b. 70인경(LXX)은 임미(עמי, "나와 함께")에 해당되는 대응어가 전혀 없지만, 마소라 본문(MT)에 없는 메타 타우타(*μετὰ ταῦτα*, "이 일들 후에")를 읽는다.

22.a. 사마리아 오경(Sam)과 고대 레위기 두루마리(11QpaleoLev)는 마소라 본문(MT)의 히필형 대신 칼형으로 읽는다.

22.b. 마소라 본문(MT)이 하사데 붸쉬클라 에트켐(השדה ושכלה אתכם, "그 밭, 그리고 그것이 너에게서 너의 자녀를 강탈할 것이다")으로 읽는 반면, 70인경(LXX)은 타 아그리아 테스 게스(*τὰ ἄγρια τῆς γῆς*, "그 땅의 밭들")로 읽는다.

23.a. 몇몇 히브리어 필사본들(mss), 고대 레위기 두루마리(11QpaleoLev), 70인경(LXX), 탈굼 위-요나단(*Tg. Ps.-J.*), 시리아역(Syr) 그리고 벌게이트역(Vg)에는 리(לי, "나에게")가 빠져 있다.

24.a. 마소라 본문(MT)의 아프(אף, "참으로, 정녕") 대신 사마리아 오경(Sam)은 감(גם, "역시, 또한")으로 읽는데, 이것은 이 구절의 뒷 부분의 어법과 맞추기 위함이다. 고대 레위기 두루마리(11QpaleoLev)에는 아프 아니(אף אני, "나도")가 빠져 있다.

24.b. 70인경(LXX)은 28절에서와 마찬가지로 뒤모 플라기오(*θυμῷ πλαγίῳ*, "적대적인 분노로" 혹은 "화난 적개심으로")로 읽는다. 70인경은 본문을 평준화하고 있다.

24.c. 참조. "원문주해" 18.b.

25.a. 레빈(Levine, "Epilogue," 16)은 나캄(נקם)이 언약의 서약이나 서원과 동의어라

고 이해한다. 그러므로 그는 헤레브 노케메트 네캄 베리트(חרב נקמת נקם־ברית)라는 절 문장을 "언약의 협박 조항들을 집행하는 검"으로 번역한다.

25.b. 데베르(דבר, "전염병")는 사람과 짐승을 공히 쓰러뜨리는 치명적인 역병이다(렘 27:13; 겔 33:27; 출 9:3). 70인경(LXX)에서 그것은 자주 다나토스(*θανατός*, "죽음")로 번역된다. 합 3:5에 따르면, 역병과 전염병은 하나님께서 자신의 처소를 떠나 땅 위에서 자신의 적들과 싸우러 오실 때 그분과 함께 온다(참조. Mayer, "דבר *debher*," *TDOT* 3:125-270).

25.c. 탈굼 위-요나단(*Tg. Ps.-J.*)과 탈굼 네오피티(*Tg. Neof.*)는 복수형인 "너희의 적들의 손들"로 읽는다.

29.a. 이 저주는 신 28:53-57에서 훨씬 더 생생하고 잔혹하게 묘사되고 있다(참조. 사 9:19-20; 49:26; 렘 19:9; 애 4:10; 겔 5:10; 슥 11:9).

30.a. 바마(במה)는 보통 "높은 장소(산지)"(개역 성경: 산당)로 번역되는데, "등, 산등성이"를 의미하는 셈어 어근에서 왔다. 아카드어 밤투(*bamtu*) B는 "가슴, 흉곽"을 의미한다(*CAD* 2:78-79; *AHw*[101]은 "경사면, 산마루, 등판 중앙"을 추가한다). 그리고 우가릿어 바마트(*bmt*)는 짐승의 "등"을 의미한다(K.-D. Schunck, "במה, *bāmāh*," *TDOT* 2:140). 히브리어에서 바마(במה)는 때로 "등"(신 33:29) 혹은 "산마루, 높은 지대"(신 32:13; 암 4:13; 사 58:14)를 의미한다. 그러나 구약에서 이 단어의 가장 빈번한 용도는 "제의적(산지의) 장소"를 지칭하는 것이다. 분명하게 바마(במה)로 확인될 수 있는 구조물은 전혀 발견되지 않았다(M. Haran, *Temples*, 21). 하란은 바마(במה)가 제단이었으나 무엇이 그것을 다른 제단들과 구별시켰는지는 알 수 없다고 믿는다. 그는 구약에 있는 언급으로부터 그것들이 "단순하고 견고한, 그리고 옥외에 위치한 노출된 구조물"이었다고 결론내린다(23). 므깃도와 나하리야에서 다듬지 않은 돌로 만든 더미들이 발견되었는데, 그것들은 타원형이며 평평한 표면을 가지고 있었다(Haran, 21). 이 구조물들이 이스라엘보다 더 초기일지라도, 그것들은 바마(במה)의 연대 측정에서 가장 훌륭한 후보들이다. 참조. Schunck, *TDOT* 2:139-45.

30.b. D. Neiman, "*PGR*: a Canaanite Cult-Object in the OT," *JBL* 67[1948] 55-60에서는 페게르(פגר)가 "제의 물품, 비석"을 의미한다고 제안하지만, 이러한 제안은 수용되지 않았다.

30.c. 길룰림(גלולים)은 우상을 지칭하는 또 다른 단어다(참조. 1절). 에스겔은 이 단어를 즐겨 사용하는데 대략 39회다(예를 들어, 16:36; 18:6, 12, 15). 길룰림(גלולים)은 인간이나 동물과 같은 모양으로 만들어진 큰 형상을 지칭한다. 이 단어는 경멸적인 용어로 보이는데, 왜냐하면 그것이 시쿠츠(שקוץ, "가증한 것")와 동일한 패턴을 따른 형태를 갖기 때문이다. 이러한 형태는 분명히 의도적인데, 이는 길룰(גלול)과 시쿠츠(שקוץ)가 때로 함께 나타나기 때문이다(예를 들어, 신 29:16[17]; 겔 20:7, 8; 37:23). 길룰(גלול)

의 어원은 분명하게 결정되지 않았다. 프로이스(Preuss)와 짐멀리(Zimmerli)와 같은 일부 사람들은 그것을 갈(גל, "똥, 거름")과 관련시켜 길룰림(גלולים)이 "똥으로 된 물건들, 똥 우상들"을 의미하게 만든다. 이러한 설명은 우상에 의해 발생되는 부정결과 오염에 대한 에스겔의 강조와 잘 어울린다. 참조. H. D. Preuss, "גלולים *gillûlîm*," *TDOT* 3:1-5; W. Zimmerli, *Ezekiel 1*, 187.

31.a. 마소라 본문(MT)의 미크데쉐이켐(מקדשיכם, "너희의 성소들") 대신 많은 히브리어 필사본들(mss), 사마리아 오경(Sam) 그리고 시리아역(Syr)은 메카디쉬켐(מקדשכם, "너희를 거룩하게 하는 것")을 갖는다.

32.a. 70인경(LXX)은 휘몬(*ὑμῶν*, "너희의")을 추가한다.

33.a. 이것은 여성 주어와 함께 사용된 남성 동사의 한 가지 예이다(참조. 창 41:27; Hoffmann, 2:373.

34.a. 호샴마(השמה, "황무한") 대신 사마리아 오경(Sam)은 아쉬마(אשמה)를 갖는다. 70인경(LXX)은 마지막의 헤(ה)를 대명사 접미어로 읽는다. 70인경(LXX)이 지지를 받는다.

34.b. 마소라 본문(MT)의 히르차트(הרצת)는 3인칭 단수 완료의 고대 형태를 보존하지만(GKC § 74m), 사마리아 오경(Sam)은 히르츠타(הרצתה)로 된 철자를 갖는다.

35.a. 참조. "원문주해" 34.a.

37.a. 미프네이 헤레브(מפני־חרב, "검 앞에서")에 전치사 케(כ, "…처럼)가 붙은 것에 대하여 게세니우스 문법(GKC, § 118s, n.2)은 어떤 전치사를 지닌 채 고착된 형태가 된 것으로 간주된 단어에 전치사 케(כ)가 붙은 것으로 설명한다.

37.b. 테쿠마(תקומה)는 어근 쿰(קום, "일어서다")으로부터 온 여성 명사다. 그것은 단지 여기에서만 나타난다. BDB(879)는 그것을 쿰(קום)의 칼형의 의미인 "스스로 지탱하다, 유지하다"와 관련시키면서 "서 있음, 일어서는 힘"이라는 의미를 부여한다(수 7:12, 13; 나 1:6; 애 1:14; 시 1:5; 24:3). *TWOT*(2:794)는 그것을 "일어서서 저항하는 능력"으로 번역한다.

39.a. 마카크(מקק, "썩다, 곪다, 부패하다")는 구약에서 단지 아홉 번 발생한다. 시 38:6(5)에서 그것은 상처가 곪는 것을 묘사하며, 슥 14:12에서는 사람의 눈, 혀 그리고 살이 썩는 것을 표현한다. 그것은 은유적으로 하나님께 대적하는 반역자가 그들의 사악함으로 인해 쇠약해지는 것에 적용된다(이 곳; 겔 4:17; 24:23; 33:10).

39.b. 많은 히브리어 필사본들(mss), 사마리아 오경(Sam) 그리고 여러 역본들이 2인칭 대신 3인칭 대명사 접미어를 갖는다. 엘리거(Elliger, 363)는 그 이문을 수용하지만, PIR(204)은 그 이문을 병행구절에 동화시킨 것으로 이해한다.

39.c. 70인경(LXX)은 디아 타스 하마르티아스 휘몬(*διὰ τὰς ἁμαρτίας ὑμῶν*, "너희의 죄를 통해")으로 읽는다. 분명히 그것은 선행본(Vorlage)에서 아본(עון, "악행") 대신 하

타(חטאה, "죄들")를 갖는다.

39.d. 70인경(LXX)은 붸아프 빠아보노트 아보탐 이담(ואף בעונת אבתם אתם, "그들의 악행들에 더하여 조상들의 악행들 때문에"; 개역 성경: 자기의 죄로 인하여 〈쇠잔하며〉 그 열조의 죄로 인하여…)으로 읽는다. 엘리거(Elliger, 363)는 마소라 본문(MT)이 행간 설명(gloss)일 수 있다고 생각한다. 덧붙여서, 그는 이탐(אתם, "그것들과 더불어=그들의 것들에 더하여")이 아보탐(אבתם, "그들의 조상들")으로 인해 발생된 중복오사의 오류라고 간주한다.

41.a. 마소라 본문(MT)의 붸헤베티(והבאתי, "그리고 내가 끌어갈 것이다") 대신 70인경(LXX)은 카이 아폴로(*καὶ ἀπολῶ*) = 붸하아바트티(והאבדתי, "그리고 내가 멸망당하게 할 것이다")를 갖는다.

41.b. 마소라 본문(MT)의 오 아즈(או־אז, "또는 그때") 대신 시리아역(Syr)은 붸아즈(ואז, "그리고 그때")를, 70인경(LXX)은 토테(*τότε*)=아즈(אז, "그때")를 갖는다. 오(או)는 삼상 20:10에 있는 것처럼 간접 의문을 이끈다. 그것은 "만일 혹시라도"로 번역될 수 있다(GKC § 150i).

42.a. 70인경(LXX)은 접미사를 빠뜨린다. 이것은 단순히 더 자연스러운 그리스어 독법을 제공하기 위함일 수 있다. 시리아역(Syr)은 임(עם, "…와 함께")을 추가한다.

42.b. 에트 베리티 야아콥(את־בריתי יעקוב, 문자적으로는 "야곱〈과 맺은〉 나의 언약")이라는 구문은 특이한데, 왜냐하면 야아콥(יעקוב)이 본질상 소유격이기 때문이다. 그 의미는 베리트 야아콥 아쉐르 리(ברית יעקוב אשר לי, "내게 속한〈내가 간직하고 있는〉 야곱의 언약")이다(Joüon § 129a, n.: 2; 참조. 렘 33:20). 게세니우스 문법(GKC § 128d)은 마소라 본문(MT)이 베리티 베리트 야아콥(בריתי ברית יעקב, "나의 언약, 야곱과 맺은 언약")의 생략형이라는 설명을 자신 없이 제안한다. 그러나 게세니우스 문법은 대명사 접미어 요드(י, "나의")가 중복오사의 한 사례라는 제안을 더 확신한다. 이와 동일한 논의가 이어지는 두 개의 비슷한 어구들에도 적용된다.

43.a. 이 사례에서 전치사 민(מן)이 그 행동의 주체를 소개한다(Joüon § 132d).

43.b. 마소라 본문(MT)의 붸티레츠(ותרץ, "그것〈땅〉이 누리게 하라〈누릴지어다〉") 대신 사마리아 오경(Sam)은 붸히르츠타(והרצתה, "그것이 누릴 것이다")를 갖는다. 참조. "원문주해" 34.b. 직설법 뒤에서 저시브(jussive)가 드물게 발생하는 것은 그 이유를 표현해 준다(Joüon § 116e).

43.c. 호샴마(השמה)는 샤맘(שמם, "황폐하다")의 호팔 부정사 연계형이다(참조. GKC § 67y). 사마리아 오경(Sam)에서는 철자가 빠아쉬마(באשמה)이다. 참조. "원문주해" 34.a.

43.d. 이중 접속사가 또한 겔 13:10과 36:3에서도 와우(ו) 없이 나타난다. 사마리아 오경(Sam)은 여기서 와우(ו)를 읽지 않는다. BDB(775)는 야안 우 베야안(יען וביען)을

"…때문에 그리고 …의 원인에 의해"로 번역한다. 쿠크(Cooke)에 따르면, 그 접속사의 반복은 진지한 강조를 추가한다(*Ezekiel*, 140).

44.a. 마소라 본문(MT)의 웨아프 감 조트(ואף־גם־זאת, "심지어 이 일에도 불구하고"; 개역 성경: 그런즉) 대신 표준 히브리어 성경(*BHS*)은 탈굼 필사본들(Tg[mss])에 있는 빠다(בדא)를 빠조트(בזאת, "이것에 의해")와 동등한 것으로 받아들인다.

44.b. 사마리아 오경(Sam)은 복수형을 갖는다.

46.a. 70인경(LXX)은 단수형을 갖는다.

양식/구조/배경

다음의 구조적 개요는 25:1-26:46의 "양식/구조"에 나오는 개요의 확대로서 그 중에 "3. 축복, 저주 그리고 회복(26:3-45)"에 속해 있다.

a. 축복 목록(3-13절)
  1) 축복들 자체(3-12절)
    a) 조건(3절)
    b) 축복들의 나열(4-12절)
      (1) 첫 번째 축복 – 비옥한 생산 조건(4-5절)
      (2) 두 번째 축복 – 땅 전역의 평화(6-8절)
      (3) 세 번째 축복 – 번영 속의 증산(9-10절)
      (4) 네 번째 축복 – 자기 백성들 가운데 하나님의 임재(11-12절)
  2) 확장된 여호와의 자기 소개 형식문(13절)

b. 저주 목록(14-39절)
  1) 첫 번째 저주 – 많은 역병들과 전쟁에서의 패배(14-17절)
    a) 조건(14-15절)
    b) 저주 자체(16-17절)
  2) 두 번째 저주 – 가뭄(18-20절)
    a) 조건(18a절)
    b) 저주 자체(18b-20절)
  3) 세 번째 저주 – 들짐승(21-22절)
    a) 조건(21a절)
    b) 저주 자체(21b-22절)

4) 네 번째 저주 – 전쟁, 역병, 기근(23-26절)
  a) 조건(23절)
  b) 저주 자체(24-26절)
5) 다섯 번째 저주 – 비참한 조건들과 유배(27-39절)
  a) 저주 자체(27-33절)
    (1) 조건(27절)
    (2) 저주들(28-33절)
      (a) 여호와의 징벌 의도의 원리에 대한 기본 진술(28절)
      (b) 구체적인 징벌들(29-33절)
        i) 식인 행위(29절)
        ii) 여호와에 의한 땅의 황폐화(30-32절)
        iii) 백성들의 유배(33절)
  b) 목적과 결과(34-39절)
    (1) 휴경하게 될 땅(34-35절)
    (2) 포로들의 곤경(36-39절)
      (a) 곤경의 묘사(36-38절)
      (b) 이유(39절)

c. 회복의 가능성(40-45절)
1) 조건 – 죄의 고백(40-41절)
  a) 고백 자체(40-41a절)
  b) 구체적인 조건(41b절)
    (1) 참회하는 마음(41bα절)
    (2) 대가 지불(41bβ절)
2) 회복 자체(42-45절)
  a) 여호와에 의한 언약의 기억에 근거함(42절)
  b) 다섯 번째 저주를 재차 언급하는 삽입구(43절)
    (1) 휴경하게 될 땅(43aα절)
    (2) 대가 지불(43aβ+b절)
  c) 여호와의 자기 백성에 대한 책임이 동인이 되는 회복(44-45절)
    (1) 자기 백성을 추방하기를 계속하지 않겠다는 여호와의 약속(44절)
      (a) 약속 자체(44a절)

(b) 여호와의 자기 소개 형식문(44b절)
(2) 여호와의 언약 기억에 대한 재진술(45절)
(a) 기억 자체(45a-bβ절)
(b) 여호와의 자기 소개 형식문(45bγ절)

이 연설의 현재의 부분에는 세 개의 문단이 있다: 축복들(3-13절), 저주들(14-39절) 그리고 회복을 위한 지침(40-45절).

첫 번째 문단에 네 가지 축복이 나온다: 때에 맞는 비(4-5절), 평화(6-8절), 다산(9-10절) 그리고 하나님의 임재(11-13절). 포터(Porter, 209-10)는 다섯 가지 축복을 발견하는데, 이는 그가 6-8절을 평화(6절)와 전쟁의 승리(7절)라는 두 개의 축복으로 간주하기 때문이다. 그러나 이어지는 토론은 이 묶음의 구절들이 하나의 축복을 구성한다는 것을 증명할 것이다. 여호와를 화자로 하는 1인칭의 완료 와우 연속법이 이끄는 각각의 축복은 서두에 나오는 조건에 의존해 있다(3절). 세 가지의 축복이 동사 붸나타티(ונתתי, "그리고 내가 줄 것이다")로 시작되는데(4, 6, 11절), 세 번째 축복(9절)은 하나님께서 자기 백성을 축복하시리라는 것을 강조하기 위해 "너희들"을 목적어로 갖는 연속적인 네 개의 1인칭 완료형을 갖는다. 이러한 문체는 포터가 6-8절에서 두 개의 축복을 발견한 것을 반박한다. 전형적으로 각각의 축복은 여호와의 명시적인 약속으로 시작되며, 이어서 이러한 신적인 행동이 이스라엘에게 무엇을 의미하는지가 기술된다. 네 번째 축복은 2인칭 복수 동사들로 구성되는 수반된 결과가 빠져 있다는 점에서 차이가 난다. 그 자리를 언약 형식문인 붸하이티 라켐 렐로힘 붸아템 티흐유리 레암(והייתי לכם לאלהים ואתם תהיו־לי לעם, "나는 너희 하나님이 되고 너희는 나의 백성이 될 것이다")이 대신하고 있다. 그것은 또한 이스라엘에게 어떤 실질적인 것을 주는 것과 대조적으로 여호와께서 자기 백성 가운데 거하겠다고 약속하신다는 점에서 차이가 난다. 그럼에도 불구하고 이 부분은 축복들의 일부분인데, 왜냐하면 그것이 첫 번째와 두 번째 축복이 그런 것처럼 나타티(נתתי, "내가 줄 것이다")로 시작되며 또한 여호와의 임재의 약속, 곧 그분이 줄곧 맹세하신 위대한 약속을 표현하기 때문이다(예를 들어, 출 3:12).

이 축복 목록은 관계절이 보충되어 확장된 여호와의 자기 소개 형식문으로 마무리된다(참조. 19:36; 22:33; 23:43; 25:38, [42], 55). 그 형식문에 첨부되어 있는 것들은 두 개의 와우(ו) 연속 완료형들을 포함하는 두 개의 진술로서 어떻게 여호와께서 자기 백성의 성품을 고양시키셨는지를 묘사하는 것들이다. 이 자기 소개 형식문은 네 번째 축복의 일부인가, 아니면 나열된 축복들을 마무리하는가? 여호와의 자기 백성의 구원에 대한 확장된 묘사는 후자의 입장을 지지한다. 연설자가 그것을 여기에 포함시킨 이유는 자기 백성 가운데서 거닐겠다고 약속하신 하나님을 확증하고, 동시에 이러한 축복들을 거룩한 삶에 관한 법들과 결합시키기 위해서이다.

두 번째 문단(14-39절)은 백성들이 그 법을 불순종할 경우 그들에게 임할 일련의 저주들을 펼쳐 보여 준다. 저주들이 다섯 다발로 분류되어 있다. 중동 지역의 언약들에서 전형적인 것처럼, 저주의 숫자는 축복의 숫자를 넘는다(참조. McCarthy, *Treaty and Covenant*, 176). 이 저주들의 각각은 붸임(ואם, "그리고 만일")으로 시작되는데 서로 상이한 요소들이 추가되어 있다: 붸임… 붸임(ואם… ואם, "그리고 만일…그리고 만일": 14, 15절), 붸임 아드 엘레(ואם־עד־אלה, "그리고 만일 이것들에 추가하여": 18절; 개역 성경: 너희가 그렇게 되어도), 붸임(ואם, "그리고 만일": 21절), 붸임 빠엘레(ואם־באלה, "그리고 만일 이러한 것들에도 불구하고": 23절; 개역 성경: 이런 일을 당하여도), 붸임 베조트(ואם־זאת, "그리고 만일 이 일에도 불구하고": 27절; 개역 성경: 너희가 이같이 될지라도). 순종에 실패한 조건에 뒤따라 여호와께서 자기 백성에게 내릴 징벌이 보통 완료형 와우(ו) 연속법과 더불어 시작된다. 그렇지만 첫 번째 저주에서 여호와의 응답은 강조 형식인 아프 아니 에에세 조트(אף־אני אעשה־זאת, "내가 반드시 이 일을 행하리라": 16절 - 역자 주)가 이끈다. 마지막 세 개의 저주에서 이스라엘에 대한 여호와의 응답이 붸할라크티…(베)케리(והלכתי…[ב]קרי, "나는〈너를〉 대적하며 다닐 것이다": 21[תלכו - 텔레쿠], 24, 28절)로 소개된다. 이 표현은 11-12절에 있는 바 여호와께서 자기 백성에게 선을 베풀고 영예롭게 하기 위해 그들 가운데서 "다닐 것이다"(והתהלכתי - 붸히트할라크티, 개역 성경: 행하리라)라는 약속과 날카롭게 대립된다.

그 저주들은 점차 그 심각성이 커지는 것을 표현하도록 배열되어 있다. 그 점층적인 잔혹성을 전하기 위해 몇 가지 요소가 사용된다. 첫 번째는 위에 나열된 대로 서두의 구성 형식에서 보이는 변화다. 두 번째는 각 다발의 저주들 앞에 나오는 것으로 이스라엘이 불순종하는 조건의 반복이다. 이러한 반복은 축복들의 목록의 서두에 있는 순종의 조건에 대한 하나뿐인 언급과 뚜렷한 대조를 이룬다. 이러한 문체는 여호와에 대한 이스라엘의 완고함이 더욱 강해진다는 것을 암시해 준다. 세 번째는 야싸르(יסר, "훈육하다, 징벌하다")라는 단어의 사용이다. 이 동사는 그 저주들이 백성들의 잘못된 행동 방식들을 깨우치기 위해 고안된 훈육의 방편들이라는 것을 표명한다. 야싸르(יסר)의 사용은 이 훈육들이 체벌뿐만 아니라 교정의 목적을 갖는다는 것을 알려 준다. 반성이 없는 학생들에 대한 훈육은 점차 그 강도를 높여 그들의 마음에 파고 들어가 결국 그들이 자신들의 잘못된 행동 방식을 바꿀 수 있게 해야 한다. 네 번째는 마지막 네 가지 저주에서 "너희 죄를 위해 일곱 배를"이라는 어구의 사용이다(18, 21, 24, 28절). 이 상징적 숫자는 여호와께서 이스라엘의 계속되는 죄악에 응답하여 각각의 새로운 단계에서 징벌의 수위를 매번 파격적으로 끌어올릴 것이라는 사실을 알려 준다. 다섯째, 저주들의 순서의 목적을 돋보이게 하고 그들의 상호 관련성을 강조하기 위해 그것들은 여호와께서 자기 백성을 괴롭히는 것을 지시하기 위해 사용된 단어들을 따라 A:B::C:B의 패턴으로 배열된다. 마지막 네 가지 저주의 핵심 어구들은 다음과 같다: 붸야싸프티 레야쓰라 에트켐(ויספתי ליסרה אתכם, "그리고 내가 너희를 계속해서 훈육할 것이다": 28절, 개역성경: 징치할 것이다): 붸야싸프티 알레이켐 마카(ויספתי עליכם מכה, "그리고 나는 너를 향해 재앙을 더할 것이다": 21절): 붸이싸르티 에트켐(ויסרתי אתכם, "그리고 나는 너를 훈육할 것이다": 28절; 개역 성경: 징책하리니). 각각의 징벌의 수위는 이스라엘이 자신들의 옹고집을 깨달아 그들이 최후의 저주를 경험하기 전에 회개할 수 있도록 고안될 것이다.

세 번째 문단(40-45절)에서 다섯 번째 저주에서 생존한 남은 자들의 회복 가능성이 주어진다. 이 문단은 놀랍게도 분명한 도입문이 없다. 그럼에도 불구하고 붸히트봐두(והתודו, "그리고 그들이 고백할 것이다")는 이스라엘을 여호와께 반응하지 않는 자들로 묘사하는 앞의 문단으로부터의 과감한 전환이다. 한편, 할라크 임미 베케리(הלך עמם בקרי, "…에게 대적하여 걷다": 40, 41절; 참조. 21, 23, 27, 28절)라는 어구는 이 문단을 직접 중간 문단에 연결시킨다. 이 문단의 중심에 땅이 안식을 얻고, 그리하여 땅이 최근까지 지켜지지 못했던 안식년들을 누릴 수 있도록 이스라엘이 아마도 포로로 잡혀 갈 것이라는 타당한 이유가 자리잡고 있다(41, 43절). 41절은 다섯 번째 저주를 되돌아보며, 43절은 구체적으로 34-35절을 되돌아본다. 이것은 세련되지 못한 문학적 스타일이라 할지라도, 연설자는 이 문단을 선행하는 저주에 밀접하게 연결짓기를 원했다. 이러한 합리적 이유가 제시됨으로써 이 축복과 저주의 부분과 희년에 관한 25장 사이에 견고한 연관성이 확립된다. 아울러 이스라엘의 악행은 그것으로 인해 땅이 그들을 뱉어낼 정도로 땅을 더럽힐 수 있다고 말하는 18장과 20장 사이에 연결고리가 있다. 나아가 자카르(זכר, "기억하다")라는 어구(42[3회], 45절)는 여호와께서 자신의 과거의 약속들에 근거하여 방향을 바꾸실 것이라는 사실을 지시한다. 그분이 떠올리는 구원에 대한 기억은 축복과 저주를 위한 법적인 틀(참조. 9, 15, 그리고 25절)뿐만 아니라 이 문단의 핵심 단어인 베리트(בְּרִית, "언약")에 뿌리를 두고 있다(42[3회], 44, 45절). 마지막으로 여호와의 용서하심, 즉 은혜의 재천명이 이 문단의 마지막 두 구절에서 분명하게 묘사되고 있으며(44-45절), 그것은 자기 백성을 축복하기 위해, 또한 그들이 회개하리라는 희망을 가지고 그들을 훈육하기 위해 마음을 움직이시는 여호와의 자비하심과 조화를 이룬다.

이 장의 장르는 축복과 저주다. 이 장르는 고대 중동에서 발견되었던 언약과 법전의 끝에서 자주 등장한다. 이를테면, 리핏-이스타르 법전(Code of Lipit-Istar[epilogue, *ANET* 161]), 함무라비 법전 뒷면 26-27장(*ANET* 178-80), 세피르 조약(Sefire Treaty) 그리고 에살하돈 조약(Esharhaddon Treaty, 참조. Weinfeld, *Deuteronomy and the Deuteronomic School*[Oxford, 1972] 151, 156-57; Hillers, *Treaty Curses*, 7-11). 그것들은 새로운 일련의 법을 수용하도록 자극하며, 조약의 경우에는 피지배자인 국민의 충성심을 북돋아 준다(Weinfeld, 156). 저주들은 여하한 약속 위반이든지 그것을 징벌하도록 신들에게 기원하는 것으로서 그러한 문서들의 표준적 법의 일부다. 왜냐하면 그것은 한 쪽이 다른 쪽을 지속적으로 감시할 수는 없다는 것이 전제되든지, 아니면 그 조약을 강제하기 위한 지상의 방법이 존재할 수 없다는 것이 전제되기 때문이다(즉 쌍방의 조약 준수를 강제하기 위한 신들의 개입이 필연적이다 – 역자주). 레위기에서 이러한 축복과 저주들은 한 법전집을 마무리하는 부분이다. 그럼에도 불구하고, 언약에 대한 수많은 언급(9, 15, 25, 42[3회], 44, 45절)은 연설자가 이 법들을 언약의 일부로 간주한다는 것을 시사해 준다. 이러한 가정은 1-2절의 법들이 왜 시내 산 언약의 핵심인 십계명의 법들(출 20:2-17)을 반복 진술하는지에 대한 이유를 설명해 준다. 이 축복과 저주들은 백성들이 여호와의 백성이 되기 위해 도덕적이고 의식적인 법을 모두 지켜야 한다는 것을 장려하고 훈계한다.

축복과 저주의 병행 본문이 신명기 28장에서 발견된다. 양 장 모두 동일한 장르에 속하며, 또한 둘 다 언약의 문맥 속에서 주어진 법들과 의식들의 자료집(corpus)인 한 문서의 거의 끝에 나온다. 버톨렛(Bertholet, 97)은 이 두 본문 사이에 몇 가지 접촉점을 발견한다. 가장 뚜렷한 것은 특징적인 단어들인 샤헤페트(שַׁחֶפֶת, "소모성 질환": 개역 성경: 폐병)와 카다하트(קַדַּחַת, "열병")의 사용인데(레 26:16; 신 28:22), 구약에서 유일하게 그 병행 장들만이 이러한 단어들을 사용한다. 버톨렛이 열거한 다른 접촉점들은 다음과 같다: 레위기 26:4과 신명기 28:12, 6과 신명기 28:26(אין מחריד – 에인 마하리드, "두려워함이 없다"), 14절과 신명기 28:15, 16과 신명기 28:22(참조. 33, 65절), 17절과 신명기 28:25, 19b절과 신명기 28:23, 29절과 신명기 28:53 그리고 36절과 신명기 28:65-67. 신명기 28장과 레위기 26장의 길이를 고려해 볼 때, 이 제한된 언급들은 두 문서 사이의 상호 작용이 매우 제한되어 있다는 것을 시사한다. 더욱이 신명기 28장에 있는 저주들은 레위기 26장에 있는 저주들과 사뭇 다르게 구성되어 있다. 노트(Noth)는 신명기 28장에 있는 저주들이 레위기 26장에 있는 것들보다 더 길고 강조하는 것이 다르다고 말한다. 와인펠트의 판단으로는(Weinfeld, *Deuteronomy*, 151), 이러한 두 본문 사이의 일차적인 공통점은 축복과 저주들이 양 장에서 공히 법전과 조약의 일부로서 역할을 한다는 것이다. 이러한 사실들에 근거해 볼 때, 양 장은 동일한 일반적인 전승과 관행에 의존했으나 독자적인 기원을 가졌던 것이 분명하다(참조. Noth, 195)

나아가 26장과 아모스, 예레미야 그리고 에스겔 사이에도 많은 연결점들이 존재한다. 가장 밀접한 고리는 에스겔과의 연결이다: 예를 들어, 레위기 26:3-13//에스겔 34:25-28; 11-12절//에스겔 36:28; 37:24-27; 21-22절//에스겔 5:17; 14:15, 21; 30-31절//에스겔 6:3-6. 콜렌소(Colenso)에 의해 작성되어 버톨렛(94)이 인용하고 있는 숫자에는 단지 구약에서 이 두 자료에만 나타나는 표현들이 적어도 22개가 있으며, 덤으로 두 자료에 공통적이지만 오경의 다른 책에서는 나오지 않는 그 밖의 표현들이 13개 있다. 레빈(Levine)은 이 본문이 에스겔서에 실제적으로 흔하게 나타나는 용어들을 담고 있다는 입장에 도달한다("The Epilogue," 30). 비슷하게 킬리안(Kilian)은 에스겔 계파의 한 회원, 즉 철저히 에스겔의 문체에 깊이 물든 사람이 26장을 작성했다고 추론함으로써 이 두 자료 사이에 존재하는 접촉을 설명한다(*Literarkritische*, 161-62). 이러한 제안들이 가능할 수 있지만, 레위기 26장은 십중팔구 에스겔과 여타의 다른 선지자들이 사용한 하나의 기초 자료인 것으로 보인다. 왜냐하면 어떤 단일한 기초 자료가 그토록 다양한 기초 자료들로부터 본문 재료를 추려 냄으로써 존재하게 되는 것보다는 그 단일 자료가 두 세기를 넘어서 다양한 저자들에 의해 사용되는 것이 더욱 쉬운 편이었을 것이기 때문이다.

후르비쯔(Hurvitz)는 제사장 본문 자료와 에스겔서가 공히 관련되어 있는 선별된 데이터의 언어적 발전을 추적하여 찾아낸 확고한 언어학적 증거를 가지고 레위기 우선설을 지지한다(*A Linguistic Study of the Relationship between the Priestly Source and the Book of Ezekiel: A New Approach to an Old Problem*, Paris: J.

Gabalda, 1982). 그의 연구에서 몇 가지 예들이 26장과 관련되어 있다. 그가 발견한 바로는, 에스겔 37:26-27과 병행을 이루는 레위기 26:11-12은 여호와를 주어로 받는 히트할레크(התהלך, "이리저리 걷다")를 사용하지만, 그 밖의 후대 히브리 문헌은 이 용어를 너무 신인동형론적인 것으로 보고 피한다(Hurvitz, 102-3). 어구 샤칸 베(שכן ב, "…에, …가운데 거주하다"; 11절)는 고전 히브리어에 나타나지만 랍비 문헌에서는 회피된다. 그렇지만 에스겔은 37:27에서 어구 샤칸 알(שכן על, "…와 더불어, …위에 거주하다")을 사용한다. 후르비쯔(111-12)는 에스겔의 용어가 성경 이후의 용어인 쉐키나(שכינה, "거주, 신적 임재")로 변환되는 도중에 있는 것으로 간주한다. 그의 다음 연구는 어구 쿰(קום, 문자적으로 "일어서다, 일어나다")과 아마드(עמד, "서다")의 사용에 관심을 갖는다. 고대 히브리어에서는 그것들이 분명하게 사용되지만, 후기 히브리어에서는 아마드(עמד)가 쿰(קום)의 의미론적 영역을 침범한다. 베리트(ברית, "언약")와 더불어 사용된 헤킴(הקים)은 레위기 26:9에서와 마찬가지로 "존속시키다"를 의미한다. 그러나 에스겔은 17:13-14에서 신조어인 레옴다(לעמדה, "그것을 존속시키기 위해") - 대명사 접미어 "그것"의 선행사인 베리트(ברית)와 더불어 - 라는 표현으로 헤킴(הקים)을 피한다. 덧붙여서 후르비쯔는 에스겔이 13:6에서 피엘형인 키엠(קים, "세우다, 확립하다, 달성하다")을 사용한다는 사실에 주목하는데, 그것은 후기 히브리어에서 자주 헤킴(הקים, "세우다, 확립하다")을 대제하는 단어다(32-35). 후르비쯔가 인용한 레위기 26장에 나오는 마지막 예는 가알(געל, "쫓아내다"; 104-7)의 사용이다. 레위기에서(11, 30, 44절) 가알(געל)은 여호와를 주어로 갖지만 에스겔서에서는 그렇지 않다. 병행 본문들인 레위기 26:43//에스겔 5:6, 26:30//6:3-5 그리고 26:11-12 //37:26-27에서 에스겔은 실제로 이 단어를 피하는데, 아마도 그 단어의 가혹한 의미 때문일 것이다. 그렇지만 레빈("The Epilogue," 25-30)은 후르비쯔에게 이의를 제기한다. 그는 레위기 26장의 저자가 가알(געל)의 용례를 예레미야로부터 넘겨받았다고 추론하는데(14:19), 이는 레위기 저자가 그것을 예레미야처럼 이스라엘이 하나님께 반역하여 그분께 돌아올 반환점을 넘어가 버렸다는 것을 알리기 위해 사용했기 때문이다. 후르비쯔는 이 언어적 데이터가 제사장 본문 자료보다 더 후대에 작성되었다는 증거를 담고 있다는 것을 발견한다(94-97). 자료의 성격에 대한 이러한 논쟁 속에서 우리는 그 용어들을 담고 있는 제3의 고대 문헌을 기대하며, 그것이 하나의 판단 기준으로 기능할 수 있으리라 희망한다. 그럼에도 불구하고 단일한 단어에 대한 레빈의 주장과는 대조적으로 후르비쯔에 의해 제시된 많은 증거의 총합은 후르비쯔의 입장을 기꺼이 수용하게 만든다. 십중팔구 레위기 26장은 에스겔보다 앞서며, 또한 그 장은 에스겔과 다른 선지자들이 다양한 훈육들을 통해 백성들의 회개를 요청하면서 하나님께서 그들 중에서 어떻게 일하고 계시는지 설명하기 위해 의존했던 전승을 보여 준다. 선지자들은 그들의 설교의 토대를 오로지 수용된 전승에 둠으로써 아마 그들의 메시지를 백성들이 이해하고 주의를 기울일 수 있다는 어떤 희망을 갖는다.

그렇지만 예를 들어 티엘(Thiel, *ZAW* 71[1969] 65-67)과 같은 많은 학자들은 어떤 저주들, 특히 30-33절의 저주들의 성격과 회복에 대한 본문 자료가 유배와 포로 귀환의 역사적 경험에서 나왔다고 주장한다. 이와 반대로 이 장의 기원을 유배보다 훨씬 이른 시기로 잡는 많은 이유들이 존재한다. (1) 축복과 저주의 장르는 매우 초기의 것이다. 주전 3천 년과 2천 년의 메소포타미아의 법전들은 축복과 저주로 마무리된다. (2) 레벤트로우(Reventlow, *Das Heiligkeitsgesetz*, 146-48, 150-57, 161)와 엘리거(Elliger, 364-69)는 이 축복과 저주의 근저에 병행어법과 3+3조의 운율로 작성된 더 오래된 본문층들이 놓여 있다는 것을 증명하기 위해 많은 노력을 기울였다. 그들이 발견한 것들이 어떤 타당성을 지닌다면, 그것들은 이러한 저주들이 초기 시대로부터 왔다는 입장을 지지한다. (3) 이러한 축복과 저주의 표현은 매우 일반적인 것이며, 또한 고정된 어휘로 작성되어 있고 고대 중동의 조약들과 그 외 다른 문서들에서 발견되는 저주들에 전형적인 것이다. 그 언어는 그 저주들 중 어느 것도 그것이 현재의 목록에 있게 된 이유를 설명하는 역사적 상황을 요구하지 않을 정도로 전형적이다. 한 가지 예는 식인 행위에 대한 언급이다(29절). 어떤 사람들은 이 저주가 유배를 미리 예상한다고 주장했지만, 그러한 저주는 고대 중동으로부터 발견되는 조약들에 일반적이다(예를 들어, 앗수르니라리 조약〈Ashurnirari Treaty〉 rev. 4. 10-11; 에살하돈 조약〈Esarhaddon Treaty〉 448-51, 547-50, 57-72; Hillers, *Treaty Curses*, 62-63). 유배에 대한 역사적 기사들은 이것이 일반적인 저주라는 입장을 지지한다. 즉 레위기의 저주는 실제적 경험의 회상을 통해 기록된 것이 아닌데, 이는 바벨론에 포로로 잡혀 간 이스라엘 민족이 생존을 위해 그런 두려운 행위에 의존해야 했던 적이 있다는 증거가 전혀 없기 때문이다. 실제로 많은 유대인들에게 바벨론에서의 삶은 상당히 지낼 만한 것이어서 엄청난 숫자가 고레스의 귀환 칙령 이후에 팔레스타인으로 돌아오기보다는 거기에 머물기를 선호했을 정도다. (4) 구약에 있는, 특히 예언서에 있는 많은 구절들은 율법에 순종할 때는 구체적인 축복들이, 불순종할 때는 구체적인 저주들이 동반된다는 백성들의 지식을 전제한다. 여호와께서 일련의 저주들을 통해 자기 백성에게 경고하고 그들을 훈육하여 결국 그들이 회개하고 포로의 저주를 벗어날 수 있게 하신다는 신조를 전제하는 몇몇 구절이 있다(예를 들어, 암 4:6-11; 사 9:7[8]-10:4). 이것은 레위기 26장에 나열된 저주들의 뚜렷한 특징이다. 그러한 예언적 설교가 새로운 사상을 창출한 것은 아니었으며, 또한 그것이 진공 상태에서 발생한 것도 아니었다. 오히려 그런 담대한 설교를 통해 그 선지자는 백성들을 회개로 이끌기 위해 공인된 율법에 비추어서 동시대의 상황을 해석했다. 선지자는 이러한 성격의 설교로 청중에게 충격을 가했는데, 이는 그가 자신의 설교의 토대를 백성들이 권위적인 것으로 받아들였던 레위기 26장과 같은 본문들에 두었기 때문이다. (5) 최후의 저주인 유배는 포로기의 정황을 요구하지 않는데, 이는 그러한 종류의 저주가 고대 중동에서 나온 여러 문헌들에서 광범위하게 나오기 때문이다(예를 들어, 함무라비 법전 26:71-80; 27:74; 298:20-24; *Mati'ilu* 4:6; Sepre I.A, 42; McCarthy, *Treaty and Covenant*, 173-74). (6) 남은 자 사상은 예루살렘의 몰락 이후의 정황을 요구하지 않는데, 이는 하젤(Hasel)이 보여 준 대로 한 부족이나 민족이 처참한 대 파국을 겪은 뒤 생존할 수 있는 방안에 관한 그러한 이해가 고대로부터 보편적으로 퍼져 있었기 때문이다(*The Remnant : The History and Theology of the Remnant Idea from Genesis to Isaiah*, AUMSR 5[Berrien Springs, MI: Andrews UP, 1980] 382-92). 그는 남은 자 사상이 레반트(Levant: 레반트는 "해뜨는 곳"이라는 의미이며 팔레스타인 지역을 포함한 지중해 동부 지역에 대한 포괄적 용어다 – 역자주) 지역의 문헌에서 매우 일찍이 나타나며, 이 주제가 기족이나 부족 혹은 지상의 거주민들의 비극적 재앙을 다루는 광범하고 다양한 장르에서 나타난다는 것을 발견한다(Hasel, 382-83). (7) 주목할 만한 사실은 포로기 당시의 이스라엘 내의 핵심적인 문화적 쟁점들인 도시 생활, 수도(首都) 그리고 상업 활동을 향한 구체적인 저주들이 없다는 점이다. 만일 이 본문 자료가 예루살렘 몰락 이후에 작성되었다면, 진정한 여호와의 예배와 갈등을 빚었던 분야들, 곧 이스라엘의 국가적 삶의 이러한 중대한 분야들이 언급되었을 것으로 예상된다. 이러한 일곱 가지 이유를 고려해 볼 때 이 축복과 저주의 기원을 이스라엘 역사의 초기에 두는 것에는 별다른 어려움이 없다.

축복/저주와 레위기의 남은 부분들 사이의 뚜렷한 문체적 차이에 관해 말하자면, 그것은 연설자가 당시 존재하던 저주 형식문들을 자유롭게 사용했다고 추정함으로써 설명될 수 있다. 각 형식문은 그 배후에 오랜 전승을 가질 것이다. 이 연설자의 창조적인 공헌은 그가 이 본문 자료를 유기적으로 조직한 방식에 놓여 있다. 그의 손길은 이 연설의 구조에서 생생하게 나타난다. 그는 네 개의 축복에 이어 다섯 개의 저주를 제시한다. 연쇄적인 X, X+1의 패턴은 고대 중동의 문헌에서 흔하게 발견되지만(참조. W. Roth, "The Numerical Sequence X/X+1 in the Old Testament," *VT* 12[1962] 300-11), 4/5의 연쇄적 배열은 특이하다. 이러한 방식으로 연설자는 창조적인 독자성을 보여 주었다. 아울러 저주들이 다섯 등급의 수위로 구분된 훈육들로 편성된 것은 연설자가 독특한 신학적 관점을 보여 주기 위해 저주들을 정돈한 데서 유래한다. 연설자는 다섯 번째 저주가 온통 어두운 그림으로 그려져 있다는 것을 인식하면서 이 연설의 마지막 문단에서 회복의 가능성을 선포했다. 그는 설교적 문체를 사용하는 가운데 십계명과 일치하는 두 개의 계명을 언급함으로써 축복과 저주를 듣도록 청중들을 준비시켰다. 설교의 마지막 부분에서 그는 백성들이 여전히 유배 중에 있지만 여호와께서 자기 백성을 버리지 않으실 것이고, 또한 여호와께서 굴욕적인 유배로부터 자기 백성들을 그들의 땅에서 다시 번영을 누리게 하실 것이라는 그분의 약속으로 언약 백성들을 향해 희망을 드높였다.

그러므로 이 연설의 설교적 구상은 시내 산으로 거슬러 올라가는 공인된 전승에 의존한 창의적인 저자의 작업이다. 그 배경은 언약이 기억되고 갱신되었던 절기 축제였다.

주석

3 이 구절은 여호와께서 백성들의 충실한 언약 준수를 위해 자기 백성에게 약속하신 일련의 축복들을 소개하기 시작한다. 만일 백성들이 그분의 법도 안에서 "행한다"(הלך – 할라크)면, 또한 그분의 명령을 "지킨다"(שמר – 샤마르)면(참조. 18:4-5), 여호와께서는 그들을 풍성하게 축복하실 것이라고 약속하신다. 이러한 축복의 조건들은 중요한데, 이는 이 모든 나열된 축복들이 계시된 법들에 대한 백성들의 순종으로부터 흘러 나오기 때문이다.

4-5 첫 번째 축복에서 여호와께서는 때를 따라 비를 보내겠다고 약속하신다. 큰 비는 새로 파종한 토양에 물을 주어야 하는 가을(10-11월)에 필요하고, 약한 비는 익은 곡식들이 풍성한 생산으로 이어지도록 늦겨울과 초봄(3-4월)에 내려야 한다(신 11:14). 때에 맞는 비는 곡식의 생산량을 놀랄 만하게 높이지만, 때에 맞지 않는 비는 아주 파괴적일 수 있다. 하나님의 축복은 농부들이 다음해의 곡식이 익을 때까지, 나아가 다음 파종 시기까지 필요한 추수물을 넉넉히 확보하도록 풍성한 수확을 허락하실 것이다. 이러한 이미지는 현대의 도시 생활과 같이 쉴 틈이 없는

삶의 방식에 대해 말하는 것이 아니라, 여호와께서 백성들이 게으르지 않으면서도 충분한 벌이를 할 수 있도록 들판을 축복하시리라는 것을 보여 준다. 풍작으로 인해 백성들은 배부르게 먹을 수 있을 만큼 충분히 소유할 것이다. 그들은 식량을 제한 배급할 필요가 없을 것이다. 풍성한 식량 공급에 더하여 하나님께서는 자기 백성들이 열심히 일하여 소득을 얻을 수 있도록 안전히 거주할 수 있게 해주겠다고 약속하신다.

6-8 여호와께서는 자기 백성에게 "평화"(שׁלום – 샬롬)를 주시며 그들이 두려움 없이 그 땅에서 "누울 수"(שׁכב – 샤카브) 있게 하실 것이다. 샤카브(שׁכב)는 가축 떼가 야생 짐승을 두려워하지 않고 사방이 트인 들판에서 아늑하고 안전히 누워 있는 그림을 떠올리게 한다(Keil and Delitzsch, 470; 참조. 22절; 출 23:29). 약탈자들이 그들의 추수를 빼앗아 가지 않을 것이기 때문에 그들은 자신들의 수고로부터 이득을 얻을 수 있을 것이다. 또한 이스라엘은 검이 자신들의 땅을 통과하리라고 두려워할 필요가 없을 것이다. 검은 전쟁에 대한 제유법이다(synecdoche; 제유법은 일부가 전체를 나타내는 비유법 중의 하나다 – 역자주). 그것은 진군하는 군대들에 의해 가해지는 고통과 파괴를 그리며, 또한 그것은 전쟁이 백성들 가운데서 불러일으키는 두려움을 생각나게 만든다. 아바르(עבר, "…을 통과하다")와 검의 연계는 흔하지 않다. 그것은 아마 다른 장소로 가는 도중에 가나안을 통과하여 진군하는 군대를 그리고 있을 것이다. 이것은 특별히 가나안에 대해서 사실이다. 수 세기 동안 많은 군대가 한 대륙에서 다른 내륙으로 가는 도중에 아시아와 아프리카, 그리고 유럽을 연결하는 교량인 이 땅을 통과하여 진군했다. 그럼에도 불구하고, 이스라엘이 적들에게 위협을 당할 때마다 그들은 그 적들을 추적하여 패배시킬 수 있도록 하나님께 권능을 부여받을 것이다. 하나님께서는 전세를 뒤집을 수 있도록 자기 백성을 도우신다. 다섯 명의 이스라엘 군사가 백 명의 적을, 그리고 백 명이 만 명을 패퇴시킬 것이다(참조. 수 23:10; 신 32:30; 사 30:17).

9-10 하나님께서는 자기 백성을 "돌아보실 것"(פנה אל – 파나 엘)이다. 그분은 그들의 땅이 열매를 맺게 할 것이며 자손이 번창하게 하실 것이다. 그렇게 함으로써 그분은 아브라함에 대한 자신의 약속, 즉 자신이 아브라함의 후손을 크게 번창하게 하여 열방의 아비가 되게 할 것이라는 약속을 계속해서 성취하실 것이다(창 17:2-6; 참조. 15:5). 이러한 축복을 통하여 여호와께서는 자기 백성의 필요를 풍성히 채우심으로써 자기 백성과의 언약 관계를 "유지시키실"(הקים – 헤킴) 것이다. 헤킴(הקים)은 언약을 체결하고 그것을 유지하고 성취하는 것을 지칭하는 데 사용

된다(Levine, 183-84). 여기서 그것은 중간의 "유지하다"라는 의미를 담고 있으며, 뒤이은 저주들에 나오는 "깨뜨리다, 무효로 하다"(הפר – 하파르)와 대조되어 있다(15절). 이와 동일한 대조에 대해서는 에스겔 16:59-62(여호와-이스라엘)과 민수기 30장(아버지-딸; 남편-아내)을 보라. 이 구절은 연속적인 풍성한 추수를 그린다. 말려서 저장한 묵은 추수물은 새 추수물을 말릴 장소를 확보하기 위해 한쪽으로 옮겨질 것이다. 라쉬(Rashi, 123, 123a)는 10절의 첫 부분이 양질의 곡식을 묘사하고(즉 그것은 추수 후 3년을 버티기에 충분할 만큼 양질이다), 두 번째 부분은 들판이 풍성한 생산을 하리라는 것을 의미하는 것으로 이해한다.

11-13 여호와께서는 친히 자기 백성들 가운데 자신의 "장막"(משכן – 미쉬칸)을 두겠다고 약속하신다(참조. 출 26; 36장). 거기서 그분은 자기 백성을 만나실 것이며, 그분의 임재는 내재적인 것이 될 것이다(참조. 출 29:45-56). 여호와께서는 자비를 베풀어 자기 백성이 자신에게 다가올 수 있는, 하지만 아무렇게나 접근할 수는 없는 한 장소를 제공하신다. 그분께 접근하는 모든 사람들은 그분의 거룩에 대한 적절한 이해가 요구된다. 그러므로 이러한 약속은 여호와의 초월성을 부정하지 않으면서 동시에 그분의 자기 백성에게 다가오심을 전해 준다. 크로스(Cross)는 이러한 개념을 담기 위해 "언약적 임재"라는 용어를 사용한다(Canaanite Myth, 299). 여호와의 임재가 장막에서만 발견되는 것이 아니다. 그분은 또한 히트할라크(התהלך, "…주위를 배회하다, 거닐다")라는 표현으로 자기 백성 가운데 현존하겠다고 약속하신다. 히트할라크(התהלך)는 "앞뒤로, 위 아래로 거닐다"를 의미한다. 여호와께서는 모든 가족을 감찰하시고 돌보시고 축복하실 것이다. 그 약속에 대한 이러한 어법은 그것을 족장 전승들과 연관시킨다. 에녹, 노아 그리고 아브라함은 하나님과 동행했다(창 5:22, 24; 6:9; 17:1). 대조적으로 하나님께서는 여기서 이스라엘과 동행하겠다고 약속하신다. 여호와께서는 언약의 목표, 즉 그분이 자기 백성의 하나님이 되고 그들이 그의 백성이 될 것이라는 목표를 실현하기를 원하고 계신다. 이러한 목표는 이스라엘을 이집트의 속박으로부터 구출하신 위대한 구원 사건에 그 역사적 닻을 내리고 있다. 여호와께서는 그들이 다시는 노예 상태에 있지 않도록 하기 위해 그들을 이집트로부터 데리고 나오셨다. 그분은 그들을 노예로 속박했던 멍에의 굴레를 부수셨다(참조. 겔 34:27; 나 1:13). 이 멍에는 황소의 등에 얹은 무거운 십자형 나무인데, 황소에게 무거운 짐을 지우기 위한 것이다. 여호와께서는 자기 백성을 해방시키셨을 뿐만 아니라 그들이 "똑바로 걷게"(קוממיות – 코메미유트) 하신다. 노예들은 그들이 져야 하는 무거운 짐 때문에 등이 휜다. 그러나

여호와께서는 이스라엘이 이집트인들에게 노예로 일하던 동안 무거운 짐을 져서 새우등이 된 백성들을 치료하실 것이다. 그분은 자기 백성의 짐을 가볍게 하실 뿐만 아니라 그들을 존귀케 하여 그들이 똑바로 걸을 수 있도록, 즉 그들이 자신감을 가지고 걸을 수 있도록 하실 것이다(참조. 신 4:6-8). 여호와께서는 자기 백성이 영광과 존귀를 얻기를 바라신다.

[14]-[15] 이 지점에서 연설은 일련의 저주들로 바뀐다. 각각의 저주들의 묶음에서 그 묶음에 속한 조건이 서두에 나온다. 이 묶음들에는 이스라엘의 적대적인 태도가 순종의 부족에서 노골적인 반역으로 심화된다. 첫 번째 저주에서 백성들은 모든 "계명들"(מצות – 미츠보트)을 준수하지 않음으로써 하나님께 "순종하지 않는다"(לא שמע – 로 샤마). 샤마(שמע, "순종하다, 듣다") 뒤에 여격인 리(לי, "나에게")가 포함된 것은 특이하다. 그것은 백성들이 고의적으로 그들이 알고 있는 여호와께 불순종한다는 것을 강조한다(참조. Rashi, 123b). 그 법들에 대한 불순종은 부정적 태도들로 이어진다. 그들은 하나님의 "규례"(חקת – 후코트)를 "멸시하고"(מאס – 마아쓰) 그분의 "법도들"(משפטים – 미쉬파팀)을 "싫어한다"(געל – 가알). 마아쓰(מאס)는 "가볍게 취급하다, 무시하다, 멸시하다, 싫어하다"를 의미한다(참조. 왕하 17:15; 사 5:24; 30:12; 20:13, 16, 24; 렘 6:19; 8:9; 겔 5:6; 암 2:4; 욥 5:17; 7:16; 9:21; 10:3; 잠 3:11). 가알(געל, "싫어하다, 쓰레기나 배설물로 취급하다")은 율법에 대한 그들의 깊은 반감을 반영한다(H. F. Fuhs, "געל, *gā'al*," *TDOT* 3:47-48). 이 보기 드문 동사는 레위기 26장에서 다섯 번 나타난다(11, 15, 30, 43, 44절). 레위기 전체에서는 마아쓰(מאס, "멸시하다")와 함께 일곱 번 발생한다(26:15, 43, 44; 렘 14:19; 시락서 31:16). 백성들은 하나님의 율법에 순종하는 데 실패할 뿐만 아니라 그것을 싫어한다(즉 율법은 그들에 의해 거절된다). 이러한 태도로는 그들은 스스로 율법을 지키려는 마음조차도 간직할 수 없다. 진정으로 그들은 언약을 "깨뜨렸다"(הפר – 하파르, 참조. 창 17:14; 신 31:16, 20; 렘 11:10; 31:32; 33:21; 겔 16:59; 44:7). 언약의 파기는 그들이 언약으로부터 벗어난다는 것이 아니라, 오히려 언약에 상술된 저주들을 따라 징벌을 받아야 한다는 것을 의미한다. 여호와께서 규례와 법도, 그리고 언약에 대명사 "나의"를 사용하신 것은 그들과 여호와의 관계를 규정짓는 이러한 본질적인 요소들로부터 이탈하는 이스라엘의 고의적인 변절을 강조한다.

[16]-[17] 시작하는 문장들은 여호와께서 자기 백성의 죄악에 대해 아무런 반응이 없이 침묵하시는 것이 아니라 행동하실 것이라는 사실을 강조한다. 그분은 자기 백

성의 역겨운 태도와 불순종에 응답하여 어떤 일을 행하실 것임을 단언하신다. 여호와께서는 그들에게 반감을 품고 적대하실 것이다. 축복들 속에 약속된 그분의 임재(11-13절)는 축복에서 징벌로 변할 것이다. 여호와의 자비는 사라지고 그분은 자기 백성을 다소 가벼운 징벌들로 훈육하기 시작하실 것이다. 처음에 그분은 "느닷없는 재앙"(בהלה – 베할라)을 가지고 그들을 "방문하실"(הפקיד – 히프키드) 것이다. 베할라(בהלה)는 예기치 않은 엄청난 사건에 의해 초래된 두려운 공포심을 묘사한다(참조. 시 48:6[5]; 렘 51:32). 베할라(בהלה)에 이어서 나열되는 역병들은 "느닷없는 재앙들"의 목록으로 이해될 수 있다: "폐병"(שחפת – 샤헤페트), "열병"(קדחת – 카다하트), "눈을 어둡게 하는 질병"(מכלות עינים – 메칼로트 에이나임), "식욕 상실이나 기력 쇠진"(מדיבת נפש – 메디보트 네페쉬). 이러한 재앙들 중 어느 하나로 인하여 – 나머지 넷은 차치하고서라도 – 순식간에 기력이 꺾인 사람은 누구든지 두려움에 떨게 된다. 이러한 손실에 더하여 농부들은 자신들이 뿌린 것을 대적들이 먹게 될 것이기 때문에 "헛되이"(לריק – 라리크) 씨를 뿌리는 셈이 되는 저주가 추가된다. 단지 약탈하는 무리에게 추수물을 빼앗기려고 몇 달 동안 열심히 일을 한 것은 고통의 극치다. 몇 달 간의 수고로부터 얻은 열매가 순식간에 연기처럼 사라지는 것을 지켜보는 것은 백성들의 넋을 빼놓는다. 이 마지막 저주는 힐러스(Hillers, *Treaty Curses*, 28-29)가 빈손 저주들(futility curses)로 분류한 저주 유형의 축약된 형태다. 빈손 저주는 조건절에서 행동이 묘사되고 귀결절에서 그 행동이 목표에 도달하는 데 실패하는 형식을 갖는다.

여호와께서는 자기 백성을 징벌하겠다는 확고한 결심을 표명하신다. 여호와께서 그들을 치실 것이기 때문에, 그분의 보호막은 걷힐 것이고 이스라엘은 적들에게 두들겨 맞는 신세가 될 것이다. 그들의 대적들은 그들을 가혹하게 "다룰"(רדה – 라다) 것이다(참조. 25:43). 그런 억압의 시기에 백성들은 바스락 소리만 나도 여기저기 은신처를 찾아 그 곳에 숨게 될 것이다. 그들을 추적하는 것이 아무것도 없는데도 말이다.

18 두 번째 묶음의 저주들은 18-20절에서 나온다. 만일 여호와의 백성이 그분의 말씀, 즉 여호와께서 그 저주들을 통해 알리시고자 했던 것을 귀담아 듣지 않는다면, 그분은 계속해서 그들의 "죄들"(חטאת – 하타트)로 인하여 회개하지 않는 자기 백성을 일곱 배로 "단련시키기"(יסר – 야싸르)를 중단하지 않으실 것이다. 7이라는 숫자는 여호와께서 그들을 찾아가 내리실 징벌들이 점차 현저히 혹독해질 것임을 상징적으로 알리기 위해 사용된다(참조. 사 4:1; 시 79:12). 그분은 이스라엘의 계

속적인 불순종에 대한 응답으로 그 징벌의 강도를 점차 높이실 것이다. 왜냐하면 그 징벌은 멋대로 행동하는 이스라엘의 옹고집을 깨닫게 하려는 그분의 욕구이기 때문이다. 여호와께서는 여전히 자기 백성이 회개하기를 희망하신다.

19-20 이번에는 여호와께서 "너희[이스라엘]의 기력", 즉 게온 우즈켐(עזכם גאון, "기세 등등한 자긍심")을 분쇄하는 일을 착수하실 것이다(참조. 겔 33:28; Levine, 156). 자랑은 하나님과 인간 사이의 엄청난 장벽이다. 그것은 인간이 하나님이 아닌 자신의 자족성을 신뢰하도록 부추긴다(겔 7:24; 24:21〈מקדשי–미크다쉬, "나의 성소"〉; 30:6, 18). 국가적 자랑은 한 나라의 국력(עז–아즈)에 의해 커진다. 그것은 비옥한 토양과 같은 그 나라의 천연 자원이나 군사력에 놓여 있다. 언제든지 한 나라가 오로지 그들이 가진 국력의 원천에 그들의 자긍심을 두게 되면 자랑은 심해진다. 그들의 자랑은 그들이 부와 안전을 위해 자신들의 하나님이신 여호와가 아닌 그 땅을 신뢰하도록 이끈다. 그에 대한 응답으로 여호와께서는 하늘을 철로 땅을 동으로 만드실 것이다(참조. 신 28:23. 그러나 그 은유들이 순서가 뒤바뀌어 있다. 또한 에살하돈 조약 528-32에도 있다). 철과 동은 고대에 가장 강한 금속들이었다. 땅은 물이 스며들 수가 없을 정도로 딱딱하게 될 것이다. 이 은유는 길고 오랜 가뭄에 대해 말한다. 쟁기질과 파종에 쏟은 모든 힘은 헛되고 말 것이다. 땅은 전혀 곡물을 생산하지 않을 것이며, 과실수는 열매를 맺지 않을 것이다. 무엇보다도 고대인들은 칠 년 간의 가뭄이나 기근을 두려워했다(참조. 창 41:25-35; C. H. Gordon, *Or ns* 22(1953) 79-91).

21 21-22절은 세 번째 묶음의 저주들을 보여 준다. 만일 백성들이 계속해서 여호와께 대적하여(קרי–케리) 행하거나 대든다면, 여호와께서는 백성들의 중단 없는 죄악에 대해 그들을 치되 일곱 배로 늘려서 "치실 것"(מכה–마카)이다(참조. 18절).

22 이번에는 여호와께서 그들 가운데 "야생 짐승들"(חית השדה–하야트 하사데)을 보내실 것이다. 먹어 삼키는 짐승들의 저주는 다른 조약들에서도 발견된다(예를 들어, Sefire I.A.30-32; Sefire II.A.9; 참조. 신 28:38, 39, 42; 렘 8:17; Hillers, *Treaty Curses*, 54-55). 이 짐승들은 마을들을 쑥밭으로 만들 것이다(참조. 출 23:29). 그것들은 어린이들을 잡아먹을 것이며 부모들을 "무자식"(שכל–샤칼)이 되게 할 것이다. 샤칼(שכל)은 자신의 자녀를 잃은 한 어머니를 묘사한다(참조. 겔 5:17; 36:12-14). 자녀의 상실은 한 가족에게 무섭도록 가혹한 저주다. 특히 어머니에게 말이다. 그리하여 이 짐승들은 마을의 인구를 사라지게 할 것이며, 또한 가축들을

죽여 없앨 것이다. 생존자들은 너무도 여행을 두려워하여, 그 결과 길들은 황폐해질 것이다. 그러한 두려운 상황은 열왕기하 17:25-26에 묘사되어 있다. 즉 그 구절들에 사마리아 지역이 앗수르에게 넘어간 이후의 그 지역에 대해 묘사되어 있다(참조. 겔 14:15). 반대로 이사야 11:6-9, 35:9 그리고 호세아 2:20(18)은 짐승들이 사람들과 평화롭게 지내게 되는 다가올 시대의 영광스러운 축복에 대해 말한다.

[23]-[24] 이 저주 묶음에서 네 번째의 것은 23-26절에서 나온다. 만일 이스라엘이 여호와의 훈육(נוסר – 노싸르) 행위들을 받아들이지 않고 계속해서 그를 대적하여 걷거나 그분께 반항한다면(21절), 여호와께서는 그들의 죄악으로 인해 그들을 대적하여 행하시거나 그들을 일곱 배로 치실 것이다(참조. 18절). 여호와의 축복의 정점이 그분의 임재인 반면, 그분의 최악의 저주는 여호와께서 돌이켜 자기 백성에게 분노하여 그들에게 해를 입힐 작정을 하실 때이다.

[25]-[26] 여호와께서는 그들이 적들에게 패배를 당하게 하실 것이다. 그분은 그들에게 "복수의 칼"(חרב נקמת – 헤레브 노케메트)을 불러들이실 것이다. 그렇게 발생된 파괴는 "언약의 응징"(נקם ברית – 네캄 베리트)으로 불린다. 여호와께서는 변덕스러운 분노로 백성들을 징벌하시지 않을 것이다. 오히려 그분은 그들과 자신 사이의 형식을 갖춘 언약 조인에 근거하여 이치에 맞게 그들을 치실 것이다. 레빈(187)은 이 용례에 사용된 나캄(נקם)이 보다 정확하게는 복수보다는 "징벌의 위협"을 의미한다고 생각한다. 만일 그가 정확하다면, 그 어구는 "언약에 의해 규정된 징벌의 위협"을 의미한다. 전쟁의 위협 때문에 백성들은 두려움으로 시골을 떠나 어떤 안전을 확보하려고 도시로 모여들 것이다. 그렇지만 여호와께서는 이러한 과밀한 피난 정착지에 죽음을 일으키는 역병인 "전염병"(דבר – 데베르)을 보내실 것이다. 그들이 역병으로 약해질 때, 적들이 그 성읍의 요새들을 쳐부수고 진입하여 거주민들을 사로잡아 갈 것이다.

나아가 여호와께서는 그들의 식량의 지팡이를 부러뜨리실 것이다(겔 4:16; 5:16; 14:13; 시 105:16; 시스라 48:2). 이러한 은유는 걸을 때 의지하는 지팡이의 용도에 근거해 있다. 지팡이처럼 식량은 기본적인 생명의 유지책이다. 슐트(Schult, "Marginalie zum 'Stab des Brotes,'" *ZDPV* 87[1971] 206-8)는 이 은유가 여러 가지 방법으로 나무 지팡이에 빵을 실어 운반하던 관습으로 거슬러 올라갈 수 있을 것이라고 믿는다. 그는 구 예루살렘 거리에서 두 소년이 고리 모양으로 구운 빵을 나무 막대기로 운반하는 것을 목격한 사실을 언급한다. 끈 실로 이 고리 모양의 빵들을 한데 묶었다. 사슬처럼 엮인 빵들은 막대기에 묶여 매달려 있었다. 여러 개의 빵 사슬이 막대기에 매달려 있었다. 이 두 소년은 제빵사에게 빵을 받아 무게에 짓눌린 채 가게로 옮기고 있었다. 그러나 이 저주 아래서는 빵 고리들이 과중하게 달려 있는 지팡이 대신 거의 남아 있는 곡식이 없게 될 것이다. 그 결과 열 명의 여자에게 나누어 준 곡식이라 할지라도 그 양이 그들이 만든 모든 빵을 한 솥에서 찔 수 있을 정도로 적을 것이다. 이 그림은 효과적인 과장법이다. 빵 덩이들은 너무 개수가 적어서 무게로 재어 배급되어야 할 것이다(참조. 겔 4:16). 백성들은 먹어도 배고픔을 달랠 수 없을 것이다.

27-28 이 저주 묶음에 있는 다섯 번째 것이 27-39절에서 발견된다. 만일 백성들이 계속적으로 여호와의 말씀을 듣지 않고 그분께 대항한다면, 여호와께서는 자신의 적개심을 더욱 심화시키실 것이다. 그분은 그들을 대적하여 행하면서 자신의 분노를 보여 주실 것이다. 그분은 심지어 일곱 배나 더 심하게 그들을 "훈육하실"(יסר–야싸르) 것이다(참조. 18절).

29-33 여호와께서는 백성들에게 기근을 불러들이실 것이다. 그것은 백성들이 식인 행위에 의존하게 될 정도로 극심한 것이 될 것이다. 그들은 자신들의 자녀를 죽여 식량으로 삼을 것이다. 이러한 저주는 또한 신명기 28:53-57; 이사야 49:26; 예레미야 19:9; 에스겔 5:10 그리고 스가랴 11:9에서 발견된다. 이스라엘 사람들이 어쩔 수 없이 그런 식량 자원에 의존해야 하는 압박감을 느꼈던 적이 몇 번 있었다. 그것은 열왕기하 6:28-29; 예레미야애가 2:20; 4:10; 요세푸스(Josephus)의 고대사(*Ant.*) 4.3.4 이하에 기록되어 있다.

덧붙여서 여호와께서는 돌이켜 그들의 잘못된 예배 처소들을 치실 것이다. 그분은 그들의 "산당들"(במות–빠모트)을 파괴하실 것이다. 빠모트(במות)는 자연적인 언덕 위(렘 48:35; 사 15:2), 혹은 흙이나 돌로 만든 인공적인 "둔덕들" 위에 세워졌다. 본질상 그것들은 동물 희생들과 곡식 제물들을 바쳤던 제단들이었다(M. Haran, "Temples and Cultic Pen Areas as Reflected in the Bible," in *Temples and High Places in Biblical Times*[Jerusalem: The Nelson Glueck School of Biblical Archaeology of Hebrew Union College-Jewish Institute of Religion, 1981] 33-34). "둔덕들"은 골짜기(렘 7:31; 19:5-6)나 마을(왕상 13:32; 왕하 17:9, 29) 등의 많은 장소에 위치할 수 있었다. 많은 빠모트(במות)에 다산의 여신의 상징인 나무 장대였던 아세라(אשרה)와 하나 이상의 미츠보트(מצבות, "기둥들")가 설치되어 있었다(Schunck, *TDOT* 2:142; 참조. "원문주해" l.c.). 국가로서의 이스라엘의 초기 시대에 어떤 산당들은 합법적이었지만(예를 들어, 삼상 9:16-24; 왕상 3:4), 그것들은 대부분 불법적인 예배 장소들이었다. 그것들은 지방 성소였기 때문에 이교의 다산 관습들을 여호와의 예배에 포함시킨 혼합주의적 예배 장소가 되었다. 선지자들은 모든 빠모트(במות)를 비난했다(암 7:9; 호 10:8; 렘 19:3-5). 이러한 성소들 중 어떤 곳에서는 심지어 자녀 희생이 실행되었다(렘 7:31; 19:5-6; 32:35). 여호와께서는 또한 그들의 "향단들"(חמנים – 하마님)을 부수실 것이다. 구약에서 이러한 향단의 화로들은 보통 "산당들"과 결부되어 있었다(대하 14:4[5]; 34:3-4). 고고학자들은 상단에 컵처럼 움푹 파인 부분을 가진 입방체나 긴 형태의 인공 석조물을 발견했다. 드보(de Vaux)는 그것을 하마님(חמנים)으로 간주했다(*AI*, 2:286; 참조. G. E. Wright, "Sin-Image or Altar of Incense?" *BA* 1[1938] 9-190; K. Elliger, "Chammanim=Maṣṣeben?" *ZAW* 57[1939] 256-65; idem, "Der Sinn des Wortes *chammān*," *ZDPV* 66[1942] 129-39; H. Ingholt, "Le Sens du Mot *Ḥammān*," in *Melanges Syriens offerts à R. Dussaud*[Paris: Geuthner, 1939] 2:795-802). 드보는 하마님(חמנים)이 제단 위에 놓을 수 있을 만큼 충분히 작았다고 생각한다(*AI*, 2:286). 이 용어는 또한 진흙으로 만들어진 다양한 형태의 향로에도 적용될 수 있었다(de Vaux, *AI*, 2:286-87). 베시(Beyse, "חמם ḥmm," *TDOT* 4:476)는 이 향단들이 석비(stele) 같은 모양을 가진 것으로 간주한다. 발견된 이 인공 석조물들 중에는 페니키아의 신 바알하몬에게 헌정된 것이 포함되어 있었다(Beyse, *TDOT* 4:476). 그러므로 이 제의 물품의 이름은 이 신에게서 따온 것일 수 있다. 베시는 태양신에게 헌정된 하만(חמן)을 언급하는 또 다른 비문을 참고한다(*CIS*, II, 3 No. 3978 from Palmyra). 이 증거가 다른 단편적 정보들과 결부될 때 아마 이 향단들이 특별히 태양신의 제의에서 사용되었다고 추론될 수 있다(Beyse 4:476-77, 그러나 참조. Levine, "Epilogue," 17).

이 본문은 여호와께서 그들의 시체를 "그들의 우상들의 '시체들'"(פגרי גלוליכם – 피그레이 길룰레이켐, 개역 성경: 파상한 우상)에 두실 것이라고 말한다. 피그레이 길룰레이켐(פגרי גלוליכם)은 길룰림(גלולים)이 인간의 모습을 지닌 거대한 형상들임을 시사한다. 그것들을 "시체들"로 부르는 것은 가장 경멸적이다. 그것들은 생명이 없는 대상들이다. 길룰림 자체는 우상의 나약한 특성을 표현하는 비판적인 용어다. 여호와께서는 인간의 시체들을 이 죽은 우상들 위에 던지신다. 시체들과 뼈들을 우상 위에 놓거나 그것들을 제단 위에다 태우는 것은 그 예배의 대상의 신성을 영원히 더럽혀 놓는 것이었다(참조. 겔 6:4b-5; 왕하 23:14-16). 그런 의식 절차는 가장 큰 더럽힘이었다. 이 백성들이 자신들을 지켜 달라고 신뢰했던 바로 그 신들이 그 백성들 자신들의 죽은 사체들로 영원히 더럽혀질 것이다. 우상들은 전혀 무가치하다! 이러한 방식으로 여호와께서는 자신이 자기 백성의 거짓 예배 관행들로 인해 그들을 얼마나 "싫어하는지"(געל – 가알, 15절)를 보여 주실 것이다. 그분의 깊은 반감은 나프쉬(נפשי, "나의 영혼, 나의 인격")의 사용에서 간파된다.

여호와께서는 전쟁이 그들의 성읍들을 "폐허"(חרבה – 호르바)가 되게 하실 것이며 그들의 "성소들"(מקדשיכם – 미크데쉐이켐)을 "황폐하게"(שמם – 샤맘) 만드실 것이다. 호르바(חרבה, "황폐한 곳, 폐허")는 자주 선지자들이 전쟁으로 파괴된 성읍이나 건물, 그리고 땅을 묘사하기 위해 사용된다(사 5:17; 44:26; 49:19; 렘 7:34; 25:18; 겔 5:14). 미크다쉬(מקדש)는 이를테면 십일조, 제의 그릇, 제단 혹은 성전과 같이 신성을 간직하는 어떤 것에 대한 총칭어다(Haran, *Temples*, 14-15). 여기서 그것은 성전이 있든 없든 백성들이 예배하는 장소를 지칭한다. 그러나 그것들이 여기서는 2절에 있는 바와 같이 "나의 성소(들)"(מקדשי – 미크다쉬)이 아니라 "너희의 성소들"(מקדשיכם – 미크데쉐이켐)로 불리는데, 이는 백성들이 여호와께서 한때 정결함 가운데 예배를 받으셨던 성소들을 그들의 이웃들의 예배 관행들을 따르는 장소로 전락시켰기 때문이다. 그들이 바치려 하는 드문 희생들은 그들에게 호의를 품도록 그분의 마음을 움직이게 하지 못할 것이다. 여호와께서는 그들의 희생들로부터 올라오는 "흠향되는 향, 진정시키는 향"(ריח ניחוח – 레아흐 니호아흐)을 맡지 않으실 것이다(참조. 1:9). 즉 그분은 아무런 마음의 변화가 생기지 않아 자기 백성에게 자비롭게 행하지 않으실 것이다. 여호와께시는 그 땅을 황폐하게 만드실 것이다. 심지어 그들의 땅에 거주하기 위해 들어온 이스라엘의 적들이 그 두려운 파괴 현장을 보고 놀랄(שמם – 샤맘) 정도로 말이다. 어근 샤맘(שמם, "황폐화되다, 간담이 서늘해지다"; BDB, 1080-81)의 다양한 의미에는 하나의 언어적 기교가 있다. 이 어근은 31-35절에서 여섯 번 사용되는데, 이는 이스라엘이 자신들의 고향 땅이 처참히 파멸되기 전에 겪게 될 깊은 공포심을 전달하기 위함이다.

그때 여호와께서는 자기 백성을 열방 중에 흩으실 것이다. 그분은 자신의 손에 칼을 빼어 들고 그들을 사방으로 멀리 쫓아내실 것이다(참조. 겔 5:2, 12; 12:14). 추방은 최종적 징벌이다. 국가의 주권은 끝날 것이다. 추방은 여호와께서 아브라함에게 약속하셨던 대로(창 12:7; 13:14-17) 언약 백성에게 상속물(개역 성경: 기업)을 주었던 언약의 목표를 무효로 돌려놓을 것이다. 백성들은 자신들의 땅에서 내쫓겨 여호와께서 거주하시는 성소에서 그분께 예배드리기 위해 올라갈 수 없을 것이다. 이러한 예배의 상실은 그들의 하나님, 곧 그들을 하나님의 백성으로 한데 모이게 하신 주님에 대한 이해를 소멸시킬 우려가 있게 될 것이다. 이방 땅에서 율법을 지킨다는 것은 엄청난 짐이 될 것이며, 심지어 어떤 법들의 경우에는 불가능할 것이다. 백성들은 의기소침하고 낙심한 가운데 계속적인 위협들에 직면할 것이다. 추방은 실로 한 민족에게 최후의 저주다.

34-35 이스라엘이 포로 신세로 있게 될 기간 내내, 땅은 마치 안식년인 듯 휴경할 것이다(참조. 25:2-7). 사실상 땅을 위한 여러 해 동안의 이러한 휴식은 그 땅이 혹사당했던 모든 안식년들을 위한 보상이 될 것이다. 이 저주는 이스라엘의 안식년 준수 실패는 그들의 법 일반의 미준수의 징조가 되리라는 것을 예견한다. 라이트(Wright, *God's People*, 150)는 이에 동의하면서 안식년들의 준수에 관한 쟁점이 단순히 제의적 쟁점이 아니라 도덕적 사회-경제적 쟁점이라고 주장한다. 그는 "관심의 초점은 땅 자체가 아니라 여호와와 이스라엘 사이의 '중간 매개물'로서의 땅, 즉 백성들에 대한 여호와의 축복과 권리 주장 및 그들과 그분의 관계에 대한 유형적 상징이자 근거로서의 땅이다"라고 한다(*God's People*, 150). 이스라엘의 안식년 무시는 그들의 사회 정의와 선행의 태만함으로 이어진 동일한 도덕적 악에서 기원한다. 또한 그것은 이러한 직무 유기를 넘어서 그들이 하나님과의 관계의 역동성을 유지하지 못했다는 더 높은 수준의 문제에 도달할 것이다(Wright, *God's People*, 151). 이러한 입장은 42-45절에 표현된 이념에 의해 강화된다.

36-39 이 연설은 열방 가운데 흩어진 남은 자들의 역경에 처한 상황들을 묘사한다. 이 백성들은 소심해질 것이다. 왜냐하면 여호와께서 "그들의 마음을 겁쟁이로 만드실 것"(מרך בלבבם – 모레크 빌레바맘)이기 때문이다(참조. 욥 23:16). 이 저주는 신명기 20:2-4에서 발견되는 바 하나님께서 백성들을 위해 친히 싸우실 것이므로 그들이 두려워하지 않아도 된다는 권고와 정반대다. 그들은 심약한 상태에서 가장 적은 소리에도, 심지어 나뭇잎이 바람에 살랑거리는 소리만 나도 도망치게 될 것이다. 그런 아비규환 속에 달아날 때, 그들은 서로 걸려 넘어질 것이다. 그들은 적들을 대적하여 마주 설 수 없을 것이다. 많은 사람이 이방 땅에서 멸망할 것이다. 다른 사람들은 그들의 적들의 땅에서 서서히 "쇠약해질 것이다"(מקק – 마캄). 마캄(מקק)은 상처들이 "곪는 것"을 의미한다(시 38:6[5]). 이 어근의 명사형 마크(מק)는 "썩음, 부패"를 의미한다. 스가랴 14:12에서 그것은 몸, 뼈, 눈 그리고 혀의 쇠약해짐을 묘사한다. 여기서는 그 단어가 느리지만 꾸준하게 진행되는 인간의 생명의 침식을 보여 준다. 마치 그들이 이방 땅에서 비참하게 간신히 생계를 연명하며 사는 것처럼 말이다(참조. 4:17; 24:23; 33:10). 그들은 조상들의 죄가 가중된 자신

들의 죄로 인하여 그런 비참한 운명을 당하게 될 것이다. 개인은 하나님 앞에서 각자 자신에 대해 책임이 있지만(예를 들어, 겔 18장; 33장), 여호와께서는 세대에 걸친 죄의 축적으로 인해 그 민족을 징벌하실 것이다.

[40]-[41] 이제 희망의 말씀이 열방 가운데 흩어진 그들에게 전달된다. 만일 이스라엘이 오직 그들의 사악한 행위와 조상들의 죄로 인해 다른 민족의 노예로 전락한다는 것을 깨달을 수 있다면, 그들은 여호와께서 자신들의 비참한 상황을 바꿔 주시도록 그분을 감동시킬 수 있을 것이다. 이 구절에서 세 번에 걸친 아본(עון, "악행, 죄")의 사용은 이 회복의 단어를 마지막 저주에 직접 연결시키는데, 이는 그것이 39절에서 두 번 사용되기 때문이다. 백성들은 자신들이 하나님께 "사악하게"(מעל – 마알) 행동했으며(참조. 5:15) 진정으로 그분께 대항하여 또는 거스려(קרי – 케리) 행했다는 것을 인정해야 한다(참조. 21절). 마알(מעל)은 죄의 행위를 지칭하는 강력한 단어다. 그것은 하나님을 향한 신뢰의 배반, 즉 변절을 말한다. 자신들의 고백을 진정한 것으로 만들기 위해(참조. 단 9:4-19; 스 9:6-15; 느 9:6-37), 그들은 자신들의 죄를 철저히 인식해야 한다. 그들은 특정한 반역 행위들을 넘어서 스스로를 하나님께로부터 분리시킨 태도와 성향을 인정하기에 이르러야 한다. 그들의 추악한 태도는 고백을 통해 제거되어야 한다. 다른 은유를 들자면, 그들의 마음은 음경의 포피와 같이 굳은 것으로 둘러싸였다. 이러한 상태는 수술을 요구한다. 마음의 포피는 할례를 받아야 한다(신 10:6; 30:6; 렘 4:4; 참조. 롬 2:28-29). 강퍅하고 완고한 속마음이 제거될 때, 백성들은 하나님의 말씀에 순종하려는 부드러운 마음을 갖게 될 것이다. 이러한 굳은 "포피"의 제거는 할례가 언약의 상징인 것처럼 역시 언약 갱신을 상징할 것이다.

[42] 여호와께서는 자신이 족장들과 맺은 언약을 기억한다고 말씀하시면서 강하고 분명하게 이스라엘을 포로의 고난으로부터 구출할 것이라고 확언하신다. 자카르 베리트(זכר ברית, "언약을 기억하다")는 그 언약에 포함되어 있는 특정한 어구다. 그것은 오직 하나님만을 주어로 삼으며 나타난다(참조. W. Schottroff, *"Gedenken" in alten Orient und im Alten Testament*[1964] 202-16). 이 숙어에서 자카르(זכר, "기억하다")는 샤카흐(שכח, "잊다")가 아니라 하파르(הפר, "깨뜨리다"; 44절; 렘 14:21)와 반대된다(44절; 렘 14:21; Schottroff, 206). 더욱이 이 숙어에서 그것은 정신적 활동에도, 또한 과거의 위대한 성취들에도 초점을 두지 않는다. 오히려 그것은 하나님께서 현재의 시간에 자기 백성의 유익을 위해 행동하기로 돌이키신 것을 말한다. 그럼에도 불구하고 이러한 활동은 과거의 약속들과 연결되어 있다. 언약을

만드시는 분이 그것이 인간 편에 의해 위험에 처하게 될 때 그 언약을 지탱시키기 위해 행동하신다(Schottroff, 216-17). "하나님께서 기억하신다"는 여호와께서 특정한 시간에 자기 백성에게 구원의 혜택을 주기 위해 경이로운 방식으로 역사에 개입하심으로써 자신의 책임을 다하셨던 언약의 의무들을 수행하실 것임을 의미한다(참조. 출 2:24; Schottroff, 206). 그는 "나는 여호와 너의 하나님이다"라는 언약의 맹세를 증명하실 것이다(예를 들어, 18:2; 19:2; Schottroff, 206). 그러므로 "기억하다"는 이스라엘의 여호와 예배에서 핵심 단어다. 예배에서 그것의 기능은 여호와께서 지속적으로 자신의 말씀에 충실하시고 그것을 성취하고자 하신다는 약속에 의존한다(참조. B. S. Childs, *Memery and Tradition in Israel*, SBT 37[London: SCM Press, 1962] 31-44). 그것이 이스라엘이 슬픔 중에 여호와께 기억해 달라고 탄원한 이유다. 왜냐하면 그분의 기억은 그분의 마음을 움직여 자신의 과거의 약속에 근거하여 행동하게 만들기 때문이다(예를 들어, 시 25:6; 74:2, 18).

이 본문은 여호와의 기억의 장소가 그분이 야곱과 이삭과 아브라함과 맺은 언약이라고 진술한다. 그분은 더 초기의 자신의 약속에 바탕을 둔(창 12:2-3) 아브라함과의 언약을 맺으셨으며(창 15장), 계속해서 이삭(창 26:24)과 야곱과의 언약(창 35:9-15)에서 형식상의 연속성을 이어가셨다. 이 언약에서 하나님께서는 아브라함의 후손을 자기 백성이 되도록 선택하셨으며, 그들에게 땅을 유산으로 주겠다고 약속하셨다. 그러므로 몇몇 본문들은 이스라엘의 구원사를 아브라함에게 하신 약속들에 대한 그분의 회상에 비추어서 설명한다(예를 들어, 시 105:42; 106:45). 아브라함의 후손을 큰 민족으로 만들겠다고 그에게 약속하실 때, 여호와께서는 열방의 축복을 염두에 두셨다. 이 본문의 마지막 부분에서 여호와께서는 자신이 그 땅, 즉 장차 휴경하게 될 약속의 땅을 기억하실 것이라고 말씀하신다. 이 어구는 그분이 생존자들을 이 약속의 땅으로 인도하여 거기에 사람이 다시 살고 소산물이 생산될 수 있게 하실 것임을 의미한다.

43-44 백성들이 포로로 잡혀 갈 때마다, 거주민을 잃게 될 그 땅은 휴경하게 될 것이다(34-35절). 이 휴경의 해들은 잃어버린 안식년들에 대한 보상이 될 것이다. 백성들이 대가를 지불해야 하는 이유가 이중적 접속사인 야안 우베야안(וביען יען, "…때문에, 정녕 … 때문에"; 개역 성경: 멸시하였으므로)으로 강조된다. 그들이 하나님의 "법도들"(משפטים – 미쉬파팀)을 "거절하고" 혹은 "멸시하고"(מאס – 마아쓰, 참조. 15절), 또한 그분의 "규례들"(חקות – 후코트, 참조. 18:4-5)을 "싫어했기"(געל – 가알) 때문에(참조. 15절). 변명할 여지없이 범죄한 이스라엘은 가장 무

거운 형벌을 받아야 한다. 부도덕에 대한 이러한 징벌은 백성들과 그들의 땅 사이의 도덕적 관계가 존재한다는 것을 증언해 준다. 만일 백성이 자신들의 땅을 학대한다면, 땅은 백성들을 계속해서 원조할 수 있기 전에 자신의 휴식을 요구할 것이다(참조. 18:24-30). 그리하여 경제학과 도덕적 온전성은 서로 밀접히 관련되어 있다.

하나님께서는 그들을 포로로 보내실 정도로 자기 백성에게 분노하시게 될 것이다(참조. 렘 25:11; 대하 36:20-21). 하지만 그분의 분노는 그들을 완전히 쓸어내기 위해 그들을 "쫓아내고"(מאס – 마아쓰) "싫어할"(געל – 가알) 정도로 맹렬하거나 또는 오래 지속되지는 않을 것이다. 그분은 자기 백성이 종족의 정체성을 흔적도 없이 잃게 될 정도로 열방들 속에 뒤섞이게 하지는 않으실 것이다. 만일 이스라엘에 대한 여호와의 관심이 진정한 것이라면, 그분이 어떻게 그들을 그토록 가혹하게 징벌하실 수 있는 것일까? 첫째, 그분은 바르게 계량을 측정하여 그들을 징벌하신다. 둘째, 그분은 혹독함이 가중되는 방식으로 그들을 징벌하시는데, 각 징벌의 수위는 그들이 자신들의 죄악된 길로부터 돌아서게 하도록 고안되었다. 셋째, 그분은 그들을 징벌하기 전에 그들에게 사전 경고하신다. 선지자는 그분의 백성이 하나님의 율법에 불순종한 이유로 그들이 직면할 위험을 경고하는 대언자다. 넷째, 일단 이스라엘이 회개하면, 여호와께서는 그들을 구속하시어 그들을 약속의 땅으로 데려오실 것이다.

나아가 여호와께서는 그들과의 언약을 "깨뜨리지"(הפר – 하파르) 않겠다고 약속하심으로써 자신의 은혜를 드러내신다. 즉 그분은 아브라함에게 주었던 약속들(창 12:2-3)과 더불어 시내 산에서 자기 백성에게 부여한 사명, 곧 거룩한 백성이 되고 왕적인 제사장들이 되라는 사명의 빛 속에서(출 19:5-6) 그들을 향해 행동하심으로써 그들에게 자비를 보여 주기를 멈추지 않으실 것이다. 여호와께서 자신의 언약을 깨뜨리지 않으시겠다는 약속은 이스라엘이 그 언약을 깨뜨렸다고 말하는 15절에 있는 진술과 긴장 속에 놓여 있다. 언약이 파기되었는가, 아니면 그렇지 않은가? 이러한 해석상의 난점은 체결될 수 있는 다양한 언약들에 공통적이다. 각각의 언약들은 조건적인 측면과 무조건적인 측면을 갖는다. 이 문단에서 두 종류의 언약이 목격된다: 하나는 공약(a grant)으로서 이것으로 언약의 입안자이신 여호와께서 이스라엘의 조상들에게 편무적(unilateral) 맹세를 하시며, 다른 하나는 조약(a treaty)으로서 이것을 통해 여호와께서는 두 번째 당사자인 이스라엘에게 의무 사항들을 부과하신다. 공약에서는 여호와에 의해 만들어진 약속들이 무조건적이다. 그럼에도 불구하고, 그 약속들은 오직 그분께 헌신한 백성들에 의해 진행되고 경험될 수 있다(Waltke, "Phenomenon," 128). 시내 산 언약을 주목해 보면 그것은 조약에 더 가깝기 때문에 그것을 통해 여호와께서 주시는 은혜들은 이스라엘의 응답에 의존되어 있는 조건적인 것이지만, 그 언약의 법은 취소할 수 없다(Waltke, 133). 이 구절들에서 미리 나타나는 각본에 의하면, 이스라엘은 언약의 조항들을 어길 것이기 때문에 결국 언약을 깨뜨리게 될 것이다. 그러므로 그들은 징계를 받을 것이다. 그들은 징벌을 받을 때마다 아브라함과 맺은 공약에 의해 부여된 약속들로부터 직접 혜택을 받지 못할 것이다. 그러나 그들의 실패가 자동적으로 여호와께서 자신 편에서 그 언약을 철회하시거나 공약을 통해 아브라함에게 주신 약속들을 무효로 하실 것임을 의미하지는 않는다. 여호와께서는 미리 이 조건들을 포기하신다. 대신 그분은 스스로 겸비하여 자기에게 돌아온 남은 자들을 통해 아브라함에 대한 자신의 약속들을 계속해서 이끌어 내신다(참조. 41절). 이 위대한 확언은 사방에 흩어진 이스라엘이 언젠가 그들의 약속의 땅으로 돌아올 것이라는 희망의 토대로 서 있다.

45 이 구절은 여호와께서 "첫 언약"(ברית ראשׁנים – 베리트 리쇼님)을 기억하실 것임을 재천명한다. 이 언약은 이집트의 속박으로부터 이스라엘이 구출된 후에 체결된 것으로 규정된다. 신명기 19:14(참조. 사 61:4)에서 리쇼님(ראשׁנים)은 가나안을 정복한 첫 번째 세대를 지칭한다.

46 이 구절은 이 법안에 있는 법령들, 법들 그리고 지침들이 시내 산에서 모세를 통해 여호와로부터 왔다는 것을 증언하는 요약 진술이다. 이 진술은 17-26장에 있는 거룩한 삶에 대한 법들에 적용될 뿐만 아니라 이 세 가지 용어가 입증하는 바와 같이 레위기 전체에 적용된다. "지침들"(תורות – 토로트)은 6:2(9), 7(14), 18(25); 7:1, 7, 11, 37; 11:46; 12:7; 13:59; 14:2, 32, 54, 57; 15:32에서 나타나지만, 17-26장에서는 사용되지 않는다. "법령"(חק – 호크)은 레위기 전체에 걸쳐 나타나는데, 남성형이 1-10장에서 압도적으로 나타나는 반면(6:11[18], 15[22]; 7:34; 10:11, 13, 14, 15; 24:9) 여성형은 16-26장에서 선호된다(3:17; 7:36; 10:9; 16:29, 31, 34; 17:7; 18:3, 4, 5, 26, 30; 19:19, 37; 20:8, 22, 23; 23:14, 21, 31, 41; 24:3; 25:18; 26:3, 15, 43). 그리하여 남성형의 사용은 레위기의 첫 번째 분할 및 두 번째 분할과 분명한 결속을 확립한다. 다른 한편, "법들"(משׁפטים – 미쉬파팀)이 특정적으로 17-26장 전반에 걸쳐 사용되는데(24:22; 25:18; 26:15, 42), 이는 5:10과 9:16에서의 그 단어의 용법이 아주 다르기 때문이다. 나아가 하나님께서는 열방들 앞에서 공개적으로 이 법들을 주셨는데, 이는 그들로 하여금 그분이 누구이며

그분께서 어떻게 자기 백성의 사건들 속에서 권능 있게 행하시는지를 알게 하기 위함이다.

해설

고대 중동에서 축복과 저주는 언약의 필수적 부분이었으며 법전에서도 자주 그러했다. 계약 당사자들은 법전이나 언약의 다수의 조항들의 준수를 감시하는 것이 불가능하다는 것을 알고 있었기 때문에, 그들은 순종하는 자에게는 축복을, 불순종하는 자에게는 저주를 내려 달라고 신들에게 요청했다. 신들은 언약을 순종하는 쪽을 넘치도록 축복할 것으로 믿어졌으며, 반대로 어느 한쪽이 진술된 의무 사항들을 악의적으로 성취하지 않는다면 신들에 의해서든 신들을 위해 행동하는 감정이 상한 왕들에 의해서든 저주들이 작동될 것이다. 언약 관계로 들어간 당사자들이 상대방이 그 약조대로 살지 않을 수 있다고 염려했을 것을 감안하면, 이러한 문서들이 자주 축복보다 훨씬 더 많은 저주를 담고 있다는 것은 놀라운 일이 아니다. 겹겹이 쌓인 저주들은 반항하는 쪽으로 하여금 그가 당하게 될 고초들에 주의를 기울이게 하여 언약 조항들의 파기를 단념하게끔 만든다. 여호와께서 레위기에서 부여하신 법들은 축복들과 저주들로 마무리된다. 이 장은 시내 산 언약의 이러한 요소를 제공한다(출 19-24장). 그분의 순종하는 백성들에게 여호와께서는 때에 맞는 비를 보내 주어 논밭과 과수원이 풍성한 추수를 거둘 수 있도록 하겠다고 약속하셨다. 풍성한 식량에 덧붙여서, 그분은 자기 백성에게 들짐승과 같은 자연의 세력들과 더불어 그들의 적들로부터 보호해 주겠다고 약속하셨다. 그분은 또한 그들이 급격히 숫자가 불어나도록 다산의 축복을 주겠다고 약속하셨다. 그분의 축복이 그들에게 의존해 있는 가운데, 그들은 견고하게 연합된 지파 동맹체로 형성될 것이며 고초들을 극복할 수 있고 그들의 적들을 패배시킬 수 있을 것이다. 가장 중요한 사실은 인격적인 하나님이신 여호와께서 자기 백성이 자신을 위해 만든 성소에서 그들 가운데 거하시며 그들 사이에서 행하겠다고 약속하셨다는 것이다.

25-26장에서 땅은 이스라엘이 하나님께서 그들에게 주신 법들을 실천에 옮기게 될 행동의 장으로서의 역할을 했다. 땅은 그들에게 여호와의 선물이었으며, 그들은 그분의 훈계를 따라 땅을 관리할 책임을 가졌다. 시내 산에서 부여된 율법에 대한 그들의 순종의 가시적인 징표는 그들이 땅을 매 칠 년과 매 칠 년의 일곱 번째 해인 희년에 묵혀 두는 것이 될 것이다. 여호와께서는 그들에게 이러한 안식의 때들을

주셨다. 그들이 여호와께서 자신들에게 주신 풍성한 것들을 즐기고 그들의 식량 공급에 대해 전적인 여호와의 신뢰를 표현할 수 있도록 말이다. 그들이 안식일과 관련된 이 법들을 준수하는 데 실패한다면, 그것은 그들이 시내 산에서 그들에게 부여된 모든 율법을 지키지 않았다는 징후가 될 것이다. 그들의 실패는 그들이 불행한 사람들에게 자비를 보이지 않았고, 또한 사회 정의를 추구하지도 않았다는 것을 지시할 것이다. 동시에 그것은 그들이 전적으로 여호와를 신뢰하지 않았다는 것을 드러내어 줄 것이다. 그리하여 땅은 이스라엘이 그들의 도덕적 완전성과 여호와에 대한 헌신을 많은 민족들에게 드러내는 무대가 되었다.

이스라엘이 언약 준수에 실패할 때마다, 여호와께서는 어김없이 그들을 응징하셨다. 그럼에도 불구하고, 이러한 저주들이 자동적인 것은 아니다. 그것들은 단지 여호와께서 작동시키실 때 시작될 것이며, 그분은 그 저주들의 방향을 조종하실 것이다. 여호와에 의한 이러한 저주들의 사용은 결정된 프로그램에 근거해 있다. 그분은 자기 백성을 훈육하고 그들이 회개하면서 자신의 은총을 구하도록 자극하기 위해 그 저주들을 가혹성이 일곱 배로 점점 늘어나는 여러 묶음으로 나누어 사용하실 것이다. 백성들이 그분께 반역을 고집한다면, 여호와께서는 능숙한 선생님처럼 그들에게 점점 가혹한 저주들을 내리심으로써 그들의 훈련 강도를 높이실 것이다. 그들이 자신들의 악습을 인정하고 그분께 돌아올 수 있기를 희망하시면서 말이다.

그 저주들은 점점 심각성을 증가시키는 오중적 형식으로 존재했다: 갑작스런 재앙, 폐병 그리고 열병(16-17절), 가뭄(19-20절), 들짐승(22절), 역병과 기근이 뒤따르는 전쟁의 패배(25-26절) 그리고 포로 유배로 끝나는 전쟁의 황폐함(29-33절). 유배는 최후의 징벌이었는데, 이는 이스라엘이 언약의 조건하에 그들에게 하사된 땅으로부터 추방당할 것이기 때문이다. 그에 따라 여호와께서는 어쩔 수 없이 자신이 그들에게 주셨던 땅 위에 거룩한 나라를 창조하려는 목표를 뒤집으셔야 할 것이다. 만일 그분이 그런 징벌을 집행하셔야 한다면, 자신과 같은 거룩한 나라를 창조하지 못한 여호와의 실패가 만천하에 드러날 것이다. 이방 민족들 사이에 퍼진 백성들은 다른 신들을 이상하고 역겨운 방식으로 예배하고 다른 도덕적 규범들을 따라 사는 타국인들 사이에서 힘들게 자신들의 삶을 꾸려 가야 할 것이다. 이스라엘 민족에게 있어서 엄청난 상실은 그들이 더 이상 성소에 나아갈 수 없을 것이라는 사실이다. 여호와께서 그들 가운데 계시고 그들이 그분의 자비와 도움을 간청하면서 마음껏 희생을 드리던 그 장소로 말이다. 유배 중에 만일 여호와께서 간섭하시지 않는다면, 그들은 하나님의 백성이라는 그들의 정체를 상실할 위협에 직면할 것이다.

여호와께서 자기 백성이 계속해서 죄악된 길들로 가지 않도록 그들을 훈육하신다는 믿음이 신명기 8:5과 잠언 3:11-12에 동정적인 감정으로 표현되어 있다. 이러한 믿음은 히브리서 12:4-11에 재진술되어 있는데, 그 구절들은 하나님께서 자신의 자녀가 자신의 거룩을 공유할 수 있도록 아버지로서 그들을 훈육하신다고 말한다(또한 계 3:19). 즉 하나님은 부모로서 잘못을 범한 자신의 자녀들에게 연민을 베푸신다. 그분에게 순종하지 못한 그들이 그분의 가족을 영원히 떠나 최종적인 언약의 저주 아래 놓이지 않도록 하기 위해서 말이다. 그분은 그들 가운데 "화평의 의의 열매"(히 12:11)가 맺히기를 바라면서 그들을 열심히 훈육하신다.

레위기 26장에서 여호와께서는 자기 백성이 포로로 잡혀 가게 된다 해도 그들에게 희망의 손길을 놓지 않으셨다. 그들은 자신들이 잡혀 간 포로의 땅에 살게 될 때도, 만일 그들이 그분을 반역하여 걸었다는 사실을 승인하고 자신들의 죄를 회개한다면, 그분은 그들의 울부짖음을 들으시고 그들의 죄를 용서하겠다고 약속하셨다. 그분은 아브라함과 맺은 자신의 언약을 기억하는 가운데 그들을 향해 거니실 것이다. 여호와께서는 모든 나라가 자신의 백성을 통해 구원의 축복을 누리도록 그 언약을 발의하셨다(창 12:2-3). 그분은 자기 백성에게 다시 오실 때 그들이 온 땅과 관련된 약속을 위한 사역을 감당할 수 있도록 그들에게 활기를 불어넣어 주실 것이다. 달리 말하자면, 유배가 주권 국가로서의 이스라엘의 존재를 잠시 동안 종결짓겠지만, 그것은 열방을 향한 선교적 사명을 지닌 하나님 백성으로서의 이스라엘의 지속적인 존재를 끝장내지는 않을 것이다. 여기서 남은 자 신학은 여호와의 언약과 아브라함에게 준 약속들에 대한 그분의 성실하심에 기초를 두고 있다. 포로의 경험은 이스라엘의 남은 자들을 겸비하게 만들 것이며, 그들이 뜨거운 열정을 품고 하나님께 돌아올 수 있도록 자극할 것이다. 남은 자들이 회개하고 여호와를 구할 때, 그분은 그들을 그 땅으로 돌아오게 하여 그들로 하여금 다시 거룩한 나라가 되게 하실 것이다. 요약하자면, 이 최종적인 유배의 저주는 이스라엘 앞에 다음과 같은 위협을 제시해 놓았다: 완고한 불순종은 그들이 잠시 동안 자신들의 상속받은 땅을 차지할 권리를 상실하게 만들 것이지만(참조. 18:24-28), 그것이 아브라함의 씨인 이스라엘의 전멸을 위협하지는 않았다.

축복과 저주에 대한 이 연설은 구약의 다른 부분들을 이해하는 열쇠다. 선지자들은 자주 언약에 비추어서 이스라엘의 현존과 운명을 설명했다(예를 들어, 암 3:2). 그들은 순종하는 이스라엘이 여호와께 축복을 받을 것이라는 사실을 믿었다. 거꾸로 그들은 불순종한 이스라엘이 지금 징벌을 받거나 훈육을 받고 있는 것이라고 강력하게 선포했다. 두 개의 선지서 단락이 이스라엘의 화는 그들의 지속적인 죄로 인해 훈육의 방책들인 저주들을 점점 강화시킨 것이었다고 경고한다(암 4:6-12; 사 9:7[8]-10:4). 예레미야와 같은 선지자들은 수십 년 동안 불순종해 왔던 백성들에게 만일 그들이 계속적으로 불순종할 경우 포로로 잡혀 갈 위험에 놓여 있는 것이라고 경고했다(예를 들어, 렘 13:24-27; 18:15-17; 19:3-9; 참조. 암 7:17; 호 11:5-7; 겔 5-7, 12, 21). 나아가 선지자들은 유배를 넘어서 이스라엘의 회복을 내다보았다(암 9:11-15; 호 2:16[14]-3:5; 11:10-11). 그들은 그들의 확신을 견고히 세워 준 희망의 메시지를 내뿜었다. 이 희망의 말씀들은 유배 기간 동안 이스라엘의 정체성을 보존하도록 도왔다(예를 들어, 렘 30-33장; 겔 11:16-20; 16:53-63; 36-37장).

축복과 저주가 언약의 필수적 부분이라는 사실은 여러 신약 본문들에서도 증거된다. 예수님의 산상 설교는 메시아가 전한 다가올 하나님 나라의 율법으로 간주될 수 있다. 마태복음 5장에서 예수께서는 열 가지 복을 가지고 정곡을 찌르는 설교를 시작하신다(3-11절; 보통은 팔복으로 간주한다 – 역자주). 그 지고의 복들(beatitudes)은 일반적인 복들(blessings)과 차이가 나는데, 전자가 하나님께서 큰 기쁨이 되도록 바꾸실 마음가짐이나 상황을 묘사하는 반면, 후자는 하나님의 은총의 직접적인 약속들이라는 점에서 그렇다. 예수께서는 이 축복 선포에서 자신의 제자들에게 굶주림, 가난, 애통 그리고 박해를 견딜 때 절망할 필요가 없다고 약속하고 계신다. 왜냐하면 예수께서 그들의 땅의 가난으로부터 그들에게 복을 주실 것이기 때문이다. 그들의 현재의 삶을 윤택하게 만들고 다가올 시대에 풍성한 열매를 맺게 될 방식으로 말이다(참조. R. A. Guelich, *The Sermon on the Mount*[Waco, TX: Word Books, 1982] 109-11). 다양한 고통을 극복하는 그 축복들은 예수께서 세우신 언약의 "새로움"을 표현한다. 이 복들을 통해 그분의 제자들은 이 세상 속에서 다가올 왕국의 황홀함을 미리 맛보게 될 것이다. 누가복음에 있는 병행 단락에서 예수께서는 네 가지 복과 네 가지 화를 말씀하신다(눅 6:20-26). 그 화들이 이 세상의 많은 영광들을 경험한 사람들을 향해 선언되는데, 이는 그들이 이러한 것들을 그들의 삶의 궁극적 목표로 삼았기 때문이다.

누가복음에 있는 저주가 왜 마태복음에는 없는가? 혹시 마태는 유대인 청중들에게 썼기 때문에 그들이 암묵적으로 축복에 저주들이 동반된다는 사실을 알고 있었으리라 추정한 것이 아닐까? 화들이 표현되어 있지 않지만 그것들은 그렇게 암시되어 있는데, 이는 마태가 예수님에 의해 선언된 하나님 나라의 독특한 특징에 초점을 맞추기를 원했기 때문이다. 마태복음에서 단지 축복들만 사용된 것은 마태가 그 선포를 선지자 이사야의 종말론적 대망, 특별히 이사야 61장에 맞추었다는 것을 보여 준다(Guelich, 115-18). 한편, 이방의 청중들에게 말씀을 전하는 누가는 복과 화를 공히 선포했는데, 이는 그 두 가지가 모두 예수께서 발의하신 새 언약에 절대 필요한 것임을 알리기 위함이다.

예수께서는 자신의 가르침에서 신실한 제자들에게 축복을 약속하셨으며 심판의 저주를 경고하셨다(마 5:19; 참조. 6:23; 고전 3:17; 14:38; 16:22). 그분은 서기관과 바리새인들의 철저한, 그러나 알맹이 없는 종교적 실천에 치를 떤 나머지 그들을 향해 일련의 저주를 퍼부으셨다(마 23:23-33; 눅 11:42-44). 예수께서는 쓰라리게 상한 심정을 가지고 그들에게 저주를 내렸는데, 이는 하나님께서 자기 백성들의 만행을 경고하기 위해 그들에게 선지자들과 지혜자들과 서기관들을 보내셨음에도 불구하고 그들이 듣지 않았기 때문이다(마 23:34-35). 나아가 예수께서는 그들이 하나님으로부터 보냄을 받은 대언자들을 죽여 왔기 때문에 당장에 닥칠 예루살렘의 운명을 비통하게 슬퍼하셨다(마 23:37-38; 눅 13:34-35). 그럼에도 불구하고 그분은 예루살렘의 황폐함이 마지막 때에 끝나리라는 것을 내다보셨다. 그 성읍이 "주님의 이름으로 오시는 이여 찬송 받으소서"라고 말할 그 때에 말이다(마 23:39; 눅 13:36).

바울은 예수께서 마련하신 새 언약에 축복과 저주가 수반된다는 것을 알고 있었다. 이러한 관점으로부터 그는 고린도 교회 신자들의 복된 삶의 상태를 주의 만찬에 참여할 때의 그들의 태도와 관련지어 설명했다(고전 11:23-34). 성만찬의 떡과 잔에 합당하지 않은 채로 참여한 사람들은 병을 앓았다(30절). 그들의 질병들로부터 암시되는 것은 그들의 거짓 행위들이 자신들을 새 언약에 수반된 저주 아래 놓이게 했다는 것이다. 이러한 질병들은 현재의 시간 속에서 훈육의 수단들이며, 동시에 최후의 심판의 맛보기로 작용한다(32절). 반대로 합당한 자격으로 참여한 모든 사람들은 자신들을 위해 하나님의 축복들을 마신 것으로 암시되어 있다.

갈라디아서에서 보는 바와 같이, 바울은 새 언약에도 여전히 축복과 저주가 작용한다는 것을 감지했다. 악을 행하는 사람들은 저주를 받을 것이고 하나님 나라를 상속받지 못할 것이며(5:19-21), 다른 복음을 전하는 자들은 저주를 받을 것이다(1:8-9). 한편, 믿음으로 예수님의 십자가 안에서 기뻐하는 사람들은 화평과 자비로 복을 누릴 것이다(6:14-16). 갈라디아서 3:6-14에서 바울은 옛 언약에서 주어진 축복과 저주가 새 언약 아래서 적용될 수 있는 방법을 설명했다. 그는 구원을 받고자 행위에 의존하는 사람들은 그들이 기록된 모든 것을 지킬 수 없기 때문에 저주 아래 놓이게 된다는 것을 인정했다(10절). 반대로 모든 믿는 사람들은 그리스도를 통해 이미 율법의 저주로부터 구속되었는데, 이는 그리스도께서 "우리를 대신해 저주"가 되심으로써 우리 각자의 저주를 자기 자신에게 담당시키셨기 때문이다(13절). 그러므로 그리스도의 사역은 하나님께서 아브라함에게 주셨던 축복들이 이방인들에 의해 경험되는 것을 가능하게 만든다(8, 14절). 따라서 그리스도로 인하여 모든 믿음의 자녀들, 유대인과 이방인, 종과 자유인, 여자와 남자가 아브라함과 함께 또한 그를 통하여 풍성한 복을 받을 것이다(9절).

다소 모호한 단락인 로마서 9-11장에서 바울은 이방인들에게 선포되는 복음의 견지에서 하나님의 섭리 속에서의 이스라엘의 위치를 설명했다. 바울 당대에 유대인들은 자신들의 불순종과 불신으로 인하여 하나님의 진노를 겪고 있었지만, 하나님께서는 이방인들에게는 자비를 보여 주셨다. 이스라엘은 자신들의 불신으로 인하여 하나님의 진노 아래 놓여 있었다(9:22-24). 이것은 유대인들에게 슬픔과 고난을 의미했지만, 그들이 하나님께로부터 영원히 버림받았다는 것을 의미하지는 않았다. 하나님께서는 자신의 약속을 충실히 지키면서 자기 백성들의 고초를 선한 목적으로 사용하셨다. 바울은 이 유대인들의 고통의 때를 넘어 하나님께서 다가올 부활 속에서 온전한 구원으로 자기 백성을 축복하기 위해 다시 역사에 개입하실 때를 내다보았다(11:11-12, 15, 26-32). 하나님께서는 진실로 남은 자를 자신의 은혜의 증표로 보존하고 계신다(11:5-6). 나아가 하나님께서는 이스라엘의 고난을 기회로 삼아 세상에 구원을 베푸셨다(11:11-12). 하나님께서는 유대인들을 향한 이방인들의 질투심과 이방인들을 향한 유대인의 질투심을 이방인과 유대인이 함께 구원에 이르게 하는 동인으로 사용하셨다. 이방인들이 잠시 동안 온전한 구원에 이르는 축복을 누리게 되었다는 것이 그들의 자랑의 근거를 제공하지는 않는다(11:18). 왜냐하면 그들은 아브라함에게 뿌리를 내리고 있는 나무에 접붙여진 존재이기 때문이다. 만일 그들이 하나님의 은덕 속에서 기뻐하지 않는다면, 그들 역시 가지치기를 당할 것이다(11:19-24). 아울러 하나님께서 그들의 고난을 그분의 나라를 앞당기는 데 사용하는 능력을 가시졌다는 것은 그들의 심판의 때가 한정되어 있다는 것을 의미하는데, 이스라엘은 그러한 사실 속에서 희망을 품을 수 있다. 하나님께서 그들의 슬픔을 끝내시는 지정된 시간이 있을 것이다(J. Dunn, *Romans 9-16*, WBC 38B [Dallas: Word Books, 1988] 691). 그 날에 이스라엘은 그 나무에 다시 접붙여져 번영을 누릴 것이다(11:23-35). 진실로 "이스라엘은 구원을 얻을 것이다"(11:26). 마침내 그 약속된 언약의 축복들이 어떤 특정 집단의 특권이 되는 일은 중단될 것이다. 그 축복들은 모든 신자들의 권리가 될 것이다(참조. Dunn, 668). 바울은 구원사 속에서 이스라엘의 중요성과 위치를 평가절하하지 않았다. 오히려 그는 그들의 현재의 슬픔과 고통을 언약에 대한 그들의 순종과 불순종에 수반되는 축복과 저주에 비추어서 해석하고 있었다. 그는 마침내 하나님의 신실한 사랑이 모든 사람들에게 가시화될 것이라고 확신하면서 이러한 어려운 난제를 풀어 나갔다(Dunn, 691).

신구약 성경의 묵시 본문들에서 시대의 종말은 이 땅에 내려지는 저주들, 그리하여 이 땅을 완전히 초토화시키는 일련의 저주들로 점철된 드라마로 그려진다(예를 들어, 사 24장; 34장; 벧후 3장; 계 6:1-11:19; 15:1-16:21). 이 처절한 두려운 파멸을 배경 삼아 하나님께서 최상의 통치를 하실 새롭게 된 땅에 대한 영광스러운 그림이 그려져 있다(예를 들어, 사 11:1-9; 35장; 52:7-10; 54:11-17; 계 21:1-22:5). 이사야는 이 놀라운 평화의 시대를 예루살렘의 비교할 수 없는 영광의 회복으로 예견했다(사 60-62). 예루살렘은 여호와께서 모든 나라 위에서 최상의 통치를 하실 세계 정부의 중심지가 될 것이며, 모든 나라의 백성들이 그분께 예배드리고 그분의 율법을 배우기 위해 예루살렘으로 몰려들 것이다(사 2:1-5; 60-62장; 참조. 4:2-5). 이사야는 다른 이미지를 사용하여 새 하늘과 새 땅이 될 시대를 내다보았다(사 65; 66장). 계시록의 저자는 시대의 종말에 있을 우주적 평화를 묘사하기 위해 비슷한 그림을 사용했다. 그는 새 예루살렘이 하늘로부터 내려오는 것을 보았다. 땅 위에서 신실하게 하나님을 섬긴 모든 사람들이 영원히 생명 나무에 나아갈 수 있게 될 그 성이 말이다(계 21장). 거기서 그분의 백성은 하나님의 영광스러운 빛의 은총을 입을 것이며, 그분께 기쁨으로 예배드리고 그 강의 생명수를 마음껏 마시게 될 것이다(계 22:2). "다시는 저주가 없을 것이다"(계 22:3a).

VI. 십일조와 제물들에 관한 법(27:1-34)

참고문헌

Cartledge, T. W. "Vow." *ISBE* rev. 4:998-99. **Keller, C. A.** "נדר *ndr* geloben." *THAT* 2:39-43. **Meyers, C.** "Procreation, Production, and Protection: Male-Female Balance in Early Israel." *JAAR* 51(1983) 569-93, esp. 584-86. **Richards, K. H.** "Cobb's Living Historic Routes: A Response." *Semeia* 24(1982) 99-106. **Wendel, A.** *Das israelitisch-jüdische Gelübde.* Berlin: Philo-Verlag, 1931.

본 문

1 여호와께서 모세에게 일러 가라사대	**1** Yahweh said to Moses:
2 이스라엘 자손에게 고하여 이르라 사람을 여호와께 드리기로 서원하였으면 너는 그 값을 정할지니	**2** "Speak to the Israelites and say to them: If anyone wishes to perform[a] a vow of the value[b] of persons[c] to Yahweh,
3 너의 정한 값은 이십 세로 육십 세까지는 남자이면 성소의 세겔대로 은 오십 세겔로 하고	**3** the value of a male[a] between the ages of twenty and sixty[b] is fifty shekels of silver according to the sanctuary shekel.
4 여자이면 그 값을 삼십 세겔로 하며	**4** And if the person is a female, her value is thirty shekels.
5 오 세로 이십 세까지는 남자이면 그 값을 이십 세겔로 하고 여자이면 십 세겔로 하며	**5** If the person is between the ages of five and twenty, the value of a male is twenty shekels and a female[a] is ten shekels.
6 일 개월로 오 세까지는 남자이면 그 값을 은 오 세겔로 하고 여자이면 그 값을 은 삼 세겔로 하며	**6** If the person is between one month and five years old, the value of a male is five shekels of silver and the female[a] is three shekels of silver.[b]
7 육십 세 이상은 남자이면 그 값을 십오 세겔로 하고 여자는 십 세겔로 하라	**7** If the person is sixty years old or older, the value of the male is fifteen shekels[a] and the female[b] is ten[c] shekels.
8 그러나 서원자가 가난하여 너의 정가를 감당치 못하겠으면 그를 제사장의 앞으로 데리고 갈 것이요 제사장은 그 값을 정하되 그 서원자의 형세대로 값을 정할지니라	**8** If one is poorer[a] than[b] the set value, he is to stand the person[c] before the priest, and the priest is to set the amount.[d] According to[e] what the person making the vow can afford[f] the priest is to set it.
9 사람이 예물로 여호와께 드리는 것이 생축이면	**9** "If [what he vowed][a] is an animal which may

서원물로 여호와께 드릴 때는 다 거룩하니

be presented[b] as an offering[c] to Yahweh, whatever is given from it[d] becomes holy.

10 그것을 변개하여 우열간 바꾸지 못할 것이요 혹 생축으로 생축을 바꾸면 둘 다 거룩할 것이며

10 He may not exchange it[a] or make a substitute for it, either a good one for a bad one or a bad one for a good one. If he indeed[b] does substitute one animal for another, both it and the substitute[c] become[d] holy.

11 부정하여 여호와께 예물로 드리지 못할 생축이면 그 생축을 제사장 앞으로 끌어 갈 것이요

11 If [the item vowed][a] is any unclean animal, which[b] may not be presented[c] as an offering to Yahweh, he is to station[d] the animal before the priest.

12 제사장은 그 우열간에 정가할지니 그 값이 제사장의 정한 대로 될 것이며

12 The priest is to set its[a] value, either high or low. It is to be according to the valuation of[b] the priest.

13 그가 그것을 무르려면 정가에 그 오분 일을 더할지니라

13 If he really[a] wishes to redeem it,[b] he is to add 20 percent[c] to the value.

14 사람이 자기 집을 구별하여 여호와께 드리려면 제사장이 그 우열간에 정가할지니 그 값이 제사장의 정한 대로 될 것이며

14 "If a person dedicates his house as holy to Yahweh, the priest is to set its value, either high or low; just as the priest evaluates it, thus it will be established.[a]

15 그 사람이 자기 집을 무르려면 정가한 돈에 그 오분 일을 더할지니 그리하면 자기 소유가 되리라

15 If the one making the dedication[a] redeems his house, he is to add 20 percent to its price,[b] and it will become his.

16 사람이 자기 기업 된 밭 얼마를 구별하여 여호와께 드리려면 두락수대로 정가하되 보리 한 호멜지기에는 은 오십 세겔로 계산할지며

16 "If a person dedicates to Yahweh a part of[a] his patrimony, its value is to be set according to the amount of seed needed for it at the rate of fifty shekels of silver for a homer of barley seed.

17 그가 그 밭을 희년부터 구별하여 드렸으면 그 값을 네가 정한 대로 할 것이요

17 If[a] he dedicates his field from[b] the year of Jubilee on, its value is established.[c]

18 그 밭을 희년 후에 구별하여 드렸으면 제사장이 다음 희년까지 남은 연수를 따라 그 값을 계산하고 정가에서 그 값에 상당하게 감할 것이며

18 But if he dedicates his field after the Jubilee, the priest[a] will compute its value according to the years that are left until the Jubilee, and its value is to be reduced proportionately.

19 밭을 구별하여 드린 자가 그것을 무르려면 정가한 돈에 그 오분 일을 더할지니 그리하면 그것이 자기 소유가 될 것이요

19 If the one dedicating it really[a] wishes to redeem it, he[b] is to add 20 percent[c] to its value, and it becomes his legally.[d]

20 그가 그 밭을 무르지 아니하려거나 타인에게 팔았으면 다시는 무르지 못하고

20 But if he does not redeem the field, or if he sells the field to someone else, it can never be redeemed.

21 희년이 되어서 그 밭이 돌아오게 될 때에는

21 When the field is released[a] in the Jubilee, it

여호와께 바친 성물이 되어 영영히 드린 땅과 같이 제사장의 기업이 될 것이며
22 사람에게 샀고 자기 기업이 아닌 밭을 여호와께 구별하여 드렸으면
23 너는 정가하고 제사장은 그를 위하여 희년까지 계산하고 그는 너의 정가한 돈을 그 날에 여호와께 드려 성물을 삼을지며

24 그 밭은 희년에 판 사람 곧 그 기업의 본주에게로 돌아갈지니라

25 너의 모든 정가를 성소의 세겔대로 하되 이십 게라를 한 세겔로 할지니라
26 오직 생축의 첫새끼는 여호와께 돌릴 첫새끼라 우양을 물론하고 여호와의 것이니 누구든지 그것으로는 구별하여 드리지 못할 것이며

27 부정한 짐승이면 너의 정가에 그 오분 일을 더하여 속할 것이요 만일 속하지 아니하거든 너의 정가대로 팔지니라

28 오직 여호와께 아주 바친 그 물건은 사람이든지 생축이든지 기업의 밭이든지 팔지도 못하고 속하지도 못하나니 바친 것은 다 여호와께 지극히 거룩함이며

29 아주 바친 그 사람은 다시 속하지 못하나니 반드시 죽일지니라
30 땅의 십분 일 곧 땅의 곡식이나 나무의 과실이나 그 십분 일은 여호와의 것이니 여호와께 성물이라
31 사람이 그 십분 일을 속하려면 그것에 그 오분 일을 더할 것이요
32 소나 양의 십분 일은 막대기 아래로 통과하는 것의 열째마다 여호와의 거룩한 것이 되리니

33 그 우열을 교계하거나 바꾸거나 하지 말라 바꾸면 둘 다 거룩하리니 속하지 못하리라

will become holy to Yahweh like a devoted[b] field: it will become the possession of the priest.
22 "If one[a] consecrates to Yahweh a purchased field which is not part of[b] his patrimony,
23 the priest[a] will compute for him the proportionate[b] value[c] in relation to the next year of Jubilee: that person is to pay its value on that day: it is holy to Yahweh.
24 In[a] the year of Jubilee the field will return to the person from whom he bought it, whose patrimony the land is.
25 Every valuation will be made in the shekel of the sanctuary: the shekel is worth[a] twenty gerahs.
26 "But[a] no one may dedicate a first-born[b] among[c] animals which already belongs to Yahweh as first-born: whether it is a cow or a sheep, it is Yahweh's.
27 If it is one of the unclean animals, he may reclaim[a] it for its value and add 20 percent to it.[b] If he does not redeem it, it is to be sold for its value.
28 But[a] nothing which a person devotes to Yahweh from all that he owns, whether it be a human,[b] an animal, or a field of his patrimony, may be sold or redeemed. Everything devoted, being most holy, belongs to Yahweh.
29 No human[a] devoted may be ransomed: that one must be put to death.
30 "A tithe[a] of everything of the land, either yield of grain or fruit[b] from trees,[c] is Yahweh's: it is holy to Yahweh.
31 If one indeed[a] redeems any of his tithe,[b] he is to add 20 percent to it.[c]
32 As for the tithe[a] of the herd and the flock, a tenth one of all that pass under the shepherd's rod[b] will be holy to Yahweh.
33 He may not pick out the good from the poor[a] or make a substitution.[b] If he indeed[c] makes[d] a substitution, both the animal and its substitute[e] become holy and cannot be redeemed."

34 이상은 여호와께서 시내 산에서 이스라엘 자손을 위하여 모세에게 명하신 계명이니라

34 These are the commandments which Yahweh gave to Moses on Mount Sinai for the Israelites.

원문주해

2.a. 마소라 본문(MT)의 히필형 야플리(יַפְלִא) 대신 표준 히브리어 성경(*BHS*)은 22:21에서와 마찬가지로 피엘형인 예팔레(יְפַלֵּא)를 제안한다. 히필형처럼 사용된 피엘형이 나타나는 또 다른 사례에 대해서는 민 6:2을 참조하라. 그렇지만 레빈(Levine, 193)은 그것이 팔라(פלא, "비범한, 독특한")가 아니라 팔라(פלה, "나누다, 분리하다")에서 온 것이라고 제안한다. 참조. "원문주해" 22:21.a.

2.b. 굳어진(접미어가 붙은 상태가 명사로 굳어짐 – 역자주) 형태 에르케카(ערכך, "가치, 액수, 등가")에 관해서는 "원문주해" 5:15.b을 참조하라.

2.c. 마소라 본문(MT)의 네파쇼트(נפשת, "사람들") 대신 70인경(LXX)은 테스 프쉬케스 아우투(*τῆς ψυχῆς αὐτοῦ*)=나프쇼(נפשו, "그의 사람")로 읽는다.

3.a. 게세니우스 문법(GKC § 128d)은 이 곳과 5-6절에서 에르케카(ערכך, "가치, 액수") 뒤의 하자카르(הזכר, "그 남자")가 소유격이 아니라 이어지는 절 문장의 주어일 수 있다고 제안한다. 그러나 에르케카(ערכך)가 굳어진 단어처럼 역할을 하기 때문에 마소라 본문(MT)이 수용될 수 있다. 참조. 23절.

3.b. 히브리어는 숫자와 시간에 대한 단어(예를 들어, 년이나 월 – 역자주)가 수반되는 벤(בן, "…의 아들") 혹은 바트(בת, "…의 딸")의 연계형(בן이 빠질 수도 있다)으로 나이를 표현한다(참조. BDB, "בן," 9.a., 121-22).

5.a. 전치사구 라네케바(לנקבה, "여자를 위해")는 에르케카 하네케바(ערכך־הנקבה, "여성의 값")의 생략형이다(참조. Baentsch, 438).

6.a. 참조. "원문주해" 5.a.

6.b. 원 70인경(LXX*)과 시리아역(Syr)은 케쎄프(כסף, "은")를 읽지 않는다.

7.a. 70인경(LXX)은 아르귀리우(*ἀργυρίου*, "은")를 추가한다.

7.b. 참조. "원문주해" 5.a.

7.c. 마소라 본문(MT)의 여성 절대형 아사라(עשרה, "열") 대신 몇몇 히브리어 필사본들(mss)과 사마리아 오경(Sam)은 5절에서와 마찬가지로 여성 연계형 아세레트(עשרת, "열")로 읽는다.

8.a. 참조. "원문주해" 25:25.c.

8.b. 이것은 전치사 "…로부터"의 비교 용법이다(GKC § 133a).

8.c. 헤에미드(העמיד)는 "정하다"를 의미한다. 참조. 14:11; 16:7. 70인경(LXX)은 이 동사에 붙은 대명사 접미어를 번역하지 않는다. 주어인 대명사와 대명사 접미어의 선행사

들은 당장에 분명하지는 않다. 바엔취(Baentsch, 439), 딜만(Dillmann, 686) 그리고 버톨렛(Bertholet, 439)은 목적격을 서원자로 간주하며, 주어는 명확하지 않은 "어떤 사람", 아마도 성전 직무자인 사람으로 본다. 딜만(686)이 인용한 또 다른 가능한 해석은 서원을 한 사람이 제사장 앞에서 서원된 사람을 바치는 것이다. 이 애매한 어법은 자신을 서원한 사람의 경우와 가장(家長)에 의해 서원된 가족 구성원의 경우를 공히 포함하도록 사용되었을 가능성이 있다.

8.d. 헤에리크(הֶעֱרִיךְ)는 "평가하다, 값을 매기다"를 의미한다. 그것은 경영과 관련된 전문 용어다(예를 들어, 왕하 23:35; Levine, 194).

8.e. 알 피(עַל־פִּי)는 "…의 값어치를 따라, …에 일치하게"(개역 성경: 형세대로; 개역 개정 성경: 형편대로; 표준새번역: 능력을 따라서)를 의미한다(BDB, "פֶּה 6.d.," 805).

8.f. 참조. "원문주해" 5:7.a.

9.a. 이 어구는 영어 번역을 더 명료하게 만들기 위해 추가되어 왔다.

9.b. 몇몇 히브리어 필사본들(mss), 사마리아 오경(Sam), 탈굼 필사본들(Tg^{mss}) 그리고 벌게이트역(Vg)은 단수로 읽는다. 참조. "원문주해" 11.a. 마소라 본문(MT)이 수용되며, 그 형태는 실질상의 수동태 기능을 하는 복수로 여겨진다.

9.c. 코르반(קָרְבָּן)에 관해서는 1:2에 대한 "주석"을 보라.

9.d. 미메누(מִמֶּנּוּ, "그것〈남성〉으로부터") 대신 몇몇 히브리어 필사본들(mss), 사마리아 오경 필사본들(Sam^{mss}), 70인경(LXX) 그리고 시리아역(Syr)은 미메나(מִמֶּנָּה, "그것〈여성〉으로부터")로 읽는다. 마소라 본문(MT)이 더 어려운 독법인 반면, 문법은 분명하게 그 이문 독법을 선호한다.

10.a. 70인경(LXX)에는 로 야 할리페누(לֹא יַחֲלִיפֶנּוּ, "그는 그것을 바꾸지 말아야 한다")에 상응하는 어구가 없다.

10.b. 미완료 앞의 부정사 연계형은 교환이 확실하게 발생했다는 사실을 강조한다(참조. GKC § 113n).

10.c. 사마리아 오경(Sam)은 철자가 우테미라토(ותמורתו)이다. 참조. "원문주해" 33.e.

10.d. 게세니우스 문법(GKC, § 112y)에 따르면, 붸하야(וְהָיָה, "그리고 그것이 발생하게 될 것이다")는 미래에 있을 결과를 끌어와 소개한다. 사건 자체는 이흐예(יִהְיֶה, "그것이 있을 것이다")에 의해 전달된다.

11.a. 이 어구는 더욱 분명한 영어 번역을 만들기 위해 추가되어 왔다.

11.b. 70인경(LXX)은 미메나(מִמֶּנָּה, "그것으로부터")를 복수형으로 번역한다.

11.c. 두 개의 히브리어 필사본(mss), 사마리아 오경(Sam) 그리고 벌게이트역(Vg)은 단수형으로 읽는다. 참조. "원문주해" 9.b.

11.d. 참조. "원문주해" 8.c.

12.a. 사마리아 오경(Sam), 70인경(LXX) 초서체 필사본들(mss) 그리고 탈굼 필사본

들(Tg^{mss})은 마소라 본문(MT)의 여성 대명사 접미어 대신 남성 대명사 접미어로 읽는다. 고대 레위기 두루마리(11QpaleoLev)는 마소라 본문을 지지한다.

12.b. 마소라 본문(MT)의 케에르케카(כערכך, "…의 정가(액수)에 따라": 개역 성경: 정한 대로) 대신 70인경(LXX)과 탈굼 위-요나단(*Tg. Ps.-J.*)은 카아쉐르 야아리크(יעריך כאשר, "그가 평가한 대로")로 읽는다.

13.a. 참조. "원문주해" 10.b.

13.b. 고대 레위기 두루마리(11QpaleoLev), 사마리아 오경(Sam), 두 개의 70인경 필사본들(mss), 탈굼 필사본들(Tg^{mss})은 마소라 본문(MT)에 있는 여성 대명사 접미어 대신 남성 대명사 접미사로 읽는다.

13.c. 70인경(LXX), 탈굼 네오피티(*Tg. Neof.*), 시리아역(Syr) 그리고 벌게이트역(Vg)은 마소라 본문(MT)에서 이 단어에 붙은 접미어를 번역하지 않는다(*The Paleo-Hebrew Leviticus Scroll*, 48).

14.a. 쿰(קום, "일어나다, 서다")은 전문적으로 "유효하다, 법적 구속력이 있다"를 의미할 수 있다(25:30; 창 23:20; Levine, 213).

15.a. 70인경(LXX)과 벌게이트역(Vg)은 분사에 대명사 접미어(목적격 "그것을"–역자주)를 붙여 읽는다.

15.b. 알라이브(עליו, "그것 위에")가 70인경 필사본들(LXX^{mss})과 탈굼 네오피티(*Tg. Neof.*)에서는 번역되지 않는다.

16.a. 전치사 민(מן, "…로부터")은 부분의 용법으로 논밭의 "한 부분"을 명시하기 위해 사용된다(참조. BDB, "מן 3.b.," 580).

17.a. 몇몇 히브리어 필사본들(mss), 사마리아 오경(Sam), 70인경(LXX) 그리고 시리아역(Syr)은 이 구절의 서두에서 와우(ו)를 읽는다. 고대 레위기 두루마리(11Qpaleo-Lev)는 마소라 본문(MT)을 지지한다.

17.b. 이것은 시점과 관련된 전치사 민(מן, "…로부터")의 시간적 용법의 한 사례다(*IBHS* § 11.2.11c).

17.c. 참조. "원문주해" 14.a.

18.a. 70인경(LXX)과 시리아역(Syr)은 와우(ו)를 읽지 않는다.

19.a. 참조. "원문주해" 13.a. 70인경(LXX)은 이 부정사 절대형에 해당되는 상응어를 전혀 갖지 않는다.

19.b. 70인경(LXX), 시리아역(Syr) 그리고 벌게이트역(Vg)은 와우(ו)를 읽지 않는다.

19.c. 고대 레위기 두루마리(11QpaleoLev)는 한정적인 직접목적어의 표시인 에트(את)를 읽는다.

19.d. 참조. "원문주해" 14.a.

21.a. 야차(יצא, "나가다")의 이러한 전문적 용법에 관해서는 25:30-31을 보라.

21.b. 헤렘(חרם)은 "영속적으로 그리고 최종적으로 하나님이나 성소에 바쳐진 물건 혹은 사람"이다(개역 성경: 영영히 드린). 로핑크(Lohfink, *TDOT* 5:185)는 헤렘(חרם)이 구상명사(concrete noun)이거나 행동을 지시하는 명사 중 하나라고 주장한다. 그는 헤렘(חרם)이 코데쉬(קדש, "거룩")와 같이 질을 표현하는 명사라는 브레켈만스(Brekelmans, *THAT* 1:636)의 입장에 반대한다. 로핑크는 여기서 헤렘(חרם)의 용법을 설명의 소유격(epexegetic genitive)으로 해석한다(설명의 소유격이란 어떤 대상에 대해 더욱 구체적이고 정밀한 개념을 제공하는 소유격을 의미한다 – 역자주).

22.a. 하나의 히브리어 필사본과 시리아역(Syr)은 이쉬(איש, "사람")를 추가한다. 이 이문은 다른 구절의 영향에서 비롯된 것이다(PIR, 205).

22.b. 참조. "원문주해" 16.a.

23.a. 70인경(LXX)은 와우(ו)를 읽지 않는다.

23.b. 사마리아 오경(Sam)은 복수형으로 읽는다. 미크싸트(מכסת, "계산, 평가, 견적")는 단지 이 곳과 출 12:4에서만 나타난다(BDB, 493; KB, 550). 그것은 아마도 아카드어 미크수(*miksu*, "다른 사람에게 지불해야 할 곡식의 몫, 관세, 부과금")와 관련될 것이다(*CAD* 10:2:63).

23.c. 게세니우스 문법(GKC § 127i)은 마소라 본문(MT)의 하에르케카(הערכך) 대신 에르케카(ערכך, "평가, 가치")로 읽는 것이 더 낫다고 제안한다. 그렇지만 에르케카(ערכך)가 세 번째 어근 자음의 반복을 가진 명사이든지 혹은 대명사 접미어를 가진 굳어진 형태라면 그 관사가 수용된다. 참조. "원문주해" 2.b.

24.a. 70인경(LXX)과 시리아역(Syr)은 와우(ו)를 읽는다.

25.a. 두 개의 히브리어 필사본들(mss)과 사마리아 오경(Sam)은 이흐예(יהיה, "그것이 〈…할 가치가〉 있다")를 갖지 않는다.

26.a. 70인경(LXX)은 선행하는 재료와 대조를 이루게 하는 부사 아크(אך; BDB, 36)를 카이(*και*, "그리고")로 번역한다.

26.b. 사마리아 오경(Sam)과 70인경(LXX)은 콜(כל, "모든")을 추가한다.

26.c. 전치사 베(ב)는 "…사이에"라는 의미를 갖는다(GKC § 119i).

27.a. 70인경(LXX)은 알락세이(*ἀλλάξει*, "그가 교환한다")로 읽는다. 이 독법은 마소라 본문(MT)의 우파다(ופדה, "그리고 그가 되찾는다〈reclaim〉/속한다〈ransom〉") 대신 하미르(המיר) 형태를 가진 한 선행본(Vorlage)을 암시한다.

27.b. 70인경(LXX)은 카이 에스타이 아우토(*καὶ ἔσται αὐτῷ*, "그리고 그것이 그의 것이 될 것이다")를 추가한다. 참조. "원문주해" 31.b.

28.a. 참조. "원문주해" 26.a. 이번에는 70인경(LXX)이 온건한 반대인 데(*δέ*)를 사용한다.

28.b. 전치사 민(מן, "…로부터")은 부분의 용법(partitive force)을 갖는다(GKC §

119w, n.2).

29.a. 참조. "원문주해" 16.a.

30.a. 70인경(LXX)은 와우(ו)를 읽지 않는다.

30.b. 많은 히브리어 필사본들(mss), 사마리아 오경(Sam), 70인경(LXX), 시리아역(Syr) 그리고 벌게이트역(Vg)은 이 단어에 와우(ו)를 붙여 읽는다.

30.c. 엘리거(Elliger, 390)는 에츠(עץ, "나무")가 이 본문에서는 대부분 "포도나무들"을 의미한다고 생각한다.

31.a. 참조. "원문주해" 13.a.

31.b. 70인경(LXX)과 벌게이트역(Vg)은 이 단어를 목적격으로 놓는다. 이것은 그것들이 마소라 본문의 미마아스로(ממעשרו, "그것의 십분 일로부터") 대신 마아스로(מעשרו, "그것의 십분 일")로 읽는다는 것을 암시한다. 엘리거(Elliger, 381)는 그 이문을 선호하지만, PIR(206)은 그 이문이 중자탈락(haplography)의 오류일 수 있다고 제안한다. 민(מן)에 관해서는 "원문주해" 16.a를 참조하라.

31.c. 참조. "원문주해" 27.b.

32.a. 서수 하아시리(העשירי, "열 번째〈부분〉")는 "십일조"를 지시하는 실명사로 사용된다(참조. BDB, 798).

32.b. 관사가 고대의 청중들의 마음에 떠올랐을 바로 그 막대기의 종류를 가리키기 위해 사용된다(GKC § 126q).

33.a. 레(ל) 아래의 카메츠(ָ)에 대해서는 Joüon § 103c, n.을 보라.

33.b. 70인경(LXX)은 더 짧은 독법인 알라크세이스 칼론 포네로(*ἀλλάξεις καλὸν πονηρῷ*)를 갖는다. 표준 히브리어 성경(*BHS*)은 그것이 타미르 토브 빠라(תמיר טוב ברע, "너는 우열을 바꿀 수 있다")와 동일한 것으로 제안한다.

33.c. 참조. "원문주해" 10.b.

33.d. 70인경(LXX)은 2인칭 단수로 읽는다.

33.e. 참조. "원문주해" 10.c.

양식/구조/배경

서원들에 관한 이 연설의 위치는 당혹스럽다. 그것은 왜 축복과 저주에 관한 장들 뒤에 나오는가? 그 장들은 적어도 현대의 독자에게는 레위기에 주어진 법들을 마무리하는 적절한 방법인데 말이다. 오경의 이 문단이 시내 산에서 모세에게 부여된 그대로의 계시를 기록한다는 입장을 취하는 사람들은 이것이 그 법이 주어졌던 순서였다고 주장한다. 한편, 비평학자들은 그것을 별첨 부록으로 여긴다. 그렇지만 웬함(Wenham, 336)은 이 연설이 26장에 있는 연설과 짝을 이루는 대응부(counterpart)라고 제안한다. 그 연설에서 여호와께서는 자신의 법에 대한 그들의 반응에 따라 자신의 백성을 축복하거나 저주한다는 서약을 하신다. 한편, 이 연설은 백성들이 여호와께 맹세한 서약들을 규정한다. 더구나 인간의 서원은 자주 축복과 저주의 시기들과 관련되는데, 왜냐하면 사람들이 보통 서원을 하는 것은 궁핍하거나 풍성한 때이기 때문이다.

웬함의 이러한 주석은 이 연설의 위치를 재평가할 필요성을 대두시켰다. 그것은 25장 앞에는 배치될 수 없었을 것이다. 왜냐하면 17-24절에 있는 법들은 희년에 관한 법안을 전제하기 때문이다. 이 연설을 25장 바로 뒤에 배치하는 것은 편집자에게 바람직하지 않았는데, 이는 그가 그 축복과 저주에 관한 본문 자료를 희년법 바로 뒤에 놓기를 원했기 때문이다. 신명기에서 축복과 저주의 위치 또한 고대 유대인 편집자들이 그러한 장르로 어떤 책을 마무리하는 것을 선호하지 않았다는 것을 시사한다. 아울러 서약들에 관한 이 법들은 그것들이 단순히 자발적인 상황을 다룬다는 점에서 레위기에 선행하는 많은 본문 자료들과 근본적으로 다르다. 그렇지만 다른 법들은 대부분 의무적인 상황들을 취급한다. 따라서 그것들은 적절하게 그러한 유형의 법적 자료 뒤에 나온다. 책 전체의 관점에서 볼 때, 이러한 위치는 이 법들과 1-7장의 희생에 관한 법들 사이에 균형을 잡아 준다. 즉 레위기는 규정들로 시작하는 것과 마찬가지로 또한 규정들로 마무리한다. 이러한 것들은 이 법안이 레위기에 바르게 배치되었다는 작지만 결정적인 표시들이다.

이 장의 구조는 다음과 같은 윤곽을 갖는다.

I. 도입 형식문(1절)
II. 연설(2-33절)
  A. 연설 위탁(2aα절)
  B. 연설 자체(2aβ-33절)
    1. 서원들에 관하여(2aβ-13절)
      a. 인간 서원(2aβ-8절)
      b. 짐승 서원(9-13절)
    2. 성소에의 헌정에 관하여(14-25절)
      a. 집의 헌정(14-15절)
      b. 밭의 헌정(16-24절)
        1) 상속된 땅(16-21절)

2) 구입한 땅(22-24절)
c. 세겔의 가치에 대한 진술(25절)
3. 서원물에 대한 제한 규정(26-33절)
a. 첫 새끼에 관하여(26-27절)
b. 헌정된 물건에 관하여(28-29절)
1) 짐승에 관하여(28절)
2) 사람에 관하여(29절)
c. 십일조에 관하여(30-33절)
1) 곡식의 십일조(30-31절)
2) 짐승의 십일조(32-33절)
III. 요약 형식문(34절)

이 개요는 이 연설이 일정한 틀을 갖고 있다는 것을 보여 준다. 대부분의 비평학자들은 1-25절의 문학적 통일성을 수용한다(Elliger, 382). 이 단위는 서원에 관한 법들(1-13절)과 성소에의 헌정들(14-25절)을 제시한다. 여기에 서원될 수 있는 대상들을 제한하는 일련의 법들이 추가되는데(26-27절), 그것들은 첫 새끼(26-27절), 헌정된 것(28-29절) 그리고 십일조(30-33절)다. 일반적으로 비평학자들은 이 세 개의 문단이 후대의 별첨 부록이라고 판단한다(예를 들어, Elliger, 385; Noth, 207). 대상을 한정시킨 이 서원들이 훨씬 더 후대에 추가되었을 가능성이 있지만, 이 입장을 지지할 강제적인 이유는 전혀 없다.

대부분의 비평학자들은 이 법들을 후대로 할당한다. 후대에 성소는 서원, 헌정 또는 십일조로 바쳐진 물건들을 현금으로 환전하기를 선호했다. 그것은 그들이 성소의 운영, 유지와 장비 구입을 위해 필요한 자금을 확보하기 위해서였다(참조. Levine, 192). 이 법들이 포로기 이후의 공동체에서 규칙이 되었을지도 모르지만, 그러한 사실이 그 법들의 초기 형성의 가능성이 없다는 것을 의미하지는 않는다. 노트(Noth, 204)는 이 법안이 더 늦은 포로기 이후 시대에 관행이었던 희생용 예물들의 대규모 현금 환전은 안중에 두지 않는다고 판단한다. 노트의 판단을 전제하면 이 법안은 훨씬 더 초기 시대로 할당될 수 있는데, 왜냐하면 그것이 단지 그런 행동(환전 행위 – 역자주)의 가능성만을 수립하기 때문이다.

이 연설의 장르는 서원들과 성소에 바치는 예물들에 관한 규정이다.

주석

2-8 누구든지 여호와께 사람에 대한 서원을 할 수 있다. 주변국의 제의들에서는 그런 서원이 성소에서의 직무를 위해, 제의 의식에의 참여를 위해 혹은 희생제를 위해 성소에 사람을 바치는 수단이었다. 특히 서원이 어린이와 관련되었다면 말이다(참조. 18:21; 20:2-5). 하지만 이스라엘에게 있어서 그런 서원과 그것의 실행은 다른 노선을 따라가는데, 왜냐하면 인간 희생이 폐지되었고 성소의 봉사자들은 대부분 레위인들이었기 때문이다. 사무엘이 실로 성소에 헌정된 것은 예외였다(삼상 1:11). 비록 어떤 헌정된 사람이 성소에서 관리직의 일부를 감당할 수 있었을 것이라고 생각해 볼 수 있지만 말이다. 어쨌든, 자신이나 가족의 한 사람을 하나님께 서원한 어떤 이스라엘 사람은 미리 정해진 지불금을 성소에 기부함으로써 그 서원을 이행해야 한다. 이러한 관행은 첫째 아이를 속신(贖身)하는 관행과 비슷하다(출 13:13; 34:20; 민 18:16). 이 법은 사람의 몸 값을 정하여 시장 조건에 따라 좌우되지 않게 만든다. 특수한 전문 용어 에르케카(ערכך, "액수, 가격")가 5:14-26 [6:7] 배후에 있는 입법 전승과의 명확한 연관성을 확립한다. 웬함(Wenham)은 사람의 몸 값이 사람이 노예 시장에 내놓은 가격에 따라 정해지는 것 같다고 주장하지만(Wenham, *ZAW* 90[1978] 264), 노예 가격은 멘델손(I. Mendelsohn, *Slavery in the Ancient Near East*, 117-18)이 관찰한 대로 시대마다 지역에 따라 다양했다. 이 법에서는 사람의 몸 값은 한 사람의 인간 존재로서의 본질적 가치에 근거해서가 아니라 그 사람의 체력에 근거해서 정해졌다. 그러므로 그 값은 연령과 성에 따라 달랐다. 여성은 남자만큼 열심히 일할 수 있다고 간주되지 않았기 때문에, 여자의 몸 값은 1/3 내지는 절반 정도 쌌다. 동일한 기준이 어린이와 노인들에게도 마찬가지였다. 자녀의 포함은 한 가족의 가장이 자신뿐만 아니라 자신의 식구들을 서원할 수 있었다는 것을 의미한다. 그 값은 다음과 같이 정리해 볼 수 있다.

연령	남자	여자
한 달부터 5세	5세겔	3세겔
5-20세	20세겔	10세겔
20-60세	50세겔	30세겔
60세 이상	15세겔	10세겔

성소의 세겔에 관해서는 25절을 보라.

노트(Noth, 205)는 몸 값에 대한 또 다른 해석을 고찰하면서, 이 액수가 매년 지불되어야 한다고 추론한다. 하지만 일반 시민이 그런 높은 금액을 지불한다는 것은 불가능했을 것이다. 왜냐하면 웬함(Wenham, 388)에 따르면, 그 시대에 노동자의 임금은 한 달에 약 1세겔이었기 때문이다. 만일 이 임금 산정이 정확하다면, 애당초 극소수의 사람만이 이러한 서원을 할 여유가 있었을 것이다. 스스로를 하나님께 서원하는 관행은 드물게 그리고 특수한 상황 아래서 발생했을 것이라고 추론될 수 있다.

[8] 이러한 가격 산정에 대한 한 가지 예외가 만들어졌는데, 그것은 누군가가 인간 서원을 했지만 너무 가난해서 지정된 대로 산정액을 지불하지 못할 경우를 위해서였다. 누군가가 혹은 자신의 식구를 서원으로 바친 사람이 서원된 사람을 제사장 앞에 "서게"(העמיד – 하아미드) 해야 한다(개역 성경: 데리고 갈 것이요). 제사장은 서원된 사람의 가치를 평가하여 그가 지불할 수 있는 값을 정해야 한다. 랍비적 해석은 결정된 몸 값이 침대, 이불, 방석 그리고 그의 장사에 필요한 도구들을 포함하여 그 사람이 살기에 충분할 만큼 되어야 한다는 입장을 확립했다(Rashi, 131a). 이것은 가난한 사람들이 그 법의 요구를 충족할 수 있는 다른 대안들을 제시하는데, 이로써 이러한 배려는 그 법이 가난한 자를 위해 베푸는 자비로운 관심에 대한 또 다른 보기가 된다(예를 들어, 5:11; 14:21-22).

[9]-[10] 사람은 자신이 짐승(בהמה – 브헤마), 즉 소나 양 그리고 염소 중에 한 마리를(참조. 1:2) 여호와께 바치겠다고 약속하는 서원을 드릴 수 있다. 그런 서원된 짐승은 "거룩"(קדש – 코데쉬)해진다. 그것은 성소의 제물들(קרבן – 코르반; 참조. 1:2)의 하나로 바쳐질 것이다. 서원한 사람은 서원으로 바친 것을 다른 어떤 것으로 대체할 수 없다(참조. 말 1:8). 또한 그 사람은 이를테면 "좋은"(טוב – 토브) 짐승을 "나쁜"(רע – 라), 즉 가치가 떨어지는 짐승으로 바꾸는 식으로 교환할 수 없다. 만일 사람이 교환을 한다면, 교환에 사용된 그 짐승과 원래의 짐승 둘 다 거룩해진다. 즉 둘 다 성소의 재산이 된다. 왜 사람이 서원물을 변경하기를 원했을까? 당연히 사람에게는 고통이나 희열의 순간에 대담하고 아낌없는 약속을 하는 경향이 있다. 즉 격정의 순간이 지나가면 다만 순식간에 마음을 바꾼다. 또한 이러한 예외는 아마도 그 서원의 종류를 알려 주고 있을 것이다. 그것은 한 개인이 맹세하는 일반적인 방식의 서약, 이를테면 다음에 태어날 새끼 양에 대한 약속이다. 이때 그 사람은 그 서약을 내뱉으면서 방심하게 된다. 이러한 유형의 서약에 대한 으뜸이 되는 예는 입다의 경우였다(삿 11:30-31, 34-40). 그는 자신이 적들과의 전투를 성

공적으로 마치고 귀환할 때 집에서 나와 자신과 마주친 것은 무엇이든 여호와께 바치겠다고 서원했다. 그가 돌아왔을 때, 불행히도 그의 딸이 그를 만나기 위해 달려나온 첫 번째 사람이었다. 입다는 비탄에 잠긴 채 그의 서원을 지켰다.

11-13 이 법은 부정한 짐승을 "여호와께 예물"(קרבן ליהוה – 코르반 라도나이)로 드리는 것을 규정한다. 위에서 정의된 몇 가지 종류의 서원들을 할 때, 사람은 그 서원을 성취할 짐승이 정결한지 부정한지 알지 못한다. 만일 서원된 짐승이 부정하다면, 그 서원을 하는 사람은 그것을 가져와 제사장이 그 값을 결정해야 한다. 그의 가격 산정은 협상의 여지가 없다. 부정한 짐승이 희생으로 드려질 가능성은 전혀 없기 때문에, 그 짐승의 값은 성소 기금을 위해 현금으로 환전될 수 있었다. 추정컨대 성소는 그 짐승을 그 가격에 팔았다(Noordtzij, 276). 그렇지만 서원을 했던 사람은 정가에 1/5을 더한 값을 지불함으로써 그 부정한 짐승을 "무를"(גאל – 가알) 수 있었다. 레빈(Levine, 193)은 서원을 한 그 사람이 그것을 무를 것으로 기대되었다고 주석한다.

14-15 이 연설은 계속해서 여호와께 "성별된 혹은 헌납된"(הקדיש – 히크디쉬) 품목들에 관한 규정들을 다룬다. 히크디쉬(הקדיש)는 네데르(נדר, "서원")보다 더 폭넓은 단어다. 그것은 성소에 넘겨진 그 어떤 것이든 지칭한다. 아마 그 예물은 서원을 성취하기 위한 것일 수 있고, 또는 그것은 사람의 헌신의 표현으로서 특별하고 아낌없는 제물일 수 있다(참조. 22:2-3). 아마 어떤 유형의 서약은 헌납(the dedication)을 수반했을 것이다. 어느 경우든지, 서원된 혹은 헌납된 것은 거룩하게 된다. 이 법들은 집, 세습 재산이었던 밭의 한 부분 또는 매입한 밭을 성별하여 바치는 행위에 적용된다. 만일 사람이 집을 여호와께 헌정한다면, 제사장은 그 집의 가격을 결정해야 한다. 그 집은 아마도 성벽이 둘린 성읍에 있는 것으로 희년법의 지배를 받지 않는 집일 듯싶다(25:29-30). 제사장이 그 집에 대해 정한 가격은 협상의 여지가 없다. 그 집을 헌정한 사람은 제사장이 정한 값에 1/5을 추가로 지불함으로써 그 집을 무를 수 있다. 그렇지 않으면, 그 집은 성소의 재산이 된다. 후자의 경우에 성소는 원하는 대로 그 예물을 처리할 수 있다.

16-21 사람은 자신의 "지파의 상속물"(אחזה – 아후자)의 일부인 밭을 여호와께 헌정할 수 있다. 그 밭의 가격은 두 가지 기준에 의해 결정된다. 첫째, 그 땅 값은 그 구획을 파종하는 데 필요한 씨앗의 양에 따라 결정된다. 보리 씨 한 호멜로 파종할 수 있는 한 구획의 밭은 희년까지 50세겔로 가격이 산정된다. 호메르(חמר, "호멜")란 단어는 문자적으로 당나귀를 말한다. 따라서 그것은 한 마리의 당나귀가 나

를 수 있는 씨앗의 건조량이다. 쿠크(Cook, *ISBE* 개정판 4:1051)는 한 호멜을 220리터, 232쿼트(quarts)의 액체량 혹은 199쿼트의 건조량으로 추정한다(1쿼트는 1/4갤런으로서 영국과 미국이 약간 차이가 나지만, 대략 1리터에 해당된다–역자주). 소수의 관점에서 나온 대안적 해석은 한 호멜의 씨앗은 뿌려진 양이 아니라 생산된 양을 지칭한다는 것이다. 그렇다면 그 땅의 구획은 몇 배나 규모가 적을 것이다(de Vaux, *AI*, 1:168; Wenham, 340 n.). 스네이스(Snaith, 117)는 이 양이 약 3.75에이커에 뿌리는 양으로 산정한다. 둘째, 그 밭의 가격은 다음 희년까지 남은 햇수에 의해 결정된다(참조. 25장). 희년에 헌정된 그 땅에 매겨진 값은 일정하지만, 희년 후에 헌정된 땅 값은 다음 희년까지 남은 햇수에 비례해서 정해져야 한다. 왜냐하면 세습 재산은 자동적으로 희년에 원 소유자에게 돌아갔기 때문이다.

분명히 그 주인은 계속해서 헌납된 밭을 일구는데, 왜냐하면 제사장들은 하나님께 헌납된 밭들을 일굴 인력이 없었기 때문일 것이다. 밭의 상환 가격이 정해졌다면, 밭이 생산량이 좋더라도, 또는 보리 가격이 16절에서 정한 것보다 더 높아도 웬함(Wenham, 340)이 지적한 대로 소유자는 그 곡식의 현물가보다 더 낮은 값을 지불하고 그 밭을 무를 수 있다. 밭을 헌정한 사람은 현물 가격보다 1/5을 더 지불함으로써 그 밭을 무를 기회를 갖는다. 만일 그가 그것을 무른다면, 그 거래는 성사되고 성소는 그 수익금으로부터 이익을 남긴다. 이 법은 희년 전에 사람이 자신의 상속 재산인 땅을 무르도록 강력히 권장하는데, 왜냐하면 희년에 무르지 않고 방치된 땅은 "헌정된"(חרם–헤렘) 밭처럼 거룩해지기 때문이다. 하나님께 어떤 것을 바치는 문맥에서, 헤렘(חרם)은 전적으로 그리고 되돌릴 수 없이 성소에 넘겨지는 어떤 것들로 정의된다(N. Lohfink, "חרם *hārām*," *TDOT* 5:188). 헌정된 밭은 제사장들의 "상속물"(אחזה–아후자)이 된다(참조. 민 18:14).

만일 원 소유자가 이 밭을 무르지 않고 다른 사람에게 판다면, 그는 또한 그것을 무를 권리를 잃는다. 이러한 조항은 어떤 사람이 성소에 헌정한 것을 어떻게 팔 수 있었는지에 대한 질문을 발생시킨다. 그 사람은 땅에 대한 자신의 수입을 늘리기 위해 그 법의 허점을 이용할 수 있었던 것일까? 아마도 어떤 소유주는 자신의 밭의 헌납을 지혜롭지 못한 행동으로 여겼을 것이다. 그 후 그가 자신의 손해로부터 일정액을 벌충할 다른 방법을 찾는다. 그는 매입자에게 그 밭이 여호와께 성별되어 드려졌다는 사실을 알리지 않고 그 사람에게 그 밭을 팔아 넘긴다. 매입자는 희년이 될 때까지 그 땅을 경작할 권리를 간직한다. 이렇게 꾀를 쓰는 행위에 대한 징벌은 그 소유주의 땅의 상실이다. 두 번 팔리게 된 이 후자의 밭은 희년이 되면, 말하자면 "헌정된다"(חרם – 헤렘). 즉 완전히 성소의 수중에 넘어가게 된다. 카일 델리취(Keil and Delitzsch, 483-84)는 대안적 설명을 제시한다. 그 견해는 그 땅을 헌정한 사람에게 아무런 사기 행위의 딱지도 붙이지 않는 것이다. 그들의 재구성에서는 헌정된 땅의 소유주가 계속해서 그 땅을 경작할 의무를 지니면서 수확물로부터 그 서원을 갚을 돈을 번다. 그 사람은 그 수확과 서원 사이의 차액을 계속 자기 것으로 삼는다. 그가 수확량의 태반을 차지하지 못하는 그 밭을 경작하는 것이 부담되면, 헌납자는 그것을 다른 사람에게 팔아 그가 그 밭을 일구어 그 의무를 수행하게 한다. 레빈(Levine, 196)은 또 다른 해석을 제시한다. 그는 그 소유주가 성별된 땅을 팔 수 없다고 생각한다. 그러므로 제사장들이 생각하기에, 그 땅을 무를 의도가 없는 어떤 기부자의 땅을 파는 사람은 제사장들 본인들이다. 이 해석이 지닌 주된 난점은 그것이 선행하는 동사 "무르다"에 대한 주어가 아닌 "팔다"에 대한 다른 주어를 전제한다는 것이다. 그 병행 구조는 이 동사들의 주어 전환을 허용하지 않는다(Keil and Delitzsch, 414).

[22]-[24] 어떤 사람이 "구입한 재산"(מקנתו – 미크나토), 즉 자신의 지파 상속물의 일부가 아니며 희년에 원 소유주에게 돌려주어야 하는 어떤 밭을 헌납할 수 있다. 제사장은 다음 희년까지 남은 햇수에 따라 그런 밭의 가격을 매겨야 한다. 그 후 그것을 헌납한 사람은 제사장들에게 그 값을 내야 한다. 그가 지불하는 액수는 성소의 공식 화폐로 지불되어야 한다. 이 구입한 재산의 값은 성소의 기준들에 준하여 결정되어야 하며, 여기에는 흥정의 여지가 없다. 기부자는 그 지불을 즉시 실행해야 하는데, 왜냐하면 자신의 세습 재산이 아닌 그 땅은 저당물로 사용될 수 없기 때문이다(Levine, 197). 그 돈은 거룩하게 되지만, 그 땅은 희년에 주인에게 되돌아간다.

[25] 이 산정 가격들은 성소의 세겔로, 즉 성소가 인정한 화폐로 지불되어야 한다. 고대에는 은행이 없었으며 주조된 화폐도 전혀 없었다. 성전들은 제물들과 예물들을 받았기 때문에, 그들은 화폐로 간주했던 은과 금의 무게를 달기 위한 표준 중량 단위를 가졌다. 한 "세겔"(שקל – 쉐켈)은 화폐를 위한 기본 "중량"으로서 약 11.4그램 혹은 0.4온스가 나간다(E. cook, *ISBE* 개정판 4:1054). 동전이 페르시아 제국의 통치하에 널리 유통되기 전에, 이 세겔들은 이미 표준화된 모양을 갖추긴 했으나 여전히 무게를 달아 화폐로 사용되었다. 성소의 1세겔은 20게라(gerahs)로 계산되었다(출 30:13; 민 3:47; 18:16; 겔 45:12; 다시 말해 1게라는 1/20세겔로서 약 0.5그램 정도 나간다 – 역자주).

26-27 이 지점에서 법안은 앞으로 제시될 법들에 대한 몇 가지 예외를 부여한다. 인간과 짐승의 첫 태생은 백성들의 주님이시고 그들의 구원자로서의 그분의 지위 때문에 여호와께 속한다(출 13:2; 34:19-20). 첫 태생의 짐승은 여호와께 "성별되지"(הקדיש – 히크디쉬) 않아도 된다. 그것은 이미 그분의 것이다. 이것은 사람이 첫 태생의 짐승으로 서원을 지불하여 한 마리의 짐승을 바쳐서 두 배의 영적인 혜택을 얻으려는 꾀를 쓸 수 없다는 것을 의미한다. 부정한 짐승의 첫 태생 또한 하나님께 속하지만, 주인은 성소에 그 짐승 가격에 1/5을 더하여 지불함으로써 그것을 무르기해야(속해야) 한다(참조. 출 13:13; 34:20). 만일 몇 가지 이유로 주인이 그 짐승을 무를 수 없다면, 그 짐승은 팔아 넘겨야 한다. 판매 수익금은 성소로 들어간다.

28 가장 비중 있는 서원은 헤렘(חרם, "헌정된 혹은 박탈된 것")이라 불린다(참조. 16-21절). 헤렘(חרם, "헌정물")이 된 어떤 물건, 사람, 짐승 혹은 누군가의 상속된 밭은 "여호와께 가장 거룩한 것이며"(קדש־קדשים הוא ליהוה – 코데쉬 코다쉼 후 라도나이) 그것은 무를 수 없다. 그것은 헤렘이 된 것이 성소에서 쓰이고 제사장들에 의해 사용되는 것 외에는 다른 목적으로 사용될 수 없다는 것을 의미한다. 그것은 영원히 성소에 속한다. 그러나 도대체 헌정물이 어떻게 헌정되기에 그 범주가 "강요된 지위"로 분류될까(Levine, 198: 즉 레빈은 헤렘이란 자발적으로 헌정된 것들이 아니라고 분류한다 - 역자주)? 문맥에서 볼 때, 헤렘(חרם, "헌정물")은 직접적인 서약을 통해서든, 아니면 어떤 서약에 진술되어 있는 그 서약 준수의 실패로 인한 의무 사항의 이행을 통해서든(예를 들어, "나는 이 서약에 따른 생활을 하지 않는다면 여차여차한 일을 할 것이다") 어떤 박탈된 재산을 지칭할 수 있다. 레빈(Levine, 199)에 따르면, 한 대상을 "헌정된 것"으로 만드는 것은 서약이다. 그는 어떤 헌정된 사람(אדם – 아담)은 그의 주인의 합법적 재산이 되었던 비이스라엘인 노예라고 추론한다. 나아가 그는 이러한 법들의 배경은 알려져 있지 않기 때문에, 그 서약의 전적인 효력은 불분명하다는 것을 덧붙인다. 레빈은 제2성전 시대 후기에는 그런 서약들을 하는 관행이 일상적이었다고 설명한다.

29 헤렘(חרם, "헌정된 또는 박탈된 것")에 관한 또 하나의 법이 주어진다. 대부분의 다른 구절들에서는 헤렘(חרם)은 그것이 완전히 파괴되어야 할 정도로 금기시된 어떤 것을 묘사한다. 거룩한 전쟁에서 취한 어떤 전리품들이 그렇게 헌정되었다(예를 들어, 수 6:17; 7:1, 11-13, 15). 만일 사람이 그렇게 헌정된다면, 그 사람은 사형에 처해진다. 그 사람을 위한 "구속(救贖)"(פדה – 파다)의 수단은 전혀 없다.

이스라엘에서 사람이 어떻게 "헌정된 것"으로 분류되는 것일까? 출애굽기 22:19 [20]에 있는 법은 한 가지 예를 제공한다. 그것은 이방 신에게 희생을 바친 사람이 헌정되어 사형에 처해진다고 진술한다. 아마도 그 당사자는 사법 기관에 의해 헌정된 것으로 선언되었을 것이다. 또 다른 예는 신명기 13:13-19(12-18)에서 발견된다. 공동체를 하나님께 대한 예배로부터 멀리 떠나도록 선동하는 사악한 무리가 파멸을 당하도록 헌정되었다.

30-33 들의 소산물과 과실수 열매의 모든 십일조는 여호와께 속한다(신 14:22-26). 그것은 "여호와께 거룩한 것"(קדש ליהוה – 카도쉬 라도나이)으로 분류된다. 그것은 멋대로 처분될 수 없다. 이 십일조의 어느 것이든 만일 소유주가 그 가격에 1/5을 더하여 성소에 지불한다면 무를 수 있다. 이러한 대안은 들의 소산물에 제한되는데, 왜냐하면 그 법이 당연히 여호와의 것이 되는 짐승을 위한 대체물은 전혀 지정하지 않기 때문이다(Elliger, 391).

모든 가축도 역시 십일조를 바쳐야 한다. 십일조로 바칠 짐승은 어떻게 결정되었을까? 정확한 방법은 알려져 있지 않다. 그렇지만 여기에 나온 표현이 제안하는 바는 양 떼와 소 떼의 늘어난 마리 수를 한 줄로 나란히 지나가게 하여 매번 열 번째 것을 목자의 막대기와 같은 쉐베트(שבט, "막대기")로 지목한 뒤 성소에 바칠 헌정물로 표시했다는 것이다. 목자의 막대기(שבט – 쉐베트)는 무기로 사용된 곤봉(club)의 일종이다(Harrison, 238). 고대에 짐승을 표시하는 한 가지 방법은 짐승의 등을 가로질러 줄무늬가 생기게 하는 염료를 사용하는 것이었다(참조. 렘 33:13; 겔 20:37). 아마도 이 법은 해마다 양 떼나 소 떼의 모든 십일조가 여호와께 드려진다는 것을 의미하지만, 그런 십일조는 너무 비쌌을 것이다.

이 법은 그 표시가 더 빈약하고 허약한 짐승의 순서에 떨어지도록 목자가 짐승들의 줄을 정렬시킬 수 없다고 진술한다. 한 짐승이 표시가 된 후에는 목자가 그 짐승을 바꾸어 놓아서는 안 된다. 십일조를 위해 선별된 짐승은 거룩한 것이 된다. 그것은 무를 수 없다. 민수기 18:21-32에 따르면 십일조는 레위인에게 속했으며, 이어서 그들은 제사장들에게 그들의 몫의 십일조를 바쳐야 할 의무가 있었다. 또한 신명기 26:12-15을 보라.

34 봉합 구조의 요약 진술이 26:46에서 나타나기 때문에, 이 요약 진술은 우선적으로 이 연설을 위한 것이다. 그럼에도 불구하고, 레위기의 마지막 구절로서의 그것의 위치 때문에 그것은 이 책에 대한 최종적 진술로서의 역할을 한다. 이 진술은 이 법들의 권위를 강조한다.

해설

서원이란 어떤 사람이 특정하게 지정된 행동 방침을 따르기 위해 그것으로 스스로를 속박하는 맹세다. 그 서원은 무조건적일 수도 있고 혹은 조건적일 수도 있다. 무조건적 서원에서 어떤 사람이 일정한 기준들에 따라 살겠다는, 혹은 지정된 행동 방침을 따르거나 충성을 유지하겠다는 결심을 표현한다. 사람이 마음을 움직여 서원을 하게 되는 몇 가지 상황이 있다. 결혼 서원은 충절 서약의 한 가지 예다. 유사하게 서원을 통해 한 개인이 여호와를 향한 독실한 열정의 표현으로 어떤 목표를 성취하는 일에 전념한다. 예를 들어, 다윗은 자신이 주님의 법궤를 안치할 장소를 찾기 전에는 쉬지 않겠노라고 서원했다. 그의 목표는 여호와의 예배를 왕정 체제의 중심으로 삼는 것이었다(시 132:2-5). 이 서원을 성취하기 위해 다윗은 온 민족 앞에서 여호와에 대한 자신의 깊은 충성심을 보여 주었다. 나아가 서원은 보은의 마음에서 우러나오는 여호와께 대한 감사의 표현일 수 있다(참조. 삼상 1:21).

무조건적 서원의 또 다른 유형은 특별한 방식으로 하나님을 섬기겠다는 서약이다. 보통 그런 서원을 하는 사람들은 특별한 형식의 규율에 의해 하나님을 섬기고 있는 집단에 가입한다. 예를 들어, 나실인의 서원은 자기 훈련을 통해 하나님께 대한 전적인 헌신을 표현하기를 원하는 사람들을 위해 존재한다(민 6:1-12). 이 서원은 세 가지 구체적인 절제를 요구한다: 포도즙과 포도의 섭취 금지, 삭발 금지, 사체 섭촉 금지. 그것은 어떤 기간 동안이거나(민 6:13-20) 혹은 평생 동안일 수 있다(삼손의 경우, 삿 13:7). 하나님께 대한 전적인 헌신의 또 하나의 예는 레갑 족속의 관례였다. 이 일족은 그들의 선조가 그들에게 부여한 독특한 기준을 따라 사는 일에 헌신했다(렘 35:1-11). 그들에 관한 구절들에는 서약에 대한 언급이 전혀 없지만, 그들의 독특한 생활 방식은 그들의 삶이 서원에 의해 존속되어 왔다는 것을 암시한다. 레갑 족속의 예는 어떻게 이스라엘의 한 선조의 집이 하나님의 영광을 위해 특별한 방식으로 살겠다고 서약할 수 있는지를 조명해 준다.

조건적 서원에서는 만일 맹세한 사람에게 좋은 일이 발생한다는 조건이 충족되면, 그 사람은 특정하게 지정된 행동 방침에 전념한다. 어떤 사람이 일종의 예물을 하나님께 바치겠다고 서약함으로써 하나님이 구원의 행동을 하시도록 만들고 싶어하는 것은 대단히 궁핍한 심정과 두려움으로부터 나온다. 탄원자는 서원을 함으로써 빌고 있는 기도의 시급성을 강조한다(시 66:13-14). 탄원자는 하나님께서 즉시 행동하시도록 재촉하고 싶어한다. 서원은 마치 뇌물로 그렇게 하는 것처럼 하나님의 개입을 불러오기 위한 방안으로 드려지지 않는다. 가장 좋은 사례는 한나가 자신의 불임을 비탄하면서 탄원을 올린 것이다(삼상 1:9-12). 그녀는 아이를 달라고 기도했으며, 그 아이를 여호와께 돌려드려 나실인으로 살도록 하겠다고 서원함으로써 기도의 강도를 높였다. 즉 그 아이는 성소의 종이 될 것이다.

개인뿐만 아니라 국가 전체도 서원을 했을 것이다. 광야에서 이스라엘이 무서운 대적과 마주쳤을 때, 그들은 만일 여호와께서 그 대적을 자신들의 수중에 넘겨주신다면 전리품을 여호와께 헌정할 것을 요구하는 지령을 따르겠다고 서원했다(민 21:2).

서원은 전적으로 자발적이다(신 23:23[22]). 단지 어떤 여자들의 경우에 서원이 제한 받는다. 고대 이스라엘이 가부장적 사회였음을 감안해 볼 때, 젊은 여자의 서원은 그녀의 아버지의 승인을 필요로 하며(민 30:3-5), 결혼한 여자의 서원은 그녀의 남편의 승인을 필요로 한다(민 30:6-8, 10-15).

어디에서도 하나님께서는 서원을 요구하지 않으시며, 어디에서도 서원을 장려하지 않으신다. 그럼에도 불구하고 요나 1:4과 예레미야 44:25과 같이 서원이 고대 중동에서 아주 보편적이었다는 증거들이 일부 존재한다(Cartledge, *ISBE* 개정판 4:998). 그렇지만 성경은 입으로 경솔하게 내뱉는 발언에 대해 주의를 준다(레 5:4; 전 5:1[2]). 이러한 경고는 분명히 서원 행위를 알려 준다. 비극으로 이어지는 서원의 전형적 사례는 승전 후에 귀환할 때 자신의 집에서 나오는 것은 무엇이라도 그것을 희생으로 바치겠다고 약속한 입다의 서원이다. 그는 귀환했을 때 단지 자신을 만나러 뛰어나오는 딸을 만나게 되었을 뿐이다(삿 11:30-40). 신명기 23:23[22]은 심지어 "네가 서원치 아니하였으면 무죄하니라마는"이라고 말한다.

일단 서원이 드려지면, 서원을 한 사람은 어떤 대가를 치르더라도 그 서원을 지킬 의무가 있다(민 30:2; 신 23:22-24[21-23]). 그 입장은 성경의 확고한 권고이며 조언인데, 이는 서원을 갚지 못한 사람이 하나님의 맹렬한 진노 아래 떨어지기 때문이다. 사람은 서원의 액수를 줄일 수도 없으며, 또한 일반적으로는 다른 것으로 대체할 수도 없다. 전도서 설교자가 "서원하고 갚지 아니하는 것보다 서원하지 아니하는 것이 나으니"라고 말한 것은 전혀 의아스럽지 않다(전 5:4[5]; 참조. 잠 20:25).

이 연설에 있는 법들은 서원 갚기와 더불어 헌정, 즉 땅의 한 부분이나 집과 같은 아주 비싼 소유물을 하나님께 헌납하는 것을 다룬다. 그 법들은 몹시 흥분된 순간에 또는 극단적인 압박을 받고 서원을 드린 후 감정의 격랑이 지나자 서원된 그 품목이나 짐승의 대체물을 드리려고 하는 인간의 성향을 인식했다. 그러므로 이 연설은 하나님께 서원된 어떤 것을 대체할 수 있는 것은 무엇이며 대체할 수 없는 것은 무엇인지를 규정한다. 그것은 또한 성소가 물품만이 아니라 자금을 필요로 한다는 것을 알려 주었으며, 따라서 성소 운영을 위해 어떤 서원들을 현금으로 환전하는 규정을 다루었다. 성소에 일정 금액을 지불함으로써 서원을 성취하는 것에 관한 조항들이 어떤 사람이 자신이나 자신의 가족의 한 사람을 여호와께 바치겠다고 약속하는 서원의 유형에 적용되었다. 어떤 사람이 성소의 봉사자가 됨으로써 그런 서원을 이행하는 것이 가능했지만, 레위인들의 봉사 역할을 고려해 보면 고대의 어떤 성소가 더 많은 인력을 거의 필요로 하지 않았다. 이스라엘에서는 사람이 희생으로 드려질 수 없었기 때문에, 사람에 관한 이런 서원들은 단지 이 법에 명시된 액수를 성소에 지불함으로써 성취될 수 있었을 뿐이다. 그래서 이 법은 사람의 연령과 성에 따른 몸 값을 책정한다. 그렇지만 이 법은 너무 가난해서 책정된 값을 지불하지 못하는 사람을 위한 예외 규정을 마련해 준다.

어떤 사람이 성별된 물품이나 짐승을 다른 물품이나 짐승으로 대체한다면, 원 품목과 대체 품목 둘 다 거룩해진다. 즉 그것들은 성소의 재산이 된다. 서원되었던 정결한 희생용 짐승은 무를 수 없지만, 서원되었던 부정한 짐승은 무를 수 있다. 제사장은 무를 수 있는 짐승의 값을 결정하며, 당사자는 그 가격에 1/5을 더하여 지불함으로써 그것을 무를 수 있다. 헌정되었던 집도 동일한 방식으로 무를 수 있다. 그렇지만 희년 전에 성소에 헌정된 밭은 희년 전까지의 그 밭의 가치에 1/5을 더 지불함으로써 상환(무르기)되어야 한다. 그 밭은 이스라엘에서 세습 재산이 양도될 수 없기 때문에 상환되어야 했다. 만일 자신의 세습 재산의 일부를 성전에 헌정했던 사람이 그 밭을 판다면, 희년에 그것이 성전에 귀속되어 그것을 잃게 되었다. 또한 추수물의 십일조는 그 값에 1/5을 추가로 지불함으로써 그것을 무르는 것이 가능했지만, 가축의 십일조는 무르는 것이 불가능했다.

이 법은 또 다른 법에 의해 이미 하나님께 속했던 어떤 것을 드릴 수 없다고 규정했다. 여기에는 첫 태생의 짐승, 헌정된 어떤 것 또는 십일조의 서원이 포함되는데, 이는 율법이 이미 이것들을 하나님의 몫으로 정의했기 때문이다(출 13:2, 12; 22:30[31]; 34:19; 신 14:22-23). 아무도 공동체 앞에서 여호와를 섬기는 일에 자신의 실제적인 모습보다 더 열정적이거나 헌신적인 것처럼 보이게 하려고 율법을 교묘히 다루어선 안 되었다.

몇몇 구약의 언급들은 서원을 이행하는 것에 대해 말한다. 예를 들어, 나훔 2:1

[1:15]에서 유다는 그들의 절기들을 지키고 여호와께 대한 헌신의 표시로 그들의 서원을 이행하라는 권고를 받는다. 가장 어두운 고통을 겪은 한 시편 기자는 확신에 찬 어조로 이렇게 말한다. "주를 경외하는 자 앞에서 나의 서원을 갚으리이다"(시 22:26[25]; 참조. 시 56:13[12]; 63:2; 76:12[11]; 116:13, 18-19). 서원이 이행되는 일차적인 방법은 여호와께 희생을 바치는 것이었다(시 66:13-15). 사실 화목제들 가운데 하나가 서원제(a vow offering)라는 이름을 갖는다(레 7:16; 22:17-25; 23:38; 신 12:6, 11, 17). 그런 제사에 관한 규정들이 민수기 15:1-10에 주어져 있다.

서원을 갚는 것은 기쁨에 찬 순간이었다. 그 서원의 조건들을 이행할 때 예배자는 자신의 말과 일치한 생활을 했다는 것을 마음속 깊이 느낀다. 한 시편 기자는 기쁘고 확신에 찬 목소리로 외쳤다. "하나님이여 내 서원을 들으시고 주의 이름을 경외하는 자의 얻을 기업을 내게 주셨나이다"(시 61:6[5]). 사실 서원 갚기는 빈번히 하나님을 향한 찬양(시 22:26[25]; 61:9[8]; 63:2[1]) 혹은 찬양의 제사(시 50:14)와 나란히 이루어진다.

신약은 서원 드리기에 대한 더 이상의 규정들이나 통찰력을 제공하지 않는다. 사도행전의 두 구절이 서원이 주요 역할을 했던 사건들을 이야기한다. 고린도에서 바울은 짧은 기간 동안 스스로를 한 서원 아래 두었다. 그가 그 서원이 끝날 때 삭발했기 때문에 아마 그가 잠시 동안 나실인 서원을 했을 가능성이 있다(행 18:18). 사도행전 21:22-24은 제한된 기간 동안 스스로를 바울과 비슷한 서원 아래 두었던 네 명의 신자를 언급한다. 전반적으로 볼 때, 아마도 신약은 서원과 그것의 이행에 관한 구약의 가르침을 받아들였다고 단언할 수 있을 것이다. 아울러 신약에 서원에 대한 강조가 없기 때문에 예수님을 믿는 신자들에게 서원의 중요성은 줄어든다.

레위기

■ 2006년 1월 15일 초판 1쇄 발행
■ 2014년 7월 25일 초판 3쇄 발행
■ 지은이: 존 하틀리
■ 옮긴이: 김경열
■ 펴낸이: 박영호
■ 펴낸곳: 도서출판 솔로몬
■ 등록번호: 제16-24호
■ 등록일: 1990년 7월 31일
■ 주소: 서울시 동작구 사당로 155 신주빌딩 B1
■ 전화: 599-1482　　팩스: 592-2104
■ 직영서점: 596-5225

ISBN 978-89-8255-371-4
ISBN 978-89-8255-267-0(세트)